U0836684

中国出口信用保险公司
CHINA EXPORT & CREDIT INSURANCE CORPORATION

全球投资风险分析报告 2016

中国出口信用保险公司 编著

THE YEARBOOK OF
WORLD INVESTMENT RISK

中国财经出版传媒集团
中国财政经济出版社

图书在版编目（CIP）数据

全球投资风险分析报告．2016／中国出口信用保险公司编著．—北京：中国财政经济出版社，2016.8

ISBN 978－7－5095－6900－9

Ⅰ．①全…　Ⅱ．①中…　Ⅲ．①企业－对外投资－风险分析－研究报告－中国－2016　Ⅳ．①F279.23

中国版本图书馆 CIP 数据核字（2016）第 187746 号

责任编辑：贾延平等　　责任校对：李　丽

封面设计：田　晗

中国财政经济出版社出版

URL：http：//www.cfeph.cn

E－mail：cfeph@cfeph.cn

社址：北京市海淀区阜成路甲 28 号　邮政编码：100142

北京联兴盛业印刷股份有限公司印刷

889×1194 毫米　16 开　53.25 印张　1 392 000 字

2016 年 8 月第 1 版　2016 年 8 月北京第 1 次印刷

定价：180.00 元

ISBN 978－7－5095－6900－9/F·5539

本书编委会

编辑说明

一、《全球投资风险分析报告》（以下简称《投资风险报告》）是由中国出口信用保险公司（简称中国信保）编著，记录中国企业的海外投资状况，分析投资国别和行业投资风险，并提出相关的建议措施，以提高企业认识、防范境外投资和经营风险的水平和能力。《投资风险报告》以年为期，逐年编著，2016年《投资风险报告》是第二期。

二、《投资风险报告》是中国信保充分发挥政策性金融机构的职能、依托海外投资保险承保和理赔经验、国家风险研究和管理成果，加大对海外投资领域风险研究的重要举措。《投资风险报告》从国别、行业、企业多维度、多层次地展示中国企业对外投资所面临的风险，并附以大量案例帮助读者了解相关风险，同时提供管控建议。在提示风险的基础上，《投资风险报告》还为使用者尤其是企业用户提供市场预测及行业信息，具有较高的实用性。

三、2016年《投资风险报告》包括七部分内容。

1. 全球及中国对外投资概况及投资风险。记载2015年全球及中国对外投资的相关信息，分析中国企业对外投资的特征及所面临的风险。

2. 中国企业主要投资区域及国家投资风险分析。为服务“一带一路”和国际产能合作战略，并参考中国企业对外投资的基本情况，2016年的报告按照东南亚、南亚、中亚、中东欧、西亚、非洲、拉丁美洲和发达国家排序，共8个区域，38个国家。在介绍各区域和国家投资概况的同时，还增加了各国经营环境、人口预测、市场投资机会的分析。

3. 中国企业主要投资行业投资风险分析。根据中国企业境外投资存量及流量数据，报告选择电力、汽车、农业、房地产、采矿、油气、水泥、纺织、光伏、工业园区、铁路和11个行业，以全球视角对行业规模、供需情况、发展趋势等内容进行描述，并分析中国在该行业的投资情况及面临的投资风险。为了使报告更具实用性，在行业报告后还附加国别行业专题研究。

4. 中国企业海外投资风险及管控实践。2016年中国信保继续通过调研问卷及实地走访，调研了85家中国对外投资企业，并对调研数据进行了分析和挖掘，深入总结了中国企业在海外投资过程中管控风险的经验。

5. 政府违约和非传统安全风险分析。本部分结合2015年以来发生的斯里兰卡港口城项目政府违约、巴黎恐怖袭击和马里恐怖袭击等风险事件，围绕中国企业海外投资过程中所面临的政府违约及非传统安全风险两个主题进行更为深入的分析和研究，以提高企业对该类风险的识别水平及应对能力。

6. 投资风险保险。介绍全球投资保险市场的发展情况、当期中国企业海外投资所面临的风险情况及海外投资保险的使用情况。

7. 大事记。记录2015年有一定影响的中国企业海外投资事件。

四、2016年《投资风险报告》在编写过程中，除了使用中国信保的风险数据库及研究成果外，部分国别的预测数据和市场信息参考了经济学家智库（Economist Intelligence Unit）、国际商业观察（Business Monitor International）数据库，此外，还参考了联合国贸发会议（UNCTAD）、世界银行（World Bank）和多边担保机构（MIGA）的数据。由于时间仓促，水平有限，难免出现错误及疏漏，敬请读者批评指正。

中国出口信用保险公司

2016年8月

联系方式　电话：010－66582676

邮箱：wangfj@ sinosure. com. cn

目　录

第一篇　全球及中国对外投资概况及投资风险

第一章　全球对外投资概况 / 3

全球对外投资趋势 / 3

世界主要资本输入国及地区的对外投资情况分析 / 6

世界主要资本输出国及地区的对外投资情况分析 / 8

全球投资政策趋势分析 / 11

第二章　中国对外投资概况 / 14

2015 年中国对外投资相关的政策简介 / 14

2015 年中国对外投资特征分析 / 15

中国对外投资的机遇和挑战 / 18

“十三五”期间中国对外投资政策趋向 / 20

第三章　2015 年全球投资风险回顾及展望 / 23

2015 年全球投资风险回顾 / 23

未来全球投资风险展望 / 29

第二篇　中国企业主要投资区域及国家投资风险分析

第一章　东南亚投资环境及主要投资目的国投资风险分析 / 35

东南亚投资环境及主要投资风险 / 35

印度尼西亚 / 37

马来西亚 / 53

菲律宾 / 65

泰国 / 76

越南 / 84

第二章　南亚投资环境及主要投资目的国投资风险分析 / 94

南亚投资环境及主要投资风险 / 94

孟加拉国 / 97

印度 / 107

巴基斯坦 / 116

斯里兰卡 / 130
第三章　中亚及中东欧投资环境及主要投资目的国投资风险分析 / 141
中亚投资环境及主要投资风险 / 141
中东欧投资环境及主要投资风险 / 146
哈萨克斯坦 / 152
俄罗斯 / 163
乌克兰 / 175
保加利亚 / 187
波兰 / 200
第四章　西亚投资环境及主要投资目的国投资风险分析 / 215
西亚地区投资环境及主要投资风险 / 215
科威特 / 218
卡塔尔 / 230
阿联酋 / 243
沙特阿拉伯 / 254
第五章　非洲投资环境及主要投资目的国投资风险分析 / 264
非洲投资环境和主要投资风险 / 264
阿尔及利亚 / 270
安哥拉 / 279
埃塞俄比亚 / 289
肯尼亚 / 298
摩洛哥 / 311
尼日利亚 / 319
南非 / 328
第六章　拉丁美洲投资环境及主要投资目的国投资风险分析 / 337
拉丁美洲投资环境和主要投资风险 / 337
阿根廷 / 343
巴西 / 353
智利 / 365
哥伦比亚 / 376
牙买加 / 388
墨西哥 / 400
秘鲁 / 413
第七章　发达国家（地区）投资环境及主要投资目的国投资风险分析 / 425
发达国家（地区）投资环境和主要投资风险 / 425
加拿大 / 431
德国 / 439
法国 / 451

英国 / 461
澳大利亚 / 469
美国 / 476

第三篇　中国企业主要投资行业投资风险分析

第一章　电力工业 / 487
2015 年全球电力工业发展形势分析 / 487
2015 年全球电力工业对外直接投资分析 / 489
2015 年中国电力工业对外直接投资情况 / 492
中国电力工业境外投资风险分析 / 494
专题：巴西电力行业投资风险研究 / 498
第二章　汽车工业 / 502
2015 年全球汽车工业发展形势分析 / 503
2015 年全球汽车工业对外直接投资分析 / 509
2015 年中国汽车市场及其对外直接投资分析 / 511
中国汽车企业海外投资风险分析 / 518
专题：南非汽车工业投资风险研究 / 520
第三章　农业 / 525
2015 年全球农业发展形势分析 / 526
2015 年全球农业对外直接投资分析 / 534
2015 年中国农业对外直接投资分析 / 537
2015 年中国农业海外投资风险分析 / 539
专题：哈萨克斯坦农业投资风险研究 / 541
第四章　房地产业 / 549
全球房地产业发展形势分析 / 549
全球房地产业对外直接投资分析 / 553
中国房地产业对外直接投资分析 / 556
中国房地产业海外投资风险分析 / 559
专题：美国房地产业投资风险分析 / 561
第五章　采矿业 / 568
2015 年全球采矿业发展形势分析 / 568
2015 年全球采矿业对外直接投资分析 / 573
2015 年中国采矿业对外直接投资分析 / 575
中国采矿业海外投资风险分析 / 579
专题：赞比亚采矿业投资风险 / 582
第六章　油气行业 / 585
2015 年全球油气行业发展形势分析 / 585

2015 年全球油气行业对外直接投资分析 / 592
2015 年中国油气行业对外直接投资分析 / 595
中国油气行业海外投资风险分析 / 596
专题：坦桑尼亚石油和天然气投资风险 / 599
第七章 水泥行业 / 604
2015 年全球水泥行业发展形势分析 / 604
2015 年全球水泥行业对外直接投资分析 / 607
2015 年中国水泥行业对外直接投资分析 / 609
中国水泥行业海外投资风险分析 / 613
专题：老挝水泥行业投资风险 / 615
专题：乌兹别克斯坦水泥行业投资风险 / 618
第八章 纺织行业 / 622
2015 年全球纺织业发展形势分析 / 623
2015 年全球纺织业对外直接投资分析 / 628
2015 年中国纺织业对外直接投资分析 / 631
中国纺织企业海外投资风险分析 / 636
专题：越南纺织业投资风险研究 / 638
专题：埃塞俄比亚纺织业投资风险研究 / 642
第九章 光伏行业 / 646
2015 年全球光伏行业发展形势分析 / 646
2015 年全球光伏行业对外直接投资分析 / 651
2015 年中国光伏行业对外直接投资分析 / 654
中国光伏行业海外投资风险分析 / 658
专题：美国光伏产业投资风险 / 661
专题：印度光伏行业投资风险 / 665
第十章 工业园区（境外经贸合作区）/ 670
境外经贸合作区的内涵与发展 / 670
建立境外经贸合作区的意义 / 672
中国政府对于境外经贸合作区的支持政策 / 675
境外经贸合作区的投资风险 / 676
专题：我国主要境外经贸合作区概况及投资风险 / 678
第十一章 铁路行业 / 706
2015 年全球铁路行业发展形势分析 / 706
2015 年全球铁路行业对外直接投资分析 / 708
2015 年中国铁路行业对外直接投资分析 / 709
中国铁路行业海外投资风险分析 / 711
专题：巴基斯坦铁路产业投资风险研究 / 714

第四篇　中国企业海外投资风险及管控实践

第一章　参加调查的企业背景及海外投资情况 / 723
企业背景 / 723
企业海外投资情况 / 724
第二章　中国企业对外投资风险及管控实践 / 730
中国企业对外投资面临的主要投资风险 / 730
中国企业对外投资的风险实践 / 736
第三章　中国企业对外投资风险体系建设 / 738
风险管理组织体系 / 738
风险管理制度体系 / 739
风险评估方式 / 739
风险管控工具 / 740
第四章　中国企业海外项目融资情况调查 / 742
资金来源 / 742
融资问题 / 744
第五章　政府违约和非传统安全风险 / 745
政府违约 / 745
非传统安全风险 / 747
第六章　中国企业的社会责任与环保意识 / 749
企业发展与社会责任的关系 / 749
海外投资的社会责任实践 / 750
海外投资的环境保护实践 / 752
海外投资的社区服务实践 / 753

第五篇　2015 年投资风险热点

第一章　政府违约风险 / 759
政府违约风险简述 / 759
政府违约风险发生的原因 / 762
政府违约发展趋势分析 / 766
企业管控政府违约风险的建议 / 768
专题：中国企业斯里兰卡科伦坡港口城项目遭遇政府违约案例分析 / 772
第二章　非传统安全风险 / 776
非传统安全风险简述 / 776
非传统安全风险分类 / 778
非传统安全风险的管控 / 781

专题：马里巴马科酒店袭击事件及其警示 / 790
专题："伊斯兰国"巴黎恐怖袭击案事件及其警示 / 793

第六篇　投资风险保险

第一章　全球投资保险承保情况分析 / 799
2015 年伯尔尼协会成员信用保险市场概况 / 799
2015 年伯尔尼协会成员投资保险发展特点 / 800
2015 年投资保险主要承保风险赔付情况分析 / 803
专题：中国信保与伯尔尼协会 / 805
第二章　中国企业海外投资主要风险及投资保险 / 808
2015 年中国企业海外投资特点及趋势 / 808
2015 年中国企业海外投资主要风险分析 / 810
投保海外投资保险总体情况分析 / 814

附录　2015 年中国企业对外直接投资大事记 / 818
参考文献 / 827

第一篇

全球及中国对外投资概况及投资风险

第一章
全球对外投资概况

与世界经济和国际贸易双双低迷不同，随着全球宏观经济环境的逐渐改善和发达国家经济的温和反弹，最新公布的《2016 年世界投资报告》数据显示，2015 年全球对外直接投资（FDI）流入量骤升，同比增长 38%，达到 1.76 万亿美元，为 2008 年金融危机之后的最高值。在跨国并购的驱动下，流入发达国家的直接投资飙升 84% 至 9 625 亿美元，流入发展中国家的直接投资也小幅增长 9%，达到 7 647 亿美元的历史最高水平，其中，亚洲发展中经济体依然是最大的对外直接投资流入目的地，而流入转型经济体的直接投资则出现了大幅下跌。跨国企业资本投资增长乏力，“绿地”投资停滞不前，全球对外直接投资的增长未能有效转化为生产能力的扩张。考虑到全球经济复苏迟缓、国际市场需求疲软、金融市场频繁波动以及主要新兴经济体经济增长减速，加之地缘政治风险和地区紧张局势持续，预计 2016 年全球对外直接投资流动可能出现较大波动。

全球对外投资趋势

（一）全球对外直接投资流量强劲回升

根据 UNCTAD 统计，虽然全球经济国内生产总值（GDP）增长率、外贸增长率、就业增长率都有所上升，但受全球经济低迷、政策的不确定性以及地缘政治风险加剧等因素影响，2012—2014 年，全球对外直接投资并无明显变化。

2015 年，在美国经济复苏、国际油价走低和宽松的货币政策及投资自由化措施等多种因素的刺激下，对外直接投资流出量达到 1.47 万亿美元，同比增长 11%。其中，发达经济体对外直接投资流出量同比增长 33%，达到 1.07 万亿美元，占全球对外直接投资流出量总额的 72%；发展中经济体和转型经济体对外直接投资流出量分别为 0.38 万亿美元和 0.031 万亿美元，同比分别下降 15% 和 57%，分别占全球对外直接投资流出量总额的 26% 和 2%。可见，发达经济体对外直接投资流出量在对外直接投资流出量金额和增速上都占有绝对优势。

从对外直接投资流出存量看，受全球宏观经济增长乏力影响，2015 年全球对外直接投资流出量为 25.04 万亿美元，同比下降 3.21%（见表 1－1－1）。发达经济体虽然对外直接投资流量增长迅猛，但是存量却同比下降5.42%。转型经济体对外直接投资存量下降更为明显，降幅为36.78%。与此相反，发展中经济体对外直接投资存量却同比增长9.59%，达到5.3万亿美元（见表1-1-2）。

表1-1-1　对外直接投资流出量（2009—2015年）　单位/万亿美元

地区＼时间	2009年	2010年	2011年	2012年	2013年	2014年	2015年
全球	1.10	1.39	1.56	1.31	1.31	1.32	1.47
发达经济体	0.82	0.98	1.13	0.92	0.83	0.80	1.07
发展中经济体	0.23	0.36	0.37	0.36	0.41	0.45	0.38
转型经济体	0.047	0.050	0.056	0.033	0.076	0.072	0.031

资料来源：UNCTAD，World Investment Report 2016。

表1-1-2　对外直接投资流出存量（2008—2015年）

地区＼时间		2008年	2009年	2010年	2011年	2012年	2013年	2014年	2015年
全球	金额/亿美元	162 057	189 821	204 083	211 685	235 927	263 126	258 748	250 449
	增幅/%	3.87	17.13	7.51	3.72	11.45	11.53	-1.66	-3.21
发达经济体	金额/亿美元	136 236	160 108	168 035	170 560	186 726	207 645	205 548	194 408
	增幅/%	4.46	17.52	4.95	1.50	9.48	11.20	-1.0	-5.42
发展中经济体	金额/亿美元	23 566	26 915	31 318	37 054	44 594	49 934	48 330	52 963
	增幅/%	2.99	14.21	16.36	18.32	20.35	11.97	-3.21	9.59
转型经济体	金额/亿美元	2 254	2 798	4 729	4 071	4 608	5 548	4 869	3 078
	增幅/%	-54.30	24.13	69.01	-13.91	13.19	20.40	-12.24	-36.78

资料来源：UNCTAD，World Investment Report 2009—2016。

（二）流向发达经济体的对外直接投资骤升

UNCTAD数据显示，2015年流向主要发达经济体的对外直接投资骤然增加，其中，美国的对外直接投资流入量翻了两番，预计达3 799亿美元，将重返对外直接投资第一流入国的位置，这主要与低利率环境、跨国公司扩张和加速并购，尤其是外国跨国公司在美国的房地产并购激增有关。2015年，美国跨境并购净销售额达到2 987亿美元，为2000年以来的最高水平。此外，受美国税收规则调整影响，反向交易金额也明显增加。其中，美国医疗器械制造商美敦力（Medtronict）就以430亿美元收购了爱尔兰柯惠医疗（Covidien），并计划将美敦力总部迁到柯惠总部爱尔兰，以获得远低于美国本土的税收优惠待遇。

受区域内经济稳健复苏的影响，流入欧盟的对外直接投资在连续3年下降之后回升到5 036亿美元。两个最大的经济体德国和法国的对外直接投资流入量分别为317亿美元和428亿美元，流入英国的对外直接投资也同比增加29%，流入瑞士的对外直接投资更是同比增加近10倍，达到688亿美元。

（三）亚洲发展中经济体依然是最大的对外直接投资东道国

2015年，发展中经济体的对外直接投资流入量同比增加9%，达到了历史新高的7 647亿美元。

亚洲发展中国家的对外直接投资流入量超过5 000亿美元，占全球FDI流入量的1/3，仍是全球最大的对外直接投资流入地区。其中，中国香港凭借1 749亿美元的FDI流入量第一次成为全球第二大对外直接投资流入地，流入中国境内的FDI也同比增长6%，达到1 356亿美元；在印度政府改善投资环境政策的吸引下，流入印度的对外直接投资同比增长28%，达到442亿美元；西亚的对外直接投资也达424亿美元，其中，土耳其的对外直接投资达到165亿美元，同比增长36%，并购净销售值同比增长46%。

受全球主要大宗商品价格大幅下跌的严重影响，非洲的对外直接投资流入量下降7%，跌至583亿美元。北非的FDI流入量下降趋势开始转变，埃及的对外直接投资流入量从2014年的46亿美元上升到2015年的69亿美元。西非和中非的对外直接投资流入量则持续下降趋势，莫桑比克和尼日利亚对外直接投资流入量的下降幅度均超过20%。

2015年拉丁美洲FDI的流入量也因市场增长放缓和国际大宗商品价格持续低迷继续下降1.2%，总量为1 629亿美元。其中，巴西的对外直接投资流入量萎缩了12%，仅为646亿美元。

（四）转型经济体对外直接投资流入量大幅下跌

2015年，流入转型经济体的对外直接投资大幅下降38%，此区域最大两个东道国俄罗斯和哈萨克斯坦的对外直接投资流入量降幅更是分别高达66%和52%。这主要与国际大宗商品价格尤其是国际油价持续下降以及该区域冲突不断关系密切。

（五）跨境并购大幅度上升

2015年全球跨境并购净销售额同比增长67%，达到7 215亿美元，其中，发达经济体是跨国并购的主要对象。受美国跨国公司出于避税目的而在英国和爱尔兰实行并购拉动，欧盟跨境并购额上升到2 690亿美元，同比增长68%。同时，发展中国家跨境并购额则大幅下跌44%，降至680亿美元。具体数据见表1－1－3。

表1－1－3　　对外直接投资投资模式（2009—2015年）　　单位/亿美元

地区 \ 时间		2009年	2010年	2011年	2012年	2013年	2014年	2015年
全球	跨境并购	2 876	3 471	5 534	3 282	2 625	4 325	7 215
	“绿地”投资	9 581	8 190	8 652	6 310	8 308	7 060	7 657
发达经济体	跨境并购	1 912	2 248	4 319	1 839	1 207	2 569	5 859
	“绿地”投资	7 076	5 937	6 072	4 329	5 473	4 873	4 856
发展中经济体	跨境并购	804	1 004	1 013	1 242	1 278	1 560	1 191
	“绿地”投资	2 300	2 066	2 446	1 883	2 519	2 128	2 648
转型经济体	跨境并购	78	54	131	93	31	16	44
	“绿地”投资	205	186	135	98	316	59	153

资料来源：UNCTAD，World Investment Report 2016。

作为跨国公司资本支出意向的指标，全球“绿地”投资总额在2015年基本没有变化，但不同经济体的“绿地”投资发展趋势并不相同。欧盟“绿地”投资项目增长了14%，达1 398亿美元，而发展中经济体“绿地”投资却因跨国公司资本支出削弱而有所下降，其中，非洲、拉丁美洲和加勒比地区的“绿地”投资下降尤其明显，降幅分别为19%和23%。

（六）全球对外直接投资行业结构变化显著

自2014年中期初级商品价格大幅度下降以来，石油和采矿行业的发展受到很大的影响，第一产业对外直接投资总额大幅度下降。根据《2016年世界投资报告》，截至2015年，全球对外直接投资存量中，服务行业占有绝对优势，占比为64%，制造业占27%，初级产业仅占7%。2015年，虽然服务业跨国并购增长950亿美元，但在医药等行业大规模并购项目的推动下，制造业跨国并购金额达到历史最高值3 880亿美元，占全球跨国并购总金额的一半以上。

二 世界主要资本输入国及地区的对外投资情况分析

根据UNCTAD数据，2015年全球十大对外直接投资流入目的地为美国（流入金额3 799亿美元）、中国香港（1 749亿美元）、中国境内（1 356亿美元）、爱尔兰（1 005亿美元）、荷兰（726亿美元）、瑞士（688亿美元）、新加坡（653亿美元）、巴西（646亿美元）、加拿大（486亿美元）和印度（442亿美元）。

（一）美国

2015年美国FDI流出量一改2012年以来的上升趋势，同比下降5%，全年对外直接投资流出量为2 999.7亿美元（见图1-1-1）。截至2015年年底，美国对外直接投资存量达到59 828亿美元。从投资模式看，2015年美国跨境并购净购买额为1 200亿美元，比2014年的890亿美元上升35%；“绿地”投资项目数和金额则延续了2013年以来的下降趋势，分别下降3 012亿美元和1 159亿美元，同比分别下降5%和7%。

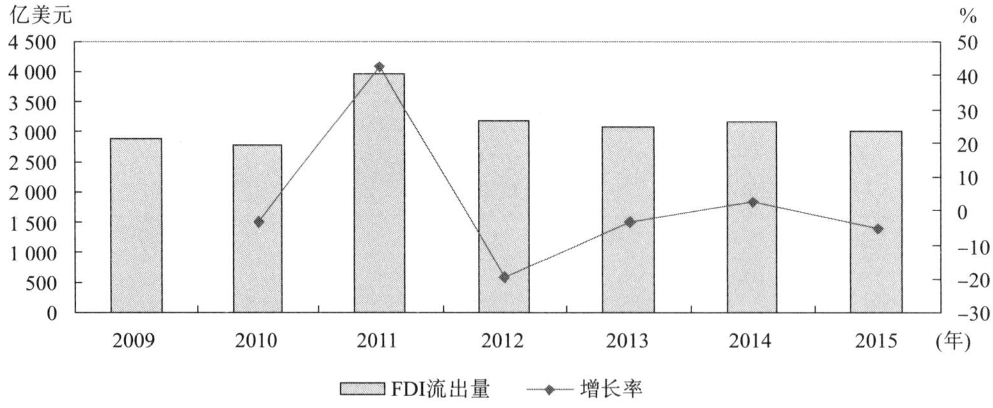

图1-1-1 美国对外直接投资流出量及其增长率（2009—2015年）

资料来源：UNCTAD FDI-TNC-GVC Information System，FDI database。

（二）中国香港

虽然近几年中国香港吸收对外直接投资持续上升，但对外直接投资流出金额却起伏不定。从

2011 年起，中国香港 FDI 流出量连续两年下降，但 2014 年却比 2013 年增长 54%，达到 1 251 亿美元；2015 年中国香港对外直接投资流出金额又下降为 551 亿美元，同比下降 56%（见图 1－1－2）。截至 2015 年年底，中国香港的对外直接投资存量为 14 856.6 亿美元。从投资模式看，跨境并购净购买额从 2011 年起逐年上升，2014 年达到 613.8 亿美元，但 2015 年却同比下降 71%，达到 179.2 亿美元；"绿地"投资项目数和投资金额近几年起伏不定，2015 年分别同比上升 2% 和 46%，分别达到 176 个和 178 亿美元。

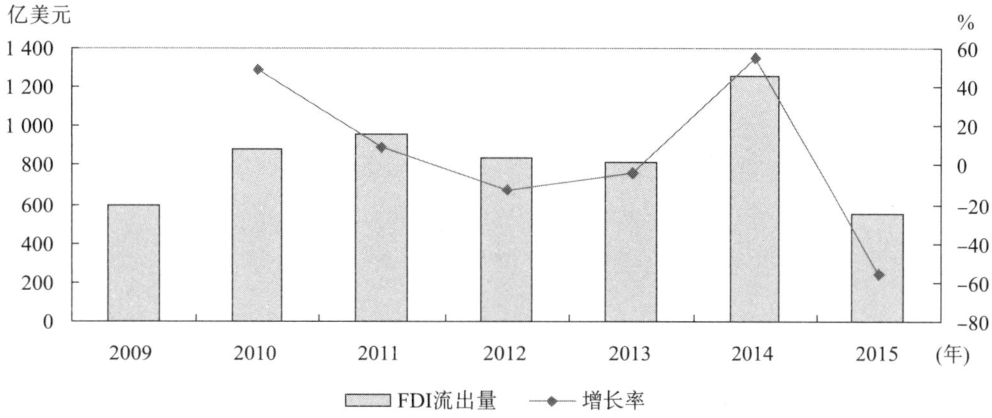

图 1－1－2　中国香港对外直接投资流出量及其增长率（2009—2015 年）

资料来源：UNCTAD FDI－TNC－GVC Information System，FDI database。

（三）爱尔兰

爱尔兰的 FDI 流出量近年来呈逐年增加的趋势，尤其是 2015 年增长趋势迅猛，对外直接投资流出金额同比增长 136%，达到 1 016.2 亿美元（见图 1－1－3）。截至 2015 年年底，爱尔兰对外直接投资流出存量达到 7 934.2 亿美元，是 2010 年的 2.33 倍。从投资模式看，近两年跨境并购模式增长迅猛，2015 年跨境并购净购买额达到 974.8 亿美元，同比增长 8 倍多；"绿地"投资项目数和金额起伏不定，2015 年投资项目数虽然下降为 107 个，但是投资金额却同比增长 90%，达到 57.6 亿美元，投资模式中跨境并购占有绝对优势。

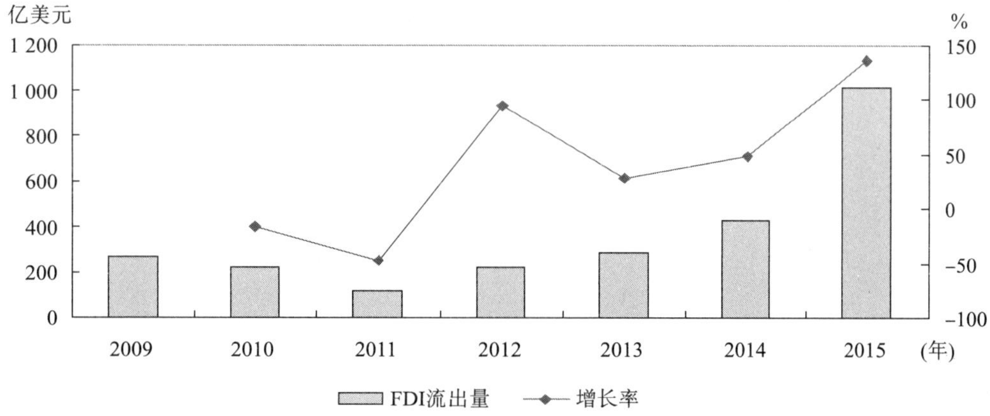

图 1－1－3　爱尔兰对外直接投资流出量及其增长率（2009—2015 年）

资料来源：UNCTAD FDI－TNC－GVC Information System，FDI database。

（四）荷兰

近几年，荷兰 FDI 流出量波动不定，2014 年达到 559.7 亿美元，比 2013 年减少 20%；2015 年止跌回升，对外直接投资流出量同比增长 103%，达到 1 134.3 亿美元（见图 1－1－4）。截至 2015 年年底，荷兰的对外直接投资存量达到 10 742.9 亿美元，是 2010 年的 1.1 倍。从投资模式看，2014 年以前以“绿地”投资为主，为 163.6 亿美元，而跨境并购净购买额为负值，即 －13.4 亿美元，但是 2015 年跨境并购模式突增，并购净额达到 202.8 亿美元，“绿地”投资额为 108.6 亿美元，并购模式转而领先。

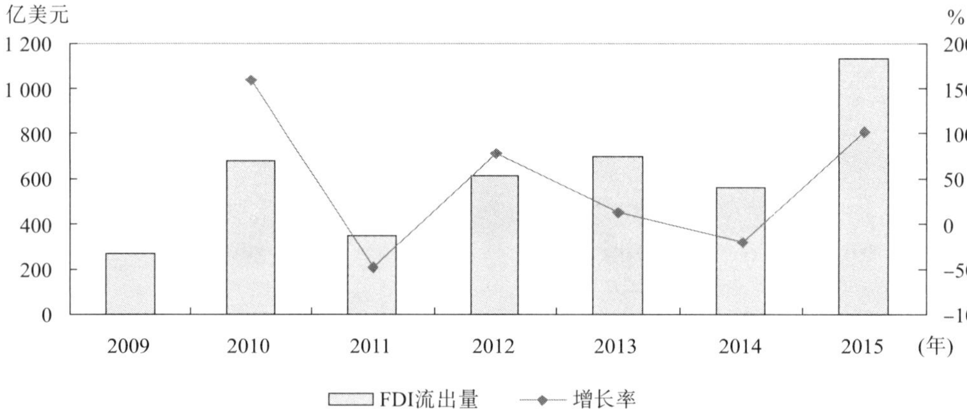

图 1－1－4　荷兰对外直接投资流出量及其增长率（2009—2015 年）

资料来源：UNCTAD FDI－TNC－GVC Information System，FDI database。

世界主要资本输出国及地区的对外投资情况分析

2015 年来自发达国家经济体的跨国公司对外投资高企，相反，发展中经济体和转型经济体的跨国公司的对外投资有所下降。根据《2016 年世界投资报告》，2015 年，发达经济体的跨国公司海外投资同比增加 33%，达到 1.1 万亿美元，发达国家对外投资额占全球对外投资总额的比例从 2014 年的 61% 增加到 2015 年的 72%。其中，来自欧洲的跨国公司在连续 4 年投资下降的情况下出现明显上升，2015 年对外直接投资流出量为 5.76 千亿美元，占全球对外直接投资流出量总额的近四成。2015 年，对外直接投资流出量排名前 10 位的国家及地区分别是美国（流出金额 3 000 亿美元）、日本（1 287 亿美元）、中国境内（1 276 亿美元）、荷兰（1 134 亿美元）、爱尔兰（1 016 亿美元）、德国（943 亿美元）、瑞士（703 亿美元）、加拿大（672 亿美元）、中国香港（551 亿美元）、卢森堡（394 亿美元）。

（一）日本

根据 UNCTAD 数据，日本 FDI 流出量虽波动起伏，但在全球排名一直位于前列，2013 年达到最高为 1 357 亿美元，2014 年同比减少 16.29%，但 2015 年又有所上升，达到了 1 287 亿美元，同比增长 13.29%（见图 1－1－5）。截至 2015 年年底，日本对外直接投资流出存量达到 12 266 亿美元，比2014年的11 931亿美元上升2.7%。从投资模式看，跨境并购模式有所上升，2015年，日本跨境并购净购买额达到504亿美元，比2014年的456亿美元上升10.5%；“绿地”投资金额2015年为564亿美元，比2014年的523亿美元上升7.8%。

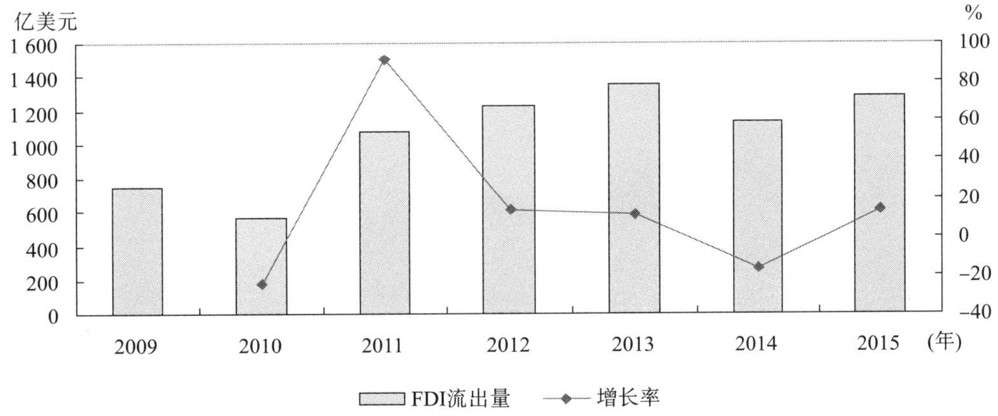

图1-1-5　日本对外直接投资流出量及其增长率（2009—2015年）

资料来源：UNCTAD FDI - TNC - GVC Information System，FDI database。

（二）德国

德国FDI流出量起起伏伏，波动不定，2014年达到1 062亿美元，比2013年增加了165%，达到了2011年以来的最高值，但是2015年却又转而下降11%，达到943亿美元（见图1-1-6）。截至2015年年底，德国对外直接投资存量为18 125亿美元。从投资模式看，跨境并购和“绿地”投资都有所上升，但跨境并购模式占优势，2015年，德国跨境并购净购买额为467亿美元，比2014年441亿美元上升6%；2015年，德国“绿地”投资金额为124亿美元，同比增长23%。

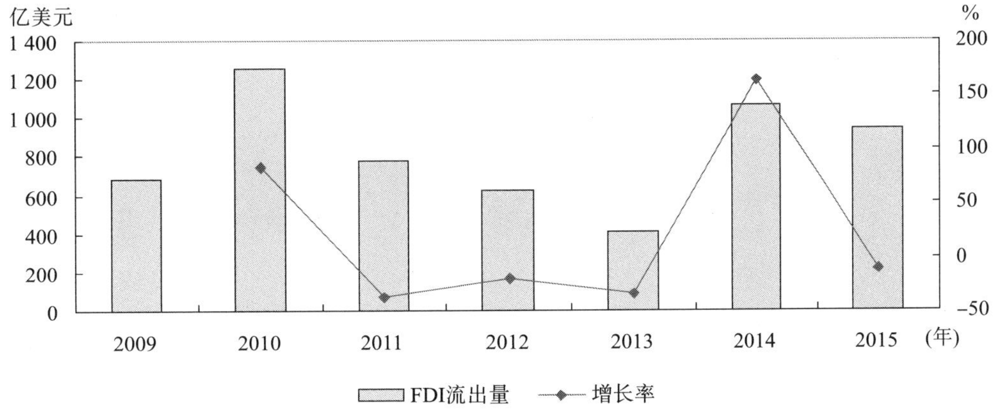

图1-1-6　德国对外直接投资流出量及其增长率（2009—2015年）

资料来源：UNCTAD FDI - TNC - GVC Information System，FDI database。

（三）瑞士

2010—2014年瑞士FDI流出量呈逐年下降趋势，2014年降为-33.3亿美元，但是2015年突然激增达到 702.8 亿美元（见图 1－1－7）。截至 2015 年年底，瑞士对外直接投资存量为 11 381.8 亿美元。从投资模式看，跨境并购净购买额近几年起伏不定，2015 年突飞猛增达到 399.7 亿美元，同比增长 317.8%；“绿地”投资金额也起伏不定，但变化不大，2015 年为 155.3 亿美元，与 2014 年基本持平。

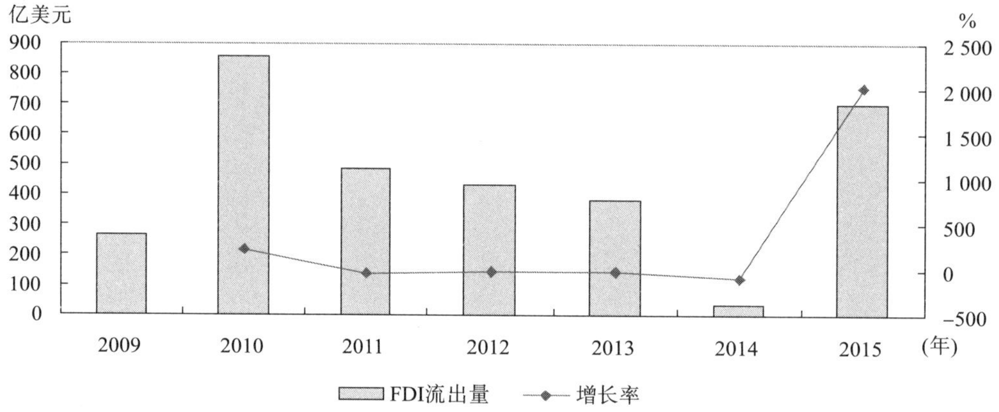

图 1－1－7　瑞士对外直接投资流出量及其增长率（2009—2015 年）

资料来源：UNCTAD FDI－TNC－GVC Information System，FDI database。

（四）加拿大

2010 年以来加拿大 FDI 流出量基本呈增长的趋势，2015 年达到 671.8 亿美元，同比增长 20.6%。截至 2015 年年底，加拿大对外直接投资存量为 10 783 亿美元，比 2010 年增长 8%，2015 年流量见图 1－1－8。从投资模式看，跨境并购模式呈增长态势，2015 年跨境并购净购买额达到 878.3 亿美元，同比增长 84.7%；“绿地”投资模式起伏不定，2015 年有明显下降趋势达到 185.3 亿美元，同比下降 32%，可见跨境并购模式占有明显优势。

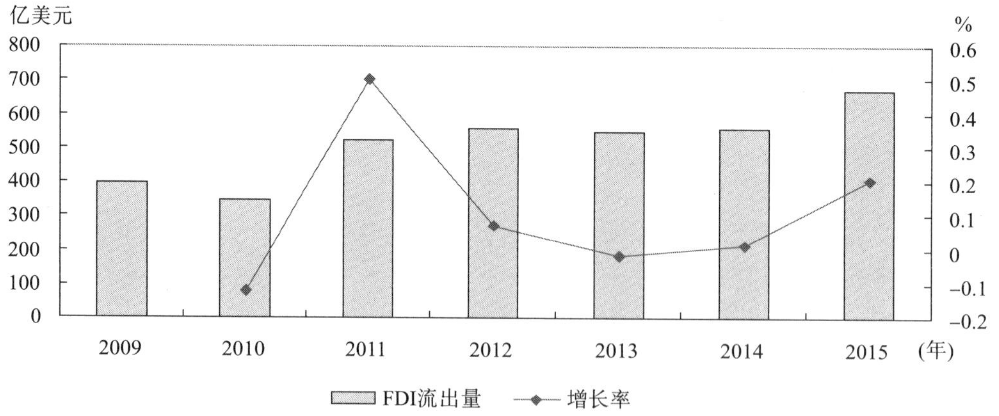

图 1－1－8　加拿大对外直接投资流出量及其增长率（2009—2015 年）

资料来源：UNCTAD FDI－TNC－GVC Information System，FDI database。

全球投资政策趋势分析

对外投资已经成为促进经济发展的重要动力。2015 年，46 个国家和经济体采用了 96 项影响对外投资的政策措施，其中，71 项旨在自由化和促进投资。根据 UNCTAD 数据，2015 年 10 月—2016 年 2 月，25 个国家或经济体采取了 41 项投资政策（见表 1-1-4），意在改善准入条件，减少限制，促进国际投资。具体来说，全球投资政策具有以下五大趋势。

表 1-1-4　　全球投资措施统计表（2015 年 10 月—2016 年 2 月）

国家＼领域	准入条件	经营待遇	促进和激励	商业环境
澳大利亚	1			
阿塞拜疆	2			
中国	1			
欧盟	1			
希腊	1			
匈牙利	1			
印度	2			
印度尼西亚（*）	3		1	
意大利	1			1
日本	1			
哈萨克斯坦	1		2	1
肯尼亚			1	
韩国				1
马来西亚	1			
缅甸（*）	4	2	1	
尼加拉瓜	1			
葡萄牙	1			
俄罗斯联邦	1			
沙特阿拉伯王国				1
塞尔维亚		1		
南非		1		
美国（*）	2		1	
越南	3			
赞比亚	1			
津巴布韦	1			

注："*"代表措施由于属于两种类型而被重复计算。

资料来源：UNCTAD，http：//www.unctad.org。

（一）促进自由化政策占绝对优势

随着经济全球化的发展，目前大部分全球投资政策措施依然保持了投资促进和自由化的趋势。表1－1－5中，自由化/促进措施近三年基本保持在七成以上。2015年，亚洲新兴经济体的自由化政策表现更为突出，占全球总数的近一半。限制性措施所占比重较少，新引入的限制性措施主要反映了对战略行业中外资所有权的担忧，比如拉丁美洲和加勒比地区的一些国家限制性措施较多，主要是限制外资对其土地和自然资源的所有权；匈牙利限制外国投资者购买国有化农业用地。

表1－1－5　投资政策措施数量变化（2009—2015年）

指标	2009年	2010年	2011年	2012年	2013年	2014年	2015年
投资政策变化的国家数量/个	46	54	51	57	60	41	46
政策措施变化数量/项	89	116	86	92	88	72	96
自由化/促进/项	61	77	62	65	64	52	71
限制/管制/项	24	33	21	21	21	11	13
中立/待定/项	4	6	3	6	3	9	12

资料来源：《2016年世界投资报告》。

（二）政策旨在减少限制、鼓励外国投资

大部分新的投资政策以创造更加有利的投资条件，吸引和鼓励外国投资为目的。在不同行业，包括房地产、通信和交通，都采用了自由化、促进和激励措施。比如美国对于房地产的外国投资减轻税收，而且外国养老金基金投资房地产可以获得美国国民同等税收的待遇；印度尼西亚对特定领域计划开办企业的投资者采用了3小时办理执照的政策，2016年，印度尼西亚还采用了新“投资负面清单”，对于旅游、影视、医疗和机场服务等方面都放宽了外资投资约束；哈萨克斯坦则采取“一站式”措施，允许投资者不经过政府相关行政部门申请360多种不同的执照和牌照；肯尼亚政府对特别经济区（Special Economic Zones）提供税收优惠等投资刺激政策。对于对外直接投资的限制性措施主要是公有化或对外国直接投资增加税收，美国采取了一系列措施防止一些公司通过收益剥离逃税，这也使得美国公司海外并购的难度加大，俄罗斯同样采取了新的税收法，旨在防止现金流出和税收流失。

（三）来自亚洲和独联体国家的自由化促进政策引领世界潮流

从区域角度看，印度尼西亚、哈萨克斯坦、缅甸和越南等亚洲和独联体的国家在自由化策略方面具有领先地位。如印度尼西亚对旅游、影视等35个行业颁布了综合性的全面自由化政策；哈萨克斯坦对“阿斯塔纳”国际金融中心（the Astana International Financial Center）采取新法，意在提供税收激励、增加就业及其他优惠措施。此外，缅甸和塞尔维亚都采取了新投资法。从政策类型的角度看，和“准入/建立”相关的措施具有优势。中国、印度、印度尼西亚等亚洲国家都采取了新的“准入/建立”政策，放宽了对外国股权限制或开放了新的商业机会，比如印度部分取消了农业、建筑业、采矿业等15个重要部门的外国直接投资限制，放宽了准入条件。

（四）以美国为首的发达国家试图在全球范围内探索更高标准的多边投资协定

目前，全球的国际投资规则多种多样，标准参差不齐。以2015年11月5日跨太平洋伙伴关系

协定（TPP）的公布为标准，全球投资规则开始向更高标准、综合全面的方向探索和发展。TPP涵盖关税、投资、竞争政策、贸易壁垒、食品安全、知识产权、政府采购以及绿色增长和劳工保护等多个领域，在环保、劳工、知识产权保护和政府采购等方面都制定了更高更严的标准，从而使投资保护和投资自由化达到了新的水平。TPP成员进行的全球贸易和投资不仅要遵守贸易机制的各项规定，还要受到法律法规、社会团体、生态环境、商业模式和公众评判等多方因素的制约。TPP可以说是发达国家对综合性、多层次自由投资和贸易模式的新探索。

（五）国际投资协定（IIAs）增多并部分已经生效

为了促进对外投资，越来越多的国家开始注重国际投资协定的签订。UNCTAD数据显示，2015年全球新增31个国际投资协定（IIAs），其中有20个双边投资协定（BITs）和11个与投资相关的协定（TIPs）。截至2015年年底，全球IIAs的总数已超过3 304个（其中，2 946个BITs和358个TIPs）。目前，国家之间协商签订新的IIAs趋势仍在继续，包括非洲大陆自由贸易区（CFTA），区域全面经济伙伴关系（RCEP）或跨大西洋贸易和投资伙伴关系（TTIP）等超区域投资协定，以及巴西、加拿大、中国、欧盟和日本等国家和地区的双边投资协定也处于谈判进程中。

国际投资协定（IIAs）还有很长的路要走，未来将进行一系列改革。首先，更多的国家要致力于国家级改革措施，执行双边谈判和新协定的约定。其次，大部分新IIAs都需要重新定义相关权力，以便维护投资者利益的同时改善现存的争端解决机制（ISDS）。最后，改善投资争端解决机制的创新观点是IIAs改革的重点，并且要渗透到新的IIAs谈判中。在IIAs改革的第一阶段，各国基本对改革的必要性、改革的领域和方法达成一致意见；第二阶段就需要各国强化与协定伙伴的合作协调。

此外，不管是国家还是国际投资政策在投资促进方面的重视不足，投资促进最终目标是为了吸引投资，使投资更加高效地进行国际流动，让东道国更加受益。投资促进影响着对外投资的整个过程。目前，在国家层面上，许多国家建立了相关政策促进对外投资，2000—2015年，全球至少采取了173项新的激励促进政策，其中一半以上和投资激励相关，仅有23%和投资促进相关。在国际层面上，普遍采用的国际投资措施都缺少法律透明度，在经营环境和其他因素上缺乏效率导致商业成本居高不下。今后一段时间内，投资促进政策是国际投资政策改革的重点之一。

最后，值得关注的是，随着国际投资所有权结构日益复杂，外国投资者国籍也日益模糊，这给执行和操作国别和国际投资政策、双边或区域投资协定带来一系列的问题。比如在国别和国际投资中，国籍差异最常见的区别对待政策包括外资企业准入限制以及最大持股权限制；对外资企业经营活动的限制及业绩要求；投资鼓励措施、投资者保护。投资者国籍模糊，对于国别和国际投资政策的执行和操作加大难度，实效大大降低，成本上升。跨国公司复杂的所有权架构也影响国际投资协定的作用范围，比如TPP中，约有1/3的区域内投资的最终所有者实际上来自非成员国；2010—2015年公布的投资者国家争端（ISDS）案件中，约三成是由非协定成员国最终所有者通过其设在某一协定成员国的实体提出的。

第二章
中国对外投资概况

2015 年中国对外投资相关的政策简介

为了促进对外投资快速高效发展，2015 年，中国政府采取了一系列措施，具体来说，既有整体的管理和促进政策，也包括具体投资区域、投资产业和投资主体政策。通过政策的推动，确立“备案为主、核准为辅”的境外管理模式，简政放权，进一步激发了企业境外投资热情；通过区域政策，加强了与有关国家和地区的密切合作，落实政府间保障机制；通过产业政策，加速了先进和优势行业对外投资合作，实施了一批铁路、公路、核电等重大境外基础设施建设项目；通过主体政策，提高企业国际化经营水平，培育更多高水平跨国公司；通过促进政策，形成与国际接轨的有效机制，加大金融支持力度的同时，也加强了安全风险预警和突发事件的处置。

（一）完善对外投资管理政策

2015 年 1 月，商务部、国家统计局、国家外汇管理局印发《对外直接投资统计制度》的通知，旨在对 2012 年 12 月印发的《对外直接投资统计制度》进行了修订和补充，进一步完善了我国对外投资的管理制度。

（二）对外投资区域政策

2015 年 3 月，国家发改委、外交部和商务部联合发布了《推动共建丝绸之路经济带和 21 世纪海上丝绸之路的愿景与行动》，拉开了“一带一路”倡议具体实施的大幕。该文件强调以政策沟通、设施联通、贸易畅通、资金融通、民心相通为主要内容，促进与沿线国家和地区的合作。拓展相互投资领域，开展农林牧渔业、农机及农产品生产加工等领域深度合作，积极推进海水养殖、远洋渔业、水产品加工、海水淡化、海洋生物制药、海洋工程技术、环保产业和海水旅游等领域合作。加大煤炭、油气、金属矿产等传统能源资源勘探开发合作，积极推动水电、核电、风电、太阳能灯清洁、可再生能源合作。推动新兴产业合作，促进沿线国家加强在新一代信息技术、生物、新能源、新材料等新兴产业领域的深入合作。优化产业链分工布局，推动上下游产业链和关联产业协同发展，鼓励建立研发、生产和营销体系，提升区域产业配套能力和综合竞争力。

（三）对外投资产业政策

2015 年 5 月，国务院发布《中国制造（2025）》行动纲要，提出支持发展一批跨国公司，通过全球资源利用、业务流程再造、产业链整合、资本市场运作等方式，加快提升核心竞争力。支持企业在境外开展并购和股权投资、创业投资，建立研发中心、实验基地和全球营销及服务体系；依托互联网开展网络协同设计、精准营销、增值服务创新、媒体品牌推广等，建立全球产业链体系，提高国际化经营能力和服务水平。引导企业融入当地文化，增强社会责任意识，加强投资和经营风险管理，提高企业境外本土化能力。

2015 年 5 月，国务院发布《关于推进国际产能和装备制造合作的指导意见》，提出力争到 2020 年，与重点国家产能合作机制基本建立，一批重点产能合作项目取得明显进展，形成若干境外产能合作示范基地。推进国际产能和装备制造合作的体制机制进一步完善，支持政策更加有效，服务保障能力全面提升。形成一批有国际竞争力和市场开拓能力的骨干企业。国际产能和装备制造合作的经济和社会效益进一步提升，对国内经济发展和产业转型升级的促进作用明显增强。

（四）对外投资主体发展政策

2015 年 8 月，中共中央、国务院出台《关于深化国有企业改革的指导意见》，提出支持国有企业开展国际化经营，鼓励国有企业之间以及与其他所有制企业以资本为纽带，强强联合，优势互补，加快培育一批具有世界一流水平的跨国公司。

（五）对外投资促进政策

2015 年 5 月，中共中央、国务院发布《关于构建开放型经济新体制的若干意见》，明确提出建立促进“走出去”战略的新体制。意见提出：要建立与国际高标准投资和贸易规则相适应的管理方式，形成参与国际宏观经济政策协调的机制，推动国际经济治理结构不断完善；确立实施新时期走出去国家战略；推进境外投资便利化，贯彻企业投资自主决策、自负盈亏原则，放宽境外投资限制，简化境外投资管理，除少数有特色规定外，境外投资项目一律实行备案制；创新对外投资合作方式；促进高铁、核电、航空、机械、电力、电信、冶金、建材、轻工、纺织等优势行业走出去，提升互联网信息服务等现代服务业国际化水平，推动电子商务走出去；加快实施“一带一路”战略；建立走出去金融支持体系，构建政策性金融和商业性金融相结合的境外投资金融支持体系，推动金融资本和产业资本联合“走出去”；扩大人民币跨境使用，推进本币互换合作，进一步扩大经常项目人民币结算规模；建立“走出去”风险防控体系，提升队伍投资合作质量和水平。

2015 年中国对外投资特征分析

由于一系列有利政策的实施，面临严峻的国际经济形势，2015 年我国对外投资依然取得了较好的成绩，对外投资位居世界第三位。对外直接投资规模进一步扩大；投资区域广，对美投资增长超过六成，“一带一路”沿线国家成为投资焦点；国际产能和装备制造对外合作快速发展；跨境并购成为对外直接投资的主要模式，中外合作园区成为新的模式并逐步推广；民营企业已经成为对外直接投资的主力军；投资工具多元化，但以股权和债权为主。

（一）投资流量再创新高，存量首创万亿美元

根据我国统计局数据，2015 年中国非金融类对外直接投资金额为 7 351 亿元（1 180 亿美元），同比增长 14.7%，再创历史新高，并保持了连续 13 年的增长态势，年均增幅高达 33.6%（见表 1－2－1）。其中，我国对“一带一路”沿线国家对外直接投资额为 148 亿美元，同比增长 18.2%，占我国对外直接投资总额的 12.6%。

表 1－2－1　　中国对外直接投资净额及存量（2008—2015 年）　　单位/亿美元

项目＼时间	2008 年	2009 年	2010 年	2011 年	2012 年	2013 年	2014 年	2015 年
净额	559.1	565.3	688.1	746.5	878.1	1 078.4	1 231.2	1 180
存量	1 839.7	2 457.6	3 172.1	4 247.8	5 319.4	6 604.8	8 826.4	9 184.4

注：2015 年数据为国家统计局发布的未经修正的统计快报数据。

资料来源：中华人民共和国商务部、国家统计局、国家外汇管理局，《2014 年中国对外直接投资统计公报》和国家统计局《2015 年国民经济和社会发展统计公报》。

（二）中国对外投资的区域分布广，“一带一路”沿线国家成为焦点

2015 年，中国对全球 155 个国家或地区进行了非金融类直接投资，其中，上亿美元的国家或地区 54 个，10 亿美元以上 13 个，分别为中国香港、开曼群岛、美国、英属维尔京群岛、新加坡、荷兰、澳大利亚、哈萨克斯坦、卢森堡、老挝、印度尼西亚、加拿大和巴西。在“一带一路”沿线的 65 个国家，我国对其中 49 个国家进行了直接投资，主要有新加坡、哈萨克斯坦、老挝、印度尼西亚、俄罗斯和泰国等。

2015 年，中国内地对中国香港、东盟、欧盟、澳大利亚、美国、俄罗斯和日本 7 个主要经济体的投资达到 868.4 亿美元，占对外直接投资总额的 73.6%。其中，对东盟和美国的投资增长最快，同比分别增加了 60.7% 和 60.1%，对中国香港的投资也增长了 8.3%。

（三）国际产能合作发展迅速

从行业分布看，2015 年，中国制造业对外直接投资额为 143.3 亿美元，同比增长 105.9%，其中装备制造业对外直接投资 70.4 亿美元，同比增长 154.2%，占制造业对外投资的近一半（见表 1－2－2）。投向交通运输、电力、通信等优势产业直接投资累计也达到 116.6 亿美元，同比增长 80.2%。相反，采矿业对外直接投资大幅下降 43.9%，为 108.5 亿美元。

表 1－2－2　　2015 年非金融对外直接投资额及增长速度

行业＼项目	对外直接投资额/亿美元	同比增长/%
农林牧渔业	20.5	17.8
采矿业	108.5	－43.9

续表

行业 \ 项目	对外直接投资额/亿美元	同比增长/%
制造业	143.3	105.9
电力、热力、燃气及水生产和供应业	27.9	51.6
建筑业	45.0	-35.9
批发和零售业	160.2	-7.2
交通运输、仓储和邮政业	30.9	5.5
信息传输、软件和信息技术服务业	57.8	240.0
房地产业	90.6	193.2
租赁和商务服务业	416.7	11.9
总计	1 180.2	14.7

资料来源：中华人民共和国国家统计局，《2015 年国民经济和社会发展统计公报》。

（四）并购仍是主要投资方式

2015 年中国企业共实施海外并购项目 593 个，累计交易金额 401 亿美元（包括境外融资），几乎涉及国民经济所有行业，但重工业特别是石油和天然气公司是并购的热点。其中，中国化工橡胶有限公司以 46 亿欧元收购意大利倍耐力集团公司近 60% 股份，是 2015 年度中国企业最大的海外投资并购项目。从并购金额上看，地方企业占到并购金额的 75.6%。北美和欧洲等成熟市场仍然是中国大陆企业海外并购的最重要目的地。

根据 Dealogic 数据，2015 年海外并购交易总额最大的 10 家公司分别是中国化工集团公司、中投公司、海南交管控股有限公司、中国长江三峡集团公司、安邦保险集团、中国广核电力股份有限公司、紫光股份有限公司、北京清芯华创投资管理有限公司、复兴控股和大连万达集团（见图 1-2-1）。十大公司以国企为主，所用金额为 466 亿美元，占外流资本的 5%—10%。

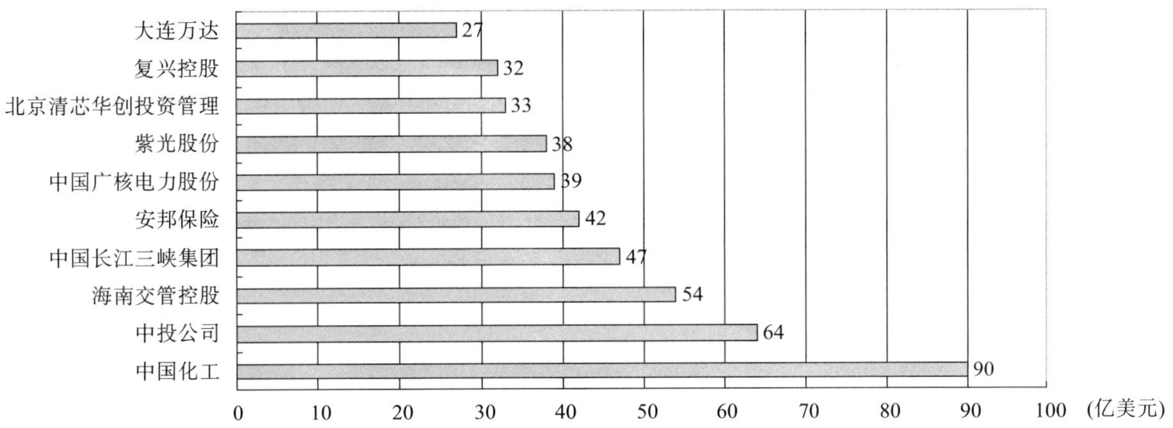

图 1-2-1　2015 年中国海外并购交易总额最大十家公司的并购情况

资料来源：Dealogic，http://www.dealogic.com。

2015 年中资企业海外收购交易额最大的五笔交易分别是倍耐力轮胎、马来西亚埃德拉全球能源公司、Jupia & Ilha Solteira 水电站、瑞士国际空港服务有限公司、仙童半导体国际（见图 1-2-2）。

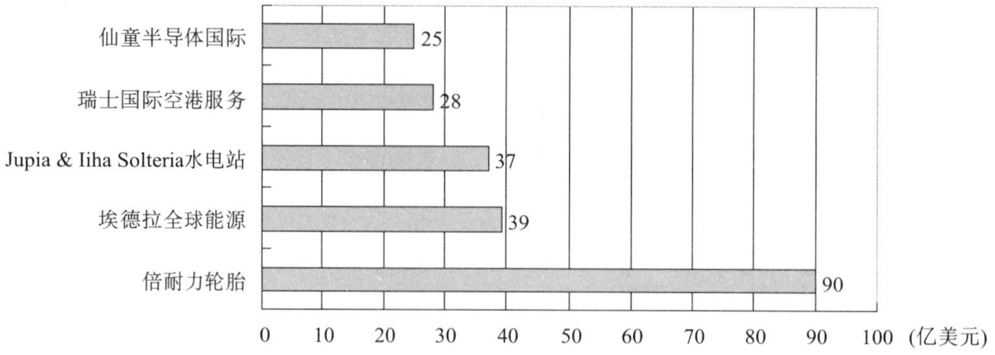

图 1－2－2　2015 年中国公司最大的五笔海外并购交易

资料来源：Dealogic，http：//www. dealogic. com。

（五）合作园区成为国际产能合作重要载体

中外合作园区是国际产能合作的新平台，对提升对外开放水平起到非常重要的推动作用。截至 2015 年年底，我国企业推进的合作园区有 75 个，其中，多半是与纺织、服装、轻工、家电等优势传统行业部分产能合作密切相关的加工制造类园区，带动了部分产能的境外转移。

（六）民营企业成为对外投资主力军之一，领跑海外并购

由于国家政策利好，民营企业国际战略思想提升，海外投资热情高涨，海外并购活动表现更为活跃，无论是海外并购数量还是金额都持续增加。2015 年民营企业海外并购交易数量是国有企业的近三倍。仅上半年民营企业海外并购交易数量就达到了 105 起，增长了 50%，交易金额为 123 亿美元，同比增长 148%。目前，民营企业海外并购的金额已经超过了国有企业。从并购标的企业所属国家和地区看，欧美企业占多数。2015 年，并购美国企业的项目超过 50%，其次是中国香港和欧洲企业。从并购标的所属行业看，海外并购更加多元化，主要是高科技、新兴产业代替能源、矿产等行业，尤其是互联网、传媒、电子、信息技术服务等新兴产业上升显著，而由于经济结构调整和转型资源和能源领域并购有所放缓。房地产、医疗、医疗保健、在线教育等行业也是民企海外并购的热点。

（七）股权和债务为主要的投资工具

根据商务部数据，2015 年，中国对外直接投资中，股权和债务工具投资额为 6 304.4 亿元人民币（折合 1 012.2 亿美元），同比增长 17.6%，所占比重为 85.8%；收益再投资额为 1 046.4 亿元人民币（折合 168 亿美元），基本与 2014 年持平，所占比重为 14.2%。

中国对外投资的机遇和挑战

根据邓宁（Dunning）的投资发展周期理论，当一国人均 GDP 超过 4 750 美元，该国对外直接投资额将明显增加。目前，我国对外直接投资净额已为正值，并不断扩大。中国企业对外投资也将面临新的机遇和挑战。

（一）中国对外投资机遇

目前，中国对外投资稳定增长，面临新的外部机遇和内部机遇。其中，外部机遇有全球经济放缓，部分发达国家高技术企业经营困难，急需全部或部分出售其资产；国际大宗商品价格大幅下跌，海外矿产资源投资不足；发展中国家大规模开展基础设施建设，自身实力不足，急需海外援助。内部机遇也有很多，宏观方面国家利好政策的支持，中观方面行业协会的快速发展，微观方面企业国际视野的扩大、实力的增强等。针对我国“十三五”规划来说，机遇具体如下。

1. “一带一路”战略倡议的实施

随着“一带一路”战略倡议的不断推进和落实，中国对其沿线主要国家的投资也逐步增加。2016 年前 4 个月，对外直接投资额就达到 49.1 亿美元，同比增长 32%。在投资行业方面，鼓励开展农林牧渔业、农机及农产品生产加工等领域深度合作，加大煤炭、油气、金属矿产等传统能源资源勘探开发合作，积极推动水电、核电、风电、太阳能等清洁、可再生能源合作，以及加强能源资源深加工技术、装备与工程服务合作。在投资合作模式上，鼓励合作建设境外经贸合作区、跨境经济合作区等各类产业园区，促进产业集群发展。

2. 对外直接投资手续简化

2014 年我国发布《境外投资管理办法》（以下称《办法》），简化了海外投资审核的流程，确立了“备案为主、核准为辅”的新型管理模式，由审批制改为备案制，缩短了审核时间。《办法》进一步确立了企业对外投资主体地位，有利于落实企业投资决策自主权，推进对外投资便利化进程。《办法》实施以来，办理备案的企业数量增多。

3. 中国金融在全球地位不断提高

2013 年习近平提出“一带一路”战略倡议构想。在实施过程中，我国先是倡议并同一些国家设立亚洲基础设施投资银行（以下简称“亚投行”），推进亚洲地区一体化进程。同时设立丝路基金为“一带一路”战略倡议构想实施搭建融资平台。亚投行和丝路基金弥补了世界金融体系在亚洲基础设施建设投资上的缺口，也提高了我国在全球金融体系中的地位，有助于我国企业对外投资。

4. 自贸区制度的设立提供了海外投资的便捷通道

数据表明，上海自贸区已逐步成为国内企业和产业基金“走出去”的便捷通道。目前，上海自贸区境外投资服务平台已涵盖综合咨询、境外投资备案、投资项目推荐、投资地介绍、行业分析、境外投资等专业服务功能，为投资者提供综合信息支持，并对企业境外投资提供事中、事后持续跟踪和全方位服务，加快了对外投资服务促进体系的构建。上海自贸区已经成为中国企业和资本快速进入国际市场的重要通道。据统计，区内企业对外实际投资超过 62 亿美元，猛增 7.5 倍。上海境外实际投资占全国对外直接投资总数的 13.9%，在全国位居首位。

（二）中国对外投资的挑战

中国企业对外投资同样面临着许多新的外部挑战和内部挑战。外部挑战包括世界经济增长乏力，国际市场需求不足；发达国家高标准国际投资规则的制定；恐怖主义等地缘政治风险进一步上升；英国脱欧后不确定性加剧，必将影响金融市场、房地产等领域。内部挑战也涉及多方面，包括宏观部分地方政府管理不善、服务水平低，中观方面行业协会发展参差不齐，亟待完善规范，微观企业实力不强，投资规模偏小，融资能力有限，抗风险能力低，投资后劲不足。主要内部挑战如下：

1. 我国的行业标准、技术资质难与国际接轨

目前，我国现行的行业标准与国际标准还有一定的差距，部分领域存在标准管理“软”、标准体系“乱”和标准水平“低”的情况。目前，在全球范围内，一些国家只认可一些发达国家的行业标准，而不认可中国的行业标准，设置一些障碍，阻止我国的对外投资进程。2015 年 10 月，我国发布了《标准联通“一带一路”行动计划（2015—2017）》，意在加快制定和实施中国标准并“走出去”，推进标准互认，加强标准化文化交流，开展标准化合作。但是，中国一些具有比较优势的基础设施工程、国际产能和装备制造领域，中国的行业标准和技术资质很难得到国际认可。因此，我国急需加快标准化国际接轨进程，完善标准体系，提高标准水平，加强标准化管理，大力推动中国标准、认证等境外互认。

2. 并购重组审批程序复杂耗时长

我国企业海外投资的管理程序简化激发了企业的投资热情，促进了企业海外投资的进程。2015 年我国企业海外并购浪潮又起，意在加快国内外资源配置。虽然国务院出台了《关于进一步优化企业兼并重组市场环境的意见》等相关政策，但是在具体实施过程中，却不断受阻。比如国有企业并购重组就会受到相关制度、地方保护主义、多部门审批等因素的牵制，审批时间长，流程复杂，严重阻碍了企业海外并购的进程，增加了企业并购成本，降低了并购效率。

3. 海外业务盈利水平不高

我国企业加快了“走出去”的进程，几乎遍及全球，涉及各行各业，但是根据《中国企业海外可持续发展报告（2015）》，中国海外经营业绩并不乐观，其中，13% 的企业盈利可观，39% 的企业基本盈利，24% 的企业基本持平，而其余企业目前暂时处于亏损状态。原因来自于多方面，既有文化语言差异、对东道国环境缺乏了解等外部原因，也有企业缺乏跨国经营管理的经验、资金短缺或融资难等内部原因。

4. 融资依然受到约束

我国企业对外投资，相对国内投资风险大，所需资金相对多。对于对外投资的主力军民营企业来说，融资一直都受到限制。近年来海外并购和国际工程承包数量增多，金额增加，大部分企业选择了国内金融机构，但是国内银行对此项的融资并没有给予充分重视，覆盖面少，业务受限，同时，不接受并购标的企业的股权质押，企业需要自身信用做担保，融资环节多，而且民营企业很难获得融资。所以，我国企业海外投资可以拓宽融资渠道，可以选择境外金融机构贷款，或者多种融资模式获得资金。

“十三五”期间中国对外投资政策趋向

目前，中国对外开放形势十分严峻，面临国际贸易和投资规则的重构，以发达国家为主导的 TTP、TTIP 等对我国参与全球经贸规则制定产生很大影响。同时，中国还面临来自印度等新兴经济体日趋上升的竞争压力。而我国传统的竞争优势逐步减弱，新的竞争优势尚待增强，对于还处在全球价值链中低端的中国制造业而言，还需要不断完善贸易和投资政策、机制和投资水平，提供更加有利的经贸环境，从而促使中国企业不断增强国际竞争力，更好地融入世界。“十三五”期间，中国企业对外投资有望获得更多有效的政策支持。

（一）完善对外投资管理体制

“十三五”规划中提出，完善境外投资发展规划和重点领域、区域、国别规划体系。健全备案为主、核准为辅的对外投资管理体制，健全对外投资促进政策和服务体系，提高便利化水平。推动个人境外投资，健全合格境内个人投资者制度。建立国有资本、国有企业境外投资审计制度，健全境外经营业绩考核和责任追究制度。完善对外投资管理体制，规范对外投资行为和市场经营秩序，将为中国企业创造更加有利的营商环境，推动中国对外直接投资的健康发展。

（二）进一步鼓励各类投资主体参与对外投资

“十三五”规划纲要提出要合理配置国内外资源，鼓励金融机构和企业在境外融资，支持企业对外开放投资，深度融入全球产业链、价值链、物流链，并且鼓励更多民营企业参与国际市场，不断提高国际竞争力，成为有影响力的跨国企业。2016 年初，商务部出台了《中国出口信用保险公司关于支持中小外贸企业提升国际化经营能力的通知》，从经营管理信息化、科学决策水平、全面风险管理能力、培育竞争新优势四个方面给予支持，提升中小外贸企业国际化经营能力。中小外贸企业国际化经营水平的提高，必将有部分企业主动参与境外投资，逐步提升全球价值链地位。

（三）进一步建立和完善金融服务体系

“十三五”期间，中国将有序实现人民币资本项目可兑换，提高可兑换、可自由使用程度，稳步推进人民币国际化；逐步建立外汇管理负面清单制度；放宽境外投资汇兑限制；放宽跨国公司资金境外运作限制，逐步提高境外放款比例；提高金融机构国际化水平，鼓励金融机构海外投资，加强海外网点布局，完善全球服务网络。建立和完善金融服务体系，不仅有助于中国企业多渠道获得更多的海外融资，解决资金短缺难题，还有助于境外投资企业降低海外投资汇兑风险，降低成本，提高国际竞争力。

（四）强化对外开放服务保障

“十三五”期间，我国将进一步推动同更多国家签署高标准的双边投资、司法协助及税收优惠等协定，并争取同更多国家互免或简化签证手续。构建高效有力的海外利益保护体系，维护我国公民和法人海外合法权益。健全反走私综合治理机制，完善反洗钱、反恐怖融资、反逃税监管措施，完善风险防范体制机制。提高海外安全保障能力和水平，完善领事保护制度，提供风险预警、投资促进、权益保障等便利服务。强化涉外法律服务，建立知识产权跨境维权援助机制。对外开放服务保障的强化，有利于激发企业海外投资热情，使境外投资更加便利化，降低海外投资风险，保障海外投资的合法权益，提高海外投资经营能力。

（五）推动规则、标准和合作等与国际接轨

“十三五”规划中提出要健全有利于合作共赢的体制，同国际投资规则相适应。在“一带一路”战略方面，推动与沿线国家发展规划、技术标准体系对接。在国际经济治理方面，积极参与全球经济治理机制合作，加强宏观经济政策国际协调，促进全球经济平衡、金融安全、稳定增长。积

极参与国际标准制定。在承担国际责任和义务方面，维护国际公共安全，加强多边或双边协调，参与国际网络空间治理，维护全球网络安全。规则和标准的国际化，有利于我国企业深化国际经济合作，促进我国对外贸易发展。我国更要积极参与国际规则和标准化的制定，扩大在相关领域标准的“话语权”，维护我国的合法权益。

（六）鼓励海外及我国临港集聚产业区

“十三五”规划中提议建设大宗商品境外生产基地及合作园区。在“一带一路”倡议基础上，建设上合组织国际物流园和中哈物流合作基地。在推进“21 世纪海上丝绸之路”战略支点建设方面，推动共建临港产业集聚区，畅通海上贸易通道。

第三章
2015 年全球投资风险回顾及展望

2015 年全球投资风险回顾

（一）2015 年全球投资的宏观环境

2015 年世界经济增速放缓，世界贸易额下降，全球消费价格指数（CPI）增速下降，大宗商品价格下跌。美国经济继续复苏，欧洲通货膨胀率快速恢复，但新兴市场国家普遍经济发展放缓，出现明显分化。全球就业形势整体改善，但个体表现差异。全球投资政策自由化占主导，亚洲发展中国家表现明显。

1. 世界经济增速低缓

根据国际货币基金组织（IMF）估计，2015 年全球国内生产总值（GDP）增速为 3.1%，比 2014 年下降 0.3 个百分点。其中，发达经济体增长 2.0%，同比上升 0.2 个百分点；新兴市场和发展中经济体经济增速为 4.0%，同比下降 0.6 个百分点。发达经济体中，美国、欧盟和日本增速上升，而其他发达经济体增速则显著下降。其中，日本 GDP 增长由负值 -0.1% 转为正值 0.5%，新兴市场和发展中经济体整体下滑 0.3 个百分点，但 2015 年增长率约为 6.5%，依然是世界经济中增长最快的地区。其中，印度和越南保持高增长的态势，2015 年 GDP 增长分别为 7.3% 和 6.5%，而俄罗斯和巴西等国陷入负增长。

2. 世界贸易继续放缓

国际货币基金组织（IMF）数据显示，受贸易产品价格下降，尤其是能源和资源产品的价格下跌影响，2015 年世界贸易总额下降幅度将超过 10%。除了越南等极少数国家保持了出口正增长，绝大部分国家和地区出口额出现了下降。而且新兴市场和发展中经济体进出口额下降幅度高于发达经济体，其中，中国、韩国等国家出口额下降幅度相对较小，而俄罗斯、印度、南非、巴西以及阿根廷等国的出口额则出现了大幅度下降。

3. 全球 CPI 涨幅回落，大宗商品价格下降

2015 年，世界、发达国家和发展中国家消费价格指数（CPI）比 2014 年分别上涨 2.0%、

1.0%和4.3%，但涨幅均比2014年有所下降。2015年发达经济体的通货膨胀率始终维持在较低水平，美国全年CPI仅增长0.7%，为50年来第二慢增速（美国劳动统计局数据），欧盟消费价格调和指数（HICP）基本在零增长附近波动，日本CPI也持续下降，到2015年9月已经陷入零增长，通货紧缩风险上升。新兴市场表现不一，但总体保持了较高的通货膨胀率。中国、南非和印度的CPI增长率均有所下降，而巴西、俄罗斯的通货膨胀率却不断攀升，表现出典型的滞胀特征。

全球CPI的低迷表现与国际市场大宗商品价格大幅下跌密切相关。2015年，能源价格暴跌45.1%，非能源价格下跌15.1%，其中，农产品价格下跌13%，原材料下跌9.4%，肥料下跌5.1%，金属和矿产下跌21.1%。

4. 国际金融市场动荡不稳

2015年，国际金融市场持续动荡。一是主要经济体货币政策继续分化。2015年，25个国家58次实施了降息等宽松货币政策，而另有10个发展中经济体却采取升息措施。二是其他主要货币兑美元明显贬值。2015年，38个国家和地区本币兑美元贬值超过6%，其中，哈萨克斯坦、阿根廷、乌克兰、巴西和马拉维幅度超过30%；阿塞拜疆、哥伦比亚、俄罗斯、土耳其等国货币贬值也超过20%。三是世界股指动荡加剧，2015年，世界股指上下波动幅度加大，全年跌幅超过4.2%。四是发展中国家资本净流入持续减少，据国际金融协会预计，2015年主要新兴经济体面临27年来的首次资本净流出，总金额将超过5 000亿美元。

5. 全球就业形势整体有所改善，但个体差异大

美国经济稳健复苏，就业形势好转，失业率连续数月持续下降。2016年1月美国失业率下降至4.9%，为金融危机以来新低。欧洲劳动力市场也持续改善，欧盟28个成员国中22个国家失业率下降。而日本、加拿大和澳大利亚等主要发达经济体的劳动力市场则没有明显改善或恶化。

新兴经济体就业情况亦表现不一致。巴西和俄罗斯失业率显著上升，南非失业率仍保持失业率处于25%的高位，而中国城镇登记失业率则基本保持在4.1%水平，就业形势整体可控。

6. 全球政府债务依然处于高位

2015年全球政府债务未出现好转。发达经济体政府债务与GDP之比从2014年的104.6%小幅下降至2015年的104.5%。2015年美国、日本和欧元区政府债务情况未见改善，而欧洲部分重债国的债务负担持续加重，债务风险依旧。

与2014年相比，新兴市场和发展中经济体总债务与GDP之比小幅上升2.9个百分点，达到44.3%。其中，巴西、克罗地亚、摩洛哥、斯里兰卡、乌克兰和乌拉圭等经济体政府债务负担率均超过了60%且有继续上升趋势。低收入发展中国家的政府债务负担率也从2014年的31.3%上升至2015年的34.8%。

（二）2015年全球投资风险的主要类型

随着中国经济实力的不断增强，外汇储备增加，越来越多的企业放眼国际，加快了“走出去”的步伐，但伴随着中国企业规模的不断扩大，企业面临的投资风险类型也不断增加。

1. 安全风险

目前，国际安全形势复杂，种族和宗教矛盾和冲突不断加深，部分地区局势动荡，特别是中东和非洲地区安全局势日趋严峻。伊拉克、阿富汗政局依然动荡，巴以冲突旷日持久，乌克兰、叙利亚局势难料。同时，全球范围内恐怖主义活动猖獗，传染性疾病等非传统安全威胁也在上升。2015

年，尼日利亚多次发生恐怖袭击事件。2015 年 11 月 13 日，法国巴黎多处发生暴力恐怖袭击事件，造成 130 多人死亡，2016 年 3 月，比利时布鲁塞尔地铁又遭恐怖袭击，无论是中资企业还是其他跨国投资企业，在境外投资时面临的人身和财产安全威胁不断加大。

2. 政治风险

跨国企业进行对外投资时，往往会遇到东道国政府以国家安全为由、通过政府手段阻挠企业正当的投资经营活动。比如一些发达国家和资源型国家会在境外企业参与并购该国企业或矿产资源时加大审查力度和难度。当一些国家处于政府更迭时期，党派相争也会导致政治局势紧张，外资企业不得不面临执政党更换所带来的政府投资政策变动的风险。金融危机后，国际投资贸易保护主义有所抬头，一些国家以保护就业和民族产业为名，对外资企业的投资加以阻挠和歧视。

3. 经济风险

影响企业海外投资及收益的另一重要风险是经济风险。目前，国际经济形势不容乐观，增速低缓。美国和欧盟经济虽然有所增长，但是有效需求不足，经济短时间难以快速恢复，我国企业开拓市场难度加大，利润增长空间受到限制。石油价格持续下跌，使严重依赖石油出口的国家经济遭受了非常沉重打击。

4. 金融汇率风险

2015 年美元指数继续上升，欧元、日元及其他新兴市场货币兑美元汇率则持续下滑。美元升值，套利交易活跃，国际资本回流美国，美国股指不断上扬。2015 年，美联储加息预期推动美元进一步升值，新兴市场货币贬值，一定程度上促进其出口，但资本外流也使巴西、印度和土耳其等财政和经常账户双赤字国家受到严重冲击。此外，油价持续下跌也会影响石油出口国的货币指数，从而加剧金融风险。

5. 法律风险

企业在对外投资时会涉及不同的国家和地区，也会面临不同的法律体系和社会背景的挑战。第一，当企业的海外投资项目涉及基础设施和能源领域时，由于此类投资的时间往往长达十几年到几十年，涉及特许经营协议、执行协议、购电协议、工程承包合同等各类合同，其所面临的法律和政府违约风险便会明显上升。第二，企业在进行对外投资时，必须充分了解东道国的法律对境外公司的持股比例限制，并了解该国是否允许董事和经理由外国公民担任等问题。第三，一些发展中国家法律制度不完善，部分东道国合作者为了诈骗盈利，往往利用法律漏洞，甚至制造虚假项目或合同，境外企业如果没有进行彻底的尽职调查，或在合同签订时未关注补充协议等事项，便会受到很大损失。第四，部分企业对外投资时法律意识淡薄，只有当项目签署备忘录或框架协议时才让律师介入，或未雇用称职的当地或国际律师参与项目谈判，结果在项目运行和合同执行中不得不承受较大损失。

6. 文化风险

企业在加快对外投资时，必然会遇到因语言、风俗习惯、宗教信仰等各方面差异，而导致的不同程度的文化冲突碰撞。无论是西方企业还是中资企业，在其他地区进行海外投资时，都很难避免此类文化风险。

（三）2015 年全球投资风险的国家差异性

中国已经是全球第三大对外直接投资国，2015 年中国企业在“走出去”过程中也同其他跨国企业一样，面临着不同地区的投资风险。缅甸密松水坝项目、斯里兰卡重新评估中国援建港口、中澳铁矿百亿减值、墨西哥高铁项目被无限期搁置等事件，都说明在全球各类国家投资都存在不同类型的投资风险。

2015 年年底，中国社会科学院世界经济与政治研究所发布了“2015 年度中国海外投资国家风险评级”，发达国家评级普遍高于新兴经济体，投资风险低，其中，德国是唯一 AAA 级投资目的地，排名第一，美国和英国分别排名第二和第三，澳大利亚、新西兰等 19 国的相对排名下降（见表 1-3-1）。就“一带一路”沿线国家来说，低风险级别仅有新加坡，28 个国家的风险级别为中等，6 个国家的风险评级属高风险行列（见表 1-3-2）。

表 1-3-1　　　国家风险评级综合排名及变化

排名	国家	2015 年级别	排名变化	2014 年级别
1	德国	AAA	-	AAA
2	美国	AA	↑	AA
3	英国	AA	↑	AA
4	澳大利亚	AA	↓	AA
5	新西兰	AA	↓	AA
6	韩国	AA	↑	AA
7	加拿大	AA	↓	AA
8	新加坡	AA	↓	AA
9	荷兰	AA	↓	AA
10	法国	A	↑	A
11	日本	A	↓	A
12	以色列	A	N	N
13	阿联酋	A	N	N
14	意大利	A	↑	A
15	捷克	A	N	N
16	匈牙利	A	N	N
17	沙特阿拉伯	A	N	N
18	波兰	A	N	N
19	哈萨克斯坦	A	↑	A
20	罗马尼亚	BBB	N	N
21	保加利亚	BBB	N	N
22	马来西亚	BBB	↓	A
23	印度尼西亚	BBB	↑	BBB
24	俄罗斯	A	↑	A
25	希腊	BBB	N	N
26	墨西哥	BBB	↑	BBB
27	菲律宾	BBB	↓	BBB
28	斯里兰卡	BBB	N	N
29	南非	BBB	↑	BBB

续表

排名	国家	2015 年级别	排名变化	2014 年级别
30	土耳其	BBB	↑	BBB
31	柬埔寨	BBB	↑	BB
32	泰国	BBB	↓	BBB
33	伊朗	BBB	↓	BBB
34	乌兹别克斯坦	BBB	N	N
35	巴基斯坦	BBB	↓	BBB
36	印度	BBB	↑	BB
37	老挝	BBB	↑	BB
38	蒙古国	BBB	↓	BBB
39	肯尼亚	BBB	N	N
40	缅甸	BBB	↓	BB
41	越南	BBB	↓	BB
42	土库曼斯坦	BBB	N	N
43	塔吉克斯坦	BBB	N	N
44	埃塞俄比亚	BB	N	N
45	尼日利亚	BBB	↑	BBB
46	孟加拉国	BB	N	N
47	白俄罗斯	BB	N	N
48	巴西	BB	↓	BB
49	阿根廷	BB	↓	BB
50	安哥拉	BB	↓	BB
51	赞比亚	BB	↓	BB
52	埃及	BB	N	N
53	吉尔吉斯斯坦	BB	N	N
54	乌克兰	BB	N	N
55	苏丹	B	↑	B
56	伊拉克	B	N	N
57	委内瑞拉	B	↓	B

资料来源：中国社会科学院世界经济与政治研究所，《2015 年度中国海外投资国家风险评级报告》。

表 1－3－2　　“一带一路”国家风险评估排名

排名	国家	是否发达国家	2015 年级别
1	新加坡	1	AA
2	以色列	1	A
3	阿联酋	0	A
4	捷克	1	A
5	匈牙利	1	A
6	沙特阿拉伯	0	A
7	波兰	0	A

续表

排名	国家	是否发达国家	2015 年级别
8	哈萨克斯坦	0	A
9	罗马尼亚	0	BBB
10	保加利亚	0	BBB
11	马来西亚	0	BBB
12	印度尼西亚	0	BBB
13	俄罗斯	0	BBB
14	希腊	1	BBB
15	菲律宾	0	BBB
16	斯里兰卡	0	BBB
17	土耳其	0	BBB
18	柬埔寨	0	BBB
19	泰国	0	BBB
20	伊朗	0	BBB
21	乌兹别克斯坦	0	BBB
22	巴基斯坦	0	BBB
23	印度	0	BBB
24	老挝	0	BBB
25	蒙古国	0	BBB
26	缅甸	0	BBB
27	越南	0	BBB
28	土库曼斯坦	0	BBB
29	塔吉克斯坦	0	BBB
30	孟加拉国	0	BB
31	白俄罗斯	0	BB
32	埃及	0	BB
33	吉尔吉斯斯坦	0	BB
34	乌克兰	0	BB
35	伊拉克	0	B

注："1" 表示发达国家，"0" 表示发展中国家。

资料来源：中国社会科学院世界经济与政治研究所，《2015 年度中国海外投资国家风险评级报告》。

（四）2015 年全球投资风险的行业差异性

全球投资风险不仅有地区、国别差异性，在不同行业进行海外投资也会面临着不同的风险。从 2015 年开始时，中国企业高速公路、铁路等基础设施建设领域进行投资时往往会受到一定阻力，而在可再生能源领域的海外投资所面临的风险则较低，受到的阻碍也相对较小。联合国环境规划署报告显示，2015 年全球可再生能源的投资总额达 2 860 亿美元，创历史新高，发展中国家可再生能源投资额达到 1 560 亿美元，同比增长 19%，首次超过发达国家，而中国可再生能源投资额为 1 029 亿美元，同比增长 17%，在世界总投资额中占 36%。

（五）2015 年全球投资风险的投资主体差异性

在中国，除了行业风险，投资主体本身的差异也意味着其在海外投资中面临不同风险的挑战。民营企业虽作为对外投资的主力军，但经验不足，实力有限，必然在对外投资的过程中会遇到一些国有企业无法遭遇的特殊困难，如海外融资风险等。

未来全球投资风险展望

鉴于全球经济恢复迟缓，金融市场持续动荡，地缘政治风险和地区紧张局势难见缓和，预期 2016 年全球对外直接投资难以保持 2015 年增长的势头。UNCTAD 的《2016 年世界投资报告》预计，2016 年对外直接投资流量会降低 10%—15%，2017 年全球对外直接投资流量将有所好转，到 2018 年全球对外直接投资总额有望超过 1.8 万亿美元。我国已经“走出去”或有意“走出去”的企业应密切关注全球投资风险，加强境外安全风险防范意识，不断提升海外投资风险管控和应对水平。

（一）区域角度

1. 亚洲

亚洲一直是我国对外直接投资的主要区域，风险相对较低，但区域内风险类型差异较大，中国企业依然需要注意战争风险、政治风险、违约风险和金融风险。

西亚和中亚地区的战争风险及恐怖袭击风险较高，具体表现见表 1-3-3。

表 1-3-3　　2015—2016 年初亚洲国家恐怖袭击事件列表

国家	恐怖袭击事件
巴基斯坦	2016 年初，恐怖袭击事件造成的人员伤亡不断上升。2016 年 3 月，巴基斯坦旁遮普省首府、巴基斯坦第二大城市拉合尔一公园发生自杀式爆炸袭击，造成至少 72 人死亡（其中包括 29 名儿童），300 多人受伤。巴阿边境的恐怖组织将是巴基斯坦安全局势的最大威胁。“伊斯兰国”势力也不断向南亚渗透。巴基斯坦政府提高了伊斯兰堡和拉瓦尔品第的安全预警级别，同时加强了酒店、政府、学校、商场和机场等场所的安保戒备
阿富汗	2016 年初阿富汗首都喀布尔安全形势持续恶化，恐怖袭击连续不断，人员伤亡明显增多
约旦	约叙边境武装分子活动活跃，在约旦的中资企业应防范意外伤害或绑架等危险情况发生
叙利亚	在 2015 年 9 月 30 日俄罗斯对叙利亚境内极端武装组织发动空中打击后，叙利亚紧张局势持续；沙特阿拉伯领导的阿拉伯联军在也门与胡塞武装间冲突陷入僵局
土耳其	安卡拉火车站于 2015 年 10 月 10 日发生两起炸弹袭击事件，造成 86 人死亡，186 人受伤
沙特阿拉伯	2015 年，阿拉伯境内已发生十数起针对清真寺和安全人员的恐怖袭击，造成大量人员伤亡
科威特	自 2015 年“6·26”恐袭事件发生后，科威特安全人员在敏感区域对车辆和行人实施严格检查，不能排除再次发生恐袭事件的可能性

资料来源：中国商务部网站并经整理，http://fec.mofcom.gov.cn/article/jwaq/。

亚洲地区的政治风险也不容忽视。比如，受宏观经济形势恶化，就业形势严峻影响，蒙古国 2016 年 5 月初议会修订选举法，新的选举制度可能引起蒙古国首都乌兰巴托部分市民的不满，给蒙古国的投资环境增添了不确定。

劳工风险方面，必须关注两国政府间的劳工输入协议，避免劳务纠纷等劳工风险。2015 年卡塔尔对劳动法部分条款进行了修订，赴卡塔尔的劳务人员需注意相关政策变化变化。此外，在中东进行投资的企业也必须关注合同诈骗风险，2015 年卡塔尔 Power Links International 公司在与我国公司开展工程承包时便存在保函欺诈和合同欺诈行为。

此外，作为中国在亚洲的重要合作伙伴，2015 年东盟地区政治、经济基本稳定，但仍存在金融风险和违约风险。在政治方面，缅甸、斯里兰卡、马来西亚和印度尼西亚都存在政府换届风险。经济方面，东盟经济表现较为稳定，整体增长速度回升到 5% 以上，但经济结构调整压力仍难以忽视。2016 年美联储加息预期也影响了东盟一些国家金融市场的稳定。在老挝，应特别警惕合同违约风险。2013 年和 2015 年，我国在老挝承包大型基础设施项目时，便因与业主产生纠纷而无法结算工程款，银行保函被业主兑付，损失巨大。

2. 欧洲

经济风险方面，欧洲整体经济虽有所复苏，但情况依然严峻。英国面临实体经济空心化和过度依赖资产价格上涨的风险；法国面临复苏基础薄弱，结构性改革不足问题；德国则不得不应对外需不足和希腊债务冲击的风险。俄罗斯经济面临西方制裁且过度依赖能源出口，能源价格下跌对俄经济带来的负面影响难以短期改变。

政治风险方面，由于欧洲经济持续低迷，反欧盟政党越来越受到选民欢迎，部分欧洲国家对德国主导欧洲也越来越不满。此外，乌克兰危机由国内政治危机演化为威胁欧洲安全的国际危机，使欧美关系进一步加强，而欧洲与俄罗斯的政治关系却大幅倒退。

除了经济风险和政治风险，还需警惕欧洲的安全风险和诈骗风险。

安全风险较高。“伊斯兰国”对欧洲安全产生较大威胁。难民危机也对欧洲各国，尤其是中东欧的安全形势形成挑战。2015 年以来欧洲多次发生恐怖袭击事件，法国多次受到恐怖分子袭击。2016 年 3 月，比利时布鲁塞尔也发生恐怖袭击，造成重大人员伤亡。

此外，中东欧部分国家的合同诈骗风险也较高，波兰、匈牙利、捷克均曾发生网络诈骗外企事件，中国企业应对此特别注意。

3. 非洲

非洲投资除了要警惕战争风险、安全风险、经济风险以外，还要警惕疫情风险。

非洲恐怖袭击事件常有发生。2015 年 7 月，喀麦隆极北大区 Fokokol 和 Maroua 相继发生自杀式炸弹袭击事件，造成人员伤亡。再如 2016 年 3 月，据科特迪瓦经济首都阿比让约 40 公里的大巴萨姆一家酒店遭到袭击，造成 10 多人死亡，其中有 4 名为欧洲人。能源丰富的乍得是中非地区最弱的国家之一，乍得国土安全受到威胁。乍得的军事力量多次介入与萨赫勒基地组织（马里）和尼日利亚博科圣地恐怖组织的战争，因而乍得成为周边恐怖分子的眼中钉。2015 年 7 月乍得首都恩贾梅纳市的中央市场南门附近发生自杀式爆炸事件，12 月 5 日，乍得湖地区乍得境内发生三起自杀式爆炸袭击，都造成了严重的人员伤亡。2015 年，索马里“沙巴布”增加了对“软目标”的袭击，首都摩加迪沙发生严重恐怖袭击事件，特别是进入斋月后，“沙巴布”对索马里国家情报安全局总部、阿联酋训练营车队以及非盟部队发动袭击，造成严重人员伤亡。

人身财务安全风险方面，比如肯尼亚安全形势严峻，我国中资企业在其境内多次发生项目被抢和人员被劫持事件，造成较大财产损失。埃及 2015 年 7 月 11 日，意大利驻埃及总领馆遭炸弹袭击，而且经济复苏迟缓，加剧社会政治紧张。

经济风险方面，比如埃及通货膨胀率持续高位，而且标普预测埃镑未来几年将会持续贬值；经济依赖石油收入的乍得等国家由于国际原油价格波动；几内亚比绍新政府在2015年初颁布政令，对几内亚比绍木材加征新的税费，境外企业对几内亚比绍木材市场需谨慎，以免造成不必要的经济损失。

非洲大部分国家经济发展不发达，生活质量差，疫情风险一般较高。佛得角2015年感染兹卡（Zika）热的患者已经超过4 000多例。埃博拉病毒也在几内亚等国爆发。气候风险方面，气候变化给乍得的国民经济支出产业带来很大的负面影响。降雨稀少，与水有关的疾病丛生，农作物病害随之增加，国土沙漠化等问题显现，殃及乍得人口80%的农民的生产活动。几内亚也存在着诈骗风险。

4. 美洲大洋洲

美洲大洋洲除了注意传统的经济风险、政治风险外，疫情风险也要引起重视。

经济风险方面，巴西政治动荡一定程度上影响了经济的发展。2015年，巴西经济陷入衰退，是自20世纪30年代以来最大的衰退。由于政治腐败案的持续发酵，国外投资纷纷撤资，巴西的失业率飙升。通货膨胀率大幅上涨，2015年达到10.7%，是2002年以来的新高。巴西的货币雷亚尔大幅贬值。国际货币基金组织报告，2015年巴西经济萎缩了3.8%，预期巴西这个拉丁美洲最大的经济体2016年由下降1%改为萎缩3.5%。

政治风险方面，墨西哥高铁毁约事件受到了全世界的关注，主要原因在于不熟悉当地法律、政治。此外，劳工党候选人罗塞芙2014年10月凭借微弱优势成功连任，但巴西石油公司腐败案却使劳工党的公信力受到极大影响，而在野党社会民主党对总统的弹劾案 ·波三折，而且在劳工党内部也存在着分歧和不满。

美洲大洋洲地区近年来病毒疫情时有发生。比如，寨卡病毒（Zika virus）2014年爆发于巴西，目前已经扩散到20多个国家，但主要集中在拉丁美洲。该病毒经蚊子叮咬传播，叮咬3—12天后发病，症状往往为轻度发热、皮疹、头痛、关节痛、肌肉疼痛和非化脓性结膜炎等，该病毒还与新生儿先天性畸形高度相关。此外，厄瓜多尔流感风险要警惕。2013年厄瓜多尔因为甲型流感（AH1N1）造成100多人死亡；2016年该病毒又卷土重来，已经造成40左右人死亡，300人感染。发生寨卡病毒疫情的国家和地区主要分布在美洲、太平洋地区和非洲，其中美洲已经有35个国家和地区确认本地流行病例。安全风险方面，特立尼达和多巴哥治安形势趋于恶化。2015年，在特立尼达和多巴哥的多家中国公民经营的超市、酒吧发生盗抢事件，其中一起案件中，我国一公民被人抢劫枪杀致死。

此外，该地区还需警惕汇率风险。由于国际市场石油价格下跌，墨西哥本国货币持续贬值，2016年墨西哥本币货币比索兑换美元汇率贬值幅度达到7.0%，成为全球主要货币贬值幅度最大的货币之一，汇率的贬值可能出现墨西哥企业推迟履约的情况。

（二）从行业角度分析

1. 能源资源领域

能源资源投资金额相对较大，海外投资面临的最大风险就是政治风险，其次还有法律风险、经济风险和文化风险。就“一带一路”沿线国家而言，能源投资高政治风险地区主要集中在南亚和西亚、北非，而且该地区战乱频繁、恐怖主义横行、政府管治能力低下。比如，对于能源领域中重要的石油行业，境外企业除了面临着疾病、战争和政变等高风险，近几年石油价格变动频繁，行业投资整体下降也将带来供应安全风险。

新能源行业作为新兴产业，科技含量高，资本密集度大，其发展过程中将面临环境风险、政策风险、技术风险、市场供求风险、金融风险以及质量问题引发的运营风险等。

2. 农业

农业是基础性行业，在全球对外直接投资中长期被忽略或低估。农业对外投资面临的风险除了传统的政策制度风险、市场竞争风险和劳资风险外，还有特殊的环境风险、气候等。政策制度风险方面比较敏感的是土地政策，境外企业在与东道国达成土地协议后，往往会受到一些政治干预影响农业投资活动；由于境外企业对东道国土地所有权属的相关法律和土地习惯权属不重视，出现很多土地纠纷。竞争风险方面，由于发达国家跨国公司技术水平先进，实力雄厚，发展中国家企业普遍规模小，抵抗风险能力低，海外投资必然面临着美国、日本等发达国家企业的激烈竞争。环境风险方面，由于东道国本身环境脆弱和农业投资带来的环境污染，境外企业如果不重视当地的环保和社会认可，必然会构成经营风险和社会风险。气候风险方面，由于农业项目投资回收周期长，易受天气的影响，而近年来全球气候恶化，对农业的冲击越来越大。

3. 国际产能和装备制造业

装备制造业是国民经济发展的基础，是国家经济安全和军事安全的重要保障。国际产能和装备制造业的海外投资都会面临不同国家和地区的政治、法律、文化等一系列风险，但有所差异。投资发达国家，将面临投资保护主义风险，冠以“国家安全威胁”之名阻碍外资投资；投资发展中国家，则面临法律违约风险，单方面撕毁合同。就“一带一路”周边国家、非洲、中东和中东欧国家以及拉美国家而言，国际产能和装备制造业合作面临的风险主要有员工人身、政策更迭、汇率波动、贸易管制、政治干预、战争、国有化、税收、利率、生产建设安全、交通运输等方面。

4. 建筑房地产

不同国家建筑房地产的法律法规、政策制度各有差异，市场需求和竞争也略有不同，建筑风格更是形态万千。建筑房地产海外投资面临的风险必然多而复杂，涉及政策风险、信贷风险、汇率风险、诈骗风险、劳工风险、竞争风险等。

信贷风险是建筑房地产企业对外投资面临的重要风险之一。因为其建设周期长，资金需要量大，而融资一直是我国企业对外投资的主要困难。虽然融资渠道多，但是很多门槛高，评审严格，没有优惠贷款支持，境外企业将面临资金短缺风险。

诈骗风险也需注意。比如在几内亚，同一国家的境外企业相互竞争，对投资项目严格保密，结果掉进陷阱，当地部分企业会把老项目经过重新包装后欺骗海外投资企业。因此，境外建筑施工企业应通过多种渠道获取投资信息和当地企业真实资料，以防上当受骗。

此外，不同国家和地区建筑标准和规范不同，境外企业劳务人员可能只熟悉本国的建筑标准，但国外很多国家或公司都采用欧美建筑标准和规范，境外企业如果不熟悉当地或欧美国家的建筑标准和规范，就会面临因不能达标而无法获得应得款项的风险。

第二篇

中国企业主要投资区域及国家投资风险分析

第一章
东南亚投资环境及主要投资目的国投资风险分析

东南亚投资环境及主要投资风险

（一）东南亚地区经济概览

东南亚地处亚洲与大洋洲、太平洋与印度洋的“十字路口”，马六甲海峡是这个路口的“咽喉”，战略地位非常重要，该地区包括中南半岛和马来群岛两大部分。东南亚地区概况见表2－1－1。东南亚共有11个国家：越南、老挝、柬埔寨、泰国、缅甸、马来西亚、新加坡、印度尼西亚、文莱、菲律宾、东帝汶，面积约457万平方公里。其中老挝是东南亚唯一的内陆国，越南、老挝、缅甸与中华人民共和国陆上接壤。在东南亚地区，华侨华人占世界华侨华人总数的80%以上，他们之中绝大多数已加入当地国籍，成为居住国公民。此外，2015年12月31日宣布建成的东盟经济共同体，为这一总人口超过6.2亿、国内生产总值（GDP）规模达2.6万亿美元的区域带来巨大机遇。马来西亚国际贸易与工业部的一项调查显示，高达83%的市场人士认为，建设东盟经济共同体将带来积极影响。

作为世界经济发展最具活力的地区之一，东南亚许多国家近年来不断增加基础设施建设投入，调整产业结构，结合自身优势向全球价值链上游攀升。但总的来说，东南亚国家农业产值比重虽呈下降趋势，但仍普遍高于同等收入国家的平均水平，一些后起国家农业部门仍占重要地位；各国工业在国民经济中的地位普遍高于处在同等经济发展水平的国家，制造业产值比重也高于相同收入国家的水平；各国服务业产值比重虽总体趋于上升，但仍普遍低于同等经济发展水平的国家。同时东南亚各国产业结构演变过程中仍存在不少问题，如农业劳动生产率明显偏低，工业基础仍显薄弱和内部结构不平衡，现代服务业部门发展相对滞后。在东南亚国家中，新加坡最为繁荣，经济以服务业、金融业、科技业、航运业、物流业、旅游业为主，并积极发展高科技和教育。越南、菲律宾和印度尼西亚经济相对落后，经济偏重旅游业、基础制造业、农渔业。泰国、越南、缅甸是世界上重要的稻米（水稻）出口国。印度尼西亚则是重要的石油出口国，出产石油较多的还有马来西亚和文莱。

表 2－1－1　　东南亚地区概况（2014 年）

中文名称	东南亚	气候	热带雨林气候、热带季风气候
英文名称	Southeast Asia（SEA）	纬度	10°S—28°26N
面积	457 万平方公里	经度	92°E—140°E
人口	6.25 亿（2014 年）	GDP 增长率	4.4%（2015 年）
国家总数	11	通货膨胀率	3%

注：数据来自 EIU、IMF 数据库。

（二）东南亚地区投资环境及风险分析

2015 年的东南亚地区，由于受到国际商品价格下滑、中国经济增长放缓、美国调整利率等因素的影响，大部分国家经济发展不景气，出口普遍不振。而其中越南在持续扩大的海外直接投资和旺盛的国内个人消费需求的推动下，实现了高出年初预计的经济增长。缅甸发展势头也较好，但是洪水问题对其农业造成严重打击。亚洲开发银行报告预测，在全球经济增长乏力背景下，东南亚地区经济增速有望从 2015 年的 4.4% 回升至 2016 年的 4.5%，并在 2017 年达到 4.8%。这得益于东南亚国家总体稳定的发展环境、大规模的基础设施投资以及产业结构调整，这些积极因素为本区域吸引投资、发展制造业、提振贸易和内需等提供了难得机遇。有分析指出，东盟经济一体化程度加深以及来自中国投资的优化升级，为东南亚经济发展注入强大动力。预计通过削减贸易关税，降低劳动力、服务、资本流动成本等，东盟经济共同体建设将显著增强该区域的互联互通、改善商业环境并吸引更多投资，从而让东盟经济总值在 2030 年翻一番。东南亚国家 2015—2016 年全球竞争力指数排名见表 2－1－2。

表 2－1－2　　东南亚国家全球竞争力指数排名（2015—2016 年）

东南亚	得分	排名
新加坡	5.68	2
马来西亚	5.23	18
泰国	4.64	32
印度尼西亚	4.52	37
菲律宾	4.39	47
越南	4.30	56
老挝	4.00	83
柬埔寨	3.94	90
缅甸	3.32	131
文莱		
东帝汶		

资料来源：世界经济论坛《2015—2016 年全球竞争力报告》。得分范围为 1—7 分，共 144 个国家。

1. 政治展望

中国与菲律宾、越南等国家的海洋领土纠纷是东南亚地区的一大国际政治风险。在 2016—2020

年，中国与其邻国的海洋领土纠纷很难得到有效解决。2016 年 7 月根据《联合国国际海洋公约》，海牙常设仲裁法院做出中国对中国南海主权的领土要求无效的裁定，这又将中菲推向了冲突的边缘。同样与中国有海洋领土纠纷的越南也在 2016 年获得了美国解除武器禁售，而越南 2011 年至 2015 年的武器进口总额与 2006 年至 2010 年期间相比，增长了 699%，显然这会进一步加剧越南与中国的互不信任。可见南海领土纠纷问题是东南亚的重要国际政治冲突风险来源，其背后更是中美的大国角力，存在着一定的冲突升级风险，赴该地区企业应有所认识。

2. 经济展望

东南亚地区的外国直接投资流入增速出现分化。总体上，东南亚的外国直接投资流入量小幅增长 1%，在 2015 年达到 1 260 亿美元。其中，外国直接投资最大接收国新加坡的流入量下降 5% 至 650 亿美元，并且在该国的绿地投资也从 2014 年的 120 亿美元下降至 2015 年的 80 亿美元。短期经济的不确定性使印度尼西亚的外国直接投资流入量下降 29% 至 160 亿美元。与此相反的是，泰国的外国直接投资流入量翻了三倍，达到 110 亿美元。而该区域的低收入国家外国直接投资流入增速表现亮眼，缅甸上升 200%，达到 30 亿美元。越南的流入量也继续保持上升趋势。

印度尼西亚

（一）印度尼西亚投资概览

国家基本信息简表

中文名称	印度尼西亚	英文名称	The Republic of Indonesia
建国日期	1945 年 8 月 17 日	领土面积	190.46 万平方公里
所属洲	亚洲	时区	UTC +7—UTC +9
首都	雅加达	国际电话区号	+62
主要城市	泗水、万隆、勿加泗等		
人口	2.6 亿人	主要民族	爪哇族（45%）、巽他族（14%）、马都拉族（7.5%）、马来族（7.5%）、华人（5%）
人口密度	134.13 人/平方公里		
语言	印度尼西亚语	主要宗教	伊斯兰教（87%）、基督教（6.1%）、天主教（3.6%）
政体	总统共和制	法律体系	英美法系
政党	民主党（PD）、专业集团党（GOL）、民主斗争党（PDI－P）、国家使命党（PAN）	换届时间	2018 年 4 月（议会选举） 2019 年（总统选举）
道路通行	靠左驾驶	货币	印尼盾（IDR）

2015 年主要金融与投资数据

名义 GDP	8 618.6 亿美元	FDI 流出量	94.3 亿美元
国际储备	1 059.2 亿美元		
汇率水平（IDR/USD）	13 795.0	FDI 流入量	190.0 亿美元
外债余额/GDP	24.40%		

续表

<table>
<tr><td>财政收入/GDP</td><td>14.50%</td><td rowspan="2">FDI 内存量</td><td rowspan="2">2 720.8 亿美元</td></tr>
<tr><td>财政支出/GDP</td><td>16.50%</td></tr>
<tr><td>货币供应增长率（M2）</td><td>8.95%</td><td rowspan="4">FDI 外存量</td><td rowspan="4">334.8 亿美元</td></tr>
<tr><td>通货膨胀率</td><td>3.24%</td></tr>
<tr><td>存款利率</td><td>8.34%</td></tr>
<tr><td>贷款利率</td><td>12.66%</td></tr>
<tr><td colspan="4">中国与印度尼西亚双边投资概况</td></tr>
<tr><td>中国对印尼直接投资</td><td colspan="3">12.72 亿美元（2014 年）</td></tr>
<tr><td>中印双边投资协定</td><td colspan="3">1994 年 11 月 18 日签署，1995 年 4 月 1 日生效</td></tr>
<tr><td>中印双边本币互换协议</td><td colspan="3">2009 年 3 月 23 日（2013 年 10 月 1 日续签），中国人民银行和印度尼西亚银行宣布签署双边货币互换协议，规模为 1 000 亿元人民币/175 万亿印尼盾，协议实施有效期 3 年，经双方同意可以展期</td></tr>
<tr><td>投资优惠措施和利润汇出限制</td><td colspan="3">根据 WEF 发布的《2015—2016 年全球竞争力报告》，印度尼西亚在竞争力排名方面得分 4.52 分（4.52/7），排名第 34 名（34/144）。允许资本、利润和红利汇出。对外资优惠措施体现在税收优惠、投资便利等方面</td></tr>
</table>

（二）印度尼西亚投资风险分析

根据中国出口信用保险公司出版的《国家风险分析报告（2015）》，印度尼西亚 2015 年的风险评级为 5（5/9）级，主要风险见下表 2-1-3。

表 2-1-3　　2015 年印度尼西亚主要风险概览

风险类别	风险描述
宏观经济环境	经济增速放缓，通货膨胀率上升，结构性财政问题突出
政治环境	政治基本稳定，各党力量此消彼长，党派间矛盾弱化，民主制度日益成熟
法律与监管	法律体系复杂，法律环境不透明，合同执行过程复杂、耗时长、成本高
政府效率	廉政问题突出，官僚主义较严重，办事效率不高
金融及国际贸易与支付	紧缩政策告一段落，财政赤字保持较低水平，长期汇率趋于稳定，经常账户赤字可控，国际储备相对充足
安全	恐怖主义活动威胁依然存在，分离主义与种族暴力问题突出
税收政策	个人所得税率较高，企业所得税率适当，税收严重依赖抵扣税种，税收体系改革进程较缓慢
基础设施	水路运输较为发达，但公路系统比较落后，交通设施有望改善，通信服务有待提高
劳动力市场	劳动力充足，但劳动技能水平较低，人力资本尚待开发
社会文化	民族较多，信仰不一致，种族分离与暴力事件多发

印度尼西亚政治社会形势总体稳定，2014 年上台的总统佐科把控政治局势能力增强。但受全球经济低迷和大宗商品价格走低的影响，印度尼西亚主要出口产品价格急剧下降，经济增长速度较前期趋缓。同时，较僵化的官僚体制和冗长的土地征用程序增加了佐科政府扩大政府支出的操作困难，进而可能会弱化政府通过扩张财政支出来刺激经济的最终效果。此外，印度尼西亚国内对恐怖

主义威胁的担忧情绪也不利于国内需求的增加。未来印度尼西亚国家风险主要集中在佐科政府实施新政过程中可能出现的内外挑战。长期来看，印度尼西亚经济发展前景较好，政治和社会有望保持基本稳定。

因此，本报告主要从政治风险、宏观经济风险、法律与监管风险、税收风险、经营性风险、安全风险方面对印度尼西亚的投资风险进行具体分析。

1. 政治风险

短期来看，总统佐科继续保持着国会多数派的支持，并与主要反对派领导取得和解，政治地位日渐稳固。佐科政府对国家政治事务和经济政策的主导权也逐渐强化。但由于印度尼西亚特殊的军政背景，佐科缺乏独立的权力基础，需要继续培养与印度尼西亚国防军（Tentara Nasional Indonesia，TNI）之间的关系以换取其对自己政权的支持。

佐科政府已获得国会多数支持，在巩固政权方面取得了长足进展，政治地位稳固。2015 年 9 月，佐科成功说服国家使命党与政府联合，并通过与国会第二大政党、反对派主要组成部分——专业集团党领导人阿布里扎尔·巴克里达成利益交换协议①而获得国会多数派的支持。但是，在印度尼西亚，此类政治联盟并不牢固，佐科对自己阵营的控制力度依然有待进一步加强，需要继续依赖与其他关键政党领导“合作”来获取他们对自己的支持。印度尼西亚国会中党派力量对比见表 2－1－4。

表 2－1－4　　印度尼西亚国会中各党派力量对比

党派	席位/席		投票率/%	
	2009 年	2014 年	2009 年	2014 年
印度尼西亚民主斗争党（PDI－P）	95	109	14.1	19.0
专业集团党（Golkar）	107	91	14.6	14.8
大印度尼西亚运动党（Gerindra）	26	73	4.5	11.8
民主党（PD）	150	61	20.6	10.2
民族觉醒党（PKB）	28	47	4.9	9.0
国家使命党（PAN）	43	49	6.3	7.6
其　他	111	130	31.0	27.6
合　计	560	560	—	100

资料来源：EIU，Country Forecast——Indonesia，June 2015，pp. 6。

印度尼西亚主要政党领导人在关键政策方向上具有广泛共识，政策不确定性极低。印度尼西亚国会对政府提交的 2016 年国家预算几无反对意见，进一步证明了印度尼西亚各政党在未来国家发展方向和施政重点等问题上认识的一致性，也预示着未来佐科政府通过吸引外国投资、扩大基础设施建设以保持经济增长的政策被认可和执行的可能性有望继续提高。

为换取印度尼西亚国防军（TNI）对政府的支持，佐科已同意国防军在国内安全事务中发挥更大作用。首先，印度尼西亚国防军已建立自己的反恐分队，此前，反恐领域一直由警方负责。其次，印度尼西亚国防军还与一些部委和国有企业（SOEs）签署了大量合同，以保证后者的设施安全。最后，印度尼西亚国防军还谋求在确保一些“至关重要的国家项目”的安全中发挥更大的作

① 佐科政府给予专业集团党领导人阿布里扎尔·巴克里所拥有的企业 6.1 亿美元的政府贷款，以化解长期以来一直有损佐科政治声誉的一个环境污染赔偿纠纷。佐科此举进一步分化了政府反对派力量，从而使自己领导的政府获得了国会多数支持。

用。这些项目领域包括重点工业园区、矿藏以及石油和天然气设施。但是，由于社会舆论的反对以及军官通过民选入主政府办公室的渠道的开放，印度尼西亚国防军很难重新确立其在苏哈托政府时期的正式政治地位。这对佐科政府而言无疑是制约印度尼西亚国防军过度参与政治、保护自身权力的重要积极因素。

2. 宏观经济风险

印度尼西亚经济增长速度较过去两年有所放缓，实际 GDP 增长率从 2012 年的 6.03% 降至 2015 年的 4.80%。一直以来，在印度尼西亚，固定投资和私人消费对实际 GDP 增长贡献率较大（见表 2－1－5），在 2008 年全球金融危机之前，固定投资对实际 GDP 增长的贡献率最大，危机过后至今，私人消费替代固定投资成为拉动印度尼西亚实际 GDP 增长的首要部门。

表 2－1－5　　印度尼西亚宏观经济概况

指标		2000 年	2002 年	2004 年	2006 年	2008 年	2010 年	2012 年	2015 年
实际 GDP 增长率/%		4.88	4.47	5.00	5.51	7.43	6.39	6.03	4.80
对实际 GDP 增长率的贡献/%	私人消费	2.76	2.42	3.08	1.94	2.84	2.35	3.07	2.69
	政府支出	0.43	0.88	0.35	0.82	1.17	0.35	0.50	0.43
	固定投资	3.18	1.24	3.81	0.76	3.72	2.05	2.90	1.64
	外部均衡	1.34	0.54	－1.72	0.40	－1.15	0.04	－1.53	0.89
名义汇率（IDR/USD，AV）		8 422	9 311	8 939	9 159	9 699	9 090	9 387	13 389
实际有效汇率（基于 CPI 调整，1997＝100，AV）		88.2	98.7	95.8	112.2	125.8	138.8	137.8	144.7
CPI/%		3.69	11.90	6.07	13.11	9.87	5.15	3.98	6.36
预算支出（占 GDP）/%		14.64	16.26	17.11	18.38	18.22	15.18	17.31	16.50
国内信贷增长率/%		—	6.45	14.98	8.52	13.50	14.34	21.67	6.30
贷款利率/%		18.46	18.95	14.12	15.98	13.60	13.25	11.80	12.66
平均名义工资增长率/%		32.41	22.46	14.22	2.87	5.05	18.24	20.00	10.05
劳动力成本/美元/小时		0.3	0.4	0.5	0.6	0.6	0.8	0.9	1
经常项目收支（占 GPD）/%		4.45	3.68	0.56	2.74	0.02	0.68	－2.66	－2.06
净负债（占 GDP）/%		63.69	45.15	36.23	23.56	19.05	13.52	15.23	24.40
外国直接投资流入（占 GDP）/%		－2.53	0.07	0.68	1.24	1.67	2.03	2.31	2.20

资料来源：EIU 数据库。

有限的外部需求将不利于近期的增长前景，但如果政府支出势头保持不变，可能会部分抵消外部需求疲弱带给经济的负面影响。受政府增支计划提振的影响，印度尼西亚 2015 年第四季度 GDP 增长率达到 5%，但在 2016 年这一势头能否持续还有待观察。一是因为政府预算进入新的财政年度，二是可能出现束缚政府机构代理人能力的限制条件。即便政府支出扩张在短期内对经济产生了积极影响，但印度尼西亚的经济状况在中期仍受到出口不振和软商品价格预期疲软的挑战。最近，印度尼西亚中央银行降低利率以刺激私人消费和投资，但对全球经济形势的担忧可能会减弱私人的借贷需求。

随着印度尼西亚盾的贬值以及干旱对通货膨胀恶化可能产生的抑制作用，印度尼西亚的通货膨胀可能已经触底。在经历几次大幅贬值后，2015 年印度尼西亚盾兑美元汇率已较 2012 年贬值约 50%。良好的经济基础会在 2016 年中期带来通货膨胀率的下降，但是印度尼西亚盾的疲软依然是通货膨胀风险最主要的来源，特别是如果美联储加息或是印度尼西亚政府相关政策在改革面前停滞不前，投资者情绪会使资金投向背离印度尼西亚，进而进一步抬升进口价格。此外，厄尔尼诺现象在2016年中期登陆印度尼西亚，干旱天气将对印度尼西亚的粮食生产造成负面影响，从而引发食品价格上涨。

民族主义倾向和佐科联盟中的少数派依然是改革操作风险的主要来源。在此次全球经济衰退前后这段时期内，印度尼西亚的经济表现还是相当不错的。2007—2013年，年均经济增长率达到6%，人均收入从1 900美元增加至3 400美元。但不幸的是，商业经营环境并没有得到太大改善。更令人担忧的趋势是，无论是官方措辞还是在实际中施行的政府政策，民族主义的色彩都越来越浓重，这在自然资源领域表现得尤为明显。无论是采掘业、制造业，还是建筑业，资金的匮乏很可能导致一些社会急需的项目无法启动，因此，债务融资已经成为印度尼西亚中央银行特别关注的问题。商人出身的总统佐科深谙吸引投资者之道，很可能会采取措施防止民族主义倾向给吸引资金造成最坏影响。但与此同时，佐科也不会完全排斥民族主义所带来的国内政治支持的诱惑，因为他的联盟在国会中并不占有明显的多数席位，而佐科自己也是初来政治高层，身边缺少专业且运转良好的政党机器，所以，兑现改善商业环境的改革承诺并非易事。若要实现令人瞩目的经济增长，推进改革，以及在改善劳动力市场僵化、基础设施破旧、监管框架混乱等方面取得实质性进展是必要条件。值得欣慰的是，印度尼西亚的各主要部门均表现出一定程度的实用主义，2015年8月的内阁重组便是很好的例子。

3. 法律与监管风险

印度尼西亚法律体系复杂，法律环境的透明度不高，合同执行过程复杂、耗时长、成本高。印度尼西亚的法律体系基于罗马—荷兰法固有习惯法和伊斯兰结合而成。复杂的法律系统导致监管和法律环境不透明，缺乏连续性，运行效率较低，执法成本较高。根据世界银行的《2015年全球营商环境报告》显示（见表2-1-6），印度尼西亚在189个经济体中排名第170位。强制执行合同也需要一个冗长的程序，并且花费十分高昂：该程序历时471天，花费大概是追债数额的116%。法院官员的胜任能力和腐败现象也使得企业在强制执行合同时可能会遭遇一些问题，法官和一些法院官员在复杂的商业交易的法律问题上并没有很强的把握性。

表2-1-6　　印度尼西亚合同执行成本对比

指标	印度尼西亚	中国内地	中国香港
全球排名（0—189）	170	7	22
DTF合同执行得分（0—100）	35.37	77.56	72.57
时间/天	471	452.8	360
成本（占标的额比重）/%	115.7	16.2	21.2
司法程序质量指数（0—18）	6.3	14.1	11

注：DTF为Distance to Frontier的缩写，是世界银行根据10个自设指标编制的商业环境指数。

资料来源：World Bank, Doing Business 2016: Measuring Regulatory Quality and Efficiency, pp. 208。

印度尼西亚法律主体不一致，法律政策环境复杂且缺乏连续性，法律规定模糊，不同的部门法之间存在一定的冲突，法律可操作性亟待改善，这些都成为外国投资者在印度尼西亚经营的主要挑战。自1945年独立以来，印度尼西亚政府一直致力于法律法规的合理化和现代化。随着政治的稳定以及2004年印度尼西亚第一个民选政府的成立，改善法律框架的动力大大增强。1999—2008年，印度尼西亚共进行了4次宪法修正，主要涉及中央政府权力下放到省、区政府和人权条款等。1999

年，印度尼西亚通过了两部有关区域自治和中央与地方政府财政平衡的法律（这两部法律在2014年进行了修订），这两部法律赋予了地方政府很大的自治权力，如区政府有权签发采矿勘探许可证。中央政府也向地方政府转移了大量的资金。对于投资者来说，这些变化会造成各级政府颁布的规定有所重叠，从而导致更加复杂的监管和运营环境。2014年9月，议会通过了省级管理法，赋予省政府和中央政府更多的权力，以削减区政府的自治权。例如，如果采矿区位于较具争议的两省交汇处，采矿许可证将由省政府或中央政府签发。

在印度尼西亚，社会宗教组织和反私有化团体被司法审查界定为违宪的风险正逐渐增加。2015年3月，印度尼西亚立宪法院废除了《水资源法》，并制定了有利于社会宗教组织穆罕默迪亚的法案，该项举措为私人部门参与水利基础设施市场提供了便利。2012年11月，法院宣布一个石油和天然气的监管机构违宪，导致《石油和天然气法》无效。穆罕默迪亚认为目前印度尼西亚有100多条法案存在违宪，因为这些法案都违背了“自然资源和对基本生活有影响的部门必须由国家掌控，限制私人部门参与”这一宪法条文。因此，可能会有更多的相关文件被提交司法审查。

4. 税收风险

印度尼西亚的个人所得税率较高，企业所得税率适当，税收严重依赖抵扣税种，税收体系虽亟待改革，但改革进程较为缓慢。总体来说，印度尼西亚的税收环境并不十分理想，根据世界银行《2015年全球营商环境报告》数据显示，印度尼西亚税收支付得分60.46分，在189个国家中位列第149位。但总税率并不高，仅占利润的29.7%。

总统佐科·维多多已做出承诺，在其5年任期内（2014—2019年）将税收收入在GDP中所占比例从12%增加到16%。然而，这一目标面临印度尼西亚经济放缓的挑战。印度尼西亚的主要商品（如煤炭、原油、棕榈油）价格较5年前有明显下降。即便如此，政府也不太可能通过增加税收来填补财政收入缺口。根据2015年9月到12月的一系列政策可以看出，政府认为削减税收可以刺激国内消费并吸引新投资以复苏经济。这些政策包括：延长免税期和扩大税收减免范围，取消运输部门的增值税，并增加豪宅税收的起征点。政府还考虑将企业税率逐步从25%降到17.5%以吸引外国投资。此外，国会很可能在2016年通过税收特赦法，鼓励在海外的印度尼西亚企业将他们在海外的收益返回国内，从而支付他们在国内的税款。

对作为国民经济重要部门的采矿业，印度尼西亚政府采取增加铜精矿出口税的方式鼓励采矿业在国内的深加工，这一增税措施将延续到2017年。此外，印度尼西亚政府还考虑将采矿业务许可证制度下的煤炭企业的权利金率从现行的3%提高到13.5%，具体税收支付对比见表2-1-7。但是，这一政策因煤炭价格的持续疲软而被一再推迟。

表2-1-7　印度尼西亚税收支付对比

指标	印度尼西亚	中国内地	中国香港
全球排名（0—189）	149	132	4
DTF税收支付得分（0—100）	60.46	64.46	98.71
支付/个/年	54	9	3
时间/小时/年	234	261	74
总税率（占利润百分比）/%	29.7	67.8	22.8

注：DTF为Distance to Frontier的缩写，是世界银行根据10个自设指标编制的商业环境指数。

资料来源：World Bank，Doing Business 2016：Measuring Regulatory Quality and Efficiency，pp. 208。

5. 经营性风险

印度尼西亚官僚主义较严重，腐败问题较为突出，对商业经营环境造成较严重的负面影响。印度尼西亚政府对海外投资持欢迎态度，但国内民族主义势力和环境保护主义者的态度相对消极。近年来，印度尼西亚的罢工事件频发，罢工工人可能会进入工业园区干扰外资企业的正常运营。

（1）商业环境风险。总统佐科执政以来着手采取措施改善印度尼西亚的商业经营环境，但印度尼西亚官僚主义严重，办事效率较低和腐败问题仍较为突出。根据世界经济论坛《2015—2016 年全球竞争力报告》数据显示（如图 2－1－1），在影响印度尼西亚营商环境的要素中，腐败问题得分 11.7，位列第一。腐败问题一直是印度尼西亚政府治理的难题。基于私人关系和不正当寻租获得政府合同在印度尼西亚较为普遍。同时，来自政治高层和其他执法机构的压力也使印度尼西亚反腐委员会不时遭遇无权起诉腐败涉案嫌疑人的情况。

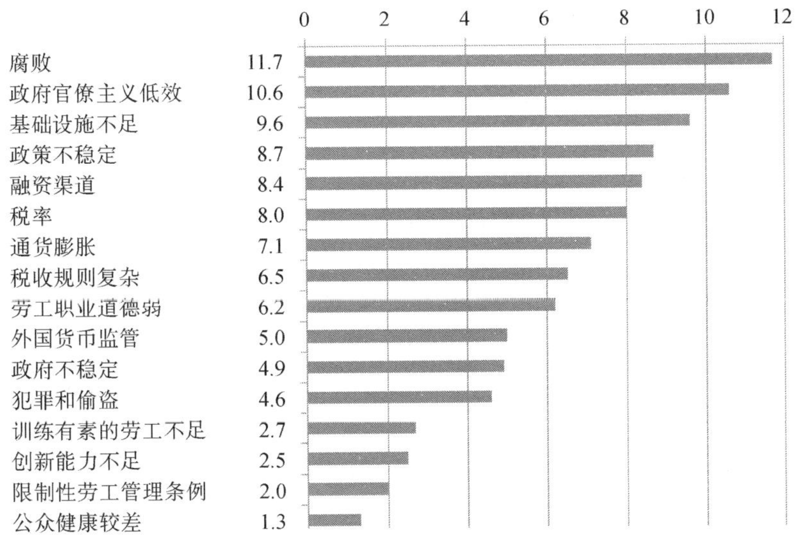

图 2－1－1　印度尼西亚营商环境的问题要素

注：得分越高，对营商环境的负面影响越大。

资料来源：World Economic Forum，*The Global Competitiveness Report*（2015—2016），pp202。

政府官僚主义导致的行政低效也是影响印度尼西亚商业环境的重要因素，其造成的负面影响仅次于腐败问题。为改善营商环境，佐科政府已通过简化许可证体系来提高政府效率，并让投资协调机构发挥更重要的作用。为解决基础设施建设项目的主要问题，政府也试图加快土地的征用，但任何改善性措施都可能因国内政治利益权衡而进展缓慢。例如，根据世界银行《2015 年全球营商环境报告》，在印度尼西亚办理建筑许可证和财产登记的时长和程序均较中国大陆简单，但较中国香港还是冗长繁琐（见表 2－1－8 和表 2－1－9）。政府还根据通货膨胀和经济增长情况修改了最低工资标准的计算公式，提高了企业对工资成本的预估的准确度。虽然企业对高昂的遣散费颇有怨言，但考虑到一些党派会存在非常强的亲工会情绪，对国家劳动法规的任何修改可能都需要几年的时间。

案例

在鼓励创业方面，虽然整个创业过程中仍需公证服务，但印度尼西亚政府出台了一些措施减少了第三方介入给创业者造成的负担。2007 年，印度尼西亚政府推出了办理创业相关业务的在线服务，使公证人员能更快速地搜索和保存公司名称；2008年，推出了标准的商业公司形式；2009年，又通过修订官方收费标准减少了公证费用，包括公证公司行为费用。这些政策措施都节省了创业者的时间和成本。如果印度尼西亚政府对改善创业环境继续采取积极态度，那么未来在印度尼西亚的创业者在创业过程中很可能不再需要涉及第三方了。

资料来源：World Bank，Doing Business 2016，case studies：Starting a business：Third - party involvement in company formation。pp. 60。

表 2-1-8　印度尼西亚办理建筑许可证对比

指标	印度尼西亚	中国内地	中国香港
全球排名（0—189）	107	176	7
DTF 办理建筑许可证得分（0—100）	66.68	48.29	84.78
程序/个	17	22	11
时间/天	210.2	244.3	72
成本（占仓库货物额百分比）/%	3.8	7.2	0.7
建筑物质量控制指数（0—15）	13	9	12

注：DTF 为 Distance to Frontier 的缩写，是世界银行根据 10 个自设指标编制的商业环境指数。

资料来源：World Bank，Doing Business 2016：Measuring Regulatory Quality and Efficiency，pp. 208。

表 2-1-9　印度尼西亚财产登记对比

指标	印度尼西亚	中国内地	中国香港
全球排名（0—189）	131	43	59
DTF 财产登记得分（0—100）	52.41	75.02	69.78
程序/个	5	4	5
时间/天	27.4	19.5	27.5
成本（占财产总额百分比）/%	10.8	3.4	7.7
土地管理质量指数（0—30）	8.3	17	23

注：DTF 为 Distance to Frontier 的缩写，是世界银行根据 10 个自设指标编制的商业环境指数。

资料来源：World Bank，Doing Business 2016：Measuring Regulatory Quality and Efficiency，pp. 208。

（2）对外国直接投资（FDI）的态度。印度尼西亚政府对海外投资持欢迎态度，但受资源民族主义制约。印度尼西亚政治决策者普遍希望大力吸引外国直接投资，增加国际资本、先进技术和管理经验知识的引进，以推动本国经济的快速增长。但是，由于外国企业多投资印度尼西亚的采矿和油气等资源密集型产业，近年来印度尼西亚国内的资源保护主义和民族主义也有所抬头，将外国直接投资视为外资对印度尼西亚资源的掠夺和对本国经济的主导。与此相反，制造业部门引进外国直接投资面临的民族主义压力较小，这主要是因为制造业吸引外国直接投资对印度尼西亚经济发展的积极作用更加明显。在经济向好时期，由于国内资本充足、需求旺盛，民族主义对外国直接投资的质疑往往会走在时代前列。近些年来，政府和国会都会提到需要对外国所有权比例进行限制。尽管印度尼西亚的民族主义依然担心外资的过多介入会影响国内对经济的主导权，但在区域经济一体化的背景下，为逐步开放东南亚10个成员国之间的贸易与服务往来，东盟经济共同体于2015年12月31日成立，印度尼西亚作为成员国参与其中。

（3）政府违约风险。印度尼西亚政府征收风险极低，但存在政府违约风险。自从1967年投资法颁布后，印度尼西亚政府从未征收过任何外国企业的投资，但会使用撤资要求等条例来增加地方对海外投资的管控。2014年3月，印度尼西亚政府高级官员表示，印度尼西亚将暂停所有67项双边投资条约（BITs）以重新协商达成更好的条款，但这些条约允许外国投资者绕开印度尼西亚法院向国际法庭寻求补偿，并允许企业在条约终止后的10—15年内享受法律保护。此外，一国自由贸易协定（FTAs）中也有类似BITs的投资者保护条款。因此，未来投资者依然可以在印度尼西亚的自由贸易协定条款下享受投资者保护，但就近年来的外国企业与印度尼西亚政府的仲裁案例来看，形势对外国企业来说并不乐观。

案例

1. 2009年的矿业法就增加了国内企业在采矿业部门的作用。该法案的规定缩小了采矿特许权，并在采矿作业中增加了对本地承包商的雇佣条款。2012年2月，印度尼西亚政府发布条令，要求所有外国矿商在经营矿业10年后将其股份削减至49%。印度尼西亚政府正在与一些矿业主协商（如自由港麦克莫兰同金公司、纽蒙特矿业公司以及淡水河谷公司），是否能让这些企业按2009年之前签署的合约进行经营。印度尼西亚政府还表示，他们将不再续约一些特定合同，并将外国投资者替换为国内投资者。

2. 印度尼西亚阿沙恩铝业公司（PT Indonesia Asahan Aluminium Persero，以下简称Inalum）的铝冶炼业务合同在2013年到期。Inalum是一个日本财团，日本政府拥有其41%的股份。2013年12月，印度尼西亚政府终止了与日本企业的合同，并以5.57亿美元购买了他们的股份。印度尼西亚是世界银行国际投资争端和解中心（ICSID）的成员。

3. 澳大利亚企业丘吉尔矿业反对印度尼西亚政府对加里曼丹煤矿资产的把控，在印度尼西亚法院未能恢复自己对应有资产的所有权后，2014年2月，丘吉尔矿业将与印度尼西亚政府的争端诉诸世界银行国际投资争端和解中心。截至2015年12月，该中心一直没有对该争议做出实质性裁定。2014年7月，纽蒙特矿业公司认为印度尼西亚政府在矿产出口税问题上违背了合同，并就此向该中心提起诉讼。然而，纽蒙特矿业公司在次月便将诉讼撤回，并开始与印度尼西亚政府重新谈判。

（4）劳工关系风险。在印度尼西亚，劳工风险主要表现在罢工问题上。近年来，印度尼西亚本土失业率有所下降，IHS报告预计2016年印度尼西亚失业率将从2015年的5.9%继续下降至5.6%。但省级甚至全国范围的大型罢工在印度尼西亚越来越普遍。罢工最常见于省级最低工资谈判的年底期间，通常会持续24小时或48小时。在雅加达，罢工工人上街游行经常会造成严重的交通拥堵，偶尔还会发生冲突事件，但发生大规模暴力和骚乱的可能性较低。

同时，罢工工人可能会在罢工期间伺机进入工业园区干扰外资企业的正常运营，其中矿业劳资纠纷罢工往往会持续很长时间，从而对企业的生产经营产生严重影响。此外，罢工工人甚至还会威胁恐吓没有参加罢工的工人和公司高管人员。2012年，日本和韩国企业曾就印度尼西亚警察没有给其未参加罢工的工人予以足够的保护而向印度尼西亚政府投诉。2015年10月，印度尼西亚政府宣布将通货膨胀和经济增长因素纳入工资计算，但主要工会认为此次修改的目的就是限制工资增长，因此组织了大规模的罢工抗议活动。

印度尼西亚政府基本上每年都依法上调最低工资标准，严格限制甚至禁止普通劳工入境工作。2014年印度尼西亚首都雅加达周边工业区工人最低工资标准为每月270万印度尼西亚盾（约225美元），各省会根据全国最低工资标准制定本省标准。印度尼西亚劳动力价格在亚洲地区具有竞争性，2015年单位劳动力成本环比下降6.4%①。但就地区工资及工业种类而言，雅加达城区的工资比爪哇农村高，石油工业的工资较高，农业的工资则较低。雇主须向雇员提供医疗保障及福利。外籍劳务市场较小，且多为外资企业及合资企业的高级管理人员和技术人员②。

6. 安全风险

极端主义势力的崛起增加了恐怖袭击事件发生的可能性，对印度尼西亚国内安全形成隐患。据估计，200多名印度尼西亚民众已加入在叙利亚和伊拉克的极端圣战组织。2016年1月发生在印度尼西亚首都雅加达的恐怖袭击事件造成8人死亡，而类似恐怖袭击事件在未来发生的概率依然很高，并且袭击对象范围可能进一步扩大到在印度尼西亚的外国居民和外国利益团体，尤其是亚齐省和西巴布亚省周边地区。2016年1月14日发生在雅加达的恐怖袭击事件表明，武装分子的技术水平并没有改善，然而伊斯兰国却首次公开表示对发生在印度尼西亚的恐怖袭击事件负责。

印度尼西亚与周边多个国家存在海洋领土争端，但短期内风险可控。印度尼西亚与马来西亚关于石油资源丰富的Ambalat区域的海洋边界纠纷不太可能导致军事冲突，在长期很可能以和平方式解决。印度尼西亚对中国九段线（Nine - dash Line）是否延伸到纳土纳群岛的专属经济区这一争议性问题持争议态度，未来两国海洋领土争端可能持续下去。此外，印度尼西亚与东帝汶的陆地边界问题可能会得到友好解决。

（三）印度尼西亚未来发展预测和投资机会分析

1. 政治前景

未来印度尼西亚政局将基本保持稳定，但佐科政府在改革上取得突破性进展的可能性较小。根据EIU出具的国别预测报告显示，在预测期内（2015—2019年）印度尼西亚的政治稳定性指数和区域排名都显著提升。由于承诺继续进行结构性改革并取得一定进展，总统佐科近来的人气继续提升，但受保守主义政党联盟的影响，其未来改革的步伐会受到影响。自2014年10月正式执政以来，总统佐科没有借助立法支持便成功地通过了一系列改革，比如，通过了急需实施的国家燃油补贴改革，并修订了2015年的财政预算，将财政支出重点放在基础设施建设领域。反对党领袖普拉博沃·苏比安托（Prabowo Subianto）曾是佐科总统竞选时的对手，但现在也开始支持政府的经济改革议程。不过，2015年佐科政府的执政表现不及预期，这与基础建设相关的支出远低于预算水平，以及政府在粮食供给上转向保护主义有密切关系。以上这些问题的出现主要是因为佐科既无法领导自己的政党，也无法在立法机构拥有固定的政治盟友，而且不得不维护政治精英的既得利益，以维持其对自己政策的支持。可以说，虽然佐科政府已经在放松监管规则等领域取得了一些进展，但依然需要在劳动力改革、减少腐败和肃清政府等问题上进行妥协。

佐科政府在处理国际事务中比前任政府更加强调独立自主原则，短期内印度尼西亚不大可能会

---

① 数据来自EIU数据库。

② 本段内容援引自商务部《对外投资合作国别（地区）指南——印度尼西亚》第25页。

出台有关贸易自由化的政策提议。佐科强调印度尼西亚在区域内的“海上轴心”（Maritime Axis）地位，对印度尼西亚的海洋资源、港口基础设施扩建以及海军力量的发展提供保障。佐科还表示要重新关注商业性外交，即外交政策要与国内经济发展保持一致。2015 年 7 月，印度尼西亚财政部出台了一项针对消费者商品的进口包裹税，使得印度尼西亚与东盟的区域贸易伙伴关系进一步紧张。与此同时，总统佐科又宣布印度尼西亚将加入由美国主导的跨太平洋贸易关系协议（TPP）。不过由于印度尼西亚已经触及很多贸易协议的最低标准，加入 TPP 可能更多的是一种意愿表达而非现实可能。

2. 经济预测

印度尼西亚的宏观经济环境将在 2015—2019 年期间显著改善，实际 GDP 年均增长率将达到 5.3%。经济增长的主要驱动力将来自于私人消费和政府改善基础设施所引致的投资需求。2015 年初，印度尼西亚将燃料价格转向以市场为基础，意味着该国将避免与价格管制相关联的通货膨胀飙升。印尼盾仍将持续弱势以防止外国投资者的避险情绪再次发作。由于扩建基础设施和增进社会福利的计划，政府支出仍将保持增长。印度尼西亚在 2015 年发行的国债已被超额认购，表明政府在为财政赤字融资问题上并不存在困难（见表 2-1-10）。

表 2-1-10　　印度尼西亚宏观经济数据与预测（2011—2019 年）

指标 \ 时间		2011 年	2012 年	2013 年	2014 年	2015 年	2016 年	2017 年	2018 年	2019 年
实际 GDP 增长率/%		6.2	6.0	5.6	5.0	4.8	5.3	5.6	5.5	5.1
对实际 GDP 增长率的贡献/%	私人消费	2.8	3.1	3.0	2.9	2.7	2.9	3.2	3.2	3.1
	政府支出	0.6	0.5	0.6	0.1	0.4	0.5	0.4	0.4	0.3
	固定投资	2.7	2.9	1.7	1.5	1.6	1.9	1.7	1.6	1.3
	外部均衡	0.2	-1.5	0.6	-0.3	0.9	-0.1	0.1	0.3	0.4
政府债务（占 GDP）/%		21.4	22.0	22.8	25.9	27.8	28.6	29.0	29.4	29.8
实际平均有效汇率（基于 CPI 调整，1997=100）		138.8	137.8	134.8	136.0	144.7	142.4	146.9	152.7	156.1
CPI/%		5.3	4.0	6.4	6.4	6.4	4.8	5.2	5.6	4.5
平均实际工资增长率/%		-7.8	15.4	9.3	8.9	3.9	5.7	5.2	4.6	5.7
经常项目收支（占 GDP）/%		0.2	-2.7	-3.2	-3.1	-2.1	-2.5	-2.5	-2.0	-1.8
总外债（占 GDP）/%		24.6	27.5	29.2	33.0	36.7	38.7	36.8	33.9	31.3
外国直接投资存量（占 GDP）/%		20.7	23.1	25.3	28.4	31.6	33.0	32.2	31.3	30.9

资料来源：EIU 数据库。

总统佐科在其任期内的主要目标就是促进基础设施建设以及通过投资增强经济活力。总统佐科还热衷于改善国家制造业基础，从而扩大其出口能力。为减少印度尼西亚对进口主食（如大米、牛肉、糖和大豆）的依赖，政府一方面会提高国内生产这些物品的能力，另一方面将会对进口主食征收高关税甚至会禁止进口。这种贸易保护主义将在 2016—2019 年期间持续存在。

在财政政策方面，2015—2019 年期间，印度尼西亚在扩张财政收入来源的进展并不会特别显著，但随着经济增速恢复至年均 5% 以上时，财政收入也会自然而然增加（见表 2-1-11）。2015—2019 年间，年均财政赤字占 GDP 的比重预计为 1.8%，财政支出主要集中在医疗、教育和基础设施建设领域。即便全球石油价格在未来逐步上升，印度尼西亚政府也不太可能否认其在燃油补贴上支出的合理性。2015 年财政预算所设定的财政支出和收入目标均未达成，主要是因为支出低效以及低于预期的税收。在 2015 年 10 月通过的 2016 年财政预算方案貌似更加现实：总支出增加 7%，基础建设支出占总支出的 15%，收入预计增加 4.9%。EIU 预测 2016 年印度尼西亚财政赤字规模相当于 GDP 的 1.8%。

表 2-1-11　　印度尼西亚财政政策相关指数与预测（2014—2019 年）　　单位/%

时间 指标	2014 年	2015 年	2016 年	2017 年	2018 年	2019 年
政府支出（占 GDP）	16.8	16.7	17.0	17.1	17.3	17.8
政府收入（占 GDP）	14.6	14.5	15.1	15.3	15.5	15.6
预算平衡（占 GDP）	-2.2	-2.2	-1.9	-1.8	-1.8	-2.2
政府债务（占 GDP）	24.5	25.3	25.6	25.6	26.0	26.9

资料来源：EIU，Country Forecast——Indonesia，June 2015，pp. 23。

在货币政策方面，由于担心资本外流规模扩大以及印度尼西亚盾下行压力增加，印度尼西亚中央银行将以较为稳健的节奏实施宽松的货币政策。2016 年 1 月，印度尼西亚中央银行开始采取宽松的货币政策，截至 2016 年 2 月已连续两次下调基准利率，每次下调 25 个基点，基准利率为 7%。印度尼西亚中央银行很可能在 2016 年内继续下调基准利率 50 个基点。虽然，近几个月来，印度尼西亚中央银行是在政府压力下采取的扩张性货币政策，但印度尼西亚中央银行也表现出一定的独立性，因为只有在确保通货膨胀稳定且利率调整幅度在目标区间内，印度尼西亚中央银行才会具体实施此次货币政策。印度尼西亚存贷款利率与预测见表 2-1-12。

表 2-1-12　　印度尼西亚存贷款利率与预测（2014—2019 年）　　单位/%

时间 指标	2014 年	2015 年	2016 年	2017 年	2018 年	2019 年
贷款利率（年均值占 GDP）	11.7	12.6	12.9	12.6	12.7	12.6
存款利率（年均值占 GDP）	6.3	8.8	8.7	8.4	8.0	7.2

资料来源：EIU，Country Forecast——Indonesia，June 2015，pp. 24。

3. 营商环境

印度尼西亚商业环境将随国内民主化程度的不断提高得到改善。而经济民族主义在印度尼西亚国内仍受到民众推崇，典型表现在抵制国外投资方面。2015—2019 年，印度尼西亚商业环境的整体改善不会是一个毫无间断和阻碍的向好过程：政治精英和强大的既得利益集团对改革持矛盾态度，加之佐科缺少立法机构的坚定支持基础，这些都将偶尔地阻碍某些特定领域商业环境的改善（见表 2-1-13）。总统佐科已承诺优先提高基础设施、行政能力与教育水平，而如果政府致力于推进改革以实现这一承诺，那么经营环境也会间接得到改善（见表 2-1-14、图 2-1-2）。就目前来看，印度尼西亚国内对改革持有乐观情绪，总统佐科改善国内陈旧基础设施的施政目标也获得广泛支持。

表 2-1-13　　印度尼西亚商业环境评级与预测

指标	价值指数[a]		全球评级[b]		地区评级[c]	
	2010—2014 年	2015—2019 年	2010—2014 年	2015—2019 年	2010—2014 年	2015—2019 年
总评	5.53	6.15	60	58	13	14
政治环境	4.1	5.3	70	53	15	11
政治稳定性	4.8	6.3	69	49	14	9
政治有效性	3.6	4.5	64	60	14	13
宏观经济环境	6.6	7.8	50	16	12	5
市场机会	7.0	7.1	14	11	4	4
私人企业和竞争的相关政策	4.0	5.0	68	61	16	12
外国投资的相关政策	5.1	5.1	67	70	16	17
对外贸易和外汇管制	7.8	7.8	43	48	10	11
税收	5.6	6.3	54	43	14	15
融资	5.1	5.9	54	53	11	13
劳动力市场	5.5	6.0	58	55	15	15
基础设施	4.5	5.4	72	71	13	14

注：a，最高为 10；b，在 82 个国家（地区）中；c，在 17 个国家（地区）中，包括澳大利亚、孟加拉国、中国、中国香港、印度、印度尼西亚、日本、马来西亚、新西兰、巴基斯坦、菲律宾、新加坡、韩国、斯里兰卡、中国台湾、泰国和越南。

资料来源：EIU，Country Forecast——Indonesia，2015。

表 2-1-14　　印度尼西亚商业环境概览

项目 \ 时间	2015—2016 年	2017—2019 年
私人企业和竞争的相关政策	简化私营公司注册程序和审批次数，提高能源部门竞争水平	政府监管法规数量减少，国有企业取得优惠融资，并获得主要的基础设施项目
外国投资的相关政策	投资许可证的获取难度降低，但针对外国投资者的监管法规依然存在	投资审批程序正日益合理化，但特定部门仍是投资禁地
对外贸易与汇率管控	对短期资本流动有所限制，贸易壁垒仍会存在	贸易自由化将处于“停止—启动”模式，与东南亚国家的贸易壁垒减少
税收	税收上缴方式改进。基础设施和公共福利支出的预算空间增加	正规部门的就业增加导致税基从一个较低水平上扩张
融资	新立法收紧了外资对银行部门的所有权	改善企业信用，从而刺激信贷和投资增长
劳动力市场	现行的劳动法规定了较高的劳工成本，阻碍了投资。教育投资显著上升	就业需求的增加使政府推行通过一些限制性的劳动法案改革
基础设施	政府采取措施切断与官僚主义相关的基础设施建设项目，并对征地立法进行改革。外国在印度尼西亚基础设施领域的投资受到积极追捧	前期推行的改革见效，基础设施建设取得突破性进展

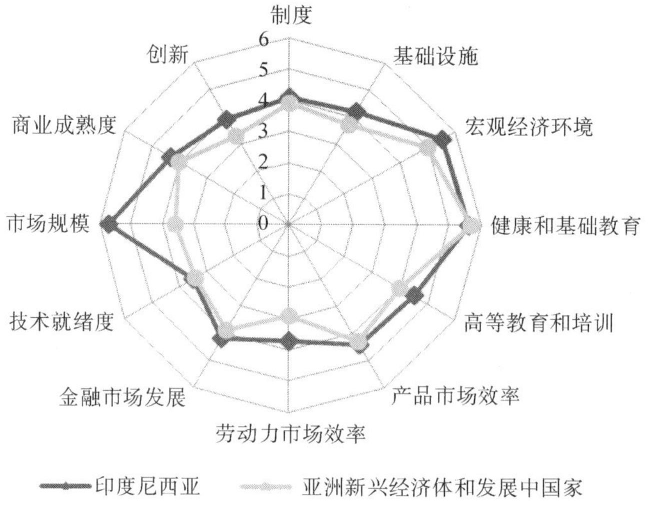

图 2-1-2 印度尼西亚经营环境要素得分对比

注：得分越高，越具有竞争力。

资料来源：World Economic Forum, The Global Competitiveness Report (2015—2016), pp. 202。

在对私人企业和竞争政策方面，一站式授权服务简化了私营公司注册程序和审批次数。国家主导的能源部门成为努力提高竞争水平的重点部门。印度尼西亚政府已采取措施鼓励公私合作（Public-private Partnerships），并提出了进一步的改革建议。关于市场的经济地位问题的讨论一直存在于印度尼西亚国内。一种观点认为，市场力量将提高市场运行的有效性，并能够对由于寻租和腐败而产生的市场扭曲进行纠错。而另一种观点则认为，不受任何约束的市场力量将有损于国家福利。2015—2019 年，这一分歧也不太可能被消除，由此可能会导致政策制定的前后矛盾。例如，政府监管法规数量减少但仍存在过多情况，国有企业取得优惠融资，并获得主要的基础设施项目。

在对外国投资的政策上，佐科政府将采取较前届政府更为实用主义的路线，鼓励外国资本投资于政府着力发展的制造业和基础建设领域。佐科扩展了印度尼西亚投资协调委员会（Indonesia Investment Co-ordinating Board，BKPM，该机构主要负责管理外国资本流入和外国投资者利益）的任务，授权它建立一站式服务（One Stop Shop，OSS）来为外国投资管理所有许可和非许可流程服务。这意味着投资者不再需要辗转于不同政府部门而浪费大量时间。但一些国家战略性部门不在一站式服务范围之内，如石油、天然气和采矿业。

在对贸易与汇率的管控方面，印度尼西亚盾将继续在所有经常项目和多数资本项目下可自由兑换，印度尼西亚政府也将继续奉行自由贸易原则签署自由贸易协定，但为支持国内制造业的非关税贸易壁垒仍将显著。虽然，佐科将印度尼西亚比作“海上轴心”，带有民族主义色彩，但这也暗示出印度尼西亚与邻国加强合作、融入全球供应链的意愿。《国家中期发展计划（2015—2019）》明确提出要增加非能源品出口和服务，以提高印度尼西亚在全球价值链中的参与度，但同时该计划建议“管理”进口。自 2015 年末以来，美国利率的上升可能导致印度尼西亚盾的进一步贬值，但印度尼西亚政府并没有意向出台汇率管制的相关政策。

在税收方面，为通过税收优惠吸引投资，印度尼西亚将全面提高各领域税收的公平性。税务机关的现代化办公和电子纳税申报系统改进了税收上缴方式，提高了税收效率。在印度尼西亚，企业税和销售税相对 OECD 国家来说并不高，投资者还会在受政府青睐的行业继续享受免税期待遇。对于政府来说，燃油补贴的取消有利于增加基础设施和公共福利支出的预算空间，并且正规部门的就业增加导致税基从一个较低水平上扩张。

在融资方面，总体来看，印度尼西亚银行部门会受益于商业经营环境改善所带来的项目融资和企业投资的增长。短期来看，印度尼西亚银行部门不仅要面临经济下行所带来的挑战，还要面临投向采掘业的资金成为不良贷款的风险。因此，印度尼西亚的中央银行正在推行更具可调节性的宏观审慎政策，目标是将银行存贷款利率分别扩张至 14%—16% 和 15%—17%。

在劳动力市场方面，技术工人的缺乏仍将继续严重制约商业发展，并拖延政府发展基础设施建设的进度。印度尼西亚不得不依靠雇佣海外工人来满足国内对专业技术工人的需求，但 2003 年的劳动法在雇佣海外人员问题上设置了相当大的障碍，该法案甚至规定某些特定职位不得聘用海外人员。印度尼西亚现行法律所规定的劳工遣散费较高，大约是雇员 58 周的工资。这严重制约了以劳动密集型为代表的产业发展。近年来，企业往往通过雇用临时雇员或承包商来降低成本。

在基础设施建设方面，印度尼西亚的基础设施建设可能会遭遇官僚主义所引发的瓶颈——地方政府与中央政府之间长期存在的土地征用问题。印度尼西亚的基础设施建设也将受益于中国的“丝绸之路建设基金”。与此同时，亚洲开发银行已承诺对印度尼西亚的基础设施建设提供有力支持。由中国发起的亚洲基础设施建设投资银行也将强力助推印度尼西亚的基础建设融资。享有优先权的项目包括：连接爪哇和苏门答腊之间的海底通信电缆、横跨爪哇各岛的收费公路以及港口的建设。印度尼西亚政府还希望私人部门能投资于电力产业，并承诺由独立电力生产商修改电力定价规则。此外，印度尼西亚政府已将发电厂项目的审批时间从 900 天缩减到 200 天。

4. 人口预测

印度尼西亚各省份的人口增长率差别较大，人口区域分布不均衡现象将长期持续存在。印度尼西亚作为亚洲第三大人口国，其青少年人口与工作适龄人口数量在未来 5 年内有望持续增长。根据 EIU 预测，如表 2-1-15 所示，15—64 岁年龄段的比例在逐渐升高，而老年抚养比例基本持平，这意味着印度尼西亚未来 5 年的劳动力成本可能稳中有降。因较高的出生率和人口迁入，面积最大省份巴布亚的人口在 2000—2010 年一直保持着年均 5.5% 的增长。由于拥有全国最发达的基础设施，并能为公众提供最优质且极具竞争力的教育与就业机会，爪哇、巴厘和马都拉地区的人口规模持续扩大，人口密度也不断增大。同时，随着种族冲突减弱、地方分权政策以及大规模投资和工作机会的吸引，大量外迁到爪哇的移民开始向资源丰富的巴布亚、加里曼丹岛、亚齐和廖内等省份迁移。

表 2-1-15　　印度尼西亚人口统计与预测

指标	2009 年	2014 年	2019 年
人口/百万人			
总计	240.3	253.3	265.3
男	120.9	127.4	133.3
女	119.4	125.9	131.9
年龄分布比例/%			
0—14 岁/%	29.8	28.5	26.3
15—64 岁/%	65.2	66.2	67.6
65+岁/%	5.0	5.3	6.1
青年抚养比率/%	0.46	0.43	0.39
老年抚养比率/%	0.08	0.08	0.09
适龄工作人口/百万人	156.6	167.7	179.2
城镇人口比例/%	49.1	53.1	57.7
劳动人口/百万人	113.8	121.9	129.7

资料来源：EIU，Country Forecast——Indonesia，June 2015，pp. 11。

印度尼西亚人均医疗保健支出较低，这意味着印度尼西亚未来在医疗保健方面的政府支出可能会增加。印度尼西亚的人均医疗保健支出为 97 美元（2013 年），低于邻国。为在 2019 年之前实现全民医保，2014 年，印度尼西亚引进了医疗保健体系，因此，EIU 预计，印度尼西亚的医疗保健支出在未来年均增速应达到 11.7%。

5. 投资机会

印度尼西亚将会对低成本消费品形成强烈的市场需求。贫困人口比例较高的经济体在未来将会对低成本消费品产生非常大的市场需求。印度尼西亚是东南亚人口第一大国，该国拥有区域内最大且增速最快的消费市场。在印度尼西亚，越来越多的家庭居民的年均可支配收入将跨越 3 000 美元这一阈值，这意味着对高价货品（如汽车）的需求也会显著增加。然而，高失业率和非正规的经济活动（通常收入微薄）将挤压居民的可支配收入，减少公司销售消费品和服务而实现利润增长的机会。尽管政府大力打击非法进口，但低收入和大规模的非正规部门助长了走私和假冒伪劣商品的流通。此外，即便收入增加，相对较高的奢侈品销售税和进口非食品类消费品税将使得印度尼西亚的富裕人群将继续选择在国外进行高端购物。

宽带普及率的提高以及智能手机与社交媒体的迅速增长，说明印度尼西亚的电子商务领域潜力巨大。在印度尼西亚，超过一半的互联网用户通过网络访问移动设备，1/4 的成年人拥有智能手机。根据 eMarketer（一个研究机构）提供的数据，2014 年，印度尼西亚有 590 万网络购物消费者，这一数字预计将在 2016 年增长到 870 万。印度尼西亚的支付和物流体系相对疲软，这意味着网络交易和物流服务高度集中于雅加达、泗水和棉兰等大城市。图 2－1－3 为近几年来 FDI 流入印度尼西亚的主要行业分布，从中可以明显看出，储运与通信行业的对外直接投资流入规模明显增加。

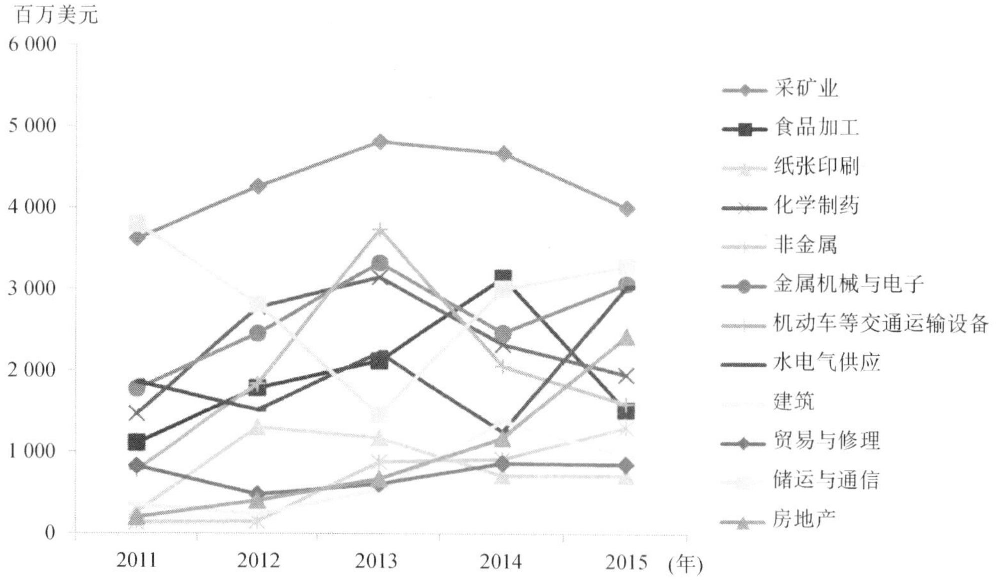

图 2－1－3　印度尼西亚对外直接投资流入行业

资料来源：CEIC 数据库。

印度尼西亚居民在食品、饮料和烟草上的消费占收入的比例在 2015—2019 年期间不会较 2014 年发生太大变化，但服装、技术和白色家电产业将在 2015—2019 年间表现良好。印度尼西亚城市居民生活方式的转变将会拉动冷藏冷冻食品和高蛋白食物的销售额增长。此外，印度尼西亚还有世界上最大人口规模的穆斯林，这将继续增加食品和医疗部门对清真产品的需求。

印度尼西亚城市中产阶级的崛起意味着非必须消费品市场巨大的增长潜力，如汽车、电视、智能手机、电脑和家用电器。人口密集地区是零售业发展的重点地区。比如爪哇岛，该地区占地面积仅为印度尼西亚国土面积的7%，却容纳了印度尼西亚60%的人口。强劲的信贷增长也会助推高价值物品的市场需求，尤其是印度尼西亚拥有大量的青年人群，而青年人群是信贷消费的主力军。

马来西亚

（一）马来西亚投资概览

国家基本信息简表

中文名称	马来西亚	英文名称	Malaysia
建国日期	1957 年 8 月 31 日	领土面积	33 万平方公里
所属洲	亚洲	时区	UTC +8
首都	吉隆坡	国际电话区号	+60
主要城市	怡保、马六甲、新山		
人口	3 033 万人	主要民族	马来族、华人、泰米尔族等
人口密度	91.9 人/平方公里		
语言	马来语、英语、汉语	主要宗教	伊斯兰教、佛教、基督教、印度教、道教
政体	议会制、君主立宪制	法律体系	英美法系
政党	马来民族统一机构、马来西亚华人公会、印度人国大党、伊斯兰党、民主行动党、人民公正党	换届时间	2018 年（议会选举）
道路通行	靠左驾驶	货币	令吉（又称林吉特）(MYR)

2015 年主要金融与投资数据

名义 GDP	2 962.18 亿美元	FDI 流出量	150.01 亿美元
国际储备	952.88 亿美元		
汇率水平（MYR/USD）	4.29	FDI 流入量	105.00 亿美元
外债余额/GDP	32.60%		
财政收入/GDP	19.30%	FDI 内存量	1 442.67 亿美元
财政支出/GDP	22.50%		
货币供应增长率（M2）	2.88%	FDI 外存量	1 506.86 亿美元
通货膨胀率	2.68%		
存款利率	3.13%		
贷款利率	4.57%		

续表

中国与马来西亚双边投资概况			
中国对马直接投资（流量）	5.21 亿美元（2014 年）	中国对马直接投资（存量）	17.86 亿美元（截至 2014 年底）
中马双边投资协定	1988 年 11 月 21 日签署，1990 年 3 月 31 日生效		
中马双边本币互换协议	2015 年 4 月 17 日，中国人民银行与马来西亚国家银行续签了规模为 1 800 亿元人民币/900 亿令吉的双边本币互换协议，有效期为 3 年。人民币与令吉不可直接兑换		
投资优惠措施和利润汇出限制	根据 WEF 发布的《2015—2016 年全球竞争力报告》，马来西亚在竞争力排名方面得分 5.23 分（5.23/7），排名第 11 名（20/144）。允许资本、利润和红利汇回		

（二）马来西亚投资风险分析

根据中国出口信用保险公司出版的《国家风险分析报告（2015）》，马来西亚 2015 年的风险评级为 4（4/9）级，主要风险见下表 2－1－16。

表 2－1－16　　2015 年马来西亚主要风险概览

风险类别	风险描述
宏观经济环境	稳增长压力较大，财政赤字逐年减少，国家债务风险可控
政治环境	执政的国民阵线（Barisan Nasional，简称“国阵”）内部因总统纳吉布涉贪腐指控而出现混乱，但反对派亦呈现分裂状态，短期内难以对国阵构成威胁，政治局势总体可控，不存在明显的外部安全隐患
法律与监管	双轨司法体系（普通法和伊斯兰法并行），执法成本相对较低
政府效率	行政效率较高，政府相对清廉
金融及国际贸易与支付	金融市场基本稳定，对外贸易顺差减小；外汇储备充足，但总量逐渐减少
安全	社会骚乱可能性低
税收政策	税收体制健全，实行分税制
基础设施	基础设施较完善，电力、通信较为发达
劳动力市场	签证程序复杂，用工成本较高
社会文化	马来人与华人和印度人的种族矛盾是社会主要矛盾

马来西亚国内政治、经济和社会局势趋于稳定，国家风险主要集中在现任政府能否抵抗住反对派的持续抗争和非政府组织等民主势力的压力，并在此基础上进一步改善国家形象，尤其是吸引更多游客和投资，维持经济增长态势。短期看，马来西亚局势面临一定动荡风险，小规模骚乱或难避免，但政治和社会秩序不会出现根本变化。长期看，马来西亚仍将是东南亚国家中局势最稳定、经济发展最具潜力的国家之一。

本报告主要从政治风险、宏观经济风险、法律与监管风险、经营性风险等方面对马来西亚投资风险进行分析。

1. 政治风险

（1）政局波动风险。总理纳吉布任职期间不确定性增加。马来民族统一机构（巫统）主席、政府总理纳吉布·拉扎克（NajibRazak）任职期间的不确定性将会持续。2015 年 8 月，数以万计的反对派支持者举行抗议，要求被指控涉嫌贪腐的首相纳吉布·拉扎克（NajibRazak）辞职。纳吉布身陷国有战略投资公司一马发展公司（1 Malaysia Development Berhad，1MDB）事件中，正在接受调查。2014—2015 年，一马发展公司因拖欠债务，贪污腐败及管理不善等若干问题被指控。由于面临非法贪腐的指控，纳吉布的民众支持率不断下降，反对派甚至巫统内部要求纳吉布辞职。

执政党巫统内部分歧加剧。最近几个月对纳吉布的指责不断增加，批评声音主要来自巫统内部，包括马来西亚前总理马哈蒂尔·穆罕默德（Mahathir Mohamad）。马哈蒂尔之前参加了在吉隆坡举行的数千名示威者的抗议集会活动，呼吁纳吉布下台，马哈蒂尔认为如果国阵继续由纳吉布领导，那么在下次大选中将会遭受严重挫败。尽管检察部门认定总理纳吉布先前接受的巨额政治捐款 6.81 亿美元源自沙特阿拉伯王室馈赠，不涉及任何刑事犯罪或贪腐问题，但马哈蒂尔依然要求纳吉布下台。2016 年 2 月 29 日，马哈蒂尔宣布，由于对执政党马来民族统一机构（巫统）深感失望，他决定与妻子一同退党。

反对派组织的大规模抗议活动数量增加。反对派在 2008 年的大选中取得了前所未有的支持，但自 2011 年以来，形势逐渐对执政的国民阵线有利。虽然更具活力的民主进程有助于国家的长期稳定，但是随着反对派势力不断增强，马来西亚将经历短期的政治波动。上万民众参加了 2007 年、2011 年及 2012 年在吉隆坡举行的支持选举改革的集会，集会期间，警察利用高压水炮和催泪瓦斯驱散示威群众。马来西亚的政治集会通常只是在抗议地点周边造成一些破坏，而不会导致大规模的财产损失。2015 年 7 月，执政的国民阵线内部因总统纳吉布涉贪腐指控而出现混乱，而反对派一直认为马来西亚选举制度存在严重缺陷，这可能导致在 2018 年的下一次大选来临之前爆发大规模的抗议活动。

（2）恐怖主义风险。马来西亚的恐怖主义风险可控。马来西亚宗教激进行为日益增多，引起人们对防止人才流失、维护社会及各民族间和谐共处的关注。马来西亚反恐特警的作战能力较高，在反恐方面执法严格，因此，到目前还未发生过由国内武装组织发动的针对本土的成功的恐怖袭击。但是从中期来看，在叙利亚战斗过的马来西亚武装分子进行袭击的风险会增加。2015 年 4 月，马来西亚警察总长哈立德·阿布·巴卡尔（Khalid Abu Bakar）发表声明，武装分子计划袭击位于吉隆坡的“战略地点”及军营和警察局以夺取武器。而在声明发表的前两天，哈立德逮捕了 17 人，逮捕行动仅发生在议会通过反恐怖主义法案（Prevention of Terrorism Act，POTA）的前一天，这项反恐法案允许对犯罪人员实行无限期拘留。然而，如果袭击事件得到证实，则该地区的恐怖主义风险正逐渐加大，因为这是与叙利亚战斗的马来西亚武装分子首次计划对国内发动袭击。

（3）地区局势风险。马来西亚希望通过外交途径解决与中国在南海的领土争端问题。南海的领土争端问题涉及中国大陆、中国台湾、马来西亚、菲律宾、越南及文莱等国家与地区。马来西亚与周边许多国家都存在海洋领土争端，如与印度尼西亚在石油资源丰富的 Ambalat 区域存在海洋边界纠纷。马来西亚此前对海洋领土争端问题采取了相对低调的处理办法，但是，2015 年 6 月，马来西亚指控中国海岸警卫队停靠琼台礁（马来西亚称此地为卢卡尼亚浅滩，Luconia Shoals）的行为侵犯了马来西亚的领土主权。与越南、印度尼西亚等国不同，马来西亚与中国经贸关系密切，一直表示希望通过外交途径解决与中国的领土争端问题，虽然两国会设法避免直接的军事对抗，但是随着中国准军事力量在马来西亚周边地区的增多，包括水炮、撞击甚至交火的海上冲突的风险将越来越高。

2. 宏观经济风险

世界经济下行对马来西亚经济复苏造成压力。尽管马来西亚致力于经济的多元化发展，但油气出口仍然占出口总额相当高的比重，作为亚洲最大的原油和天然气净出口国，马来西亚的经济比较依赖国际市场，受全球经济波动的影响较大。2009 年全球金融危机的爆发中断了马来西亚经济的快速发展，国际油价持续下跌，中国经济增长放缓，世界经济下行压力对马来西亚的经济发展产生不利影响。马来西亚的实际 GDP 增速由 2014 年的 6.0% 下降至 2015 年的 5.0%。2016 年，能源价格的下降将进一步削弱马来西亚的经济表现，EIU 预计，马来西亚 2016 年和 2017 年的实际 GDP 增长率将仅为 4.3% 和 4.6%（见表 2－1－17）。

表 2－1－17　　马来西亚宏观经济数据与预测（2011—2019 年）

指标 \ 时间		2011 年	2012 年	2013 年	2014 年	2015 年	2016 年	2017 年	2018 年	2019 年
实际 GDP 增长率/%		5.3	5.5	4.7	6.0	5.0	4.3	4.6	4.8	4.7
对实际 GDP 增长率的贡献/%	私人消费	3.3	4.1	3.6	3.6	3.1	2.7	2.8	2.8	2.7
	政府支出	1.8	0.7	0.8	0.6	0.6	0.6	0.7	0.8	0.8
	固定投资	1.4	4.3	2.1	1.3	1.0	1.0	1.3	1.4	1.5
	外部均衡	－0.8	－3.6	－1.0	1.1	－0.3	－0.2	－0.2	－0.2	－0.1
政府债务（占 GDP）/%		50.0	51.6	53.0	52.7	53.9	54.1	54.0	53.5	53.6
实际平均有效汇率（基于 CPI 调整，1997＝100）		84.4	84.2	84.6	84.0	77.3	77.0	78.0	81.2	84.2
CPI/%		3.2	1.7	2.1	3.1	2.1	2.3	1.7	2.8	1.9
平均实际工资增长率/%		－1.0	0.9	1.4	1.0	1.8	1.6	2.1	1.2	1.8
经常项目收支（占 GDP）/%		10.9	5.2	3.5	4.3	2.1	0.9	0.9	1.4	1.7
总外债（占 GDP）/%		48.6	61.7	65.7	62.4	64.7	68.9	67.6	63.6	59.7
外国直接投资存量（占 GDP）/%		38.4	42.1	44.8	39.6	48.7	53.6	52.7	50.3	47.7

资料来源：EIU 数据库。

债务风险显著提升。长期以来，马来西亚国家债务规模不断增大，占 GDP 的比例较高。2012 年，马来西亚的总外债额占 GDP 的比例达到 61.7%，已经超过政府设定的 55% 上限。2015 年，马来西亚总外债占 GDP 的 64.7%。EIU 预测，2016 年马来西亚总外债占 GDP 的比重将继续上升，达到 68.9%。根据高盛集团的研究显示，马来西亚外债额占 GDP 的比例超过 60%，这一比例居亚洲国家之首，该水平几乎与“亚洲金融风暴”之前印度尼西亚与菲律宾的水平相当。

令吉将继续贬值。大宗商品价格下跌、对中国出口规模下降、国内政治危机，以及全球对新兴市场国家（地区）经济发展的悲观情绪，这些担忧引发了马来西亚大量的资本外流，使得令吉汇率下降到了 1997 年东亚金融危机以来的最低水平。在 2015 年 12 月兑美元贬值约 23% 之后，在 2016 年第一季度实现了轻微升值，但是，受石油和天然气价格持续走低，以及中国经济增速放缓等因素的影响，马来西亚将不可避免地减少对亚太地区的商品出口，因此，IHS 预计 2016 年令吉将不可避免地再次贬值。令吉贬值有利于马来西亚的出口，在一定程度上缓解了大宗商品价格走低对出口造成的不利影响。此外，尽管中国经济放缓将对马来西亚出口增长造成负面影响，但是来自美国市场的需求将在一定程度上缓解这一不利形势。

国内需求状况相对稳定。得益于良好的基础设施条件、健全的法制建设、相对稳定的政治环境以及受过良好教育的劳动力，使得除石油部门外的其他产业部门能够较好地适应经济增长放缓这一趋势。为了保持国家的竞争力，马来西亚政府已经宣布了一项长达 10 年的投资计划，投资规模达

4 440亿美元。2015 年 4 月，马来西亚实行新的商品服务税，这使得私人消费增长在第三季度受到了一定程度的影响，增速仅为 4.1%，但是在第四季度，其增速有了小幅度回升，增速为 4.9%。2015 年，马来西亚私人消费年平均增速为 6.1%，相对于 2014 年的 7.0% 略有下降。

3. 法律与监管风险

马来西亚双轨司法体系（普通法及伊斯兰法）并行。马来西亚法律体系以英国普通法为基础，马来西亚议会颁布的联邦法律适用于全国各地，涵盖社会经济的各个方面。伊斯兰教法涵盖范围较小，仅适用于穆斯林。在民事法方面，伊斯兰法院管辖权包括部分个人法律事务，如婚姻、财产继承权和叛教等。2007 年 8 月，时任首席大法官曾建议以伊斯兰教法取代普通法，但建议未被采纳。马来西亚的法律制度带有浓厚的宗教色彩，并兼顾了马来西亚三大主要民族（华人、马来人、印度人）的一些传统文化习俗。1988 年 11 月 21 日，中国和马来西亚签署了《中华人民共和国政府和马来西亚政府关于相互鼓励和保护投资的协定》。此外，《投资促进法》是促进工业投资方面最重要的法律，投资优惠措施以直接或间接税赋减免形式出现。中国企业赴马来西亚投资应严格遵守法律法规，并尊重当地文化习俗，避免引起不必要的争端。

企业合同的执行效率较高、成本较低。在世界银行对 2015 年各国营商环境的排名中，马来西亚在 189 个经济体当中名列第 29 位。在马来西亚一项合同的执行时间平均需要 425.0 天，低于经合组织国家（539.5 天）及亚太地区（553.8 天）的平均水平。马来西亚合同执行的费用也相对便宜，成本占标的额百分比为 37.3%，低于亚太地区的平均水平 48.6%，略高于经合组织国家的平均水平 21.4%（见表 2-1-18）。马来西亚的法律制度基于英国的普通法，在处理商业争端方面较为公正，法院不会歧视外国公司，尽管在某些敏感的刑事和民事案件中，法律裁决可能会受到来自政治方面的影响，但是法官及法律专业人士在商业案件的审理中通常会处于独立的地位。大多数商业案件能够得到公正的处理，向上一级法院申诉也会得到有效对待。马来西亚已经加入了国际法律框架，包括多边投资担保机构（Multilateral Investment Guarantee Agency，MIGA），在投资者权益被侵占但未得到足够补偿的情况下，可为投资者提供法律保障。此外，马来西亚还允许通过国际投资争端解决中心（the Convention on the Settlement of Investment Disputes，ICSID）进行国际仲裁。

表 2-1-18　　马来西亚合同执行成本对比

指标	马来西亚	中国内地	中国香港
全球排名（0—189）	44	7	22
DTF 合同执行得分（0—100）	66.61	77.56	72.57
时间/天	425	452.8	360
成本（占标的额比重）/%	37.3	16.2	21.2
司法程序质量指数（0—18）	12	14.1	11

注：DTF 为 Distance to Frontier 的缩写，是世界银行根据 10 个自设指标编制的商业环境指数。

资料来源：World Bank，Doing Business 2016：Measuring Regulatory Quality and Efficiency，pp. 217.

4. 经营性风险

（1）劳工风险。马来西亚的签证程序复杂。中资企业办理中国籍管理人员与专业技术人员签证难度较大、手续复杂、时间较长，严重影响了我国企业在马来西亚的日常经营，制约着企业业务发展。目前，马来西亚政府仅对建筑业、种植业、农业、服务业、制造业 5 个领域开放外籍劳工，允许引入普通劳务的领域共 15 个国家，其中，泰国、柬埔寨、尼泊尔、缅甸、老挝、越南、菲律宾

（仅限男性）、巴基斯坦、斯里兰卡、土库曼斯坦、乌兹别克斯坦、哈萨克斯坦 12 个国家针对以上 5 个领域全部开放，印度劳工仅限建筑和服务业部分领域以及农业和种植业，印度尼西亚女性可以从事以上 5 个领域工作，印度尼西亚男性可在除制造业外其余 4 个领域工作，孟加拉劳工可根据政府间协议从事种植业领域的工作。

劳务市场限制较多。马来西亚未对中国全面开放普通劳务市场，只允许在特定条件下引进少量中国技术工人。颁发的工作准证也特别注明务工种类和雇主名称，依合法手续进入马来西亚的劳工如从事不同工作或为不同雇主工作一律视为非法劳工。拟赴西马半岛的外籍劳工可向马来西亚移民局申请，拟赴东马沙巴和沙捞越两州的外籍劳工则需向当地州政府申请。

外籍劳工工作效率影响施工进度。由于中国普通工人派出受限，我国企业不得不使用大量当地工人或其他国家的外籍劳工，在语言交流、宗教文化及生活习惯方面存在很大差异，难以保证工程施工进度。训练有素的劳工不足，以及劳工职业道德较弱是制约马来西亚营商环境改善的重要因素（见图 2－1－4）。

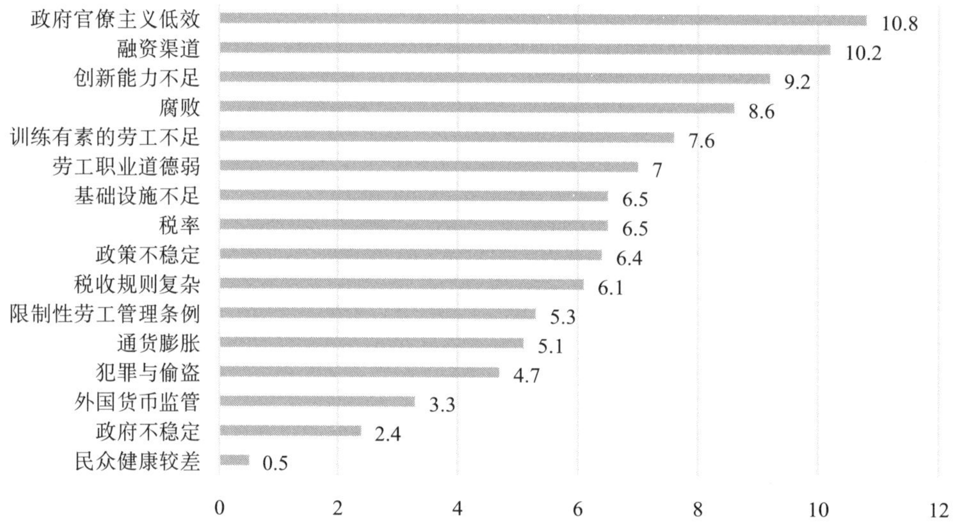

图 2－1－4　马来西亚营商环境的问题要素

注：得分越高，对营商环境的负面影响越大。

资料来源：World Economic Forum，The Global Competitiveness Report（2015—2016），pp. 248。

（2）税收风险。马来西亚的税收制度较为健全。马来西亚的税收制度是在英国和澳大利亚的税收制度基础上演变而成的。马来西亚的税收制度包含由联邦与地方两级政府征收的直接税与间接税。税务方面，外国企业与本土企业待遇基本相同，与其他东南亚国家相比，税率适中。免税方案等税收优惠措施也是马来西亚税收制度的重要组成部分。

马来西亚的税收结构有所调整，综合税率有望下降。2014 年马来西亚出台了一项全新的税种——商品服务税（Goods and Services Tax，GST），以取代之前征收的销售服务税（Sales and Services Taxes），后者占目前整个税收收入的 7.3%。商品服务税税率为 6.0%，2015 年 4 月 1 日开始生效，将有望扩大课税基础，为政府增加额外收入，减少对国有石油天然气公司 Petronas 征税收入的依赖。此外，实施商品服务税后，小微企业能够缩减成本，并且大多数的基础商品及服务可以实现零税率。总理纳吉布表示政府希望降低公司所得税税率，计划将公司所得税税率由 2015 年的 25% 下调至 2016 年的 24%。在由实施商品服务税保证未来几年税收收入增加的情况下，马来西亚政府很有可能继续将公司所得税税率下调至20%。赴马来西亚投资企业应该关注相关行业的税务变化，做好税务统筹（见表2-1-19）。

（3）投资风险。马来西亚吸收外国直接投资额有所下降。外国直接投资（FDI）是2020年马来西亚建设成为高收入国家宏伟蓝图的重要组成部分，政府致力于发展高新科技制造业，涵盖医疗及绿色环保技术、航空航天及高附加值服务等领域。2014年以前，马来西亚吸收外国直接投资持续稳定增长，但是，2014年马来西亚吸收外国直接投资有所下降，根据联合国贸易与发展会议（UNCTAD）编制的世界投资报告（WIR），2014年马来西亚外国直接投资净流入量下滑幅度达7.4%，马来西亚作为东道国吸引外国直接投资的金额在区域中仅排名第五，落后于中国、新加坡、印度尼西亚和泰国。马来西亚政府将外国直接投资净流入量的下降归因于本国的经济转型，同时，2015年国际油价持续下跌，以及马来西亚本币兑美元持续贬值在未来一段时间内不会得到根本转变，这动摇了投资者对马来西亚的投资信心。

表2-1-19　　2015年马来西亚税收概况

税收种类		税率/%
公司税	企业所得税	25
	房地产业盈利税	10
	分支机构税	25
预提税	红利	0
	利息	15
	版权税	10
	分支机构利润汇出税	0
个人税	个人所得税（最高税率）	26
间接税	销售税	5—10
	服务税	6

资料来源：Country Reports——Malaysia，March 2016，pp. 17。

（三）马来西亚未来发展预测和投资机会分析

1. 政治前景

马来西亚在东盟中的地位较为稳固。马来西亚作为东盟经济发展活跃的成员国之一，与其他东盟成员国的贸易往来将继续深化东南亚地区内的贸易纽带关系。虽然马来西亚与中国、印度尼西亚等周边许多国家存在领土争端问题，但是一直表示希望通过外交途径对话方式解决争端，以避免直接的军事冲突。马来西亚与新加坡的关系开始回暖，尤其是在经济关系方面，未来几年，两国将保持作为彼此最大的贸易伙伴关系。拟建中的连接马来西亚首都吉隆坡与新加坡的高速铁路也将为两国带来巨大的经济收益。

马来西亚与中美政经关系微妙。马来西亚与中国于2012年签署了双边自由贸易协定，两国贸易规模将持续增长，预计在2015—2019年中国将成为马来西亚最重要的贸易伙伴之一。但在南海领土争端问题上，双方的解决方式存在分歧，马来西亚希望通过多边安全机制通过对话共同解决领土争端问题，而中国政府则更倾向于在双边基础上解决这些问题。马来西亚已加入由美国主导的跨太平洋伙伴关系协定（Trans-Pacific Partnership Agreement，TPP），希望借此拓展全球市场，吸引外国投资，但与此同时，马来西亚国际贸易及工业部长表示，TPP 的发展不会削弱东盟一体化在东亚地区的主导优势。

2. 经济预测

马来西亚计划在未来 5 年发展成为高收入国家。马来西亚政府制订国民经济发展计划和经济转型计划，以期在 2020 年将马来西亚发展成为高收入国家。马来西亚是东南亚地区发展最成功的经济体之一，2015 年马来西亚人均 GDP 达到 9 766 美元。根据世界银行对高收入国家的定义，马来西亚需要在 2020 年将人均国民收入提升至 12 746 美元。为了实现这个目标，马来西亚政府第十个五年计划（2011—2015）制订了政府转型计划（Government Transformation Programme）和经济转型计划（Economic Transformation Programme）。前者包括打击腐败、改善教育及加强农村基础设施建设等七项倡议，后者则规划了政府为推动经济增长而重点扶持的 12 个行业，包括 2020 年建成第一座核电站。

未来 5 年主要经济指标增长率较为乐观。2015 年 5 月，马来西亚宣布实施第 11 个“五年计划”（2016—2020 年），政府转型计划及经济转型计划将在第 11 个五年计划期间得到继续落实，该计划的重点是扶贫、缓解收入不平等、“绿色”增长及基础设施建设。EIU 预计，2015—2019 年马来西亚的实际 GDP 增长率将保持在平均 4.7% 的水平。作为马来西亚第 11 个五年计划的开局之年，2016 年，马来西亚货物和服务进出口增长率将显著提高，固定资产投资增速也略有提高，私人消费增速虽有所下滑，但在未来依然是经济发展的强劲动力之一。服务业在对整个国民经济发展贡献中继续占据较大份额，增速约为 8.2% （见表 2-1-20）。EIU 预计，2015—2019 年马来西亚服务业发展增速将保持在平均6.6% 的水平，其中，批发与零售贸易、信息与通信将成为最有活力的服务部门。虽然 2014 年初的“马航失事”事件对马来西亚的旅游业造成了负面影响，但是得益于令吉的贬值，旅游业在未来几年仍将快速发展。

表 2-1-20　　马来西亚主要经济指标增长率预测（2014—2019 年）　　单位/%

指标	2014 年	2015 年	2016 年	2017 年	2018 年	2019 年
GDP	6.0	5.0	4.3	4.6	4.8	4.7
私人消费	7.0	7.5	6.5	6.6	6.8	6.3
政府消费	4.4	6.0	5.5	5.8	6.4	6.0
固定资产投资	4.8	4.9	6.0	6.2	6.7	6.6
货物和服务出口	5.1	-2.3	5.2	5.6	6.8	5.7
货物和服务进口	4.2	-1.3	5.1	6.8	8.9	7.3
工业	6.0	5.5	5.6	5.2	5.0	5.0
服务业	6.7	5.3	8.2	6.8	6.9	5.8

资料来源：EIU，Country Forecast——Indonesia，June 2015，pp. 24。

区域宏观经济环境指标排名略有下降。虽然马来西亚的宏观经济环境预计 2015—2019 年在全球的排名仍稳居第 17 位，但是在区域范围内排名则由第 5 位跌至第 6 位。全球油价持续低迷将为经济发展目标的实现带来压力。基础设施建设巨大开支，使得 2015—2019 年间马来西亚在维持财政预算平衡方面面临较大挑战。

3. 营商环境

政治转型与经济转型改革有助于改善商业环境。相对于其他亚洲新兴经济体和发展中国家经营环境的不断变化，马来西亚的整体经营环境较为稳定（见图 2－1－5）。执政的国民阵线致力于推动国家结构化改革，促进经济的多元化发展，这将有助于民营企业的发展。但是，虽然在经营环境要素评估中 10 个指标中马来西亚有 9 个指标得到改善，由于区域内其他国家经营环境也在加速改善，在 2015—2019 年的区域商业环境排名中，马来西亚的排名反而有可能从第 6 位下滑至第 7 位（见表 2－1－21）。

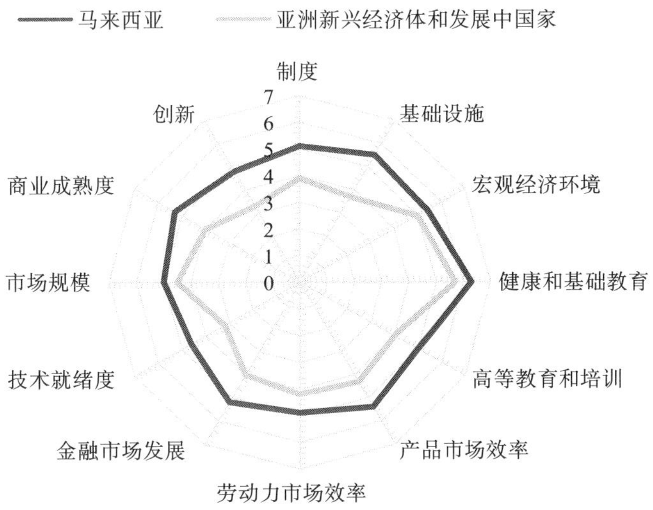

图 2－1－5 马来西亚经营环境要素得分对比

注：得分越高，越具有竞争力。

资料来源：World Economic Forum，The Global Competitiveness Report（2015—2016），pp. 248。

表 2－1－21　　马来西亚商业环境评级与预测

指标	价值指数[a]		全球评级[b]		地区评级[c]	
	2010—2014 年	2015—2019 年	2010—2014 年	2015—2019 年	2010—2014 年	2015—2019 年
总评	7.24	7.47	23	23	6	7
政治环境	7.1	6.9	25	29	6	7
政治稳定性	7.4	7.0	29	35	4	5
政治有效性	6.8	6.8	25	27	8	8
宏观经济环境	8.0	7.8	17	17	5	6
市场机会	6.5	6.6	22	18	9	7
对私人企业和竞争的政策	6.0	6.5	39	34	8	8
对外国投资者的政策	7.3	7.8	32	27	6	6
对外贸易和外汇管制	8.7	8.7	26	28	5	6
税收	7.9	7.9	11	13	5	6
融资	7.0	7.8	19	13	6	6
劳动力市场	7.1	7.3	15	15	5	5
基础设施	6.8	7.6	38	30	8	8

注：a，最高为 10；b，在 82 个国家（地区）中；c，在 17 个国家（地区）中，包括澳大利亚、孟加拉国、中国、中国香港、印度、印度尼西亚、日本、马来西亚、新西兰、巴基斯坦、菲律宾、新加坡、韩国、斯里兰卡、中国台湾、泰国和越南。

资料来源：EIU，Country Forecast——Indonesia，June 2015，pp. 12。

政府推动经济多元化改革。政府计划逐步降低对石油行业的依赖，推动经济结构多元化发展。马来西亚政府的经济转型计划将国家定位为高科技制造业基地，希望大力发展医疗技术、航空航天和其他高附加值制造业以及以酒店、旅游等为代表的服务业。2014 年 11 月，马来西亚政府利用全球油价下跌的时机宣布取消燃油价格补贴。此前，政府还对一些食品价格实施了补贴政策，但由于国际石油及其他大宗商品价格持续低迷，2015—2016 年度这些补贴政策很可能会被撤销。

融资环境有所改善，但私人债务占比高。马来西亚进行了广泛的金融改革，金融服务业及银行部门在过去 10 年间的快速发展、充足的金融资本也使马来西亚顺利地渡过了 2008 年爆发的全球金融危机。金融改革使得马来西亚的融资条件进一步改善，马来西亚在 2015—2019 年全球融资条件指标的排名上升至第 13 位，区域排名中位列第 6 位。但是，值得注意的是马来西亚私人债务占 GDP 的比率在 2014 年底攀升至 88%，成为亚洲私人债务率最高的国家之一，存在较高的债务违约风险。

政府鼓励私营企业发展，但国有企业仍占主导地位。国民阵线将会继续推行总理纳吉布的施政纲领，推进国有企业的私有化，为私营企业和外国投资者拓展更大的发展空间。在私人企业及竞争政策方面，马来西亚这一指标的世界排名提升到了第 34 名，但在区域排名中仅位列第 8 名。然而，尽管马来西亚主权财富基金国库控股（KhazanahNasional）已经减持了许多知名公司的股份，包括汽车制造商宝腾控股（Proton Holdings）、电信服务商国家能源（TenagaNasional）和技术公司时代工程（Time Engineering），但是国库控股后续又对新的领域进行了投资，如房地产。根据亚洲开发银行分析，有政府背景的企业在马来西亚的整个经济中依然发挥重要作用：当前它们占据银行资产的 56%，通信部门占 67%，公共事业领域的占比高达 88%。在马来西亚排名前十的上市公司中，七所公司由政府控股，拥有政府背景的相关企业在整个股市市值中占比 36%。马来西亚营商环境的整体改善有利于海外企业对马来西亚的投资，但是马来西亚对通信、公共事业等领域的国有控股，使得海外企业所面临的市场准入条件较高，在一定程度上将会加剧海外企业与马来西亚国有企业的竞争，甚至损害海外企业对相关领域的投资回报。

劳动力市场存在技术工人的供需缺口。马来西亚教育支出已经达到 GDP 的 4%，实施各项教育改革，希望在 2020 年将马来西亚建设成为高收入、知识及创新驱动发展的国家。但是教育体系的现代化改革与相关技能的错位匹配会成为马来西亚 2013—2025 年教育规划蓝图中的最大挑战，技术工人的缺乏将严重制约商业发展，并很可能拖延政府发展高新技术制造业的进度。马来西亚的经济发展将继续依赖来自孟加拉国、印度尼西亚、尼泊尔和菲律宾等国家的海外工人，虽然各种移民自由化举措及新的外籍服务部门的成立有助于简化签证的批准程序，并有助于缓解专业技术工人及科学家的供给问题，但是雇用海外工人依然存在一定障碍。

基础设施有望继续完善。马来西亚在基础设施建设方面全球排名第 30 名，有较为完善的基础设施。马来西亚未来对基础设施建设的投资会持续增加，政府在第 11 个“五年计划”中批准建设几个大型的基础设施建设项目，其中，交通运输投资将主要集中于重要港口及机场的公路及铁路连接项目。在 2015—2019 年期间将要建设完成的交通运输工程包括东海岸高速公路、槟城第二大桥、南巴生谷高速公路，以及计划耗资 71 亿美元的泛婆罗洲高速公路的一部分建设，泛婆罗洲高速公路计划于 2023 年建设完成。同时，提高宽带普及率，对电信的投资也是马来西亚基础设施建设中的重要投资项目。针对公路、铁路、港口及电信等项目投资不断增加，首都吉隆坡及其附近的基础设施也将得到进一步改善，马来西亚对基础设施建设的巨大需求为海外企业的投资提供了机会。此外，稳步开展与周边国家基础设施建设的合作投资。马来西亚和新加坡两国政府宣布计划共同建设连接吉隆坡和新加坡之间的高速铁路项目。2015 年马来西亚以创始成员国身份加入由中国主导的亚洲基础设施投资银行，作为中国实施“一带一路”战略的重要节点国家，其基础设施建设将得益于两国在该方面的合作投资，“一带一路”战略也将为马来西亚经济增长提供新的动力。

4. 人口预测

人口结构合理，工作适龄人口增加。马来西亚各民族人口结构差异较大，但人口年龄结构合理，工作适龄人口数量未来 5 年不断增加，老龄人口抚养比处于较低水平。2015—2019 年，马来西亚人口将会以 1.3% 的年均增速持续稳定增长，预计 2019 年人口将达到 3 200 万人。马来西亚人口数量的持续增加能够促进社会整体消费的不断提高，拉动国内消费市场。马来西亚各民族之间人口生育率的差距巨大。未来 5 年，原住民（马来人及其他土著居民）将依然是最大的群体，占总人口的 60%，预计到 2040 年占比将提升到 68%。与此相反，华人及印度裔的马来西亚人数量近几年不断减少，人口比重预计到 2040 年分别下降至 18% 和 5.9%。虽然各民族之间人口结构差异较大，但马来西亚人口年龄结构合理，老龄人口抚养比 2014 年处于 0.08% 的低水平。人口结构相对年轻，2014 年人口年龄的中位数为 27.7。不过在未来几年，随着出生率的下降以及预期人口寿命的不断延长，人口年龄会稳步提高，主要表现为：0—14 岁年龄段的人口增长会有所减缓，与此相反，15—56 岁工作年龄段的人口数量会持续增加，而 65 岁以上老年人的人口增长率将更高。EIU 预计，2019 年马来西亚 15—64 岁年龄段的人口比率将会达到 69.4%（见表 2-1-22）。工作适龄人口的整体数量比重最大，将不断壮大马来西亚的劳动力市场供给，在一定程度上弥补马来西亚技术工人的供需缺口，增强国民经济发展活力。

表 2-1-22　　马来西亚人口状况预测

人口数量	2009 年	2014 年	2019 年
总人数/百万人	27.7	29.9	32.0
年龄分布比例	2009 年	2014 年	2019 年
0—14 岁/%	28.2	25.7	24.0
15—64 岁/%	67.0	68.7	69.4
65+岁/%	4.8	5.6	6.6
青年抚养比率/%	0.42	0.37	0.35
老年抚养比率/%	0.07	0.08	0.10
期间均值		2010—2014 年	2015—2019 年
人口增长率/%		1.6	1.3
工作人口增长率/%		2.1	1.6
劳动力增长率/%		4.2	2.0

资料来源：EIU，Country Forecast——Indonesia，June 2015，pp. 10。

5. 投资机会

马来西亚可支配收入增加有助于提高市场投资机会。与亚洲其他的中等收入国家相比，马来西亚拥有相对较高的私人消费支出，人均家庭消费有望由 2014 年 5 930 美元提升至 2019 年 8 270 美元。在人口结构中，处于工作年龄段，尤其是 40—64 岁年龄段人口的可支配收入水平较高。人均家庭消费能力的提高及可支配收入的增加将提升马来西亚市场的吸引力，这意味着马来西亚对高价货品（如汽车）的需求会得到显著提高。马来西亚庞大的中产阶级群体使得马来西亚拥有巨大的非必需消费品市场，如汽车、电视、智能手机、电脑和家用电器。此外，高收入群体不断壮大，使得马来西亚国内的奢侈品消费品市场发展潜力巨大。EIU 预计，马来西亚的商品及服务进口增速到 2019 年将达到 7.3%，马来西亚国内市场对外国商品及服务存在巨大需求，这为我国企业的出口贸易和投资提供了机会（见表 2－1－23）。但值得注意的是，马来西亚人口数量在 2014 年为 2 990 万人，仅为泰国人口的 1/3，较小的人口规模会限制对市场投资机会。

表 2－1－23　　马来西亚市场机会及预测（2014—2019 年）

指标	2014 年	2015 年	2016 年	2017 年	2018 年	2019 年
人口数量/百万人	29.9	30.3	30.8	31.2	31.6	32.0
GDP（现行汇率衡量）/十亿美元	338.1	301.9	304.2	353.8	410.9	471.7
人均 GDP（现行汇率衡量）/美元	11 307	9 953	9 891	11 352	13 017	14 753
个人可支配收入/十亿美元	176	159	162	191	227	263
家庭消费/十亿美元	177.2	163.0	166.2	194.4	228.9	264.4
人均家庭消费/美元	5 930	5 370	5 400	6 240	7 250	8 270
商品及服务出口（变化率）/%	5.1	－2.3	5.2	5.6	6.8	5.7
商品及服务进口（变化率）/%	4.2	－1.3	5.1	6.8	8.9	7.3

资料来源：EIU，Country Forecast——Indonesia，June 2015，pp. 29.

各部门消费支出存在差异，市场投资机会巨大。未来 5 年各消费部门的消费支出存在较大差异，其中医疗卫生、交通运输及通信等领域的消费开支快速增加。马来西亚在医疗卫生方面的消费支出将从 2014 年的 41 亿美元提高至 2019 年的 77 亿美元，占总体消费比重的 2.5%，这一方面得益于医疗卫生的商业化改革。马来西亚第 11 个“五年计划”中对基础设施建设的巨大投资需求使得交通运输及通信部分的消费开支将显著提高，预计 2019 年占总体消费支出的 23.1%。此外，2015—2019 年，对食品、饮料及烟草的支出比重将略低于 25%，但依然高于其他部门的消费支出（见表 2－1－24）。各消费部门的增长率会存在非常大的差别。酒店餐饮、休闲、教育和住房等部门的消费支出增长率将会高于平均增长率水平。这些领域的消费支出在未来 5 年的快速发展为海外企业提供了巨大的投资需求，尤其是在医疗卫生、交通运输及通信等基础设施建设领域的市场投资机会巨大。

表 2－1－24　　马来西亚消费支出状况预测（2014—2019 年）　　单位/百万美元

指标	2014 年	2015 年	2016 年	2017 年	2018 年	2019 年
食品、饮料及烟草	41 683	40 871	46 196	55 756	64 543	72 478
医疗卫生	4 141	4 109	4 656	5 660	6 719	7 736
交通运输及通信	39 378	38 285	43 001	52 294	62 056	71 243
休闲及教育	12 123	11 771	13 221	15 810	18 388	20 699
宾馆与酒店	18 481	18 121	20 535	25 036	29 629	33 884
（百分比率）						
食品、饮料及烟草	23.5	23.7	23.9	23.9	13.7	23.5
医疗卫生	2.3	2.4	2.4	2.4	2.5	2.5
交通运输及通信	22.2	22.2	22.2	22.4	22.8	23.1
休闲及教育	6.8	6.8	6.8	6.8	6.8	6.7
宾馆与酒店	10.4	10.5	10.6	10.7	10.9	11.0

资料来源：EIU，Country Forecast——Indonesia，June 2015，pp. 30。

菲律宾

（一）菲律宾投资概览

国家基本信息简表

中文名称	菲律宾	英文名称	Republic of The Philippines
建国日期	1898 年 6 月 12 日	领土面积	30 万平方公里
所属洲	亚洲	时区	UTC +8
首都	大马尼拉	国际电话区号	+63
主要城市	宿务、达沃、奎松		
人口	1 亿人	主要民族	他加禄人、宿务人、伊洛戈人等
人口密度	308 人/平方公里		
语言	菲律宾语（以他加禄语为基础）和英语	主要宗教	天主教、基督新教、伊斯兰教等
政体	总统制	法律体系	大陆法系与英美法律体系
政党	多党制	换届时间	2016 年 5 月（总统选举）
道路通行	靠右驾驶	货币	菲律宾比索（PHP）

2015 年主要金融与投资数据

名义 GDP	3 073.0 亿美元	FDI 流出量	56 亿美元
国际储备	84.63 亿美元	FDI 流入量	52 亿美元
汇率水平（PHP/USD）	45.46	FDI 内存量	593 亿美元
外债余额/GDP	26.4%	FDI 外存量	411 亿美元
财政收入/GDP	15.2%	国内债务增长率	7.4%
财政支出/GDP	16.9%	主要投资国	美国、日本、新加坡
货币供应增长率（M2）	8.3%		
通货膨胀率	1.5%		
存款利率	1.6%		
贷款利率	5.5%		

中国与菲律宾双边投资概况

中国对菲直接投资（非金融类）	2.25 亿美元
中菲双边投资保护协定	1992 年 7 月签订
中菲双边相关经贸协定/协议	1993 年签订《经济技术合作协定》和《关于加强农业及有关领域合作协定》；1999 年 7 月签订《中华人民共和国政府和菲律宾共和国政府关于对所得避免双重征税和防止偷漏税的协定》，2002 年 1 月 1 日生效；2005 年签订《关于促进贸易和投资合作的谅解备忘录》；2005 年签订《关于促进贸易和投资合作的谅解备忘录》；2006 年签订《关于建立中菲经济合作伙伴关系的谅解备忘录》；2007 年签订《关于扩大和深化双边经济贸易合作的框架协录》；2011 年签订《经贸合作五年发展规划》
投资优惠措施和利润汇出限制	根据 WEF 发布的《2015—2016 年全球竞争力报告》，菲律宾在竞争力排名方面得分 4.4 分（4.4/7），排名第 47 名（47/144）。允许资本、利润和红利汇回

（二）菲律宾投资风险分析

根据中国出口信用保险公司出版的《国家风险分析报告（2015）》，菲律宾2015年的风险评级为6（6/9）级，主要风险见表2-1-25。

表2-1-25　　2015年菲律宾主要风险概览

风险类别	风险描述
宏观经济环境	未来菲律宾宏观经济发展有赖于制造业，货币政策相对稳定，银行自由化程度较高，扩大政府支出以促进经济发展，财政赤字状况趋于恶化
政治环境	大选临近，政治斗争加剧，政府权威受到冲击，不存在明显的外部安全隐患
法律与监管	法律体系保持基本稳定，执法成本较高，退出成本略微上升
政府效率	政府办事效率较低
金融及国际贸易与支付	比索出现小幅贬值，经常账户顺差规模缩小，对外国直接投资持续增长，国际储备状况良好
安全	社会治安仍较恶劣，恐怖主义威胁较大，菲南和平进程任重道远
税收政策	制度复杂，效率低下
基础设施	交通基础设施条件有望改善，电信基建发展较好，电力短缺严重
劳动力市场	劳动力充足，数量众多，人力资本水平较高
社会文化风险	反恐形势严峻

2015年，菲律宾社会不稳定因素略有增多，政府贪腐丑闻不断爆出，部分政治势力参与了2016年大选，政治争斗日趋激烈；经济仍保持较快发展，但增速相比上年有所放缓，“有增长没发展”的状况仍未得到实质改变，贫困率、失业率仍居高位；社会不稳定因素依然活跃，尽管与菲南最大反叛组织的和谈进程取得重大进展，但民族、宗教矛盾并未得到根本性解决，其他反政府武装和恐怖主义组织因不满被排除在和平进程之外，试图采取行动破坏和平进程。短期来看，随着2016年全国大选结束，菲律宾国家风险将有所缓减，但政治斗争、经济发展与社会稳定等各种问题相互交织，将极大影响菲律宾国内局势走向，菲律宾国家风险仍将维持在较高水平。

本报告主要从政治风险、宏观经济风险、法律与监管风险、税收风险、经营性风险、安全风险方面对菲律宾投资风险进行分析。

1. 政治风险

菲律宾家族政治色彩明显，政体具有不稳定性，腐败严重。菲律宾的政治运作呈现出明显的家族政治色彩，各特权阶级围绕总统候选人及其家族赞助者形成联盟，长期斗争。家族政治的把控使得各政党所提出的主张很难得到广泛认可，各届政府的政策延续性较低，难以对贫困、腐败等积弊已久的经济和社会问题进行强有力的系统性改革，政治因此呈现较高的不稳定性。

政党政治发展缓慢，民主政治水平较低。菲律宾的民主制度建设尚不完善，高昂的竞选费用和复杂的参选流程使得普通民众很难通过民主选举进入政坛来表达其诉求，民众的政治参与因而呈现低水平状态。加之政府对社会的控制能力较低，被排除在政治体制之外的民众更倾向通过各种违法犯罪活动来维持基本生活，或通过参加反政府武装表达其特殊的政治意愿。

政治腐败与行政效率低下。据国际反腐败组织“透明国际”（Transparency International）发布的《2015年全球清廉指数报告》，2015年菲律宾清廉指数为35，在全球189个经济体中排名第95名，位于中下游。与2014年相比，该国得分和排名均有不同程度的下降，在东盟十国中，仅次于新加坡、马来西亚和印度尼西亚，排名第4名。腐败一直是菲律宾政坛的最主要问题，近年来虽有所改善，但涉贪官员比例和贪腐程度仍较为严重。受家族政治和政治腐败问题困扰，菲律宾行政效率较为低下。虽然历届政府多次宣称要加强法制建设，也曾出台过鼓励外商投资的政策，但政府行动缓慢，政策落实有限，严重制约了其吸引外资的能力。

社会动荡、治安混乱。尽管菲律宾近年来经济增长取得显著成绩，但民众对于政治和经济权利高度集中、阶层固化严重和贫富差距悬殊等现象十分不满，并试图通过游行示威活动来得以表达，导致菲律宾国内局势动荡不安。此外，由于贫困问题比较严重，许多贫困民众试图通过违法犯罪活动获取收入，这进一步加剧了菲律宾治安混乱状况，进而严重影响了企业生产经营活动的顺利开展。

分离主义运动和极端组织活动猖獗。菲律宾安全局势长期受到南部伊斯兰分离主义势力及相关武装组织的威胁。政府军与反政府武装的持久冲突导致大约15万人丧生，长期的战乱使得棉兰老地区社会经济发展严重滞后。目前，“摩洛民族解放阵线”（摩解）、“摩洛伊斯兰解放阵线”（摩伊解）和“阿布沙耶夫武装”是威胁菲律宾安全局势的三大组织，同时，也对外国企业和投资者的合法利益构成较大威胁。新总统杜特尔特上台后，提出强力打击违法犯罪行为的主政宣言，这意味着未来政府军与反政府武装还将展开激烈的武装冲突。

2. 宏观经济风险

菲律宾是全球经济增长最快的经济体之一，近几年的经济年均增长率高达6%—7%。良好的经济增长前景和不断改善的经济基本面，使菲律宾的主权信用评级得以不断攀升，2013年被公认为“投资级”国家，2014年进一步被穆迪标普和惠誉两家信用评级机构提升了排名。

（1）短期分析。经济增长强劲，但仍面临下行风险。菲律宾近期经济表现较好，在2012—2014年间，经济增长率每年都超过了6.0%。尽管在2015年上半年经济增长势头有所放缓，但下半年逐渐企稳回升，全年仍然实现了6.7%的增长。服务业对经济增长的拉动作用日益增强，但农业和工业部门的增长仍然处于低迷状态，且在短期内，受不利天气条件、大宗商品价格走低以及外部不确定性等因素的影响，这一状况很可能会持续恶化。此外，长期以来，菲律宾经济增长主要依靠消费拉动，但较大的贫富差距导致这一增长模式难以持久。为此，菲律宾政府试图通过扩大投资来缓解经济增长对消费的过度依赖，然而，在短期内这一转型策略显然难以奏效。所以，我们预测菲律宾的短期经济增长会有所回落。此外，据EIU预测，在2016年菲律宾实际GDP增长率约为6.5%，较2015年的6.7%有所下降（见表2-1-26）。

货币政策在短期内可能保持稳定。2014年上半年的通货膨胀加剧导致菲律宾中央银行（BSP）在7月和10月分别加息，随后，在2014年后半年国内通货膨胀开始回落，这意味着菲律宾通货膨胀处于可控范围内。鉴于短期内外部不确定因素的增加和通货膨胀现状的可控，我们预期菲律宾中央银行在短期内将保持其关键利率政策的连续性，因此，菲律宾货币政策可能在短期内会保持稳定。

基础设施制约投资环境改善。近年来，菲律宾投资支出规模呈加速扩大态势，但这一态势仍存在许多不确定性。对于企图在菲律宾进行对外直接投资的投资者来说，薄弱的基础设施仍是制约投资的重要瓶颈，因此，如何扩大基础设施投资是菲律宾政府的当务之急，也同菲律宾试图缓解国内经济增长对消费需求和海外工人汇款过度依赖的转型目标相符合。

表 2-1-26 菲律宾宏观经济数据与预测（2015—2019 年） 单位/%

指标	2015 年	2016 年	2017 年	2018 年	2019 年
实际 GDP 增长率	6.7	6.5	6.0	6.2	6.1
私人消费	6.4	5.6	5.9	6.1	5.9
政府消费	6.2	5.9	5.7	5.9	6.2
固定资产投资	8.1	7.5	6.3	6.1	6.4
出口	6.2	6.8	6.0	5.5	6.2
进口	6.3	6.7	6.3	6.0	6.3
国内需求	6.6	6.4	6.1	6.4	6.2
农业	1.3	1.0	1.0	0.9	0.7
工业	7.0	6.0	6.0	5.5	5.5
服务业	7.5	7.7	6.8	7.4	7.2

资料来源：EIU，Country Forecast—— Philippines，June 2015，pp. 8。

（2）中长期展望。根据 EIU 预测，菲律宾中长期（2016—2019）年均经济增长率约为 6.4%。近年来，菲律宾保持政治稳定的努力和开展前期改革的效益开始显现，其中，最令人瞩目的是，菲律宾的主权信用评级得以改善。此外，随着菲律宾劳动力成本优势不断扩大，国外投资者纷纷将目光聚焦到菲律宾，外国直接投资的进入使得菲律宾制造业基地规模显著扩大，出口贸易持续提速增效。这些均有助于推动菲律宾经济增长，因此，我们认为菲律宾中长期经济增长前景会有所改善。但薄弱的基础设施、腐败和差强人意的商业环境依然是制约菲律宾经济增长的重要瓶颈。

3. 法律与监管风险

菲律宾法律体系以普通法和成文法为基础。阿基诺三世执政以来，国内政治经济环境稳定，国家和解进程顺利推进，新上任的杜特尔特总统，短期内不会对相关法律法规做出太大改变，这些均有利于法律环境的改善。未来法律风险不会明显上升。

法律体系完备性基本保持稳定。2010 年阿基诺三世就任总统，主张打击腐败，建立公正的司法体系。菲律宾宪法规定国家实行行政、立法、司法三权分立体制，司法因而得以保持相对独立。因为军队实力在议会中的地位依然强大，所以包括新宪法在内的法律体系仍会大体维持原有的法律框架，不会出现根本性变化，但是某些具体的法律条文可能会被变更，以反映社会内部的民主化诉求。此外，《菲律宾宪法》对外国投资设定了非常严格而又具体的限制，具体限制概况由外国投资“负面清单”给出，其中，《1991 年外国投资法》是菲律宾有关外国投资的基本法律，涉及“负面清单”的条款有 8 条①，“负面清单”对允许外资进入的行业及外资的股权比例均给出了详细规定。此后，2012 年 10 月 31 日菲律宾总统通过签署第 98 号总统令颁布了现行的“外商投资限制清单”，列举了限制外商进入的领域，其中，对于限制类行业，菲政府规定这些行业的外资持股比例原则上为 40%。

执法成本依旧较高。人员不足、腐败以及民众对司法公正性的担忧导致司法过程十分缓慢，此外，外国投资者经常对法官的客观性表示怀疑，前任总统阿基诺三世承诺要改革司法机构，并提高司法的透明度和独立性，但其改革并未取得明显效果。尽管仲裁可以作为一种执法选择，但通过司

① 该法于 1991 年 6 月 6 日经菲律宾参众两院通过，6 月 13 日由总统签署。1996 年 3 月，菲律宾共和国法第 8179 号对该法进行了修改。除有特别说明外，文中所引用的《1991 年外国投资法》即指 1991 年制定的《1991 年外国投资法》。

法部强制执行的国内和国际仲裁仍面临着人员不足、腐败以及司法不公等问题的困扰，这导致菲律宾执法成本依旧较高。衡量执法成本的重要指标之一是营商环境指数中的合同执行情况。世界银行2016年数据显示，通过菲律宾法院来解决合同纠纷平均耗时为842天，东亚及太平洋地区平均值为551天。菲律宾在189个经济体中排名第140位，与2014的第114位相比，执法成本排名快速下降，这表明菲律宾执法成本依然较高（见表2－1－27）。

表2－1－27　　菲律宾合同执行成本

合同执行指标	菲律宾	东亚及太平洋地区	经合组织
时间/天	842	551	539.5
成本（标的额的百分比）/%	31.0	48.7	21.0
程序/个	37	37	31.5

资料来源：World Bank，Doing Business 2016：Measuring Regulatory Quality and Efficiency。

退出成本趋于下降。以世界银行2016年营商环境指数中的办理破产指标来衡量菲律宾投资的退出成本。办理破产指标可以估算破产程序的时间和成本，反映出破产法规中存在的程序障碍。菲律宾在189个经济体中排名第53名，较2014年上升了47名，反映在菲律宾投资的退出成本有所下降（见表2－1－28）。

表2－1－28　　菲律宾外国投资退出成本

办理破产指标	菲律宾	东亚及太平洋地区	经合组织
时间/年	2.7	2.8	1.7
成本/人均收入的百分比/%	32	21	9
回收率（每美元美分数）	21.4	30.7	70.6

资料来源：World Bank，Doing Business 2016：Measuring Regulatory Quality and Efficiency。

4. 税收风险

税收制度复杂且效率低下。国税局是负责菲律宾税收征管的主要机构，而腐败是制约国税局有效运作的主要障碍。尽管阿基诺政府已采取相关措施予以改善并取得了一定成效，但税收征管薄弱引致的普遍性避税仍是菲律宾所面对的长期性问题。

税法施行不断从严。企业税收是菲律宾税收的主要来源，占总税收近30%，但企业税收征管不力直接导致政府预算赤字逐年扩大。根据菲律宾财政部（DOF）数据，2014年1月到6月之间，菲律宾的税收已经达到GDP的13.7%，相较于2012年占GDP的12.8%有所上升，但这仍未达到政府的预期目标。为此，菲律宾政府的财政责任法案规定，减税、免税、特权、延期等形式的税收优惠必须通过财政部的认证，以使其符合菲律宾每年的财政目标，这些举措有助于加强税法施行力度，使税法施行过程更为严格、规范，但不利于海外企业在菲律宾投资过程中获得更多的税收优惠。

采矿业将受到越来越严格的审查，并进行改革。鉴于在菲律宾从事采矿业的中国企业数量较多，有必要重点分析菲律宾采矿业的税收风险。据菲律宾财政部统计，矿业公司每年要支付约2.57亿美元的税金，与采矿业造成的严重环境破坏相比，政府部门认为这样的税收水平显然太低。因此，在2012年7月，菲律宾总统签署了一项停止发放采矿许可证的法令，造成外商投资大幅滑坡。目前，菲律宾政府正在提议解除禁令，但要对新批准许可证和许可证被恢复的采矿公司征以更高税收。2014年6月，采矿业协调委员会（MICC）提出了调整税收收入计划，该计划将使政府获得采矿总收入10%的税收或净采矿收入55%的税收（以较高者为准），这显然会加大中国企业到菲律宾进行采矿业投资的税收风险。

5. 经营性风险

（1）政府对外国投资的态度。总体而言，菲律宾对外国投资持以鼓励态度，但也存在一定的限制。对于汽车业和采矿业等战略性行业，菲律宾对外资进入给予严格限制并建立了一个较完善的投资者监管框架。菲律宾鼓励外国投资进入其他领域，并逐步取消了其他领域有关外国所有权和进入限制的相关规定。此外，为鼓励外资到菲投资，菲律宾政府逐步提高外资服务效率，简化办事程序，并尝试建立一站式的服务窗口为外资企业提供服务。通过观察以上行为不难发现，近年来，菲律宾对外国投资的态度趋于改善，相应的，菲律宾引进外资的数量实现了平稳增长，据菲律宾投资署数据，2015年菲律宾投资额达6 618.3亿比索，高于2014年的6 342.4亿比索。

（2）征收风险。政府没有任何国有化政策或任何对国外企业的征收目标，但外国企业的当地合作伙伴可能被视为腐败调查的对象，并带来政府征收风险。目前，菲律宾征收调查的主要目标为通过腐败获得的相关合同签订。之前的征收事件曾发生在2004年，由于受到腐败指控，菲律宾政府征用了由菲律宾国际终端公司（Piatco）和德国法兰克福机场集团共同建造的菲律宾第三航站楼。此外，政府也征用过由菲律宾当地人建设但涉及腐败问题的基础设施项目。由此可见，涉及腐败问题的菲律宾外资企业和合资企业都可能面临着征收风险。

（3）劳工关系风险。在过去7年里，随着管理体制逐步完善和罢工组织难度不断加大，菲律宾劳工罢工次数持续下降，劳资关系趋于稳定。根据《国际统计年鉴（2015）》公布的数据，菲律宾工厂罢工次数从1986年最高纪录的581次下降到2007年以来年均不到10次，2012年仅有3次罢工。菲律宾罢工次数的下降与工人所处的经济环境的改善密切相关。除了国家调解和仲裁局（NC-MB）调解的努力外，更明确的政府政策、劳动法的有效施行以及企业对集体谈判权的更加熟悉，都有助于抑制罢工活动。2011年3月，总统阿基诺三世（Benigno Aquino）签署的两项法律文件进一步维护了劳动者的合法权益，为稳定的劳资关系提供了法律保障，尤其是劳动法的改进为劳工维护自身权益提供了法律保障。稳定的劳资关系有助于降低暴力劳资冲突，进而减少由罢工引发的公司人员和财产损失，从而降低由劳工风险引发的外国投资的经营风险。

（4）腐败风险

如前文所述，与2014年相比，2015年菲律宾国内的腐败问题仍在持续恶化。表2-1-29表明，菲律宾各类合同和法规的实施效率显著低于经合组织的平均水平。由腐败、官僚主义及行政效率低下导致的政商环境整体的恶化正不断激起民众对政府的不满。需特别注意的是，腐败和官僚主义问题可能会对菲律宾中资企业投资安全构成一定威胁。

表2-1-29　　菲律宾合同与法规主要指标

指标	2015年	经合组织的平均水平
清关的平均时间/天	6.25	—
贸易便利化，交货时间/天		
进口	7.2	9.6
出口	4.9	10.5
合同的执行		
所需时间/天	842.0	539.5

续表

指标	2015 年	经合组织的平均水平
程序数	37.0	31.5
开始营业		
所需时间/天	29.0	9.2
程序数	16.0	4.8
产权登记		
所需时间/天	35.0	9.6
程序数	9.0	4.7
破产所需时间/年	2.7	1.7

资料来源：World Bank，Doing Business 2016：Measuring Regulatory Quality and Efficiency。

6. 安全风险

菲律宾社会治安问题十分突出。据菲律宾国家警队报告数据，2015 年 1 月至 6 月，菲律宾犯罪案件由 2014 年同期的 60.3085 万件增至 88.5445 万件，增幅为 47%。其中，盗窃案从 8.6451 万件增至 10.5229 万件，增幅达 22%；劫车案从 5 599 件增至 1.0039 万件，增幅达 79.2%。酒后互殴、夫妇冲突等人身伤害案从 12.2084 万件增至 18.2886 万件，性侵案从 2014 年的 5 069 件增至 8 288 件，谋杀案由 5 004 件增至 7 245 件，杀人案由 4 091 件增至 6 607 件[①]。此外，许多反政府组织也对菲律宾安全环境构成了较大的威胁，反对派组织的违法犯罪活动导致农村和棉兰老岛南部的安全局势日益紧张。在对外关系方面，尽管菲律宾与文莱、中国大陆、中国台湾和越南仍存在着领土争端，但这不太可能导致军事冲突，因此，外部安全局势相对稳定。

（三）菲律宾未来发展预测和投资机会分析

1. 政治前景

在政治力量方面，2016 年 5 月 9 日菲律宾举行全国和地方选举，杜特尔特取得压倒性胜利，当选为菲律宾新一届总统。随着杜特尔特掌管政权，菲律宾国内各派政治力量的地位也随之进入了重新调整期。由于不同政党所持政治立场和政策主张存在显著差别，政治力量地位变化的不确定性将增加中方企业在菲律宾投资的政治风险。

在政治稳定性方面，随着杜特尔特上台执政，菲律宾政治斗争将会进入平和期，政策稳定性将有所提升。杜特尔特在竞选总统过程中就明确承诺，要在就任总统后 3 到 6 个月内解决犯罪、毒品及官员腐败问题，这些主张显然会获得菲律宾民众的广泛支持，如果杜特尔特能够兑现其承诺，其名义支持率很可能会保持压倒性胜利，菲律宾政治稳定性也将保持良好的发展势头。而前任总统阿基诺就是由于没能合理处理在 2015 年发生的 44 名警方特种部队成员在一次抓捕恐怖分子行动中遭伏击身亡事件，使其民众支持率严重受损，支持率评级从 2014 年 11 月的 59% 跌至 2015 年 3 月的最低点 38%。

在政治和机构的有效性方面，政治有效性仍较有限，机构设置限制了行政权力的行使。国会法

① 杨婧：《菲律宾 2015 年犯罪案件激增 劫车案频发》，中国新闻网，http//：www.chinanews.com/m/－gi/2015/08—03/7443808.shtml，2015 年 8 月 3 日。

律从制定到实现既依赖于强大的个人、家庭和友谊纽带之间的相互作用，也受制于半封建的社会经济关系。政治政策扭曲导致腐败及办事效率低下。

在国际关系方面，菲律宾同东南亚邻国仍保持密切联系，与东盟（ASEAN）成员的鼓励开放贸易使菲律宾在区域政治舞台的影响力不断增大，与美国的关系在2016—2019年期间将继续保持温暖。特别是在2014年签署了10年的《增强国防合作协议》（EDCA）后，该协议为扩大美国访问菲律宾军事基地奠定了基础。菲律宾与中国的政治关系可能在2016—2019年保持紧张，主要因为中国南海的领土主张与菲律宾200海里专属经济区有所重叠，中国主张在双边基础上处理纠纷，而拒绝参加国际仲裁，但菲律宾新任总统杜特尔特在其个人执政纲领中写明争取利用国际仲裁来解决领土纠纷，并表示将在国际仲裁案裁决后力推菲律宾就此提出主权声索。在缺乏外交决议情况下，菲律宾逐渐同与中国存在海事纠纷的国家结成盟友，例如，2015年菲律宾与越南签署了新的伙伴协议，两国建立战略盟友关系。尽管如此，作为菲律宾重要的贸易伙伴和投资来源地，2016—2019年中菲经贸合作仍将稳步推进。

2. 经济预测

贫困地区的基础设施滞后是在菲开展业务的主要障碍。尽管前任总统阿基诺试图通过公私合作伙伴关系计划（PPP）重点推动基础设施建设，但进展缓慢，而且仍有许多障碍制约菲律宾基础设施投资，其中，持续低水平的政府开支最为突出，菲律宾预算支出占GDP的比例是亚洲和大洋洲各国中最低的，2014年仅为15.7%，而亚洲地区的平均水平为27.2%。

在宏观经济环境方面，菲律宾的宏观经济基本面将保持稳定，而且将是东南亚增长最快的经济体之一。据EIU预测，2016—2019年菲律宾实际国内生产总值年均增长率约为6.4%。受全球油价下跌影响，2015年1月菲律宾通货膨胀率降到连续17个月以来的最低水平2.4%，据EIU预测，在2016年通货膨胀率将为3%，稳定在菲律宾中央银行（BSP）设定的2%—4%的目标范围内。此外，为了维持比索价值的稳定，中央银行很可能在2016年提高利率。宏观经济基本面向好，意味着菲律宾国内投资机会不断增多，这将为外资进入菲律宾提供基本的经济保障。

在财政政策方面，自1998年以来，菲律宾财政预算一直处于赤字状态，EIU预计这种情况将在2015—2019年持续下去。2014年12月中旬，菲国会通过的2015年预算计划显示，菲律宾对教育、医疗等基础设施和必要的社会服务支出将不断上升，随着财政支出水平持续增长，EIU预测，菲律宾2016年的预算赤字占GDP的比重将达到近年来的最高水平-2.2%，在随后的年份里，财政赤字将会逐渐收窄，并在2019年将达到-1.3%（见表2-1-30）。新政府将从2016年中期开始为增加财政开支寻求新的收入渠道，据菲律宾《每日问询者报》2016年6月21日报道，候任总统杜特尔特计划收紧免征增值税等优惠措施，提高增值税税率，以改善菲律宾财政收支状况，这些举措显然会提高菲律宾外资企业的税收风险。

表2-1-30　菲律宾财政指标状况与预测（2014—2019年）　单位/%

时间 指标	2014年	2015年	2016年	2017年	2018年	2019年
政府支出（占GDP）	15.7	17.0	16.2	16.0	16.3	16.7
政府收益（占GDP）	15.1	14.9	14.0	14.3	14.9	15.3
预算平衡（占GDP）	-0.6	-2.0	-2.2	-1.7	-1.4	-1.3

资料来源：EIU，Country Forecast—— Philippines，June 2015，pp. 22。

在货币政策方面，2015 年菲律宾的隔夜回购利率和反向回购利率等主要利率政策保持稳定，隔夜回购利率和反向回购利率分别为 6% 和 4%。由于 2014 年中央银行将基准利率上调了约两倍，共计约 50 个基点，这使菲律宾通货膨胀率从 2014 年 7 月的 4.9% 下降到 2015 年 2 月的 2.5%。受国际石油价格持续走低的影响，2016 年物价上升压力继续减弱，在利率（仍处于历史低位）正常化之前，中央银行仍有思考和观望的时间，根据相关材料可知，中央银行从 2015 年下半年开始提高利率，紧缩性货币政策似乎主要为支撑比索（菲律宾的货币）的价值稳定。稳中有涨的利率政策将会降低菲律宾外资企业的利率风险。菲律宾利率与通货膨胀率见表 2-1-31。

表 2-1-31　　菲律宾利率与通货膨胀率及预测（2014—2019 年）　　单位/%

指标＼时间	2014 年	2015 年	2016 年	2017 年	2018 年	2019 年
91 天的国库券利率（AV）	1.2	1.5	3.0	4.0	4.0	4.0
消费者价格	4.2	3.0	3.7	3.9	3.8	4.0
实际工资	1.8	2.6	1.8	1.7	1.8	1.6

资料来源：EIU，Country Forecast——Philippines，June 2015，pp. 21。

3. 营商环境

由表 2-1-32 可知，根据 EIU 预测，菲律宾的商业环境整体排名得分从 2010—2014 年的 5.97 提升到 2015　2019 年的 6.31，可见，菲律宾的商业环境将趋于改善，但由于其他国家的改善速度更快，其全球和区域排名得分分别从 50 和 11 降至 55 和 12。菲律宾在基础设施等领域的得分仍不理想，但其宏观经济的得分相对较高。

表 2-1-32　　菲律宾商业环境评级与预测

指标	价值指数[a]		全球评级[b]		地区评级[c]	
	2010—2014 年	2015—2019 年	2010—2014 年	2015—2019 年	2010—2014 年	2015—2019 年
总评	5.97	6.31	50	55	11	12
政治环境	4.5	4.3	65	73	13	16
政治稳定性	5.5	5.1	53	59	10	13
政治有效性	3.6	3.6	64	72	14	16
宏观经济环境	7.8	7.5	24	30	7	10
市场机会	5.8	6.0	33	28	12	11
私人企业和竞争的相关政策	5.0	5.5	54	52	13	13
外国投资的相关政策	6.0	6.0	6.0	60	13	13
对外贸易和外汇管控	7.8	8.7	43	31	10	6
税收	6.3	7.0	32	26	10	10
融资	5.9	6.3	41	43	9	11
劳动力市场	6.1	6.6	43	35	11	8
基础设施	4.8	5.4	69	71	11	14

注：a，最高为 10；b，在 82 个国家（地区）中；c，在 17 个国家或地区中，包括澳大利亚、孟加拉国、中国、中国香港、印度、印度尼西亚、日本、马来西亚、新西兰、巴基斯坦、菲律宾、新加坡、韩国、斯里兰卡、中国台湾、泰国和越南。

资料来源：EIU，Country Forecast——Philippines，June 2015，pp. 15。

（1）对民营企业和竞争的政策。菲律宾对民营企业和竞争的政策总体向好。国家得分为 5.5，地区排名第 11 位，位居中下游，导致排名靠后的可能原因是，菲律宾主要私营部门企业集团的所有者与政治精英关系密切，这导致与政治精英关系疏远的民营企业难以获得政策倾向，甚至在竞争中处于不利地位。但阿基诺在实施旗舰PPP项目（菲律宾国家铁路南线项目）期间试图寻求更多国内外私人投资的参与，这有助于改善针对民营企业和竞争的政策，也有助于吸引更多的外国企业到菲律宾从事生产经营活动。

（2）对外国直接投资的政策。菲律宾对外国直接投资的政策将稳中有进，地区排名依然为第13名。与其他东盟成员国相比，菲律宾的外国投资政策较为严格，而且长期存在经济民族主义，这在很大程度上阻碍了投资开放的进程。很多领域仍旧对外国所有权予以严格限制，特别是与大众传媒实体和零售企业相关的领域，要求外国资本低于250万美元。宪法还禁止外国企业掌管小规模采矿、国防产品制造业和一些敏感领域（如公用事业）的控制权。此外，对于本地企业所从事的自然资源开采、私有土地所有权、公用事业、教育机构等十多个领域，宪法和一系列法律规定外资所有权不得超过40%。但随着新总统上任，菲律宾对外国投资政策有望得以改善，据菲律宾《每日问询者报》2016年6月16日报道，菲候任财政部长多明戈斯提出了确保经济包容性增长的10项计划，其中之一就是要借鉴达沃模式以改善菲营商环境，放松对外商投资管制（除土地外），以吸引更多外国直接投资，这对有意到菲律宾投资的中方企业来说无疑是一个利好消息。

（3）对外贸易和外汇管制。菲律宾的外贸和外汇管制政策将不断改善，其得分预计从之前的7.8上升到8.7，经常项目和资本账户交易在2016—2019年将继续保持自由兑换。尽管近几年菲律宾经济增长对出口的依赖趋于减弱，但其依然广泛推行自由贸易。当然，农业部门是例外，菲律宾在农业部门仍将实施高关税或限额政策，此外，菲律宾政府正在游说世界贸易组织将保护本国稻农的贸易规则延长5年，直到2017年6月。随着比索汇率走低，菲律宾中央银行将加强对场外外汇购买的管制，但总体而言，货币兑换仍将保持自由。菲律宾的外贸和外汇管制政策将不断改善，将使中方企业到菲律宾投资更为便利，也有助于降低投资成本。

（4）税收政策。在预测期内菲律宾税收制度将基本保持稳定。由表2-1-33可知，菲律宾的税率水平基本保持不变，企业所得税仍处于高位，约为30%，显著高于马来西亚（25%）、泰国（20%）和新加坡（17%）。个人所得税也稳定在5%—32%的范围内。此外，为了吸引外资流入，提高居民收入水平，据菲律宾《每日问询者报》2016年6月21日报道，新任总统杜特尔特计划降低个人和公司税率，未来菲律宾还将继续实施一系列税收优惠政策。

表2-1-33　　菲律宾税收指标（2006—2012年）　　单位/%

指标 \ 时间	2006年	2007年	2008年	2009年	2010年	2011年	2012年
企业最高边际税率	32	35	35	30	30	30	30
个人最高边际税率	32	32	32	32	32	32	32
对收入、利润和资本所得征税额占总税收之比	45.8	43.8	45.8	46	44.7	47.6	47.2

资料来源：EIU，Country Forecast——Philippines，June 2015，pp. 21。

（5）融资环境。菲律宾融资环境将不断改善，有助于降低菲律宾外国投资的融资成本，提高融资便利化水平。菲律宾融资方面的国家排名从2010—2014年的第9名下降至2015—2019年的第11名，尽管排名有所下降，但2015—2019年菲律宾的融资得分将持续提高，主要原因是菲律宾中央银行将实行允许外资银行进驻当地市场的一系列自由化举措，该措施结束了长达20年的暂停批准外资银行牌照的政策。此外，为了吸引外国银行进入菲律宾，菲商业银行对私营部门的贷款利率仍将持续走高。

（6）劳动力市场。劳动力人数的不断增长仍将是吸引外资到菲投资的重要因素。劳动力市场地区排名从2010—2014年的第11名上升到2015—2019年的第8名。菲律宾拥有大量的剩余劳动力，失业人数仍处高位。根据世界银行统计，尽管菲律宾仍存在一些劳工市场的限制条款，但其劳动力成本依然显著低于印度尼西亚、泰国和越南。菲律宾最低工资标准地区差异较大，首都马尼拉的收入最高，而西部民都洛岛、东部民都洛岛、巴拉望省和吕宋岛主岛的东南部地区的收入较低。丰富而低廉的劳动力禀赋优势将有助于降低到菲律宾外国投资的生产成本，也会成为菲律宾吸引外资进入的重要优势。

（7）基础设施。落后的基础设施仍将是菲律宾商业环境最薄弱的一环，2015—2019年的排名将由之前的第11名下降至第14名。由于政府对基础设施的投资长期严重不足，除两大经济特区（克拉克自由港区和苏比克湾自由港）的基础设施水平相对较高外，其他地区的机场、供水和卫生设施等公共服务都十分匮乏。为了尽快改善国内基础设施，菲律宾将持续加大对基础设施的投资规模，据菲律宾《每日问询者报》2016年6月4日报道，候任总统杜特尔特拟就任后将基建投资占GDP的比重由阿基诺总统时期的5%提升至7%，据《马尼拉时报》2016年5月29日报道，2016年第一季度，菲律宾政府基础设施建设支出达1 048亿比索，较2015年同期猛增52.8%。此外，政府还会鼓励私人投资逐渐流入基础设施建设领域，这为中国企业进入菲律宾基础设施领域提供了政策支持。

4. 人口预测

快速的人口增长对经济造成较大压力。由表2－1－34可知，EIU预测菲律宾人口增长率在2015—2019年将保持相对较快的速度，年均增速为1.6%。相比于2014年，到2019年总人口将会增加到1.084亿人。平均男性的预期生命由2010年的64.8岁上升至2015年的65.5岁，女性则从71.6岁上升至72.5岁，男女性平均预期生命变化不大，由68.1岁上升至68.9岁。据菲律宾统计，在2014年大约20%的家庭仍处于贫困水平，略低于2009年的20.5%，2014年约2 300万的菲律宾人生活在贫困中，相比2009年增长了1.9%。儿童贫困是菲律宾面临的重要社会问题，这严重影响了未来劳动力的质量。未来，失业仍将是菲律宾面临的一个重大挑战，海外移民将是应对高失业的重要手段。高失业意味着菲律宾未来的劳动力成本相对较低，这有助于降低到菲投资的生产成本。

表2－1－34　　菲律宾人口变化预测

时期平均数	2010—2014年	2015—2019年
人口增长/%	1.7	1.6
劳动年龄人口增长/%	2.2	2.0
劳动力增长/%	1.5	2.8
自然出生率（每万）	25.3	24.1
自然死亡率（每万）	6.0	6.1
出生时的预期寿命/年	68.1	68.9

资料来源：EIU，Country Forecast——Philippines，June 2015，pp. 11。

菲律宾的海外移民仍将快速增长。目前，在海外生活和工作的菲律宾人高达1 100万人，每年还将有超过100万人远赴国外工作，其中，美国是菲律宾人最佳海外谋生地（至今大约有400万菲律宾人），其次是沙特阿拉伯（有200万菲律宾公民）。尽管劳动力迁移海外有助于缓减菲律宾的失业问题，在短期内能够获得高水平外汇收入，但从长期来看，这势必导致人才流失，进而会提高外国企业在菲律宾从事生产经营活动的生产成本。

5. 投资机会

个人可支配收入稳步上升，消费需求规模不断扩大。EIU 预测，菲律宾人均可支配收入将在2016—2019 年间持续增加，加之近年来政府转移支出的增加，这些均有助于促进低收入家庭的私人消费增长。EIU 预计，私人消费在 2016—2019 年间将以每年 6% 的速度增长，到 2019 年达到 3 160 美元（见表 2 - 1 - 35）。此外，零售和电信等行业的自由化有助于降低产品价格，提高质量，扩大消费者选择权，海外大规模汇款流入，相对较低的利率，银行对信贷消费的大力支持和强劲的就业增长等，均有利于国内消费支出增加。消费需求规模的不断扩大将为外国企业进入菲律宾提供更多的投资机会。

消费结构不断升级。EIU 预测，2016—2019 年，虽然食品、饮料和烟草仍将占据家庭支出的主导，但占总支出之比将趋于下降。相反，住房和家庭燃料支出的占比将逐渐上升，这两项支出总额的占比从 2014 年的 26.5% 将增加到 2019 年的 28.3%。此外，随着国内 3G 通信宽带网络的发展，电信服务需求也将大幅增长。随着菲律宾消费支出结构逐渐向住房、家庭燃料及电信服务转变，这意味着房地产、能源和电信产业将获得较好的发展机遇，这也为外国企业到菲律宾以上行业进行投资提供了绝好机遇。

表 2 - 1 - 35　　菲律宾主要经济指标与预测（2014—2019 年）

指标＼时间	2014 年	2015 年	2016 年	2017 年	2018 年	2019 年
人口/百万人	100.1	101.8	103.5	105.2	106.9	108.4
GDP/十亿美元	284.6	317.8	369.5	408.0	448.4	493.2
人均 GDP/美元	2 843	3 122	3 569	3 878	4 193	4 549
个人可支配收入/十亿美元	222.4	242.9	277.5	302.8	331.6	363.6
中等家庭收入/美元	7 070	7 173	7 680	8 603	9 208	9 893
家庭消费/十亿美元	206.3	225.5	258.4	283.5	311.7	342.8
家庭人均消费/美元	2 060	2 220	2 500	2 690	2 910	3 160
出口商品和服务的变化/%	12.1	6.2	6.8	6.0	5.5	6.2
进口商品和服务的变化/%	5.8	6.3	6.7	6.3	6.0	6.3

资料来源：EIU，Country Forecast—— Philippines，June 2015，pp. 23。

泰国

（一）泰国投资概览

国家基本信息简表

中文名称	泰国	英文名称	Kingdom of Thailand
建国日期	1238 年（1932 年开始君主立宪制）	领土面积	51.321 万平方公里
所属洲	亚洲	时区	UTC/GMT +7
首都	曼谷	国际电话区号	+66
主要城市	芭堤雅、清迈、合艾等		

续表

人口	6 572 万人	主要民族	30 多个民族，泰族 40%，老族 35%（泰族和老族合称泰人，占 75%），华人 14%，马来族 3.5%，高棉族 2%，此外还有苗、瑶、桂、汶、克伦、掸等山地民族
人口密度	132.1 人/平方公里		
语言	泰国语	主要宗教	佛教 95%，伊斯兰教 3.8%，基督教 0.5%，印度教 0.1%，其他宗教 0.6%
政体	君主立宪制	法律体系	民法体系或法典化的法律体系
政党	实行多党制，主要政党有为泰党、民主党等	换届时间	2016 年 8 月 7 日对新宪法草案进行公投。泰总理表示，无论新宪法草案能够获得通过，2017 年都将举行大选
道路通行	靠左驾驶	货币	泰铢（THB）

2015 年主要金融与投资数据

名义 GDP	3 952.8 亿美元	FDI 流出量	86.31 亿美元
国际储备	1 565.14 亿美元		
汇率水平（THB/USD）	36.09	FDI 流入量	47.99 亿美元
外债余额/GDP	-5.5%		
财政收入/GDP	19.5%	FDI 内存量	820.92 亿美元
财政支出/GDP	21.9%		
货币供应增长率（M2）	4.468%	FDI 外存量	2 126.54 亿美元
通货膨胀率	-0.853%		
存款利率	1.417%		
贷款利率	6.563%		
中国与泰国双边投资概况			
中国对泰直接投资	726.7 亿美元		
中泰双边投资协定	中泰两国政府于 1978 年签订贸易协定，1985 年签订《关于成立中泰经济联合合作委员会协定》和《关于促进保护投资的协定》，1986 年签订《关于避免双重征税的协定》，2003 年签订《中泰两国政府关于成立贸易、投资和经济合作联合委员会的协定》		
中泰双边本币互换协议	2014 年 12 月 22 日，中国人民银行与泰国银行签署了在泰国建立人民币清算安排的合作备忘录		
投资优惠措施和利润汇出限制	泰国投资促进委员会向投资者提供两种方式的优惠政策：税务上的优惠权益和非税务上的优惠权益		

（二）泰国投资风险分析

根据中国出口信用保险公司出版的《国家风险分析报告（2015）》，泰国 2015 年的风险评级为 5（5/9）级，主要风险见表 2-1-36。

表 2-1-36　2015 年泰国主要风险概览

风险类别	风险描述
宏观经济环境	经济增速持续放缓，通货膨胀率温和可控但有上升趋势，结构性问题、民粹主义斗争制约经济发展
政治环境	政治局势暂时稳定，反对党与军政府矛盾激烈，民主化改革艰难推进
法律与监管	法律执行时间和成本较低，但易受政府干预

续表

风险类别	风险描述
政府效率	中央政府和地方政府中存在较多腐败现象
金融及国际贸易与支付	货币政策预期继续保持宽松
安全	风险主要来自国内政治斗争导致的政局不稳，国内或跨国的恐怖主义活动
税收政策	采取税收优惠政策为吸引外国投资
基础设施	计划加大基础设施投资，包括铁路、水利工程、工农业项目、能源及电力工程等
劳动力市场	劳动力成本上升，但缺乏流动性
社会文化风险	红衫军（支持为泰党和流亡前总理他信，主要来自北部和东北部的农村）与黄衫军（反对他信的亲保皇派，主要是政治、司法、官僚和军事部门的上层阶级）两大阵营之间的矛盾

泰国在1992年民主转型之后，泰国政局和社会保持了一段时期的稳定。2006年9月，在军事政变中，时任总理他信下台，由此引发国内政治局势重新紧张和社会持续动荡。2014年5月，泰国再次发生军事政变，时任泰国陆军司令巴育宣布接管政权，泰国的政治局势暂时恢复缓和。频繁发生的军事政变与政权更替，对投资者信心造成了严重的冲击，尽管历届政府上台后都倾向于采取税收优惠等积极政策鼓励投资，但效果并不理想，经济复苏乏力。

本报告主要从政治风险、宏观经济风险、法律与监管风险、税收风险、经营性风险、安全风险方面对泰国投资风险进行分析。

1. 政治风险

2014年5月，时任陆军司令巴育通过军事政变上台，担任泰国总理，暂时结束了国内动荡局面，但政治斗争短期内仍无法消除。一方面，支持为泰党和前总理他信的红衫军与反对他信的黄衫军两大阵营矛盾并未彻底消除；另一方面，军方与政党之间斗争依旧，其关于新宪法草案的斗争使政治斗争进一步升温，但军政府态度强硬，预计泰国国内将维持基本稳定。

2016年4月，泰国选举改革委员会做出决议，将于2016年8月7日对新宪法草案进行全民公投。如果公投获得通过，泰国将以新宪法取代2014年5月政变之后军政府宣布实施的临时宪法。然而，泰国两大政治势力领导人对新宪法草案表态迥异，会再次掀起波澜。军政府对关于公投的反对声音保持强硬态度，总理巴育宣布，无论新宪法草案能否获得通过，2017年将举行大选。这一声明在一定程度上缓解了国内民众对大选无法举行的忧虑。因此，预计公投期间，泰国国内发生大规模暴力示威活动的可能性较低。自2014年5月夺取政权，国家和平与秩序委员会（NCPO）一直致力于巩固自己的权利。虽然目前已解除戒严，但临时宪法赋予国家和平与秩序委员会镇压有损国家秩序等抗议活动的权力。泰国媒体报道，2016年6月泰国副总理威沙努表示，公投期间若出现骚乱，总理巴育可启用临时宪法第44条加以平息。该条款规定，总理可“采取任何行动控制任何破坏国家和谐的行为”。短期来看，军政府的强硬态度能够起到暂时保持国内政局平稳的作用，对企业投资较为有利，但从长期来看，泰国国内的政治矛盾与斗争依旧，为长期稳定和发展埋下隐患。

2. 宏观经济风险

泰国经济经历了2012年7.2%的高速增长后（主要源于灾后重建），2013年起再次陷入了持续的低迷阶段。泰国经济的衰退不仅与周期性因素有关，更受国际竞争结构变化、国内劳动力成本上升等多种因素的影响。泰国制造业陷入严重困境，而服务业和农业却无法成为新的经济增长点。从根本上看，政治和社会的分歧是中长期经济发展和经济政策连贯性的最大制约因素。

（1）短期分析。军政府上台后，泰国经济有所复苏，但复苏乏力，军政府所希望的稳定红利尚未充分实现。2014 年的军事政变暂时结束了国内的动荡，旅游业收入有所回升。军政府采取宽松的宏观调控政策，但对经济复苏的刺激作用甚微。泰国经济复苏乏力的原因主要在于国内政局不稳定隐患削弱经济政策的执行力，以及外部需求的不足和国际金融动荡加剧。综合多种因素，IHS 预测泰国 2016 年将实现 2.7% 的经济增长。

（2）中长期展望。泰国经济持续低迷的症结在于外国投资者对泰国政府解决国内政治矛盾的能力持怀疑态度，因而选择放弃在泰国投资。外国直接投资的下降将重创泰国中长期的经济发展。在经济结构改革方面，如何提升价值链是泰国经济面临的挑战。尽管政策制定者意识到了相关需求，但是并没有将其列为经济发展的重要事项。

3. 法律与监管风险

（1）合同变更风险。军政府干预合同变更，主要基于两方面的原因。第一，军政府为瓦解前总理他信的势力，倾向于对他信政权时期签订的合同进行重新调查，并对其中的部分合同予以撤销。第二，军政府迫于政治压力，有较强的打击腐败的需求，对经核实系由通过不正当渠道签订的合同予以撤销。

（2）执法成本。泰国的执法成本不高，从原告向法院提起诉讼到判决执行的时间平均 440 天，费用约为标的价值的 19.5%（见表 2－1－37），均低于东亚和太平洋地区的平均水平。据世界银行《2015 年全球营商环境报告》统计，泰国在合同执行成本排名中位列第 57 名，执法的劣势在于司法判决易受政府干预。

表 2－1－37　　泰国合同执行成本对比

指标	泰国	中国内地	中国香港
全球排名（0—189）	57	7	22
DTF 合同执行得分（0—100）	62.69	77.56	72.57
时间/天	440	452.8	360
成本（占标的额比重）/%	19.5	16.2	21.2
司法程序质量指数（0—18）	6.5	14.1	11

注：DTF 为 Distance to Frontier 的缩写，是世界银行根据 10 个自设指标编制的商业环境指数。

资料来源：World Bank，Doing Business 2016：Measuring Regulatory Quality and Efficiency，pp. 239。

4. 税收风险

泰国的税负优于全球的中位水平。据世界银行《2015 年全球营商环境报告》统计，泰国在针对税收支付对比的排名中位列第 70 名（见表 2－1－38）。在政权交替后，泰国政府倾向于使用税收优惠政策促进经济复苏。2014 年 7 月，军政府国家维稳委员会宣布，维持 7% 的增值税税率（包括 6.3% 的商品贸易及服务或商品进口增值税税率，加上 0.63% 的地方行政机构征收的税率）至 2015 年 9 月 30 日，待财政部进行税制改革后，执行新的税率。但截至目前还没有新的税收政策宣布。

2014 年，为吸引外国投资者重返泰国，军政府优先考虑实施税收优惠政策。泰国对外商投资企业的税收优惠政策包括以下几个方面：第一，所得税优惠。设立在不同区域的外商投资企业可获得时间不等的所得税减免待遇，减税期最长可达 5 年，免税期 3 到 8 年。第二，进口税优惠。产品出口超过30%的企业，为生产出口产品而进口的原材料免关税1年。第三，汇出税。税率为10%，外商投资企业免缴收入汇出税。

表2－1－38　　泰国税收支付对比

指标	泰国	中国内地	中国香港
全球排名（0—189）	70	132	4
DTF税收支付得分（0—100）	77.70	64.46	98.71
支付/个/年	22	9	3
时间/小时/年	264	261	74
总税率（占利润百分比）/%	27.5	67.8	22.8

注：DTF为Distance to Frontier的缩写，是世界银行根据10个自设指标编制的商业环境指数。

资料来源：World Bank，Doing Business 2016：Measuring Regulatory Quality and Efficiency，pp. 239。

5. 经营性风险

（1）对外国直接投资的态度。泰国一直是亚洲最开放、最适宜投资的经济体之一，历届政府都采取鼓励外国直接投资的政策以提升本国的经济、就业和技术。2006年的军事政变后，素拉育临时政府的民族主义政策严重折损了泰国吸引外国直接投资的能力。2007年泰国政府出台相关政策希望恢复外国投资者的信心，但其政策仍具保护主义色彩。2014年军事政变后，军政府出台了新的激励政策，尤其鼓励高科技、高附加值、研发领域的外国直接投资，相关政策有效期从2015年1月至2021年底。

（2）征用风险。泰国法律允许政府为公共目的、通过合理的补偿征收私人财产。出于土地改革、修路、建公园等公共目的，泰国政府从业主手中收回土地比较常见，但历届政府从未征收或国有化外商资产。

（3）劳动关系风险。泰国劳动关系风险温和可控。泰国国有企业工会与私营企业工会力量相差较大。国有企业工会组织相对较强，规模庞大（大约50%的国有企业工人都是工会成员）。2015年7月，国有企业职工关系联合会（State Enterprises Workers' Relations Confederation）对军政府关于国有企业实施新法律规定的计划表示强烈反对，声称新的法律规定将瓦解国有企业工会的力量。未来，如果军政府不能有效解决与工会之间的矛盾，泰国劳工关系风险将升级。与国有企业工会相比，私营企业工会力量薄弱、规模小、组织分散、缺乏领导。而2013年1月，泰国日最低工资增加到300泰铢（约合9美金、55元人民币）则进一步降低了罢工等行动的可能性。

（4）腐败风险。腐败一直是困扰泰国政府的重要问题之一。IHS关于泰国的风险报告指出，在泰国，因项目审批而产生的行贿受贿规模达到项目总价值的30%，其中交通运输部门腐败更为严重。尽管军政府意识到解决腐败是当前的重要任务，但却少见有效举措。而且，自2014年军事政变以来，游客和外籍人士在曼谷和其他旅游景点多次遭遇警方通过搜索来获取贿赂的现象。此外，政府针对政治家的腐败调查也往往被指责存在明显的政治动机，难以取得有效进展。

（三）泰国未来发展预测和投资机会分析

1. 政治前景

泰国政治和制度有效性的前景高度不确定。泰国政治稳定性在军政府上台后有所改善，但前景堪忧。军政府2014年5月上台后，街头暴力或抗议活动偶有发生，但频次较低。然而，在一年半的军政府统治中，军政府无法有效处理与反对党之间政治分歧。未能调和社会矛盾，尚未制定长期的国家发展战略。因此，赴泰投资企业需加强对泰国国内政治局势的关注，以免造成财产损失。

2. 经济预测

预计2016年泰国的经济增长率为2.5%，至2019年泰国经济将维持低速增长。泰铢近期持续贬值，2016年1月达到了9年以来的最低水平，但对商品出口下降趋势没有明显的影响。如果国内的政治和社会能维持稳定局面，预计2017年起，泰国经济增长将获得新的动力：旅游业的扩张将带动商品和服务的出口，同时，大型基础设施投资扩张也将促进经济增长，2017—2020年经济增速有望回弹至2.9%。但政治不确定性和政局动荡仍是经济快速发展的最大制约。

军政府推出刺激投资和消费的政策，但效果并不理想。2015年的经济指标显示，私人投资明显低于2014年的水平，2016年有进一步下降的趋势。公共投资也较预期有较大的差距。在投资促进经济增长的动能不足的情况下，军政府转向通过刺激国内消费需求带动经济增长，但因干旱等原因造成农业收入降低，消费也没有取得预期的增长。如何率领泰国走出经济困境，仍是军政府面临的巨大挑战。

财政政策方面，军政府采取措施增加财政收入，缓解财政赤字和公共债务压力。军政府取消了前政府向农民支付高于市场价格的救助政策，但仍向小规模农户提供现金补贴。此外，军政府还取消了对燃料企业的补贴。同时，军政府积极采取措施增加收入，如计划改革房产税、引入新的遗产税等。预计2015—2016年财政赤字将有所扩大，此后，在不出现激烈的政治动荡和政局更替的情况下，财政赤字有望逐年降低，有利于缓解公共债务压力，也为扩张性的财政刺激政策提供了更大的空间。政府财政状况好转也将为军政府对赴泰投资企业税收优惠政策的兑现提供保障，对相关企业而言是一项利好消息。

货币政策方面，泰国的中央银行将维持宽松的政策立场。泰国银行（BOT）表示在国内经济从根本上复苏以前不会改变宽松的货币政策立场。然而，2016年以来，泰国银行意识到需求低迷根源于政治的不确定性，加大货币政策宽松力度对总需求的影响是有限的，不太可能进一步下调政策利率。此外，如果2017—2019年经济增长率逐渐提高，通货膨胀压力上升，泰国银行有可能提高政策利率。提示相关企业政策利率的提高将导致泰国国内借贷成本的上升。

3. 营商环境

泰国的营商环境总体价值指数在2015—2019年内有望小幅提升（见表2-1-39）。EIM关于营商环境的全球排名中，泰国从第39名上升到第36名，但仍处于该地区的中位之下。

表2-1-39　　泰国商业环境评级与预测

指标	价值指数[a]		全球评级[b]		地区评级[c]	
	2010—2014年	2015—2019年	2010—2014年	2015—2019年	2010—2014年	2015—2019年
总评	6.48	6.78	39	36	9	9
政治环境	5.0	4.5	55	70	11	14
政治稳定性	5.1	4.0	58	74	13	5.1
政治有效性	4.9	4.9	43	51	9	11
宏观经济环境	7.8	7.8	22	17	6	6
市场机会	5.9	6.0	31	27	11	9
私人企业和竞争的相关政策	6.0	6.3	39	41	8	9

续表

指标	价值指数[a]		全球评级[b]		地区评级[c]	
	2010—2014 年	2015—2019 年	2010—2014 年	2015—2019 年	2010—2014 年	2015—2019 年
外国投资的相关政策	6.4	6.4	51	53	10	10
对外贸易和外汇管制	8.2	8.7	34	28	7	6
税收	7.5	8.2	13	9	6	4
融资	6.3	7.4	32	19	8	7
劳动力市场	6.2	6.4	37	42	9	9
基础设施	5.6	6.3	60	59	10	11

注：a，最高为 10；b，在 82 个国家（地区）中；c，在 17 个国家（地区）中，包括澳大利亚、孟加拉国、中国、中国香港、印度、印度尼西亚、日本、马来西亚、新西兰、巴基斯坦、菲律宾、新加坡、韩国、斯里兰卡、中国台湾、泰国和越南。

资料来源：EIU，Country Forecast——Thailand，2015，pp. 13。

预计在 2019 年之前，泰国的整体营商环境不会发生显著变化。2014 年 5 月，泰国军政府迅速批准了财政预算方案，放弃了前政府的民粹主义政策，大力推动主要基础设施项目建设，并开始改革能源价格与税收制度，鼓励民间投资和外国投资，以刺激经济增长（见表 2-1-40）。

表 2-1-40　　泰国营商环境概览

指标	2015—2016 年	2017—2019 年
私人企业和竞争的相关政策	军政府计划进行国有企业重组，私有化仍是一个敏感话题。军政府将逐渐减少度粮食和能源的补贴	保护知识产权的法律实施，逐步改善，但仍然不足
外国投资的相关政策	军政府积极争取外国投资者，简化投资审批程序	依旧反对出售资产给外国人，特别是在公用事业部门。军政府将出台新的激励机制，促进某些特定行业的投资，同时消除对低附加值行业的激励
对外贸易与外汇管制	政治不确定性阻碍贸易自由化进程。东南亚国家（东盟）经济共同体促进区域贸易流动。泰国银行（BOT）可能会利用资本控制应对货币的过度波动	贸易仍受到繁琐的程序和行政低效的影响
税收	增值税、公司和个人所得税维持削减，新增土地税、财产税和继承税	增值税从目前的 7% 提高到 10% 左右，新的土地和建筑税生效
融资	金融业继续受到政府关注，行业健康状况得到改善	尝试使用 BOT 投资方式，积极发展二级市场
劳动力市场	尽管最低工资水平提高，失业率仍然很低。劳动力成本上升对中小企业产生负面。熟练的技能劳动力的短缺仍然是制约高科技领域投资的关键问题	工会强烈反对私有化，但力量薄弱。劳动力短缺可能会迫使政府减少对跨国移民的管控
基础设施	军政府致力于促进公路和铁路运输基础设施的发展	一些交通基础设施项目进入施工阶段，但延误的风险仍然较高。能源多元化发展计划，提高电力供应，继续探索发展核电站的潜力

资料来源：EIU，Country Forecast——Thailand，2015，pp. 14。

私人企业与竞争的政策方面，与前政府时期相比没有明显变化。军政府原计划进行国有企业改革，并出售国有资产，但因工会和民众的强烈反对而难以推出。此外，长期以来另一个受关注的问题是知识产权保护，预计在 2017—2019 年相关法律将有改善。

对外国直接投资的政策方面，军政府明确表示不会修改《外商经营法》（FBA），不会重蹈2006年军队领导政府在上台后封闭经济的覆辙。总体上，泰国将继续鼓励外国投资，特别在高附加值行业，投资者可能获得额外的奖励或快速获得投资审批的优待。

对外贸易与外汇管制方面，泰国依旧采取有利于本国经济的灵活保护政策。鉴于对国际贸易的依赖，泰国当局将保留相对灵活和有利的对外贸易体制，对国内产业进行保护。尽管泰国是一个相对开放的经济体，但国际贸易依旧受到繁琐程序和行政低效的拖累。

税收方面，泰国的税收制度相对简单，在逐渐降低整体税收负担。此前，泰国政府将公司所得税的税率从2011年的30%下调至2012年的23%，2013年继续下调至20%。军政府上台后继续维持公司所得税税率削减，以提高国家吸引外国直接投资的能力，并帮助企业适应更高的最低工资标准。税收优惠对中国企业赴泰国投资是一个利好政策。

融资方面，泰国的融资机会在预测期间内将有所上升。这是因为国内经济活动低迷和全球商品价格处于历史低位，泰国银行不得不减少贷款以应对越来越多的贷款违约，特别是中小企业的贷款违约。

劳动力市场方面，在预测期间泰国劳动力市场竞争力将降低。2012—2013年全国范围最低工资的大幅上涨使得泰国失去了劳动力低成本优势，劳动密集型生产基地逐渐减少，而最低工资水平在2016年有可能再次提高。除了低技能工人的成本上升，一般劳动力短缺也日渐严重。

基础设施方面，泰国的基础设施将在未来的5年内全面改善，这也是泰国营商环境改善中的一大亮点。但是，政府的大型项目，包括公路、铁路、同行等项目，预计将会受到融资约束的限制，实施过程中有较高的延误风险。此外，电力供应虽已增加，但依旧存在短缺问题。未来，泰国政府将优先考虑能源多元化，包括发展可再生能源，以实现2036年电力供应达到2015年两倍的电力计划目标。预测期间内，基础设施建设方面具有较大的投资空间。

4. 人口预测

泰国人口保持低速增长，且呈现老龄化态势。由于有效的计划生育政策和性教育、社会规范的改进，预计至2019年，泰国人口增长率将维持在0.1%的低水平。随着医疗保健的改善，预期寿命也将提高，泰国人口老龄化态势将日渐明显（见表2－1－41）。

表2－1－41　　泰国人口统计与预测

指标	2009年	2014年	2019年
人口数量			
总人数/百万人	66.3	67.2	67.6
男/百万人	32.5	32.9	33.0
女/百万人	33.8	34.3	34.6
年龄分布比例			
0—14岁/%	19.8	17.8	16.0
15—64岁/%	71.5	72.1	71.6
65+岁/%	8.6	10.1	12.4
青年抚养比率/%	0.28	0.25	0.22
老年抚养比率/%	0.12	0.14	0.17
适龄工作人口/百万人	47.4	48.5	48.4
城镇人口比例/%	42.7	49.5	58.2
劳动人口/百万人	38.4	39.0	40.3

资料来源：EIU，Country Forecast——Thailand，may 2015，pp. 11。

未来，泰国劳动力成本上升导致劳动力市场竞争力下降。目前，泰国的劳动力供给依旧充足，预计5年内不会出现普通劳动力短缺的情况，但技术工人短缺问题日益严重，这与泰国教育问题密切相关。而且除特定部门外，在泰国雇用外国技术工人较为困难。近年来，随着最低工资标准的提高，泰国劳动力市场也逐渐丧失低成本优势。因此，如果企业赴泰国投资劳动密集型行业，应该先进行劳工市场的调研，掌握劳动力供给情况和成本。

5. 投资机会

泰国市场庞大，尤其是零售业和旅游业将出现良好的市场投资机会。拥有超过6 700万人口的泰国，提供了庞大的消费市场基础。在政治局势稳定的情况下，预计个人可支配收入将逐年增加（见表2－1－42）。随着消费者信心的回升，被压抑的消费需求将得到释放，这将为零售业提供良好的市场机会。同时，如果能够保持政局稳定，旅游业将企稳回升，进一步扩展国内的零售业市场。

表2－1－42　　泰国市场投资机会及预测（2014—2019年）

指标＼时间	2014年	2015年	2016年	2017年	2018年	2019年
GDP（市场汇率折合）/百万美元	404.8	401.7	403.6	447.8	493.5	535.7
人均GDP（购买力平价折合）/美元	6 022	5 960	5 975	6 619	7 285	7 925
个人可支配收入合计（购买力平价折合）/百万美元	224.9	225.3	231.3	255.0	283.2	311.4
家庭消费合计（购买力平价折合）/百万美元	211.8	212.2	217.9	240.3	266.9	293.4
人均家庭消费（购买力平价折合）/美元	3 150	3 150	3 230	3 550	3 940	4 340

资料来源：EIU，Country Forecast——Thailand，2015，pp. 28。

越南

（一）越南投资概览

国家基本信息简表

中文名称	越南	英文名称	Socialist Republic of Vietnam
建国日期	1954年9月2日	领土面积	32.96万平方公里
所属洲	亚洲	时区	UTC＋7
首都	河内	国际电话区号	＋84
主要城市	胡志明市、海防、岘港等		
人口	9 158万人（截至2015年）	主要民族	京族（85.7%）、岱依族、傣族等
人口密度	272人/平方公里		
语言	越南语	主要宗教	佛教、天主教、和好教、高台教等
政体	议会制	法律体系	大陆法系
政党	越南共产党	换届时间	2016年
道路通行	靠右驾驶	货币	越南盾（VND）

2015 年主要金融与投资数据

名义 GDP	1 913.8 亿美元	FDI 流出量	11 亿美元
国际储备	300.193 亿美元		
汇率水平（VND/USD）	22 485	FDI 流入量	118 亿美元
外债余额/GDP	37.6%		
财政收入/GDP	22.359%	FDI 内存量	1 027.9 亿美元
财政支出/GDP	26.198%		
货币供应增长率（M2）	14.9%	FDI 外存量	85.9 亿美元
通货膨胀率	1.212%		
存款利率	4.8%		
贷款利率	7.1%		
中国与越南双边投资概况			
中国对越直接投资	3.33 亿美元（流量，2014 年），28.66 亿美元（存量，截至 2014 年末）		
中越双边投资协定	1992 年 12 月 2 日签署，1993 年 9 月 1 日生效		
中越双边本币互换协议			
投资优惠措施和利润汇出限制	根据 WEF 发布的《2015—2016 年全球竞争力报告》，越南在竞争力排名方面得分 4.3 分（4.3/7），排名第 56 名（56/140）。越南《投资法》规定了 8 个享受投资优惠的领域及相关地区，措施主要为税务优惠、亏损转移、固定资产折旧、土地使用优惠等。允许资本、利润和红利汇出		

（二）越南投资风险分析

根据中国出口信用保险公司出版的《国家风险分析报告（2015）》，越南 2015 年的风险评级为 6（6/9）级，主要风险见表 2－1－43。

表 2－1－43　　2015 年越南主要风险概览

风险类别	风险描述
宏观经济环境	经济呈复苏趋势，但宏观经济发展受外资影响较大
政治环境	越共政权稳固
法律与监管	司法独立性有限，国有化和征收风险不大
政府效率	政府办事效率较低，腐败程度高于地区平均水平
金融及国际贸易与支付	越南盾可能进一步贬值，国际储备有望进一步增长，主权信用评级好转，具备一定的短期偿付能力，但长期偿付能力一般
安全	社会问题有所升温，罢工、上访、示威游行等群体性事件频繁发生
税收政策	税率相对简单，但缺乏透明性
基础设施	交通设施逐步完善，电力供需较紧张，通信发展迅速
劳动力市场	人力资源充足但技术水平不足
社会文化风险	民族宗教问题仍存，宗教有政治化倾向

越南政局自 1986 年经济开放以来基本保持稳定。尽管总理阮晋勇在 2016 年 1 月越南共产党第 12 次全国代表大会后退出了领导班子，但是越南政局有望继续保持稳定。阮晋勇在经济上一直致力于推动如改组国有企业、允许较大私有企业（包括外资所有）等改革，这些政策有望在新的领导班

子中延续。虽然越南营商环境总体上有所进步，但仍然存在着重大阻碍，如地方性的腐败、缺乏透明度、繁冗的官僚机构。政府保持着对整个国家的严密控制，爆发大规模政治动乱的风险很低，种族冲突风险也主要集中于中部高原地区。但随着土地争端抗议日趋激烈，社会问题风险日益显著。2014 年 5 月，有关中国南海争端的抗议在平阳、河静、同奈等省的工业园区演变成了暴力活动，中国和其他东亚国家工厂和资产受到损害，造成至少 3 人死亡。

本报告主要从宏观经济风险、法律与监管风险、税收风险、经营性风险、安全风险方面对越南投资风险进行分析。

1. 宏观经济风险

经济有望企稳复苏，但风险仍存，赴越投资企业应在抓住机遇的同时对潜在风险保持清醒认识。越南的国营经济比重过大，并且主导着金融部门，这造成了削弱银行贷款盈利、挤出私人投资及损害整个金融部门健康等问题。基础设施制约着经济的进一步发展，发电与港口容量的限制也阻碍着越南成为区域制造业中心的步伐。同时，越南的教育培训体系急需改革以解决劳工技能和素质问题，国有企业改革也有待进一步推进。此外，越南不同区域经济发展不平衡日益明显，也可能带来新的矛盾冲突，潜在动荡风险也将浮现。

过去几年，越南在制造业升级换代、转向更高附加值工业方面取得了令人瞩目的成就。近期和中期，越南经济增长前景非常乐观，较低的劳动力成本为未来几年持续快速发展提供了充足的动力。

越南通货膨胀仍将处于多年低位区域，存在货币宽松空间。基于全球商品价格预期，越南的通货膨胀在 2016 年前几个月仍会保持温和，但随后可能在不利的基数效应和货币贬值压力的作用下，加速上升。公务员工资提高和一些公立服务提价也会逐渐对价格稳定带来额外压力。不过，全球商品价格持续低迷会减缓通货膨胀压力，并为货币宽松创造空间（见表 2-1-44）。

表 2-1-44　　越南宏观经济数据与预测（2014—2020 年）

指标＼时间	2014 年	2015 年	2016 年	2017 年	2018 年	2019 年	2020 年
实际 GDP 增长率/%	6.0	6.7	6.5	6.5	6.6	6.6	6.4
名义 GDP/十亿美元	186.2	199.8	214.9	234.5	258.0	283.2	312.5
名义人均 GDP/美元	2 015	2 139	2 275	2 457	2 678	2 912	3 183
CPI/%	4.1	0.6	3.7	4.8	5.9	6.5	6.5
政策利率/%	6.50	6.50	6.50	6.50	7.00	7.00	7.00
财政余额（占 GDP）/%	-4.4	-4.0	-3.9	-3.7	-3.4	-3.2	-3.0
人口/百万人	92.42	93.45	94.44	95.41	96.36	97.27	98.16
失业率/%	2.1	2.0	2.3	2.4	2.5	2.5	2.6
经常项目收支（占 GDP）/%	5.0	2.3	2.7	4.2	4.0	3.5	3.5
BOP 商品出口/十亿美元	150.2	162.1	177.9	200.0	224.4	250.7	280.1
BOP 商品进口/十亿美元	138.1	153.7	167.7	186.5	209.6	236.0	264.1
汇率（VND/USD）	21 246	21 890	22 840	23 069	24 316	24 590	25 264

资料来源：IHS 2016 Country Reports - Viet Nam。

越南盾在 2015 年的小幅贬值不应被视为流动性压力的信号，相关企业不必过于恐慌，但也应采取规避汇率风险的措施。这次贬值的本质是政府有控制的经济刺激手段，而非流动性困境的信号。不过全球金融市场的动荡也增加了越南资本外逃的风险，所以需要认真监控越南储备头寸，以观察是否存在更严重威胁发展的迹象。此外，临时贬值压力有可能在中期反复出现。

2. 法律与监管风险

越南存在合同变更威胁，相关企业应做好应对预案。涉及外国公司和外国政府出资的建筑和基础设施工程面临的合同推迟和取消的风险正在上升，这源于越南政府对其在母国的腐败和缺乏透明性的关注。2015 年 4 月，越南计划和投资部长宣布将会制定新的条例来对官方开发援助（ODA）出资项目进行更严格的检查，这增加了合同推迟和取消的风险。此外，越南和中国在中国南海地区存在海洋领土纠纷，在这一区域运营的公司也面临合同变更风险。

案例

1. 在 2015 年 4 月，越南交通部长宣布重新评估与韩国浦项制铁公司签署的合同，起因是其在母国受到关于 2009 年和 2012 年之间在越南运作约 890 万美元行贿基金的指控。

2. 2014 年 5 月，6 个越南铁路部门官员因收受日本运输咨询公司（JTC）贿赂而被逮捕后暂停了新的贷款。JTC 承认，在 2009 年和 2014 年 2 月间为获得价值 4 100 万美元的河内铁路合同，向国有越南铁路公司支付约 645 000 美元的贿赂。

3. 税收风险

转让定价行为受到严格调查，赴越投资企业应谨慎采取避税行为。2012 年 12 月，越南税务总局称正在调查包括可口可乐、百事、阿迪达斯和麦德龙等在内的外国公司可能存在的转让定价行为，原因是这些公司的越南子公司在与母公司交易时存在某种程度的避税行为。2015 年 4 月，越税务总局裁决麦德龙支付 626.4 亿越南盾（292 万美元）税收欠款。作为越南政府加速 2011—2020 年税收改革计划的一部分，越南的公司所得税税率也在 2014 年 1 月由 25% 降至 22%，在 2016 年 1 月进一步降至 20%。

4. 经营性风险

越南管理当局对外国投资者的审查阻碍仍存，相关企业可聘请当地人以更好地适应繁冗的条例。尽管越南政府承诺对投资者采取友好态度，但是营商环境的进一步改善仍然存在阻碍。管理机构的繁文缛节、腐败、缺乏透明性和问责制依然是在越南经商的巨大障碍。不同地区各种条例的应用存在不同，并且具有明显的矛盾性，这使企业经营方案进一步复杂化。

越南的配套工业也相对薄弱，基础设施缺乏，特别是公路交通。赴越南投资应该对其基础设施情况进行充分调研，避免由于配套设施或基础设备不完备，造成无法达到预期投资目标。

案例

越南纺织配套产业发展落后，仅能满足 10%—15% 的原辅料需求，大部分原辅料仍需从中国、韩国、中国台湾地区等非《跨太平洋伙伴关系协定》（TPP）伙伴国和经济体进口。

越南腐败风险依然处于较高水平。因为官员颁发许可证几乎不受监督，也很少在法庭上受到质疑，所以投资者面临着贪污腐败的高风险。公共部门的腐败通常存在于采购和承包环节、税务和海关部门、警察和国土管理机构等之中。企业通常在竞标政府工程时也会遇到行受贿问题。

通过法院解决纠纷是很困难和耗时的，关系网良好的本地公司会和该案件法官达成某种“交易”。同时，司法也缺乏独立性。

自2005年反腐败法生效以来，只有少数几个腐败案件诉讼获得成功。多数观点认为，除少数几个广为宣传的案件外，政府在系统性减少腐败方面进展堪忧，部分原因是独立的反腐败机构的缺失。虽然根据2005年反腐败法成立了第六“领导”机构，但该机构中很多委员由其他政府机构官员兼任，无法独立调查腐败案件。

5. 安全风险

越南的社会安全风险较低，但华人应保持谨慎。无论是在绑架、恐怖主义还是暴力犯罪方面，越南的安全风险均处于较低水平。盗窃、扒窃和抢包等轻微犯罪事件在胡志明、河内等大城市比较普遍，但很少造成严重的伤人事件。但是，外国人如果到越南与柬埔寨、老挝或中国等边境地区旅行的话，可能会被安全武装力量扣押。此外，中越关系的民意基础尚显薄弱，越南民众对华感情复杂并带有一定“负面情绪”。

（三）越南未来发展预测和投资机会分析

1. 政治前景

2016年越共第12次代表大会完成了政权的顺利交接。但面对国际竞争压力和发言权不断上升的市民社会的挑战，政策意见分歧仍会存在于越共之中。

越共第12次代表大会后，越南经济开放政策有望保持稳定。未来，越南经济发展战略的核心是为银行、金融、电子通信和基础设施等部门创造更具竞争性的市场环境，使之更具效率，更好地与国际市场接轨。其中，关键是加速国有企业改革。在大部分情况下，越南政府仍将保持对部分私有化公司的控股权，可能会减少潜在私人投资者的投资意愿，在操作层面上也会面临官僚机构能力缺乏和国有企业管理层和雇员的抵抗。因此，越南国有企业改革速度仍将缓慢，但国民经济中私人投资比重的提升趋势将继续。

国际关系方面，越南将继续强化其与美国的关系。2015年7月阮富仲访美，成为第一个访问美国的越共总书记，2016年5月美国总统奥巴马回访越南，这种高层级的首脑交流将会进一步巩固两国关系。2015年6月，越美签署安全联合声明为双方加强海防紧密合作铺平了道路，美国也放弃了对越南的武器禁售。若2017年TPP被所有成员国批准，越美两国经济纽带也将进一步加强。但同时，未来两国关系阻碍依旧不少，如美国对越南人权的关注及越南与俄罗斯的紧密关系。此外，与中国不断紧张的关系使越南寻求与美国和区域列强如日本、印度等更紧密的联系。由于中国南海的领土争端，越南政府在处理与中国的纠纷时仍将继续面对公众压力，越中关系的未来发展也面临较大挑战。

2. 经济预测

预计越南2016年的实际GDP增长率为6.8%。在预测区间中，与2011—2015年平均5.9%的增长相比，强劲的私人消费增长将支撑越南在2015—2019年以年均接近6.7%的速率增长（见表2-1-45）。随着政府在国有企业改革方面的推进以及缩减政府规模，政府支出增长会放缓，但私人投资活动会受到监管政策放松和全球经济深入一体化的激励而大幅增加。

表 2-1-45　　越南主要经济指标增长率预测（2015—2019 年）　　单位/%

指标＼时间	2015 年	2016 年	2017 年	2018 年	2019 年
实际 GDP	6.6	6.8	6.9	6.7	6.4
私人消费	7.4	7.5	7.4	7.3	6.9
政府消费	6.9	6.8	6.6	6.5	6.5
固定资产投资	9.6	9.7	10.1	9.6	9.2
出口	9.5	9.7	11.7	11.2	10.8
进口	11.4	11.3	13.1	12.1	11.6
国内需求	8.0	8.2	8.2	7.7	7.4
农业	2.6	2.8	2.8	2.5	2.7
工业	7.5	8.0	8.3	7.7	7.3
服务业	7.3	7.3	7.0	7.1	6.9

资料来源：EIU，Country Forecast——Vietnam，2015。

宽松货币政策的延续有助于越南的经济增长，外国直接投资尤其是出口导向的电子部门会继续集聚动力，使商品和服务的实际出口在 2016—2020 年以年均 8.8% 的速率增长。越南将继续是中国低成本出口制造业转移的主要受益者。不过，因为进口涨势会超过出口扩张，所以净出口状况会对 GDP 增长带来拖累。

越南通货膨胀压力仍为可控，与 2015 年消费者价格上涨 0.9% 的多年低位相比，预计当年也仅上涨 1.5%。由于较低的基数和进一步的货币疲软，在后期价格会以稍快的节奏上涨。尽管生产者价格指数在 2016 年处于负值区域，但是随着工资小幅快速增长，经营成本也随之上升，产能限制将经受考验。随着外国买家的进入，房地产价格也将复苏。最后，越南政府在 2016 年 3 月取消了医疗保健补贴，这会进一步增加价格压力。不过这些商品和服务在越南价格篮子中所占比重很小，所以总体通货膨胀仍然可控。

如果全球油价复苏，在 2017—2018 年越南通货膨胀会显著加速。不过在 2016—2020 年间，越南整体通货膨胀仍将保持平均每年 3.7% 的速度，显著低于 2011—2015 年的年均 8% 的通货膨胀率。此外，越南中央银行在 2017—2018 年会继续通过紧缩政策来控制通货膨胀预期，以此来应对油价的反弹。

在汇率方面，自 2016 年开始，越南中央银行便将越南盾的固定参考汇率调整为以美元汇率为基准的半浮动汇率，这是通向汇率管理市场化的积极一步。近些年，越南中央银行经常使用非市场化手段来贬值越南盾。因为政府存在确保出口竞争力的需求，所以预计在 2016—2020 年越南盾兑美元依然疲软（见图 2-1-6）。

根据进出口预测，在日益更具挑战性的外部环境下，越南的经常账户余额将转向赤字，贸易盈余也会从 2015 年大约 71 亿美元下降至 2020 年的 44 亿美元。虽然外国投资驱动的制造业部门产出提升会增加出口，但也会刺激中间商品的进口，同时，对于消费商品的需求也会增长，所以并不能改善经常账户余额状况。此外，虽然旅游业正在复苏，但是因为越南与中国的关系出现倒退，使越南旅游业在 2015 年萎靡不振，这加速了越南服务业赤字的扩大。

外国投资正在重塑越南制造业部门。近期，越南出口主要以自然资源（如渔业）和轻、低附加值制造业（如鞋类和服装）为主，但是随着亚洲更富有的制造业中心将一些产业向区域内低成本地区转移，越南开始在更高级的制造业领域吸引了大量投资。

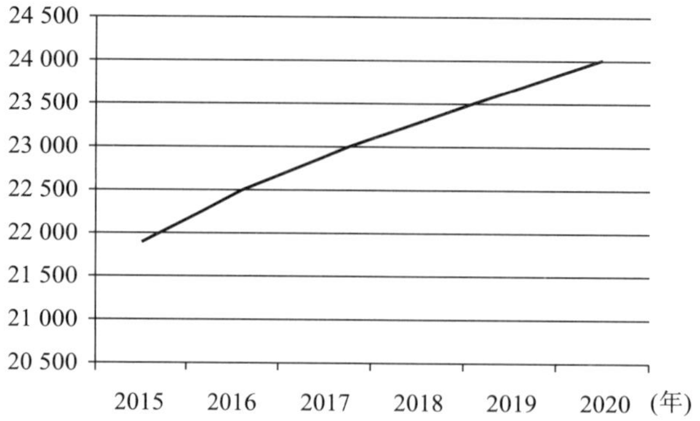

图 2-1-6　2015—2020 年越南盾对美元汇率预测曲线图

资料来源：EIU，Country Forecast——Vietnam，2015。

3. 营商环境

越南的营商环境将在未来保持基本稳定，其中市场机会和融资方面发展步伐最快（见表 2-1-46）。

表 2-1-46　越南商业环境评级与预测

指标	价值指数[a]		全球评级[b]		地区评级[c]	
	2010—2014 年	2015—2019 年	2010—2014 年	2015—2019 年	2010—2014 年	2015—2019 年
总评	5.57	6.20	58	57	12	13
政治环境	5.0	5.2	55	59	11	12
政治稳定性	6.3	6.3	47	47	9	9
政治有效性	3.9	4.2	61	64	13	14
宏观经济环境	6.9	6.9	44	46	12	14
市场机会	5.4	6.4	41	21	13	8
私人企业和竞争的相关政策	5.0	5.0	54	62	12	12
外国投资的相关政策	6.4	6.9	51	45	10	8
对外贸易和外汇管制	6.9	7.8	57	49	13	11
税收	6.3	6.5	33	37	11	14
融资	3.6	5.9	71	54	16	13
劳动力市场	5.7	6.0	52	55	13	15
基础设施	4.5	5.6	73	69	14	13

注：a，最高为 10；b，在 82 个国家（地区）中；c，在 17 个国家（地区）中，包括澳大利亚、孟加拉国、中国、中国香港、印度、印度尼西亚、日本、马来西亚、新西兰、巴基斯坦、菲律宾、新加坡、韩国、斯里兰卡、中国台湾、泰国和越南。

资料来源：EIU，Country Forecast——Vietnam，2015。

在私有企业和竞争政策方面，2015—2016 年除了一些备受公众瞩目的国有企业改革样板外，臃肿的国有部门改革仍较为缓慢。对私营企业的限制有所放松，同时外资也被鼓励投资于战略部门和高价值制造业等领域。2017—2019 年预测更多的国有企业开始私有化或部分私有化改革，在缓解市场扭曲方面会有所进步。竞争法会被更有力地执行，其中，某些部分和东盟成员国的规则是一致的。市场竞争公平性方面将得到改善，更有利于外资企业发展。

在外国直接投资政策方面，2015—2016 年政府进一步放松了对外国直接投资的限制，并寻求提升已登记公司更多的投资。特别经济区的数量会提高，对土地和财产所有权的限制会继续放松。官僚机构的繁文缛节仍是一个投资阻碍，但是政府将为外国投资者开辟更多服务部门，同时会进一步放松外资国内资产的所有权限制。

在外贸和外汇管制方面，2015—2016 年越南为了 TPP 的批准会进一步推进改革，从东南亚国家、韩国和俄罗斯领导的欧亚经济联盟的进口关税会逐步降低，政府正式与欧盟签署自由贸易协议。2017—2019 年预测东盟内非关税壁垒和服务业贸易壁垒将会降低，此外，越南也将继续寻求非东盟相关的自由贸易协议，TPP 将获得国内批准，海关程序合理化，进口和出口商的监管负担会减小。外资企业在从事国际贸易业务时将更加便捷。

在税收方面，2015—2016 年越南在改善税收征缴方面有所进展，但仍然低效。公司税率会降低到 20%。2017—2019 年预测计税基数将扩大，但税制仍然过度复杂，无法满足外国投资者的需求，特别是关于外国承包商代扣所得税方面。

在融资方面，2015—2016 年决策者为减少银行坏账，指导将贷款借给优先部门。他们会影响银行利率政策，并且继续设定较高的信贷增长目标。合并和收购活动会增加，越南国家银行（中央银行）会继续接管困境中的银行。2017—2019 年预测越南银行部门会经历进一步的合并，外资银行活动限制会放松，国内银行的外资持股上限会放宽。股票市场将再次成为关键的融资来源。

在劳动力市场方面，2015—2016 年越南最低工资虽然上涨，但大部分地区整体工资的增长使这一上涨变得无关紧要，并且以区域标准来看，相对邻国来说，越南的工资水平仍具竞争力。城乡工资差距会扩大，熟练工人的短缺会增加。2017—2019 年预计生产率调整工资仍保持低位。在外资乐于投资的高附加值工业中，教育体系对所需要的专业工人培训仍显不足。此外，伴随着生存成本的上升，工人动乱的风险也在上升。可见技术性工人短缺是在越投资企业面临的共同问题，同时，如何处理好雇主与劳工关系也需认真思考。

在基础设施方面，2015—2016 年越南三个主要港口的修建工作仍在继续。在 2017—2019 年，预计新港口投入使用，越南货运部门和航空旅行增长快速，数十亿美金的隆城国际机场将会开始建设。尽管从邻国购买电力缓解了一些压力，但是电力的供给仍然不足。不过，发电厂建设提速，新电厂会陆续投入使用。未来随着基础设施的完善，越南对外资的吸引力也会加大。

4. 人口预测

据表 2-1-47，2015—2019 年越南人口将继续稳定增长。越南的总生育率会结构性下降，由于贫困水平进一步下降和健康服务的可获得性提高，粗死亡率会进一步下降。同时越南人均寿命也将增加，从而加重政府财政负担。随着人口的老龄化，生产力和经济的增长也会放缓。至 2019 年，越南适龄工作人口、城镇人口比例和劳动人口会显著上升，但劳动力增长率则会显著下降（见表 2-1-47 和表 2-1-48）。此外，由于人们移居到城市来找工作，城市人口会继续快速扩张。

表 2-1-47　越南人口统计简况

指标	2009 年	2014 年	2019 年
人口/百万人			
总/百万人	87.4	92.4	97.3
男性/百万人	43.2	45.7	48.1
女性/百万人	44.3	46.7	49.2

续表

指标	2009 年	2014 年	2019 年
年龄概况/%			
0—14 岁/%	24	22.6	21.6
15—64 岁/%	69.4	70.8	70.5
65 + 岁/%	6.5	6.7	7.8
青年抚养比率/%	0.35	0.32	0.31
老年抚养比率/%	0.09	0.09	0.11
适龄工作人口/百万人	60.7	65.4	68.6
城镇人口比例/%	29.8	33.0	36.8
劳动人口/百万人	50.0	54.2	57.4

资料来源：EIU，Country Forecast——Vietnam，2015。

表 2 - 1 - 48　　越南人口增长区间平均值

指标	2010—2014 年	2015—2019 年
人口增长率/%	1.1	1.0
适龄工作人口增长率/%	1.5	1.0
劳动力增长率/%	1.6	1.2
粗出生率/每 1 000	16.4	15.0
粗死亡率/每 1 000	5.6	5.8
婴儿死亡率（活产）/每 1 000	20.6	17.5
预期寿命/年		
男性/年	70.0	70.7
女性/年	75.2	75.9
平均/年	72.6	73.3

资料来源：EIU，Country Forecast——Vietnam，2015。

5. 投资机会

EIU 预测越南人均 GDP 会从 2015 年的 2 090 美元增长到 2019 年的 2 990 美元。随着越南人口和收入的增长，市场机会也随之扩大，但其人均 GDP 仍然较低，将会限制城市大众消费品零售机会。

越南的收入分配严重扭曲贫富差距大。占总人口 30% 左右的城市居民要比农村居民有着远高于平均水平的人均收入。在主要的商业中心胡志明市，工人平均每月工资要比整体越南平均水平高 25%。因此，高端消费品与服务的市场机会主要存在于主要城市地区。

人均私人消费在 2016—2019 年会继续平稳增长。预计人均消费者支出会由 2015 年的 1 390 美元上升到 2019 年的 2 080 美元。但较低水平的消费意味着消费者会继续在食物、饮品和烟草上的花费较多，在首都河内和胡志明市，高科技产品消费如个人电脑、笔记本和移动电话，有着更大的市场需求。

人均可支配收入的上升有助于生活消费品需求在 2015—2019 年间的增长。国内需求增长率仍然要慢于 2008—2009 年全球金融危机前的增长率，但零售品销售在 2015 年的前 9 个月以 11% 的速度快速增长，这意味着在中期和远期，零售部门的前景充满希望。人均可支配收入的上升会驱动更强的消费者需求，同时，消费品销售点数量和规模也会快速扩张。此外，越南年轻的人口结构（超过50%的越南人在35岁以下）会引起消费者行为的显著改变。在主要城市区域，伴随着更多的现代零售销售点和信贷可获得性的提升，消费主义文化会得到扩展。

2011年越共第11届代表大会审议通过了《越南经济社会发展战略》，旨在将越南在2020年建设成迈向现代化的工业国，到21世纪中叶完成建设社会主义现代化工业国的目标，基于此，越南提出了2010—2020年阶段经济社会发展战略规划。在重点产业方面，能源和电力领域，出台了《越南国家电力第七个电力发展规划（2011—2030）》；交通运输领域，出台了《建设基础设施配套体系、使越南到2020年基本成为迈向现代化的工业国》决议；煤炭领域，颁布《至2020年、展望2030年煤炭发展规划》。此外，越共中央十一届四中全会在工业园区领域、通信基础设施领域、供排水及环保领域也出台了相关决议。重点区域及周边国家跨境合作区域发展、口岸经济区建设方面，越南提出《口岸经济区至2020年发展及展望2030年规划》；与中方签署《关于建设发展跨境经济合作区的谅解备忘录》，目前双方正在商定《关于建设跨境经济合作区的共同总体方案》；重点推动6个沿海重点经济区的建设；集中加速南部、北部、中部三大重点经济区发展，制定《2010—2020年三个重点经济区经济社会发展规划》①。赴越投资者可对越政府重点规划文件进行认真学习，有助于把握越政府经济政策指导思想，对越营商环境与投资重点领域有前瞻性认识，以紧跟越南未来发展步伐。

① 参见商务部《对外投资合作国别（地区）指南：越南》。

第二章
南亚投资环境
及主要投资目的国投资风险分析

南亚投资环境及主要投资风险

（一）南亚地区经济概览

南亚位于亚洲南部的喜马拉雅山脉之中、西段以南及印度洋之间的广大地区，东濒孟加拉湾，西濒阿拉伯海，处于“一带”与“一路”的交汇点处，是我国“一带一路”战略倡议的重要枢纽。事实上，早在2013年5月，我国就已提出建设“中巴经济走廊”和“孟中印缅经济走廊”的倡议。南亚共有7个国家，其中尼泊尔、不丹为内陆国，印度、巴基斯坦、孟加拉国为临海国，斯里兰卡、马尔代夫为岛国。南亚是世界人口最多和最密集的地域，但也是继非洲之后全球最贫穷的地区之一。由于政治及宗教矛盾，南亚各国政局普遍不太稳定，其中，印度和巴基斯坦克什米尔问题是最大的不稳定因素。此外，恐怖主义威胁在该区域也日益上升。目前，区内有南亚地区合作组织主导区内经济合作。

近年来，由于外资的流入、产品出口的增加以及侨汇的增长，南亚主要国家经济保持快速增长，但工业基础水平仍较低，工业产值占GDP的比重也不超过1/3。除印度服务业和马尔代夫旅游业较发达，其他国家主要以农业、服装纺织业等低附加值的劳动密集型产业为主，完备的资本技术密集型产业体系尚未形成。具体来看，印度经济产业日益多元化，近年来服务业增长迅速，已成为全球软件、金融等服务业重要出口国。不过，以信息科技推动的服务行业为主导，在软件、商业外包、多媒体、网络管理和系统得以整合的同时，也造成了印度制造业发展长期滞后，并且对印度国内和南亚地区产业的直接连带能力较弱。而巴基斯坦、孟加拉国、尼泊尔、斯里兰卡等国工业基础均较为薄弱，对外贸易以出口资源型产品、农产品和皮革纺织产品为主。巴基斯坦的经济结构开始由以农业为基础转变为以服务业为基础，农业只贡献了GDP的20%，而服务业占GDP的53%。斯里兰卡以种植园经济为主，工业基础薄弱，以农产品和服装加工业为主。尼泊尔属于农业国，80%国民从事农业生产，农业总产值约占GDP的40%。此外，东亚产业链已经开始向南亚延伸，已有南亚国家开始承接东亚的转移产业①。南亚地区概况见表 2－2－1。

表 2－2－1　南亚地区概况

中文名	南亚地区	面积	约 495 万平方公里
英文名	South Asia	纬度	0°—北纬 37°
人口/人	16.6 亿人左右	经度	东经 60°—东经 97°
GDP/百万美元	2 607 870.63	贸易总额/百万美元	991 461.50
GDP 增长率/%	6.9	通货膨胀率	6.7
人均 GDP/美元	1 522	经常账户收支（占 GDP）/%	－1.4

资料来源：EIU、WDI、IMF 数据库，均为 2014 年数据。

（二）南亚地区投资环境及风险分析

从表 2－2－2 可以看到，该区域的全球竞争力排名整体靠后，整体经济质量一般，仅印度和斯里兰卡排名在中上等。具体来看，在 2015 年，南亚经济增长率进一步回升。在吸引外国投资方面，南亚国家纷纷改善投资环境使其吸引的外资规模增加；在国际收支方面，尽管多国经常账户仍然失衡，但已有所好转；在物价方面，由于国际大宗商品价格持续下降，南亚国家消费者价格指数普遍呈下降趋势，通货膨胀得到很大缓解。预计 2016 年南亚将成为全球经济增速最快的地区。其中，印度 2016 年经济增长预期为 7.8%，将是全球经济增长最快的主要经济体，孟加拉国经济增长预期为 6.7%，巴基斯坦为 5.5%②。

表 2－2－2　南亚国家 2015—2016 年全球竞争力指数排名

指标	得分	排名
印度	4.31	55
斯里兰卡	4.21	68
尼泊尔	3.85	100
不丹	3.80	105
孟加拉国	3.76	107
巴基斯坦	3.45	126
马尔代夫	—	—

资料来源：世界经济论坛《2015—2016 年全球竞争力报告》。得分范围为 1—7 分，共为 144 个国家排名。

1. 政治展望

斯里兰卡新执政党前路曲折。斯里兰卡于 2015 年 8 月举行议会选举，支持西里塞纳的政党赢得了足够多的席位，前总统拉贾帕克赛出任总理的希望破灭。总统西里塞纳将继续打破拉贾帕克赛专制体制，增强制度稳定性和降低腐败。2014 年 11 月斯里兰卡内阁通过了一项提案，决定废除总统制和采用新的选举体制。在提案中，政治权力将由总统办公室转移到议会。2015 年 8 月的大选凸

① 参见百度百科；李迎旭：《“一带一路”战略下中国与南亚贸易的合作基础、推进机会与实现机制》，载于《甘肃社会科学》2016 年第 2 期；周小兵：《东亚与南亚地区间经济关系及发展趋势》，载于《南亚研究》2011 年第 2 期。

② 世界银行，全球经济展望报告，2016.1；陈利君、杨荣静，“2015 年南亚地区经济发展形势与展望”，载于《东南亚南亚研究》，2016 年第 1 期。

显了少数族群的政治影响力，未来主流政党将会主动与他们沟通。但是，新的执政联盟组成较为混杂，对联盟成员诉求做出让步的行为势必损害执政效率。尽管政府已经积极安抚民族紧张关系，并承诺解决少数民族泰米尔人的不满，但仍需尽力使得这一族群的需求与占多数的僧伽罗人的需求相一致。此外，新总理在外交领域会实行大国平衡策略，在经济上除寻求同国际金融组织及西方的进行合作之外，也会进一步加强同中国在多领域的合作，以支撑其资金紧缺的国内经济发展。

成熟民主体制的建立在孟加拉国和巴基斯坦仍然遥遥无期。在孟加拉国，政治动荡将长期持续。在2014年1月的选举中，孟加拉国民族主义党（BNP）的抵制使议会成为摆设。自举行选举以来，人民联盟就通过法庭迫害了多位反对党高层人物，民族主义党也通过街头抗议与政府展开对抗。民众对人民联盟仍然保持了高度的支持，该党在2015年末地方选举中取得压倒性胜利。预计人民联盟会在2019年要求再次举行选举，但是投票的准确时间安排则由该党能否培养出首相哈西纳的继任者来决定。

在巴基斯坦，人身安全的缺乏仍然是全社会最关心的问题，政治稳定性与民主制度的有效性退居其次。执政的巴基斯坦穆斯林联盟和首相纳瓦兹·谢里夫有着稳固的执政基础，因此在2018年任期结束之前，政府将保持稳固。但是，谢里夫政府仍然面临着叛乱分子的持续威胁，“巴基斯坦塔利班运动”和俾路支省（Balochistan）的分裂主义者都可能与政府爆发冲突。谢里夫在2016年确认他将按原计划于11月退休，尽管这一决定有助于巴基斯坦民主制度的恢复，但军队仍将在政治领域占主导地位。

印度总理莫迪在任期内将会面对政治挑战，在外交领域则会更加积极。2014年大选中印度人民党胜利带来的对改革前景的乐观情绪逐渐让位于更现实的期望。莫迪总理在人民院（议会下院）中居于强势地位，但在联邦院（上院）缺乏多数席位，这限制了他通过新立法的能力。2015年11月，人民党在比哈尔省（Bihar）的邦选举中惨败，证实了莫迪所受的制约，也刺激了其他反对势力抵制政府改革的决心。尽管较为温和的改革仍将实施，但关于土地和劳工的改革法案将很难有实质性进展。莫迪总理权力的趋弱会降低区域性政党和联邦政府合作的积极性。更为令人忧虑的是，人民党在比哈尔省邦选举中的表现已经使内部出现裂痕。与此同时，联邦政府将鼓励邦政府先行尝试采取更自由的方式来吸引投资。印度的国际影响力仍然有限，但莫迪总理积极扩大周边区域影响力的外交政策，将使印度成为该区域的重要角色，以应对中国逐步上升的国际影响力。而这一努力是否奏效，关键取决于印度未来的经济增长。此外，印度和巴基斯坦之间的克什米尔问题也将对印度的区域影响力产生影响，并且这一问题很难调和。

2. 经济展望

预计全球商品价格在2016年还会继续下降，这抑制了货币贬值带来的南亚地区的通货膨胀压力。美联储上调利率的市场预期下降，持久的疲弱价格压力使各国中央银行保持货币政策宽松。印度、巴基斯坦的中央银行都在2015年采取措施降低利率或放松货币政策。形势在2017—2018年将会有所改变，预计将迎来一个广泛但短期的全球商品价格恢复期。在2017—2018年，油价预期将上升39%左右，至每桶70美元的水平。其他非石油商品也有类似趋势，预计在2017—2018年开始反弹，随后进入一个价格相对稳定的阶段。

不断上升的基础设施投资水平对于南亚国家快速经济增长的可持续性至关重要。不完善的基础设施已经在过去限制了印度等国的经济增长潜力，而斯里兰卡最近的投资使得其经济得以快速发展。印度、孟加拉国政府都计划在未来5年提高基础设施投资水平，主要聚焦于公路、铁路和能源。此方面的公共融资可获得性较好，不过，由于印度政府财政赤字过大而受到制约。外部基金同样也可以利用，特别是来自日本政府援助和中国主导的亚洲基础设施投资银行、“一带一路”计划的资金。然而，官僚机构的惰性和关于土地和环境方面的法律争议都是提高公共基础设施投资的障碍。此外，南亚固定资产投资增长仍会保持强劲势头，在未来5年中，预计将以每年平均6.6%的增速继续增长。

2015年南亚外国直接投资的上升要归功于流向印度资金的上升。由于流向印度的外国直接投资上升，带动整体南亚流入量增长22%，达到500亿美元，超过西亚外国直接投资流入量。在孟加拉国流向劳动密集型制造业的外国直接投资上升，使流入量跃升44%，达到22亿美元，是历史最高水平。但是，巴基斯坦和斯里兰卡的外国直接投资流入量下降，仅为86.5亿美元和68.1亿美元。尼泊尔的外国直接投资流入上升74%，达到5.1亿美元[①]。

印度的经济增长仍会低于其增长潜力。在2016—2020年，高储蓄率、劳动力快速增长、城市化、不断壮大的中产阶级和劳动力进一步从农业转向制造业和服务业，这些都将支持印度经济的快速增长。实际GDP增长会继续以每年7.3%的速度继续增长，在中国增长率之上。但是，印度政府早期推进已停滞的基础设施工程开工所带来的积极影响正在褪色，也没有新的工程进行更新换代。由莫迪总理选举大胜带来的营商与消费信心正在消退，经济增长将逐步趋缓。繁杂的联邦土地和劳工条例与长期的基础设施问题，会使莫迪总理旨在将印度打造成全球制造业中心的“印度制造”计划令人失望。

未来5年，南亚经济将保持每年7%的速度增长。受惠于印度经济强劲增长的推动，我们预计南亚在未来5年将崛起为最有活力的地区，在2016—2020年其经济将以平均7%的速率上升。南亚是亚洲的欠发达的地区，所以也就更容易通过简单的方式来获得快速增长，如将劳动力从农业转移至制造业和服务业。

孟加拉国

（一）孟加拉国投资概览

国家基本信息简表

中文名称	孟加拉国	英文名称	People's Republic of Bangladesh
建国日期	1971年3月6日	领土面积	14.757万平方公里
所属洲	亚洲	时区	UTC +6
首都	达卡	国际电话区号	+880
主要城市	吉大港、库尔纳、拉吉沙希等		
人口	15 865万人	主要民族	孟加拉族占98%，另有20多个少数民族
人口密度	1 107人/平方公里		
语言	孟加拉语	主要宗教	伊斯兰教为国教，穆斯林占总人口的88%

① UNCTAD：*World Investment Report* 2016，p.47.

续表

政体	议会制共和制	法律体系	英美法系
政党	孟加拉人民联盟（AL）、孟加拉民族主义党（BNP）、孟加拉民族党（BJP）、伊斯兰大会党（JI）	换届时间	2019 年议会选举
道路通行	靠左驾驶	货币	孟加拉塔卡（Taka）

2015 年主要金融与投资数据

名义 GDP	1 948.655 亿美元	FDI 流出量	1.1 亿美元
国际储备（亿美元）	223.107 亿美元		
汇率水平（BDT/USD）	98.77%	FDI 流入量	25.3 亿美元
外债余额/GDP	46%		
财政收入/GDP	10.794%	FDI 内存量	89.4 亿美元
财政支出/GDP	15.834%		
货币供应增长率（M2）	13.704%	FDI 外存量	2.4 亿美元
通货膨胀率	6.098%		
存款利率	13.068%		
贷款利率	11.17%		

中国与孟加拉国双边投资概况	
中国对孟直接投资	125.46 亿美元
中孟双边投资协定	《中华人民共和国政府和孟加拉人民共和国政府关于鼓励和相互保护投资协定》于 1996 年 9 月 12 日在北京签署，同时签署了《关于对所得避免双重征税和防止偷漏税的协定》
中孟双边本币互换协议	暂无
投资优惠措施和利润汇出限制	孟加拉国政府对外国投资提供一系列税收减免政策，对部分行业投资企业的产品出口给予一定的现金补助

（二）孟加拉国投资风险分析

根据中国出口信用保险公司出版的《国家风险分析报告（2015）》，孟加拉国 2015 年的风险评级为 7（7/9）级，主要风险见表 2-2-3。

表 2-2-3　　2015 年孟加拉国主要风险概览

风险类别	风险描述
宏观经济环境	经济增速平稳，通货膨胀压力可控，经济结构性问题突出
政治环境	政治不稳定和社会动荡风险持续存在，反对党力量减弱
法律与监管	法律系统复杂，执行效率低下，执法成本高，受政府干预明显
政府效率	官僚主义较严重，办事效率不高，腐败问题较为普遍
金融及国际贸易与支付	货币政策继续保持选择性宽松，经常账户赤字可控
安全	恐怖主义活动威胁依然存在，罢工频繁且不会得到显著改善，自然灾害频现
税收政策	个人所得税率较高，企业所得税率适当，税收体系改革进程缓慢
基础设施	基础设施供应较差，交通设施有望改善

续表

风险类别	风险描述
劳动力市场	劳动力充足，劳动力成本低，但劳动技能水平较低，人力资本尚待开发
社会文化风险	普遍具有宗教信仰，信仰不一致，90%的人口是穆斯林，9%是印度教徒，其余是佛教徒或基督徒

孟加拉国的政治环境主要受执政党人民联盟与其主要政治对手“孟加拉国民族主义党（BNP）”之间的政治博弈的影响。民族主义党对人民联盟形成了不容忽视的政治阻碍，尤其是2014年1月举行的议会选举被民族主义党及其盟友抵制，加剧政治不稳定和动乱。军方保留了政治核心作用，但如果政治稳定进一步削弱，军事政变风险将增加。孟加拉国相对较低的国际贸易和国际金融市场的开放程度使其免受全球经济衰退的影响，但纺织品和服装对西方市场的出口波动性较大。2013年4月，拉纳广场工厂倒闭，造成1 132名工人死亡，使得在孟加拉国投资的商业道德风险受到关注。电力部门对于进口的依赖，将使孟加拉国的财政状况、税收和基础设施投资继续恶化。通货膨胀放缓仍将是一个核心问题。尽管官方对外国投资持非常积极的态度，但孟加拉国官僚主义较普遍，腐败较严重，基础设施缺乏，劳工罢工和骚乱也较常见，而且面临着严重的能源危机，自然灾害也较频繁，外国投资阻碍较大。

本报告主要从政治风险、宏观经济风险、法律与监管风险、税收风险、经营性风险、安全风险方面对孟加拉国投资风险进行分析。

1. 政治风险

短期来看，孟加拉国的政治环境仍然由执政的人民联盟（AL）和孟加拉国民族主义党（BNP）之间的博弈决定。虽然人民联盟政府是在孟加拉国的一院制议会下自动当选的，但是以民族主义党为首的反对党联盟将继续推动进行新的选举。如果这种需求无法得到满足，将引发间歇性的政治动荡。尽管执政党人民联盟希望引进对外投资，但日益强化的专制主义导致投资者被强制性禁言。直接军事干预的风险较低，但并不能排除未来军事干涉将会增加的可能。

人民联盟在孟加拉国一院制议会中的席位占有绝对优势，远超其主要竞争对手孟加拉国民族主义党。2014年1月的选举遭受民族主义党及其盟友的联合抵制，人民联盟拒绝在看守政府下进行选举。目前，人民联盟政府仍致力于其领导人总理谢赫·哈西娜完成余下的任期直到2019年。

2015年末至今的一些迹象表明，民族主义党的立场有所松动。2015年12月，民族主义党首次同意以区分政党的方式进行市政选举角逐，人民联盟取得了234席位中的176席，获得市长职务。对于选举的进行和结果，民族主义党只是重申关于选举舞弊的担忧，并且强调民族主义党反对抵制选举。尽管如此，民族主义党领导层可能会继续考虑在全国范围举行抗议活动。

因为人民联盟政府缺乏足够的动力满足民族主义党重新举行选举的要求，政治僵局将持续。两党领导人哈西娜和齐亚之间的争斗已经持续了几十年，所以政治妥协的前景非常渺茫。

孟加拉国两个主要政党间的政治对立使得政府更替时国内政治、经济和外交政策均有发生巨大调整的可能，上届政府与外国投资者签署的合同，也有被取消的风险。因此，建议企业应该时刻掌握当局的政治动向，不断修正投资策略，为潜在的政府违约或相关风险做好准备。

2. 宏观经济风险

孟加拉国是世界上最贫穷的国家之一，2015年人均年收入约1 200美元（见表2－2－4）。但孟加拉国相对较低的贸易开放程度，使得其幸免于2008—2009年全球金融危机的负面冲击，近年来经济稳步增长。从2013年起，孟加拉国社会动荡和政治不确定性上升，一定程度上损害了经济活动。展望未来，孟加拉国的经济在中短期将受益于全球油价的下降及服装出口的发展。该国的服装和纺织部门已经成为经济中创造就业和外汇的主要来源，预计将在未来几年里继续推动经济增长。经济发展的不利方面主要在于缺乏多样化以及国家对廉价劳动力的依赖不断增加（包括国外的孟加拉国劳工）。同时，税收的提高抑制了基础设施投资，将会阻碍孟加拉国的长期增长潜力。外国直接投资也仍然受到严格的法规以及基础设施薄弱和政治不稳定的影响。此外，孟加拉国自然灾害频繁，使得经济增长前景不断受到威胁。

表2-2-4　孟加拉国宏观经济数据及预测（2012—2020年）

指标＼时间	2012年	2013年	2014年	2015年	2016年	2017年	2018年	2019年	2020年
实际GDP增长率/%	6.5	6	6.1	6.5	5.9	6.4	6.8	6.9	6.6
名义GDP/十亿美元	129	153.5	173.1	190.1	203.4	222.4	244.6	270	298.6
人均名义GDP/美元	831	977	1 088	1 181	1 249	1 349	1 467	1 601	1 751
消费者价格指数增长率/%	6.2	7.5	7	6.2	6.8	8	6.4	6.4	6.2
利率/%	5	5	5	5	5	5	5	5	6.5
人口/百万人	155.26	157.16	159.08	161	162.91	164.83	166.73	168.62	170.47
经常账户收支（占GDP）/%	2	1.3	-1	-0.6	0.6	0.6	0.7	-0.6	-1.4
服务贸易出口/十亿美元	24.9	28.6	29.9	31.9	32.4	36.6	39.3	44.2	48.5
服务贸易进口/十亿美元	32.2	35	40.1	38	38.9	43.8	47.1	51.6	58.5
汇率（BDT/USD）	79.82	77.76	77.95	78.5	79.51	82.29	85.17	88.5	92

资料来源：IHS Country Risk——Bangladesh，2015。

（1）短期分析。从短期来看，不利的外部环境和国内政治的不确定性是威胁孟加拉国经济增长的主要风险。国内的政治环境并没有影响强劲的消费需求对经济增长的促进作用，但其带来的营商环境恶化使得私人投资持续下降，进而抑制经济增长。同时，出口前景仍然不明朗，孟加拉国作为主要的成衣出口地，一方面受到美国和欧洲需求低迷的负面影响；另一方面，其他新兴市场国家在成衣出口市场中的竞争也限制了孟加拉国成衣出口的贸易量。未来经济发展的利好因素在于全球石油价格的下降。孟加拉国是石油进口国，全球石油价格的下降将有助于抑制国内的通货膨胀，进一步缩小商品贸易赤字，改善上市公司的资产负债表状况。

经济仍面临价格上行压力。与南亚其他国家一样，近几个月充足的食品供应和温和的全球油价缓解了国内价格的上涨，整体通货膨胀压力有所缓和。同时，外汇储备的增加也有助于抑制国内通货膨胀。但即使通货膨胀率降至6%左右，孟加拉国仍然是该地区通货膨胀最高的国家之一。

（2）中长期分析。从中长期来看，如果能够有效提升国内投资水平，孟加拉国的中期经济增长率可达6.0%以上。另外，有利的人口前景也会带来显著的经济增长。孟加拉国的宏观经济环境和发展潜力以及低人力成本优势，对于劳动密集型产业的外国投资有一定的优势。但经济中长期发展存在结构性缺陷和政治不稳定隐患，由于贫困所造成的劳动力培训不足，均给在孟加拉国投资带来潜在风险。

3. 法律与监管风险

孟加拉国的法律体系建立在英美普通法系基础上，基础较好，但执行情况参差不齐，对投资者阻碍较多。法院系统的低效率使得合同的强制执行需要4年的时间，而司法部门也容易滋生腐败。自2014年1月，人民联盟政府当选后，出于巩固政权的考虑，不断加深了其对司法系统的干预。

极低效的司法系统和繁杂的手续削弱合同的执行力，成为在孟加拉国开展商务活动的主要风险。孟加拉国的司法系统由三部分构成，分别是民事、刑事与特别法庭，着重于处理商业、税务与劳务相关的问题。根据世界银行的统计，在孟加拉国，需要1 442天才能完成对合约的执行，南亚国家执行合约的平均时间是1 076天。成本可能会高达索赔总价值的67%（见表2-2-5）。由于处理过程中的手续繁琐、司法机关低效等原因，大量案件积压，有包括商业案件在内的约280万件案件尚未被处理。为应对积压，当地商会于2011年成立了孟加拉国际仲裁中心（BIAC），方便促进在现有的法律制度之外的商业纠纷解决。不过，仲裁中心是否能够解决涉及外国投资者的纠纷尚无具体规定。此外，腐败也是司法部门的一个重要问题。

表2-2-5　　孟加拉国合同执行成本对比

指标	孟加拉国	中国内地	中国香港
全球排名（0—189）	174	7	22
DTF合同执行得分（0—100）	22.21	77.56	72.57
时间/天	1 442	452.8	360
成本（占标的额比重）/%	66.8	16.2	21.2
司法程序质量指数（0—18）	7.5	14.1	11

注：DTF为Distance to Frontier的缩写，是世界银行根据10个自设指标编制的商业环境指数。

资料来源：World Bank，Doing Business 2016：Measuring Regulatory Quality and Efficiency，pp. 187。

4. 税收风险

政府希望扩大税收收入，但实现途径有限。孟加拉国税收制度较为复杂，且没有精简制度的计划。为了提高税收收入占GDP的比率，政府急于扩大征税收入，税收占GDP比率可能从2014—2015财政年度的10.2%增加到2020财政年度的16.1%，但实现这一目标的手段有限。政府希望通过吸引投资拉动经济，尤其是在IT、能源、制造业和基础设施等行业，在达卡和吉大港地区，因此，在未来5年内平均公司税率达到目标水平（接近个人所得税税率25%）是不太可能实现的。此外，政府没有计划巩固各种税率合理化系统。就目前的情况而言，孟加拉国的税收支付水平低于全球中位水平，在世界银行《2016年全球营商环境报告》关于税收支付的排名中，孟加拉国在189个经济体中位列第86名（见表2-2-6）。

表2-2-6　　孟加拉国税收支付对比

指标	孟加拉国	中国内地	中国香港
全球排名（0—189）	86	132	4
DTF税收支付得分（0—100）	74.42	64.46	98.71
支付/个/年	21	9	3
时间/小时/年	302	261	74
总税率（占利润百分比）/%	31.6	67.8	22.8

注：DTF为Distance to Frontier的缩写，是世界银行根据10个自设指标编制的商业环境指数。

资料来源：World Bank，Doing Business 2016：Measuring Regulatory Quality and Efficiency，pp. 187。

根据国际货币基金组织（IMF）的条件，孟加拉国政府通过改革立法计划在2012年11月后实现增值税（VAT）改革，但实施日期已被推迟到2016年7月。虽然15%的现有税率不会改变，但关于去除各种免税和支付退款的更明确的规则将会改善依法纳税的过程。改革的实施也将取决于政府为新程序提供后勤保障支持的力度。2016年1月，准军事部队快速行动营（RAB）帮助全国收入委员会（NBR）执行和征收了新的增值税，反映出商业运营被干扰风险增加。

5. 经营性风险

孟加拉国的腐败较普遍，基础设施普遍较差，自然灾害频发，但公路、铁路、港口等交通体系发展显著。发电虽然有所改进，但仍需更多的电力来支撑其发展。目前，孟加拉国政府正在努力修正劳动法以应对工厂破产，但罢工和骚乱仍很普遍，特别是在服装行业。

（1）征收风险。政府通过1980年的孟加拉国出口加工区管理局法、1994年的公司法令、2001年的电信法与2005年的产业政策法等法案，规定了对外国私人投资公正合理的待遇框架。自从相关法案于1980年颁布后，它为外国投资者避免个人资产被国有化和征用提供了法律保障。投资委员会（BOI）成立于1989年，其任务是增加私人投资进入该国，并进一步降低外国投资者的私人财产被征用的风险。

（2）劳动关系风险。服装产业是孟加拉国主要的出口产业和就业部门，但该行业经常出现罢工。罢工主要由低薪和过度劳累引起，并与工厂生产的安全系数远远低于国际安全标准有关。自2013年以来，一系列工厂事故引起国际社会的谴责，政府和服装工厂主被迫采取措施解决相关问题，不仅于2013年12月上调最低工资标准到68美元/月，并和西方零售品牌签署了提高安全标准的协议。但2015年以来，工厂所有者已经对这两个协定的规定越来越抵触，工厂工人与管理层之间的矛盾也继续推动了工人罢工。2015年7月，1 300名工人在达卡举行了罢工，要求工厂支付拖欠的工资。罢工意味着示威者和警察之间巷战的高风险，很可能对服装出口商满足出口承诺的能力产生影响，在极端情况下，工厂的被迫停工可长达一个月。

（3）腐败风险。2015年“透明国际”将孟加拉国的透明度排在175个国家中的第13名。然而，腐败在孟加拉国仍然是较普遍的，并且影响合同和许可证的授予。同时，腐败还破坏该国的严重依赖的国际援助计划。2012年6月，世界银行取消了1.2亿美元的贷款，对在桥梁建设项目上腐败的地方官员进行了指控。政府打击腐败的努力也没能取得实质性进展，广泛存在的官僚化商业监管也使得问题更加复杂，使官员急于要求给予偿付以作为加快程序的回报。目前，人民联盟（AL）政府下的腐败似乎有所增加，部分原因是缺乏强有力的政治反对派。总理谢赫·哈西娜集团的权力日益集中，很可能给外国投资者带来不公平的竞争环境。这样的商业影响在能源和电信行业尤为普遍和突出。

6. 安全风险

孟加拉国历届政府为应对国内伊斯兰激进主义威胁采取的压制策略在2015年达到高峰。短期内，虽然压制策略已经取得了成功，但激进主义威胁仍然是一个问题。此外，鉴于该国目前涉及人民联盟政府巩固其权力和反对党孟加拉国民族主义党的政治不稳定，孟加拉国的恐怖主义威胁在未来3年很有可能会加剧。2015年，5个修道院外的教士被伊斯兰地方分支的基地组织杀害，而“伊斯兰国”还对外国人和什叶派穆斯林进行袭击。政府对反对派的镇压可能会促使这些群体的壮大。左翼激进团体继续作为不法分子勒索当地企业和承包商，但没有威胁到国家安全。

（三）孟加拉国未来发展预测和投资机会分析

1. 政治前景

孟加拉国的政治将继续受两个主要政党的影响，分别是由谢赫·哈西娜领导的人民联盟（AL），以及以卡莉达·齐亚为首的孟加拉国民族主义党（BNP）。人民联盟在2014年1月的选举中赢得超过3/4的议会席位当选，但被民族主义党及其盟友联合抵制。

人民联盟当选后，反对党民族主义党的政治地位逐渐被削弱，倾向于使用大规模罢工来迫使人民联盟政府重新举行民主选举。2016年的前几个月中，民族主义党在首都达卡及其周围组织了一次有效的运输封锁，其希望通过类似行动迫使政府举行新的大选，并要求由政治中立者组成监管政府。监管政府曾经是2014年大选前已经安排的，但人民联盟利用其庞大的议会席位取消了监管政府系统。这一做法引起了民族主义党及其盟友的强烈反对，因此联合抵制最近的大选。赴孟加拉国投资的企业需警惕大规模罢工造成的工期延误风险。

除了民族主义党组织的对抗政府行动，当地支持极端的政治团体也不定期地组织规模不等的示威活动。2015年1月，警方逮捕了4名极端圣战分子。除此之外，其他恐怖组织在孟加拉国的活动也很活跃，对孟加拉国的政治和社会稳定造成了威胁。政府对反恐保持着积极主动的立场，有助于遏制危险的进一步升级。但赴孟加拉国投资的企业仍需关注恐怖袭击活动可能造成的财产损失问题。

孟加拉国政府将继续推动相关机构改革，但效果不容乐观。在2019年任期结束之前，人民联盟将控制立法进程，持续推动官僚机构、司法机构和执法机构功效的提升。虽然相关改革计划对于赴孟加拉国投资企业是一项利好政策，但由于腐败、人力资本匮乏等问题依旧严重，公共机构的效率将继续处于世界的较低水平，法律合同的执行仍将是耗时和昂贵的，其结果难以预测。

2. 经济预测

孟加拉国在2015—2019年间很可能力图扩大和深化私营部门参与度来维持自由市场的方向。鉴于该国面临巨大的经济和社会挑战，联合国也将给予高度关注。该国已经实现了一些联合国的千年发展目标，包括减少贫困的比例等。当前，政府认为这方面的任何进步都是向2021年从低收入国家转变成中等收入国家长远目标迈进的关键一步。

在财政政策方面，孟加拉国政府将2015—2016财年到2018—2019财年的预算赤字视为造成国内众多矛盾的根本原因之一，从在电力和水利基础设施方面投资，到提高福利开支，再到重点基础设施项目，都将增加财政支出。孟加拉国的税收将保持在亚洲最低的水平，但在未来几年内国际货币基金组织（IMF）支持的增值税系统将使税收收入获得提升。孟加拉国财政政策相关指数与预测见表2-2-7。

表2-2-7　　孟加拉国财政政策相关指数与预测　　单位/%

指标＼时间	2014年	2015年	2016年	2017年	2018年	2019年
政府支出（占GDP）	15.6	15.9	16.1	16.3	16.4	16.6
政府收入（占GDP）	11.3	11.4	11.7	11.9	12.1	12.4
预算平衡（占GDP）	-4.3	-4.4	-4.4	-4.4	-4.3	-4.2
政府债务（占GDP）	23.4	22.6	23.0	23.4	23.5	23.5

资料来源：EIU, Country Forecast——Bangladesh, May 2015, pp. 23。

在货币政策方面，孟加拉国银行（BB）在近期将维持相对宽松的政策以支持经济增长。在1月刊登的孟加拉国银行（BB）一年两次的货币政策声明中指出，实现货币供应量目标将成为保持银行控制价格的主要手段，而且该银行力争在短期内引导通货膨胀率维持在6%左右。鉴于塔卡兑美元的汇率持续下降，2016年发生成本推动型通货膨胀的可能性将增大。此外，国内需求的持续增长，将促使孟加拉国银行（BB）准许在下半年提高政策利率。

3. 营商环境

孟加拉国的商业环境总体价值指数在2015—2019年小幅提升为5.53。政治环境仍不稳定，但比2010—2014年有所改善（见表2-2-8）。孟加拉国政府的主要目标是利用政策的连续性和更稳定的政治环境，实现成功的经济发展。

表2-2-8　孟加拉国商业环境评级与预测

指标	价值指数[a]		全球评级[b]		地区评级[c]	
	2010—2014年	2015—2019年	2010—2014年	2015—2019年	2010—2014年	2015—2019年
总评	4.71	5.35	72	68	17	16
政治环境	3.6	4.5	76	68	16	14
政治稳定性	3.6	4.8	78	63	16	14
政治有效性	3.6	4.2	64	64	14	14
宏观经济环境	7.2	7.2	39	36	10	11
市场机会	5.1	5.2	43	48	14	14
私人企业和竞争的相关政策	3.5	4.8	71	69	17	16
外国投资的相关政策	5.1	5.5	67	65	16	15
对外贸易和外汇管制	5.5	6.4	69	66	15	15
税收	6.6	6.6	27	34	9	12
融资	3.6	5.1	71	62	16	16
劳动力市场	4.4	4.9	79	72	17	16
基础设施	2.5	3.4	82	80	17	17

注：a，最高为10；b，在82个国家（地区）中；c，在17个国家（地区）中，包括澳大利亚、孟加拉国、中国、中国香港、印度、印度尼西亚、日本、马来西亚、新西兰、巴基斯坦、菲律宾、新加坡、韩国、斯里兰卡、中国台湾、泰国和越南。

资料来源：EIU，Country Forecast——Bangladesh，2015，pp.13。

商业环境将有所改善，但基础设施供给不足仍是经济发展的制约因素。人民联盟政府将采取有利于民营企业和外商投资的政策以恢复国内经济发展，如允许外国投资者100%持有企业股权、向外国投资者提供平等获得土地的机会，并将继续推出税收优惠政策等。劳动力市场方面的改善集中于提高安全标准的承诺。经济发展的另一制约因素是基础设施供给不足，政府因此制定了2015—2019年基础设施改善计划，也将为投资者提供一些重大基础设施项目的投资机会，例如在首都达卡修建城市高架道路，以及计划在未来5年内完成的达卡与港口城市吉大港之间的新高速公路建设（见表2-2-9）。

表 2-2-9　　　　孟加拉国商业环境概览

指标	2015—2016 年	2017—2019 年
私人企业和竞争的相关政策	政府设法鼓励私营部门的增长	经济自由化进程速度缓慢，第一个大型公私合作项目——首都达卡新高速公路完工
外国投资的相关政策	外资仍然集中在电信、天然气、银行、纺织等行业，政府试图吸引投资到发电和运输等其他行	在煤炭勘探行业的外国投资可能遇到政治反对派的阻碍，政府仍然不愿意为外国投资者拨出土地
对外贸易与外汇管制	主要的出口市场是北美和欧盟	国际贸易依旧依赖于北美和欧盟
税收	政府尝试扩大税基、简化税制	政府继续致力于扩大税基、简化税制，但预计预测区间内不会实现
融资	融资成本依旧较高，制约经济增长	贷款依旧优先国内企业，但数量将减少
劳动力市场	提高服装部门的最低工资标准使得公司工资成本上升，但廉价劳动力依旧充足。熟练劳动力的规模仍然很小。公司继续面临招聘合格和高技能人员的问题	劳动力市场特点在预测期间内保持不变
基础设施	政府优先考虑城市基础设施建设。尽管政府努力吸引更多的投资进入电力行业，但电力短缺仍然持续，限电仍然是普遍的做法	电力供应随着越来越多的发电站开始工作而改善

资料来源：EIU，Country Forecast——Bangladesh，2015，pp. 14。

人民联盟政府自 2009 年当政以来，坚持运用商业友好政策，并承诺让市场发挥作用，不增加不必要的行政干涉。然而，孟加拉国的保护主义倾向将继续使小范围的群体受益，并且先驱企业会尽量保护自己的市场份额。政府将继续把本地投资者的利益摆在优先于外国人的位置。相关企业需要警惕因此而造成的财产损失。

在对外国投资的政策上，孟加拉国的外国投资规则是自由的，1980 年颁布的《外国直接投资法》保证了遣返投资资本、利润、资本收益、税后股息，但投资者面临许多操作性挑战，从薄弱的交通连接和不可靠的电力供应到可用的熟练规模较小的劳动力和贪污普遍。政府对国有企业和其他有政治关系的国内企业的偏袒亦是一个主要问题，在 2015—2019 年将继续成为弱点。

税收方面，政府将继续在扩大税收基础、降低税收制度复杂性等方面进行努力，但相关重大改革在 2015—2019 年期间是不可能完成的。作为其向国际货币基金组织（IMF）承诺的一部分，政府已经更新了增值税（VAT）的规定，一方面简化行政流程，另一方面增加其增值税适用项目的范围。增值税征收将在预测期间的后期提高，预计政府将保持企业税率基本不变，集中于提高消费和贸易税率。

融资方面，融资成本高依旧是产能增长的重要制约因素之一。外资公司将继续面临限制，且 2015—2019 年期间面向国内企业的贷款也将收紧，使得孟加拉国内借贷成本进一步提高。

劳动力市场将继续以大量的廉价劳动力和无效工会为特点。在工作时间方面，孟加拉国约束性的法律法规较少：每天工作时间最高不能超过 12 个小时，并且对夜间的工作没有任何限制。在预测期间内孟加拉国的劳动力市场法规不会发生重大变化。工资和生产率仍然比大多数亚洲发展中国家低。罢工（包括街头抗议）也经常被孟加拉国反对党用来表达他们对政府的不满。赴孟加拉国投资企业需警惕罢工造成的工期延误等问题。

基础设施方面，孟加拉国的基础设施的质量预计在 2015—2019 年略有改善，但依旧维持在低水平。政府已经优先考虑扩展能源供应和运输路线，但电力短缺仍将是实现更快的经济增长的最大障碍。政府曾希望在2014年完成价值30亿美元的帕德玛大桥的建设，但2015年初才正式动工。该桥连接了孟加拉国19个南方地区，目前尚不清楚大桥是否能在2019年之前完成。

4. 人口预测

2015—2019年孟加拉国人口将快速增长。在2011年的统计调查中，孟加拉国是世界上人口最密集的国家之一。2011年，首都达卡仍然是世界上人口最多的城市之一，其他主要城市，如吉大港、库尔纳和拉杰沙希的人口也将会快速增长。EIU认为，到2019年，孟加拉国人口将会超过1.71亿（见表2-2-10）。来自人口增长的压力将会导致环境质量恶化及水和粮食的严重短缺。

表2-2-10　　孟加拉国人口统计与预测

指标	2009年	2014年	2019年
人口/百万人			
总人口/百万人	149.5	158.8	171.6
男/百万人	74.0	78.5	86.1
女/百万人	75.5	80.3	85.5
年龄分布比例/%			
0—14岁/%	33.6	33.8	32.4
15—64岁/%	62.8	62.3	63.1
65+岁/%	3.6	3.9	4.5
青年抚养比率/%	0.53	0.54	0.51
老年抚养比率/%	0.06	0.06	0.07
适龄工作人口/百万人	93.9	98.9	108.2
城镇人口比例/%	72.3	80.3	88.4
劳动人口/百万人	33.6	33.8	32.4

资料来源：EIU, Country Forecast——Bangladesh, May 2015, pp. 11。

当地工作机会缺失将引发男性劳动力外流。即使2015—2019年期间不发生政治动荡或政权交替，孟加拉国仍然没有能力为数以百万的劳动人口提供工作岗位。其中的一个后果是，移民将持续转移到特里普拉邦、梅加拉亚邦、阿萨姆邦和西孟加拉邦的印度各邦，可能会造成与印度政府的关系紧张。另外，由于孟加拉国坐落在恒河三角洲，反复发生的洪水破坏和侵蚀耕地可能是向印度移民的移民率上升的一个因素。未来，孟加拉国政府将继续在国外寻找新的劳动力市场并加强与尚未采用孟加拉国工人国家的联系，以解决劳动力强劲增长与国内疲弱的就业增长之间的矛盾持续加剧所带来的威胁。最近的十年，中东地区吸引了大量的孟加拉国公民。

5. 投资机会

孟加拉国人口预计在预测期间内以1.6%的年均速度增长，到2019年达到17.16亿人。人均国内生产总值（按市场汇率计算）预计能从2014年的1 222美元增至1 781美元。快速的实际GDP增长意味着到2019年将有大多数居民的生活水平得到提高，带来国内需求的增长。国内需求的增长幅度将由制造业和重要纺织业部门的发展情况，以及农业部门和劳工汇款所决定。新的投资机会领域还涉及基础设施、替代能源、制药，以及自行车、摩托车等领域。电信等服务部门也存在较好的投资机会。自1998年政府决定放开电信行业以来，截至2015年3月底，私营部门经营者的进入已经使移动电话用户从一个微不足道的数目增长到超过12.4亿个用户。这个部门的扩展将为办公和电信设备供应商提供机会。

印度

（一）印度投资概览

国家基本信息简表

中文名称	印度	英文名称	The Republic of India
建国日期	1947 年 8 月 15 日独立	领土面积	298 万平方公里
所属洲	亚洲	时区	UTC +5：30
首都	新德里	国际电话区号	+91
主要城市	孟买、班加罗尔、加尔各答等		
人口	13.27 亿人（2016 年 6 月 8 日截止）	主要民族	十大主要民族有：印度斯坦族（46.3%）、泰卢固族（8.8%）、孟加拉族（7.7%）、马拉地族（7.6%）、泰米尔族（7.4%）、古吉拉特族（4.6%）、坎纳达族（3.9%）、马拉雅兰族（3.9%）、奥里雅族（3.8%）、旁遮普族（2.3%）。另有数十个其他小民族
人口密度	422.5 人/平方公里（2013 年）		
语言	英语和印地语	主要宗教	80.5% 的人口信奉印度教，13.4% 信奉伊斯兰教，其与信奉基督教、锡克教、佛教、耆那教等
政体	议会制	法律体系	英美法系
政党	印度人民党（BJP）、国民大会党（INC）	换届时间	2019 年 5 月（议会选举）
道路通行	靠左驾驶	货币	印度卢比（INR）

2015 年主要金融与投资数据

名义 GDP	20 870 亿美元	FDI 流出量	39 亿美元
国际储备	3 467.396 亿美元		
汇率水平（INR/USD）	66.326	FDI 流入量	430 亿美元
外债余额/GDP	23.7%		
财政收入/GDP	10.7%	FDI 内存量	2 958.18 亿美元
财政支出/GDP	14.7%		
货币供应增长率（M2）	11.054%	FDI 外存量	1 354.24 亿美元
通货膨胀率	5.695%		
存款利率	8.358%		
贷款利率	10%		

中国与印度双边投资概况

中国对印直接投资	317.18 百万美元（2014 年）
中印双边投资协定	2006 年 11 月 21 日签署，2007 年 8 月 1 日生效
中印双边本币互换协议	—
投资优惠措施和利润汇出限制	根据 WEF 发布的《2015—2016 年全球竞争力报告》，印度在竞争力排名方面得分 4.31 分（4.31/7），排名第 71 名（71/144）。允许资本、利润和红利汇出。对外资优惠措施体现在地区优惠、出口优惠和特区优惠上

（二）印度投资风险分析

根据中国出口信用保险公司出版的《国家风险分析报告（2015）》，印度2015年的风险评级为5（5/9）级，主要风险见下表2-2-11。

表2-2-11　　2015年印度主要风险概览

风险类别	风险描述
宏观经济环境	经济增长开始好转，推出系列改革措施
政治环境	莫迪政府保持强势，但执政仍有挑战
法律与监管	法律体系稳定但也存在缺陷，执法成本较高，退出成本居高不下
政府效率	政府办事效率低下
金融及国际贸易与支付	货币政策有所放松，财政赤字压力趋缓，汇市总体趋稳，外汇储备充足，经常账户赤字缩小，主权信用评级有望上调，外债结构相对合理，偿债能力强
安全	国内安全形势趋稳，街头政治干扰社会秩序，印巴关系存在不确定性
税收政策	税制相当复杂
基础设施	交通设施亟待改善，电力通信发展列入规划
劳动力市场	人力资本两极分化严重，总体水平较低
社会文化风险	"三股势力"仍危害社会安宁

印度的投资环境虽然有所改善，但是国内外投资仍被受干预的市场规则、落后的基础设施、僵化的劳动力市场和经常性的财政赤字等因素困扰。政治上，印度在2014年议会选举后变得更加稳定。莫迪总理宣告要简化官僚程序，改善基础设施，但仍然要面对来自邦政府的阻碍。那些积极推动改革的邦政府，特别是德里、古吉拉特邦和马哈拉施特拉邦已经成为外国投资者的中心。从财富和发展的角度来说，各邦发展差异拉大，从长期来看可能引起社会冲突。尽管在争议地区克什米尔的暴力活动在近些年极大减少，但该国部分地区仍面临着较严重的安全威胁，大多和东部、东北部的左派（纳萨尔份子）或分离主义运动等相关。和邻国巴基斯坦的外部冲突威胁是印度的一个重大的长期风险，互不信任是两者间的关键问题。在经营环境问题上主要表现为基础设施不足和官僚作风。司法被认为是强力且独立于政治的，但其特别的缓慢和低效。印度的税制相对成熟，但是为鼓励特定部门或投资者而不断修订和调整适用范围使税制越来越复杂。

新上任的莫迪政府致力于经济改革，印度迎来有利于其发展的良好内外环境。未来印度国家风险主要在于以下四个方面：一是政府能否长期坚持"经济为先，发展至上"的执政理念；二是莫迪各项经济改革措施能否突破既得利益集团、民主政治缺陷等因素的掣肘而真正得到落实；三是国际能源价格和国际金融市场能否继续保持稳定；四是印度国内教派和阶级矛盾能否得到有效疏导。

本报告主要从政治风险、宏观经济风险、法律与监管风险、税收风险、经营性风险和安全风险方面对印度投资风险进行分析。

1. 政治风险

立法议程阻力主要来自联邦院，政治斗争有所加剧，企业应了解政府所承诺改革事项并非都能顺利实现。在2014年5月的议会选举中，印度人民党主导的执政联盟获得545席位中的360席，赢得了在人民院的绝对优势。但是人民党在联邦院只有254席中的64席，很多关键立法草案在那里夭折。政府在主要改革方面只有很小的进展，倾向于逐步改善基础设施、清理停滞的工业项目和合理化税收。很多政府的重要改革是以临时议会法令形式获得通过的，而不是由立法机构投票，这反映了获得联邦院批准的困难。同时，各党派间围绕地方邦政府选举的争夺日益激烈。在德里平民党以绝对优势胜选，赢得70个议席中的67席，人民党仅赢得3席，之后在比哈尔邦议会选举中人民党再次落败，这或许意味着莫迪政府执政“蜜月期”的结束，这被视为莫迪政府推动经济改革的又一绊脚石，并引发了市场对印度未来经济形势的担忧。

案例

土地收购法案受阻于联邦院。2015年8月，在尝试通过此法的数月之后，政府对反对党做了几个妥协，去除了很多环境和土地收购豁免条款，以此加速通过该法。同时，人民党政府鼓励它控制的邦政府颁布他们自己商业友好型的土地收购法。

其他在联邦院受阻的法案包括消费税法案。然而，反对党国大党有可能会在稍后的会议中达成妥协，其在原则上是支持该法案的。这意味着消费税法不能在2016年4月截止期内实施，政府只能寄希望于2017年。

2. 宏观经济风险

尽管GDP数据向上修正，但经济增长明显失速。2016年3月末印度向上修正了上半财年数据，2015年第四季度GDP数据清楚地显示了经济增长失速，固定资产投资的急剧放缓拖累了增长。外部环境困难度上升，打乱了企业原有的投资计划，复兴投资周期的责任落到了政府肩上。2015年政府初始经济结构改革计划允许加速公共投资，后者在短期内将保证经济增长的动力。但改革势头正在放缓，在未来几个月中可能会面临额外挑战。消费税法案进展停滞，打破了政府最初希望在2016年实行的目标。土地收购法案进展也十分缓慢。尽管如此，相对其他新兴市场国家来说，印度短期经济增长前景仍然要相对乐观。

工业部门的复苏越来越有可能被疲弱的外部需求和价格环境所拖累。尽管有改善的苗头，但印度工业增长仍乏善可陈，制造业和基础设施部门都在努力获得新的动力。低的产能利用率、商品出口的急剧下降和疲弱的价格环境都抑制了投资和生产。商品出口在2015年几乎缩水了1/5，而且还会继续下降，批发价格通货紧缩已经持续一年以上，已经影响了印度企业的名义表现。疲弱的商品价格和趋弱的外部需求在近期仍不大可能有所改善，相关投资企业应对此情况做好准备，合理规划投资。

外国资本流入的逆转和国际收支压力的回归仍然是近期卢比的主要风险，相关企业应关注世界主要中央银行货币政策的外溢效应并采取措施规避汇率风险。市场对2014年大选的结果反应积极，新资本受到鼓舞流入印度，使印度卢比在2015年成为最有活力的新兴市场货币。中国经济的持续放缓和货币贬值影响着全球金融环境，美联储逐步退出大规模货币刺激，这都使得全球风险厌恶会在未来几个月中持续，可能会从印度和其他地方吸引更多资金。更为基础的是，贸易和经常账户动态预计没有先前乐观，考虑到进口法案，恢复国内需求和放松黄金进口限制会部分抵消由疲弱的全球石油和商品价格带来的影响，同时由于关键出口市场的疲弱需求，出口表现仍较差。虽然如此，现在印度的基本面要比2013年强很多，而近期卢比危机的重演是没有预料到的。

3. 法律与监管风险

印度拥有成熟和全面的法律系统，但是应用不均衡、缓慢且负担沉重。由于缺乏法官和经常性休庭，大量案件被积压。尽管全国法定程序基本一样，但邦与邦之间的效率有所差异。

合同变更风险依然较高，企业应对此做好预案，减少由此带来的不利影响。莫迪总理反对变更与外国投资者的合同，但低效的官僚机构使得合同延迟风险进一步加剧。通过与政府的合同敲定项目，往往需要几年的时间才能获得相关批准。土地、国防和环保许可是最令投资者头疼的。莫迪政府已经决定大力压缩繁文缛节，特别是在基础设施、国防和制造业等领域。

案例

华为公司虽从成熟的开发商中购买获得审批的土地用以研究所的建立，但由于行政效率低下和本地纠纷等事宜，该研究所的建成被拖延数年；工作签证获取比例较低，且必须每年续签，续签时间长、材料需求多，几乎等同于再审请；印度环保许可过于严格，且日常检查较多，据企业反映，一年需要提供近100项检查文件，无形增加了企业负担。

此外，莫迪政府对创新和决断力的强调，增加了长期停滞项目的合同变更风险，特别是在采矿业、国防、制造业和基础设施等部门。如果人民党政府打算取消外国投资者的停滞项目，它有可能会与该方就新的替代性合同进行谈判。除上述因素之外，合同取消的风险主要来自对政府合同中腐败问题的司法审查。那些牵扯到由最高法调查的腐败案件的合同，面临着较高的取消风险。

4. 税收风险

印度的税收体制较为复杂，有各种各样的中央和邦税，以及鼓励特定部门投资的财政激励政策。低、中层税务官员中有为获取贿赂而故意拖延流程的现象。人民党政府已经承诺要使税制更加透明并削减公司税率。同时，人民党政府也想通过施行新的消费税来简化税收，但由于政治阻碍，新消费税的实施将被推迟一年或两年。

5. 经营性风险

印度是联邦国家，不同邦政府在处理外国投资时的能力、技巧和效率水平各不相同。政府政策在非人民党控制的邦中施行时有很大被阻碍和严重推迟的风险。复杂的税制和行政程序为腐败提供了充足的空间。限制性劳动法使削减员工数量变得困难。虽然政府正在放松外国直接投资管制，但很多部门仍然受限。很多印度企业的内部控制和标准也都落后于西方同行。

（1）对外资的态度。自从20世纪90年代早期的自由化进程开始以来，印度对外资越来越持开放态度。外资股份限制在很多部门得以提高，但因为印度与我国贸易中存在着巨额逆差，所以时常以安全审查为由对我国采用贸易限制措施。

案例

上海振华港机与孟买一宗价值7 000万美元的合同，被印内政部和军方认为港口涉及国家安全而被否定，企业面临重大损失风险。但在我驻印使馆的积极交涉下，2015年印政府终于给企业设备颁发了有条件安全许可，为企业挽回了损失。

（2）劳资关系风险。印度私有化进程中工会抗议风险有可能上升。2015 年 8 月，由于来自民用航空雇员反对私有化的抗议，印度政府宣布放弃先前印度机场管理局关于私有化金奈、加尔各答、艾哈迈达巴德和斋浦尔的国际机场计划。这一事件会增加政府在其他领域寻求私有化、遭遇工会抗议的风险，赴印投资企业应对参与私有化进程持谨慎态度。

未来一年，人民党政府广泛的私有化计划有可能在采矿业和港口部门引起罢工，在印投资企业应对此保持关注，做好经营规划与应对方案。2015 年 1 月，政府转让国有印度煤炭有限公司的计划受到了劳工工会的反对，由此引起的为期 5 天的罢工造成煤炭供给相比正常水平减少大约 40%。印度私有化主要港口的计划也因受到工会发动全国性罢工的威胁而推迟。西孟加拉邦、哈里亚纳邦和北方邦是发生暴力罢工风险最大的邦，相关企业应做好安全防范。

（3）腐败风险。腐败在印度各层级官员中都较为普遍。在与印度官僚机构和政客沟通时，企业通常会经历行贿受贿事件。印度中央监察委员会负责调查政府腐败，但在过去它本身就受到过审查。行受贿通常发生在国防、船舶和地面运输部门的采购中。

6. 安全风险

印度最直接的外部安全风险是巴基斯坦，虽然在克什米尔谷地发生全面军事对抗的可能性较小，但是跨境小规模冲突会周期性上升。2014 年后期，武装分子从阿富汗迁移至巴控克什米尔地区使这一地区安全风险进一步上升。

恐怖袭击风险上升，相关企业应对此保持警惕。未来两年，以巴基斯坦为基地的武装分子袭击德里、孟买和印控克什米尔地区的风险正在上升，同时也存在印度本土伊斯兰武装组织利用低强度炸弹装置袭击中等规模城市的风险，如艾哈迈达巴德、班加罗尔、海德拉巴和普钠。纳萨尔分子的暴动主要影响比哈尔、蒂斯加尔邦、贾坎德邦、奥里萨邦和孟加拉邦五个邦，安全部队、采矿业和交通基础设施经常成为被攻击目标。同时，阿萨姆邦的叛乱组织仍然对安全部队和国有资产造成威胁。

印度局部的社会动荡风险上升，相关企业应重视印度国内社群分歧。人民党执政后，印度教徒和穆罕默德信徒的公共暴力风险上升了。这一风险在选举前后会达到最大，尤其是在有大量穆斯林人口的邦，如阿萨姆邦、马哈拉施特拉邦和北方邦。印度人民党和平民党的竞争使在新德里爆发暴力抗议的风险上升。根据印政府统计，2014 年全国暴力犯罪上升 10.1%，犯罪率较高的邦有阿萨姆邦、克拉拉邦、德里联邦属地等。

案例

2015 年 7 月 27 日，旁遮普邦发生恐怖袭击，造成 11 人死亡。3 名不明身份的武装分子穿越查谟边界，进入旁遮普邦，并发动恐怖袭击，杀害公交车上的 3 个平民，并占领警察局，射杀 5 名警察。经过一天的对峙和交火，当晚 3 名恐怖分子被警察击毙。印度内政部称，3 名恐怖分子从巴基斯坦境内进入印度，因此，恐怖袭击可能与巴基斯坦有关，这将为稍有改善的印巴关系再次蒙上阴影。

（三）印度未来投资机会分析

1. 政治前景

印度国家民主联盟在 2016—2019 年仍将掌权，在国家层面保持政治稳定性。国家民主联盟由中右翼人民党（总理莫迪所属党派）领导，并在人民院占有大多数席位。印度人民党通过在经济方面追求改革、打击腐败、减少通货膨胀和升级基础设施赢得了 2014 年的议会选举，这些竞选承诺确定了人民党在 2016—2019 年立法议程中的主要议题。

但是，很多政府改革倡议都需要经过人民院和联邦院的共同批准。在可预见的未来，政府推行改革议程的能力将受到限制。因此，行政机构会把关注点转移到增强印度官僚机构效率和一些联邦院干涉能力相对较为有限的领域，包括扩展公路、铁路交通网和推进电力供给。来自区域性政党的支持可能会增强政府在联邦院通过立法的可能性。但是，主要反对党印度国大党会继续在 2016—2019 年试图阻碍政府立法议程的关键部分。

2016—2019 年，宗派主义和公众的紧张局势会对政治稳定性构成威胁。莫迪总理对人民党极右翼成员缺乏有效控制力。人民党需谨慎对待，避免引起右翼支持者的对抗。然而，人民党也面对着强大的公共压力，驱使他们来保护长久以来印度多元、包容和多样性的价值观。

与此同时，在最近几个月中，逐渐增加的社会压力导致了不同社会团体和种姓的暴力抗议，这会不定期地影响企业业务的连续性。2015 年 2 月，贾特人社群在首都新德里附近组织了暴力示威，要求政府将他们加入官方规定的“其他落后阶层”类别，在配额体制下使他们获得政府工作岗位和大学录取的优先权。

政府必须与东北部的暴动和东部各邦共产主义武装组织做斗争，但在 2016—2019 年间安全部队会保证基本的法律和秩序。近些年，伊斯兰教主义者的袭击已经超出了印控克什米尔地区，同时印度成为伊斯兰国袭击目标的风险正在上升。

在国际关系方面，印度和美国在南亚有着共同的安全利益，未来这两个世界上最大的民主国家间的关系进一步增强是可期的。无论 2016 年美国总统大选结果如何，保证两国间的紧密关系对双方都至关重要。2016—2020 年，即使印度增强了和中国的经济合作，中印关系也不会摆脱既合作又竞争的态势。悬而未决的克什米尔问题仍是印度和巴基斯坦两国的中心议题，两国不会爆发战争，但也不会有显著突破。

2. 经济预测

政府已经明确表示要通过改革来实现国家经济增长潜力。目前，政府已提议的立法主要围绕着劳动力、土地和资本这三个生产的基本要素，也推出了促进城市化、医疗保健、劳动力培训和数字化等领域发展的措施。但是，行政机构改革将面对联邦院、市民社会组织和工会的强烈反对。2016—2019 年，政府想通过关于土地和劳动力的立法是非常困难的。同时，投资者也存在对行政机构改革言行不一的担忧。

本届政府很难采取更多自由贸易协定政策来吸引投资。但是清晰的贸易政策可以规范印度国内的自由化，并使印度获得更广和更深的介入外国市场的机会；反之，则将意味着出口增长会处于潜力水平之下。

在中期，印度电力部门的债务重组计划会改善营商环境，并减少电力短缺。较高的债务负担已经损害了公用事业供应商扩展投资的能力。此外，印度储备银行正试图削减银行部门的坏账和提高贷款标准，这一进程计划在 2017 年 3 月完成。该计划一旦完成，会使资本得到更为有效的配置。另一积极的趋势是，地方将会拾起改革势头，制造业和出口的关键邦（如古吉拉特邦、泰米尔纳德邦和马哈拉施特拉邦）会实行改革和放松管制负担的措施。

财政政策方面，在 2015—2019 年，社会福利支出和中央政府雇员工资的上升以及基础设施等公共支出将使公共财政处于赤字位置。在2015—2016财年，印度的预算赤字会达到GDP的4%，与政府3.9%的目标接近。2016—2017财年的财政赤字必定超过政府的目标，主要是因为如果完全执行的话，会提高中央政府雇员的工资、福利和养老金，从而在2016—2017财年中增加相当于GDP 0.6%的政府支出。

货币政策方面，由全球大宗商品低价格带来的温和通货膨胀压力，使印度中央银行在2016年有下调政策利率25个基点的余地。在2015年，印度商业银行贷款利率没有变化，与政策利率改变保持一致。在2017年到2019年中期，印度中央银行会逐步收紧货币政策，在2017年中期提高利率以确保通货膨胀不会超过其目标。快速的经济增长会吸引外国直接投资，从而支持卢比的价值，但印度中央银行会在2019年中期前保持汇率稳定。

此外，据表2-2-12，2015—2019年，印度主要经济指标都将保持稳定快速的增长趋势，如实际GDP将保持在7%左右的高速增长率。

表2-2-12　　印度主要经济指标增长率与预测（2015—2019年）　　单位/%

指标＼时间	2015年	2016年	2017年	2018年	2019年
实际GDP	7.2	7.1	6.8	7.6	8.5
私人消费	8.5	6.8	7.4	7.4	8.0
政府消费	12.9	7.2	10.8	7.5	7.3
国内投资总额	7.8	6.9	4.7	8.4	10.6
出口	-4.6	5.0	8.1	10.1	9.6
进口	-3.8	5.3	7.6	9.5	9.4
国内需求	9.5	6.7	6.9	7.5	8.6
农业	1.3	3.8	3.6	3.1	3.6
工业	5.4	6.5	6.8	5.8	8.5
服务业	7.2	7.9	8.2	7.9	8.6

资料来源：EIU，Country Forecast——India，2015。

3. 营商环境

印度在商业环境排名中的总得分从2010—2014年的5.51升至2015—2019年的6.26，其排名也上升5位至第56名（共82个国家或地区）。印度在2015—2019年的各项得分均有所提高，最令人印象深刻的是市场机会得分，在2015—2019年，全球印度排在第10位，区域排名是第三位（在中国和日本之后）。此外，税制和宏观经济环境改善最大，其次是基础设施。印度商业环境评级与预测见表2-2-13。

表2-2-13　　印度商业环境评级与预测

指标	价值指数[a]		全球评级[b]		地区评级[c]	
	2010—2014年	2015—2019年	2010—2014年	2015—2019年	2010—2014年	2015—2019年
总评	5.51	6.26	61	56	14	12
政治环境	5.2	5.7	50	44	9	10
政治稳定性	5.5	5.9	53	54	10	11

续表

指标	价值指数[a]		全球评级[b]		地区评级[c]	
	2010—2014 年	2015—2019 年	2010—2014 年	2015—2019 年	2010—2014 年	2015—2019 年
政治有效性	4.9	5.5	43	40	9	9
宏观经济环境	6.1	6.9	60	46	15	14
市场机会	7.1	7.2	12	10	3	3
对私人公司和竞争的政策	5.5	5.8	46	47	10	10
对外国投资者的政策	5.5	6.0	64	60	15	13
对外贸易和汇率管控	5.1	6.4	72	65	16	14
税收	5.6	6.8	54	31	14	10
融资	5.1	5.9	54	54	11	13
劳动力市场	5.7	6.1	54	51	14	12
基础设施建设	4.4	5.9	75	66	15	12

注：a，最高为 10；b，在 82 个国家（地区）中；c，在 17 个国家（地区）中，包括澳大利亚、孟加拉国、中国、中国香港、印度、印度尼西亚、日本、马来西亚、新西兰、巴基斯坦、菲律宾、新加坡、韩国、斯里兰卡、中国台湾、泰国和越南。

资料来源：EIU，Country Forecast——India，2015。

在私营企业和竞争政策方面，2015—2016 年人民党领导的政府弱化了国家在商业中扮演的角色，培育市场竞争，并通过合理化官僚机构与向各邦放权来促进投资。2017—2019 年预计更多阻碍工业发展的许可证和官僚障碍将被去除，但复杂的规则体制仍会限制印度私营部门发展。

在外国投资政策方面，2015—2016 年印度提高了国防部门和保险业投资的上限后，这些领域中的外国投资相应增加了。但是，人民党政府仍反对在多品牌零售部门中的外国直接投资。2017—2019 年预计进一步的经济自由化、更快的监管许可和不断上升的投资需求将促成更为投资友好型的营商环境。

对外贸易与外汇管制方面，2015—2016 年印度减少了关税的数量，采取统一出口补贴的形式。同时，印度与其邻国经济一体化步伐加快，对外投资限制也在进一步放松。2017—2019 年预测印度的经济自由化的政策将继续，但是对资本流动的一些限制规则仍会保持，与欧盟将达成自由贸易区协定。

税收方面，2015—2016 年人民党政府加快推动采用新的间接税体制和新的直接税法令，这会逐步降低公司税和简化税收结构，但是进展缓慢。2017—2019 年，预测印度政府将采用严控避税计划和“黑钱”的条例。此外，税务管理将改善。

融资方面，2015—2016 年印度政府对银行业的控制仍然存在，但是会进一步对私有部门开放。2017—2019 年预测来自私有部门银行的竞争会增加，监管结构将改善。

劳动力市场方面，在强大的工会反对下，2015—2016 年印度限制性的劳动法不会有大幅修订。最低工资会标准化，并有所提高。2017—2019 年，预测放松对解雇工人的限制会使小企业雇用新员工时受到更小的限制，提高女性工作参与率和延长加班工作时间的措施将提高印度的劳动生产率。

基础设施方面，2015—2016 年印度建设智慧城市的倡议简化了基础设施投资，更积极的投资者情绪改善了投资环境，铁路、公路、能源基础设施、港口和机场吸引到了更多的投资。2017—2019 年预测印度光纤通信网络将会扩展，运输与配送部门将会得到自由化，核电工业继续快速发展。此外，德里—孟买工业走廊也将接近完成。

4. 人口预测

印度人口增长率将逐步放缓，机遇与挑战并存。女性社会和经济福利有所提升，再加上生活标准的上升，特别是在城市区域，导致了人口增长率的下降（见表2-2-14）。不过，贫穷和人口稠密的邦会延续较强的人口增长，如北方邦和比哈尔邦。据估计，在21世纪20年代中期，印度将超越中国成为世界人口第一大国，那时印度人口将达到15亿人。持续增长的人口既会带来机遇也会带来挑战，环境退化和资源紧张的出现是不可避免的，人口老龄化也会增加医疗和福利的负担。

至2019年，印度的劳动人口会继续上升。在增长的人口中，很大一部分会在不断扩展的制造业部门找到充足的工作岗位。其他人尤其是没有读写和计算技能的人，会被限制在服务业低工资岗位上。不充分的就业仍将是一个挑战，会增加社会不稳定性。另外，印度人口中的性别比例失衡，这同样会给社会稳定带来影响。到2019年，男性人口超出女性人口的数量将从2009年的4 070万增长到4 400万。印度人口增长指标见表2-2-15。

表2-2-14　　印度人口统计简况

指标	2009年	2014年	2019年
人口/百万			
总人口/百万人	1 166.1	1 255.8	1 335.8
男性/百万人	603.4	649.2	689.9
女性/百万人	562.7	606.6	645.9
年龄概况/%			
0—14岁/%	30.6	28.7	26.9
15—64岁/%	64.4	65.9	66.9
65+岁/%	5.0	5.4	6.1
青年抚养比率/%	0.47	0.44	0.40
老年抚养比率/%	0.08	0.08	0.09
适龄工作人口/百万人	751.2	827.5	894.2
城镇人口比例/%	30.6	32.4	34.2
劳动人口/百万人	471.3	492.4	540.7

资料来源：EIU，2015，Country Forecast——India。

表2-2-15　　印度人口增长指标区间平均值

指标	2010—2014年	2015—2019年
人口增长率/%	1.5	1.2
适龄工作人口增长率/%	2.0	1.6
劳动力增长率/%	0.9	1.9
粗出生率（每1 000）	21.5	20.0
粗死亡率（每1 000）	8.0	8.0
婴儿死亡率（活产）（每1 000）	44.8	8.3
预期寿命/年		
男性/年	63.8	65.1
女性/年	67.3	68.6
平均/年	65.5	66.7

资料来源：EIU，Country Forecast——India，2015。

5. 投资机会

正如大部分发展中国家一样，在印度，食品是消费者支出中占最大比例的类别。但可支配收入的上升和不断发展的城市化会减少食品支出在收入中的比例，增加交通和通信方面的消费，这一趋势已被近些年不断上升的汽车和移动电话销售额所证明。尽管如此，食品、饮品和烟草在2019年前仍会占消费者支出的29.7%，交通和通信支出将从18%上升到19.2%，住房和家用燃料将由2014年占总消费支出的13.6%上升到2019年的13.8%。

在评估印度市场前景的时候，需要认真权衡几个非收入相关因素。第一，购买力会因地点而不同。在不同的城市之间、在城市和农村地区之间的价格差异极大。第二，基础设施的不足会影响印度消费水平的上升，经常性的断电会影响那些依靠电力的消费品的需求。第三，印度消费者是高度价格敏感型的。品牌只对高收入人群有吸引力，而减小消费品的包装规格（例如用更小的瓶子包装软饮料）并降低价格，也被一些外国公司证明是成功的战略。第四，逐步扩张的消费金融和不断成长的信用卡文化会增加消费者数量。

印度政府在其“十二五”计划（2012—2017年）中提出，未来5年的经济发展目标是实现更快的、可持续的和更包容性的增长，重点领域包括能源、交通、自然资源、农村发展、制造业、医疗教育、社会和地区不平等、城市化、服务业和政府治理等方面[①]。

巴基斯坦

（一）巴基斯坦投资概览

国家基本信息简表

中文名称	巴基斯坦	英文名称	The Islamic Republic of Pakistan
建国日期	1947年8月14日	领土面积	77.9万平方公里
所属洲	亚洲	时区	UTC+5
首都	伊斯兰堡	国际电话区号	+92
主要城市	卡拉奇、拉合尔、白沙瓦等		
人口	1.89亿人	主要民族	旁遮普族（63%）、信德族（18%）、普什图族（11%）、俾路支族（4%）
人口密度	243人/平方公里		
语言	旁遮普语（48%）、信德语（12%）、英语为官方语言	主要宗教	伊斯兰教（97%）
政体	议会制	法律体系	英美法系
政党	穆斯林联盟（谢里夫派、PML-N）、人民党（PPP）、正义运动党（PTI）	换届时间	2018年5月（议会选举） 2018年8月（总统选举）
道路通行	靠左驾驶	货币	巴基斯坦卢比（PRK）

① 商务部：《对外投资合作国别（地区）指南：印度》。

2015 年主要金融与投资数据

名义 GDP	2 699.7 亿美元	FDI 流出量	0.8 亿美元
国际储备	200.45 亿美元		
汇率水平（PRK/USD）	104.86	FDI 流入量	18 亿美元
外债余额/GDP	15.00%		
财政收入/GDP	14.36%	FDI 内存量	325.9 亿美元
财政支出/GDP	19.68%		
货币供应增长率（M2）	13.03%	FDI 外存量	18.3 亿美元
通货膨胀率	3.19%		
存款利率	4.03%		
贷款利率	8.37%		
中国与巴基斯坦双边投资概况			
中国对巴直接投资	10.14 亿美元	中国对巴基斯坦直接投资存量 37.37 亿美元（2014 年）	
中巴双边投资协定	1989 年 2 月 12 日签署，1990 年 9 月 30 日生效		
中巴双边本币互换协议	2011 年 12 月 23 日，中国人民银行与巴基斯坦中央银行签署了规模为 100 亿元人民币（合计 1 400亿巴基斯坦卢比）的双边本币互换协议，有效期三年，经双方同意可以展期。2014 年 12 月 23 日（续签），中巴双边本币互换规模为 100 亿人民币（合计 1 650 亿巴基斯坦卢比）		
投资优惠措施和利润汇出限制	根据 WEF 发布的《2015—2016 年全球竞争力报告》，巴基斯坦在竞争力排名方面得分 3.45 分（3.45/7），排名第 126 位（126/144）。允许资本、利润和红利汇出		

（二）巴基斯坦投资风险分析

根据中国出口信用保险公司出版的《国家风险分析报告（2015）》，巴基斯坦 2015 年的风险评级为 6（6/9）级，主要风险见下表 2－2－16。

表 2－2－16　　2015 年巴基斯坦主要风险概览

风险类别	风险描述
宏观经济环境	财政拮据，能源短缺，公共债务繁重，经济增长缓慢
政治环境	政权顺利更迭，军事和最高法院势力庞大，目前政治基本稳定
法律与监管	法律体系不甚完善，伊斯兰教法发挥重要作用
政府效率	商业经营手续繁琐，政府办事效率偏低
金融及国际贸易与支付	货币增长速度放缓，通货膨胀压力减小，存贷款利率偏高，营商条件欠佳，外汇储备规模较小
安全	恐怖袭击时有发生，国内犯罪率居高不下；与邻国关系虽相对缓和，但整体安全形势依然严峻
税收政策	税收强度正在加大，企业经营压力逐渐增大
基础设施	基础设施相对落后，整体布局不合理
劳动力市场	失业人口较多，交通运输和电力行业等罢工风险偏高
社会文化风险	伊斯兰教盛行，中巴文化差异较大

一直以来，巴基斯坦都在民主政治与军事统治之间摇摆不定。尽管目前巴基斯坦穆斯林联盟政府（Pakistan Muslim League－Nawaz，以下简称 PML－N）政局稳定，但军队仍然扮演着关键角色。政治方面，巴基斯坦的困境包括：长期存在的交战状态带来的安全问题、经济发展瓶颈问题（尤其

是电力部门），以及与邻国（印度和阿富汗）的关系紧张问题。社会经济方面，巴基斯坦各省份之间在经济和社会发展方面存在显著差异，尤其是人口密集且相对和平的旁遮普省与其他省份之间的差距更为凸显。此外，基础设施建设滞后，税收、法律制度的改革难见成效，也制约着巴基斯坦经济的稳定发展。

本报告主要从政治风险、宏观经济风险、法律与监管风险、税收风险、经营性风险、安全风险方面对巴基斯坦投资风险进行分析。

1. 政治风险

目前，军方主导着巴基斯坦的国防、外交和国内安全政策，由巴基斯坦穆斯林联盟领导的现任政府仍面临较大的执政困难。虽然目前 PML－N 与军方的关系有所改善，并在国会中占据多数席位（见表 2－2－17），但由于反对派正义运动党多次指责其操纵了 2013 年的选举，PML－N 的支持率未来有可能下降。此外，能源短缺问题的解决也将对现任政府的继续执政产生极大影响。

表 2－2－17　巴基斯坦议会中各党派席位数目对比（2015 年）　单位/席

党　派	国民议会	参议院
巴基斯坦穆斯林联盟（谢里夫派）（PML－N）	126	26
女性党（W）	60	—
巴基斯坦人民党（PPP）	31	27
独立党（Ind）	29	6
巴基斯坦穆斯林联盟（领袖派）（PML－Q）	29	4
统一民族运动党（MQM）	18	8
非穆斯林少数党（N－M）	10	—
人民民族党（ANP）	—	7
正义运动党（PTI）	—	6
伊斯兰神学者协会（JUI－F）	—	5
其　他	39	15
合　计	342	104

资料来源：Country Report——Pakistan，Mar 2016，pp. 4。

反政府抗议活动的结束缓解了总理纳瓦兹·谢里夫的执政压力，短期内增强了现任政府的稳定性。2015 年 4 月，政府同意对巴基斯坦正义运动党（Pakistan Tehreek－e－Insaf，以下简称 PTI）指控 PML－N 操纵 2013 年议会选举的诉讼请求给予正式立案并进行司法调查，从而结束了由 PTI 发起的、为期 7 个月的抗议活动。反政府抗议活动的结束暂时缓解了巴基斯坦现任政府面临的执政危机，而且短期内在全国范围内再次爆发反政府运动的可能性也大大降低，巴基斯坦政局在短期内有望保持稳定。

抗议活动和军队影响力的增长使 PML－N 政府仍处相对弱势地位。自白沙瓦袭击事件后，巴基斯坦军方对国内安全和地区对外政策决策方面的影响力越来越大。除了在部落区继续履行其维护地方安全的职责，军方也开始在卡拉奇针对参与战争和腐败的政党开展行动，这导致主要反对派——巴基斯坦人民党（PPP）和统一民族运动党（MQM）与 PML－N 之间关系不断恶化，因为前者否认卡拉奇处于交战状态。不仅如此，反对派还加大了对现任政府经济政策的批判，使 PML－N 政府的私有化计划面临极大的政治阻力。巴基斯坦政府很有可能会更谨慎地采取一些不受普遍支持的决策，比如减少国际货币基金组织（IMF）在 2013 年 9 月对巴贷款的补贴，而这项贷款是解决巴基斯坦能源危机的关键。

虽然目前谢里夫领导的 PML – N 政府与巴基斯坦军方维持着相对积极的关系，但双方对前总统、陆军参谋长佩尔韦兹·穆沙拉夫叛国罪的审判结果持不同态度。这一问题的最终解决，极有可能影响本届巴基斯坦政府在 2018 年任期结束之前的执政进程，巴基斯坦也有可能再次面临政局动荡的风险。

2. 宏观经济风险

政治和安全环境持续多年不稳定，加之宏观经济管理不力，使得巴基斯坦的经济发展在近些年里乏善可陈。如表 2 – 2 – 18 所示，巴基斯坦实际 GDP 增速主要由私人消费和政府支出支撑，能源短缺、信贷可得性有限、长期投资不足、治安状况不利都是导致经济活力降低的重要因素。国际油价上涨有助于巴基斯坦增加外汇储备、降低通货膨胀率并改善财政状况。然而，如果政府不调整经济结构，这些改善都不会长久。

表 2 – 2 – 18　　巴基斯坦宏观经济概况与预测（2006—2016 年）

指标 \ 时间		2006 年	2007 年	2008 年	2009 年	2010 年	2011 年	2012 年	2013 年	2014 年	2015 年	2016 年
实际 GDP 增长率/%		6.2	4.8	1.7	2.8	1.6	2.7	3.5	4.4	4.7	5.5	5.1
对实际 GDP 增长率的贡献/%	私人消费	0.8	3.4	2.8	–0.4	1.7	3.5	3.9	1.7	4.2	2.8	3.6
	政府支出	3.6	–0.1	–0.1	1.2	–0.1	0.0	0.7	1.0	0.2	1.7	0.7
	固定投资	3.1	0.4	0.8	–0.9	–1.2	–1.2	0.3	0.3	0.6	1.1	0.7
	外部均衡	–2.3	1.1	–1.8	2.8	1.2	0.3	–1.5	1.2	–0.2	–0.1	0.1
名义汇率（PRK/USD，AV）		60.3	60.7	70.4	81.7	85.2	86.3	93.4	101.6	101.1	102.8	107.4
实际有效汇率（基于 CPI 调整，1997 = 100，AV）		91.3	90.8	86.7	85.5	89.9	92.9	94.1	92.7	99.1	107.0	107.4
CPI/%		7.9	7.6	19.8	12.1	12.9	11.9	9.7	7.7	7.2	2.5	3.7
预算支出（占 GDP）/%		17.1	19.5	21.4	19.2	20.2	18.9	19.6	21.5	20.0	19.7	19.8
国内信贷增长率/%		14.8	21.2	29.7	13.1	11.4	13.7	17.8	19.8	8.1	12.3	17.8
贷款利率/%		10.5	10.6	12.7	14.2	13.5	14.1	12.4	10.3	10.5	8.4	7.5
平均名义工资增长率/%		9.0	12.0	15.0	9.0	9.0	9.00	8.5	6.3	6.7	6.3	6.5
经常项目收支（占 GDP）/%		–4.9	–5.4	–9.2	–2.4	–0.8	–1.0	–1.0	–1.9	–1.5	–0.6	–0.4
净负债（占 GDP）/%		17.8	17.3	23.8	25.4	26.4	22.2	21.6	22.6	19.7	15.0	13.9
外国直接投资流入（占 GDP）/%		3.1	3.7	3.2	1.4	1.1	0.6	0.4	0.6	0.7	0.7	1.2

资料来源：EIU 数据库，2016 年数据为 EIU 的预测数据。

结构性供给因素施加的通货膨胀压力依然存在，公共财政仍十分脆弱，财政调整和能源部门改革是经济复苏的关键。低税收和高补贴导致巴基斯坦长期面临巨额的财政赤字，预算支出占 GDP 的比重长年在 20% 左右（见表 2 – 2 – 18）。如果无法实施结构性改革，财政状况的恶化将使公共债务偿债压力上升并向金融系统施压，从而危及巴基斯坦宏观经济的稳定。得益于高于市场价格的国内能源价格管控，巴基斯坦公共石油公司的盈利能力得到改善，在一定程度上缓解了繁重的公共借贷问题，并为私人借贷的增长开辟了上升空间，特别是固定资产领域的私人信贷强劲增长，预示着未来生产能力的提高和就业机会的增加。目前，谢里夫政府热衷于解决财政问题，并通过一系列改革（如削减能源补贴）改善国有企业和政府部门的欠款回收情况，通过更广泛的税收网络和更高的直接税收入进行融资，并重新推动私有化进程。然而，在政治阻力日渐增强和安全问题日益凸显的情况下，谢里夫政府要推动这些改革将面临挑战。

巴基斯坦的国际收支账户仍承受着巨大压力。2015 年经常账户的改善得益于国际原油价格走低和强劲的外汇汇款增加，但由于全球需求疲软，巴基斯坦的出口增速放缓，尤其是对中国出口的走低，将不利于经常账户的改善。巴基斯坦对中国出口额超过巴基斯坦总出口额的 10%，因此，成为南亚国家中受中国经济放缓拖累最为严重的国家。近年来，巴基斯坦政府致力于增加外汇储备，以防止外汇储备的资金枯竭，如令巴基斯坦重返国际债券市场，但是国际收支平衡依然有赖于向国际货币基金组织融资。此外，对于巴基斯坦来说，国内需求对国外汇款的依赖是 2016 年的又一难题，因为大部分流入的外汇汇款来自中东地区，而目前中东经济正受困于国际油价的持续低迷。总之，巴基斯坦国际收支状况仍十分脆弱：经常账户的改善可能难以持续，因为出口增长动力不足且进口还可能会增加，资本与金融账户源于国际货币基金组织的资金支持将在 2016 年 9 月到期。

3. 法律与监管风险

巴基斯坦的法律体系以英美法系为基础，司法机构独立性较强。但由于司法效率较低，案件被大规模积压，预计有将近 300 万件诉讼有待法院裁决。法律系统的低效率是巴基斯坦商业经营的一个内在障碍。此外，地方高级法院和最高法院具有反政府的行为倾向，经常挑战政府倡议，并驳回对存在腐败的国际交易的指控，但在涉及武装力量的案件中，司法机关则较为谨慎。

（1）合同强制执行风险。在巴基斯坦，由于司法体系的超负荷运转，且司法效率低下，合同执行风险仍然很高。如表 2－2－19 所示，在巴基斯坦，合同执行时长平均为 993.2 天，且执行成本占标的额比重为 23%，远高于中国。在次一级的法院，腐败问题也较严重。涉及土地收益权和所有权的案件很容易卡在诉讼环节而多年得不到解决。为了避免司法体系低效，当事人往往求助于某种非正式仲裁来解决纠纷，但这同样存在风险。

表 2－2－19　　巴基斯坦合同执行成本对比

指标	巴基斯坦	中国内地	中国香港
全球排名（0—189）	151	7	22
DTF 合同执行得分（0—100）	45.35	77.56	72.57
时间/天	993.2	452.8	360
成本（占标的额比重）/%	23.0	16.2	21.2
司法程序质量指数（0—18）	6	14.1	11

注：DTF 为 Distance to Frontier 的缩写，是世界银行根据 10 个自设指标编制的商业环境指数。

资料来源：World Bank，Doing Business 2016：Measuring Regulatory Quality and Efficiency，pp. 225。

（2）合同变更风险。受困于能源危机，巴基斯坦能源领域的国家合同变更风险很高。这部分反映了能源发展的高政治性。随着谢里夫政府在政治上介入调查，能源类项目（特别是由前届政府签署的能源类项目）都在不断审查中。涉及违反采购规则或反腐指控的合同容易被取消。2015 年 2 月，参议院常设水电委员会取消了 3 400 万美元的传输线项目合同，理由是合同违反了公共采购监管机构所设定的规则。如果最高法院怀疑在政府合同授予过程中存在腐败行为，那么法院很可能对它们发出“中止命令”，从而延误合同的实施。对政府政策的司法介入可能较前届首席大法官乔杜里时期相比有所减少，但法院不太可能完全退出它的激进立场。司法机关取消合同也存在高风险。2015 年 3 月，最高法院延迟了信德省政府从外国制造商处购买的 8 辆装甲运兵车的合同，合同价值 1 200 万美元。

在巴基斯坦某些地区，每天停电长达 17 小时，大范围停电导致巴基斯坦工业生产能力受到严重影响，纺织业和制造业部门合同有取消或延迟的风险。虽然谢里夫政府也努力尝试着对此进行改进，但不太可能在 2018 年任期结束前成功缓减电力供应中断状况。

4. 税收风险

由于审计和执法程序薄弱，且缺乏透明度，巴基斯坦偷税漏税现象非常普遍。巴基斯坦税收收入占 GDP 的比重低。在税收支付综合指数评比中，支付时长年均近 600 小时，为中国大陆的 2 倍多，在 189 个经济体中排第 171 名（见表 2－2－20）。因此，国际货币基金组织将税制改革作为其向巴基斯坦提供贷款的关键条件。能否将税基扩大至农业部门是衡量改革是否成功的关键指标。但历史经验表明，由于国会中的农业游说力量十分强大，该项改革的难度也很大。

表 2－2－20　巴基斯坦税收支付对比

指标	巴基斯坦	中国内地	中国香港
全球排名（0—189）	171	132	4
DTF 税收支付得分（0—100）	44.46	64.46	98.71
支付/个/年	47	9	3
时间/小时/年	594	261	74
总税率（占利润百分比）/%	32.6	67.8	22.8

注：DTF 为 Distance to Frontier 的缩写，是世界银行根据 10 个自设指标编制的商业环境指数。

资料来源：World Bank，Doing Business 2016：Measuring Regulatory Quality and Efficiency，pp. 225。

联邦政府负责对个人和企业收入征收直接税（不包括农业收入，因为对农业收入的征税是省级政府职责）、间接税和关税。省级政府负责对不动产以及因土地和建筑物所产生的资本利得征税。目前，谢里夫政府已将重点放在将税收收入占 GDP 的比重从 2013 年的 8.5% 提高到 2018 年的 15%，以减少财政赤字并刺激经济增长。巴基斯坦的税制改革受到税基窄小且不均衡以及普遍存在的偷税漏税（1.8 亿人口中只有 250 万已注册的纳税人）等问题的制约。历届政府在税制改革方面的努力都受到来自国会的阻力，因为多数国会议员都与农业部门存在商业利益关系，而农业部门虽然是本国经济的最大贡献者，但却几乎没有向国家缴纳税款。

政府的目标是通过改善税收征收方式而非提高税率来增加税收收入的。虽然财政部长伊斯哈格达（Ishaq Dar）被赋予了广泛的权力，但政府在提高征税效率和减少偷税漏税方面取得的进展仍然较为有限。为了达到本国和国际货币基金组织所设定的目标，政府越来越可能倾向于突发性和临时性增税。2015 年 2 月，政府同意将钢铁产品关税提高到 15%，同时对进口的炉油、废金属和奢侈品增加 5% 的关税调控。这是自 2014 年 6 月发布 2015 年财政预算案以来第三次在税制上进行调整。近年来，表现较好的部门都面临税负突发性增加的风险，如电信部门、消费品部门和建筑部门。

企业部门占纳税人总数的 1%，所上缴的税收却占联邦税收收入的 2/3。然而，由于税收管理的低效，在证券交易委员会（SEC）注册的 50 000 家上市公司中只有 24 000 家在税网里。因为旨在追求税收收入的增加，所以 PML－N 政府不太可能在企业部门的征税方式上采取激进措施。为刺激经济，总理谢里夫在各部门积极寻求外国投资（特别是能源部门和基础设施部门），但与诸多外国公司的税务纠纷，将重挫对外资的吸引力。

5. 经营性风险

PML－N 政府积极鼓励外国直接投资，但迄今为止，巴基斯坦的安全形势并不利于吸引外资。国家电网的电力缺口为 5 000 兆瓦，这意味着巴基斯坦因电力短缺而损失了年均 3%—4% 的经济增长率。中国承诺在巴基斯坦投资 460 亿美元建设经济走廊，投资领域主要集中在能源与基础设施。如果该承诺能够兑现，那么巴基斯坦的能源危机很可能在 10—20 年后得到最终解决。

（1）对外国直接投资（FDI）的态度

巴基斯坦政府将继续放宽对外国投资的限制，以消除投资者对政治和安全环境的担忧。1976 年的《外国私人投资促进保护法》和 1992 年的《深化和保护经济改革法》都确保了投资者资产不被征用或没收。此外，PML－N 政府正积极致力于吸引外资。巴基斯坦政府允许外国投资者在未经事先许可的情况下在工业部门的所有领域享有 100% 的持股权，但一些特殊部门除外，如武器弹药、烈性爆炸物、放射性物质以及纸币印刷和造币。世界银行发布的《2016 年全球营商环境报告》显示，巴基斯坦在办理建筑许可证和保护少数投资者方面都表现不俗，综合排名分别是第 61 名和第 25 名，高于中国（见表 2－2－21 和表 2－2－22），这都有利于鼓励外国直接投资的流入。同时，巴基斯坦政府还将放宽对外资投资的一些法规限制，并在许多部门对流入的外资提供丰厚的奖励措施，如政府特别鼓励外国投资者投资出口制造业部门。为消除投资者对巴基斯坦国内政治稳定性和安全局势的担忧，巴基斯坦政府将继续对恐怖袭击给予重点防范和大力打击。

表 2－2－21　巴基斯坦办理建筑许可证对比

指标	巴基斯坦	中国内地	中国香港
全球排名（0—189）	61	176	7
DTF 办理建筑许可证得分（0—100）	72.62	48.29	84.78
程序/个	10	22	11
时间/天	250.4	244.3	72
成本（占仓库货物额百分比）/%	3.2	7.2	0.7
建筑物质量控制指数（0—15）	13.7	9	12

注：DTF 为 Distance to Frontier 的缩写，是世界银行根据 10 个自设指标编制的商业环境指数。

资料来源：World Bank，Doing Business 2016：Measuring Regulatory Quality and Efficiency，pp. 225。

表 2－2－22　巴基斯坦对少数投资者保护对比

指标	巴基斯坦	中国内地	中国香港
全球排名（0—189）	25	134	1
DTF 财产登记得分（0—100）	66.67	43.33	83.33
利益监管冲突程度指数（0—10）	6.0	5.0	9.0
股东治理程度指数（0—10）	7.3	3.7	7.7
对少数投资者保护力度（0—10）	6.7	4.3	8.3

注：DTF 为 Distance to Frontier 的缩写，是世界银行根据 10 个自设指标编制的商业环境指数。

资料来源：World Bank，Doing Business 2016：Measuring Regulatory Quality and Efficiency，pp. 225。

巴基斯坦政府努力拓展与中国的经贸关系，促进双边贸易和投资，特别是加大在大规模基础设施建设上的投资。中国已承诺在未来 15 年内向巴基斯坦投资 460 亿美元（这一投资规模相当于巴基斯坦自2008年以来接受外资流入总额的3倍)，投资行业包括能源、采矿、公路和铁路基础设施建设等。这些投资交易多是服务于“中国—巴基斯坦经济走廊”项目的发展，该项目的资金主要来源于中国政府和银行对企业的贷款，与项目相关的劳动力也多由中国输出至巴基斯坦。

巴基斯坦的营商环境见图2－2－1。

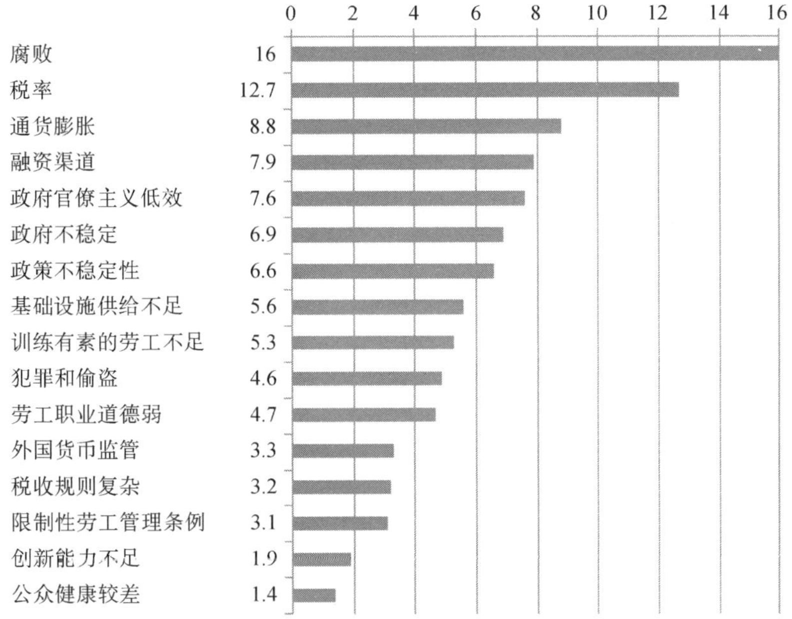

图2－2－1 巴基斯坦营商环境的问题要素

注：得分越高，对营商环境的负面影响越大。

资料来源：World Economic Forum, The Global Competitiveness Report (2015—2016), pp. 288。

(2) 腐败风险。巴基斯坦的腐败问题比较严重，已渗透至国民经济的各部门，包括国防部门。巴基斯坦腐败问题难以根治有着复杂的政治背景。其一，成立于1999年、主要负责根治腐败问题的巴基斯坦国家问责局（NAB）的中立性和有效性颇受质疑。尽管NAB已试图实现非政治化，但依然很难摆脱巴基斯坦政府当局的影响，并被视作攻击政治对手的工具。NAB的地位因不愿调查现役和已退役军官的贪腐情况而被进一步削弱。其二，虽然PML－N政府已多次发表声明反对腐败，但相比于军事和能源危机，打击腐败对现任政府而言，重要性显然更低，其根治腐败的意愿也并不强烈。

与此相反，巴基斯坦正义运动党（PTI）却十分重视腐败问题，并在开伯尔—普什图省政府开展反腐运动，增强了省级官员和省级授予合同处理的政策透明度，从而使该省的腐败程度出现明显下降。可以预见，如果PTI在未来选举中获胜，它很可能在全国范围内加大反腐力度。

此外，司法审查已签订的政府合同也对抑制腐败有着较为明显的影响。2012年3月，在巴基斯坦能源严重短缺的情况下，最高法院还是判决政府与独立电力厂商（IPP）签订的所有租赁发电项目（RPPS）合同均无效，原因是项目协议的签订存在腐败问题。

(3) 没收风险。巴基斯坦不太可能发生大规模的资产被征用或被没收。巴基斯坦政府不太可能会将经营不善的银行或金融机构国有化，但有影响力的政府成员很有可能会帮助他们的商业同盟以低廉的价格接手这些企业。在与印度全面冲突的情况下，军队很可能会为了延续敌对时间而征用一些诸如石油和天然气等关键产业。

（4）劳工风险。巴基斯坦国内劳动力资源丰富，但整体素质不高，10岁以上人口识字率仅为58%左右，因此，劳工主要分布在低技能行业（见图2-2-2）。巴基斯坦政府每财年都对劳动力最低工薪做出调整，2013年，工人最低月工资为10 000卢比（约合95美元）；10人以上企业雇员参加社保计划，雇主需按照参保职工工资的7%交纳社保基金。巴基斯坦失业率较高，加之本身也是劳务输出大国，对外籍劳务需求不大，绝大部分为管理人员和技术工人。

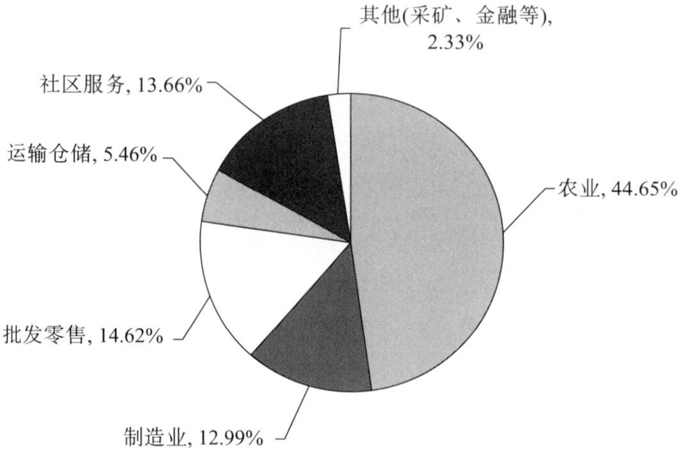

图2-2-2　巴基斯坦劳工数量在行业的分布情况

资料来源：根据商务部2015年《对外投资合作国别（地区）指南》（巴基斯坦）第30页内容整理绘制。

罢工通常因政党抗议政府或工会抗议国有企业管理而发生。随着政府将亏损的国有企业（如巴基斯坦航空公司PIA、巴基斯坦钢厂PSM）进行私有化的意愿越来越强，罢工发生的风险也在增加。2016年2月，PIA的工会关闭航线运营达8天之久，以抗议政府宣布私有化计划。但是，多数罢工持续的时间不会很长。

在巴基斯坦，罢工经常会演变成暴力，特别是在大规模罢工和示威游行期间。2012年10月，数百名油罐车司机在卡西姆港口工业区进行了为期一周的罢工，并与警察发生了冲突，一些卡车被烧毁，少数抗议者被射伤。在夏季，店主和商贩经常为抗议大范围的电力短缺而罢工，这样的罢工可能会导致封锁和暴力事件。

交通运输部门的罢工会增加供给链中断的风险。类似的罢工在每次政府试图出台降低燃油补贴法案时都可能发生，造成全国范围内货物和商品供应的中断。由于国际货币基金组织对燃油补贴提出的新条件，此类罢工在2016年将增加。卡拉奇港口的罢工风险也在增加。2013年11月，在卡拉奇港口信托公司同意税收的要求后，卡拉奇运输部门才结束了为期11天的罢工。

6. 安全风险

巴基斯坦的国内安全形势十分复杂。除了巴基斯坦塔利班（TTP），还有很多极端组织也广泛分布于巴基斯坦境内。一些塔利班组织是独立运作的，另一些武装组织，如活跃在旁遮普省、信德省、俾路支省的坚格维军（LeJ）则联系非常紧密。极端组织利用西部边境的非法性和阿富汗的不稳定确立并建设运作基地。由于政策、机构间交流和培训缺乏协调一致性，过去的反恐成果差强人意。虽然巴基斯坦安全部队是武装分子的主要袭击对象，但是外国公民和外国人经常光顾的地点也时常成为袭击目标。旁遮普省常发生零星的政治动乱和爆炸事件。

此外，由有组织的犯罪团体策划的宗派暴力非常常见，特别是在卡拉奇和奎达等城市。卡拉奇、信德省的农村、海德拉巴的犯罪率已处于相当高的水平。部族和宗教叛乱分子对俾路支省和开伯尔—普赫图赫瓦省的安全构成严重威胁，这两个省的安全风险最大。最大的外部风险来自长期竞争对手印度，但爆发超越克什米尔领土争端的全面军事冲突的可能性非常小。

（三）巴基斯坦未来发展预测和投资机会分析

1. 政治前景

政治上的不稳定仍是2016—2018年巴基斯坦政治系统的一个关键特征。虽然PML－N在国会中仍拥有多数席位，但导致军队介入干预的大规模公众抗议事件的可能性也较小，以巴基斯坦正义运动党（PTI）为首的反对党一直在努力扩大其势力，并破坏现任政府的公信力，也有可能继续组织领导抗议政府的活动。

军方将对巴基斯坦内外政策的制定上发挥着越来越重要的作用。2016年1月，谢里夫宣布将在11月本届期末时退休，并在挑选继任者上发挥重要作用。这确保了巴基斯坦政治系统在过渡期间的稳定，并为军队大选的掌舵提供连续性。

防止恐怖袭击是维持巴基斯坦国内局势稳定的重要任务之一。巴基斯坦与阿富汗接壤的广大边疆地区为恐怖组织提供了藏身之所，给打击伊斯兰恐怖主义带来一定难度，因此，2016—2020年，巴基斯坦不太可能在打击恐怖组织问题上取得全面胜利。除了巴基斯坦塔利班组织（TTP），政府还将继续与俾路支省的分离主义运动做斗争。分离主义运动所组织的袭击威胁到了基础设施建设，如破坏通往瓜达尔暖水区港口的道路。这条道路在中巴经济走廊（CPEC）中占据重要地位。政府和军方将在2016—2020年与分离主义运动的斗争做一了结。

省际的发展差异和竞争削弱了未来两年PML－N政府推进改革和开展基础设施建设的能力。作为全国人口最多且最富裕的省份，旁遮普省一直大力支持PML－N政府。而反对派领导者指责政府偏袒旁遮普省，并煽动俾路支省、信德省等其他省份选民对政府的不满情绪。巴基斯坦省际的竞争将在未来一段时间继续下去，并持续影响政府在全国范围内实施有效改革的难度。

在国际关系方面，未来几年，巴基斯坦需要继续在中美之间维持平衡，并掌握好与印度的关系。在中巴经济走廊（CPEC）项目实施的背景下，2016—2020年，中国将成为巴基斯坦首要的经济合作伙伴。该项目以能源和交通基础设施建设合作为重点，有利于促进巴基斯坦瓜达尔港与中国新疆之间的贸易往来，从而进一步加强两国的合作关系。但受商业和安全环境的影响，两国能否于2018年3月在项目推进建设上取得初步成果仍有很大的不确定性。在与中国加强密切合作的同时，巴基斯坦也需要重视其与传统而重要的合作伙伴——美国的关系。在CPEC项目进程中的缺位虽然对巴美关系产生了相对负面的影响，但巴基斯坦在联邦直辖部落地区对伊斯兰恐怖主义的军事进攻在一定程度上缓解了美国的疑虑。2016—2020年，两国将继续在安全问题上展开合作。此外，虽然近年来巴基斯坦和印度的关系基本保持稳定，而且2015年12月印度总理莫迪还造访巴基斯坦，希望推进两国双边对话进程，但未来两国关系的走向仍存在很多问题。在莫迪访巴之后，2016年1月，巴基斯坦武装分子袭击了伯坦果德的印度空军基地，巴印开展双边对话的前景随之蒙上了阴影。

2. 经济预测

受安全局势和水电短缺的拖累，巴基斯坦的经济增长将低于潜在增长水平。经济扩张将以私人消费和投资增长为基础（见表2－2－23）。居民消费在很大程度上是由农业部门产出的稳定增长与劳工汇款流入的增加来驱动的，如果未来这两大驱动力依然保持增长态势，那么巴基斯坦的私人消费在2016—2020年会以年均4.4%的速度增长。此外，巴基斯坦在人力资本方面投资水平低，又设置阻碍妇女全面参与劳动的壁垒，因此，即便该国的劳动年龄人口在预测期内有所增加，但巴基斯坦也不太可能受益于人口红利。考虑到中国在中巴经济走廊（CPEC）项目上的投资有可能对经济产生拉动作用，EIU预计巴基斯坦在2016—2020年的年均实际GDP增长率为4.8%，人均实际GDP增长率可能会更低。这一增长率将低于巴基斯坦在南亚的一些邻国的经济增长率。

表2-2-23　　巴基斯坦宏观经济主要指标与预测（2011—2019年）

指标＼时间		2011年	2012年	2013年	2014年	2015年	2016年	2017年	2018年	2019年
实际GDP增长率/%		2.7	3.5	4.4	4.7	5.5	5.1	4.8	4.7	4.8
对实际GDP增长率的贡献/%	私人消费	3.5	3.9	1.7	4.2	2.8	3.6	3.4	3.2	3.3
	政府支出	0.0	0.7	1.0	0.2	1.7	0.7	0.7	0.7	0.8
	固定投资	-1.2	0.3	0.3	0.6	1.1	0.7	0.7	0.9	0.8
	外部均衡	0.3	-1.5	1.2	-0.2	-0.1	0.1	0.0	-0.1	-0.2
政府债务（占GDP）/%		48.7	52.3	55.9	56.2	57.5	57.3	57.3	56.8	55.8
实际平均有效汇率（基于CPI调整，1997=100）		92.9	94.1	92.7	99.1	107.0	107.4	107.8	108.7	108.8
CPI/%		11.9	9.7	7.7	7.2	2.5	3.7	5.3	5.9	5.8
平均实际工资增长率/%		9.0	8.5	6.3	6.7	6.3	6.5	6.5	6.5	7.6
经常项目收支（占GDP）/%		-1.0	-1.0	-1.9	-1.5	-0.6	-0.4	-0.7	-0.9	-0.9
总外债（占GDP）/%		30.7	27.7	26.0	25.5	22.5	20.9	19.0	17.2	15.7
外国直接投资存量（占GDP）/%		9.8	10.3	10.9	12.7	12.1	12.4	13.0	12.7	12.4

资料来源：EIU数据库。

政策趋势方面。首先，巴基斯坦政府很可能继续以零敲碎打的方式剥离国有企业资产，而非进行全面私有化。例如，2014年6月，巴基斯坦政府开始施行私有化计划，出售了在美国银行和巴基斯坦石油股份公司的股票。2015年4月，政府出售了在哈比卜银行剩下的10亿美元股票。但是，由于会面临来自国有企业内部既得利益集团的强烈反对，政府在对已亏损的企业进行重组以增强投资吸引力时会遭遇比较大的阻力，私有化改革进展或许会非常缓慢。其次，巴基斯坦政府最艰难的挑战莫过于解决长期的电力短缺，尤其是在制定合理化电价（之前的电价过低难以支付成本）和提高电力分销商的收入等问题上。由于缺乏合理的定价系统，电力领域的投资将受阻，EIU预计巴基斯坦的电力短缺至少会持续到2019年。政府现已进行的改进措施是开创了全国首个太阳能公园。

财政政策方面。2015—2019年间的财政政策将致力于缩减预算赤字。为履行国际货币基金组织的中期贷款项目（EFF）条件，巴基斯坦政府的财政调整面临更大的压力。2015—2016年国际油价的下降有利于政府进一步削减电力补贴。政府将致力于从根本上改善税收制度，查处税收漏洞，取消税收豁免，加快私有化进程，增加间接税收入，这些都有助于税收收入的增加，从而防止财政预算赤字进一步扩大。由于2018年举行议会选举，2017—2018财年的政府支出将增加，但预算赤字占GDP的比重还是会控制在5%以内。EIU预计，巴基斯坦的预算赤字占GDP的比重在2018—2019财年会缩减至4%左右（见表2-2-24）。

表 2-2-24　　巴基斯坦财政政策相关指数与预测（2014—2019 年）　　单位/%

指标	2014 年	2015 年	2016 年	2017 年	2018 年	2019 年
政府支出（占 GDP）	20.0	19.8	19.3	19.5	20.2	19.9
政府收入（占 GDP）	14.5	14.7	15.0	15.3	15.7	15.9
预算平衡（占 GDP）	-5.5	-5.1	-4.4	-4.2	-4.5	-4.0
政府债务（占 GDP）	56.2	57.3	56.3	55.4	54.6	53.5

资料来源：EIU，Country Forecast——Pakistan，June 2015，pp. 23。

货币政策方面。自 2014 年 11 月以来，物价水平的趋稳促使巴基斯坦中央银行着手进入降息周期，将贴现率下调了 300 个基点。然而，大宗商品价格的低迷以及巴基斯坦卢比兑美元的逐渐贬值将缓和居民和企业对通货膨胀的预期。不过，燃气或电费的上涨依然增加了通货膨胀的上升风险。EIU 预计，巴基斯坦的生产物价指数（PPI）将从 2015 年的 2.5% 急速上涨至 2016 年的 3.6%，另外，在 2018—2020 年供给侧改进取得实际成效前，消费者物价指数（CPI）将在 2017 年进一步上涨。为防止国际油价回调而可能带来的通货膨胀上升，巴基斯坦中央银行将在 2016 年下半年收紧货币政策，这一政策取向预计将持续到 2019 年（见表 2-2-25）。

表 2-2-25　　巴基斯坦存贷款利率与预测　　单位/%

指标	2014 年	2015 年	2016 年	2017 年	2018 年	2019 年
贷款利率（年均值占 GDP）	10.5	8.4	7.5	8.7	10.4	11.1
存款利率（年均值占 GDP）	5.1	4.1	3.7	4.3	4.9	5.1

资料来源：EIU，Country Forecast——Pakistan，June 2015，pp. 24。

汇率方面。以劳工汇款为代表的外汇流入的增加将预测期内为巴基斯坦卢比的币值提供一定的支撑。然而，持久的贸易赤字、偿债压力和庞大的财政赤字将给巴基斯坦卢比币值造成较大的下行压力。因此，EIU 预计，巴基斯坦卢比兑美元汇率会逐步贬值，从 2016 年的 1 美元兑 107.4 卢比下降到 2020 年的 1 美元兑 114.1 卢比。

进出口方面。由于投资和消费品需求的增加，巴基斯坦商品贸易逆差将进一步扩大。随着石油价格在 2016 年后开始复苏，进口支出将增加。受益于全球贸易增长以及与欧盟商业联系的增强，巴基斯坦出口将增加，但出口商同时也会受制于国内的电力短缺和陈旧的基础设施。

3. 营商环境

巴基斯坦或许会是亚洲范围内商业环境最差的国家。如表 2-2-26 所示，巴基斯坦的商业环境总体评分在区域内排名最后一名（第 17 名），除了私人企业市场竞争、外国投资和税收，其他各项指标排名均处于区域内倒数范围内。根据图 2-2-3，巴基斯坦除了在市场规模方面高于区域内平均水平，其他方面均处于平均水平之下，健康与基础教育领域对巴基斯坦经营环境所造成的负面影响最为强烈，且具有长期性。基础教育领域投资不足会使童工和抵债性劳工问题仍继续存在，生产率依然在低水平徘徊。

在 2018 年下届大选前，巴基斯坦的政局和政策将保持稳定，但政策实施仍落后于预期。PML-N 政府仍然受到来自国内四个省中三个省的反对，主要矛盾在于各省与联邦政府之间的权力分享，特别是在财政收入方面的权力分享问题。危机四伏的安全局势也将继续增加商业环境的不稳定性。例如，巴基斯坦政府着意于继续对国有资产进行私有化，但这一进程也可能会受阻于政治反对和投

表 2-2-26 巴基斯坦商业环境评级与预测

指标	价值指数[a]		全球评级[b]		地区评级[c]	
	2010—2014 年	2015—2019 年	2010—2014 年	2015—2019 年	2010—2014 年	2015—2019 年
总评	4.82	5.17	71	72	16	17
政治环境	2.9	3.3	80	76	17	17
政治稳定性	2.1	3.3	82	79	17	17
政治有效性	3.6	3.3	64	75	14	17
宏观经济环境	5.8	6.6	66	55	16	16
市场机会	3.7	4.6	73	58	17	16
私人企业和竞争的相关政策	4.8	5.0	59	62	14	12
外国投资的相关政策	6.4	6.4	51	53	10	10
对外贸易和交易管控	5.1	4.6	72	75	16	17
税收	6.0	6.5	39	36	12	13
融资	4.8	5.1	61	63	15	16
劳动力市场	4.8	5.2	74	70	16	16
基础设施	4.1	4.5	77	77	16	16

注：a，最高为 10；b，在 82 个国家（地区）中；c，在 17 个国家（地区）中，包括澳大利亚、孟加拉国、中国、中国香港、印度、印度尼西亚、日本、马来西亚、新西兰、巴基斯坦、菲律宾、新加坡、韩国、斯里兰卡、中国台湾、泰国和越南。

资料来源：EIU，Country Forecast——Pakistan，2015。

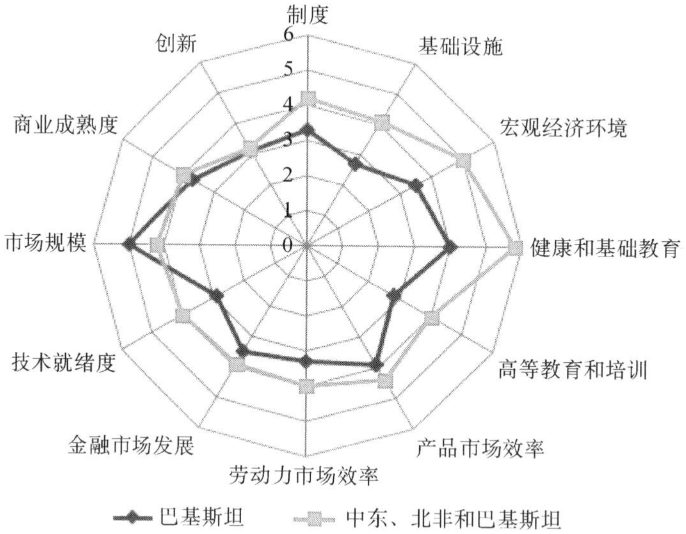

图 2-2-3 巴基斯坦经营环境要素得分对比

注：得分越高，越具有竞争力。

资料来源：World Economic Forum，The Global Competitiveness Report（2015—2016），pp. 288。

资者对安全稳定的持续性担忧。此外，作为财政调整计划一部分的裁减公职人员，也可能会导致社会动荡。

巴基斯坦政府将放宽对外国投资的限制规则，以补偿投资者可能因国内内乱和恐怖主义威胁所带来的投资损失。外国投资仍将集中于电信、银行和碳氢化合物行业。由于中国兑现了所承诺的投资资金，外国资本流入将从一个较低的水平开始增长。根据 EIU 预测，外国投资者对巴基斯坦的投资情绪有所改善。私有化将吸引更多外资流入。对海外投资者来说，碳氢化合物和发电部门仍是十分具有投资前景的领域。巴基斯坦政府努力拓展与中国的经贸关系，促进双边贸易和投资，特别是在加大大规模基础设施建设的投资。但是，被征税官员教唆的偷税漏税与腐败现象仍将普遍存在，小规模的贿赂行为仍将继续在地方上流行，从而继续影响外国投资者对巴基斯坦营商环境的投资。

基础设施不足仍将是巴基斯坦商业环境中最薄弱的环节之一。2015—2019 年，商业经营最大的威胁是电力部门的电力供应无法满足产业部门的用电需求。电力供应不足是巴基斯坦政府需要优先解决的问题。

4. 人口预测

巴基斯坦人口将在 2019 年突破 2 亿大关，给诸如水资源等稀缺资源造成非常大的压力。劳动年龄人口的扩张速度将超过总人口的增长速度。巴基斯坦 15—64 岁的人口比例在未来明显增加（见表 2 -2 -27）。伴随着城镇人口比例的上升，城市化进程的加速，人口增长带来劳动力供给的增加，这将为经济增长提供机会。但 EIU 预计，巴基斯坦暂时无法享受人口增长所带来的红利，因为教育投资和政府提供就业岗位的能力十分有限，难以匹配人口增长所带来的需求。

表 2 -2 -27　　巴基斯坦人口统计与预测

指标	2009 年	2014 年	2019 年
人口/百万人			
总计人口/百万人	170.1	185.1	200.3
男/百万人	87.6	95.1	103.0
女/百万人	82.7	90.0	97.3
年龄分布比例/%			
0—14 岁/%	36.0	33.3	31.6
15—64 岁/%	59.7	62.3	63.8
65 + 岁/%	4.3	4.4	4.6
青年抚养比率/%	0.6	0.53	0.50
老年抚养比率/%	0.07	0.07	0.07
适龄工作人口/百万人	101.5	115.4	127.9
城镇人口比例/%	36.2	38.3	40.3
劳动人口/百万人	55.4	61.6	69.3

资料来源：EIU Country Forecast——Pakistan，June 2015，pp. 11。

5. 投资机会

由于巴基斯坦国内长期存在电力短缺问题，巴基斯坦的能源部门依然具有广阔的投资前景。为最大限度地发挥其增长潜力，巴基斯坦基础设施和替代型能源领域充满了新的商业投资机会。巴基斯坦自然资源丰富，因此，为解决电力短缺问题，煤炭、风能和太阳能项目可以被投资者优先考虑。中国在巴基斯坦投资的核反应堆项目仍将继续，虽然该类项目颇具争议（争议主要来自美国和印度）。

巴基斯坦巨大的消费市场仍然为企业提供了十分具有吸引力的商业机会。人均收入的快速增长将进一步加大国内消费市场的吸引力。巴基斯坦的人均 GDP 与它的南亚邻国相比处于较低水平，因此，2016—2020年其消费支出将以食品消费为主。2016—2020年，按市场汇率换算的人均GDP年均增速预计将达到8.7%，较2011—2015年的年均6%的增速有了明显提升。巴基斯坦国内小型富裕群体的消费品市场也将引起投资者的兴趣与关注，但考虑到巴基斯坦45%的劳动人口都依赖于农业部门，消费支出不会因少部分精英阶层消费结构的改变而发生戏剧性的变化。根据EIU预测，巴基斯坦的住房和燃料支出比例会略有上升，老年人口规模的增加将导致医疗需求的攀升。

农业部门的发展将在很大程度上拉动国内需求。农产品加工在巴基斯坦工业部门中占据相当大的比重，农业部门直接雇用的劳动力大约占国内劳动力的45%。受制于水电供应短缺，制造业虽也会呈现增长态势，但国内需求的拉动作用有限。

医疗保健行业也依然存在投资获利机会。为减少贫困，财政年度预算会继续在医疗保健领域投放资金，特别是在农村地区。但政府的社会支出也会受制于疲弱的财政状况和持续、高昂的军费支出。此外，在过去，实际的财政支出并没有达到预算金额，未来的财政支出仍面临财政头寸恶化的风险。

继3G和4G牌照成功拍卖后，通信部门是外国直接投资的最大受益者。随着人口城市化进程的推进，服务业特别是通信行业，也将为拉动国内需求做出一定的贡献。2014年7月—2015年6月，巴基斯坦44.8%的外国直接投资流入到通信部门，11.2%流到碳氢化合物部门，10.4%流到金融服务部门，4.2%流到化工部门。

斯里兰卡

（一）斯里兰卡投资概览

国家基本信息简表

中文名称	斯里兰卡	英文名称	The Democratic Socialist Republic of Sri Lanka
建国日期	1948年	领土面积	65 610平方公里
所属洲	亚洲	时区	UTC+5：30
首都	科伦坡	国际电话区号	0094
主要城市	努沃勒埃利耶、艾勒		
人口	2 144万人	主要民族	僧伽罗族（75%）、泰米尔族（16%）、摩尔族（9%）
人口密度	326.7人/平方公里		
语言	僧伽罗语和泰米尔语	主要宗教	佛教（70.2%）、印度教（12.6%）、伊斯兰教（9.7%）
政体	总统制	法律体系	大陆法系
政党	斯里兰卡自由党、统一国民党、泰米尔全国联盟、人民解放阵线	换届时间	2020年
道路通行	靠左驾驶	货币	斯里兰卡卢比（LKR）

2015 年主要金融与投资数据

名义 GDP	803.18 亿美元	FDI 流入量	6.81 亿美元
国际储备	72.916 亿美元		
汇率水平（LKR/USD）	144.06	FDI 流出量	0.53 亿美元
外债余额/GDP	59.1%		
财政收入/GDP	12.6%	FDI 内存量	99.72 亿美元
财政支出/GDP	19.8%		
货币供应增长率（M2）	11.9%	FDI 外存量	6.6 亿美元
通货膨胀率	2.78%		
存款利率	6.7%		
贷款利率	7.4%		
中国与斯里兰卡双边投资概况			
中国对斯直接投资	85.11 百万美元		
中斯双边投资协定	无		
中斯双边本币互换协议	2014 年 9 月 16 日，中国人民银行与斯里兰卡中央银行签署了规模为 100 亿元人民币兑 2 250 亿卢比的双边本币互换协议，旨在促进双边贸易和投资，并加强两国中央银行的金融合作。互换协议有效期为 3 年，经双方同意可以展期		
投资优惠措施和利润汇出限制	中斯已经签订双边投资保护协定、避免双重征税协议以及互免国际航空运输和海运收入税收的协议。允许资本、利润和红利汇回		

（二）斯里兰卡投资风险分析

根据中国出口信用保险公司出版的《国家风险分析报告（2015）》，斯里兰卡 2015 年的风险评级为 5（5/9）级，主要风险见表 2-2-28。

表 2-2-28　　2015 年斯里兰卡主要风险概览

风险类别	风险描述
宏观经济环境	“和平红利”助推经济快速增长，但深受外部环境的影响，财政收入的缓慢增长、沉重的债务负担较重和经常账户赤字使前景堪忧
政治环境	联合政府的稳定性显著高于前一任政府并将致力于改善外商投资环境，反对者的力量薄弱，挑战可能来自于斯里兰卡自由党内部
法律与监管	法院和法官的短缺造成斯里兰卡的法院系统低效
政府效率	行政效率有所提高，腐败问题难以解决
金融及国际贸易与支付	外汇干预减少，银行业监管得以改进，经常账户有所改善但外汇储备波动性增强
安全	没有主要的外部威胁，但国内仍然存在着的动荡的可能
税收政策	税收改革将进一步扩大税基，简化税收征收流程，改进税收管理效率
基础设施	建立所必需的基础设施方面取得明显进展，未来仍将得到进一步改善
劳动力市场	劳动法执行不力，但工会很难推动大规模的罢工
社会文化风险	平息民族矛盾采取了积极的措施，僧伽罗人和泰米尔社区之间的关系会有所改善

斯里兰卡政府由统一国民党（UNP）和斯里兰卡自由党（SLFP）共同组成。两党本是传统的竞争对手，在2015年8月议会选举没有胜出者的情况下被迫组成联合政府。尽管两党之间存在的利益分歧，但是分别来自统一国民党（UNP）和斯里兰卡自由党（SLFP）的总理拉尼尔·维克勒马辛哈和总统迈特里帕拉·西里塞纳之间结成的政治联盟以及他们在议会的影响力意味着这届政府比上一届更为稳固。统一国民党（UNP）可能在政策制定领域拥有更多的话语权，尤其是与投资相关的事务，他们的政策议程将会以私人部门参与的出口导向型增长模式为基础。因此，在制造业、IT行业、建筑业、汽车制造行业以及农业领域将会通过放松对外资的管制，加大吸引外资的力度（尤其是在西部地区）。斯里兰卡的税收环境深受效率低下的官僚体制的影响，但是可以预期税收改革将进一步扩大税基，简化税收征收流程，改进税收管理效率。政府势必集中精力升级和扩建基础设施，包括那些曾经饱受战火摧残的北部省份。2009年5月，斯里兰卡政府军对泰米尔伊拉姆猛虎解放组织的军事胜利有效终结了叛乱分子的常规战争能力，然而，至今仍然未能有效地安抚泰米尔人的不满情绪，这意味着未来仍然存在动荡的可能，但绝不可能恢复类似以往的大规模动乱。斯里兰卡没有主要的外部威胁。

本报告主要从政治风险、宏观经济风险、法律与监管风险、税收风险、经营性风险、劳工风险方面对斯里兰卡投资风险进行分析。

1. 政治风险

联合政府由国内两个主要的政党组成：统一国民党（UNP）和斯里兰卡自由党（SLFP）。尽管它们之间的竞争与分歧会成为联合政府的主要挑战，但稳定性会显著高于前一任政府。政策的制定很可能由统一国民党（UNP）做出，集中于改善外商投资环境、为IT、电信以及制造业部门创造更多的投资机会。反对者的力量较为薄弱，但联合政府的阻力可能来自于斯里兰卡自由党内部的亲拉贾帕克萨派。

总统迈特里帕拉·西里塞纳在2015年12月任命了新的内阁，多数成员来自统一国民党（UNP）和斯里兰卡自由党（SLFP），两党搁置分歧组成联合政府。统一国民党（UNP）的领导人认为联合政府在斯里兰卡引入了具有非对抗性色彩的政治文化，推动了制度和政策的变革。

尽管面临来自斯里兰卡自由党（SLFP）亲拉贾帕克萨派的抵抗，但是联合政府仍然在议会中占据领先优势地位。在未来两年内，斯里兰卡政府的稳定性仍然面临着一定的挑战。这一方面取决于统一国民党（UNP）和总统西里塞纳的关系，另一方面则与总统西里塞纳能在多大程度上掌控斯里兰卡自由党（SLFP）密切相关。

2. 宏观经济风险

得益于2009年5月动乱结束之后的“和平红利”，2007—2014年，斯里兰卡的经济总量已经翻番，已成为南亚地区增长最快的经济体。斯里兰卡在提高人们的生活水平、建立所必需的基础设施（尤其是在备受战争破坏的东部和北部省份）、改造传统行业（如制造业和农业）等领域取得了显著进展。同时，旅游业已成为斯里兰卡最重要的经济驱动力和外汇来源。宏观经济管理政策也得以加强。金融部门发展不断深化，对于银行业的监管也得以改进。但是，随着经济自由化程度的加深，斯里兰卡仍然存在诸多的挑战。尽管斯里兰卡的财政管理体系已经有了明显改善，但财政收入水平仍难以有效提高，政府财政收入占GDP的水平几乎处于全球最低。此外，政府债务处于较高水平，尤其以往借助双边优惠贷款的借贷方式正在向外部市场化借贷转变，这加剧了外债的不可持续性。在进行了汇率自由化改革之后，斯里兰卡外汇储备波动性增强。欧洲和美国吸收了斯里兰卡

60%的商品出口，它们宏观经济态势的变化更是对斯里兰卡外汇储备产生显著的溢出效应。尽管通货膨胀已经得以缓和，但是作为对于商品进口具有极强依赖性的国家，这仍然是一个长期持续的风险。

经济增长将依然强劲，但前景堪忧。尽管对斯里兰卡经济增长前景的评估仍然是积极和正面的，但存在着下行风险。政府对于基础设施的投入将会继续支持建筑行业，许多基础设施项目也会在近期动工。在工资增加的基础上私人消费将保持强有力的增长势头，来自国外的汇款流入也会提升，同时增强信贷的可获得性。国内经济得益于较低的能源价格和低通货膨胀水平，进一步刺激了国内需求，这一态势将会贯穿2016年全年。在供给侧，旅游业的持续繁荣使服务业的增长可期。但是，政府财政巩固的努力将会在一定程度成为经济的制约。此外，下行风险还来自比预期更弱的外部需求、政治过渡期导致政策的无力、美联储提高利率可能导致的全球金融市场动荡。

外国直接投资对于增长至关重要。内战后，投资者的情绪日益乐观，斯里兰卡还在2008年7月加入了国际货币基金组织的宏观经济稳定计划，这就使得外国直接投资和资产组合投资已经成为斯里兰卡经济增长和预算平衡的重要推动力。2014年外国直接投资流入量达到十亿美元，中国和中国香港是它最大的投资来源地。外国直接投资流入量预期在2015年会有进一步增加，因为未来几年内若干正在实施中的输油管道项目开始向外资开放。然而，资本流入可能会受到国际金融市场波动以及未来新政府政策不确定性的影响。短期内，国际金融市场会持续动荡，斯里兰卡的资产组合投资也会出现不稳定的状态。

经常账户已经稳定，但风险仍在。从贸易角度而言，斯里兰卡是亚洲低石油价格的较大的受益者，石油价格的大幅度下跌降低了进口成本，2015年全年总收益达到20亿美元，抵消了工资的上涨和贷款的增加，同时也带来了消费品的增长，造成了贸易赤字恶化，并对外汇储备构成压力。2015年预计贸易赤字达到86亿美元。在国内需求导致进口增加和全球需求不振造成出口受阻的情况下，预计未来经常账户会进一步恶化。

3. 法律与监管风险

由于法院和法官的短缺，斯里兰卡的法院系统效率较低。处理商业官司耗时耗力，尤其是当纠纷涉及政府部门时更是如此。因此，企业经常会在法院之外寻找解决方式。即便如此，政府仍然没有建立更多商业法院的计划。合同变更或取消风险是企业面临的重要问题之一，由于受统一国民党（UNP）领导的政府所开展的反腐败运动的影响，合同变更的风险也越来越突出。

斯里兰卡的司法体系是由英国刑法、罗马—荷兰民法和康提法共同组成的，合同的执行是商业活动的主要风险。由于法官和法院的短缺，造成超过65万件案件被搁置，与其他南亚国家平均1 076天的合同执行时间，斯里兰卡所需的天数要高出20%。原因在于低效的时间管理和繁琐法律程序。但是，执行合同的成本却比该区域的平均成本低。只有一个商业法庭——科伦坡商业高等法院，它是关于商业交易、知识产权、房地产和海事案件的一审法院。政府在正在考虑在康体和加勒设置相似的法庭，但是至少本届政府对此并没有太大的兴趣。结果，法院诉讼程序仍然耗时较长，特别是如果政府参与某个商业纠纷时，诉诸庭外和解更有助于问题的解决。

司法系统独立性不强，前总统马欣达·拉贾帕克萨在2013年1月替换终审法院首席法官的事件说明司法系统很容易被政治干预。两年以后，他的继任者迈特里帕拉·西里塞纳恢复首席大法官的职务以支持司法独立。可以预期，成立于2015年9月的联合政府可能会进一步支持司法的独立性。领导政府的统一国民党（UNP）已经展开了改革司法体系的行动，维护司法机关的中立性（至少在其顶层部门）已经成为该党议程中的一个组成部分。

4. 税收风险

官僚体制的改革进程会是缓慢和不可预测的，这已成为引导商业发展的显著威胁，导致政府仍然难以完成财政收入目标。官僚体制的效率同样受到不计其数的税收减免和税收奖励法规的影响，而且在税收管理过程中，复杂的税收法规和众多的回旋余地助长了官员的腐败行为。统一国民党（UNP）领导之下的政府已经下调了大部分行业税收负担，但总体的税收政策仍然不确定，未来财政收入的压力也许导致间接税收的进一步增加，风险仍然存在。

尽管当前政府表现出欢迎和支持投资者的迹象，但是不确定的税收政策将会成为其中的风险。从积极的角度看，政府在2015年12月的第一次政府预算中，简化了企业税收结构。预算建议企业不同部门的税收只有15%和30%两种税率。斯里兰卡大多数部门的税率被定在15%的水平上，这显著降低了企业负担。但是，金融服务业30%的税率却加重了他们的税收负担，政府将其与酒精、烟草和游戏归在同一税率之上。

相反，如建筑业的税收、经济服务费和港口、机场等几年前引入的税收项目的税负在新预算中被提高了，甚至还引入了新的税收项目。其中，包括注册公司较高的费用、对公司清算的费用、从银行大额提款（超过7 000美元）的费用。提高财政收入以弥补日益让人担忧的财政赤字，是这类收费产生的最明显的动机。然而，降低税率的同时增加额外征收税费的名目或税率，意味着斯里兰卡的商业环境将越来越复杂。同时，这也与2015年总理宣布的更多依赖直接税而非间接税（从20:80变为40:60）的政策声明相违背。未来，统一国民党（UNP）治理下的斯里兰卡，间接税仍然长期存在。

5. 经营性风险

腐败、过度监管、陈旧的基础设施成为斯里兰卡投资者面临的首要业务挑战。统一国民党（UNP）控制下的政府和主要官员对于外商投资政策展现出了亲善的态度。统一国民党的执政议程很可能基于简化在制造业、IT行业、基础设施行业、汽车制造以及农业部门的外国投资监管流程以吸引来自美国、欧洲和印度的国外资本。此外，还有可能推动国有企业的改革和反腐。大规模的国有化不大可能，同时，尽管工会已经比较活跃，但也难以造成广泛的影响。斯里兰卡经营环境要素得分情况见图2－2－4，营商环境的问题要素见图2－2－5。

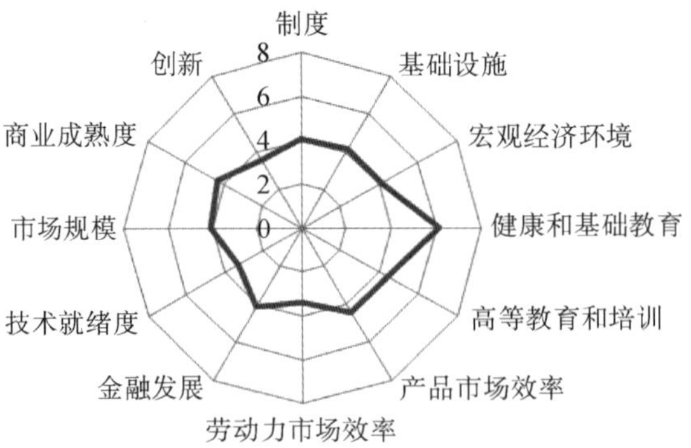

图2－2－4　经营环境要素得分对比

注：得分越高，越具有竞争力。

资料来源：World Economic Forum，The Global Competitiveness Report（2015—2016）。

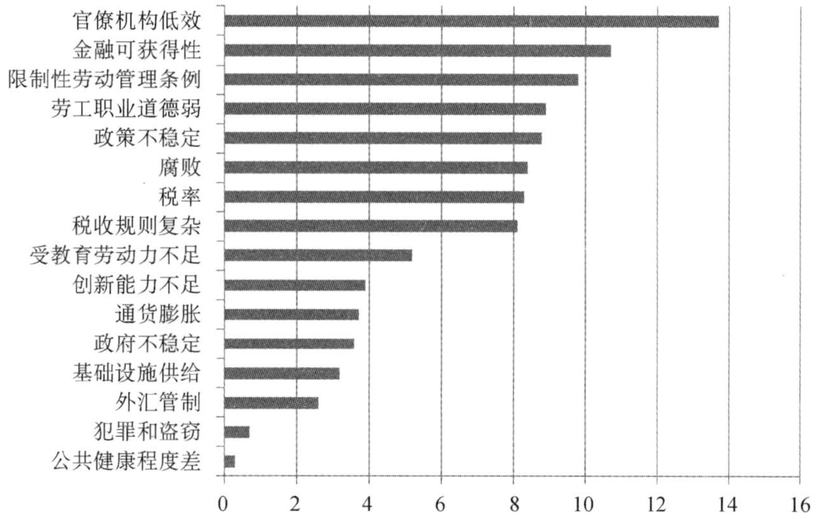

图 2-2-5　营商环境的问题要素

注：得分越高，对营商环境的负面影响越大。

资料来源：World Economic Forum, The Global Competitiveness Report (2015—2016)。

当前的联合政府不大可能没收任何资产，过去统一国民党一直支持私有化政策。然而，在议会甚至政府中存在着民族主义情绪。斯里兰卡自由党（SLFP）作为联合政府中的重要组成部门，已经通过了在 2011 年 11 月生效的《提振企业和未充分利用资产活力的法案》（Revival of Underperforming Enterprises and Underutilized Assets Act）。该法案允许政府国有化被认为是“利用率不足”或“业绩不佳”的企业。在该法案之下，建立了“主管当局”以管理和影响商业活动，相关的补偿则由一个特别法庭管辖。它还对于拒绝执行的企业和个人规定了巨额罚款和最高 10 年的监禁。

前任总统拉贾帕克萨通过的一项法律并声称这一立法是为了让政府进行新一轮国有化。然而，这一法案的存在仍然难以让政府依法行事，因为对于“业绩不佳企业”和“未充分利用的资产”定义是模糊不清的，过去的政府部长们曾经利用这一法律威胁外国企业。例如，在 2013 年 3 月印度与斯里兰卡关系紧张时期，前新闻部长声称政府正在考虑将印度石油公司斯里兰卡子公司持有股份的一家油库进行国有化。此类声音仍在执政当局中存在，但统一国民党会逐渐消除它们的影响，同时，政府正在计划改革国有企业以减少它们对政府援助的依赖并恢复盈利。

6. 劳工风险

斯里兰卡具有严格的劳动法和南亚最有组织性的劳工部门，但劳动法执行不力，劳工组织中的代表分布不均衡。最为突出的两个种植园工会组织的领导人都已经在政府中担任部长。其他有影响力的组织还包括斯里兰卡独立工会联合会、锡兰工会联合会、锡兰商业联盟等，然而该国的 1 900 多个正式注册的工会，多数成员不到几十个，因此，造成工会很难推动大规模的罢工以对企业施加影响。在加工出口区域的抗议活动很可能由 Jathika Vimukthi Peramuna（JVP）领导。一些抗议活动存在工人与警察发生小规模冲突的可能性，但是造成自贸区内财产损失的概率几乎为零。2009 年底，前总统拉贾帕克萨禁止在港口、石油和水务行业的工人采取罢工行动，但是这些部门的抗议和罢工活动仍在继续，国家安全部门很可能会使用武力以防止长期争端对国家战略部门产生冲击。运输部门罢工发生的风险相对较低，也会保持和平的状态，但是，公交系统没有参与其中，很可能出现罢工的情况。

（三）斯里兰卡未来发展预测和投资机会分析

1. 政治前景

由总统迈特里帕拉·西里塞纳和总理拉尼尔·维克勒马辛哈领导的联合政府会在其任期内提供稳定的政治环境。国内最大的两个政党（统一国民党和斯里兰卡自由党）在2015年8月的议会选举之后开始团结一致。他们在议会中占据多数席位，可以轻松达到修改宪法所需要的2/3的选票，在下一次议会选举之前，联合政府能够保持着这一优势。2020年中期也许会通过一个新宪法。

联合政府将集中精力实施经济与政治领域的改革，重点关注改善僧伽罗人和少数民族泰米尔人的状况。对于削减总统权力的改革预计将在西里塞纳任期结束时才能生效（2020年），这一改革将使总理拥有更大的权力。斯里兰卡自由党内部对于政治改革以及部分经济政策的分歧会持续存在。前总统拉贾帕克萨仍然拥有相当可观的党内支持者。2016年1月，某位议员曾告诉当地媒体说一些议员（包括部分斯里兰卡自由党成员）正在讨论成立新的反对党。预计斯里兰卡自由党将会在不久的将来分裂，新政党的形成将会影响联合政府当前在议会中所拥有的优势。但是，如果西里塞纳继续领导自由党，我们相信联合政府将会得以维持。

由于上述政治挑战，规模庞大的内阁将难以就政策取向达成共识。这会阻碍实施全面的经济结构改革。对于政府特定职位、权力的争夺会成为常态。这将会打击对于改革满怀信心的选民，并削弱公众的对政府的信任。

尽管政府在平息民族矛盾和承诺解决泰米尔人不满情绪方面已经采取了积极的措施，政府仍将努力协调并满足泰米尔人和僧伽罗人的需求。要求将权力下放到各省的第十三号宪法修正案遭到了僧伽罗人中的民族主义者的强烈反对，在缺乏实际性放权的条件下，长期的和解前景仍然不容乐观，但是，预计2016—2020年僧伽罗人和泰米尔社区之间的关系会有所改善。

由国内主导的对于内战最后阶段政府违反人权的调查，如果缺乏娴熟而有经验的管理，可能会引发国内紧张局势。泰米尔人对于追究肇事者违反人权的行为抱以热切的期望。然而，僧伽罗人的民族主义者不仅可能成为麻烦制造者，内战期间在政治与军事机构担任领导职务的成员也可能成为风险的来源。调查可能会使泰米尔人失望，因为政府可能会热衷于维持僧伽罗人对自己的支持，而国际机构的参与也是极为有限的。

2. 经济预测

政府将保持亲商业的立场，强调出口和产业升级。自2015年8月联合政府执政以来，政府已经宣布了一些具体措施。政府详细阐述了2016年的预算规划。预计这一预算计划将对出口制造业和服务业提供支持，同时也强调对基础设施项目的资金支持。然而，鉴于财政赤字较大，增加税收仍然是必要的。虽然政府已经承诺不再增加税收负担，但在某些地区税收的增加是不可避免的。政府还可以通过私有化来增加财政收入。无论是在全球还是区域层面，斯里兰卡都会与更多的国家签订自贸协定。此外，通过加入全球生产链，斯里兰卡将会增加吸引外资的能力，并提高贸易部门的生产率。

就财政政策而言，规模庞大的财政赤字将成为2016—2020年斯里兰卡的主要宏观经济风险。最初，政府预计2015年财政赤字占GDP之比为4.4%。迄今为止，税收征收大致与预期一致。然而，由于政府债务利率支付的增加，预计实际财政赤字水平将达到6.7%，这将成为财政整顿计划的主要威胁。2015年1—8月期间的债务利率支出已经超出了总体的财政收入。斯里兰卡主要经济指标预测见表 2-2-29。

表 2-2-29　　斯里兰卡主要经济指标与预测（2015—2020 年）　　单位/%

指标＼时间	2015 年	2016 年	2017 年	2018 年	2019 年	2020 年
实际 GDP 增长率	6.1	5.9	6.0	6.2	6.4	6.4
私人消费	9.4	6.5	6.4	6.2	6.3	6.5
政府消费	8.0	4.5	4.3	4.7	6.4	4.2
固定资产投资	7.1	5.2	9.3	4.8	5.5	5.1
出口	0.5	4.8	5.0	6.0	5.5	9.5
进口	2.3	5.5	8.3	4.4	5.1	6.5
国内需求	6.1	6.0	7.0	5.7	6.1	5.8
农业	3.2	3.3	3.2	3.5	4.2	4.4
工业	3.6	4.9	5.0	6.9	6.2	7.3
服务业	7.6	6.7	6.8	6.3	6.7	6.3

资料来源：EIU，Country Forecast——Sri Lanka，2015。

尽管政府对 2016 年的预算设定了较低的赤字目标，但是以更优惠的利率进行再融资存在着一定的难度，因此，我们预计赤字水平仍然会达到 5.6%。预测期内，财政前景恶化的风险还会持续存在，因为联合政府需要在多方成员中保持他们的支持，这使得财政赤字更难以显著降低。所以我们预计斯里兰卡 2017—2020 年的平均财政赤字为 5% 左右。

就货币政策而言，2016—2020 年，斯里兰卡中央银行将通过宽松的货币政策支持经济增长。2016 年，利率（长期存款利率和长期贷款利率）将维持在当前的历史低位。然而，2015 年私人信贷出现了两位数的增长。未来中央银行可能会温和地提高利率水平或引入宏观审慎政策。这使得人们不得不关注日益增加的金融和银行业的风险。

如果强劲的信贷增长对 2016—2017 年的通过膨胀构成持续性压力，利率水平的提升也许会超出我们的预期。美国货币政策也会显著影响斯里兰卡的货币政策。这是因为，美国和斯里兰卡之间利率差异的缩小将导致斯里兰卡资本的外流，进而对汇率构成压力，使斯里兰卡偿还外债变得更为困难。

3. 营商环境

斯里兰卡商业环境的分值从 2010—2014 年的 5.5 提升至 2015—2019 年的 5.75。全球排名仍然保持在第 62 位，区域排名也并未发生变化，仍然处于第 15 位。金融和基础设施的改善是其商业环境分值提升的主要原因（见表 2-2-30）。

表 2-2-30　　斯里兰卡商业环境评级与预测

指标	价值指数[a]		全球评级[b]		地区评级[c]	
	2010—2014 年	2015—2019 年	2010—2014 年	2015—2019 年	2010—2014 年	2015—2019 年
总评	5.50	5.75	62	62	15	15
政治环境	5.2	5.8	50	43	9	9
政治稳定性	5.5	6.6	53	41	10	7
政治有效性	4.9	5.2	43	46	9	10

续表

指标	价值指数[a]		全球评级[b]		地区评级[c]	
	2010—2014 年	2015—2019 年	2010—2014 年	2015—2019 年	2010—2014 年	2015—2019 年
宏观经济环境	5.5	5.8	70	75	17	17
市场机会	4.5	4.3	58	62	16	17
对私人公司和竞争的政策	5.3	5.0	49	62	11	12
对外国投资者的政策	6.9	5.5	40	65	7	15
对外贸易和汇率管控	6.0	6.4	66	65	14	14
税收	5.2	5.7	66	58	17	16
融资	5.1	6.3	54	43	11	11
劳动力市场	6.2	6.2	36	45	8	10
基础设施建设	5.2	6.5	68	57	11	10

注：a，最高为 10；b，在 82 个国家（地区）中；c，在 17 个国家（地区）中，包括澳大利亚、孟加拉国、中国、中国香港、印度、印度尼西亚、日本、马来西亚、新西兰、巴基斯坦、菲律宾、新加坡、韩国、斯里兰卡、中国台湾、泰国和越南。

资料来源：EIU，Country Forecast——Sri Lanka，2015。

政府对于改善基础设施的持续关注将提升该国私人部门和国外投资者的市场机会。基础设施的改善在首都科伦坡以及北部和东部地区尤其明显。由于政治稳定和安全局势的提升，外国直接投资和旅游业显著增长，推动了宏观经济的繁荣，中国和印度不断壮大的中产阶级成为斯里兰卡国外游客的主要来源。由于增加了股市的市场化程度以及政策层面对于私人部门的支持，金融业得分在 2015—2019 年显著提高。

2015 年 1 月的总统选举导致了斯里兰卡民主制度的加强。西里塞纳领导的改革派阵营取得了出人意料的胜利，并将权力集中在总统办公室。但是，如果政府未能娴熟地处理泰米尔人提出的对过去领导人追究战争罪行的要求，那么 2009 年内战结束后政治稳定的大好局面将会受到严重损伤。由于一部分僧伽罗人仍然支持前总统拉贾帕克萨，如果他们认为战争英雄受到了清算，这将会使局势进一步恶化。如果当局不能满足公众的期望，并进一步降低生活成本，在市场自由化和民粹主义之间，政府政策将处于持续摇摆不定的境地。

对于私营部门和市场竞争而言，2015—2016 年，一些国有企业的部分股权会出售给私人投资者，但政府仍然保持最终的控制权，国内安全形势的改善会继续支持私人部门的扩张，尤其是旅游业会更加繁荣。2017—2019 年，民营企业数量的增长挤占了国有企业的市场份额，更有效的监管框架也将开始付诸实践。

对于国外投资而言，2015—2016 年，经济的快速增长引起了外国投资者的兴趣，但是政府频繁地调整政策，政策咨询的缺失以及取消正在进行的合作项目等行为增加了投资者的担忧。2017—2019 年，外商投资管制的进一步自由化和强劲的经济增长会引起投资者更大的兴趣。

对于贸易和汇率管制领域，2015—2016 年，关税得以简化，促进了贸易的繁荣。如果国际收支出现困难，贸易壁垒也会再次出现，但上述情况出现的可能性不大。2017—2019 年，资本账户管制会进一步放松，但也不会实现完全的自由兑换。同时，斯里兰卡也会与包括一些东亚国家在内国家签订自由贸易协定。

对于税收政策而言，税收改革将进一步扩大税基，政府为减少赤字势必增加新的税种。2017—2019 年，政府将采取民粹主义倾向的财政政策。

就金融领域而言，政府可能会放弃前任政府所推行的金融业整合计划，但为了提高金融部门的稳定性，政府会鼓励银行合并。2017—2019 年，更完善的监管体制有助于增强银行的稳健性以及股市的流动性，监管依然宽松。

就劳动力市场而言，劳动力成本不断上升，较低的生产率和过度管制是劳动力市场的主要缺陷。政府将重点增加对教育和培训的投入，尤其在信息技术方面。2017—2019 年，将会出现关于适度改革劳动法的讨论。高等教育开支的增加有助于提高劳动者的技能水平，随着工资水平的提高，在国外寻求就业机会的工人越来越少。

就基础设施领域而言，斯里兰卡政府将继续升级公路网和港口，旨在促进增加电力供应的新项目取得进展，但是水力发电仍然占据主导地位，高昂的电力成本仍然是企业面临的主要问题之一。2017—2019 年，电信行业增长放缓，但互联网行业继续快速增长。机场和港口的吞吐量和效率得以增加，道路质量也得以改进。政府也将进一步实施改进和扩大铁路运输能力的新政策。

4. 人口预测

2015—2019 年，斯里兰卡的平均人口增长率为 0.8%，2019 年总人口达到 2 230 万人，劳动力每年增长 1.5%，2019 年达到 950 万人。男性和女性的平均寿命将继续上升，婴儿死亡率将下降（见表 2 - 2 - 31）。然而，与此同时，老年人口的比例预期也将增加，根据统计部门的估算，超过 55 岁的人口比例在 2014 年中期已经达到 17.6%。人口老龄化将造成劳动力的短缺，2015—2019 年养老金和医疗费用的增长将明显加重政府的财政负担，但是这些影响仍将是有限的，因为在 2015 年 1 月至 8 月期间，这部分支出仅占政府总支出的 7.3%。

表 2 - 2 - 31　　斯里兰卡人口概况与预测

指标	2010—2014 年	2015—2019 年
人口增长率/%	0.8	0.8
工作年龄人口增长率/%	0.5	0.6
劳动力增长率/%	1.7	1.5
出生率/每 1 000	18.4	17.3
死亡率/每 1 000	6.9	7.1
预期寿命/年	75.7	76.4

资料来源：EIU，Country Forecast——Sri Lanka，2015。

虽然斯里兰卡在普及教育方面取得了显著进展，但技术工人的短缺值得担忧，尤其是在高附加值部门。提高教育标准只是部分减轻了熟练工人短缺额问题。缓解劳动力和技术工人短缺的一个重要途径就是提高女性劳动参与率。根据人口普查和统计部门的统计，2015 年第二季度斯里兰卡的女性劳动参与率仅为 39.5%，相比之下，男性的劳动参与率达到 81.3%。尽管如此，女性劳动力参与率呈现上升的趋势，2014 年第一季度的数据为仅为 35.3%。这是一个明显的变化：过去几十年中，女性劳动参与率一直徘徊在 30%—35% 之间。相对发达国家，还有较大的提高空间。对于改善女性受教育程度领域，也是如此。劳动力市场上女性的增加，将会对经济体起到一定的推动作用。

目前，斯里兰卡吸引国外劳动力的做法在一定程度上缓解了人口老龄化造成的劳动力短缺问题，2009 年内战的结束也许能够成为进一步吸引国外劳动力流入的催化剂，前提是岛内安全状况的不断改善和经济的可持续增长。EIU 预计，斯里兰卡在国内寻找工作的人口比例在 2015—2019 年期间将逐渐增加，但增长势头较为平缓，不少人仍将继续选择移民海外。虽然这可能会减少斯里兰卡的劳动力，但海外工人是斯里兰卡获得外汇的一个重要来源。与此同时，相当规模的移居海外的泰米尔难民需要看到他们国内同胞福利水平得到明显改善以后，才可能考虑回国。

劳动力领域值得担忧的是60%—70%的员工没有退休福利，保险公司已经采取措施以增加保险覆盖范围，同时，更多的国有企业已经被私有化，未来更多的员工会被纳入社会保障体系中。斯里兰卡人口分布的一个积极信号是，出生率的下降将导致家庭规模的缩小，进而使年轻人的抚养比下降，节省的资源可以用来增加教育投资。

5. 投资机会

斯里兰卡缓慢而持续的人口增长将会提高国内市场规模，增加市场机会。人均收入水平将从2015年的3 800美元上升至2020年的5 500美元。快速的人均GDP增长率意味着，到2020年，国内多数人口的生活水平将有明显改善，但也仍会存在许多贫困人口。国内需求将会受制于农业部门的增长，因为农业吸收了国内大约30%的劳动力。

地区之间的巨大差异仍然会持续存在，财富主要集中于西部地区。最贫穷的地区位于北部和东部省份，但是，自从2009年内战结束之后，这些地区的情况有所改善。鉴于战后东部和北部地区的发展和基础设施的改善以及工业分布的分散化，相比以往，未来5年中斯里兰卡的经济增长将更加均衡。值得关注的是，在西部省份，旅游业也获得了长足的进步，许多国内和国际的零售商在首都科伦坡以外的地区开店，这标志着居民收入和消费需求的增长。然而，城市居民（特别是科伦坡）仍是斯里兰卡国内需求的主力军。

在城市人口中，奢侈品的需求尽管不足，但这一市场也在不断成长。较低的收入水平意味着消费支出仍然以食物为主。然而，在未来5年中，收入水平的提升将使得消费中食品、饮料以及烟草的占比持续下降。

电信行业继续扩张，企业对于东部和北部市场的开发导致对移动数据业务需求的增长。客车的销售量会更加强劲。道路基础设施的改进、收入水平的增加会推动对商务车辆的需求和销量的攀升。随着汽车销售量的增加，交通运输支出也会随之增加。

第三章
中亚及中东欧投资环境及主要投资目的国投资风险分析

中亚投资环境及主要投资风险

（一）中亚地区概览

中亚国家，这里指的是哈萨克斯坦、乌兹别克斯坦、土库曼斯坦、吉尔吉斯斯坦和塔吉克斯坦5个国家，原为苏联加盟共和国，属经济转型国家。

1. 地理位置

中亚位于欧亚大陆的中心腹地，东与中国接壤，南接阿富汗、伊朗，西南与阿塞拜疆隔里海相望，北面是俄罗斯。总面积为400.65万平方公里，其中，最大的是哈萨克斯坦，面积为272.49万平方公里，最小的为塔吉克斯坦，只有14.31万平方公里。

2. 气候与作物

中亚属温带大陆性气候，冬季严寒，夏季炎热。日照充足，多数地区平均日照天数超过300天。平均年降水量不到300毫米。由于蒸发量大，降水少，形成了面积达35万平方公里的世界第四大沙漠——卡拉库姆沙漠。咸海是中亚地区重要内陆湖，但面积日渐萎缩，其引发的生态危机引起了国际社会的高度关注。阿姆河和锡尔河是中亚地区的主要河流，均注入咸海。主要农作物有小麦、棉花、土豆、水果等。其中，长绒棉享誉世界，被称为“白金”。

3. 人口

中亚国家约有7 000万人，其中人口最多的是乌兹别克斯坦，为3 157万人；其次为哈萨克斯坦，1 771万人；塔吉克斯坦，835万人，土库曼斯坦，684万人，吉尔吉斯斯坦，601万人。上述国家近年的出生率都比较高，人口结构相对年轻。自苏联解体前后到现在，人口增速最快的是塔吉克斯坦。1989年时塔吉克斯坦仅有509.2万人，24年间增长了64%。增长最多的是乌兹别克斯坦，1989年乌兹别克斯坦只有1 981万人，25年间增长了1 176万人，高增长一直保持到现在。2015年塔吉克斯坦人口增长率为2.3%，吉尔吉斯斯坦人口增长率为2.1%。各国人均寿命从70到73岁不等。

4. 宗教

中亚国家均为世俗政权的伊斯兰国家，多数居民属于逊尼派。塔吉克斯坦帕米尔一带居民为什叶派。各国宪法均明确规定，宗教信仰自由，但不设国教。目前，各国均没有宗教政党（塔吉克斯坦伊斯兰复兴党于2015年被禁止）。宗教色彩较浓厚的是塔吉克斯坦、吉尔吉斯斯坦南部以及乌、吉、塔三国交界的费尔干纳地区。在各国独立的25年间，伊斯兰教迅速回归，塔吉克斯坦、吉尔吉斯斯坦的清真寺数量均超过学校的数量。

5. 语言

哈萨克斯坦、吉尔吉斯斯坦、乌兹别克斯坦和土库曼斯坦语属突厥语系，哈、吉与土耳其、阿塞拜疆成立了突厥语国家合作委员会。塔吉克斯坦语属波斯语系，塔与伊朗关系也较紧密。由于各国都曾为苏联的一部分，俄语在各国仍然为族际交流语。其中，哈萨克斯坦、吉尔吉斯斯坦将俄语视为官方语言之一，但在其他三国俄语为通用语，不享有官方语地位。各国均重视发展本民族语言。土库曼斯坦、乌兹别克斯坦于1993年将书写方式由基里尔字母（俄语字母）改为拉丁字母，哈萨克斯坦拟于2025年开始向拉丁字母书写过渡。中亚地区存在“去俄语化”现象。目前，土库曼斯坦、乌兹别克斯坦、塔吉克斯坦等国的乡村地区，不少人已不会说俄语。

6. 工资水平与失业情况

中亚国家工资水平不高。近年由于本币大幅贬值，若以美元计算，其工资是下降的。2016年1月，哈萨克斯坦人均月工资为126 996坚戈（约合355美元）。工资最高的为采矿业，平均达267 000坚戈，最低的为农林渔业，为67 800坚戈，最低工资标准为21 364坚戈。2013年时，哈萨克斯坦人均月工资合657美元。

2015年，吉尔吉斯斯坦劳动者平均月工资为12 848索姆（约合202美元），其中，金融、保险业工资最高，月均工资为28 739索姆。

2015年，塔吉克斯坦平均月工资为862.3索莫尼（约合114美元），其中最高的为建筑业，平均为1 955索莫尼。

2015年，土库曼斯坦最低月工资标准为590马纳特（约合168美元），平均工资约合400美元。

乌兹别克斯坦最低工资标准为130 240苏姆/月，按官方汇率约合50美元。

中亚国家的登记失业率不高。哈萨克斯坦失业率为5.1%，失业人数在44万左右。乌兹别克斯坦失业率为5%，失业人员约为69.83万人。吉尔吉斯斯坦登记失业人数为5.6万人，失业率为2.2%。塔吉克斯坦的失业率约为2.5%。但若考虑到乌、吉、塔三国在俄罗斯分别有180万人、90万人和55万人左右的劳动移民，若俄收紧劳动移民政策，则各国失业率会大幅上升。吉尔吉斯斯坦和塔吉克斯坦两国的登记失业率与实际失业率存在巨大差别，据“国际失业走势2014”数据，两国的失业率都在10%以上。部分吉尔吉斯斯坦学者认为，若将在俄罗斯的打工者算作失业人群，则吉的实际失业率在40%以上。

据世界银行统计，各国的基尼系数均在0.2—0.4之间，属合理范围，并不像外界所认为的收入差距巨大。

7. 主要自然资源

中亚国家矿产资源比较丰富。化石能源主要集中在土库曼斯坦、哈萨克斯坦和乌兹别克斯坦三国。其中，土库曼斯坦的石油和天然气探明储量分别为1亿吨和2.9万亿立方米，但远景储量达200亿吨和26.2万亿立方米，天然气储量位居世界第四位。哈萨克斯坦已探明的石油储量达128亿吨（其中里海 80 亿吨），天然气储量为 3.5 万亿立方米。哈萨克斯坦钨储量为世界第一位，占世界的 50%，铀、铬矿分别占世界的 25% 和 23%。锰、铜、铅、锌、钼等储量也非常丰富。乌兹别克斯坦黄金储量约 3 350 吨，居世界第四位，铀储量 18.5 万吨，居世界第七位，铜、钨等矿藏也较为丰富，石油探明储量为 5.84 亿吨，天然气约 2 万亿立方米。塔吉克斯坦化石能源匮乏，铅、锌、银矿较为丰富，水力资源居世界第八位，人均世界第一，目前开发了约 10%。吉尔吉斯斯坦黄金、钨、钼、锑矿等较丰富，水力资源居独联体第三位。2015 年中亚国家主要经济指标见表 2-3-1。

表 2-3-1　　2015 年中亚国家主要经济指标

国家	GDP（生产法）	GDP 增速/%	人均 GDP/美元	通货膨胀率/%	失业率/%
哈萨克斯坦	1 838.33 亿美元	1.2	10 378	8.1	5.1
乌兹别克斯坦	676.55 亿美元	8	2 187	5.6	5
吉尔吉斯斯坦	4 240 亿索姆，约合 65.72 亿美元	3.5	1 154	6.5	2.2*
塔吉克斯坦	484 亿索莫尼，约合 78.52 亿美元	6	946	5	2.5
土库曼斯坦	约合 460 美元	6.5	6 700	5.97	—

* 登记失业率。

资料来源：根据各国统计委员会、总统国情咨文等数据整理。

（二）中亚地区投资环境及风险分析

1. 积极吸引外资，并实行特殊优惠政策，努力营造引资环境

中亚各国经济结构单一，都希望通过吸引外资加速经济发展多元化，因此均制定了针对外资的优惠措施。哈萨克斯坦 2009 年的税法取消了先前给予外资的“10 年免企业所得税”等优惠，但设立了 10 个不同类型的经济特区，区内执行《经济特区法》，入住企业可享受不同优惠政策。吉尔吉斯斯坦对外资企业实行国民待遇，但经济特区外的企业不享受特别优惠政策。目前，吉尔吉斯斯坦共有 4 个自由经济区，适用《自由经济区法》。塔吉克斯坦对生产型外资企业有一定优惠措施，如注册当年免利润税等，经济特区内执行《自由经济区法》，入住企业可享受特殊优惠关税、税收政策，乌兹别克斯坦对外资有多部法律，并提供了不同的优惠政策，对在经济特区和偏远地区的外商投资优惠幅度更大。土库曼斯坦有《外国投资法》，对海关、税费、签证等方面提供优惠，对扎阿瓦旅游经济区（自由经济区）实行特别优惠政策。

2. 收入不高，购买力有限

2015 年中亚各国都遭到不同程度的经济困难，增速下降，本币贬值，购买力水平不高。

通过表 2-3-2 可以看出，收入水平较高是哈萨克斯坦和土库曼斯坦，其余三国人口虽多，但购买力有限。更为重要的是，中亚国家并不是统一的市场，哈萨克斯坦、吉尔吉斯斯坦与俄罗斯、白俄罗斯、亚美尼亚组建了欧亚经济联盟，而乌兹别克斯坦、土库曼斯坦市场较为封闭，迄今未加入世界贸易组织。2013 年整个中亚的社会商品零售总额约合 800 亿美元。由于近年各国货币大幅贬值，2015 年以美元计算的社会销售总额尚不及 2013 年。2015 年，受国际经济危机、大宗商品价格下跌等影响，中亚国家对外贸易也出现大幅下降。

表 2-3-2　　中亚地区人均国民收入排名（2014年）　　单位/美元

国家	哈萨克斯坦	土库曼斯坦	乌兹别克斯坦	吉尔吉斯斯坦	塔吉克斯坦
汇率法	11 850	8 020	2 090	1 250	1 060
购买力平价法	21 710	14 520	5 830	3 220	2 660

资料来源：根据世界银行 Gross National Income per Capital 2014，Atlas method and PPP 整理。

3. 政局基本稳定，但进入社会动荡风险期

中亚国家多数实行总统制，总统的权力很大，通常被称为威权体制。只有吉尔吉斯斯坦例外，为议会总统制。2015 年，中亚两个大国乌兹别克斯坦和哈萨克斯坦分别举行了总统大选，卡里莫夫和纳扎尔巴耶夫再度当选，经济政策保持了继承性。吉尔吉斯斯坦、塔吉克斯坦则顺利举行了议会选举。该地区的政治不确定因素主要表现为两方面。一是强人政治面临生理挑战。哈萨克斯坦总统纳扎尔巴耶夫和乌兹别克斯坦总统卡里莫夫自独立以来就执掌政权，两人有能力、有威望，但年事渐高，均有政权交接的问题。二是经济发展降速。近年，各国经济均遭受不同程度的困难，包括贫困人口增加，真实失业率上升，社会不满也在累积，在政权交接时容易释放。

关于中亚政局变化对投资的影响应从两个视角看：一是政局变动对社会稳定的影响；二是政局变动对外资的影响。中亚地区政权更替之时肯定会伴随不同裂度的“动荡”，但总体看，社会出现大规模骚乱的概率很低。鉴于外来投资符合各国的经济利益，新政权经济政策不会大改，对外资政策推倒重来的可能性较小。

4. 极端势力比较活跃，对一些重大经济项目构成潜在威胁

中亚地区主要安全威胁有三方面：一是“三股势力”一直比较活跃。“伊扎布特”“东突”“伊斯兰解放运动”“瓦哈比主义”“圣战组织”“萨拉菲主义”等极端组织活动猖獗，特别是在吉尔吉斯斯坦南部、塔吉克斯坦等地。二是与长期不稳定的阿富汗相邻。2015 年 9 月，阿富汗塔利班一度攻占阿北部重镇昆都士，阿富汗极端势力外溢的风险始终存在。三是面临“伊斯兰国”的渗透。目前，在“伊斯兰国”作战的中亚人有 3 000—5 000 人之多。2015 年 5 月，塔吉克斯坦前特警司令哈利莫夫宣布加入“伊斯兰国”。这些恐怖分子一旦回流将给地区稳定带来巨大压力。极端势力对投资的威胁主要体现在以下两个方面：一是可能对重大能源管线、交通枢纽、电厂等进行破坏，增加企业安保和运营成本；二是通过暴恐活动，影响社会稳定和投资人的信心。对于外部威胁，中亚各国均高度戒备，“伊斯兰国”直接渗透的可能性不大，但内部恐怖势力趁机搞破坏的可能性上升。

5. 中亚内部的分歧多，投资水电需考虑上下游国家关系

中亚国家间有一体化的诉求，但由于存在领土、水资源等矛盾，“逆一体化”现象也很突出，主要表现在：一是各国宁修新路也不愿过境他国，交通一体化不易实现。二是各国争夺水资源的矛盾越来越突出，上游国家（吉、塔两国）要发展水电，而下游国家坚决反对，甚至威胁动武。三是中亚国家间的边界未定，边境的小冲突时有发生。四是一国内部的族际、地域间也有矛盾，如吉尔吉斯斯坦有南方人和北方人的矛盾，而南方人中吉尔吉斯族和乌兹别克族的矛盾很深，这也是导致该国 2010 年骚乱的原因之一。为营造一个良好的发展环境，近年中亚各国都有意识地淡化和消除矛盾，在大局稳定的背景下，上述矛盾不会酿成大祸，它只会在乱局出现时起到推波助澜的作用。

6. 汇率波动大，常一次性大幅贬值，让投资者措手不及

中亚国家均属转型国家，汇率一直不稳，近两年货币贬值严重。2015 年中亚各国的本币均出现大幅贬值，对进口商品的消费能力下降。例如，哈萨克斯坦坚戈兑美元在 2014 年 2 月 11 日大幅贬值20%，2015年8月再次贬值26%。2015年初，155坚戈兑1美元，到2016年初已降至350坚戈兑1美元。2015年1月1日，土库曼斯坦宣布汇率从2.85马纳特兑1美元贬至3.50马纳特兑1美元，一次性贬值了18.6%。其他国家情况虽没有如此严重，但大体走向类似。随着哈萨克斯坦、吉尔吉斯斯坦和塔吉克斯坦实行浮动汇率，突发性大幅贬值概率下降，但突然出台外汇管制措施仍是可能的。另外，乌兹别克斯坦还存在汇率的“双轨制”，即有官方汇率和活跃的黑市，二者的汇率差距巨大。2015年12月，乌兹别克斯坦官方汇率为1美元兑换2 760苏姆，但黑市价则达到5 500苏姆以上。乌兹别克斯坦对出口企业收汇的50%进行强制结汇，但当企业用汇时却难以兑换回来。乌兹别克斯坦的外汇管制随着黑市价格飙升，有可能进一步趋严。

7. 营商环境不断改善，但腐败等问题仍较突出

中亚国家营商环境一直备受诟病，但近两年改善很快。中亚国家营商环境情况见表2-3-3。

表2-3-3　　中亚国家营商环境情况

排名＼国家	哈萨克斯坦	吉尔吉斯斯坦	乌兹比克斯坦	塔吉克斯坦	土库曼斯坦
2015年	77位	102位	141位	166位	—
2016年	41位	67位	87位	132位	—

资料来源：根据世界银行数据整理（共189个国家和地区）。

由于各国都竞相吸引外资，营商环境改善的趋势还会持续，但腐败问题改善有限（见表2-3-4），这也是外国投资者没有立刻感受到中亚各国营商环境改善的原因之一。

表2-3-4　　中亚国家清廉指数

国家	哈萨克斯坦		吉尔吉斯斯坦		塔吉克斯坦		乌兹别克斯坦		土库曼斯坦	
得分与排名	位次	得分	位次	得分	位次	得分	位次	得分	位次	得分
2014年	126	29	136	27	152	23	166	18	169	17
2015年	123	28	123	28	136	26	153	19	154	18

资料来源：据“透明国际”2014年、2015年报告整理（168个国家，0表示最腐败，100代表最清廉）。

上述调查虽有偏颇之处，但基本反映各国的社会情况。在人治的大环境下，由于各国官员经常变动，投资者需要不断与“新人”打交道，从而增加了经营成本和风险。

8. 中亚地区生态较脆弱，环境容量不高

中亚地区水资源相对短缺，总体属于生态脆弱区，环境容量有限。尽管各国发展水平不高，但得益于苏联时期培养的环保意识，政府和民众对生态问题关注度较高。中哈产能合作达成之初，相当一部分反对者就是担心中国的投资会带来严重污染。2015年，在哈有多家能源公司因环境问题被罚款，其中，卡拉恰干纳克石油作业公司被罚73亿坚戈之巨。尽管发展工业必然会有污染，但大项目要慎重，要有更严格的环境评估，一旦出现投资对生态环境构成重大影响，如化工厂事故威胁本就短缺的水源，则不仅会给投资人造成巨大财产损失，更会使当地民众对投资国产生负面印象。

9. 投资者常遇到的其他问题

（1）申请签证困难。中亚各国对外开放程度不高，由于担心影响本地人就业，对外国劳务均不欢迎，对外资企业中本地和外国员工的比例都有严格限制。除吉尔吉斯斯坦稍好外，多数国家对签证控制较严。如：土库曼斯坦规定，企业中外国员工与本国员工比例不得超过3∶7；哈萨克斯坦实行配额制，不同州可获得一定数量的配额，一旦配额用满就再无法获得工作签证。由于取得工作签证的难度很大，不少中资企业的员工被迫每三个月返回中国一次并再次申请签证。

（2）专业人员不足。中亚各国虽教育系统比较完善，文盲率很低，但专业技术人员，特别是工程师、信息技术等领域人员较匮乏。华为、中兴、中石油等企业都曾遇到专业人才难求的问题。

（3）交通相对封闭，运费成本较高。中亚国家地处欧亚大陆腹地，对外联系不便。其中，乌兹别克斯坦还是双内陆国。因此，发展道路交通，特别是与国际道路的互联互通是各国的努力方向。这方面改善较快的是哈萨克斯坦，已形成了多条国际运输线路，中欧快铁也主要经哈萨克斯坦进入欧洲。但总体来说，中亚的地理封闭问题并未解决，中亚国家间的联通也不畅通。

（4）资源开采企业与当地民众易产生矛盾。中亚国家民众多少受到“资源掠夺论”的蛊惑，对外资企业开采本国资源心存芥蒂。加拿大在吉尔吉斯斯坦的金矿项目、中国紫金矿业在吉的金矿项目都曾与当地民众发生过冲突。近两年，情况有所改善，但仍需企业做好社会“反哺”工作。

对上述风险和问题，有的需要政府出面应对，如“三股势力”的威胁与预防、突发性地区动荡、政治格局突变带来政策变化、签证难等；有的企业可独自应对，如对投资环境的了解、对生态影响的控制等。总体看，由于各国均有强烈的发展诉求，在我国的一些优势产业，如钢铁、水泥、玻璃、汽车、家电等，在当地却仍有很大的市场空间。另外，中国与各国高层交往频繁，政治互信程度高，顶层设计也有助于中国企业在中亚开展活动。

中东欧投资环境及主要投资风险

（一）中东欧地区概览

中东欧国家不仅是自然地理概念，更是一个历史和政治地理概念。在苏联解体前，在国际政治中，中东欧国家泛指除苏联以外的欧洲社会主义国家。20 世纪 80 年代末和 90 年代以后，随着苏联、东欧地区地缘政治形势变化尘埃落定，“中东欧国家”的地理概念也逐渐清晰。2012 年，中国—中东欧国家合作机制正式建立，中东欧国家特指德国、奥地利以东、希腊以北、波罗的海以南，俄罗斯及独联体欧洲成员国以西的 16 个国家，即中欧五国（波兰、匈牙利、捷克、斯洛伐克、斯洛文尼亚）、波罗的海三国（爱沙尼亚、拉脱维亚、立陶宛）以及东南欧八国（罗马尼亚、保加利亚、塞尔维亚、黑山、克罗地亚、马其顿、波黑、阿尔巴尼亚）。

中东欧地区北起波罗的海，南至亚得里亚海、黑海。北部主要是欧洲平原，南部地区多属山地，如喀尔巴阡山脉、狄那里克阿尔卑斯山脉。流经该地区的主要河流有多瑙河、维斯瓦河、道加瓦河，航运网络发达。该地区多属于温带大陆性气候和地中海气候。

中东欧国家总人口超过 1.2 亿人，相当于欧盟人口的 24.3%。总面积为 133.6 万平方公里，相当于欧盟国家总面积的 30.6%。2014 年，中东欧 16 国国内生产总值（GDP）是 15 492.9 亿美元，占全球 GDP 总量的 2.0%，人均 GDP 约 1.29 万美元。

该地区除塞尔维亚、黑山、马其顿、波黑、阿尔巴尼亚，其余 11 国均为欧盟（EU）成员。斯洛文尼亚、斯洛伐克、爱沙尼亚、拉脱维亚已经加入欧元区。波兰、爱沙尼亚、拉脱维亚、立陶宛、匈牙利、捷克、斯洛伐克、斯洛文尼亚等 8 国是申根区国家。中东欧国家概况见表 2 - 3 - 5。

表 2-3-5　　中东欧地区概况

国家	国土面积/万平方公里	人口数量/万人	GDP（2014 年）/万亿美元	人均 GDP/美元	是否加入欧元区	是否加入申根区
波兰	30.62	3 801.17	5 449.67	14 336.8	否	是
匈牙利	9.05	986.31	1 383.46	14 026.6	否	是
捷克	7.72	1 052.53	2 052.69	19 502.4	否	是
斯洛伐克	4.81	541.86	1 002.48	18 500.7	是	是
斯洛文尼亚	2.01	206.20	494.91	24 001.9	是	是
爱沙尼亚	4.24	131.45	264.85	20 147.8	是	是
拉脱维亚	6.22	199.38	312.86	15 692.2	是	是
立陶宛	6.27	293.24	483.53	16 489.7	是	是
罗马尼亚	23.00	1 990.44	1 990.43	10 000.0	否	否
保加利亚	10.86	722.63	557.35	7 851.3	否	否
克罗地亚	5.60	423.64	571.13	1 3 475.3	否	否
塞尔维亚	8.75	712.94	438.66	6 152.9		
黑山	1.35	62.18	45.87	7 378.3	单方面采用欧元，但并非欧元区正式成员。	
马其顿	2.52	113.24	113.24	5 455.6		
波黑	5.12	381.76	185.21	4 851.7		
阿尔巴尼亚	2.74	289.45	132.12	4 564.4		

注：1. 表中以加粗字体表示的国家为非欧盟成员国。
2. 表中数据均来自世界银行数据库。

由表 2-3-5 可见，中东欧各国之间在经济总量、发展水平等方面差异较大。波兰的国土面积、人口及经济规模在该区位居第一，是中东欧地区最大的市场。2014 年其经济总量在欧盟国家中居第 8 位，占欧盟 GDP 总量的 2.9%，在世界上排名第 23 位，超过比利时、奥地利及丹麦等西欧国家。但由于人口数量庞大，波兰人均 GDP 在欧盟国家中仅居第 24 位。从人均 GDP 数字（2014 年，据世界银行统计数据）看，中东欧地区可划分为 4 个层级。第一，斯洛文尼亚最发达，人均 GDP 超过 2.4 万美元，遥遥领先于区内各国，其经济总体规模不大，具有高度外向型经济特征。第二，捷克、波罗的海三国、斯洛伐克、克罗地亚、波兰、匈牙利等国，发展水平较高，人均 GDP 在 1 万—2 万美元之间。其中，捷克、斯洛伐克、爱沙尼亚更是世界银行和欧盟认定的发达国家。这一层级中的国家表现出较大发展潜力，如捷克、波兰等 2013 年以来进入恢复增长的快车道，发展速度在欧盟国家中名列前茅。第三，罗马尼亚、保加利亚、塞尔维亚、黑山 4 国，发展水平尚可，人均 GDP 在 1 万美元以下。第四，马其顿、波黑、阿尔巴尼亚较为落后，人均年收入不足 5 000 美元。

（二）中东欧地区投资环境及风险分析

1. 政治风险

近年来，中东欧各国政治形势总体较为平稳，但是也有一些不稳定因素。

（1）区内各国多党制和议会制政治运作趋于成熟，政党轮替与政府权力交接平稳。2015 年，波兰、克罗地亚先后举行总统、议会选举，阿尔巴尼亚、保加利亚先后举行地方选举。在波兰举行总统选举中，保守的反对党——法律和正义党候选人安德泽杰·杜达赢得总统宝座。在当年底举行的议会选举中，该党又击败连续执政 8 年的公民纲领党，获得独立执政资格。在克罗地亚，最大反对党克罗地亚民主共同体候选人基塔罗维奇赢得大选，成为克罗地亚建国以来的首位女总统。以克罗地亚民共体为核心的右翼反对党“爱国联盟”也在议会选举中击败以社民党为核心的左翼“克罗地亚增长”联盟。在阿尔巴尼亚、保加利亚的地方选举中，阿尔巴尼亚社会党、保加利亚公民党在选举中获胜，巩固了各自的执政地位。捷克、匈牙利、塞尔维亚、保加利亚等国家政府在政治、经济政策方面未出现重大失误，执政地位较为稳固。

（2）区内各国政治生态右翼力量上升的“右强左弱”趋势明显。2014 年，匈牙利执政的右翼联盟在国会选举中获胜，赢得 2/3 议席。罗马尼亚的右翼自由民族党候选人国家自由党也战胜了中左派的社会民主党。2015 年，波兰总统、议会大选中，法律与正义党战胜公民纲领党，但这两党同属右翼，并仍占据议会最大两党地位，民主左派联盟党等左翼力量被挤出议会，被进一步边缘化。在克罗地亚的总统和议会选举中，以社民党为核心的左翼政党联盟失利，以克罗地亚民共体为核心的右翼力量获得双赢。保加利亚地方选举后，右翼公民党对左翼社会党的优势得到扩大。值得注意的是，2016 年初，在斯洛伐克议会选举中，新纳粹政党第一次进入了议会。

（3）区内主要国家与欧盟在处理欧洲难民危机问题上意见相左。一些西方国家长期对西亚、北非局势强力干涉，导致地区形势不断动荡。为躲避战火和寻求安全，近年来，突尼斯、利比亚、叙利亚等国的难民大量涌入欧洲。据联合国难民署统计，2010 年通过海路偷渡来欧洲的难民和移民人数为仅为 9 700 人，随后飞速上升，至 2014 年已经达到 219 000 人。中东欧地区正处于难民流亡的交通线上，也是难民的主要落脚点。中东欧国家基于经济、文化、宗教、价值观等因素考虑，普遍反对大量接受难民，并采取一致强硬立场。捷克、匈牙利、波兰、斯洛伐克 4 国组成的维谢格拉德集团与该地区其他国家如保加利亚、马其顿等保持密切协商，与欧盟制定的难民接收分配方案讨价还价，主张加强欧盟外部边境对移民涌入的管控，并制定更加全面的移民政策框架。目前，难民问题也成为考验欧盟团结的试金石。

2. 宏观经济风险

在经历了全球金融危机、欧洲债务危机、乌克兰危机的连续冲击后，中东欧经济已呈现复苏上行走势。据欧盟统计局（Eurostat）的数字，欧元区 2014 年经济增长率仅为 0.9%。比较而言，中东欧地区主要国家的经济表现尚属出色。表 2－3－6 是 2009 年以来中东欧各国实际经济增长率情况。

表 2－3－6　　中东欧各国实际经济增长率（2009—2014 年）　　单位/%

国家	2009 年	2010 年	2011 年	2012 年	2013 年	2014 年
波兰	2.6	3.7	5.0	1.6	1.3	3.3
匈牙利	－6.6	0.7	1.8	－1.7	1.9	3.7
捷克	－4.8	2.3	2.0	－0.9	－0.5	2.0
斯洛伐克	－5.5	5.1	2.8	1.5	1.4	2.5
斯洛文尼亚	－7.8	1.2	0.6	－2.7	－1.1	3.0
爱沙尼亚	－14.7	2.5	7.6	5.2	1.6	2.9

续表

国家	2009 年	2010 年	2011 年	2012 年	2013 年	2014 年
拉脱维亚	-14.3	-3.8	6.2	4.0	3.0	2.4
立陶宛	-14.8	1.6	6.0	3.8	3.5	3.0
罗马尼亚	-7.1	-0.8	1.1	0.6	3.5	2.8
保加利亚	-4.2	0.1	1.6	0.2	1.3	1.6
克罗地亚	-7.4	-1.7	-0.3	-2.2	-1.1	-0.4
塞尔维亚	-3.1	0.6	1.4	-1.0	2.6	-1.8
黑山	-5.7	2.5	3.2	-2.7	3.5	1.8
马其顿	-0.4	3.4	2.3	-0.5	2.7	3.8
波黑	-2.9	0.8	0.9	-0.9	2.4	1.1
阿尔巴尼亚	3.4	3.7	2.6	1.4	1.1	2.2

注：表中数据均来自世界银行数据库。

虽然中东欧国家经济形势逐步好转，但仍面临诸多难题，如区内经济发展水平不平衡，银行业受制于他国，债务问题隐现，失业率仍徘徊在较高水平。

（1）除波兰、捷克、斯洛伐克、匈牙利等经济增长较为平稳外，多数国家在走出低谷后维持稳定增长较为吃力。主要的限制性因素包括各国仍然偏紧的财政和信贷政策、较高的失业率、低迷的市场需求等。此外，全球经济持续增长乏力也给区内国家增加出口带来困难。

（2）多数中东欧国家银行业受控于欧元区其他发达经济体。来自西欧发达国家的资本在匈牙利、罗马尼亚、保加利亚等中东欧政治制度转型过程中即渗入其银行体系，目前已占有支配地位。如果类似欧洲债务危机的情形出现，中东欧国家的金融体系将较更容易受到冲击。

（3）失业率水平仍然较高。随着市场经济转型完成和劳动力市场供需形势变化，失业率高企成为困扰中东欧国家的顽疾。2014 年，即便是中东欧国家中失业率最低的捷克，这一数字也达到 6.2%。在就业方面表现最差的是波黑（27.9%）、马其顿（27.9%）、塞尔维亚（22.2%）、黑山（19.0%）、阿尔巴尼亚（16.1%）等东南欧国家。从数据上看，其失业问题十分严峻，同时，由失业带来的政治、经济、社会后果也长期困扰该地区的进一步发展。

3. 法律与监管风险

中东欧国家在20 世纪初进行市场化转型及申请加入欧盟的过程中，大量吸收和借鉴西方发达的国家法律法规制度。这种大量移植法律的积极效果是这些国家在较短时间内建立起一套比较完整的面向市场经济的法律体系，助其顺利向西方代议制政治制度和市场经济模式转轨，很快满足加入欧盟或欧元区的条件，经济活动的方方面面均有所规范。但另一方面，由于历史、文化、宗教等因素，某些法律、法规、条款等与实际国情脱节，在实践中得不到有效施行，达不到理想的效果，民众用法成本较高。在波兰、罗马尼亚、斯洛伐克等国家中，许多交易合同的订立与履行并非依靠法律，而更多是依靠传统的社会关系网络。

4. 腐败和税收风险

中东欧国家实现政治制度转型后，在经济社会等领域取得较大发展，腐败问题也较为突出。中东欧国家实行选举制度，利益集团对选举活动多有渗透，权力部门与利益集团之间进行利益交换，金钱干预选举和政治生活的现象层出不穷。既得利益集团运用立法等手段保护自身利益的现象屡见不鲜。2013 年，罗马尼亚议会通过议案，规定总统、议员和律师不再是公职人员。2014 年，捷克时任总统克劳斯利用特赦权，不顾反对党和民众反对，强行赦免与其关系密切的正在服刑的经济犯罪分子。除政治领域外，在商业、医疗、教育、体育等领域也普遍存在贪腐行为。目前，各国虽认识到腐败问题已严重危害到经济和社会发展，也采取了一定措施加大反腐力度，但并非短时间可见成效。

中东欧国家普遍使用税收作为激励手段，吸引外国直接投资，因此，对境内外企业采取一视同仁的态度。尽管匈牙利等一些中东欧国家的名义企业所得税在近期有所增加，但总体来看依然比西欧国家更有吸引力。但是，某些国家在特定时期会借用税收手段增加政府收入、减少赤字，甚至会压制国外投资者，保护本国同行企业，外国投资者的经营成本或会有所增加。

5. 劳工关系与环境保护

劳工法是中东欧国家保护劳动者基本权利的强制性法律，根据法律，超时加班、缺乏劳动保护措施等都属违反劳工法的行为，将受到各国相关行政部门严密监管和严厉处罚。环境保护则是欧盟法捍卫的基本价值之一。事实上，欧盟在形成和发展过程中先后制定了6个重要的环境保护行动纲领，逐步建立并完善了其环境法体系，设立了严格的环境影响评估、环境质量标识、环境危害控制等制度。中东欧地区的欧盟成员国在生产经营过程中必须执行欧盟制定的环境保护标准，保护动植物、大气和水等自然资源。

（三）中东欧地区投资环境分析

1. 政治形势

中东欧地区被称为中欧合作的“桥头堡”，在“一带一路”沿线国家中，中东欧16国就占了1/4。由于其特殊的政治地理位置，中国在与中东欧国家深化合作时需注重几个问题，以创造有利的投资和经营环境。

（1）审慎处理与欧盟的关系。如前所述，16个中东欧国家中，有11个是欧盟成员国。而其他国家，如塞尔维亚等也在寻求加入欧盟。欧盟作为当前全球一体化程度最高的政治与经济同盟，对中国与中东欧发展关系一直抱有戒心。一方面，老牌的欧盟国家高度重视中东欧市场的地位与作用，难免视中国与中东欧国家深化合作为与其争夺当地市场的行为。另一方面，法国、德国等欧盟主要国家担心中国与中东欧国家关系的走近，尤其是中国—中东欧合作机制稳步推进将在欧盟与中东欧国家传统关系之间打入楔子，破坏未来欧盟经贸和对外政策的一致性，削弱欧盟与中国在某些问题上博弈的能力。但从长期看，中东欧国家积极发展与中国的关系是具有强大的现实基础的。双方在产业结构上互补性较强，为突破经济发展的瓶颈，中东欧国家有“向东开拓”的潜在需求和发展战略，这与中国正大力实施的“一带一路”战略构想形成呼应。客观上，中国拥有的成熟的基础设施建设经验、较雄厚的资本和优质产能，正是中东欧国家所急需的。为消除欧盟方面疑虑，中国已尝试邀请欧盟、奥地利、希腊和欧洲复兴开发银行代表作为观察员列席中国—中东欧国家领导人会晤。

（2）密切观察中东欧国家与美国、俄罗斯的地缘政治博弈走势。中东欧在地缘上是俄罗斯与西欧之间的缓冲地带，也是西方大国与俄罗斯在欧洲对抗的前线。已经“回归欧洲”的中东欧虽已向欧盟和美国靠拢，但并未改变其在地缘政治格局上的从属地位，在军事安全上依靠美国和北约，在经济上依靠欧盟，对俄罗斯时时防范，须常在三者之间周旋。乌克兰危机后，美国和北约加快了在波兰、捷克、罗马尼亚、黑山等部署反导弹系统步伐，并着手在波兰和波罗的海三国派驻多国部队。中东欧国家一方面想借反导系统遏制来自俄罗斯的潜在威胁，寻求安全保护，但另一方面也会强化俄罗斯的敌意，俄罗斯的反制措施或会恶化该地区的安全处境。不可忽视的是，随着中国与中东欧国家政治经贸关系进一步深入，也会引致俄罗斯的猜忌。

（3）新民粹主义上升成为中东欧政治生态变化的特点。基于历史原因，中东欧的新民粹主义政治势力在政见和诉求上与西欧右翼接近，也支持民族主义、反对外来移民，主张排外主义，但更强调实现社会大转型后的公平、正义与平等。此外，许多左翼力量也凭借民粹主义口号上位，如斯洛伐克的方向—社会民主党等。当然，中东欧国家也有典型的极右翼民粹主义政党，如保加利亚的“阿塔卡”联盟、匈牙利的尤比克党以及斯洛伐克民族党等。无论其政见是偏左还是偏右，新民粹主义势力已经成为中东欧政坛令人瞩目的力量，其激进的姿态势必影响各国政策走向。

2. 经济走势

就全球范围来看，波兰、捷克、斯洛伐克等中东欧地区主要国家的经济增长势头仅次于亚太地区。特别是波兰成为该地区20年来经济实现持续增长的亮点。当前，波兰经济发展状况总体良好，失业率趋于下降，国内消费支出增加。根据国际货币基金组织的预测，2016年波兰GDP增速约为3.6%，2017年则会接近4%。但是，波兰也面临基础设施相对落后、政府支出扩大、税务改革等挑战。此外，瑞士法郎贷款问题以及降低退休年龄等政策或会迟滞其经济增长。而外部因素如全球新兴市场经济发展减速、金融市场不稳定、欧元区经济停滞也可能会对波兰经济造成负面影响。复苏前景较好的捷克、斯洛伐克、匈牙利、罗马尼亚等与波兰市场相互补益，可形成较为显著的规模效应。但是，该地区内的东南欧市场、斯洛文尼亚及克罗地亚等面临的制约经济增长的因素较多。从长期来看，除非欧元区经济出现严重衰退，或者出现类似乌克兰危机那样的地区安全问题，中东欧地区将会在未来5年实现较为平稳增长。截至目前，欧盟等对俄罗斯的制裁对中东欧地区与俄罗斯之间的贸易、投资造成一定压力，但对GDP增长影响有限。

3. 投资机会

此前发生的欧元区债务危机，客观上弱化了中东欧地区对西欧发达地区的结构性依赖，波兰、捷克等为保持经济赶超步伐，纷纷采取了“向东看”的对外交往策略，积极吸引欧元区以外国家的投资，发展与中国等新兴市场合作关系，以吸引更多新的资本，维持其经济发展速度乃至继续其赶超战略。而中国具有丰盈的外汇储备、丰富的基础设施建设经验，在大力推进实施“一带一路”战略的背景下，企业和资本积极“走出去”，使得双方加强合作机会大为增加。按照规划，“一带一路”战略一旦实现，将构建起世界跨度最长、最具发展潜力的经济走廊，它涵盖44亿人口，GDP规模达到21万亿美元，分别占世界的63%和29%，前景诱人。中东欧国家也希望可以从中借力，乐于向中国国家和民营投资者敞开窗口。对中国投资者而言，正面临进入该地区的宝贵“窗口期”。就近年来的经济发展数据看，中东欧地区正在成为欧洲最具活力和潜力的区域，双方在贸易、投资、基础设施建设等领域的合作大有潜力。当前，中国对中东欧国家的投资额仅占中国对欧盟区总投资额的2%，说明双方投资合作还有巨大的潜力和空间。中国宜积极发挥自身在产业和资本上的优势，将“窗口期”转变为“战略机遇期”，开拓和深耕中东欧市场，完善布局欧洲的大战略。

哈萨克斯坦

（一）哈萨克斯坦投资概览

国家基本信息简表

中文名称	哈萨克斯坦	英文名称	The Republic of Kazakhstan
建国日期	1991 年 12 月 18 日	领土面积	272.5 万平方公里
所属洲	亚洲	时区	UTC +3 至 UTC +6
首都	阿斯塔纳	国际电话区号	+7
主要城市	阿拉木图		
人口	1 742.71 万人	主要民族	哈萨克族（64.7%）、俄罗斯族（23.7%），其余为乌克兰人和乌孜别克族
人口密度	272.5 万平方公里		
语言	哈萨克语、俄语	主要宗教	69% 的人口信奉伊斯兰教，30% 的人口信奉东正教和其他宗教
政体	总统制向总统议会制过渡	法律体系	欧陆法系
政党	“祖国之光”党、“光明道路”党、“共产主义人民”党	换届时间	议会选举 2016 年 总统选举 2021 年
道路通行	靠右行驶	货币	哈萨克斯坦坚戈（KZT）

2015 年主要金融及投资数据

名义 GDP	1 828 亿美元	FDI 流出量	17.145 亿美元
国际储备	280.73 亿美元		
汇率水平（KZT/US）	339.47	FDI 流入量	60.175 亿美元
外债总额/GDP	83.0%		
财政收入/GDP	18.8%	FDI 内存量	1 386.18 亿美元
财政支出/GDP	20.3%		
货币供应增长率（M2）	34.3%	FDI 外存量	322.7 亿美元
通货膨胀率	13.6%		
存款利率	10%		
贷款利率	17%		

中国与哈萨克斯坦双边投资概况

中国对哈直接投资	12 亿美元
中哈双边投资协定	1992 年 8 月 10 日签署，1994 年 8 月 13 日生效
中哈双边本币互换协议	2011 年 6 月 13 日，中国人民银行与哈萨克斯坦共和国国家银行签署了金额为 70 亿元人民币的双边本币互换协议。协议有效期 3 年，经双方同意可以展期。2014 年 12 月 14 日，中国人民银行与哈萨克斯坦国家银行续签了双边本币互换协议，同时签订新的双边本币结算与支付协议。双边本币互换规模为 70 亿元人民币兑换 2 000 亿哈萨克坚戈，协议有效期三年，经双方同意可以展期
投资优惠措施和利润汇出限制	根据 WEF 发布的《2015—2016 年全球竞争力报告》，哈萨克斯坦在竞争力排名方面得分 4.49 分（4.49/7），排名第 50 名（50/144）。允许资本、利润和红利汇出。对外资优惠措施体现在税收优惠等方面

（二）哈萨克斯坦投资风险分析

总体上，哈萨克斯坦的政治形势基本稳定，因顺利提前举行总统大选，政权交接问题暂时得以淡化，第六次胜选的纳扎尔巴耶夫总统控局牢固，短期内政治动荡的风险不大。经济形势低迷，受外部冲击，经济陷入独立以来最严重衰退，货币大幅贬值，且经济结构痼疾难以迅速改善，对能源依存严重，短期内经济难以快速回暖。因宏观经济指数不振，带来投资中汇率风险及债务风险。法律风险持续存在，但国有化风险相对有限，环保法律风险需引起高度重视，法律变更频次趋于稳定，风险依然较高，但立法的不确定性和难以预期给投资带来风险。税收总体上随经济发展形势调整，经济危机期间，能源税收将趋紧，但经济结构调整所迫，非资源领域和经济特区税收获得倾斜。经营障碍风险仍困扰企业运营，劳务许可申办问题是驻哈企业面临的最大难题，行政干预和政府腐败依然是增加企业运营成本的因素。

根据中国出口信用保险公司出版的《国家风险分析报告（2015)》，哈萨克斯坦 2015 年风险评级为 5（5/9）级，主要风险见表 2－3－7。

表 2－3－7　　2015 年哈萨克斯坦主要风险概览

风险类别	风险描述
政治风险	政治局面基本稳定，纳扎尔巴耶夫总统控局牢固，非例行总统选举顺利举行
社会安全风险	社会安全形势总体良好，极端势力仍伺机行动，安全风险犹存，民间反华情绪较严重
国际交往	外交理念多元平衡，稳定务实，因国家间关系波动而带来的投资风险较小
宏观经济风险	经济陷入严重衰退，GDP 增速大幅下滑，货币急剧贬值，外贸严重缩水，经济结构性问题凸显，短期内难见回暖
投资风险	本币坚戈波动风险，债务相对指数恶化风险，银行运营风险
法律与监管风险	国有化风险有限，环境保护风险加大，法律变更风险较高
税收风险	税收优惠政策向非资源领域倾斜，税收政策进行大幅调整。税收部门对税法理解不统一，企业与税收部门发生纠纷风险
经营障碍风险	劳务许可申办障碍，行政效率障碍

本报告主要从政治风险、宏观经济风险、法律与监管风险、税收风险、经营性风险和社会安全风险方面对哈萨克斯坦的投资风险进行分析。

1. 政治风险

（1）哈萨克斯坦顺利举行非例行总统选举，国内政治局面基本稳定。2015 年 4 月 26 日，哈萨克斯坦提前举行总统选举，这是继 1999 年、2011 年后哈萨克斯坦第三次举行非例行总统选举，纳扎尔巴耶夫总统以 97.75% 的高票实现他总统生涯的第六次胜选。他曾带领哈萨克斯坦度过 1997 年亚洲金融危机、2008 年世界金融危机，在 2015 年哈萨克斯坦经济因外部冲击而再度面临挑战的背景下，他的连任对于稳定国内政局、持推经济政策、重振市场信心、平复民众情绪意义重大。此外，接班人问题仍然没有答案，纳扎尔巴耶夫的连任为下一步的接班安排争取了缓冲时间。近期内，哈萨克斯坦国内稳定的政治局面将得以保障，因政权交接可能产生的动荡风险也将相对下降。

（2）纳扎尔巴耶夫总统牢固控局。近几年来，纳扎尔巴耶夫总统执政的一个显著特征是：对政府高层进行频繁的人事任免。2013 年、2014 年他对哈萨克斯坦政治精英进行了大范围的人事调整。2015 年，这一惯例依然得以延续。在多项人事调整中，有几位官员值得特殊关注。总统大女儿达丽加·纳扎尔巴耶娃被任命为副总理。这一任命在各界产生很多猜测和解读，诸如，哈萨克斯坦将诞生第一位女总理，哈萨克斯坦的政治体制正处于由总统制向总统议会制过渡时期，总统权力将在政府、司法和军方之间分配，总理的权责和地位将更加显要，副总理的职位将作为达丽加通往总理职位的过渡安排。此外，41 岁且没有地方行政管理经验的巴伟尔然·巴伊别克被任命为阿拉木图市市长，阿拉木图在哈萨克斯坦的重要性令这一任命反响热烈。纳扎尔巴耶夫总统的侄子、38 岁的萨玛特·阿彼什出任国家安全委员会第一副主席，由于纳扎尔巴耶夫对萨玛特·阿彼什视如己出，因此，阿彼什的任命再度引发关于接班人的猜测。巴伟尔然·巴伊别克和萨玛特·阿彼什的委任表明，哈萨克斯坦政治精英正在经历更新换代，35—45 岁的中青年干部逐步走向权力核心，成为可能接班的政坛新星。纳扎尔巴耶夫总统通过大范围的人事调整实现各个利益集团之间的平衡，并为权力交接做好铺垫。近几年来，由总统直接负责人事任免，并频繁调整的做法充分反映纳扎尔巴耶夫总统稳居权力核心，哈萨克斯坦国内政治在其牢固掌控之中。

2. 宏观经济风险

（1）坚戈汇率波动风险加大，企业需加强汇率风险防范意识和应对措施。由于哈萨克斯坦自 2015 年 8 月实施本币坚戈自由浮动汇率制度，坚戈汇率出现较大波动，其浮动变化主要取决于石油价格和卢布汇率。目前，坚戈出现了一定稳定迹象，但仍然存在很大不确定性，标准普尔对哈萨克斯坦外汇和本币长期信用评级为 BBB -，为负面展望，外汇和本币短期债务评级为 A - 3。因此，中资进出口企业、银行机构在投资活动中需提高对坚戈汇率的风险防范意识，减少与哈萨克斯坦企业合作中产生的交易风险、折算风险和经营风险，推动更大范围的使用人民币计价结算或以其他规避坚戈风险的货币结算，积极利用外汇衍生工具，坚持经营多元化战略，多方面、最大限度地规避或分散坚戈汇率带来的风险损失。

（2）债务相对指标严重恶化，企业需重视债务风险防范。2015 年，哈萨克斯坦对外债务总额为 1 535 亿美元，占国内生产总值的 83.0%，占出口商品和服务的 290.8%，同比 2014 年的 72.4% 和 181.3%，长期外债的相对指标显著恶化。由于国际原油低价还将持续较长时间，石油美元收入不会快速增长，其他国际大宗商品价格依然较低，经济增长受到抑制，国内市场资金不足，俄罗斯经济的负面影响还将持续，因此，未来一段时间内，哈萨克斯坦长期债务的相对指标将继续保持目前的恶化趋势，债务总额或将超过国内生产总值。由于石油行业在哈萨克斯坦经济结构的高占比及国际原油价格预期，标普下调了哈萨克斯坦主权信用评级。因此，鉴于哈萨克斯坦目前的经济形势和债务风险，对哈投资时应掌握其负债情况、偿还能力，避免损失。

（3）银行运营风险高，企业需高度关注合作银行运转情况。由于坚戈大幅贬值，利率上升、通货膨胀加速、油价下跌、投资者信任降低和消费需求下降，储备金支出增加、企业利润率减少、股东增加自有资本金的意愿和能力降低，在此背景下，2016 年，哈萨克斯坦银行业面临非常严峻的形势。标准普尔预测：2016 年哈萨克斯坦银行业的形势将继续恶化，至 2016 年年底银行不良贷款规模或由 8.3% 扩大至 12%—14%，人均 GDP 由 2014 年的 14 400 美元降至 7 000 美元。穆迪对哈萨克斯坦银行系统 2016 至 2017 上半年内的前景维持负面展望，并预测，由于贷款和金融支出增加，以及未分配利润减少对资本构成额外的压力，2016 年内，哈萨克斯坦数家银行将宣布出现亏损。哈萨克斯坦银行业的薄弱之处还在于，面临油价等重要且不可控的外部因素，银行制度系统很难发挥作用，风险水平较高，银行体系不稳定，美元化程度不断扩大，清理不良贷款能力较弱，金融监管和调节能力较低。鉴于上述形势和哈萨克斯坦银行业的薄弱点，在当前形势下与该国银行合作的中资企业和银行机构要高度关注哈银行的运转情况，防范风险，增强预判。

在当前经济形势下，哈斯克斯坦汇率波动风险、银行运营风险、债务偿还风险是中资企业在哈投资需高度防范的风险因素。由于短期内油价难以回弹，本币汇率、银行运营、债务指标都与之息息相关，在一段时间内上述风险将难以排除，投资合作中需建立相应的应对机制和措施。

3. 法律与监管风险

（1）国有化风险有限，利益平衡是投资者与哈国博弈的焦点。近年来，哈萨克斯坦政府通过立法引入"国家优先权""哈萨克斯坦含量""国有化""征收"等概念，逐步收紧对资源的管理控制，突出国家对资源的主权，提高国家公司（KMG）的行业地位和竞争力，赋予KMG优先购买权，平衡国家利益与外国投资者的利益。

2004年哈政府修订《地下资源利用法》，引入"国家优先权"概念，即在不低于其他购买者提出的购买条件下，国家拥有优先购买权。引入"哈萨克斯坦含量"概念，执行合同过程中规定哈萨克斯坦商品、服务及员工的比例，未达到比例者吊销许可；2005年修订《地下资源利用法》，增加"允许国家以最高投标人给出的价格购买地下资源"条款；2007年修订《地下资源利用法》，规定"当投资者行为给哈萨克斯坦共和国经济利益造成重大改变，并威胁哈国家安全，或涉及国家重要战略领域之情形下，国家可以单方面终止合约"；2011年《国家财产法》将"国有化"概念纳入法律体系，提出"当基于国家安全利益或穷尽获得该资产的其他方式，又或财产所有者协商无果时，允许哈政府在极端情况下没收该财产，同时给予投资者一次性等同于市场价值的补偿。"政府对国有化做出的解释是：针对每一个被国有化的具体企业和资产将制定单独的法律草案。在签订国有化协议书之后2个月的时间内，政府保证按市场价做出补偿。

总体上，加强管控，平衡利益，维护资源主权是哈萨克斯坦政府对进入油气领域投资管理的主要原则，国有化的风险是在"威胁国家安全的极端情况下"，但解释权在哈政府。鉴于油气勘探难度加大，哈萨克斯坦本国企业需要借助外国投资企业的资金、技术、设备、经验等优势资源，因此，国有化或国家征收的风险相对有限，而双方利益的平衡是博弈的主要焦点。

（2）环境保护风险加大，油气企业必须了解哈萨克斯坦环保领域法律法规，以避免损失。哈萨克斯坦主要依赖资源产业，因此对环境保护高度重视。法律规定，油气开采项目设计阶段必须就环境影响做出评估，并提出减少环境影响的措施。在正式投建前，必须办理环保许可和排污许可。其中，环保许可是根据环境影响评估报告，明确污染物排放量，并要通过当地环保部门审批。排污许可是根据当地法律法规要求，建设符合标准的排污处理设施或者委托有相应资质的公司来运输处理相关污染物。例如，伴生气的处理和回收对外国企业进入影响很大。哈萨克斯坦《地下资源利用法》规定，禁止放空、燃烧伴生气，在未对伴生气和天然气有效利用的情况下，禁止开采天然气。同时，伴生气或天然气燃烧需得到授权机关的允许和环境保护机关的同意。这些规定给进驻哈国油气领域的企业带来一定难度，中小企业要达到法律要求还存在困难，有些企业被迫减产。哈萨克斯坦对污染物排放的检查和执法非常严格，环保部门执法权限较大，一旦发现违规行为就处以重罚，检查和处罚面向所有油气公司，无论本国公司，还是外国公司。

案例

2015年6月，卡拉干达州特别地区间经济法院对哈萨克斯坦Silicium公司污染生态环境处以2.6亿坚戈罚款。

2013 年 8 月，哈萨克斯坦石油阿克纠宾有限公司因非法燃烧天然气被处以 13 亿坚戈罚款。该公司提出上诉，但上诉被驳回。

2012 年 3 月，哈萨克石油天气开采公司因违反环保法，被阿特劳州专业经济法庭处以 27 亿坚戈罚款。

2011 年 1 月，卡拉恰甘石油运营公司财团因擅自超标向周边环境排放废弃物，被处以 2 700 万美元的罚款。

2013 年哈萨克斯坦环保和水资源部共查处破坏环境案件 8 000 余起，法院暂时中止了 656 个企业的经营活动，罚款总金额达到 450 亿坚戈。

上述案例表明，废弃物的处理和回收利用受到哈萨克斯坦政府高度重视，执法严格，这也是资源国的客观需要和发展趋势。因此，企业在投入巨额资金前要对相关法律法规和技术标准有深入的了解和认识，避免因不符合当地的环保法律或技术要求而违规，造成停产、减产和巨额罚款，给项目带来损失。

（3）法律频繁变更，风险较高，企业须对法律、总统令和政府法令保持高度关注。苏联解体后，哈萨克斯坦的法律制度主要是在承袭苏联的法律体系基础上，结合本国国情和需要建立起来的。随后在实际操作中，法律的变更和修订比较频繁。特别是外国参与投资最多的能源领域，立法不断调整。哈萨克斯坦政府通过修订相关法律加强对油气资源的控制，对资源利用增强监管，对环境保护加以规范，对外资收购国有能源企业加强限制。以油气领域法律为例，列出几部主要法律变更修订时间表，并抽取了几个主要变更内容列述，见表 2－3－8。

表 2－3－8　　哈斯克斯坦部分法律变更情况

法律名称	法律变更修订情况	主要修订内容
投资法	1991 年颁布《外国投资法》 1995 年颁布新《外国投资法》，取代 1991 年投资法 1997 年颁布《国家直接投资法》 2003 年颁布《哈萨克斯坦共和国投资法》，取代 1995 年外国投资法和 1997 年直接投资法 2005 年修订 2012 年修订	2003 年投资法：取消只针对外国企业投资的优惠政策，对本国和外国企业投资实行统一政策 2012 年修订：增加对原材料免征关税的规定
石油法	1995 年 6 月颁布；1997 年 6 月修订 1999 年 8 月修订；2005 年 4 月修订	国家公司股东控股不低于 50% 扩大矿产机构的权限 对燃烧伴生气天然气做出规定
地下资源利用法	1996 年 1 月颁布（取代 1992 年颁布的《矿产资源法》） 1999 年 8 月修订 2004 年 3 月修订 2005 年 9 月修订 2007 年 9 月修订	1999 年签订合同双轨制转为单轨 2004 年国家优先权 增加哈萨克斯坦含量概念 2005 年赋予能矿部冻结权 2007 年增加战略资源区块概念

哈萨克斯坦法律的立、废、改非常频繁，加之总统令、政府法令和相关部门的法规，一方面有利于促进法律法规不断完善，但同时增加了法律法规的不确定性，给企业投资带来风险，特别是哈

萨克斯坦的法律效力自法律正式公布之日起生效，并适用于已签署进行开采或共同勘探和开采的合同。这些无法预期的法律颁布和变更，甚至直接针对某项合同、某项收购而颁布的法案，给项目投资带来的不确定性和风险。

案例

2005 年 10 月，中国石油天然气集团公司收购哈萨克斯坦石油公司（PetroKazakhstan，PK）公司。收购过程一波三折，除其他国家的竞争对手外，东道国哈萨克斯坦的法律介入最为突然。2015 年 8 月，中石油同哈萨克斯坦石油公司达成收购价格共识。但在 10 月 12 日，最终达成收购协议的前夕，哈萨克斯坦国会上议院突然通过《禁止外资转让国家石油资产交易法案》，旨在干预哈萨克斯坦石油公司中外国股份的出售。为了得到哈萨克斯坦政府的认可，10 月 15 日，中石油和哈萨克斯坦国家石油公司达成《相互谅解备忘录》，根据备忘录，哈萨克斯坦石油公司获得为保持国家对矿产资源开发活动的战略控制所需 PK 公司的 33% 的股份，同时获得在对等条件下联合管理 PK 公司奇姆肯特炼厂和成品油的权力。由此获得哈萨克斯坦政府的认同，为最终成功收购铺平道路。10 月 27 日，中国石油天然气集团公司通过全资子公司中油国际达成收购。中石油集团收购 PK 的案例是哈萨克斯坦政府通过立法，政治干预企业投资和收购活动的典型代表。在这起收购进程中，中石油集团遭逢竞争对手，又受到东道国立法制约，最后取得成功得益于双赢的原则和灵活的策略，并最后获得双方政府领导人的支持。

4. 税收风险

哈萨克斯坦的能源依赖型经济结构决定其税收制度的体系和特点。油气领域的矿产开采税、超额利润税的税率较高，油气领域企业负税较重。同时，伴随近年来哈萨克斯坦的经济形势和经济结构转型的变化，税收政策也出现较大幅度调整。

（1）经济结构转型，税收优惠政策向非资源领域、创新经济领域倾斜。2008 年后金融危机时代，哈萨克斯坦政府为调整经济结构，打出发展创新经济、绿色经济等主张，并调整投资政策和税收政策。2014 年 6 月，纳扎尔巴耶夫总统签署《哈萨克斯坦关于就完善投资环境问题对一些法律法规进行修订和补充的法律》，该法对吸引外资政策做出重大调整，对列入投资优先项目目录的项目予以免关税、免 11 年企业所得税、免土地税、免缴财产税及实物赠予的优惠。2015 年 11 月通过的《关于对哈萨克斯坦土地法修订和补充》的法律中，规定与哈萨克斯坦公民共同开办的合资公司可购买哈萨克斯坦的农用土地，外国人可租赁农用土地，租期延长至 25 年。但法案受到农民强烈反弹，暂时冻结生效。

（2）为应对经济危机，哈萨克斯坦政府制定实施“百步计划”和第二个“五年发展计划”，税收政策实现大量调整。2015 年底，哈总统纳扎尔巴耶夫签署《关于对税收和海关行政管理法律法规进行修改和补充》的法案，旨在落实五大改革“百步计划”，并进一步完善税收和海关行政管理体系。法案对税收政策进行了大量调整，其中，包括降低增值税登记的下限条件，由 5 940 万坚戈下调至 640 万坚戈；取消个人企业注册费用等。在实施第二个“五年发展计划”中，提出在立法层面保障经济特区参与者的税收优惠并强化稳定性。为应对经济危机，税收政策可能会一定程度上趋紧，纳扎尔巴耶夫总统在 2015 年底的国情咨文中指出，2017 年取消所有无效的税务优惠，经济形势严峻，财政困难的背景下，能源领域税收将趋紧。

（3）避免与当地机关发生税务纠纷，需充分了解哈萨克斯坦税法。因各级税务部门对国家税法的理解不统一，彼此存在偏差，易造成企业与税务部门之间纠纷，且纠纷处理往往效率低下，久拖不决，给企业的生产运营带来损失。因此，高度关注哈萨克斯坦税收制度调整，方法企业税务风险，保障企业投资利益尤为必要。

5. 经营性风险

（1）劳务许可障碍。对在哈中资企业而言，最大的经营障碍就是雇员的劳务许可申请问题。哈萨克斯坦2012年颁布《外国人就业和企业引进外国劳动力劳务许可证颁发办法和条件》（以下简称《办法》），《办法》的颁布对中资大型工程建设类企业在哈开展业务产生重大影响。其中，最突出的几个障碍是：中哈雇员比例、劳务许可申请指标、劳务许可属地原则。

首先，中哈雇员的比例难以达到规定要求。为保障本国公民充分就业，哈出台的新《办法》规定，外资企业签订正式劳动合同的一类人员（法人及副职）和二类人员（高级技术人员及中层）中，本地雇员的比例不得低于70%，三类人员（专业技术人员）和四类人员（技术工人）中，本地雇员的比例不得低于90%。但从企业的专业技能、管理需要、语言差异等因素出发，员工高比例本地化比较困难，且招录到符合用人需要的当地人员也非常不易，在实际操作中，哈方雇员很难达到比例要求。这一条款增加了中资企业的用人成本和管理难度。这是中资企业在哈用工方面面临的最大困难。

其次，劳务许可的申请难度大。哈萨克斯坦政府为降低失业率，减少外国务工人员对本国失业人群的压力，2012年与《办法》配套颁布了“关于在2012年引进外国劳务配合的政府法令”，这份文件规定“外国劳务配额不得超过哈萨克斯坦现有劳动能力人口的1%”，即劳务许可发放人数的上限是9万人，但实际批准的人数只有一半左右。哈萨克斯坦政府每年会根据全国人力资源情况来确定当年外国务工人员的输入配额。2015年这一比例为不超过劳动力人口的0.7%，即上限为6.3万人，但2015年实际发放的许可证为3.2万个，约为允许发放数量的50%，其中包括向农业领域发放的外国务工人员劳务许可2 054个。2016年，配额的比例依然为0.7%。同时，劳务许可在各州的配额不同，个别州的配额非常有限，成为稀缺资源。这些有限的指标被欧美石油公司和当地企业瓜分后，中资企业能够申请到的数量和成功概率非常小。

案例

中资某工程公司，申请1 254个劳务许可指标，获批107个，成功率为8.5%。

中资某工程承包企业，需要大量引入中国技术施工人员，原定引进1 300名，但实际到位46人，造成项目无法推进。

从上述两个案例中可以看出，中资企业申办劳务许可证的困境。

最后，劳务许可指标申请困难劳务许可的属地原则给中资企业带来不便。哈萨克斯坦劳动法和移民局规定，外资企业雇员必须在出具许可的州辖内工作。为此，中资企业必须得多地注册公司，以方便发放劳务许可。

案例

中石油集团各家单位就在哈国多个州都注册公司，然后根据当地项目内容及用工情况，由在当地注册的公司发放劳务许可。但是，中资企业很难实现在所有工程驻地都注册公司，这样就会造成，雇员不得不持异地劳务许可工作；或者雇员在一州的项目已经结束，而劳务许可还未到期，但去完成下一项工作，又违反属地原则。因此这项规定给中资企业增加了法律风险和用人成本。当地移民局、内务部和检察院检查时发现此类情况会对中资企业处以罚款。

另外，劳务许可和签证的办理手续繁杂，办理周期长，费用高，且办事机关可变因素多，因此，办理难度很大。

总体来看，企业应该通过化解劳务障碍，规避劳务风险解决劳务许可问题。劳务许可的申办给中资企业的运营带来诸多障碍和不便，也伴随法律风险。但劳务许可管理办法是哈萨克斯坦为解决就业这一重要社会问题出台的法律文件，排除如何减少劳务许可限制的消极影响是出路所在。其一，尊重哈萨克斯坦国情需要，遵守当地法律法规。其二，通过外交渠道、政府间对话机制尽可能地多做工作。其三，利用《办法》中的有利条款，申请重点项目，争取优惠政策。其四，适应哈萨克斯坦含量的要求，在可能范围内尽量购买当地的产品和服务。

（2）行政效率障碍，腐败问题严重，对外资企业干预过多，效率低下。根据透明国际发布的《2015 年全球清廉指数报告》，哈萨克斯坦在 168 个国家（地区）中廉政指数排名第 123 位。政府机关的腐败已经蔚然成风，经济裙带关系渗透到商业领域各个部门，索贿普遍，各级部门人员素质参差不齐，对法律法规的认识理解也缺少统一认识，税务、司法、海关等执法机关随意性大，时常引起纠纷，严重破坏了国家的商业环境。同时，各级政府对外资企业干预过多，明目繁杂，企业承接各种检查，协调方方面面关系，增加了企业运营成本。根据透明国际公布的数据，哈萨克斯坦近年来在全球廉政排名情况如下，见表 2－3－9。

表 2－3－9　　哈萨克斯坦全球清廉指数排名（2002—2015 年）

指标＼时间	2002 年	2003 年	2004 年	2005 年	2006 年	2007 年	2008 年	2009 年	2010 年	2011 年	2012 年	2013 年	2014 年	2015 年
排名	66	73	88	102	124	109	111	150	145	120	105	120	126	123
国家数	90	91	102	133	146	159	163	179	180	180	178	183	174	168

资料来源：透明国际，《2015 年全球清廉指数报告》。

6. 社会安全风险

（1）社会安全状况总体稳定，经济下行压力增大、引发社会矛盾，但局势可控。哈萨克斯坦独立以来，社会秩序一贯稳定，民风淳朴，社会安全状况总体良好。但长期以来，平静的表面下也积蓄了一些深层次矛盾，主要体现在于贫困、腐败和两极分化的社会经济因素。近两年来，由于经济受外部冲击较大，货币严重贬值，物价大幅上升，给民众生活构成较大影响，民间抗议情绪升温。2015 年 11 月，哈萨克斯坦政府出台土地法修正案，鼓励对农业用地以优惠价格购买的方式私有化，将外国人租赁土地的年限延长至 25 年。但这一私有化改革法案遭遇农民强烈抵制，到 2016 年 4 月发展为上千人的大规模群众游行集会，并进一步受反对派利用，演变为政治示威，迫使政府将土地法修正案的生效日期推迟。这一事件迅速发展的根本原因在于释放民众长期以来积压的不满情绪。

（2）极端势力抬头，恐怖主义活动增多，“伊斯兰国”渗透增大。2011 年之前，哈萨克斯坦是中亚地区未受恐怖主义和极端主义袭击的净土。此前，哈萨克斯坦面临的主要安全威胁来自乌兹别克斯坦“伊斯兰”运动和“东突”势力，哈萨克斯坦人极少参与其中。但自 2011 年底哈萨克斯坦南部发生恐怖袭击活动以来，哈萨克斯坦人逐渐成为实施恐怖活动的主体，并出现活跃的极端主义分子，他们主要来自阿富汗战场的回流分子和国际恐怖组织“伊斯兰国”的追随者。根据哈萨克斯坦国家安全委员会公布的数据，目前约有 300 多名哈萨克斯坦公民在叙利亚和伊拉克加入伊斯兰国，其主要群体为贫困、失业、受教育程度低、对宗教缺乏理性认识的年轻人。

（3）强力部门反恐力度加大，恐怖活动得到较大程度控制。2011—2012 年，哈萨克斯坦连续摧毁 42 个极端组织。2012 年，共侦破恐怖主义和极端主义犯罪 112 起，制止恐怖活动 35 起，发生恐怖活动 18 起。2013 年，哈萨克斯坦侦获极端主义刑事案件 28 起，制止恐怖主义活动 3 起。2014 年以来，哈萨克斯坦成功阻止 15 起极端暴力事件。哈萨克斯坦成立反恐委员会，先后共出台《宗教活动和宗教组织法》、《打击洗钱和融资法案修正案及附则》、新《反恐法》等多项法案，禁止涉嫌参与恐怖主义和极端主义活动的个人入境，推动逾 500 家新闻机构进行抵制宗教极端主义的宣传，封停 1 000 多个宣扬极端主义和恐怖主义的社交媒体账号，将 21 个组织列入极端主义和恐怖主义组织名单。总体上看，哈萨克斯坦的反恐举措严密而卓有成效，恐怖活动在近 5 年内获得了有效控制。

（4）反恐形势依然严峻，投资安全风险犹存。2016 年 6 月 5 日即穆斯林神圣斋月前夕，在哈萨克斯坦西部经济重镇阿克托别市发生恐怖袭击事件，造成十余人身亡。事件表明：在全面打击恐怖主义和极端主义组织的举措下，哈萨克斯坦极端主义组织仍在积蓄力量，伺机行动，特别是经济形势低迷给了恐怖分子可乘之机，极端分子试图通过暴恐活动对纳扎尔巴耶夫公开示威。

（5）民间反华情绪严重，对企业塑造形象、维护投资利益和职工安全构成一定风险。近几年来，中哈两国关系高速发展，达到历史最好水平，哈萨克斯坦执政高层对华友好，双方互信不断加深。但与此同时，哈萨克斯坦民间的反华浪潮不断升高，国内居民对华存在误解和警惕。尽管西方国家和俄罗斯在哈萨克斯坦投资规模较大，但其民众独忧中国，认为中国在哈萨克斯坦投资步伐过快，无法理解中国诉求，担心中国眼前与之合作，将来会从资源领域逐渐控制整个国家。上文中提到的土地私有化改革的抗议浪潮中就包含了反华声浪。2015 年 7 月，中国有色金属集团在哈萨克斯坦东部阿克托盖市承建的铜矿工程服务项目，发生上百名中哈工人群殴事件，并蔓延到项目所在城镇对华人的攻击。尽管政府将该事件定性为没有政治和种族歧视因素，但事件发展的速度和态势表明民间对华存在明显的不满情绪，可能一触即发。

社会安全形势总体良好，但安全风险犹存。哈萨克斯坦的恐怖主义、极端主义组织及其行动在较大程度上得到了控制，但他们仍在试图借助国内政治、经济形势敏感阶段伺机而动。民间反华虽不构成企业投资主要障碍，但却是维护长远利益的攸关所在。民间反华的风险存在，但可以努力规避，企业在投资活动中还需将增信释疑、拉近距离、塑造形象、加强自身管理、多做细致工作作为重点环节。

（三）哈萨克斯坦未来发展预测和投资机会分析

1. 政治前景

从政治形势来看，风险不大，但中资企业对其政权更迭的关注和风险评估不能松动。鉴于中亚国家威权政治、总统大权独揽的特点，对中亚国家投资的主要政治风险来自于领导人更迭带来的政治动荡和政策割裂。目前，纳扎尔巴耶夫再次连任，哈萨克斯坦的政治态势近期内将保持稳定，纳扎尔巴耶夫总统控局牢固，反对派的登台机会非常微弱，政权平稳交接、政策总体持续的可能性较大，从政权高层走向看，中国企业的投资风险不大。与此同时，哈萨克斯坦的特点决定其接班安排的低透明度，因此，中资企业在该国投资对其政权更迭及其政策风险预估仍不能放松。

从国际交往来看，哈萨克斯坦的外交理念平衡稳定，符合我投资利益。哈萨克斯坦的外交风格带有其领导人纳扎尔巴耶夫的鲜明的个人特色。坚持战略重点，并能在大国关系中兼顾平衡；善于应对变化，又能在复杂矛盾的关系中保持相对温和的立场。哈萨克斯坦是世界上最大的内陆国，发展对外关系，融入世界，并积极借力周边邻国发展本国经济是哈萨克斯坦的地理环境和国家体量所客观决定的。从外交维度观察，在哈萨克斯坦投资，因国家间关系波动或投此弃彼而带来的投资风险是较小的。

2. 经济预测

石油价格、卢布汇率、经济结构成为哈萨克斯坦扭转当前经济局面的难解之结，短期内恢复经济增长可能性不大。但严峻的经济形势倒逼经济结构调整，谋求经济多元格局有利于长远发展，这是哈萨克斯坦再次面临经济危机冲击下的必由之路。

（1）石油低价和卢布暴跌是冲击哈经济的主要原因。油气是哈国民经济的支柱产业。油气出口占哈出口商品构成的74%，占国内生产总值的23%，占政府收入的42%。石油价格低位造成外汇收入减少，经济增长乏力，政府收入降低。

卢布贬值给哈萨克斯坦市场带来巨大冲击，哈萨克斯坦对俄罗斯贸易逆差严重，俄罗斯对哈出口额增加37%，俄罗斯在哈萨克斯坦的出口总额中占比下降7%。俄罗斯作为哈首要贸易伙伴国，特别是在欧亚经济联盟内部商品自由流动的条件下，俄罗斯商品因卢布急剧贬值而获得相对优势，商品以低廉的价格进入哈萨克斯坦市场内部，给其本土商品和中小企业造成严重冲击。

中国经济增长放缓，需求降低也是影响哈经济遇困的原因之一。中国是哈萨克斯坦第二大贸易伙伴国。2015 年，中哈贸易额同比 2014 年下降 40%，相比 2013 年减少 50%。中哈贸易结构多元化程度较低，哈萨克斯坦对中国主要以原材料出口为主，随着中国需求下降，矿产品在中俄出口结构中由 64.8% 下滑到 45.8%。

（2）经济结构单一是哈经济难以摆脱困境的深层次原因。哈经济主要依赖油气和矿产，但近三年来，国际大宗商品价格持续下跌。其中，石油价格下降 45.5%，天然气价格下降 28%，铁矿石价格下跌 44.4%，钢材价格回落 23.8%。2015 年，哈萨克斯坦的出口额中，油气、矿产品、小麦等 10 种商品出口共减少 316.02 亿美元，占哈 2015 年外贸降幅的 69.1%。尽管哈萨克斯坦政府致力于经济结构改革，减少对资源矿产的单纯依赖，加快推进经济多元化，制定和发展创新工业计划，但短期内传统的经济结构格局难以根本转变。

（3）哈实施全面反危机计划。2015 年，为抵御危机，哈采取了一系列应对方案：推出国家创新工业发展的第二个五年计划，加快产业结构调整，向制造业、加工业等非资源领域转型，创建独立于能源、原材料的多元经济体系；全面实施“光明之路”新经济政策，大力发展基础设施建设；落实民族计划，启动实施五项国家改革的“百步计划”，并制定与百步计划配套的法律保障；将货币坚戈与美元脱钩，实施自由浮动汇率制；哈总统纳扎尔巴耶夫在国情咨文中提出应对危机的五大方向：稳定金融、优化财政、促进私有化和经济竞争，加强投资吸引力度，改善社会福利；通过

《2016—2018 年政府反危机计划》，全面落实反危机计划的各项目标。

除制定反危机计划积极应对危机之外，储量充沛的国家基金（700 亿美元）和黄金储备（218 亿美元）也为哈萨克斯坦政府抵御危机增添信心。哈萨克斯坦第一次动用国家基金是在 2009 年全球金融危机期间，并取得了成效。本次是哈萨克斯坦政府第二次动用国家基金，用于在这次危机期间实施“光明之路”新经济政策，与中方的“丝绸之路经济带”政策对接，共同实施基础设施项目，从而拉动经济，创造就业。

（4）经济形势短期内难见回暖。目前，哈萨克斯坦经济形势主要取决于石油价格、卢布走势和俄罗斯经济前景，以及内部刺激政策。但这三个因素都缺乏潜力。石油将在较长时间内维持在 30—40 美元/桶的低价区间，重新回到高位的可能微乎其微，经济结构多元化是原材料国规避风险的唯一出路。哈萨克斯坦与俄罗斯经济高度依存，且经济结构趋同，严重依赖石油美元，因此，石油价格持续低迷，卢布危机很难解除。同时，美西方与俄罗斯的制裁战因乌克兰问题久拖不决，进一步牵制俄罗斯经济转圜。因此，哈萨克斯坦的经济增长短期内将受到抑制，难见乐观前景。

目前，哈萨克斯坦政府根据 2015 年的经济发展态势和国际大宗商品价格走低的预期，按照石油价格为 30 美元一桶，对 2016 年的宏观经济指标进行调整，预计 2016 年 GDP 增幅将维持在 0.5% 左右，争取实现正增长。

3. 营商环境

哈萨克斯坦商业环境逐步改善。世界银行发布的《2015—2016 年全球营商环境报告》显示，哈萨克斯坦在全球 189 个经济体中排名靠前，相对于 2015 年提升 12 位。特别是在开办企业、投资保护等类别项目中取得大幅进步，表明哈萨克斯坦的商业环境不断优化。相比于其他中亚国家（因数据缺失，土库曼斯坦未出现在排行榜中）吉尔吉斯斯坦、乌兹别克斯坦和塔吉克斯坦来看，哈萨克斯坦的各项指数均在前列，且比较均衡。此外，哈萨克斯坦在税收体系、基础设施等领域有相对完善的基础，在外资吸引方面政策灵活。政府行政效率和腐败问题仍是哈萨克斯坦完善其商业环境的重点。2016 年哈萨克斯坦营商环境指数排名与其他中亚国家数据比较见表 2－3－10。

表 2－3－10　　2016 年哈萨克斯坦营商环境指数排名

序号	主要指标	哈萨克斯坦/排名变化		吉尔吉斯斯坦	乌兹别克斯坦	塔吉克斯坦
1	便利营商	41	↑12	67	87	132
2	开办企业	21	↑32	35	42	57
3	办理施工许可证	100	↑8	20	151	152
4	供电	71	↓1	160	112	177
5	财产登记	19	↑6	6	87	102
6	信贷获得	70	↑1	28	42	109
7	投资保护	25	↑39	36	88	29
8	纳税	18	↓1	138	115	172
9	跨境贸易	122	↓1	83	159	132
10	执行合同	9	↑5	137	32	54
11	办理破产	47	↑16	126	75	147

资料来源：World Bank，Doing Business 2016：Measuring Regulatory Quality and Efficiency。

4. 投资机会

当前，受外部环境冲击，哈萨克斯坦经济增速大幅放缓，面临较大困难，因此，哈萨克斯坦对与中方加强务实合作，吸引中资企业加入其经济建设，诉求强烈。对中资企业来说，是重要的投资机遇期。

对哈萨克斯坦投资的主要优势领域：

（1）基础设施建设开发投建。这与中方提出的“一带一路”建设和亚洲基础设施投资银行的核心领域节拍一致。目前，中哈霍尔果斯经济国际边境合作中心已经初具规模，2015年，中心推动建设107个项目，计划分三期于2019年完工，途经阿拉山口和霍尔果斯口岸的欧亚铁路已经开设多个班列。在霍尔果斯项目之后，基础设施建设的步伐将进一步加快，具有重大的投资潜力和双方的政策支持优势。除中资企业以外，各大跨国公司都在哈基础设施建设领域注资，包括全球轨道交通和电力传输基础设施领袖企业法国阿尔斯通公司；以工业物流基础设施著称的迪拜世界集团，以及韩国三星、韩国电力、美国雪佛龙等。

（2）创新经济是重要的投资领域。创新经济是哈发展多元经济的重点，哈轻工业欠发达，迫切需要生产公益现代化，科研发展，管理创新系统更新。不久前，哈推出的“百步计划”鼓励创新经济，强化创新集群建设，创建阿斯塔纳商业园科研中心。吸引国外高新技术企业进驻科技创新园区。在哈萨克斯坦10个经济特区中，专门建设了信息技术园经济特区，以促进发展信息技术行业，开发信息技术、生产信息技术领域的领先产品。

（3）机械制造业投资潜力大。哈萨克斯坦的机械设备进口量占消费总量的92.1%。由于哈国内各行业机械装备严重老化，无法满足工业化需求，矿产、石油、天然气开采设备、电力设备、汽车制造等诸多领域均存在本地化投资机会。目前，哈萨克斯坦共有6个工业生产型经济特区。

（4）农业领域和食品加工有较大发展机会。哈萨克斯坦全国可耕地面积为2 000万公顷，国土面积的69.5%为自然牧场，但哈国农业机械设备老化，技术陈旧，农业机械和食品加工的大量需求靠进口满足，投资空间巨大。

（5）绿色经济是投资优选领域。“哈萨克斯坦（2050）”战略发展规划中要求，2030年可再生能源覆盖率达到30%，2050年达到50%。风能、太阳能、水利等可再生能源是哈发展重点，潜力很大。

此外，传统的能源、采矿领域一直是各国投资重点。

哈萨克斯坦经济政策走向、发展诉求是对其投资的风向标。不仅可以获得政策的大量优惠和支持，也可以获得较大的市场空间，特别是在欧亚经济联盟的共同市场及联盟成员国经济结构同质化比较突出的背景下，选择一个具有发展潜力的领域尤为关键。

俄罗斯

（一）俄罗斯投资概览

国家基本信息简表

中文名称	俄罗斯	英文名称	The Russian Federation
建国日期	1990年6月12日	领土面积	1 709.82万平方公里
所属洲	欧洲	时区	UTC+3至UTC+12

续表

首都及主要城市	莫斯科、圣彼得堡、叶卡捷琳堡、伏尔加格勒、喀山、新西伯利亚等	国际电话区号	+7
人口	1.43 亿人	主要民族	俄罗斯族（77.7%）
人口密度	8.36 人/平方公里		
语言	俄语	主要宗教	东正教（50%—53%）、伊斯兰教（10%）
政体	总统制	法律体系	大陆法系
政党	统一俄罗斯党、俄罗斯联邦共产党、公正俄罗斯党、俄罗斯自由民主党等	换届时间	2018 年（总统选举）
道路通行	靠右驾驶	货币	卢布（RUB）

2015 年主要金融与投资数据

名义 GDP	12 330 亿美元	FDI 流出量	200 亿美元
国际储备	3 683.976 亿美元		
汇率水平（RUB/USD）	72.8827	FDI 流入量	35 亿美元
外债余额/GDP	41.70%		
财政收入/GDP	18.20%	FDI 内存量	3 569.44 亿美元
财政支出/GDP	20.80%		
货币供应增长率（M2）	11.519%	FDI 外存量	4 084.00 亿美元
通货膨胀率	12.924%		
存款利率	9.2%		
贷款利率	15.725%		

中国与俄罗斯双边投资概况	
中国对俄直接投资	6.34 亿美元（2014 年流量） 86.95 亿美元（截至 2014 年末存量）
中俄双边投资协定	2006 年 11 月 9 日签署，2009 年 5 月 1 日生效
中俄双边本币互换协议	2014 年 10 月 13 日，中国人民银行与俄罗斯联邦中央银行签署了规模为 1 500 亿元人民币/8 150 亿卢布的双边本币互换协议，有效期 3 年，经双方同意可以展期
投资优惠措施和利润汇出限制	根据 WEF 发布的《2015—2016 年全球竞争力报告》，俄罗斯在竞争力排名方面得分 4.44 分（4.44/7），排名第 45 位（45/144）。允许资本、利润和红利汇回

（二）俄罗斯投资风险分析

根据中国出口信用保险公司出版的《国家风险分析报告（2015）》，俄罗斯 2015 年的风险评级为 5（5/9）级，主要风险见表 2－3－11。

表 2－3－11　　2015 年俄罗斯主要风险概览

风险类别	风险描述
宏观经济环境	深陷经济危机，外部经济环境显著恶化，反危机措施难有成效，主要国际机构看空俄罗斯经济
政治环境	国内政局总体保持平稳，总统普京多举措强化自身执政地位。俄与西方关系全面恶化，积极拓展东方外交，谋求外交突围

续表

风险类别	风险描述
法律与监管	法律体系完备但存在法律频繁变动风险
政府效率	行政效率有所提高，腐败问题难以解决
金融及国际贸易与支付	卢布面临继续贬值压力，资本外逃难以遏制，经常账户保持盈余，外汇储备持续下降
安全	反政府示威走入低谷，政局趋于缓和。反恐形势依然严峻
税收政策	税收改革取得一定成效，外资企业税收负担有所减少
基础设施	交通设施不断完善，电力通讯发达
劳动力市场	劳动力资源不足，外籍务工管理严格
社会文化	俄北高加索地区的极端势力仍有趋于活跃的可能

俄罗斯政治社会形势总体稳定，普京总统控局能力较强，执政地位稳固，享有广泛的民意支持。但在全球经济低迷、国际大宗商品尤其是能源价格大幅下挫、西方对俄罗斯实施经济制裁等多重因素作用下，2015 年，俄罗斯经历了经济寒冬，GDP 下滑 3.8%。根据 EIU 预测，2016 年这一势头还将持续，俄罗斯经济将萎缩 1.3%。但 2017 年俄罗斯 GDP 将触底反弹，实现 0.9% 的正增长，2018 年增速将达 1.9%。从长期看，俄罗斯经济发展、政治和社会有望保持基本稳定。

本报告主要从政治风险、宏观经济风险、法律与监管风险、税收风险、经营性风险、安全风险对俄罗斯投资风险进行分析。

1. 政治风险

俄罗斯政局总体稳定，普京总统执政基础牢固，这有利于各项经济政策的制定和实施。无论是普京总统本人，还是“政权党”——统一俄罗斯党都拥有较为稳固的民意基础，亲西方的体制外反对派的影响力削弱。2015 年 10 月的民调显示，普京的支持率一度达到了 89.9%，创6 年来的新高。统一俄罗斯党的支持率则稳定在 55% 左右。俄罗斯共产党支持率约为 6%，自由民主党为 5%，公正俄罗斯党为 4%。在 2015 年 9 月举行的俄地方选举中，统一俄罗斯党再次大获全胜。

持续的经济衰退可能引发不稳定风险。尽管当前俄政府拥有较强的控局能力，普京总统在今后一段时间预计仍将拥有较高的支持率。然而，若经济持续衰退，通胀率高企、储蓄率下降、失业率上升、军费开支增加、社会开支收到挤压、人民生活水平下降、腐败难以解决等因素不断累积，也会引发民众不满，从而对政府造成不小的执政压力。

2. 宏观经济风险

俄罗斯宏观经济概况见表 2－3－12。

表 2－3－12　　俄罗斯宏观经济指标（2001—2015 年）

指标＼时间		2001 年	2003 年	2005 年	2007 年	2009 年	2011 年	2013 年	2015 年
实际 GDP 增长率/%		5.07	5.93	6.52	8.96	－7.05	4.25	1.34	－3.8
对实际 GDP 增长率的贡献/%	私人消费	3.28	3.42	4.74	6.30	－2.46	3.34	2.69	－5.2
	政府支出	－0.21	0.86	0.34	0.52	－0.08	0.24	0.22	－0.1
	固定投资	1.42	2.26	1.72	2.57	－3.20	1.63	0.20	－1.7
	外部均衡	－0.54	1.91	0.07	－2.60	5.63	－4.30	1.00	6.8
名义汇率（RUB/USD，AV）		29.17	30.69	28.28	25.58	31.74	29.38	31.84	60.94
实际有效汇率（基于 CPI 调整）		77.79	82.11	97.63	114.26	112.57	130.17	134.83	99.9

续表

指标 \ 时间	2001 年	2003 年	2005 年	2007 年	2009 年	2011 年	2013 年	2015 年
CPI/%	19.31	12.07	10.93	11.87	8.75	5.97	6.43	12.92
预算支出（占 GDP）/%	14.83	17.88	16.33	18.09	24.90	19.58	20.19	20.8
国内信贷增长率/%	26.38	26.58	2.96	37.21	31.39	26.83	21.28	18.7
贷款利率/%	17.91	12.98	10.68	10.03	15.31	8.45	9.47	15.73
平均名义工资增长率/%	45.70	24.79	25.22	26.00	9.10	11.69	12.31	4.2
劳动力成本（美元/小时）	0.63	1.00	1.68	2.94	3.29	4.48	5.26	3.1
经常项目收支（占 GDP）/%	10.49	7.72	11.10	5.58	4.13	5.12	1.68	5.4
净负债（占 GDP）/%	34.19	25.38	8.89	-0.59	3.25	2.33	10.5	11.8
外国直接投资流入（占 GDP）/%	0.93	1.85	2.04	4.32	3.00	2.9	3.34	0.3

资料来源：EIU 数据库。

进入 21 世纪以来，俄罗斯经济基本保持了稳定增长（2009 年和 2015 年除外），但总的趋势是增长速度逐渐放缓。2003—2008 年，得益于国际石油价格上涨，能源产业推动俄罗斯经济实现了腾飞，俄罗斯 GDP 在这几年间的年均增长率达到了 7% 左右。然而在 2009 年，受国际金融危机的影响，国际石油价格猛跌，这导致俄罗斯当年 GDP 下降 7%。自 2010 年起，得益于政府实施的经济刺激计划，俄罗斯经济虽开始恢复，但已难复制 21 世纪前十年的高速发展模式，并由此陷入低速增长。

2015 年，在全球经济不景气、国际能源价格下跌、西方制裁、国内市场疲软等多重因素作用下，俄罗斯经济持续萧条，GDP 增长率为 -3.8%。由行业性的金融制裁所导致的俄罗斯与国际市场的隔绝，更是恶化了油价下跌带来的影响。2015 年以来，西方三大国际信用评级机构对俄罗斯的主权债务评级均为负面。2015 年 2 月 20 日，国际评级机构穆迪对俄罗斯主权信用评级为 Ba1，展望为负面。2015 年 4 月 17 日，国际评级机构标普对俄罗斯主权信用评级为 BBB -/A -3，展望为负面。2015 年 7 月 3 日，国际评级机构惠普对俄罗斯主权信用评级为 BBB -/F3，展望为负面。针对西方的制裁，俄罗斯政府发起几轮反制裁措施，并推出一系列反危机计划，力保社会与经济稳定。这些措施包括：借西方制裁推进“进口替代战略”；在俄远东等地区发展“跨越式发展区”、自由港等；加快整合独联体地区的步伐，于 2015 年如期启动欧亚经济联盟，并推动亚美尼亚、吉尔吉斯斯坦加入联盟。然而，相对于严峻的经济形势而言，短期看这些措施效果有限。但也要看到俄罗斯经济虽陷入困境，但全盘崩溃的可能性不大。EIU 数据显示，2016 年俄罗斯经济下滑的势头还将持续，经济预计将缩水 1.3%，但 2017 年就可以实现 0.9% 的正增长，2018 年增速将达 1.9%。

俄罗斯经济面临的最根本问题并非是西方制裁和能源价格下跌，而是其严重依赖能源的经济发展模式。石油和天然气出口收入约占俄罗斯政府财政收入的一半。能源生产国地位在过去曾有助于俄罗斯经济增长，如今已成为一个重大挑战。俄罗斯亟待实施结构性经济改革，使经济更加多元化。然而，在经济不景气的背景下，进行经济结构调整更加困难。

3. 法律与监管风险

俄罗斯法律体系虽然较为完整，但存在频繁变动的风险。目前，俄罗斯已经建立了较为完整的法律体系，其中与经济贸易活动相关的主要法律有：《外国投资法》《海关法典》《劳动法典》《税务法典》《民事法典》《建筑法典》《经济特区法》《证券市场法》《外汇调节与监督法》《租赁法》《矿产资源法》《产品分成协议法》《技术调节法》《土地法典》《环境保护法》《生态评估法》等。

整体看，俄罗斯未来法律体系基本不会出现根本性变化，但立法变动频繁。同一部法律颁布施行后频繁修订，重要条款经常变化。又或调整相同经济关系（如外国投资领域）的法规相继出台，新法往往改变旧法的规定。如被称为俄罗斯“经济宪法”的《民事法典》虽为民事基本法，但自1994年颁布施行第一部分和2005年颁布最后（第四）一部分以来，修订和补充仍然达到50余次，2012年又做了新的重大修订。法律的不确定性使得投资者存在经营预期效益减少或落空的风险。

俄罗斯执法成本不高，但存在一定的合同变更及执行风险。世界银行2016年营商环境指数以合同执行来衡量俄罗斯的执法成本，结果显示，俄罗斯在189个国家（地区）中排名第5，名次十分靠前（见表2-3-13）。然而，在当前经济形势不佳的条件下，存在一定的合同变更及执行风险。2015年5月，俄罗斯财政部宣布将2016年联邦预算支出削减13%，危机前俄罗斯政府制定的投资计划将会被重新审查、推迟或者取消。2015年5月，俄罗斯政府宣布将削减2018年世界杯11个主办城市中5个的场馆支出，节省了约1亿美元的支出。这种状况在地方政府层面更为严重。俄罗斯财政部称，2014年地方政府的债务增加了20%，达到365亿美元。2015年6月1日，10个地区的债务收入比超过了100%，在另有15个地区这一指标超过了80%。很多地区对于国内银行短期贷款的高度依赖加重了债务问题。银行贷款在俄罗斯29个地区的整个地方债务中占比达50%以上。2015年2月，诺夫哥罗德成为自2008年以来首个无力偿还债务的地方政府。在俄罗斯很多地区，地方预算的削减很可能增加国家合同改变的风险，特别是在建筑、基础设施、房地产等部门。

表2-3-13　俄罗斯合同执行成本对比

指标	俄罗斯	中国内地	中国香港
全球排名（0—189）	5	7	22
DTF合同执行得分（0—100）	78.56	77.56	72.57
时间/天	307	452.8	360
成本（占标的额比重）/%	16.5	16.2	21.2
司法程序质量指数（0—18）	12.5	14.1	11

注：DTF为Distance to Frontier的缩写，是世界银行根据10个自设指标编制的商业环境指数。

资料来源：World Bank, Doing Business 2016: Measuring Regulatory Quality and Efficiency, p.229。

4. 税收风险

过去十几年间，俄政府努力改进税收体系，成功地将税种由12大类精简为7大类，同时简化了税收征收程序。根据《2016年全球营商环境报告》，当前在俄罗斯一个公司承担的总税率（TTR）为47%，在189个经济体中排名第47位（见表2-3-14）。

表2-3-14　俄罗斯纳税对比

指标	俄罗斯	中国内地	中国香港
全球排名（0—189）	47	132	4
DTF缴纳税款得分（0—100）	81.60	64.46	98.71
纳税（次/年）	7	9	3
时间（小时/年）	168	261	74
应税总额（占利润百分比）/%	47.0	67.8	22.8

注：DTF为Distance to Frontier的缩写，是世界银行根据10个自设指标编制的商业环境指数。

资料来源：World Bank, Doing Business 2016: Measuring Regulatory Quality and Efficiency, p.229。

俄罗斯政府虽承诺保持税率稳定，但由于制裁的影响，俄税收政策可能发生改变。早在2013年3月，俄政府表态税制到2018年都不会发生显著改变。然而，由于西方对俄罗斯制裁以及国家储备基金的缩水，为刺激经济增长，开源节流，俄罗斯税收政策也做出了相应调整，税率可能在2018年之前上调。俄罗斯税收改革的措施包括打击离岸避税、增加财产税、改变石油税费等。2015年2月，俄经济发展部提出，对中小企业和大企业减税以刺激增长。政府还计划对大型国有企业进行私有化改革以筹措资金，并使用国家财富基金（NWF）支持遭受制裁的公司。据俄媒报道，预计2016年俄税收将增加893亿卢布，以助力政府在油价低迷以及国际制裁打压的情况下增加收入。个人所得税、公司所得税、采矿税等均可能提高，其中采矿税大概占到整个财政收入的50%—60%。2016年2月底，普京总统批准计划，从2016年4月1日起将俄国内汽油和柴油的税率提高近25%。

企业需基于对俄当地税法及中俄双边税收协定的充分理解，对相关投资活动是否需在当地缴税、适用税种、适用税率及计税方法等问题做出专业判断，并及时关注税制变动并评估可能带来的影响，以事先做好统筹规划。

案例

华为公司曾被俄税务部门对其莫斯科代表处征收数额为7.067亿卢布的利润税，并于2011年向莫斯科仲裁法院提起诉讼。双方争议的焦点是：华为公司认为其莫斯科代表处从事的是非商业活动，即获取许可文件、寻找商业伙伴以及进行谈判。而俄税务部门则认为，华为莫斯科代表处是代表企业进行全部或部分工作的机构常驻机构，在其办公活动中产生的利润税应在俄支付。尽管后来经过中俄两国税务机关多个回合的谈判，俄联邦税务局复审裁决撤销了原判罚，但华为案件从一个方面也提醒了准备去俄罗斯投资或者已经在俄罗斯投资的我国企业在缴纳利润税时对常设机构、办事处之间关系的把握。

5. 经营性风险

（1）腐败风险。尽管政府采取了一系列措施，但俄腐败情况仍较为严重。自俄罗斯独立以来，腐败问题成为困扰甚至制约俄社会健康发展的一大难题。近年来，俄罗斯一直将反腐作为政府工作的重要内容之一。然而，俄罗斯反腐工作并未取得预想中的成效。全俄社会舆论调查中心2015年10月公布的数据显示，69%的受访者认为俄腐败问题十分严重。世界经济论坛《2016年全球竞争力报告》调查显示，在俄罗斯经商遇到的所有问题因素中，得分从高到低依次是：腐败、税率、获得融资、复杂的税收条例、政府低效的官僚主义、通胀、劳动力受教育不足、劳动力中不良职业道德、基础设施供给不足、创新能力不足、严格的劳动法规、犯罪与盗窃、政策不稳定、外汇条例、政局不稳、公共卫生差。

（2）对外国直接投资（FDI）的态度。无论是解决经济增长问题，还是推动远东开发，俄罗斯都急需引进外资。然而，俄罗斯政府始终没有打消外资进入可能会排挤和控制民族产业、致使国家利益受损的顾虑。

俄罗斯对于外资可以进入的行业有明确规定。政府鼓励外商直接投资领域大多是传统行业，如石油、天然气、煤炭、木材加工、建材、建筑、通信设备、食品加工、纺织、汽车制造等行业。限制的行业主要是战略性行业，如国防军工、核原料生产、核反应堆项目的建设运行、用于军事技术生产的特种金属和合金的研制生产销售、宇航设施和航空器研究、密码加密设备研究、天然垄断部门的固定线路电信公司、联邦级地下资源区块开发、水下资源、覆盖俄罗斯领土一半区域的广播媒体、发行量较大的报纸和出版公司等。禁止的行业包括赌博业、人寿保险业等。

从实际操作看，在一些敏感产业，俄罗斯政府会在环境、技术等方面设置壁垒，阻碍外资进入。此外，能源产业在引入外资或涉及海外并购时往往受到政府的特别关注。例如股权比例限制和产品分割协议。俄罗斯至今尚未开放铁路客运和货运市场以及油气管道和电网建设运营领域。公路建设领域对外资进入开始松动，但运营领域尚未开放。这一系列相关限制政策极大地影响了外资对俄投资的积极性。

近年来，流入俄罗斯的 FDI 呈大幅下滑趋势。2013 年，俄罗斯曾在吸引外资方面达到新高，在世界吸引投资国家中排名第三位，基本恢复到金融危机前的水平。然而，自乌克兰危机升级以来，西方对俄罗斯发起多轮经济制裁，卢布不断贬值，投资者信心遭受沉重打击，外资大量撤离俄罗斯，俄罗斯吸引投资额显著下降。EIU 数据显示，2013 年，俄罗斯 FDI 流入量为 692 亿美元。2014 年降至 229 亿美元，2015 年估计仅为 35 亿美元。由于俄罗斯与西方关系恶化，俄罗斯不但难以吸引西方资本，甚至还有被做空的风险。在此背景下，俄罗斯政府可能加大吸引非西方外资力度，尤其是看重中国投资。

（3）没收风险。俄罗斯的外资立法仅仅从表面上降低了外国投资者的显性风险，事实上隐性风险如无约束地国有化或没收财产、国家拒绝履行国际义务等更容易造成境外投资的失败。没收风险有时是出自贸易保护主义和腐败动机。近年来，俄罗斯政府越来越重视环保和生态安全，很多时候会因为生态和环保问题而终止或改变协议。

案例

“灰色清关”

“灰色清关”是苏联解体后在俄罗斯社会发展和历史演进过程中形成的、经俄罗斯海关默许的一种不规范的通关方式，也是持续了 20 年之久的中俄民间贸易的一种潜规则。这种通关方式在特定的历史时期曾为双方带来了巨大的经济利益，但它毕竟不是正规的清关方式。俄税警部门曾多次以无货物通关证明为由，查抄中国的商贸中心。但是，通关的便捷、高额的利润（“白色清关”的清关费用比“灰色清关”高出 20%—30%）和侥幸心理使得华商无法提供海关合法手续的风险，为日后货物被查埋买下了祸根。2007 年俄罗斯“禁商令”风波、2008 年切尔基佐沃大市场突然被查抄，均导致大批华商蒙受重大经济损失，同时也使我国数千家相关企业受到不同程度的影响。

浙商林场遭没收

浙江民企商人傅建中斥巨资收购了俄罗斯哈巴罗夫斯克的一处林场，经过 3 年多的开发，当森林资产估值从当初 70 亿元人民币飙升至 150 亿元人民币时，林场公司却突然被俄方以涉嫌违法为由查封公司资产被强制拍卖，森林经营权被提前收回，价值上百亿资产短短数月间被席卷一空。俄方提前终止租赁合同的四条理由：木兴公司未支付森林资源使用费；未履行合同规定的森林合理使用和森林耕种义务；违反《俄联邦防火安全条例》；在进行木材砍伐时违反了森林管理的要求。

（4）劳工风险。俄在劳动力资源方面缺口较大，但近年来俄对外籍务工人员管理越发严格，外籍劳务配额不断减少。根据相关法律规定，在俄从事劳务的外籍人员（除高素质人才）必须通过俄语水平、历史和法律基础知识等综合测试。外国公民在俄罗斯办理赴俄劳务签证、暂住手续时需要提交相关考核证书。俄罗斯希望更多引进中高管的管理和技术人才，但目前中国在俄劳务人员从事简单劳动和低技术含量的比例较大。近年来，受全球金融危机影响和俄国内就业压力增大，俄罗斯对外籍劳务的政策导向也在发生变化：不断缩减外来劳务配额；为保证国内就业，对使用外来劳务实施行业禁止措施；力图改善外来劳务结构；严厉打击非法劳务移民；根据 2014 年 10 月颁布的有关法律规定，在俄罗斯远东跨越式发展区注册的企业可有权直接邀请外籍劳工，不需办理吸引外籍劳务来俄务工许可；2015 年 1 月 1 日起，俄罗斯《新移民法》开始生效，新法规定，对俄实行免签证的国家取消了移民配额，代之以个人或者法人工作许可制度。

2015 年，在西方制裁、石油价格大幅下挫、卢布大幅贬值的背景下，俄罗斯的公司受到冲击纷纷裁员，而政府宣布全面削减除国防和社会支出以外的财政支出，这导致俄罗斯一些地区出现了抗议活动。劳资关系在工业、交通、医疗和教育这四个主要依赖政府预算的部门比较紧张。

6. 安全风险

乌克兰危机爆发后，俄罗斯与西方关系恶化，北约加强了在东欧等地区的军事部署，双方对抗加剧。但由于俄罗斯的军事实力、核大国地位等因素，俄罗斯与其他国家或北约之间发生常规战争的可能性很低。由于境内极端势力和分裂势力的存在，俄罗斯北高加索地区一直是恐怖袭击的重灾区。但自 2013 年起，该地区极端分子和恐怖分子的活动有所减弱。2015 年 9 月，俄罗斯军事介入叙利亚，导致伊斯兰势力反弹，俄罗斯国内遭受恐怖袭击的安全风险有所上升。俄罗斯社会治安问题十分恶劣，一直以来没有得到很好的解决。外国投资者在俄人身安全存在隐患。俄罗斯境内极端主义组织的犯罪活动猖獗。不少外国投资商都曾受到不法分子的袭击，人身安全和财产安全受到威胁，俄罗斯社会治安问题仍然十分严峻。

（三）俄罗斯未来发展预测和投资机会分析

1. 政治前景

未来一段时间，俄罗斯政局可望保持平稳。普京总统控局能力强，收回克里米亚、西方对俄制裁、俄对叙利亚的军事干预等因素都推动了俄国内民族情绪的高涨，也推高了普京总统的支持率，体制外反对派进一步被边缘化。普京曾表示不排除参加 2018 年参加总统大选的可能性。

同时也应看到异常严峻的经济形势使得普京执政面临多重考验。2014 年以来，欧美的制裁瞄准俄罗斯核心经济领域，重创俄经济发展的根基；国际原油价格一跌再跌，直接冲击俄罗斯财政支柱；经济结构痼疾难消，发展模式难以取得突破。俄罗斯虽然表面强硬，但日益恶化的外部环境、滞缓的经济增长使其底气不足，经济发展陷入内外交困的窘境。尤其是社会开支困难依旧，保障民生难度增大，若俄罗斯居民不满情绪滋长，普京的支持率很难一直维持在较高水平上。

在对外关系方面，2015 年俄罗斯与西方的关系跌到历史低点。2015 年 6 月，欧盟对俄罗斯的能源、银行业、军事部门继续制裁 6 个月。俄罗斯也对欧盟的食品进口禁令延期至 2016 年年终。未来一段时间，俄罗斯与西方关系难以彻底缓和。

2. 经济预测

受处于低位的石油价格和国际制裁的影响，2015—2016 年，俄罗斯政府将专注于应对眼前的经济风险和政治风险，其首要任务是确保稳定和增长。2015 年 1 月，俄罗斯通过了新的反危机计划，共计 475 亿美元，主要用于支持系统性银行、农业、养老金、小型企业，并未触及改革经济结构问题。

俄罗斯的经济增长早在 2014 年之前就因其结构性问题已显颓势。后来受到国际制裁等外部因素的影响，俄罗斯经济进一步恶化。石油价格下跌，资本外逃更是加剧了卢布的贬值。2016 年，预计俄罗斯经济将出现虚弱的复苏，主要是因为 2015 年的基数太低以及银行借贷的逐渐恢复。欧盟延长对俄罗斯制裁以及俄罗斯缺乏清晰连贯的经济政策也将打击投资者积极性。未来几年，俄罗斯经济增长也是有限的。2017—2019 年，俄 GDP 预计将保持年均 2% 左右的增长（见表 2－3－15）。

表 2－3－15　　俄罗斯经济增长与预测（2016—2019 年）　　单位/%

指标＼时间	2016 年	2017 年	2018 年	2019 年
GDP	0.6	2.3	2.0	1.6
私人消费	1.5	2.9	3.5	2.9
政府消费	－3.7	2.0	0.5	0.5
固定资产投资	1.5	2.6	3.0	4.0
商品及服务出口	2.5	1.4	1.0	0.7
商品及服务进口	5.4	8.5	6.5	5.9
内需	1.8	4.4	3.6	3.1
农业	2.0	1.8	1.5	1.7
工业	0.6	1.0	1.1	1.2
服务业	0.5	3.2	2.6	1.7

资料来源：EIU，Country Forecast——Russia，July 2015，p. 25。

在财政政策方面，EIU 估计俄罗斯 2015 年的财政赤字为 2.68 万亿卢布（相当于 GDP 的 3.8%）。这明显反映出国际石油价格对俄财政预算的影响。俄罗斯政府将通过主权财富基金来弥补赤字。EIU 预计 2016 年议会选举之后俄罗斯将采取一些财政巩固措施，未来 3 至 4 年，俄财政赤字将占到 GDP 的 1.5% 左右（见表 2－3－16）。

表 2－3－16　　俄罗斯财政政策相关指数与预测（2014—2019 年）　　单位/%

指标＼时间	2014 年	2015 年	2016 年	2017 年	2018 年	2019 年
政府支出（占 GDP）	20.8	19.2	18.2	19.1	19.0	18.7
政府收入（占 GDP）	20.3	15.7	15.8	17.0	17.5	17.3
预算平衡（占 GDP）	－0.5	－3.6	－2.5	－2.0	－1.5	－1.5
政府债务（占 GDP）	10.4	13.4	15.2	16.4	17.1	17.8

资料来源：EIU，Country Forecast——Russia，July 2015，p. 23。

在货币政策方面，2014 年俄罗斯卢布贬值的压力迫使俄罗斯央行转向自由浮动汇率。2014 年 12 月 16 日，俄罗斯央行将基准利率提升 650 个基点至 17%，以稳定卢布汇率。此举曾引发恐慌。尽管随后卢布企稳，波动的风险仍然存在。之后至 2016 年 6 月中旬，俄罗斯央行 5 度降息，将基准利率从 17% 降回至 11%。2014—2019 年俄罗斯利率与预测见表 2－3－17。

表 2-3-17　　俄罗斯利率与预测（2014—2019 年）　　单位/%

指标＼时间	2014 年	2015 年	2016 年	2017 年	2018 年	2019 年
央行再融资利率（末期）	8.3	8.3	8.3	8.3	8.3	8.3
贷款利率（年均值）	11.1	16.2	11.0	10.1	9.3	9.3
存款利率（年均值）	6.0	10.4	8.0	6.1	6.1	6.3

资料来源：EIU，Country Forecast——Russia，July 2015，p. 24。

3. 营商环境

根据 EIU 预测，由于西方的制裁与俄反制裁，2015—2019 年，俄罗斯商业环境的分值将从 2010—2014 年的 5.55 分下降到 5.34 分，俄罗斯在全球 82 个国家（地区）中的排名也将从 59 名下降到 69 名。在对外贸易和外汇管制、税收、融资等方面，俄罗斯的排名也大幅下降（见表 2-3-18）。

表 2-3-18　　俄罗斯商业环境排名与展望

指标	评价值[a]		全球评级[b]		地区评级[c]	
	2010—2014 年	2015—2019 年	2010—2014 年	2015—2019 年	2010—2014 年	2015—2019 年
总评	5.55	5.34	59	69	12	14
政治环境	3.8	3.1	75	78	16	16
政治稳定性	4.8	3.6	69	76	15	15
政治有效性	2.9	2.6	76	77	15	16
宏观经济环境	6.9	7.2	44	38	9	9
市场机会	7.2	5.1	11	49	1	3
对私人公司和竞争的政策	3.5	3.0	71	78	13	16
对外国投资的政策	3.7	3.3	79	79	16	16
对外贸易和汇率管控	7.3	7.8	50	49	11	11
税收	5.3	5.3	62	69	14	16
融资	5.1	5.1	54	63	9	12
劳动力市场	6.0	6.3	47	44	11	10
基础设施	6.8	7.2	38	41	7	8

注：a，总分为 10；b，在 82 个国家（地区）中；c，在 16 个国家（地区），包括阿塞拜疆、保加利亚、克罗地亚、捷克、爱沙尼亚、匈牙利、哈萨克斯坦、拉脱维亚、立陶宛、波兰、罗马尼亚、俄罗斯、塞尔维亚、斯洛伐克、斯洛文尼亚和乌克兰。

资料来源：EIU，Country Forecast——Russia，July 2015，p. 13。

对外国投资政策方面，由于美欧对俄罗斯制裁，致使西方对俄罗斯投资大幅减少。俄罗斯当前国内政策倾向于自给自足和实施进口替代，同时开始注重吸引亚洲国家的投资，尤其是吸引中国的投资，以满足俄罗斯现代化需求。

在外贸和汇率管制方面，俄罗斯已是 WTO 的成员国之一，在推进贸易以及汇率体制自由化方面取得了长足的进步。然而，乌克兰危机的爆发，与西方的对立以及反制裁的实施，导致双方实行贸易和资本限制的风险上升。尽管 2006 年，俄罗斯就开放了资本账户。但在 2014 年底，俄罗斯政府再次实行资本控制。

在税收方面，俄罗斯有望保持一个相对有利的营商环境。从 2001 年起，俄罗斯政府开始简化税法，同时降低大部分的主要税种的税率。预计未来 2—3 年，为在油价低迷、遭受西方制裁的情况下增加收入，俄罗斯政府可能上调相关税率。

在融资方面，俄罗斯银行业在 2008 年金融危机中遭受了巨大的冲击，之后一直未能完全恢复。乌克兰危机导致美西方针对几乎所有俄主要银行都实施了制裁，禁止买卖这些银行发行的期限超过 30 天的债券。这造成借款人融资受限及融资成本的上升，俄罗斯企业将更加依靠国家提供贷款。

在劳动力市场方面，俄罗斯劳动力市场整体上是吸引投资者的。俄罗斯优势包括相对较低的劳动力成本，相对灵活的雇佣和解聘制度，受过高等教育的劳动力等。经济环境的不景气有利于缓解劳动力的短缺。而中期看，人口下降的趋势将对劳动力市场产生负面影响。2015 年俄罗斯平均工资水平下降约 30%。2016 年，预计俄罗斯用工成本将会增长。

在基础设施建设方面，资金不足、缺乏综合性开发战略是俄罗斯发展基础设施的瓶颈。

4. 人口预测

中长期看，俄罗斯人口减少的走势将会对经济发展产生不利影响。联合国数据表明，2019 年俄总人口预计为 1.4 亿人，比 2014 年下降 1.9%。到 21 世纪中叶，俄罗斯总人口将低于 1.21 亿人。俄人口死亡率已连续 20 多年超过出生率。俄政府一直鼓励生育，并采取产假薪酬、扩大和改善儿童保健等措施。此外，人口的老龄化也是一个问题，退休人数的不断增加对纳税人而言是个沉重的负担。俄罗斯人口统计与预测见表 2-3-19。

表 2-3-19　俄罗斯人口统计与预测

指标	2009 年	2014 年	2019 年
人口/百万人			
总计人口/百万人	143.7	142.5	140.5
男/百万人	66.4	65.7	64.6
女/百万人	77.3	76.8	75.9
年龄分布比例/%			
0—14 岁/%	14.8	16.1	17.3
15—64 岁/%	72.0	70.8	68.2
65 + 岁/%	13.2	13.1	14.5
青年抚养比/%	0.21	0.23	0.25
老年抚养比/%	0.18	0.18	0.21
适龄工作人口/百万人	103.4	100.8	95.8
城镇人口比例/%	73.6	73.9	74.1
劳动人口/百万人	75.7	75.4	72.0

资料来源：EIU，Country Forecast——Russia，July 2015，p. 13。

尽管人口快速下降，但俄仍实行较为严格的移民政策。目前，不少来自其他独联体国家的公民在俄罗斯打工。2013 年，俄联邦移民局称俄境内有外国公民及无国籍人士约 1 080 万人，其中 370 万人为非法打工。这些务工人员多数从事零售贸易，这虽然补充了当地的劳动力，但并不受俄罗斯人的欢迎。2014 年乌克兰危机的爆发导致 80 万—100 万名乌东部地区难民涌入俄罗斯。2015 年初，俄政府对于欧亚经济联盟之外的外国公民在俄取得工作许可采取了更为严厉的措施。

5. 投资机会

俄罗斯市场投资机会展望见表 2-3-20。

表 2-3-20　　俄罗斯市场投资机会展望

指标＼时间	2015 年	2016 年	2017 年	2018 年	2019 年
人口/百万人	142.1	141.7	141.3	140.9	140.5
GDP/十亿美元	1 370	1 393	1 580	1 743	1 817
人均 GDP/现价美元	9 639	9 828	11 176	12 365	12 929
GDP/十亿美元，购买力平价	3 536	3 617	3 783	3 963	4 122
人均 GDP/美元，购买力平价	24 885	25 522	26 763	28 119	29 337
个人可支配收入/十亿美元	767	762	869	981	1 046
家庭收入中位数/美元	14 839	10 525	10 520	11 730	13 200
家庭消费/十亿美元	704	701	789	873	911
家庭人均消费/美元	4 950	4 950	5 580	6 200	6 480

资料来源：EIU，Country Forecast——Russia，July 2015，p. 32。

俄罗斯地大物博，地跨欧亚两洲，是世界最大的国家，也是资源大国，拥有丰富的能源及其他矿产资源；俄罗斯也是经济大国之一，其工业改造、基础设施建设、新一轮私有化等领域，为投资商提供了更多的机遇；俄罗斯有 1.42 亿人口，是欧洲最大的市场之一，市场需求不断增大；俄罗斯基础科学研究实力较为雄厚，尤其是在航天、核能、军工等尖端技术研究较为领先；俄入世后也在放宽对国内外投资商投资领域的限制；俄国民受教育程度高。这些都是俄罗斯吸引投资的竞争优势。

俄罗斯经济发展部制定的《2020 年俄罗斯联邦社会经济长期发展构想》指明了俄罗斯未来一段时间的发展战略，包括：重点进行产业结构调整、扩大投资、发展创新经济、加快对传统工业的升级改造、改善基础设施建设、稳步推进国企私有化、进一步开放市场等。2015 年 3 月，俄罗斯政府确定财政拨款优先发展经济领域，包括农业（包含农业服务）、加工业（包括食品生产）、化工、机械制造（航空、船舶、汽车生产等）和住房建设。此外，优先投资项目还有运输行业，包括空运（空港、空运商业、运输基础设施），通信与电信，以及电、气、水和其他资源的生产和分配。石油产品和医药产品的生产也在优先投资之列，分别包含在加工业和化工业中。2015 年 3 月，俄罗斯出台 2035 年前能源发展战略，设想到 2035 年天然气产量将从 6 400 亿立方米增加到 8 050 亿—8 800 亿立方米，石油年产量 5.25 亿吨，难以开采石油和大陆架石油在石油总产量中的比重，到 2035 年将占到 25%，年产量将达到 1.3 亿吨。石油出口量将从目前的 2.2 亿吨增加到 2.7 亿吨。此外，能源战略设想到 2035 年液化天然气产量将增长 5 倍。煤炭产量将达到 4.35 亿吨，出口量将增长 20%。电力需求将增长 15%。能源投资总额将达到 2.5 万亿美元。

2015 年，俄罗斯面临复杂的国际经济形势。俄罗斯远东跨越式开发区建设、扩大石油出口、天然气输气、跨西伯利亚铁路改造，高铁和公路建设等基础设施项目为中俄直接投资基金、中俄相关企业开展投资合作带来新的机遇。在高科技领域，航空、航天、核能等大项目研发投资合作将打破西方的技术和市场垄断，形成共同开拓国际市场的新局面。在传统产业投资合作中，利用俄罗斯闲置土地资源，以中国的资金、技术和劳动力，积极开展中俄农业投资合作，将满足市场对非转基因、绿色农产品的需求。金融领域，中俄推动双边贸易本币结算，俄加速建立本国支付体系建设，为逐步深化两国合作提供契机，将带动两国储备合作、股权债券、基金投资等领域合作的全面展开。

乌克兰

（一）乌克兰投资概览

国家基本信息简表

中文名称	乌克兰	英文名称	The Republic of Ukraine
建国日期	1991 年 8 月 24 日	领土面积	60. 37 万平方公里（含克里米亚）
所属洲	欧洲	时区	UTC +2
首都	基辅	国际电话区号	+380
主要城市	哈尔科夫、敖德萨		
人口	4 276 万人（2016 年 1 月 1 日，不含克里米亚）	主要民族	乌克兰族（77.8%）、俄罗斯族（17.3%）、其他民族（4.9%）
人口密度	77 人/平方公里		
语言	乌克兰语	主要宗教	东正教（76%）、天主教（14%）、其他（10%）
政体	总统议会制	法律体系	英美法系
政党	波罗申科集团（BPP）、人民阵线（PF）、反对党集团（OB）、自助党、利亚什科激进党（RP）、祖国党（F）	换届时间	2019 年 5 月（总统选举） 2019 年 10 月（议会选举）
道路通行	靠右驾驶	货币	戈里夫那（UAH）

2015 年主要金融与投资数据

名义 GDP	868 亿美元	FDI 流出量	8 亿美元
国际储备	124 亿美元		
汇率水平（UAH/USD）	24. 00	FDI 流入量	40. 0 亿美元
外债余额/GDP	150. 8%		
财政收入/GDP	34. 19%	FDI 内存量	619. 03 亿美元
财政支出/GDP	35. 65%		
货币供应增长率（M2）	4%	FDI 外存量	79. 45 亿美元
通货膨胀率	48. 7%		
存款利率	13%		
贷款利率	22%		

中国与乌克兰双边投资概况

中国对乌克兰直接投资	472 万美元（2014 年）
中国和乌克兰双边投资协定	1992 年 10 月 31 日签署，1993 年 5 月 29 日生效
中国和乌克兰双边本币互换协议	2012 年 6 月 26 日，中国人民银行与乌克兰国家银行在北京签署了中乌双边本币互换协议，规模为 150 亿元人民币/190 亿格里夫纳，协议实施有效期 3 年，经双方同意可以展期
投资优惠措施和利润汇出限制	根据 WEF 发布的《2015—2016 年全球竞争力报告》，乌克兰在竞争力排名方面得分 4. 0/7，排名 79/144。允许资本、利润和红利汇出

（二）乌克兰投资风险分析

根据中国出口信用保险公司出版的《国家风险分析报告（2015）》，乌克兰2015年的风险评级为8（8/9）级，主要风险见表2-3-21。

表2-3-21　　2015年乌克兰主要风险概览

风险类别	风险描述
宏观经济环境	经济衰退，通货膨胀严重，财政赤字问题突出
政治环境	政局不稳，党派斗争加剧，乌克兰危机长期化
法律与监管	法律体系不稳，执法成本偏高，法律环境整体不透明
政府效率	办事效率低下，行政命令不明确，廉政问题较为突出
金融及国际贸易与支付	紧缩财政政策和货币政策，银行体系混乱，财政赤字问题严重，本币格里夫纳大幅贬值，外债比例过高，国际储备不足
安全	东部武装冲突暂停，社会安全环境总体不佳
税收政策	税制复杂，税收政策调整频繁，税收表现有较大提升
基础设施	交通设施完备，交通运输业发达，东部交通破坏严重
劳动力市场	劳动力水平较高，劳动力流失严重
社会文化风险	东西部宗教信仰不同，地区发展不平衡，游行示威频发，东部安全形势严峻

乌克兰总体政治经济形势处于高风险状态。自乌克兰危机爆发以来，乌克兰一直处于内忧外困的局面。内部政局不稳，党派斗争激烈；经济大幅倒退，靠借债勉强维持，经济稳定面临极大的挑战；东部地区冲突已被“冻结”，给国家安全和社会稳定埋下隐患。外部来看，与俄罗斯关系的彻底恶化以及大国围绕乌克兰危机博弈的持续，造成乌克兰国际环境恶劣，外交困境难解。未来乌克兰的国家风险主要在东部地区地位问题的和平解决以及国内政治经济形势的整体稳定能否实现。短期来看，乌克兰危机将继续持续，政权内部矛盾重重，经济难以走出衰退，政治经济风险很高。长期来看，乌克兰危机前景不明，政治不确定性依然很大，经济恢复发展将受政治形势的影响。

本报告主要从政治风险、宏观经济风险、法律与监管风险、税收风险等方面对乌克兰的投资风险进行分析。

1. 政治风险

政局动荡不稳以及东部地区问题极大影响了乌克兰危机的解决，政治风险维持在高位。

政府内斗加剧。自2014年2月亲西方政府上台以后，乌克兰政局便持续动荡不安。乌克兰重回议会总统制政体后，总统权力被再次削弱，议会、政党、总统之间围绕限制总统权力、提前举行议会选举以及总理亚采纽克的去留等问题纷争不断，各派政治力量始终缺乏明确共识，给政治稳定带来负面影响。2016年2月执政联盟解散，4月总理亚采纽克被迫辞职，议长格罗伊斯曼出任新总理。未来新政府如果在政局稳定、经济改革和反腐败问题上仍无作为，将可能引发新的政治内斗，政治动荡风险也有可能随即增加。

极端民族主义党派绑架政府。虽然激进党、自助党、自由党等极端主义党派在2015年10月举行的地方选举中支持率明显下滑，但仍利用街头政治绑架政府，通过自由广场示威反对宪法改革、克里米亚断电以及禁止俄罗斯货车过境等事件阻碍国内政治和解进程，极大影响乌克兰政治与社会稳定。

“西升东落”加剧政治乱象。乌克兰危机爆发以来，“反俄”已成为乌克兰政府对外政策的“标杆”。乌克兰政府无视俄罗斯的战略底线，一再挑衅俄罗斯。乌克兰议会通过乌克兰放弃不结盟地位法案，还决定暂停与俄罗斯的军事合作，并与美国、北约多次举行联合军演，刺激俄罗斯敏感神经。乌克兰政府在不同场合公开呼吁西方加强对俄罗斯制裁，并自 2015 年 11 月 26 日起禁止所有俄罗斯航空公司飞机在乌克兰领空过境飞行。乌俄关系紧张不利于乌克兰国内形势的稳定。

乌克兰危机长期化趋势。目前关于东部地位问题的谈判已停滞。一方面，乌克兰政府与东部民间武装在东部两州地位上的立场相差巨大。民间武装要求顿涅茨克州和卢甘斯克州享有与独立区别不大的“特殊地位”，且要将“特殊地位”写入宪法。乌当局拒绝这一要求，只允许“特殊形式的地方自治”。另一方面，乌克兰当局坚持不与东部民间武装直接对话。新明斯克协议的政治条款，即乌克兰当局与民间武装就乌克兰宪法改革和地方选举事宜进行磋商就不可能得到执行。加之，乌克兰政府面临多重问题，俄罗斯与美欧都未放弃争夺乌克兰，乌克兰危机长期化不可避免。

乌克兰国内政局不稳将影响法律体系的稳定性。一旦发生政府更迭，各项法律制度与内政外交政策也会发生变更，可能会导致国际协议、条约与企业间合同违约的风险。赴该国投资企业应密切跟踪乌克兰政局走势，有效防范可能出现的政治风险。

2. 宏观经济风险

由于国际市场原材料价格下跌、国内政治危机、经济结构改革缺乏进展以及与俄罗斯敌对关系，2015 年乌克兰经济继续衰退。第一，经济增速继续下降。根据 EIU 资料显示，2015 年乌克兰经济从 2014 年的 -6.83% 降到 -9.8%。第二，实体经济下滑明显。由于国际能源价格下跌以及内需下降，乌克兰 2015 年工业产值同比下滑 13.4 %。第三，拉动经济增长的“三驾马车”乏力。首先，由于国际大宗商品价格下跌，且与俄罗斯相互进行贸易制裁，外贸出口额大幅下降 30.9%。其次，由于国际货币基金组织的经济援助，乌克兰政府资金紧缺有所缓解，固定资产投资微弱增长，从 2014 年的 -3.9% 增长到 2015 年的 -2.1%，但总体仍处于不足状态，不利于经济增长。再次，消费需求下降。经济持续衰退，居民收入减少，实际购买力大幅下降，乌克兰消费市场收缩。2015 年乌克兰私人消费负增长 15.6%，比 2014 年又下滑 8 个点。第四，通胀高企。货币的持续贬值，带动通货膨胀上升。2015 年乌克兰通货膨胀为 48.7%，CPI 指数为 48.68%。

得益于东部地区安全形势缓解和乌克兰政府对内采取紧缩财政与货币政策及西方国家的贷款援助，2015 年下半年乌克兰经济降速有所缓解，第 1 季度同比负增长 17%，第 2 季度下降 14.7%，第 3 季度负增长 7.2%，第 4 季度下降 1.4%。

但是，乌克兰经济走出泥潭还尚需时日。政治不确定性、乌克兰危机长期化、债务负担沉重以及政府经济改革能力有限，加之，外部环境恶劣，全球能源价格低迷，中欧和中国经济放缓，与俄罗斯关系不见好转等因素冲击下，短期内乌克兰经济仍严重依赖外部经济援助，难有突破性好转。根据 HIS 预测，2016 年乌克兰经济将负增长 1.7%，2017 年将恢复性增长 1%。

鉴于乌克兰经济下滑，国内市场需求萎缩，赴该国投资企业应密切跟踪乌克兰经济发展状况，谨慎投资。在与乌克兰企业开展贸易活动的同时，应对贸易伙伴的资信情况、产品和服务质量有充分的了解，应周密考虑合同各项条款、对未来可能产生的纠纷有所预见，特别是对收汇风险应有充分考虑。

乌克兰宏观经济概况见表 2-3-22。

表 2-3-22　　乌克兰宏观经济概况（2006—2015）

指标		2006 年	2008 年	2010 年	2012 年	2014 年	2015 年
实际 GDP 增长率/%		7.3	2.37	3.83	0.24	-6.83	-9.8
对实际 GDP 增长率的贡献/%	私人消费	7.44	7.25	4.14	5.68	-7.68	-15.7
	政府支出	0.74	0.19	0.8	0.81	-0.1	-0.3
	固定投资	5.11	-0.37	-0.11	0.87	-3.9	-2.1
	外部均衡	-7.67	-7.09	-3.62	-4.71	6.23	5.5
名义汇率（UAH/US，AV）		5.05	5.27	7.9	7.99	11.87	21.84
实际有效汇率（基于 CPI 调整，1997=100，AV）		78.78	86.28	74.28	76.34	58.14	54.7
CPI（%）		9.08	25.20	9.37	0.57	12.1	48.68
预算支出（占 GDP）/%		32.24	32.65	35.10	35.06	33.38	35.65
国内信贷增长率/%		69.42	76.91	6.35	7.14	25.45	-0.4
贷款利率/%		15.17	17.49	15.87	18.39	17.72	21.8
平均名义工资增长率/%		29.378	33.721	17.68	14.85	6.14	21.1
劳动力成本/美元/小时		1.6	2.6	2.2	2.9	2.2	1.5
经常项目收支（占 GDP）/%		-1.55	-7.17	-2.04	-8.06	-3.71	-0.6
净负债（占 GDP）/%		27.99	37.11	66.54	60.47	93.44	122.6
外国直接投资流（占 GDP）/%		5.21	5.95	4.74	4.65	0.64	4.6

资料来源：EIU 数据库。

3. 法律与监管风险

乌克兰法律深受政治权力的影响，法院系统腐败严重。鉴于国际货币基金组织借贷的附加条件以及与欧盟的自贸区协定的要求，自 2015 年 10 月以来，乌克兰政府对现行法律体系进行修正，整顿司法队伍，以期实现法律体系的公正、公平和独立。但是改革效果不明显，法律环境依然恶劣，反腐低于预期。

执法成本较高。根据世界银行 2016 年营商环境指数中的合同执行这一分项指标来看，乌克兰在全球 189 个国家（地区）中排名第 98 位，合同执行得分 57.11 分，表明在乌克兰外国企业向法院提交诉讼到最终获得赔付所花费的时间较长，费用较多，步骤也比较繁琐。乌克兰关于企业及产权的立法很少。在中央和地方政府采用法律起诉或者直接征收的威胁下，投资者往往会让步，改变相关费用或者已到期的合同。在乌克兰外国企业往往通过第三国仲裁来处理纠纷。由于乌克兰国内相关立法的模糊以及法院独立性不足，国际仲裁裁决的成功执行，很可能取决企业与政府相关决策者的密切关系。

在巨大的预算压力下，国家合同变更风险水平很高，许多项目遭到延迟、审查或取消，如前总统亚努科维奇长子亚历山大·亚努科维奇所控公司与俄罗斯相关企业签署的能源和军工合同都遭到审查，乌克兰中央和地方政府极有可能取消在顿涅茨克和卢甘斯克地区的项目，而这两个“共和国”也不可能承认基辅政府授权的任何合同。由于俄罗斯“接管”克里米亚，乌克兰政府在克里米亚签署的合同也被取消。同时，乌克兰政府也不承认俄罗斯政府与私人承包商在克里米亚签署的合同。

乌克兰涉及企业经营活动的法律名目繁多，且因政权更迭导致法律政策调整频繁，赴乌投资企业对此要有充分准备，仔细跟踪研究法律和政策异动情况。在执法成本方面，在乌克兰处理合同纠纷成本较高，不利于企业的正常运行（见表 2 - 3 - 23）。建议赴该国投资企业在开展投资合作之前，对拟合作的对方伙伴的创建背景、经营历史、财务资信、与政府部门之间的关系等情况进行深入调研，才能防患于未然。

表 2 - 3 - 23　　乌克兰合同执行成本对比

指标	乌克兰	中国内地	中国香港
全球排名（0—189）	98	7	22
DTF 合同执行得分（0—100）	57.11	77.56	72.57
时间/天	378	452.8	360
成本（占标的额比重）/%	46.3	16.2	21.2
司法程序质量指数（0—18）	8	14.1	11

注：DTF 为 Distance to Frontier 的缩写，是世界银行根据 10 个自设指标编制的商业环境指数。

资料来源：World Bank，Doing Business 2016：Measuring Regulatory Quality and Efficiency，pp. 242。

4. 税收风险

乌克兰实行国家税和地方税两级税收体制。其中，国家级税收共 20 余种，主要包括增值税、利润税、个人所得税、消费税、土地税、养老基金税、机动车税、进口关税、印花税、环境保护税等。地方级税收则有 5 种，主要包括不动产税、统一税、旅游税等。

根据国际货币基金组织（IMF）税制改革要求，2015 年 12 月乌克兰议会通过税法修正案，2016 年 4 月正式生效，但新税率从 2016 年 2 月 1 日开始执行。修正案规定，增值税仍保持 20% 的税率不变。对出口商品、复出口商品、免税商品、自由贸易区商品免征增值税。对进口军工产品及用于生产的原材料、零部件免征增值税。消费税税率主要使用从价税原则确定，对包括酒、酒精饮料（税率 39%）、烟草制品（40%）、石油产品、液化气、小轿车、摩托车等商品征收消费税。企业所得税维持 18%，对被动收入征税 20%，按照普通标准缴纳利润税的企业股息纳税 5%，不缴纳利润税的企业股息纳税 20%。取消每月预缴制度，改为每年第 4 季度一次性缴纳前三个季度应纳所得税的 2/9，作为预缴全年所得税，每季度合算所得税；统一社会费改为由雇主统一缴纳 22%（无风险等级划分）。税制改革简化了税制，减少了税收负担，避免企业和个人加深偷税漏税的行为。2016 年乌克兰将继续税收改革。2016 年 3 月，乌克兰国家财政署长纳西罗夫表示，2016 年将出台新税法。

乌克兰的税收改革使其税收环境趋好，但与其他欧洲国家相比，其繁重复杂的特点仍需改善。根据世界银行公布的 2016 年营商环境指数中的缴纳税款这一分项指标，乌克兰在 189 个国家（地区）排名第 107 位，和 2014 年排名相比上升了 50 位，表明在纳税手续和税负方面表现有较大提升，但仍属中等水平（见表 2 - 3 - 24）。同时，乌克兰的税收变更深受不稳定的政治经济形势影响。格里夫纳贬值、金融危机及 2015 年、2016 年的财政预算草案的制定，导致乌克兰政府 2014—2015 年间进行了三次税改。税收制度的不稳定对企业经营也是一大风险。赴该国投资企业应关注相关行业税务变化，做好税务统筹。

5. 经营性风险

乌克兰政治危机的爆发以及东部地区冲突持续，给乌克兰商业环境带来极大的负面影响。尽管目前乌克兰政府试图通过经济结构改革来推动经济的复苏，但由于各利益集团的阻挠，经济改革并

表 2－3－24　乌克兰税收支付对比

指标	乌克兰	中国内地	中国香港
全球排名（0—189）	107	132	4
DTF 税收支付得分（0—100）	70.69	64.46	98.71
支付（个/年）	5	9	3
时间（小时/年）	350	261	74
总税率（占利润百分比）/%	52.2	67.8	22.8

注：DTF 为 Distance to Frontier 的缩写，是世界银行根据 10 个自设指标编制的商业环境指数。

资料来源：World Bank，Doing Business 2016：Measuring Regulatory Quality and Efficiency，pp. 242。

不能深入下去。经济持续恶化加大劳工关系风险。同时，反腐工作进展不大，直接消减乌克兰政府对吸引外国直接投资的努力。

总体来看，当前乌克兰经营性风险为负面，对外资企业的运行有一定的消极影响。外资企业在研究乌克兰经济发展情况的同时，要对该国的国情有所了解，要针对该市场的特点制定适宜的投资规划。特别要与中央和地方政府建立良好关系，对于企业在乌克兰经营活动取得良好成绩具有重要意义。

（1）腐败风险。2011 年 5 月，国际透明组织发布对乌克兰国家廉政体系的评估报告称，乌克兰的腐败问题是一个存在于公共管理各个层面的系统性问题，其中被公众认为高度腐败的机构包括政治党派、立法机关、警察机构、公共官员以及司法部门。2014 年 5 月波罗申科上台后，加大了反腐力度。政府成立了国家反腐败局，任命前反腐败检察官担任新机构的负责人，该局的第一批监察人员已宣誓就职。2014 年 9 月，乌克兰议会通过"清净法"，旨在清除前总统亚努科维奇时期的腐败官员。2015 年 10 月，乌政府宣布将进行全面的法院体制改革。政府还通过了公开数据法，允许民众公开查阅有关财产权、民事官员工资等以前对外保密的数据。反腐败将仍然是 2016 年乌克兰政府的首要工作。国际透明组织公布 2015 年全球清廉指数（CPI）报告指出，乌克兰由 2014 年的 142 位升至第 130 位。这表明，乌克兰腐败形势虽在改善，但改善程度不大，仍处于高风险中。

（2）对外国直接投资（FDI）的态度。乌克兰的现政府热衷于吸引外国直接投资，特别是来自美国、欧盟国家的投资。2016 年 1 月，时任乌克兰总理亚采纽克表示，国有资产的私有化将是吸引外资的关键工具。2016 年 5 月，新总理格罗伊斯曼再次强调，政府将建立有效的国家私有化机制，以保证投资者投资所希望的项目。2016 年乌克兰拟对 345 家企业的国有股份进行私有化。其中主要包括：乌克兰敖德萨临港工厂、Dtek 西部电力公司、Dtek 第聂伯电力公司、Dtek 第聂伯州电力公司、基辅电力公司、顿巴斯电力公司、苏梅州电力公司、敖德萨州电力公司、尼古拉耶夫热电中心、赫梅尔尼茨基州电力公司、捷尔诺波尔州电力公司、中央电力公司。

必须指出的是，既得利益集团对乌克兰政治经济生活的干预显著，使经济发展失去自由公平的竞争环境，导致乌克兰投资环境恶劣，限制了外国投资者的兴趣。具体表现为：第一，垄断国内经济命脉，包括垄断乌克兰能源领域，从季莫申科的乌克兰统一能源公司到菲尔塔什的俄乌能源公司，许多寡头为垄断这一行业而激烈争夺。第二，垄断金融业。几乎所有乌克兰寡头的金融工业集团旗下都有银行、保险和证券公司。如博戈柳博夫和科莫罗伊斯基的普里瓦特银行是乌克兰国内最大的私人商业银行。近年来，乌克兰寡头的私人银行还积极参与民间和企业存贷款业务，乌克兰央行、世界银行、国际货币基金组织在内的国内外金融机构保持紧密的业务联系，对乌克兰的微观经济和宏观经济发挥不可忽视的作用。第三，垄断对外经贸活动。寡头的金融工业集团仍是乌克兰进出口贸易的主要参与者，是对外经济活动的主力军。寡头还把私有化获得的企业转卖给国外以获得资金，同时在海外并购对自身战略发展有利的企业。第四，积极干预国内政治。参与国内政党的组建和运作，以及各政党间的合作与斗争。寡头在总统和议会选举中发挥着重要作用。自2014年亲西方政府上台以来，寡头干预政治经济的情况有所改善，特别是在利沃夫和敖德萨地区，但总体情况仍对外国投资者不利。例如，总统波罗申科在2014年总统大选前是拥有电视台资产和巧克力工厂的大亨，他曾承诺要处理掉自己拥有的股份，但2016年1月他只不过把资产转移到了一家在英属维尔京群岛注册的离岸公司。前总理季莫申科和她的祖国党则得到亿万富翁银行家、前第聂伯罗彼得罗夫斯克州州长伊霍尔·科洛莫斯基克兰的经济支持。

（3）没收风险。自乌克兰独立以来，由于权力和资本关系没有理顺，在乌克兰国有化和征收风险很高。历史上，乌克兰历届政府都寻求征收政敌支持者的资产，然后重新私有化。2014年2月乌克兰新政府没收地区党支持者，特别是对前总统亚努科维奇拥护者名下的部分资产和财产，包括其长子亚历山大控制的MAKO公司、寡头艾哈迈托夫的系统资本管理公司以及季吉普科的TAS集团的部分资产进行了不完全竞争性拍卖。

为缓解严峻的经济形势，乌克兰政府积极吸引外资，改善经济与金融环境，对境外投资者实施征收的可能性不大。除非外国投资者在清算债务、薪资拖欠、增加工资、资产管理等方面没能满足条件，乌克兰政府拥有再国有化的权力。同时，乌克兰政府不断推动改革以与欧盟接轨，未来对企业与外国资产的干预将会进一步减少。乌克兰对少数投资者保护对比见表2-3-25。

表2-3-25　乌克兰对少数投资者保护对比

指标	乌克兰	中国内地	中国香港
全球排名（0—189）	88	134	1
DTF财产登记得分（0—100）	53.33	43.33	83.33
利益监管冲突程度指数（0—10）	4.0	5.0	9.0
股东治理程度指数（0—10）	6.7	3.7	7.7
对少数投资者保护力度（0—10）	5.3	4.3	8.3

注：DTF为Distance to Frontier的缩写，是世界银行根据10个自设指标编制的商业环境指数。

资料来源：World Bank，Doing Business 2016：Measuring Regulatory Quality and Efficiency，pp. 242。

（4）劳工风险。乌克兰《劳动法》规定，企业雇佣员工应分别与工会组织和劳动者签订集体合同和劳动合作。劳动者报酬受国家保护，国家规定最低工资标准。根据乌克兰2011年财政预算案规定，最低工资标准：自2013年12月1日起每月为1 218格里夫纳，其中不包括补助、补贴、奖金和其他奖励。法定工作时间为每天工作8小时，一周不超过40小时。

乌克兰对引进外国劳务的条件较为严格，使用外国劳务的必要条件为乌克兰本地没有胜任此种工作的劳动者，或聘用外国专家有充足的理由。根据《乌克兰居民就业法》，无论何种所有制形式的企业单位，未经国家就业部门许可而使用外国人劳动，每雇佣一人将被国家就业部门处以居民最低收入50倍的罚款。近两年来，乌克兰经济形势严峻，政府不得不采取紧缩财政与货币政策以稳定经济，削减和取消了部分行业的补贴和税收优惠政策，引起劳工关系紧张。如农业、矿业等领域。2015年12月，乌克兰农民在基辅以及其他大城市多次举行抗议集会，并封锁通往主要出口口岸与欧盟边境口岸的主要道路，以抗议政府进行农业增值税改革。此外，2015年4月乌克兰政府宣布，将在2020年前关闭55家矿井，以减少财政开支。随后，多家矿井被关闭，乌克兰大约1万名矿工罢工。还有矿工组织在基辅举行抗议集会，要求获得拖欠工资。必须指出的是，乌克兰的劳动者罢工权利受到限制。尽管工会反对政府削减开支，但是乌克兰的工会软弱，服务于不同政治派别，不能为劳动者争得权力。鉴于未来一段时间，乌克兰经济形势难以好转，劳工关系风险将继续上升。

6. 安全风险

自乌克兰危机爆发以来，乌克兰安全环境比较脆弱。联合国人权事务高级专员办事处发布资料称，截至2016年3月，乌克兰东部地区冲突造成9 167人死亡，21 000多人受伤，超过170万人流离失所。2015年2月新明斯克协议的签署，很大程度上稳定了东部地区安全形势。鉴于乌克兰政府与东部地区民间武装就东部地区地位问题谈判难有进展，加之，俄罗斯与美国、欧盟对危机的投入逐渐下降，乌克兰东部地区问题，实际已成为“冻结的冲突”。但未来美欧乌俄在必要时仍会将这个“冻结的冲突”作为博弈工具，以达到维护自身利益的目的，为乌克兰国家安全增添不稳定因素。

乌克兰现政府全面倒向西方，对俄罗斯采取敌对政策。一方面，此举加剧了国内社会不稳定态势；另一方面，会促使乌克兰与北约加强军事和技术合作，包括军演的增加，北约培训乌克兰军事人员等，乌俄关系恶性循环，乌克兰外部安全环境恶劣。

鉴于东部地区还存在安全隐患，投资企业应谨慎前往乌克兰东部地区投资，已在乌克兰经营的外资企业则应注重保障员工安全，谨防武装冲突波及自身。

（三）乌克兰未来发展预测和投资机会分析

1. 政治前景

根据EIU评估，2015—2019年乌克兰政治稳定性得分是3.6，低于2010—2014年的5.1，表明乌克兰政治存在不稳定因素，有再次爆发动荡的可能性。主要原因在于乌克兰仍处在国家认同缺失和国家发展道路迷惘的转型陷阱之中。新一届政府上台，在治理寡头干政方面虽取得一定进展，但也只是动了“冰山一角”，实际上仍未消除寡头对国家政治经济的干预。未来一段时间内，寡头在乌克兰国家发展进程中仍起负面作用。同时，现政府没有启动政治和解进程，对东部地区问题无作为，继续陷入民族和区域矛盾的泥潭中，不利于国家稳定。根据EIU资料，在同地区16个国家2015—2019年政治稳定性排名中，乌克兰排名第15位，可见，未来乌克兰政治风险仍处高位。

在国际关系方面，乌克兰危机的解决将是一个长期的过程。除乌克兰政局不稳及东部问题久拖不决等因素，外部因素对乌克兰危机的解决也起到重要作用。2015年俄罗斯与西方关系因反恐、难民等问题似乎出现了好转迹象。欧盟已绝口不提将俄落实新明斯克协议与延长对其制裁挂钩。2016年2月，欧盟又放风，称鉴于内部要求减轻对俄限制措施的呼声越来越高，在今年7月举行的制裁制度运作年度审查会议上将讨论关于减轻对俄制裁的问题。但考虑到俄罗斯与美国、欧盟皆无放弃乌克兰之打算，彼此之间信任感严重缺失，双方关系短期内难以改善，乌克兰危机很长一段时间内仍陷僵局之中。此外，俄乌关系彻底恶化，短时间内难以转圜。克里米亚事件使乌克兰极度仇恨俄罗斯。乌克兰外长克里姆金表示，除非克里米亚地区回归乌克兰，否则乌克兰与俄罗斯的关系不可能正常化。俄乌难以和解，也极大影响乌克兰危机的解决进度。

乌克兰政治内外环境都比较脆弱，对该国外资企业不利。一旦再次发生动荡或者武装冲突，企业经营将受到很大损失，包括法律政策调整频繁，合同停止或被征收，人员安全受到威胁等。因此，欲赴该国投资企业应持谨慎态度，要高度关注乌克兰政治形势发展，仔细跟踪研究法律和政策异动情况。针对政权变更所带来的经济及法律的变动制定好预案，以减少政治动荡所带来的损失。

2. 经济预测

乌克兰经济的复苏取决于国内经济结构的转型、东部问题的解决以及与俄罗斯政治经贸关系的正常化。受国内利益集团阻挠，乌克兰总统波罗申科“乌克兰——2020发展战略”实施受阻，经济结构改革停滞不前，反腐成果不大，乌克兰商业环境的改善将是一个漫长的过程。乌克兰东部地区高度工业化，是乌克兰经济的支柱。预计在很长一段时间内，东部问题很难得到解决，这将极大影响乌克兰经济的增长。因克里米亚事件，乌俄关系高度紧张。这届政府治下，乌俄关系正常化困难重重。同时，西方对乌克兰的经济援助以及乌欧自贸区协定的生效将推动其经济的恢复，但在多大程度上帮助乌克兰走出经济泥潭存在不确定性。鉴于上述因素考虑，乌克兰经济中长期发展不容乐观。

财政政策方面，2014年乌克兰财政赤字达到GDP的4.3%（见表2-3-26）。乌克兰政府希望通过削减政府开支、减少地方预算补贴和清算地区发展基金等措施来减少财政支出，但效果不明显。2015年乌克兰财政赤字仍占GDP的4.5%。考虑到乌克兰经济衰退的深度以及政府平抑赤字能力的下降，未来几年，财政赤字缩小难以实现。EIU预测，2016年乌克兰财政赤字仍占GDP的4.3%。

表2-3-26　乌克兰财政政策相关指数与预测（2014—2019年）　单位/%

指标＼时间	2014年	2015年	2016年	2017年	2018年	2019年
政府支出（占GDP）	33.4	33.3	33.6	33.3	33.6	33.1
政府收入（占GDP）	29.1	28.8	29.3	29.4	29.5	29.6
预算平衡（占GDP）	-4.3	-4.5	-4.3	-3.9	-4.1	-3.5
政府债务（占GDP）	70.3	89.5	89.4	87.4	77.5	69.4

资料来源：EIU，Country Forecast——Ukraine，June 2015。

货币政策方面，由于格里夫纳大幅贬值及通货膨胀上升，乌克兰央行实行紧缩货币政策。2015年3月乌克兰央行再融资利率从19.5%提升至30%，其目的是打击资本外逃、货币的下跌及抑制通货膨胀。鉴于财政状况严峻、通货膨胀高企，紧缩的货币政策还将持续一段时间。乌克兰存款利率与预测见表2-3-27。

表2-3-27　乌克兰存贷款利率与预测（2014—2019年）　单位/%

指标＼时间	2014年	2015年	2016年	2017年	2018年	2019年
贷款利率（占GDP）（年均值）	17.7	20	19.5	14	12.5	12
存款利率（占GDP）（年均值）	12.1	13	12.5	10	8.0	8.0

资料来源：EIU，Country Forecast——Ukraine，June 2015。

3. 营商环境

根据EIU报告，商业环境的分值预计在2015—2019年有小幅度提高，从2010—2014年的4.34分上升到5.32分，在全球82个国家（地区）中的排名也从77名上升到69名（见表2-3-28）。其主要原因在于乌克兰政府现进行的经济改革，会在未来一段时间内显现出成效。预期在私人企业和竞争政策、税收、融资方面会有一定的改善。但是，国内政局动荡，东部地区问题以及经济衰退等问题将继续给商业环境带来负面影响。同时，经济结构改革以及消除寡头政治都将是一个缓慢的过程，商业环境的改善不大可能一蹴而就，仍存在高风险。因此，未来一段时间，外资企业应对乌克兰谨慎投资。在赴乌克兰投资之前，应进行充分的市场调研，在投资经营时要寻找信誉可靠的代理机构提供专门法律、税务咨询服务，遵守乌克兰相关法律，守法经营。

表 2－3－28　　乌克兰商业环境评级与预测

	价值指数[a]		全球评级[b]		地区评级[c]	
	2010—2014 年	2015—2019 年	2010—2014 年	2015—2019 年	2010—2014 年	2015—2019 年
总评	4.34	5.32	77	69	16	13
政治环境	3.9	3.9	73	74	15	15
政治稳定性	5.1	3.6	58	76	13	15
政治有效性	2.9	4.2	76	64	15	13
宏观经济环境	4.4	5.8	81	75	16	15
市场机会	3.4	3.8	74	74	12	11
私人企业和竞争的相关政策	3.3	5.0	75	61	14	12
外国投资的相关政策	4.2	5.1	74	70	13	13
对外贸易和交易管控	6.4	6.9	61	61	13	13
税收	3.3	5.6	82	63	16	14
融资	3.3	5.1	77	62	15	11
劳动力市场	5.9	5.5	50	64	12	14
基础设施	5.5	6.5	60	56	16	15

注：a，最高为 10；b，在 82 个国家（地区）中；c，在 16 个国家（地区）中，包括阿塞拜疆、保加利亚、爱沙尼亚、克罗地亚、捷克、匈牙利、哈萨克斯坦、拉脱维亚、波兰、罗马尼亚、立陶宛、俄罗斯、塞尔维亚、斯洛伐克、斯洛文尼亚和乌克兰。

资料来源：EIU，Country Forecast——Ukraine，June 2015。

在私人企业和竞争政策方面，乌克兰新政府曾承诺放宽对私人企业的限制，但实际上对私人公司和竞争的政策没有显著的改进。2015 年初，乌克兰议会通过放松管制法，超过 40 个许可证办理程序简化，但仍有许多领域需要特别许可证。2015 年 5 月乌克兰议会任命捷连季耶夫为反垄断委员会（AMC）主席，并实质修改垄断立法，阻止寡头滥用垄断地位并恢复经济竞争，但目前来看，反垄断委员会仍不能有效发挥作用。

乌克兰各级政府部门对经济活动管理调控力度较大，在乌克兰从事经营活动，方方面面都受到乌克兰各级政府、各个部门的管辖。因此，对于投资企业来说，必须要熟悉乌克兰政府事务，掌握与政府沟通的技巧，有利于本企业在乌克兰的经营。以基辅市为例，基辅市经济投资局、土地资源局等是外国企业在基辅市经营首先需要打交道的部门。同时，还需要与内务总局、税务局等执法和税务部门保持良好的关系。

在对外国投资政策方面，乌克兰政府非常欢迎外国投资进入乌克兰市场。乌克兰议会通过立法，放松对外来投资的管制，并通过大规模私有化吸引外国投资。乌克兰对外国投资者采取国民待遇原则，提供与国内投资者平等的条件。未来一段时间，乌克兰政府将继续对外开放政策，商业规则也将努力地与欧盟标准看齐，资产的征收风险将保持低水平。但是寡头政治寻租行为、高度腐败、行政办事效率低下、司法政治化等投资障碍依然存在，未来一段时间投资环境不会得到明显改善，预计 2015—2019 年在地区 16 个国家仍排名第 13 位。鉴于挑战与机遇并存，外资企业应审慎制定在乌克兰投资计划。企业在乌克兰注册之前，应认真了解所需提交的各类文件及其格式和程序，必要时通过与当地的律师和法律咨询机构合作办理相关注册和纳税手续，为经营活动奠定基础。

在对外贸与汇率管控方面，乌克兰是世界贸易组织（WTO）的成员国之一，在推进自由化贸易以及汇率体制改革已取得了长足的进步。乌克兰已与13个国家签署了自由贸易协议，与其相互提供特惠关税税率，包括马其顿、黑山、白俄罗斯、亚美尼亚、摩尔多瓦、吉尔吉斯斯坦、哈萨克斯坦、乌兹别克斯坦、俄罗斯。其中，俄罗斯于2016年1月1日起取消了对乌克兰特惠关税税率。2014年6月，乌克兰与欧盟签署了自由贸易协定，该协定的签署有利于乌克兰产品进入欧盟市场。同时，由于俄罗斯对乌克兰实施贸易制裁，乌克兰加强了对俄罗斯的贸易管控。欧盟对乌克兰产品取消关税对投资者来说有巨大吸引力，为在乌克兰的外资企业进入欧盟市场提供了机遇。

进入2014年以来，由于乌克兰局势不稳，格里夫纳持续贬值，银行资金缺口巨大，乌克兰央行频繁出台外汇管制措施。2015年下半年，乌克兰央行颁布第581号决议，规定将2014—2015年度的抗危机措施有效期延长3个月（从2015年9月3日至12月4日），包括保持：在90天内强制结汇75%的要求、每人每天最高兑换3 000格里夫纳、取款30万格里夫纳。2015年11月，乌克兰央行副行长丘里表示，如果金融部门情况良好，乌克兰央行允许在2016年上半年取消外汇市场的行政限制。

税收政策。新政府积极进行税收改革，主要针对大中型企业。一年之内，乌克兰议会共通过三次新税法。在此背景下，乌克兰税收环境有所改善，但也给企业发展带来不确定性。同时，频繁的税改并没有改变该国税收制度过于繁琐和复杂的状况。预计未来一段时间内，乌克兰政府还将持续税改，税收环境有可能得到进一步改善，这有利于外国企业在乌克兰的经营。

融资方面，外资企业与当地企业享受同等待遇。融资基本条件包括公司经营许可、信用信息、纳税情况、项目可行性和风险评估报告、企业财政状况评估、融资必要性评估、贷款条件等。

自2014年乌克兰经济陷入困境以来，乌克兰的银行业受到了显著的影响，几乎1/4的银行破产，剩余银行也存在管理混乱、不良贷款、存款流入缓慢等问题。乌克兰央行已决定清理银行体系，以恢复对民众银行体系的信心。预计未来几年，乌克兰银行业将继续遭到整顿和合并，银行数量由180家减少到不足100家。在贷款需求相对低迷及银行间流动性总体宽松情况下，银行贷款利率将有所回落，贷款发放将缓慢恢复。但是，商业银行向央行借贷成本高，商业融资成本也在35%左右，融资成本高，条件差，外国企业在当地融资可能性低。

劳动力市场方面，2015—2019年乌克兰劳动力市场全球评级比2010—2014年下降了14位，劳动力市场的恶化主要源于预期生活成本（公共服务业和天然气价格）的大幅增加。即便如此，在乌克兰生活的成本仍远远低于同地区其他国家，包括俄罗斯。因此，乌克兰劳动力市场整体上仍然是吸引投资者的优势包括相对较低的劳动力成本，相对灵活的雇佣和解聘制度，受过高等教育的劳动力。由于东部地区武装冲突以及与俄罗斯贸易的中断，大规模劳动力流失，对劳动力市场产生负面影响。同时，人口发展的长期下降趋势则对劳动力市场也产生消极影响。

基础设施建设。根据世界经济论坛组织网站上公布的交通基础设施国别排名，在144个参评国家（地区）中，乌克兰从2013年第68位降到2014年第88位。公路网欠发达，西方式的高速公路几乎不存在。铁路相比较发达，但也需要投资完善。东部地区由于武装冲突，基础设施遭到严重破坏。由于目前乌克兰财政紧张，基础设施建设所需资金来源非常有限。

乌克兰政府欢迎外国企业参与当地基础设施投资和建设，项目大多采取公开招标方式。欧洲复兴开发银行于2014年4月8日决定拨付2亿欧元的长期贷款用于修复基辅附近公路干线项目。第二笔贷款用于修复基辅—敖德萨的M5公路和基辅—伊万科夫—奥弗鲁奇的P2公路及日托米尔的环城公路。未来乌克兰将采取特许经营模式实施6个项目，包括：基辅环城公路、罗夫诺—布罗德—利沃夫—克纳克维茨；敖德萨—列尼；乌里扬诺夫斯克—辛菲罗波尔；哈尔科夫—谢尔巴科夫卡—新莫斯科斯克；新莫斯科斯克—辛菲罗波尔。铁路方面，拟利用欧洲复兴开发银行、欧洲投资银行、国际金融公司贷款新建别斯基茨基铁路隧道。

4. 人口预测

乌克兰独立之初，人口达到5 200万人，2016年1月这个数字已下降到4 276万人。其中原因有出生率下降、人口老龄化、饮酒过度、大量移民以及东部战争。鉴于当前乌克兰经济衰退以及乌克兰政府施行西化政策，预计还将有大量经济移民流向西欧国家。未来人口预计将继续下降，2015—2019年人口平均年增长率为0.3%。如果这种状况不能得到改善，乌克兰经济也将受到一定的负面影响，特别是在银行储蓄和劳动力供给方面。乌克兰人口自然增长率低，人口逐渐减少，对外籍劳务需求有一定增长，尤其对其本土无法提供的专业技术人才有一定需求。

同时，人口老龄化将增加国家的医疗保健和养老保险压力。乌克兰养老基金支出约占国内生产总值的15%，考虑到乌克兰经济状况，现有养老金制度将越来越难以为继。根据2016年乌克兰财政预算草案，2016年乌克兰国家养老金赤字将达到1 080亿格里夫纳。乌克兰政府计划将取消特殊养老金制度，并从2017年起开始实行积累养老金。这将在防止劳动力提前退休和提高劳动力效率方面起到积极作用。

5. 投资机会

乌克兰是古老的“基辅罗斯”发源地，有着悠久的历史和文明。1991年独立后，乌克兰继承了苏联时期的资本和财产，拥有雄厚的工农业基础和强大的军工科技实力，后者约占原苏联的1/4，主要工业部门有航空、航天、冶金、机械制造、造船、化工等。盛产谷物，有着“欧洲粮仓”的美誉。

近年来，由于受政局动荡、克里米亚加入俄罗斯、东部战争等综合因素影响，经济直线下跌，2012年国民生产总值实现增长0.24，2013年负增长0.027，2014年迅速下跌6.83，2015年继续负增长9.8。2015年以来，在国际金融组织和西方国家的“输血”帮助下，乌克兰逐步稳定债务和金融市场，并开始按西方标准进行全面的政治、经济、社会体系改革。2015年1月，乌克兰政府推出“乌克兰——2020稳定发展战略”，其内容包括62项改革，并确定了25个国家发展成功的关键指标。优先改革领域：国家安全和国防体系改革、政府改组和反腐败改革、司法和执法体系改革、权力下放和国家管理改革、放松管制和企业发展、卫生系统改革、税务改革。优先计划：能源独立、向世界普及乌克兰和在世界信息空间推动乌克兰国家利益。关键指标包括：在世界银行的营商环境排名中乌克兰排进前30位、标普外债信用评级不低于“BBB”投资评级、世界银行测算的人均国民生产总值（购买力平价）超过1.6万美元、到2020年外国直接投资净流入超过400亿美元、在透明国际测算的清廉指数排名中进入世界前50。

未来一段时间，乌克兰在深化全面改革、稳定金融市场、改善营商环境将取得一定成效，同时，东部安全形势将逐渐稳定。乌克兰积极执行与欧盟自由贸易协定的同时，还愿积极参与中国倡议的“一带一路”建设，中资企业可抓住这一机遇，积极开拓乌克兰市场，加大对该国基础设施建设、农业、信息技术、能源等领域的投入。但同时也应看到，乌克兰经济在重建过程中，商业环境不佳，经济衰退且走向不明，通胀高企、汇率不稳、消费市场规模收窄等问题的存在。因此，投资者在赴乌投资之前，应对该国国情和经济形势要有充分的了解，并进行详细的市场调研，制定适宜的投资规划。同时及时了解市场变化，对可能出现的市场价格、供求、汇率等变化提前做好分析，对可能出现的市场变化提前做出预案。

保加利亚

（一）保加利亚投资概览

国家基本信息简表

中文名称	保加利亚	英文名称	The Republic of Bulgaria
建国日期	1946 年 9 月 22 日	领土面积	11.1 万平方公里
所属洲	欧洲	时区	UTC +2
首都	索非亚	国际电话区号	+359
主要城市	普罗夫迪夫、瓦尔纳、布尔加斯		
人口	728.2 万人	主要民族	保加利亚族（84%）、土耳其族（9%）、罗姆族（5%）、其他（2%）
人口密度	65.6 人/平方公里		
语言	保加利亚语	主要宗教	多数居民信奉东正教，少数人信奉伊斯兰教
政体	议会制共和制	法律体系	大陆法系
政党	欧洲发展公民党、保加利亚社会党、爱国阵线、争取权利和自由运动党、保加利亚复兴党、保加利亚无审查党等	换届时间	2016 年 10 月（总统选举） 2018 年 10 月（议会选举）
道路通行	靠右驾驶	货币	列弗（BGL）

2015 年主要金融与投资数据

名义 GDP	491.1 亿美元	FDI 流出量	1 亿美元
国际储备	220.9 亿美元		
汇率水平（BGL/USD）	1.79	FDI 流入量	22 亿美元
外债余额/GDP	86.80%		
财政收入/GDP	35.90%	FDI 内存量	539.8 亿美元
财政支出/GDP	38.60%		
货币供应增长率（M2）	10.1%	FDI 外存量	54.5 亿美元
通货膨胀率	-0.34%		
存款利率	0.01%		
贷款利率	7.40%		

中国与保加利亚双边投资概况

中国对保直接投资	2014 年全年中国对保直接投资流量 2 042 万美元，直接投资存量 1.70 亿美元
中保双边投资协定	1989 年，两国政府签署《关于相互鼓励和保护投资协定》，该协定 1994 年生效。2007 年，双边签署该协定的附加议定书，当年即生效
投资优惠措施和利润汇出限制	根据 WEF 发布的《2015—2016 年全球竞争力报告》，保加利亚在竞争力排名得 4.32 分（4.32/7），排名第 54 名（54/140）。允许资本、利润和红利汇回

（二）保加利亚投资风险分析

根据中国出口信用保险公司出版的《国家风险分析报告（2015）》，保加利亚 2015 年的风险评级为 5（5/9）级，主要风险见表 2－3－29。

表 2－3－29　　2015 年保加利亚主要风险概览

风险类别	风险描述
宏观经济环境	以出口外向型和外资主导型为主，整体经济水平较低，经济有所好转
政治环境	政府更迭较为频繁，现政府仍不稳定，政局动荡性较大；与欧盟的关系趋缓，与俄罗斯关系紧张，能源问题是核心
法律与监理	司法体系效率偏低，改革进展缓慢；执法成本偏高，退出成本略升
政府效率	官员贪腐情况较为普遍；行政体制改革初见成效，政府办事效率有所提高
金融及国际贸易与支付	货币与欧元绑定，银行系统总体稳定
安全	反政府示威不断，有组织犯罪较多，社会安全问题较为严重
税收政策	实行单一税率制，税收负担较低
基础设施	交通、通信发展迅速，基础设施为优先发展领域；地区电力生产大国
劳动力市场	劳动力成本低且素质高
社会文化风险	民族政策卓有成效，种族关系趋于缓和

保加利亚政治社会形势总体稳定，出现提前选举的可能性不大。执政联盟积极助推各项改革，从短期来看，其施政受到内外掣肘，未能有效应对内部出现的裂痕以及来自在野党的冲击；从长期来看，制度性的问题是影响保加利亚未来发展的最大阻碍，政府在打击有组织犯罪、惩治腐败、改革司法体系等方面仍进展缓慢，招致外界尤其是欧盟的质疑。保加利亚经济发展趋势向好，短期内经济增速可望延续，但经济结构的单一及对欧盟市场的倚赖，将影响长期经济发展的可持续性。

本报告主要从政治风险、宏观经济风险、法律与监管风险、税收风险等方面对保加利亚投资风险进行分析。

1. 政治风险

在 2014 年提前选举中胜出的欧洲发展公民党与改革集团组成联盟联合执政，结束了国内政局的混乱状态。短期来看，再次提前选举的可能性较低，国内政治有望保持基本稳定，但执政联盟未能在议会中占得多数席位，领导地位并不稳固，仍需克服国内挑战。

保加利亚国内政局保持相对稳定状态。2014 年政府换届结束了混乱的政治局面，国内局势逐渐回归稳定状态。执政联盟推行实用主义政策，对外加强与欧盟的关系，对内主张改革。自 2015 年年中开始，现政府着力推动养老金、医保和教育体系的改革，展现了其发展经济、锐意改革的姿态。

现执政联盟在议会中保持微弱的领导地位。在 2014 年 10 月的国会提前选举中，欧洲发展公民党和改革集团联合组阁，博科·博里索夫（Boiko Borisov）第二次出任政府总理。但执政联盟只控制了议会 240 个议席中的 97 个席位（原为 107 个席位，后属改革集团的 10 名议员宣布退出执政联盟），在施政方面不得不争取两大左翼政党保加利亚复兴党和爱国阵线的支持与配合（见表 2－3－30）。但是，意识形态上的差异使得两大阵营的政策立场迥异，执政联盟的改革与施政计划面临较多挑战。此外，老牌反对派保加利亚社会党和亲土耳其的少数民族政党—争取权利和自由运动党也在议会中获得较多议席，也时而会对现政府的执政形成挑战。

表 2-3-30　　保加利亚 2014 年选举结果

党　派	投票率/%	席位数/个	席位得失/个
欧洲发展公民党（CEDB）	32.7	84	-13
保加利亚社会党（BSP 及联盟）	15.4	39	-45
争取权利和自由运动（MRF）	14.8	38	2
改革集团（RB）	8.9	23	23
爱国阵线（PF）	7.3	19	19
保加利亚无审查党（BwC）	5.7	15	新加入
攻击党（ATTACK）	4.5	11	-12
保加利亚复兴党（ABR）	4.2	11	新加入

资料来源：EIU, Country Forecast——Bulgaria, April 2016, pp. 6。

现政府在推进政治改革方面存在较大困难，内部不稳定因素增多。执政联盟上台后的主要政治任务是改革司法体系、反腐和打击有组织犯罪，但却在政治改革方面遭遇各种阻力。2015 年 12 月，有关改革重组最高司法委员会的宪法修正案虽然在议会通过，但由于反对派的阻挠，该法案在起草过程中不得不做出较大让步，结果导致改革集团内强大保加利亚民主党人因不满而退出执政联盟。2016 年 2 月，改革集团其他党派也声称若其倡议的反腐改革法案迟迟没有进展，将考虑退出现政府。执政联盟内部近来出现的裂痕使其施政更加捉襟见肘，相关改革步伐的延缓也可能影响投资者对现政府政策和执政能力的判断，削弱现政府的可信度。

2. 宏观经济风险

保加利亚新政府上台后采取多种措施提振经济，在最大出口市场——欧盟经济复苏的加持下，2015 年 GDP 增速明显提升（见表 2-3-31）。短期来看，尽管保加利亚经济结构存在许多问题，但增长态势有望延续；中长期而言，经济发展有可能保持年均 3% 的增长，总体前景谨慎乐观，但风险尚存。

表 2-3-31　　保加利亚宏观经济指标（2011—2015 年）

指标		2011 年	2012 年	2013 年	2014 年	2015 年
实际 GDP 增长率/%		1.58	0.24	1.28	1.55	3
对实际 GDP 增长率的贡献/%	私人消费	0.67	2.09	0.92	1.75	1.4
	政府支出	0.31	-0.08	0.36	0.01	0.2
	固定投资	-1	0.38	0.06	0.73	0.2
	外部均衡	1.36	-2.26	2.36	-1.08	1.1
名义汇率（BGL/US, AV）		1.41	1.52	1.47	1.47	1.76
实际有效汇率（基于 CPI 调整，1995 = 100，AV）		181.6	178.0	180.3	179.4	171.1
CPI 增长率/%（与上一年相比）		2.75	4.24	-1.59	-0.88	-0.34
预算支出（占 GDP）/%		33.54	34.13	37.11	38.85	38.6
国内信贷增长率/%		7.53	2.52	3.48	-8.64	0
贷款利率/%		10.63	9.72	9.05	8.28	7.4
平均名义工资增长率/%		7.97	5.61	5.29	5.46	7.9

续表

指标	2011 年	2012 年	2013 年	2014 年	2015 年
劳动力成本/美元/小时	4.9	4.8	5.2	5.5	5
经常项目收支（占 GDP）/%	0.92	-0.26	1.83	1.16	1.2
净负债（占 GDP）/%	53.33	56.37	57.7	50.49	41.8
外国直接投资流入（占 GDP）/%	3.69	3.34	3.58	3.48	4.5

资料来源：EIU 数据库。

（1）短期分析。保加利亚宏观经济政策较为稳健，经济增长加速。保加利亚整体经济环境较为稳定，金融危机之后的结构性改革显现成效。从 2011 年到 2014 年，保加利亚 GDP 年均增长约 1.2%，基本上摆脱了金融危机的影响，进入稳步增长的快车道。2015 年，保加利亚实现 3% 的增长，在欧盟成员国中属于佼佼者。2015 年保加利亚经济的突出表现主要受以下几个方面因素的驱动：其一，金融危机后，政府进行了大刀阔斧的结构性改革，经济结构得到进一步优化。2014 年以来，保加利亚新政府采取措施提振经济，实现全年通货膨胀率保持在 1.6% 以下，经济环境较为稳定。其二，货物与服务贸易出口比上年同期增长了 7.6%，出口的强劲表现拉动了保加利亚的经济增长。其三，欧元贬值和国际能源价格的下跌促进经济的恢复发展。

2015 年 4 月，新政府提出了一个中期的财政框架，旨在降低财政赤字，目标是在 2018 年将赤字控制在 GDP 的 1.5%，并在之后将这一数值逐渐降低至 1%。通过 2015 年的努力，该项措施已取得一定成效，财政收入比上年同比增长 9.5%，支出比上年同比增长 7.1%，全年财政赤字从 2014 年的 30.5 亿列弗减少到 2015 年的 24.7 亿列弗，占到 2015 年 GDP 的 2.9%，在其预先设定的 3% 目标之内。EIU 预测，2016—2020 年间，受到消费和进口增长的拉动，保加利亚的财政收入有望继续增加，公共债务将在 2017 年适度上升至 GDP 的 30%，而后开始减少。IHS 预测，2016—2017 年，受家庭和企业去杠杆化、高失业率、财政紧缩以及个人消费和固定资产投资扩大的双重影响，政府支出虽受到掣肘，但预算赤字仍将处于可控范围内，保加利亚经济将维持 3% 左右的适度增长。

鉴于全球商品市场疲软和产能过剩，短期内出现大幅通货膨胀的可能性较低。2015 年第 1 季度末，保加利亚出现积极通胀，CPI 同比上涨 0.9%；6 月时通胀率降到 0.4%，8 月和 9 月通胀率与之前持平；进入第 4 季度后，受燃油价格下降影响，通胀率再现负值。由于商品价格下降趋势和全球石油市场萧条都有助于抑制通胀，在未来数年内保加利亚的通胀率有望保持年均 2% 左右的较低水平。

保加利亚经济发展受进出口市场表现影响较大，未来发展仍存不稳定因素。保加利亚经济规模小，经济结构单一，严重依赖出口贸易。一方面，欧洲是保加利亚最主要的出口市场，对欧洲出口量占保总出口的 60% 以上。2015 年以前，欧盟经济复苏的乏力直接影响到了保加利亚的经济表现。尽管当前欧盟经济出现稳定复苏迹象，并有效助推保加利亚经济的快速增长，但欧盟的经济发展前景仍未明朗，未来保加利亚经济仍将继续受欧盟市场表现左右。另一方面，受欧盟制裁影响，保加利亚与其传统上最重要的贸易伙伴——俄罗斯之间的贸易受到较大影响，保加利亚对俄出口遭受严重损失。据有关方面统计，自 2014 年 8 月至 2016 年 1 月俄对欧盟制裁实行反制措施以来，保加利亚部分行业损失约 3 亿列弗（约合 2 亿美元）。鉴于这一制裁尚未有停止的迹象，保加利亚经济发展仍将受到掣肘。

保加利亚经济产业脆弱，严重依赖欧盟资金，经济发展的可持续性受制约。一直以来，从欧盟得到的大量资助是保加利亚经济发展的重要引擎。据统计，在吸纳2007—2013年阶段欧盟项目资金方面，保加利亚排在22位，资金吸纳率为85%，低于欧盟88.9%的平均值。尽管如此，欧盟资金仍给予其经济巨大支持。据保加利亚媒体报道，若无这些资金刺激，保GDP将比目前低10.1个百分点，平均工资将低9.6%，工作机会减少14.4%，经济投资也将大幅减少32.8%。近两年，保加利亚在吸纳欧盟资金方面表现欠佳，一些项目的推进受到影响。2015年9月，保加利亚政府与世界银行签署理解备忘录，合作共同推进受欧盟2014—2020年阶段资助的保加利亚项目，世界银行将着重通过加强机制设计和引导来提升保加利亚受资助项目的质量和效率，强化其透明度，在此基础上规范项目申请，提升专业化程度，从而增强保加利亚吸纳欧盟资金的能力。但是，保加利亚国内存在的腐败、行政效率低下乃至资金欺诈问题都将影响欧盟对资金吸纳效果的评估，从而影响未来欧盟对其的经济支持。

（2）中长期展望。IHS对保加利亚长期经济增长速度的预测值为年均3%。保加利亚当前的经济复苏势头有望带动其出口表现持续向好，若这一势头更加强劲，那么国内外投资的涌入将有效改善保加利亚的投资环境。不过，由于国内放贷表现相对疲弱，经济总量的增幅与经济危机之前的增幅相比并不算大。近年来，保加利亚失业率仍处于较高水平，政府在创造就业机会方面将面临不少困难，加上人口结构老龄化的影响，未来个人消费需求虽会有所增长，但速度将受到限制。从中长期来看，受高失业率和个人消费需求增长放缓的影响，保加利亚经济将不会再现2008年之前的高速增长态势，而是保持适中的经济增长速度。

3. 法律与监管风险

司法体系饱受诟病，相关改革进展缓慢。保加利亚中右翼政府上台后，着力对效率低下、腐败滋生的司法体系进行改革。2015年分属改革集团的司法部长赫里斯托·伊万诺夫（Hristo Ivanov）起草了以司法改革为主要内容的宪法修正案草案，但在议会审议过程中遭到较大修改，并直接导致改革集团部分成员因不满而退出现执政联盟。短期看，保加利亚的司法改革前景不容乐观。欧盟委员会2016年1月发布的《合作与核实机制下保加利亚的当前进展》最新报告指出，保加利亚司法体系仍有待进一步完善，敦促其尽快采取实际行动推进改革。整体而言，司法改革的迟缓将影响到投资者对保加利亚监管体系的质量、稳定性、政策可预期性以及银行体系可信度的信心，从而为经济的长远健康发展带来不稳定因素。

在保加利亚，合同执行过程复杂、耗时长、成本偏高。根据《2016年全球营商环境报告》显示，保加利亚在189个国家（地区）中排名第52位，表现属中上水平。强制执行合同程序十分冗长，并需承担一定代价：该程序历时564天，花费大概是追债数额的23.8%（见表2-3-32）。

表2-3-32　　保加利亚合同执行成本对比

指标	保加利亚	中国内地	中国香港
全球排名（0—189）	52	7	22
DTF合同执行得分（0—100）	65.09	77.56	72.57
时间/天	564	452.8	360
成本占标的额比重/%	23.80	16.2	21.2
司法程序质量指数（0—18）	10.50	14.1	11

注：DTF为Distance to Frontier的缩写，是世界银行根据10个自设指标编制的商业环境指数。

资料来源：World Bank，Doing Business 2016：Measuring Regulatory Quality and Efficiency，pp. 83。

4. 税收风险

保加利亚实行单一税率制，税收负担较低，但税收遵从成本偏高的问题尚未得到有效解决。在欧盟国家里，保加利亚的税负属于较低水平，目前实行单一税率制，税率为10%，增值税为20%，这一制度在现政府执政下有望得到延续。2014年，保加利亚税收占GDP比重为27.8%，远低于欧盟的平均值40%，在欧盟国家中仅次于罗马尼亚，属于第二低的国家。根据《2016年全球营商环境报告》，保加利亚在税收支付方面得分为74.19，排名全球第88位，比上年下降了6位，这一数值也低于欧洲和中亚地区的平均值（见表2-3-33）。

表2-3-33　　保加利亚税收支付对比

指标	保加利亚	中国内地	中国香港
全球排名（0—189）	88	132	4
DTF税收支付得分（0—100）	74.19	64.46	98.71
支付（个/年）	14	9	3
时间（小时/年）	423	261	74
总税率（占利润百分比）/%	27	67.8	22.8

注：DTF为Distance to Frontier的缩写，是世界银行根据10个自设指标编制的商业环境指数。

资料来源：World Bank，Doing Business 2016：Measuring Regulatory Quality and Efficiency，pp.71。

低税负有利于减少个人和企业的税收负担，一直以来是吸引外资的一个重要原因。然而税负较低也意味着该国财政支出和投入公共服务的资源有限。为给地方政府提供更多资助，以推进经济改革和基础设施建设工程的落实，执政的欧洲发展公民党曾试图额外征收2%的个人所得税以增加财政收入，但这一努力因改革集团的反对而被搁置。2016年，这一方案可能在议会中重新得到审议。

保加利亚税收体系的另一个突出问题在于税收遵从成本较高。第一，税收支付时间长达423小时。第二，征税成本较高，占个人或企业净收入的27%。第三，纳税支付电子化的普及程度较低，在个人和企业所得税的征收方面，这一问题尤为突出。

对于保加利亚来说，改善遵从成本仍是政府所面临的一大挑战。2015年10月，保加利亚政府提出了单一税遵从战略，并宣布了2015—2017年行动计划尝试解决这一问题。所采取的措施包括加强信息共享、严格征税的核实要求等。但这一战略存在两大问题：一是未将反腐败与改善遵从成本结合起来，从而使得相关努力效果大打折扣；二是缺乏对现有征税体系全面深入的分析和反思，也未将有关权力机构纳入监督范围之内。

对于海外投资来说，从低税率的角度上看，保加利亚可以成为理想的投资目的地。原因有二：一是有关增加个人所得税的讨论仍在进行当中，且不易在议会获得通过，短期内提高税率的可能性较小；二是尽管保加利亚的征税体系存在不少问题，但总体而言其税收风险较低，也欢迎并支持中国企业在保加利亚投资。

5. 经营性风险

对外国直接投资（FDI）的态度：保加利亚政府鼓励吸引外国直接投资，以为国内经济发展提供充足的资金支持。20世纪90年代，由于营商环境不佳、宏观经济和政治存在不稳定因素、行政效率低下、税收体制严格、法规易变、地区安全局势动荡等因素，保加利亚在吸引外资上屡屡受挫。为了推动外国直接投资，保加利亚给予其以完全国民待遇，并与其他国家签订双重征税条约等一系列协议以改善国内投资环境，吸引和保护外国在保的投资。2008—2009年后，受经济危机和政治不稳定的双重打击，保投资环境受到严重影响，FDI流入量直线下降，2010年仅有12亿列弗，比2009年减少了一半。2014年新政府上台以来，积极鼓励吸引FDI。同年，保加利亚放开政策，允许所有欧盟成员国公民直接拥有土地，但限制仍然较多，例如购买土地的人士必须在保加利亚居住至少5年，在离岸中心注册的公司被禁止在保加利亚从事土地出售。对此，欧盟委员会在2015年3月启动调查程序，称这些条款限制了土地和资本的自由流动，违反了欧盟反歧视政策。随着保加利亚国内产业私有化进程的加速，尤其是房地产和建筑业的复苏，FDI有望实现稳步增长。未来FDI风险在于：其一，保经济前景向好，但仍存不确定因素；其二，希腊债务危机可能再次升温影响FDI流入量；其三，腐败问题一直未得到有效解决，引发外国投资商的持续担忧。保加利亚对少数投资者保护对比见表2-3-34。

表2-3-34　　保加利亚对少数投资者保护对比

指标	保加利亚	中国内地	中国香港
全球排名（0—189）	14	134	1
DTF财产登记得分（0—100）	71.67	43.33	83.33
利益监管冲突程度指数（0—10）	6.3	5.0	9.0
股东治理程度指数（0—10）	8.0	3.7	7.7
对少数投资者保护力度（0—10）	7.2	4.3	8.3

注：DTF为Distance to Frontier的缩写，是世界银行根据10个自设指标编制的商业环境指数。

资料来源：World Bank，Doing Business 2016：Measuring Regulatory Quality and Efficiency，pp. 65—67。

没收风险：国有化和征收风险较低。这一方面是因为目前保加利亚会继续推动私有化与改善商业环境，国有化与征收的可能性不大；另一方面，保加利亚是《关于解决国家与其他国家国民之间投资争端公约》（简称《华盛顿公约》）的签字国，即使发生征收，保加利亚也有明确的清算和赔偿法律程序，可以在一定程度上保障投资纠纷的解决和仲裁结果的执行。

虽然保加利亚征收与国有化风险整体较低，但对于某些负债沉重的公司来说，依然有可能被征收。其征收风险可能来自于环境问题、工人抗议、财务违规、腐败指控等方面。此外，保加利亚新政府上台后，非常重视高速公路等大型基础设施的建设，这一定程度上提高了土地征收风险。2014年11月，保加利亚议会修改了《国有资产法》，为那些受政府财政和欧洲资金资助的重点工程（如高速公路、道路和铁路建设等）的土地征收提供了便利，即当地区法院批准先予执行时，投资者可获得被征收土地的占用权并开展建设，而不必等候最终征收判决结果。该修正案同时赋予土地拥有者就赔偿问题进行上诉的权利，并且规定只有双方达成一致协议后征收方能最终完成，而在投资者开展建设和征收最终完成期间，土地拥有者有权得到相应的补偿。总体来说，这一修法有利于减少因土地征收的补偿纠纷对这些重点工程建设的负面影响。

劳工风险：从劳动力市场上说，相较于欧盟内其他国家，保加利亚的比较优势在于拥有熟练的、受教育程度较高的劳动力、工会的影响相对较弱、劳动力成本非常低，问题在于劳工法律现代化程度不足、教育质量正在下降，保加利亚在劳动力市场方面的地区排名仍然较为靠后，预计在2016—2020年将继续维持本地区第13名的位置。未来，工业重组和外商直接投资的流入将提高生产率，弥补一部分比较优势流失的问题。在欧盟的持续施压下，保加利亚政府正试图重新改革其教育体系和劳工体系。2015年7月，政府通过养老金改革，旨在限制提前退休、减缓劳动力资源流失的步伐。2015 年底和 2016 年初，政府采纳了对教育体系改革的法律修正案，2016 年 1 月 1 日，全国最低月工资从 380 列弗提高到 420 列弗。2016 年 3 月，政府允许向有能力为劳动力市场提供专业技能培训的大学增加拨款。未来，大学毕业生将继续增加，但随着劳动力资源的减少和人才流失，技能短缺问题将逐渐显现。

保加利亚的劳工纠纷时常发生，可能会对相关企业和社会秩序的正常运作产生负面影响。通常而言，劳工纠纷多发生于私有化、就业岗位受到威胁、失业或政府因改革而削减社会福利之时。例如，2015 年 4 月，政府曾提出方案试图私有化保加利亚国家铁路公司，但这一举动引发保加利亚国内多次抗议罢工活动。如果 2016 年保加利亚继续推进国有企业私有化并发生裁员，小规模的抗议和罢工也可能会出现。在非营利性的国有企业之中有时也会发生罢工和抗议活动，但规模较小且秩序井然，很少升级为暴力活动。此外，公司财务的糟糕表现也有可能引发贸易工会、工业部门或者私人部门的罢工或者抗议。

2015 年，为了抗议政府削减养老金的提案，保加利亚的警察、消防员和狱警在全国范围内举行了大规模的抗议，活动对索菲亚和全国其他重要城市的交通形成严重影响，政府最终决定撤回该提案。但是，2016 年，保加利亚政府极有可能重提包含该提案内容的一揽子计划，抗议活动有可能继续出现。

6. 安全风险

从国际关系方面来说，保加利亚与周边国家关系相对稳定。尽管保加利亚在欧盟对俄罗斯实施制裁问题上一直持保留态度，不支持继续延长欧盟对俄罗斯的制裁。但保加利亚与欧盟和俄罗斯之间的安全关系并未因此受到实质影响。但是，近年来保加利亚加强了与以美国为首的北约的防务合作，同意美国继续使用其境内的相关军事设施，2015 年，北约决定在欧洲设立 6 个快速反应部队的指挥控制中心，保加利亚即为其中一个据点。北约还可能于 2016 年在黑海举行联合军事演习。以上举动均可能招致俄罗斯的强烈反制。此外，因在叙利亚难民问题上态度相左，以及 2015 年 12 月土耳其领导人试图游说保加利亚总理博里索夫支持亲土领导人的努力以失败告终，保加利亚与土耳其的关系近期出现了恶化趋势。

从国内安全来看，保加利亚安全形势不尽如人意。首先，有组织犯罪十分猖獗。由于保加利亚固有的制度缺陷且政府疏于管理，有组织犯罪团伙虽然从事谋杀、腐败、制假、走私、洗钱等活动，但因与政客、司法系统和执法部门相勾连而一直未能得到应有的处罚。目前，有组织犯罪已成为保加利亚社会治安的一大威胁，当地的帮派团队之间经常发生暴力冲突，使用汽车炸弹袭击对方。投资者也可能在营商过程遭遇敲诈、勒索等有组织犯罪活动的危害，从而对其在保加利亚的生产经营乃至人员的人身安全产生了极其负面的影响。其次，由于新政府在叙利亚难民问题上处理不当，难民的流入也滋生了一些暴力行为，对保加利亚的社会秩序形成一定冲击。最后，由于保加利亚一直与美国和以色列保持着紧密的军事联系，这可能使其成为恐怖主义袭击的潜在对象，海外投资者必须警惕恐怖主义危险。

（三）保加利亚未来发展预测和投资机会分析

1. 政治前景

2015 年 12 月改革集团 10 名议员退出执政联盟，使得保加利亚新政府在议会的议席进一步萎缩。未来保加利亚政局稳定有赖于两个方面的努力：一是弥合执政联盟内部分歧，提升政府凝聚力；二是积极争取在野政党对政府改革的配合和支持。新政府上台后，奉行实用主义路线，表现好于预期。

从选举方面看，尽管执政联盟内部出现裂痕，但无论是2015年10月举行的地方权力机构选举结果，还是近期的民意调查数据，都表明执政的欧洲发展公民党支持率仍然处于领先地位，加之反对派力量分散，未来两年，保加利亚举行提前选举的可能性相对较小。

腐败、犯罪和羸弱的司法系统将继续制约保加利亚政治和制度效率的提高。欧盟委员会对保加利亚在打击腐败和有组织犯罪方面的进展十分不满，一直敦促其采取更加切实有效的行动。在欧盟的持续压力之下，可以预期未来保加利亚政府或许在这方面做出实质性努力，从而改善国内的社会治安状况，提高司法效率。欧盟将继续监督保加利亚在法治建设和改革司法体系上的承诺和进展。2016年3月15日，欧盟一般事务理事会再度强调保加利亚将颁布一部反腐败法律作为其优先事项。保加利亚目前仍存在各种各样的问题，但就2016—2020年而言，其有望取得一些进步。

总体上，保加利亚政局基本保持稳定，提前选举的风险较低，外来投资者可无须担心保加利亚的政权稳定性。但鉴于其当前所存在的制度性问题，应着重关注政府在推进政治改革方面的举措，密切跟踪其法制化进程，以此权衡投资选择。

2. 经济预测

保加利亚新政府上台后，采取了收紧财政赤字的政策，不过这一政策力度是谨慎的，新政府显然不愿走得过头以致重蹈前政府倒台的覆辙。基于这一考虑，政府对大型国有、处于亏损中的能源行业的补贴将会逐步降低。2016年2月，政府起草了对负债累累的自治市财政的重组程序，试图整顿规范公开投标程序，并在同月撤销了一大批涉嫌程序违规的合同，总价值达20亿列弗。

由于保加利亚采取货币局制度，列弗与欧元挂钩，保加利亚国家银行在货币政策制定方面权力受限，为有效监控资本充足率和流动性，该银行需要增强其对银行系统的监管。2015年10月，保加利亚国家银行出台改革银行监管体系的方案，该方案是一项将在2016年底前生效的法案的蓝本。2016年2月15日，该银行启动了对保加利亚国内22家银行的资产质量评估，随后还将对目标银行进行压力测试，这项测试将持续到8月中旬。

总体而言，政府的各项改革将有利于增进政策制定的透明度，促进决策进入民主化、法制化轨道，这将能为外来投资提供相应的法律制度保障。不过，考虑到调整资产负债的需要以及较高的不良贷款比例，银行放贷的复苏步伐仍将较为缓慢。从中期来说，关于希腊欧元区身份存续问题的不确定性将增加信贷紧缩的风险。不过，EIU仍预测银行放贷将得到增长，虽然其增长幅度远不如2008年金融危机之前。保加利亚利率与预测见表2-3-35。

表2-3-35　　保加利亚利率与预测（2015—2020年）　　单位/%

时间 指标	2015年	2016年	2017年	2018年	2019年	2020年
短期利率（年均值）	7.5	7.7	8.2	9.1	9.2	9.5

资料来源：EIU，Country Forecast——Bulgaria，April 2016，pp. 23。

3. 营商环境

保加利亚的商业环境总体价值指数在2016—2020年为6.55，较2011—2015年的6.25有所提高。在2016—2020年期间，保加利亚的商业环境全球排名有可能略微上升1名，在区域排名中则可能有所下降，从第9名降至第10名（见表2-3-36、表2-3-37）。

表 2-3-36　　保加利亚商业环境评级与预测

指标	价值指数[a]		全球评级[b]		地区评级[c]	
	2011—2015 年	2016—2020 年	2011—2015 年	2016—2020 年	2011—2015 年	2016—2020 年
总评	6.25	6.55	44	43	9	10
政治环境	5.7	6.2	43	37	9	8
政治稳定性	7.4	7.4	29	23	6	3
政治有效性	4.2	5.2	57	44	9	9
宏观经济环境	8.0	8.3	10	3	1	1
市场机会	3.7	4.0	69	70	12	11
私人企业和竞争的相关政策	5.0	5.8	54	49	11	11
外国投资的相关政策	7.3	7.3	31	36	6	5
对外贸易和交易管控	9.1	9.1	12	14	3	4
税收	5.6	6.0	52	49	8	11
融资	4.8	5.5	59	63	11	12
劳动力市场	6.0	6.1	47	53	13	13
基础设施	7.3	7.2	30	37	6	7

注：a，最高为 10；b，在 82 个国家（地区）中；c，在 16 个国家（地区）中，包括阿塞拜疆、保加利亚、克罗地亚、捷克、爱沙尼亚、匈牙利、哈萨克斯坦、拉脱维亚、立陶宛、波兰、罗马尼亚、俄罗斯、塞尔维亚、斯洛伐克、斯洛文尼亚、乌克兰。

资料来源：EIU，Country Forecast——Bulgaria，April 2016，pp. 12。

表 2-3-37　　保加利亚商业环境概览

指标	2016—2017 年	2018—2020 年
私人企业和竞争的相关政策	工业部门和公共设施的私有化逐渐恢复。知识产权法律的实施取得一些进步，官僚主义对商业的干扰下降	欧盟在竞争政策制定方面拥有很大影响，但本地竞争监管机构仍较为虚弱和懈怠。在欧盟的压力之下，保护私有产权的机制有所完善，但需要经过一段时间才能有所成效
外国投资的相关政策	政府在吸引外国投资者方面十分积极。随着经济的复苏和对资本流动性的限制放松，绿地和基础设施投资有望逐步得到增长	在吸引外国投资方面将会有更进一步的举动，包括精简与投资相关的政府机构
对外贸易与汇率管控	贸易政策由欧盟主导。已采取措施实现对亚洲出口的多样化	随着周边国家加入欧盟，贸易壁垒将减少。保加利亚将申请加入欧盟汇率机制
税收	关税和税收征税改革持续进行。税收程序加速，但税率不太可能降低。对利润和收入的低统一税不变	征税程序进一步完善。养老金体系里得到资助的部分将在本阶段末尾得到增加
融资	尽管由于存款增长，本地资金大量富余，但企业和家庭放贷放缓	因外国的参与，实现更多的效率增益，非银行渠道融资逐步增加
劳动力市场	就业前景向好刺激实际工资增长，劳动力成本增加，但仍处于较低水平。仍存在一些财政激励措施，以为高失业、低技能工人较多的行业创造就业岗位	高素质人才难觅导致薪资差距拉大，削弱毕业生出国的动力。教育体系经历更深层次的改革，但进步缓慢
基础设施	筑路优先。电力通信行业进一步自由化，互联网普及率提升	更多的道路建造工程将实施。尽管铁路重组可能继续面临一些反对，但现代化进程不会中止。跨国天然气管道网络继续增长

过去几年，保加利亚的宏观经济环境一直表现良好，未来仍将企稳向好，继续成为其吸引外资的一大主要优势。2016—2020 年间，保加利亚宏观经济环境得分将略微上升，全球排名将从 2011—2015 年的第 10 位显著提升至第 3 位。但在预期区间，保加利亚的通货膨胀预计将比欧元区更为严重，年均通胀率可能达 2.5%。不过，伴随保加利亚紧缩的财政政策与缓慢的工资和信贷增长，通胀压力应能得到一定程度的缓解。从经常账户赤字上看，经常账户自 2011 年起出现盈余，到 2016 年时，该盈余将达 GDP 的 1%。不过，随着 2018—2020 年间国内需求的复苏，经常账户赤字又将扩大，尽管这部分赤字将会被流入的外商直接投资所抵销。房地产价格在过去几年有所反复，目前仍处于相对较低的水平。随着 2015 年交易量的快速增长，房地产价格很可能再度攀升，成为外来投资的一个热门选择。

过去数年来，保加利亚政府对私人企业和竞争的政策取得了显著成效，在 2016—2020 年间将继续取得进步。政府将采取一系列措施，精简官僚机构、减少不必要的法规和官僚主义对商业的干扰，继续推动工业部门和公共设施的私有化进程。在欧盟的持续压力之下，保加利亚将继续提高行政效率、改革司法系统、改善商业环境，一些旨在实现司法程序现代化的特别法律将在 2016 年生效，鉴于保加利亚国内长期存在的顽疾，以上这些努力仍将面临不小挑战，需要相当一段时间才有望取得进展。

在对外国投资的政策上，保加利亚政府将不会做出大的改变。总体而言，保加利亚拥有自由的外国投资体制，其障碍主要是制度上而非法律上的，例如官僚主义、腐败问题等。尽管国内对外国投资者参与公共设施投资颇有微词，政府将继续维持欢迎外资的立场。不过，在一些受到监管的行业，如能源和采矿，外国投资很可能更加难以进入。在预测周期末尾，保加利亚针对农地所有权的限制将有望被取消或减少。

在对外贸易与汇率的管控方面，保加利亚的政策主要受欧盟主导，外贸存在的问题主要是程序上的，并有望逐步得到解决。作为欧盟成员国，保加利亚贸易政策很大程度上由欧盟决定，其贸易关税的降低是欧洲自由贸易联盟成员国签署协议的结果，大多数保加利亚的银行由欧洲银行集团所有。不过，从整体表现上说，保加利亚在外贸和汇率管控方面的得分是其商业环境各类中最高的，达到了 9.1，未对资本和资金流动施加任何限制。随着基础设施和行政管理上的问题得到解决，保加利亚与周边非欧盟巴尔干国家之间的贸易将更加通畅，与其他国家的贸易自由化可能会进一步加深，但这取决于欧盟的全球贸易谈判情况，包括与美国的跨大西洋贸易和投资伙伴关系谈判。保加利亚仍将维持与地区大国如土耳其、俄罗斯之间的重要贸易联系，但由于国际石油和天然气价格的低廉，保加利亚与俄罗斯之间的贸易将受到欧盟与俄罗斯相互制裁的负面影响。

税收方面。保加利亚政府延续了上届政府留下来的税收体系，维持了欧盟最低的利润和收入 10% 统一税。根据 2015 年关于养老金改革的法律，社会保障税将在 2017—2018 年间每年增加 1%。不过，由于严重的官僚体制问题，根据《2016 年全球营商环境报告》统计，保加利亚税收相关程序所用时间在欧盟中属最长。

融资方面。保加利亚的银行体系将继续保持良好运行，经济发展的前景和国内外商业机会的向好将促进资金流动和放贷。经常账户近年来的良好表现增强了保加利亚政府对货币局的信心，在 2016—2020 年间，新政府将不会动摇货币局制度。目前来看，欧债危机的深入发酵可能对保加利亚银行业带来进一步冲击。由于希腊银行在保加利亚银行业中占有十分重要的地位，其保守的放贷政策将阻碍 2016—2017 年保加利亚信贷的快速增长。从中期来看，希腊有 60% 的可能性退出欧元区，这要求保加利亚政府提前做出相关预案。在欧债危机的余波褪去之前，保加利亚将不会考虑加入欧盟汇率机制。保加利亚政府的谨慎做法，一定程度上延缓了外来投资自由进入保加利亚市场。

基础设施建设方面。信息和通信技术正不断向前发展。自从保加利亚电信公司在2004年私有化并丧失垄断地位之后，国内对固定电话数字化的投资稳步进行。移动电话普及率急剧上升至100%以上，移动通讯公司之间竞争加剧，互联网接入方面的激烈竞争提高了宽带连接速度，对宽带价格形成向下压力，3G网络普及到绝大多数地区，4G服务也开始出现，但其更广泛的使用受制于4G频段的分配情况。2016年2月，监管机构将4G频段分配给五家公司，这一举动将有助于移动互联网用户的增长和电子商务的发展。

过去数年来，政府撤销或削减了能源行业的多数大型建设工程，致力于发展绿色能源并为其提供补贴、降低税率。2016年1月，保加利亚能源交易所开放招商，允许电力在市场上自由流通，电力自由化趋势有望延续。随着对高速公路网络建设、道路修复和铁路现代化的投资，交通基础设施将在2016—2020年间得到改善。

4. 人口预测

保加利亚人口结构老化严重，未来人口状况将持续恶化。从自然增长率上看，保加利亚的人口一直呈现负增长的趋势，死亡率增长的幅度比出生率增长的幅度大。未来出生率可能继续下降，而与多数东欧国家相比，死亡率一直处于相对较高水平，2014年，保加利亚每1 000人中死亡人数为15人。保加利亚负责人口政策的副总理兼劳工和社会政策部长伊瓦伊洛·卡尔芬（Ivaylo Kalfin）曾指出，保加利亚政府将采取一系列措施应对人口危机，确保2030年时总人口不少于700万人。EIU预测，到2020年为止，保加利亚的人口将减少至691万人。在2011年的全国人口普查中，保加利亚的人口为736万人，比2001年的统计（790万）减少7.3%，其中约1/3是净移民数减少，另外2/3源于人口的自然减少。

保加利亚人口老龄化问题亦日益严重，2011年65岁以上的人口已占到总人口的20%。据EIU预测，2015—2020年间，人口老龄化现象将愈发突出。同时，适龄工作人口将继续下降，从2015年的4.7%降至4.4%。由于保加利亚生育率较低，因营养不良和卫生设施不佳所致的婴儿死亡率相对较高，人口结构中儿童所占比例将继续处于较低水平。而成年人的死亡率（尤其是适龄工作人群和老年人）也较高，部分原因是吸烟过度和饮食不良。EIU预测，在2015—2020年间，保加利亚人均寿命虽然有望提高，但仍将落后西欧发达国家（见表2-3-38）。

鉴于保加利亚还存在普遍的移民外流问题，人口结构的这一变化趋势将对劳动力市场带来负面影响：一方面，青壮劳动力将进一步流失，寻找合适的劳力将竞争激烈并更为困难；另一方面，随着老龄化程度的加深，青壮劳动力所承担的抚养压力也同样上升，不仅给医疗和社会保障体系造成更大负担，同时也使年轻人更加看重薪酬待遇，这是外来投资需要着力解决的重要问题。

表2-3-38　　保加利亚人口统计与预测

指标	2010年	2015年	2020年
人口/百万人			
总计	7.4	7.1	6.9
男	3.6	3.5	3.3
女	3.8	3.7	3.6

续表

指标	2010 年	2015 年	2020 年
年龄分布比例/%			
0—14 岁	13.3	14.0	14.6
15—64 岁	68.4	66.1	64.3
65 岁以上	18.3	19.9	21.1
青年抚养比率/%	0.19	0.21	0.23
老年抚养比率/%	0.27	0.30	0.33
适龄工作人口/百万人	5.1	4.7	4.4
城镇人口比例/%	72.3	74.0	75.8
劳动人口/百万人	2.7	2.6	2.5

资料来源：EIU Country Forecast——Bulgaria，April 2016，pp. 10。

5. 投资机会

尽管保加利亚在经济增长方面的表现明显，但其 EIU 商业环境排名中只得到 4 分（满分 10 分），在所有 82 个参与排名的国家（地区）中排名第 70 位，这一排名反映了其商业环境的三个特征：规模小、人口减少、先天禀赋有限。

2016—2020 年间，保加利亚非正式经济的体量将有所萎缩。据 EIU 预测，在 2015—2020 年间，随着人口持续减少，保加利亚基于购买力平价计算的人均 GDP 将增长 32%。而当欧元在与美元对抗的走势增强时，这一增长趋势将在 2019—2020 年间继续延续。从人均收入的角度上说，到这一预测周期末尾，保加利亚仍将显著落后于绝大多数东中欧国家。从该国国内普遍存在的灰色经济方面来说，随着经济向前发展和税收增长，灰色经济占 GDP 的份额（目前一般估算为 20%）有望逐渐降低。

社会不平等现象难以得到明显改善。金融危机之后，保加利亚登记失业率曾一度高达 11.3%（2013 年），2015 年这一数值降低至 10.1%。EIU 预测，随着 GDP 加速增长，保加利亚的失业率将逐渐降低，政府增强社会安全网的相关努力将取得一些成效，但失业者仍将主要依靠家庭支持、自给农业和参与灰色经济来度日。

富裕中产消费群体的壮大尚需时日。在保加利亚，尽管近几年来该国数字化率得到显著提升，每 1 000 人中电话线的数量高于地区平均值，但个人电脑和其他数码设备的拥有量乃至汽车质量均低于本地区其他国家，这显示出其在非必须消费品发展上的不均衡现象。受金融危机的牵连，中产阶级发展缓慢，许多人仍生活在相对贫困的环境中，所谓的大众消费社会远未来临。

消费支出结构的变化呈现缓慢趋势。近年来，保加利亚签订劳动合同的人群平均月工资增长较快，2015 年 12 月的月工资为 937 列弗，比上年同期增长约 8%。不过这一增长速度仍比经济衰退之前要慢。EIU 预测，2016—2020 年间，工资增长将保持相对缓慢趋势，消费支出结构的演变也很可能进展较慢，粮食支出的比重将出现细微下降，家用电器以及休闲、通信、住宿和饮食方面的支出有望增加。

总体而言，保加利亚营商环境仍难以令人满意，政府所采取的促进投资措施难以起到全局性影响，尽管灰色经济份额降低有利于外来投资与保加利亚国内企业进行相对公平的竞争，但这一幅度是有限的。更关键的问题在于消费群体及支出结构的变化，不仅难以为外来投资提供源源不断的内在驱动力，更可能延缓乃至阻碍投资的深入开展。外来投资者需要尤其重视创新发展，努力培育国内消费社会，为下一步投资做好充分准备。

波兰

（一）波兰投资概览

国家基本信息简表

中文名称	波兰	英文名称	The Republic of Poland
建国日期	1989 年 5 月 3 日	领土面积	31.27 万平方公里
所属洲	欧洲	时区	UTC +1（夏时制：UTC +2）
首都	华沙	国际电话区号	+48
主要城市	克拉科夫、罗兹、弗罗茨瓦夫、格但斯克等		
人口	3 840 万人（2015）	主要民族	波兰族（97%）、德意志（1.3）、白俄罗斯（0.6）、乌克兰（0.6），以及俄罗斯、立陶宛、犹太等少数民族
人口密度	122.8 人/平方公里		
语言	波兰语	主要宗教	约 90% 的居民信仰天主教
政体	议会制	法律体系	大陆法系
政党	公民纲领党（PO）、法律与公正党（PiS）、波兰人民党（PSL）、民主左翼联盟党（SLD）、你的运动党（TR）“团结波兰”（SP）等	换届时间	2019 年（总统选举）
道路通行	靠右驾驶	货币	兹罗提（PLN）

2015 年主要金融与投资数据

名义 GDP	4 745.7 亿美元	FDI 流出量	5.8 亿美元
国际储备	949.1 亿美元		
汇率水平（PLN/USD）	3.8	FDI 流入量	7.3 亿美元
外债余额/GDP	69.1%		
财政收入/GDP	14.7%	FDI 内存量	256.8 亿美元
财政支出/GDP	16.8%		
货币供应增长率（M2）	9.7%	FDI 外存量	67.4 亿美元
通货膨胀率	-0.9%		
存款利率	1.9%		
贷款利率	4.9%		
GDP 增长率	3.6%		
失业率	10.5		
外储覆盖进口	5.2 个月		
产业结构	农业（2.77%）、工业（33.48%）、服务业（63.75%）		

续表

中国与波兰双边投资概况（2015 年）	
中国对波投资	3.29 亿美元
投资协定	中波双边投资保护协定（1988） 中波避免双重征税协定（1988） 中波经济合作协定（2004） 中波加强基础设施领域合作协定（2012） 中波关于促进中小企业交流与合作的谅解备忘录（2012）
中国和波兰双边本币互换协议	2013 年 10 月 9 日，中国人民银行与欧洲中央银行签署了规模为 3 500 亿元人民币/450 亿欧元的中欧双边本币互换协议。互换协议有效期 3 年，经双方同意可以展期
投资优惠措施和利润汇出限制	根据《2015—2016 全球竞争力报告》，波兰排名为第 43 名（43/144）。波兰不限制利润汇出。在经济特区有税收减免，对研发支出有高比例的减税资助等外资优惠

（二）波兰投资风险分析

根据中国出口信用保险公司出版的《国家风险分析报告（2015）》，波兰 2015 年的风险评级为 5（5/9）级，风险展望为稳定，主要风险见表 2－3－39。

表 2－3－39　　2015 年波兰主要风险概览

风险类别	风险描述
政治风险	经济政策剧烈调整；国内政治冲突、地缘政治环境变动等都构成对外来投资的挑战
法律风险	法制的变化及执法状况都影响投资者的态度
宏观经济环境	受国际经济形势影响，面临通货紧缩风险，金融政策和税收调整加剧银行体系脆弱性，人口结构老龄化和劳动力外流、劳动力市场不稳定影响投资吸引力
税收风险	波兰将新增零售税和金融资产税，改革税收管理机构，提高征税效率
劳工关系	劳工权利受到严格保护，劳资关系比较稳定，失业率处于下降区间
公共服务	行政管理效率较低、电子政务和互联网服务相对滞后，建筑业许可证制度改革缓慢，影响投资者经营效率
对外资态度	波兰有选择地吸引外来投资，有经济特区投资补贴、国家现金补助和欧盟基金资助等多项外资鼓励措施。但是，优惠措施根据地区、行业、投资和雇工规模、营业时间、技术等级等存在差异

波兰是中东欧最大的经济体和欧盟第六大经济体，也是前苏东国家经济表现最好的经济体。1989 年以来，波兰人均 GDP 增长超过一倍，建成了以一个以服务业为主导、工业为基础、产业多元的现代化经济体。波兰与德国建立了紧密的产业联系，事实上承担了德国制造境外基地的角色。波兰人口众多，国内市场较大，劳动力价格低廉，享受欧盟结构基金的资助，又置身欧元区之外，因而既可执行相对独立的货币政策，又有较为强大的经济刺激手段。这些有利因素帮助波兰抵御了 2008—2009 年的经济危机，成为当时欧盟唯一实现经济正增长的经济体。2010 年以来，面对欧盟整体性经济疲软，波兰维持了相对稳健的经济增长。2015 年，波兰 GDP 增长率达到 3.6%，比 2014 年高 0.2 个百分点。旺盛的公私消费、高质量的投资和稳定增长的出口，成为实现经济增长的三个因素。而汇率下行、油价下跌、西欧需求复苏，则成为维持出口增长的外部因素。波兰经济将在 2016 年继续保持稳健增长态势。

本报告主要从政治风险、宏观经济风险、法律与监管风险、经营性风险等方面对波兰投资风险进行分析。

1. 政治风险

波兰执政党在经济上为左翼政党，重视收入调节和国家干预，赴波企业应密切关注波经济政策调整。波兰执政党法律和公正党（PiS）在经济领域属于左翼政党，在竞选阶段曾提出对民众和中小企业减税、增加对多子女家庭补助、对银行资产和超市增税、降低退休年龄、加强经济干预等主张。著名智库公民发展论坛（Civil Development Forum）预计，法律和公正党政府将在2016—2019年内增加公共债务320亿欧元。政府很可能会加强对石油、采矿和金融部门的管控，减缓甚至中止仍在进行的私有化进程。

波兰加强政府管控引发反对，属于民主国家的正常现象，赴波投资者不应过分恐慌，但须密切关注局势发展。波兰执政党在议会拥有多数选票，政治行动力强。但是，其政治“专断”行为，也引发了反对声浪。2015年底，法律与公正党利用议会多数任命自己的宪法法院法官，引发民众对司法独立的担忧。2015年底，“捍卫民主委员会”在多个城市组织“保卫波兰民主和宪法法庭”的游行示威活动，抗议法律与公正党破坏民主制度的行为。2016年新年前夕，波兰参众两院通过法律与公正党提交的广播电视媒体的法案。根据该法案，广播电视机构的管理层和督查团都要由国家任免，引发波兰国家电视台、记者协会等国内传媒机构、欧洲记者联盟、欧洲媒体联盟等的抗议。

欧俄相互制裁对波农业发展造成不利影响，赴波投资企业须预防地缘政治风险。东乌克兰的不稳定局面增加了波兰的国防开支压力，欧盟对俄罗斯制裁引发了俄罗斯对欧盟的农产品进口禁令。这一禁令的首要受害者就是波兰农业部门。据统计，受俄进口禁令影响，2015年波兰蔬菜和水果出口量分别比2014年降低68万吨和111万吨，降幅分别为10%和19%。波在乌克兰危机中坚决反俄，并积极邀请北约在波兰设立总部，以对抗俄在东欧的行动，令波地缘政治环境进一步复杂化。

案例

与大企业合作也有违约风险

中国一家照明产品公司，2011年和波兰著名照明公司Apollo Electronics Sp. z o. o合作，该公司将货物价格压得很低而且做30天信用证，每单出货前均派国内验货员来验货，且验货标准严苛，经常需要返工，导致每单下来利润削减一半。到了11月底订立了一个订单，因为数量不是很多就和客户改作TT，考虑客户知名度，就接受10%定金。12月货做好了，波兰企业也照例派验货员来验货过，并确认通过了验货，商检也按计划做出来，就等对方通知出货。结果等了一个月，波兰客户以销量不好为由放弃购货合同。

这个案例说明，第一，在经济不景气的时期，应该谨慎波兰合作方的违约可能。第二，商业伦理远没有商业合同有效，应该尽可能地签订详细的商业合同，以便在对方违约时获得补偿。

资料来源：http://bbs.fobshanghai.com/thread-4539834-1-1.html。

2. 宏观经济风险

波兰面临通货紧缩风险，企业存留资金的机会成本降低，有助于从容做好商业规划。2013—

2015年，波兰通胀率分别为0.78%、-0.87%和-0.67%，均低于波兰央行1.5%—3.5%的通胀目标区间。当前，全球食品和能源价格仍在低位，尽管日欧均已实施量化宽松，美联储暂停加息，但短期内难以缓解通缩压力。2016—2017年，波将以减税增收为主题的需求刺激计划，可能促进通胀率上升，但其政策的双刃剑效果也可能令金融和零售业受损，意味着波兰提升通胀率的目标仍面临挑战。

波兰金融部门面临更严格的流动性管理，盈利能力下降，赴波企业应对金融，特别是银行部门投资更加谨慎。2016年1月波兰开始对金融机构征收0.44%的资产税。2015年全年的银行业净利润不到2014年的3/4，资产税的征收将使银行利润进一步减少三成。改组合作银行和信用合作社需要进一步充实存款保证金，这部分成本也将由银行承担。增支减收将进一步压缩银行盈利空间。另外，波兰考虑以立法形式将按揭贷款的计价货币由瑞士法郎转为本币，这将影响近30%的零售贷款，需要支付300亿—600亿兹罗提的改革成本。这些挑战将对运营效率产生不利影响，一是盈利能力弱的银行面临倒闭的风险，小银行的惜贷现象将增多；二是按揭币种转换后，资本缓冲机制弱化，银行体系脆弱性上升。波兰宏观经济指标见表2-3-40。

表2-3-40　　波兰宏观经济指标与预测（2010—2017年）

指标 \ 时间	2010年	2011年	2012年	2013年	2014年	2015年	2016年	2017年
GDP增长率/%	3.7	5.0	1.6	1.3	3.3	3.6	3.2	2.9
消费者价格增长率/%	3.1	4.6	2.4	0.8	-0.9	-0.7	2.2	2.9
私人消费增长率/%	2.7	3.1	0.7	0.2	2.5	3.0	3.0	2.4
货物和服务出口增长率/%	12.9	7.9	4.6	6.1	6.4	6.5	5.0	5.4
国内消费增长率/%	4.2	4.2	-0.5	-0.7	5.0	3.3	3.1	2.8
农业（占GDP）/%	2.9	3.2	3.0	3.2	2.9	2.8	2.7	2.7
工业（占GDP）/%	41.8	42.8	41.6	39.6	39.9	41.4	42.4	43.7
服务业（占GDP）/%	63.8	62.7	63.4	64.5	64.6	63.7	62.6	61.2
劳动生产率增长率/%	6.4	4.4	1.4	1.4	1.4	2.2	2.3	2.1
全要素生产率增长率/%	2.9	3.8	0.8	0.7	0.8	1.0	1.4	1.2
实际资本存量增长率/%	4.8	5.3	4.5	3.8	4.5	4.6	4.3	4.2

资料来源：EIU数据库。

3. 法律与监管风险

法律合同执行缓慢，赴波投资企业须充分估计由此导致的时间成本。在世界银行统计的189个经济体中，波兰的合同执行效率位列第55名，在波企业要强制执行合同，平均需要685天，耗费资金达标的的19.4%（见表2-3-41）。2013年，波兰修改民事程序法案（Civil Procedure Code），增加商业法庭的法官数量，以提高合同执行效率。但是，目前波兰的合同执行时间仍比经济合作与发展组织（OECD）平均时间长5个月。2015年的民法（Civil Code）改革要求在执法机构和行政机构之间建立电子联络体系、减少公务积压现象。但是，在民事和劳动法庭的审理过程中，案件积压现象依然突出。民事案件的审理周期从2012年的195天延长至2014年的203天，劳动案件的一审完结率为89%，审理周期从2013年的139天延长至2014年的161天。

表 2-3-41　　波兰强制执行合同时间及成本

指标	波兰	OECD 高收入经济体平均水平
总时长/天	685	538
文件处理及相关服务	60	
审理和裁决	480	
执行裁决	145	
总成本（占总标的比例）/%	19.4	21.1
律师费	12.0	
诉讼费	5.4	
强制执行费	2.0	

资料来源：World Bank，Doing Business 2016：Measuring Regulatory Quality and Efficiency，pp. 87。

案例

严肃对待合同

2009 年 9 月，中国中铁全资子公司中海外和中铁隧道联合上海建工集团和波兰德科玛有限公司，组成中海外联合体，中标波兰 A2 高速公路的 A、C 两个标段，总报价 13 亿兹罗提，这个报价比波兰政府预算低了一半还多。但是这个报价相当草率，也为后面的合作失败埋下了伏笔。当时，中海外太急于拿下订单，在事先没有仔细勘察地形、对当地法律和政治经济环境的考察也不深入的情况下，便草草签订了合同。合同中对成本细节做了详细规定，但中海外却因为迷信劳动力成本优势，没有对合同的具体条款做深入分析，并且误以为在合同执行过程中还可以与对方协商增加投资。但是事实上，在报价刚提出后，中海外便遭受低价倾销的质疑。在合同开始执行后，则发现实际成本超出预期，且波兰方面坚决不增加投资，要求严格按照合同完成工程建设。

按合同完成工程将亏损 3.94 亿美元。为了避免如此高额的亏损，中海外最终决定放弃该工程。为此，需缴纳高达 7.41 亿兹罗提（2.71 亿美元）的罚金，并且 3 年内不得参与波兰市场招标。而联合体的合作伙伴波兰德科玛公司，也因此面临破产的风险。

此次失败的原因有以下几点：第一，中国企业进军海外常用的手段是，先用低价竞争拿下合同，再在执行过程中慢慢增加成本，但是这种做法由于业主严格以合同为准而失灵。第二，双方行事方式存在差异。中方面对工程建设中的突发情况，要求业主给予“合情”的支持，而业主方面只坚持“合法”原则，以至于双方在合同签订阶段就存在不一样的心理预期，出现问题时更难以协商解决。

资料来源：http：//www. chinairn. com/news/20140108/183240585. html。

4. 经营性风险

（1）增税风险。波兰整体税负不高。公司税率为 19%，低于欧盟平均水平。根据《2015 年全球营商环境报告》，波兰企业平均需要缴纳 7 类税种，每年花 271 个小时用于纳税，总纳税额占利润的 40.3%。波兰的纳税便利度在全球 189 个经济体中位列 58 位。

赴波零售企业、金融企业面临更高的税负压力。波兰新政府为增加社会福利支出，陆续出台增税措施。一是金融资产税。2016 年 1 月，杜达总统签署银行税法案，要求资产超过 40 亿兹罗提的银行和信用社、资产在20亿兹罗提以上的保险公司以及2亿兹罗提以上的贷款机构，需要自2月起缴纳0.44%的资产税。二是零售营业税。2015年底，波兰财政部计划对面积超过250平方米的大型商场征收2%的流转税。启动大型商场税已被确定为波兰政府的优先任务。根据2016年1月底公布的零售业流转税草案，新的零售税将涵盖所有零售商户，税率与营业额挂钩，以形成阶梯税率。当月销售额低于3亿兹罗提时，零售业者需要将销售额的0.7%作为应缴税收，而高于3亿兹罗提时，税率则提升至1.3%。而双休日和节假日的营业额则需要缴纳税率为1.3%和1.9%的税收。政府计划在2016年第2季度让这部新法律生效。波兰税收概况见表2－3－42。

表2－3－42　　波兰税收概况

税费类别	税种数量/个	耗时/小时	法定税率	税基	税额（占利润）/%
社保缴费	1	103	0.1693	工资总额	19.1
公司收入税	1	70	0.19	应税利润	14.48
国家残疾基金	1		40.65%×6%×平均工资	/工人	2.83
劳工基金	0		0.0245	工资总额	2.77
财产税	1			0.88兹罗提/平方米土地 22.82兹罗提/平方米建筑	
雇员担保基金	0		0.001	工资总额	0.11
交通税	1		1 408兹罗提/卡车单位		0.06
增值税	1	98	0.23	增值部分	0
燃油税	1			包含在能源价格中	0
社保费用（雇员）	0		22.75%（7.75%为PIT部分）	工资收入	0
总数	7	271			40.3

资料来源：World Bank，Doing Business 2016：Measuring Regulatory Quality and Efficiency。

（2）劳工关系风险。波兰对劳动力保护严格，且有法可依，赴波兰企业须认真研究波兰劳工法律，依法用工。波兰加入了大部分欧盟和国际人权条约，是81个国际劳工组织公约的签约国。波兰已经采用欧盟议会和委员会的No 593/2008号文件，将雇佣关系置于欧盟法律的管辖之下，从而进一步加大了劳动者权利的保护力度。劳工法（Labor Code）是波兰规范劳动力市场的基础法律。雇佣合同的所有条款须符合劳工法规定。违背劳工法的条款将自动被劳工法的对应条款取代。在波兰务工的外国人同样受劳工法保护，但须获得相关部门的许可，且停留时间不能超过许可期限。2004年5月1日，波兰规定欧盟成员国居民、欧洲经济区居民、与欧洲共同市场签有劳工自由流动协议的国家居民，以及上述人员的家庭成员可不必申请工作许可。

案例

中国台湾企业在波兰遭遇罢工事件

2013年作为韩国LG供应商的中国台湾企业遭遇波兰工人罢工。罢工前，该公司拥有200名工人，人均税前月收入为1 500—1 600兹罗提，临时工的收入为1 400兹罗提，这个工资水平略低于附近企业。公司员工名义上有5个工作日，每天工作8小时，其中有20分钟午餐时间，但是一般情况下工人都要加班，特别是工人被要求在周六加班，引发工人不满。公司不愿意与工人签订永久用工合同。一般情况下，在临时合同延长为永久合同前，工人会遭到解雇，然后再以短期合同重新雇佣。这让工人非常没有安全感。2009 年，工厂工作条件由于经济危机而恶化，短期用工合同比例也迅速提高，劳资关系恶化。在订单高峰时期，多大一半的工人都是临时工，使用期限从几天到几个月不等，如果有一次请病假的情况，合同就不会延长了。2011 年，一个博士生为写博士论文进入工人并采访了大量工人。她将工人的情况上传到网上，并在网上形成了抗议声浪和集体罢工。虽然罢工最后失败，但是对公司形象造成了恶劣影响。

这个案例表明：第一，在波经营的企业，需要着重发展稳定的劳资关系，短期合同虽然有助于灵活调整用工结构，但是不利于人才储备和企业长远发展；第二，员工要么追求就业的稳定性，要么追求高工资收入，二者往往难以兼得，但至少可以相互替代。当就业不稳定，工资收入又低时，劳工队伍的反感情绪会上升，企业必须学会在稳定就业合同与高劳动报酬之间进行取舍。第三，小规模企业亦面临罢工威胁，不可低估罢工对企业长远发展的影响。

资料来源：http：//www. gongchao. org/en/texts/2013/strike - in - chinese - company - in - polish - sez.

波兰失业率较低，劳资关系稳定，赴波企业可通过加强工人培训、提高员工本地化水平，优化社会形象。波兰劳资矛盾主要发生于采矿、卫生保健业和铁路部门，零售业也存在偶发问题，但是全国范围的劳资冲突较少。2012 年以来，波兰就业水平不断提高。2012 年第 2 季度—2015 年第 2 季度，15—64 岁的男劳动力就业率提高 3.7 个百分点，女性劳动力的就业率提高了 3.9 个百分点（见表 2 - 3 - 43）。但是，波兰整体就业率依然低于欧盟平均水平。提升就业率会面临两个障碍：一是地区房产政策和交通基础设施不足则导致人口流动性低，不利于人力资本的积累；二是婴幼儿看护设施不足导致大量成年人无法进入劳动力市场。我赴波企业可通过与政府合作设立培训中心等方式，提升本地雇员的竞争力。

表 2 - 3 - 43　波兰人口就业率　　单位/%

时间 分组	2012 年第 2 季度	2013 年第 2 季度	2013 年第 3 季度	2013 年第 4 季度	2014 年第 1 季度	2014 年第 2 季度	2014 年第 3 季度	2014 年第 4 季度	2015 年第 1 季度	2015 年第 2 季度	2015 年第 3 季度
15—64 岁（全部）	59.7	59.8	60.7	60.8	60.3	61.3	62.5	62.6	61.9	62.9	63.5
15—64 岁（男性）	66.4	66.5	67.5	67.2	66.3	67.9	69.4	69.2	68.1	68.7	70.1
15—64 岁（女性）	53.1	53	53.9	54.4	54.3	54.8	55.6	56	55.8	56.4	57
25—49 岁（全部）	78.4	77.9	78.9	78.9	78	79.1	80.4	80.2	79.6	80.6	81
25—49 岁（男性）	84.6	84.3	85.1	84.6	83.5	85.3	86.8	86.1	85.3	86.3	87.1
25—49 岁（女性）	72.2	71.3	72.6	73	72.4	72.7	73.8	74.2	73.8	74.8	74.7

资料来源：Eurostat LFS，http：//library. fes. de/pdf - files/bueros/bratislava/12470. pdf。

（3）公共服务供给不足。在波获取建筑许可难度较高、电子政务水平较低，赴波兰建筑企业须充分考虑时间和行政成本。建筑行业投资者无法通过网络申请建筑许可，需要申请的许可各种各样、涉及管理部门众多，整个申请程序极为漫长，往往需要 1 到 4 年的时间。2015 年 6 月开始，新的建筑法简化了建筑行业相关的管理手续，例如，民用住宅及其他小型建筑可不必再申请许可证，只需通报当地政府即可。中小型零售企业也不再需要许可证即可继续营业。但是，改革范围有限，仍然存在空间规划管理过严、地方空间规划变动频繁、重要法规相互冲突、管理部门沟通机制不足、地理信息系统未整合登记数据等问题。2014 年，仅有不到 1/4 的波兰公民使用互联网参与公共事务，积极参与者则仅有 21%。而欧盟的平均水平已经达到 47%。波兰电子服务系统面临数据整合能力低下、政务系统的碎片化和低效率等问题。为此，2015 年 10 月，波兰内阁（Council of Ministers）通过了一项公共采购法，以建立单一、免费的中央政府电子采购平台，目的是在 2016 年建立包括电子呈交功能在内的全方位电子政务系统。

（4）腐败与安全风险。波兰对腐败的管控力度较大，公众对腐败容忍度低，赴波兰企业须注意以透明方式与政府交涉，并配合政府抵制索贿行为。在全球清廉指数排名中，波兰在 167 个国家（地区）中位列第 30 位，而 2014 年和 2013 年分别为第 35 名和第 38 名，显示波兰的腐败状况正在持续改善。这得益于执法能力与政治意愿的同步加强。波兰设立了反腐败局，加强对腐败的侦查和打击力度。波兰法律规定，如果贿赂对象能够向主管机关报告，并对反腐败行动提供协助，则可以免于起诉。同时公众对腐败的容忍度也越来越低，削弱了腐败的民众基础。

波兰面临较低的恐怖主义威胁，社会治安形势总体良好，但应预防针对外国人的街头犯罪。近些年来，黑社会活动几乎消失，诈骗和盗窃等犯罪也保持在低水平。街头犯罪和小偷是日常安全风险的主要来源，外国人尤其容易成为犯罪分子的目标。波兰的火车站及铁路服务区域是抢劫犯罪高发地带。波兰有组织犯罪主要涉及事劫持、盗窃贵重货物、走私大宗商品，如香烟、酒品，贩运非法物品、贩卖人口等，但发生率很低，对正常商业活动没有影响。

（5）对外国投资的态度。波兰对外资友好，整个市场对外资开放，内外资一视同仁，并允许外资企业将利润汇出。波兰对外资提供一系列优惠条件。投资者可以在 14 个经济特区开创事业，特区给经营者提供其他地区所没有的优惠条件，包括税收减免、雇佣激励、优良场地等。外资可以获得包括欧盟结构与协和基金（EU Structural and Cohesion Funds）在内的政府补贴。最大的激励项目为创新经济项目，覆盖基础设施、研发和工业设计等多个领域。

赴波企业还可以享受经济特区收入税优惠。该优惠措施由地区援助基金给予支持，补贴程度因地区而异。在经济特区获得税收减免待遇的条件是：①固定资产所有权未发生转移，且持续时间达到 5 年；②营业时间不少于 5 年；③新的营业场所需要使用 5 年或以上。

2011 年 7 月 5 日，波兰内阁会议通过了“波兰关键经济投资支持项目（2011—2020）”（简称“支持项目”）。相关投资项目在获得经济部认可后可申请“支持项目”的资助。资助将主要以赠款形式，根据投资完成情况逐步发放。“支持项目”重点关注汽车、电子和家用设备、航空设备、食品加工、现代服务业、研发投资等。但是传统制造业项目，如果投资额超过 7.5 亿兹罗提，新增雇员超过 200 人，或者投资额超过 5 亿兹罗提，新增雇员超过 500 人，也可以获得资助。具体投资支持根据表 2－3－44 和表 2－3－45 中的规定执行。波兰企业划分见表 2－3－46。

表 2-3-44　　波兰新增就业资助

部门	就业	投资支出	最高资助额
制造业：* ·汽车 ·生物技术 ·电子、家电 ·航空 ·农产品加工	250	5 000 万兹罗提	3 200—15 600 兹罗提****
BSS	250	150 万兹罗提**	
R&D	35	100 万兹罗提***	
其他制造业重点投资	200 或 500	7.5 亿或 5 亿兹罗提	

注：* 位于失业率低于全国平均水平 3/4 的地区的投资项目不在此列。

** 不包括办公房的租金成本。

*** 位于波兰东部的投资项目可再增加 20%。

**** 波兰东部的投资项目再增加 5 个百分点。

表 2-3-45　　波兰新增投资资助

部门	就业	投资支出	最高资助额
制造业：* ·汽车 ·生物技术 ·电子、家电 ·航空 ·农产品加工	50	1.6 亿兹罗提	可计算成本的 1.5%—7.5%****
重点投资	200	7.50 亿或 5 亿兹罗提	
	500		
R&D	35	1 000 万兹罗提**	最高为可计算成本的 10%

注：* 位于失业率低于全国平均水平 3/4 的地区的投资项目不在此列。

** 不包括办公房的租金成本。

**** 波兰东部的投资项目再增加 5 个百分点。

表 2-3-46　　波兰企业划分

企业类别	雇工人数	年营业额/百万欧元	资产负债表总额/百万欧元
大型企业	>250	> 50	> 43
中型企业	< 250	≤ 50	≤ 43
小型企业	< 50	≤ 10	≤ 10
微型企业	< 10	≤ 2	≤ 2

资料来源：http：//www.invest-in-wroclaw.pl/en/doing-business/incentives/。

（三）波兰未来发展预测和投资机会分析

波兰经济有望继续保持稳定增长。这首先得益于波兰最近推出的一系列刺激消费的措施，如“500+”、中小企业减税等，加上劳动力市场的改善，波兰就业率和工资有望进一步提升，需求端潜力将得到进一步释放。其次，低融资成本、低大宗商品价格和中间投入品价格，以及工资与劳动生产率的同步增长，降低了企业投资成本，扩大到了利润空间，将刺激私人投资的扩张。2014—2019 年波兰市场情况见表 2 - 3 - 47。

表 2 - 3 - 47　　波兰市场投资机会与展望（2014—2019 年）

指标＼时间	2014 年	2015 年	2016 年	2017 年	2018 年	2019 年
人口/万人	3 850	3 840	3 835	3 825	3 825	3 825
名义 GDP/亿美元	5 451	4 746	4 479	4 604	4 965	5 413
名义人均 GDP/美元	14 158	12 360	11 680	12 040	12 980	14 150
人均可支配收入/美元	8 506	7 349	6 819	7 122	7 723	8 525
中位数家庭收入/美元	17 966	18 765	14 972	15 309	17 842	20 591
家庭消费/亿美元	3 294	2 832	2 972	3 406	3 900	4 286
商品和服务进口增长率/%	7. 8	5. 9	6. 6	5. 6	5. 9	5. 4

资料来源：EIU 数据库和 EIU，Country Forecast——Poland，April 2015. pp. 4。

1. 政治前景

法律与公正党领导的新政府具有更广泛和集中的民意基础。党首卡钦斯基赞赏匈牙利总理维克多·欧尔班的国家治理方式，支持偏保守的民主制度。未来波兰政局将保持总体稳定。但是在经济政策和外交政策方面将与前任政府有较大变化。法律与公正党积极提高外资税负，甚至希望逐渐降低外资在国家经济中的比重。波兰民众对欧盟的外交软弱，特别是无力应对俄罗斯在东欧的地缘政治攻势，深感失望，但与此同时，波兰又严重依赖欧盟农业和结构基金的资助。这种尴尬状态令波兰的对外政策复杂化。波兰与俄罗斯关系恶化、东乌克兰问题的解决遥遥无期，成为随时可能升级俄欧经济战的定时炸弹。虽然俄欧经济争端对欧洲整体经济环境影响不大，但是对农业、能源等特定部门的冲击明显。波兰下议院政党分布见表 2 - 3 - 48。

表 2 - 3 - 48　　波兰下议院政党分布

政党＼时间	2007 年		2011 年		2015 年	
	选票比例/%	议席数/个	选票比例/%	议席数/个	选票比例/%	议席数/个
公民纲领党	41. 5	209	39. 18	207	24. 09	138
法律与公正党	32. 1	166	29. 89	157	37. 58	235
支持运动	—	—	10. 02	40	—	0
民主左翼联盟	13. 2	52	8. 24	27	7. 6	0
波兰人民党	2. 9	31	8. 36	28	5. 13	16
总数（包括其他政党）	100	460	100	460	100	460

资料来源：作者整理。

中波政治关系继续稳定发展。波兰是最早与新中国建交的国家之一。建交以来，两国在政治、经济、文化和教育领域关系不断发展。2011 年，中波建立了战略伙伴关系。2012 年以来，形成中国—中东欧国家领导人会晤机制和“16 + 1”合作框架，波兰在其中扮演了重要角色。2013 年以来，波兰为代表的中东欧国家成为中国“一带一路”战略倡议的重要合作伙伴，中波双边政治经济关系处于历史最好时期，为中资企业赴波投资创造了良好的外部大环境。

案例

华为的“本土化”成就

华为进入欧盟市场后，深入了解市场环境、法律法规、文化习俗和社会关系，通过积极执行“本土化战略”克服了许多中资企业面临的“水土不服”问题。

华为的本土化战略包括雇佣本地员工、为本地员工提供培训机会、依法纳税、积极履行社会责任，如赞助教育、社会和慈善事业。2010 年 4 月，波兰总统飞机失事时，华为与波兰的 TPSA 公司，联合成立了空难基金会，帮助空难中失去双亲的孤儿。

本土化战略与国际化战略相辅相成。没有国际化就不可能深入实施本土化，而本土化也真正让企业实现了国际化。进入波兰市场十多年来，华为将自身的企业文化与最基本的人类价值观相结合，从而赢得波兰人的理解。目前，华为在东北欧地区的员工本地化程度已经达到70%，这些员工不仅认同华为的文化，更与中国员工融合成一个大家庭，让华为成为一个团结的力量。这为华为在欧洲的市场开拓创造了先决条件。

华为对慈善、社会责任等问题的理解与波兰人基本一致。华为因为对当地社会的责任感和实际贡献，获得了波兰社会的信任。波兰人相信，华为进入波兰不仅是为了赚钱，也是为了融入波兰社会，成为波兰的一分子。这种良性互动进一步促进了华为核心业务的发展。

资料来源：http：//gb. cri. cn/27824/2012/03/13/5311s3598354. htm。

2. 经济预测

根据《全球竞争力报告（2015—2016）》的分析，经济体的成长需要经历要素驱动、效率驱动到创新驱动的三阶段。目前，波兰正处于从效率驱动向创新驱动的转型期（见图 2 - 3 - 1）。

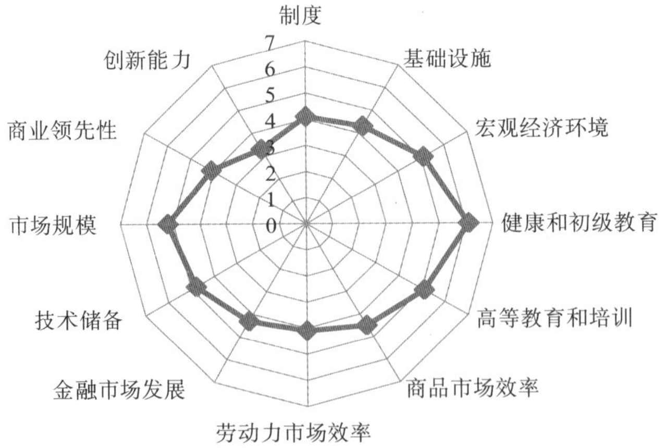

图 2 - 3 - 1　波兰竞争力分类指标

资料来源：World Economic Forum，The Global Competitiveness Report 2015—2016，Klaus Schwab。

经济转型以来，波兰依靠制度红利和资本积累实现了赶超式增长，但是潜力正在枯竭。波兰需要进一步提升在国际产业链中的位置，以实现更可持续的经济增长。2009—2014 年，波兰商业研发支出占 GDP 的比重翻了一番，绝对增长速度超过公共部门。但是，中小企业的创新活动萎缩明显，专利等创新指标依然没有起色。按照 2015 年的“顶级研发指标”（Research Excellence Indicator），波兰仍是OECD国家中创新能力最弱的经济体。为进一步培育创新动能，2014—2020年，波兰将投入150亿欧元欧盟基金用于国家和地方创新项目，私人部门将是主要的受益者。波兰PZU保险集团还与国家研究发展中心联合成立了投资基金。波兰发展部将此作为宏观经济发展的龙头项目，重点支持投资、基础设施、国际市场推广、出口贸易和中小企业创新等关键领域。

波兰充足优势难以持续。根据EIU的估计，2009—2019年，波兰15—64岁人口占比将从71.4%降低到66.7%（见表2-3-49）。根据欧盟统计局的预测，老年人口抚养比将在2050年达到58%。2009—2014年，波兰的实际平均退休年龄提高到59.5岁（女性）和62.1岁（男性），但仍未达到法定退休年龄。而新政府降低退休年龄的法案可能令进一步加剧老龄化挑战。在人口老龄化的同时，人口外流进一步加剧了劳动力不足的挑战。2008年以来，劳动参与率提高、乌克兰劳动力流入等在一定程度上弥补了人口外流的缺口，但是仍难以抵消劳动力减少趋势（见表2-3-49）。

表2-3-49　波兰人口结构变化

指标	2009年	2014年	2019年
人口/万人			
总人口	3 820	3 850	3 820
男性	1 840	1 860	1 850
女性	1 970	1 990	1 980
年龄结构/%			
0—14岁	15.2	15.0	15.7
15—64岁	71.4	70.1	66.7
65+岁/%	13.4	14.9	17.6
幼年抚养比/%	0.21	0.21	0.24
老年抚养比/%	0.19	0.21	0.26
城市人口比例/%			
劳动人口/万人	1 720	1 830	1 840

资料来源：National Statistics，EIU数据库。

国家投资能力有限，需要引入外来投资。2016年开始，波兰政府启全面发展项目（Morawiecki Plan），希望在15年内将波兰工资水平提升至西欧平均水平，人均GDP达到欧盟平均水平的79%。波兰政府预计这一项目将需要投入2 500亿美元的资金。但是，这一项目面临资金不足的困扰。全球经济低迷导致对外直接投资增长迟缓；随着GDP的增长，欧盟基金的拉动作用减弱；新增的管制措施则抑制了银行的投资支持能力。波兰以减税刺激消费政策，也限制了国家投资能力，而经济增长进入转型时期则增加了对国家投资的需求，二者相互叠加，意味着外来投资将扮演越来越重要的角色。

3. 营商环境

（1）国际经济环境保持稳定。由于欧盟经济的缓慢恢复、兹罗提继续保持弱势、贸易条件的改善等，波兰出口型经济在2015年维持稳健增长态势。2015年，波兰货物贸易结束了长期逆差，顺差额达到GDP的0.8%，同时，经常账户逆差由2014年占GDP2%缩小至0.5%。2015年到期外债占GDP的比重比2014年降低6个百分点，达到35.5%，为2010年以来的最低点。外汇储备总额在2016年1月达到860亿欧元，足够保证6个月的进口量，可覆盖未来一年内到期债务的85%，虽未达到完全保障水平，但可确保避免系统性债务风险。受益于IMF灵活信贷安排和欧盟对波兰央行的支持，波兰整体外部流动性风险较低（见表2-3-50）。

表2-3-50　　2016年1月波兰主权债务评级

指标	外币债务	长期+短期本币债务	展望
标普	BBB+	A-/A-2	负面
惠誉	A-	A+	稳定
穆迪	A2	—	负面

资料来源：波兰财政部，http://www.mf.gov.pl/en/news/-/asset_publisher/X7ac/content/id/5187490；中国驻波兰使馆经商参赞处，http://pl.mofcom.gov.cn/article/jmxw/201605/20160501319454.shtml。

（2）商业环境。近年来，波兰政府采取措施降低管制水平，打造外资友好型投资环境。波兰在财政部设特别委员会，致力于促进市场公平竞争，特别是推动电信和传媒市场化。2013年波兰通过优化管制能力的改革项目，目标是取消170多个行业的准入限制。截至2014年，已经有51个领域被部分或完全取消管制。2015年，波兰进一步提出“优化管理项目2015”。2016年还将展开新一轮改革项目，并计划在2016—2017年度进一步取消40项准入。

波兰努力中小企业发展创造良好条件。波兰中小企业主要集中于贸易、服务、建筑和制造业部门。据欧盟委员会估计，2013年，中小企业创造了36%的就业机会，创造了50%的GDP。2012年以来，波兰引入中小企业免税优惠待遇，包括经济特区的已有优惠措施，可使中小企业最高享受60%的支出免税待遇。波兰还努力改善中小企业融资环境。政府支持的银行担保基金设立了贷款担保项目，而欧洲复兴与开发银行等国际机构也在为中小企业提供融资支持。

4. 投资机会

波兰地理位置优越，正处在基础设施大发展和经济转型的关键阶段，拥有较多的投资机会。特别是，波兰拥有欧盟资金支持，项目违约风险较低（见表2-3-51）。近年来，中国劳动力成本迅速提高，企业向外转移需求强烈。波兰劳动力具有更高的性价比，且一直维持弱势货币，具有较强的竞争力。未来中资企业赴波兰投资可将基础设施、先进制造业和新兴服务业作为重点开拓领域。

表2-3-51　　2014—2020年波兰获得欧盟资金情况表　　单位/亿欧元

<table>
<tr><td rowspan="6">欧盟结构与投资基金</td><td rowspan="3">欧盟区域发展基金</td><td>欠发达地区</td><td>511.7</td><td rowspan="6">欧盟结构与投资基金合计781</td></tr>
<tr><td>较发达地区</td><td>22.4</td></tr>
<tr><td>欧盟跨国合作</td><td>7</td></tr>
<tr><td colspan="2">融合基金</td><td>232.1</td></tr>
<tr><td colspan="2">欧盟社会基金</td><td>2.5</td></tr>
<tr><td colspan="2">欧盟海洋渔业基金</td><td>5.3</td></tr>
<tr><td rowspan="2">共同农业政策</td><td colspan="2">农村发展基金</td><td>109.4</td><td rowspan="2">共同农业政策合计320.4</td></tr>
<tr><td colspan="2">直接支付</td><td>211</td></tr>
<tr><td>合计</td><td colspan="4">1 101.4</td></tr>
</table>

资料来源：中国驻波兰使馆经商参赞处，http://pl.mofcom.gov.cn/article/zxhz/tjsj/201601/20160101232591.shtml。

（1）基础设施。铁路运输表现不佳。目前波兰拥有19 000公里的运营铁路，但一半的铁路技术规范不达标。铁路网平均运行速度为27公里/小时，不仅无法与周边国家竞争，甚至落后于公路交通。铁路发展迟滞带来负面效果，如过度依赖公路系统导致交通拥堵和事故高发、温室气体排放和噪声污染增多等。波兰希望加大铁路投资力度，以实现沟通欧亚、打造陆地交通枢纽的目标；同时也希望以铁路系统带动东波兰地区的发展。在经济落后的东部地区，波兰计划兴建比亚韦斯托克—卢布林—热舒夫（Bialystok - Lublin - Rzeszów）S19快速路、维尔纽斯—比亚韦斯托克—卢布林—热舒夫铁路等，并希望以铁路建设为先导，在比亚韦斯托克、卢布林、热舒夫等地打造商业服务中心、有机食品基地和航空工业中心。

波兰公路系统受到当局的优先照顾，但不敷使用。2014—2023年的国家公路项目将投入400亿欧元用于道路交通建设。但是，公路的拥堵和高事故率依然突出。2014年，波兰每百万人交通死亡人数为84人，位列欧盟前6位，比欧盟平均水平高65%。波兰的公路交通在持续改善，但是改善速度不及其他欧盟国家。波兰私家车拥有率超过欧盟平均水平，但是公路基础设施和管理体系则相对滞后，造成波兰城市的交通拥堵、高事故率和死亡率。

波兰正在对航空设施进行扩建和改造。波兰希望将自己打造成欧洲地区的交通枢纽，但是机场设施相对老化，难以满足日益增长的运输需要，为此正对波兹南、什切青等7个跨欧洲交通网上的机场进行现代化改造，此外还将新建五座航站楼、建设有轨电车道和配套车辆等。波兰水运设施亦需改造和升级。波兰港口运行效率低，服务成本较高。按照海洋运输基础设施发展规划，波兰将建设什切青集装箱基地等现代化海港设施，且正在积极引进外来投资者。

2014—2020年，欧盟将给波兰提供820亿欧元的支持资金，用于科研、公路和铁路建设、城市公交、宽带建设等项目建设。欧盟基础设施和环境项目基金将为波兰铁路交通提供58.9亿欧元的资助，其中27亿欧元用于城市公共交通，中国企业在该领域的投资能够获得稳定的资金保证。波兰提升改造基础设施的内在要求与相对充沛的资金为外资进入相关领域提供了机会。

（2）制造业。2016年2月，波兰政府发布《负责任的发展计划》，列举了再工业化、企业创新、投资、开拓国际市场和社会与地区发展五大支柱。波兰将重点发展航空、军工、汽车零部件、造船、IT、化工等优势部门，其中无人机设计和制造（日维尔科和维古拉项目）、商用客货运船舶（Batory项目）、城市公共交通设计和制造（Luxtorpeda2项目）、采矿机械、生物仿制药品、网络通信等为重点打造项目。波兰欢迎外国投资，提供税收减免、培训补贴等多种优惠。同时，波兰拟制定新的商业法律，简化政府管理程序、消除企业运营的法律和行政障碍。

中国企业在无人机、城市轨道交通、机械制造等领域具有竞争优势，有能力参与波兰相关项目。波兰采矿机械项目主要为促进煤炭业的发展，特别是煤炭气化。这也是中国自身的发展需要。加强中波在采矿机械上的合作可以实现更广泛的互利共赢。

波兰提出积极确保食品生产安全，扶持传统工艺、非转基因食品的生产，开拓亚洲的食品市场等。在中国国内食品安全问题引发广泛关注的背景下，有望在高品质的特色食品领域形成对波投资新亮点。中东和东欧地区的地缘政治紧张加剧了波兰对能源安全的担忧。波兰希望通过油气供应多样化和新能源的开发逐渐巩固能源安全。新能源中的核能和地热能将成为重点投资领域。中国在核电领域具有技术和性价比优势，中波核能合作可成为对波投资的重点项目。

总体而言，汽车、家电、飞行器制造、电子、信息技术、金属冶炼等传统行业仍然具有较大潜力。但是，中资企业尤其应该关注健康和生命科学研发、数据搜索和分析技术、工程设计等前沿领域。

（3）健康产业。波兰国内消费增长旺盛，根据新政府的发展规划，未来国内消费将成为支撑经济增长的主要因素。据 EIU 预测，2014—2019 年，波兰国内消费将增长 23%，其中，教育和娱乐、酒店餐饮、交通通信、医药保健将成为增长最快的四个领域。近年来，中国游客的海外购物持续增加，凸显了国内供应结构与消费结构的不匹配。国内转型升级是一个长期工程，满足民众高品质消费需求则是燃眉之急。波兰作为欧盟成员国，其产品和服务的品质和标准高于中国，能够满足国内中产阶层的消费升级的需求。中波两国都在经历人口老龄化过程。波兰老龄化可能由于人口外流而进一步加剧。波兰正积极向欧盟发达经济体学习应对老龄化的策略，而在鼓励生育、构建可持续社会福利体系和医疗体系方面，波兰已经积累了丰富的经验，值得中国学习。未来中国对波兰夕阳产业、教育、医疗等服务业的投资，一方面能够推动波兰成为中国特色消费目的地，另一方面也能够带动国内相关行业的发展（见表 2－3－52）。

表 2－3－52　　波兰消费支出结构与预测　　单位/亿美元

指标＼时间	2014 年	2015 年	2016 年	2017 年	2018 年	2019 年	2019 年/2014 年
食品、饮料和香烟	808	668	683	777	878	951	118
居住及燃料	758	639	651	739	840	920	121
服装、鞋帽	140	116	120	138	156	168	120
家用商品和服务	146	122	125	142	160	173	118
医药保健	152	128	130	148	170	188	124
交通、通信	435	361	368	425	497	558	128
教育和娱乐	304	256	263	304	351	389	128
酒店餐饮	98	81	83	96	112	124	127
其他	454	374	383	441	511	567	125
总计	3 294	2 746	2 807	3 210	3 674	4 038	123

资料来源：EIU，Country Forecast，April 2015，pp. 28。

第四章
西亚投资环境
及主要投资目的国投资风险分析

西亚地区投资环境及主要投资风险

（一）西亚地区经济概览

西亚包括的国家有伊朗、伊拉克、阿塞拜疆、格鲁吉亚、亚美尼亚、土耳其、叙利亚、约旦、以色列、阿富汗、巴勒斯坦、沙特阿拉伯、巴林、卡塔尔、也门、阿曼、阿拉伯联合酋长国、科威特、黎巴嫩、塞浦路斯，共20国。因位于亚洲、非洲、欧洲三大洲的交界地带，阿拉伯海、红海、地中海、黑海和里海（内陆湖）之间，西亚被称为“五海三洲之地”。是联系亚、欧、非三大洲和沟通大西洋、印度洋的枢纽，地理位置十分重要。

西亚是伊斯兰教、基督教和犹太教的发源地，绝大部分居民信仰伊斯兰教，伊斯兰教对社会发展和人们的生活有着深刻的影响，犹太人主要信仰犹太教。伊斯兰教、基督教和犹太教都将耶路撒冷奉为圣城，麦加是伊斯兰教的圣城。

西亚是目前世界上石油储量最丰富、产量最大和出口量最多的地区，有“世界石油宝库”的称号。西亚的石油储量约占世界石油总储量的一半以上，产量占到世界石油总产量的近1/3，出口量占到世界出口总量的一半左右。西亚所产石油90%以上供出口，主要出口到美国、西欧和日本。其他矿藏有铬、铜、锑、锰、铁和磷灰石等。该地区部分国家目前是社会暴乱、战争和恐怖主义高风险地区，并且这些问题开始跨越边境向外扩散。西亚概况见表2-4-1。

表2-4-1　　西亚概况

中文名称	西亚	气候条件	热带沙漠气候，高山气候
外文名称	West Asia	纬　　度	12°35′N—43°34′N
面　　积	7 237 587 平方公里	经　　度	26°16′E—74°56′E
地理位置	亚洲西部	人　　口	2.41 亿人
GDP	3.04 万亿美元	人均 GDP	12 608 美元

注：表中数据均为2012年。

按经济特点可将西亚国家分为两种经济类型，即石油输出国和非石油输出国。石油输出国包括沙特阿拉伯、阿拉伯联合酋长国、卡塔尔、巴林、科威特、伊拉克、伊朗和阿曼等8国。石油是各国经济命脉，石油业在国民生产总值、国民收入和出口值中的比重都居绝对优势，建筑业、运输业、加工业和商业也都以石油生产为其发展基础。这些国家经济结构单一，常受国际市场，特别是能源市场的影响。为此，各国正在调整经济发展战略，逐步向多样化发展。非石油输出国经济多以农牧业为主，采矿业、加工业均较薄弱，发挥地理位置优势，在运输、加工和提供劳务上颇得石油之利，并且收取高额的过境费用。

目前，西亚区域内各国发展水平有着很大差距。具体来看，伊朗的石油化工、钢铁、汽车制造业发达，还有电子工业、核工业、计算机软硬件业。土耳其在生产农产品、纺织品、汽车、船只及其他运输工具、建筑材料和家用电子产品皆居领导地位。近年来，土耳其的私人部门已有显著发展，然而国有企业于工业、银行业、运输及通讯仍有重要地位。叙利亚的经济来源主要是农业、石油、加工业和旅游业。约旦比较缺乏淡水资源，石油资源不丰富，旅游业是约旦支柱产业之一，佩特拉古城，死海和瓦迪拉姆沙漠等景点成为世界各国游客探险旅行和休闲度假的首选目的地。以色列工业化程度较高，研发产业中最知名的是其军事科技产业，在农业、物理学和医学上的研发也十分知名。沙特经济发展以工业为重点，石油和石化工业是国民经济的命脉，是主要的经济来源，旅游业也比较发达。沙特政府鼓励私有经济的发展，以减少国家经济对石油出口的依赖，同时为快速增长的人口提供更多的就业机会。卡塔尔以石油、天然气为经济支柱，是世界第一大液化天然气生产和出口国。阿联酋以石油生产和石油化工工业为主，银行业发达，现有本国银行328家，外国银行109家。科威特以石油、天然气工业为国民经济支柱，其产值占国内生产总值的45%，科威特的气候不利于农业，几乎全部农产品都需要进口。

（二）西亚地区投资环境及风险分析

从表2-4-2可以看出，该区域国家全球竞争力排名中上游，但也门、阿富汗、叙利亚、伊拉克和巴勒斯坦无排名，整体经济质量一般偏上。

表2-4-2　　2015—2016年西亚国家全球竞争力指数排名

国家	得分（1—7分）	排名
卡塔尔	5.30	14
阿拉伯联合酋长国	5.24	17
沙特阿拉伯	5.07	25
以色列	4.98	27
科威特	4.59	34
巴林	4.52	39
阿塞拜疆	4.50	40
土耳其	4.37	51
阿曼	4.25	62
约旦	4.23	64
塞浦路斯	4.23	65

续表

国家	得分（1—7 分）	排名
格鲁吉亚	4.22	66
伊朗	4.09	74
亚美尼亚	4.01	82
黎巴嫩	3.84	101

资料来源：世界经济论坛，《2015—2016 年全球竞争力报告》，也门、阿富汗、叙利亚、伊拉克和巴勒斯坦无排名。得分范围为 1—7 分，共 144 个国家（地区）。

1. 政治展望

该地区未来充满不确定性与不断恶化的风险。什叶派伊朗和逊尼派海湾君主国之间的敌对加深了该地区的分裂。这种敌对延长了叙利亚内战的时间，并直接造成了沙特阿拉伯对也门的军事干预。同时，外部力量也使得这种对抗复杂化，包括美国、俄罗斯和欧盟在内的国家越来越多地参与到了该地区斗争之中。

此外，在突尼斯、埃及、也门、利比亚之后，叙利亚阿萨德政权也面临颠覆风险，而伊斯兰国在叙利亚的崛起是地区失序最危险的后果。叙利亚内战将邻国黎巴嫩推向混乱的边缘，反叙利亚政权武装组织在黎巴嫩避难的同时，也加剧黎巴嫩的紧张局势和宗教分裂。黎巴嫩什叶派武装组织真主党也卷入叙利亚和黎巴嫩的国内冲突之中。

伊朗的制裁解除将给地区平衡带来重要影响。在制裁解除后，伊朗总统鲁哈尼迅速行动，在 2016 年 1 月会见了来访的中国国家主席习近平，紧接着访问了意大利和法国，伊朗与相关方达成 550 亿美元的合作协议。鲁哈尼向民众宣传解除制裁对伊朗经济发展的影响，以争取中间派议员们的支持，其反对者则试图阻止伊朗在解除制裁后快速的变革，并通过打压温和派来试图终结鲁哈尼政府改革和政策。在这场争斗中，最高领导人哈梅内伊对于维持伊朗局势稳定发挥至关重要的作用。他总体上支持核协议和经济自由化，但同时对社会、政治改革和美国采取不妥协的态度。尽管海湾合作委员会国家（GCC）对美伊达成核协议表示谨慎欢迎，但它们和伊朗的紧张关系仍然在加剧。

伊斯兰国威胁仍旧是伊朗和 GCC 共同的担忧。尽管伊朗和海湾国家存在长期的不信任，但双方在应对伊斯兰国的威胁上有合作基础。伊斯兰国已在沙特阿拉伯东部、科威特和也门的什叶派清真寺实施了自杀式袭击，并对沙特安全部队发动了多次炸弹和枪支袭击，巴林、卡塔尔和阿联酋也都参与了美国领导的对叙利亚伊斯兰国目标发动的空袭，伊朗开始使用武力对抗伊斯兰国。

对国内反对派持续的打压将加剧地区领导人的挑战。阿联酋已经多次逮捕涉嫌和穆斯林兄弟联系的外籍人士和国民，巴林也继续拘捕反对派。

石化行业暴利时代的终结将挑战海湾国家领导人的统治。十多年来，石油出口带来的巨大经济利益不断改善着本国民众的生活水平，提高了整体的福利水平，民众政治权力的缺失并没有带来政权的不稳定。但是伴随石油价格的不断下滑，政府不得不削减民众所享有的社保福利和补贴。

2. 经济展望

高油价带来的石油贸易的收益支撑着各部门工资的上涨和基础设施的扩张，并确保政权的合法性和社会总体的稳定。然而，多数的区域内产油国在低油价打击之下财政状况快速恶化。据估计，区域内产油国中只有卡塔尔在 2015 年实现财政盈余，然而预计 2016 年也将由盈余转为赤字。沙特阿拉伯在2015年的赤字水平已经达到GDP的17.1%的历史高点。油价急剧下降迫使扩张性的财政政策走到了尽头，区域内主要产油国逐步削减政府支出。沙特政府开始减少办公支，GCC成员国也开始削减各项行政补贴，并调整国内能源价格。紧随阿联酋2015年1月实施与国内油价与国际接轨之后，也门、沙特、卡塔尔和巴林在2016年1月也都将能源价格提高30%至60%。

短期内各国政府不会快速调整税收政策。当前产油国尽管面临财政压力，但对提高非石油财政收入较为谨慎，以免损害营商环境，阻碍经济多元化目标的实现。尽管如此，GCC国家集体计划采用增值税的方式提高税收收入，新的增值税政策有可能在年底推出，预期前期执行时税率会比较低，仅为3%—5%。考虑到公众的强烈抵制，提高个人所得税的政策不会实施。此外，政府也可能会增加私有化项目以缓解财政压力。

FDI流入呈下降态势。低油价和全球政治的不确定性影响了西亚产油国FDI的流入，相比去年，流入西亚的FDI总量下降2%，将至420亿美元。土耳其的流入量增长36%至170亿美元，成为区域内最大的FDI接收国。卡塔尔和沙特吸引外资规模也一直处于低位。这反映了主要外国投资者悲观的情绪[①]。

科威特

（一）科威特投资概览

国家基本信息简表

中文名称	科威特国	英文名称	Kuwait
建国日期	1961年6月19日	领土面积	17 818平方公里
所属洲	亚洲	时区	UTC+3
首都	科威特城	国际电话区号	+965
主要城市	艾哈迈迪市、加哈拉市等		
人口	422万人	主要民族	阿拉伯人
人口密度	236.84人/平方公里		
语言	阿拉伯语	主要宗教	95%的人口信奉伊斯兰教，其中约70%属逊尼派、30%为什叶派
政体	君主世袭制	法律体系	伊斯兰教教法
政党	—	换届时间	2017年7月（议会选举）
道路通行	靠右驾驶	货币	第纳尔（KWD）

2015年主要金融与投资数据

名义GDP	1 167.17亿美元	FDI流出量	18.65亿美元
国际储备	283.75亿美元		
汇率水平（KWD/USD）	0.3037	FDI流入量	1.90亿美元
外债余额/GDP	7.20%		

① UNCTAD：World Investment Report 2016，p.47。

续表

财政收入/GDP	46.80%	FDI 内存量	40.72 亿美元
财政支出/GDP	58.90%		
货币供应增长率（M2）	1.20%	FDI 外存量	387.12 亿美元
通货膨胀率	3.00%		
存款利率	2.30%		
贷款利率	4.30%		
中国与科威特双边投资概况			
中国对科威特直接投资（流量）	1.62 亿美元（2014 年）	中国对科威特直接投资（存量）	3.46 亿美元（截至 2014 年末）
中科双边投资协定	1985 年 11 月 23 日签署，1986 年 12 月 24 日生效。		
中科双边本币互换协议	中国和科威特尚未签署货币互换协议。		
投资优惠措施和利润汇出限制	根据 WEF 发布的《2015—2016 年全球竞争力报告》，科威特在竞争力排名方面得分 4.59 分（4.59/7），排名第 40 名（40/144）。允许资本、利润和红利汇回		

（二）科威特投资风险分析

根据中国出口信用保险公司出版的《国家风险分析报告（2015）》，科威特 2015 年的风险评级为 4（4/9）级，主要风险见表 2-4-3。

表 2-4-3　　　　2015 年科威特主要风险概览

风险类别	风险描述
宏观经济环境	未来经济走势平稳，宏观经济发展仍将受油价波动影响。通货膨胀压力较小
政治环境	国内政局基本稳定，萨巴赫家族严格控制国家权力，埃米尔的统治地位牢固。但王权政治也面临着一定的内部压力，未来仍存在政治动荡的可能性
法律与管理	法律体系较完善，但执法成本较高
政府效率	政府办事效率较低
金融及国际贸易与支付	第纳尔将小幅贬值，汇率弹性增大，经常账户盈余将大幅缩减，国际储备持续增长
安全	恐怖主义威胁有所增加，反恐形势严峻
税收政策	制度健全，税收负担较小
基础设施	基础设施较完善，信息产业相对发达
劳动力市场	劳动力市场结构失调，外籍劳工比例过高，青年人失业情况严重
社会文化风险	教派纷争或复杂化

科威特政治社会形势不稳定，虽然埃米尔地位稳固，但是王位继承权之争逐渐显现。政治方面，议会解散、内阁重组频频出现，在 2015—2019 年间，预计萨巴赫统治家族将继续执掌科威特，但是王位继承权之争将涉及议会政治，从而使决策制定更加复杂。经济方面，经济发展将继续依赖石油领域，但尽管石油价格将长期下跌，科威特巨大的海外资产和财政盈余将为其经济发展提供支持；此外，国内市场通货膨胀压力较小，第纳尔汇率弹性将增大。社会安全方面，恐怖主义威胁有所增加，教派纷争复杂化。

本报告主要从政治风险、宏观经济风险、法律与监管风险、税收风险、劳工风险等方面对科威特投资风险进行分析。

1. 政治风险

（1）政局波动风险。王位继承权之争逐渐显现。萨巴赫家族内部派系斗争有加剧趋势，其焦点集中于下一任埃米尔的继承权。萨巴赫家族的两个主要分支——贾比尔和萨利姆轮流执政，交替接任埃米尔的位置。每个分支在议会中都有盟友，他们通过竞争阻止对手立法，通过腐败指控贬低议员和高级官员的声誉。自埃米尔继位，各萨巴赫派系针锋相对的对峙导致立法不断推迟，议会被解散5次。现任埃米尔已届86岁高龄，王储努瓦夫是其同父异母的弟弟，也已年满78岁，其后由谁继承权力尚无定论。子侄辈围绕王位继承和权力分配的竞争日益公开化，埃米尔无力辖制。未来若这一矛盾激化，会严重削弱萨巴赫家族的统治，造成政局不稳。

议会与王室长期存在矛盾。议会与王室矛盾长期存在，近年来甚至有矛盾不断激化的趋势。2006年1月，议会第一次主动卷入埃米尔争夺战中，要求萨阿德·萨利姆（Saad al－Salim）（科威特第14任埃米尔）退位，并支持萨巴赫·艾哈迈德·贾比尔·萨巴赫（Sabah al－Ahmad al－Jaber Al－sabah）（科威特第15任埃米尔）继位。在投资领域，萨巴赫派系在王位争夺中的不合作状态将阻碍议会的决议，影响对科威特经济有重要作用的大规模基础设施项目和石油及其衍生品领域的投资。外国公司面临合同修改、取消和选择性腐败调查的巨大风险。

反对派势力分散。科威特反对派萨拉菲乌玛党、萨拉菲运动组织等彼此分裂，因此发动全国性抗议活动的可能性较小。2014年4月，萨拉菲乌玛党秘书长甚至指责反对派联盟（Opposition Coalition，OC）执行了统治家族的议案，从而削弱了反对派的力量，破坏了“真正的”对立。未来的不稳定因素主要源于萨拉菲乌玛党，或者是萨拉菲运动组织正式加入反对派联盟，或者加入到反政府抗议活动中，以及未来埃米尔解散议会，重新选举时可能出现的持续的大规模抗议活动。

（2）宗教矛盾风险。宗教矛盾导致社会不稳定。与其他海湾国家相比，早期科威特逊尼多数派和叶什少数派关系较为良好。2011年巴林动乱后，科威特国内的教派纷争开始抬头，“伊斯兰国”兴起激化了教派矛盾，激进的萨拉菲运动组织趁机挑拨逊尼—什叶派对立，加之科威特王室长期以来与富裕的什叶派商人关系密切，也激发了逊尼派平民的不满。2015年6月，由伊斯兰国家圣战分子引起的叶什派清真寺大爆炸，导致国内宗派矛盾紧张。此外，科威特国内还有超过10万无国籍的贝都因人，在政治和经济生活中被边缘化，成为易受极端思想蛊惑的潜在危险群体。

（3）区域与恐怖主义风险。与伊朗关系趋于紧张。在地区安全方面，伊朗所带来的潜在威胁使海湾合作委员会国家政策日益融合。科威特议员指控伊朗向恐怖分子提供支持，造成伊朗与科威特之间的关系日益紧张。鉴于美国解除对伊朗的制裁，海湾国家认为伊朗将增强其在区域内的影响，区域内国家之间的关系将趋于紧张。

恐怖主义威胁有所增加。伊拉克战争后海湾地区局势动荡，为恐怖活动提供了滋生的温床。科威特与伊拉克接壤，两国因历史纠葛长期不睦，加之美在科驻军，受上述因素影响，科威特国内主要恐怖组织如“科威特圣战组织”、“阿卜杜勒·阿齐兹·穆克林烈士旅”、“半岛雄狮旅”、“社会改革协会”、“伊斯兰遗产复兴协会”等一度活跃。2007年后，恐怖组织在政府的严厉打击下有所收敛，但科威特作为美国盟友，打击“伊斯兰国”的后勤要道，遭受恐怖袭击的风险陡增。2015年9月，政府逮捕了几名恐怖主义分子，使国内反恐氛围更加紧张。预计恐怖主义威胁在中期仍将持续，这将对海外企业赴科投资产生负面影响。

2. 宏观经济风险

（1）宏观经济指标。科威特实际GDP增长率持续下降。在中东和北非政治动荡时期，得益于丰富的石油资源，科威特维持了较高水平的人均GDP，实际GDP增长率在2011年和2012年曾经出现过9.6%和6.6%的高水平，国内矛盾有所缓和。然而，从2013年开始，石油价格下跌，相关产品生产放缓，宏观经济风险增加，实际GDP增长率急剧下降，2014年和2015年GDP增长率分别为-1.6%和-1.3%，预计2016年GDP增长率略有上升，但也仅为1.2%，2017年预计为1.6%。与此同时，政府的债务水平从2013年开始则在逐年增加（见表2-4-4）。虽然预期私有化改革会促进经济增长，但是议会与王室控制的内阁长期的纷争延缓了私有化改革的进程。2016—2019年度，预计科威特实际GDP增长率将持续低迷。

表2-4-4　　科威特宏观经济主要指标展望（2016—2019年）

		2016年	2017年	2018年	2019年
实际GDP增长率/%		1.2	1.6	2.7	2.9
对实际GDP增长率的贡献/%	私人消费	0.3	0.6	1.0	1.0
	政府支出	-0.4	0.4	0.9	0.9
	固定投资	0.3	0.5	1.0	1.0
	外部均衡	0.9	0	-0.2	-0.1
政府债务（占GDP）/%		13.4	12.1	11.5	11.8
实际平均有效汇率（基于CPI调整，1997=100）		137.5	142.5	144.8	146.7
CPI/%		4.3	4.0	3.8	3.6
平均实际工资增长率/%		n. a.	n. a.	n. a.	n. a.
经常项目收支（占GDP）/%		-4.9	9.9	17.7	16.7
总外债（占GDP）/%		36.2	31.2	28.0	26.5
外国直接投资存量（占GDP）/%		3.8	3.2	3.0	3.0

资料来源：EIU数据库。

对外贸易降幅明显，部分产品实行进口管制。根据科威特中央统计局统计，2015年前三季度，科威特外贸进出口总额为201.8亿第纳尔，同比下降了31.6%，其中，出口额为130.8亿第纳尔，同比下降43.1%；进口额为71亿第纳尔，同比增长8.9%。此外，科威特对部分产品实行进口管制，主要有：麻醉剂、酒精饮料及其原料、气枪、猪肉或者含猪肉食品、色情和反政府材料、5年以上旧车、具有核辐射的产品、废旧轮胎、工业废物、赌博用具。另外，出于保护当地产业的需要，科威特目前仍然禁止进口的产品有：石棉管、面粉、工业和医药用氧气、浇铸铁、焊管等；限制进口的产品有：烟花鞭炮、马科动物、盗版制品、武器弹药、部分药品以及爆炸物等。

（2）财政状况。石油收入减少将导致财政出现赤字。过度依赖石油（石油收入约占出口和财政收入的90%）导致该国在面临国际石油价格波动时体现出巨大的脆弱性。近年来，政府购买和私人消费支出均有所增加，然而，虽然经济增长需要持续的资金投入，但是不断减少的石油收入缩减了2015和2016年度的财政支出。

低油价迫使政府调整财政支出结构。根据科威特国民银行（NBK）报告显示，2015/2016 财年前 9 个月，科威特财政总收入 114 亿第纳尔，比上财年减少 46.3%，其中石油收入 105 亿第纳尔，同比减少 45.8%，创 10 年来最低，但仍占总收入的 92.1%，非油收入 9 亿第纳尔，同比下降 52.2%。受油价持续下跌的影响，未来科威特政府将调整自 2010 年以来推行的扩张性财政政策，削减财政预算，减少经常性支出，如降低公共部门工资水平、削减名目繁多的各类补贴等。同时，为扩大经济生产能力，或将适度扩大投资支出在财政支出中的比例，着力改善国家的基础设施环境，推进国内外投资项目，促进非石油部门发展。从长期看，这一调整有利于整合财政资源，维持国家财政平稳运行和可持续发展。但短期内，科威特面临国内燃料、食品、医疗等产品价格上涨的风险。

王室内部政治分歧阻碍财政资金投入。在当前科威特年度财政支出放缓的情况下，基础设施建设等领域仍需要较高的资本投入。1992—2014 年间，科威特每年用于投资和发展的支出不足财政支出的 10%（仅占 GDP 的 3%），政治分歧和官僚主义阻碍了资本的投入（见图 2－4－1）。政府于 2010—2014 年间推出的 1 000 亿美元资本支出计划也推进缓慢，这一“五年计划”是科威特政府为了摆脱对石油部门依赖、促进经济多样化发展的重大首创。新的“五年计划”（2015—2020 年）已经提上日程，计划向基础设施、医疗、电力和住房领域投入 1 000 亿美元，但王室与反对派以及王室内部的长期僵局，将持续阻碍政府财政支出和针对私人领域的实体经济改革。

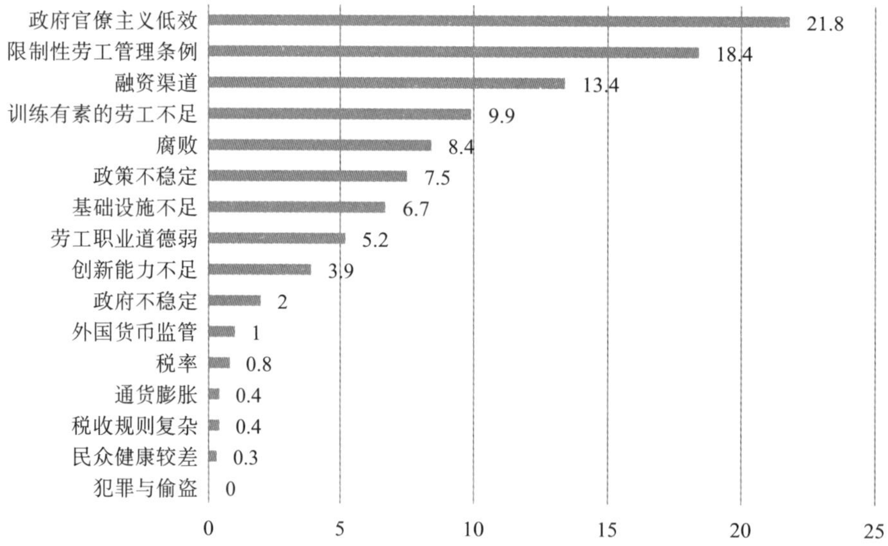

图 2－4－1　科威特营商环境的问题要素

注：得分越高，对营商环境的负面影响越大。

资料来源：World Economic Forum，The Global Competitiveness Report（2015—2016），pp. 224。

（3）对外负债。外债偿付风险可控。科威特外债总额保持平稳，2015 年总外债占 GDP 比重为 31.5%，长期来看，外债占 GDP 的比重总体呈现下降趋势（见表 2－4－4）。此外，科威特主权财富基金（最早可以追溯到 1953 年成立的科威特投资委员会）拥有的巨额资金（估计为 5 500 亿美元）可以作为财政支出的缓冲机制，在未来可能出现石油市场崩溃的情况下，作为偿付外债的最后贷款人。

3. 法律与监管风险

（1）司法框架。科威特法律条款由民法和伊斯兰法共同组成。科威特是传统的伊斯兰国家，伊斯兰教为国教，其教义是立法的基础。科威特法律条款由民法和伊斯兰法共同组成，法律框架与其他海湾国家相似。国民议会于1963年1月23日成立，是科威特的立法机构，主要职能是制定和通过国家的各项法令法规，监督国家财政执行情况，行使各项政治权力。议会通过的法案需经埃米尔批准才能生效，埃米尔有权否决或提请议会复议某项法案，但如议会仍以2/3的多数通过或在以后某届议会以简单多数通过，则该法案自动生效。司法权由法院在宪法规定范围内以埃米尔名义行使，埃米尔有权解散议会和推迟议会会期；行政权由埃米尔、首相和内阁大臣行使；王储由埃米尔提名，议会通过；埃米尔任免首相，并根据首相提名任免内阁大臣等。伊斯兰教法渗透社会生活的各个方面，影响着人们的日常生活，因此，外国企业在科经商投资应严格遵守当地法律法规，尊重当地风俗习惯。

商业投资相关立法相对完备。为吸引和鼓励外国投资，科威特颁布实施了一系列法律法规，形成了比较完整的法制框架，进一步完善投资所需的制度环境。2013年6月，科威特修订颁布了《直接投资促进法》（2013年116号法案），用以替代于2001年发布的《在科威特的外国资本直接投资法》，在原“科威特外国投资署”的基础上，组建新的“科威特直接投资促进局”，优化管理，提供一站式平台以简化投资审批程序，加大对外商投资的政策优惠力度。法律体系改革的核心之一是健全反垄断法和反洗钱法。由于没有反托拉斯法，当前市场领域唯一涵盖反对恶性竞争的法案是1980年的《商业法》。科威特于2002年更新了反洗钱法，并于2013年开始打击恐怖主义融资。金融行动特别工作组（FATF）在2015年3月份的报告中指出，科威特会履行其在反洗钱和反恐怖主义融资方面的承诺。部分议员也支持修改反洗钱法的提案，允许成立一个独立的调查委员会。

（2）司法独立性与执法成本。科威特司法既不独立也不透明。法律仲裁总是受到政治因素影响。科威特诉讼费用高昂，且诉讼时间较长，因此，庭外和解成为解决争端的首选方式。司法机构对国家和强大的科威特商人家族约束力非常小，知识产权保护法和反垄断法也不完备。政府和议会之间的内部纷争可能会阻碍新法案的通过，以及司法改革的进程。

执法成本较高。科威特执法程序繁琐，判决与执行所需周期较长，律师费用昂贵，执法成本整体偏高。以世界银行2015年营商环境指数中的“合同执行”指标来衡量，科威特在189个国家（地区）中排名第131位，大体相当于地区平均水平。科威特的执法成本约占标的额的18.8%，略低于中东及北非（24.8%）和经合组织（21.4%）的平均水平，但是，执法程序多达50个，远高于中东及北非（43.6%）和经合组织（31.5%）的平均水平（见表2－4－5）。

表2－4－5　　科威特执法成本

指标	科威特	中东及北非	经合组织
时间/天	566.0	657.8	539.5
成本（占标的额百分比）/%	18.8	24.8	21.4
程序/个	50.0	43.6	31.5

资料来源：世界银行2015年营商环境指数。

（3）海外投资可能面临的司法问题。科威特存在巨大的合同修改和终止风险。2016年1月，科威特对外公布了一项支出审查制度，该制度将增加议会对基础设施项目和其他“国家项目”的审查力度。科威特议会曾经有阻止通过行政手段引进外国直接投资的举措，甚至曾经撤销政府已经签署的合同。前首相纳赛尔·穆罕默德（Nasser al - Mohammed）很可能试图继续通过议会议员削弱现任首相贾比尔（Jaber）的势力，这些议员很可能通过投不信任票，并对那些由首相公开支持的备受瞩目的项目进行腐败调查来逼迫首相辞职。如果议员公布了对某项特定合同的调查，那么项目就会面临被推迟或取消的重大风险。与科威特本土企业相比，海外企业在投标过程中遭受政府干预，进而导致合同修改或撤销的可能性更大，能源、工业、基础设施、国防、安全、建筑等领域所受影响尤为强烈。科威特依靠外国专家发展石油、天然气部门，因此与能源相关的合同修改或撤销的风险较低。政府与外国企业签署服务契约，但仍保留对项目的控制权。

海外企业在法律纠纷中处于不利地位。执政的萨巴赫（al - Sabah）家族拥有法官、海关官员、监管机构以及国有和公私合营企业董事会成员的任免权。萨巴赫家族与商人家族有影响力的成员——他们通常是议会议员或在政府身居要职——存在广泛的商业关系和通婚现象，这使得外国企业在法律纠纷中处于不利地位。科威特是1958年《纽约公约》和《华盛顿公约》的签字国，但仅保留了严格遵守科威特法律才享有的互惠条款。《外商直接投资法》允许仲裁，但科威特法院是负责裁决当事人之间纠纷的唯一权威机构。实践中，只有经过数年法律纠纷、备受瞩目的国际裁决才会被执行。

案例

2008年，科威特石油工业公司和美国陶氏化学公司价值170亿美元的合资协议被终止，主要原因是议员声称该项目无利可图。陶氏化学公司向国际仲裁诉讼科威特政府，判决获得21.6亿美元的损失赔偿。2013年5月，科威特石油工业公司向陶氏化学公司支付21.9亿美元以弥补取消合资协议带来的损失。2015年3月10日，科威特媒体报道议会议员将会对三个所谓政府腐败事件进行重新调查，其中包括对陶氏化学公司的赔款。陶氏化学公司驻科威特办事处将于2016年6月永久关闭，公司彻底退出科威特市场。

4. 税收风险

税收负担较小，实行属地税制。科威特是世界上拥有最低税率的几个国家之一，但其税率仍高于部分海湾国家。科威特对外国投资者进行新的税收激励，使得其税收方面的指标全球排名上升至第23位，区域排名为第6位。科威特实行属地税制，对外国企业、海合会成员国企业和本国企业区别对待。对本国企业和海合会成员国企业除征收1%的扎卡特（Zakat）（宗教税——伊斯兰济贫税）之外，不课征企业所得税；对外国独资企业和合资企业则课征企业所得税、资本收益税和分支机构税，适用于该公司的国内和国外收入。在科威特证券交易所上市的科威特公司需要缴纳国家劳动保障税，金额为公司年度净利润的2.5%。

税收结构有所调整。2016年3月14日，科威特议会通过一项立法，规定征收10%的公司税，此税率将适用于国内外的所有公司，这一税制改革何时执行尚不确定。此外，海湾合作委员会（GCC）国家宣布将于2018年引进5%的增值税，此前，科威特和其他海湾国家均没有征收过增值税。IHS指出，2016年科威特政府和议会不会实施增加居民个人税收负担的措施。

外企投资有税收优惠，但应纳税种界定不清晰。科威特政府为加快经济多元化建设步伐，吸引外国投资，在税收政策上给予了外国企业诸多优惠政策，如2008年科威特将公司税从55%下调到平均值为15%，此外，符合条件的外资企业可以享有10年免税期资格；企业根据进出口产品的用途和性质，可申请减免部分关税。但是，针对外国公司的税收减免是有限制的，而对这一领域的税收规则是模糊不清的，其中争议最大的问题就包括外国企业在科威特的应纳税种，部分企业和科威特相关部门对外国公司在科威特的纳税义务争议不断。

5. 劳工风险

政府计划限制外籍劳工的从业比例。科威特本地居民人口仅占该国全部人口的1/3，而本地劳动力人口仅占全国劳动力人口的17%左右，且主要集中在政府机关、银行、能源等部门的管理阶层。科威特的外籍劳工比例较高，各行业的基本运作主要靠外来劳务提供服务，因此政府曾非常鼓励外来劳务人员在本地务工就业，但近来科威特政府和人民对外来人口过多、人口比例失衡的问题日益关注，本地人甚至把交通拥堵加剧，治安状况下降归咎于外国人。为优先保证本国劳动力就业，实现劳动力本土化，科威特政府推行了一系列倾斜政策，严格限制在公共部门工作的外籍人数、限制外籍劳工在工会中的权力、人为加大科籍劳动和外籍劳动的工资差距等。近期，政府甚至出台了10年削减100万外籍人口的计划。随着产业的调整，技术型人才的引进相对宽容，对于纯体力型劳务，比如力工、佣人的入境，申请手续和审核将更为严格。

外籍劳工待遇较差。外籍人口在科威特经济发展和日常生活中发挥重要作用，但政府对劳工配额控制非常严格，要想获得劳务签证十分困难，而且周期长、费用高、环节复杂。劳务配额审批难度大，不可再利用，劳务人员若提前回国，只能重新申请劳工指标。外籍劳工中的绝大部分为低收入群体，在工资较低、工作时间较长、福利待遇较差的私营部门工作。根据科威特劳动法规定，本土劳动力受到政府大量补贴，这造成本土劳动力实际工资相对较高，外来劳动力实际工资相对较低。

（三）科威特未来发展预测和投资机会分析

1. 政治前景

政治紧张局势在中长期仍将持续。2016—2020年，埃米尔将继续执掌科威特行政大权。经济学人智库预测王储Sheikh Nawaf al - Ahmed al - Sabah将接替其同父异母的兄弟，但是，考虑到他78岁的高龄，关于下一任王储身份的猜测将导致议会持续受到权力斗争的影响。在2006—2013年间，政治僵局造成了6次议会重新选举和11次政府机构重组。根据EIU（2015）科威特商业环境评级显示，科威特未来政治环境、稳定性和有效性指标评分都将持续下降（见表2-4-7），因此，政治紧张局势在中长期仍将持续，焦点集中于统治家族内部派系权力斗争，以及统治家族与议会之间的权利角逐。

政治分歧将阻碍投资领域立法。政治竞争在1—3年内不可能消退，并很可能推迟能源领域的投资，阻碍未来立法。国内批评人士对政治改革的压力，以及立法机关与行政机构的分歧将会持续影响政策制定。议会外部政治反对派的压力和议会内部的斗争影响范围广泛，这将导致政治局势的不稳定。在应对政治异议方面，政府的处理手段越来越强硬，包括取消部分大胆批评者的公民身份，关闭对政权有敌意的报纸，推出反恐网络犯罪法等。

案例

王室一些经济方面的改革措施，如增加税收以抵消对石油及其衍生品出口收入依赖的提议，很可能面临议会的反对。由中央银行和科威特石油公司领导人组成的最高石油委员会，以及私人领域的6位代表，共同制定科威特的能源政策。但与议会的分歧阻碍了最高石油委员会制定能源政策的实施，尤其是需要有外国专家参与合作的北部油田和Al－Zour炼油项目。

在国际关系中谋求平衡。科威特与美国仍将保持良好的长期战略同盟关系。科充分利用“美国海合会国家峰会”、“埃及经济发展大会”等时机，积极开展穿梭外交与人道主义外交，同世界各国平衡发展关系，继续实施其“向西靠”、“向东看”的对外战略，在海合会内部发挥“调解人”和“斡旋者”作用，参与由美国发起的打击“伊斯兰国”以及由沙特领头的打击也门“胡塞武装”等军事行动，在区域大国博弈中拓展生存空间，提升其地区与国际影响力。

2. 经济预测

科威特宏观经济环境优于多数中东和北非国家。在经营环境要素得分方面，科威特宏观经济环境指标的得分显著高于中东、北非和巴基斯坦（见图2－4－2）。根据EIU的预测，包括私人消费、政府消费、固定资产投资、出口、进口、国内需求、工业和服务业等一系列主要经济指标在未来三年内将得到改善（见表2－4－6）。

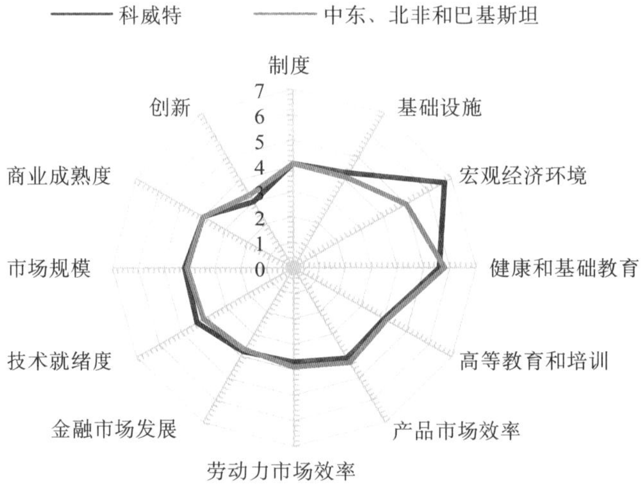

图2－4－2 科威特经营环境要素得分对比

注：得分越高，越具有竞争力。

资料来源：World Economic Forum，The Global Competitiveness Report（2015—2016），pp. 224。

表2－4－6 科威特主要经济指标预测（2016—2019年） 单位/%

指标 \ 时间	2016年	2017年	2018年	2019年
私人消费	3.9	4.2	4.4	4.7
政府消费	6.6	6.8	6.2	6.7
固定资产投资	4.0	6.2	5.5	6.4

续表

指标 \ 时间	2016 年	2017 年	2018 年	2019 年
出口	1.0	1.4	3.7	3.5
进口	5.9	5.1	6.2	6.4
国内需求	4.8	5.5	5.3	5.8
农业	1.5	1.5	1.0	1.0
工业	1.5	2.9	4.2	4.1
服务业	3.0	3.6	3.7	4.3

资料来源：EIU，2015，Country Forecast——Kuwait。

贸易环境不断改善，中科经贸稳定增长。对外贸易方面，科威特与海湾合作委员会国家和区域外国家的贸易条件有望改善。自 2008 年 1 月开始，海湾合作委员国家允许成员国间货物、资金、服务和人员自由流动。但某些领域仍然存在贸易限制，非贸易壁垒包括复杂的产品质量标准、繁复的监管流程及对某些服务出口的限制。中科双边经贸关系保持稳定增长态势。据科威特中央统计局统计，2012 年中国已经成为科威特最大的进口来源地，也是除石油产品外最大的出口目的地。两国贸易互补性强，但结构较为单一，中国方面主要进口石油，出口机电、服装、纺织品和视频，中方长期贸易逆差。

吸引外资水平滞后于其他海湾国家。科威特的支柱产业油气部门禁止外国企业进行直接投资。此外，政府和议会间的持续分歧也对科威特其他行业吸引外国直接投资造成负面影响。2008 年，美国陶氏化学公司和科威特石化工业公司已签署的合资项目招致科威特议会多次质询，最终科威特政府撤销了美国陶氏化学公司和科威特石化工业公司价值 174 亿美元的合资协议，并终止价值 150 亿美元佐尔炼油厂建设项目（此项目近期开始重新招标）。这些投资障碍使得科威特石油领域多元化的努力止步不前，科威特吸引国际投资的声誉受到重创。

科威特央行将实行紧缩性货币政策。第纳尔参考未公开的一篮子货币，其中美元占据很高的比例。因此，科威特通常遵循美联储设定的利率水平。自 2012 年 10 月以来，科威特中央银行保持着 2% 的贴现率。EIU 预期，尽管美联储将于未来一段时期宣布提高其主要利率，但由于世界经济复苏乏力，国内需求增长较缓，因此，科威特中央银行不可能立即大幅提高主要利率，科威特中央银行将实施渐进性的紧缩性货币政策，预计到 2019 年贴现率将达到 5.25%。

财政支出削减将延缓“五年计划”的实施。科威特“五年发展计划”（2015/2016—2019/2020 财年度）集中于经济改革和多元化，以及几项被长期搁置的战略性大型项目。五年发展计划旨在将 1 600 亿美元的资金投资于 523 个项目。然而，油价下跌，政府被迫宣布大幅度削减财政预算，这很可能阻碍五年计划的实施。

政府推进公私合营项目。科威特政府近期投入 1 000 亿美元计划用于科威特清洁能源项目。与此同时，科威特试图吸引大型国际石油公司开发其北部的成熟油田以提高重油产量。科威特政府鼓励更多的私营部门参与计划实施，因此出台了规范公私合营（Public - Private Partnership，PPP）的相关法规，这为外国企业参与科威特油气项目开发提供了一种途径。

3. 营商环境

商业环境总体有所改善。与 2010—2014 年的历史时期相比，EIU 预测科威特 2015—2019 年整体商业环境将有所改善，全球商业环境评级排名从第40位（2010—2014年）提高至第39位（2015—2019年），区域排名仍保持在第5位（见表2-4-7）。商业环境的改善主要得益于基础设施建设方面的投入，市场机会的增加，以及税收政策、私营企业政策和竞争政策的出台。与2010—2014年的历史时期相比，科威特2015—2019年基础设施建设指标全球排名从第45位提高至第41位，市场机会指标全球排名从第30位提高至第23位，税收指标全球排名从第39位提高至第23位，对私人公司和竞争政策指标全球排名从第59位提高至第58位。

表2-4-7　科威特商业环境评级与预测

指标	价值指数[a]		全球评级[b]		地区评级[c]	
	2010—2014年	2015—2019年	2010—2014年	2015—2019年	2010—2014年	2015—2019年
总评	6.45	6.66	40	39	5	5
政治环境	5.8	5.5	41	48	3	6
政治稳定性	6.6	5.9	44	54	3	5
政治有效性	5.2	5.2	41	46	6	9
宏观经济环境	8.6	8.3	5	5	2	2
市场机会	5.9	6.2	30	23	5	4
对私人公司和竞争的政策	4.8	5.3	59	58	3	8
对外国投资者的政策	6.9	6.9	40	45	5	7
对外贸易和汇率管控	7.3	7.3	50	54	6	6
税收	6.0	7.1	39	23	8	6
融资	6.6	6.6	26	34	3	6
劳动力市场	6.0	6.2	46	45	4	4
基础设施建设	6.6	7.2	45	41	7	6

注：a，最高为10；b，在82个国家（地区）中；c，在17个国家（地区）中，包括阿尔及利亚、巴林、埃及、伊朗、以色列、约旦、科威特、利比亚、摩洛哥、卡塔尔、沙特阿拉伯、突尼斯、阿联酋、安哥拉、肯尼亚、尼日利亚和南非。

资料来源：EIU，Country Forecast——Kuwait，2015。

金融机构不断发展壮大。EIU预计，2015—2019年科威特的金融业将不断发展壮大，银行资本雄厚并且盈利能力较强。金融领域稳定性增强，银行不良贷款占比由2009年全球金融危机11.5%的高峰下降到2014年12月的2.9%。2014年12月，银行资本充足率达到16.9%，远高于科威特中央银行所要求的12%和《巴塞尔协议Ⅱ》所要求的8%。2016年，科威特中央银行将逐步达到《巴塞尔协议Ⅲ》所要求的更加严格的资本充足率，考虑到当前银行业的发展状况，这一目标很容易实现。此外，根据科威特中央银行数据显示，目前科威特除中央银行外，共有11家银行，包括科威特国民银行、海湾银行、艾赫里银行、科威特中东银行、布尔干银行和科威特商业银行等，另有花旗银行、汇丰银行、中国工商银行等外资银行分行12家。

外企融资条件不断改善。外国公司在科威特进行贸易与项目融资的渠道很多，其中包括世界级的商业银行、投资公司和伊斯兰金融机构。只要外国公司提供他们的财务报表或者有信誉良好的银行作担保，就可以从科威特的银行获得融资。针对客户委托的不同要求，科威特的银行可以提供不同的融资方案，包括直接支付、提前付现、单据托收、信用证和保函。在科威特中央银行监管下的商业银行，都符合国际银行的标准，还有三家专门的政府银行提供中长期的融资。除此之外，外国公司还可以通过当地一些大的代理，例如投资银行，以公司的名义在科威特发行科第债券。发行债券的前提是需要提交公司的财务状况和一份市场调查报告，而且需要经过科威特中央银行的批准。

发行债券作为一种融资手段，优点在于可以避免在合同期间发生的汇率波动。

政府出台鼓励外资政策，但仍存在部分限制条款。在外国投资政策方面，科威特工商部是负责外国直接投资的主管部门。科威特制定了一系列有关法规，包括《在科威特国的外国资本直接投资法》及其说明、《直接投资促进法》和《自由区法》等鼓励外国投资，比如根据新的《直接投资促进法》规定，投资者可将其投资的全部或部分转让给其他外国或本地投资者。但与此同时，外企投资科威特也仍有限制。比如科威特禁止外国人或外国公司在科直接从事商业经营活动和拥有房地产，外国人或外国公司在科威特从事任何商业经营活动或设立分支机构，必须通过科威特人作代理。除了直接代理以外，外国人或外国公司也可以与科威特人组建公司，在科威特从事商业经营活动，但科威特合伙人的资本金必须超过51%，银行投资和保险类必须超过60%。

本土与外籍劳工待遇差距将继续增大。劳动力市场方面，科威特本土劳动力主要集中于公共部门，而外来劳动力则集中在私营部门。截至2014年底，科威特外籍劳工失业率为2.9%，本土居民失业率为5%。随着越来越多的青年人步入劳动力大军，本土失业率可能还会上升。科威特每年有20 000名到25 000名本土人口进入劳动力市场，而公共部门不可能吸纳全部劳动力。许多科威特人不愿意在工资较低、工作时间较长、福利待遇较差的私营部门工作。科威特外来劳动力占劳动力总量的85%，他们中的绝大部分为低收入群体。根据科威特劳动法规定，本土劳动力受到政府大量补贴，这造成本土劳动力实际工资相对较高，外来劳动力实际工资相对较低。此外，为限制外籍劳工，政府正在考虑收紧签证制度，并对商业和旅游签证收取大笔费用。

4. 投资机会

市场容量较小，但高收入群体比例较大。科威特仅有422万人口，因此，在全球层面来看，科威特市场相对较小。然而，丰富的石油资源意味着130万名科威特本土居民相当富有，他们享受着高额工资和退休金。大部分科威特人供职于条件优厚的公共部门，少部分从事私营领域工作。此外，国家还提供广泛福利，包括较低的实际费用支出和多项政府补贴，这进一步增加了居民的可支配收入。一些福利项目也适用于非科威特公民，但是适用范围较小。2014年，一项削减外籍劳工补贴的议案引起议会的强烈争论，最终没有达成任何协议，然而，如果国际油价持续走低，政府将会承受恢复议案的压力。

家庭消费将增加。预期在较高的居民可支配收入条件下，科威特家庭消费将会增加。2014年，科威特人均家庭消费为11 290美元，2015年降至11 020美元。但随着政府支出和投资收益的增加，人均家庭消费将逐步上升，EIU预计2019年科威特人均家庭消费将达到13 670美元。科威特人口也会稳步上升，预计至2019年将会增加到480万人，其中大约31%是相对富裕的家庭，这将极大地增加整体消费支出。近期，政府出台一项有关消费贷款和分期付款重新安排的法律，规定2008年及以前年度的借贷者，如果其支出没有超过收入的40%，可重新安排贷款，并可获得最高期限长达15年的无息贷款。目前，未偿还贷款规模预计达到26亿美元，47 400位贷款者将会受益。

中国在科投资企业逐渐增多。目前在科威特的中资企业有30多家，2015年1—11月，中驻科中资企业在建项目69个，合同额105.07亿美元，1—11月完成营业额14.81亿美元；新签合同额38.6亿美元（见表2-4-8）。中资企业在科威特经营领域大致可以分为四个板块，即土建房建板块、石化油服板块、通讯板块和金融板块。在土建房建板块，中建、中冶、中水电等中资工程承包企业承建了多个路桥和房建项目；在通讯板块，主要业务是华为、中兴的通信产品供货和维护；在石化油服板块，主要业务是中石化钻修机服务，目前也开始向勘探、炼化和燃料清洁化等上下游领域扩展；在金融板块，目前只有工商银行科威特分行一家中资企业，且尚未正式营业（见表2-4-9）。

表2-4-8　科威特重点工程承包项目情况表

项目名称	中国企业名称	合同金额/万美元	签约日期
科威特新建炼厂项目-1包	中石化炼化工程（集团）股份有限公司	170 000.00	2015年10月13日
KOC#14050528钻井合同/Supply of Drilling Rigs	中国石化集团国际石油工程有限公司	73 000.00	2014年9月24日
科威特萨巴赫·萨利姆大学城科学院与教员俱乐部项目	中冶科工股份有限公司	66 528.00	2012年4月15日
科威特加伯阿尔阿麦德城866项目N2住宅区	中国第一冶金集团有限公司	57 107.51	2010年9月2日
科威特大学城商学院及女子学院项目	中国水电建设集团国际工程有限公司	51 955.31	2012年5月22日
科威特萨巴赫·萨利姆大学城石油与工程学院	中冶科工股份有限公司	50 412.02	2011年2月15日
科威特大学城附属设施标段	中国建筑股份有限公司	46 127.40	2015年11月22日
科威特中央银行新总部大楼项目	中国建筑工程总公司	40 590.00	2008年4月7日

资料来源：中国驻科威特使馆经商处。

表2-4-9　科威特重点投资企业情况表

中国投资主体名称	境外企业（机构）名称	经营范围	投资金额/万美元	当地注册日期
工商银行	中国工商银行科威特分行	金融	6 000	2014年5月18日
华为	Huawei Technologies Kuwait Co. WLL	通信	13 980	2015年6月7日

资料来源：中国驻科威特使馆经商处。

中资企业在科投资盈利差距较大。从盈利能力看，土建房建项目虽然在中资企业项目中合同总额最多、所占比重很大，但市场竞争激烈，价格一降再降，利润空间压缩殆尽，分包项目普遍亏损，总包项目保证微利也困难重重，亏损风险极大；石化油服项目盈利能力较强，随着业务向上下游领域的拓展，市场份额也有较大提升空间；通讯项目也具有较强的盈利能力和稳定的市场份额。

卡塔尔

（一）卡塔尔投资概览

国家基本信息简表

中文名称	卡塔尔	英文名称	The State of Qatar
建国日期	1971年9月3日	领土面积	11 521平方公里
所属洲	亚洲	时区	UTC+3
首都	多哈市	国际电话区号	+974
主要城市	拉斯拉凡市、梅赛义德市		

续表

人口	223.5 万人	主要民族	卡塔尔籍公民是阿拉伯人，占总人口 15%；外籍人占 85%，主要来自印度、尼泊尔、菲律宾等国家及其他阿拉伯国家
人口密度	194 人/平方公里		
语言	阿拉伯语	主要宗教	伊斯兰教，多数信封逊尼派中的瓦哈比派，还有 16% 信仰什叶派
政体	君主立宪制	法律体系	
政党	不允许任何政党存在	换届时间	2016 年（议会选举）
道路通行	靠右驾驶	货币	卡塔尔里亚尔（QAR）

2015 年主要金融与投资数据

名义 GDP	1 645.78 亿美元	FDI 流出	34.34 亿美元
国际储备	394.76 亿美元		
汇率水平（QAR/USD）	3.64	FDI 流入量	12.48 亿美元
外债余额/GDP	69.8%		
财政收入/GDP	34.9%	FDI 内存量	347.12 亿美元
财政支出/GDP	34.6%		
货币供应增长率（M2）	2.67%	FDI 外存量	491.42 亿美元
通货膨胀率	2.70%		
存款利率	1.9%		
贷款利率	4.5%		

中国与卡塔尔双边投资概况

中国对卡塔尔直接投资	3 579 万美元（2014 年）
中国卡塔尔双边投资协定	卡塔尔主权财富基金 2006 年出资 2.06 亿美元购买中国工商银行流通股份，2010 年出资 28 亿美元购买中国农业银行股份
中国与卡塔尔双边本币互换协议	2014 年 11 月 3 日，中国人民银行与卡塔尔中央银行签署了规模为 350 亿元人民币/208 亿元里亚尔的双边本币互换协议，有效期 3 年，经双方同意可以展期。同时，卡塔尔获得 300 亿元人民币 RQFII 额度。卡塔尔投资局与中信集团各出资 50 亿美元成立共同投资基金
投资优惠措施和利润汇出限制	根据 WEF 发布的《2015—2016 年全球竞争力报告》，卡塔尔在竞争力排名方面面得分为 5.30（5.30/7），排名第 16 位（16/144），允许资本、利润和红利随时汇入汇出

（二）卡塔尔投资风险分析

根据中国出口信用保险公司出版的《国家风险分析报告（2015）》，卡塔尔 2015 年的风险评级为 3（3/9）级，主要风险见表 2－4－10。

表 2－4－10　　2015 年卡塔尔主要风险概览

风险类别	风险描述
宏观经济环境	由于获得 2022 年世界杯主办权，未来几年卡塔尔经济将在基础设施建设的支持下保持稳健增长，财政赤字缩窄，国际收支顺差减小，通货膨胀率温和上涨，人口增长强劲，消费需求增强

续表

风险类别	风险描述
政治环境	国内政局总体平稳，积极改革的可能性极低，与邻国沙特阿拉伯关系改善
法律与监管	司法体系缺乏独立性，违约风险可能增加
政府效率	行政效率有所提高，但腐败问题难以解决
金融及国际贸易与支付	里亚尔钉住美元，鼓励外资流入；能源出口收入因国际油价低迷而下降，经常账户顺差缩小，外汇储备规模下降。与亚洲和欧盟的贸易纽带关系增强
安全	面临较少的军事威胁，目前国内不存在反政府武装组织，当地居民不允许合法持有枪支
税收政策	低税率政策保持不变
基础设施	基础设施不断完善，住房市场因外籍人员流入而扩张
劳动力市场	劳动市场供给依然有赖于外籍劳工
社会文化风险	伊斯兰教为国教，严格禁酒，也禁止进口和销售猪肉

2014 年以来国际油价疲软，但卡塔尔利用石油和天然气收入积极扩大对内投资，确保了国家政治和经济的稳定。由于不存在有组织的反对派团体，未来几年埃米尔·塔米姆的统治不太可能面临来自国内伊斯兰反对派运动的威胁。原计划于 2013 年 6 月举行的议会选举虽被推迟 3 年，但并未引起公众的不满。经济方面，目前，卡塔尔已成为全球领先的液化天然气供应商，并开始着手对大型项目、基础设施和教育投资进行多样化处理。但由于要筹办 2022 年世界杯，未来 5—7 年内卡塔尔不太可能通过大规模的经济改革来转变过度依赖能源的经济结构。对外投资方面，虽然卡塔尔监管体系对外国投资者设置了相当多的障碍，但仍在减少外国企业税负方面取得了实质性进展。对外政策方面，卡塔尔对伊朗核计划保持警惕，并希望叙利亚冲突的持续，此外，2015 年 1 月以来，卡塔尔与沙特阿拉伯的关系也有所改善。

本报告主要从政治风险、宏观经济风险、法律与监管风险、税收风险、经营性分析等方面对卡塔尔投资风险进行分析。

1. 政治风险

自 2013 年 6 月继位以来，塔米姆不断巩固其自身权力，并通过政府人员调整、延迟立法选举和增加民众福利而降低削弱埃米尔权力基础的可能性。埃米尔·塔米姆在继位后不断通过政府人员调整巩固自身的统治权力。为防止政变，他在安全部门、总理和内政部长等职位都选任了自己信任的人员，并任命其同父异母的兄弟为副埃米尔，以降低统治家族内部因继承权而出现纠纷或分裂的风险。与阿勒萨尼家族的党派之争相比，受家族内伊斯兰同情者支持或由其他伊斯兰组织发动的反对运动给塔米姆的政权统治带来的威胁可能更大。此外，塔米姆还通过伊朗核问题与沙特阿拉伯新国王重建了友好关系，进一步降低催生政变的外部风险。

埃米尔的行动也不得不受副埃米尔和瓦哈比萨拉菲在卡塔尔的分支的影响，二者都可能基于宗教而对埃米尔的统治提出质疑。萨拉菲斯特派和伊斯兰反对派更倾向于卡塔尔与海湾合作委员会加强盟友关系，而放弃对穆斯林兄弟会的支持。

政治改革的缺位要求塔米姆加大国内支出，从而维持高水平的国民福利，这对其经济和社会管理能力形成了极大挑战。

2. 宏观经济风险

卡塔尔经济的下行风险在中短期内会较为温和，但能源价格低迷、全球经济复苏缓慢、中东政局的持续动荡和天然气市场竞争的加剧都将在中长期内增加卡塔尔经济的下行风险。受近几年国际能源价格低迷的影响，卡塔尔的实际 GDP 增速有所下滑，私人消费下滑，政府支出上升，经常账户顺差收窄（见表 2-4-11）。但在 2003—2008 年以及 2011—2014 年石油价格上涨的这两个时期内，卡塔尔积累了包括外汇储备在内的大量外国资产，这些外汇资产帮助其抵消掉了全球经济衰退和信贷紧缩的不利影响。尽管债务水平上升，但依靠石油和天然气的出口收入以及谨慎的宏观政策，卡塔尔的主权债务投资评级保持在投资级。政府当局还通过主权财富基金来应对危机，为金融部门疏通流动性和缓解信贷条件提供了有力支持。

2016—2017 年卡塔尔有望保持年均 4% 左右的经济增长率。名义 GDP 的增长速度会因价格效应而趋缓，但卡塔尔的实际经济增长依然强劲，其中，建筑业、交通运输业、通讯、贸易、餐饮和酒店行业都将保持两位数的增长。2016 年，卡塔尔油气行业增长的主要动力将来自巴尔赞天然气项目，但由于原油产量有所降低，加之全球产能过剩，部门的整体实际增长率还是会处于一个较低的水平。卡塔尔北部新的油田项目将继续暂停，如果价格在中期内再次上升的话，项目可能会重启。

表 2-4-11　　卡塔尔宏观经济概况（2006—2016 年）

指标＼时间		2006 年	2007 年	2008 年	2009 年	2010 年	2011 年	2012 年	2013 年	2014 年	2015 年	2016 年
实际 GDP 增长率/%		26.2	18.0	17.7	12.0	19.6	13.4	4.9	4.6	4.0	3.7	2.8
对实际 GDP 增长率的贡献/%	私人消费	3.5	2.9	1.9	1.8	1.7	1.0	1.1	1.2	1.0	0.4	0.4
	政府支出	4.8	0.5	0.9	4.0	1.8	1.4	0.6	1.1	1.1	0.6	-0.3
	固定投资	20.4	12.3	6.4	1.6	-3.0	5.8	0.6	1.9	1.5	1.4	1.1
	外部均衡	-2.1	1.8	8.4	4.6	19.1	5.2	2.5	0.3	0.4	1.2	1.6
名义汇率（QAR/US，AV）		3.6	3.6	3.6	3.6	3.6	3.6	3.6	3.6	3.6	3.6	3.6
实际有效汇率（基于 CPI 调整，1997=100，AV）		123.5	132.8	141.7	135.9	126.8	119.5	122.1	130.4	135.1	150.5	159.1
CPI/%		11.9	13.6	15.2	-4.9	-2.4	1.9	1.9	3.1	3.3	1.7	3.5
预算支出（占 GDP）/%		31.5	29.7	24.8	31.9	29.5	28.3	29.2	32.0	29.5	34.6	32.1
国内信贷增长率/%		33.7	59.2	47.0	25.2	20.5	35.6	22.7	0.3	13.0	9.0	9.0
贷款利率/%		5.2	5.5	5.5	5.5	5.5	4.9	4.5	4.5	4.5	4.5	5
经常项目收支（占 GDP）/%		15.5	14.4	23.1	6.5	19.1	30.7	32.6	29.9	23.6	-0.8	-6.8
净负债（占 GDP）/%		40.1	46.9	40.9	63.0	62.6	69.4	57.5	54.0	54.0	69.8	72.8
外国直接投资流入（占 GDP）/%		5.7	5.9	3.3	8.3	3.7	0.6	0.2	-0.4	0.5	0.8	1.2

资料来源：EIU 数据库，其中 2016 年为预测值。

全球油价疲软以及国际足联丑闻将动摇企业和投资者信心。由于国际油价低迷，卡塔尔通过适度的财政赤字和削减储备以缓解经济冲击。2015 年 1 月，壳牌公司和卡塔尔石油公司宣布拆毁已计划好的石化厂。与阿曼和巴林等海湾合作委员会成员国不同，卡塔尔已搭建起可依靠的金融缓冲区，因此卡塔尔不太可能对公共投资计划做出实质性削减。适度强劲的人口增长将使服务业和非碳氢类行业的 GDP 增速保持在一个健康水平。2015 年 5 月 27 日，国际足联官员因腐败和受贿在瑞士被逮捕，卡塔尔股市应声下跌，该事件打击了国内对经济的信心。虽然多数卡塔尔的主要基础设施项目与比赛没有直接的关联，如多哈地铁站和路萨尔市，但如果世界杯取消在卡塔尔举办，那么主要项目会失去必须在2022年完工的紧迫感，甚至面临违约取消风险，从而影响经济增长。

贸易顺差将下降。国际能源价格疲软以及全球天然气市场竞争的加剧可能会影响卡塔尔未来的国际收支。近期，较高的政府支出、快速扩张的人口规模和不断增长的国内需求将加大进口需求，与基础设施建设项目有关的必要资本的进口需求也会增加。

3. 法律与监管风险

卡塔尔司法体系因在阿勒萨尼君主制的控制下而缺乏独立性。卡塔尔系君主立宪制酋长国，埃米尔为国家元首兼武装部队最高统帅，由阿勒萨尼家族世袭。虽然《卡塔尔国宪法》规定，司法权独立，由不同类型的各级法院执掌①，但埃米尔有权任命和罢免法官，这些法官中大部分是外国国籍，因此削弱了司法的独立性。司法程序的不透明和不一致进一步恶化了卡塔尔司法体系的独立性问题。卡塔尔的法律程序过程非常缓慢，大部分纠纷都是通过仲裁解决。因此，世界银行在2016年的营商报告中对卡塔尔司法程序质量指数评定为4.5（见表2-4-12）。卡塔尔于2011年成立了对国家当局的腐败监督机构，但该机构执法能力仍然有限。卡塔尔的司法机构是不太可能支持外国企业对抗国有企业的。

表2-4-12　卡塔尔合同执行成本对比

	卡塔尔	中国内地	中国香港
全球排名（0—189）	112	7	22
DTF合同执行得分（0—100）	54.64	77.56	72.57
时间/天	570	452.8	360
成本（占标的额比重）/%	21.6	16.2	21.2
司法程序质量指数（0—18）	4.5	14.1	11

注：DTF为Distance to Frontier的缩写，是世界银行根据10个自设指标编制的商业环境指数。

资料来源：World Bank，Doing Business 2016：Measuring Regulatory Quality and Efficiency，pp. 228。

（1）合同更改风险。周转时间过短和更改项目规范通常会导致项目延误，并通过供应链增加产生合同纠纷以及款项延迟支付的风险。法律允许客户或主要承包商在完工前的任何时间里停止工作，直到提供完补偿支付款。但在质量和交付方面模棱两可的合同条款可能会引发争议，并最终导致合同解除，同时“合理补偿”也随合同终止而结束。在纠纷期间，项目和款项支付都可能被停止。由于存在“支付完再付款”的合同条款，支付风险可能通过供应链向下传递。

合同再谈判远比合同取消更为常见。因石油和液化天然气价格下跌而带来的政府收入减少将增加合同再谈判的风险，再谈判的目的是为了减少支付款或拖延合同执行。外国承包商经常被要求与本土企业达成合作伙伴关系，而这些本土企业往往与卡塔尔的统治阶级或高级官员有关联，如Galfa Al Misnad Engineering & Contracting，卡塔尔建筑公司以及HBK承包公司。当项目被延迟时，外国合伙人较卡塔尔合伙人更有可能承担额外的项目成本。2015年1月，考虑到经济环境和下游项目可能会被重新评估，壳牌和卡塔尔石油公司确认取消了Al Karaana化工厂。与此类似，如钢铁水泥等原材料供给商也面临合同修订风险的增加。在卡塔尔天然气公司和RasGas公司的外国合作伙伴不大可能会遭遇合同再谈判的情况。

---

① 援引自商务部《对外投资合作国别（地区）指南——卡塔尔》第4页。

经验有限的新承包商在应对卡塔尔政府时最可能因纠纷而导致合同取消和完全不付款。那些已经与卡塔尔政府或国家联体合作过一系列项目的承包商，或者与统治家族和高级官员关联的下属企业合作的承包商所面对的合同更改风险最低。即便这样，项目延迟也很常见。50 亿美元建造哈马德国际机场的项目在 2004 年被承包给了德尔集团有限公司。机场本来预计在 2008 年之前建好，但机场开放日被一再推迟，直到 2014 年 4 月 30 日才开放机场，延迟成本总计 170 亿美元。

（2）合同强制执行风险。卡塔尔司法机构不太可能支持外国企业对抗国有企业，或所属权为阿勒萨尼、阿提亚和 Misnad 家族的企业。尽管卡塔尔签署了 1958 年的《纽约公约》和《执行外国仲裁裁决公约》，并与世界银行国际投资争端解决中心签署了协议，但国际仲裁条款依然无法确保外国公司在卡塔尔的利益。2005 年卡塔尔法院推翻了由国际商会仲裁内庭做出的决定。卡塔尔法律被认为具有权力审查不具约束力的仲裁裁决。

在卡塔尔开展业务的企业必须建立一个当地存在的或以其他方式建立与卡塔尔的合作伙伴关系，并到由商业和贸易部安排的商业代理机构注册。非卡塔尔注册企业在政府项目竞标中可能被无视，尤其是外国企业的技术专长并非项目所必需的情况下。

4. 税收风险

卡塔尔税收体系和制度较为简单，目前只针对在卡塔尔注册和经营的外国企业和法人征收企业所得税，采取属地原则[①]。卡塔尔的企业税率普遍为 10%，能源类企业税率为 35%，对个人不征税。在卡塔尔金融中心（QFC）注册的企业需要为在卡塔尔所获的经营利润支付 10% 的税，不过其他利润不缴税。在卡塔尔科技园区的企业不需要缴税。税法由中央政府制定，但卡塔尔金融中心（QFC）对于其管辖下的企业自行设置包括税收在内的法规。对利息、版税、技术服务费和其他服务费征收的税率在 5%—7% 之间。一般项目进口税率为 4%，水泥和钢铁的进口税率为 20%，烟草为 100%。卡塔尔对建筑材料施行税收豁免。

对于外国投资者来说，卡塔尔的税收环境与税收优惠都颇具吸引力。只要外国投资项目在卡塔尔《投资法》规定的范围内，即可免除外国投资资本的所得税，自投资项目投产之日起，免税期不超过 10 年；外国投资项目为建设项目所需进口的仪器和设备，可免除关税；工业领域的外国投资项目，其为生产所需进口的、本国市场没有的原材料和半成品，可免除关税[②]。此外，卡塔尔对企业征收的总税率占企业利润的比重为 11.3%，远低于中国的 67.8%（见表 2-4-13）。

表 2-4-13　　卡塔尔税收支付对比

指标	卡塔尔	中国内地	中国香港
全球排名（0—189）	1	132	4
DTF 税收支付得分（0—100）	99.44	64.46	98.71
支付（个/年）	4	9	3
时间（小时/年）	41	261	74
总税率（占利润百分比）/%	11.3	67.8	22.8

注：DTF 为 Distance to Frontier 的缩写，是世界银行根据 10 个自设指标编制的商业环境指数。

资料来源：World Bank，Doing Business 2016：Measuring Regulatory Quality and Efficiency，pp. 228。

① 援引自商务部《对外投资合作国别（地区）指南——卡塔尔》第 24 页。
② 援引自商务部《对外投资合作国别（地区）指南——卡塔尔》第 25 页。

卡塔尔在近期不太可能施行具有显著成效的税收改革，因为政府正力图与其他运输枢纽和金融中心竞争，如迪拜的杰贝阿里自由区。卡塔尔政府能够很好地应对石油和天然气价格的疲软，而无须依靠增税以及撤回投资于非石油和天然气领域的外国投资者的税收优惠。

卡塔尔政府不会因政府支出融资而改变其财政政策，更不可能影响到当地的企业和公民。由于拥有世界最大的已探明的天然气储备之一，因此卡塔尔并没有增加税收的压力。在未来5—10年内，卡塔尔的能源部门的投资、生产以及销售都不太可能受到外部限制。卡塔尔对国际资本流动没有任何限制，并签署了国际货币基金组织第八条。

5. 经营性风险

卡塔尔的商业经营环境较好，基本在各个方面都高于地区平均水平。从图2-4-3可以看出，除了市场规模有限外，卡塔尔在宏观经济环境、基础设施、制度、创新以及商业成熟度等方面均得分较高。

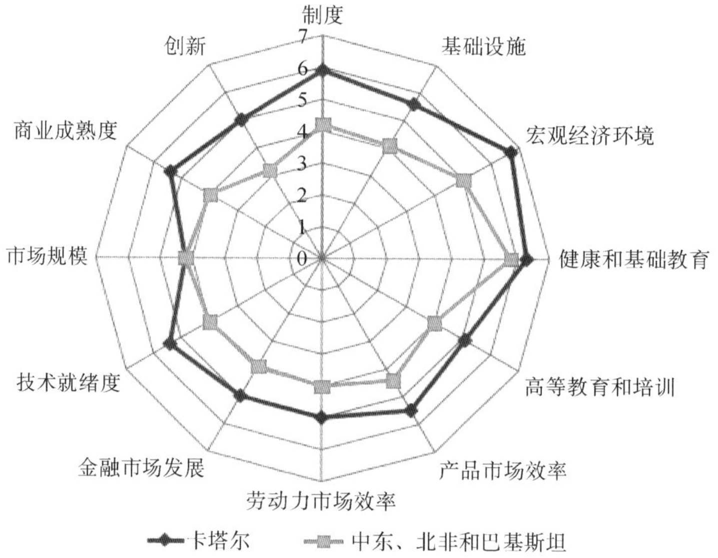

图2-4-3 卡塔尔经营环境要素得分对比

注：得分越高，越具有竞争力。

资料来源：World Economic Forum, The Global Competitiveness Report (2015—2016), pp. 302。

（1）劳工关系风险。卡塔尔的劳工管制饱受诟病，如图2-4-4，在影响卡塔尔营商环境的各问题要素中，过于严格的劳工管制排在第一位。为回应这一问题，2015年10月，谢赫·塔米姆签署了修改了颇具争议的“保荐制度”（保荐制度，即外国雇员在其享有居住权期间只能服务于一个雇主），但目前这些期待已久的关于“保荐制度”变化还没落实到现实中。[①] 在“保荐制度”下，移民劳工要面对很多常见的问题，如低收入的工作，为保留在卡塔尔的工作而支付招聘费用，护照被雇主没收，无法更换雇主。即便实施新的“保荐制度”，外籍人员所担忧的合法居留权依然与雇主相关联，新制度并没有完全解决这一问题。卡塔尔政府已经在给予工人更多权利和更安全的工作

① 2014年5月，卡塔尔内政部和劳动部提议废除“保荐制度”。2015年3月16日，劳动部长表示该项提议并没有明确通过以及立法执行的时间表。2015年12月14日，据阿拉伯语报纸AL-Sharq报道，“保荐制度”的改变将于2015年12月生效，内容涉及允许外籍劳工在获得内政部允许的情况下可离开卡塔尔。如果申请被拒，劳工也有权通过申诉委员申诉自身权利。变更后的提议也将允许外籍劳工在他们的固定期限合同终止时更换工作。

条件上拥有负面记录。其结果是，外籍劳工零星的小规模的抗议活动增多。2015 年 11 月，数百名蓝领工人就因为工资的延迟发放在多哈采取了短暂的工业行动。虽然卡塔尔的劳动条件经常遭到批判，但考虑到驱逐外国工人可能产生的威胁，发生协调工业行动的风险很低。

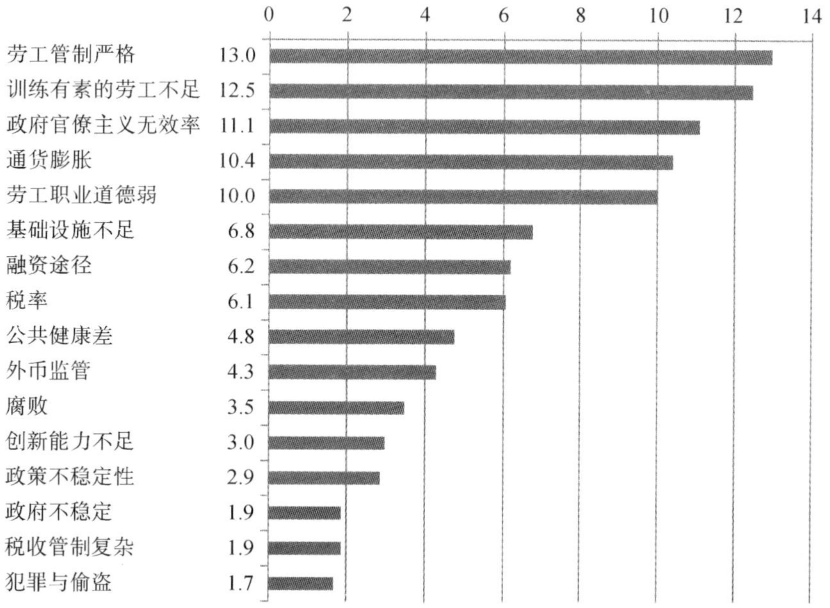

图 2-4-4　卡塔尔营商环境的问题要素

注：得分越高，对营商环境的负面影响越大。

资料来源：World Economic Forum，The Global Competitiveness Report（2015—2016），pp. 302。

劳工罢工与劳动法的变更会打乱企业正常的生产经营活动、延误项目施工进程，外国投资的企业和项目也难免于罢工和劳动法变更所带来的混乱局面，从而产生投资风险与损失。

卡塔尔的移民劳工主要来自非洲和亚洲，因顾及自身在卡塔尔的工作权和居住权，不到万不得已不会引发内乱。较低的待遇、恶劣的工作与生活条件以及工资的拖延发放是导致外籍劳工罢工的主要原因，这类罢工在建筑行业尤为常见。外籍劳工的罢工通常是非暴力性的，往往由外国使馆协调解决，国内安全武装力量从未介入干预。然而，在必要时，也不排除卡塔尔政府将会出动规模较小、训练有素的保安部队来应对内部分歧的可能。

鉴于围绕卡塔尔的民工待遇问题所引发的争议，南亚国家政府对他们在卡塔尔受雇的国民越来越担忧。因此，未来卡塔尔与南亚国家的双边举措可能会增多，包括卡塔尔为劳工提供更多的权力，提高签证和护照发放的权力。同时，为确保按时发放外籍劳工所要求的工资，私人承包商在未来面临的压力可能增加。2015 年 2 月 19 日，卡塔尔公布了新的劳动法，强制雇主通过银行直接转账将工资支付给工人，以确保为筹备 2022 年世界杯工作的工人能及时获得工资。但与之前的改革类似，这一改革的很可能因缺少雇主配合而搁浅。

（2）腐败风险。卡塔尔各级法院的法官都是由埃米尔根据部落或家族的忠诚度来任命的，因此，法院在对商业利益纠纷进行裁决时很容易受到执政的阿勒萨尼家族和高级官员的影响，从而滋生、纵容、助长行政腐败和商业贿赂行为。

国有企业在运输、采矿和燃料分销部门几乎处于完全垄断地位。外国企业要进入这些部门很可能被要求与当地企业合作，而这些当地企业往往与政府高级官员和统治家族有着千丝万缕的联系。在与国有企业打交道时，很可能会面临需要支付便利费和介绍费给卡塔尔官员的风险。政府高级官员往往在国内知名度较高兼任企业董事会成员，尤其是在房地产、电信、银行、能源和建筑行业的企业。卡塔尔已批准了《联合国反腐倡廉公约》，并在2011年11月成立了“廉政透明国家委员会”，以监督所有政府相关实体机构和企业。《宪法》第22条也包括针对一般性的利益与贿赂冲突的法律。然而，监管机构很容易受到执政的阿勒萨尼家族和高级官员的影响。

项目决策和合同谈判依旧缺乏透明度，且主要集中在高管手中。贿赂现象在中层到基层公务员队伍中相对少见。如果没有卡塔尔公民或企业牵涉其中，外国人相对本地人被起诉行贿的概率更高。

（3）征收风险。为多样化经济结构，卡塔尔政府非常注重吸引外国投资，因此政府征收风险极低。卡塔尔签署了1958年的《承认和执行外国仲裁裁决纽约公约》，并尚无国有化和没收征用资产记录。卡塔尔历史上仅有的国有化案例就是1970年接管北田（North Field），当时所有土地所有者都得到了公平的补偿。根据IHS的评估，由于卡塔尔在海外的资产头寸以及它与外国合作伙伴国的相互依赖关系，卡塔尔是不太可能发生资产没收或国有化的情况。

2010年2月，前埃米尔颁布法令，允许取消咨询、IT、娱乐、自然资源、健康、教育和体育服务部门企业49%的持股比例上限。2014年5月，埃米尔·塔米姆颁布法令，将在卡塔尔交易所上市公司的外资持股比例从25%上调至49%。提高外资所有权比例主要是为了在2020年世界杯开赛前以外国投资加快相关部门的增长速度。

（三）卡塔尔未来发展预测和投资机会分析

1. 政治前景

总体来看，在未来几年内，卡塔尔的国内政治局势和区域外交政策不会出现重大变化。这为外国投资创造了良好的政治环境，有利于吸引具有稳定性与持续性的外来投资项目。

在埃米尔的统治下，卡塔尔政局将继续保持稳定。然而，2014年7月以来的油价开始下跌，新任埃米尔在平衡公共财政和确保卡塔尔公民在公共部门就业问题上面临两难选择。埃米尔因此可能需要考虑进行政治改革，如部分选举委员会，特别是当政府需要削减当前的高支出以应对油气收入下降对经济造成的负面影响。不过由于很多强大的本地家族为保护其自身利益而支持保守的政治制度，这将限制卡塔尔政治改革的进展。为提高政府治理水平，谢赫·塔米姆已指派几名在管理方面颇具声望的官员领导重要机构。为了将本来削减开支的反弹风险最小化，埃米尔将通过偶尔赦免政治对手来加强公众对君主制的支持。

在国际关系方面。2015年1月，掌舵外交事务部的内阁进行了改组，但这并不会给卡塔尔在区域内的外交政策带来任何重大变化。卡塔尔的外交政策将与其海湾邻国保持和解。2015年1月的事件证明了这一点——在伊朗示威者袭击沙特阿拉伯在德黑兰的外交代表团后，阿联酋召唤卡塔尔在伊朗的特使。卡塔尔还为以美国为首的反伊斯兰圣战组织在伊拉克和叙利亚的行动提供军事支持，并派出地面部队支持沙特在平定也门的胡塞叛军的军事行动。然而，根据EIU的分析，这并不意味着卡塔尔会完全放弃其在该地区的伊斯兰盟友，如2015年10月下旬，当时的外交部部长哈立德·本·穆罕默德·阿提亚反复重申卡塔尔认为一些在叙利亚活动的圣战组织是“温和派”。这一立场可能会进一步导致卡塔尔与区域内各国在外交上的争议，也使卡塔尔与美国的关系变得紧张。卡塔尔的外交政策面临着来自区域内的明显批评，特别是其与各国穆斯林兄弟会运动有着密切的关系。

近来对沙特和科威特爆炸袭击负责的伊斯兰国家正在崛起，增加了卡塔尔的外部风险。

2. 经济预测

在未来几年，卡塔尔经济形势良好。虽然受到全球石油和天然气价格下跌的影响，但卡塔尔的宏观经济环境在预测期内依然会保持健康（见表2-4-14）。未来5年内，卡塔尔的天然气和原油产业对经济增长的贡献将微乎其微，经济增长的驱动力将来自大规模的基础设施投资，尤其是考虑到主办2022年世界杯的需要，非石油部门将保持两位数的增长率，并将在2015—2019年拉动经济增长率至6%。由于能源价格高企，卡塔尔近几年来的经常项目盈余规模较大。但石油价格中期来看依然存在下行压力，加之来自澳大利亚和美国液化天然气供应的竞争，以及从俄罗斯到中国液化天然气管道的铺设，因此卡塔尔未来出口的预期收入会有所降低，进口规模将增大，再结合汇款与基础项目相关的其他资本流出，2015—2019年，经常账户盈余占GDP的比重将从26%下降至2%。

表2-4-14　　卡塔尔宏观经济主要指标展望（2016—2019年）

指标＼时间		2016年	2017年	2018年	2019年
实际GDP增长率/%		2.8	3.2	3.6	3.9
对实际GDP增长率的贡献/%	私人消费	0.4	0.4	0.4	0.5
	政府支出	-0.3	0.5	0.5	0.5
	固定投资	1.1	1.9	2.5	1.9
	外部均衡	1.6	0.4	-0.1	1.0
政府债务（占GDP）/%		49.9	46.6	41.6	40.0
实际平均有效汇率（基于CPI调整，1997=100）		159.1	160.5	162.8	164.0
CPI/%		3.5	3.9	4.3	4.1
经常项目收支（占GDP）/%		-6.8	-2.9	-0.1	-0.3
总外债（占GDP）/%		99.4	92.8	82.8	81.3
外国直接投资存量（占GDP）/%		23.6	22.2	20.2	19.7

资料来源：EIU数据库。

政策趋势方面。卡塔尔政府划拨出650亿美元用于与2022年世界杯相关的公共工程建设，这些资金大部分被配置于交通运输部门。由于政府支出重点从油气能源部门转向电力交通运输部门，能源部门项目承包商在现金流方面的压力加大。提交到国际商会仲裁法庭的商业纠纷数量在2015年激增到30件，而过去十年中此类纠纷通常是年均5件。当然，在必要时候卡塔尔政府也能为资金短缺和逾期债务建立起庞大的财政支持和外部缓冲机制。在任何情况下，经济多样化计划的政府投资驱动资金仍将依赖于石油和天然气的收入，但卡塔尔的世界最大液化天然气出口国地位将面临来自北美和澳大利亚的挑战。

货币政策方面。卡塔尔的货币政策往往受制于钉住美元的汇率制度限制，随着美联储加息预期的增强，未来卡塔尔的货币政策也将趋紧，国内信贷增速放缓，贷款利率升高（见表2-4-15）。根据2016年4月卡塔尔央行数据显示，由于私人和公共储蓄锐减，卡塔尔国内存款已连续第三个月出现下降。

财政政策方面。为应对因主办世界杯而在未来不断增加的资金支出，目前卡塔尔将暂时控制政府支出。未来两年，随着油价的复苏，公共财政赤字将有所缩窄（见表2-4-16）。政府也应该能

表 2-4-15　　卡塔尔货币政策相关指数与预测　　单位/%

指标＼时间	2014 年	2015 年	2016 年	2017 年	2018 年	2019 年
M2 增速	10.6	2.7	1.1	3.4	9.1	8.6
国内信贷增速	13.0	18.8	9.0	8.0	7.0	8.0
存款利率	1.4	1.6	2.5	3.0	3.2	3.5
贷款利率	4.5	4.5	5.0	5.2	5.5	5.7

资料来源：EIU Country Forecast——Qatar, March 2016, pp. 13。

通过国内外贷款为大部分赤字融资。然而，过高的贷存款比率将对赤字融资形成潜在约束——银行流动性趋紧，进而限制银行购买国库券为重大基础设施项目融资。

表 2-4-16　　财政政策相关指数与预测　　单位/%

指标＼时间	2014 年	2015 年	2016 年	2017 年	2018 年	2019 年
政府支出（占 GDP）	29.4	34.7	33.9	31.4	28.6	29.2
政府收入（占 GDP）	46.4	35.3	28.3	29.6	28.4	25.1
预算平衡（占 GDP）	17.0	0.6	-5.6	-1.8	-0.3	-4.1
政府债务（占 GDP）	31.9	41.7	49.9	46.6	41.6	40.0

资料来源：EIU Country Forecast——Qatar, March 2016, pp. 12。

3. 营商环境

卡塔尔商业环境的改善源于基础设施的发展、融资可得性的提高、私企政策倾向性的提高、税收留存优惠和贸易政策的进一步改善（见表 2-4-17）。卡塔尔仅在两个领域内得分有所下降，一是在市场机会方面，因卡塔尔自身市场规模有限，卡塔尔滑落至区域第 5 位和全球第 26 位；二是在宏观经济环境方面，此方面分数下滑是受到石油和天然气价格疲软的拖累。

表 2-4-17　　卡塔尔商业环境评级与预测

指标＼时间	价值指数[a]		全球评级[b]		地区评级[c]	
	2010—2014 年	2015—2019 年	2010—2014 年	2015—2019 年	2010—2014 年	2015—2019 年
总评	7.29	7.43	22	25	1	1
政治环境	6.9	7.1	31	25	1	1
政治稳定性	7.0	7.0	38	35	1	1
政治有效性	6.8	7.1	25	22	2	2
宏观经济环境	9.4	8.6	1	2	1	1
市场机会	7.3	6.1	9	26	2	5
私人企业和竞争的相关政策	5.3	5.8	49	47	5	4
外国投资的相关政策	7.8	7.8	25	27	2	2
对外贸易和交易管控	7.8	8.2	43	41	3	3
税收	8.1	9.6	10	2	3	1
融资	6.6	7.0	26	27	3	4
劳动力市场	6.7	6.7	24	31	2	3
基础设施	7.0	7.6	34	30	2	3

注：a，最高为 10；b，在 82 个国家（地区）中；c，在 17 个国家（地区）中，包括阿尔及利亚、巴林、埃及、伊朗、以色列、约旦、科威特、利比亚、摩洛哥、卡塔尔、沙特阿拉伯、突尼斯、阿联酋、安哥拉、肯尼亚、尼日利亚和南非。

资料来源：EIU, Country Forecast——Qatar, 2015。

（1）对私人企业和市场竞争的政策倾向。卡塔尔政府的首要政策目标之一是鼓励私人部门的扩张。随着私人部门肩负起服务条款责任后，各地政府也希望在经济发展中担任调节监管角色。此外，为使企业更具公司化或部分私有化，政府正视图通过鼓励国际扩张来多样化经济。Ooredoo 和 QEWC 分别为原国有电信企业和发电企业，目前两家公司在国际上的活动也日趋频繁。

卡塔尔政府将继续推动迎合特定技术和部门偏好的一系列免税园区。自卡塔尔金融中心和卡塔尔科技园开放后，三个新的经济特区也在计划进行中，一个建在哈马德国际机场，一个建筑新港口附近，另一个建在与沙特接壤附近的沙漠中。但在园区内企业经营的具体细节和税收优惠政策尚未公布。

私人部门的经营活动将继续集中在大量的基础设施工程中。统治家族中的一些强权要素依然有时会有利于与家族相关企业的发展，而规模较小的公司因缺乏竞争法规而发展受到阻碍。繁琐和缓慢的决策将继续成为与政府合作经商的障碍。于 2015 年年底发布的新商业公司法草案旨在将和促进本地企业的建立、经营和上市，特别是针对中小规模的企业，如去除了之前最低实收资本规模 55 000 美元的要求。

（2）对外国投资的政策倾向。许多上市公司将外资持股比例增至法律规定的最高值 49%。2010 年 2 月，卡塔尔就 2000 年的外国投资法进行了修订，允许外资在少数部门享有完全所有权，这些部门包括咨询、信息技术、与文体娱相关的服务以及配送部门。外资对工业、医疗、教育、旅游、自然资源开发、能源和采矿部门的持股权依然在 49% 以下。自 2014 年 6 月后，多数卡塔尔上市公司都将允许外资持股比例从 25% 提高到 49%。经卡塔尔国家商务部建立的单一窗口许可制度，旨在减少企业获得许可证所需要的时间，将获取时间由之前的数月降至为一天。许可证也可以在企业第一年经营后无限展期。此外，卡塔尔开发了三个新经济区以促进对外投资，它们分别位于机场附近、多哈新港口、多哈工业园区西南部的沙漠中。

（3）对外贸易与汇率管控。卡塔尔与海湾合作委员会和合作伙伴之间的一些协议的谈判取得了进展，这些协议中可能也包括与欧盟和中国之间的自由贸易协定。卡塔尔与海湾合作委员会组建货币联盟的计划还在继续准备中，但在 2015—2019 年间不太可能出台。

（4）税收方面。卡塔尔对企业普遍较低的 10% 的税率保持不变。酒店收入和股票交易的资本利得收益也有望享受相似的税率。卡塔尔政府开始谨慎地减少对外籍人士的各种价格补贴，特别是在燃料领域内的价格补贴，但卡塔尔籍人依然享受补贴。

（5）融资方面。卡塔尔更加致力于打造国内债券市场，政府债券、国库券和政府伊斯兰债券将引入卡塔尔交易所交易。

（6）基础设施建设。基础设施建设项目陆续完工，为企业的生产、经营与运输提供了便利。多哈南部新港口开放，以便重大项目的建筑材料和资本品的进口。为支持 2022 年世界杯的筹建，交通基础设施建设需向更深入的阶段进展。多哈地铁已取得进展，多哈周边的道路系统也得到升级。

4. 人口预测

由于经济增长强劲以及外籍劳工的增加，卡塔尔已是全球人口增长最快的国家之一。2014 年卡塔尔人口增长超过 5%。据 EIU 预计，2019 年，卡塔尔的适龄工作人口将达到 210 万人，较 2014 年增长 16.7%（见表 2－4－18）。但 EIU 预测，未来几年里，卡塔尔的经济增速将放缓，几个州的基础设施项目或推迟，卡塔尔对外籍劳工的需求将减少，因此，在 2015—2019 年期间，卡塔尔人口的年均增速会下滑至 2.1%。亚洲新兴经济体和其他地区经济的快速增长将刺激国内就业，因此也可能减缓外籍劳工流入卡塔尔。鉴于围绕卡塔尔的民工待遇问题所引发的争议，南亚国家政府对他们在卡塔尔受雇的国民越来越担忧。因此，未来卡塔尔与南亚国家的双边举措可能会增多，包括卡塔尔为劳工提供更多的权力，提高签证和护照发放的权力。同时，为确保按时发放外籍劳工所要求的工资，私人承包商在未来面临的压力可能增加。

长期来看，由于在教育方面投入了巨大的资金，卡塔尔的劳动力质量将明显改善。这将有助于卡塔尔国内生产率的提高。2014/2015 财年，卡塔尔政府划拨出 620 亿美元用于教育投资，较 2013/2014 财年的 72.2 亿美元增加了 7.4%。

表 2-4-18　　卡塔尔人口统计与预测

指标＼时间	2009 年	2014 年	2019 年
人口/百万人			
总计	1.6	2.3	2.5
男	1.3	1.6	2.1
女	0.3	0.7	0.4
年龄分布比例/%			
0—14 岁	17.5	16.9	16.3
15—64 岁	80.3	81.5	82.7
65 岁以上	2.2	1.6	1.0
青年抚养比率/%	0.22	0.21	0.20
老年抚养比率/%	0.03	0.02	0.01
适龄工作人口/百万人	1.3	1.8	2.1
城镇人口比例/%	94.2	95.4	0.0
劳动人口/百万人	1.1	1.7	1.9

资料来源：EIU, Country Forecast——Qatar, June 2015, pp. 11。

5. 投资机会

受益于人口增长，卡塔尔住建部门预计房地产经济将保持活跃状态。目前卡塔尔的住宅市场供给不足，导致住房租赁价格飙升，这一现象可能随着未来住房供应的增加而有所缓解。2004 年的财产法允许外国人在指定地区（包括 West Bay，Pearl - Qatar 和 Barwa）购买一处或多处房产，产权期为 99 年。住房需求将拉动当地银行的按揭贷款。Pearl - Qatar 拥有可容纳 4 万人的豪华住宅，码头、宾馆、学校、商店等配套设施一应俱全。路萨尔计划在未来 10 年内建成可容纳 45 万人的住宅区。到 2020 年，预计将有 6.5 万套新房供给过剩。来自当地的市场数据表明，住房市场需求主要来自家庭住宅，卡塔尔未来可能需要更多低端住宅项目以满足大量收入较低工人的住房需求。此外，卡塔尔有相当一部分的富裕群体，特别是卡塔尔公民依然是休闲和奢侈品消费的主动军，并引致购物中心规模的进一步扩大。

卡塔尔人口增长和新兴产业的需求将引致一系列交通基础设施项目，预计此类项目支出将占基础设施总支出的四分之一。政府将为主办世界杯支出总计 1 100 亿美元，卡塔尔石油公司将支付 510 亿美元，其他公共部门和私人部门将支付 1 000 亿美元。由政府执行的项目主要分布在以下几个领域：铁路（443 亿美元），道路和公共工程（278 亿美元），工业、水电和深海港口（111 亿美元），新机场完工（74 亿美元），教育（71 亿美元）。然而，由于政府收入所限，一些项目可能被延期或取消，如穿越多哈湾的沙迦公路项目就被推迟了。一些跨行业的投资计划将为企业提供发展机会，如不同类型的建筑、技术、设计、咨询、金融、教育和医疗保健。同时，一旦比赛结束，一些基础设施可能成为闲置无用的摆设性建筑，房地产行业面临新的过剩风险。

阿联酋

（一）阿联酋投资概览

国家基本信息简表

中文名称	阿联酋	英文名称	The United Arab Emirates
建国日期	1971 年 12 月 2 日	领土面积	8. 36 万平方公里
所属洲	亚洲	时区	UTC +4
首都	阿布扎比	国际电话区号	+971
主要城市	迪拜、沙迦、哈伊马角		
人口	908. 6 万人	主要民族	阿拉伯人约 40%、南亚人占 40%
人口密度	30 人/平方公里		
语言	阿拉伯语	主要宗教	伊斯兰教 75%（逊尼派为主）、基督教 15%
政体	贵族共和制	法律体系	伊斯兰教法
政党	无	换届时间	2019 年 11 月总统选举
道路通行	靠右驾驶	货币	阿联酋迪拉姆（AED）

2015 年主要金融与投资数据

名义 GDP	2 985. 75 亿美元	FDI 流出量	45 亿美元
国际储备	939. 297 亿美元		
汇率水平（AED/USD）	3. 673	FDI 流入量	95. 6 亿美元
外债余额/GDP	47. 6%		
财政收入/GDP	36. 5%	FDI 内存量	1 259. 39 亿美元
财政支出/GDP	42. 1%		
货币供应增长率（M2）	5. 546%	FDI 外存量	861. 04 亿美元
通货膨胀率	3. 587%		
存款利率	1. 3%		
贷款利率	5. 3%		
中国与阿联酋双边投资概况			
中国对阿联酋直接投资	548. 06 亿美元		
中国和阿联酋双边投资协定	在“走出去”战略推动下，中国企业赴阿联酋投资步伐加快。暂无双边投资协定		
中国和阿联酋双边本币互换协议	2012 年 1 月 17 日，中阿签署双边货币互换协议，规模为 350 亿元人民币（200 亿迪拉姆），有效期 3 年，2015 年续签货币互换协议		
投资优惠措施和利润汇出限制	为鼓励外国投资，阿联酋整体赋税水平较低，阿联酋在联邦层面对企业和个人基本事实无税收政策。从法律上讲，外国合资、独资企业与当地企业平等		

（二）阿联酋投资风险分析

根据中国出口信用保险公司出版的《国家风险分析报告（2015）》，阿联酋2015年的风险评级为3（3/9）级，主要风险见表2－4－19。

表2－4－19　　2015年阿联酋主要风险概览

风险类别	风险描述
宏观经济环境	经济增速持续放缓，通胀压力适当减缓，非石油生产活动得到发展
政治环境	政治稳定
法律与监管	合同执行的时间和金钱成本均较低，但容易受到当地商人和政治家的影响
政府效率	政府服务质量和官僚机构效率近年日渐改善，公共机构的基层和中层人员腐败罕见，海关部门腐败现象普遍存在
金融及国际贸易与支付	如果国际油价没有较大提升，或者外部经济环境没有明显好转，阿联酋今年财政收支将从占GDP 0.3%的盈余转为占GDP 7.2%的赤字，政府2016年的财政整顿规划可能会被迫放缓
安全	主要来自圣战、恐怖主义、社会动荡以及抗议和骚乱，源自国内的矛盾温和可控，非常安全
税收政策	大多数企业免税经营，征税对象集中于石油和天然气公司、石化企业和外资银行；对个人收入不征税
基础设施	航空和海上运输具有竞争力。联邦和迪拜政府都加强了公路和铁路运输的投资力度。阿联酋已经开发出一种现代通信系统，并且它目前是中东地区电话和互联网使用率最高的国家之一
劳动力市场	劳动力充足，但劳动技能水平较低，罢工不常见
社会文化风险	属于伊斯兰国家，信仰伊斯兰教，信仰与法律并重，对公民有很强的约束力

阿联酋的繁荣与稳定，主要得益于石油收入创造的较高的人均收入。然而，近年来全球油价的持续低迷，逐渐减少了阿联酋的石油收入，以迪拜和阿布扎比为首的各酋长国开始发展非石油产业，抵制全球油价走低对经济造成的负面冲击。此外，阿联酋政治格局稳定，权力相对集中，同时，政府为企业营造低税经营的环境，并给予公民较好的社会福利，也是促成阿联酋政治稳定的重要因素。

本报告此部分主要从政治风险、宏观经济风险、法律与监管风险、税收风险、经营性分析和安全风险等方面对阿拉伯联合酋长国投资风险进行分析。

1. 政治风险

阿联酋是由阿布扎比、迪拜、沙迦、富查伊拉、乌姆盖万、阿治曼和哈伊马角7个酋长国组成的联邦国家，最高权力机构是阿联酋联邦最高委员会。其中，阿布扎比和迪拜凭借能源和经济上的优势在其中居于主导地位，阿布扎比酋长、阿联酋首任总统扎耶德的长子哈利法·本·扎耶德·阿勒纳哈扬担任阿联酋总统，迪拜酋长穆罕默德·本·拉希德·阿勒马克图姆担任副总统兼总理。总体上，阿联酋政治格局稳定。

阿布扎比和迪拜的统治者在应对伊斯兰教逊尼派和什叶派对阿联酋政府体系的挑战上已达成共识，对其进行强硬打压和限制。在网上反对阿联酋政府、统治者或政策将受到逮捕，极大地限制了政治反对者在国内的政治动员能力，政治反对者难以通过网络游说的途径宣传自己的政治观点，对抗政府的示威活动缺少群众基础。政府对政治反对者的零容忍态度进一步强化了国内的政治稳定。

2. 宏观经济风险

尽管阿联酋多年来仍依赖于石油行业，但依赖性正逐渐下降。迪拜已成为一个地区性的贸易和金融中心和海湾地区的主要旅游景点之一。2015 年经济预测因油价走低的拖累而放缓，但其健康的非石油生产活动仍能为经济提供支持。IHS 预计由于非石油行业的发展，阿联酋经济前景仍保持乐观。非石油行业约占阿联酋总 GDP 的 70%，然而阿联酋仍然容易受到石油市场波动的影响，但相较于其他地区的石油出口国来说影响则要小。考虑到疲软的全球大宗商品价格，以及在短期内阿联酋当局预计将保持币值稳定、盯住美元，阿联酋的通胀压力很可能会适当减缓（见表 2 - 4 - 20）。阿联酋公司过去一年在债务去杠杆化方面取得了进展，同时伴随着成功的债券发行，这些都使得投资者对于阿联酋公司和国家的经济前景发出了积极的信号。此外，近年来联邦政府推动更大的监管改革和法律透明度，以及为基础设施和教育注入财政资源，这些都提高了它的长期经济增长前景。

表 2 - 4 - 20　　阿联酋宏观经济数据及预测（2012—2020 年）

时间 指标	2012 年	2013 年	2014 年	2015 年	2016 年	2017 年	2018 年	2019 年	2020 年
实际国内生产总值变化率/%	6.9	4.3	4.6	3.3	2.0	3.0	3.6	4.0	4.2
名义 GDP /十亿美元	373 4	378.2	3.995	379.1	347.9	388.5	433.9	481.8	539.0
名义 GDP 人均 /美元	41 712	42 831	43 963	41 404	37 543	41 341	45 464	49 729	54 873
居民消费价格指数变化率/%	0.7	1.1	2.3	4.1	2.8	4.2	3.5	3.5	3.3
政策利率/%	1.00	1.00	1.00	1.00	1.50	2.50	3.50	3.75	3.75
财政平衡（占 GDP）/%	-4.9	-2.0	-5.4	-12.6	-14.3	-10.1	-6.4	-3.6	-1.2
人口/百万人	8.95	9.04	9.09	9.16	9.27	9.40	9.54	9.69	9.82
当前账户余额（占 GPD）/%	21.4	18.4	13.7	1.2	0.9	4.6	6.1	7.6	7.1
服务贸易出口/十亿美元	359.7	374.2	370 7	2 992	2 722	308.0	351.3	402.9	4 568
服务贸易进口/十亿美元	218.0	230.0	2 398	227.5	204.3	2 211	2.504	285.1	3.296
汇率（LCU /USD，统计期结束）	3.67	3.67	3.67	3.67	3.67	3.67	3.67	3.67	3.67

注：2016 年及以后数据均为预测值。

资料来源：IHS，Country Risk——United Arab Emirates，2015，pp.6。

（1）短期分析。2016 年阿联酋经济增长将继续放慢，由于全球石油价格下跌，阿联酋的经济已经放缓并将持续。由于石油输出收益的减少，估计 2016 年实际 GDP 增长将放缓至 2.0%。由于外部需求疲软、俄罗斯经济衰退、欧元区的债务问题以及地区不稳定等多种因素，阿联酋旅游业仍会受到影响。其他部门表现出适度的增长，如制造业、公用事业、建设、贸易以及运输。

低油价会让阿联酋财政和外部平衡处于压力之下。下跌的油价使阿联酋的财政平衡在 2016 年深陷于赤字之中并且抑制了经常账户盈余。石油通常占政府总收入的 60% 以上，这个比例在 2016 年将低至 GDP 的 40%。鉴于油价下跌侵蚀了财政收入，阿联酋政府已经削减了支出，减少了不必要的资本支出，取消了对燃油和电力的补贴。阿联酋已经先于其他海湾合作委员会成员处理具有政治敏锐性的能源补贴问题。支出压力仍集中于工资和社会支持，导致政府支出在与税收损失相比之下全面而急剧减少。尽管财政整顿仍在继续，阿联酋预计 2016 年占财政赤字占 GDP 的 14%。如果石油价格恢复到 49 美元一桶，经常账户盈余预计在 2016 年保持在 30 亿美元，或占 GDP 的 1%，到 2017 年达到 180 亿美元，占 GDP 的 5%。得益于该国强大的金融缓冲区，由其中一个世界上最大的主权财富基金的资产支持（阿不扎比投资局），阿联酋对低油价环境的适应相当不错。尽管财政和外部账户依靠总收入中的很大一部分即石油收入，相比其他海湾合作委员会国家，阿联酋对石油的依赖程度较低。

财政补贴削减，通货膨胀在2016年呈降低趋势。2015年12月阿联酋消费者价格指数相对稳定，由于2016年以来的全球商品价格的滑动，未来几个月将会有进一步的缓和。由于政府在2015年8月取消燃料补助的活动，2015年一整年中，总体通胀率升至4.1%的年平均速度。鉴于对全球石油和商品价格持续走低的预期，IHS在3月的预测中稍微降低了对阿联酋2016年通货膨胀的预期至2.8%。随着石油价格的持续下降，燃料价格可能会面临进一步的下行压力。阿联酋能源部宣布国内汽油和柴油价格在2016年2月将会继续下降，这预示着交通费用继续降低。预计2016年下半年中，随着全球汽油和商品价格的稳定和复苏，价格压力开始增加之前，整体通胀率在未来几个月降低至3%以下。当住房作为主要推动因素，2017年的消费物价指数被预测上升至4.2%，随后食品和运输成本也随之增长。随着2017年全球石油价格的稳定，燃料价格也会相对调高，回弹的非石油商品的价格会导致食品成本的上涨，对于其他商品和服务也是如此。

（2）中长期分析。健全的经济政策组合，对石油价格回弹走高预期，丰富的财政和金融资源，基础设施的改善以及政治稳定，将维持阿联酋长期的经济增长。因为2008—2009年金融危机导致的负面影响，经济面临困难局势，全球经济低迷，油价下跌，但鉴于石油带来的财富及非石油部门的发展，中期的前景是明朗的。作为商业和商务中心，并且是一个顶级旅游胜地，该国吸引了大量的投资。虽然2015至2016年GDP增速放缓，但非石油部门的活动依旧稳定并作为经济的主要驱动力，从而使2017年的GDP增速预计将回升至2.9%，中期（2018—2022年）达到平均每年3.9%，长期增长趋势达到每年3.2%。

未来几年，阿联酋仍依赖石油部门。政府计划提高石油产量至每天350万桶，炼油产能超过100万桶。即便如此，石油在阿联酋GDP中的份额将逐渐缩小，阿联酋经济日趋多元化。多元化主要由于迪拜经济的显著增长，它是阿联酋7个酋长国中最具活力的国家。阿联酋的沙迦发展计划，就是追随迪拜，重视作为地区服务中心和在房地产开发及旅游业等大型项目上吸引私人资本。欠发达酋长国也从迪拜中长期扩大的经济外溢效应中获益。

正在用于基础建设和教育的大量财政资源，是对阿联酋长期增长做出贡献的重要因素之一。联邦和迪拜政府都对扩张国家的公路和铁路运输的发展进行了投资。阿联酋已经开发出一种现代通信系统，并且它目前是中东地区电话和互联网使用率最高的国家之一。政府服务的质量和官僚机构效率近年来也有所改善。虽然预计由于2016年较低的油价会给经常账户盈余带来压力，但阿联酋的外部账户将在接下来的5年里出现盈余，同时商品和服务的进口增加。预计石油价格可能从2017年开始小幅上升，这会给阿联酋的长期外部平衡提供支持。此外，目前的投资将在很长一段时间内帮助振兴石油和精制石油产品的出口。

阿联酋当局和其他有固定汇率制度的海湾合作委员会（GCC）的国家已公开重申支持当地货币盯住美元的立场。尽管阿联酋拟议在2009年5月选择退出被提议成立的GCC货币联盟，中央银行行长，阿尔苏瓦迪·苏丹纳赛尔，重申了盯住美元的承诺，但并没有计划改变当前的政权。有沙特阿拉伯、科威特、卡塔尔、巴林承诺推进计划，考虑到单一货币前景的实现仍然需要许多年，阿联酋在未来重新加入是有可能的。与此同时，预期通货膨胀率将长期维持在2.5%左右。

3. 法律与监管风险

在阿联酋，允许各个酋长国自己管理预算和制定经济发展政策。比起外国投资者，商业法规更利于阿联酋和海湾合作委员会（GCC）的公民。阿联酋可能会逐渐在技术转移优先的部门允许完全外资所有的存在，在国有企业中增加外资对公司治理的改善是很有必要的。

（1）合同变更威胁。低油价会给能源行业带来严重的影响，特别是合同最初设立时假定的油价相当高。国家石油公司的战略和协调主管阿布扎比透露 2015 年 11 月 4 日宣布的目标是减少大约 25% 的运营和资本支出。尽管政府正在致力于增加生产，它可能会寻求与承包商重新谈判合同条款，以及延长项目时间。同样在下游行业也存在着重新谈判和延迟的巨大风险。

阿布扎比的物权法，于 2016 年 1 月生效，这将有助于规范房地产行业发展。然而，它还将使市政事务部门（DMA）有权取消在批准后的 6 个月内未开始建设的期房项目。若开发商无法完成商定的结果，市政事务部门（DMA）将有权取消项目。这可能会大大增加开发商合同的取消或未付款的风险，并沿着供应链产生相关的连锁效应。这种风险出现在与有政府背景的投资者发生严重争端时。阿布扎比政府也可能优先奖励与阿布扎比政府相关的实体（GREs）和开发人员。

（2）合同执行成本。阿联酋是《纽约公约》的签署国。然而，外国的仲裁几乎没什么裁决效力。根据 1992 年 11 月生效的联邦法律的第 235 条，外国的裁决只会在阿联酋法院有管辖权的情况下执行。在这种情况下，阿联酋法院可以选择重审案件，并重新判决。在实践中，当地商人和政治家对法院有很强的影响力，他们在纠纷中相对于外国人更有优势。此外，一个酋长国法院的一审判决与其他酋长国无关。特别是当应对政府机构或政府相关的实体（GREs）时，经营者和债权人往往会选择庭外和解。在迪拜世界谈判重组期间，债权人在昂贵或缓慢仲裁中面临一个选择，仍未测试的迪拜国际金融中心（DIFC）特别法庭或接受这笔交易价值 235 亿美元的债务进行重组。债务重组协议允许提前偿还 29.2 亿美元 2015 年到期的债务，剩余的延长到 2022 年。

阿联酋很有可能会推迟通过联邦立法，特别是在阿布扎比缺乏推动其通过的政治意愿时。阿联酋银行联合会在改善最终确定阿联酋计划破产的法律前景上面临越来越大的压力。内阁计划始于 2009 年，并于 2015 年 7 月批准了一项法律草案，正在等待联邦国民议会的批准。对房地产市场和大宗商品市场监管的放松似乎加速了中小企业违约和资本外逃。2015 年 11 月 3 日路透社报道一位当地银行业消息人士估计 4 个月内违约总额达 10 亿美元。为了解决企业家的资本外逃问题，规范范债务重组，法律开始规定减小空头支票。然而外国债权人在与 GREs 的争端中可能依旧处于法律的不利地位。

合同执行的优势集中表现在执行成本低。从原告向法院提起诉讼到判决执行的时间平均 43.5 天，费用约为标的价值的 0.2%（见表 2－4－21）。世界银行 2016 年对各国（地区）营商便利性的比较，阿联酋排名第 31。

表 2－4－21　　阿联酋合同执行成本对比

指标	阿联酋	中国内地	中国香港
全球排名（0—189）	31	7	22
DTF 合同执行得分（0—100）	88.79	77.56	72.57
时间/天	43.5	452.8	360
成本（占标的额比重）/%	0.2	16.2	21.2
司法程序质量指数（0—18）	11	14.1	11

注：DTF 为 Distance to Frontier 的缩写，是世界银行根据 10 个自设指标编制的商业环境指数。

资料来源：World Bank，Doing Business 2016：Measuring Regulatory Quality and Efficiency，pp. 208。

4. 税收风险

阿联酋没有联邦税收规定，7个阿联酋的组成国自己单独立法。尽管各酋长国对企业税收具有独立立法的权利，但实际上各酋长国之间的情况较为相似，只有石油、天然气、石化公司和外资银行分支机构缴纳税款，政府收到的大部分收入来自石油，两年内不太可能出现重大改变。

大多数企业在阿联酋免税经营。尽管立法允许最高达55%的企业所得税税率，但税收的征收对象主要是在特定行业或进行单独协商。两年内政府财政收支状况不太可能有足够的动力来改变这一情况。石油和天然气公司、石化企业和外资银行，以及一些权力和水务公司，是企业所得税的主要纳税人。新的重大工业项目，如炼油厂和冶炼厂，也可能会通过谈判协商被征税。

所有的7个酋长国都不征收个人所得税，也没有统一的联邦税务机关，每个酋长国处理自己的财务。世界银行2016年对各国营商便利性的报告，关于税收支付的全球排名，阿联酋位列第1（见表2-4-22）。

表2-4-22　　阿联酋税收支付对比

指标	阿联酋	中国内地	中国香港
全球排名（0—189）	1	132	4
DTF税收支付得分（0—100）	99.44	64.46	98.71
支付（个/年）	4	9	3
时间（小时/年）	12	261	74
总税率（占利润百分比）/%	15.9	67.8	22.8

注：DTF为Distance to Frontier的缩写，是世界银行根据10个自设指标编制的商业环境指数。

资料来源：World Bank, Doing Business 2016: Measuring Regulatory Quality and Efficiency, pp. 208。

下一阶段企业可能会受到间接税的影响，如缴纳政府事务费或减少能源使用成本补贴等。从2015年8月开始阿联酋利用低石油价格走低的时期对运输燃料补贴进行调整，由一个国家委员会依照全球平均水平进行重新设置。国有零售商像阿联酋国家石油公司（ENOC）、阿布扎比国家石油公司（NOC）等面临重大损失的风险，但也可能会继续得到政府支持，以防止重大的金融危机发生。尤其是迪拜很可能继续增加间接税收，提高政府服务的费用、停车罚单的成本、租金的税收、电力和水的成本。

海湾合作委员会（GCC）统一征收增值税和企业所得税的计划在1年内无法实现。海湾合作委员会（GCC）财长宣布2015年3月已经同意要在2015年5月制定出统一的财税框架。然而，没有迹象表明海湾国家愿意并且同意为建立一个共同货币联盟做出准备，包括税收和财政预算的协调或建立一个中央银行。

5. 经营性风险

为了应对油价持续走低和人口不断增长的问题，阿联酋越来越可能采取多种措施鼓励外国直接投资。联邦政府希望其经济多元化，逐渐摆脱对碳氢化合物的依赖，并鼓励私营部门为阿联酋公民提供工作机会。2015年3月30日，经济部长宣布起草新法案，允许100%持股的外资企业在免税区经营。然而，在2015年7月实施的新商业公司法律保留对外资所有权的限制。同时，阿联酋尤其是阿布扎比，更加重视外资企业经营过程中的技术转让和人力资本培育，尤其是在IT行业。

（1）征收风险。征用在阿联酋的风险很低。联邦政府下一阶段的发展目标是寻求经济多元化，旨在提振阿联酋的国民经济并创造就业，因此，吸引并留住外国投资是联邦政府发展经济的一个重要途径。并且，预计不太可能在短期内受到严重的金融或政治压力迫使联邦政府政策的重大转变。阿布扎比现在渴望成为一个金融中心，并且迪拜已经建立了允许外商企业免税经营的区域来鼓励外国投资，公司在这些免税区域运营可以获得免除税收、进口关税，以及对货币限制的优惠待遇。

严重依赖外国技术，征收风险进一步降低，尤其是在碳氢化合物领域。阿联酋石油储量排在世界第7位，其中94%是来自阿布扎比。碳氢化合物领域，根据阿联酋法律和产量分成协议，国有企业之间以及一些主要的外国投资者如埃克森美孚、道达尔（Total）和INPEX之间，不会在短期内改变既定的分配状况。

（2）劳工风险。阿联酋经济严重依赖外籍工人，大约90%的劳动力都集中在私营部门。工会给予外国人类似于阿联酋公民同等的利益和权利。罢工不定期地发生，主要是由于拒绝或延迟支付工资。劳工罢工曾达到顶峰，由于雇主拒付工资引发工人罢工，导致在建项目被迫停工，进而导致2009年迪拜房地产市场的崩溃。伴随迪拜赢得2020年世博会申办权，迪拜的房地产市场情景已经好转，许多建设项目的重新启动也恢复了迪拜的房地产市场信心。

罢工和静坐抗议局限于对特定的建筑场地和雇主，且并不常见。工人参与罢工不会被驱逐出境，被认为是罢工频发或罢工长时间持续的驱动因素之一，相反，在阿布扎比罢工并不常见的原因被归结为政府对待罢工的强硬态度。2014年5月，在海湾的BK公司施工人员参与大学校园建设劳动营的罢工示威活动，罢工持续两天，罢工的工人全部被逮捕。2011年7月，由于承包商拒绝支付工人工资，400名工人在项目控制塔罢工，在这种情况下，劳动部门官员到访与承包商协商后，该承包商同意支付拖欠的工资，但尚不清楚罢工工人随后是被保留或驱逐出境。

（3）腐败风险。阿联酋公民在公共部门从事初级或中级的工作人员很少接受贿赂。阿联酋人受雇于公共机构，包括公用事业、医院和安全部队，或在国有或半公开的公司如阿联酋航空公司和阿联酋电信（电信）等可享受优厚的薪金和广泛的国家福利，尤其是在阿布扎比。因此，直接要求用金钱贿赂换取服务是不可能的。相反利用国家机器和针对私营部门的审批而获得贿赂情况比较严重，其中包括通过执照和许可证的授予，费用减免或提供特权，允准有利的合同条款或商业代理和合同的优先选择等收受的回扣，在公共机构与私营部门之间的往来中普遍存在。而且，高层官员也被认为有可能接受贿赂。虽然公共机构的官员由于薪酬优厚，接受贿赂并不普遍，但公司倾向于聘用有影响力的当地人，以便方便与地方官员沟通，甚至影响法律纠纷的结果。

港口的海关官员受贿广泛存在。低工资工人通过港口移民，贿赂港口官员可以增加通关便利。海关官员收受贿赂更多源自于走私，迪拜是一个运输武器和毒品的重要中转站，位于南亚和中亚东部、非洲和中东地区的武器和毒品走私犯与武装组织都会通过迪拜运输相关物品。并且，迪拜的港口也被伊朗公民用来走私禁运的美国商品、黄金以及军民两用物品，已经受到国际制裁，自2012年以来，伊朗公民减少了这种做法。

6. 安全风险

在阿联酋，安全风险主要来自圣战、恐怖主义、社会动荡以及抗议和骚乱。源自国内安全威胁和政治暴力是温和的，不存在活跃的恐怖组织的运作。然而，在也门政治上的不稳定和安全环境恶化特别是基地组织阿拉伯半岛分支（AQAP）和其他激进分子的活动对海湾地区构成了一定程度的风险。在也门和其他地区阿联酋的反对穆斯林兄弟会下属的逊尼派组织，对伊斯兰政治运动持普遍的敌对态度，其参与反伊斯兰国家联盟可能会使阿联酋比阿曼等其他海湾国家将圣战分子作为更加优先目标。与此同时，阿联酋普遍的国家情报网络，拥有一个大型网络告密者的刑事调查组有效减小了圣战成功攻击战略资产或基础设施的风险。然而，洗钱、毒品走私和贩卖人口也是一个持续的安全问题，这是在未来几年可能消退。伊朗发起的对游客、零售商、能源、政府或军事目标的恐怖袭击，或导弹袭击也使得海外资产不能在2015年履行综合合作协议。

（三）阿联酋未来发展预测和投资机会分析

1. 政治前景

阿联酋的总统和总理分别来自阿布扎比和迪拜。阿布扎比酋长、阿联酋首任总统扎耶德的长子哈利法·本·扎耶德·阿勒纳哈扬担任阿联酋总统，迪拜酋长穆罕默德·本·拉希德·阿勒马克图姆担任副总统兼总理。阿布扎比凭借巨大的能源和财富，是七个酋长国中最具影响力的。经济学人预计阿联酋的政治格局在预测区间内不会发生明显变化。

得益于政治格局的稳定，政治稳定性将在预测区间内保持良好。总统哈利法兼具阿布扎比内部及其自身政治家庭与其他六个酋长国的支持，地位稳定。权力将继续集中于执政家庭。哈利法将阿布扎比日常运作交由自己同父异母的弟弟谢赫·穆罕默德·本·扎耶德管理，这一做法被认为与哈利法在2014年突发中风有关，预计在2015—2019年区间，权利将会有进一步的转移，但仅会局限于执政家庭内部。然而，在权力转移过程中，有引起家庭内部政治斗争的可能。但是并不会影响阿联酋在预测期间内保持政治稳定。

联邦政府和地方政府将尝试改善政治和制度的有效性。改革旨在削弱政府机构的官僚化程度，并进一步简化行政审批程序，以提高公共部门的工作效率。这一做法会受到地方既得利益者的抵制，阻碍政府改革的进展。此外，公共机构的“酋长国式”改革，即用本国国民更换外籍人员，也将持续受到关注。这一改革将产生正负两方面的影响，消极方面在于本国公民没有经过充分的培训而替换技能熟练的外籍人员，将会降低公共机构的综合素质；积极方面在于将促使地方政府增加教育投资、进行地方官员培训。

2. 经济预测

多元化发展抵消低油价对经济的负面冲击，交通、旅游业等非石油行业发展促进经济增长。阿联酋作为区域性金融中心和贸易枢纽，交通和旅游业对经济增长的贡献愈加重要。关于基础设施改善计划中，推出国家铁路二期建设计划，并进一步扩大交通、港口和能源基础设施建设。其中，迪拜为筹备2020年世博会，预计投资68亿美元完善基础设施，包括地铁系统的延伸；阿布扎比也将继续哈里发工业区的建设和发展势头。同时，关于住宅、旅游和医疗保健的发展计划也已开始实施，然而，阿布扎比城市规划委员会预计其2030年的城市人口仅为70万人左右，低于此前的预计，政府可能会因此放缓住房、学校和医院的建设速度。

财政政策方面，政府将增加支出用以提高本国公民福利，但低油价导致的财政收入减少将限制支出的增加。联邦政府财政支出中的50%用于对本国公民提供免费教育，其他用于医疗及补贴。然而，由于原油供给充足、需求低迷，布伦特原油价格从2011—2014平均每桶108元降低到2015年平均每桶60美元，进而造成石油业利润下降及财政收入减少，限制了增加财政支出的能力，迫使政府减少对于燃料、水和电的补贴。如果布伦特原油价格能够在2017—2019年恢复到每桶85美元，政府在2017—2019年将由财政赤字转为财政盈余，为政府扩大财政支持扩展空间。

货币政策方面，央行将寻求维持宽松的政策立场，但国内流动性收紧。2013—2014年信贷量有所恢复，2014年12月私营部门信贷比上年同期增长了11.7%。然而，低油价对国内流动性造成了明显的负面冲击，2015 年 3 个月的银行间同业拆借利率持续上涨，私营部门信贷量持续下降。鉴于此，在目前温和的通货膨胀环境下，央行将寻求维持宽松的货币政策，但预期不会改变国内流动性收紧的态势。

3. 营商环境

阿联酋的整体营商环境在预测期间内略有提升，价值指数由 7.22 小幅上升为 7.40（详见表 2 -4 -23），主要是由于基础设施的改善与贸易和投资开放程度的提高。然而，由于全球油价的持续低迷，阿联酋的宏观经济环境和投资机会有所下滑。

表 2 -4 -23　　阿联酋营商环境评级与预测

指标	价值指数[a]		全球评级[b]		地区评级[c]	
	2010—2014 年	2015—2019 年	2010—2014 年	2015—2019 年	2010—2014 年	2015—2019 年
总评	7.22	7.40	24	27	2	3
政治环境	6.5	6.5	34	34	2	2
政治稳定性	7.0	7.0	38	35	1	1
政治有效性	6.1	6.1	33	32	3	3
宏观经济环境	7.8	7.5	22	26	5	4
市场机会	7.9	7.3	3	8	1	1
私人企业和竞争的相关政策	5.3	5.5	49	53	5	6
外国投资的相关政策	6.9	7.3	40	36	5	4
对外贸易和交易管控	8.2	9.1	34	14	2	1
税收	9.3	9.3	2	3	1	2
融资	6.3	6.4	32	42	5	8
劳动力市场	7.4	7.6	9	9	1	1
基础设施	6.8	7.5	38	36	4	4

注：a，最高为 10；b，在 82 个国家（地区）中；c，在 17 个国家（地区）中，包括阿尔及利亚、巴林、埃及、伊朗、以色列、约旦、科威特、利比亚、摩洛哥、卡塔尔、沙特阿拉伯、突尼斯、阿联酋、安哥拉、肯尼亚、尼日利亚和南非。

资料来源：EIU，Country Forecast——United Arab Emirates，2015，pp. 13。

阿联酋的整体营商环境在预测区间内不会有太太变化，略有提升。主要的不利因素在于全球油价的持续低迷。相比于其他石油国家，阿联酋的经济更加多元化，因此在油价走低的国际背景下，阿联酋经济比邻国更具活力。经济学人预测 2015—2019 年区间，阿联酋的年实际经济平均增长率为 3.6%，主要受到非石油部门的驱动。阿联酋的抵税环境、劳动力市场管制缺失以及政府对外商投资的鼓励政策及基础设施的投资空间，将共同抵消油价走低对宏观经济环境的负面影响，使得阿联酋的营商环境整体上略有提升（见表 2 -4 -24）。

表 2 -4 -24　　阿联酋营商环境概览

指标	2015—2016 年	2017—2019 年
私人企业和竞争的相关政策	期待已久的破产法案通过，有利于濒临破产企业的财务重组	鼓励私营部门在非石油行业投资，进一步鼓励大型基础设施项目中的政府和社会资本合作（PPP）
外国投资的相关政策	签订了新的经营阿布扎比陆上油田的外国合作伙伴联盟	哈里法工业区继续发展建设势头

续表

指标	2015—2016 年	2017—2019 年
对外贸易与外汇管制	与新加坡和欧盟签订自由贸易协定	有可能与中国签订自由贸易协定
税收	间接税发生微小变化，如提高道路通行费等	3% 到 5% 的增值税将取代进口税
融资	向私营部门和中小企业发放的贷款增加	债券市场深化
劳动力市场	劳动力市场缺乏关于雇佣、解雇或工作时间及最低工资标准的规定。政府继续推行“酋长国式”方法（大公有化），要求企业必须雇佣一定数额的阿联酋人	对劳动力工作环境的监管规定增加，但没有实质影响
基础设施	航空运输和海上运输有竞争力	继续机场、铁路网和地铁建设

资料来源：EIU，2015，Country Forecast——United Arab Emirates，pp. 14。

私营企业和竞争方面的政策将得到改善，但与联邦政府或酋长有密切关联的群体仍将获得额外利益。这一项在营商环境价值指数中是薄弱环节，这也违背了政府的国际化发展路线，预期将得到改善，但短时期内违法彻底消除既得利益者获得额外收益。已经取得的进展包括期待已久的破产法得以通过，这将有利于濒临破产的企业进行财务重组。另外，政府将继续鼓励私营部门在非石油行业的投资，并鼓励基础设施项目中政府和社会资本的合作，为中国企业在阿联酋的投资提供空间。

外国投资的相关政策方面，联邦政府将继续采取措施吸引外国投资。阿拉伯联合酋长国可能采取措施加强外部投资者的机会。一直以来，联邦政府规定外资不能超过公司股份的 49%，被认为是外国资金在阿联酋经营的一个额外成本，然而，近期相关规定有所松动，在某些情况下，外国投资者可以与阿联酋合作伙伴进行协商以规避相关规定。

对外贸易优势在于程序简单，并有可能与中国签订自由贸易协定。阿联酋的进出口程序相当简单，只需要提供少量的文件，并且文件处理速度较快。2015 年 1 月与 7 月分别于新加坡和欧盟签订自由贸易协定，并有可能与中国签订自由贸易协定。

税收对于外国投资依旧具有吸引力。阿联酋的税收负担是全世界最低的，除外国银行和外国能源公司必须缴纳分别占利润 30% 和 50% 的税收，其他公司和个人接近在免税的环境下经营和工作。预测区间内，阿联酋将引进新的税收，预计石油行业的收入将因此有所降低。但与世界其他国家和地区相比，低税收负担依旧是阿联酋吸引外国投资的优势之一。

融资方面，直接融资和间接融资市场都有所改善。银行部门将增加对私营部门和中小企业的贷款，同时，联邦政府为降低未来发生主权债务危机的风险，加强对银行贷款审批的监管。债券市场将继续成为公共部门和私营部门重要的资金来源，预计债券市场在预测区间内将得到进一步深化发展。

劳动力市场缺乏关于雇佣、解雇或工作时间及最低工资标准的规定。相关规定的缺失，提高了企业雇佣工人的灵活程度，对外雇投资者具有较强的吸引力。同时，阿联酋的抵税环境和比较自由的生活方式也吸引了包括西方高级能人员流入，目前 95% 的劳动力来自阿联酋以外的国家和地区。联邦政府正在并将继续推行“酋长国式”方案，即规定企业必须雇佣一定数量的阿联酋公民。此外，政府也将加强对工作环境的监管，但没有实质性影响。

基础设施方面，航空运输和海上运输将保持有竞争力，并继续投资机场、铁路网和地铁的建设。迪拜国际机场在 2014 年已经成为世界上最繁忙的国际机场，计划继续加大投资建设力度。同时，还将进行阿勒马克图姆国际机场、阿布扎比机场的扩建，以及迪拜地铁和阿提哈德航空铁路的建设。

4. 人口预测

2015 年 EIU 关于阿联酋的报告估计阿联酋 2014 年人口为 840 万人（见表 2-4-25）。关于阿联酋人在总人口中所占的比例，2005 年官方公布的数据时为 20%，EIU 的报告显示，由于阿联酋人口出生率近年出现明显下降，这一比例也随之逐步降低到 15% 以下。

表 2-4-25　　阿联酋人口统计与预测

指标＼时间	2009 年	2014 年	2019 年
人口/百万人			
总计/百万人	6.5	8.4	10.6
男/百万人	4.4	6.2	8.0
女/百万人	2.1	2.3	2.7
年龄分布比例/%			
0—14 岁/%	14.6	15.7	16.8
15—64 岁/%	85.0	83.8	82.4
65+岁/%	0.4	0.5	0.8
青年抚养比率/%	0.17	0.19	0.20
老年抚养比率/%	0.00	0.01	0.01
适龄工作人口/百万人	5.5	7.1	8.7
城镇人口比例/%	3.5	4.9	6.2
劳动人口/百万人	14.6	15.7	16.8

资料来源：EIU Country Forecast——United Arab Emirates, May 2015, pp. 11。

阿联酋 95% 的地区都是外国的就业者，这些地区会对投资者产生吸引力。缺乏对就业和解雇的限制和频繁波动的收入水平会加速廉价低技能工人的流入。尽管酋长国的签证对于一些领域的工作人员来说很难获得，但是总的来说外国雇佣工人的环境还是良性的。低关税和相关的容易生存的环境也会吸引很多高技术的外国工人的到来。

阿联酋的经济发展将继续刺激劳动力市场需求，吸引外籍人员赴阿联酋工作，但政府将更加注重本国公民福利。虽然国际油价持续走低，但阿联酋非石油行业的发展抵消了低油价对经济的负面冲击，尤其是基础设施建设投资扩大和筹备 2020 年的世博会将提供更多的就业岗位。然而，由于在阿联酋高达 95% 的劳动力是外籍人员，政府受到了阿联酋人被边缘化的舆论压力，政府更加重视本国公民福利，包括对公民提供免费医疗和教育等。并且，在预测区间内，政府对外籍人员流入阿联酋将持有更加审慎的态度。

5. 投资机会

市场投资机会主要来自基础设施建设和消费品市场，前者确定，后者存在一定争议。预测区间内，政府将扩大基础设施投资，提供强劲市场投资机会。而消费品市场则存有争议。一方面，阿联酋是该地区最富有的国家，人均 GDP 较高（见表 2-4-26），为消费品市场提供了购买能力。但另一方面，官方公布的人口数据的可信度较低，在阿联酋庞大的外籍人员中，低收入占比较高，限制了消费品市场的发展。2013 年，波士顿咨询集团（Boston Consulting Group）的一份报告显示，阿联酋每 1 000 个家庭中有 40 个拥有超过 100 万美元的财富，这一分布密度在世界排名第 9，表明阿联酋居民具有强劲的购买力；同时，由于中等收入的外籍人员将延长在阿联酋的居住时间，因而预计耐用消费品市场如汽车、家具和电子产品市场将有更好的投资机会。

表 2 - 4 - 26　　阿联酋市场投资机会（2014—2019 年）

指标＼时间	2014 年	2015 年	2016 年	2017 年	2018 年	2019 年
GDP（百万美元，市场汇率折合）	399.4	378.9	399.8	430.8	460.0	495.0
人均 GDP（美元，购买力平价折合）	47 361	42 787	43 002	44 045	45 225	46 655
家庭消费合计（百万美元，购买力平价折合）	190.7	202.1	218.3	237.9	259.3	282.7
人均家庭消费（美元，购买力平价折合）	22 610	22 830	23 480	24 330	25 500	26 640

资料来源：EIU，Country Forecast——United Arab Emirates，2015，pp. 31。

沙特阿拉伯

（一）沙特阿拉伯投资概览

国家基本信息简表

中文名称	沙特阿拉伯	英文名称	Kingdom of Saudi Arabia
建国日期	1932 年 9 月 23 日	领土面积	225 万平方公里
所属洲	亚洲	时区	UTC + 3
首都	利雅得	国际电话区号	+966
主要城市	吉达、麦加、麦地那、达曼等		
人口	3 038 万人	主要民族	阿拉伯人（90%）
人口密度	13.5 人/平方公里		
语言	阿拉伯语	主要宗教	信奉伊斯兰教、逊尼派（90%）、什叶派（10%）
政体	君主制王国	法律体系	《古兰经》和《圣训》
政党	—	换届时间	—
道路通行	靠右驾驶	货币	沙特里亚尔（SAR）

2015 年主要金融与投资数据

名义 GDP	6 811.51 亿美元	FDI 流出量	48.56 亿美元
国际储备	6 248.04 亿美元		
汇率水平（SAR/US）	3.75	FDI 流入量	77.71 亿美元
外债余额/GDP	-66.70%		
财政收入/GDP	25.30%	FDI 内存量	2 503.21 亿美元
财政支出/GDP	42.40%		
货币供应增长率（M2）	2.59%	FDI 外存量	373.17 亿美元
通货膨胀率	2.28%		
存款利率	1.20%		
贷款利率	6.90%		

中国与沙特双边投资概况			
中国对沙特直接投资（流量）	1.84 亿美元（2014 年）	中国对沙特直接投资（存量）	19.87 亿美元（截至 2014 年末）
中沙双边投资协定	1992 年 11 月 5 日签署经济、贸易、投资、技术双边协定；1996 年 2 月 29 日签署投资保护协定		
中沙双边本币互换协议	中国和沙特尚未签署货币互换协议。人民币与里亚尔不可直接兑换		
投资优惠措施和利润汇出限制	根据 WEF 发布的《2015—2016 年全球竞争力报告》，沙特在竞争力排名方面面得分为 5.07（5.07/7），排名为第 24 名（24/144）。允许资本、利润和红利汇回		

（二）沙特阿拉伯投资风险分析

根据中国出口信用保险公司出版的《国家风险分析报告（2015）》，沙特 2015 年的风险评级为 4（4/9）级，主要风险见表 2-4-27。

表 2-4-27　　2015 年沙特主要风险概览

风险类别	风险描述
宏观经济环境	经济增长依靠石油美元，波动明显。维持石油不减产政策。未来经济增长蕴藏潜力
政治环境	渡过动荡期，政局基本稳定。新国王登基，王权平稳过渡
法律与监管	法律体系不断完善，执法成本较高
政府效率	政府办事效率有所下降
金融及国际贸易与支付	货币政策转向宽松。外企融资条件相对宽松。经常账户出现赤字，但国际储备充足
安全	社会矛盾较为突出，邻国乱局威胁国内稳定
税收政策	税收制度相对简单
基础设施	交通基础设施较为发达，通讯、水电、住房逐步改善
劳动力市场	沙特要求雇员本地化（不同行业有各自比例标准），违反本地化政策的公司将受到劳工部的处罚
社会文化风险	“基地”组织活动趋于频繁

沙特是中东最大的经济体和消费市场，是伊斯兰教发源地，是世贸组织、石油输出国组织和二十国集团成员国，沙特在中东地区乃至世界范围内的政治、经济和宗教领域发挥重要作用。政治方

面，沙特国内政局较为稳定，但内政仍然面临诸多挑战，社会改革仍面临阻碍，恐怖主义威胁日益严峻，未来政权稳定性将接受考验。经济方面，沙特依靠石油美元维持经济持续增长，但过度依赖石油将使沙特经济面临波动风险。沙特外企融资条件相对宽松，国际储备充足，短期内固定汇率制度不会发生改变，沙特主权信用评级稳定，中沙贸易长期稳定。短期来看，沙特国家风险较低，恐怖主义是影响社会的不稳定因素；长期来看，沙特在中东地区的优势仍有待提高，只有逐步推进社会改革才能保证经济增长、社会稳定和人民生活水平的提高。

本报告主要从政治风险、宏观经济风险、法律与监管风险、劳工风险等方面对沙特投资风险进行分析。

1. 政治风险

国际油价长期低迷，沙特政府在稳定国内外局势时将承受较大压力。此外，国家权力过于集中于现任国王、王储和副王储，这容易引起部分王室成员的抵触情绪。在地区冲突方面，为赢得宗教机构的支持，国王在处理地区冲突问题时态度较为强硬，尤其是沙特与伊朗旷日长久的矛盾将越发激化。愈演愈烈的圣战问题也将对沙特国内的长期平稳造成威胁。

沙特王室权利由第二代向第三代逐渐过渡。2015 年 1 月 23 日，沙特前国王阿卜杜拉·本·阿卜杜勒 - 阿齐兹逝世，79 岁的王储萨勒曼·本·阿卜杜勒 - 阿齐兹即位，并宣布穆克林为新王储。沙特第三代王室成员、萨勒曼的侄子内政部长穆罕默德·本·纳耶夫被任命为副王储，沙特权利继承开始由第二代向第三代逐渐过渡。沙特王位继承顺序与欧洲不同，并非直接由长子继承，而是兄终弟继。新国王萨勒曼是阿卜杜拉的弟弟，2012 年起任国防大臣，拥有《阿沙尔克奥萨报》在内的多家报纸，与阿拉比亚电视台关系密切，与西方国家关系不错。副王储纳耶夫为巩固决策权增加了对政府部门和商业网络的影响力，这进一步加强了家族统治，并提高了行政复议、政治动机导致的合同重新谈判以及撤销风险的可能性。

邻国动荡局势威胁国内稳定，沙特与伊朗关系趋于恶化。沙特和伊朗一直在争夺中东地区的领导权。近年来，沙特对伊朗频繁干涉地区事务表达了强烈的不满。伊朗和 P5 +1（P5 +1 是指在 2006 年针对伊朗核试验问题而与伊朗产生关系的 6 个国家，分别是：美国、英国、法国、中国、俄国和德国，其中，前 5 个国家是联合国安理会常任理事国）商讨的关于伊朗核问题的最终协议遭到了沙特的反对，这将对国王萨勒曼造成更大的压力，他必须证明自己是一个有力的逊尼派领导人，有能力对抗来自伊朗什叶派的威胁。2015 年 3 月以来，沙特对也门的候塞叛军进行联合空袭，而伊朗被认定暗中对叛军提供支持，两国关系进一步恶化。鉴于在也门进行的军事行动，以及阻止沙特的对手威胁或者控制曼德海峡的阻塞点（Bab al - Mandeb Choke - Point），非洲之角（The Horn of Africa）将是沙特的战略重点之一。

国王萨勒曼增加了神职人员的权利，提高了神职人员参与政策决议的可能性。萨勒曼一直致力于增强与沙特宗教机构的关系，旨在加强君主制的宗教合法性。沙特神职人员的比例在不断增长，大穆夫提（Grand Mufti）——伊斯兰教的宗教领袖宣称，沙特与伊朗的对抗，表明了沙特对邻国也门胡塞尔派（也门什叶派宰德派组织）问题的态度。目前沙特的领导人在宗教压力之下，在反对伊朗的地区冲突中扮演领导角色。沙特很有可能率先在国外发展逊尼派激进组织，以支持瓦哈比萨拉菲斯特（Wahhabi Salafist）宗教学校的传播发展，并可以在应对突发威胁时给予外国政府政治和经济上的压力。

2. 宏观经济风险

沙特作为世界上最大的石油生产国之一，其潜在的经济风险与石油息息相关。虽然丰富的石油资源极大地推动了沙特的经济发展，但是经济过度依赖石油出口，产业结构单一，频繁波动的国际油价对经济造成负面影响，预计2016年沙特的实际GDP增长率将仅为1.1%（见表2-4-28）。低油价将导致沙特财政平衡承受巨大压力，此外，外汇储备规模在短期内将下降。

表2-4-28　　沙特阿拉伯宏观经济主要指标与预测（2011—2019年）

指标＼时间		2011年	2012年	2013年	2014年	2015年	2016年	2017年	2018年	2019年
实际GDP增长率/%		10.0	5.4	2.7	3.6	3.3	1.1	1.7	2.7	2.1
对实际GDP增长率的贡献/%	私人消费	0.6	3.5	1.0	2.0	1.3	0.7	0.8	1.2	1.1
	政府支出	3.4	1.7	2.5	2.9	0.8	-0.1	0.2	0.7	0.6
	固定投资	3.8	1.3	1.4	0.8	1.2	0.6	0.7	1.2	1.3
	外部均衡	3.2	-0.7	-1.1	-2.9	-0.4	-0.7	-0.6	-0.6	-1.1
政府债务（占GDP）/%		11.2	9.5	9.4	9.2	14.6	28.8	33.3	33.9	38.2
实际平均有效汇率（基于CPI调整，1997=100）		87.7	90.5	95.6	98.3	109.6	116.6	117.3	117.3	117.3
CPI/%		3.9	2.9	3.5	2.7	2.2	4.7	4.1	3.4	3.2
平均实际工资增长率/%		n.a.	n.a.	n.a.	n.a.	n.a.	n.a.	n.a.	n.a.	n.a.
经常项目收支（占GDP）/%		23.7	22.4	18.2	10.2	-4.8	-7.4	-0.1	4.4	2.7
总外债（占GDP）/%		17.6	19.1	20.9	22	25	25.3	23.4	21.6	21.3
外国直接投资存量（占GDP）/%		31.9	30.7	31.5	32.2	36.7	36.8	33.3	30.5	29.9

资料来源：EIU数据库。

国际油价持续走低，沙特财政平衡将承受巨大压力。2015年，由于石油收入急剧下降，沙特的财政赤字飙升至GDP的15%。IHS预计2016年布伦特油价将下滑至38美元/桶，这将导致沙特的石油收入进一步下降。2016年，政府开支也将进一步收缩，沙特当局已经表示会进一步削减财政支出，推迟或搁置不必要的项目。政府还将减少燃料和公用事业的补贴。尽管如此，IHS预计2016年沙特的财政赤字仍将达到GDP的15%，这将进一步提高公共债务水平。2016年，预计经常账户赤字将扩大至GDP的8.5%。

燃料和水电等公用行业价格上涨将提高短期的通货膨胀水平。2016年，政府将减少燃料和公用事业的补贴，预计住房和交通运输的价格将上涨，这将促使短期通货膨胀率上升。2015年，沙特的居民消费价格指数（CPI）的平均水平为2.2%，IHS预计2016年CPI将上涨为4.3%。但与此同时，较低的全球大宗商品价格以及强势美元（沙特里亚尔与美元挂钩），将有助于抑制消费物价水平的全面上涨，尤其是食品和其他进口商品。

沙特中央银行将采取紧缩性货币政策。由于沙特里亚尔与美元挂钩，因此预计沙特央行将跟随美国联邦储备委员会（美联储）在接下来的几个季度进行加息。2015年12月，沙特阿拉伯货币局（Saudi Arabian Monetary Agency，SAMA）已经将逆回购利率从之前的0.25%上调至0.5%。沙特央行加息的时机和幅度将依据市场的变化，以及美联储在未来一年的动向。

融资和财政缺口将进一步挤占沙特的外汇储备资产，并提高公共债务水平。2016年，预计沙特的外汇储备资产将减少约800亿美元，公共债务水平将上升至GDP的10.8%，而2015年公共债务仅占GDP的5.8%。目前，沙特还没有对外负债，但是政府当局已经开始考虑进行海外借款。

案例

中沙能源领域合作喜忧参半

2016 年 1 月 19 日，全球最大的石油生产商沙特阿美与中国石化签署了战略合作框架协议。当地时间 20 日，中国国家主席习近平和沙特国王萨勒曼共同出席了中沙延布炼厂投产启动仪式，此项目是中国在沙特最大的投资项目。延沙石化成立于 2012 年，由沙特阿美与中国石化合资建设。沙特阿美是中国第一大能源供应商，其原油产量占世界总供应的 1/8。中石化是沙特阿美最大的原油贸易合作伙伴，也是其最大的陆上钻井服务提供商，中沙在能源领域的互利合作将为相关领域带来巨大投资机会。但是，中沙能源领域的合作并不是一帆风顺，近期波折频现。2016 年，伊朗摆脱了经济制裁，并与中国联合开发在伊朗的油田和石油码头项目；沙特的石油一直优先出口中国，并且出口量没有限制，但是 2016 年日本首相访问中东五国，并向沙特提议构建“石油共同储藏设想”，通过提供巨额资金以及展开技术协作等举措，取得了沙特的石油优先购置权，沙特还提出将 2 500 亿桶石油送给日本。2016 年 4 月，中国从俄罗斯进口了近 500 万吨原油，比 3 月份的进口数量增加了 52.4%，这使得俄罗斯超越沙特，成为目前中国石油进口的最大供应国。

3. 法律与监管风险

沙特无正式颁布的成文宪法，一切治国依据都出自《古兰经》和“圣训”，其司法体系来源于伊斯兰教法中的罕百里学派。外国投资者较难适应沙特的法律体制。沙特的司法体系由神职人员控制，法官的个人权利较大，可遵循的标准非常少。针对商业案件，尤其是涉及外国公司的商业纠纷，往往建议进行庭外和解。法院诉讼经常受到与统治家族有关系的商人的干涉，国际仲裁执行不力，法院往往不愿意执行外国的裁决。

沙特是政教合一的君主制国家，禁止政党活动，没有任何党派，《古兰经》和“圣训”是国家立法和执法的依据。沙特分为 13 个地区，省长（也称埃米尔）由国王直接任命，享有部长级别。沙特国王行使最高行政权和司法权，有权任命、解散或改组内阁，解散协商会议，有权批准和否决内阁会议决议及与外国签订的条约和协议。中国企业赴沙特投资应严格遵守伊斯兰教戒律，并尊重当地文化习俗，避免引起不必要的争端。

王室成员是国家重大项目的主要参与者。沙特王室成员经常参与到国家重大项目之中，尤其是建筑行业，甚至可以优先签订合同，也由此引发一系列腐败问题。如果副王储将行政改革的重点放在腐败问题调查方面，尤其是调查与其他王子有关联的特定的公司与个人，如马莎尔·本·阿卜杜勒·阿齐兹（Mishaal Bin Abdul Aziz）王子的 al - Shoula 集团，这将引发王室成员之间的纷争，对沙特国内的政治局势稳定造成严重威胁。

执法成本和退出成本都比较高。沙特合同执行成本较高，在全球 189 个国家（地区）中排名第 86 名（见表 2 - 4 - 29）。根据世界银行从原告向法院提交诉讼到最终获得赔付所花费的时间、费用和步骤分析沙特合同执行的成本来看，沙特的执法成本相对较高，与经合组织的平均水平存在较大差距。此外，根据世界银行估算的破产程序的时间和成本来看，在沙特投资的退出成本也比较高。

表 2-4-29　沙特阿拉伯合同执行成本对比

指标	沙特阿拉伯	中国内地	中国香港
全球排名（0—189）	86	7	22
DTF 合同执行得分（0—100）	58.78	77.56	72.57
时间/天	575	452.8	360
成本（占标的额比重）/%	27.5	16.2	21.2
司法程序质量指数（0—18）	8	14.1	11

注：DTF 为 Distance to Frontier 的缩写，是世界银行根据 10 个自设指标编制的商业环境指数。

资料来源：World Bank, Doing Business 2016: Measuring Regulatory Quality and Efficiency, pp. 231。

延期和修改合同事件频发，尤其是在建筑和基础设施服务部门。私营部门的合同通常都是通过非正规渠道进行担保，一般是通过代理人，代理人与合同的甲方往往有私人关系。代理人会收取一定的费用，旨在解决合同执行过程中可能产生的任何争议。沙特对投资者的保护力度较弱，在全球 189 个国家（地区）中排名第 99 名（见表 2-4-30）。一个典型的案例，2010 年，由中国铁路公司（China Railway Corporation，CRC）承建的麦加—麦地那轻轨（Mecca-Medina Light Railway）项目造成了 CRC 约 40 亿元人民币的巨额亏损，虽然 CRC 要求赔偿，但是没有任何证据表明其亏损能得到补偿。据商务部资料显示，沙特已经成为当前中国最具增长潜力的海外工程承包市场之一，沙特基建市场潜力巨大，但与此同时，中方企业赴沙特投资应对在合同执行中可能发生的争议做好事前准备。

表 2-4-30　沙特阿拉伯对少数投资者保护对比

指标	沙特阿拉伯	中国内地	中国香港
全球排名（0—189）	99	134	1
DTF 财产登记得分（0—100）	51.67	43.33	83.33
利益监管冲突程度指数（0—10）	6.7	5.0	9.0
股东治理程度指数（0—10）	3.7	3.7	7.7
对少数投资者保护力度（0—10）	5.2	4.3	8.3

注：DTF 为 Distance to Frontier 的缩写，是世界银行根据 10 个自设指标编制的商业环境指数。

资料来源：World Bank, Doing Business 2016: Measuring Regulatory Quality and Efficiency, pp. 231。

4. 劳工风险

劳动力市场仍然是沙特商业环境中最薄弱的环节。雇佣外籍工人通常费用较低，而且外籍劳工具有较高的工作技能。尽管劳动法中存在非歧视性条款，但在现实中雇佣和解雇非沙特人很容易。为减少对输入劳动力的依赖，政府禁止外国人进入一些工作领域，迫使企业雇佣一定比例的沙特人。2011 年 9 月，一个名为 Nitaqat 的新的体制正式推出，将企业按交通信号灯方式进行分级，“绿色”公司可以从“黄色”和“红色”公司挖掘外籍工人。政府建议显著提高沙特人工作配额，并已对外籍雇员超过 50% 的企业征收罚金。在营商环境的分析中，沙特的劳动力市场仍是表现最差的（见图 2-4-5）。沙特要求雇员本地化，据商务部资料统计，现行本地化政策比例是：工程承包、维修、清洁等行业 10%；国家投资项目 5%；私营投资项目 10%。违反本地化政策将受到劳工部禁止雇佣外国劳工的处罚，赴沙特投资的中方企业应给予足够的重视，不符合本地化规定的公司将不能获得政府合同。

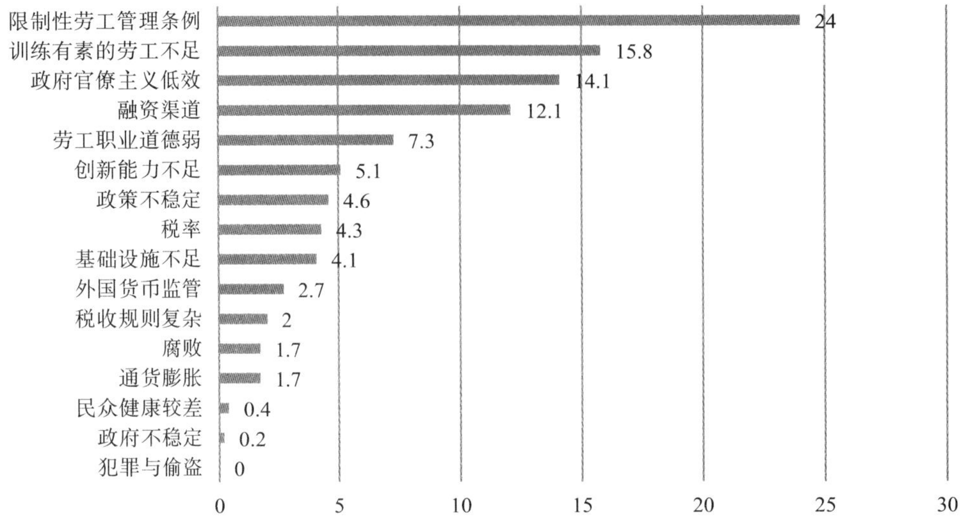

图 2-4-5　沙特阿拉伯营商环境的问题要素

注：得分越高，对营商环境的负面影响越大。

资料来源：World Economic Forum, The Global Competitiveness Report (2015—2016), pp. 310。

（三）沙特未来发展预测和投资机会分析

1. 政治前景

王位继承问题得到顺利解决，但统治家族内部权力纷争也逐渐凸显。2015 年 4 月，新国王萨勒曼以惊人的速度扩大其在王室的权威，废除原王储穆克林的王储以及副首相职务，由萨勒曼的侄子副王储和内政部长纳耶夫代替穆克林成为新的王储。更加富有争议的是，萨勒曼国王指任他的儿子穆罕默德·本·萨勒曼为副王储。尽管政治洗牌标志着权力已经传承到下一代，但也增加了这两个堂兄弟间爆发冲突的可能性，把新国王的儿子放到第二顺位继承人这一举动严重激化了矛盾。与此同时，穆罕默德·本·萨勒曼的实际权力异常迅速提升，他决定密切关注沙特军事干涉也门这一决定，引起了持观望态度的沙特王室成员的不满，其中包括阿卜杜拉国王的儿子们和统治家族的分支费萨尔。

王室权利更加集中，有助于降低商业环境政策实施的不确定性。尽管国王拥有支配一切的权威，但统治家族内部的多权力中心体系却常提出对立性的政策意见。近期，萨勒曼国王重新任命王储和副王储后，预期权力可以更加集中，包括他们各自对政治安全事务委员会、经济发展委员会的管理，这种权力集中在政策制定方面可以提供较强的一致性。

国际关系方面，沙特将更加关注周边国家局势。国王阿卜杜拉统治时期，以参与打击极端组织“伊斯兰国”（IS）而对叙利亚空袭为例，其外交政策非常强硬。然而，近期沙特对叙利亚的空袭已经缩减。新国王将更加关注国家周边的安全问题，如 2015 年 3 月份邻国也门对胡塞武装发起的大规模空袭。EIU 预测沙特政府将避免继续卷入较远地区的军事干涉（如在利比亚）。

2. 经济预测

政府鼓励经济多样化以摆脱对石油的依赖，但近期石油产量不减反增。自 2000 年以来，沙特政府决定实施市场结构改革，促进私营部门的发展，积极吸引外国投资，促进产业结构的多元化。但是，虽然近期石油价格下跌，沙特政府却并不情愿面对石油价格下降对经济造成的负面影响，这体现在新国王对公共部门的员工和退休人员的高薪分红。这一举动考验着政府政策的可持续性，特别是沙特不愿通过减产来维持石油价格。2015 年 3 月，沙特甚至又一次提高了原油的产量。沙特增加石油产量，把市场占有率摆在优先位置，将导致其经济多元化的进程放缓。

财政政策方面，政府财政赤字将进一步提高。石油价格持续走低，尽管之前财政部长承诺要降低政府部门工资，但萨勒曼国王宣布提高政府部门工资和养老金支出，因此，沙特的财政情况在 2015 年显著恶化。EIU 预测，2016 年沙特财政赤字将会激增到 GDP 的 13.1%，达到自 1987 年以来的最高水平。然而，值得注意的是，尽管 2014 年和 2015 年的资本预算已经削减，但是已经承诺的增加 670 亿美元资金以建设经济适用房仍然可行，专项资金已经存入沙特中央银行。

货币政策方面，沙特汇率和利率变动将与美国保持一致。2015—2019 年间，沙特里亚尔仍将盯住美元，这意味着尽管会导致经济的波动，沙特的利率政策变动基本上会和美国保持一致。低利率的货币政策和持续的财政刺激政策相结合引起了潜在的资产泡沫（特别是在房地产行业）。2014 年，银行对房地产借贷增长了 31%。尽管如此，沙特的利率在 2016 年基本不会上升。鉴于大幅增加的财政赤字很可能挤占商业借款，银行将启动旨在增加对私人领域中小企业借贷的相关措施。

投资政策方面，沙特作为一个净资本输出国，目前正在积极吸引外国直接投资。沙特限制外商投资的部门不断减少，自 2007 年以来，允许外商投资配送服务、批发零售贸易、卫星传输、航空运输及城市客运。除此之外，一些大型外国公司将受益于 2014 年起草的投资条例的变化。此前，除了规定外国公司必须有沙特商业伙伴外，还规定申请公司必须得到王国的许可，并对其进行分类，看公司是否具有实施一定规模项目的能力，后一条规定很不透明，依赖于对申请公司财务、技术以及执行能力的判断。而根据修订后的规则，城市与农村事务部（Ministry of Municipal and Rural Affairs，MOMRA）将草拟一份被视为有能力运转项目的公司列表，这些公司将在负责管理国家投资环境的沙特阿拉伯投资总局（Saudi Arabian General Investment Authority，SAGIA）注册，列表上的公司被视为具有必要的证书，无须经历分类评估。

贸易政策和外汇管制方面，沙特关税通常很低，没有外汇管制。作为同一区域的经济体，海湾合作委员会（GCC）成员国之间的货物贸易关税已经取消。2005 年，沙特加入世界贸易组织（WTO）时关税水平已经很低，甚至大多数商品的关税比 WTO 的标准还低。2008 年，GCC 与新加坡签订自由贸易协定。2009 年，GCC 与欧洲自由贸易联盟（包括冰岛，挪威，瑞士和列支敦士登）签订自由贸易协定。然而，目前 GCC 与欧盟和印度的自由贸易协定谈判还没有取得进展。

3. 营商环境

沙特总体商业环境有所改善。沙特商业环境的总体评分由 2010—2014 年度的 6.18 上升为预测期 2015—2019 年度的 6.53，全球排名上升至第 44 位（地区排名保持在第 6 位）。与该地区的其他国家相比，商业环境的得分和排名反映出沙特私营企业营商环境改善的良好势头（见图 2－4－6）。然而，世界经济复苏乏力也将对沙特的营商环境造成负面影响。近年来，石油价格下降以及对雇佣外来劳动力的进一步限制，导致扩张性财政政策的效果不断消退。但沙特在市场机会领域和税收领域的排名仍将很高，市场机会领域得益于其丰富的油气资源和充足的年轻人口，税收领域则是得益于沙特不征收个人所得税。在公共建设领域的排名也较好，主要得益于沙特在交通运输和道路方面的大规模投资。

商业环境中最薄弱的方面是劳动力市场、政治环境以及针对私营企业和外来投资的政策。政府提出的高工资、工作安全保障的目标与私人企业普遍雇佣廉价外来劳动力的现状相冲突。2015—

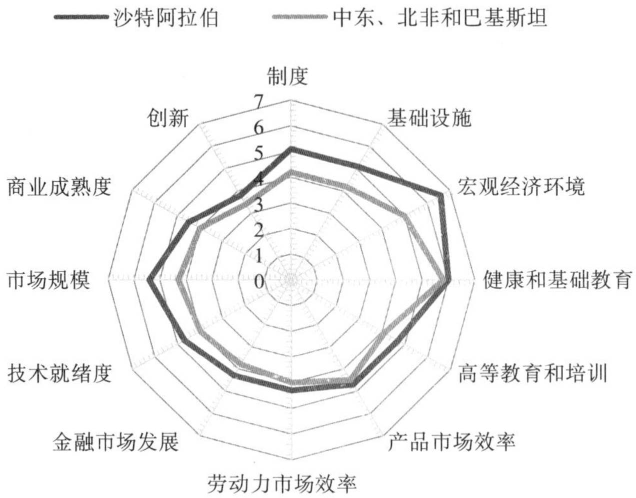

图 2-4-6　沙特阿拉伯经营环境要素得分对比

注：得分越高，越具有竞争力。

资料来源：World Economic Forum，The Global Competitiveness Report（2015—2016），pp. 310。

2019 年间，司法改革将会提高行政有效性，但过程将是缓慢的。围绕王位继承问题的潜在冲突随萨尔曼国王的顺利继位变得缓和，然而，叙利亚和也门等地区的武装冲突仍将威胁王位安全性。随着信贷市场深化改革，允许外国投资者直接投资股票市场，更多的实质性进展会出现在金融服务领域。

劳动力市场方面，“沙特化”等新法规的出台将提高企业用人成本。新晋人力资源部长阿德尔法基亚提出“沙特化”计划（Saudiisation Programme）——本国工人代替外国工人。作为计划的一部分，政府将持续追查无记录或注册错误的外国工人。自 2013 年 11 月这个计划被严格执行以来，有 140 万外国工人被驱逐出境。这项计划的执行对那些严重依赖外国工人的部门产生了重大影响。此外，很多企业还要面对另外一个挑战：2015 年 4 月出台的修订的劳工法规定，员工每年可以最多享受 30 天的假期而不用提前通知雇主或得到批准，再加上最低工资的大幅度上涨，使企业面对的人力成本极大地增加。这一系列变化导致部分受到冲击的企业反应极其强烈，其结果是人力资源部推迟了进一步对一些公司雇佣当地劳工配额的政策。

税收方面，沙特的税率非常低，甚至在一些领域不征税。沙特人、在沙特的其他海湾合作委员会（GCC）成员国居民以及沙特公司，只需缴纳扎卡特（Zakat）（宗教税——伊斯兰济贫税），纳税人每年交纳其净资产的 2.5%，扎卡特（Zakat）用于对穷人进行转移支付。与此同时，非沙特商业组织按其利润的 20% 进行纳税。然而，石油和天然气领域的税率非常高，天然气领域为内部收益率的 30%—85%，石油领域为 85%。外籍劳工的收入不纳税，但年收入超过 6 000 里亚尔（约合 1 600 美元）的外籍个体经营者需按 5% ~30% 的累进税率纳税。沙特没有营业税和增值税。赴沙特投资企业应该关注相关行业税务变化，做好税务统筹。

在融资方面，沙特积极促进国内金融机构发展。沙特国内的金融市场相对不发达，但是，近几年金融机构现金流持续增长，商业银行存款大幅增加，国有信贷机构得到大规模注资，因此，沙特越来越多的重大项目得以实现本地融资。2009 年，银行业尽全力克服了两大沙特公司 Ahmad Hamad Algosaibi 和 Brothers and the Saad Group 违约的影响，这一事件也致使沙特中央银行提高了全国银行业的最低资本要求。2005 年以来，金融市场监管部门——资本市场管理局（Capital MarketAuthority,

CMA）批准了一系列新的金融机构进入市场，包括券商、保险公司和投资银行。一个新的金融区不久将在首都利雅得开放。此外，资本市场管理局计划促进企业债券市场的发展，沙特的企业债券市场目前仍处于起步阶段，为此，资本市场管理局建立了二级市场交易平台以促进企业债券和伊斯兰债券的发展。

4. 投资机会

尽管经济增长放缓，但沙特市场仍存在巨大的投资机会。沙特拥有相对充足和年轻的人口结构，并且增长迅速。虽然缺乏零售业的具体数据，但是有证据表明沙特经济需求是多样化的，从品牌奢侈品到低成本的亚洲进口品都有较大需求市场。尽管人均 GDP 会受到紧缩性财政政策的约束，但以市场汇率衡量的人均 GDP 在预测期内（2015—2019 年）呈现上升趋势。

青年人口将成为拉动内需的主要动力。2019 年，沙特人口预计将增长到 3 380 万人，14 岁以下的人口约占总人口的 1/3，不断增加的年轻人口是需求增长的重要来源。家庭组成率也将持续增长，这将大幅度促进对家电、家具和车辆的需求。保障性住房的修建计划进展一直比较缓慢，很大程度上反映出土地资源的稀缺。

在高人口增长率，低油价和缺乏其他交通选择的背景下，家用车的拥有量将继续强势增长。沙特是世界上唯一禁止女性开车的国家，使得改变此项政策的国内压力增加。受到政府高层的支持，放宽这项政策可能性较高。汽车企业已经为女性单独设计了汽车，很多富裕阶层的女性已经有了汽车并且雇用了司机。沙特也在不断尝试在石油行业之外寻找投资机会，实现资产配置的多元化。2016 年 6 月 2 日，沙特的主权财富基金宣布向美国大型叫车软件公司优步提供 35 亿美元的融资，这是目前全球私营企业获得的最大单笔投资。

沙特向外国合格的个人和机构投资者开放股票市场。近几年，沙特证券交易所的交易量有所下降，这反映出投资者在股市分别于 2006 年、2008 年和 2014 年崩盘后的表现仍心存疑虑。尽管如此，沙特股市在部分行业表现良好，民众表现出较大的投资热情，比如对 2014 年 11 月沙特最大的银行——国家商业银行（National Commercial Bank）首次公开募股（IPO）的投资。2008 年 8 月，沙特宣布允许外国投资者通过合法中介公司在其股票市场投资。而在此之前，除了通过共同基金外，只有海湾合作委员会成员国的居民才可以直接投资沙特公司。2015 年 4 月，沙特资本市场监管局（Capital Market Authority）宣布，从 2015 年 6 月 15 日开始，沙特证券交易所开始对非海湾合作委员会国家开放。这一决定被视为沙特政府对外国投资者开放的又一重大举措，预计将会吸收 400 亿—500 亿美元资金流入沙特股票市场。

第五章
非洲投资环境
及主要投资目的国投资风险分析

非洲投资环境及主要投资风险

（一）非洲经济概览

2015 年，撒哈拉以南非洲经历了自 1998 年全球金融危机以来最低的经济增长率。国际货币基金组织（IMF）数据显示，非洲大陆国内生产总值已超过 2 万亿美元，中产阶层队伍不断壮大，人数超过 3.13 亿人，消费支出突破 1 万亿美元大关。但该地区实际国内生产总值（GDP）增长速度从 2014 年的 5% 降至 2015 年的 3.75%。表 2-5-1 显示了 2015 年中东和非洲主要经济指标。

表 2-5-1　　2015 年中东和非洲主要经济指标

指标	中东和北非	撒哈拉以南非洲
人口/百万人	447.5	953.2
GDP/亿美元	32 570	14 787
人均 GDP/美元	7 279	1 551
实际 GDP 增长率%	2.0	3.2
通货膨胀率/%	7.0	6.8
经常账户余额（占 GDP）/%	-2.8	-5.9
总外债/亿美元	10 034	4 033
总外债（占 GDP）/%	30.8	27.3

注：中东和北非包括石油出口国 12 国（阿尔及利亚、巴林、伊朗、伊拉克、科威特、利比亚、阿曼、卡塔尔、沙特阿拉伯、叙利亚、阿联酋、也门）和非石油出口国 8 国（埃及、以色列、约旦、黎巴嫩、摩洛哥、突尼斯、巴勒斯坦、苏丹）。撒哈拉以南非洲包括南部非洲 11 国（安哥拉、博茨瓦纳、莱索托、马拉维、毛里求斯、莫桑比克、纳米比亚、南非、斯威士兰、赞比亚，津巴布韦）、法郎区 14 国（贝宁、布基纳法索、喀麦隆、中非共和国、乍得、刚果、科特迪瓦、赤道几内亚、加蓬、尼日尔、几内亚比绍、马里、塞内加尔、多哥）、东部非洲 11 国（布隆迪、科摩罗、吉布提、厄立特里亚、埃塞俄比亚、肯尼亚、马达加斯加、卢旺达、索马里、坦桑尼亚、乌干达）和中西非 10 国（佛得角、刚果民主共和国、冈比亚、加纳、几内亚、利比里亚、毛里塔尼亚、尼日利亚、圣多美和普林西比、塞拉利昂）

资料来源：EIU，Country Forecast——Regional Overview：Middle East and Africa，2016。

鉴于近来国际及地区形势，国际货币基金组织（IMF）可能会继续下调2016年撒哈拉以南非洲的经济增长预测。但非洲开发银行最新发布的《非洲经济微观展望》报告，非洲2016年总体经济增长将保持在5%。预计到2020年非洲大陆国内生产总值将超过4万亿美元，消费支出超过1.4万亿美元。适龄劳动人口为3.82亿人，到2020年将突破5亿人，人口红利将为非洲这个巨大市场带来更多的发展机会。

2015年6月，非洲三大区域性经济一体化组织——东南非共同市场、南部非洲发展共同体和东非共同体在埃及沙姆沙伊赫签署了一项自由贸易协定，并发表《沙姆沙伊赫宣言》，标志着覆盖非洲26个国家的非洲最大自由贸易区建设正式启动。自贸区将覆盖6.25亿人口，相关国家国内生产总值达到1.2万亿美元，占整个非洲生产总值的58%，成为非洲经济发展中的里程碑事件。

2008—2015年中东和北非主要经济指标变化情况见图2-5-1。2012—2015年撒哈拉以南非洲主要经济指标变化情况见图2-5-2。

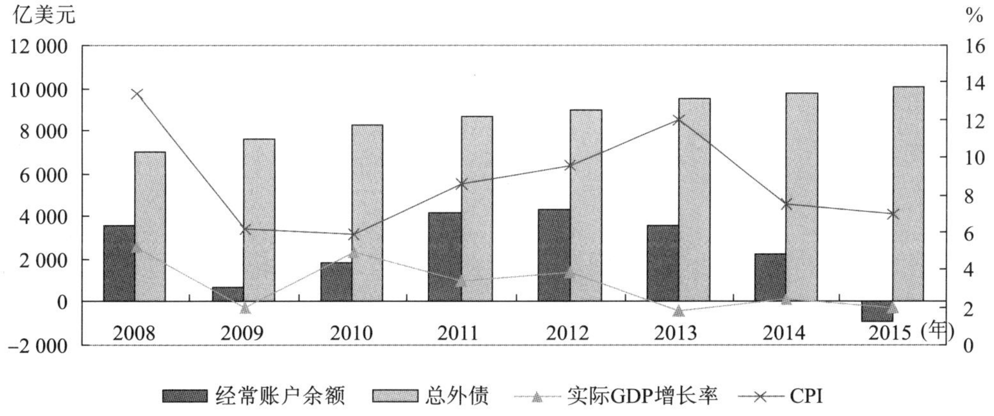

图2-5-1　中东和北非主要经济指标变化情况（2008—2015年）

资料来源：EIU，Country Forecast——Regional Overview：Middle East and Africa，2016。

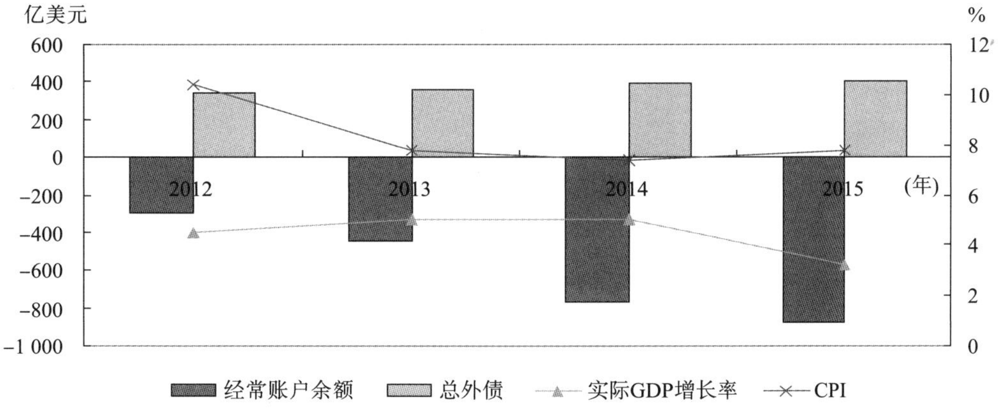

图2-5-2　撒哈拉以南非洲主要经济指标变化情况（2012—2015年）

资料来源：EIU，Country Forecast——Regional Overview：Middle East and Africa，2016。

受全球经济复苏疲软，国际大宗商品价格波动以及埃博拉疫情的影响，2014年，中国对非洲直接投资流量（FDI）为32亿美元，较上年下降5%，占当年中国对外直接投资流量的2.6%。截至2014年末，中国在非洲地区的投资存量为323.5亿美元，占中国对外直接投资存量的3.7%。2006—2014年中国对非洲投资的流量和存量见图2-5-3。

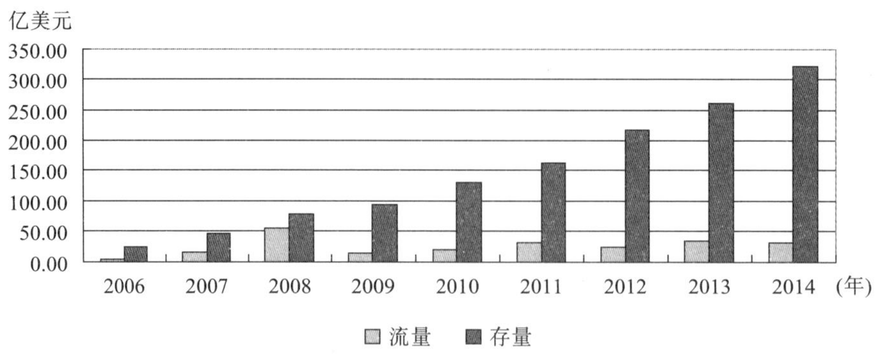

图 2-5-3 中国对非洲投资流量和存量情况（2006—2014 年）

资料来源：中华人民共和国商务部、国家统计局、国家外汇管理局，《2014 年中国对外直接投资统计公报》。

从流入国别看，中国对非洲投资国别（地区）分布多元化，市场覆盖率高。中非合作论坛成立以来，中国与非洲地区的经贸合作关系持续稳定发展。特别是“三网一化”的实施，有力促进了中国与非洲各国的密切合作。2014 年中国对非洲投资主要分布在阿尔及利亚、赞比亚、肯尼亚、刚果（布）、尼日利亚、中非、苏丹、坦桑尼亚、埃及、刚果（金）等国。中国在非洲投资流量最大的 10 个国家（地区）累计投资达 26.5 亿美元，占中国对非洲投资流量的 82.8%。图 2-5-4 为 2014 年中国对非洲投资的国别分布。

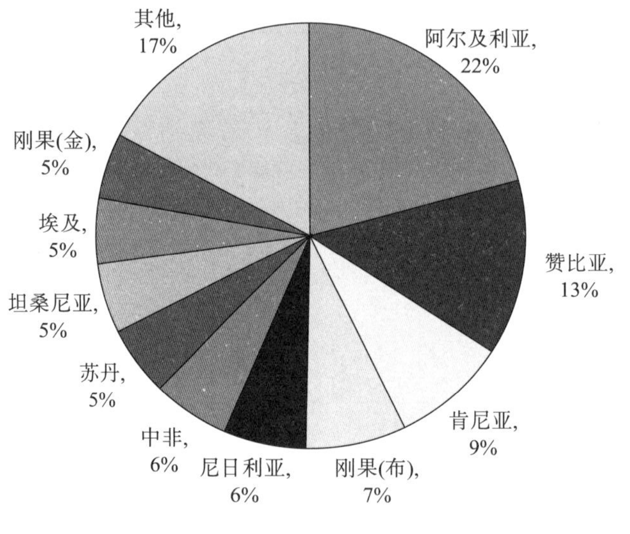

图 2-5-4 2014 年中国对非洲投资的国别分布

资料来源：中华人民共和国商务部、国家统计局、国家外汇管理局，《2014 年中国对外直接投资统计公报》。

从投资行业看，中国对非洲投资的行业布局较为集中。截至 2014 年末，中国企业对非洲投资存量主要分布在以下行业，依次为：建筑业（24.7%）、采矿业（24.5%）、金融业（16.4%）、制造业（13.6%）、科学研究和技术服务业（4.2%）。上述 5 个行业投资存量合计为 269.8 亿美元，所占比重高达 83.4%，具体见表 2-5-2。

表 2-5-2　　截至 2014 年中国对非洲投资的主要行业

行业名称	存量/亿美元	比重/%
建筑业	79.8	24.7
采矿业	79.2	24.5
金融业	53.2	16.4
制造业	44.1	13.6
科学研究和技术服务	13.5	4.2
小计	269.8	83.4

资料来源：中华人民共和国商务部、国家统计局、国家外汇管理局，《2014 年中国对外直接投资统计公报》。

（二）非洲投资环境及风险分析

1. 政治风险

地缘政治动荡和非传统安全威胁有增无减。非洲大陆濒临动乱多发的中东地区，乌克兰、叙利亚等动乱对非洲亦有波及。非洲大陆内部国家自身的政局动荡也始终没有停止过。2010 年以来突发的政局动荡和社会骚乱此起彼伏，成为影响非洲地区经济发展的重要因素。正值大选年的非洲国家动乱更易暴发，2015 年初刚果（金）发生反政府示威游行，4 月南非发生大规模排外骚乱事件，5 月布隆迪发生政治动乱等。在政局动荡的背后，往往有极端势力的渗透。日前，至少有 16 个宗教极端势力活跃在非洲各个地区，包括尼日利亚的“博科圣地”、索马里的“青年党”和正在北非国家渗透的“伊斯兰国”组织等。肇始于伊拉克的“伊斯兰国”组织在 2014 年下半年已经开始在非洲埃及、利比亚、阿尔及利亚等国渗透，打通了北起马格里布地区（阿尔及利亚、突尼斯、摩洛哥乃至利比亚），南至几内亚湾，东自毛里塔尼亚，西达红海之滨的“萨赫勒恐怖带”，形成一条横跨非洲大陆的不安全链条，极大威胁着非洲经济的持续稳定发展。

利比亚冲突后，利比亚陷入混乱和无序之中。2011 年，北约的军事干涉使得卡扎菲政权垮台后，利比亚陷入了旷日持久的政治纷争中。各大政党、部族力量以及军事派别冲突横生，目的均是控制利比亚丰富的石油和天然气资源。为了解决利比亚的冲突，防止其对地区安全局势的负面影响，联合国于 2015 年 12 月展开调停活动，鼓励冲突各方结束冲突，建立联合政府，利比亚两大主要冲突派别均在协议上签字。但是，没有签署协议的冲突派别极力反对联合政府，联合政府的前景依然不明朗。

博科圣地组织的威胁依然存在。2015 年，乍得湖盆地的尼日利亚、尼日尔、乍得以及喀麦隆均面临着博科圣地组织的严重威胁。博科圣地组织曾在 2014 年 4 月绑架了奇博克一所学校的 200 多名女学生，引起国际社会的强烈谴责。2015 年 5 月，尼日利亚新总统布哈里上台后，开始与区域内的其他国家合作打击博科圣地组织，并于 2015 年底前将博科圣地组织赶出了尼日利亚的东北部。2015 年，博科圣地组织还发动了对喀麦隆、尼日尔和乍得的袭击。为了应对博科圣地组织的恐怖主义威胁，乍得国民政府向喀麦隆和尼日利亚派出军队，共同打击恐怖主义势力。

南苏丹深受武装冲突之苦。在过去的两年中，南苏丹内战导致超过 240 万人流离失所，数以万计的人惨遭杀害。2015 年 10 月，非洲联盟发布的报告表明，内战双方犯下了大规模杀戮、强奸等战争罪行。南苏丹内战的一个棘手问题在于武装派别的碎片化，除了政府和主要的反叛组织之外，该国还有超过 24 个独立的武装派别。因此，南苏丹有可能陷入多方的内战漩涡之中。“东非政府间发展组织”一直在积极进行斡旋，督促南苏丹领导人遵守和平协议，尽快开启政治和解过程，以避免安全局势进一步恶化。

布隆迪安全局势不容乐观。2015 年 4 月，布隆迪总统皮埃尔·恩库伦齐扎宣布修改宪法，以寻求第三个任期。民众对此反应强烈，布隆迪首都出现了大规模的游行示威活动，超过 300 人在与政府的冲突中丧生。2015 年 7 月，恩库伦齐扎获得大选胜利，但在他出访期间布隆迪发生政变。尽管政变最终被挫败，但政府军与武装反对派力量之间的紧张对峙依旧，引起国际社会的担忧。非洲联盟已于 2015 年 12 月向布隆迪派出“预防和保护部队”，恩库伦齐扎对此强烈反对。如果布隆迪局势持续恶化，非洲联盟能否派出足够的干预力量仍旧是个未知数。

民族问题一直是影响非洲各国内部政局稳定的重要因素。在非洲族体归属异常复杂，现代民族发育尚不成熟，民族问题错综复杂，政治性、地域性、国际性、长期性、复杂性等特点明显。非洲民族国家内各派政治力量几乎都有自己的部族背景，围绕国家权力的分配展开激烈争夺。而且，非洲国家大多数种族关系复杂，部族繁多且矛盾较深，极易发展成大规模冲突。此外，民族国家为争夺资源和领土也经常演变为局部冲突。马里与尼日尔、肯尼亚与索马里、扎伊尔与安哥拉、乍得与利比亚、多哥与加纳、尼日利亚与喀麦隆之间因争夺资源而发生小规模冲突。在某些国家内部亦存在地方分离主义冲突，如索马里北部宣布成立“索马里兰共和国”，引发了与索马里政府的冲突，尼日尔和马里境内的游牧部族图阿雷格人要求建立自己的国家，也与政府产生对立情绪。

2. 经济风险

非洲经济增速普遍低于预期。2015 年以来，埃博拉疫情和国际原油价格低迷的影响开始显现，再加上国内增长瓶颈和外需不振的不利影响，尼日利亚、南非、埃及、阿尔及利亚和安哥拉等非洲经济龙头国家经济增速明显放缓。据国际货币基金组织（IMF）预测，尼日利亚 2015 年经济增长值只有 4%，但仍高于非洲平均水平，这主要得益于尼日利亚政府推行的经济多元化战略，避免陷入过度依赖石油出口困境。相比较而言，南非近年来整体表现不佳，2015 年的经济增速仅有 1.4%，增速只有非洲平均水平的近 1/3。埃及和阿尔及利亚同处北非地区，也是重要产油国，近两年逐渐摆脱国家政局动荡的冲击，经济表现有向好趋势。2015 年埃及 GDP 增速为 4.2%，较 2014 年增加 2 个百分点。作为重要的石油输出国和中国重要的贸易伙伴，安哥拉经济增速受国际油价低迷的影响，2015 年增速为 3.5%，比 2014 年下降了 1.3 个百分点。

部分国家仍面临较高的通胀。总体来看，由于近年来非洲多数国家实施相对审慎的货币政策，再加上 2014 年年中以来国际大宗商品价格暴跌，非洲地区的通胀率自 2012 年以来维持缓慢下降趋势，但仍维持在较高水平。从国别看，2015 年埃及、苏丹、安哥拉、加纳和埃塞俄比亚的消费者价格指数同比涨幅均达到或超过 10%，其中苏丹的消费者价格指数同比涨幅更是高达 19.8%，加纳也高达 15.3%。尼日利亚的消费者价格指数亦呈上涨态势，2015 年同比涨幅达到 9.1%，2016 年的预测值达到 9.7%，较 2015 年再次攀升 0.6 个百分点。国际大宗商品价格下跌对非洲通胀情况影响不一。同为石油进口国，摩洛哥面临通货紧缩风险，而突尼斯通胀风险却较大。中等收入国家中，加纳面临较大的通胀风险，而加蓬却有通货紧缩之虞，这是因为除输入性通胀外，通胀水平与本国宏观政策（财政和货币政策等）有密切联系。

非洲地区国际收支逆差有所加大。受到国际商品价格暴跌、埃博拉疫情以及地区局势动荡等综合因素影响，非洲很多国家贸易条件恶化，财政收入下降经常项目赤字增加。非洲国际收支逆差亦呈现扩大趋势，无论是北非地区还是撒哈拉以南非洲地区，国际收支净额普遍大幅下降。2015 年非洲国际收支净额占 GDP 比重扩大到 -5.7%，较 2014 年扩大了 6 个百分点，倘若排除石油输出国，撒哈拉以南非洲国际收支净额占 GDP 比重为 -7.5%，较 2014 年扩大了 0.2 个百分点。

撒哈拉以南非洲的财政赤字也呈现扩大趋势。2015 年撒哈拉以南非洲的财政赤字占 GDP 比重为4.3%，较2014 年扩大了0.8 个百分点，倘若不考虑石油输出国，2015 年该地区财政赤字占 GDP 的比重达到4.2%，较 2014 年扩大了 0.2 个百分点。此外，由于贸易条件恶化，非洲的外汇储备也持续减少，2015 年非洲的外汇储备总额只能支持 4.8 个月的进口量，较 2014 年缩减了半年时间，预计 2016 年还会再缩减半年时间。

部分国家尚需应对高失业率问题。有关失业率数据在非洲很多国家难以统计到，但从统计到的失业率看，非洲很多国家均面临高失业率问题。自 1991 年以来非洲的失业率基本维持在 8% 上下，青年失业率更是长期保持在 10% 以上。根据国际货币基金组织的最新数据，2015 年南非的失业率将高达 25.8%，较 2014 年提高了 0.7 个百分点，而突尼斯受政局动荡影响，失业率仍处于高位，2015 年达到 15%，虽较 2014 年下降了 0.3 个百分点，但降幅并不明显。尼日利亚 2015 年的失业率最低，但也达到了 8.2%，且较 2014 年增加了 0.4 个百分点。地处北非的埃及、摩洛哥、苏丹等国家失业率也都处于高位，是政局动荡和社会不稳定的重要诱因。

（三）非洲投资机会分析

相比较发达经济体来说，非洲经济发展仍具有较大的潜力。尽管一些非洲国家正面临社会冲突，但非洲国家总体政局得到改善，社会实现稳定，非洲国家正在努力有所作为，通过吸引外国直接投资、改善自身营商环境，加快基础设施建设和共同市场建设等措施，进一步释放非洲经济增长的活力。

中长期具有吸引力的经济增长。从中期来看，撒哈拉以南非洲经济依旧被看好。IMF 指出，从短期来看，撒哈拉以南非洲很多国家经济增长面临诸多困难，但“过去 10 年间经济增长的根本内在动力没有消失”，特别是该地区人口红利带来的商业环境改善，将有利于中期经济增长。大部分的石油进口国将能更快恢复元气，例如科特迪瓦、肯尼亚、塞内加尔和许多低收入国家的经济增速都超过了 5%，这主要得益于它们在基础设施建设方面的投资以及私人消费的旺盛活力。

非洲国内市场正积极发展中。到 2050 年，非洲的人口将从目前的 11 亿人口增加到 24 亿人，超过其他任何大洲的增长速度。非洲人口年龄在世界范围内最年轻，中位数年龄仅为 19.4 岁，估计这种年轻的人口结构会将持续下去。2050 年，非洲的中位数年龄为 24.7 岁，亚洲的是 39.8 岁，拉美和加勒比地区为 40.6 岁。经济和人口的增长组合促使拥有购买力的消费阶层日益扩大。伴随着非洲城镇化的迅速开展，非洲国内的市场成为世界上最具有吸引力的市场之一。国内需求将驱动私营领域的增长，特别是在面向消费者的行业，如建筑业、日用消费品行业以及卫生、医疗服务行业，具有较为广阔的投资发展空间。这加速了对非洲外国直接投资多样性的发展。

中东和非洲主要经济指标预测见表 2 -5 -3。

表 2 -5 -3　　中东和非洲主要经济指标预测

指标 \ 时间	中东和北非		撒哈拉以南非洲	
	2016 年	2017 年	2016 年	2017 年
人口/百万人	455.3	463.1	978.0	1 003.6
GDP/亿美元	33 360	37 100	13 952	14 760
实际 GDP 增长率/%	2.2	3.2	2.9	4.2
人均 GDP/美元	7 326	8 011	1 427	1 471

续表

指标 \ 时间	中东和北非		撒哈拉以南非洲	
	2016 年	2017 年	2016 年	2017 年
通货膨胀率/%	7.3	7.8	8.2	7.3
经常账户余额/亿美元	-1 344	-127	-866.7	-791.1
经常账户余额（占 GDP）/%	-4.0	-0.3	-0.62	-5.36
总外债/亿美元	10 633	11 263	4 297	4 690
总外债（占 GDP）/%	31.9	30.4	30.8	31.8

资料来源：EIU，Country Forecast——Regional Overview：Middle East and Africa，2016。

阿尔及利亚

（一）阿尔及利亚投资概览

国家基本信息简表

中文名称	阿尔及利亚	英文名称	People's Democratic Republic of Algeria
建国日期	1962 年 7 月 5 日	领土面积	238 万平方公里
所属洲	非洲	时区	UTC +1
首都	阿尔及尔	国际电话区号	+213
主要城市	安纳巴、奥兰		
人口	3 993 万	主要民族	阿拉伯人、柏柏尔人、姆扎布族、图阿雷格族
人口密度	14.6 人/平方公里		
语言	阿拉伯语	主要宗教	伊斯兰教
政体	总统共和制	法律体系	大陆法系
政党	民族解放阵线（FLN）、民族民主联盟（RND）、绿色阿尔及利亚联盟（GAA）、社会主义力量阵线（FFS）、劳工党（PT）	换届时间	2019 年 4 月（总统选举） 2017 年 5 月（议会选举）
道路通行	靠右驾驶	货币	阿尔及利亚第纳尔（DZD）

2015 年主要金融与投资数据

名义 GDP	1 758 亿美元	FDI 流入量	2015 年	11.5 亿美元
国际储备	1 449.48 亿美元		2014 年	14.88 亿美元
汇率水平（DZD/USD）	107.132	FDI 流出量	2015 年	0.9 亿美元
外债余额/GDP	2.9%		2014 年	1.05 亿美元
财政收入/GDP	25.7%	FDI 内存量	2015 年	301.32 亿美元
财政支出/GDP	43%		2014 年	289.92 亿美元
货币供应增长率（M2）	0.493%	FDI 外存量	2015 年	25.7 亿美元
通货膨胀率	4.363%		2014 年	24.8 亿美元
存款利率	1.75%	商品出口（FOB 价）		343.253 亿美元

续表

贷款利率	0.63%	商品进口（FOB 价）	520.91 亿美元
中国与阿尔及利亚双边投资概况			
中国对阿直接投资流量（2014 年）	0.6657 亿美元	中国对阿直接投资存量（2014 年）	24.5157 亿美元
中阿双边投资协定	1996 年 10 月两国签署《中国与阿尔及利亚双边投资促进和保护协定》		
中阿双边本币互换协议	目前暂无双边本币互换协议		
投资优惠措施和利润汇出限制	根据 WEF 发布的《2015—2016 年全球竞争力报告》，阿尔及利亚在竞争力排名方面得分 4.4 分（4.4/7），排名第 49 名（49/140）。实施外汇管制，对资本、利润和红利汇回设限		

（二）阿尔及利亚投资风险分析

根据中国出口信用保险公司出版的《国家风险分析报告（2015）》，阿尔及利亚 2015 年的风险评级为 6（6/9）级，主要风险见表 2-5-4。

表 2-5-4　　2015 年阿尔及利亚主要风险概述

风险类别	风险描述
宏观经济环境	经济增长放缓，通胀风险增加，经济结构脆弱，失业率大幅增加，财政赤字大幅上升
政治环境	政局总体保持稳定，受中东北非地区局势动荡影响，政治体制改革已难以避免，政局的不确定性将明显加大
法律与监管	新的投资法将削弱政府以低于市场利率的价格收购外企的优先取舍权，国际争端解决程序复杂及成本高昂，合约执行与撤销风险增大，合同承包与支付可能会被延迟
政府效率	政府办公效率不高，且略有下降，腐败程度有所控制
金融及国际贸易与支付	利率政策稳定，货币供应总量趋紧，商品贸易逆差进一步扩大，汇率持续贬值
社会治安	恐怖活动异常猖獗
税收政策	税收制度完善，纳税相对稳定，但企业所得税变化及与油气行业相关税制特别需要加以关注
基础设施	铁路设施陈旧、运输能力和服务质量低下，固定通信网络设施落后，部分地区水电供应不足
劳动力市场	民众抗议风险增加，高失业率，劳资纠纷频发，罢工会时常发生
社会文化	伊斯兰教是国教，与中国文化差异较大

阿尔及利亚经济规模在非洲居第 4 位，仅次于南非、尼日利亚和埃及。碳化氢产业（石油与天然气的统称）是阿尔及利亚国民经济的支柱，大约占阿尔及利亚财政总收入的 60%，以及出口收入的 95% 以上。石油探明储量约 17 亿吨，占世界总储量 1%，居世界第 15 位，主要是撒哈拉轻质油，油质较高。天然气探明可采储量 4.58 万亿立方米，占世界总储量的 2.37%，居世界第 10 位。

自布特弗利卡在 2014 年总统大选中获胜再次连任总统以来，阿尔及利亚政局总体保持稳定。但受中东北非地区局势动荡影响，政治体制改革已难以避免，恐怖活动依然猖獗，社会治安形势依然严峻。目前消除恐怖主义威胁，仍将是政府面临的长期挑战。2015 年，阿尔及利亚经济增长放缓，增速降至 2.9%，经济结构脆弱，严重依赖能源出口收入。通胀风险和失业率大幅增加。财政赤字大幅上升，财政收入调节基金即将枯竭。商品贸易逆差进一步扩大，第纳尔兑美元汇率持续贬值，货币供应总量趋紧。总体上经济风险依然偏高。新的投资法将削弱政府以低于市场利率的价格收购外企的优先取舍权，国际争端解决程序复杂及成本高昂，合约执行与撤销风险增大，合同承包与支付可能会被延迟，法律与监管风险进一步增加。政府办公效率不高，且略有下降，腐败程度有所控制。税收制度完善，纳税相对稳定，但企业所得税变化及与油气行业相关税制特别需要加以关注。铁路设施陈旧、运输能力和服务质量低下，固定通信网络设施落后，部分地区水电供应不足。

本报告主要从政治风险、宏观经济风险、法律与监管风险、税收风险、劳工风险、经营性风险等方面对阿尔及利亚投资风险进行分析。

1. 政治风险

阿尔及利亚政局总体保持稳定，政治体制改革已难以避免，恐怖活动异常猖獗。阿尔及利亚总统布特弗利卡于2008年推动了宪法修订案，摆脱了总统任期不超过两届的限制。随后，他在执政联盟支持下成功连任总统。2014年4月，布特弗利卡再次在总统大选中获胜，继续连任总统。虽然大选顺利举行，且国际社会对本次大选结果基本认可，但大选过程中仍出现一些影响政局稳定的因素。大选结果公布后，前总理本·弗利斯的竞选团队指责投票数据造假，拒绝承认选举结果。一些伊斯兰党派也抵制大选的投票率和得票率，并呼吁各反对派联合向执政当局施加压力。此外，大选过程中，部分民众尤其是青年民众组织反对布特弗利卡连任的游行示威，并与警察发生了暴力冲突。

政治体制改革已难以避免。受中东北非地区局势动荡影响，虽然与突尼斯、埃及相比，阿尔及利亚政治制度具有一定弹性，加之政府主动推进改革，民众抗议规模相对较小，形式较为平和，但政治体制改革已难以避免。民众抗议与对经济发展的诉求密不可分，政府需要大力提高民众生活水平，缩小贫富差距，改革不公平的收入分配格局，以避免大规模的社会动荡。此外，尤其值得关注的是，近期青年民众的诉求与抗议有所增加。

恐怖主义是国家安全首患。阿尔及利亚国内大部分地区治安情况良好，但仍有一些效忠或隶属“伊斯兰马格里布基地组织”、规模不等的恐怖组织在提济乌祖、布依拉等地活动。阿尔及利亚政府一直对恐怖组织采取强力打击政策，使得以“伊斯兰马格里布基地组织”为首的一些恐怖组织活动范围和规模在不断缩小。据统计，2015年阿军方在各类行动中打死或逮捕上百名恐怖分子。可以看到，如何从根源上消除恐怖主义威胁，仍将是政府面临的长期挑战。

2. 宏观经济风险

经济增长放缓。阿尔及利亚过度依赖油气收入以及全球油价疲软，低油价使碳氢化合物的收入减少，限制了阿尔及利亚通过公共投资拉动经济增长的方式，也影响到投资者的情绪。阿尔及利亚GDP由2014年的3.8%下降至2015年的2.9%。阿尔及利亚政府目前正在实施第四个“五年计划”，即“2015—2019年计划”。2015—2019年，政府将投资2 625亿美元用于发展具有竞争力和多元化的经济，将进一步促进国家发展。预计未来几年，阿尔及利亚经济将有所反弹。

通胀风险增加。根据阿尔及利亚统计局最新发布的数据，尽管国际油价下跌、商品市场环境宽松，但阿尔及利亚2015年度通胀率为4.8%，比2015年度政府确定的4%的目标超出0.8个百分点。消费价格指数上涨食品类为4.7%、制造业为5.1%、服务业为4.35%。阿尔及利亚进口份额大部分是食品，在消费者消费指数中食品占比超过40%，基于此种情况，输入性通胀的风险敞口较大，同时也抬高了国内食品价格，增加了通胀风险。阿尔及利亚实际国内生产总值增长和通货膨胀水平见图2-5-5，其中2016—2020年为预测值。

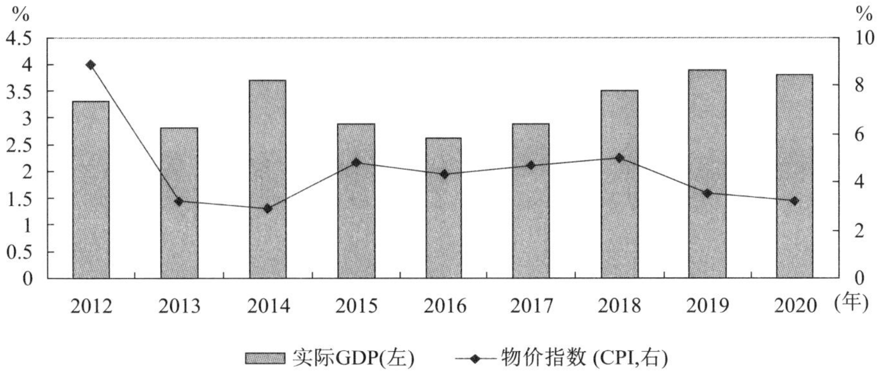

图 2-5-5　阿尔及利亚实际 GDP 增长和通货膨胀水平（2012—2020 年）

资料来源：EIU，Country Forecast——Algeria，2016。

经济结构脆弱，严重依赖能源出口收入。国际油价对阿尔及利亚经济发展具有重大影响。21 世纪的第一个 10 年间，国际油价走高，阿尔及利亚油气收入大增，经济稳步增长，国家建设全面展开。自 2010 年年末开始的“中东变局”后，油价频繁波动，阿尔及利亚经济也不可避免地受到影响。尤其 2015 年以来，随着“伊斯兰国”、“基地组织”等极端恐怖势力在西亚北非地区大肆作乱，叙利亚、伊拉克、利比亚等地区乱局长期难以解决，也门危机的恶化及在地区内持续发酵，使得被称为“世界油库”的西亚北非地区能源的开采、运输都受到战乱的严重影响，地区安全局势的持续恶化更影响到域外大国与之长期保持的能源领域经济合作，由此带来国际油价严重动荡，阿尔及利亚的经济受其严重影响，并逐步显现。油价低迷已对国家经济造成重大负面影响，未来还将面临更大挑战。

失业率大幅增加。2015 年国内的整体失业率已超过 11%，而青年失业率更是接近 30%。据阿尔及利亚官方数据统计，阿尔及利亚国内失业率在 2015 年 9 月达到 11.2%，同比增长 0.6%。这意味着，阿尔及利亚国内当下存在超过 150 万名无业人员，其中 80% 为青年。阿尔及利亚 16—24 岁的青年失业率在 2015 年 9 月达到 29.9%，同比增长 4.9%。石油和天然气价格下降，使得阿尔及利亚人均收入受到影响，阿尔及利亚政府也因此承受了巨大的压力。阿尔及利亚失业率见图 2-5-6，其中 2016—2020 年为预测值。

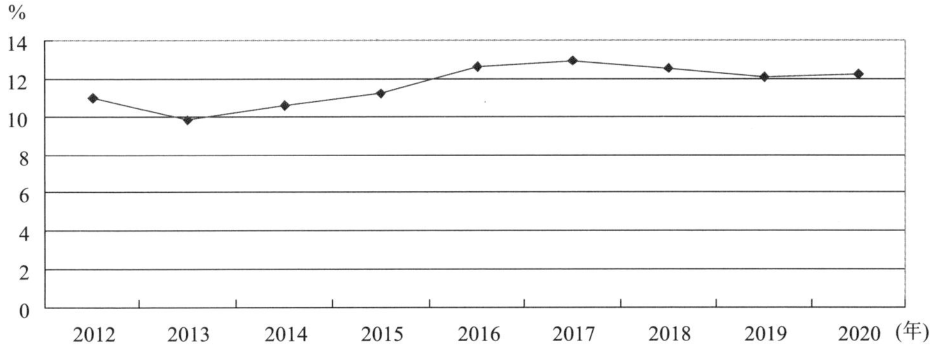

图 2-5-6　阿尔及利亚失业率情况（2012—2020 年）

资料来源：EIU，Country Forecast——Algeria，2016。

财政赤字大幅上升，财政收入调节基金即将枯竭。一方面，随着阿尔及利亚政府实施“2015—2019 年计划”，政府加大了公共投资，国家建设需要巨额资金投入；另一方面，国际石油价格持续下跌，财政收入持续萎缩。2015 年，阿尔及利亚财政赤字大幅增加至 30 480 亿第纳尔，增幅达到 142%，如果政府接下来不能出台切实可行的应对危机方案并确保执行，其国内的财政收入调节基金将在 2 至 3 年内枯竭，最迟至本五年计划的末期，诸多社会问题将更加尖锐，政府或将被迫举债或申请国际金融机构的援助。阿尔及利亚财政赤字及其占 GDP 比重情况参见图 2－5－7，其中 2016—2020 年为预测值。

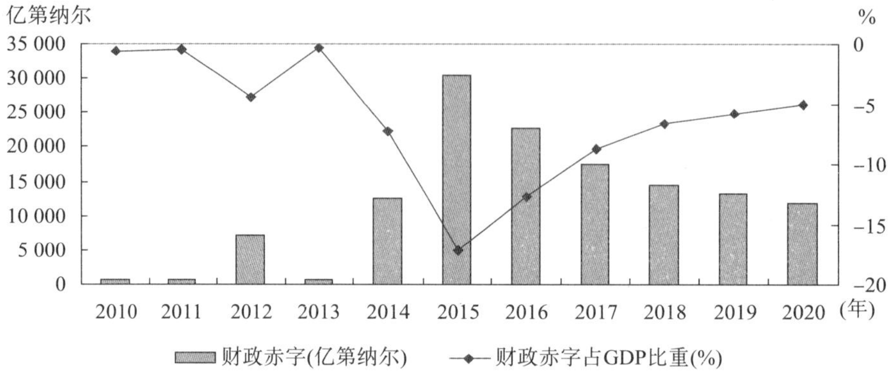

图 2－5－7　阿尔及利亚财政赤字及其占 GDP 比重情况（2010—2020 年）

资料来源：EIU，Country Forecast——Algeria，2016。

商品贸易逆差进一步扩大。阿尔及利亚主要出口产品为石油和天然气，主要进口产品为工农业设备、食品、生产原料、非食品消费品等。欧美国家是阿尔及利亚的主要贸易对象，欧盟为其第一大进口来源地。得益于巨额的石油与天然气出口收入，阿尔及利亚商品贸易长期处于顺差地位。然而受石油出口收入下降影响，阿尔及利亚于 2014 年出现首次商品贸易逆差。2015 年逆差进一步扩大至 268 亿美元，占 GDP 的比重为 15.3%。阿尔及利亚贸易差额与其占 GDP 比重情况参见图 2－5－8，其中 2016—2020 年为预测值。

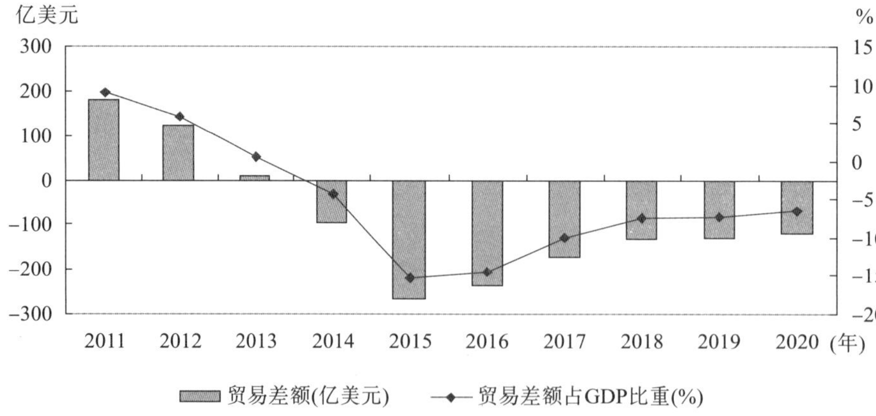

图 2－5－8　阿尔及利亚贸易差额与其占 GDP 比重情况（2011—2020 年）

资料来源：EIU，Country Forecast——Algeria，2016。

第纳尔兑美元汇率持续贬值。阿尔及利亚实行有管理的浮动汇率制，中央银行掌管所有外汇资源，为反映市场供应关系，中央银行允许其法定货币第纳尔同美元、欧元等可自由兑换货币间的汇率保持一定幅度且较平缓波动。自 2012 年 5 月以来，第纳尔对美元汇率直线下降。2015 年本币第纳尔兑美元年均汇率为 1∶100.69，较 2014 年下降了 18.75%。本币第纳尔兑欧元年均汇率为 1∶120.6，较 2014 年下降了 7.94%。出于削减进口，增加出口等考虑，尽管美元持续走高使食品价格上涨，并推高企业生产成本，估计未来几年政府仍允许第纳尔持续小幅贬值。此外，还有三方面的因素会继续给第纳尔贬值施压，一是未来几年的财政赤字，二是当下较高的通货膨胀水平，三是当局者在平衡进口方与外商投资方等利益后的利率水平。阿尔及利亚汇率水平参见图 2－5－9，其中 2016—2020 年为预测值。

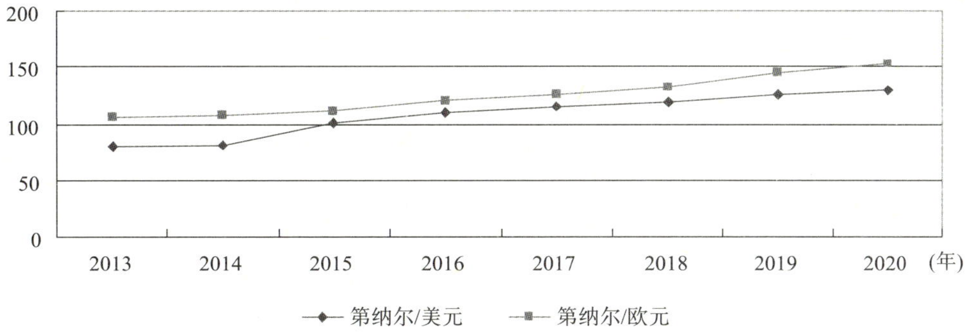

图 2－5－9　阿尔及利亚汇率水平（2013—2020 年）

资料来源：EIU，Country Forecast——Algeria，2016。

利率政策稳定，货币供应总量趋紧。近年来，为促进国内投资，商业银行一直维持 8% 的贷款利率。受石油出口收入增加等因素影响，加之中央银行未对货币供应总量设定目标，阿尔及利亚货币供应增速快于经济增长。2015 年，货币供应总量（M2）增长速度为 0.5%，大幅低于 2014 年的 14.4%。货币供应总量趋紧，导致阿尔及利亚通货膨胀水平不高，但上升压力始终存在。阿尔及利亚货币市场利率和货币供应总量增速见图 2－5－10，其中 2016—2020 年为预测值。

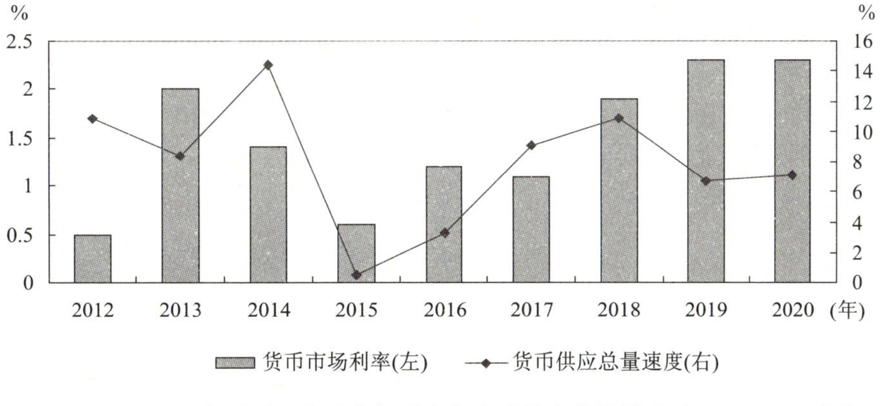

图 2－5－10　阿尔及利亚货币市场利率和货币供应总量增速（2012—2020 年）

资料来源：EIU，Country Forecast——Algeria，2016。

3. 法律与监管风险

新的投资法将削弱政府以低于市场利率的价格收购外企的优先取舍权。阿尔及利亚可能会阻止外国企业或本国企业将炼钢厂、煤矿、电信设施、主要的工业电厂卖给外企，尤其是法国企业（历史上阿尔及利亚是法国的殖民地）。阿尔及利亚法律允许政府以低于市场利率的价格收购外企，并给予政府优先取舍权。2015 年 11 月，总统表示在 2016 年新的投资法草案中，这项权利将会被削弱。

在阿尔及利亚经营的利益群体与当权者在政治上意向多有不合，这亦会增加征收风险。如2013年11月3日，阿尔及利亚政府表示启用“优先取舍权”放弃收购轮胎制造商米其林阿尔及利亚公司，而当年6月米其林集团已同意将其阿尔及利亚公司卖给Cevital集团。

国际争端解决程序复杂及成本高昂。阿尔及利亚承认1958年纽约会议关于国外仲裁的协定，但鉴于投资法及民事诉讼法中关于仲裁管理的复杂性，可以看出争端解决的成本高昂。并且阿尔及利亚不一定会接受国际仲裁的结果，尤其是在能源部门。

合约执行与撤销风险增大。持续的低油价促使政府支出锐减，合约变更与取消的风险增大，尤其会影响到计划之中的基础设施建设项目实施。2015年11月，Daewoo承建的Annaba有轨电车工程被取消，损失达43亿美元。相反，住房建设合同的违约风险不高，因为社会住房供应充足与否直接关系到潜在民众抗议的风险高低。鉴于来自石油的外汇收入锐减，政府正试图减少进口鼓励国内生产，在阿尔及利亚的外国制造商与商品生产商面临生产水平不足，甚至面临被征收的风险。

阿尔及利亚国有企业有单方面修改合同的历史。2010年，作为ArcelorMittal's Annaba钢厂的国有股东Translob在没有任何管理权及协议授权的情况下，单方面同意增加工人工资。2012年4月，Orascom申请仲裁阿尔及利亚政府对其在阿公司Djezzy处罚一案。阿尔及利亚政府追收其2008年59.6亿美元税金，2010年23亿美元税金，除此之外因为汇率波动，Djezzy被处以高达13亿美元的罚金，禁止Djezzy进口机器设备，并将其利润遣返。

有关商事纠纷的外资支付会被扣留。2014年10月7日，阿尔及利亚政府单边终止日本建筑集团COJAAL的合同，认为其没有履行合同义务修建一段东西高速铁路。COJAAL声称自2010年末以来阿尔及利亚政府共拖欠12亿美元支付款，并试图诉诸国际总裁。阿尔及利亚方拒绝，认为合同适用于国内仲裁，COJAAL则不予认可。

合同承包与支付可能会被延迟。反腐调查从情报机构和安全理事会延伸到总统与军队，这一系列的行动其实是政客间权力斗争的一种手段。国有能源公司Sonatrach和国有电力供应商Sonelgaz之中也可能出现政治斗争。总统一直在削弱安理会权力，这会降低新一轮反腐调查的可能性。2015年9月，安理会主席Mohamed Mediene被免标志着这一行动到达顶峰。鉴于总统连任争议风波，官员们为避免陷入反腐调查与政治操控而不会轻易签署工程合同，合同承包与支付可能会被延迟一段时间。

4. 税收风险

税收制度完善，纳税相对稳定。阿尔及利亚主要税种包括个人所得税、公司利润税、职业行为税、工资税、增值税、地产税、内部消费税、油漆产品税、印花税、注册税等。根据世界银行公布的2016年营商环境指数中缴纳税款这一分项指标，阿尔及利亚在189个国家（地区）中排名第169位，和2015年的第176名相比，排名略有提高。

企业所得税变化需要格外关注，关联交易将遭到罚款。根据阿尔及利亚2015年的财政法案，阿尔及利亚新的企业所得税标准税率为23%。根据阿尔及利亚税法，关联企业通过操纵买卖交易价格或其他手段转移收入的，会被税务机关进行纳税调整。企业（或公司）与关联方之间从事跨境或国内的交易，必须提供与其转让定价政策相关的支持性文件。如果企业没有回应税务机关的要求，或者提供的答复信息不够充分，可能面临利润转移额25%的罚款。此外，若阿尔及利亚纳税人被税务机关大企业部所主管，则该纳税人必须向其主管税务机关同时提交年度纳税申报表及转让定价文件。不提交或者提交的内容不够充分，将被处以50万第纳尔的税务罚款，如果上述问题是在税务审计中被发现，该纳税人还将被征收税务机关核定的利润转移金额25%的额外罚款。

油气行业相关税制特别需要加以注意。根据油气合同签署日期的不同，阿尔及利亚上游油气行业适用下述两部法律：1986年8月19日颁布的86—14号法律，以及2005年4月28日颁布的05—07号法律（已于2006年及2013年被修订两次）。以上两部油气法律用于规范阿尔及利亚政府与承包商签订的油气产品分成合同（PSC）或其他类似石油合同。

5. 劳工风险

油价持续低迷，财政支出收紧，民众抗议风险增加。未来两年，两类群体会受到影响，一类是失业青年，另一类是希望增加工资以抵消物价上涨的工人。罢工可能会出现在公共服务部门，影响到地辖管理、公共基础服务、交通、健康医疗以及行政服务。虽然不会出现大规模的罢工，但具体到某些部门的罢工会时常发生。高失业率是引起劳资纠纷的主要因素。

6. 经营性风险

政府办公效率不高，且略有下降。世界银行2016年营商环境指数中的“开办企业”指标来考察阿尔及利亚政府的办公效率。2016年阿尔及利亚在189个国家（地区）中排名第145名，对比2015年排名第141名，略有下降，具体见表2－5－5。

表2－5－5　阿尔及利亚营商环境指标及排名

项目	指标	阿尔及利亚	
		数值	2016年排名
开办企业	程序/个	12	145
	时间/天	20	
建筑许可	程序/个	17	122
	时间/天	204	
获得电力	程序/个	5	130
	时间/天	180	
注册财产	程序/个	10	163
	时间/天	55	
获得信贷	法律权利指数（0—12）	2	174
	信贷信息指数（0—8）	0	
跨境贸易	出口时间/小时	149	176
	出口成本/美元	374	
	进口时间/小时	249	
	进口成本/美元	400	
缴纳税款	次数/年	27	169
	总税率/%	72.7	
执行合同	时间/天	630	106
	成本占所得收益比重/%	19.9	
办理破产	时间/年	1.3	73
	破产框架力度指数（0—16）	6.5	

资料来源：World Bank，Doing Business 2016：Measuring Regulatory Quality and Efficiency。

腐败程度有所控制。2010年阿尔及利亚政府出台了《反腐败法》，要求企业签署合约，承诺不通过贿赂以获得不公平竞争优势。没有签约的外企不能参与政府合同的投标，发现有贿赂行为的企业被列入黑名单，对当事人处以罚金。根据世界经济论坛公布的《2015—2016年全球竞争力报告》中的营商指标中，阿尔及利亚腐败排名第3位，得分为9.6分，相较上年排名第2位，得分13.9分，腐败程度有所下降，阿尔及利亚政府开展的反腐败行动已略见成效。

（三）阿尔及利亚未来发展预测和投资机会分析

1. 政治前景

阿尔及利亚政治局势基本稳定，布特弗利卡总统对全国的掌控能力依然较强，其坚持反恐等政策措施得到西方国家的支持，反对派在中短期内难以对其形成实质性威胁。阿尔及利亚政治局势存在下述风险：首先，布特弗利卡年事已高，考虑到其身体因素，能否胜任是一个未知数。而接班人仍不明朗，一旦其因身体原因无法继续理政，政局的不确定性将明显加大。其次，在青年民众中，对总统权力过于集中、贫富差距扩大、腐败滋生等问题已多有不满，要求变革的呼声日益高涨。对布特弗利卡总统而言，能否改革求新，推动国家继续发展，将是严峻考验。最后，阿尔及利亚安全形势不容乐观，未来遭受恐怖主义袭击的可能性依然存在。

2. 经济预测

未来5年，布特弗利卡政府的大政方针政策不会出现大的改变，投资政策与经济政策的延续性有望保持，但其间存在根据宏观经济形势进行调整的可能性。EIU预计石油均价在未来5年依然会被打压。石油收入的骤降，预计石油收入的骤降会促使阿尔及利亚在2016—2020年间缩减财政赤字，但其财政支出依然很大。EIU预计2016—2020年阿尔及利亚的实际GDP平均增长水平为2.2%。中期来看，阿尔及利亚经济发展会逐步加快，2020年预计经济增速会达到3.2%。阿尔及利亚2016—2020年主要经济指标预测值见表2-5-6。

表2-5-6　　阿尔及利亚主要经济指标与预测（2016—2020年）

指标＼时间	2016年	2017年	2018年	2019年	2020年
实际GDP增长率/%	1.5	1.8	2.1	2.6	3.2
CPI增长率/%	6.2	7.4	7.1	6.1	5.0
财政收支余额占GDP比重/%	-12.7	-8.8	-6.7	-5.8	-5.0
经常账户盈余占GDP比重/%	-14.5	-10.0	-7.4	-7.2	-6.5
短期利率/%	8.0	8.0	8.0	8.0	8.0
汇率（本币兑美元）	110.1	115.5	119.4	125.4	129.9

资料来源：EIU，Country Forecast——Algeria，2016。

3. 营商环境

阿尔及利亚近年来积极改善投资环境，但商业与投资环境的实质性改善尚不显著。商业环境整体未有改观，仍是世界和地区营商环境最差的国家之一。预测阿尔及利亚商业环境的总体水平将从2010—2015年的4.58增长到2015—2020年的4.94，排名从2010—2015年的第73名下降到2015—2020年的第77名。在非洲17个受统计的国家中，排名将从2010—2015年的第12名下降到2015—2020年的第14名，具体见表2-5-7所示。

表 2-5-7　　阿尔及利亚营商环境评级

指标值[a]		全球评级[b]		地区评级[c]	
2011—2015 年	2016—2020 年	2011—2015 年	2016—2020 年	2011—2015 年	2016—2020 年
4.58	4.94	73	77	12	14

注：a，最高为 10；b，在全球 82 个国家（地区）中；c，在 17 个国家（地区）中，包括阿尔及利亚、巴林、埃及、伊朗、以色列、约旦、科威特、利比亚、摩洛哥、卡塔尔、沙特阿拉伯、突尼斯、阿联酋、安哥拉、肯尼亚、尼日利亚以及南非。

资料来源：EIU，Country Forecast——Algeria，2016。

4. 投资机会

近年来，随着阿尔及利亚与中国经贸关系的不断深入，中阿两国贸易额屡创新高，越来越多的“中国制造”进入阿尔及利亚市场。阿尔及利亚民众消费习惯也由购买“法国制造”逐步转向“中国制造”。根据中国商务部统计，2014 年中国对阿尔及利亚直接投资流量 6 657 万美元。截至 2014 年末，中国对阿尔及利亚直接投资存量 24.52 亿美元。投资项目主要集中在油气和矿业领域，如阿德拉尔油田勘探项目以及矿业勘探开发项目。软木生产、饭店、纺织、贸易等方面也有少量私人投资。投资于阿尔及利亚成为很多中国企业的选择。

阿尔及利亚正在积极鼓励中国企业和投资者增加投资，投身到本国内经济重建、两国的战略合作伙伴关系和双边互利合作中来，以此增强其工业生产和自我发展的能力。阿尔及利亚的 2015—2019 的 5 年计划是保证每年 7% 的经济增长率，将该国的人均 GDP 增加到 7 200 美元。按照这一 5 年计划，阿尔及利亚政府规划了 2 800 亿美元的投资，目的是促进更大范围内的经济合作，特别是鼓励来自中国的投资者在其设定的优先领域内直接投资。这些领域包括农业、工业、能源、化工、基础设施和先进科技、可再生能源、旅游、科学和技术培训、建筑和住房、卫生、水资源利用、文化、信息科技和信息技术和研究，特别是能够帮助阿尔及利亚提升其工业产能和自我发展能力的领域。

安哥拉

（一）安哥拉投资概览

国家基本信息简表

中文名称	安哥拉	英文名称	The Republic of Angola
建国日期	1975 年 11 月 11 日	领土面积	124.7 万平方公里
所属洲	非洲	时区	UTC +1
首都	罗安达市	国际电话区号	+244
主要城市	万博市、马兰热市		
人口	2 214 万人	主要民族	奥温本杜族（38%）、姆本杜族（25%）、巴刚果族（14%）、梅斯蒂科族（3%）
人口密度	18 人/平方公里		
语言	温本杜语、金本杜语、基孔戈语、葡萄牙语为官方语言	主要宗教	罗马天主教（49%）、基督教新教（13%）

续表

政体	总统制	法律体系	大陆法系
政党	安哥拉人民解放运动（执政党）、争取安哥拉彻底独立全国联盟（主要反对党）、安哥拉广泛救助同盟、社会革新党、安哥拉人民解放阵线、新民主竞选联盟、发展人民党	换届时间	2016 年 8 月（议会选举） 2017 年 8 月（总统选举）
道路通行	左驾右行	货币	安哥拉宽扎（AOA）

2015 年主要金融与投资数据

名义 GDP	1 090.06 亿美元	FDI 流入量	2015 年	18.83 亿美元
国际储备	242.968 亿美元		2014 年	19.217 亿美元
汇率水平（AOA/USD）	135.315	FDI 流出量	2015 年	29.77 亿美元
外债余额/GDP	30.8%		2014 年	42.531 亿美元
财政收入/GDP	28.8%	FDI 内存量	2015 年	42.73 亿美元
财政支出/GDP	34.5%		2014 年	61.56 亿美元
货币供应增长率（M2）	3.9%	FDI 外存量	2015 年	243.26 亿美元
通货膨胀率	14.264%		2014 年	213.49 亿美元
存款利率	4.8%	商品出口（FOB 价）		351.781 亿美元
贷款利率	17.1%	商品进口（FOB 价）		215.36 亿美元
中国与安哥拉双边投资概况				
中国对安直接投资流量（2014 年）	4.4857 亿美元	中国对安直接投资存量（2014 年）		12.1404 亿美元
中安双边投资协定	目前暂未签订			
中安双边本币互换协议	目前暂未有已存在的双边本币互换协议			
投资优惠措施和利润汇出限制	WEF 发布的《2015—2016 年全球竞争力报告》未对安哥拉进行排名。实施外汇管制，资本、利润和红利汇回严格控制			

（二）安哥拉投资风险分析

根据中国出口信用保险公司出版的《国家风险分析报告（2015）》，安哥拉 2015 年的风险评级为 7（7/9）级，主要风险见表 2－5－8。

表 2－5－8　　2015 年安哥拉主要风险概述

风险类别	风险描述
宏观经济环境	实体经济增速减缓，经济过度依赖石油资源，经济结构性风险突出，通胀水平逐年降低，汇率面临较大压力
政治环境	执政党地位稳固，政权过渡尚存不确定性，反对党和青年参与的抗议活动不断
法律与监管	法律体系较为健全，但执行力弱，立法和司法受行政影响较大，缺乏独立性和透明度
政府效率	商业经营手续繁琐，行政效率显著偏低，腐败现象严重
金融及国际贸易与支付	货币政策趋紧，通胀压力减小，存贷款利率偏高，营商条件欠佳，外汇储备规模偏小
社会治安	邻国和恐怖组织的外部威胁较大，大城市犯罪率有所上升

续表

风险类别	风险描述
税收政策	实施了税制改革，外国投资者免税政策推进税收制度进一步简化
基础设施	基础设施较为薄弱，能源供应不足
劳动力市场	失业人口较多，高素质劳动力严重缺乏，严控外籍劳工签证，工人本地化要求提高
社会文化	天主教盛行，中安文化差异较大

2015 年，安哥拉投资风险依然较高，总体风险水平上升。总统多斯桑托斯的连任问题依然是安哥拉国内政治的争论焦点。为了多斯桑托斯家族商业利益的连续性，同时避免其他继任者追究整个家族政治和商业行为，总统倾向于推荐副总统作为其儿子的临时占位者，继任总统职务。然而执政党安哥拉人民解放运动（简称“安人运”）对总统候选人却持有不同意见，这将对安哥拉政局稳定产生潜在影响。一旦其他继任者就任总统，将引发与多斯桑托斯家族相关合同的变更风险。此外，在首都罗安达和其他城市，来自退伍军人、失业青年及失所居民的抗议越来越多，安全部队为镇压示威活动所使用的暴力武器增加了商业资产的损害风险。卡宾达省份发生的低级分裂暴乱活动（包括袭击、绑架东北部沿岸的石油工人等）对边境地区造成了局部的中等程度的风险，但对内陆资产的破坏风险较低。随着政府对就业和采购管理实施强硬改革，安哥拉的外商投资项目风险有望缓和，但石油和金融行业的合同风险依然较高。安哥拉全社会腐败现象严重，在合同谈判、授予及与政府有较多接触的业务处理过程中尤其严重，对当地法律、税收和经营环境造成了负面影响。2015 年，安哥拉实施了税制改革，政府致力于税收政策透明化和税收收入多样化。

本报告主要从政治风险、宏观经济风险、法律与监管风险、税收风险、劳工风险、经营性风险等方面对安哥拉的投资风险进行分析。

1. 政治风险

安哥拉政局整体趋稳，内部争斗焦点锐化，安全形势不佳。安哥拉政权由执政党安人运和总统多斯桑托斯掌握。安哥拉独立后，安人运一直是执政党，得到民众广泛拥护并以绝对优势控制议会，牢固掌握全国政权。本届议会于 2012 年 9 月组成，在 220 个议席中，安人运占据 175 席，主要的反对党争取安哥拉彻底独立全国联盟仅占 32 席，难以对执政党形成威胁，具体见表 2－5－9。此外，总统多斯桑托斯丰富的政治技巧较好地平衡了党内不同派系间的政治利益，降低了执政党内部风险。

表 2－5－9　　2012 年安哥拉国民议会席位分布

政党名称	席位数/个
安人运（MPLA）	175
争取安哥拉彻底独立全国联盟（UNITA）	32
安哥拉广泛救助同盟（CASA－CE）	8
社会革新党（PRS）	3
安哥拉人民解放阵线（FNLA）	2
总席位数	220

资料来源：EIU，Country Forecast——Angola，2016。

执政党和总统对继任者的意见相左，影响政局稳定。总统多斯桑托斯自 1979 年就任后未曾遇到旗鼓相当的竞争者。在挑选继任者方面，他更多考虑家族利益的连续性，倾向于推荐其亲密盟友副总统曼努埃尔·文森特担任下一任总统。有观察者认为，文森特实际上只是多斯桑托斯的儿子（目前是安哥拉主权财富基金主席）的临时占位者，待时机成熟，其将向多斯桑托斯家族交接政权。多斯桑托斯儿子的继任将保护家族在石油、天然气、电信、银行、零售、矿业和基础设施行业的既得利益，也将保护家族免收腐败和管理不善的控诉。

相反，“安人运”强烈反对多斯桑托斯的儿子子承父业，这种情况将严重增加抗议和骚乱的风险并可能危及政治稳定。“安人运”对此次连任的干预力度较强，很有可能选择坚定的党派拥护者国防部长若昂·洛伦索（João Lourenço）作为继任者，而若昂·洛伦索与多斯桑托斯并无依附关系，这将增加与多斯桑托斯家族成员或伙伴签订的合同的变更和评估风险以及被进行腐败调查的风险。

内外安全问题持续，政权交替期间，安全形势不容忽视。2002年，安哥拉旷日持久的内战正式结束，整个国家目前仍在进行内战遗留痕迹清理和战后重建工作。低级叛乱给卡宾达北部造成了零星风险，分裂者发动的单独袭击针对的目标往往是军队的补给车队，对民众的伤害性较低。安哥拉的犯罪率处于中等水平，但大城市犯罪率有所增加。安哥拉面临着邻国竞争对手和恐怖主义的威胁，后者仅限于卡宾达地区。多斯桑托斯的反对者们——政治激进主义力量正在壮大，青年团体、反对党和人权组织人士越来越多地在大城市举行抗议活动，引发了安全部队的严厉镇压，再次加剧了国际人权组织和当地政治反对派的广泛批评。政权交替期间，抗议和暴乱风险可能增加，但不太可能会影响政治的整体稳定性。

2. 宏观经济风险

安哥拉整体经济状况改善，但短期经济前景有恶化风险。安哥拉经济结构依然存在问题，但政府的积极作为带来了整体经济的较大改善。自2008—2009年经历衰退以来，安哥拉在经济复苏方面已取得较大进展。但由于出口收入的95%仍集中于油气行业，安哥拉经济很容易受到全球商业周期的冲击。同时，安哥拉经济还面临着严重的增长制约。薄弱的基础设施导致的高贸易成本阻碍了国内产业的发展，较差的营商环境致使其短期的收入风险极大。安哥拉政府已尽力消除可控风险，对该国企业的监管力度有所减弱，给予适当宽松的经营环境，但仍存在其他障碍。上述风险归根结底在于结构性问题，但结构调整并非一朝一夕可以完成。近几年，随着管理水平和国内治安水平的提高，投资者信心高涨，为经济快速增长做出了贡献。出口种类多样化和第二、三产业的发展使经济指标趋好，降低了经济增长的波动性，极大地改善了安哥拉整体经济风险状况。安哥拉实际国内生产总值增长和通货膨胀水平参见图2-5-11，其中2016—2020年为预测值。

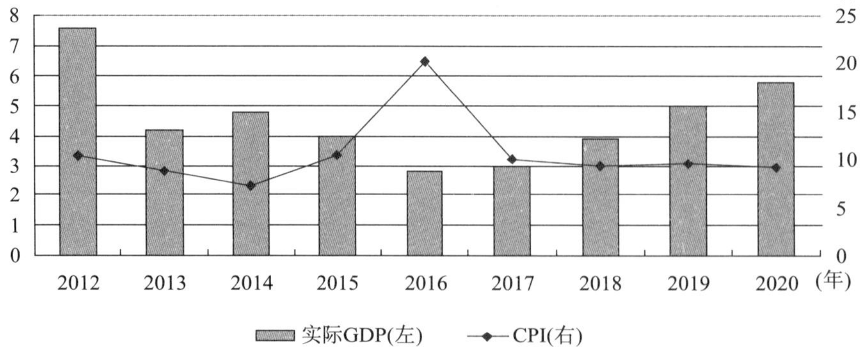

图2-5-11　安哥拉实际GDP增长和通货膨胀水平（2012—2020年）

资料来源：EIU，Country Forecast——Angola，2016。

安哥拉短期经济增长前景恶化。根据 EIU 预测数据，2016 年安哥拉 GDP 增长率将降至 2.8%，低于安哥拉政府 3.3% 的预期。经济仍高度依赖油气行业，使后者成为影响安哥拉整体经济增长、政府税收收入以及外汇储备的主要因素。

金融业的脆弱性增加。2014 年底安哥拉商业银行的不良贷款率为 12%。到 2015 年中期，此比例已增长至 18%。受国际油价下跌的不利影响，银行业业绩也大幅下滑，使国内美元供应不足。在进口食品、医药、农业和石油部门，按照官方利率优先获得外汇的政策增加了银行业的经营负担。总体上来说，安哥拉的金融业风险有所上升。

财政赤字短期内增加，中长期具有波动性。根据 2015 年 12 月份通过的议会决定，2016 年安哥拉的财政预算将优先考虑社会卫生和教育支出（预期支出占 43%），其次为公共服务（22.9%）、国防和安全（20.2%）以及经济发展（13.2%）。政府预估财政赤字将扩大至国内生产总值的 5.5%，而权威机构预测的这一数值将达到 6.5%。石油产业的表现将继续影响 2017—2020 年的预算平衡，其价格不会回到 2014 年之前的水平，而会保持温和增长。权威机构预测，随着 2017—2018 年油价年均增长率达到 31%，2018 年安哥拉的预算赤字将缩小至 GDP 的 2.6%；之后新一轮油价疲软和持续大幅的支出压力将推动财政赤字再次上升，预计到 2020 年将达到 GDP 的 4.1%。

此外，安哥拉在 2015 年底首次发行了 15 亿美元的 10 年期国债，收益率为 9.5%。自发债以来，欧洲地区认购情况最差，暗示其融资行为中短期内不会有太好效果。同时，如果石油价格持续低迷，安哥拉政府可能会被迫求助于国际货币基金组织，由此将有可能进一步导致宽扎大幅贬值。安哥拉财政赤字及其占 GDP 比重情况见图 2－5－12，其中 2016—2020 年为预测值。

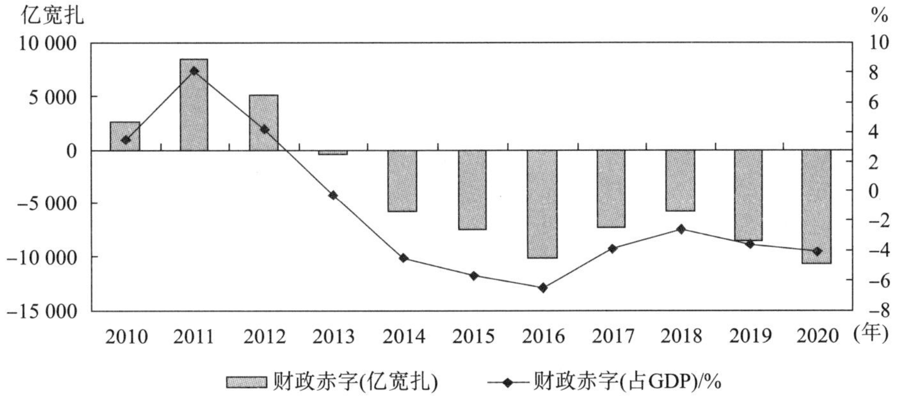

图 2－5－12　安哥拉财政赤字及其占 GDP 比重情况（2010—2020 年）

资料来源：EIU，Country Forecast—Angola，2016。

商品贸易顺差收窄，经常项目逆差持续加大。2015 年安哥拉商品出口 351.78 亿美元，同比下降 40.55%；进口 215.36 亿美元，同比下降 24.66%；商品贸易顺差为 136.42 亿美元，比 2014 年 305.83 亿美元下降了 55.39%。由于出口收入的减少，2015 年安哥拉经常项目逆差进一步加大，达到 86.7 亿美元，占 GDP 的比重达到 8%。这也是继 2014 年之后第二年出现逆差。安哥拉贸易差额与经常项目差额占 GDP 比重情况（2011—2020 年）见图 2－5－13，其中 2016—2020 年为预测值。

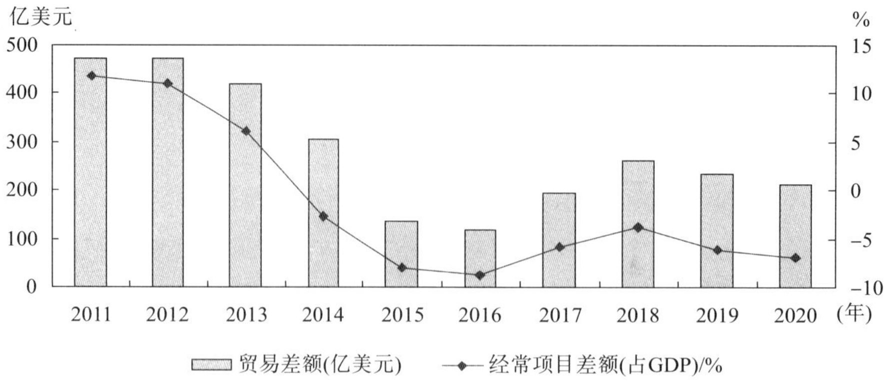

图 2-5-13　安哥拉贸易差额与经常项目差额占 GDP 比重情况（2011—2020 年）

资料来源：EIU，Country Forecast——Angola，2016。

宽扎汇率持续下跌。安哥拉国家银行（简称“BNA”）是安哥拉的中央银行。2016 年 3 月，安哥拉政府任命资历尚浅的瓦尔特菲利浦 - 达席尔瓦为央行行长。为了保持货币政策的一致性，瓦尔特菲利浦 - 达席尔瓦仍执行较为宽松的货币政策，由此导致了经济的进一步失衡，也使宽扎汇率持续下跌。2016 年，宽扎对美元汇率预计将跌至 175. 71∶1，安哥拉官方利率和市场利率差也将接近 100%。安哥拉宽扎汇率水平参见图 2-5-14，其中 2016—2020 年为预测值。

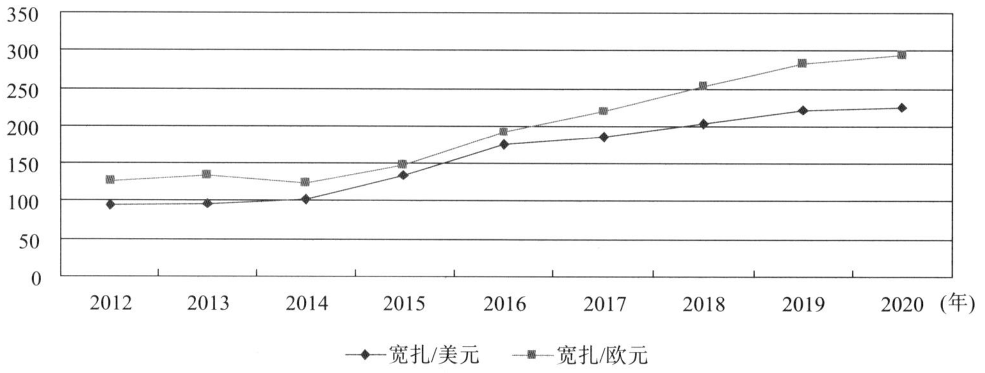

图 2-5-14　宽扎汇率水平（2012—2020 年）

资料来源：EIU，Country Forecast——Angola，2016。

基准利率将进一步提高。2015 年 2 月，安哥拉国家银行（BNA）提高了基准利率，将永久性贷款利率从 100 点提高了 12%—14%。2016 年这一基准点有可能进一步提高到 200 点，说明央行在持续努力地解决货币环境恶化和通胀压力。抑制通胀成为 BNA 的关键目标，并有进一步加息的可能。安哥拉官方利率和市场利率水平参见图 2-5-15，其中 2016—2020 年为预测值。

3. 法律与监管风险

安哥拉法律参照葡萄牙民事惯例法，司法过程受政治影响较大。在安哥拉，总统亲自任命高级法官和执法官员并有权干预司法审查。法院在解决商业合同纠纷时，手续十分繁琐耗时，几乎是周边国家平均水平的两倍。此外，安哥拉是多边投资担保机构成员之一，其国内外商业纠纷适用 2003 年版仲裁法，而全球范围内，只有很少国家使用此款仲裁法，进一步导致了仲裁效率的低下。

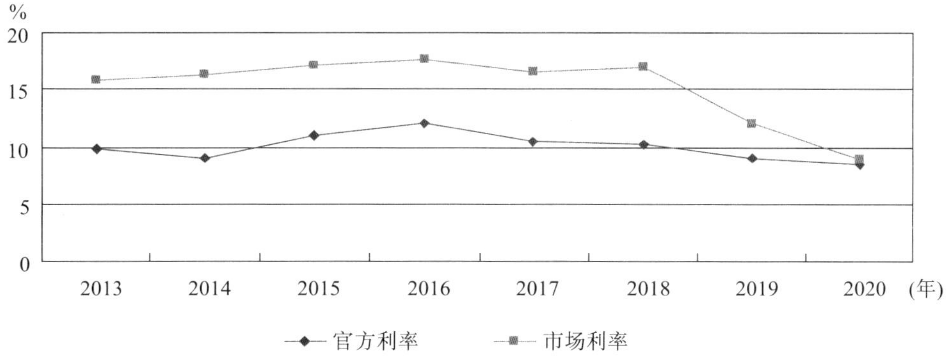

图 2-5-15 安哥拉官方利率和市场利率水平（2013—2020 年）

资料来源：EIU，Country Reports——Angola，2016。

优惠政策频出，但始终受制于政治干预，增加了合同执行风险。为促进私营部门发展，通过吸引外资进入各个行业达到脱离石油依赖的目的，最终使经济发展多样化，安哥拉政府采取了一系列改革措施，包括 2011 年实施的私人投资法（PIL）。这部法律为吸引石油行业之外的外资创造了良好的政策条件，包括为采矿、农业、基础设施、制造业、能源、水和房地产行业的外商投资者提供 15 年的税收减免。当投资项目金额超过 100 万美元时，国内外企业还可以向国家私人投资机构（ANIP）申请税收减免。但是，总统对司法的过分干预使得安哥拉司法改革举步维艰。改革措施的制定有可能以满足执政者的利益需求为前提，由此产生的后果往往是增加了合同的执行风险，而不会进一步增加司法的独立性。

4. 税收风险

总体税率较低，但石油产量下降和国家收入缩水导致财政和经济危机，造成了税负增加和税收不一致性风险。根据 1992 年的收入税法，安哥拉对于居民企业和非居民企业均规定根据其全球收入进行征税。一般企业的所得税税率是 30%，石油行业的企业所得税税率为 50%（独立企业）和 65.75%（联合体企业）。此外，特许权使用费和股息的税率为 10%。与其他撒哈拉以南的非洲国家相比，安哥拉目前处于一个较低的税率水平，但纳税管理效率低下对外资企业来说仍是负担。面对 2014 年底油价快速下跌，2015 年，政府被迫按 40 美元/桶的基准价格修改预算，宣布对外汇转账、交易和服务收税，以弥补收入不足。税费计征范围调整为专业的技术援助和合同咨询等服务。政府试图通过征税平衡国家预算，缓冲国家货币冲突，未来有可能会进一步实施更为苛刻的税收政策。

5. 经营性风险

安哥拉对外资持开放态度，但总体商业环境深受腐败和政府效率低下的影响。安哥拉的高层腐败范围较广，经常跨地区跨部门，并且其中夹杂着复杂的个人政治关系。少数股东向运营商施加压力使其在部分不公平事件中缄默不言，特别是石油和采矿业，这增加了外资公司腐败暴露的风险。2014 年 5 月，石油部长授权国家石油公司出售其勘探区块 5% 的股份到安哥拉 Prodoil 私营公司，该公司由总统多斯桑托斯的姐姐负责运营。

政府效率低下，营运成本和手续复杂耗时。尽管安哥拉政府希望构建多元化经济，摆脱对石油收入的过度依赖，但在安哥拉投资运营成本依然高昂。国内外投资者理论上地位平等，投资额在 100 万美元以上的投资者可以向官方的私人投资机构申请税收减免和进口关税豁免，一站式注册政策也简化了新注册公司的审批手续，但是所有投资程序所耗费的时间和成本，以及法律对投资者权利保护的弱化都破坏了和谐的投资环境。除了正常的投资障碍之外，投资者们还可能面临一些隐性的投资阻碍，这些阻碍常常与政权利益相关联。

表 2－5－10 显示了安哥拉营商环境各指标值及其排名。

表 2－5－10　　安哥拉营商环境指标与排名

项目	指标	安哥拉	
		数值	2016 年排名
开办企业	程序/个	8	141
	时间/天	36	
建筑许可	程序/个	10	108
	时间/天	203	
获得电力	程序/个	7	166
	时间/天	145	
注册财产	程序/个	7	169
	时间/天	190	
获得信贷	法律权利指数	1	181
	信贷信息指数	0	
跨境贸易	出口时间/小时	413	181
	出口成本/美元	1 825	
	进口时间/小时	461	
	进口成本/美元	2 245	
缴纳税款	次数/年	30	141
	总税率/%	48. 4	
执行合同	时间/天	1 296	185
	成本（占所得收益比重）/%	44. 4	
办理破产	时间/年	N/A	189
	破产框架力度指数（0—16）	7	

资料来源：World Bank，Doing Business 2016：Measuring Regulatory Quality and Efficiency。

6. 劳工风险

罢工运动的可能性增加，石油行业罢工风险最高，危害性较小，但会对商业运营产生负面影响。安哥拉宪法保护工人享有加入工会和参与工会活动的权利。但是工会规模较小加上政府的专制阻碍了工会的发展。安哥拉每年都会发生跟劳工工资相关的罢工事件，尤其是石油行业的罢工风险最高。2015 年 10 月 5 日，200 名出租车司机因缺少待客点、油价上涨以及交通部门的腐败而宣布罢工。罢工导致了严重的交通拥堵和财物损毁，罢工被暴力镇压，涉事的 38 名司机被判入狱。随着工人们希望政府做出更大让步，未来三年安哥拉发生产业罢工运动的可能性大增，这与生活成本上升也有很大关系。此外，公共部门也有可能发生短期罢工，包括运输、建筑、钻石开采行业等，但是这些罢工运动发展成暴力事件的可能性不大。

（三）安哥拉未来发展预测和投资机会分析

1. 政治前景

安哥拉人对军方和警方的武力镇压一直有所畏惧，加上几十年内战影响，人们对涉及与军方对峙的抗议活动十分谨慎。但是，鉴于该国日益增加的财政困难，抗议风险仍有增加的可能。例如，2015 年 6 月，安哥拉警方以威胁“公共秩序与安全”的罪名，逮捕了十几名涉嫌策划组织抗议活动的民众。但是这种镇压和先发制人式的逮捕行为很可能对“安人运”的统治造成适得其反的作用，民众日益增长的不满情绪将极易导致紧张的局势，并带来政局的持续不稳。此外，缺乏政治变革引起的经济疲软使得民众对多斯桑托斯的信任度降低，民众们还存在另一种担忧，即总统突然的疾病或离世将会带来一段权利的真空期，从而导致政治上的一些不稳定状况。

2. 经济预测

有赖于石油生产和基础设施建设的发展，预测安哥拉未来几年的经济增长将高于撒哈拉以南非洲地区的平均水平，石油行业带来的 GDP 增长将占安哥拉 GDP 总量的一半以上。但外部因素的影响将使安哥拉经济面临短期的下行风险，过度依赖石油收入也使其经济易受全球油价波动影响。此外，安哥拉十分依赖中国的投资，2015 年，安哥拉对中国出口总额达 280 亿美元，中国已成为安哥拉最大的出口贸易伙伴。2016 年 EIU 对安哥拉的主要经济发展指标预估值见表 2 -5 -11。

表 2 -5 -11　　安哥拉主要经济指标与预测（2016—2020 年）

指标＼时间	2016 年	2017 年	2018 年	2019 年	2020 年
实际 GDP 增长率/%	2.8	3	3.9	5	5.8
CPI 增长率/%	20	9.9	9.3	9.5	9
财政收支余额占 GDP 比重/%	-5.9	-2.1	-0.8	-0.1	-0.8
经常账户盈余占 GDP 比重/%	-11.4	-6.7	-6.7	-6.6	-5.8
短期利率/%	17.6	16.66	16.96	12.04	8.88
汇率（本币兑美元）	175.17	186.51	203.01	221.3	225.95

资料来源：EIU，Country Reports——Angola，2016。

3. 营商环境

近年来安哥拉积极改善投资环境，但商业与投资环境的实质性改善尚不显著。安哥拉仍是世界和地区营商环境最差的国家之一。从 2015 到 2020 年，预测安哥拉商业环境的总体水平将从 2010—2015 年的 3.67 增长到 2015—2020 年的 3.93。排名从 2010—2015 年的第 82 名上升到 2015—2020 年的第 80 名。在非洲 17 个受统计的国家（地区）中，排名将从 2010—2015 年的第 17 名上升到 2015—2020 年的第 16 名。具体见表 2 -5 -12 所示。

表 2 -5 -12　　安哥拉营商环境评级

指标值[a]		全球排名[b]		地区排名[c]	
2011—2015 年	2016—2020 年	2011—2015 年	2016—2020 年	2011—2015 年	2016—2020 年
3.67	3.93	82	80	17	16

注：a，最高为 10；b，在全球 82 个国家（地区）中；c，在 17 个国家（地区）中，包括阿尔及利亚、巴林、埃及、伊朗、以色列、约旦、科威特、利比亚、摩洛哥、卡塔尔、沙特阿拉伯、突尼斯、阿联酋、安哥拉、肯尼亚、尼日利亚以及南非。

资料来源：EIU，Country Forecast——Angola，2016。

2016 年安哥拉在世界银行公布的营商环境排名中，位列第 181 位，排名较为靠后。表 2-5-13 显示了安哥拉营商环境各指标值及其评级。

表 2-5-13　安哥拉营商环境评级

指标	价值指数[a]		全球评级[b]		地区评级[c]	
	2010—2014 年	2015—2019 年	2010—2014 年	2015—2019 年	2010—2014 年	2015—2019 年
总评	3.68	3.88	82	80	17	16
政治环境	2.6	2.6	81	81	16	16
政治稳定性	3.6	3.6	78	76	16	14
政治有效性	1.6	1.6	82	81	17	16
宏观经济环境	6.9	6.1	44	69	9	12
市场机会	5	5.5	46	38	8	8
对私人公司和竞争的政策	2	2.8	80	79	16	15
对外国投资者的政策	2.8	3.7	81	76	16	15
对外贸易和汇率管控	3.7	3.3	78	79	14	15
税收	5	5.2	71	71	12	11
融资	2.5	2.9	81	79	16	16
劳动力市场	3.4	3.5	82	81	17	16
基础设施建设	3	3.4	80	79	16	15

注：a，最高为 10；b，在 82 个国家（地区）中；c，在 17 个非洲国家（地区）中，包括阿尔及利亚、巴林、埃及、伊朗、以色列、约旦、科威特、利比亚、摩洛哥、卡塔尔、沙特阿拉伯、突尼斯、阿联酋、安哥拉、肯尼亚、尼日利亚、南非。

资料来源：EIU，Country Forecast——Angola，2015。

4. 投资机会

安哥拉自然条件优越，政局相对稳定，对外资持开放态度，具有较强的投资合作吸引力。农业的综合开发空间广阔，制造业和加工业机遇较多，基础设施合作仍有潜力。

安哥拉贫富差距较大，财富集中于少数精英和中产阶级手中，大多数人非常贫穷。据联合国开发计划署（UNDP）估计，37% 的安哥拉人民生活在贫困线以下（2 美元/天），26% 的人处于极端贫困状态（1.25 美元/天）。1/3 人口的温饱问题随时可能引发社会矛盾，因此提高农业生产率，推动农业科技进步，成为安哥拉政府首要解决的问题。

安哥拉首都罗安达是其政治经济中心，大多数公司的总部以及大约一半的制造业和商业港口都位于罗安达，商业活动也多发生于此。但人口的快速增长已经给这座城市的基础设施建设带来了巨大的压力。此外，罗安达的生活成本极高，经常名列世界五大最昂贵城市之一，并且连续三年被评为世界上移民居住最昂贵的国家。基础设施落后是安哥拉 GDP 增长的巨大障碍，尤其是对零售业的影响，交通的拥堵阻碍了货物的分销。随着公路网络的打开，这种状态有可能改变，从而带来新的商机。

内战期间，安哥拉零售分销网络面临崩溃，消费需求面临巨大瓶颈。大部分零售活动由非正规部门主导，从南非或邻国进口的大部分食物在公开市场或由小商贩售卖。内战后政府希望改变这种无序的市场状况，因此推出了一系列政策打击类似的供应商。南非的 Shoprite 公司自 2003 年进入安哥拉以来，已经成为南非境外最大的零售商。另一家南非公司 Spar Group 在罗安达开设了第一家超市，供应了罗安达大部分所需食物。此外，安哥拉人口增长强劲，预计到2030年将增长到3 500万人，人口红利即将出现。2010年24岁以下人口占比不到48%，到2025年这一比例有望接近38%，也将为零售商提供新的商机。

埃塞俄比亚

（一）埃塞俄比亚投资概览

国家基本信息简表

中文名称	埃塞俄比亚	英文名称	The Federal Democratic Republic of Ethiopia
建国日期	1896年3月2日	领土面积	110万平方公里
所属洲	非洲	时区	UTC+3－UTC+4
首都	亚的斯亚贝巴	国际电话区号	+251
主要城市	德雷达瓦、季马、哈勒尔		
人口	9 696万人	主要民族	奥罗莫族（40%）、阿姆哈拉族（30%）、索马里族（6%）、锡达莫族（4%）等
人口密度	82.4人/平方公里		
语言	阿姆哈拉语为联邦工作语言，通用英语	主要宗教	45%的人口信奉埃塞俄比亚正教、40%—50%信奉伊斯兰教、5%信奉新教
政体	议会制	法律体系	大陆法系
政党	埃塞俄比亚人民革命民主阵线、团结民主联盟党	换届时间	2019年10月（总统选举） 2020年5月（议会选举）
道路通行	靠右驾驶	货币	埃塞俄比亚比尔（ETB）

2015年埃塞俄比亚主要金融与投资数据

名义GDP	585.52亿美元	FDI流入量	2015年	21.7亿美元
国际储备/亿美元	28.09亿美元		2014年	21.32亿美元
汇率水平（ETB/USD）	21.39	FDI流出量	2015年	
外债余额/GDP	29.2%		2014年	
财政收入/GDP	16.1%	FDI内存量	2015年	106.96亿美元
财政支出/GDP	18.0%		2014年	N. A
货币供应增长率（M2）	19.9%	FDI外存量	2015年	N. A
通货膨胀率	10.13%		2014年	N. A
存款利率	37.3%	商品出口（FOB价）		28.84亿美元
贷款利率	11.5%	商品进口（FOB价）		136.19亿美元
中国与埃塞俄比亚双边投资概况				
中国对埃直接投资流量（2014年）	1.20亿美元	中国对埃直接投资存量（2014年）		9.15亿美元
中埃双边投资协定	1998年5月两国签署《中国与埃塞俄比亚双边投资促进和保护协定》			
中埃双边本币互换协议	目前暂未有已存在的双边本币互换协议			
投资优惠措施和利润汇出限制	根据WEF发布的《2015—2016年全球竞争力报告》，埃塞俄比亚在竞争力排名方面得分3.75分（3.75/7），排名第109名（109/140）。实施外汇管制，资本、利润和红利汇回设限			

（二）埃塞俄比亚投资风险分析

根据中国出口信用保险公司出版的《国家风险分析报告（2015）》，埃塞俄比亚2015年的风险评级为7（7/9）级，主要风险见表2-5-14。

表2-5-14　　2015年埃塞俄比亚主要风险概述

风险类别	风险描述
宏观经济环境	经济结构极不合理，农牧业经济较为脆弱，粮食安全问题突出，金融体系尚不完备，财政支出规模庞大导致财政赤字长期存在，经常账户逆差规模持续扩大
政治环境	政局存在诸多稳定隐患，国内种族冲突现象较为严重，同时面临较高的外部安全局势风险，民主程度总体偏低
法律与监管	相较国际水平仍有差距，合同变更风险较大
政府效率	选举过程不透明，政府机构官僚与腐败盛行，政府机构总体运行效率较为低下
金融及国际贸易与支付	金融体系较为脆弱，经常账户将长期保持逆差，实行外汇管制，外汇储备短缺
社会治安	存在较为严重的战乱问题，与厄立特里亚的冲突长期存在，国内恐怖主义活动和严重的种族冲突问题较为突出
税收政策	实施分税管理制度，税收管理相对随意
基础设施	整体基础设施基础依旧薄弱
劳动力市场	总体受教育水平有待提升，劳工制度完备性较差，工人与工会组织活动受限
社会文化	中国的社会文化习俗差异较大

2015年，埃塞俄比亚投资风险依然偏高。虽然埃塞俄比亚政府制定了构建现代高效的经济体系、保持经济发展和保障社会公平、提高人均收入经济发展目标，国内经济也步入高速增长轨道，但财政赤字长期存在，违约风险仍然较高。2015年6月，执政的埃塞俄比亚人民革命民主阵线（简称“埃革阵”）以压倒性优势赢得联邦议会选举，今后5年内埃塞俄比亚政局有望保持平稳，但反对党的抗议活动风险依然较高。埃塞俄比亚法律体系完备，执法成本相对较低，但埃塞俄比亚政府运行效率低下，金融体系较为脆弱。在过去几年中，政府在基础设施领域内的巨额投资为经济增长带来了促进作用，但整体基础设施基础依旧薄弱。在税收方面，政府进一步加强税制改革，增强联邦和区域各级收入征管机构的征收能力，但税收管理相对随意。劳动力市场方面，埃塞俄比亚的劳动力资源丰富，但教育水平有待提升，劳工制度完备性较差，工人与工会组织活动受限较大，工会活动以及罢工过程复杂且漫长。

本报告主要从政治风险、宏观经济风险、法律与监管风险、劳工风险、税收风险和经营性风险等方面对在埃塞俄比亚的投资风险进行分析。

1. 政治风险

埃塞俄比亚政局相对稳定，但存在诸多稳定隐患，外部安全局势不容乐观。从1930年至今约80余年内，埃塞俄比亚只有4位领导人，其政局在非洲国家整体政治动荡局势下相对较为稳定。2013年穆拉图由人民代表院和联邦院组成的埃塞俄比亚联邦议会一致选举为新一任总统，完成了总统权利的平稳交接。但其经济基础薄弱、周边局势动荡、边界纠纷、经济复苏的态势不稳以及外部安全压力释放期未定因素的存在，将极有可能对内部经济发展造成较大的冲击，为政局的稳定性造成隐患。

国内种族冲突现象较为严重。外部安全局势风险仍存。埃塞俄比亚是典型的多民族、多语言和多宗教的国家，民族问题较为严重。其中索马里族与其他种族之间的矛盾尤其突出，给埃塞俄比亚国家的安全造成隐患。埃塞俄比亚地处非洲之角，易受地区局势动荡的影响，其中索马里国局势对埃塞俄比亚影响较大。2015 年，索马里国极端分子曾在埃塞俄比亚实施恐怖主义活动。也门危机、同厄立特里亚的边界纠纷以及苏丹内战，也都使埃塞俄比亚处的周边安全局势呈恶化趋势。

民主程度偏低。根据 EIU 公布的 2015 年全球民主指数来看，埃塞俄比亚在 167 个国家（地区）中排名第 123 位，具体见表 2－5－15。埃塞俄比亚“民主度”低与执政党“埃革阵”在国内政党中具有绝对优势地位密切相关。

表 2－5－15　　埃塞俄比亚民主程度排名

年份	指标名称[a]	得分[b]	全球排名[c]
2015	民主度	3.83	123
2014		3.72	124
2013		3.83	118

注：a，该指标反映了一国民主程度，数值越高，则国内民主度越高；b，最高为 10；c，在全球 167 个国家（地区）中的排名。
资料来源：EIU，Country Forecast——Ethiopia，2016。

埃塞俄比亚事实上是一党制国家。尽管埃塞俄比亚在国内定期举行选举，但选举过程多被认为有失公允。官方调查结果显示，“埃革阵”在 2010 年的民意调查中获得了 99% 的支持。政府利用对“恐怖分子”过于宽泛的定义对其政治对手进行打击的行为，也都凸显出一党专政的特征。此外，埃塞俄比亚在公民自由、政府职能方面得分较非洲许多国家都低（见表 2－5－16）。

表 2－5－16　　2015 年埃塞俄比亚民主度分类指标值[a]

选举过程	政府职能	政治参与度	政治文明度	公民自由权
0.0	3.57	6.11	5.63	3.82

注：a，最高为 10。
资料来源：EIU，Country Forecast——Ethiopia，2016。

此外，虽然埃塞俄比亚政府较其他非洲国家相对廉洁，但据政府反贪污部门的调查，海关、税务、公路局等权力部门仍存在贪腐。其次，政府官员尤其是基层官员办事能力和效率较低，基层政府对高层决策不理解、执行不力的情况较为明显。

2. 宏观经济风险

埃塞俄比亚宏观经济步入快速增长渠道，但整体环境较差。埃塞俄比亚以构建现代高效的农业和工业为主导的经济体系、保持经济发展和保障社会公平、提高人均收入以达到中等收入国家水平为经济发展目标。目前，埃塞俄比亚经济已步入高速增长轨道，并有望在第二个五年计划实施期间持续保持增长势头，基础设施建设、社会服务领域进一步得到拓展，总体宏观经济环境步入良性发展阶段。近 10 年来，埃塞俄比亚经济增速均保持（或接近）两位数增长，是非洲经济增长最快的国家之一。2012—2015 年，埃塞俄比亚实际 GDP 增长速度连续四年超过 7.5%。2013 年实际 GDP 增长速度为 10.5%，达到历史最高水平。2015 年实际 GDP 增长速度为 7.8%。根据 EIU 的预测，在未来 5 年内，埃塞俄比亚实际 GDP 增长速度将保持在 8% 以上。

受 2015 年全球大宗商品价格下跌的影响，埃塞俄比亚国内通货膨胀有所控制，2015 年 CPI 指数为10.1%，远低于2012年的CPI指数24.1%。埃塞俄比亚实际国内生产总值增长和通货膨胀水平参见图2-5-16，其中2016—2020年为预测值。

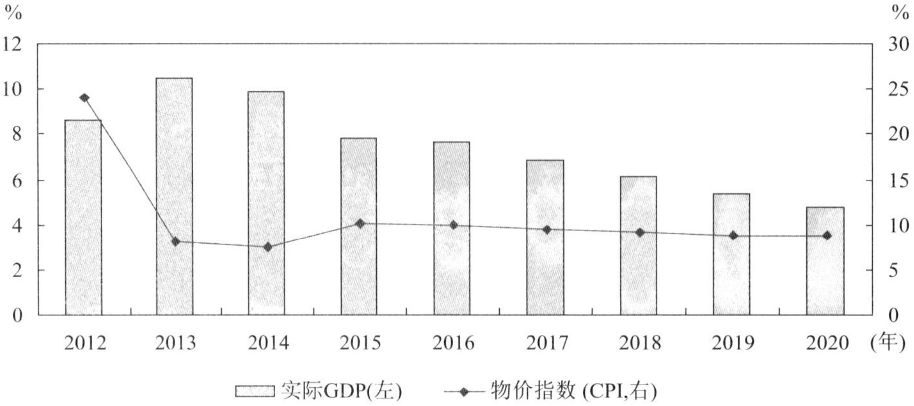

图2-5-16　埃塞俄比亚实际GDP增长和通货膨胀水平（2012—2020年）

资料来源：EIU，Country Forecast——Ethiopia，2016。

经济结构不合理，过度依赖农业。埃塞俄比亚是世界最不发达国家之一，严重依赖农业，工业基础薄弱，经济结构极不合理。作为一个典型的农业国家，埃塞俄比亚主要经济来源依赖农业，农牧业是埃塞俄比亚国民经济的支柱。农业劳动力占全国就业总人数的85%以上，农业产值占国内生产总值的40%以上，出口创汇占全国出口总额的85%左右。畜牧业规模居非洲首位，畜牧业占了农业总产值的20%左右。农业生产以小农耕种为主，耕作方式十分落后，基本靠天收种，灌溉面积只占可耕地面积的0.77%，抵御自然灾害能力较低。畜牧业为雨水施给型放牧，缺乏管理，易受干旱和瘟疫的影响，发展比较缓慢。埃塞俄比亚工业基础非常薄弱，重工业几乎为空白，绝大部分工业原材料、制品和设备仍需大量进口；近年来外国投资者对服装纺织、皮革、钢铁压榨、水泥和机械组装领域的投资填补了其国内空白，但仍无法有效形成产业链配套能力。埃塞俄比亚历年三次产业占GDP的比重情况见图2-5-17。

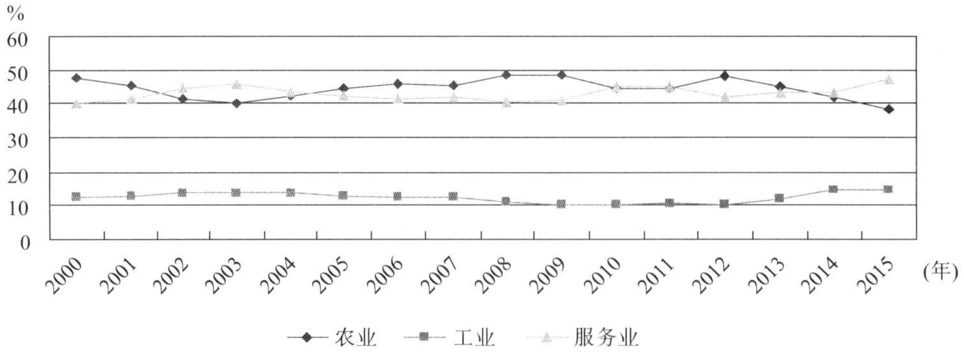

图2-5-17　埃塞俄比亚三次产业占GDP的比重情况（2000—2015年）

资料来源：EIU，Country Forecast——Ethiopia，2016。

金融体系尚不完备。总体来看，埃塞俄比亚总体的金融体系较不完善。银行体系信贷风险集中，央行对货币政策调控的权利范围较小。为控制国内通货膨胀水平，埃塞俄比亚国家银行采取了从紧的货币政策，取得了一定效果。然而，负利率依然存在，抑制了市场对政府债券和票据的需求，使得政府过多地通过央行进行直接融资，从而增加了通货膨胀压力和宏观经济失衡的风险。而银行业仍受严格监管，发展水平仍较低。银行业在埃塞俄比亚并不发达。政府不仅限制外商投资该领域，而且要求商业银行在其资产负债表中要有 27% 的内容体现为政府债务（为大型基础设施投资项目融资）。目前，埃塞俄比亚只有不足 8% 的人口拥有存款账户，国有银行和商业银行的分支网络和 ATM 的分布也不十分广泛。另外，尽管近年来移动银行已经在其他非洲国家飞速发展起来，但在埃塞俄比亚尚未大规模启动，未来政府仍将保持对银行业的控制。

财政支出规模庞大，导致财政赤字长期存在。尽管埃塞俄比亚国内经济在近几年保持快速增长态势，但财政支出规模同样庞大，使得财政收支仍保持赤字状态。根据埃塞俄比亚政府公布的 2014/2015 财年财政预算（截至 2015 年 7 月 7 日），国内的发展支出将占总支出的 2/3，其中健康、教育和道路建设属于优先考虑领域。埃塞俄比亚的增长与改革战略（GTPII）中可能主要关注基础设施、人力资本及基础服务的发展。尽管该战略细节尚未公布，但据称埃塞俄比亚政府计划将在电力发展方面投资 4 000 亿比尔，城市基础设施建设方面 110 亿比尔。埃塞俄比亚国家税务局与海关管理局采取措施扩大税基、提高守法状况、减少逃税行为，政府收入将有望增加。但由于政府坚持实施规模庞大的发展计划，收入的增长将继续落后于支出的增长。埃塞俄比亚政府的财政赤字主要通过内外部的债务融资来解决。未来 IMF 可能会与埃塞俄比亚政府加强合作力度，要求埃塞俄比亚实施更严格的支出限制和较低的财政赤字管理，并更多地依靠发行债券解决融资问题。埃塞俄比亚的财政赤字占 GDP 的比重参见图 2－5－18，其中 2016—2020 年为预测值。

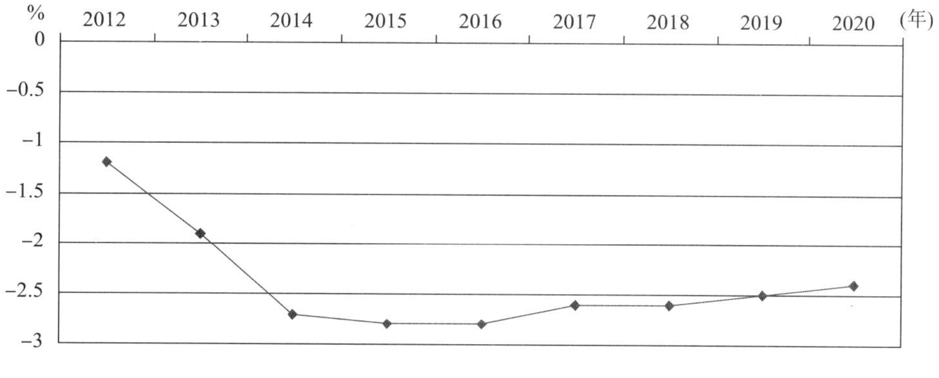

图 2－5－18　埃塞俄比亚财政赤字占 GDP 的比重情况（2012—2020 年）

资料来源：EIU，Country Forecast——Ethiopia，2016。

实行外汇管制，外汇储备短缺。外资企业（或项目组）可在当地银行开立外币账户，汇入自由但不能提现（银行折付当地币）。作为资本投入的外汇汇入可到该国国家银行备案，企业利润及分成可在履行相应报批审查手续后汇出。根据 2014/2015 财年末国家净外汇和黄金储备为 18.8 亿美元，较上年同期下降 18.3%。特别是自 2015 年下半年，因遭遇严重旱灾，政府动用外汇储备赈灾，导致很多投资企业无法申请到所需外汇。埃塞俄比亚央行于 2016 年 2 月作出规定，外汇优先保证民生项目进口和重点工业企业。外汇管制和短缺给外国投资企业融资、经营、规避汇率风险带来严重影响。

本币贬值风险加大，外债偿还仍面临较大压力。由于埃塞俄比亚国内各级政府财政赤字持续增加，债务负担不断加重，政府偿债能力较弱。而外汇储备水平过低并将继续维持在较低水平以及本币贬值压力，使外债偿还仍面临较大压力。在 2006 年，1 美元兑比尔官方汇价为 9.03。2009 年 1 美元兑换为 13.5 比尔，2012 年为 18.6 比尔，2015 年 1 美元官方可兑换 20.5 比尔，实际黑市价格已到23比尔。相对非洲石油产出国而言，埃塞俄比亚货币相对稳定。但因外汇短缺，利润汇出较难，货币贬值问题应得到企业重视。比尔的贬值，有利于减少国家外汇储备的压力，有利于埃塞俄比亚出口贸易的扩大。作为全球最贫穷国家之一，埃塞俄比亚绝大部分的外债是与双边或多边发展合作伙伴签订的具有优惠利率性质的债款，因此其外债负担相对较轻。根据国际货币基金组织（IMF）的债务压力测试，其债务风险处于中等偏低水平，但出口收入变化、财政支出引起的外部债务超出预期的风险使得其公共债务在未来可能有所增加。2013/2014 及 2014/2015 财年，埃塞俄比亚公共外债余额分别为 122 亿美元和 134 亿美元，其中多边优惠贷款的使用规模持续增加，但相对较好的贷款条件使其债务负担处于较低水平。随着埃塞俄比亚能源、矿产和制成品出口份额的增长，出口向多元化方向发展，未来外汇收益有望进一步增长，增强其偿债能力。埃塞俄比亚的汇率水平参见图 2－5－19，其中 2016—2020 年为预测值。

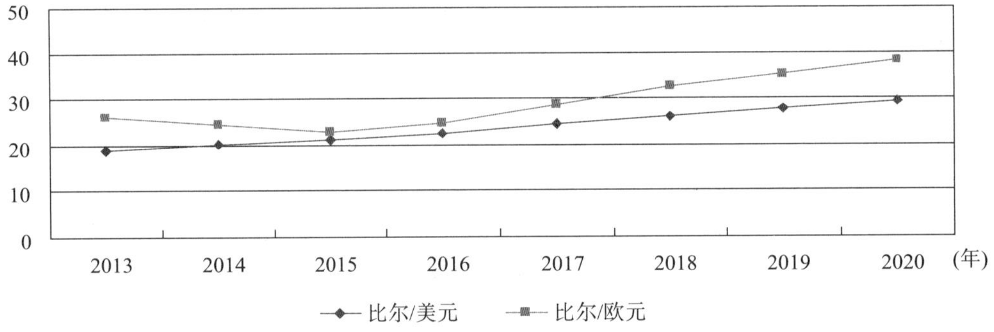

图 2－5－19　埃塞俄比亚比尔与美元和欧元汇率（2013—2020 年）

资料来源：EIU，Country Forecast——Ethiopia，2016。

经常账户逆差规模持续扩大，赤字将长期存在。埃塞俄比亚的出口商品以低附加值的农产品为主，而进口则多为制成品，因此国内贸易长期处于逆差状态，逆差数值持续增加，并造成了国内经常账户赤字较高并长期存在。2014 年，埃塞俄比亚的经常账户赤字占 GDP 的比重约为 12%，2015 年该数值小幅降至 9.7%，预计在未来几年内，国内电力出口、非传统出口商品，如鲜花、油籽、皮革产品和动物等出口也会出现一定增长，埃塞俄比亚出口总额将稳步增长，这将有助于减少经常账户赤字规模。但国内对进口资本品保持旺盛的需求使得经常账户赤字状况很难在长期内有所改善。埃塞俄比亚的利率水平见图 2－5－20，其中 2016—2020 年为预测值。

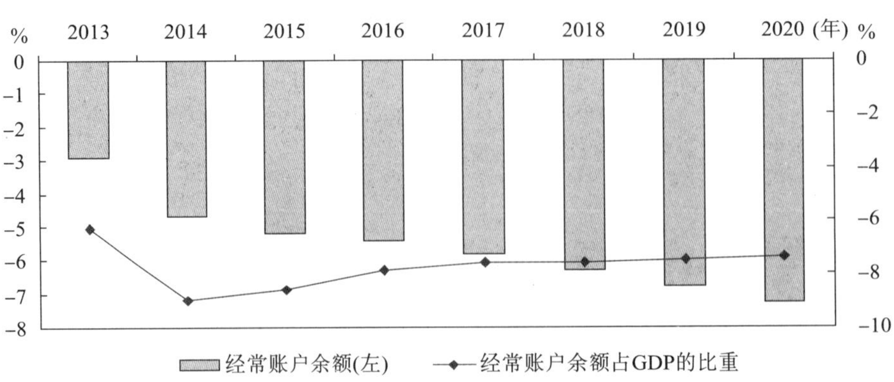

图 2－5－20　埃塞俄比亚经常账户余额及其占 GDP 的比重情况（2013—2020 年）

资料来源：EIU，Country Forecast——Ethiopia，2016。

3. 法律与监管风险

埃塞俄比亚法律较为完备稳定，但相较国际水平仍有差距。埃塞俄比亚法律体系建设主要基于民法法系，商业和工业法律更主要地受民法法系影响，整体的法律体系较为稳定。埃塞俄比亚政府不断出台改革措施，持续修正法律体系中存在的不完备以及对影响不稳定的因素进行修订，目前取得的主要成绩有：建立了独立的司法机构；建立了三级法院系统；规定了联邦最高法院的特别管辖权，其中包括建立联邦和地区司法行政局，对法官进行任命和免职，以避免政府干预等。尽管埃塞俄比亚政府在进行法律体制改革使得国内法律体系不断健全，但总体上较国际水平仍有差距。在执行过程中，通常受到官僚主义的干扰。另外，由于训练有素的法律人才的缺失造成的法律案件处理延迟现象较多。同时，法律系统还经常受到政治方面的影响。

执法成本相对较低、合同执行效率相对较高，但合同变更风险较大。以世界银行 2016 年营商环境指数中的合同执行情况指标来衡量，埃塞俄比亚的执法成本来看（该指标通过追踪一起支付争议案件，收集从原告向法院提交诉讼到最终获得赔付所花费的时间、费用和步骤来分析合同执行的各项成本），埃塞俄比亚在 189 个国家（地区）中排名第 84 位，较 2015 年下降幅度较多，总体执法成本低于地区平均水平。根据世界经济论坛《2015—2016 年全球竞争力报告》，埃塞俄比亚的司法独立性在 144 个国家（地区）中排名第 110 位，远远落后于同地区的肯尼亚（第 52 位）。在世界银行营商指数中的合同执行指标排名中，埃塞俄比亚在 189 个国家（地区）中排名第 51 位。埃塞俄比亚法院诉讼积压较少，案件管理和培训力度较大，这与世界银行及其下属的多边投资担保机构就非商业风险担保和投资签约国企业等方面达成了一致。但是，由于政府严格控制经济，一旦政府认为其无法从与其他国家签订的合同获得最好的条件，其将随意修改或取消合同。未来针对腐败开展的调查可能将影响商业合同执行，外国公司在各投资领域尤其工程建设领域内，遭遇合同变更的风险较高。

4. 劳工风险

劳工制度完善度较差，对工会权利限制较多，但未来有改善趋势。埃塞俄比亚的劳动法允许工会和集体代表存在，但现实中工会活动已经停止。埃塞俄比亚工会联合会目前具有政府盟友及主要劳动组织双重身份。工会活动基本在国内无法进行，关于工作时长、工作条件等方面的条款也无法通过与雇主进行谈判来改善。工会对罢工的管理相当严格，与政府进行谈判的时间极为漫长且程序高度复杂。因此，无论是国有企业还是私营企业，工人想通过罢工改善工作条件几乎不可能。但在经济发展和国内占人口比重最大的奥罗莫族的压力下，埃塞俄比亚已开始改善劳动关系。

5. 税收风险

实施分税管理制度，税收管理相对随意。埃塞俄比亚实行联邦政府和各州政府分税制度，各州将一定比例的税收上缴联邦政府，联邦政府再根据各地区人口、经济状况和上缴税收情况向各州拨款。尽管 20 世纪 90 年代以来埃塞俄比亚政府进行了一系列税收改革，但其税率变动、税收稽征程序等方面仍存在随意性。埃塞俄比亚主要税种包括企业所得税、营业（销售）税、消费税进口关税、个人所得税、出口税、增值税、预扣赋税等，不同税种计征方法不同，其中企业所得税税率为 30%，营业税税率一般为 10%，消费税税率 10%—100% 不等。根据世界银行公布的 2016 年营商环境指数，在缴纳税款这一指标上，埃塞俄比亚在 189 个国家（地区）中排名第 113 位，比上年下降一位。

6. 经营性风险

投资便利性大幅增加，但政府效率依旧低下。埃塞俄比亚属于外汇管制国家，外资企业（或项目组）可在当地银行开立外币账户，汇入自由但不能提现。目前埃塞俄比亚政府将进一步放松外汇管制，如外汇批发拍卖制度中规定，一次性申购外汇金额低于 50 万美元者无须参加外汇拍卖，可直接到商业银行自由兑换。而在外汇汇出方面规定，外国投资者可按当日银行汇价将利润和红利、偿付外部贷款的本金与利息、与技术转让协议有关的付款、外国投资者将企业出售或清盘或向当地投资者转让股份或所有权所得等兑换成外汇，自由、免税汇出埃塞俄比亚。在投资政策方面，将持续增加行业和地区内的投资优惠措施。国内目前没有专门针对外国投资的优惠政策，但一些符合要求的投资项目如制造业、农产品加工业、信息和通信技术开发和农业，可以享受免征所得税和进口关税的优惠，当其产品或服务的50%用于出口，或其产品的 75%作为产品或服务提供给出口商时，可在 5 年内免征所得税。对于鼓励投资的行业和领域，如农业和农产品加工业、部分制造业、采矿业和饭店旅游等服务业等，给予关税免除或税收返还等优惠。对于落户少数民族聚居区、边远地区和不发达地区的投资项目，根据项目所属产业和规模，埃塞俄比亚联邦政府投资局和投资委员会将给予更长的免税期，地方政府也会在土地价格等方面给予优惠。

政府在投资环境方面的改革开放力度持续加大，这将进一步提升埃塞俄比亚对外资的吸引力。但政府总体的行政效率较为低下，以世界银行营商环境报告中开办企业一项指标衡量，2016 年埃塞俄比亚政府的行政效率排名第 141 位。表 2－5－17 显示了埃塞俄比亚营商环境各指标值及其排名。

表 2－5－17　　埃塞俄比亚营商环境指标及排名

项目	指标	埃塞俄比亚	
		数值	2016 年排名
开办企业	程序/个	11	176
	时间/天	19	
建筑许可	程序/个	10	73
	时间/天	129	
获得电力	程序/个	4	129
	时间/天	95	
注册财产	程序/个	7	141
	时间/天	52	
获得信贷	法律权利指数	3	167
	信贷信息指数	0	
跨境贸易	出口时间/小时	126	166
	出口成本/美元	175	
	进口时间/小时	209	
	进口成本/美元	750	
缴纳税款	次数/年	30	113
	总税率/%	32. 1	
执行合同	时间/天	530	84
	成本占所得收益比重/%	15. 2	
办理破产	时间/年	3	114
	破产框架力度指数（0—16）	7	

资料来源：World Bank，Doing Business 2016：Measuring Regulatory Quality and Efficiency。

（三）埃塞俄比亚未来发展预测和投资机会分析

1. 政治前景

政局将在抗议活动中保持稳定。埃革阵目前在埃塞俄比亚的政治上占据绝对主导地位，但其在未来的执政过程中将面临持续升压的种族紧张关系。尤其是来自国内占人口比重最大的奥罗莫族对首都亚的斯亚贝巴界限问题的抗议活动将持续，抗议的起因源于奥罗莫族在政治和经济上逐渐被边缘化。恐怖主义威胁仍将存在。埃塞俄比亚将继续面临包括了索马里青年党在内的恐怖主义威胁。尽管埃塞俄比亚当局声称已挫败了一些青年党的攻击计划，但由于非洲联盟特派团入驻、青年党影响力较大等因素的存在，使得埃塞俄比亚遭到索马里青年党的恐怖袭击的可能性依旧很高。

2. 经济预测

总的来说，埃塞俄比亚未来总体经济将有持续稳定增长，国内对基础设施建设、发展国民经济的需要促进了政府的投资与消费，而国内民众对工业制成品的巨大消费需求也将持续拉动私人消费在未来的稳定增长，出口仍以农产品为主，受到主要出口市场经济表现低迷的影响，未来仅有小幅增加，而进口增加强劲，农业占国内经济结构的主要部分，但天气影响将延缓其发展，政府致力于工业与服务业改革，从而拉动工业与服务业的高速发展，而权威预测机构在 2016 年对埃塞俄比亚的主要经济发展指标预估见表 2 - 5 - 18。

表 2 - 5 - 18　　埃塞俄比亚主要经济指标与预测（2016—2020 年）

指标＼时间	2016 年	2017 年	2018 年	2019 年	2020 年
实际 GDP 增长率/%	7.6	6.8	6.1	5.4	4.8
CPI 增长率/%	10.7	9.5	9.1	8	7.5
财政收支余额（占 GDP）/%	-2.8	-2.6	-2.6	-2.5	-2.4
经常账户盈余（占 GDP）/%	-7.9	-7.6	-7.6	-7.5	-7.4
短期利率/%	10	10	10	10	5
汇率（ETB/USD）	22.49	24.38	26.2	27.64	29.31

资料来源：EIU，Country Forecast——Ethiopia，2016。

3. 营商环境

在 2016 年世界银行公布的营商环境排名中，埃塞俄比亚位列第 146 位，较 2015 年的第 132 位有所下降。

持续增加的通胀在未来可能不会有较大改善。埃塞俄比亚 2015 年的通胀率为 10.1%，预计通胀压力在未来可能持续增加。该国北部、中部和东部地区的持续干旱以及南部与东南部的洪水灾害严重影响农业发展，预计 2016 年国内粮食价格将上涨并拉升通胀水平。

央行将进一步对比尔实行有管理的贬值。目前央行采用价格制定机制，对比尔施行有管理的贬值政策。尽管 IMF 希望政府放开对汇率的管制，但预计未来政府不会放弃对汇率的管制，并将继续使用汇率作为政策性工具以平衡和缓解输入性通胀对国内经济的影响。比尔的持续贬值将有利于维持国内的出口竞争力从而拉动出口增长，但目前这一政策的使用已经遭遇瓶颈。据 IMF 估计，比尔的实际汇率在 2015 年被高估了 30% 以上，而这一数据在 2013/2014 财年为 10%—13% 左右。预计 2016 年美元兑比尔的汇率将从 2015 年的 1:21.55 上升至 1:23.25，比尔将有进一步的小幅贬值。

经常账户赤字持续，未来将持续收窄，但长期内不可能被消除。未来埃塞俄比亚的贸易赤字将保持稳定，并有小幅下降趋势，但赤字在未来较长时间内不会消除。在国内电力出口、非传统行业出口增加的带动，而国内主要的出口商品如咖啡和黄金的价格分别以年均 5.9% 和 1.7% 的速度增长的对国内出口部门的拉动，同时全球油价下跌降低了进口成本，国内经常账户赤字规模增长在持续了几年之后，有所下降。虽然预计 2016—2020 年国内进口需求激增推高了对资本品的需求，但国内贸易赤字增长速度将持续放缓。

经常账户赤字将减少。预计在未来，因受到其地缘政治的重要性带来的援助资金获得的便利性、劳务所得汇回的强劲增长，以及国际石油价格下降对进口费用的减少的影响，国内经常账户赤字将进一步从 2015 年约占 GDP 比重的 9.7% 下降至 2016 年的 7.6%，但由于进口额将持续超过出口，在 2017—2020 年该数值将再次上升至占 GDP 的 8.3%。届时政府将通过双边和多边贷款，进一步吸引外国直接投资以及组建债券组合基金来解决经常账户的赤字问题。

4. 投资机会

对外资政策支持力度持续增加，投资潜力巨大。穆拉图政府制定了未来增长与转型计划，计划在 2015—2020 年 GDP 年均增长率达到 11%，国民收入水平在 2025 年达到中等发达国家收入水平。埃塞俄比亚政府继续把重点放在基础设施建设方面，在不实施限制的行业内延续对外国投资者的税收优惠政策。虽然短期内埃塞俄比亚对关键经济领域的外资参与度的限制将继续存在，但政府对外资流入有着较为强烈的渴望，将对外国投资者持友好态度。

中埃长期友好合作共赢关系为对埃投资奠定了良好的政治基础。自 2003 年建立全面合作伙伴关系以来，中埃关系快速发展。在国际上，两国在应对气候变化、粮食安全、减贫、地区冲突等全球化挑战方面紧密合作，维护发展中国家共同权益。埃塞俄比亚迫切希望与中国开展经贸合作以吸收中国资本的注入。同时，埃塞俄比亚总统穆拉图在中国有着长时间的生活经历，对中国持有非常友好的态度。目前，中资企业在埃投资规模快速增长，投资领域日趋多元化，包括制造业、农牧产品加工、设备租赁、餐饮、建筑、卫生、农业等多个领域。据埃塞俄比亚投资局的统计，截至 2015 年底，该局批准的中国公民独资和合资项目约 920 个，创造就业约 3 万人，协议投资额超过 22 亿美元，中国已成为埃主要的 FDI 来源地。

但总体上来看，中埃之间的经贸合作还处于较低层次，双方在基础设施和工业园区建设方面的互利合作有待深化。未来双方在推进本地区交通、电力和电信等领域互联互通，进一步挖掘农业、矿业、能源尤其是绿色清洁可再生能源等领域潜力方面有望扩大合作。

肯尼亚

（一）肯尼亚投资概览

国家基本信息简表

中文名称	肯尼亚	英文名称	The Republic of Kenya
建国日期	1964 年 12 月 12 日	领土面积	58.3 万平方公里
所属洲	非洲	时区	UTC +3

续表

首都	内毕罗	国际电话区号	+254
主要城市	蒙巴萨、纳库鲁		
人口	4 610 万人	主要民族	基库犹族（21%）、卢西亚族（14%）、卢奥族（13%）、卡伦金族（12%）、康巴族（11%）
人口密度	69.7 人/平方公里		
语言	斯瓦西里语、英语	主要宗教	基督新教（45%）、天主教（33%）、伊斯兰教（10%）
政体	总统制	法律体系	英美法系
政党	橙色民主运动党（ODM）、民族联盟党（TNA）、团结共和党（URP）、革新民主运动党（WDM－K）	换届时间	2018 年 3 月（总统选举） 2018 年 3 月（议会选举）
道路通行	靠左驾驶	货币	肯尼亚先令（KES）

2015 年主要金融与投资数据

名义 GDP	640.86 亿美元	FDI 流出量	2015 年	8.60 亿美元
国际储备	73.56 亿美元		2014 年	9.44 亿美元
汇率水平（KES/USD）	102.31	FDI 流入量	2015 年	0.96 亿美元
外债余额/GDP	29.9%		2014 年	0.79 亿美元
财政收入/GDP	17.7%	FDI 内存量	2015 年	47.62 亿美元
财政支出/GDP	24.9%		2014 年	39.02 亿美元
货币供应增长率（M2）	12.36%	FDI 外存量	2015 年	2.86 亿美元
通货膨胀率	6.58%		2014 年	1.91 亿美元
存款利率	15.6%	商品出口（FOB 价）		61.86 亿美元
贷款利率	16%	商品进口（FOB 价）		162.03 亿美元
中国与肯尼亚双边投资概况				
中国对肯直接投资流量（2014 年）	2.78 亿美元	中国对肯直接投资存量（2014 年）		8.54 亿美元
中肯双边投资协定	2001 年 7 月两国签署《中国与肯尼亚双边投资保护协定》			
中肯双边本币互换协议	目前暂未有已存在的双边本币互换协议			
投资优惠措施和利润汇出限制	根据 WEF 发布的《2015—2016 年全球竞争力报告》，肯尼亚在竞争力排名方面得分 3.85 分（3.85/7），排名第 99 名（99/140）。允许资本、利润和红利汇回。			

（二）肯尼亚投资风险分析

根据中国出口信用保险公司出版的《国家风险分析报告（2015）》，肯尼亚在 2015 年的风险评级为 6（6/9）级，主要风险见表 2－5－19。

表 2－5－19　　2015 年肯尼亚主要风险概览

风险类别	风险描述
宏观经济环境	政局稳定，国内 GDP 增长持续稳定，通胀可控度较高，但未来即将上升，失业率较高，且财政收支不平衡现状持续，总体宏观经济环境较好
政治环境	社会秩序基本稳定。国内和平氛围自 2013 年大选后维持至今，社会矛盾有所缓和

续表

风险类别	风险描述
法律与监管	国内法律制度完备，但受机构腐败以及法律执行成本过高的影响，实施力度相对较差
政府效率	政府办事效率较低，但在总统推行的以构建更加透明高效的机构为目标的改革措施推动下，效率有所提升
金融及国际贸易与支付	金融与银行体系较为完备，外汇储备量相对不足，经常账户长期赤字，未来有减少趋势，偿债能力较好
安全	政党纷争、边境纠纷、索马里青年党的恐怖袭击以及政府提升对其进行的打击造成国内安全隐患较多
税收政策	税制完备，但税率较高且税制较为复杂，税制改革将有利于外资流入
基础设施	基础设施非常薄弱，建设需求较为强烈
劳动力市场	储备量充足，劳动力素质相对地区较高，但整体仍然相对较低，非正式就业和失业率过高的问题严重
社会文化风险	与中国文化差异较大

2016年肯尼亚社会矛盾有所缓和，秩序基本稳定，但政党内的纷争、边境纠纷、索马里青年党的恐怖袭击以及政府提升对其打击力度有可能造成更多的国内安全隐患。肯尼亚国内宏观经济基础虽然比较薄弱，但在政府政策改革、政局稳定、国内中产阶级人数增加等利好消息的刺激下，目前以较为稳定的速度发展。政府办事效率较低，金融与银行体系较为完备，外汇储备量相对不足，进口需求长期维持高位以及出口结构相对单一导致经常账户长期处于赤字状态，但国际油价下跌、国内经济长期稳定增长等因素将有助于拉低赤字，但在短期内赤字不会完全消除。基础设施非常薄弱，对于这方面的建设需求较为强烈。劳动力储备量充足，劳动市场人口稳定增长，劳动力素质相对本地区其他国家较高，但整体仍然处于较低的层次，且非正式就业和失业率过高的问题较为严重。

本报告主要从政治风险、宏观经济风险、法律与监管风险、税收风险、经营性风险等方面对肯尼亚投资风险进行分析。

1. 政治风险

政党纷争导致政治动荡风险较大。肯尼亚现任总统肯雅塔在2013年3月赢得和平大选胜利，获得50.1%的支持率，而竞争对手奥廷加的支持率为43.4%。尽管实现了2013年度权力的和平交接，但现任总统代表少数民族和针对新宪法的修改可能激化中央决策与地方执行之间的矛盾。加上针对副总统等人提出的侵犯人权的指责、现任政府与西方关系尴尬以及恐怖主义活动增多等因素的共同影响，肯尼亚国内面临政局动荡风险。

腐败问题仍然困扰新任政府。腐败问题依旧是肯雅塔政府面临的一大挑战。齐贝吉在任期间未能兑现承诺惩治腐败，未对几名涉嫌两宗备受瞩目的腐败案的政府部长展开调查。反腐不力也给肯雅塔新政府增添了巨大的舆论压力。

恐怖主义造成安全隐患不断。极端组织青年党已成为肯尼亚社会安全的心腹大患，其北部的人道主义和政府工作人员成为袭击目标。2013年，肯尼亚首都购物中心发生恐怖袭击，造成240人伤亡。2014年5月16日，内罗毕发生连环爆炸，警方认定青年党有嫌疑；6月16日至18日，肯尼亚印度洋海滨小镇姆佩凯托尼附近遭到两次袭击，数十人死亡，青年党已宣布对这两次袭击负责。2015年3月，青年党宣称对加里萨大学的袭击事件负责。索马里争端、边境冲突以及青年党的长期活动将增加肯尼亚国内安全隐患。

2. 宏观经济风险

肯尼亚宏观经济在稳定中缓慢增长，但财政账户与经常账户赤字长期存在将影响长期经济良性发展。肯尼亚处于东非经济一体化区域的市场与交通中心地带，是撒哈拉以南非洲地区最具活力的经济体之一。近年来，肯尼亚对营商环境进行的改革促进了私营部门的发展，继而带动经济发展。2013 年大选以后，肯尼亚保持稳定的政局对形成良好的宏观经济环境有较积极的促进作用。政府也采取积极的财政政策和宽松的货币政策，力图刺激经济增长。但受与欧美关系趋紧以及安全形势恶化影响，外资流入速度可能会减缓。肯尼亚对外贸易也缺少新的增长点，常年财政收支与经常账户双赤字亦使经济可持续发展面临重重困难。肯尼亚整体宏观经济状况见表 2-5-20。

表 2-5-20　　肯尼亚宏观经济数据（2011—2015 年）

年度数据	2015 年	历史均值	2011—2015 年
人口/百万	46.1	人口增长率/%	2.7
GDP/亿美元（按市场汇率）	641	实际 GDP 增长率/%	5.4
GDP/亿美元（按购买力平价）	1 411	实际国内需求增长率/%	6.4
人均 GDP/美元（按市场汇率）	1 392	通胀率/%	8.5
人均 GDP/美元（按购买力平价）	306	经常账户余额占 GDP 比重/%	-8.7
汇率（KES/USD）	102.31	FDI 流入占 GDP 比重/%	0.8

资料来源：EIU，Country Forecast——Kenya，2016。

经济有望稳定前行，但仍存隐患。2013 年的和平大选为肯尼亚带来了稳定的政局，也推动其经济平稳高速发展。但经济结构以农业为主且极易受天气影响，2008 年、2011 年干旱天气便对肯尼亚的 GDP 下滑影响明显。2011 年至今，受基础设施建设投资增加的推动，肯尼亚实际 GDP 增长率在波动中有小幅上升，但仍面临高失业率、粮食价格上涨和国际金融市场不稳定等因素的制约。预计未来几年肯尼亚将逐步解决制约其经济发展的基础设施瓶颈问题，但旅游部门面临国外需求不确定性、天气对农业影响以及恐怖主义威胁等因素将影响企业信心，未来经济发展将缓慢而平稳前行。

受国内提高消费税、未来能源价格上涨、国内需求增加的影响，预计肯尼亚通货膨胀在未来几年将会缓慢上升，但仍保持在个位数，2016 年肯尼亚的通胀率将上升至 7.30%。图 2-5-21 为肯尼亚实际 GDP 增长率与通胀率变化趋势，其中 2016—2020 年为预测值。

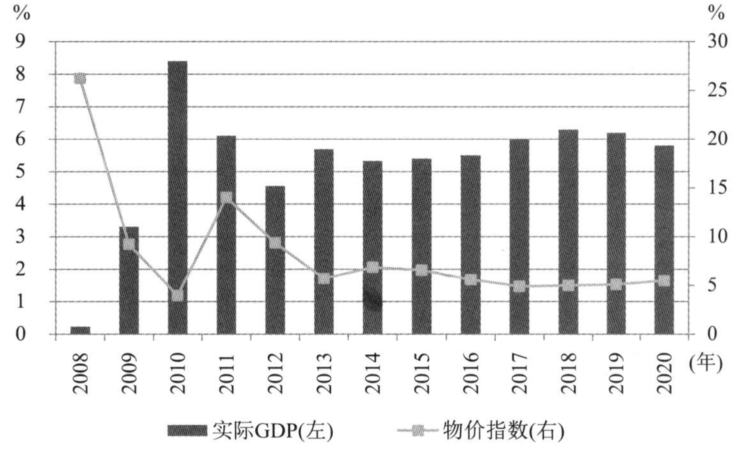

图 2-5-21　肯尼亚实际 GDP 增长率与通胀率变化趋势（2008—2020 年）

资料来源：EIU，Country Forecast——Kenya，2016。

货币政策面临两难选择，长期仍以稳健政策为主。肯尼亚中央银行将保持 11.5% 的基准利率，以降低短期内的通胀预期并保持物价稳定。由于食品和燃料价格下降使得通胀增速放缓，但非食品类、非燃料类商品消费增加以及消费税征收将提升通胀预期。预计央行将继续保持稳健的货币政策，并开始积极管理流动性。受先令贬值影响，2015 年 6 月央行就曾将基准利率从 10% 提升至 11.5%，而国内经济增速缓慢、全球外汇市场动荡因素使得肯尼亚央行的货币政策面临着“实行量化宽松政策以刺激国内经济发展”与“保持紧缩进行流动性管理以应对先令在汇市中的贬值”的两难选择。图 2-5-22 为肯尼亚国内利率变化趋势，其中 2016—2020 年为预测值。

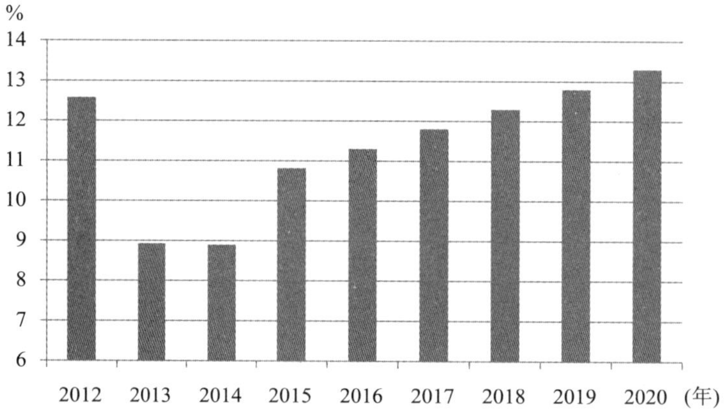

图 2-5-22　肯尼亚国内利率变化趋势（2012—2020 年）

资料来源：EIU，Country Forecast——Kenya，2016。

据财政部公布的 2016/2017 财年预算草案，肯尼亚政府已将 2016/2017 年度包括赠款在内的财政赤字预算占 GDP 的比重从 2015/2016 财年（截至 2016 年 7 月 1 日）预估的 8.7% 调低至 8.1%。政府将通过减少财政支出和国内借款来实现该目标。

预计总收入受到税收政策与管理改革所增加的收入影响，将从 2014/2015 财年的 1.36 万亿先令（占 GDP 的 20.8%）增加至 2015/2016 财年的 1.65 万亿美元（占 GDP 的 20.4%）。但政府在基础设施建设、维持国内安全和打击恐怖主义等方面的总支出同时也在增加，预计总支出预算将从 1.81 万亿先令（占 GDP 的 31.6%）增加至 2 万亿先令（占 GDP 的 30.7%）。财政赤字预算将在 2016 年有相对较大幅度的增加，但随着国内税制改革的进行和基础设施的逐步完善，加之国内经济持续增长的影响，赤字规模在未来将有所减少。图 2-5-23 为肯尼亚财政赤字占 GDP 比重的变化趋势，其中 2016—2020 年为预测值。

农业是肯尼亚国内经济结构的主体。受主要出口市场欧盟设立更严格的标准以及国际竞争更激烈的影响，农业收入面临一定的波动风险。以建筑，公用事业和采矿业为主的工业体系将在国内需求的拉动下有所发展。以电信、银行、零售、运输、娱乐和旅游业为主的服务业收入一直占 GDP 比重较大。随着城市化进程对移动通信基础设备、互联网以及金融方面需求的扩张，服务业将快速增长，尤其是零售业与电信行业，将受到中等收入人群的增加而有长足发展。图 2-5-24 为肯尼亚 2000—2015 年三大产业占 GDP 比重的变化趋势。

图 2-5-23　肯尼亚财政赤字占 GDP 比重变化趋势（2012—2020 年）

资料来源：EIU，Country Forecast——Kenya，2016。

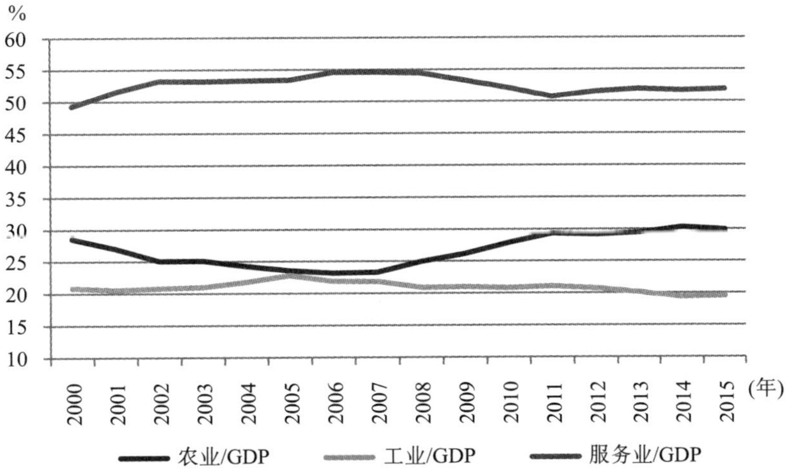

图 2-5-24　肯尼亚三大产业占 GDP 的比重情况（2000—2015 年）

资料来源：EIU，Country Forecast——Kenya，2016。

经常账户赤字水平有所缩小。2015 年肯尼亚国内电力生产有所增加，而燃料进口的减少、能源与粮食生产增加以及其主要出口产品咖啡和茶叶价格的回升使其商品贸易赤字较上一年有较大幅度的收窄。受东非区域一体化和国外需求增加的影响，肯尼亚茶叶、园艺、制造品和矿产品对外出口额将稳定增长，但是国内新兴消费市场对石油、资本和消费品的进口需要更加强劲。因此，预计未来 4 年内肯尼亚贸易收支仍将维持逆差状态，但会小幅收窄。经常账户受旅游业、侨汇收入和地区贸易服务收入的积极影响，赤字水平会有所下降。图 2-5-25 所示为肯尼亚经常账户余额及其占 GDP 比重的变化趋势，其中 2016—2020 年为预测值。

随着肯尼亚国内累计折旧增加，在经常项目长期赤字、国内强劲需求以及美元走强的共同作用下，肯尼亚先令在 2016 年的汇率市场上面临的贬值压力较大。但央行收紧国内货币流动性，国内较为丰富的外汇储备（截至 2015 年 12 月为 70.2 亿美元）、行业发展复苏使得先令不会在短期内出现大幅贬值。未来受主要外汇收入来源项目（茶、园艺产品和旅游）出口减少和进口需求增长影响，经常项目赤字持续扩大，增加先令贬值风险，但肯尼亚在 2016—2017 年度将获得国际货币基金组织 15 亿美元的融资，这将有助于其减轻中短期内的国际收支压力。预计未来持续投资流入将

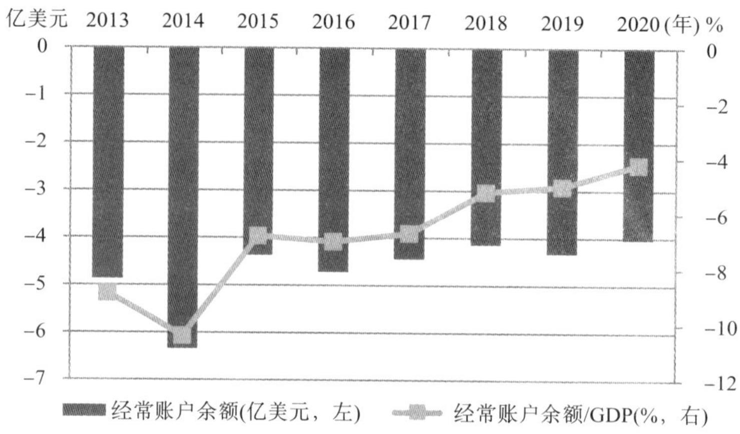

图 2-5-25　肯尼亚经常账户余额及其占 GDP 比重变化趋势（2013—2020 年）

资料来源：EIU，Country Forecast——Kenya，2016。

先令汇率保持在较为平稳的范围内。图 2-5-26 为肯尼亚汇率变化趋势，其中 2016—2020 年为预计值。

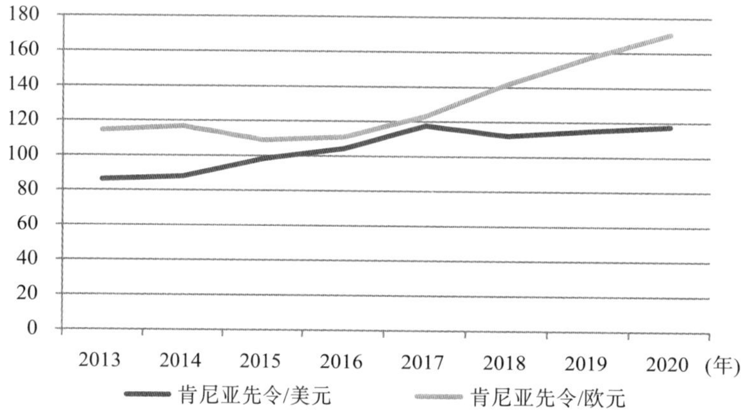

图 2-5-26　肯尼亚汇率变化趋势（2013—2020 年）

资料来源：EIU，Country Forecast——Kenya，2016。

3. 法律与监管风险

法律体系完善独立，但执法成本较高。肯尼亚有着东非地区最发达和独立的法律体系。2010 年肯尼亚通过了新宪法，新宪法对行政、立法、司法三权进行了更为明晰的划分，设立国家最高法院及参议院，取消总理职位。根据新宪法，肯尼亚将设立国家最高法院及参议院，参议院由 47 名议员组成。新宪法还制定了条款限制和监督总统及内阁权力，并且规定，议员不能担任政府部门负责人。这些举措将有效减少腐败和长期存在的社会不公正现象。新宪法将对经济增长，特别是农村和私营经济的发展产生促进作用。肯雅塔上台后保持了法律的相对稳定，法律风险不会明显上升。但肯尼亚仍缺乏训练有素的法律从业者，法律制度中仍存在一些阻碍外国投资的限制条款，如贸易许可和居留权等。预计政府将继续通过改革现有法律体系以保障投资者权利，吸引外资。

肯尼亚的法律制度基于英国普通法构建，并受部落法和伊斯兰法影响，也接受国际法庭的司法管辖。但习惯上，法院进行民事裁决的标准是部落法。尽管现行宪法规定了司法系统的独立性，但行政体系中的腐败常常影响到司法系统的运行。以世界银行2016年营商环境指数中“合同执行”衡量的肯尼亚的执法成本看，肯尼亚在189个国家（地区）中排名第102位，执法成本低于地区平均水平，但总体依旧偏高。

公司法方面，肯尼亚用以规范公司经营行为的法律包括公司法（分别在1959年、2012年修订），合伙关系法案，外国投资保护法，2007年的许可法法案以及投资促进法。其中2004年制定并于2005年开始生效的《投资促进法》对行政和法律程序进行了精简，从而营造了一个更具吸引力的商业环境，但同时对投资者身份有较严格的规定，规定必须是肯尼亚人，而对投资额方面也有最低投资额为10万美元的规定。

司法机构在仲裁程序中对国有企业的保护力度相对较大。例如嘉能公司曾于2015年6月再次向肯尼亚最高法院提出对肯尼亚管道公司归还拖欠其360亿美元债务的诉讼，该项欠款诉讼曾在2012年被肯尼亚高级法院驳回。但政府已开始对政府参与公司经营、控制监督权和所有权等方面进行改革，并提交相应的法案。

与政府签订合同面临的合同变更风险较大。尤其是涉及土地使用项目如农业、建筑、可再生能源和旅游领域内的合同。在合同执行过程中，透明度较低，且法院执行合同受政府干扰较多。肯尼亚在世界银行《2016年全球营商环境报告》中，“合同执行”这项指标上，平均执行时间为465天，执行成本占总成本的47.2%，在189个国家（地区）中排名第102位，合同执行效率较低。目前政府已开始进行有针对性的改革。

4. 税收风险

税收管理制度有待改善。肯尼亚税务局负责估税、征收中央税和执行税法。中央税由直接税和间接税两部分构成：直接税包括公司及个人所得税；间接税包括增值税、关税和国内消费税。地方政府主要征收房产地产税、贸易许可费和服务性收费。虽然肯尼亚连续削减直接税和间接税，但税率仍是地区最高之一；其税收管理制度同样因其复杂性和低效率受到企业的诟病，税收监管法律效率也相对较低，目前正在进行包括削减间接税、改进税收管理方法等在内的税制改革。根据世界银行公布的2016年营商环境指数中“缴纳税款”这一分项指标，肯尼亚在189个国家（地区）中排名第101位。

5. 经营性风险

政府办事效率较低，机构腐败严重。以世界银行2016年营商环境指数中“开办企业”这一项指标来考察肯尼亚政府的办公效率。肯尼亚政府通过机构改革，以期构建一个高效和透明的行政组织，目前政府办事效率有所提升，2016年的排名为第151位，但国内腐败程度依旧较高，从总统到政府机构相关办事人员，均曾被提出腐败指控，这个由旧政府长期遗留的棘手问题也亟待新政府解决。表2-5-21为肯尼亚营商环境各指标值及其排名。

表2-5-21　　肯尼亚营商环境指标及排名

项目	指标	肯尼亚	
		数值	2016年排名
开办企业	程序/个	11	151
	时间/天	26	
建筑许可	程序/个	15	149
	时间/天	146	

续表

项目	指标	肯尼亚	
		数值	2016 年排名
获得电力	程序/个	4	127
	时间/天	110	
注册财产	程序/个	9	115
	时间/天	61	
获得信贷	法律权利指数（0—12）	7	28
	信贷信息指数（0—8）	7	
跨境贸易	出口时间/小时	49	131
	出口成本/美元	1 301	
	进口时间/小时	275	
	进口成本/美元	2 558	
缴纳税款	次数/年	30	101
	总税率/%	37. 1	
执行合同	时间/天	465	102
	成本（占所得收益比重%）	47. 2	
办理破产	时间/年	4. 5	144
	破产框架力度指数（0—16）	514	

资料来源：World Bank，Doing Business 2016：Measuring Regulatory Quality and Efficiency。

（三）肯尼亚未来发展预测和投资机会分析

1. 政治前景

肯尼亚政治前景展望稳定，但潜在的动荡因素依旧存在。肯尼亚下届总统和议会选举预定于 2017—2018 年举行，现任总统肯雅塔面临着较为稳定的政治局势：2013 年 3 月实现和平选举以及权力平稳交接。在 2010 年宪法基础上进行的改革，预示着肯尼亚政局结构的重大变化：对权力界限有着更清晰的区分，将权力下放到下属的 47 个区内。尽管政府承诺将进行更加负责任和更加高效透明的治理，但是在权力从高度集中到下放地方的转型过程中，可能会加剧中央决策与地方执行之间的矛盾。除此之外，青年党高调进行的恐怖袭击威胁也暴露出肯尼亚国内安全机构的内在缺陷，与恐怖主义相关的安全风险仍然处于高位。总统与副总统代表的党派之间冲突则是政局不稳定的另一个潜在来源。

政策框架逐步完善，但社会矛盾依然长期存在。肯尼亚制定了“愿景 2030”战略，目的是实现年均 10% 的实际增长率，并转型为新兴市场国家。尽管国内已经开始逐步实施 2010 年的新宪法，希望为治理和提升体制效率构建一个良好的政策框架，但腐败问题仍然极大限制了该战略的实施。更透明和负责任的机构、来自社会民众的压力和国际合作的加深等因素可能将在未来改善腐败问题。土地改革和长期存在的所有权纠纷以及就此产生的暴力冲突将是政府面临的另一个关键挑战。肯尼亚政府将继续奉行市场改革和在财政上的强权管理模式，同时着眼于推动肯尼亚向发达市场发展。

贫富差距过大造成社会安全隐患。联合国开发计划署（UNDP）最新数据表明，肯尼亚的基尼系数达到47.7，比邻国乌干达、坦桑尼亚和埃塞俄比亚更高。而且，肯尼亚国内少量精英阶层与占贫困人口之间的差距呈持续扩大态势，将增加社会安全隐患。

2. 经济预测

肯尼亚宏观经济基础较为薄弱，但国内政局稳定使得经济能够以较为平稳的速度发展。肯尼亚政府致力于为国内构建一个有利于发展经济的宏观经济框架，预计在政府、国内市场以及国际原油价格下降的驱动下，未来肯尼亚宏观经济将会以较好的态势发展。

肯尼亚国内生产总值较低，但国内经济发展潜力较大。肯尼亚的国内生产总值较其他一些非洲国家更加受到新经济领域带来的影响，如手机银行的使用，因此肯尼亚已在农业、制造业、建筑业和金融服务、零售、运输和通讯业内逐步放开外资管制。据2014年9月肯尼亚国家统计局公布数据显示，2013年肯尼亚的名义GDP为553亿美元，而2007—2013年实际国内生产总值增长率为年均5%。

政府将维持适度的财政刺激政策，外债预期逐步降低。肯尼亚将维持财政刺激政策，但为了将债务保持在较为审慎的范围内，货币当局有减少赤字预算的打算。据权威预测部门估计，由于资本项目、经常项目下公共部门工资支出以及转移支付持续增加，尽管加强了征税力度，肯尼亚2014/2015年度的财政赤字仍上升到占GDP的7.3%，预计基础设施项目的支出增加将在2015/2016年度将该数值拉升到占GDP的8.1%，但伴随着国内经济持续增长，这一数值在2018年将下降到占GDP的5.1%。

经常项目赤字长期存在，但不会持续扩大。预计经常项目赤字将从2014年占GDP的10%逐渐萎缩至2019年占GDP的3.1%，未来国内将出口更多高附加值的产品，如茶叶和矿产品，并与EAC内国家经济一体化程度加深，从而推动肯尼亚对制成品的需求，肯尼亚将从EAC条款中受益。尽管消费品的进口需求将保持强劲增长，但2015年石油价格下降将减少进口费用。预计经常账户在2015—2019年仍将存在，但石油出口以及无形收入（尤其是旅游、侨汇和服务贸易）的扩大将限制赤字的进一步扩大。

工资持续上涨，私人消费未来提升空间较大。工资在多年的高通胀后已经开始逐步上升，这有助于减少低收入人群并培养更多的中产阶级，预计实际工资和可支配收入将保持上升。

由于低收入家庭占肯尼亚国内消费群体中的主要部分，作为一个农业国，绝大多数私人消费都集中在满足日常需要的产品上。但伴随着可支配收入的增长、中产阶级增加以及城市化进程加速，食品占支出的比例将逐渐减少，在交通和通信、教育、卫生、娱乐、移动电话和相对昂贵的耐用消费品方面的支出将逐渐上升，但幅度不大。

外国直接投资基础薄弱，但未来将有显著上升。尽管外国直接投资基础较为薄弱，但预计未来5年内流入量将有显著上升。联合国贸发会议发布的世界投资报告显示，2009—2013年肯尼亚FDI的平均年流入量为2.08亿美元，2013年升至5.14亿美元。受大量中产阶级消费需求增加、市场改革加速、东非共同体经济一体化程度加深的影响，预计肯尼亚在2015—2019年期间的外国直接投资年均流量达到12.4亿美元。

总的来说，尽管经济基础薄弱，未来肯尼亚的实际GDP将在基础设施投资、石油价格走低等利好消息的刺激下平稳快速增长，而私人消费也将伴随可支配收入的增加而有较好表现。2016年肯尼亚的主要经济指标预估值见表2-5-22。

表 2-5-22　　肯尼亚主要经济指标预测（2016—2019 年）

指标＼时间	2016 年	2017 年	2018 年	2019 年
实际 GDP 增长率/%	5.5	6.0	6.3	6.2
私人消费/百万美元	5.5	5.8	5.7	5.6
政府消费/百万美元	6.4	6.8	7.2	6.7
固定资产投资/百万美元	5.3	5.8	6.5	6.8
出口/百万美元	5.5	7.0	8.7	8.9
进口/百万美元	5.8	6.5	6.8	7.1
国内需求/百万美元	5.6	6.0	6.1	6.0
农业/百万美元	5.0	4.7	4.8	5.0
工业/百万美元	6.5	7.2	8.0	8.2
服务业/百万美元	5.3	6.1	6.3	6.0

资料来源：EIU，Country Forecast——Kenya，2016。

3. 营商环境

肯尼亚的营商环境总体相对较差。根据 EIU 的预测，从 2015 到 2020 年，肯尼亚商业环境的总体水平将从 2010—2015 年的 4.25 增长到 2016—2020 年的 5.02。排名从 2010—2015 年的第 76 名上升到 2016—2020 年的第 74 名。地区排名将从 2010—2015 年的第 14 名上升到 2015—2020 年的第 13 名（见表 2-5-23）。

表 2-5-23　　肯尼亚营商环境排名

指标值[a]		全球排名[b]		地区排名[c]	
2011—2015 年	2016—2020 年	2011—2015 年	2016—2020 年	2011—2015 年	2016—2020 年
4.25	5.02	76	74	14	13

注：a，1 < 估值 < 10；b，在全球 82 个国家（地区）中；c，在 17 个国家（地区）中，包括阿尔及利亚、巴林、埃及、伊朗、以色列、约旦、科威特、利比亚、摩洛哥、卡塔尔、沙特阿拉伯、突尼斯、阿联酋、安哥拉、肯尼亚、尼日利亚以及南非。

资料来源：EIU，Country Forecast——Kenya，2016。

政府将进一步进行经济政策改革，解决长期存在的结构性瓶颈问题。肯尼亚在中期面临的主要经济政策挑战是如何缓解如基础设施不足等结构性制约问题，这是阻碍经济高速增长的重要因素。政府实施持续的财政刺激政策，如在交通运输、能源、网络方面的建设，以及进行如放松管制和促进私有化等措施，这些措施将逐步减少对经济的制约，并能促进对经济的投资。同时，也将大力推行有管制的贸易自由化。但是来自外部经济体疲软、国内社会矛盾、干旱天气以及出口商品价格波动带来的负面影响将削弱国内的政策效果。肯尼亚与国际基金组织保持较为良好的关系，并且在 2016 年 1 月获批一项价值 6.88 亿美元的备用信贷项目，是肯尼亚经济在受到不利冲击的前提下用以作为财政支撑的款项。与此同时，肯尼亚政府也进一步致力于国内改革，以解决腐败和管理不善的问题。

政府鼓励私营企业的构建，私有化进程逐渐加速。肯尼亚鼓励民营企业成立以及自由市场的建设，并将在未来进一步放松管制和加快私有化进程，但由于成本高企，一些重要的企业将继续由国家控制。从2007年开始放松对私营企业的管制，但2008年大选后的暴力事件使得私有化进程放缓，2010年的宪法公投和2013年的大选继续促进改革的进行。中央政府与地方政府之间的矛盾可能将影响关于公私合营的PPP法的实施。

税负较重且税制复杂的问题可能被新税制改革解决。肯尼亚的税负程度较重，征税范围广泛且税制复杂，如个人所得税税率为30%，企业所得税为37.5%，针对外国投资者则实施优惠税率，而目前进行的改革目标为减少企业税负并简化程序，尽管将对通胀以及新税制中的退税延迟可能对一些企业的成本造成短期影响，而且在外商投资领域内的改革较为敏感，过高的税负可能影响对国内的投资，但总体来看，更加透明和公平的新系统能够促进国内构建一个更完善的营商环境。

基础设施领域内投资增加，促进经济快速增长。在公共部门与私人部门共同对基础设施的投资、国内旺盛的需求以及更紧密的经济一体化因素拉动下，2015年肯尼亚的实际GDP增长将增加至5.7%，但欧元区经济维持疲软状态，而一些长期存在的制约经济增长的因素如社会安全程度不高、基础设施瓶颈等因素将持续限制经济在未来的发展。3—5月进入雨季，这会对农业和水电业造成负面影响。恶劣天气将推高食品价格，从而削弱由石油价格下跌对国内经济的正面促进作用。

2016—2019年国内经济增长将保持强劲态势，预计将以6%的均速增长。中产阶层扩张、城市化进程、东非共同体的构建、结构性改革以及对基础设施投资持续增加等因素均为经济增长的利好因素，但利差因素，如基础设施瓶颈和技术缺乏等结构性缺陷、农业发展过度依赖天气情况等因素也将长期存在。总之，经济将保持相对较快的速度增长，并将受益于石油价格下降。

人口持续增加，劳动力供应丰富，但非正式就业比例依旧高企。肯尼亚国内人口保持高速增长，尽管预测增长将从2015—2030年的2.4%减缓至2031—2050年的2%，但城市化和收入水平将增大家庭规模。总人口有望从2015年的4 610万人上升到2050年的9 790万人，平均寿命也将延长。劳动年龄人口将在2015—2050年期间继续以高于总人口的增速增长（2.5%/年），这将有可能转化为更高的收入和更多的人口红利。

但肯尼亚的劳动力市场仍然面临正式就业率较低（约占20%）、失业率高（约占40%）和技能短缺的问题。此外，即将进行的劳工制度改革如增加最低工资标准等措施的出台将增加企业运营成本；与此同时，企业面临的另外一个挑战是由于基础教育与高等教育制度不合理造成的人才的严重短缺。为了解决该问题，政府曾在2008年推出中学义务教育并计划改革和扩大第三产业。从2015年开始，肯尼亚将采取一系列包括建立一个技能数据库等措施，以解决特定技术人才短缺的问题。而受移动电话和互联网使用率的快速增长支撑，通信技术有了较好的发展，预计改革和需求增加将为未来的劳动力市场提供更多的技术人才。

总体来看，肯尼亚目前的商业环境较差，政党更迭导致国内政治环境较为动荡，但长期内有企稳趋势，宏观经济环境相对较好，中产阶级的崛起促进国内市场扩张；尽管投资基础较为薄弱，但国内丰富的自然资源和劳动力使肯尼亚成为一个发展潜力巨大的国家；投资政策鼓励私人在某些行业内投资，目前逐渐放松对电信、银行等行业内的投资政策；进口需求市场巨大，而出口潜力也有待被发掘；劳动力资源丰富，但普遍接受教育程度较低，基础设施极为薄弱，影响到经济的长期高速发展。肯尼亚2016年的商业环境评级与展望见表2-5-24。

表 2-5-24　　肯尼亚商业环境评级与预测

指标	价值指数[a]		全球评级[b]		地区评级[c]	
	2010—2014 年	2015—2019 年	2010—2014 年	2015—2019 年	2010—2014 年	2015—2019 年
总评	4.31	4.62	78	78	14	14
政治环境	2.6	2.7	81	80	16	15
政治稳定性	2.9	3.3	81	80	17	16
政治有效性	2.3	2.3	80	79	15	15
宏观经济环境	6.1	5.8	59	75	11	13
市场机会	3.9	4.1	66	71	14	16
对私人公司和竞争的政策	3.5	4.5	71	71	12	12
对外国投资者的政策	5.1	5.5	67	65	12	11
对外贸易和汇率管控	4.2	5.1	76	72	12	11
税收	4.9	5.3	73	67	13	9
融资	4.4	4.8	67	70	13	13
劳动力市场	5.2	5.1	64	71	8	11
基础设施建设	3.4	3.4	79	80	15	16

注：a，最高为 10；b，在 82 个国家（地区）中；c，在 17 个国家（地区）中，包括阿尔及利亚、巴林、埃及、伊朗、以色列、约旦、科威特、利比亚、摩洛哥、卡塔尔、沙特阿拉伯、突尼斯、阿联酋、安哥拉、肯尼亚、尼日利亚以及南非。

资料来源：EIU，Country Forecast——Kenya，2016。

4. 投资机会

2007 年肯尼亚政府制定了《2030 年远景规划》，其核心目标是要实现 GDP 年均增长 10% 以上，到 2030 年将肯尼亚建成新兴工业化、中等发达和具有国际竞争力的国家。肯尼亚据此制定了 2008—2012 年第一个五年中期发展规划，取得阶段性进展，并发布了 2013—2017 年第二个五年中期发展规划。肯尼亚远期和中期发展规划均将能源、公路、铁路、港口和通讯等基础设施建设视作实现经济腾飞的基本要素，列为优先发展领域。在基础设施显著改善的基础上，重点发展旅游、农业、批发零售业、制造业、采矿业、服务外包和金融服务等产业，这正是中国企业的比较优势所在。

总的来说，受营商环境、政局动荡、劳工制度税制等国内改革措施的实施等因素影响，未来在肯尼亚的投资具有较大的不确定性，但同时也面临着不断崛起的中产阶级带来的巨大消费市场，不断开放的行业带来的投资机会以及日益完善的政治与经济框架等因素带来的巨大机会。

摩洛哥

（一）摩洛哥投资概览

国家基本信息简表

中文名称	摩洛哥	英文名称	The Kingdom of Morocco
建国日期	1957 年 8 月 14 日	领土面积	45.9 万平方公里
所属洲	非洲	时区	UTC +0
首都	拉巴特	国际电话区号	+212
主要城市	达尔贝达、阿加迪尔、马拉喀什		
人口	3 350 万人	主要民族	阿拉伯族（75%）、柏柏尔族（20%）
人口密度	73 人/平方公里		
语言	法语、阿拉伯语为官方语言	主要宗教	伊斯兰教（99%）
政体	君主立宪制	法律体系	大陆法系
政党	公正与发展党、独立党、人民运动联盟党团、进步与社会主义党、全国自由人士联盟、真实性与现代党、人民力量社会主义联盟、宪政联盟	换届时间	2016 年 11 月（议会选举）
道路通行	靠右行驶	货币	迪拉姆（MAD）

2015 年主要金融与投资数据

名义 GDP	1 090.06 亿美元	FDI 流入量	2015 年	37.07 亿美元
国际储备	242.968 亿美元		2014 年	35.82 亿美元
汇率水平（MAD/USD）	9.85	FDI 流出量	2015 年	5.657 亿美元
外债余额/GDP	30.8%		2014 年	4.714 亿美元
财政收入/GDP	28.8%	FDI 内存量	2015 年	548.99 亿美元
财政支出/GDP	34.5%		2014 年	511.92 亿美元
货币供应增长率（M2）	3.9%	FDI 外存量	2015 年	15.18 亿美元
通货膨胀率	14.264%		2014 年	20.833 亿美元
存款利率	4.8%	商品出口（FOB 价）		193.516 亿美元
贷款利率	17.1%	商品进口（FOB 价）		350.91 亿美元
中国与摩洛哥双边投资概况				
中国对摩直接投资流量（2014 年）	0.1144 亿美元	中国对摩直接投资存量（2014 年）		1.1444 亿美元
中摩双边投资协定	目前暂未签订			
中摩双边本币互换协议	目前暂未有已存在的双边本币互换协议			
投资优惠措施和利润汇出限制	根据 WEF 发布的《2015—2016 年全球竞争力报告》，摩洛哥在竞争力排名方面得分 4.2 分（4.2/7），排名第 72 名（72/140）。实施外汇管制，资本、利润和红利汇回设限			

（二）摩洛哥投资风险分析

根据中国出口信用保险公司出版的《国家风险分析报告（2 015）》，摩洛哥2015年的风险评级为6（6/9）级，主要风险见表2－5－25。

表2－5－25　　2015年摩洛哥主要风险概述

风险类别	风险描述
宏观经济环境	经济增速放缓，货币贬值压力大
政治环境	政局较为稳定，但国内示威游行活动频繁，领土纷争问题缓和
法律与监管	法律体系健全，宪法改革取得一定成效
政府效率	政府在一些投资领域对本国企业实行保护政策，投资成本和风险提高
金融及国际贸易与支付	金融体系较为完善，通胀水平低位运行，国际储备规模继续扩大，但外债偿付压力持续增长
社会治安	恐怖主义威胁尚存，国内犯罪率较低，但偷抢活动时有发生
税收政策	税收强度正在加强，企业经营压力逐渐增大
基础设施	基础设施较为完善，财政支出倾向基础设施投资
劳动力市场	失业率高，罢工风险突出，注重本地劳工保护
社会文化	伊斯兰教盛行，中摩文化差异较大

2015年，摩洛哥政治和经济稳定发展，投资环境良好，投资风险相对较低。摩洛哥政权掌握在由伊斯兰领导的联合政府手中，其狭隘的利益追求限制了政府对司法和行政的改革力度以及对腐败的打击程度。尽管如此，摩洛哥整体的投资环境却不断改善，这种改善多受益于各种国际协议的支持，比如欧盟联合条约和美国自由贸易协定等。当前，外汇流入停滞加上较低的旅游收入使欧洲经济的外部需求表现疲软，持续拖累摩洛哥经济发展。但相对于地区其他竞争者而言，摩洛哥的经济前景还是良好的。这主要得益于国家稳健的经济政策、良好的贸易伙伴关系、开放型经济以及较低的油价。

虽然总体投资风险较低，但各种潜在的风险问题仍不容忽视。首先，尽管摩洛哥安全体系完备，但激进的伊斯兰主义者对旅游地区的攻击和威胁仍日益严重，特别是在马拉喀什和索维拉两地；其次，年轻人的失业率也为激进的运动者提供了暴动理由；同时，不仅摩洛哥和阿尔及利亚支持阵线之间的长期领土争端问题难以得到调解，双方就自主及领土地位的争议也增加了民间动乱的风险，这些都对海上石油钻井项目的开展产生负面影响。

本报告主要从政治风险、宏观经济风险、法律与监管风险、税收风险、劳工风险和经营性风险等方面对摩洛哥投资风险进行分析。

1. 政治风险

摩洛哥政局稳定，但存在临时性局部抗议和动乱的可能。与北非其他国家相比，摩洛哥的政治最为稳定。主要取决于穆罕默德六世国王的群众威望较高和其推进的一系列改革措施较为深入人心。摩洛哥宪政改革始于1998年，最近一次改革即2011年7月的全民公投。此次公投表面上削弱了国王在议会及政府中的直接权利，但实际上，国王在安全、司法和宗教中的行政权力仍是不受限制的。部分地区的恐怖袭击、对补贴缩减的抗议、居高不下的失业率、腐败以及养老金改革依旧不断困扰着摩洛哥政府，但多为临时性局部抗议或动乱，摩洛哥整体的政治风险稳定可控。

联合政府内部党派纷争不断。伊斯兰正义与发展党（简称“正发党”）是摩洛哥众议院的第一大党，在395个议席中占据107个席位，但联合政府中四分之三的党派都曾对其进行过公开指责。尽管正发党在摩洛哥境内受到了多数民众的支持，但执政限制意味着改革的缓慢，由此导致的民众不满情绪正在积累，很有可能在未来集中爆发，引发一系列抗议活动。正发党面临着改革压力。

正发党支持率下降，但执政地位依然稳固，通过“区域发展战略”迂回解决领土争端。2014年，政府暂停了汽油和燃料补贴，补贴总额减少为2012年各项补贴总额的一半。此项举措对富裕家庭影响显著，对贫困民众的生活稳定也有一定帮助，但因缺少基本生活所需补贴，仍然无法解决社会的贫富差距问题。正发党在最新的民意调查中支持率有所下降，但其在所有政党中的主导地位短期内仍不会改变。为解决城市化发展带来的诸多问题，强化医疗建设和行政协调，2015年起，摩洛哥开始实施“区域发展战略”。其中，最为重要的一项措施是对西撒哈拉赋予更大的自主权，也将其行政系统与摩洛哥各区域进行了统一，但西撒哈拉独立阵线仍然坚持反对此项措施，并坚决否定摩洛哥提出的自治方案。未来，随着对西撒哈拉沿海碳氢化合物的不断开发，摩洛哥方面势必会将“区域发展战略”作为一项关键战略进行部署，以此增强其在该地区的执政合法性。

2. 宏观经济风险

经济结构失衡，失业率问题明显。在过去的十年间，摩洛哥政府通过谨慎的宏观经济政策和机构改革促进了经济的健康发展，并使其成为该地区最为开放的经济体之一。即使政府对经济改革有着坚定的承诺，但要改善商业环境、改革教育体制、扩大私营部门的参与范围，还有许多工作要做。例如推广以服务和出口为导向的产业活动、深化金融业改革等，通过这些措施使国家经济多元化，摆脱农业部门增长的波动性对总体经济的冲击。然而就目前形势来看，国家的经济表现仍与地方农业部门有着很大的关联，周期性干旱等农业灾害极易导致经济发展的低迷。同时，摩洛哥平均失业率常年保持9%以上，城市青年的失业率甚至接近20%，因此，解决青年人的就业问题显得尤为重要。

2016年由于农业产量下降，摩洛哥经济增速将大幅放缓。2015年，充足的雨量帮助摩洛哥农业部门获得了可观的收入，从而使当年的实际GDP增速达到4.4%。而2016年负的挤出效应和干旱等自然灾害，使农产品产出大幅减少。因此，2016年摩洛哥经济前景并不乐观，预计实际GDP增速将降至1.9%—2.1%。当2017—2018年农业生产恢复正常后，经济增长将会反弹至4%—4.5%。摩洛哥实际国内生产总值增长水平见图2-5-27，其中2016—2020年为预测值。

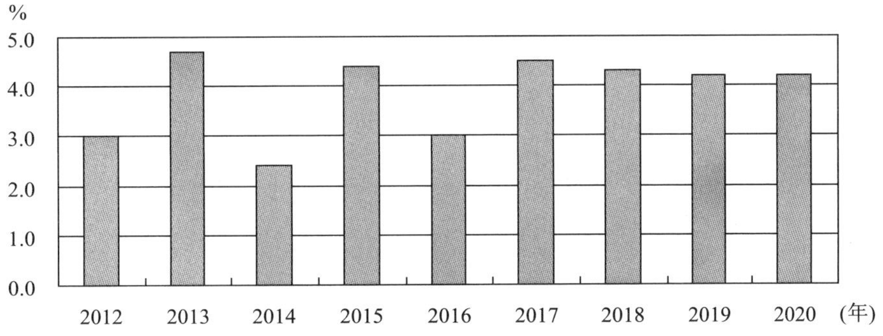

图2-5-27　摩洛哥实际GDP增长水平（2012—2020年）

资料来源：EIU，Country Forecast——Morocco，2016。

财政缺口连年减小，财政赤字逐步改善。经历了几年的动荡后，尤其是在北非政局动荡后，摩洛哥的经济稳定性在逐步好转。2012年，摩洛哥财政赤字将近7%，到2015年，财政状况已得到改善，令这一指标下降为4.2%，并且预计在2016年将得到进一步改善，维持在3.6%左右。该现象标志着摩洛哥在经济问题上得到了相当大的改善，其中一个重要原因是在2011年北非政局变革之后，摩洛哥政府将控制财政赤字的问题作为首要任务。摩洛哥政府为巩固其财政状况，预计将在2016—2020年期间逐步缩小预算赤字。尽管一些基本品的补贴（特别是食品以及烹调燃气）仍有，但在2015年取消昂贵的燃料补贴后将给财政带来明显宽松的环境。2016年，政府暂停了预算中155亿迪拉姆（15亿美元）的补贴支出，进一步改善财政赤字。同时，养老金改革政策也将有助于缓解公共财政的长期压力。在摩洛哥经济稳定增长的大背景下，上述改革措施加上适度的税收政策，将有效缩小摩洛哥的财政缺口。预计将从2016年的4%缩减到2020年的3.1%。摩洛哥的财政赤字占GDP的比重参见图2-5-28，其中2016—2020年为预测值。

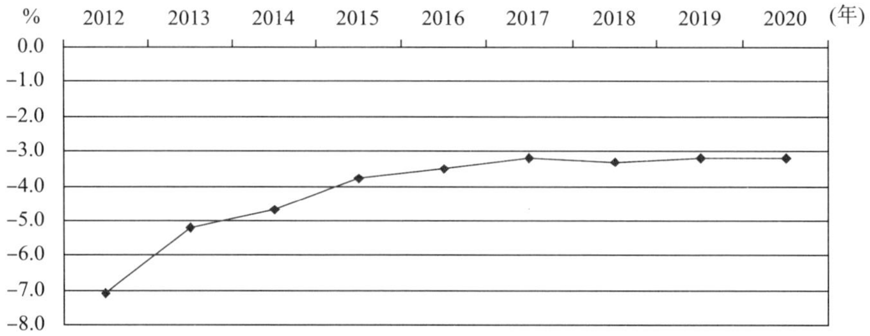

图2-5-28　摩洛哥财政赤字占GDP的比重情况（2012—2020年）

资料来源：EIU，Country Forecast——Morocco，2016。

外债规模开始走低，贸易状况转好。公共债务方面，2009—2014年，其规模从GDP的46%上升到了63%，但随着补贴改革政策的实施，摩洛哥外债规模将在2015—2016年开始走低，并在中长期内持续减少。对外贸易方面，贸易和经常账户赤字会在2015—2016年得到极大改善，从前几年占GDP的8%降低到1%—2%。这种改善不仅依赖于来自欧元区的资金流入，同时也与原油进口成本的降低有关。摩洛哥的外债占GDP的比重参见图2-5-29，其中2016—2020年为预测值。

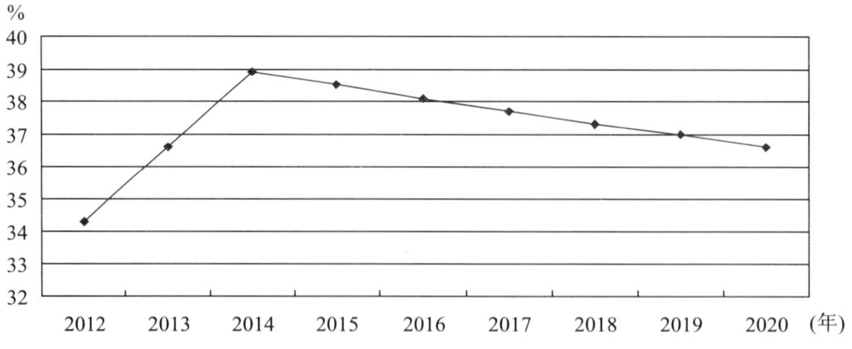

图2-5-29　摩洛哥公共债务占GDP的比重情况（2012—2020年）

资料来源：EIU，Country Forecast——Morocco，2016。

短期内迪拉姆将跟随欧元持续步入下行走势。2016年上半年，迪拉姆兑美元的下行压力逐步增强，并且在短期内，这种压力还会随着欧元兑美元的下行走势不断增大（欧元在迪拉姆一篮子货币机制中仍然占有很大权重)。针对美联储于2016年下半年采取的预期加息，欧洲央行在3月制定了量化宽松计划和进一步降息等措施，这些措施无法使欧元疲软的态势得到明显改善，但能够使欧元在2016年中期逐步摆脱汇率最低点的位置。目前，摩洛哥已经修改了一篮子货币机制中欧元的比重，并采取更为灵活的汇率管理机制。可以预见迪拉姆与欧元的关联性将有所降低，但是总体上，迪拉姆在2017—2018年期间，仍将追随欧元的改善态势。摩洛哥迪拉姆汇率水平见图2－5－30，其中2016—2020年为预测值。

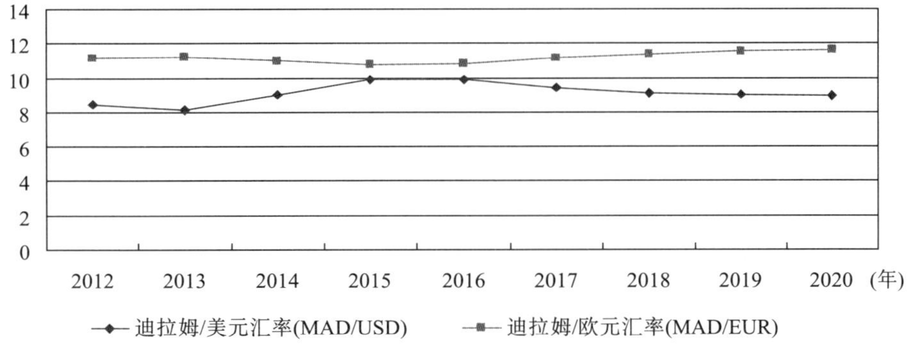

图2－5－30 摩洛哥迪拉姆与美元和欧元汇率（2012—2020年）

资料来源：EIU，Country Forecast——Morocco，2016。

继续保持适度宽松的货币政策。为了使摩洛哥经济能够更好地对冲外部冲击，摩洛哥央行表示将从2016年起实行一系列重要的改革措施，用于改善迪拉姆对欧元的依赖情况，以稳定迪拉姆汇率。自2014年起，摩洛哥央行一直保持着2.5%的官方利率，短期内，预计央行将继续实施适度扩张的货币政策，即保持相对温和的通胀率和相对较低的信贷增长。如果欧洲央行在2020年提高利率，摩洛哥有可能会仿效跟进。

3. 法律与监管风险

法律制度逐步健全，司法系统改革进程依旧缓慢，社会制度亟待变革。2012年，摩洛哥成立了新的商业法庭，通过使商业法律程序标准化，为外商投资企业提供了公平、公正的营商环境。投资者获得了一定保护，外币兑换和利润汇回都在较为宽松自由的规则下进行。但是，摩洛哥司法系统始终是一个弱点，政治因素会对司法判决产生影响并导致法律缺乏执行力度。国王穆罕默德六世在2012年5月签署了对司法系统进行广泛改革的法案，但是收效甚微。

摩洛哥政府设立的退休基金存在资金枯竭的隐患，如果不及时采取措施，将在2050年前枯竭。政府提倡的关键措施之一是延迟退休年龄，虽然这一措施遭到很多贸易机构的反对，但政府必须在提高最低退休金、最低工资标准和尽力减少政府开支的节俭政策之间寻求平衡。

4. 税收风险

总体税负较高，纳税效率低下，税收改革进展缓慢。总体来说，摩洛哥企业的税收负担很高，这是因为在基本的企业所得税外还有其他名目繁多的关于财产和收入的税项。同时，在摩洛哥交税的手续十分繁琐，交税所需时间和所需流程均超过了地区平均水平。政府已经在离岸区域出台了免税政策来吸引投资者，但从长远来看，任何减少税收负担的政策制定进程都会十分缓慢，因为摩洛哥政府倾向于谨慎处理其主要财政收入，不会轻易改变既定政策从而导致财政收入波动，尤其是在当前摩洛哥物价高涨的时期。

近年来摩洛哥税收改革一直进行缓慢并且表现平平，这一趋势在2016年内不太可能得到改善。1984年，摩洛哥政府为了简化财政体制，鼓励提高税制透明度，对税法进行了重大改革。其中包括引入增值税，对企业税、一般所得税和资本利得税也进行了相应的修订。1989年摩洛哥引入了全球所得税法。对政府来说，最大的税收负担是间接税，其占税收总额的比例较大。为解决这一问题，政府通常通过降低征收低收入群体的个人所得税来提高征收率。

5. 劳工风险

劳资关系不佳，罢工对国有经济影响较大，对私营经济影响有限。摩洛哥的运输、纺织行业以及私营企业中经常出现罢工行为。这些行为拥堵交通，影响公共秩序，对经济运行产生负面影响。全社会只有不到6%的劳工加入了工会，并且在现有的19个工会中，只有5个工会有足够的政治影响力。罢工对国营经济部门的影响较大，对私营经济部门的影响有限。政府作为中间人处理劳务纠纷失败后，交由法庭处理，而劳工法又对劳务纠纷的处理缺乏效率。2003年，政府加强了对罢工以及劳务纠纷的法律处理力度，把对罢工的规定纳入宪法，严格界定罢工的定义，使其能够获得法律的保护。政府愿意对工会做出让步，在法律草案中明确规定每年工作时间从48周减为44周，将国营部门以及公私混合经营部门的基本工资上调10%。

6. 经营性风险

摩洛哥整体营商环境良好，政府效率有待提高。摩洛哥良好的运营环境得益于其渐进式的法律改革、外商投资以及各经济领域政策的放宽。政府对经济结构的优化和对法律的改革均为境外投资者提供了良好的经济和法律环境。但低效的官僚体制同时也阻碍了外商投资。具体来说，为保护当地的建筑企业，摩洛哥政府允许招标方在评标时对本国企业实行国民优惠政策，特别是新政府上台后，将该政策扩大至高速公路和高速铁路等行业。摩洛哥项目竞标非常激烈，往往以最低价中标，当地公司享受国民优惠待遇，在马拉喀什至阿加迪尔段高速公路施工的塞尔维亚公司、科威特公司、土耳其公司、葡萄牙公司都因严重亏损相继退出了摩洛哥市场。国民优惠比例最高已提至15%，这种情况对外国公司的投标是极为不利的，即使中标，也会给项目经营带来极大风险。表2-5-26显示了摩洛哥营商环境各指标值及其排名。

表2-5-26　　摩洛哥营商环境指标

主题	指标	摩洛哥	
		数值	2016年排名
开办企业	程序/个	4	43
	时间/天	10	
建筑许可	程序/个	13	29
	时间/天	91	
获得电力	程序/个	5	55
	时间/天	57	
注册财产	程序/个	5	76
	时间/天	30	
获得信贷	法律权利指数	2	109
	信贷信息指数	6	

续表

主题	指标	摩洛哥	
		数值	2016 年排名
跨境贸易	出口时间/小时	104	102
	出口成本/美元	459	
	进口时间/小时	229	
	进口成本/美元	963	
缴纳税款	次数/年	6	62
	总税率/%	49.1	
执行合同	时间/天	510	59
	成本占所得收益比重/%	25.2	
办理破产	时间/年	3.5	130
	破产框架力度指数（0—16）	6	

资料来源：World Bank，Doing Business 2016：Measuring Regulatory Quality and Efficiency。

腐败现象对投资有所阻碍。腐败问题在摩洛哥一直存在，有许多政治精英被牵扯其中，吃回扣和小额贿赂现象盛行。摩政府也采取了多项措施打击腐败，如创设特别法庭、成立中央级预防腐败局等。但腐败牵涉面较广，大量的地方政治人物都面临着腐败或管理不善的指控，腐败和裙带关系可见一斑。因此，目前为止，摩洛哥政府在打击腐败方面尚未获得显著的成效，腐败因素将继续影响摩洛哥投资风险。

（三）摩洛哥未来发展预测和投资机会分析

1. 政治前景

尽管存在着高失业率和收入不平等的社会敏感问题，但在穆罕默德六世国王的领导下，摩洛哥国家整体政局仍能保持平稳。当前政府主要领导方为伊斯兰正义与发展党（PJD），在联合政府执政期间，出台了很多有利于国家政治稳定的政策措施。尽管这些政策实施进展缓慢，但长期仍有助于整体政治稳定。由于大多数政策制定都由国王单独决策，导致民主性不强，多数民众的政治参与度较低。

总体来说，摩洛哥的国家财政状况相对薄弱，会对政治稳定性造成影响，中长期内，民众的不满情绪有可能导致局部抗议活动，但不会威胁整体的政局稳定，特别是在政府正在积极改革的情况下。另外，来自地区极端主义的威胁仍然是摩洛哥主要的安全问题。恐怖主义威胁没有造成系统性风险，但随着“圣战组织”不断发起恐怖威胁，安全风险有上升的可能。例如像摩洛哥和突尼斯这样主要依赖于旅游业的国家，极易成为“伊斯兰国（IS）”的攻击目标。此外，西撒哈拉地区的领土争端问题短期内也无法得到解决。

2. 经济预测

摩洛哥政府的政策目标是通过促进经济增长和减少社会不公平来实现财政地位巩固。从短期来看，虽然通过减少开支会加深公众的不满，但对公共养老金系统进行一次彻底的改革有助于恢复养老金系统的可持续性。尽管劳工组织一直持反对意见，但政府仍然承诺会在2016年继续深化养老金系统改革。持续不断的精简财政方针会增加政策的信用度，国际货币基金组织（IMF）在2014—2016年间给予50亿美元贷款作为流动性信用额度。政府优先加强经济的基础建设，比如提高农业产量和发展旅游运输业，以及加快物流基础设施建设。然而，严重的官僚主义和裙带关系又导致基础设施的建设非常缓慢。经济的现代化还受成熟劳动力缺乏的影响（培养的劳工远不能满足经济增长的需求），经济权力掌握在小部分精英手中，使其发展方向有所偏离。2016 年对摩洛哥的主要经济发展指标预估值见表 2－5－27。

表 2－5－27　　摩洛哥主要经济指标预测（2016—2020 年）

指标 / 时间	2016 年	2017 年	2018 年	2019 年	2020 年
实际 GDP 增长率/%	3	4.5	4.3	4.2	4.2
CPI 增长率/%	1.4	2.4	2.3	2.1	2.2
财政收支余额占 GDP 比重/%	－3.5	－3.2	－3.3	－3.2	－3.2
经常账户盈余占 GDP 比重/%	－1.4	0.0	－1.8	－2.5	－3.0
短期利率/%	3.87	3.98	4.12	4.28	4.54
汇率（MAD/USD）	9.85	9.44	9.12	8.99	8.93

资料来源：EIU，Country Reports——Morocco，2016。

3. 营商环境

2016 年摩洛哥在世界银行公布的营商环境排名中，位列第 75 位，较 2015 年的第 71 位有所下降。2015—2019 年，预测摩洛哥商业环境的总体水平将从 2010—2014 年的 5.05 提高到 5.57 分。在非洲 17 个被统计的国家中，排名上升 1 位，位列第 10 名。在全球范围内，摩洛哥也将从 2010—2014 年的第 70 位上升到第 66 位。这反映出相对于区域内其他国家，摩洛哥因为更加稳定的政治和经济背景而更具商业吸引力。但是在世界范围内，摩洛哥仍处于世界 82 个不发达国家（地区）之列。其较低的世界排名说明其商业发展仍有很多限制性因素，尤其是腐朽的官僚体制、复杂的税负体系、贫乏的劳动力市场和薄弱的基础设施。总体排名的上升说明摩洛哥在很多领域都有所改善，最显著的进步是政策的实施力度有所加强，财政和宏观经济保持了稳定。表 2－5－28 列明了摩洛哥营商环境各指标得分和排名情况。

表 2－5－28　　摩洛哥营商环境排名

指标	价值指数[a]		全球评级[b]		地区评级[c]	
	2010—2014 年	2015—2019 年	2010—2014 年	2015—2019 年	2010—2014 年	2015—2019 年
总评	5.05	5.57	70	66	11	10
政治环境	4.6	5.3	62	54	11	9
政治稳定性	5.1	5.1	58	62	5	8
政治有效性	4.2	5.5	57	40	11	6
宏观经济环境	5.8	6.3	66	64	12	9
市场机会	3.8	4.2	72	65	15	13
对私人公司和竞争的政策	4.5	5.3	63	58	9	8
对外国投资者的政策	5.5	6	64	60	10	8
对外贸易和汇率管控	6.4	7.3	60	54	7	6
税收	4.8	5.1	75	72	15	12

续表

指标	价值指数[a]		全球评级[b]		地区评级[c]	
	2010—2014 年	2015—2019 年	2010—2014 年	2015—2019 年	2010—2014 年	2015—2019 年
融资	4.8	5.5	61	60	10	10
劳动力市场	4.5	5.1	78	73	15	12
基础设施建设	5.9	5.8	55	67	9	10

注：a，最高为10；b，在82个国家（地区）中；c，在17个非洲国家（地区）中，包括阿尔及利亚、巴林、埃及、伊朗、以色列、约旦、科威特、利比亚、摩洛哥、卡塔尔、沙特阿拉伯、突尼斯、阿联酋、安哥拉、肯尼亚、尼日利亚、南非。

资料来源：EIU，Country Forecast——Morocco，2015。

4. 投资机会

目前，摩洛哥正在着力吸收外资，加快工业发展。摩洛哥希望外国企业在工业、新能源、农业、旅游等领域扩大投资，转让技术、创造就业、带动摩洛哥经济发展。其中特别欢迎出口加工型的投资项目。中国提出的“21 世纪海上丝绸之路”战略倡议可以与摩洛哥的发展战略有效对接。中国向摩洛哥进行产业转移，特别是出口加工业的转移大有可为。

此外，对于一个新兴的经济体而言，摩洛哥的消费市场相对较大。但是，市场规模受到了高失业率（其中还有很多未被记录）和较大收入差距的影响。对于农业部门，特别是在乡村地区，由于农业产量极易受到气候等不稳定因素影响，相关工作的收入也会同样被波及而变得十分不稳定。尽管实际 GDP 在稳步扩大，但预测期内的人均收入增长还远远不足以去解决棘手的贫困问题。但从社会发展角度来说，进一步的城市化发展能够为零售业市场提供更多的机遇。

尼日利亚

（一）尼日利亚投资概览

国家基本信息简表

中文名称	尼日利亚	英文名称	Federal Republic of Nigeria
建国日期	1963 年 10 月 1 日	领土面积	92.38 万平方公里
所属洲	非洲	时区	UTC+1
首都	阿布贾	国际电话区号	+234
主要城市	拉各斯等		
人口	1.785 亿人	主要民族	豪萨－富拉尼族、约鲁巴族、伊博族
人口密度	185.3 人/平方公里		
语言	英语	主要宗教	伊斯兰教、基督教、原始宗教等
政体	总统制	法律体系	普通法系
政党	人民民主党（PDP）、全尼日利亚人民党（ANPP）、尼日利亚行动大会党（ACN）	换届时间	2019 年 2 月
道路通行	靠右驾驶	货币	尼日利亚奈拉（NGN）

2015 年主要金融与投资数据

名义 GDP	4 766 亿美元	FDI 流入量	2015 年	33.8 亿美元
国际储备	313.91 亿美元		2014 年	46.938 亿美元
汇率水平（NGN/USD）	196.5	FDI 流出量	2015 年	13.72 亿美元
外债余额/GDP	6.6%		2014 年	16.143 亿美元
财政收入/GDP	3.1%	FDI 内存量	2015 年	961.33 亿美元
财政支出/GDP	4.9%		2014 年	927.53 亿美元
货币供应增长率（M2）	5.822%	FDI 外存量	2015 年	123.51 亿美元
通货膨胀率	9.58%		2014 年	109.79 亿美元
存款利率	9.2%	商品出口（FOB 价）		462.764 亿美元
贷款利率	9.4%	商品进口（FOB 价）		493.04 亿美元
中国和尼日利亚双边投资概况				
中国对尼直接投资流量（2014 年）	1.9977 亿美元	中国对尼直接投资存量（2014 年）		23.2301 亿美元
中尼双边投资协定	2001 年 8 月两国签署《中国与尼日利亚双边投资促进和保护协定》，2010 年 2 月重新签订			
中尼双边本币互换协议	目前暂未有已存在的双边本币互换协议			
投资优惠措施和利润汇出限制	根据 WEF 发布的《2015—2016 年全球竞争力报告》，尼日利亚在竞争力排名方面得分 3.5 分（3.5/7），排名第 124 名（124/140）。实施外汇管制，允许资本、利润和红利汇回			

（二）尼日利亚投资风险分析

根据中国出口信用保险公司出版的《国家风险分析报告（2015）》，尼日利亚 2015 年的风险评级为 7（7/9）级，主要风险见表 2－5－29。

表 2－5－29　　2015 年尼日利亚主要风险概述

风险类别	风险描述
宏观经济环境	经济增长、财政收入、出口创汇下行压力增大，通货膨胀、失业率、奈拉贬值压力增大，外商投资大幅下滑，外债规模进一步扩大
政治环境	政权和平交接，反政府武装活动猖獗，恐怖主义威胁加剧，安全问题依然严峻
法律与监管	司法体系成本昂贵且发展缓慢，法律人员缺失，官僚主义盛行，司法腐败明显，合同违约的系统性风险增大，合同执行或是商业纠纷处理成本高昂，耗时较长
政府效率	政府效率低下，腐败问题根深蒂固
金融及国际贸易与支付	银行和金融业相对发达，有完善的组织和管理机构，但金融诈骗时有发生，外汇储备锐减，货币贬值，股市震荡
社会治安	社会治安问题突出，恶性案件频发
税收政策	税收种类较多，税收成本较高，税收流程耗时，石油相关税制特别需要加以注意
基础设施	交通运输、通讯、电力、供水等基础设施条件差，尤其电力供应严重不足，成为制造业发展的瓶颈
劳动力市场	劳动生产率低，失业问题突出，罢工与抗议时有发生
社会文化	多民族国家，宗教信仰主要有伊斯兰教、基督教、原始拜物教

尼日利亚是西非第一大经济体，人口总量约占西非的60%，位居地区第一位。尼日利亚是非洲能源资源大国，是非洲第一大石油生产和出口大国。截至2015年，已探明石油储量居非洲第2位、世界第10位；已探明天然气储量居非洲第1位、世界第8位；已探明76种矿产中有34种具备商业开采价值。

2015年是尼日利亚总统大选之年，布哈里领导的在野党全面进步大会击败了乔纳森总统所在的人民民主党，历史性地赢得此次大选，实现了政权的和平交接和过渡。新政府成立以来，安全问题依然严峻，社会治安问题突出。2015年，全球原油价格持续走低，不断施压于尼日利亚宏观经济基础，经济增长、财政收入、出口创汇预期短期内下行压力增大，外汇储备锐减，货币贬值，股市震荡，通胀上行。尼日利亚经济改革进入深水区，转型之路任重道远。司法体系成本昂贵且发展缓慢，法律人员缺失，官僚主义盛行。政府效率低下，腐败程度十分严重。税收种类较多，税收成本较高，税收流程耗时。交通基础设施发展相对滞后，电信服务水平有待提高，电力不足制约社会经济发展。

本报告主要从政治风险、宏观经济风险、法律与监管风险、税收风险、基础设施风险和经营性风险等方面对尼日利亚投资风险进行分析。

1. 政治风险

政权和平交接，布哈里“历史性”赢得尼日利亚大选。尼日利亚大选结果于2015年3月31日初步揭晓，布哈里领导的在野党全面进步大会击败了前总统乔纳森所在的人民民主党，历史性地赢得此次大选。自从1960年独立以来，该国曾历经6次军事政变。在过去的16年中，乔纳森领导人民民主党连续执政，但近年来，该国东北部极端武装组织“博科圣地”持续叛乱，执政党应对乏力且贪腐丑闻不断，民间求变呼声很高。布哈里赢得大选满足了尼日利亚人“求变”和“反腐”的主要诉求。

安全问题依然严峻，社会治安问题突出。近年来，尼日利亚小规模武装冲突不断，尤其是在东南部和北部。东南部石油主产区安全形势不断恶化，武装组织长期在该地区袭击外国石油公司。在中部多民族和宗教杂居的乔斯地区，仇杀和爆炸事件也不断发生。北部和东北部地区则有部族、宗教冲突频发。反政府武装活动猖獗，恐怖主义威胁加剧。当地主要的恐怖分子组织“博科圣地”耗费了新政府大量精力。尼日尔三角洲地区是产油的主要地区，本身就增加了军事冲突的风险。长年战乱的乍得湖地区是人民民主党的主要控制区，前任领导者取消了管道监护的合同，增加了运输管道及出口设施遭受大面积破坏的风险。尼日利亚是非洲治安状况最差的国家之一。虽然近年来尼日利亚政府采取了一系列缓解治安状况的措施，但收效甚微。高失业率是社会治安状况持续恶化的主要原因。此外，尼日利亚警力不足、装备落后、工作效率低下，也是导致恶性案件频发的重要原因。

腐败问题由来已久，新政府反腐任重道远。肆意猖獗的贪污腐败造成的引进外资企业计划停滞，国家财政税收将持续恶化。多年的贪污腐败，使国库几乎亏空，反腐的代表人物布哈里主要集中于腐败调查，同时加强管理与监察，逐步整治玩忽职守的反腐体制。2015年6月末，尼日利亚国家石油公司委员会解散，所有的合同与联产协议都面临大规模的反腐调查。

2. 宏观经济风险

经济下行趋势明显。过分依赖油气产业是尼日利亚经济的主要特点，超过90%的出口创汇以及超过70%的政府收入都来源于此。受原油价格低迷的影响，尼日利亚2015年及2016

年经济下行趋势明显。2015 年实际 GDP 增速为 2.2%，2016 年预期将下调至 2.0%。据尼日利亚国家统计局最新公布的统计数据，2016 年第一季度，尼日利亚国内生产总值（GDP）为 21.04 万亿奈拉，同比下降 0.36%，环比下降 13.71%。除了短期的风险，鉴于其经济规模和潜力，以及能源部门、农业、公共服务、基础设施、制造业等大量的投资机会，尼日利亚中长期增长预期还是有利的。

通货膨胀压力增加。短期看，CPI 同比下降，主要是由于能源以及食品的价格下降所致。核心通货膨胀率也会持续下降。中期来看，经济下行风险增加使得 CPI 上浮的变数增大，一方面由于本币贬值，输入性通胀所致；另一方面由于北部农产区受到“博科圣地”武装威胁，导致农产品产量受影响。电费上涨、农产品价格季节性上涨、外汇市场压力传导等因素，则导致尼日利亚国内通货膨胀率不断上升，央行可能进一步收紧货币政策以抵制通货膨胀预期风险。尼日利亚贸易实际 GDP 增长和通货膨胀水平见图 2-5-31，其中 2016—2020 年为预测值。

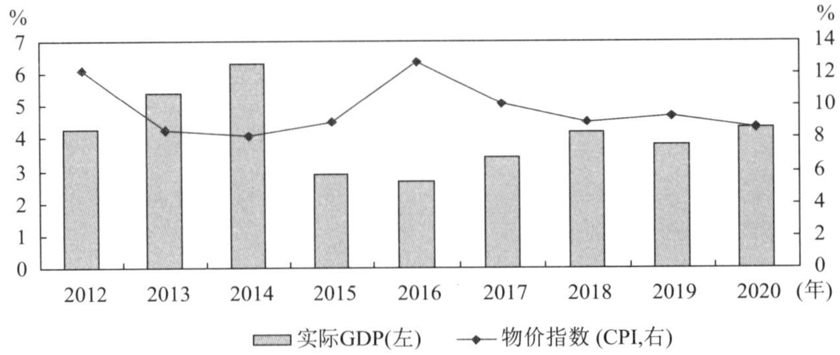

图 2-5-31　尼日利亚实际 GDP 增长和通货膨胀水平（2012—2020 年）

资料来源：EIU，Country Forecast——Nigeria，2016。

统计标准改革后，失业率持续走高。自 2014 年初以来，尼日利亚国家统计局在多个部委及相关国际组织的共同协助下，对尼日利亚有关就业与失业统计概念、方法等进行了重新定义和调整。根据新的统计方法及定义，尼日利亚劳动力人口指 15—64 岁居民，失业人口指周工作时间不足 20 小时居民，不充分就业人口指周工作时间在 20—40 小时居民。调整后，2016 年第 1 季度尼日利亚不充分就业人数为 1 502.33 万人，环比增加 4.21%；失业人数增加 144.92 万人至 948.53 万人，环比增长 18.03%，失业率攀升至 10.4%，是 2014 年第 4 季度以来连续第 6 个季度上升。

财政赤字持续扩大。财政对石油产业依赖度高，尼日利亚政府财政收入主要源自出口，其中石油出口贡献常年超过 70%。2015 年，受油价下跌影响，石油出口对财政贡献度降至 40% 以下，政府财政状况不断恶化。2015 年财政赤字由预计的 110 亿美元上升至 150 亿美元，占 GDP 的比重达 3%。尼日利亚政府收入依赖石油出口这一模式短期难以改变，非石油出口对财政贡献度不足 6%。尼日利亚出口及国际收支顺差继续下滑，对财政收入造成持续压力，预计未来几年赤字将进一步上升。尼日利亚财政赤字及其占 GDP 比重情况见图 2-5-32，其中 2016—2020 年为预测值。

经常项目贸易顺差收窄。据尼日利亚国家统计局统计，2015 年尼日利亚货物进出口总额 16.4 万亿奈拉，同比减少 7.3 万亿奈拉，下降 31%。其中，出口 9.7 万亿奈拉，同比减少 6.6 万亿奈拉，下降 40.3%；进口 6.7 万亿奈拉，同比减少 5 000 亿奈拉，下降 6.9%，贸易顺差 3 万亿奈拉。出口方面，能矿产品仍为尼日利亚主要出口产品，原油出口仍占据主导地位。全年能矿产品出口额

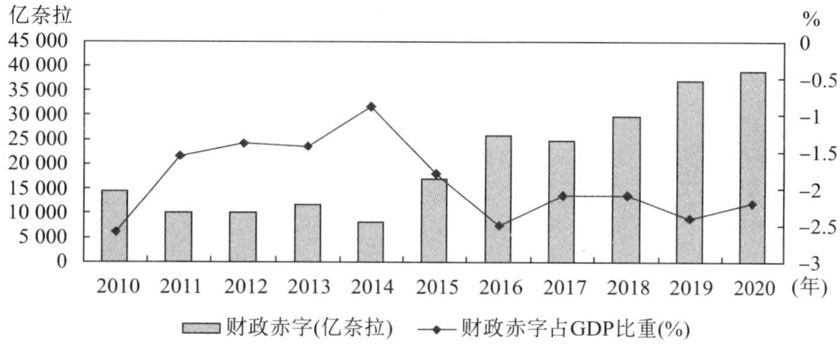

图 2-5-32 尼日利亚财政赤字及其占 GDP 比重情况（2010—2020 年）

资料来源：EIU，Country Forecast——Nigeria，2016。

8.6 万亿奈拉，占出口总额 88.1%。其中，原油出口 6.9 万亿奈拉，占出口总额 71.4%，同比减少 4.9 万亿奈拉，下降 41.6%。进口方面，尼日利亚主要进口产品包括机械设备与交通设施、石油产品及食品，分别占全年进口总额的 32.4%、18.5% 和 15%。

奈拉贬值压力增大，外汇储备规模迅速缩减。自 2015 年 2 月以来，尼日利亚官方外汇市场汇率一直维持在 1 美元兑 197—199 奈拉的区间内。由于出口下降，央行采取措施限制官方渠道购汇，导致市场上美元严重供不应求，平行市场汇率大幅贬值。2016 年美联储预期加息以来，尼日利亚平行市场出现崩盘，奈拉兑美元汇率一度下跌至接近 400:1，目前仍在 1 美元兑 250—350 奈拉区间震荡。与此同时，尼日利亚外汇储备规模迅速缩减，由 2015 年年初的 345 亿美元下降至 2016 年 1 月的 278 亿美元，仅能保证不足 7 个月的进口需求。石油溢价账户和主权财富基金余额也由 2012 年的 110 亿美元降至 2015 年的 37 亿美元左右。近两年油价大跌，凸显了这个非洲最大产油国巨大的货币贬值压力和经济危机风险。尼日利亚汇率水平见图 2-5-33，其中 2016—2020 年为预测值。

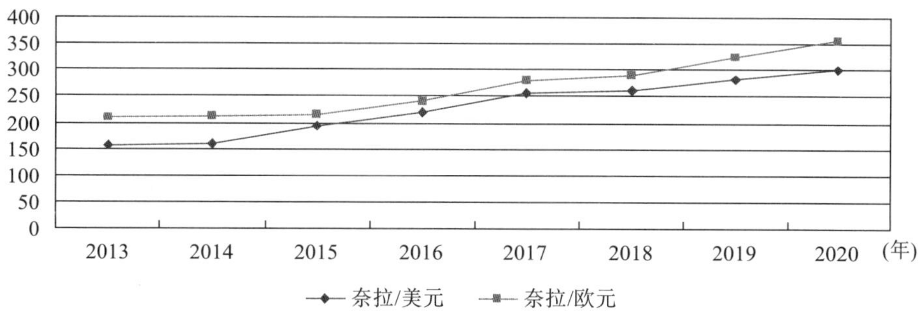

图 2-5-33 尼日利亚汇率水平（2013—2020 年）

资料来源：EIU，Country Forecast——Nigeria，2016。

央行调节施政空间压缩，银行体系流动性收紧。2015 年 11 月后，货币政策委员会消减货币政策利率 200 基点至 11%（之前为 13%），超额准备金率降至 20%（之前为 25%），在基准利率上，引入上浮 200 基点、下浮 700 基点的不对称调控区间。鉴于 2016 年前 2 个月尼日利亚消费者价格指数（CPI）分别同比上涨 9.6% 和 11.4%，均高于尼日利亚央行的调控基准线 9%，且有继续上升趋势，尼日利亚央行决定上调基准利率 100 个基点，即由当前的 11% 上调至 12%；允许基准利率上浮不超过 2%、下浮不超过 5%，较此前的上浮不超过 2%、下浮不超过 7% 有所收窄；将存款准备金率（CRR）由此前的 20% 上调至 22.5%，收紧银行体系流动性。尼日利亚利率水平见图 2-5-34，其中 2016—2020 年为预测值。

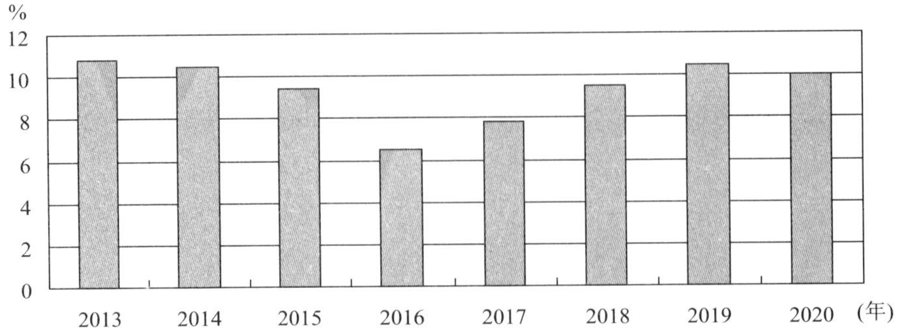

图 2-5-34 尼日利亚货币市场利率中期展望（2013—2020 年）

资料来源：EIU，Country Forecast——Nigeria，2016。

外商投资大幅下滑，外债规模进一步扩大。2015 年尼日利亚吸引外资 96.43 亿美元，下降 53.53%。据尼日利亚债务管理办公室（DMO）最新发布的统计数字显示，截至 2015 年底，尼日利亚外债规模为 107.2 亿美元，比上年末扩大 10.4%。

3. 法律与监管风险

尼日利亚司法体系成本昂贵且发展缓慢，法律人员缺失，官僚主义盛行。法官缺乏专业性，这些法官被要求能处理各种具体案例而不是鼓励司法专业化，往往处置对象情况复杂，法官的能力及经验不足，法律服务中不完善的管理等因素都会导致案件处置会被延迟。尽管政府努力处理贿赂和职权滥用情况，但司法部门的主要问题依然是腐败。法官受贿利用法规漏洞加快或延迟案件处理，立法部门的政府官员以权谋私。法官受贿或是因为政治利益而利用规则处理案例，数量巨大，风险高。缺乏专业的商业法院也是合同执行过程中的重要缺陷。

石油工业法案（PIB）依然停滞。石油工业法案旨在通过提高透明度和效率，优化政府的财政收入，改革尼日利亚石油部门。鉴于国际石油公司（LOCS）与尼日利亚不同利益相关者的反对，法案已被反复修改。新政府将全面整顿石油工业法案。

布哈里政权上台后会增大合同违约的系统性风险。由于政府收入的 70% 来自石油产业，石油部门以及贸易合同中的违约行为会凸显。鉴于在低原油价格时期内改善尼日利亚石油收入的需要，布哈里任期内的调查会集中在腐败可能性较大的交易中，不法企业将面临更多罚金。布哈里公开表示将彻查前任管理者及当地运营者签订的合同。同样面临合同变更或是撤销等高风险的关键部门还有基础设施、电力、国防。

合同执行或是商业纠纷处理的最大障碍在于成本高昂，耗时较长。尼日利亚的合同执行平均成本是经济合作与发展组织（OECD）3 倍，比撒哈拉以南非洲的水平要高 1/3。合同执行时间的中值 447 天，也远远低于 OECD 的平均水平。某些案子拖延是因为律师的拖延以及法官司法能力的欠缺。

在尼日利亚三角洲地区，名为“联合任务军方”的组织是影响该地区安全的一股军事力量，该组织经常没收小型交通工具，控制不交通行费的经营者，没收与燃料舱有关的所有公司财产。该地区没有明确注册的船只、飞行器以及燃料储备设备，被没收的风险很大。

4. 税收风险

税收种类较多，税收成本较高，税收流程耗时。尼日利亚的税收种类众多，每年纳税次数不少。主要的税费包括公司所得税、培训税、石油利润税、资本利得税、州商业税、基础设施发展税和燃料税等。尼日利亚的税收体系很复杂也耗时，税收体系理应对外国公司一视同仁，但是联邦、州、当地政府授予的财政权意味着进行同一桩买卖的公司可能被多次征收若干次税。整个税收流程的耗时也超过撒哈拉以南非洲的3倍以上。根据世界银行公布的2016年营商环境指数中“缴纳税款”这一分项指标，尼日利亚在189个国家（地区）中排名第181位，比2015年排名下降了2位。

尼日利亚《企业所得税法》是尼日利亚居民企业所得税的法律基础，除从事上游石油作业的企业外，尼日利亚其他所有居民企业均适用该法（包括从事天然气勘探及供国内和工业使用的天然气销售和配送的企业）。根据《企业所得税法》规定，居民企业和非居民企业均适用30%的企业所得税税率。

石油相关税制特别需要加以注意。尼日利亚是石油大国，其石油相关税制特别需要企业加以注意。如前所述，从事石油作业的企业被认为属于石油和天然气上游行业，不适用《企业所得税法》，应根据《石油利润税法》缴纳石油利润税。《石油利润税法》规定，石油利润税的基本税率为85%，满足特定条件的情形可适用65.75%的低税率，产品分成合同制下的石油作业可适用50%的优惠税率。石油价格的大幅下跌大大降低了尼日利亚财政收入，这迫使布哈里政府采取激进措施弥补缺失，如将增值税提升至10%。

5. 基础设施风险

交通基础设施发展相对滞后，已成为尼日利亚经济和社会发展的瓶颈。公路是尼日利亚国内主要交通方式，承担全国货运量的95%、客运量的96%。尼日利亚全国道路总长现为19.32万公里，主要为地方政府道路，但由于雨季影响和缺乏维护等原因，尼日利亚东南部和西北部公路段情况较差，路面毁损严重。目前尼日利亚与周边国家尚未形成有规模、整体性的公路网络，政府正计划修建全国高速公路网。尼日利亚铁路系统运输服务能力有限，现主要由2条干线、7条支线组成，现有铁路总长3 557公里，其中3 505公里为窄轨单轨线。尼日利亚铁路系统只能提供最低程度的运输服务。近年来，尼日利亚正积极推进铁路现代化、阿布贾城铁及拉各斯轻轨等项目建设。尼日利亚全国有隶属联邦民航局的机场22家，主要分布在各州首府和联邦首都区，共有5个国际机场，其中拉各斯、阿布贾、哈克特和卡诺国际机场是尼日利亚通往世界的窗口。水运方面，尼日利亚共有8个主要海港，承担尼日利亚对外贸易量70%的承运装卸。尼日利亚港口设备利用率不到60%。由于驻港机构繁多，管理能力有限，基础设施较差，尼日利亚港口清关效率较低。加之尼日利亚海域不时有海盗活动，对进出港口的船只、货物及人员安全构成威胁。

电信服务水平有待提高。过去10年，尼日利亚电信业发展迅速，已成长为非洲最大的电信市场，并跻身于世界电信业发展最快的国家行列。截至2015年，尼日利亚移动电话用户总量约为1.56亿户，是非洲最大的移动电话服务市场。相比于移动通信的大发展，尼日利亚固定电话业务发展缓慢，固话用户总量仅有50万户左右。尽管尼日利亚电信市场发展迅速，但受限于通信基础设施及管理水平等因素，尼日利亚电信服务水平仍然难以满足需求。

电力不足制约社会经济发展。尼日利亚地区仅有不足50%的人口能够得到供电，且大面积地区经常处于断电状态。电力不足不仅极大影响当地经济社会发展，也严重制约外来投资和企业经营发展。多年的贪污腐败、投资不足、管理不当，使电力网络瘫痪。远期看，企业不得不依赖于自己的电厂来维持经营运转，这显然会增加经营成本。

6. 经营性风险

政府效率低下。根据世界银行发布的《2016年全球营商环境报告》，尼日利亚营商环境相比

2014 年仅略有改善，排名从 2015 年的 189 个经济体中第 170 位上升至 2016 年的第 169 位，仍为世界最恶劣国家之一。在尼日利亚开启经商活动有 8.7 道手续，平均耗时 30.8 天，办事效率在 189 个国家（地区）中列第 129 位。表 2－5－30 显示了尼日利亚营商环境各指标值及其排名。

表 2－5－30　　尼日利亚营商环境指标

项目	指标	尼日利亚	
		数值	2016 年排名
开办企业	程序/个	8.7	139
	时间/天	30.8	
建筑许可	程序/个	16.1	175
	时间/天	106.3	
获得电力	程序/个	9	182
	时间/天	181.2	
注册财产	程序/个	12.1	181
	时间/天	69.6	
获得信贷	法律权利指数（0—12）	6	59
	信贷信息指数（0—8）	6	
跨境贸易	出口时间/小时	131.4	182
	出口成本/美元	250	
	进口时间/小时	172.7	
	进口成本/美元	564.3	
缴纳税款	次数/年	59	181
	总税率/%	33.3	
执行合同	时间（天）	509.8	143
	成本（占所得收益比重）/%	57.7	
办理破产	时间/年	2.0	143
	破产框架力度指数（0—16）	5	

资料来源：World Bank，Doing Business 2016：Measuring Regulatory Quality and Efficiency。

腐败程度十分严重。根据世界经济论坛公布的《2015—2016 年全球竞争力报告》中的营商主要问题中，尼日利亚腐败排名第 2 位，得分为 19.7 分，相较 2014 年排名没有任何变化，得分增加 0.1 分，腐败程度略有上升，尼日利亚政府开展的反腐败行动未见显著成效。

（三）尼日利亚未来发展预测和投资机会分析

1. 政治前景

总体上看，尼日利亚政局将总体保持稳定，民主进程持续推进，但政治制度的稳定性稍差。尼日利亚种族和宗教冲突不断，国家安全和政治、经济利益长期受到威胁。同时，腐败问题根深蒂固，贫富差距悬殊，失业率居高不下，社会治安混乱，恶性犯罪案件频发。局部动荡、恐怖袭击已经成为社会常态，严重影响尼日利亚自身利益和内外形象。尼日利亚营商环境略高于撒哈拉以南非洲平均水平，但未有实质性改善，反映出该国市场化改革和政府治理改良的推进较为艰难。

2. 经济预测

预计国际油价将在短期内维持低位震荡态势，导致财政收入不足，进而抑制政府支出，影响社会福利及居民消费意愿，不利于经济增长和就业增加。不稳定因素增多，将对尼日利亚国内经济和社会稳定造成威胁。综合判断，2015 年尼日利亚经济已处于底部多年，今后几年经济有望小幅回升，但在诸多不利因素影响下，实现快速增长的可能性较低。2016 年对尼日利亚主要经济指标预测见表 2－5－31。

表 2－5－31　　尼日利亚主要经济指标预测（2016—2020 年）

时间 指标	2016 年	2017 年	2018 年	2019 年	2020 年
实际 GDP 增长率/%	2.1	2.9	3.8	3.4	3.7
CPI 增长率/%	12.7	10.1	9.0	9.3	8.6
财政收支余额占 GDP 比重/%	－2.5	－2.2	－2.3	－2.5	－2.3
经常账户盈余占 GDP 比重/%	－3.5	－2.2	－1.5	－2.4	－2.6
短期利率/%	16.5	16.0	16.3	16.5	16.3
汇率（NGN：USD）	219.5	255.0	260.3	282.0	301.0

资料来源：EIU，Country Forecast——Nigeria，2016。

3. 营商环境

尼日利亚的整体商业和投资环境略好于撒哈拉以南非洲平均水平。在世界银行针对全球 189 个国家（地区）发布的 2016 年全球营商环境指数中排名第 169 位，明显落后于南非、加纳、肯尼亚等国，但好于撒哈拉以南非洲的平均水平。根据 EIU 预测，从 2015 到 2020 年，尼日利亚商业环境的总体水平将从 2010—2015 年的 4.57 增长到 2016—2020 年的 4.66。排名从 2010—2015 年的第 74 名下降到 2016—2020 年的第 79 名。在非洲 17 个被统计的国家中，排名将从 2010—2015 年的第 13 名下降到 2015—2020 年的第 15 名（见表 2－5－32）。

表 2－5－32　　尼日利亚营商环境排名

指标值[a]		全球排名[b]		地区排名[c]	
2011—2015 年	2016—2020 年	2011—2015 年	2016—2020 年	2011—2015 年	2016—2020 年
4.57	4.66	74	79	13	15

注：a，1 < 估值 < 10；b，在全球 82 个国家（地区）中；c，在 17 个国家（地区）中，包括阿尔及利亚、巴林、埃及、伊朗、以色列、约旦、科威特、利比亚、摩洛哥、卡塔尔、沙特阿拉伯、突尼斯、阿联酋、安哥拉、肯尼亚、尼日利亚以及南非。

资料来源：EIU，Country Forecast——Nigeria，2016。

鉴于尼日利亚市场化改革缓慢、持续的腐败问题、政府服务能力不足、基础设施建设极不完善这些问题在尼日利亚，努力营造更有吸引力的商业环境的效果很有限。这些改革已经远超过当局者的执政能力，即便是在中长期，尼日利亚的改革依然是全面而必要的。

4. 投资机会

尼日利亚拥有庞大的市场、大量熟练的技术工人、丰富的自然资源，投资潜力巨大，吸引了众多的外国投资者。从投资环境角度看，尼日利亚市场规模巨大，总人口 1.78 亿人，占非洲总人口的 16%，是非洲第一人口大国。2004—2015 年，尼日利亚经济保持稳定增长，年均增长率约为 7%，此外，尼日利亚还是非洲第一大石油生产国与出口国。

随着中尼两国友好关系的不断巩固，双边经贸合作取得丰硕成果，近年来两国双向投资发展迅速，中国对尼日利亚投资大幅增加。目前中国是尼日利亚第二大贸易伙伴，尼日利亚则是中国在非洲的第二大出口市场、第三大贸易伙伴和主要投资目的地。据中国商务部统计，2014 年中国对尼日利亚直接投资流量 2 亿美元，截至 2014 年年末，中国对尼日利亚直接投资存量达 23.2 亿美元。目前，在尼日利亚投资的中资企业涉及的领域主要包括工程承包、石油开采、自贸区经营、水电站开发、农业、通讯、纺织、食品、车辆组装等。

2015 年 5 月布哈里总统上台后，多管齐下，积极应对经济困境。布哈里总统强调经济多元化和基础设施财政支出是新一届政府扭转经济形势的手段。优先发展自给自足农业，尤其是基本粮食的供给；开发固态矿产，鼓励私人投资炼厂；缩减行政开支，加大民生投入；增加资本性支出；设立基础设施建设基金，通过基础设施建设吸收就业；采取各种财政和外汇手段，努力稳住本币奈拉，努力刺激经济增长，加快推进经济多元化。2016 年政府的预算计划从 2015 年的 4.49 万亿奈拉（225 亿美元）增加到约 7 万亿奈拉（350 亿美元）。尼日利亚计划成立一个价值 250 亿美元的公私部门共建的融资基金，实现基础设施现代化，旨在改善衰落的电力部门并且实现公路和铁路系统的现代化。可以预见，中国和尼日利亚在能源、基础设施建设、农业、航空、矿业、金融等领域的合作将会达到一个新的高度。

布哈里总统对农业更寄予厚望，未来尼日利亚在农作物生产、仓储运输、原料及食品加工领域有望吸收更多投资，预计 2015—2019 年累计吸收投资额会翻番，推动尼日利亚实现粮食自给自足。中尼农业合作开发迎来新的发展机遇，中国农业“走进”尼日利亚将大有作为。

南非

（一）南非投资概览

国家基本信息简表

中文名称	南非	英文名称	The Republic of South Africa
建国日期	1961 年 5 月 31 日	领土面积	122.1037 万平方公里
所属洲	非洲	时区	UTC +2
首都	茨瓦内、开普敦、布隆方丹	国际电话区号	+27
主要城市	约翰内斯堡、伊丽莎白港、德班等		
人口	5 397.69 万人	主要民族	祖鲁人、布尔人、英裔非洲人
人口密度	47.5 人/平方公里		
语言	英语、南非荷兰语、祖鲁语	主要宗教	基督新教、天主教、印度教、伊斯兰教、原始宗教
政体	总统制	法律体系	普通法系
政党	南非非洲人国民大会（ANC）、民主联盟（DA）、人民大会党（CP）等	换届时间	2019 年 4 月（总统选举） 2019 年 4 月（议会选举）
道路通行	靠左驾驶	货币	南非兰特（ZAR）

2015 年主要金融与投资数据

名义 GDP	3 161.76 亿美元	FDI 流入量	2015 年	52.97 亿美元
国际储备	459.1 亿美元		2014 年	51.92 亿美元
汇率水平（ZAR/USD）	15.5742	FDI 流出量	2015 年	80.77 亿美元
外债余额/GDP	41.9%		2014 年	76.92 亿美元
财政收入/GDP	24.7%	FDI 内存量	2015 年	1 442.02 亿美元
财政支出/GDP	28.6%		2014 年	1 389.05 亿美元
货币供应增长率（M2）	9.634%	FDI 外存量	2015 年	1 541 亿美元
通货膨胀率	5.244%		2014 年	1 460.23 亿美元
存款利率	6.1%	商品出口（FOB 价）		834.054 亿美元
贷款利率	5.819%	商品进口（FOB 价）		855.12 亿美元
中国与南非双边投资概况				
中国对南直接投资流量（2014 年）	0.4209 亿美元	中国对南直接投资存量（2014 年）		59.5402 亿美元
中南双边投资协定	1997 年 12 月两国签署《中国与南非双边投资促进和保护协定》			
中南双边本币互换协议	2015 年 4 月 10 日签署双边本币互换协议			
投资优惠措施和利润汇出限制	根据 WEF 发布的《2015—2016 年全球竞争力报告》，南非在竞争力排名方面得分 4.4 分（4.4/7），排名第 49 名（49/140）。实施外汇管制，对资本、利润和红利汇回设限			

（二）南非投资风险分析

根据中国出口信用保险公司出版的《国家风险分析报告（2015）》，南非 2015 年的风险评级为 5（5/9）级，主要风险见表 2－5－33。

表 2－5－33　　2015 年南非主要风险概述

风险类别	风险描述
宏观经济环境	经济增速放缓，失业问题凸显，经济结构脆弱，金融风险加大，政府财政赤字高企，商业信心不振，面临国际评级机构下调信用评级的危险
政治环境	政治存在不确定性，犯罪率居高，社会安全不容乐观
法律与监管	国有化风险加大，合约执行与撤销风险加大
政府效率	贿赂行为有增无减，投资审批手续繁杂
金融及国际贸易与支付	金融体系发达，贸易收支平衡压力加大，货币汇率持续创低
社会治安	犯罪率居高不下，社会治安不容乐观
税收政策	制度健全，税率相对简单
基础设施	交通、水、电力等其他基础设施水平难以匹配南非的经济发展速度
劳动力市场	人力资本水平不高，劳资关系紧张，工会组织程度高，罢工频繁
社会文化	多种族，多元化文化

2015 年，南非投资环境有所趋紧。政治不确定因素加大，弹劾总统祖马一案使得“打倒祖马”的运动持续酝酿，犯罪率居高，社会安全不容乐观。经济上日渐萧条，失业问题凸显，经济结构脆弱，金融风险加大，政府财政赤字高企，商业信心不振，面临国际评级机构下调信用评级的危险，在南非投资的企业将面临更多的困难。交通、水、电力等其他基础设施水平落后，难以匹配南非的经济发展速度。人力资本水平不高，劳资关系紧张，工会组织程度高，罢工频繁。贿赂行为有增无

减，投资审批手续繁杂，行政效率大幅下降。

本报告主要从政治风险、宏观经济风险、法律与监管风险、税收风险、劳工风险、经营性风险等方面对南非投资风险进行分析。

1. 政治风险

自1994年以来，南非非洲人国民大会（ANC，African National Congress）在5次选举中都获得了超过60%的选票。在2014年5月的全国大选中，他们又赢得了62.15%的投票，祖马（Jacob Zuma）开始了第二个总统任期，并任命Cyril Ramaphosa为其副手。目前ANC压力不小，主要因为政府公共服务远不如公众预期，电力分配、社会住房、教育和医疗卫生等问题依然很突出。2015年的民意调查显示，46%的民众对祖马的政绩很不满意。较低的支持率对ANC很不利，尤其是2016年地方政府的选举以及2019年下一届全国大选。2015年12月，南非总统祖马突然撤换财政部长内内（Nhlanhla Nene），代之以政府工作经验不足的国会议员大卫·范罗音，此举激起一片反对之声并引起金融市场动荡，同时激怒了更多南非人，身为非洲第二大经济体的南非随即陷入混乱。此后，祖马在几天后再次更换财政部长，请回内内的前任戈尔丹。一周内两度撤换财长引发不小非议。

暴力犯罪在南非是严重的安全威胁，国家形象受损。南非仍是世界上犯罪率最高的国家，一些其他类型的犯罪以及有组织的犯罪，在南非也十分常见。尽管南非有世界最发达的安防工业，但高犯罪率会挫伤商业信心，增加额外的保险成本和资产保护成本。南非是毒品走私中心，跨境和有组织犯罪等问题突显。

2. 宏观经济风险

经济增速放缓。继2014年之后，2015年原油、金属等大宗商品价格进一步暴跌，某些农产品价格也温和下降。包括南非在内的撒哈拉以南非洲地区的出口模式令其对大宗商品价格冲击特别敏感。数据显示，2010—2014年，燃料、矿石和金属出口占该地区出口的60%以上，而同期工业品出口仅占16%。正因如此，大宗商品市场陷入熊市，将施压于所有依赖商品出口的国家，南非过去几年的繁荣风光不再。2 015年，南非的GDP增速为1.3%，低于2 014年的1.5%和2 013年的2.2%。经济下行的原因主要被归结为严重干旱导致的农作物大幅减产以及能源和矿业的萎缩。南非农业产值减少8.4%，为1995年以来的最大降幅；电力、天然气和水供应工业也萎缩了1%。

物价水平有所下降。2015年受全球大宗商品价格下跌的影响，南非物价水平得到一定程度的抑制。国内通货膨胀有所控制，2015年CPI指数为4.6%，低于2014年的CPI指数6.1%。

南非实际国内生产总值增长和通货膨胀水平参见图2-5-35，其中2016—2020年为预测值。

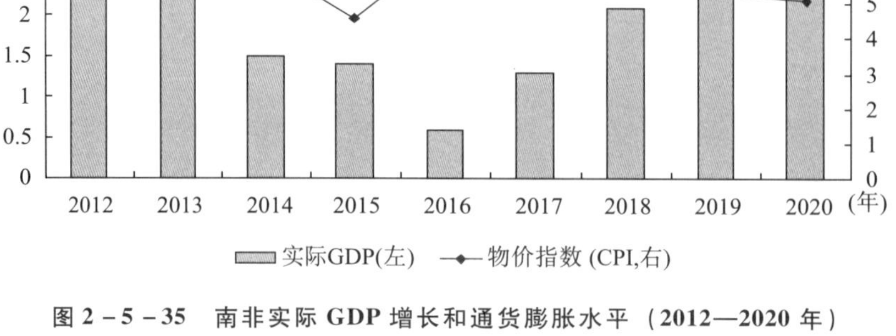

图2-5-35 南非实际GDP增长和通货膨胀水平（2012—2020年）

资料来源：EIU，Country Forecast——South Africa，2016。

经济结构脆弱，金融风险加大。南非经济结构中，矿产品等资源型产业所占比重过大，制造业部门因电力供应瓶颈难以快速发展。矿产业严重劳资纠纷频发，社会贫富差距较大。这些都对南非经济发展造成负面影响。为了推动国内生产和消费，南非政府不断增加对外债务。2012 年以来，南非对外负债规模持续快速增长。公共债务占 GDP 比重从 2012 年的 40.9% 持续上升，2015 年已达 45.3%，预计 2016 年和 2017 年南非的外债比重可能还会有所增加。由于经济结构脆弱，投资者对南非经济信心不足，美联储加息等外部因素很容易触发大规模资本流失，南非金融风险加大。

失业问题凸显。南非统计局数据显示，南非 2016 年第 1 季度失业率跃升至 26.7%，失业人口达 270 万人，上一季度失业率为 24.5%，环比增加 35 万人，失业率达到 8 年来最高水平。在大量新适龄劳动人口涌入市场的基础上，通过就业数据信息，针对南非政府是否能实现其 2020 年前将失业人数减半的目标持观望态度。南非失业率参见图 2－5－36，其中 2016—2020 年为预测值。

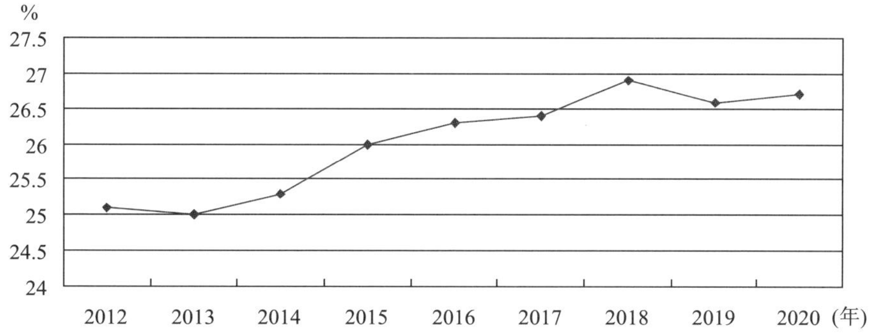

图 2－5－36　南非失业率情况（2012—2020 年）

资料来源：EIU，Country Forecast——South Africa，2016。

政府财政赤字高企，平衡预算压力加大。自 2009 年起，南非政府一直收不抵支。2014 财政赤字占 GDP 比重约 4.3%。2015 年第 3 季度，南非经常账户赤字占国内生产总值比重由第 2 季度的 3.1% 上升至 4.1%。在收入缓慢增长、债务负担加重背景下，南非政府改善财政状况，维持国债信用等级面临巨大挑战。2015 年 10 月，南非财政部预计 2020 年前政府财政赤字占比有缓慢下降趋势。2015—2016 年为 3.8%，2016—2017 年为 3.3%。2017—2018 年为 3.2%。2020 年占 GDP 的 2.5%。公共债务上升风险来源于公共部门的高工资、补贴农民、投资高等教育等。南非政府将主要依靠国内资源融资，最大限度减少汇率风险，确保公共债务占 GDP 的 50% 之下。南非财政赤字及其占 GDP 比重情况参见图 2－5－37，其中 2016—2020 年为预测值。

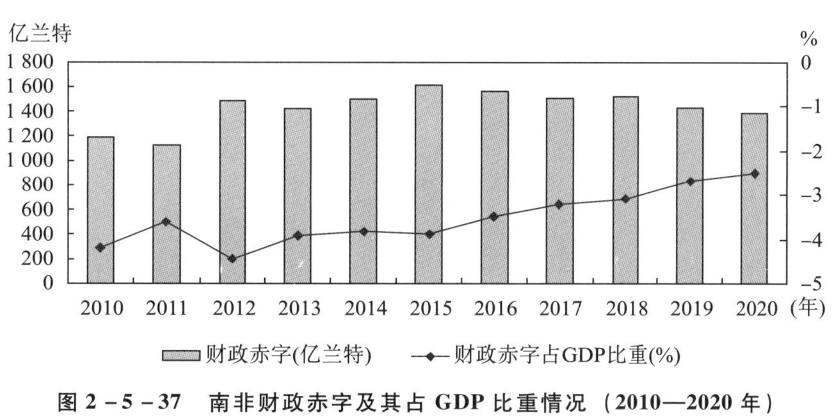

图 2－5－37　南非财政赤字及其占 GDP 比重情况（2010—2020 年）

资料来源：EIU，Country Forecast——South Africa，2016。

贸易收支平衡压力加大。南非高度依赖消费与投资进口，但随着单位劳动成本、生产投入成本、关税水平上升，南非国际竞争力受限，出口水平受影响，经常账户压力很大。在经历外贸增速超过20%的繁荣期后，2012年出现逆转。2012年，贸易差额由2011年的顺差70.23亿美元，变成了38.4亿美元的逆差。同年，贸易赤字占国内生产总值0.967%。2013年和2014年贸易条件进一步恶化，贸易收支平衡压力加大。2015年南非贸易赤字占GDP比重为0.7%，较2014年下降1个百分点。贸易差额与其占GDP比重情况参见图2-5-38，其中2016—2020年为预测值。

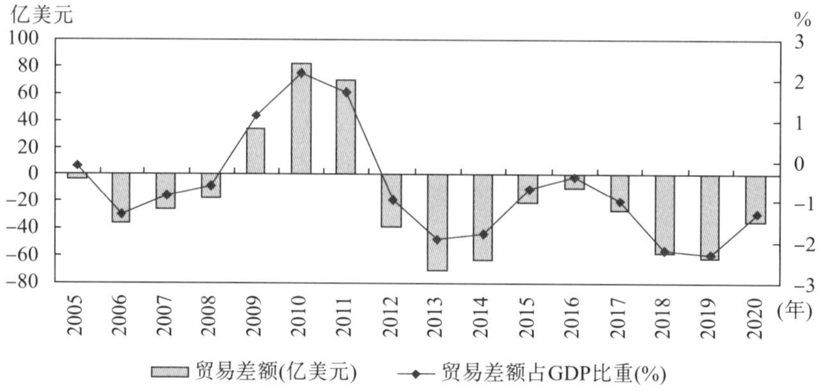

图2-5-38　南非贸易差额与其占GDP比重情况（2005—2020年）

资料来源：EIU，Country Forecast——South Africa，2016。

兰特汇率持续创低。南非兰特是2015年南非标准银行监测的商品货币中表现最差、新兴市场货币中第二差的货币（仅次于墨西哥比索）。2015年南非兰特兑美元汇率接连创下历史新低。2015年年初，兰特兑美元汇率骤贬至1美元兑12兰特以上，此后，市场继续“用脚投票”，在新年前后兰特继续跌势，兑美元汇率甚至创下了17.995的新低。而在2014年同期，兰特兑美元的汇率还是11.5。信用风险评级机构将南非降至最低，投资者的情绪不稳定，以及较高的美元利率等因素使兰特不被看好，预期兰特汇率持续走低。南非汇率水平走势参见图2-5-39，其中2016—2020年为预测值。

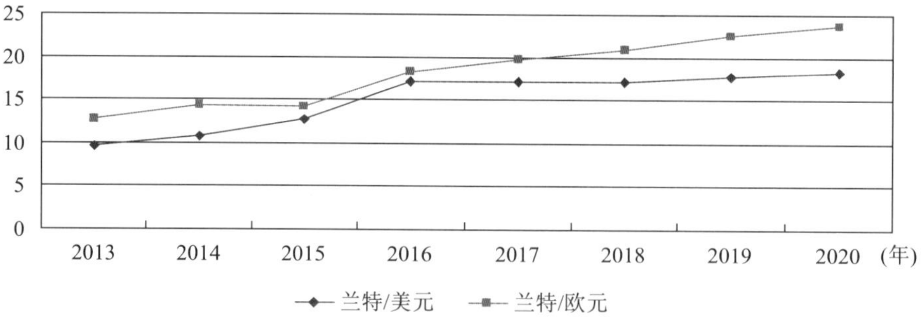

图2-5-39　南非汇率水平（2013—2020年）

资料来源：EIU，Country Forecast——South Africa，2016。

货币政策进入收紧周期。在2001年和2008年兰特贬值时，南非储备银行（央行）开启了相当激进的加息周期。事实上，南非央行最近一次加息是在2015年11月19日，将基准利率从6.00%上调至6.25%，希望借此稳定南非兰特汇率。这是南非过去两年多来第4次加息。南非利率中期展望参见图2-5-40，其中2016—2020年为预测值。

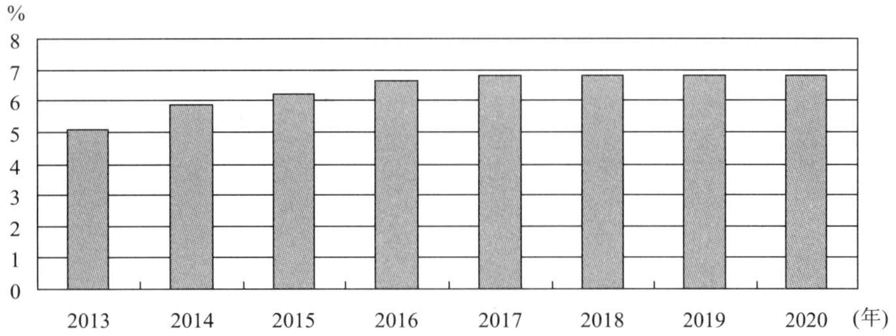

图 2-5-40 南非利率中期展望（2013—2020 年）

资料来源：EIU，Country Forecast——South Africa，2016。

3. 法律与监管风险

国有化风险加大。激进左翼反对党一直呼吁无偿征收矿山、农场和银行，之前采矿业全部国有化的担忧已经被南非非洲人国民大会（ANC）解除。然而 ANC 没有撤销重点产业的战略性国有化计划（尤其是矿业和钢铁生产），这表明南非政府试图在有限的施政空间中实现更大的影响力。这很有可能是在新企业中采取强制性的公私合营的形式。当前的矿产和石油资源开发修正法案（MPRDA）将矿产定为战略性资产并便利化国有化，允许政府对新的上游油气企业拥有 20% 的无偿收益，并以国家确定的价格获得更多的利益。MPRDA 很可能导致煤炭和铁矿石开采项目开发的延迟，大型公司退出铂矿业的可能性不断增大。

最近其他的立法都增加了征收的风险，例如将私人安保公司的控股权转移给南非政府的法案。祖马总统在 2015 年 2 月提出一个新的土地法案，旨在禁止外国对农业土地拥有所有权，限制持有总量 12 000 公顷。对外国所有权的禁令将不适用于现有的完全保有产权，但土地总面积的条款将适用于所有国内外的持有产权。政府计划购买超过这一限制的土地并重新分配。如果该法案通过，外国控制的外国公民和法人将只会被允许持有南非土地 30—50 年的租赁期。目前约 5%—7% 的土地属外资所有。最近通过和拟议的其他法律，例如董事会成员需要至少有 50% 的女性，实施更严格的国家招标标准，对不遵守黑人经济权利规定的罚款增至 300%。

合约执行与撤销风险加大。2015 年 3 月，南非提出退出世界贸易组织的《服务贸易总协定》，合同变更的风险增加。例如，国民议会关于私人安保行业监管修正案的提议（将写入法律），对在南非运营的安保公司以及安全设备的制造商、进口商和分销商，要求当地所有权占比 51%。可以预见，安保公司强制转移或出售南非子公司股权的风险将提高。

4. 税收风险

制度健全，税率相对简单。南非主要税种为直接税，包括企业所得税、个人所得税、资本利得税等，但对证券交易所得免税。近年来南非政府以增加税收收入为目的进行了多次税制改革，为吸引投资者也采取了优惠的税收政策。南非负责税收征管的部门是南非税收服务局（SARS）。根据世界银行公布的 2016 年营商环境指数中的“缴纳税款”这一分项指标，南非在 189 个国家（地区）中排名第 20 位，较 2015 年排名下降 1 位。

5. 劳工风险

人力资本水平不高。南非劳动力充足，但劳动力素质不高，缺乏熟练工人。近年来，以提高薪酬为目的的罢工潮从铂金矿业部门逐渐蔓延至其他部门，劳资紧张关系加剧。不断上升的劳动力成本和不断趋严的劳动立法，也导致投资吸引力下降。

6. 经营性风险

政府办公效率相对非洲国家来说较高，但大幅下降。用世界银行2016年营商环境指数中的“开办企业”指标来考察南非政府的办公效率。该指标反映的是一位企业家要开办并正式运营一家工业或商业企业时，官方正式要求或实践中通常要求的所有手续、完成这些手续所需的时间和费用，以及最低实缴资本。2016年南非在189个国家（地区）中排名第120名，对比2015年排名第61名，大幅下降。表2-5-34显示了南非营商环境各指标值及其排名。

表2-5-34　　南非营商环境指标

项目	指标	南非	
		数值	2016年排名
开办企业	程序/个	6	120
	时间/天	46	
建筑许可	程序/个	19	90
	时间/天	141	
获得电力	程序/个	5	168
	时间/天	226	
注册财产	程序/个	7	101
	时间/天	23	
获得信贷	法律权利指数（0—12）	5	59
	信贷信息指数（0—8）	7	
跨境贸易	出口时间/小时	68	130
	出口成本/美元	170	
	进口时间/小时	36	
	进口成本/美元	213	
缴纳税款	次数/年	7	20
	总税率/%	28.8	
执行合同	时间/天	600	119
	成本（占所得收益比重）/%	33.2	
办理破产	时间（年）	2	41
	破产框架力度指数（0—16）	14.5	

资料来源：World Bank，Doing Business 2016：Measuring Regulatory Quality and Efficiency。

腐败程度有所控制。根据世界经济论坛公布的《2015—2016年全球竞争力报告》中的营商主要问题中，南非腐败排名第7位，得分为6分，相较2014年排名第4位、得分11分，腐败程度有所下降，南非政府开展的反腐败行动已见成效。

（三）南非未来发展预测和投资机会分析

1. 政治前景

2009年大选前，对祖马的腐败指控不断，其任期也有可能缩短。在撤销戈尔丹（2009—2014年时任财政部长）职位4天后，祖马又出人意料地任命了一个没有经验的财政部长，凸显了总统的犹豫不决和凝聚力、领导力的缺乏。2016 年年初，南非总统祖马深陷“装修门”丑闻，遭遇其执政以来最大的一次危机。南非宪法法院随后做出判决，称祖马总统拒绝为其私宅装修付款是“违宪”行为，要求祖马自掏腰包支付装修的部分费用。4 月，反对党针对祖马提出弹劾。尽管南非反对党提出的弹劾遭到挫败，但反对党并没有善罢甘休，一场更大的“打倒祖马”运动正在酝酿中。令人关注的是，执政党非国大内部也出现了要求祖马下台的呼声。南非政局趋向不稳。

罢工的风险依然存在，工会的政治力量加强。高失业率、收入不均、缓慢的土地改革和不完善的服务供给等很容易引发棚户区居民和其他不满群体的抗议，甚至会演变为暴力行为。

2. 经济预测

根据国际货币基金组织（IMF）2015 年 4 月 12 日发布的《世界经济展望》报告，南非 2015 年经济增长预期从 0.7% 被下调至 0.6%。受全球经济疲弱、美元走强、国内罢工、严重旱灾等因素影响，南非经济增速显著放缓。目前，南非政府努力开源节流，并将实施“投资南非”计划为企业减负，同时推出振兴旅游业等措施。消费者信心指数和制造业生产指数也开始回升，经济增长出现转机。据南非工商业联合会发布的数据显示，2016 年 3 月南非商业信心指数已上升至 81.2，其主要积极贡献来自商品进出口增量、股价上涨和兰特汇率有所回升。尽管受厄尔尼诺干旱气候影响，但南非 2016 年第 1 季度数据支撑了南非经济在下行压力环境中的乐观增长。这对脆弱的南非经济来说是个利好。2016 年对南非主要经济指标预测见表 2－5－35。

表 2－5－35　　南非主要经济指标预测（2016—2020 年）

指标＼时间	2016 年	2017 年	2018 年	2019 年	2020 年
实际 GDP 增长率/%	0.7	1.5	2.4	2.8	3.0
CPI 增长率/%	5.8	5.6	5.8	5.6	5.5
财政收支余额占 GDP 比重/%	－3.5	－3.2	－3.1	－2.7	－2.5
经常账户盈余占 GDP 比重/%	－4.3	－4.6	－5.1	－5.7	－5.4
短期利率/%	10.4	10.8	11.1	11.5	11.4
汇率（ZAR：USD）	16.45	16.30	16.64	17.21	17.80

资料来源：EIU，Country Forecast—South Africa，2016。

3. 营商环境

2015 年 12 月，因为美联储加息等因素，南非的商业信心指数一度下滑至 79.6，达到 23 年来最低水平。预期商业环境将会改善，但效果有限。从 2015 年到 2020 年，预测南非商业环境的总体水平将从 2010—2015 年的 5.94 增长到 2015—2020 年的 6.29。排名从 2010—2015 年的第 51 名上升到 2015—2020 年的第 48 名。然而，其他非洲国家也将会呈现出商业环境的显著改善，因此，在非洲 17 个受统计的国家中，仍然位列第 7 名（见表 2－5－36）。

表 2－5－36　　南非营商环境排名

指标值[a]		全球排名[b]		地区排名[c]	
2011—2015 年	2016—2020 年	2011—2015 年	2016—2020 年	2011—2015 年	2016—2020 年
5.94	6.29	51	48	7	7

注：a，1＜估值＜10；b，在全球 82 个国家（地区）中；c，在 17 个国家（地区）中，包括阿尔及利亚、巴林、埃及、伊朗、以色列、约旦、科威特、利比亚、摩洛哥、卡塔尔、沙特阿拉伯、突尼斯、阿联酋、安哥拉、肯尼亚、尼日利亚以及南非。

资料来源：EIU，Country Forecast——South Africa，2016。

此外，由于南非政局“动荡”，增加了其主权信誉评级再次下调的风险。如标准普尔指出，南非宪法法院的判决和一系列政治问题将影响南非政府实施其振兴经济的政策，如果南非的经济不出现明显增长，其主权信誉评级将被降至垃圾级。

4. 投资机会

南非是非洲大陆上最重要的国家之一，也是中国企业在非洲投资的重点国家之一。2014 年，中国对南非直接投资流量 4 209 万美元。截至 2014 年末，中国对南非直接投资存量 59. 54 亿美元。中国企业主要分布在南非约翰内斯堡地区和各省的工业园中，投资项目涉及纺织服装、家电、机械、食品、建材、矿产开发以及金融、贸易、运输、信息通信、农业、房地产开发等领域。

未来几年，中国和南非将在“一带一路”战略倡议背景下加快中南合作。特别是在基础设施、电力、能源、交通运输业、加工制造和工业园区等领域合作空间巨大。以投资交通运输业为例，中非合作包括建设跨越非洲大陆的第一条高速铁路和基础地铁线，提升货运和客运火车承载能力，升级港口设施、铁路线和公路网络，实现可持续发展。

第六章
拉丁美洲投资环境及主要投资目的国投资风险分析

拉丁美洲投资环境和主要投资风险

（一）拉丁美洲经济概览

拉丁美洲的经济增长自 2011 年开始放缓。由于国内基本因素疲弱、2014 年下半年经济周期性恶化，以及国际大宗商品价格持续走低对油气、矿石等生产造成沉重打击，2015 年拉美地区经济进一步下滑，实际 GDP 零增长，是 2009 年全球经济危机以来的最低值。同时，人均 GDP 也比 2014 年下降 1%，通货膨胀率则明显高于 2014 年的 10.7%，达到 13.0%。此外，经常账户逆差达到 1 584 亿美元，占 GDP 的 3%。总体来看，拉美经济不景气明显，未来几年可能仍将处于衰退或低增长水平，2015 年拉丁美洲主要经济指标见表 2 - 6 - 1，2011—2015 年的变化情况见图 2 - 6 - 1。

表 2 - 6 - 1　　2015 年拉丁美洲主要经济指标

指标	拉丁美洲
人口/百万人	611. 1
GDP/亿美元	5 361
人均 GDP/美元	15 716
实际 GDP 增长率/%	0. 0
通货膨胀率/%	13. 0
经常账户余额占 GDP 比重/%	-3. 0
FDI 流入量/亿美元	1 708
FDI 流入占 GDP 比重/%	3. 2

注：拉丁美洲 20 国包括阿根廷、玻利维亚、智利、哥伦比亚、哥斯达黎加、古巴、多米尼加、厄瓜多尔、萨尔瓦多、危地马拉、洪都拉斯、牙买加、墨西哥、尼加拉瓜、巴拿马、巴拉圭、秘鲁、特立尼达和多巴哥、乌拉圭和委内瑞拉。

资料来源：EIU，Country Forecast——Regional Overview：Latin America，2016。

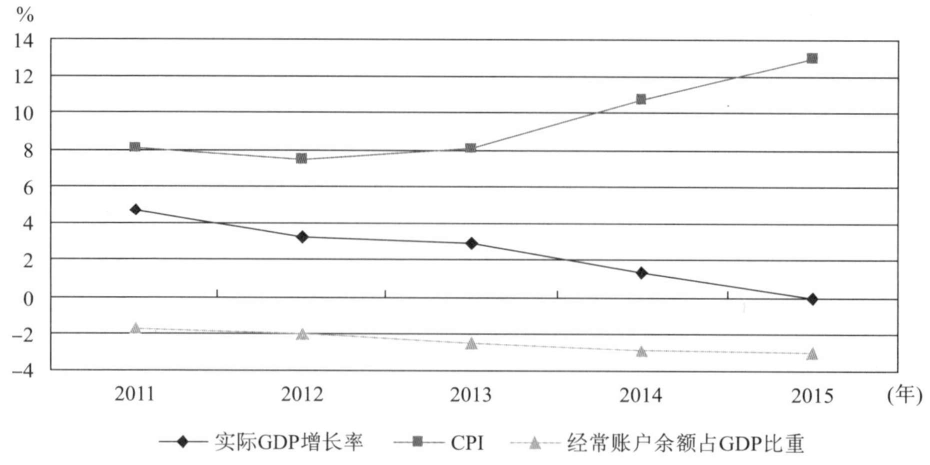

图 2－6－1 拉丁美洲主要经济指标变化情况（2011—2015 年）

资料来源：EIU，Country Forecast——Regional Overview：Latin America，2016。

中国对拉丁美洲的投资在中国对外投资总量中所占比重仍然较小。但随着两国经贸合作日益密切，未来两大经济体合作有较大上升空间。2014 年，中国对拉丁美洲直接投资流量为 105.4 亿美元，占中国对外直接投资流量总额的 8.6%。中国企业并购数量增多，其中，2014 年 8 月中国五矿以 70 亿美元收购秘鲁拉斯巴马斯铜矿及 2014 年 11 月中石油以 26 亿美元收购巴西能源秘鲁公司影响最大。截至 2014 年末，中国在拉丁美洲地区的投资存量为 1 061.1 亿美元，占中国对外直接投资存量的 12%。2006—2014 年中国对拉丁美洲投资的流量和存量见图 2－6－2。

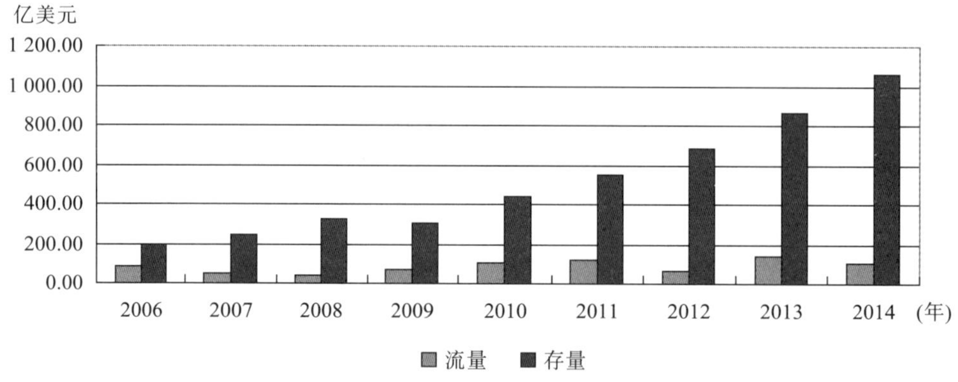

图 2－6－2 中国对拉丁美洲投资流量和存量情况（2006—2014 年）

资料来源：中华人民共和国商务部、国家统计局、国家外汇管理局，《2014 年中国对外直接投资统计公报》。

从流入国别看，中国对拉丁美洲投资的国别分布并不均衡，市场覆盖率也相对较低。2014 年，中国对英属维京群岛和开曼群岛这两个离岸金融中心的投资流量合计 87.6 亿美元，占中国对拉美地区投资流量的 83.1%；对南美洲地区的投资流量合计 15.1 亿美元，占 14.3%；对中美洲和加勒比海地区的投资流量合计 2.7 亿美元，占 2.6%。从具体国别（地区）来看，对拉丁美洲投资主要分布在英属维京群岛（45.7 亿美元）、开曼群岛（41.9 亿美元）、巴西（7.3 亿美元）、阿根廷（2.7 亿美元）。2014 年中国对拉丁美洲投资的国别分布见图 2－6－3。

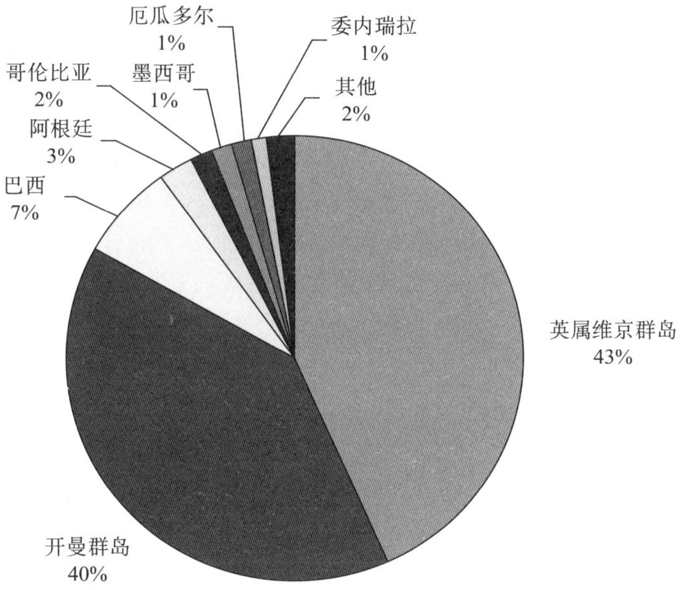

图 2-6-3　2014 年中国对拉丁美洲投资的国别分布

资料来源：中华人民共和国商务部、国家统计局、国家外汇管理局，《2014 年中国对外直接投资统计公报》。

从投资行业看，中国对拉丁美洲投资的行业布局较为集中。在自然资源方面，中国目前是阿根廷、委内瑞拉、巴西、哥伦比亚、厄瓜多尔及秘鲁石油及天然气的主要外国投资方。除墨西哥和玻利维亚外，中国的石油公司在几乎所有拉美油气出口国有业务。中国也是巴西和秘鲁矿业的主要外国投资方，其中，中国公司在秘鲁主要以独资形式开发，在巴西则主要采取合资方式经营。在基础设施方面，目前中国已成为拉丁美洲地区最大的基础设施投资方之一。2016 年中国国家电网以 120 亿美元收购巴西电力公司进入巴西市场。在农业方面，重庆粮食集团正在巴西投资建设一家大豆加工厂，黑龙江农垦集团在阿根廷农场种植面积达 30 万公顷，并将产品出口至中国。在制造业方面，中国对拉丁美洲制造业的投资始于 2010 年，项目主要位于巴西，产品可辐射巴西及周边国家。中国公司在拉美投资，既可促进当地经济发展，也可享受加勒比盆地协议的优惠待遇，从而将拉美作为进入美国市场的跳板。

截至 2014 年末，中国企业对拉丁美洲投资存量主要分布在 5 个行业领域，依次为：租赁和商务服务业（57%）、金融业（18.3%）、批发和零售业（8%）、采矿业（5.1%），以及交通运输、仓储和邮政业（3.2%）。上述 5 个行业投资存量合计为 972.3 亿美元，所占比重高达 91.6%。2014 年中国对拉丁美洲投资的主要行业存量和比重情况见表 2-6-2。

表 2-6-2　　截至 2014 年中国对拉丁美洲投资的主要行业

行业名称	存量/亿美元	比重/%
租赁和商务服务业	605.0	57.0
采矿业	194.1	18.3
金融业	84.4	8.0
批发和零售业	54.3	5.1
交通运输、仓储和邮政业	34.5	3.2
小计	972.3	91.6

资料来源：中华人民共和国商务部、国家统计局、国家外汇管理局，《2014 年中国对外直接投资统计公报》。

（二）拉丁美洲投资环境及风险分析

1. 政治风险

经济增长放缓促使政治变革加速。全球经济持续低迷对拉丁美洲地区经济增长已造成负面影响。目前，拉丁美洲已进入了低增长、高失业的困难时期。墨西哥和哥斯达黎加尚能保持经济增幅2%或3%，而委内瑞拉和巴西经济则面临零增长或负增长压力。此外，拉丁美洲基础设施急需更新维护，失业率特别是年轻人失业率居高不下，犯罪和暴力依然猖獗，过度依赖碳氢化能源和资源出口的经济结构也极易受国际市场波动的影响。整体而言，该地区社会矛盾积累，政府面临推动政治改革、经济发展和社会稳定的巨大压力。

粉红革命已然煺去。拉丁美洲在21世纪初期经历了一波“粉红革命”（Pink Tide）的政治发展。奉行改良主义的左翼政党在许多国家执政，涌现出如委内瑞拉的查韦斯（Hugo Chávez）、巴西的卢拉（Luiz Inácio Lula da Silva）、玻利维亚的莫拉莱斯（Evo Morales）等颇具代表性的领导人物。2013年查韦斯病逝、2015年美国与古巴外交关系破冰以来，拉丁美洲“向左转”的风潮明显走衰。2015年12月，委内瑞拉、阿根廷相继举行国会大选，右翼政党胜出。在厄瓜多尔，2007年上台的民选总统拉斐尔·科雷亚（Rafael Correa）近年来施政方针日趋保守，许多政策与民众的诉求相左，政治稳定性也受到右翼反对党的强力挑战。

腐败问题严重，民主程度国别差异大。拉丁美洲腐败问题严峻，是全球受腐败问题影响最大的地区之一，且各国在根治腐败这一问题上都无有效应对之策。与此同时，拉丁美洲的民主化程度地区差异也极大，部分国家已经在巩固民主和强化法治国家概念上取得了巨大的进步，但也有国家民主程度在不断后退。

2. 宏观经济风险

经济增速放缓，各国差异较大。2015年拉美地区经济增长为零，是2009年以来最低增速，也是最近十年来首次低于经合组织成员经济体平均经济增长率。从具体国家来看，各国经济增速不一。其中经济增长速度最快的是多米尼加共和国，GDP增速达到了7.3%，随后依次为巴拿马（6.2%）、玻利维亚（5.5%）、尼加拉瓜（4.7%）和哥伦比亚（4.6%）。委内瑞拉2015年的经济表现依然不容乐观，GDP萎缩3.9%。巴西和阿根廷经济仅分别增长0.1%和0.5%，基本处于增长停滞状态。2015年部分拉美国家经济增长情况见图2-6-4。

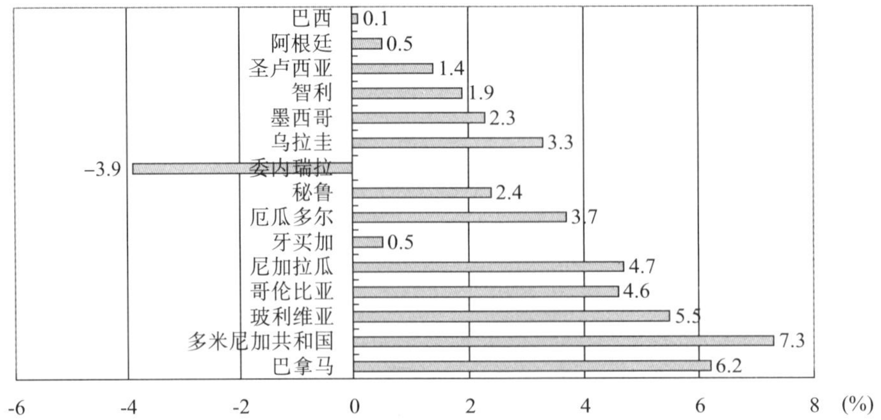

图2-6-4 2015年部分拉美国家经济增长情况

资料来源：EIU，Country Forecast——Regional Overview：Latin America，2016。

金融政策选择空间缩小。2007—2008 年，拉美地区凭借较完善的金融体系、相对充实的外汇储备、灵活的浮动汇率政策，较好地应对了全球金融危机。但在全球经济增长前景黯淡、美国利率可能上升的背景下，拉美地区金融和货币政策空间正在缩小。一方面，外汇储备 GDP 占比低于最优状态且差距在拉大，2013—2015 年该地区主要国家外汇储备 GDP 占比分别为 15.6%、14.8% 和 15.1%，与最优状态差距不断拉大。此外，经常账户赤字也不断扩大，其占 GDP 之比从 2011 年的 1.7% 上升至 2015 年的 3%，外债与 GDP 之比也从 2011 年的 22.4% 上升至 2015 年的 33.3%。另一方面，利用汇率抵御外部冲击的空间缩小，特别是对那些以控制通胀为货币政策目标的国家而言，产出缺口（实际 GDP 和潜在产出之间的差距）正在缩小，而 2015 年该地区数个国家的货币贬值超过 10%，导致通胀率明显上升，预计 2016 年该地区的通货膨胀率将超过 20%。图 2 -6 -5 显示了拉美国家 CPI、外债和经常账户余额情况，其中 2016—2020 年为预测值。

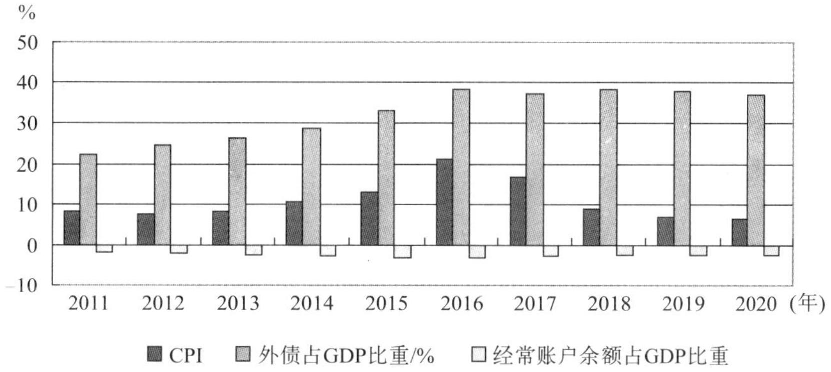

图 2 -6 -5　拉美国家 CPI、外债和经常账户余额情况（2011—2020 年）

资料来源：EIU，Country Forecast——Regional Overview：Latin America，2016。

财政政策选择难度加大。大多数国家的财政收支继续恶化，公共债务比率持续上升，各国面临的政策选择更加艰难。例如，该地区 2008 年基本财政盈余占 GDP 的 2%，总体保持平衡；而 2013—2014 年，基本财政赤字为 1.5%，总体财政赤字为 3.8%。2015 年基本财政赤字继续恶化，2015 年墨西哥财政赤字占 GDP 的比例已上升到 3.16%，巴西 2015 年基本财政赤字占 GDP 的比重更是首次突破 10%，达到 10.5%。

企业债务问题更加突出。2013 年底以来，该地区企业资产负债表呈恶化态势，企业偿债能力在下降，巴西、智利和秘鲁表现尤为明显。利息保障倍数（企业生产经营所获得的息税前利润与利息费用的比率）不足 1 的企业比例高达 23%，比 2005—2007 年提高了 10 个百分点。此外，即将到期的企业债券总额猛增，将从 2014 年的 380 亿美元猛增至 2020 年的 600 亿美元，其中以美元计价的到期债券从 160 亿美元增至 470 亿美元。随着美元利率上升，资本流出该地区，新发行债券规模缩小，加上政府为应对高通胀而实行高利率，企业债务问题将会更加严峻，甚至有可能影响金融稳定。

银行系统也不容乐观。鉴于经济增速放缓，企业融资需求缩小，银行开始减少信贷规模，不良贷款率将上升。此外，该地区存贷比持续下降，且易发生大规模流动的企业存款占总存款比重上升，若美国利率上升，企业存款下降，可能对银行资金造成巨大压力。尽管该地区银行系统偿债能力比率较高且相对稳定，但能否抵御经济增速下滑、家庭和企业过度负债的双重冲击仍值得怀疑。

大宗商品价格继续走低，拉美地区经济风险加大。随着需求减弱、供给上升，大宗商品价格自

2012 年以来呈现持续下跌态势，目前尚无迹象表明价格将止跌反弹。商品价格持续走低对“加勒比石油计划”成员（圭亚那、海地、牙买加和尼加拉瓜）的影响是双重的，价格走低有助于改善贸易情况，但这些国家从委内瑞拉获得的低息贷款也会减少，获得融资占 GDP 的比重会从 3.7% 降至 2.1%，对该四国的预算和流动性造成压力。对拉美地区大宗商品出口国如委内瑞拉、特立尼达和多巴哥等国而言，商品价格走低将对财政收入、出口和吸引外资产生明显的负面影响。财政方面，预计未来两年这些国家的财政收入将下降 9%，其中秘鲁下降 2%，委内瑞拉、厄瓜多尔、特立尼达和多巴哥将下降 10% 以上。贸易方面，大宗商品特别是石油进口国如中美洲和加勒比地区将从中受益，其中牙买加和洪都拉斯受益约占 GDP 的 7%；但出口国如厄瓜多尔、特立尼达和多巴哥、委内瑞拉等贸易平衡将恶化，损失超过 GDP 的 10%。吸引投资方面，鉴于该地区外资多流入大宗商品部门，如智利、哥伦比亚和阿根廷这一比例超过 40%，巴西约占 25%，大宗商品价格走低将大幅影响这些国家吸引 FDI 的规模。

融资成本不断上升。1995 年以来，该地区发行的债券 80% 以美元计价，本币为 17%，欧洲债券只有 6%。历史迹象还表明，该地区发行债券的计价方式从美元向欧元过渡的可能性较低，即使两者之间存在一定价差。此外，拉美和加勒比地区绝大多数贷款以美元计价，2014 年第 3 季度这一比例高达 84%，以欧元计价的微乎其微。这意味着一旦美国利率上升，拉美和加勒比地区融资并不能从欧元区量化宽松政策中受益多少。

拉丁美洲主要经济指标预测见表 2-6-3。

表 2-6-3　　拉丁美洲主要经济指标预测（2016—2020 年）

指标＼时间	2016 年	2017 年	2018 年	2019 年	2020 年
人口/百万人	617.6	624.1	630.4	636.7	642.9
GDP/亿美元	48 630	53 000	54 730	58 350	62 810
实际 GDP 增长率/%	-0.1	2.1	3.2	3.0	3.2
人均 GDP/美元	15 731	16 182	16 913	17 529	18 236
通货膨胀率/%	21.3	16.8	8.7	6.9	6.3
经常账户余额/亿美元	-1 527	-1 413	-1 396	-1 494	-1 554
经常账户余额占 GDP 比重/%	-3.1	-2.7	-2.6	-2.6	-2.5
总外债/亿美元	18 589	19 783	21 007	22 213	23 243
总外债占 GDP 比重/%	38.2	37.3	38.4	38.1	37.0

注：拉丁美洲 20 国包括阿根廷、玻利维亚、智利、哥伦比亚、哥斯达黎加、古巴、多米尼加、厄瓜多尔、萨尔瓦多、危地马拉、洪都拉斯、牙买加、墨西哥、尼加拉瓜、巴拿马、巴拉圭、秘鲁、特立尼达和多巴哥、乌拉圭和委内瑞拉。

资料来源：EIU，Country Forecast——Regional Overview：Latin America，2016。

阿根廷

（一）阿根廷投资概览

国家基本信息简表

中文名称	阿根廷	英文名称	The Republic of Argentina
建国日期	1810 年 5 月 25 日	领土面积	278 万平方公里
所属洲	南美洲	时区	UTC－3
首都	布宜诺斯艾利斯	国际电话区号	＋54
主要城市	科尔多瓦，罗萨里奥等		
人口	4 145 万人（2013 年）	主要民族	欧洲白人后裔（79.9%）、印欧混血人（15.8%）、黑人（4.3%）
人口密度	16.22 人/平方公里（2014 年）		
语言	西班牙语	主要宗教	罗马天主教（91.6%）
政体	总统制	法律体系	大陆法系
政党	正义党、激进公民联盟、广泛进步阵线、共和国方案联盟、公民联盟等	换届时间	2019 年 10 月（议会选举） 2019 年 10 月（总统选举）
道路通行	靠右驾驶	货币	阿根廷比索（ARS）

2015 年主要金融与投资数据

名义 GDP	6 048 亿美元	FDI 流出量	2015 年	94 亿美元
国际储备	255.24 亿美元		2014 年	60.55 亿美元
汇率水平（ARS/USD）	13.1	FDI 流入量	2015 年	11.44 亿美元
外债余额/GDP	22.5%		2014 年	17.89 亿美元
财政收入/GDP	23.3%	FDI 内存量	2015 年	916.16 亿美元
财政支出/GDP	28.5%		2014 年	822.16 亿美元
货币供应增长率（M2）/%	39.50%	FDI 外存量	2015 年	372.94 亿美元
通货膨胀率	27.1%		2014 年	361.50 亿美元
存款利率	17.3%	商品出口（FOB 价）		624.74 亿美元
贷款利率	24.92%	商品进口（FOB 价）		613.19 亿美元
中国和阿根廷双边投资概况				
中国对阿直接投资流量（2014 年）	2.6992 亿美元	中国对阿直接投资存量（2014 年）		1.79152 亿美元
中阿双边投资协定	1992 年 11 月 5 日，中阿两国签署《中华人民共和国政府与阿根廷共和国政府关于促进和相互保护投资协定》；2014 年 7 月，中国关系提升为全面战略伙伴关系，双方签署《中阿经济和投资合作框架协议》			
中阿双边本币互换协议	2009 年 4 月 2 日，中国人民银行与阿根廷共和国中央银行签署了规模为 700 亿元人民币/380 亿阿根廷比索的双边本币互换协议，有效期 3 年；2014 年 7 月 18 日，双方就 700 亿元人民币/900 亿阿根廷比索的双边本币互换协议进行了续签，有效期为 3 年			
投资优惠措施和利润汇出限制	根据 WEF 发布的《2015—2016 年全球竞争力报告》，阿根廷在竞争力排名方面得分为 3.8 分（3.8/7），排名为第 106 名（106/140）。阿根廷对外国投资企业的资本、利润和红利汇回有严格控制			

（二）阿根廷投资风险分析

根据中国出口信用保险公司出版的《国家风险分析报告（2015）》，阿根廷2015年的风险评级为7（7/9）级，主要风险见表2-6-4。

表2-6-4　　2015年阿根廷主要风险概述

风险类别	风险描述
宏观经济环境	面临汇率大幅上升、财政赤字与经常账户赤字持续扩大、通胀问题愈加严重等影响宏观经济运行的环境，总体经济环境发展前景不乐观
政治环境	新任政府执政过程中面临着来自前政府的阻力、需要在其他政党间以及在经济发展与政府支出之间进行微妙平衡，总体政局在震荡中趋稳
法律与监管	法律体系较为完善，但执法过程不透明、效率相对低下等影响了执政效率与权威性
政府效率	在政府高层中的腐败与贿赂盛行较大程度影响到政府执政效率
金融及国际贸易与支付	在外汇管制方面有所放松，可能增加阿根廷金融市场的不稳定性，出口商品价格走低导致经常账户持续恶化
社会治安	社会两极分化造成的贫困人口为社会治安造成隐患、贩毒、走私及暴力犯罪案件增加、罢工活动不断
税收政策	税收体系较为完善，但国内企业逃税现象较为严重，未来税负水平可能增加
基础设施	拥有拉丁美洲国家最为完善的基础交通设施以及较为完善的通讯基础设施
劳动力市场	劳工制度较为完善严格，劳动力充足，但劳动效率相对较低
社会文化	与中国文化环境差异较大

政治环境方面，新任保守派总统马克里从2015年年底总统换届大选中胜出后，总体政局在震荡中趋稳。法律体系较为完善，但执法过程不透明，执政效率与权威较低。新任政府宣布取消外汇管制，将增加金融市场的不稳定性。新政府力图打造一个更好的国内营商环境，但高通胀与低经济增长并行的滞涨将增加外资企业的经营与投资风险。阿根廷基础交通和通信设施完善，劳动力充足，但效率相对较低。尽管新政府采取了如降低出口税负、取消外汇管制、改善国内营商环境等措施致力于促进国内经济与对外贸易的发展，但实施效果存在较大的不确定性。

本报告主要从政治风险、宏观经济风险、法律与监管风险、劳工风险、税收风险和经营性风险等方面对阿根廷投资风险进行分析。

1. 政治风险

新任政府政局不稳定。2015年10月的阿根廷总统大选后，保守党的总统马克里上台，政局的稳定面临挑战。在国内经济形势不断恶化、巨额的财政赤字以及国内反对派和国际不利局势下，换届后的新政府能否在不断增大的挑战和压力面前实现平稳过渡尚不可知，政局动荡的可能性增加。尽管政府已开始着手解决腐败问题，但执法程序不透明以及效率低下导致该进程较为缓慢。

罢工和示威游行频繁发生。近年来，受高通货膨胀、腐败、政府效率低下等问题影响，阿根廷罢工示威游行活动明显增加。以改善就业与增加工资为目的的罢工已成为阿根廷的社会常态，有时具有高度的政治意义。2014年阿根廷劳动者总工会和阿根廷劳动者中央工会等反政府派工会举行全国性大罢工，要求政府应对日益严峻的通货膨胀和治安恶化等问题。此次罢工造成包括首都布宜诺斯艾利斯在内的全国部分省份地铁、公交车、铁路等公共交通和货物运输系统瘫痪。2016年2月，马克里政府授权警察对破坏性的抗议活动进行武力干预。

政府开始重点治理犯罪行为。尽管阿根廷的犯罪率比大多数邻国低，但毒品贸易驱动的谋杀、抢劫以及公众对犯罪行为的关注度日益促使新政府开始着力打击犯罪行为。2016 年 1 月下旬，马克里政府宣布阿根廷进入为期 12 个月的全国紧急安全状态，以实施打击与毒品相关的暴力犯罪行为，首都布宜诺斯艾利斯以及罗萨里奥将成为重点监控城市，对边境城市的监控也得以加强。

有选择的私有化进程可能加速。与大多数拉美地区国家一样，阿根廷经历了国有化——私有化——再国有化的过程。20 世纪 30 年代，为建立完整的民族工业体系，阿根廷曾对美国垄断资本所控制的铁路、电话、港口和能源企业实施过大规模国有化。80 年代初，大部分国有企业在私有化过程中被外资企业控制。再国有化的势头在近年开始重现。2012 年阿根廷政府强制征收了第一大石油合资企业雷普索尔 51% 的股份，并逐步废除了所有与私人企业的铁路专营合同，加快了全部铁路国有化的脚步。目前，阿根廷新政府虽然摒弃了以国家为中心的经济政策，但大规模私有化的迹象尚未显现。为了解决财政赤字与较高的公共开支问题，阿根廷可能将亏损的阿根廷航空公司、被前政府实施国有化后效率极差的私人养老基金和邮政等重新私有化。

国际关系较为平稳，但存在一定隐患。阿根廷将发展与拉美国家，尤其是地区大国的关系作为外交优先目标，与巴西的战略联盟关系被称为南方共同市场的“战略轴心”。同时，阿根廷也与智利加强矿产、能源等方面的合作，积极推动委内瑞拉加入南方共同市场并积极推动拉美一体化。但在与英国在马尔维纳斯群岛（英称福克兰群岛）的争端仍旧悬而未决。

2. 宏观经济风险

经济缓慢增长，通货膨胀高速发展。2001 年，时任总统阿尔德建立了双重汇率制度，导致阿根廷 GDP 总值当年下降了 10.9%，并在随后三年内持续下降，失业率、贫困率大幅飙升。其后任政府采取宽松货币政策措施以解决国内经济发展的问题，但在外部需求减少、贸易条件和国内财政状况恶化的前提下经济增长乏力，2008 年的世界金融危机对阿根廷经济造成较大负面影响，2009 年实际 GDP 出现负增长，并伴随高通胀并行。严格的外汇管制导致比索实质不可兑换性、政府的分级管理制度、对公共事业收费以及涉嫌操纵通胀统计数据等因素共同作用导致阿根廷进入经济缓慢增长与通货膨胀高速发展阶段。图 2-6-6 为阿根廷实际 GDP 增长与通货膨胀水平的变化趋势，其中 2016—2020 年为预测值。

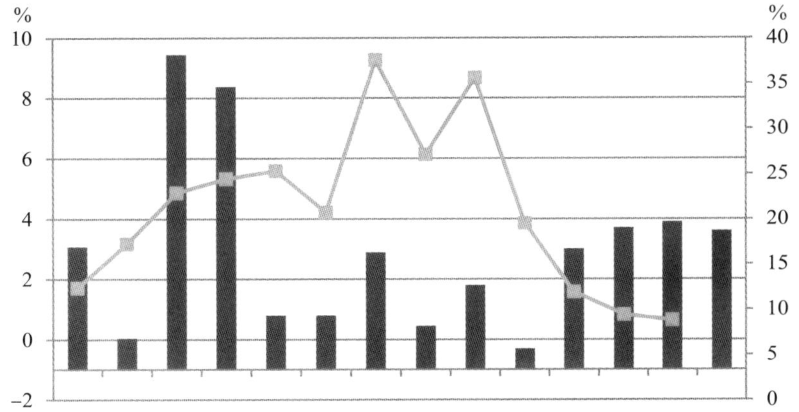

图 2-6-6　阿根廷实际 GDP 增长和通货膨胀水平（2008—2020 年）

资料来源：EIU，Country Forecast——Argentina，2016。

全球大宗商品价格下跌加剧财政赤字。自 2012 年起，受债务违约导致主权信用下降、宏观经济环境恶化以及通胀的影响，阿根廷的财政赤字状况规模持续扩大。2016 年，在考虑当年官方消费价格通胀因素影响下，阿根廷包括中央财政支出的财政预算将增长 24.3%，而出口商品价格走低将促使财政赤字规模继续扩大。马克里政府减少能源补贴、降低或彻底免除出口关税、减免低收入群的增值税的举措将进一步减少财政收入，未来政府可能将通过加税和发行债务的方式来缓解赤字进一步扩大，但其同时也需要考虑通过实施财政紧缩政策来应对通胀。阿根廷的财政赤字占 GDP 比重的变化趋势如图 2－6－7 所示，其中 2016—2020 年为预测值。

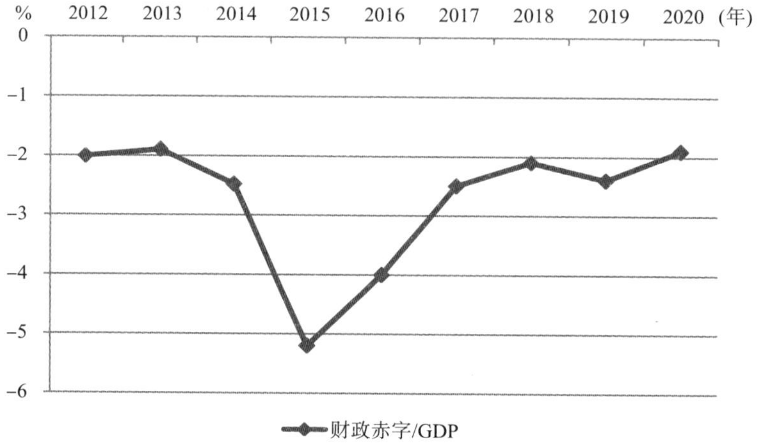

图 2－6－7　阿根廷财政赤字占 GDP 的比重情况（2012—2020 年）

资料来源：EIU，Country Forecast——Argentina，2016。

政府政策引发汇率大幅波动，比索再度贬值。1991 年起，阿根廷比索实行盯住美元的浮动汇率体系，但自 2002 年 1 月比索大幅贬值后，实施了一段时间的双重汇率制。2015 年 12 月 16 日，马克里政府宣布取消外汇管制之后，阿根廷官方汇率一天贬值超过 40%，基本和黑市汇率相差无几。在阿根廷比索汇率一次性大幅贬值之后，由于前政府进行外汇管制积累的贬值压力得到释放。但是，由于阿根廷汇率形成机制转向以市场供求为基础的浮动汇率，阿根廷国内的高通货膨胀和经常账户逆差可能导致比索进一步贬值。再加上阿根廷政府宣布将向秃鹫基金偿还债务之后，阿根廷比索进一步贬值，目前官方汇率已接近 1 美元兑 16 比索的水平。图 2－6－8 为阿根廷比索兑换美元与欧元的变化趋势，其中 2016—2020 年为预测值。

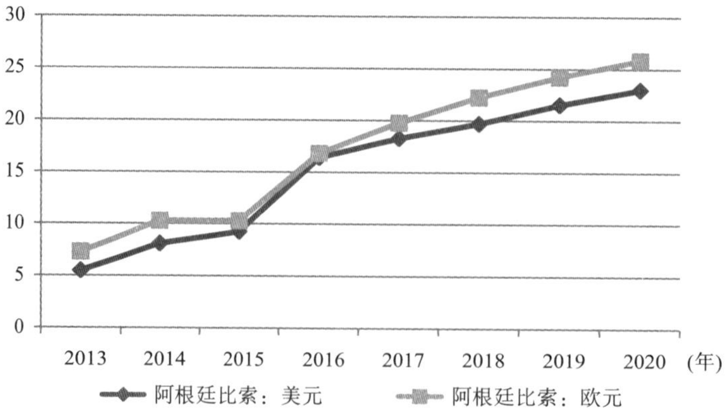

图 2－6－8　阿根廷比索与美元和欧元汇率（2013—2020 年）

资料来源：EIU，Country Forecast——Argentina，2016。

经常账户赤字持续恶化。出口与消费作为阿根廷经济增长的引擎，从20世纪90年代开放国内市场开始，就主导了阿根廷经济的发展。2015年，二者占阿根廷名义GDP的比重为22%。比索的大幅贬值，促进了阿根廷农业部门的出口。但2005年以来，阿根廷能源发电、金属、纺织和炼油等生产行业却遭遇发展瓶颈，限制了国内产能的增加。同时，阿根廷财政赤字恶化、出口商品价格走低以及主权债务危机等导致阿根廷经常账户持续恶化。2016年，阿根廷政府宣布向秃鹫基金偿还债务后，对国内财政形势的悲观预期以及资本外逃现象产生的外汇储备短缺问题可能将2016年度的经常账户赤字推至新高点。未来，在国内经济发展以及大宗商品价格上涨周期的预期下，经常账户赤字将有缓慢的回升，但赤字将长期存在。阿根廷的经常账户及其余额占GDP比例情况见图2-6-9，其中2016—2020年为预测值。

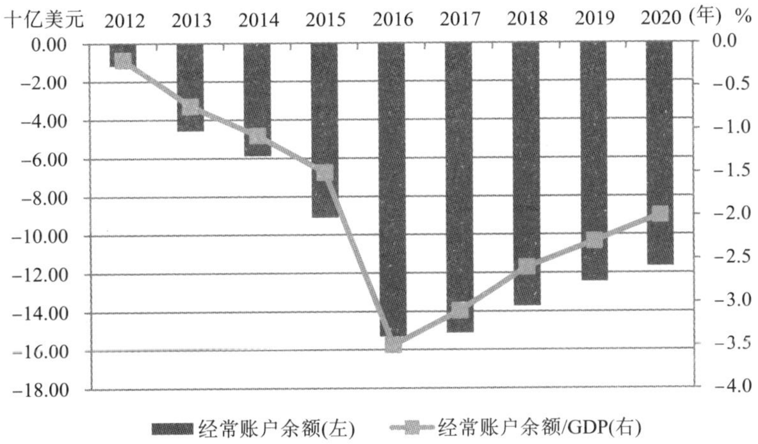

图2-6-9 阿根廷经常账户余额及其占GDP的比重情况（2012—2020年）

资料来源：EIU，Country Forecast——Argentina，2016。

3. 法律与监管风险

阿根廷立法机构由下议院与上议院组成，下议院每四年通过民众投票选举产生一届，共257个席位，上议院则有72个席位。阿根廷联邦的司法机关包括初审法院、上诉法院以及最高法院。阿根廷每个省都有自己的宪法、立法机构和政府，在自然资源开发等方面有相对独立的司法权。因此，各地的税收和国家财政之间的矛盾是各省和中央政府之间摩擦的来源之一。

阿根廷法律体系较为健全，但执法过程易受干预。20世纪90年代实行的经济自由化政策使阿根廷成为新兴市场国家中管制最为宽松的国家之一。但2000—2001年经济危机之后，政府对市场的干预导致市场不确定性有所增加。目前政府对国内物价、外汇的严格管制以及限制外资在某些行业的投资成为常态。由最高法院和各联邦法院组成的阿根廷司法体制效率不高，时常造成案件积压，司法会受到政治的影响，其公正性不时会遭到质疑。

在企业投资方面，阿根廷在189个国家中排名第157位。为了吸引投资，阿根廷在2006年对竞争和破产法做了进一步修改，企业破产时，需要优先支付工人工资。但是，阿根廷也允许外国投资者以各种形式广泛参与阿根廷电信、石油、电力、天然气、运输、自来水和污水处理等领域的投资。外国公司在阿根廷投资享受国民待遇。

4. 劳工风险

阿根廷劳工制度较为复杂且管理严格，劳工制度有《劳动合同法》、《劳动条例法》、《劳动风险法》及一些集体性的劳动公约等。企业在员工就业、社会责任等方面有较多规定。投资者在阿根廷应该关注当地劳工制度规定，并重视阿根廷工会在企业经营中的影响。

阿根廷国内劳动力市场规模较大并有扩大趋势，这与全球经济状况表现不佳使已移民他国的阿根廷人回国数量激增有关。1999—2003 年，大批阿根廷人移民欧洲寻求就业机会，但全球经济危机后，欧洲提供就业机会减少，大量阿根廷人重新回国寻求就业机会。但是，目前阿根廷经济发展停滞，国内就业不足，非正规部门就业的比例仍然很高，充裕的劳动力对于部分行业的投资者来说是有益的。

5. 税收风险

总体来看，阿根廷税收体系比较复杂，尽管税负水平相对同地区较低，但仍处于较高水平，根据世界银行 2016 年营商报告中“缴纳税款”这项指标来看，阿根廷在 189 个国家（地区）中排名第 170 位，阿根廷的税收增长幅度达到年均 30% 以上，而外资公司采购税占其采购利润的 35%，社会保障金税率占商业利润的 25.9%。

阿根廷实施分税管理制度，税制复杂且税负有加重趋势。阿根廷税收体制由地方与中央税收构成，税制较为复杂且偷税漏税现象严重。目前政府已开始对税制进行改革，措施包括对外资企业可能拖欠的税与附加费用进行税务调查，设立联邦税务机关与央行共同对外资进行统筹监管，从而防止资本外逃和进行债务偿还，未来政府税收总收入有望增加。

6. 经营性风险

外汇管制逐步放松，但政府执政效率仍较为低下。马克里政府上任伊始即解除了外汇管制，减少了进口壁垒和国家干预，并逐步放松往届政府对外汇汇回等方面的严格管制，这将提升阿根廷对外资的吸引力。但政府对国内企业的保护力度仍然较大，政府总体的行政效率比较低下。表 2-6-5 显示了阿根廷营商环境各指标值及其排名。

表 2-6-5　　阿根廷营商环境指标

项目	指标	阿根廷	
		数值	2016 年排名
开办企业	程序/个	14	157
	时间/天	25	
建筑许可	程序/个	21	173
	时间/天	341	
获得电力	程序/个	6	85
	时间/天	92	
注册财产	程序/个	7	116
	时间/天	51.5	
获得信贷	法律权利指数（0—12）	2	79
	信贷信息指数（0—8）	8	
跨境贸易	出口时间/小时	73	143
	出口成本/美元	1 910	
	进口时间/小时	638	
	进口成本/美元	1 920	
缴纳税款	次数/年	9	170
	总税率/%	137.4	
执行合同	时间/天	590	38
	成本（占所得收益比重）/%	22.5	
办理破产	时间/年	2.8	95
	破产框架力度指数（0—16）	9.5	

资料来源：World Bank，Doing Business 2016：Measuring Regulatory Quality and Efficiency。

（三）阿根廷未来发展预测和投资机会分析

1. 政治前景

新任政府改革可能引发政治动荡。马克里政府从 2015 年 12 月执政开始进行大规模的政策调整，以努力减少前任政府遗留的滞涨、货币大幅贬值问题，减少经济扭曲度并促使经济恢复可持续增长态势。调整包括可能引发政治波动的财政紧缩，同时也将就工会提升工人工资的要求与其进行谈判。

但目前马克里在国会中不占多数席位，立法的通过需要经过较为艰难的谈判，与众多其他党派的利益纷争将导致所有的改革措施实施起来极为困难。与此同时，总统弱势有可能会使其优先进行宏观经济改革，从而解决由于体制缺陷和结构不合理对经济增长的限制。针对官僚主义，腐败和增进司法效率进行的全面改革进展会比较缓慢，且在短期内不可能有明显的进程。这些都将影响政府在未来的运行效率以及相关法规的出台。

国际关系逐步改善。马克里政府正在通过改革费尔南德斯的征管保护主义、去国有化以及偿还债务等方式来修复与其贸易和投资伙伴之间的关系，并借此恢复投资者的信心。这将有助于改善其与美国和欧洲的关系，并在南方共同市场的构建以及对委内瑞拉进行制裁方面采取了一些行动。目前，已取得了一些成果，2016 年 1 月，美国结束对其多边贷款的限制，双方巩固了费尔南德斯政府时期的一些投资协定；与中国保持战略合作伙伴关系，双方在 2014 年续签了价值 110 亿美元的三年货币互换协议。

2. 经济预测

政府面临财政赤字压力，但未来赤字将有所好转。阿根廷面临的国内经济和财政形势依旧较差，财政收入占 GDP 的比重从 24.1% 下降到 23.3%，财政赤字占 GDP 的比重从 2.6% 上升到 2.7%。政府为了刺激经济而采取的财政扩张政策的负面效果已经凸显：宏观调控能力下降、货币贬值和财政赤字日益增加。未来阿根廷出口商品价格下降将为财政和经常账户赤字问题带来更多的压力。而政府即将开始的包括限制公共部门的工资、取消用电补贴等方式在内的紧缩性的财政政策作用效果可能被转移支付增加和税收减免政策实施抵消。预计 2016 年之后财政赤字仅会有小幅度缩小，但债务危机解除与经济发展向好的作用将会把财政赤字降低至占 GDP 的 2%，并在未来有望消除。

宏观经济政策调整将有望改善通胀。在 2005—2011 年实施的扩张型经济政策使阿根廷的 GDP 以年均 6.6% 的速度增长，同时也产生了经济发展的显著失衡以及高达两位数的通货膨胀率、比索大幅贬值以及国际收支恶化。在货币政策造成的压力之下，费尔南德斯政府开始对外汇、进口和资本进行严格的管制，并开始加大对市场的干预，造成的结果是对阿根廷的营商环境造成较大的负面影响。现任政府将通过调整宏观经济政策和加强基础设施的构建、治理恶性通货膨胀来改善营商环境。根据国际货币基金组织公布的最新数据来看，可能受原油价格在近几个月内大幅下降的影响，阿根廷 2015 年通胀率为 27.1%，远低于 2014 年预期的 40%。随着新政策的实施以及对货币和关税政策的调整，短期内的通胀可能再次大幅提升，2016 年可能达到 35.6%。但如果财政和货币政策持续收紧，通胀将在中长期有所回落。

国际收支不平衡，但本币贬值将促进贸易条件好转。阿根廷政府一直实施积极的出口鼓励政策以积极推动产品出口结构和出口市场多元化，外贸连续多年保持了较好的发展势头。但受全球金融危机和国内债务危机、通胀影响，2011 年以来，阿根廷经常账户开始出现赤字，并且呈逐年增加趋势。预计 2016—2020 年，阿根廷的贸易条件将持续恶化，经常项目赤字继续在短期内扩大，2016

年达到峰值，约占 GDP 的 3.5%。受经济增长疲软、经常账户赤字持续增加的影响，2016—2020 年的贸易条件依旧不容乐观。但大幅贬值的比索能够推动商品和服务的出口，减少进口，央行对汇率的调整、对马克里政府的信心产生的投资回流也能够从一定程度上改善经常账户的赤字状况。

长期利率以应对国内通胀。阿根廷央行为了减少美元流入对国内通胀治理的影响，将从 2016 年起逐渐调整其长期利率，目前 3 个月期的利率已从 2015 年 12 月的 38% 下降到 29.2%，货币持续贬值的压力将使该利率在短暂保持后继续调整，政府还将执行逐步宽松的货币政策。预计在 2016 年后期，央行将根据外汇储备的恢复以及通胀情况，逐渐放宽货币政策。预期利率将在较长时期内保持两位数。图 2-6-10 为阿根廷长期利率的变化趋势，其中 2016—2020 年为预测值。

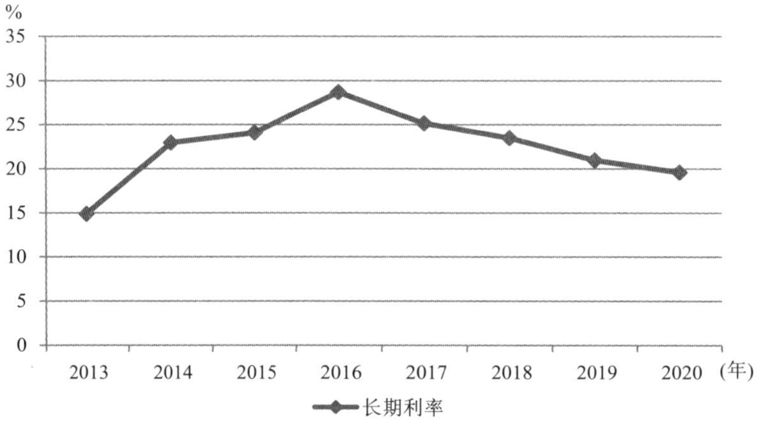

图 2-6-10　阿根廷长期利率变化趋势（2013—2020 年）

资料来源：EIU，Country Forecast——Argentina，2016。

私人消费未来有望高速增长。财政政策收紧、政府提升法律与监管透明度措施的实施将促进固定投资与私人消费等经济增长支柱的强劲增长，预计 2018—2020 年私人消费的平均增速将达到 4% 左右。农业部门对经济产生较大的贡献度，尽管短期全球商品价格走低会对农产品出口部门造成影响，但中长期的农业部门出口将受到政府消除管制、刺激投资政策的影响进而得到增长；短期内服务业中旅游业、运输业发展速度放缓将影响行业中的私人消费，长期内的私人消费将随着可支配收入增加而强劲增长。图 2-6-11 为阿根廷私人消费变化趋势，其中 2016—2020 年为预测值。

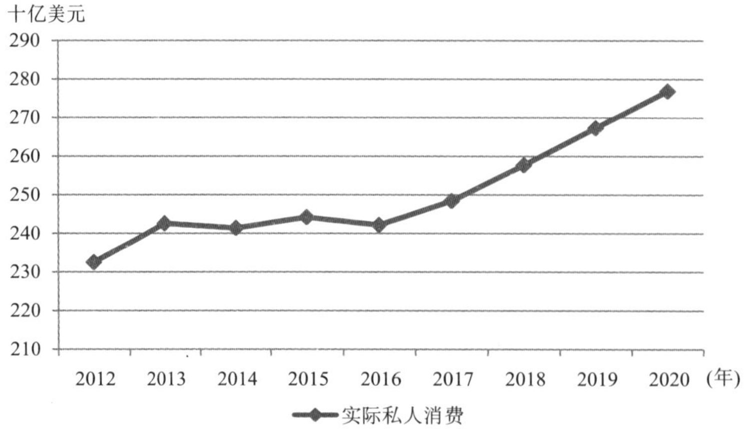

图 2-6-11　阿根廷实际私人消费支出变化趋势（2012—2020 年）

资料来源：EIU，Country Forecast——Argentina，2016。

总体而言，阿根廷在经历了长期经济衰退后，依旧面临着充满不确定性的国内与国外环境，未来经济将缓慢增长，私人消费、固定资产投资小幅增加，国内需求受货币贬值影响而有所下降，除农业以外的其他行业发展前景较为黯淡。2016 年对阿根廷主要经济发展指标的预测见表 2－6－6。

表 2－6－6 阿根廷主要经济指标预测（2015—2019 年） 单位/十亿美元

指标＼时间	2015 年	2016 年	2017 年	2018 年	2019 年
实际 GDP 增长率/%	1.8	－0.3	3	3.7	3.9
私人消费	400.4	318.1	311.8	337.6	348.2
政府消费	28.4	26.1	25.5	25.3	25.6
固定资产投资	105.4	94.0	98.2	110.3	119.6
出口	75.5	72.8	79.0	87.1	91.3
进口	73.8	73.2	78.1	85.6	91.3
国内需求	616.7	509.27	505.3	552.5	576.1
农业	54.5	57.3	60.7	64.3	68.2
工业	245.6	250.6	260.3	269.4	278.9
服务业	475.2	471.2	481.1	499.5	517.2

资料来源：EIU，Country Forecast——Argentina，2016。

3. 营商环境

阿根廷营商环境受其债务问题的拖累，总体环境较差。在世界银行 2016 年的营商环境排名中，阿根廷在 82 个国家（地区）中位列第 70 名，而在 12 个拉美地区国家排名也比较靠后（见表 2－6－7）。

表 2－6－7 阿根廷营商环境排名

指标值[a]		全球排名[b]		地区排名[c]	
2011—2015 年	2016—2020 年	2011—2015 年	2016—2020 年	2011—2015 年	2016—2020 年
4.98	6.12	70	57	10	7

注：a，该指标反映了一国宏观经济发展现状，数值越高，则国内宏观经济环境越好；b，在 82 个国家（地区）中；c，在 12 个拉丁美洲国家中，包括阿根廷、秘鲁、智利、巴西、哥伦比亚、哥斯达黎加、古巴、多米尼加共和国、厄瓜多尔、萨尔瓦多、墨西哥与委内瑞拉。

资料来源：EIU，Country Forecast——Argentina，2016。

主权债务偿还协议的达成有助于改善阿根廷整体营商环境。2016 年 3 月 31 日，阿根廷议会通过主权债务偿还协议，有望解决阿根廷与秃鹫基金持续 15 年的主权债务纠纷。这将给阿根廷本就不富余的国际储备造成较大压力。加上 31 亿美元中阿根廷货币互换协议后，阿根廷的国际储备也不超过 276 亿美元。如果全部或部分用来偿还之前的未重组债务，那么阿根廷的国际储备会迅速下降，可能导致阿根廷政府动用国际储备满足进口用汇、偿还短期外债和干预比索汇率出现较大困难。为此，在达成债务协议的当天，阿根廷财政部就宣布发行 150 亿美元新的主权债券筹资还债。截至 2015 年底，阿根廷的外债规模已经达到 1 348 亿美元，占 GDP 的 22.5%。如果未来阿根廷经济状况好转，政府在国际市场的融资成本下降，那么外债负担可能出现下降，否则阿根廷的外债压力可能重新上升。

马克里政府采取了一系列结构性改革措施，比如取消外汇管制、削减出口关税、改革进口许可制度、减少政府补贴、控制财政赤字、降低通货膨胀等，这些改革措施将有利于阿根廷的出口和经济增长。但来自主要贸易伙伴需求的减少可能影响其出口增长。如果国内的结构性改革措施能够达到增加出口、拉动经济增长的目的，政府成功削减财政赤字、控制公债规模，未来可能会持续增强政府的债务偿付能力并提升主权信用评级。表 2-6-8 显示了阿根廷商业环境各指标得分。

表 2-6-8　　阿根廷商业环境评级与预测

指标	价值指数[a]		全球评级[b]		地区评级[c]	
	2010—2014 年	2015—2019 年	2010—2014 年	2015—2019 年	2010—2014 年	2015—2019 年
总评	5.21	5.61	67	65	9	5.21
政治环境	5.2	5.3	50	54	6	5.2
政治稳定性	5.5	5.9	53	54	10	5.5
政治有效性	4.9	4.9	43	51	4	4.9
宏观经济环境	5.2	6.3	75	64	10	5.2
市场机会	6.3	5.3	24	42	3	6.3
对私人公司和竞争的政策	4.3	5.5	66	53	7	4.3
对外国投资者的政策	5.1	5.5	67	65	9	5.1
对外贸易和汇率管控	4.6	5.1	74	72	10	4.6
税收	4.1	4.1	78	81	12	4.1
融资	3.6	5.1	71	63	8	3.6
劳动力市场	7.0	6.9	20	27	4	7.0
基础设施建设	6.9	7.0	36	43	2	6.9

注：a，最高为 10；b，在 82 个国家（地区）中；c，在 12 个国家中，包括阿根廷、巴西、智利、哥伦比亚、哥斯达黎加、古巴、多米尼加共和国、厄瓜多尔、萨尔瓦多、墨西哥、秘鲁和委内瑞拉。

资料来源：EIU，Country Forecast——Argentina，2016。

4. 投资机会

阿根廷矿产资源丰富，是拉美的主要矿业国之一，劳动力资源丰富。劳动力普遍受教育水平较高。2005—2012 年，阿根廷 15 岁以上人口的平均受教育年限为 9.8 年，25 岁以上人口中受过高等教育的比重为 56.3%，人类发展水平指数极高，属于投资潜力较大的国家。

阿根廷投资增长前景良好。阿根廷政府鼓励外资流入，如 1993 年的《外商投资法》、2004 年的《外资促进法》；针对自然资源的投资制定了《矿业投资法》、《林业投资法》和 2013 年颁布的《油气开采投资促进法》等，均制定了有利于吸引外国投资的政策。

阿根廷与中国合作潜力较大，中国企业投资机会较多。根据世界银行 2016 年的营商环境报告，阿根廷的营商环境在 189 个国家（地区）中排名第 121 位，总体排名较为靠后，但在一定程度上反映基础设施情况的“获得电力的难易程度”排名第 85 位，排名较为靠前。但总体来说，阿根廷的公路、电力等基础设施相对仍然比较落后，而在这个领域中我国已经掌握了先进的技术并具有在多个国家修建公路、铁路和水电站、核电站的丰富经验，再加上中国对阿根廷的直接投资从市场资源型向战略导向型的转变，因此，中国企业在阿根廷的长期性、基础性和战略性的领域内将具有很大的投资潜力。

巴西

（一）巴西投资概览

国家基本信息简表

中文名称	巴西	英文名称	The Federative Republic of Brazil
建国日期	1822 年 9 月 7 日	领土面积	851.5 万平方公里
所属洲	南美洲	时区	UTC－3，UTC－2
首都	巴西利亚	国际电话区号	＋55
主要城市	圣保罗、里约热内卢、马瑙斯等		
人口	2.01 亿人	主要民族	白种人（54%）、黑白混血种人（38%）、黑人（6%）、黄种人和印第安人（2%）
人口密度	25.7 人/平方公里		
语言	葡萄牙语	主要宗教	天主教（65%）、基督教福音教派（22%）
政体	总统制共和制	法律体系	大陆法系
政党	巴西民主党、劳工党、社会民主党、工党、进步党、民主工党	换届时间	2016 年 10 月（总统选举） 2016 年 10 月（议会选举）
道路通行	靠右驾驶	货币	雷亚尔（BRL）

2015 年主要金融与投资数据

名义 GDP	1 772.3 亿美元	FDI 流出量	2015 年	75.07 亿美元
国际储备	356.46 亿美元		2014 年	96.89 亿美元
汇率水平（BRL/USD）	3.90	FDI 流入量	2015 年	13.50 亿美元
外债余额/GDP	30.6%		2014 年	26.04 亿美元
财政收入/GDP	36%	FDI 内存量	2015 年	830.48 亿美元
财政支出/GDP	38%		2014 年	755.41 亿美元
货币供应增长率（M2）	5.62%	FDI 外存量	2015 年	313.25 亿美元
通货膨胀率	9.03%		2014 年	299.75 亿美元
存款利率	14.40%	商品出口（FOB 价）		191.13 亿美元
贷款利率	43.96%	商品进口（FOB 价）		171.45 亿美元
中国与巴西双边投资概况				
中国对巴直接投资流量（2014 年）	7.3 亿美元	中国对巴直接投资存量（2014 年）		28.33 亿美元
中巴双边投资协定	1994 年中国与巴西政府签署了《关于鼓励和相互保护投资协定》工作文本，但该协定暂未得到巴西议会批准			
中巴双边本币互换协议	2013 年 3 月 26 日，双方签订了规模为 1 900 亿元人民币/600 亿巴西雷亚尔的双边本币互换协议，目前已失效，暂未签订新协议			
投资优惠措施和利润汇出限制	根据 WEF 发布的《2015—2016 年全球竞争力报告》，巴西在竞争力排名方面得分 4.1 分（4.1/7），排名第 75 名（75/140）。资本、利润和红利汇回设限			

（二）巴西投资风险分析

根据中国出口信用保险公司出版的《国家风险分析报告（2015）》，巴西2015年的风险评级为6（6/9）级，主要风险见表2－6－9。

表2－6－9　　2015年巴西主要风险概述

风险类别	风险描述
宏观经济环境	受政治局势动荡以及高通胀预期影响，巴西国内宏观经济环境近年持续恶化，未来经济可能将面临缓慢而漫长的复苏阶段
政治环境	国内政党分歧较多，总统遭到弹劾，国内政治局势不明朗
法律与监管	法律体系较为完善，且政府长期致力于修订相关法案以完善营商环境，但面临的执法时间过长、程序复杂、执法成本高且效率低下等风险较大
政府效率	政府执政效率在高层腐败和官僚主义影响下，执政效率偏低
金融及国际贸易与支付	国内金融市场较为稳定，但经常账户赤字将长期存在
社会治安	社会潜在动乱因素较多，高失业率和贫富差距过大造成较多治安隐患，社会总体安全程度不高
税收政策	税制较为复杂且税收负担水平较高
基础设施	对基础设施投资长期不足导致其基础薄弱，除农业以外的其他行业生产效率低下
劳动力市场	适龄劳动人口数量较多，但基础教育发展较差和技术人才短缺影响了生产率的进一步提升
社会文化	与中国的社会文化习俗差异较大

宏观经济环境方面，受政治局势动荡以及高通胀预期影响，巴西国内宏观经济环境近年持续恶化，2015年国民生产总值增速甚至为负值，未来经济可能将面临缓慢而漫长的复苏阶段。政治环境方面，国内政党分歧较多，总统罗塞夫遭受弹劾，无论在第二轮表决中是否决定其下台，国内政治局势动荡依旧。法律环境方面，法律体系较为完善，且政府长期致力于修订相关法案以完善营商环境，但面临执法时间过长、程序复杂、执法成本高且效率低下等问题。

本报告主要从政治风险、宏观经济风险、法律与监管风险、税收风险和经营性风险等方面对巴西投资风险进行分析。

1. 政治风险

国内政局波动较大，隐患较多。巴西国内政局动荡对经济造成的负面影响较大，而政府不可能在短期内完成换届，政局陷入僵化和总统遭遇弹劾并面临下台的可能将进一步增加政府稳定经济的困难。国内通胀率持续上升，巨额财政赤字的存在和赤字规模持续增加等问题增加了恢复经济发展的难度。政府面临着较大的紧缩财政和处理高层腐败问题的压力。

2016年4月17日，巴西众议院以2/3以上的多数票通过总统弹劾提案，罗塞夫总统暂时停职。5月16日，参议院首轮做出令罗塞夫总统离职180天的决议，其间由副总统代理总统一职。参议院之后将听取证据，再进行第二轮表决，如果有2/3以上的议员支持弹劾，则罗塞夫将下台并由副总统特梅尔接任总统至本届任期结束；如果支持弹劾的议员不到2/3，罗塞夫恢复总统职位。因为巴西参议院和众议院的构成极为相似，所以参议院可能得出与众议院相同的结论。特梅尔将接任罗塞夫遭遇弹劾下台后的总统一职，但由于特梅尔也卷入贪腐案件中，罗塞夫的支持者已开始对他进行弹劾。此外，巴西其他总统继任者，众议院议长库尼亚（第二顺位）和参议院议长卡列罗斯（第三顺位），均受到腐败指控，巴西政局动荡短期内难以好转。

罗塞夫执政期间，巴西经常账户赤字、财政赤字迅速增长和通胀居高不下的问题较为严重。罗塞夫也未能实现其在第二个任期开始时做出的减少财政赤字的承诺，长期的赤字导致评级机构将巴西的主权信用评级降至垃圾级。政府遗留下来的问题包括国会里严重的分歧以及商业信心的严重破坏，诸多结构性难题仍将长期存在。巴西经济可能随着大宗商品价格反弹、全球经济复苏而重回增长轨道，但长期存在的结构性问题在短期内无法解决。比例代表制使得巴西政坛小党林立，达成政治共识的难度很大。指数化设计的社会福利支出使得政府缺乏调整财政政策的空间，公债规模不断膨胀。丰厚的公共部门养老金体制降低了巴西劳动力市场的参与率，造成了大量的人力资本浪费。从巴西本身的机制设置来看，体现了民主、公平和正义的美好愿景，但其制度安排与经济发展水平的不适应也很明显。

目前，巴西国内面临着经济发展停滞、社会动荡以及不断恶化的营商环境等问题，而代总统将需要解决的问题包括复苏国内经济、调节失衡的宏观经济和恢复企业信心等，因此巴西国内政局面临的不确定因素依旧较多。

国内安全形势较为严峻。巴西的犯罪率较高，治安问题非常突出，这严重影响了巴西国内的安全局势。国内犯罪率接近南非，很多人为了寻求保护加入黑社会，巴西的富人们建立了一个总人数高达65万人的私人武装，几乎相当于巴西警察力量的一半和国防力量的1/3以上。巴西贫富分化日益严重以及政府管理能力低下是导致犯罪率居高不下的主要原因。

2. 宏观经济风险

宏观经济环境较为复杂且长期衰退，总体环境较差。巴西国内民粹主义抬头和持续的政治斗争所导致的政府瘫痪可能将影响政府对经济政策的制定与执行，混乱的政治形势与高层腐败丑闻的蔓延使得企业与消费者信心已下降到历史最低点，巴西经济在长期衰退后，面临的发展前景仍不乐观。如果政府希望经济回复到可持续的稳定增长态势，需要提升企业的投资信心与消费者的消费信心，但这需要政府实施紧缩性财政政策以达到治理通胀、保证物价稳定和减少财政赤字的目的，但财政紧缩将进一步恶化短期国内需求，因此巴西政府目前面临的宏观环境较为复杂且未来可能长期处于衰退状态。表2-6-10显示了巴西宏观经济环境的排名状况。

表2-6-10　　巴西宏观经济环境排名

指标值[a]		全球排名[b]		地区排名[c]	
2010—2014年	2015—2019年	2010—2014年	2015—2019年	2010—2014年	2015—2019年
6.6	6.6	51	55	7	7

注：a，该指标反映了一国宏观经济发展现状，数值越高，则国内宏观经济环境越好；b，在82个国家（地区）中；c，在12个拉丁美洲国家中，包括阿根廷、秘鲁、智利、巴西、哥伦比亚、哥斯达黎加、古巴、多米尼加共和国、厄瓜多尔、萨尔瓦多、墨西哥与委内瑞拉。

资料来源：EIU，Country Forecast——Brazil，2016。

经济长期处于衰退状况，下行压力较大。2011—2013年，巴西实际GDP增长率分别为2.7%、1%和2.5%，2014年降至0.15%，而2015年的实际GDP增长更缩减至-3.85%，这是巴西自2009年以来出现最低增速后的首次负增长，预计2016年巴西的经济衰退状况将持续。虽然巴西政府实施了财政紧缩措施，试图以此恢复市场信心，但效果不佳，市场悲观情绪依然浓厚。当前，巴西面临较大财政、通胀和出口压力，经济增速恐将进一步放缓。

通胀居高不下，严重限制国内经济发展。由于巴西政府和民间储蓄不足，经济发展所需资金主要依赖于财政赤字和外债。政府为公务员提供相对优厚的待遇导致财政赤字规模持续扩大，在缺少其他资金支持的前提下，巴西政府被迫依靠发行货币来弥补财政赤字，因此巨额财政开支是造成巴西恶性通货膨胀的主要原因之一。2014 年巴西通胀率为 6.4%，逼近政府设定的 6.5% 上限。2015 年的通胀已经升至 8.23%，2016 年巴西设定的通胀目标区间为 2.5%—6.5%，而在货币当局采取积极的通胀治理措施后，2017 年的通胀可能将控制在 3%—6% 的区间内。

通胀问题是限制巴西经济发展的主要因素之一。通胀预期持续导致目前巴西国内的通胀率高达 30%—50%，而国内央行实施紧缩的货币政策、公共债务激增、失业率高企以及银行不良贷款增加等因素进一步扩大了财政赤字。欧债危机持续和美国经济复苏缓慢造成的国际环境不明朗、雷亚尔贬值等因素限制了国外投资。金融市场的恐慌情绪增加了贷款的获得难度，汇率贬值以及包括最低工资在内的工资支出、关税和租金价格在高通胀预期推动下持续增加，政府控制通胀难度极大。严重的经济衰退可能有利于通胀的回落，但工会所提出的提升最低工资的要求也不利于通胀回落。因此，尽管有大宗商品价格下降和国内私人部门的快速增长等利好因素，巴西的经济衰退将一直持续到 2018 年。巴西的实际国内生产总值增长率和通货膨胀水平见图 2-6-12，其中 2016—2020 年为预测值。

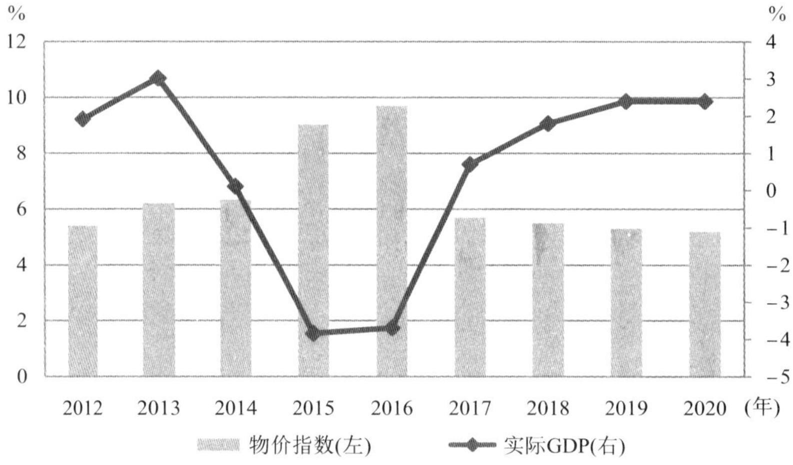

图 2-6-12　巴西实际 GDP 增长率和通货膨胀水平（2012—2020 年）

资料来源：EIU，Country Forecast——Brazil，2016。

紧缩性货币政策将长期保持。短期内，巴西央行将维持国内基准利率不变。2016 年 3 月 2 日巴西央行再次宣布将基准利率维持在 14.25% 水平，这也是央行连续第 5 次宣布维持利率水平不变。货币当局在 2016 年前几个月通过保持货币供给量不变，并小幅收缩信贷的方式限制了货币市场的流动性，以此解决国内长期高达两位数的通胀。预计未来央行可能将在政府治理通胀和经济发展的压力下，对利率进行微调。巴西央行基准利率的走势见图 2-6-13，其中 2016—2020 年为预测值。

财政赤字问题较为严重。经常账户赤字问题是目前巴西政府实施财政政策面临的最大困难。2014 年巴西初级财政赤字约为 137.6 亿美元，占当年 GDP 的 0.63%，总财政赤字较前一年增长近两倍，包括公债利息在内总额达到约 1 285 亿美元，占国内生产总值的 6.7%，是全球主要经济体中总财政赤字最高的国家之一。尽管赤字与 2014 年的大选支出有关，但主要还是日常支出增加和税收减少所致。相比较 2011 年占 GDP 3.1% 的财政盈余，在政府增加对进口燃料以及其他项目的税收力度并恢复征收了金融交易税、从而增加 400 亿雷亚尔财政收入的前提下，财政赤字在 2015 年年底仍占到 GDP 的 2%。受经济衰退与社会保障性支出以及提高最低工资的影响，2016 年的财政赤

图 2－6－13　巴西基准利率水平变化趋势（2013—2020 年）

资料来源：EIU，Country Forecast——Brazil，2016。

字将占到 GDP 的 10%。

预算缩减计划执行较难。政府计划在 2016 年的预算中削减约 68 亿美元，涉及推迟公务员加薪和暂停公共项目所有这些计划都要求国会审议通过，但目前政府的民意支持率很低，而且在国会中的支持力量不够集中，预计这些计划的执行将面临很大阻力。而最低工资标准提高将使政府在 2016 年的财政支出（不包括债务和社会保障支出）增长 6.8%。

经常账户赤字情况短期无法解决，但未来将有所改善。由于结构性改革（如社会保障，公共部门裁员）推行不顺利，政府以促进经济发展为目的采取的措施造成开支增加将进一步恶化财政账户。主权信用评级下降也对巴西借贷能力产生不利影响，从而使其经常账户赤字问题无法在短期内解决。

过去几年内，受主要出口产品铁矿石价格下跌、主要贸易伙伴经济增速放缓、外部宏观环境恶化等因素影响，巴西贸易逆差持续加剧。2014 年对外贸易出现 39.3 亿美元的逆差，为该国 14 年来的首次逆差。2014 年巴西经常账户逆差为 801.97 亿美元，约占 GDP 的 4.17%，创 2001 年以来最高纪录。在雷亚尔贬值、全球石油价格低位徘徊以及铁矿石价格逐步回升影响下，2016—2017 财年巴西将可能出现贸易顺差，经常账户赤字也可能会有一定程度下降。预计 2016 年巴西的对外贸易将产生 350 亿—380 亿美元的贸易顺差，2016 年的经常账户赤字将降至 310 亿美元，占 GDP 的 2.1%。图 2－6－14 为巴西从 2012 年开始的经常账户赤字情况，其中 2016—2020 年为预测值。

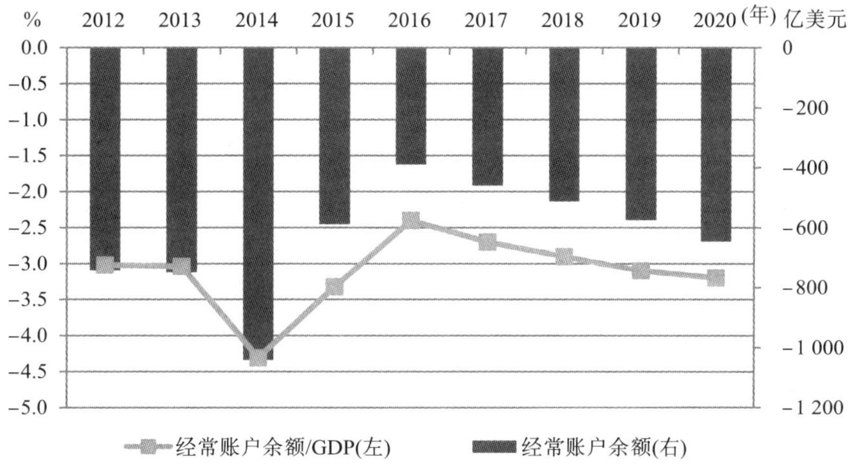

图 2－6－14　巴西经常账户余额及其占 GDP 比重变化趋势（2012—2020 年）

资料来源：EIU，Country Forecast——Brazil，2016。

外汇市场波动幅度较大。国内政治危机和外部经济环境不明朗的共同作用引发了巴西外汇市场较大幅度的波动。从 2015 年 12 月巴西众议院议长库尼亚接受总统弹劾提案开始，巴西雷亚尔汇率就开始触底回升。2016 年前 3 个月，以月均汇率来计算，雷亚尔的名义汇率已升值超过 8.6%；以月末汇率来计算，雷亚尔的名义汇率已升值超过 11.9%。雷亚尔汇率的升值使得巴西进口商品价格下降，一定程度上缓解了国内的通胀。2016 年 3 月，巴西的通货膨胀率已较 1 月份的高点回落了将近 1.5 个百分点。此外，同一时期，巴西圣保罗股票指数也上涨超过 23.9%。

目前巴西的政治与经济走势截然相反，主要原因在于众多投资者预期以社会民主党为代表的反对派上台以后，有望放松巴西对外资的限制，更加积极主动吸引外资开发巴西国内资源。因此，投资者纷纷选择在低点入市，抢占巴西经济未来反弹的红利，从而提升了雷亚尔的汇率。

尽管如此，未来巴西雷亚尔汇率将在国内政局僵化、美联储货币紧缩政策和欧洲央行继续量化宽松政策的影响下保持波动。预计未来 3—6 个月内，雷亚尔与美元的汇率将在 1∶3.6 到 1∶4.3 的范围内波动，2016 年年底美元与雷亚尔的汇率预期为 1∶4.14，并将伴随着美元走强以及美国经济的恢复而持续贬值。巴西雷亚尔与美元以及欧元的汇率走势参见图 2－6－15，其中 2016—2020 年的值为预期值。

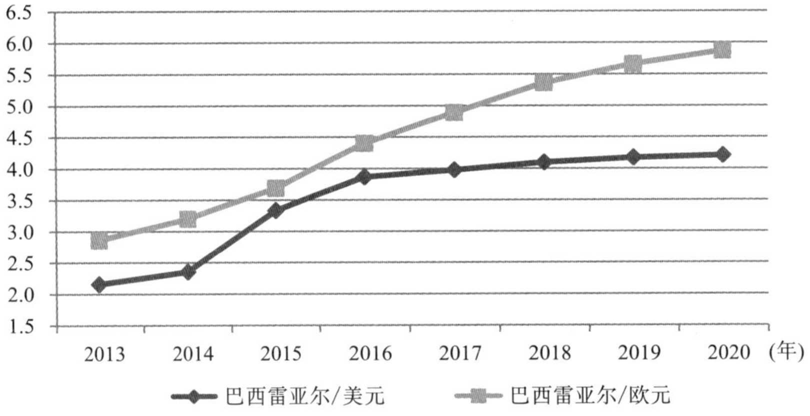

图 2－6－15　巴西雷亚尔兑美元和欧元趋势（2013—2020 年）

资料来源：EIU，Country Forecast——Brazil，2016。

3. 法律与监管风险

法律体系逐步完善，但政府干预将造成合同变更风险较大。巴西宪法赋予联邦检察院权限较为广泛，其独立于行政、司法、立法三大权力机构，可以独立调查一切违反公共利益的案件。巴西的联邦审计法院是协助国会进行监察的最高审计机构，拥有很强的独立性，有权对总统的账目开支以及立法、司法、行政机构和一切国有企业的财产账目进行审计，一旦发现不法行为，审计法庭可以命令其改正或临时没收嫌疑人的财产。

巴西国内法制较为健全，执法公正度较高，法律执行周期非常长，国家对经济干预程度较高，劳动法制法规较为繁琐且管制严格等问题是创业的主要障碍之一。目前政府正在积极改善法律环境以营造更好的营商环境。巴西在 2005 年引入破产法，2014 年，针对腐败尤其来自高层的腐败问题，引入了旨在治理利用公共行政职权进行犯罪的新的反腐败法，规定将由独立的司法机构处理对高层提出的腐败起诉。

对国内外私人投资保障力度较大，但合同执行成本较高且变更风险较大。为了通过增加投资以刺激经济增长，巴西制定了对来自国内和国外的私人投资保护力度较高的法律——《巴西外商投资法律》，规定外国投资者与国内投资者享受同等的法律保护。巴西法律体系中也不乏高素质和独立决策的高级法官。但招标程序不透明和监管框架不完善的问题容易产生合同执行漏洞；而投资者在获取营业执照和环保许可证方面消耗时间过长，政府在合同执行过程中政府干涉过多以及腐败、官僚主义导致合同执行时间过长、执行成本较高并面临较大的变更风险等问题。根据世界银行公布的2016年世界营商环境排名中的“合同执行”指标来看，巴西在189个国家中位列第45位，其审理和判决的时间平均为731天，办理手续成本占总成本的20.7%。

4. 税收风险

从税系结构看，巴西为直接税与间接税相辅相成的双主体结构，以直接税为主，间接税为辅，巴西税负水平是“金砖国家”中最高的，税赋收入占国内生产总值的36.4%，属于30个高税负国家之一。巴西的税收制度较为复杂：没有统一的征税形式，62个主要联邦都有各自的征税系统以及相应的法律来规范其税收。

尽管政府有意简化税制和降低税收负担，但税制改革在国会遭遇强劲阻力，前几届政府（卡多佐和卢拉）都没有实现彻底改革，罗塞夫政府与代总统要实现税制改革、简化税收体系的目标，还需要在国会层面克服诸多阻力。

5. 经营性风险

巴西对外国直接投资持鼓励态度，但在政府大力支持的战略性新兴产业内对贸易与投资实施较为严格的配额制，从而限制了外资在这些领域的流入。目前，巴西在电信、汽车制造业、机场和港口的基础建设领域内对外资有一定程度的放开，但投资手续繁琐，政府在投资问题上的行政效率过低等问题极大地限制了外国投资者的投资信心。根据2016年世界银行营商环境调查报告，在189个国家的营商环境指数排名中，巴西位列第116名，比同地区的墨西哥（38）、智利（48）、哥伦比亚（54）排名更低。报告显示，在巴西注册新企业的时间为83天，而在智利仅需要5.5天，墨西哥为6.3天，哥伦比亚11天。目前政府在这方面进行了一系列改革，如针对小企业实施“超级便捷”的税制，以减少其在提交税务报告以及减少获取环保许可证方面所花费的时间，从而有利于提升巴西对外资的吸引力，但政府总体行政效率较低。表2-6-11显示了巴西营商环境各指标值及其排名。

表2-6-11　　巴西营商环境指标

主题	指标	巴西	
		数值	2016年排名
开办企业	程序/个	11	174
	时间/天	83	
建筑许可	程序/个	18.2	169
	时间/天	425.7	
获得电力	程序/个	4	22
	时间/天	43.6	
注册财产	程序/个	13.6	130
	时间/天	31.7	
获得信贷	法律权利指数（0—12）	2	97
	信贷信息指数（0—8）	7	

续表

主题	指标	巴西	
		数值	2016 年排名
跨境贸易	出口时间/小时	102.4	145
	出口成本/美元	2 344.1	
	进口时间/小时	222.6	
	进口成本/美元	2 235.5	
缴纳税款	次数/年	9.6	178
	总税率/%	69.2	
执行合同	时间/天	731	45
	成本（占所得收益比重）/%	20.7	
办理破产	时间/年	4.0	62
	破产框架力度指数（0—16）	13	

资料来源：World Bank，Doing Business 2016：Measuring Regulatory Quality and Efficiency。

（三）巴西未来发展预测和投资机会分析

1. 政治前景

目前巴西的政局较为动荡。总统已被强制停职 180 天，而其在国会中的支持率过低可能使其面临较大的弹劾风险。而包括代总统在内的政府高层腐败丑闻的扩散导致巴西未来政局走向极不明朗。在 2016 年 10 月进行的总统、国会和各州的选举中，如果总统和副总统均遭受弹劾，巴西可能会在 2018 年提前进行下一届总统的选举。

巴西国内政局所面临的风险主要来自执政党高层涉腐，而监管机构以及国有控股企业负责人均由政府任命的做法不仅影响到机构的执政能力，也极大地提升了腐败的风险。罗塞夫政府已从 2013 年开始着手进行政治体制改革。2015 年 5 月，国会否决了在国会代表选举过程中，用小选区制体系或混合体系来替代比例代表体系的提议。2015 年 6 月国会通过了一项禁止参加连选和连任的宪法修正案。根据该提议，总统、州长和市长不允许进行第二次连任，允许企业为竞选捐款，但捐款额度不能超过规定的上限，以防止竞选腐败。尽管来自国会的巨大阻力干扰了这些改革措施的实施，但从长期来看，这些法规的出台有利于加快法庭审理和判决程序的进行，并且能够有效提高巴西的司法效率。

2. 经济预测

巴西自然禀赋优良，但面临经济结构性瓶颈限制。自然资源丰富、相对稳定的政治环境和较为年轻的劳动人口结构是巴西经济发展的优势所在，而制造业发展和雷亚尔贬值降低了巴西的出口成本。此外，巴西也面临着一系列包括政治效益欠佳、教育不发达、技术人才短缺、收入差距较大、储蓄水平普遍较低、基础设施长期投资不足等结构性制约因素。

总体经济形势发展欠佳，收入差距过大等社会问题隐患常在。巴西作为拉丁美洲最大的市场、世界第五人口大国和全球第七大经济体，其人均 GDP 在“金砖国家”中高于中国和印度。2004—2010 年间，在持续流入的外国直接投资（FDI）的刺激下，巴西经济曾高速度发展。但自 2011 年起，其经济发展开始进入停滞状态。尤其在 2014 年，经济开始负增长并延续了衰退趋势。预计未来 5 年内的 GDP 年均增长率为 2.3%，低于过去 20 年的年均 2.8% 的增长率。尽管收入不平等问题在2004—2012年期间有所缓解，但总体经济形势不佳、失业率长期高企和转移支付力度偏低等问题将继续扩大收入差距。

经济发展触底后，未来国内生产总值将有小幅回升。受到紧缩性财政和货币政策以及巴西国家石油公司腐败丑闻对投资和商业信心的影响，巴西的国内生产总值在2015年、2016年表现为历史最差。2016年巴西经济复苏的可能性极为微弱。预计2017年的GDP将以2.2%的速度增长，而公共债务将上升，并将进一步恶化巴西的主权评级，增加其资本外逃和借贷成本上升的风险。

经常账户赤字长期存在，未来规模有望缩减。预计巴西的进口需求和出口机会在中期内均会有一定的增长。巴西是世界第三大农产品、加工产品以及制成品的主要生产国与出口国。巨大的国内市场使其具有较大的投资潜力，也保证了进口需求的强劲增长。

未来货币政策可能有所放松，预计巴西央行将进入降息周期。预计从2016年年底开始，巴西央行将逐渐把基础利率从目前的14.25%下调至2017年的12.5%。如果公共债务占GDP的比重能在利率调整后回稳，巴西央行将有可能进一步实行宽松的货币政策，但基准利率不会调整至低于5%的实际利率。货币紧缩和经济衰退使得实际信贷的负增长在短期内恢复的可能性较小。预计到2017年，信贷收缩问题将在巴西经济复苏和利率下降的促进下有一定程度的缓解。

通胀未来将有一定程度缓解，但仍将高位运行。2016年的通胀预期可能有一定程度缓解，电力价格与运输成本的上涨对通胀率的影响也有可能逐渐减少。预计12个月内巴西通胀率将降低至7.4%，但2016—2020年的消费者价格指数仍将高于巴西央行设定的4.5%的通胀目标。

汇率市场面临波动，未来可能持续贬值。雷亚尔在2015年大幅贬值30%后，实际汇率在2016年3月初有所回升。在对罗塞夫总统及前总统卢拉的腐败案件调查结果的影响下，雷亚尔可能在未来几个月内继续波动。无论罗塞夫是否遭到弹劾，投资者情绪将受到弹劾与政治转型的影响，加剧汇市波动。

对外直接投资流入量持续增加。未来巴西国内房地产业的繁荣将推动贸易部门的发展。尽管中期国内需求的强劲复苏将刺激进口激增，但雷亚尔贬值将有利于贸易顺差的持续。预计2016—2020年，在网络服务和旅游业发展的推动下，巴西的服务贸易逆差额将有所减少，经常账户赤字占GDP的比例将缩减为年均3%，但进口需求回升将使其在2020年再次扩大。由于中期前景较为疲软，外国直接投资流入量持续减少，但其丰富的市场机会使得投资流入量将占到GDP的35%。2016年对巴西的主要经济发展指标预估值见表2-6-12。

表2-6-12　　巴西主要经济指标预测（2016—2020年）

时间 指标	2016年	2017年	2018年	2019年	2020年
实际GDP增长率/%	-3.70	0.70	1.80	2.40	2.40
CPI增长率/%	9.70	5.70	5.50	5.30	5.20
财政收支余额占GDP比重/%	-8.40	-7.00	-7.50	-5.60	-4.10
经常账户盈余占GDP比重/%	-2.40	-2.70	-2.90	-3.10	-3.20
短期利率/%	14.20	13.00	11.60	11.20	10.60
汇率（BRL/USD）	3.87	3.98	4.10	4.17	4.21

资料来源：EIU，Country Forecast——Brazil，2016。

3. 营商环境

总体商业环境持续恶化，投资与消费信心双降。在巴西，投资风险主要集中在社会安全、税收和商业环境中。巴西的税制相当复杂，而官僚主义盛行和政治腐败问题加剧导致税制中对企业征收的税负较高。罗塞夫政府治理时期，商业环境风险主要来自其在经济和贸易领域的保护力度增加以及国内大规模的社会抗议活动持续，而抗议主要针对税收、养老金、政府改革以及城市内有组织犯罪的问题。即将举行的奥运会也对巴西的基础设施提出了挑战，政府的腐败增加了合同变更风险，包括国内一些大型工程企业也牵涉腐败案件，这加剧了经济衰退和商业环境的恶化。2015 年 10 月，制造业采购经理人指数降至 43.8，服务业的采购经理人指数在 2015 年 11 月的数值为 45.5，而 2016 年前 3 个月的商业信心指数和采购经理人指数均降至历史最低点，这是巴西工业部门连续第 11 个月处于衰退状态。预计短期内的国内投资将继续减少。

经济衰退引起个人消费持续下降。未来几个季度，个人消费将较以往有所下降，雷亚尔的贬值可能有利于国内商品的消费与出口，减少进口需求，但也将进一步增加消费者的贷款利率。预计伴随国内经济衰退加剧，2016 年未来几个季度内的私人消费将持续下降，失业率进一步增加则加剧了消费的下降。巴西劳工部的报告称，2015 年，各行业共计减少了超过 150 万个就业机会，而同样在 2009 年经济衰退期间，国内新增 40 万个就业机会。失业与私人部门实际工资水平下降的共同作用将进一步减少私人的消费支出。此外，央行紧缩的货币政策造成的信贷收缩同样对私人消费有负面影响，央行将进一步增加消费者贷款利率，当政策利率从 2014 年 9 月的 11% 上升到 2015 年 11 月的 14.25% 时，同期的消费贷款平均利率则从 30.50% 飙升至 68.70%。因此，预计私人消费水平在 2016 年将达到历史新低。但受未来工会与政府就最低工资上涨进行的谈判成功的预期以及巴西经济缓慢调整恢复的影响，私人消费将从 2017 年起开始缓慢回升。图 2-6-16 为巴西中期内的实际私人消费的发展趋势，其中 2016—2020 年为预计值。

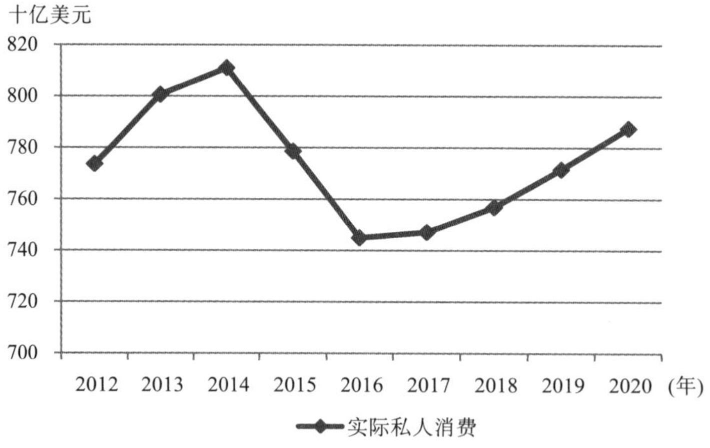

图 2-6-16 巴西实际私人消费水平发展趋势（2012—2020 年）

资料来源：EIU，Country Forecast——Brazil，2016。

国内经济形势恶化导致外国直接投资继续下降。2016 年的投资将继续下降。巴西国内资本投资在经历了 2011 年、2012 年两年的大幅下滑后，在 2013—2014 年，受财政政策、奥运会和世界杯拉动的基础设施建设需求的刺激而有一定程度的提升。但从 2014 年下半年开始至 2016 年，财政状况持续恶化、私人部门投资信心下降和紧缩的货币政策的影响导致国内资本性投资持续下降。为增加投资，2015 年 6 月上旬，巴西政府制定了一项针对物流改善的投资计划，该计划预计投资 625 亿美元。另一项计划是针对国道、铁路、港口和机场等基础设施建设实施的 PPP 计划，这项投资额 692 亿雷亚尔的项目预计将在 2015—2018 年完成筹资并于 2019 年兴建，届时由巴西国家开发银行出资 70%。但由于国内财政赤字情况较为严重，而公共投资持续下降，可能影响这些项目的进行。

预计未来在税收体系方面的改革进程较为缓慢。巴西税收制度复杂，税负水平显著高于地区平均值且执行程序繁琐，政府将进行相应的税制改革。但受到国内财政长期赤字和转移支出在短期内难以下调的影响，加之税制改革在国内可能将遭遇较大阻力，因此，预计未来在税收体系方面的改革进程将较为缓慢。表 2-6-13 显示了巴西目前和未来的税收体系与地区平均水平的区别。

表 2-6-13　　巴西税收体系与地区平均值比较

指　　标	2010—2014 年		2015—2019 年	
	巴西	地区平均值[a]	巴西	地区平均值[a]
企业税负**	3	3.6	3	3.6
最高边际个人所得税*	5	4.7	5	4.6
增值税*	3	3.2	3	3.2
雇主的社会保障性缴款	3	3.3	3	3.7
财政制度对投资鼓励程度	2	2.5	2	2.5
税收制度一致性与公平性	2	2.4	2	2.5
税制复杂度	2	2.3	2	2.5

注：指标旁标注*表示数值为定性分析所得；**表示数值是基于数据计算而得；a，在 12 个拉丁美洲国家中，包括阿根廷、秘鲁、智利、巴西、哥伦比亚、哥斯达黎加、古巴、多米尼加共和国、厄瓜多尔、萨尔瓦多、墨西哥与委内瑞拉。

资料来源：EIU，Country Forecast——Brazil，2016。

失业率继续增加。预测未来 12 个月内的失业率将继续上升。预计受经济衰退的影响，劳动力市场情况将持续恶化，未来 12 个月内的失业率将达到 7.2%—7.9%，而 2016 年的年均失业率将达到 7.5%，高于预期的 6.9% 水平。调查表明，2015 年年底到 2016 年初，巴西在劳动力人数占总人数 25% 的六个大城市地区——圣保罗、贝洛奥里藏特、累西腓、萨尔瓦多、里约热内卢和阿雷格里港——约有 40 多万人失业，并有约 20 万人退出劳动力市场。2016 年年底的就业率可能将受企业对临时工雇佣需求的影响有所上升，但总的来说，国内通胀加剧以及全球经济复苏缓慢将对巴西就业情况改善产生较大的风险。

公共债务不断积累，但仍处于可控阶段。巴西公共债务已经超过了 60% 的界限，财政债务占 GDP 的比重高达 65%—70%，这将增加政府债务管理的难度；而扣除外汇储备和政府、银行的债券、股票后的净债务仍占 GDP 的 35%。尽管目前巴西的公共债务还未达到失控状态，但缺乏调控和管理的空间，政府需要通过发行更多的债券以进行融资，这会产生更大的财政赤字。

巴西的总体商业环境不理想，政治动荡、政府执政效率低下使其长期衰退的经济无法在短期内复苏，尽管较大的市场提供的投资潜力相对较大，但对外国直接投资的行业限制、腐败、官僚等问题影响未来投资的流入，政府在外汇市场有一定的干预行为，税制与税负也是限制经济发展的因素之一，公共债务长期赤字降低了评级机构对巴西的主权评级，也导致其融资成本增加，短期内宏观经济表现较差。预计政府在政治和经济等领域内的改革将有助于其在执政效率、对外投资政策方面的提升，雷亚尔贬值则有利于汇率指标的改善。权威预测机构经济学人智库（EIU）对巴西 2016 年的商业环境评级与展望见表 2-6-14。

表 2-6-14　巴西商业环境评级与预测

	价值指数[a]		全球评级[b]		地区评级[c]	
	2010—2014 年	2015—2019 年	2010—2014 年	2015—2019 年	2010—2014 年	2015—2019 年
总评	6.33	6.49	43	46	4	4
政治环境	6.2	6.2	39	37	3	3
政治稳定性	8.1	7.8	16	19	3	2
政治有效性	4.5	4.9	52	51	6	4
宏观经济环境	6.6	6.6	51	55	7	7
市场机会	6.8	6.1	18	25	2	2
对私人公司和竞争的政策	6.3	6.5	36	34	2	3
对外国投资者的政策	7.3	7.8	32	27	3	3
对外贸易和汇率管控	7.3	7.8	50	49	6	6
税收	4.7	4.7	77	76	11	10
融资	7.4	7.4	11	19	2	2
劳动力市场	4.9	5.7	72	60	11	8
基础设施建设	5.9	6.2	55	61	6	5

注：a，最高为 10；b，在 82 个国家（地区）中；c，在 12 个拉丁美洲国家中，包括阿根廷、秘鲁、智利、巴西、哥伦比亚、哥斯达黎、古巴、多米尼加共和国、厄瓜多尔、萨尔瓦多、墨西哥与委内瑞拉。

资料来源：EIU，2016，Country Forecast——Brazil。

4. 投资机会

巴西对外资进入有较为严格的控制，但仍不失为有吸引力的投资国度。巴西对外资进入国内行业有着较为严格的控制，其禁止或限制外国资本进入的领域包括：核能开发、医疗卫生、养老基金、海洋捕捞、邮政、报纸、电视、无线电通信网络、国内特许航空服务以及航天工业等。近年来，为了适应经济发展的需要，巴西逐步放松国家对石油、天然气和矿产开采的绝对控制，引进了多国外资共同参与其能源开发。同时巴西也对外资放开了近海航运、高速公路以及电信、电力业等领域。总体来看，尽管短期内巴西面临着国内经济长期衰退、政局不稳等问题，但其长期经济发展前景相对乐观：拥有丰富的自然资源，国土辽阔，国内巨大的消费群体与市场潜力以及规模相对较大的经济基础和人口红利等发展要素，如果政府能将宏观经济运行控制在可持续稳定增长的路径上，巴西仍然是一个对外国投资者具有相对较高吸引力的目的国；而投资阻碍主要来自高利率、社会保障体系不完善、财政赤字过高、公共债务大幅增加、公共财政无法支撑国内经济发展以及金融危机蔓延等问题。

中巴合作日益紧密。自 1974 年建交以来，中巴双边关系不断提升。1993 年，两国建立战略伙伴关系，2012 年，两国关系提升为全面战略伙伴关系。巴西是新兴经济体的典型代表，与中国同属于“金砖国家”之列。2014 年，双方发表《关于进一步深化中巴全面战略伙伴关系的联合声明》，中巴进入全面建设战略伙伴关系的新阶段。双方将不断深化贸易与投资关系，在能源、农牧业和基础设施等传统领域，中巴将继续保持紧密合作。在能源与资源领域，巴西煤产量低且品质差，而我国是重要的煤炭产区；中国铁矿贫乏，而巴西蕴含大储量的铁矿。在基础设施领域，巴西存在着较大的需求和资金缺口，巴西目前使用的公路、铁路等基础设施主要修建于 20 世纪七八十年代，已严重落后于当前的实际需要，而我国在工程建设方面则有着丰富的国际经验。目前巴西农牧业主要集中在中西部地区，农产品需依靠公路等方式运至东部沿海港口，近年来农产品出口的高速增长对其基础设施建设带来了新的压力。针对此问题，巴西于2012年出台了物流投资方案（PIL），对铁路、公路、水路、港口和机场提供超过1 000亿美元的投资。我国企业可以利用巴西大力发展国内经济的良好时机，发挥国内产业优势，并借助国内促进产能“走出去”的良好契机，继续增加对巴投资。

智利

（一）智利投资概览

国家基本信息简表

中文名称	智利	英文名称	The Republic of Chile
建国日期	1810年9月18日	领土面积	75.67万平方公里
所属洲	南美洲	时区	UTC－4
首都	圣地亚哥	国际电话区号	＋56
主要城市	瓦尔帕莱索、蓬塔阿雷纳斯等		
人口	1 782万人	主要民族	印欧混血（75%）、白人（20%）、印第安人（4.6%）
人口密度	25人/平方公里		
语言	西班牙语	主要宗教	天主教、新教
政体	总统制共和制	法律体系	大陆法系
政党	社会党、争取民主党、民族革新党等	换届时间	2018年3月（总统选举） 2018年3月（议会选举）
道路通行	靠右驾驶	货币	智利比索（CLP）

2015年主要金融与投资数据

名义GDP	2 402.3亿美元	FDI流出量	2015年	204.57亿美元
国际储备	386.4亿美元		2014年	220.02亿美元
汇率水平（CLP/USD）	707.34	FDI流入量	2015年	125.34亿美元
外债余额/GDP	65%		2014年	120.52亿美元
财政收入/GDP	21.27%	FDI内存量	2015年	2 033.6亿美元
财政支出/GDP	23.44%		2014年	1 829.03亿美元
货币供应增长率（M2）	10.42%	FDI外存量	2015年	930.78亿美元
通货膨胀率	4.35%		2014年	805.45亿美元
存款利率	19.4%	商品出口（FOB价）		626.26亿美元
贷款利率	5.5%	商品进口（FOB价）		630.39亿美元

中国与智利双边投资概况

中国对智直接投资流量（2014年）	0.16亿美元	中国对智直接投资存量（2014年）	1.96亿美元
中智双边投资协定	最早的双边投资协定签署于1994年3月23日		
中智双边本币互换协议	2015年5月25日，中国人民银行与智利中央银行签署了规模为220亿元人民币/22 000亿智利比索的双边本币互换协议，有效期3年，经双方同意可以展期		
投资优惠措施和利润汇出限制	根据WEF发布的《2015—2016年全球竞争力报告》，智利在竞争力排名方面得分4.6分（4.6/7），排名第35位（35/140）。允许资本、利润和红利汇回		

（二）智利投资风险分析

根据中国出口信用保险公司出版的《国家风险分析报告（2015）》，智利2015年的风险评级为3（3/9）级，主要风险见表2-6-15。

表2-6-15　　2015年智利主要风险概述

风险类别	风险描述
宏观经济环境	总体经济实力较为雄厚，对通胀控制较好，国内外汇储备丰富、外债水平低，未来经济将平稳向好发展，宏观经济方面风险较低
政治环境	高度民主，各政党之间达成广泛共识，党派间纷争较少且党派实力不均衡，政局极为稳定，政治风险较低
法律与监管	法律体系完善、透明度高，是拉美地区法律风险最低的国家之一，但法律程序进展较慢，实施效率较低
政府效率	政府政策透明、执政高效，政府效率方面风险较低
金融及国际贸易与支付	国内金融、银行体系建构完整，发展较快，对外贸易以自然资源为主，国内经济政策的有效实施帮助其平衡国际收支，偿债能力强且外债水平低，风险较低
社会治安	是拉美地区最为安全的地区，贩毒活动不多，恐怖袭击与抗议活动较少
税收政策	整体个人税负水平低，目前进行的国内税制改革将小幅度提高公司以及外国投资者实施的税负水平，但仍然低于拉美地区平均水平，未来税负水平大幅提升的风险较低
基础设施	基础设施完备良好，但易遭到自然灾害破坏，一些基础设施面临恢复与重建，存在一定的风险
劳动力市场	劳动力平均素质居拉美地区之首，劳工制度完善，国内将对劳工制度进行改革，提升工会组织力量，风险较低
社会文化	与中国文化差异较大

智利是新兴市场中经济实力比较雄厚的经济体。从宏观经济环境来看，依托与全球其他国家广泛签订的自由贸易协定网络以及已经完成的大规模经济结构改革，GDP仍然保持稳定增长态势。政治上，平稳向好发展的经济为智利进行政治和平变革提供了有利的条件，民主化程度较高，社会稳定性较强，是拉丁美洲政局最为稳定的国家。2014年智利政府完成平稳过渡，政治风险极低。智利的法律体系完整、透明度高，但法律程序进展较慢，实施效率较低。由于政府实施的适度刺激国内需求的政策很好地缓解了来自外部的冲击，智利的对外贸易保持着稳定而温和的增长。税制方面，现任政府正在进行国内税制改革，预计公司税将在4年内从目前的20%调高至25%—27%，整体税负在未来可能提升，但仍低于拉美地区平均水平。智利自然资源丰富，基础设施完备良好，但易遭受自然灾害破坏，一些基础设施面临恢复与重建，从而增加了在该国的营商与投资风险。

本报告主要从政治风险、宏观经济风险、法律与监管风险、劳工风险、税收风险和经营性风险等方面对智利投资风险进行分析。

1. 政治风险

经济基础稳固、跨党派的广泛共识和强大的民主机构共同保证了智利政治的高度稳定性。但一些腐败案件可能会引起智利政治动荡。短期内国内面临的政治风险主要是有关2014年年底披露的有关总统涉嫌利用非法资金竞选的腐败事件的处理情况，总统的儿女及女婿均被指控，影响该腐败案件的调查。这导致总统支持率在2015年年底降到了24%的最低点。总统将通过改组内阁、采取反腐措施并通过证券交易监管机构加强对竞选资金的监管等行为来恢复民众信心、解除危机。

新多数派党联盟在国会与两院中占多数席位，在国会 120 个席位中占 67 个，参议院 38 个席位占 21 个，而中右党则分占 49 个和 16 个。因此总统推行的宪法、税制、教育、劳工制度改革以及构建进一步改善智利营商环境的提议不太可能会引发大规模的社会政治动荡。

2. 宏观经济风险

智利经济在 2003—2008 年间保持了年均 5.2% 的增长率，2009 年世界金融危机时实现 5.8% 的增长，2010 年大地震严重破坏制造业时也实现了 5.2% 的增长。近年来，受铜价大幅下跌以及世界经济疲软的影响，智利经济增速有所放缓。

出口、需求减少、铜价下降影响经济增长。智利在驱动经济长期增长的关键要素（固定资产投资、劳动力资本）方面具有优势。2010—2015 年，公共部门与私人部门对大地震后的基础设施开展恢复重建工作，这促使智利总体经济适度增长。但铜价走低、中国经济发展放缓以及美元走强因素影响国内投资。从需求角度来看，随着大型基础设施及能源和采矿项目的开展，固定投资持续增长，但对矿产行业的悲观情绪影响了对行业的投资。预计 2016 年，固定投资总额将增长 1% 左右，中期预计上升至约 2.9%。但对采矿业的前景预期悲观，投资不会出现大幅度增长，而私人消费减少等也将遏制国内经济长期高速发展势头。智利实际 GDP 增长和通胀水平参见图 2-6-17，其中 2016—2020 年为预测值。

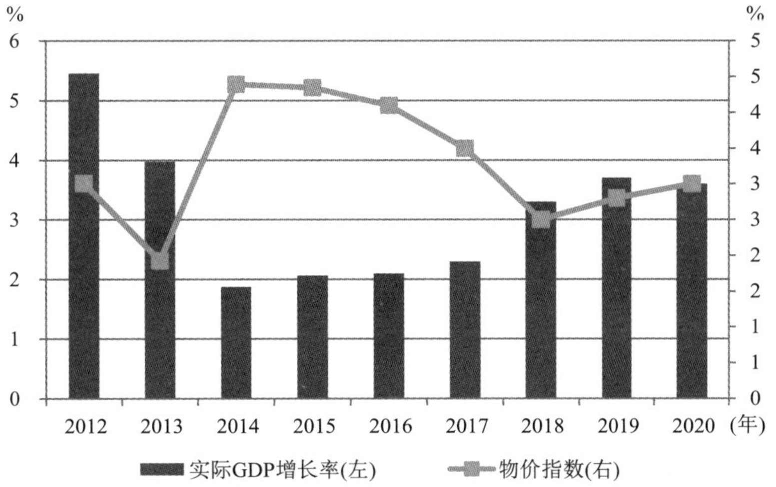

图 2-6-17　智利实际 GDP 增长和通货膨胀水平（2012—2020 年）

资料来源：EIU，Country Forecast——Chile，2016。

经济结构亟待进一步调整。目前智利经济结构中的一些问题可能将阻碍其长期增长率的提升。其一是对阿根廷天然气的过度依赖，阿根廷是其唯一的天然气供应者。自 2004 年以来，智利一直面临着阿根廷对其天然气供应减少的威胁。因此，目前智利 3/4 的天然气使用企业已开始转向替代能源。但短期内天然气短缺及能源价格上涨将给制造业带来 1%—2.6% 的损失。其二是智利出口缺乏多样性。智利出口收入严重依赖自然资源，出口结构基本由矿业（铜）、林业、初级工业制品、鱼类和水果构成。2015 年智利的出口收入由矿产品（64%），工业产品（28%），农业、林业和渔业（6.3%）构成。进口以中间产品为主（53% 左右），消费品（23%）、资本品（17%）占比较少，这也限制了智利经济实现更高水平的可持续增长的可能。而智利国内经济三种产业结构也相对不合理，农业和工业基础较为薄弱，服务业占 GDP 总比重长期高达 50% 以上，也是智利主要出口创收的行业。智利三大产业发展水平参见图 2 - 6 - 18，其中 2016—2020 年为预测值。

智利中央银行将暂时停止宽松的货币政策，但预计基准利率将不会受到影响。尽管智利目前面临着国内投资与内需增长乏力的问题，但政府可能不会调整基准利率。由于目前的通胀可能偏离设定的模板区间，这可能对政府保持目前的基准利率水平带来压力。政府可能将通过其他方式，如发行票据对经济进行调控。美元流入智利金融市场减少也将给比索带来贬值压力。智利基准利率水平参见图 2 - 6 - 19，其中 2016—2020 年为预测值。

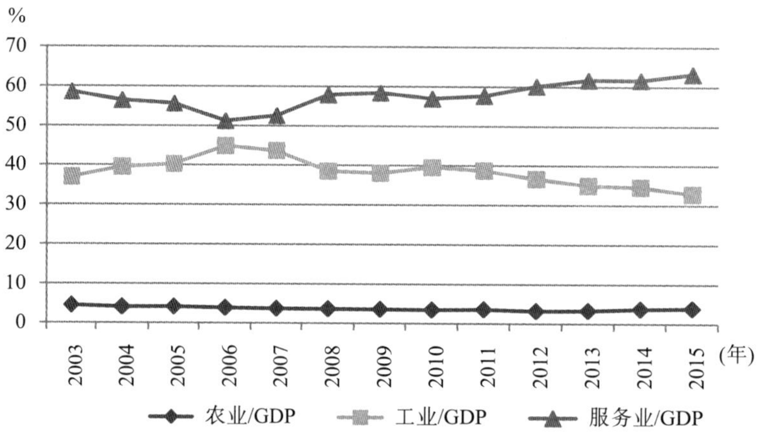

图 2 - 6 - 18　智利三大产业占 GDP 的比重情况（2003—2015 年）

资料来源：EIU，Country Forecast——Chile，2016。

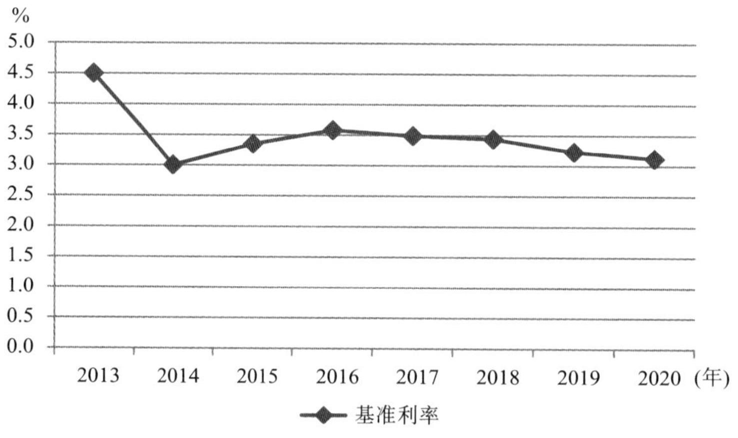

图 2 - 6 - 19　智利基准利率展望（2013—2020 年）

资料来源：EIU，Country Forecast——Chile，2016。

智利是全球铜的主要出口国，铜出口也是智利财政的主要收入来源，2005—2008 年，智利一直保持财政盈余。2009 年，受全球金融危机影响，财政出现 72.24 亿美元亏空，为历史最高赤字。2012 年财政恢复盈余，2013 年智利财政盈余占 GDP 的 1.4%。但目前铜价下跌、财政预算改革因素将进一步减少其财政收入。考虑到铜价下跌的影响，智利政府宣布将削减 2016 年的财政开支预算。铜的出口所带来的收入减少将使得 2016 年的财政赤字从占 GDP 的 3.2% 调整至 4.4%。政府的中期财政目标是在中期内达到结构性财政平衡。而增加税收征管的提议已被批准，2018 年将采用双税收制度以治理逃税问题，未来智利的财政赤字将逐渐缩减，国内面临的财政风险较低。智利的财政赤字占 GDP 水平参见图 2－6－20，其中 2016—2020 年为预测值。

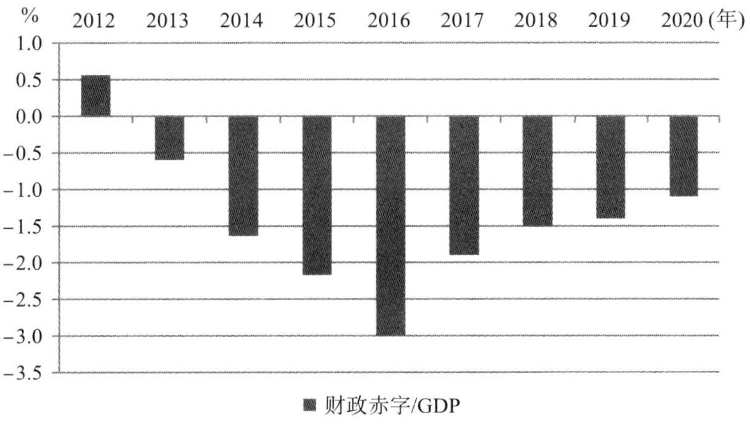

图 2－6－20　智利财政赤字占 GDP 的比重情况（2012—2020 年）

资料来源：EIU，Country Forecast——Chile，2016。

受浮动汇率制、主要出口市场需求大幅减少、铜价低迷以及美元走强的影响，智利比索从 2013 年开始贬值，目前比索已降至数年来最低水平：2015 年，美元与比索的汇率为 1 美元兑换 650 比索，2016 年的汇率进一步降至 1 美元兑换 730 比索，达到 2008 年以来的最高水平。受欧洲经济复苏不确定性、国际大宗商品价格疲软影响，未来比索贬值压力仍较大，但央行灵活的汇率制度和丰富的外汇储备使其发生大幅贬值的可能性较小。智利央行会在比索面临大幅度贬值的风险之时，进行公开市场操作，以降低比索贬值的可能性。在央行的市场干预和外汇储备的支持下，智利比索在未来仅面临小幅度贬值的风险。智利中期内的汇率水平参见图 2－6－21，其中 2016—2020 年为预测值。

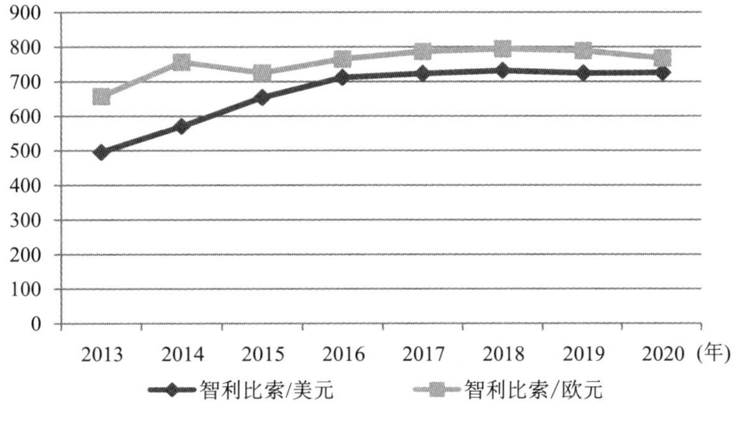

图 2－6－21　智利比索兑美元和欧元汇率（2013—2020 年）

资料来源：EIU，Country Forecast——Chile，2016。

经常账户赤字受经济结构影响，未来将小幅下降。智利的经常账户赤字在 2015 年有所减少，赤字占国内生产总值的 2%。但铜价持续走低、国内铜产量的削减和企业利润外流将增加 2016 年的赤字压力。2017 年起，铜价将有所复苏，这有利于缓解智利经常账户赤字，但利润汇出与进口增加将增加赤字规模。预计中期内的经常账户赤字将保持稳定。但加入《跨太平洋伙伴关系协议》(TPP)以后，中间产品与资本品的进口将增加基础设施方面的投资支出，加上在智利的大型采矿业等跨国公司的利润汇出，2016—2020 年可能产生大幅的结构性赤字。出口结构方面，中国已取代美国成为智利的主要出口国（占出口总额 23% 以上），其次是日本、美国（11%）以及巴西（5.5%）；进口方面，美国仍是智利主要的进口国（占进口总量 20% 以上），其次是中国（17%）、巴西（8%）和阿根廷（6%）。智利的经常账户余额及其余额占 GDP 比例情况见图 2-6-22，其中 2016—2020 年为预测值。

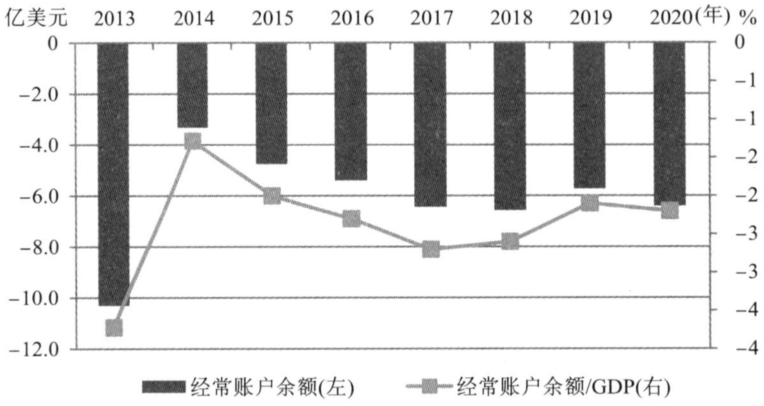

图 2-6-22 智利经常账户余额及其占 GDP 的比重情况（2013—2020 年）

资料来源：EIU，Country Forecast——Chile，2016。

3. 法律与监管风险

智利的司法系统包括最高法院、宪法法院、17 个上诉法院、84 个简易刑事法院和担保法院、7 个军事法院，超过 300 个地方治安法院。最高法院大法官对全国各级、各类法院都负有指导、纠正并确保其在经济上处于超然地位的职责，国家检察院独立负责司法调查和起诉工作。智利的反腐制度较为健全，清廉程度较高，整体司法体系完整、廉洁、判决透明，但司法判决与执行时间较长，效率较低。

智利允许通过仲裁解决商业与个人纠纷，仲裁裁决可由普通法院做出，程序简单，法官判决对双方均具有约束力。法律规定有效仲裁有三类：法律仲裁（仲裁程序和最终判决由法庭做出，受法律约束）；民间仲裁（过程由双方协商完成，由仲裁员依据程序公平原则做出判决）；混合仲裁（过程由双方协商完成，依据法律判决）。

在智利的外国投资者基本能享受与国民同等待遇，适用的投资法律有：《外商投资条例》（第 600 号法令）和《外汇兑换规则大全》。近年来，智利正在修订《矿业法典》，主要目的是为了更好地体现矿产资源国家所有原则和保护投资者的利益以及解决矿业纠纷等问题。智利允许外国投资者建立无限责任伙伴关系、有限责任伙伴关系或者合资公司、设立分支机构。在智利开办企业程序较为简便。根据世界银行 2016 年营商环境报告，智利设立企业的平均时间为 5.5 天，需要完成 7 个法定程序，创业成本约占人均收入的 0.7%，低于美国与经合组织的平均水平，在 189 个经济体中排名第 48 位。

智利主要的公司治理法规体系于 1981 年构建完成，在 2000—2009 年期间曾几次修改完善。智利的"OPA 法"规范了并购行为、强化股东权益、增强信息披露、建立董事委员会等。2010 年 9

月与10月，分别通过两项旨在对国有矿业公司进行治理和改革的提案，但目前仍然存在对企业控制权较低的问题。2014年智利实施的新《破产法》取代了1982年的旧法。2016年的营商报告中，智利立法方面排名第58位，有大幅度提升，但仍低于该地区内的墨西哥、哥伦比亚以及美国。解决破产问题平均时间为3.2年，回收率14.5%，美国则为1.5年，回收率为80%。新法律在减少破产程序、简化清算、对公司重组规定方面更易施行。

垄断事件在智利频发。2012年智利反垄断监管机构发现，智利三大连锁药店控制了90%的市场份额以及200多种药品的价格。2014年调查发现，国内三大家禽公司供应了全国93%的食用鸡。2015年，政府提交了一份限制企业垄断行为的法案，规定若涉嫌串通价格、参与垄断，企业管理者可能将面临长达10年以上的监禁以及严厉的处罚。

智利在保护商标、专利和版权方面力度不大。自2007年起，它一直在美国特别301报告的"优先观察名单"中，美国呼吁智利加强医药产品和互联网盗版方面的知识产权立法。目前，智利已经采取了一些措施，如同意遵守WTO中有关知识产权的规定，成立专门协助司法机关进行知识产权犯罪调查与起诉的部门。目前，智利已加入经合组织，其已在知识产权法律框架上与国际规范接轨。智利的专利权保护期为20年，商标权为10年，版权保护期为作者去世后70年。

4. 劳工风险

智利的劳工制度较为完善，对工人保护力度较高，劳动力资源丰富。现任总统于2014年向国会提交了旨在提高集体谈判权、增加工会工人数量、保护参与罢工工人利益等的法案，预计在2016年将得到批准。劳工法承认三种劳动合同的合法性：个人合同，雇主和工会之间订立的集体合同，无工会组织的工人与雇主的集体谈判合同。

智利的劳动参与率保持在49%左右。劳动参与率尤其是女性的劳动参与率增长，促使智利劳动力在2016年约有0.5%左右的增长，但该比率仍低于工业化国家的数值。为了提升劳动参与率，政府将改革并提高工会谈判权。目前，智利劳动人口有870万人，占适龄劳动者的60%左右，约有820万人就业，分布比例为：商业20.0%，制造业11.0%，农业9.0%，建筑业8.0%，教育8.0%，交通和通信7.0%，采矿业2.5%，其他和服务业34.5%。固定投资额度较高、私营经济活跃、大地震后基础设施的重建工作以及相对较高素质的劳动力均有利于目前的就业。但是，智利劳工制度缺乏灵活性，企业不能在经济衰退期间任意裁员。因此，即便在经济高速增长时期，企业雇用新工人的态度也较谨慎。此外，智利的采矿与港口工人罢工现象较常见，新的劳工制度将提升工会的谈判权力并保护参与罢工工人权益，对劳方保护力度较大。

5. 税收风险

智利的税制较为简洁清晰，但未来税负有增加的可能。智利实行属人税制，每个自然人和法人都有唯一的纳税号（RUT）。智利税收以中央政府为主，市政府只征收营业牌照费。2014年3月底，智利政府提交税收改革方案，改革方案中涉及企业所得税、个人所得税、酒税、含糖饮料、印花税等多个修改建议。智利的纳税指标在189个国家（地区）中排名第41位，比2014年下降2位，在纳税便利性和税负方面风险较低。

2016年，智利政府将针对税收制度进行改革，如管理占GDP份额3%的增值税、2018年施行双税收制度，企业税负将从目前的20%逐步调高至25%—27%，并加强了对避税、逃税以及污染征税的管理。此外，2015年实行了新车排放税，简化中小企业的印花税制度，但税率增加，并在2017—2018年进行鼓励企业进行利润再投资的税制改革。

6. 经营性风险

智利投资便利性好，政府效率较高。智利政府机构执政透明度、效率是拉美地区最高的。未来政府的政体和税制改革将进一步提升智利吸引外资的能力。智利的外商投资法律非常透明，法律明确规定几乎在所有领域内外国投资者享有同等国民待遇与权力。但是，智利的诉讼时间长、成本高，但案件的平均解决周期为480天，低于拉丁美洲736.9天的平均值。此外，智处的法律体系在产权、保障私营部门发展方面力度很大。表2－6－16显示了智利营商环境各指标值及其排名。

表2－6－16　智利营商环境指标

主题	指标	智利	
		数值	2016年排名
开办企业	程序/个	7	62
	时间/天	5.5	
建筑许可	程序/个	13	24
	时间/天	152	
获得电力	程序/个	6	51
	时间/天	30	
注册财产	程序/个	6	56
	时间/天	28.5	
获得信贷	法律权利指数（0—12）	4	79
	信贷信息指数（0—8）	6	
跨境贸易	出口时间/小时	93	63
	出口成本/美元	685	
	进口时间/小时	99	
	进口成本/美元	685	
缴纳税款	次数/年	7	33
	总税率/%	28.9	
执行合同	时间/天	480	56
	成本（占所得收益比重）/%	28.6	
办理破产	时间/年	3.2	58
	破产框架力度指数（0—16）	12	

资料来源：World Bank，Doing Business 2016：Measuring Regulatory Quality and Efficiency。

（三）智利未来发展预测和投资机会分析

1. 政治前景

智利政局稳定度高，安全风险较低。巴切莱特总统于2014年正式就职，但目前面临竞选资金腐败以及其子房地产投机丑闻，民众对现政府的支持率大幅降低。但总体而言，智利法制传统牢固，强有力的政府机构化制度、高度民主以及广泛的跨政党共识保证了智利的政治高度稳定。同时，智利的贿赂和腐败风险显著低于该地区的其他国家。在透明国际2014年公布的清廉指数中，智利在175个国家（地区）中排名第21位，与乌拉圭共同排名拉丁美洲最低。高效问责制度和高透明度与低水平的官僚主义是智利没有出现明显的贪污现象的重要原因。

安全风险极低。智利是拉美地区犯罪率最低、社会冲突最少的国家之一，近年来犯罪率虽呈现出一定的上升趋势，但针对外国企业的犯罪行为较为少见。贩毒活动的增加提升了暴力犯罪风险，有一些针对国内改革产生的国内抗议活动。外国企业尤其是涉及大型基础设施建设项目、能源与矿业的企业，有时会遭受环保活动团体和保护土著人权利团体的抗议，但主要集中在南方一些能源项目和外国木材企业方面，且规模较小，不会对企业的经营活动造成大的影响。

国际关系风险较小。智利同世界上 172 个国家建立了外交关系，同绝大多数拉美国家及美国、加拿大、欧盟、中国等 58 个国家签署了 23 个自由贸易协定，对外关系稳定。政府对亚太地区的外交关系较为重视。与邻国外交关系友好，但面临来自玻利维亚与其在海上边界争端问题，目前已提交国际法庭等待判决，但不会出现战争或军事活动风险。

2. 经济预测

宏观经济将保持平稳复苏态势。根据智利央行统计，2014 年、2015 年智利 GDP 增长率分别为 1.84%、2.1%，较往年年均 5.2% 的增速有所下降。预计 2016 年的短期 GDP 将增长 1.8%，中期约为 2.9%。随着更多财政刺激方案的出台、贸易伙伴经济的复苏、比索的实际贬值以及私营企业对经济前景的看好，预计智利经济将会进一步朝温和复苏方向发展。

受智利比索贬值的影响，国内通胀率有所增加，但预计 2016 年下半年，受能源与大宗商品价格以及汇率走势趋稳的影响，加之智利央行在货币政策上的一致性，通胀压力在第 2 季度得到释放后，将保持在目标范围内。

货币政策灵活度高。智利央行执行货币政策时，通常会结合通胀、就业、需求以及外部环境等因素对其适时调整：2008 年智利的基准利率曾高达 8.25%；金融危机后，基准利率被逐步调至 0.50%；2011 年为抑制通胀和经济过热连续 4 次加息至 5.25%；2014 年，央行将基准利率调整至 4.25%；2015 年又调低至 3%。预计未来智利央行将继续执行适度灵活的货币政策，并将根据国内外宏观经济条件的变化评估是否需要进一步下调基准利率。

主权信用度较高，债务状况良好。智利对进口原油的依赖以及单一的出口结构增加了其宏观经济风险，但稳定的国际储备与良好的主权信用给予其较大的偿贷能力：根据智利央行公布数据，截至 2016 年 3 月，智利外汇储备 380 亿美元。良好的外汇储备状况使得智利尽管外债负担较大，但不影响其主权信用。2015 年中央政府赤字率为 2.0%，中央政府负债率为 12.5%。经常项目赤字占 GDP 的 1.8%，预计 2016 年的外债总额占 GDP 比重将达到 57.8%。虽然外债规模较大，但国内财政负担轻，国际储备相对充裕，大规模的国外直接投资流入国内可及时提供较充足的外部流动性，银行资本充足率显著高于国际标准，偿债能力仍将保持较高水平。而国内受经济增长放缓、公共领域改革的影响，政府赤字规模预计将有所增加，中央政府负债率可能升至 13.9%。较低的债务负担和一定规模的主权财富基金将较好地保障政府的偿债能力。2016 年智利的主要经济指标预估值见表 2－6－17。

表 2－6－17　　智利主要经济指标与预测（2016—2020 年）　　单位/%

指标＼时间	2016 年	2017 年	2018 年	2019 年	2020 年
实际 GDP 增长率/%	2.1	2.1	2.3	3.3	3.7
私人消费	1.5	2.3	2.7	3.1	3.3
政府消费	5.8	2.7	2.5	3.2	3.9

续表

指标 \ 时间	2016 年	2017 年	2018 年	2019 年	2020 年
固定资产投资	-1.5	-0.5	1.0	2.0	2.5
出口	-1.9	1.1	2.3	4.0	4.0
进口	-2.8	0.9	2.2	2.7	2.6
国内需求	1.6	2.0	2.3	2.9	3.2
农业	4.3	4.2	4.3	4.5	2.9
工业	1.2	0.2	3.5	4.0	3.7
服务业	2.5	2.9	1.4	2.7	3.4

资料来源：EIU，Country Forecast——Chile，2016。

3. 营商环境

合同执行风险增加。智利的合约遵守率较高，但目前环保主义的兴起可能将延误或取消采矿、能源部门的一些项目，进而影响在这些部门的投资。如政府 2014 年 6 月在巴塔哥尼亚撤销了一项 2 750 兆瓦的水电项目的生产许可。

税制改革增加投资风险。智利的税收制度透明度较高。2014 年 9 月，国会批准通过了智利恢复民主后进行的最大规模的政府税收改革方案，企业所得税税率将在 4 年内从 20% 提高到 25%—27%，略低于拉美 27.6% 的平均水平，免征企业再投资利润税，并承诺外国投资者在智利资本市场发生纠纷时受汇款福利与法律保护；将个税的税率从 40% 削减到 35%，印花税从 0.4% 增至 0.8%。外国投资者在智利经营的矿业公司在 2024 年后，将面临税率调整：营业利润缴交比例将从 4%—9% 上升至 5%—14%。世界银行 2015 年营商报告中，智利公司的利润税为 27.9%，增值税为 19%。

智利已与阿根廷、巴西、加拿大、美国等 27 个国家签订了免双重征税协定。国内财政状况较好，基于铜出口收入建立的两个主权财富基金运行良好，截至 2015 年 11 月，基金价值约为 219 亿美元。智利外汇储备也非常充足（约占 GDP 的 15.6%）。

国家征收风险低。智利签订了为数众多的自由贸易协定，而大量协定中都有保护公司资产免遭征用风险的条款，因此基本不可能发生政府以没收、征用、国有化或其他原因取得任何性质的公司所有权的事情。2015 年政府的宪法改革加大了对私有财产的保护力度，除了对国家战略资源，如铜供应量占全球 10% 的矿业公司仍保持国有化以外，对其他类型的产业均大力推行私有化。

改革增加劳资风险。总统巴切莱特在 2016 年就工会改革问题向国会提交了新的立法方案，旨在提高工会的谈判能力，该法案若被批准，劳资纠纷风险将提升。智利在采矿业内尤其国有企业内的罢工现象较为普遍，时间通常持续 24 小时，长则 2—3 周，这将造成企业运营中断甚至波及全球铜的供应。港口工人罢工并引发全国性的港口停运现象也较为常见。

2016 年智利的个人消费将有缓慢增长，预计私人消费占 GDP 比重为 2.1%，消费者消费信心指数仍低于 50 点的平衡点，消费预期仍然悲观。预计未来的实际消费支出和内需将受到经济增长放缓、失业率和通胀预期增加影响，增速缓慢，消费年均增长率将维持在 2.5% 左右。图 2－6－23 所示为智利实际私人消费变化趋势（2012—2020），其中 2016—2020 年为预测值。

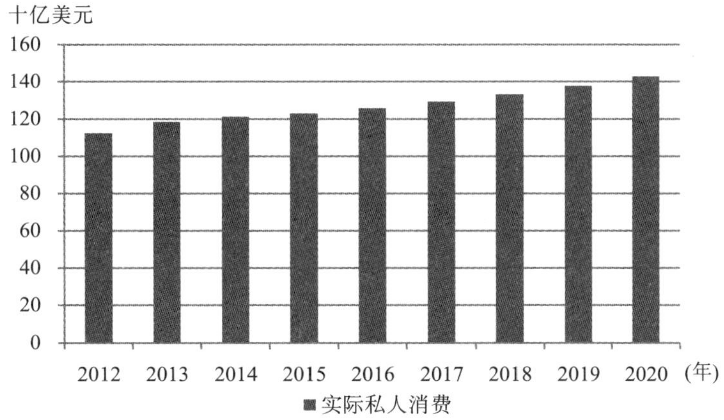

图 2-6-23　智利实际私人消费变化趋势（2012—2020 年）

资料来源：EIU，Country Forecast——Chile，2016。

2016 年的固定投资增长速度预计仍然疲软，新兴市场与发达经济体金融风险增加，铜价走低也影响了投资增加，预计 2016 年的固定投资总额增长约为 1%，这是由于企业投资信心总体依然悲观：总体投资信心指数低于 50 点，且除在采矿业以外的其他行业中，商业信心持续恶化，并将长期处于悲观预期区域内。表 2-6-18 展示了智利未来主要经济指标的预测情况。

表 2-6-18　　智利主要经济指标预测（2010—2019 年）

指标 / 时间	价值指数[a]		全球评级[b]		地区评级[c]	
	2010—2014 年	2015—2019 年	2010—2014 年	2015—2019 年	2010—2014 年	2015—2019 年
总评	7.83	7.81	14	16	1	1
政治环境	7.9	7.8	15	16	1	1
政治稳定性	8.5	7.8	14	19	1	2
政治有效性	7.4	7.8	18	13	1	1
宏观经济环境	8.6	8.3	5	5	1	1
市场机会	5.6	5.1	38	53	4	5
对私人公司和竞争的政策	8.8	8.5	5	10	1	1
对外国投资者的政策	9.6	9.6	3	3	1	1
对外贸易和汇率管控	8.7	8.7	26	28	2	2
税收	7.4	7.3	14	119	1	1
融资	8.1	8.5	6	3	1	1
劳动力市场	6.5	7.0	29	22	4	3
基础设施建设	7.2	7.5	33	36	1	1

注：a，最高为 10；b，在 82 个国家（地区）中；c，在 12 个国家中，包括阿根廷、巴西、智利、哥伦比亚、哥斯达黎加、古巴、多米尼加共和国、厄瓜多尔、萨尔瓦多、墨西哥、秘鲁和委内瑞拉。

资料来源：EIU，Country Forecast——Chile，2016。

4. 投资机会

智利目前面临总统腐败丑闻影响、国内经济增长速度放缓以及铜价下行对经济造成的风险、内需与投资不振以及赤字和贬值问题。但同时总统也开始着手进行国内政治、经济体制的改革，智利的民主程度居拉美地区之首，排名靠前的良好营商环境使其成为一个具有较大投资潜力的国度。智利被评为南美洲社会最稳定、治安最好的国家，政府廉洁公正，法制健全。美国传统基金会对178个国家和经济体所做的经济自由度评估报告称，智利的经济自由度2015年排在全球第7位，仅次于中国香港、新加坡、新西兰、澳大利亚、瑞士和加拿大。智利的自然资源也极为丰富，智利是全球铜的主要出口国，目前政府为解决矿产开采对电力的依赖，开始发展可再生能源；政府也在解决对阿根廷天然气依赖程度过高的问题。目前中国对智利的投资主要集中在制造业、矿业和能源上，而未来智利政府希望在矿业、基础设施建设和新能源上吸引更多投资者，并制定了一系列相关优惠投资政策，以创造更适宜的投资环境。

哥伦比亚

（一）哥伦比亚投资概览

国家基本信息简表

中文名称	哥伦比亚	英文名称	The Republic of Colombia
建国日期	1810年7月20日	领土面积	114.2万平方公里
所属洲	南美洲	时区	UCT－5
首都	波哥大	国际电话区号	+57
主要城市	卡利、麦德林、阿劳卡、巴兰基亚		
人口	4 893万人	主要民族	印欧混血人（60%）、白人（20%）、黑白混血人（14%），其余为印第安人和黑人
人口密度	40.74人/平方公里		
语言	西班牙语	主要宗教	天主教
政体	总统制	法律体系	大陆法系
政党	民族团结社会党、保守党、自由党、民族统一党、激进变革党、民主变革中心党、绿党等	换届时间	2018年5月（总统选举） 2018年3月（议会选举）
道路通行	靠右驾驶	货币	哥伦比亚比索（COP）

2015年主要金融与投资数据

名义GDP	286.60亿美元	FDI流出量	2015年	127亿美元
国际储备	462.23亿美元		2014年	163.25亿美元
汇率水平（COP/USD）	3 119.47	FDI流入量	2015年	38亿美元
外债余额/GDP	36.9%		2014年	38.99亿美元
财政收入/GDP	27.6%	FDI内存量	2015年	1 546.42亿美元
财政支出/GDP	29.8%		2014年	1 419.42亿美元
货币供应增长率（M2）	12.49%	FDI外存量	2015年	468.82亿美元
通货膨胀率	4.99%		2014年	430.82亿美元
存款利率	20.2%	商品出口（FOB价）		356.60亿美元
贷款利率	11.45%	商品进口（FOB价）		527.51亿美元

续表

中国与哥伦比亚双边投资概况			
中国对哥直接投资流量（2014 年）	1.831 亿美元	中国对哥直接投资存量（2014 年）	5.473 亿美元
中哥双边投资协定	2008 年 10 月两国政府共同签署了《相互促进和保护投资协定》		
中哥双边本币互换协议	目前暂未有已存在的双边本币互换协议		
投资优惠措施和利润汇出限制	根据 WEF 发布的《2015—2016 年全球竞争力报告》，哥伦比亚在竞争力排名方面得分 4.28 分（4.28/7），排名第 61 名（61/140）。允许资本、利润和红利汇回		

（二）哥伦比亚投资风险分析

根据中国出口信用保险公司出版的《国家风险分析报告（2015）》，哥伦比亚 2015 年的风险评级为 7（7/9）级，主要风险见表 2－6－19。

表 2－6－19　　2015 年哥伦比亚主要风险概述

风险类别	风险描述
宏观经济环境	宏观经济政策稳定，经济增长稳中有升，稳定的货币与财政政策有助于国内 GDP 的平稳增长，但面临经济结构瓶颈问题，受外部经济波动影响较大
政治环境	政府较为稳定，但社会矛盾较多，对执政党存在一定的质疑度
法律与监管	法律体系完备，对外投资管理方面的法律完善合理，但执行较为不力
政府效率	政府存在腐败、官僚现象，执政效率较高
金融及国际贸易与支付	金融市场自由度、市场化程度较高，经济活力较充足，受国际大宗商品价格下降影响，出口收入减少，但比索贬值有利于出口增加，外汇储备含量充足，偿债能力较好
社会治安	腐败、贫困、贩毒、社会收入差距过大现象较为普遍，由此产生的安全问题较多，与武装游击队和谈进行顺利，安全形势有望得到进一步改善，但离彻底根除尚需时日
税收政策	税收种类繁多，税制复杂，税制以中央制定为主，地方政策制定权力较小，税制环境较差，但将逐步改善
基础设施	基础设施薄弱，外资在采矿、能源行业投资较多，但其他行业以本土企业为主，针对基础设施的财政支出长期不足，未来有望增加基础设施建设
劳动力市场	劳动力供应相对充裕，但贫困与社会分化导致劳动力素质普遍较低，国内劳动力流出数量长期高于流入
社会文化	与中国文化差异较大

哥伦比亚的总体宏观经济政策稳定，经济增长速度稳中有升，但目前经济发展遭遇结构瓶颈，出口结构单一使其受外部经济波动影响较大。政府较为稳定，但社会矛盾较多，民众对执政党存在一定的质疑度。法律体系完备，对外投资管理方面的法律法规完善合理，但执行较为不力。政府存在腐败、官僚现象，但执政效率较高。腐败、贫困、贩毒、社会收入差距过大现象较为普遍，安全问题较多。如果政府与武装游击队和谈顺利，哥伦比亚安全形势有望得到进一步改善。税收种类繁多，税制复杂，基础设施较为薄弱，外资在采矿、能源行业投资较多，但其他行业以本土企业为主，针对基础设施的财政支出长期不足，未来有望增加基础设施建设。劳动力供应相对充裕，但贫困与社会分化导致劳动力素质普遍较低，国内劳动力流出数量长期高于流入，而且与中国文化差异较大。

本报告主要从政治风险、宏观经济风险、法律与监管风险、劳工风险、税收风险和经营性风险等方面对哥伦比亚投资风险进行分析。

1. 政治风险

安全风险是投资者在哥伦比亚面临的最大挑战。游击队、贩毒集团、右翼准军事组织问题长期困扰哥伦比亚政局，哥伦比亚暴力活动严重，对整个拉美地区的安全形势构成严重威胁。1964 年成立的“哥伦比亚革命武装力量”是拉美地区力量最强大的反政府武装组织。桑托斯任前的两届政府都与“哥伦比亚革命武装力量”进行过和平谈判，但均以失败告终。2012 年，桑托斯政府开始与“哥伦比亚革命武装力量”启动新的和平进程，预计将于 2016 年取得重大进展。2015 年 3 月 23 日，双方已签订停火协议，“哥伦比亚革命武装力量”已单方停火达 6 个月之久。但是与哥伦比亚第二大武装组织“民族解放组织”的谈判尚未开始，预计未来谈判形势将更加复杂，而零星的武装袭击依旧存在，如截至 2015 年，针对石油管道的袭击事件较以往增加了 3 倍，国内安全隐患较多。

除与武装组织进行和谈外，桑托斯政府在为哥伦比亚营造良好的营商环境方面还采取了诸多措施，如进行法律、政治与司法机构改革，致力于解决国内不平等问题。2015 年 6 月，桑托斯推动国会通过一项旨在取消总统连任制的宪法改革法案，以限制总统权力和建立民主体制，这有利于哥伦比亚民主发展，并避免了在该地区内其他邻国总统连任时间过长或权力过大产生的风险；对外优先考虑与邻国厄瓜多尔和委内瑞拉之间的关系，在共同经济利益和桑托斯的外交政策共同作用下，国际关系良性发展。但对边境上的武装冲突和有组织犯罪和贩毒活动的打击力度，以及对美国的态度方面存在着根本的分歧，加上取消连任造成政策不一致和政府更迭的风险，这将导致哥伦比亚的政局在中期将面临一定的波动风险。

2. 宏观经济风险

哥伦比亚是拉美地区最有活力、结构最为多元化的经济体之一。乌里韦政府积极改善国内财政和公共债务状况，以增加对抗外部冲击的能力。而其政府一直延续其良好的宏观经济框架。在其第二个任期内，将进一步巩固国内的经济体制框架，巩固哥伦比亚作为投资目的地的地位，这就需要解决如失业、财政政策中的社会保障支出比例、复杂的税制以及如何制定反周期财政政策等问题。除此以外，通过对收入不平等和土地政策的改革以解决普遍贫困问题也是桑托斯政府面临的问题之一。未来政府可能进行税制改革，如实施累进税以改善营商环境，而财政政策方面的改革将通过实施一项新的财政规则以保证财政管理责任，削减债务，充分利用采矿和石油业的利润。

哥伦比亚国内经济增长受 2008 年金融危机影响，有大幅度下降，但随后经济在波动中持续上升。在面临国际石油价格持续走低的困境下，受到私人消费与投资，在基础设施项目建设方面的拉动，哥伦比亚的经济在 2016 年仍将实现适度增长，增长率约为 2.7%。虽然消费者信心持续下降、比索持续贬值导致进口成本增加、税负水平较高、腐败以及基础设施缺乏等将成为经济发展的不利方面，但工业部门尤其是炼油业、汽车制造业等增长幅度较大、较高的竞争力［根据世界经济论坛公布的 2016 年竞争力指数，哥伦比亚在 140 个国家（地区）中排名第 61 位，相比地区其他国家较强］等因素将有助于哥伦比亚国家经济在未来保持较为稳定和持续的增长。

食品价格上升和汇率上升导致进口成本激增，加剧了哥伦比亚的通胀水平。2016 年，受高通胀预期、汇率走高和厄尔尼诺现象影响，通胀将有大幅度提升。这对政府财政政策实施造成了一定程度的困难。哥伦比亚实际国内生产总值增长和通货膨胀水平参见图 2－6－24，其中 2016—2020 年为预测值。

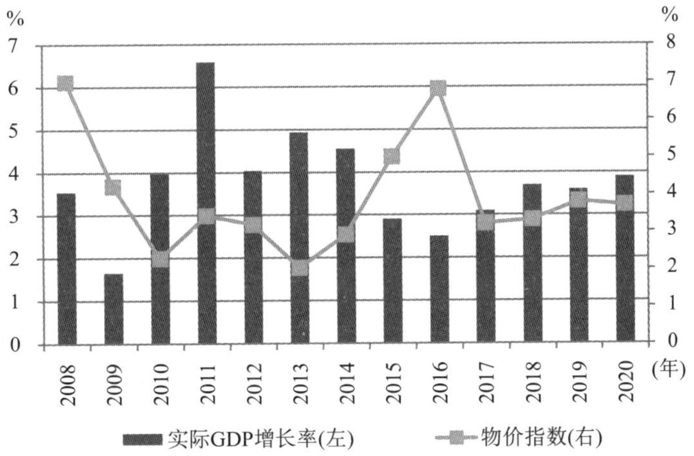

图 2－6－24　哥伦比亚实际 GDP 增长和通货膨胀水平（2008—2020 年）

资料来源：EIU，Country Forecast——Colombia，2016。

哥伦比亚从 2013 年开始进入紧缩的货币政策周期。2016 年国内经济增长率将达到 2.7%，而通货膨胀受到强劲的内需拉动持续上升。为了将通胀保持在 3% 的目标区间内，政府开始提升基准利率以预防通货膨胀的恶化。但由于货币政策具有滞后性，因此央行在 2016 年将有较大幅度的加息动作。由于目前通货膨胀率高于目标值（2 月份的通胀率为 7.59%，达到历史最高值），未来央行将持续进行加息，并将基准利率保持在较高水平。哥伦比亚的基准利率水平参见图 2－6－25，其中 2016—2020 年为预测值。

图 2－6－25　哥伦比亚基准利率展望（2013—2020 年）

资料来源：EIU，Country Forecast——Colombia，2016。

财政赤字长期存在，未来将在波动中减少。哥伦比亚财政长期处于赤字状况，但伴随着经济的平稳增长，赤字规模始终维持在较低水平。2016 年的财政收入占 GDP 的 27%，比上年有小幅减少，财政支出占 GDP 的 29.6%，年度财政赤字占 GDP 的 2.6%，均较上一年有小幅增长。短期内，预计哥伦比亚财政虽难以彻底摆脱赤字，但赤字率仍将保持在较低水平，并将随着经济的平稳发展而逐渐减少。哥伦比亚的财政赤字占 GDP 比重变化趋势参见图 2－6－26，其中 2016—2020 年为预测值。

图 2-6-26　哥伦比亚财政赤字占 GDP 的比重情况（2013—2020 年）

资料来源：EIU，Country Forecast——Colombia，2016。

实行有管理的浮动汇率制，未来存在贬值压力。2012 年以前，哥伦比亚比索兑美元升值幅度较大，迫使中央银行自 2013 年起连续三年对汇市进行干预，但比索仍然保持贬值势头。但美元走强、进口成本增加和国内治理高通货膨胀的财政政策因素将导致比索贬值。央行明确其不会干预外汇市场，因此比索在未来的贬值风险较大，预计 2016 年美元兑比索汇率达到 1∶3 379.3。哥伦比亚的汇率水平参见图 2-6-27，其中 2016—2020 年为预测值。

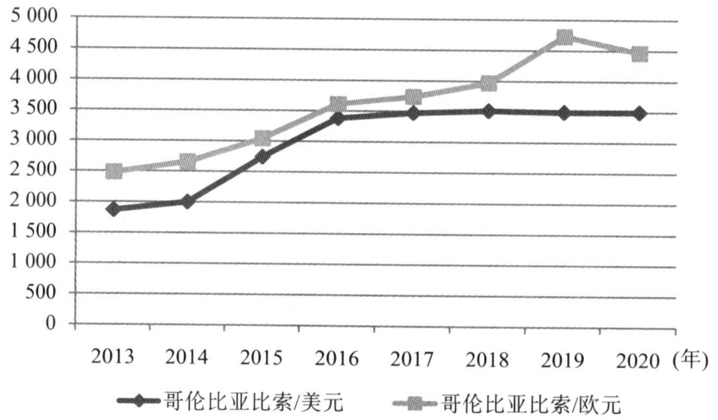

图 2-6-27　哥伦比亚比索兑美元和欧元汇率（2013—2020 年）

资料来源：EIU，Country Forecast——Colombia，2016。

国际收支持续走低。由于哥伦比亚出口多为农业产品及资源类产品，结构相对单一、附加值较低，长期以来，在国际收支中，其商品贸易、服务贸易、转移支付均处于逆差地位，预计 2016 年的经常账户余额占 GDP 比为 -6.1%，较 2015 年的 -6.6% 有小幅度下降。哥伦比亚经常账户余额及其占 GDP 的变化情况见图 2-6-28，其中 2016—2020 年为预测值。

3. 法律与监管风险

法律体系基本完备，司法独立性有待进一步增强。哥伦比亚法律体系建立在罗马法律基础上，受拿破仑法典和西班牙法律影响。规范商业行为的法律有《民法》《商法》《刑法》等。1991 年哥伦比亚颁布了新《宪法》。此后，哥伦比亚的司法体系独立性有所增强，但司法机构效率仍然不高，为提高法律系统效率和便利化水平，桑托斯政府希望通过司法机构调整，加快司法程序运行。

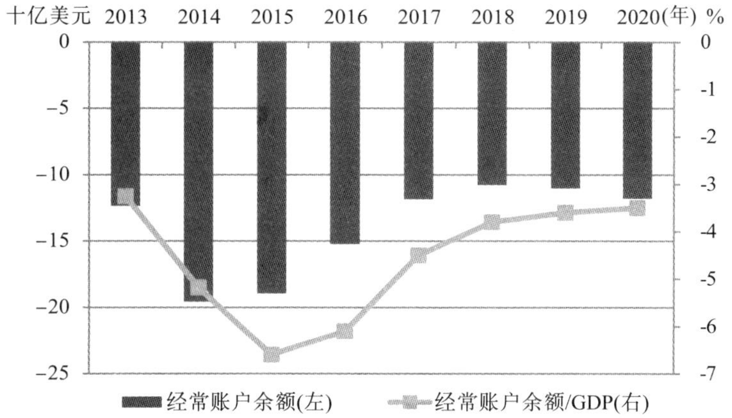

图 2-6-28 哥伦比亚经常账户余额及其占 GDP 的比重情况（2013—2020 年）

资料来源：EIU，Country Forecast——Colombia，2016。

涉外法律框架基本健全。在《劳动法》方面，外国人在当地工作必须申请工作签证，并可自愿选择加入当地社会保险体系。在《土地法》方面，哥伦比亚目前尚无专门的《土地法》，但由于其对于外资的国民待遇，对外资购买土地暂无限制。此外，在当地注册的外资公司在证券交易方面也享受国民待遇。投资方面，目前 Public Private Partnership（PPP，公私合营）的新型投资合作方式在哥伦比亚比较普遍，且极具代表性。哥伦比亚政府针对 PPP 的基本原则、一般概念、工程里程碑事件类型、私人投资者盈利模式、PPP 最长期限、私人发起的 PPP 项目中政府支付或资金投入的最高限制等方面，已制定了较为完善的法律体系，主要有《公私合作法》（2012 年第 1508 号法律）、《2012 年 1467 号政令》和《2013 年 1610 号政令》等。

4. 劳工风险

失业率不高，但非正式就业现象较严重。哥伦比亚的失业率将维持在个位数，处于政府可控范围，但失业率仍将是其面临的主要挑战。最低工资标准提升、劳动力水平提高以及对劳动所得的征税共同拉高了用人单位的成本，从而产生了失业与非正规性就业问题，其实质是在国内经济结构不合理影响下产生的。如非正规就业问题，由于法律对企业雇佣新员工有严格的规定，且哥伦比亚高达 30% 的劳工税显著高于同地区其他国家，因此产生了大量的非正式就业人口。据报道，非正式就业占总劳动人口的 60%—75%。大量的非正式就业人口不仅造成社会贫富差距持续增加，也导致贫困和非正式就业现象在下一代中延续。在中期内如果希望改善失业率与就业不足等问题，就需要政府进行结构性改革，如 2013 年实行税制改革后，正规部门的就业人数与就业质量双升。预计未来受政府改革和经济结构调整的影响，劳动力市场将持续改善。

5. 税收风险

税收体系较为完善，税制改革初见成效。哥伦比亚税收征缴以居留地为准，不以国籍为准，全国实行以统一的所得税和增值税为主的税收制度，税收强调中央控制，地方政府税种很少。全国性征收的税种包括所得税、公平税、临时收入税、财产税、增值税、金融交易税、印花税、契税、消费税。哥伦比亚现政府 2012 以来进行了一系列税制改革，降低企业所得税率、新设公平税，减轻了劳动密集型行业的税赋，强化了矿业等盈利较多行业的税赋责任。世界银行公布的 2016 年营商环境指数中“纳税”指标，哥伦比亚在 189 个国家（地区）中排名从上年的第 144 位上升到第 136 位。

针对带来将近 1/4 国内收入的石油产业，哥伦比亚政府进行了卓有成效的改革。包括调整石油产区的使用费比例，变过去统一的矿区使用费为以产定费的灵活做法，规定日产量在5 000桶的矿区只需交纳5%的矿区使用费，日产量在5 000桶以上至12.5万桶的交纳5%—20%、日产量在12.5万桶至60万桶的交纳20%—25%、日产量在60万桶以上的则交纳25%的矿区使用费。哥伦比亚政府同时调整企业所得税政策，使企业所得税降低了37%，并规定同一项目中的亏损可从另一个项目的盈利中冲销；简化企业申请环保许可证手续，减少审批环节和时间，规定在同一地区的数口油井只需申请一次环保许可。

6. 经营性风险

投资便利性大幅增加，政府效率较高。作为自然资源出口大国，哥伦比亚政府在经济结构尤其是矿业、石油产业中进行改革以推动经济发展，吸引外资，进一步巩固经济复苏势头。政府总体的行政效率较高（见表2-6-20），由各项指标折射的政府效率来看，尽管受腐败负面消息困扰，但哥伦比亚发达的金融市场、高度市场化的经济体制等使得其政府行政效率在地区和全球范围内排名较高。以世界银行营商环境报告中“开办企业”一项指标衡量，2016年哥伦比亚政府的行政效率在189个国家（地区）中排名第84位。

表2-6-20　哥伦比亚营商环境指标

项目	指标	哥伦比亚	
		数值	2016年排名
开办企业	程序/个	8	84
	时间/天	11	
建筑许可	程序/个	10	38
	时间/天	73	
获得电力	程序/个	5	69
	时间/天	102	
注册财产	程序/个	6	54
	时间/天	16	
获得信贷	法律权利指数（0—12）	12	2
	信贷信息指数（0—8）	7	
跨境贸易	出口时间/小时	216	110
	出口成本/美元	2 160	
	进口时间/小时	220	
	进口成本/美元	2 495	
缴纳税款	次数/年	11	136
	总税率/%	69.7	
执行合同	时间/天	1 288	180
	成本（占所得收益比重）/%	45.8	
办理破产	时间/年	1.7	30
	破产框架力度指数（0—16）	11	

资料来源：World Bank，Doing Business 2016：Measuring Regulatory Quality and Efficiency。

（三）哥伦比亚未来发展预测和投资机会分析

1. 政治前景

国内政治体制改革缓慢推进，实施隐患较多。未来外部经济发展的不确定性增加了国内不稳定的风险。但桑托斯政府将在2015—2018年对宏观经济政策进行较多的改革，以完成国内经济的包容性增长和创造更多的就业机会，解决经济结构中长期存在的问题。尽管短期内面临石油和矿产品价格低迷对经济增长与财政政策的不利影响，桑托斯对经济结构的积极改革将有利于防止全球经济危机在哥伦比亚的扩大。

由于经济遭遇结构性瓶颈所造成的普遍贫困和收入不平等问题将增加国内社会安全风险，而桑托斯政府的解决提案较为复杂，也将引发国会内的争执从而影响政策有效性，右翼反对派代表民主中心党可能会支持由市场指导的经济而非政治改革，但总体来看，政府内各党派将共同合作以改善商业环境，改革内容包括简化行政程序、改善基础设施和减少劳动力市场中的非正规就业。但改革可能会涉及敏感的政治问题，复杂的税制和腐败等问题将影响其在未来的实施。

贫困、贩毒、腐败等原因导致国内安全形势前景不容乐观。预计哥伦比亚政府将最终与哥伦比亚革命武装力量和其他小型游击队组织达成和谈，并结束这场世界上存在时间最长的内战。这将有效改善国内政府制度并促进经济更快增长和缩小城乡差距。但是在农村和城市边缘地区存在的暴力事件、毒品贩运和有组织犯罪现象将继续存在，政府将通过实施有针对性的减贫和进行国家建设、允许复员的左翼游击队成员竞选公职等举措解决产生武装冲突的结构性原因。然而，在消除贩毒、暴力、腐败方面，人口低速增长导致的低速生产力将部分抵消这些措施带来的效果，而来自毒品行业的巨额利润将不断蚕食正规经济机构，并通过资助武装部队影响国内安全。与此同时，贫困、收入差距扩大等问题也是社会矛盾长期存在以及安全隐患上升的根本，尽管国内贫困水平已从2014年的30.6%下降至2015年的28.5%，仍相对较高。自2012年始，尽管在社会保障、医疗和教育领域内进行的一些改革有助于缩小收入差距，但收入不平等现象依旧较为普遍。政府将推进一项有条件的现金转移计划，即针对每个贫困家庭任命一位政府官员来负责。如果该计划能收到预期效果，则能有效消除国内由贫困产生的社会安全问题。

2. 经济预测

总体经济面临下行风险，结构性问题导致易受外部冲击影响。2015—2018年，桑托斯政府在宏观经济政策方面将以国内经济增长和就业为主要目标，以解决国内普遍存在的贫困、失业等问题。石油、铁矿石等哥伦比亚的主要出口产品价格持续低迷将影响经济增长并减少财政收入，但政府将通过维持稳健的货币和财政政策以保持宏观经济稳定，并通过进行结构性财政改革应对财政赤字扩大的问题。脆弱的外部经济环境仍将导致哥伦比亚宏观经济面临下行风险。国内经济结构调整对出口贸易造成负面影响：2015年的贸易增长大幅度缩减，制造业、零售业等增长将放缓至4.5%，私人与公共消费支出不足可能将全年GDP增长率拉低至2.9%。但随着对经济结构性瓶颈问题的解决、油价缓慢回升以及公共工程领域内投资增长的拉动，2016年经济发展速度有望回升。预计在未来十年中，哥伦比亚虽受劳动市场内劳动力流入减少、生产率提升相对缓慢的影响，2015—2030年GDP仍将以年均3.6%的速度增长，而2031—2050年则将减至2.3%。主要宏观经济增长风险来自哥伦比亚经济增长对石油、矿产等产品的出口依赖度较大，这使得国内经济容易受到包括石油价格走低等外部冲击的影响。

比索持续贬值。哥伦比亚宏观经济基础较好，强劲的外商直接投资以及油价回升产生的资本流入将支持预测期内的货币稳定性，但随着主要发达经济体货币政策的正常化，哥伦比亚国内的投资吸引力将被削弱，从而减少了资本流入。预计比索将在2016年与美元的兑换率将贬值至3 119∶1，并预计在2015—2019年贬值将达到23%。

石油价格走低导致财政赤字扩大，未来赤字水平可能进一步上升。政府计划到2025年将会有2%的财政余额，该计划本应在2016年实现，但由于大宗商品（尤其是占国内财政总收入约1/4的石油）出口价格下跌的影响，推迟了该计划的实行。2015年12月的个税改革目标是增加增值税以及延长2014年年底到期的一些税制征收期，但油价下跌影响了改革进行。政府的财政赤字目标设定为从2015年占GDP的2.4%—2.8%下降到占GDP的1.7%，2019年经济增长恢复以及油价上升可能将减少3%的赤字。

预计到2019年，受新的税制以及对逃税的治理，非金融公共部门的营业收入将占到人均GDP的28.7%左右；社会转移支付、平息社会动乱产生的临时补贴以及在能源、道路和住房基础设施建设方面产生的开支将使财政支出持续增加，预计财政赤字在未来将从2015年占GDP的1.4%上升至占GDP的2.1%。

货币政策维持稳定。尽管截至2016年4月，连续3个月的通胀率已突破了官方2%—4%的目标区间，但出于对经济增长放缓的担忧，哥伦比亚央行从2014年8月以来一直保持4.5%的政策利率。国内近期通胀压力主要来自恶劣天气引起的食物价格上涨、比索贬值，但预计中期内的通胀将保持在目标范围内，因此，央行的基准利率将在未来保持不变，或将小幅调整至4.75%—5.75%。

从哥伦比亚在2014—2019年的主要经济指标的预测来看，在未来3年内，哥伦比亚的GDP将保持稳定上升态势，而私人消费、政府消费、政府投资等方面，均将从2015年的急速下降逐步恢复到正常水平，并保持低速增长（见表2-6-21）。

表2-6-21　　哥伦比亚主要经济指标与预测（2016—2019年）　　单位/%

指标＼时间	2016年	2017年	2018年	2019年
实际GDP增长率	3.7	4.1	4.4	4.1
私人消费	3.4	3.7	3.8	3.7
政府消费	4.2	4.5	5.0	5.0
固定资产投资	4.0	5.0	5.2	5.5
出口	2.3	3.2	4.2	3.5
进口	2.4	3.7	4.1	4.6
国内需求	3.6	4.2	4.4	4.3
农业	3.8	4.5	4.5	4.5
工业	2.5	3.5	3.8	3.5
服务业	4.2	4.2	4.6	4.2

资料来源：EIU，2016，Country Forecast——Colombia。

3. 营商环境

2016年哥伦比亚在世界银行的营商环境排名中，位列第54位，较2015年有所上升，在地区内排名居中（见表2-6-22）。

表 2-6-22　　哥伦比亚宏观经济环境排名

指标值[a]		全球排名[b]		地区排名[c]	
2010—2014 年	2015—2019 年	2010—2014 年	2015—2019 年	2010—2014 年	2015—2019 年
5.95	6.26	51	56	6	6

注：a，该指标反映了一国宏观经济发展现状，数值越高，则国内宏观经济环境越好；b，在 82 个国家（地区）中；c，在 12 个拉丁美洲国家中，包括阿根廷、秘鲁、智利、巴西、哥伦比亚、哥斯达黎加、古巴、多米尼加共和国、厄瓜多尔、萨尔瓦多、墨西哥与委内瑞拉。

资料来源：EIU，Country Forecast——Colombia，2016。

经常账户赤字长期存在，但未来可能实现盈余。油价下跌减少出口收入造成哥伦比亚经常账户赤字在 2015 年扩大至占 GDP 的 6.9%，该数值远高于历史水平，而资本流入弥补了一部分经常账户的缺口。受比索继续走低促进商品出口增加以及油价回升的利好消息影响，2017 年有望出现贸易盈余。旅游业的增长和服务出口将在 2019 年将服务逆差缩小到占国内生产总值的 0.5%，而 2014 年该数值为 1.7%。2015—2019 年，预计国外能源公司利润汇出、债务利息支付会导致收入赤字平均增长至占 GDP 的 4.6%，但预计经常账户赤字到 2019 年将缩小到占 GDP 的 2.8%。

外国直接投资流入小幅下降后略有升高，预计未来稳中有升。外国直接投资方面，哥伦比亚的外国直接投资流入量从 1999—2004 年的年均 22 亿美元（占 GDP 的 2.1%）增加到 2005—2009 年的年均 89 亿美元（占 GDP 的 4.6%），并在 2010—2014 年达到 137 亿美元（占 GDP 的 3.8%），2013 年则达到 162 亿美元，其中石油和采矿业吸收的外商直接投资接近 50%。哥伦比亚不断增加的中产阶级以及国内在基础设施、旅游业和服务业内的投资机会均增加了该国的外资吸引力，2014 年的外国直接投资存量为 1 417 亿美元，相当于其国内生产总值的 37.5%（2013 年为 33.7%）。金融领域内，受国内石油部门的发展、金融自由化政策以及来自美国的影响，哥伦比亚的金融公司较有活力，而受 2004 年以来哥伦比亚国内安全形势改善以及积极的经济发展前景、石油价格上涨的影响，石油行业在 2004—2013 年得到了长足发展，加上对行业内的监管与税收制度的完善，2013 年哥伦比亚对外直接投资总额达到 77 亿美元，尽管在 2014 年下跌至 39 亿美元，但 2014 年年底，对外直接投资的存量达到 431 亿美元，占 GDP 的 11.4%。

从行业层面来看，大多数的投资均流向资本密集型的自然资源行业，但外商直接投资对国内生产能力以及出口竞争力的影响有限。外国直接投资有助于促进出口尤其是矿产和石油的出口，在金融领域的外资将有利于哥伦比亚改善资产质量和利用效率，但国内利差水平依旧较大。外商投资对制造业影响不大，但对电信行业影响较大，零售业中的外资竞争加剧，从而推进了当地现代化进行，而在旅游业和房地产业的外资也持续增加，并扩大了行业内的产能。农业中的外资流入较少，未影响到农业的发展。

如果宏观经济基础与安全形势、基础设施领域内的公私伙伴关系有所改善，预计 2016—2019 年的平均 FDI 流入将保持强劲增长。哥伦比亚与美国、加拿大和欧盟的自由贸易协定将为投资者提供更多保护以增强吸引力，在供水和污水处理设施、港口和机场等基础设施领域内的本土企业财务和技术能力较为低下，急需外资参与。电信行业内的信息技术和增值业务发展、能源和采矿行业的发展将继续吸引大量外资流入。政府将提供长达 20 年的合同以保护投资者免受税制改革与相关法规变化的影响。预计 2015—2019 年，外国直接投资的年均流入量将占 GDP 的 4.8%。总体来说，尽管较地区平均水平偏低，哥伦比亚对外直接投资政策在不断完善中，也越趋向于增加对投资者的保护（见表2-6-23）。

表2-6-23　　哥伦比亚对外投资政策排名

指标值[a]		全球排名[b]		地区排名[c]	
2010—2014年	2015—2019年	2010—2014年	2015—2019年	2010—2014年	2015—2019年
6.9	7.3	40	36	5	5

注：a，1<估值<10；b，在82个国家（地区）中；c，在12个拉丁美洲国家中，包括阿根廷、秘鲁、智利、巴西、哥伦比亚、哥斯达黎、古巴、多米尼加共和国、厄瓜多尔、萨尔瓦多、墨西哥与委内瑞拉。

资料来源：EIU，Country Forecast——Colombia，2016。

劳动力素质普遍较低，人口增长速度放缓。目前国家对研发的支出仅占GDP的0.5%，这限制了高素质劳动力的供应，预计未来将逐步增加。预计2016—2050年的人口增长率将放缓至平均每年0.7%，而这一增长率在2009—2013年的数值为1.3%左右。哥伦比亚的平均人口年龄较经合组织国家年轻，但与大多数拉美国家水平相当。即使未来预计城市人口将增加，但受过去20年内国内冲突影响，大部分人仍居住在边缘地区，如果安全形势得到进一步改善，也有望从国外移民返回中受益。但预计未来人口流出数量将显著高于流入数量。

未来私人消费与政府消费面临双升。哥伦比亚2015—2016年的实际工资将有3.3%的低速增长，这会带来私人消费的增长，但失业率下降、政府转移支付增加等利好因素将支持2017年的私人消费以3.8%的速度强劲增长。同时，政府计划的社会支出增加、政府雇员的养老金和医疗费用上涨都将拉升政府消费支出。政府对农产品加工业、旅游行业基础设施的建设以及与哥伦比亚武装革命组织（FARC）的和谈若能取得成功，将支持国内固定投资在2015—2019年内以年均4.6%的速度增长。比索贬值、生产性投资增加以及新市场开发将支持国内出口的增加，但国内有限的市场将限制进口需求，但总体消费支出将持续稳定增长。哥伦比亚的私人消费水平见图2-6-29，其中2016—2020年为预测值。

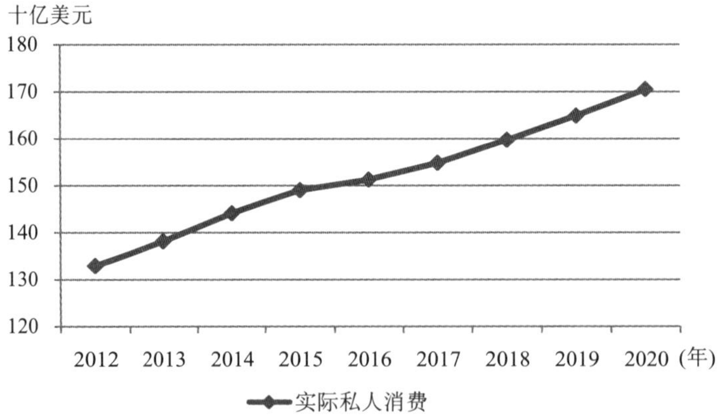

图2-6-29　哥伦比亚实际私人消费展望（2012—2020年）

资料来源：EIU，Country Forecast——Colombia，2016。

总的来看，在2016年哥伦比亚的商业环境评级与展望预测中，其在政治环境、经济稳定性、对外直接投资政策等方面的评级均偏低（见表2-6-24）。

表 2-6-24　　哥伦比亚主要经济指标预测

指标	价值指数[a]		全球评级[b]		地区评级[c]	
	2010—2014 年	2015—2019 年	2010—2014 年	2015—2019 年	2010—2014 年	2015—2019 年
总评	5.95	6.26	51	56	6	6
政治环境	5.2	5.7	50	45	5	4
政治稳定性	5.5	6.6	53	41	9	5
政治有效性	4.9	4.9	43	49	3	4
宏观经济环境	7.5	6.9	35	45	5	5
市场机会	5.6	5.2	37	45	4	6
对私人公司和竞争的政策	5.8	6.3	43	41	4	4
对外国投资者政策	6.9	7.3	40	36	5	5
对外贸易和汇率管控	6.4	7.3	61	55	9	7
税收	5.1	5.0	68	73	8	9

注：a，最高为 10；b，在 82 个国家（地区）中；c，在 12 个国家中，包括阿根廷、巴西、智利、哥伦比亚、哥斯达黎加、古巴、多米尼加共和国、厄瓜多尔、萨尔瓦多、墨西哥、秘鲁和委内瑞拉。

资料来源：EIU，Country Forecast——Colombia，2016。

4. 投资机会

拉丁美洲地区长期以来就是中资企业的重点投资市场。传统上中资企业在拉美地区的业务大多集中在厄瓜多尔、阿根廷、委内瑞拉等左派国家，融资模式多为主权信用项下的 EPC 模式。在上述国家，中资企业和金融机构已经累积了较大的业务存量和责任余额。由于上述国家多为资源依赖性经济体，在当前大宗商品价格下跌以及政局动荡的情况下，企业对其传统的投资、合作模式受到挑战。而拉美地区经济发展情况较好、市场化程度较高的国家，如包括哥伦比亚在内的“太平洋联盟”四国，地区法律较为健全，市场较为完善，但由于市场类型与传统中资企业投资的国家类型有所区别，尤其是在融资方式上，传统的主权担保以及“资源换贷款”的传统融资模式在哥伦比亚的应用程度不高，因此，目前中资企业暂时没有打开局面。但该国的自然资源丰富、劳动力成本相对较低，尤其劳动密集型产业发展迅速，这为正处于从劳动密集型产业向资本、技术密集型产业转型的中国企业提供了绝佳的投资机会。尤其目前哥伦比亚国内较为薄弱的基础设施对该国经济发展造成了极大的限制，因此，其在公路、铁路、交通运输行业以及港口机场建设、水利水电等行业中为中资企业提供了巨大的投资机会；哥伦比亚较为丰富的能源储备也提供了企业在石油、生物能源行业投资的可能性。

牙买加

（一）牙买加投资概览

国家基本信息简表

中文名称	牙买加	英文名称	Jamaica
建国日期	1962年8月6日	领土面积	10 991平方公里
所属洲	北美洲	时区	UTC－5
首都	金斯敦	国际电话区号	＋876
主要城市	蒙坦戈贝、西班牙镇		
人口	279.3万人	主要民族	黑人、黑白混血
人口密度	60人/平方公里		
语言	英语为官方语言	主要宗教	基督教、印度教和犹太教
政体	议会制	法律体系	君主立宪代议制
政党	人民民族党（PNP）、牙买加工党（JLP）、新牙买加联盟（NJA）	换届时间	2021年2月（总统选举） 2021年2月（议会选举）
道路通行	靠左驾驶	货币	牙买加元（JMD）

2015年主要金融与投资数据

实际GDP	207.49亿美元	FDI流出量	2015年	6.5亿美元
国际储备	29.14亿美元		2014年	5.951亿美元
汇率水平（JMD/USD）	119.9	FDI流入量	2015年	0.5亿美元
外债余额/GDP	29.2%		2014年	0.021亿美元
财政收入/GDP	27.9%	FDI内存量	2015年	141.02亿美元
财政支出/GDP	28.2%		2014年	N.A
货币供应增长率（M2）	14.2%	FDI外存量	2015年	3.19亿美元
通货膨胀率	3.7%		2014年	N.A
存款利率	4%	商品出口（FOB价）		12.227亿美元
贷款利率	3.2%	商品进口（FOB价）		41.09亿美元
中国与牙买加双边投资概况				
中国对牙直接投资流量（2014年）	1.1132亿美元	中国对牙直接投资存量（2014年）		1.8837亿美元
中牙双边投资协定	1994年10月签署《中国与牙买加双边投资促进和保护协定》			
中牙双边本币互换协议	目前暂未有双边本币互换协议			
投资优惠措施和利润汇出限制	根据WEF发布的《2015—2016年全球竞争力报告》，牙买加在竞争力排名方面得分3.97分（3.97/7），排名第86名（86/140）。允许资本、利润和红利汇回			

（二）牙买加投资风险分析

根据中国出口信用保险公司出版的《国家风险分析报告（2015）》，牙买加2015年的风险评级为6（6/9）级，2015年牙买加的主要风险概述见表2－6－25。

表2－6－25　2015年牙买加主要风险概述

风险类别	风险描述
宏观经济环境	经济增长缓慢，宏观预期不稳定，通胀率创近年新低，失业率高企，对外贸易大幅下降
政治环境	政治体制比较成熟，政局稳定，政变风险很低
法律与监管	法律体系比较健全，但法院体系负担较重，法律诉讼时间较长
政府效率	政府部门办事效率低，官僚主义严重
金融及国际贸易与支付	金融市场脆弱，汇率持续贬值，外汇储备上升，信用评级向好
社会治安	社会犯罪率居高不下，毒品暴力和高谋杀率仍面临巨大挑战，官僚主义和腐败现象普遍
税收政策	税收环境相对比较恶劣
基础设施	水运能力不能满足未来发展，航空运输仍有发展空间，乡村地区公路交通较差，铁路主要从事货运服务，电信业发达
劳动力市场	劳工法规众多，失业率高企
社会文化	与英联邦国家和拉美国家比较近似，与我国意识形态差异较大

在复杂多变的国际环境中，2015年牙买加经济缓和增长，达到0.8%，略快于2014年0.53%的增长速度；工党执政新一届政府，继续保持民主法治；法律体系相对比较完善稳定，法律程序透明；社会安全有所改善，但社会犯罪率居高不下，毒品暴力和高谋杀率仍面临着巨大挑战，官僚主义和腐败现象普遍；国际大宗商品价格下降，导致国内通货膨胀下降；旅游业发展迅速，出口增加；公共债务负担重。

本报告主要从政治风险、宏观经济风险、法律与监管风险、税收风险、基础设施风险和经营性风险等方面对牙买加投资风险进行分析。

1. 政治风险

牙买加政治体制比较成熟，政局稳定，但社会治安问题突出。牙买加是君主立宪代议制。1962年8月6日，现行宪法生效。牙买加国家元首是英国女王，牙买加总督由总理向英国女王建议提名后由英女王任命。根据牙买加宪法规定，由总督任命众议院多数党领袖为政府总理，并根据总理提名任命内阁部长。牙买加议会是由经过任命和选举产生的参、众两院组成的。牙买加工党和人民民族党长期交替执政，政局稳定。1944年以来，两大政党工党和人民民族党分别赢得7次、9次胜利。最近一次政党更迭于2011年底，人民民族党替代工党执掌政权，过渡基本平稳。新政府致力于加强党内建设，密切与选民联系，积极争取反对党在经济、社会发展等方面的合作。而反对党2013年发生内讧，党内四分五裂，难以形成合力。2016年2月，工党赢得大选，3月3日，安德鲁·霍尔尼斯宣誓就任新一任总理。根据历年经验，新任政府往往对上任政府承诺或跟踪的项目持一定消极态度，但均会秉承对华友好政策。

牙买加面临着长期严重的犯罪问题。暴力犯罪，特别是帮派活动和毒品犯罪是执政当局面临的主要挑战。在牙买加，毒品生产、走私、敲诈勒索、金融犯罪以及抢劫袭击等一系列犯罪水平高。虽然原总理波蒂亚·辛普森·米勒政府坚持把打击犯罪作为最重要的政策议程，但是腐败、缺乏警力、缺乏司法资源和能力都是主要的障碍。大型和小型企业均面临犯罪集团的敲诈勒索风险，尤其是在首都金斯顿。2015年牙买加治安一改2010年以来不断好转的趋势，谋杀率大幅上升。截至2015年11月23日，牙买加1 116人被谋杀，同比上升23%，且自8月以来谋杀案件呈逐月上升态势。尽管警方加大工作力度，谋杀破案率上升至10年来最好水平，也仅仅达到49%的破案率。此外，帮派犯罪活动从西金斯敦、蒙特哥贝和西班牙城等传统热点地区向西摩兰、汉诺威和圣托马斯等乡村地区扩散。自20世纪70年代，帮派暴力在牙买加普遍存在，而在城市地区则更早。目前估计有12个主要犯罪网络和120—300个帮派集中在金斯顿商业区、西班牙镇、波特莫尔和蒙特海湾。从20世纪70年代，帮派首领就和政府官员有着长期的密切联系，尤其在主城区，帮派支持议会选区。作为选票的回报，官员可以充当政治庇护，来巩固帮派首领的地位。帮派头目则控制建设项目和其他商业项目的就业，收取勒索款项，政府还为帮派成员的亲戚和孩子提供社会安全网络。

毒品枪支走私严重，洗钱现象普遍。美国《2014年国际禁毒战略报告》将牙买加等加勒比国家列为主要毒品交易国，报告称牙买加便利的地理位置、海上运输、绵长的海岸线、较大的游客流量、年轻人学历低缺乏就业机会、经济疲软等因素使其成为毒品的中转地，而毒品生产和贩卖给牙买加带来枪支非法入境、有组织犯罪、黑帮活动、政府和警察腐败等问题，加剧了牙买加不安全的形势。违禁武器主要来自美国和海地，也有部分来自拉美国家。大部分武器是藏于入境集装箱货物或消费品纸板桶和海外亲友寄给牙买加家庭的电器中。从2014年1月到5月24日，警方数据显示，查获了250支枪支和3 417发子弹。据估计，每100名平民就有6.6个私人枪支（合法和非法）。2007年、2010年、2011年和2013年牙买加政府分别加强了洗钱立法，这主要来自国际货币基金组织（IMF）和反洗钱金融行动特别工作组（FATF）的压力。牙买加的犯罪组织收益的洗钱行为普遍存在，房地产交易和豪华车市场也被广泛用于洗钱，同时伴有逃税现象。

2. 宏观经济风险

经济增长缓慢，宏观预期不稳定。虽然牙买加被认为是中高等收入的国家，但是其经济情况并不乐观，2000—2013年实际GDP平均增长率仅有0.6%。如果根据购买力平价（PPP），牙买加在全球204个国家中排名第103位。2008年经济危机之后，由于国内需求不足，消费信心下降，经济复苏压力大，牙买加经济持续多年保持低速增长态势，2013年GDP增长率为0.2%，虽然2014年底商业信心指标有所回升，但增长率也仅为0.5%。2015年牙买加政府进行了结构性改革，竞争力改善，旅游业得以快速发展，财政预算实施严格，但是由于收入短缺、工资刚性、政治资本高、政府二级债券市场流动性风险提高，因此宏观经济仍波动不定。牙买加GDP增长率、通货膨胀率和失业率水平见图2-6-30，其中2016—2020年为预测值。

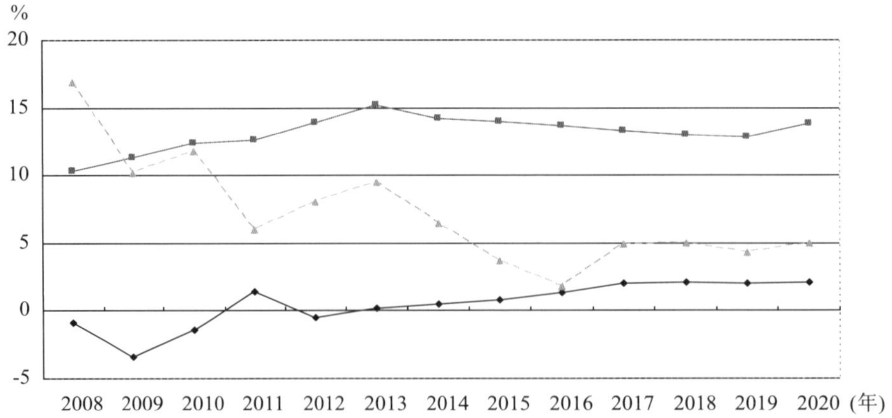

图2-6-30 2008—2020年牙买加宏观经济指标

资料来源：EIU，Country Forecast——Jamaica，2016。

由于国际大宗商品价格走低，通货膨胀率有所下降。2008 年金融危机后，牙买加通货膨胀率高居不下，近几年有下降趋势。根据牙买加统计局数据，2013 年全年通货膨胀率为 9.7%，同比增长 1.7%。2014 年下降为 6.4%，2015/2016 财政年度通货膨胀率为 3.1%，2016 年 2 月通胀率环比下降 0.7%。2 月消费价格指数为 229.6，上涨比重商品由高到低分别为家具家电和日常维修费、日杂、服装鞋帽、酒精饮料和烟草、医疗、餐饮住宿，上涨幅度基本为 0.1%—0.2%，交通、住房水电气和燃料以及食品和非酒精饮料不涨反降，降幅分别为 1.5%、1.2% 和 0.9%。从地区分类看，大城市上涨幅度高于中小城市，农村地区通胀率为负值。

商业银行为主，资产集中。牙买加银行（Bank of Jamaica）是牙买加负责调控货币供应量以及负责执行货币和财政政策，以稳定汇率、确保金融系统良好运行的中央银行。牙买加还有政策银行和商业银行，其中牙买加开发银行（Development Bank of Jamaica）属于国有政策银行，主要任务是帮助农业、制造业、信息产业、采矿业、能源、服务和旅游等领域企业的发展。牙买加国家商业银行（National Commercial Bank Jamaica Limited）是牙买加最大的金融服务商，在牙买加金融市场份额所占比例占有绝对优势。

公共债务持续增加，金融市场脆弱。从 1990 年牙买加就开始实行管理浮动汇率制度，牙买加银行通过公开市场业务干预市场。1996 年，一些金融机构由于持有房地产、其他不容易处理的长期资产以满足短期债务而崩溃。脱离核心业务的多样化，高经营成本以及保险公司和银行权益紧密相连促使牙买加所有的金融实体衰败。政府出面拯救影响了储户，使得公共债务大幅度增加，然而并没有任何成效。作为危机的直接后果，借贷成本提高，实际利率升值 30%，导致 1996—2001 年出口商竞争力削减，并且由于进口价格降低，使本土市场的生产者处于不利之地。之后，牙买加实行了许多重要改革，以强化银行部门，包括在政府监督下四银行并入联盟银行、国家商业银行重组等。但是由于拥有大量的公共债务，金融部门依然脆弱甚至恶化。投资者认为公共债务已经进入恶性循环，货币下跌，利率大幅度上升，央行严重干预汇率以支撑牙买加币，这些都促使公共债务占 GDP 的比例逐步升高。

财政收入和财政支出趋于平衡。金融危机后，财政支出远远高于财政收入，2009 年差距达到最大，财政收入占 GDP 的 27.62%，财政支出占 GDP 的 38.77%，差额为 1 212.7 亿牙买加元。随着两者差额逐步缩小，2013 年两者基本持平，也是首次并且是唯一一次财政收入高于财政支出，随后虽然二者差异不大，但是财政支出都高于财政收入。牙买加财政收入与财政支出水平见图 2－6－31，其中 2016—2010 年为预测值。

外汇可自由汇出入，货币持续贬值。个人和企业均可以在牙买加商业银行开设外汇账户，以便进出口结算，而且可以自由汇入和汇出外汇。利润汇出不需要缴纳税收。对于与投资相关的资金也没有任何限制，但是外汇交易必须通过授权的金融机构进行。由图 2－6－32 可以看出，牙买加元持续贬值。2016 年初，国际货币基金组织（IMF）表示，牙买加政府将偿还约 620 亿牙买加元政府债务，投资者资金将可能进入外汇市场，那会导致牙买加元进一步贬值。牙买加元兑美元汇率和 M2 增长率参见图 2－6－32，其中 2016—2010 年为预测值。

外汇储备波动不定，但浮动范围不大。2008 年金融危机后，牙买加外汇储备为 17.7 亿美元，2010 年上升为 25.0 亿美元，2013 年又减少到 18.2 亿美元，随后逐步增加。根据牙买加央行数据，截至 2016 年 2 月底，外汇储备为 22.70 亿美元，比 1 月增加 6 964 万美元；2008—2015 年平均外汇储备为 22.3 亿美元。牙买加国际储备和经常项目余额情况见图 2－6－33，其中 2016—2020 年为预测值。

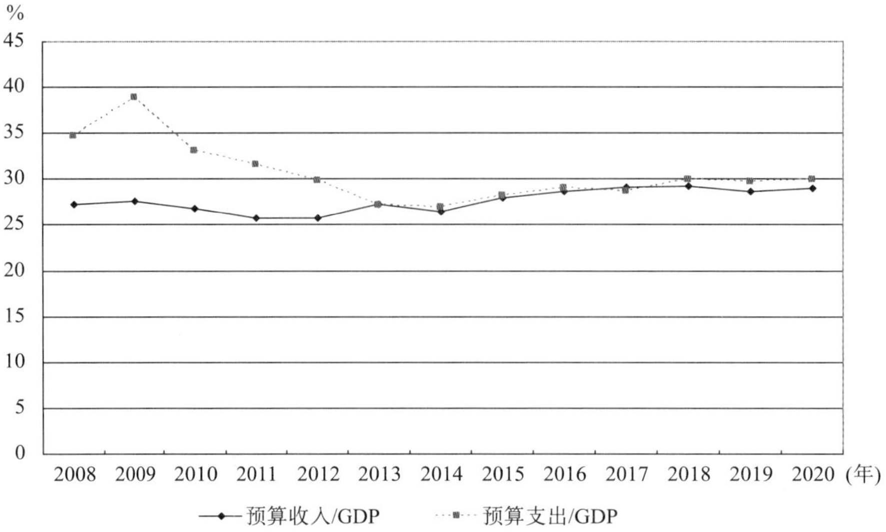

图 2-6-31　牙买加财政收入与财政支出占 GDP 比重情况（2008—2020 年）

资料来源：EIU，Country Forecast——Jamaica，2016。

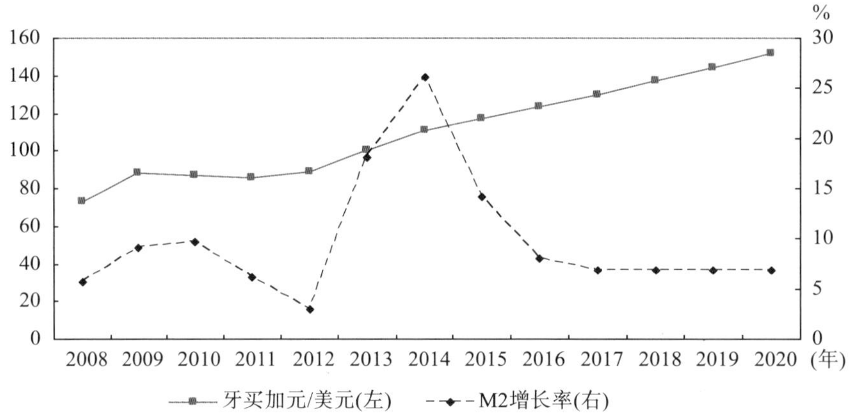

图 2-6-32　牙买加元兑美元汇率和 M2 增长率（2008—2020 年）

资料来源：EIU，Country Forecast——Jamaica，2016。

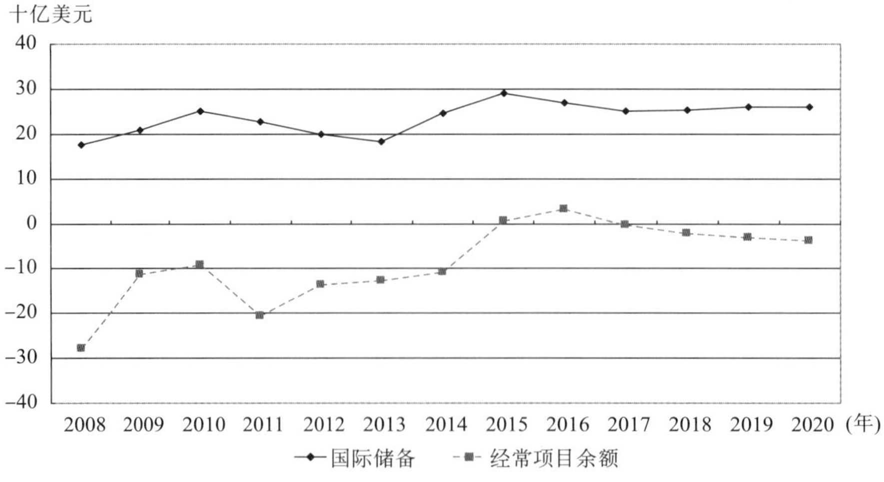

图 2-6-33　牙买加国际储备和经常项目余额情况（2008—2020 年）

资料来源：EIU，Country Forecast——Jamaica，2016。

牙买加短期主权评级低。2013 年，牙买加短期主权评级受到较差的流动比率、外汇储备急剧下降等因素被降低，而且财政恶化，公共部门赤字达到 GDP 的 7.6%，公共债务一直处于较高水平。从国内看，由于财政政策受到限制，并且需要时间消化，国内经济复苏速度缓慢，反过来会削弱国内需求。

中期主权风险评级极低，但是风险有所缓解。牙买加中期主权风险极高，这是由于不断升高的外债水平和沉重的偿债负担。国家信用等级由于暴力犯罪和贪污率高等严重的社会问题也受到制约。虽然牙买加在过去几年在国内外财政上取得了一些进步，通过紧缩性措施，努力减少财政支出等降低名义预算余额，使负债率有所改善，但仍保持较高水平。尽管牙买加愿意履行债务责任，甚至不惜减少公共投资，以获得非常高的初级财政盈余，但也导致繁重的利息支出。全球经济衰退是严重的外部冲击，牙买加财政流动性恶化并接近破产水平。

2016 年 2 月，国际评级机构惠誉将牙买加短期主权评级提高一个等级，由“B -”提升为“B”，同时将前景从“积极”调整为“稳定”。这个调整的主要原因是由于牙买加政府回购加勒比石油协议债务效果明显，公共债务减少超过预期，决心继续进行财政改革并维护宏观经济稳定。商业环境改善后，牙买加行政管理及人均收入等结构性指标表现也优于“B”。牙买加外债余额及外债余额与 GDP 之比见图 2 -6 -34，其中 2016—2020 年为预测值。

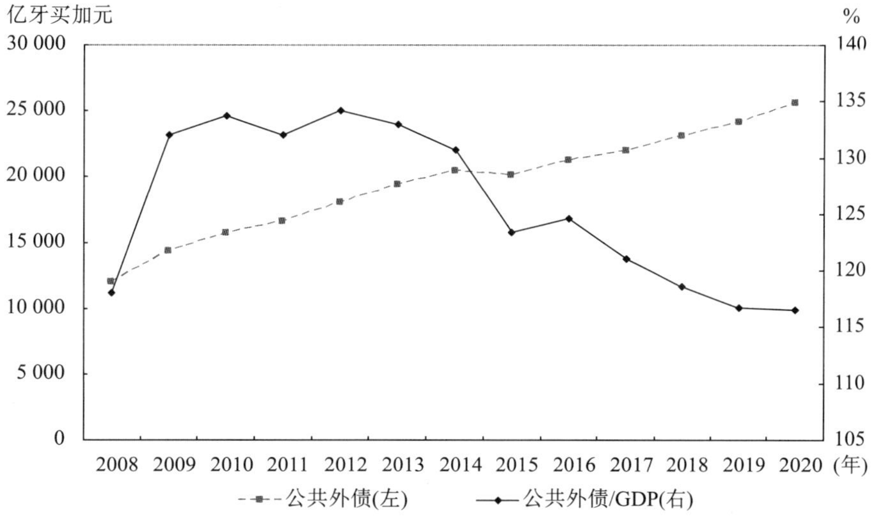

图 2 -6 -34　牙买加公共外债及公共外债与 GDP 之比（2008—2020 年）

资料来源：EIU，Country Forecast——Jamaica，2016。

外贸形势严峻，进出口不断下降。根据牙买加统计局数据，2014 年，牙买加外贸总额为 72.9 亿美元，其中，进口额为 58.38 亿美元，同比减少 2.92 亿美元，减少 4.8%；出口额为 14.52 亿美元，减少 1.28 亿美元，下降 8.1%；贸易赤字 43.86 亿美元，减少 5.9%。根据经济学人情信息部（EIU）数据，2015 年，牙买加进出口总额为 59.3 亿美元，同比减少 18.7%，其中进口额为 47.4 亿美元，同比下降 18.8%，出口为 11.9 亿美元，同比下降 17.9%。为了促进牙买加商品和服务出口，2016 年初，外交外贸部对外贸政策进行修订，以实现可持续增长，符合国家 2030 年愿景规划。

外贸伙伴和产业相对集中。牙买加电价较高，产业竞争力相对较弱；政府债务高企，限制了经济和社会发展能力；以旅游业为支柱的产业导致融资成本较高；社会治安状况不佳导致安全问题突出。这些经济结构劣势造成牙买加出口商品种类非常有限，主要是原材料、矿物燃料及食品；进口方面则高度依赖原材料、石油及资本货物。2014 年五大进口产品分别是矿物燃料、食品、机械和交通工具、化工产品和制成品，占总进口的 86.6%；五大出口产品分别是原材料、矿物燃料、食品、饮料与烟草和制成品，占总出口的 94.9%。牙买加十大进口国依次是美国、委内瑞拉、特立尼达和多巴哥、中国、墨西哥、日本、加拿大、德国、比利时和英国；十大出口国依次是美国、加拿大、荷兰、英国、俄罗斯、冰岛、斯洛文尼亚、法国、中国和委内瑞拉。美国既是牙买加的最大出口国，又是最大进口国，是牙买加的最大贸易伙伴；其次是加勒比共同体。2014 年，中国是牙买加第四大进口来源地和第九大出口国。牙买加进出口额见图 2-6-35，其中 2016—2020 年为预测值。

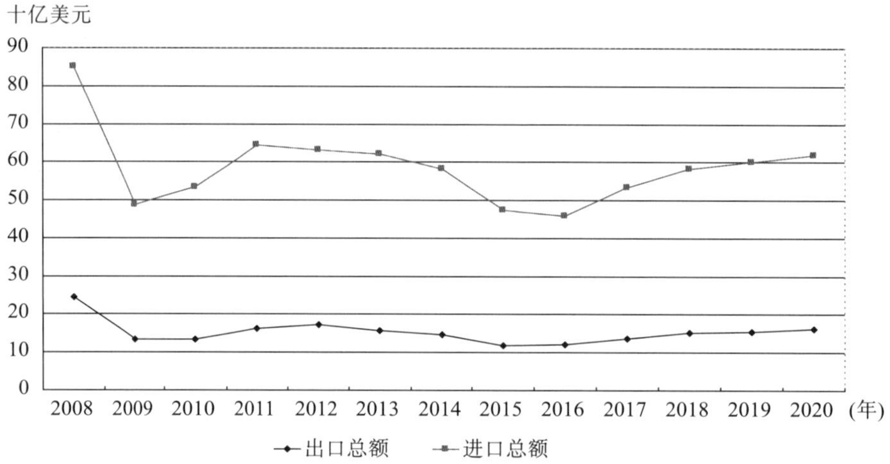

图 2-6-35　牙买加进出口额（2008—2020 年）

资料来源：EIU，Country Forecast——Jamaica，2016。

3. 法律与监管风险

牙买加法律体系比较健全，特别是 2013 年与国际货币基金组织（IMF）签署中期贷款协议后，对现有法律法规进行了比较全面的修订完善。法律程序透明，外国投资者在牙买加享受国民待遇，但牙买加法院体系负担较重，法律诉讼一般要持续 3—4 年，甚至长达 10 年。根据世界经济论坛《2015—2016 年全球竞争力报告》，牙买加的司法独立性在 140 个国家（地区）中排名第 40 位，司法独立性较高。在世界银行 2016 年营商环境指数中的“合同执行情况”指标排名中，牙买加在 189 个国家（地区）中排名第 107 位，总体执法成本略高于地区平均水平。合同执行平均时间为 655 天，法院诉讼积压较多，执行程序时间较长。

此外，牙买加劳工法规众多，对外籍员工比例、员工聘用解聘、工资薪水等有明确规定，企业需认真遵守当地劳工法律法规，处理好与当地工会的关系。

4. 税收风险

牙买加实行属地税制，税收目前主要有进口关税、财产税、所得税，涉及商品的税种有进口关税、普通消费税、特别消费税和海关担保附加印花税。企业向税务机关申请，根据税号按月度缴纳各种税费。根据世界银行 2016 年营商环境报告，牙买加在 189 个参与排名的经济体中位居第 64 位，较上年提升 7 位，连续两年大幅上升。在缴纳税款方面，牙买加排名第 146 位，其中纳税次数和时间分别为 37 次和 358 小时，利润税为 35.2%。这些显示牙买加的税收环境相对比较恶劣。牙买加税收环境排名见表 2-6-26。

表 2-6-26　　牙买加税收环境排名

指标	牙买加
缴纳税款排名/位	146
纳税/次	37
时间/小时	358
利润税（占利润百分比）/%	35.2

资料来源：World Bank，Doing Business 2016：Measuring Regulatory Quality and Efficiency。

5. 基础设施风险

牙买加基础设施近几年才逐步受到重视，大部分投资集中在主要机场和海港。在乡村地区公路交通较差，首都金斯顿交通堵塞。而且牙买加作为岛国易受飓风干扰，多数公路需要修缮，乡村公路覆盖率低。牙买加公路四通八达，是世界上公路网密度最高的国家之一，但是许多公路网络维护不善，需要修理。一般来说，牙买加国内交通基础设施落后，影响到货物的运输。然而，中国投资的 40 亿美元对未来公路基础设施质量的提高起到至关重要的作用。牙买加铁路主要从事货运服务，牙买加铁路公司拥有岛上 207 公里的铁路。从 2011 年 7 月到 2012 年 8 月，由于公路封闭，铁路主要进行的是货运，运输铝矾土、氧化铝和有限的客运服务。

案例

2011 年 11 月，中国港湾工程有限责任公司与牙买加交工部签署牙买加南北高速路项目执行协议。南北高速路总长约 66.1 公里，为全封闭双向 4 车道，南起金斯敦西侧的工业园区，北至北部城市奥乔里奥斯。2012 年 7 月，中国交通建设公司与牙买加政府签署项目专营协议。该项目于 2013 年 1 月开工，中段已于 2014 年 8 月 5 日竣工通车。

2015 年底，牙买加新闻部长福克纳表示，牙买加政府已与中国港湾工程有限责任公司签署牙买加南部沿海公路改造项目合同，合同包括设计和施工两部分，改造路段从圣·安德鲁到圣·托马斯莫兰特港，建成后南部沿海公路为 4 车道，沿途包括 16 座高架桥。中国进出口银行为项目提供融资。2016 年 2 月，南北高速公路项目安吉斯至林斯特德段举行通车典礼。牙买加总理辛普森·米勒出席典礼并为道路开通剪彩，中国驻牙买加大使牛清报参加典礼。项目的建设，形成了当地更加便捷的物流网络，进一步推动了牙买加经济社会的快速发展。

水运能力不能满足未来发展。牙买加沿海有 13 个港口。金斯顿为世界第七大天然港，是加勒比海主要的中转站，有现代化的集装箱码头和仓库，每年吞吐能力为 150 个标准集装箱。

航空运输仍有发展空间，逐步私有化。牙买加有两个国际机场，由牙买加机场管理局（AAJ）管理，分别为首都金斯顿的诺曼·曼利国际机场和蒙特哥贝市的唐纳德·萨格斯特国际机场，后者在 2002 年私有化，拥有 30 年的特许权。每年的运输能力超过 600 万名乘客。2015 年 4 月，墨西哥太平洋机场集团（GAP）以 1.9 亿美元，从西班牙阿伯蒂斯机场公司手中购买了牙买加蒙特哥贝市桑斯特国际机场运营公司 MBJ75% 的股份，成为桑斯特机场的新业主。桑斯特国际机场主要迎接前往牙买加度假城市八条河及尼尔瑞尔市的游客，2014 年客运量为 340 万人，其中 23% 由美国航空公司运载，13%由美国达美航空公司运载，穿越航空公司及捷蓝航空公司分别运载9%。牙买加航空公司有飞往北美、欧洲和加勒比国家的航线。中国没有直航航线到牙买加，需要通过美国或欧洲中转。

总之，牙买加基础设施实力不强，但是牙买加政府重视基础设施建设，每年投入大量资金，不断扩大和改善基础设施，提供良好的硬件。牙买加允许外国投资参与当地基础设施投资，2016年4月，牙买加旅游部长埃德蒙德·巴特莱特（Edmund Bartlett）表示欢迎中资企业加大对牙买加基础设施项目及酒店项目的投资建设。

6. 经营性风险

根据世界银行《2015年全球营商环境报告》，牙买加开办企业排名第9位。2014年，中国、美洲开发银行（IDB）和欧盟向牙买加提供3 160万美元贷款，帮助牙买加提升公共部门效率。其中，中国和IDB分别提供1 100万美元和1 400万美元赞助，欧盟将无偿援助500万欧元。该项目的主要内容包括强化公共部门的人力资源管理、加强信息通信技术应用、建立完善控制体系和问责机制。为提高人员效率，牙买加将建立人力资源管理和绩效集成系统，2018年前将60%的公共部门雇员纳入管理体系。为提高政府采购效率，牙买加将对1 200名政府雇员进行政府采购方面的培训，开发运用新的电子招投标系统，并加强国会的监督作用，培训240名内部审计师。为改善营商环境，牙买加将通过加强培训、建立一站式服务、实施电子政务战略，最终实现5年内将公司注册周期从7天缩短至2天的目标。牙买加政府还承诺将缩短获得电力的时间，2018年前从目前的96天缩减至86天。建立运行成本低、服务质量高的公共部门，是当前牙买加政府面临的最大挑战。根据最新的《2015—2016年全球竞争力报告》，牙买加的政府效率在148个国家（地区）中排名第117位。

根据世界银行《2015年全球营商环境报告》，牙买加在189个国家（地区）中排名第64位，处于中上流水平。在开办企业、办理经营许可、获得电力等方面需要的程序和时间均靠前，尤其是“开办企业”和“办理破产”分别排名第9位和第2位，但在“跨境贸易”和“登记财产”方面排名靠后，显示出政府在这些方面程序要求繁琐，效率不高（见表2-6-27）。

表2-6-27　牙买加营商环境指标

项目	指标	牙买加	
		数值	2016年排名
开办企业	程序/个	2	9
	时间/天	3	
建筑许可	程序/个	17	72
	时间/天	129.5	
获得电力	程序/个	7	80
	时间/天	95	
注册财产	程序/个	8	122
	时间/天	18	
获得信贷	法律权利指数（0—12）	10	7
	信贷信息指数（0—8）	7	

续表

项目	指标	牙买加	
		数值	2016 年排名
跨境贸易	出口时间/小时	1 298	146
	出口成本/美元	147	
	进口时间/小时	1 324	
	进口成本/美元	196	
缴纳税款	次数/年	37	113
	总税率/%	35.2	
执行合同	时间/天	655	51
	成本（占所得收益比重）/%	45.6	
办理破产	时间/年	1.1	2
	破产框架力度指数（0—16）	18	

资料来源：World Bank, Doing Business 2016: Measuring Regulatory Quality and Efficiency。

（三）牙买加未来发展预测和投资机会分析

1. 政治前景

政治环境预期方面，预期国内政治稳定，政变的风险很低。2016 年工党执政，在国会 63 个席位中占有 32 个，与人民民族党仅有一席之差。工党根源于工会运动，以前主要受牙买加中产阶级和商业团体的支持，现在也得到包括在金斯顿城市内贫穷区域和低收入乡村区域的支持。2016 年 4 月，牙买加新任总理安德鲁·荷尼斯在接受英国广播公司采访时称，重建政府体系以实现高效快捷的政府决策是本届政府上台 100 天内的首要工作之一。荷尼斯称政府将致力于维护人权、保障国民安全，并让民众确认政府对他们的关怀。

2. 经济预测

牙买加新一届政府将经济增长和创造就业作为政府核心工作，承诺要增加就业、促进经济发展和减少税收。同时政府将关注债务削减、扩大本国市场，并凭借牙买加的历史资产、地理位置和企业品牌等优势实现经济增长。但整体来看，牙买加经济增长动力不足且很脆弱，实现持续健康发展仍面临一定挑战。2016 年对牙买加的主要经济发展指标预估值见表 2－6－28。

表 2－6－28　牙买加主要经济指标与预测（2016—2020 年）

指标 \ 时间	2016 年	2017 年	2018 年	2019 年	2020 年
实际 GDP 增长率/%	2.5	2.6	2.7	2.7	2.8
CPI 增长率/%	4.5	6.2	6.5	6.3	5.8
财政收支余额占 GDP 比重/%	－2.0	－1.6	－1.3	－1.0	－0.8
经常账户盈余占 GDP 比重/%	－2.6	－2.6	－2.6	－2.6	－2.6
短期利率/%	17.02	15.89	14.78	14.63	14.71
汇率（JMD/USD）	126.54	133.11	141.89	150.98	158.38

资料来源：EIU, Country Forecast——Jamaica, 2016。

3. 营商环境

预期商业环境有所改善，但依然缺乏活力。牙买加政府早在2013年就致力于创造商业友好型环境，提高政府效率，简化行政程序。而且工商部采取了一系列措施改进商业环境，比如建立担保交易制度，修订《破产法》、《商标和版权法》等。在牙买加投资受普遍非歧视性原则待遇和牙买加《公平贸易法》、《普通法》等有关法律以及牙买加政府与多边机构或双边政府签署的各项投资保护协定的保护。根据出口鼓励措施法案，外资企业产品出口可享受税收和进口关税减免待遇。2014年，在加勒比地区吸引外资下降5%的大环境下，牙买加吸引外国直接投资6.99亿美元，同比增加7%。

但是2015年底，世界银行在《牙买加：奠定可持续增长和债务的基础》报告中指出，牙买加经济"依然缺乏活力"，有计划地增加资本投资有助于促进经济增长。报告指出，牙买加农业有复苏迹象，制造业、工业和固定资本投资增长1.4%，服务业也同比增长0.8%，这主要是因为旅游业游客增多。但是牙买加失业率依然处于高位，贫困率也有所上升。报告预测，短期看，低油价有助于减少牙买加经常账户赤字，但从加勒比石油计划获得预算支持也会相应减少。中期看，美国经济继续复苏将提振牙买加出口；美国－古巴旅游市场解禁对牙买加旅游业有双重影响，古巴可能会抢走部分美国游客，但牙买加也可能抢走古巴的部分欧洲游客；美联储加息会提高牙买加在国际市场上的短期融资成本，但对长期融资成本影响不大；美元持续走强将提高牙买加偿还债务的实际成本和债务率。

4. 投资机会

目前，在牙买加的中资企业有中国港湾美洲区域公司、中国成套总公司牙买加经济住房项目组、中成泛加勒比糖业公司、中达建设集团牙买加公司、中兴通讯公司牙买加代表处、华为技术牙买加有限公司、中国水利水电建设股份有限公司牙买加代表处、国家开发银行驻牙买加工作组、镇江国际经济技术合作有限公司牙买加公司、江苏江都建设有限公司10家，其中，6家从事基础设施和建筑类工程项目，2家从事电信技术，1家从事糖厂经营，1家从事金融业务。中资企业在牙买加打造了一系列优质项目。机场路、牙买加发展基础项目、南北高速路项目极大地改善了牙买加基础设施条件，解决了当地多年未解决的难题，被誉为"民心"工程。中成收购牙买加国有糖厂项目是中牙在农业领域的最大合作项目，自收购以来，企业不断对糖厂进行升级改造，有效带动了产业发展，扩大了当地就业。中成公司实施的经济住房项目有效地改善了所在地居民的道路、排水和居住条件。

未来几年，在牙买加投资机会方面，旅游、基础设施等潜力巨大。牙买加有着深厚的文化底蕴，气候宜人，地理位置优越，旅游业是外汇收入的主要来源，是经济发展的支持产业之一。在过去的几十年中牙买加旅游业收入保持了年均8%以上的增长率。美国是牙买加最大的游客来源，美国和古巴关系复苏虽有一定威胁，但是牙买加将积极开发北欧、拉美等非传统市场。

案例

华为牙买加投资历程

牙买加AMX全TK项目是华为在AMX的战略性项目，也是检查华为交付实力的一个无线全TK项目。2007年11月30日华为同AMX签订该项目中标函，一期交付250站点，二期交付250站点。牙买加属于典型的山区岛国，项目的网规设计困难，KPI要求苛刻；而且该国属于英属私有制国家，站点获取非常困难，政府审批流程长达3—6个月，85%的站点需要修便道、挡土墙，加上长达8个月的雨季和3个月的飓风季节，公司在本地注册时间短，来支持的员工无法获得工作签证，还有来自社会势力的干扰，使本来困难的交付工作雪上加霜。在牙买加这个美丽的加勒比海岛国，华为的TK交付能力又一次面临严峻考验。

而且，牙买加政府于2008年3月8日改变了站点审批要求，华为提交的150多份文档在5月份全部被退回来，而这时有些站点已经开工了，这给项目组沉重的打击。为了保证已经提交和未提交的196个站点获取文档在20天内全部完成，而且还必须为每个站点重新作社区调查报告（在站点周围找50个邻居签字，同意该站点的申请），到站点现场去测量站点位置、排水设施、获取政府土地局的审批文档、政府地理局的定位坐标、图纸绘制，浩瀚的工作量必须由项目组从各个部门抽调的35名员工完成。每个员工每天都有明确任务，既要在室外收集资料，又要在办公室绘图、准备资料，20天中没有任何员工在晚上12点之前回过家，有大约10个晚上本地、中方员工都是通宵工作，有几个本地同事因为高强度的压力都哭了，但是他们还是挺了过来。这20天内他们一共完成了1 372本资料的准备，3 920份图纸绘制，图纸打印和复印了400包。一个本地检查图纸的资深专家告诉我："通过这次工作我才真正理解了为什么一个20年的公司能够发展如此之快，你们改变了我们以前的工作模式，我喜欢同你们工作，这是我们这60年来第一次加班工作到深夜3点。"

牙买加的最高建站纪录是每月25个站点，但华为要在10个月内完成500个站点的建设。按照网络规划搜寻站点，同业主协调，提交业主同意的价格给客户沟通，准备业主财产证明（包括土地所有证书、政府的交税证明、国土局的分界证明、土地局的站点位置证明；如果是家庭财产，还涉及遗嘱）。客户律师同业主律师谈判合同条款、社区调查（50个邻居的签字同意）、准备7份文档（每份大约80到140页不等）提交给各个教区，教区讨论通过后交给国家环保局开社区大会讨论，然后等待每月一次的国家环保局董事会讨论，通过之后再返回各个教区等待下月的教区议员大会讨论，然后教区提交航空管理局、公路管理局、市政自来水管理局审批同意之后，市长签字、市长助理和市政规划部长每页签字盖章，这才算站点审批通过，各个环节运行顺利也需要6个月时间。等待流程审批结束再建设站点几乎不可能。为此，华为的项目人员拜见了14个市的市长、电信部部长，甚至跑到了总理办公室去拜见，最后终于得到了政府"无政府客户开工建站"的许可，迈出了关键性的一步。

但是这里自建队伍、分包商、客户、客户竞争对手以及政府之间的关系错综复杂。如社区停工、在客户竞争对手站点的300米范围不能租地等情况时有发生。网络建设建建停停。如果停工，再次启动至少需要10天时间才可以组织队伍，这样是无法保证建网进度的。只有不停去拜访各市市长，争取支持，几乎每周有三天时间在拜访不同的政府官员。

这个美丽的加勒比小岛，让人联想到那细白的沙滩、湛蓝的天空和海水，还有那让人留恋的珊瑚礁和游动的彩色小鱼。但这里的世界并不安宁。项目的成员们都曾受到不同程度的威胁：大家的车经常被刺破轮胎，接到勒索电话说必须什么时候送钱去什么地方，并发邮件告诉住址、工作地方、车辆牌号，不然会怎么样等等。员工曾经一度惶恐不安，但为了兑现对客户承诺，没有办法顾及太多。为了实现目标，经过精心的安排，在7月份的最后10天华为竖立了60座铁塔，连续3个月每月交付70个站点，在牙买加这个小岛上创造了奇迹。

经过项目团队连续10个月的拼搏，华为终于完成400个站点获取、513个站点建设、416个站点设备安装和200个站点的商用、120个站点的初验证书，获得客户高度评价。

墨西哥

（一）墨西哥投资概览

国家基本信息简表

中文名称	墨西哥	英文名称	The United States of Mexico
建国日期	1810 年 9 月 16 日	领土面积	196.4 万平方公里
所属洲	北美洲	时区	UTC -6 至 UTC -8
首都	墨西哥城	国际电话区号	+52
主要城市	维拉克鲁斯、蒙特雷、奇瓦瓦		
人口	12 702 万人	主要民族	印欧混血人（60%）、印第安人（30%）、欧洲人后裔（9%）、其他（1%）
人口密度	60 人/平方公里		
语言	印第安语（7.1%）、英语（5%） 西班牙语为官方语言	主要宗教	罗马天主教（89%）、新教（6%）、其他（5%）
政体	总统制	法律体系	英美法系
政党	革命制度党（PRI）、国家行动党（PAN）、民主革命党（PRD）、劳动党（PT）	换届时间	2018 年 7 月（总统选举） 2015 年 7 月（议会选举）
道路通行	靠右驾驶	货币	墨西哥比索（MXN）

2015 年主要金融与投资数据

实际 GDP	16 760 亿美元	FDI 流入量	2015 年	283.823 亿美元
国际储备	1 734.45 亿美元		2014 年	251.407 亿美元
汇率水平（MXN/USD）	17.2065	FDI 流出量	2015 年	80.724 亿美元
外债余额/GDP	77.15%		2014 年	83.042 亿美元
财政收入/GDP	23.52%	FDI 内存量	2015 年	4 180.543 亿美元
财政支出/GDP	26.98%		2014 年	3 896.72 亿美元
货币供应增长率（M2）	14.7%	FDI 外存量	2015 年	1 519.244 亿美元
通货膨胀率	2.72%		2014 年	1 438.52 亿美元
存款利率	0.6%	商品出口（FOB 价）		3 811.984 亿美元
贷款利率	3.317%	商品进口（FOB 价）		3 955.734 亿美元
中国和墨西哥双边投资概况				
中国对墨直接投资流量（2014 年）	1.4057 亿美元	中国对墨直接投资存量（2014 年）		5.4121 亿美元
中墨双边投资协定	2008 年 7 月 11 日，两国政府签署了《中华人民共和国政府和墨西哥合众国政府关于促进和相互保护投资的协定》			
中墨双边本币互换协议	目前暂未有双边本币互换协议			
投资优惠措施和利润汇出限制	根据 WEF 发布的《2015—2016 年全球竞争力报告》，墨西哥在竞争力排名方面得分 4.29 分（4.29/7），排名第 61 名（61/140）。允许资本、利润和红利汇回			

（二）墨西哥投资风险分析

根据中国出口信用保险公司出版的《国家风险分析报告（2015）》，墨西哥 2015 年的风险评级为 5（5/9）级，主要风险见表 2－6－29。

表 2－6－29　　2015 年墨西哥主要风险概述

风险类别	风险描述
宏观经济环境	经济增长缓慢，经济增长模式的脆弱性较为突出，对国际资本和美国市场高度依赖，通货膨胀稳定可控，财政收入结构的稳定性存在重大隐患，债务负担和偿债能力不容乐观
政治环境	政治体制比较成熟，政局稳定，政变风险很低
法律与监管	司法体系效率低下，法令繁杂且多变，对外资进入领域存在较多的限制
政府效率	政府部门官僚主义严重，贪污腐败现象较为普遍
金融及国际贸易与支付	金融体系以商业银行为主，资产集中在少数银行手中，对外贸易萎缩，外汇市场波动性大，央行间接干预外汇市场，外汇储备持续增长态势下降，短期主权评级高
社会治安	有关毒品和有组织犯罪的形势十分严峻
税收政策	税法繁琐，税收负担较重
基础设施	公路、铁路和海路基础设施建设不能满足未来发展，物流成本较高，财政预算受约束，鼓励私人投资参与基础设施建设
劳动力市场	就业形势严峻，失业人口增多，劳工法规过于复杂及偏向保护劳工，居留签证不易取得
社会文化	多民族，大部分人信奉天主教

在复杂多变的国际环境中，2015 年墨西哥经济缓和增长，略快于 2014 年 2.3% 的增长速度；三大政党对峙并立，官僚主义和政治腐败现象严重；法律体系相对比较完善稳定；毒品泛滥、贫富差距等社会问题依然存在；虽有丰富的自然资源，但石油出口将继续下降；需求疲软，工业产出不均衡，汽车行业扩张迅速，国际车企投资热情高涨；公共部门赤字创 30 年来新高，私人投资有上升趋势，失业率为近年最低，通货膨胀率仍在可控范围内；由于 TPP 的加入，需要加强运输和物流基础设施建设，提高联运网络的效率。

本报告主要从政治风险、宏观经济风险、法律与监管风险、税收风险、基础设施风险和经营性风险等方面对墨西哥投资风险进行分析。

1. 政治风险

政治体制趋于成熟，政局稳定，但社会治安形势十分严峻。墨西哥是拉丁美洲政局稳定性较高的国家之一，长期的议会民主制使墨西哥政治体制趋于成熟。墨西哥与周边国家关系良好，在美国的地缘政治中居于重要地位。2012 年革命制度党在历经 12 年在野后再次执政。墨西哥实行总统共和制，目前总统是恩里克·培尼亚·涅托，2012 年 12 月 1 日就职，任期 6 年。

有关毒品和有组织犯罪的形势十分严峻。威胁墨西哥安全的主要是贩毒和与之相关的暴力和犯罪，不同犯罪集团之间的交战十分普遍。虽然 2011 年底开始的暴力冲突趋于减少，但是在塔毛利帕斯州、米却肯州、格雷罗州情况依然如故。对于私人部门，敲诈勒索和盗窃是主要的问题。根据《2015 年全球和平指数》，墨西哥在全球 162 个国家和地区中排名第 144 位。墨西哥犯罪主要涉及有组织犯罪和与贩毒“卡特尔”相关的暴力。大部分的谋杀和暴力犯罪主要发生在贩毒“卡特尔”和安全部队内部或之间。在墨西哥，有组织犯罪被认为是贩毒“卡特尔”的代名词，第一个“卡特尔”是在几十年前主要以在墨西哥和美国边境走私的形式出现，目前主要从事贩毒、药品零售贩卖、敲诈勒索、绑架和贩卖人口等犯罪活动。有的卡塔尔还进行非法采矿、原料和货物盗窃等活动。卡特尔能够生存的主要原因是政府部门的腐败蔓延。而贩卖武器已经成为墨西哥的一个主要安全问题，因为56%—60%的蓄意谋杀都是由武器携带者所为，这些武器中相当一部分直接或间接来自美国。

2015年年底，墨西哥统计局进行全国城市安全调查，67.7%的墨西哥18岁以上居民认为所住城市不安全。调查显示，近3个月内，69.8%的人发现住所附近有人在街上酗酒，67.1%的人遇到过偷窃行为，55.9%的人遇到附近有人实施破坏行为，43.5%的人遇到有人贩卖或者吸食毒品，32.6%的人遇到有打砸抢团伙，22.1%的人遇到枪击事件。此外，36.3%的人认为近12个月来自己居住的城市安全情况和以前一样差，26.6%的人认为更差，13.7%的人认为有所好转[①]。失踪人数方面，根据墨西哥内政部公共安全局的数据（SNSP），自2015年1月31日至2016年1月31日，墨西哥失踪人数达4 441人。2007年以来每年失踪人数均在4 000人以上，2014年为4 980人，截至2016年1月底，失踪人数累计达28 161人。

据普华永道公司（PWC）所做的《2016年度经济犯罪调查》，墨西哥1/3的组织机构成为经济犯罪的受害人，包括物资被盗、人员信息被盗、现金被盗、腐败或贿赂。普华永道对240家企业进行调查，每100家企业中有37家受到过其中某种经济犯罪的侵害，比2014年的调查结果高1个百分点。涉及资金、现金和资产方面的犯罪率为79%，与2014年指数相当；腐败和贿赂占回复比例的21%，与上次调查相同。此次调查中，不恰当使用内幕信息比例比2014年提高了11%。

2. 宏观经济风险

经济增长缓慢，预期下调。2008年经济危机之后，由于需求不足，经济复苏压力大，墨西哥经济持续多年保持低速增长态势，2013—2015年平均GDP增长速度为2.0%。由于地理因素，墨西哥经济很大程度上受美国经济影响，2014年第3季度后，由于美国经济复苏，增长速度提高到2.5%左右。但是由于近两年石油价格下降束缚了墨西哥石油出口，并降低了财政收入，2016年墨西哥政府减少财政支出预算，对经济发展有一定的影响。根据墨西哥《经济学家》和《金融家报》的报道，一些专家以及咨询机构预期墨西哥经济增长下滑、通货膨胀预期和汇率上调，原因主要是美国经济增长放缓、石油价格持续走低以及墨西哥削减支出。墨西哥劳动力逐年增加，近几年失业率逐步下降，2015年为4.35%，比2014年4.83%下降了9.9%。EIU预期2016—2018年失业率基本保持在4.4%。

通货膨胀稳定可控。由于地理优势，近几年墨西哥通货膨胀率基本稳定，保持在官方预定的4%左右，处于可控范围内。2015年通胀率达到最低的2.7%，EIU预测2016年平均通胀率会上升到3.2%。EIU认为2016年美国经济将保持稳定增长，而这是墨西哥经济增长的一个关键驱动力，因此墨西哥也会出现稳定增长，相关价格保持稳定。而且在短期内，农业和食品价格可能保持平稳或下降。消费价格指数（CPI）在可预期的时间内保持在目标范围内。

墨西哥GDP增长率、通货膨胀率和失业率水平见图2-6-36，其中2016—2020年为预测值。

---

① 中国驻墨西哥大使馆经济商务参赞处网站，http://mx.mofcom.gov.cn/article/jmxw/201601/20160101233711.shtml。

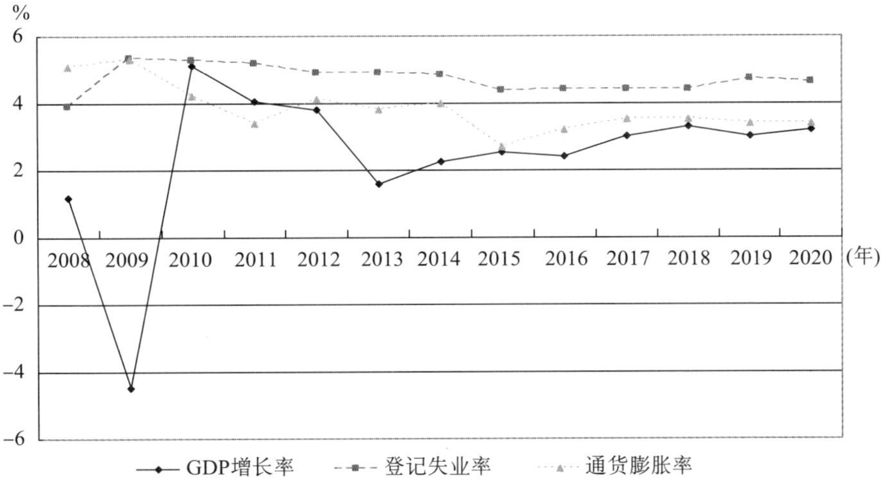

图 2－6－36　墨西哥宏观主要经济指标情况（2008—2020 年）

资料来源：EIU，Country Forecast——Mexico，2016。

对国际资本和美国市场高度依赖，经济增长模式的脆弱性较为突出。作为一个出口导向型经济体，墨西哥经济增长模式的脆弱性较为突出，主要表现在对国际资本和美国市场高度依赖。而无论是国际资本还是美国市场，其变化情况都不是墨西哥所能控制的。尽管墨西哥政府采取了很多措施来拓宽吸引外资渠道，但在吸引外资和对外投资方面墨西哥仍高度依赖美国。因此，美国经济波动对墨西哥经济的影响非常直接，而且能迅速给墨西哥带来国民收入减少、内需疲软等一系列问题。

商业银行为主，资产集中在少数银行手中。墨西哥银行系统主要有商业银行和发展银行两大类，但以商业银行为主。截至 2015 年底，墨西哥有 49 家银行，经过批准但尚未开始营业的银行有 4 家，分别是中国工商银行、新韩银行（SHINHAN）、瑞穗（MIZUHO）和普罗格雷索银行（PROGRESO）。根据墨西哥国家银行和证券委员会（CNBV）的数据，截至 2015 年 12 月，墨西哥 5 家银行资产占据总份额的近 80%，其中 BBVA Bancomer 资产占 23.13%，墨西哥国家银行（Banamex）占 16.11%，北方银行（Banorte）占 14.98%，桑坦德银行占 14.81%，汇丰银行占 7.23%，其他银行占 23.74%。在贷款方面，BBVA Bancomer 拥有市场总份额的 25.12%，墨西哥国家银行（Banamex）占 15.74%，北方银行（Banorte）占 14.73%，桑坦德银行占 15.22%，汇丰银行占 6.88%，其他银行占 22.00%。大部分商业银行都有外资参股，而且外资银行拥有绝大部分银行资产，可以说墨西哥是拉美地区银行业国际化程度最高的国家。根据墨西哥《经济学家报》报道，截至 2015 年年底，外资银行在墨西哥金融市场依然保持了较高的热情，目前在墨西哥金融市场的 45 家金融机构中，前七大金融机构有 5 家外资股份，分别是 BBVA、墨国民银行（Banamex）、西班牙桑坦德银行（Santander）、Sotiabank 和汇丰银行（HSBC）。在证券市场，墨西哥对外资实行自由政策，外资只须到证券交易所登记，遵守相关法律法规即可以自由投资。2016 年 3 月，墨西哥银行和证券监管委员会（CNBV）的有关负责人表示，拟设立第二家证券交易所。

财政收入增加，但财政支出持续紧缩。墨西哥采用的是联邦和地方两级课税制度，地方一级包括州、市两个层面。目前，墨西哥税收收入以中央政府的税收收入为主。墨西哥联邦政府实行所得税和增值税双主体的复合型税制结构。2013 年 10 月，墨西哥政府颁布了新的财政改革法案，涉及制造业、矿业等领域。2014 年墨西哥的财政政策改革使得税收收入从占 GDP 的 10% 上升到 12%，但和全球平均税收收入 GDP 占比 20% 来说仍有一定差距，和发达经济体 30%—40% 的占比相差甚远。2015 年，墨西哥财政支出紧缩，经济增长很难快速复苏。即使石油价格持续升高，墨西哥如果不实行财政改革，财政赤字也会超过 GDP 的 3%。2016 年墨西哥有可能继续实行财政紧缩，财政预算支出将由 2015 年占 GDP 的 1%降到 2016 年的 0.5%。目前墨西哥大部分财政赤字主要通过当地货币债务来缓解，由于该工具比美国债券收益高很多，引起外国投资者持续关注。墨西哥财政收入与财政支出水平参见图 2-6-37，其中 2016—2020 年为预测值。

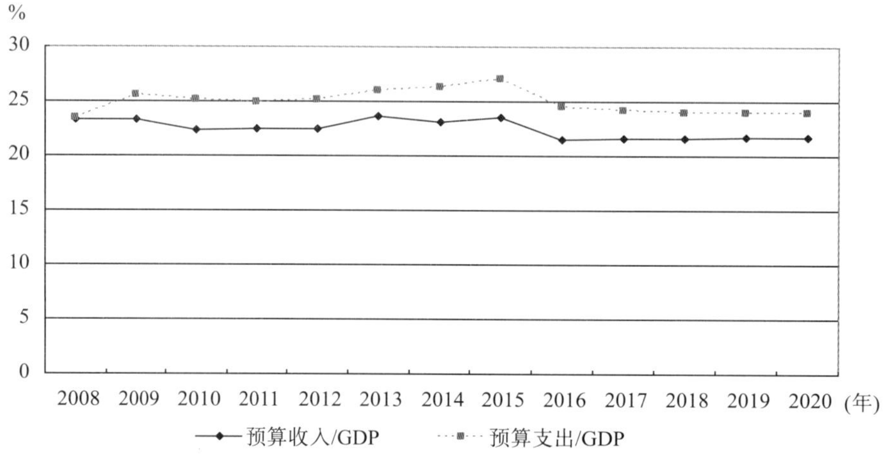

图 2-6-37 墨西哥财政收入与财政支出占 GDP 的比重情况（2008—2020 年）

资料来源：EIU，Country Forecast——Mexico，2016。

外汇市场波动性大，央行间接干预外汇市场。墨西哥实行盯住美元的汇率制度，在经常项目下和资本项目下同时实施货币自由兑换。因为石油价格下降，墨西哥比索贬值明显超过了其长期均衡价值。2015 年年底，美联储实行紧缩货币政策，同时欧洲央行实行扩张性政策和量化宽松政策，都引起外汇市场的动荡。2016 年年初，墨西哥央行决定停止在外汇市场买卖硬通货，而开始使用利率作为工具控制资本流动，政府决定通过良好的宏观管理来维持货币稳定。2 月，墨西哥央行宣传加息后，比索汇率大幅上涨，涨至每美元 18.1 比索，创下 2008 年以来的最大涨幅。墨西哥比索兑美元汇率及 M2 增长率情况见图 2-6-38，其中 2016—2020 年为预测值。

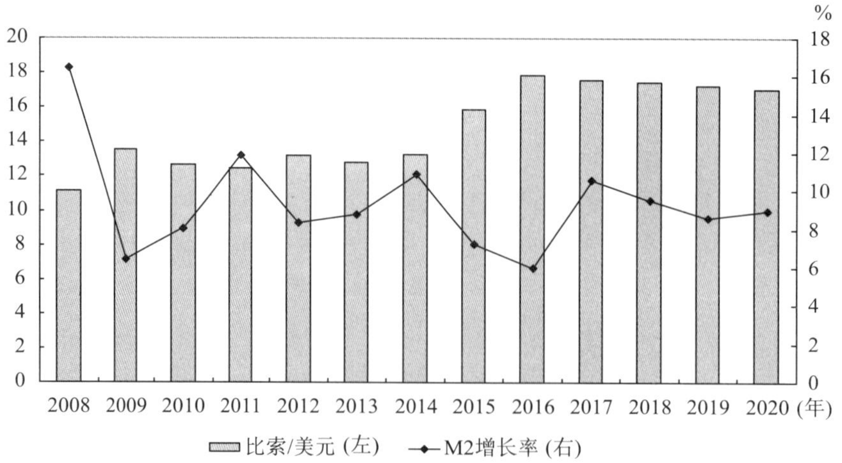

图 2-6-38 墨西哥比索兑美元汇率及 M2 增长率（2008—2020 年）

资料来源：EIU，Country Forecast——Mexico，2016。

外汇储备持续增长多年后急降。根据 EIU 数据，2014 年以前墨西哥国际储备保持着增长的态势，2014 年墨西哥外汇储备达到最高值 1 909 亿美元，但是 2015 年下降到 1 734 亿美元，同比下降 9.17%。外汇储备减少主要是墨西哥央行为了稳定比索汇率而不断抛售美元所致。2016 年外汇储备仍有下降的趋势。墨西哥国际储备和外汇储备情况见图 2－6－39，其中 2016—2020 年为预测值。

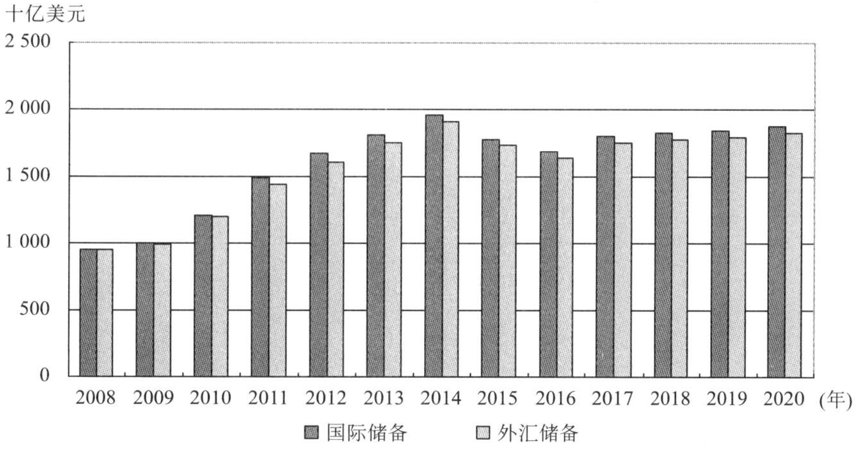

图 2－6－39　墨西哥国际储备和外汇储备情况（2008—2020 年）

资料来源：EIU，Country Forecast——Mexico，2016。

墨西哥短期主权评级高。墨西哥有充足的流动资源，如果遇到短期支付困难就能够进入国际资本市场来偿付外债。墨西哥多年经常项目赤字，一直由外商直接投资来平衡。过去两年墨西哥试图增加外汇储备，以及从 IMF 获得信贷来避免外部冲击。墨西哥中期主权信用评级符合投资等级，这是由于墨西哥的债务负担适中、具有较强的流动性以及稳定的长期经济前景。2014 年年底，评级机构标普将墨西哥长期本外币分别评为“A”和“BBB”。2015 年 11 月，穆迪评级公司认为墨西哥经济稳定，结构性改革进展平稳，处于适合投资的稳定时期，未来三年没有理由改变对墨西哥“A3”的信用评级。2016 年 2 月，国际评级机构惠誉将墨西哥主权评级定为“BBB＋”，对于公共债务占 GDP 44.9% 的数据，惠誉认为或将继续增加，并在 2016 年达到顶点，之后将逐渐随着财政稳定和经济复苏下降。墨西哥外债余额及外债余额与 GDP 之比见图 2－6－40，其中 2016—2020 年为预测值。

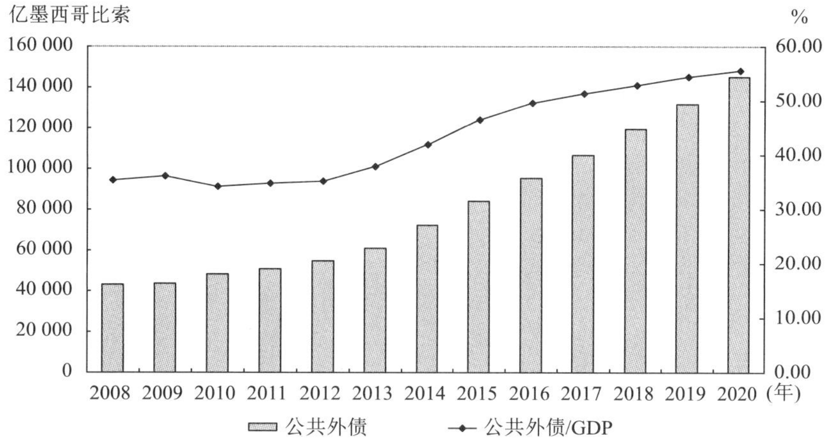

图 2－6－40　墨西哥公共外债及公共外债与 GDP 之比情况（2008—2020 年）

资料来源：EIU，Country Forecast——Mexico，2016。

对外贸易萎缩，外贸伙伴和产业相对集中。根据墨西哥国家统计局（INEGI）的统计数据，2015 年墨西哥进出口总额为 7 760 亿美元，同比下降 2.6%。其中，出口为 3 807.7 亿美元，同比下降 4.1%；进口 3 952.3 亿美元，同比下降 1.2%；逆差为 144.6 亿美元，同比增加 5 倍多。美国一直是墨西哥最重要的贸易伙伴，占墨西哥所有出口的近 80%、进口的 55%。其他主要贸易伙伴有日本、德国和西班牙。2015 年，中墨双边贸易额为 748.8 亿美元，同比增长 3.7%。其中，墨西哥对华出口 48.9 亿美元，同比下降 18%；墨西哥自华进口 699.9 亿美元；贸易逆差 651 亿美元。墨西哥的出口产品以制造业为主，大约占 80%，石油约占 15%，其他还有农产品等。制造业中，汽车及其零部件出口约占 1/3，电子产品也是外汇收入的主要来源，航空航天工业是快速发展的行业。墨西哥进出口额情况见图 2－6－41，其中 2016—2020 年为预测值。

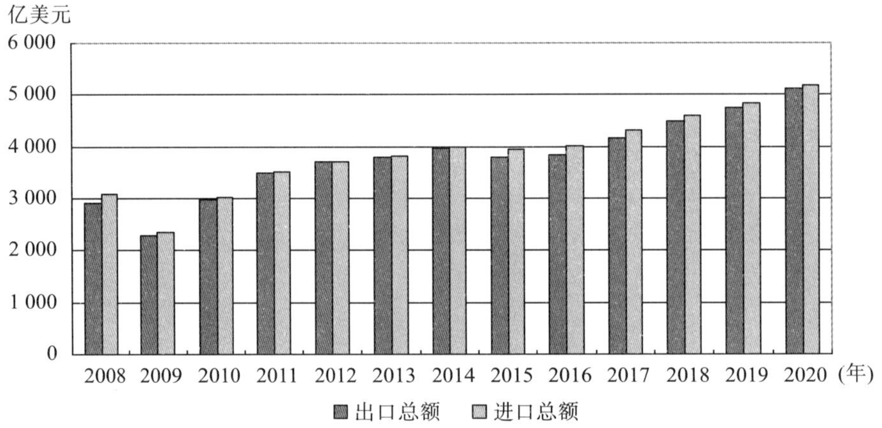

图 2－6－41　墨西哥进出口额情况（2008—2020 年）

资料来源：EIU，Country Forecast——Mexico，2016。

3. 法律与监管风险

司法体系效率低下，法令繁杂且多变。墨西哥司法机构实行“双轨制”，即联邦和各州都有自己的司法系统，两者之间没有从属关系。联邦法院系统适用联邦宪法和法律。需要中国企业特别注意的法律法规有《外国投资法》《反洗钱法》《税收法》《移民法》《联邦劳工法》《海关法》和《环境法》。涉及采矿、通信、建造、能源和石油领域的投资，要格外留意相关法律。另外，墨西哥在保护劳动者权益方面有《宪法》《联邦劳动法》《劳动程序法》《社会保险法》《劳动仲裁法》等主要法规，还有《最低工资条例法规》《劳动安全与健康条例》以及《职员培训条例》等。

对外资进入领域存在较多的限制。墨西哥少数领域尚未对外资开放。当地限制外资的领域有石油化工、电力、核能、放射性矿产、电信、邮政、货币铸造、纸币发行以及港口、直升机机场的监管、控制和管理领域等，共有 45 种保留及特殊规定的行业为外资不得参与或限制其参与股份。

2014 年 10 月 31 日，《关于修订、增加和废除外国投资法条例和国家外国投资注册若干规定的法令》中，对外资企业义务的主要修订条款见表 2－6－30。

表 2-6-30　　墨西哥针对外国投资企业的主要修订条款对比

条目	2015 年 1 月 28 日以前	2015 年 1 月 28 日以后
第 38 条针对公司注册信息的更新	对于修改公司名称、税务地址、经营活动、股东结构的通知，应在修改后的 40 个工作日内上报更新；对于修改收入和支出季度报告的，应在每季度末后 20 工作日内上报更新，且针对超过限额的情况	更新通知按季度，在每季度末之后 10 个工作日内上报，且针对超过国家外商投资委员会（CNIE）所设限额的情况。修改内容包括：名称、税务地址、经营活动和股东结构的修改；收入和支出
第 41 条针对信托的更新	针对：信托管理人、信托物资、信托最终受益人 时限：在修改后的 40 个工作日内	针对：信托管理人、信托物资、信托最终受益人，但仅针对修改的支付金额超过 CNIE 所设限额的情况 时限：在修改后的 40 个工作日内
第 43 条公司注册登记信息的年度报告更新	在全年的前 7 个月递交：A—D，每年 4 月； K—P，每年 5 月 Q—Z，每年 6 月 针对所有含有外国投资的公司	在全年的前 5 个月递交：A—J，每年 4 月； K—Z，每年 5 月 仅针对下列账户中任何一项超过 CNIE 所设限额的情况：总资产（起始/最终）；总负债（起始/最终）；产权资本（起始/最终）；收入（本国/国外）；支出（本国/国外）

资料来源：商务部，对外投资合作国别（地区）指南（2015）。

案例

2013 年，来自中国的“2000—3000 家企业计划”以长年展的形式入驻墨西哥坎昆“龙城”项目，进行商品展示、批发和零售，借此打开墨西哥以及其他拉美国家的市场。墨西哥生产部门和工业商会联盟坚决抵制和反对“龙城”项目，向该项目所在的金塔纳罗奥州州长施压，要求政府对投资该项目的中国企业进行仔细审查。墨西哥瓜纳华托州制鞋工业商会公开表示不会放弃抵制，将努力使“龙城”项目无法实施。在多重阻力综合作用下，2013 年 4 月，墨西哥坎昆市生态和城市发展部以不符合环境规定为由，驳回了“龙城”建设许可证的申请，并表示该决定是依据有关法律规定做出的，符合对于建设项目的技术要求，并特别强调驳回申请与政治因素无关。当月，坎昆“龙城”在法院起诉坎昆市政府，以消除对项目构成威胁的政治僵局。8 月，法院判决坎昆市应该批准该项目。墨西哥总统涅托所在的革命制度党领导的州政府批准了该项目，但是左翼政党民主革命党领导的市政府反对该项目，后来革命制度党再次获得坎昆市政府控制权，坎昆“龙城”在等待市政府颁发建筑许可。

4. 税收风险

墨西哥税法繁琐，税负负担较重。墨西哥实行两级课税制度，即联邦政府、州（市）政府均有权征税。但联邦政府享有征收国内主要税种的权利，尤其是企业所得税，任何一级地方政府都无权征收一般企业所得税。经过几次大的调整与改革，墨西哥的税收体制日渐完善。现行税收体系包括的主要税种有：所得税（包括公司所得税、所得税、资本利得税），增值税，财产税（以资产为基础课征的最低税收），进出口关税，工薪税（主要包括对工资课征的税收、社会保险以及工人住房基金）。另外，联邦税收中还包括一些针对矿产资源和特殊商品及服务而课征的税种，例如对酒精饮料、烟草、汽油、电信服务和汽车征收的消费税。

2013 年，墨西哥国会通过了财税改革方案，其中《所得税法》变化最大。一方面加重了企业赋税的负担，另一方面大幅裁剪了企业可抵扣的项目，从严限制各项抵扣比例上限，大大提高了企业的运营成本。根据世界银行《2016 年全球营商环境报告》，墨西哥在 189 个参与排名的经济体中位居第 38 位，整体排名靠前。在缴纳税款方面，墨西哥排名第 92 位，其中纳税次数和时间分别为 6 次和 286 小时，利润税为 51.7%。这些表明，墨西哥的税收环境相对整体营商环境来讲，排名靠后，税收负担较重，高于周边其他国家，直接影响了墨西哥整体营商环境。墨西哥、智利和秘鲁三国的税收环境排名见表 2－6－31。

表 2－6－31　墨西哥税收环境排名

指标	墨西哥	智利	秘鲁
缴纳税款排名/位	92	33	50
纳税/次	6	7	9
时间/小时	286	291	260
利润税（占利润百分比）/%	51.7	28.9	35.9

资料来源：World Bank，Doing Business 2016：Measuring Regulatory Quality and Efficiency。

5. 基础设施风险

乡村公路覆盖率低，政府投入增加。墨西哥的公路网络系统非常广，几乎国内所有地区之间都有公路相连，包括 1.1 万公里需要收费的现代高速。根据 EIU 调查，墨西哥有大约 35.6 万公里的公路需要铺设，其中 16.4 万公里是乡村较难铺设的公路。据墨西哥《金融家报》报道，2016 年墨西哥将投资 36 亿美元完成 20 条公路的修建，共计 800 公里。而且，墨西哥通信交通部也计划投资 7 亿美元进行道路建设。

铁路建设预算受约束，鼓励私人投资。墨西哥通信交通部负责铁路系统。大部分铁路系统用于货物运输。根据墨西哥政府 2016 年预算，墨西哥特别经济区（ZEE）将获政府投资用于改善高速路、“特华特佩克（Tehuantepec）地峡铁路”。2016 年墨西哥联邦政府对铁路部门的预算大幅度削减，由 15.8 亿美元削减到 10.5 亿美元，减少了 33.6%。由于财政预算的压力，墨西哥鼓励私人投资。

案例

墨西哥突然取消中国高铁合同

作为墨西哥迄今为止最大的基础设施建设项目，中国高铁项目铁路全长 210 公里，设计时速 300 公里，按照设想，高铁建成后，每天将运送 2 万多名乘客，墨西哥城到克雷塔罗两地之间的汽车数量将减少 1/3，直接增加就业人口 2 万多，间接增加就业人口 4 万多。修建高铁是涅托 2012 年竞选总统时的民生承诺。早在 2013 年，墨西哥政府就在全球范围内公开招标，吸引了包括日本三菱、法国阿尔斯通、加拿大庞巴迪以及德国西门子在内的跨国公司的兴趣，但由于投标时间只有两个月，除中国铁建之外，其他企业未能在规定的时限里拿出标书，因此，中国铁建牵头的国际联合体成为唯一一家竞标单位，几乎毫无悬念地中标。根据墨西哥《宇宙报》报道，2014 年 11 月 6 日下午，墨西哥交通部长埃斯帕萨与参议院通信与交通委员会成员进行了超过 5 小时的会谈，埃斯帕萨认为招标过程合法透明，由中国铁建组成的国际联合体提供了一份与众不同的招标和融资方案，因此能够中标。但是，反对党议员针对投标时间、国际联合招标体中的墨西哥公司资质以及招标金额等问题提出很多质疑，会议结束后，反对党国家行动党议员马尔瑟拉请求取消招标结果，重新进行招标，一个小时之后，墨西哥政府便遵从反对派提议，为"保证竞标的合法性，避免出现任何透明性的问题"，取消中标结果。从宣布中标到撤标，前后加起来不过 3 天时间。

中国社科院拉美所一位研究员认为，墨西哥是三大政党对峙并立的格局，国家行动党和民主革命党是两大反对党，加起来在议会占大多数，执政党只有相对优势，没有绝对优势，在很多方面会受到反对党的压力和质疑。而现实的情况是，2015 年 6 月墨西哥要进行中期选举，如果完全不顾及反对党的意见，强行实施高铁项目，肯定会对中期选举产生不好的影响。

水运能力不能满足未来发展。墨西哥共有大小港口和码头约 200 个，其中海港 140 个，内河港口 29 个，内湖码头 29 个。主要有维拉克鲁斯港（VERACRUZ）、拉萨罗—卡德纳斯港（LAZARO - CARDENAS）、曼萨尼约港（MANZANILLO）、阿尔塔米拉港（ALTAMIRA）、恩塞纳达港（ENSENADA）等。该国有近 2 900 公里通航河流和沿海航道，主要与其东海岸港口相连。海运在墨西哥水运中占绝对优势，内陆水运的作用微乎其微。墨西哥同欧美、中南美洲和加勒比地区、远东地区、地中海地区和斯堪的纳维亚半岛的许多国家都有定期或不定期客货运班轮。2016 年政府将投资用于改善萨利纳克鲁斯、夸察夸尔科斯等港口的建设。2015 年墨西哥交通通讯部表示向私营行业开放港口基础设施的融资、建设和运营，充分利用私有资金加强港口建设，将与大中型运营企业共同协作，将墨西哥多个港口打造成全球物流中心，其中，墨西哥企业 SSA Mexico 就计划在 2016 年投资 0.53 亿美元在拉萨罗—卡尔德纳斯港口建设一个汽车进出口专用港。

航空运输较为发达，但高标准机场数目有限，且不能满足未来航空市场需求。2015 年墨西哥航空市场载客量 7 320 万人次，同比增长 12.6%。2015 年墨西哥国际航空货运量为 52.2 万吨，同比增长 30%。根据墨西哥民航局数据，2015 年国泰航空公司、阿联酋航空公司和卡塔尔航空公司共计运输 5.6 万吨货物，同比增长 111%，目前在墨西哥所占份额超过 10%，超过拉美航空公司 6.8% 的份额。其他航空公司中，本国航空公司所占份额为 30.8%，所占份额最多；美国航空公司占 29.1%，欧洲占 22.4%，加拿大占 0.2%。

墨西哥廉价航空市场份额增加。根据墨西哥《千年报》报道，墨西哥廉价航空 Interjet 从 2005 年正式运营，从 3 架飞机增加到 57 架，占墨西哥航空市场份额从 5% 增长到 25%，2015 年载客量 1 000 万人次。Interjet 已与伊比利亚航空、美国航空、英国航空和巴西 Latam 航空签署合作协议，扩大航线网络和提高服务质量。2016 年，Interjet 拥有的飞机数量将达到 70 架，并增设墨西哥城 - 达拉斯和瓜达拉哈拉—洛杉矶两条国际航线。

墨西哥航空产业企业主要为商用和军用航空器提供制造、维护、修理、调整、工程、设计、辅助服务（航空公司、试验室、培训中心等）。墨西哥已经成为航空业全球领先的国家之一，2004—2014 年间，墨西哥航空产业出口年均增长 17%。墨西哥航空业欢迎外资参与。墨西哥《外国投资法》规定航空领域外资参股上限为 25%，但通过合法机制可以获得 49% 的股权（例如墨西哥 Viva

Aero Bus 公司的爱尔兰投资占 49%)。

总之，墨西哥基础设施虽然有良好的基础，但仍有很大的发展空间。首先，加入 TPP 墨西哥的运输和物流基础设施建设是瓶颈。其次，墨西哥物流成本较高，比如新加坡和新西兰产品物流和运输成本为 10%，而墨西哥为 20%，所以需要提高联运网络的效率。再次，墨西哥要整合价值链就需要改善物流基础设施，加强基础设施的投资。比如汽车行业物流环节已经显现瓶颈，汽车装卸能力饱和，现有基础设施无法满足未来发展需要，加大公路、铁路和海路基础设施建设势在必行。最后，由于墨西哥财政预算削减，鼓励私人投资参与基础设施建设，这为广大企业带来巨大机会。

6. 经营性风险

政府部门官僚主义严重，贪污腐败现象较为普遍。有统计显示，墨西哥每年因贪污腐败造成的直接经济损失高达 300 亿美元。墨西哥是拉美地区腐败现象最为突出的国家之一，腐败现象已经渗入社会各个方面，是影响墨西哥竞争力的主要因素。这将导致政府管理崩溃风险普遍存在。《2015 年全球和平指数》(Global Peace Index) 根据国家国内安全、军事化水平以及卷入海外冲突的程度为重要衡量指标，进行国家安全程度排名，墨西哥在全球 162 个国家和地区中排名第 144 名。

根据世界银行《2016 年全球营商环境报告》，墨西哥在 189 个经济体中位居第 38 位，整体排名靠前。墨西哥在注册财产、缴纳税款和获得电力方面排名靠后，分别位于第 106 位、92 位和 72 位，显示出政府在这些方面程序要求繁琐，效率不高。尽管在这些方面排名比较靠后，但可以看出，墨西哥在获得信贷、办理破产方面得分靠前，反映了墨西哥重视融资环境以及相关合同和破产清算，旨在吸引各国对巴基斯坦的投资和贸易。这也促使墨西哥整体营销环境较好。表 2-6-32 显示了墨西哥营商环境各指标值及其排名。

表 2-6-32 墨西哥营商环境指标

项目	指标	墨西哥	
		数值	2016 年排名
开办企业	程序/个	6	65
	时间/天	6.3	
建筑许可	程序/个	10.5	67
	时间/天	86.4	
获得电力	程序/个	6.8	72
	时间/天	78.9	
注册财产	程序/个	6.8	106
	时间/天	63.7	
获得信贷	法律权利指数（0—12）	10	5
	信贷信息指数（0—8）	8	
跨境贸易	出口时间/小时	1 677	59
	出口成本/美元	55.7	
	进口时间/小时	1 767	
	进口成本/美元	89	
缴纳税款	次数/年	6	92
	总税率/%	51.7	

续表

项目	指标	墨西哥	
		数值	2016 年排名
执行合同	时间/天	389	41
	成本（占所得收益比重）/%	30.9	
办理破产	时间/年	1.8	28
	破产框架力度指数（0—16）	18	

资料来源：World Bank，Doing Business 2016：Measuring Regulatory Quality and Efficiency。

（三）墨西哥未来发展预测和投资机会分析

1. 政治前景

政治环境预期方面，预期国内政治稳定，政变的风险很低，但党派之争不容小觑。需要注意的是，受到政府扫毒行动、美国经济陷入衰退和甲型 HINI 流感暴发的影响，国内安全形势不断恶化，稳定的政治局势也可能出现偏斜。未来，政府能否在外部经济环境欠佳、内部社会和治安环境恶化的情况下，带领墨西哥平复国内的安全局势并重回经济增长轨道，将很大程度上取决于绿色生态党与革命制度党领导人合作的方式和稳定性。

政府整治社会治安问题的压力呈上升趋势。墨西哥长期以来凶杀、绑架、抢劫等各种犯罪活动频繁，毒品走私和非法移民活动相当猖獗。近期，平民、军队、毒贩三者间的矛盾日益突出，各种犯罪活动有增无减，可能会引发大规模的游行示威和流血冲突。在持续的经济低迷和流感疫情冲击下，墨西哥安全形势将成为影响外资投入和政府恢复经济增长的最大障碍。

2. 经济预测

经济增长前景方面，财政支持削减，墨西哥未来几年经济增长并不明朗。EIU 统计，2016 年墨西哥 GDP 增速为 2.1%—2.6%，2017 年则为 2.5%—2.8%。墨西哥最高审计署（ASF）数据显示，墨西哥公共债务占国内生产总值的比重持续增加，2012 年为 34%，2013 年为 36.6%，2014 年为 41.8%。2016 年墨西哥预算经济研究中心预计 2016 年债务占国内生产总值比重为 47.8%，债务增加主要是养老金支出增加、联邦支出增加、公共服务支出增加。2016 年墨西哥主要经济发展指标预测见表 2-6-33。

表 2-6-33　　墨西哥主要经济指标与预测（2016—2020 年）

指标 \ 时间	2016 年	2017 年	2018 年	2019 年	2020 年
实际 GDP 增长率/%	2.4	3.0	3.3	3.0	3.2
CPI 增长率/%	3.2	3.5	3.5	3.4	3.4
财政收支余额占 GDP 比重/%	-3.0	-2.5	-2.3	-2.2	-2.2
经常账户盈余占 GDP 比重/%	-3.0	-2.6	-2.3	-2.1	-1.9
短期利率/%	3.6	4.3	4.7	4.8	4.8
汇率（MXN/USD）	17.9	17.6	17.5	17.3	17.1

资料来源：EIU，Country Forecast——Mexico，2016。

3. 营商环境

商业环境方面，预期墨西哥的商业环境不容乐观。2016 年墨西哥统计局发布报告显示，墨西哥企业对建筑业、制造业、商业等领域的经济形势及企业业务信心普遍下降。制造业信心指数同比下降 2.1%，商业领域同比下降 2.6%。脆弱的经济增长预期和低水平投资是关键性基础设施失灵的真正原因。根据 EIU 的预测，2016—2020 年，墨西哥商业环境的总体水平将从 2011—2015 年的 6.82 增长到 7.08，全球排名从第 33 位提高到第 31 位，在南美洲 12 个受统计的国家中，仍然位列第 2 名（见表 2-6-34）。

表 2-6-34　　墨西哥商业环境评级与预测

价值指数[a]		全球评级[b]		地区评级[c]	
2011—2015 年	2016—2020 年	2011—2015 年	2016—2020 年	2011—2015 年	2016—2020 年
6.82	7.08	33	31	2	2

注：a，最高为 10；b，在 82 个国家（地区）中；c，在 12 个国家中，包括阿根廷、巴西、智利、哥伦比亚、哥斯达黎加、古巴、多米尼加共和国、厄瓜多尔、萨尔瓦多共和国、墨西哥、秘鲁、委内瑞拉。

资料来源：EIU，Country Forecast——Mexico，2016。

4. 投资机会

在发展与亚洲国家关系过程中，墨西哥重视发展并积极开拓与中国的关系。墨西哥与中国于 1972 年建交，双方在政治、经贸、司法、旅游、运输、科学技术、文化教育等领域均签订有许多合作协定。2005 年 9 月 12 日，中国政府和墨西哥政府签署了《中华人民共和国政府和墨西哥合众国政府关于避免双重征税和防止偷漏税的协定》；2008 年 7 月 11 日，两国政府签署了《中华人民共和国政府和墨西哥合众国政府关于促进和相互保护投资的协定》；2013 年，两国领导人实现互访，中墨关系提升为全面战略伙伴关系。

对来自中国的投资，墨西哥几乎没有任何限制。近几年，因看好墨西哥市场，越来越多的中国企业去那里投资。中国企业可以立足于墨西哥，然后轻松地在南美与北美市场开展业务。目前，在墨西哥投资的中国企业主要有联想、中兴、华为、敏实集团、金川集团、苏州藤兴工业有限公司、金龙铜管等。据中国商务部统计，2014 年中国在墨西哥完成非金融类直接投资金额 1.4 亿美元，截至 2014 年年底，中国累计在墨西哥投资 5.4 亿美元，主要投资领域为电视机生产、纺织服装和农业开发等。

投资机会方面，未来几年，能源、基础设施、汽车行业、消费等方面潜力巨大。墨西哥的能源改革已批准向私营资本开放，因此在能源领域也会有较多的投资机会。基础设施建设领域，包括港口、机场公路交通等基建项目引人关注。总统恩里克·佩尼亚·涅托的 2013—2018 年基础设施计划将投资 5 906 亿美元，涉及 743 项工程。而且从长远看，由于墨西哥将加强与亚洲贸易伙伴的发展，故其更加重视港口基础设施的升级。消费领域包括零售、食品、饮料和旅游，将来也是墨西哥增长的重要因素。

秘鲁

（一）秘鲁投资概览

国家基本信息简表

中文名称	秘鲁	英文名称	The Republic of Peru
建国日期	1821 年 7 月 28 日	领土面积	128.5 万平方公里
所属洲	南美洲	时区	UTC－5
首都	利马	国际电话区号	＋51
主要城市	库斯科、特鲁斯略等		
人口	30.8 百万人	主要民族	印第安人（45%）、印欧混血（37%）、白人（15%）
人口密度	23 人/平方公里		
语言	西班牙语	主要宗教	罗马天主教（90%）
政体	总统制共和制	法律体系	大陆法系
政党	民族主义党、可行党、阿普拉党、2011 力量党	换届时间	2016 年 7 月（总统选举） 2016 年 7 月（国会选举）
道路通行	靠右驾驶	货币	新索尔（PEN）

2015 年主要金融与投资数据

名义 GDP	1 921.5 亿美元	FDI 流出量	2015 年	68.61 亿美元
国际储备	615.94 亿美元		2014 年	78.85 亿美元
汇率水平（PEN/USD）	3.38	FDI 流入量	2015 年	6.93 亿美元
外债余额/GDP	35.6%		2014 年	0.96 亿美元
财政收入/GDP	25.9%	FDI 内存量	2015 年	865.68 亿美元
财政支出/GDP	31.6%		2014 年	797.07 亿美元
货币供应增长率（M2）	12.95%	FDI 外存量	2015 年	48.21 亿美元
通货膨胀率	3.55%		2014 年	41.27 亿美元
存款利率	21.61%	商品出口（FOB 价）		341.58 亿美元
贷款利率	16.1%	商品进口（FOB 价）		373.63 亿美元
中国与秘鲁双边投资概况				
中国对秘直接投资流量（2014 年）	0.45 亿美元	中国对秘直接投资存量（2014 年）		9.08 亿美元
中秘双边投资协定	最早的双边投资协定签署于 1994 年 6 月。2009 年，中秘两国签署《中国—秘鲁自由贸易协定》，2010 年 3 月 1 日正式生效。2013 年 4 月，中国将两国关系提升为全面战略伙伴关系			
中秘双边本币互换协议	双边暂无本币互换协议			
投资优惠措施和利润汇出限制	根据 WEF 发布的《2015—2016 年全球竞争力报告》，秘鲁在竞争力排名方面得分 4.2 分（4.2/7），排名第 69 名（69/140）。允许资本、利润和红利汇回			

（二）秘鲁投资风险分析

根据中国出口信用保险公司出版的《国家风险分析报告（2015）》，秘鲁 2015 年的风险评级为

3（3/9）级，主要风险见表 2－6－35。

表 2－6－35　　2015 年秘鲁主要风险概述

风险类别	风险描述
宏观经济环境	经济平稳发展，过度依赖矿业与外部经济的经济模式与结构使得该国宏观经济发展的不稳定性较大
政治环境	进入大选期后政局有所震荡，民粹主义代表人在初期选举中获胜将导致执政稳定性面临风险增加，社会矛盾较多
法律与监管	法律健全，环保方面的法律规定较多，环保评估效率较低，投资风险大
政府效率	投资经商环境不断优化，但政府效率低下
金融及国际贸易与支付	货币政策与财政政策一贯性较强，币值相对稳定，金融风险较低，签订了数量较多的双边贸易协定，积极参与经济一体化，债务管理有效，偿债能力较强
社会治安	社会治安状况有所改善，但仍存在贫困、失业、毒品和暴力犯罪等社会问题
税收政策	税收制度健全，税制相对简单且税率较低
基础设施	基础设施水平较为落后
劳动力市场	劳动力供应充足，但劳动人口的素质参差不齐
社会文化	与中国文化差异较大，有较多商业禁忌

秘鲁市场经济发达，对外开放程度高，政府执政能力较强，但近期进行的总统大选增加了政局风险。长达 20 多年的经济发展为秘鲁打造了坚实的经济基础，但全球大宗商品价格走低、经济发展放缓以及主要出口国经济疲软导致秘鲁经济发展速度减缓、通胀风险增加、新索尔贬值，宏观经济风险有所增加。但国内稳健的财政政策与灵活的货币政策的结合增加了经济的抗风险能力，总体投资风险较小。另一方面，秘鲁国内社会矛盾较多，社会二元化情况严重，失业率高企，毒品及暴力犯罪等社会问题日益严重，针对大型工程项目进行的抗议活动频发。此外，基础设施水平较为落后，劳动力供应充足但平均素质较低，也是秘鲁经济发展的制约因素。

本报告主要从政治风险、宏观经济风险、法律与监管风险、劳工风险、税收风险和经营性风险等方面对秘鲁的投资风险进行分析。

1. 政治风险

政党更迭、机构效率低下与社会矛盾激化导致安全问题日益严重。秘鲁的政府机构力量较为分散，未来 5 年内国内的安全问题会更加严重。2016 年 6 月初秘鲁举行总统选举的第二轮投票，两位右翼候选人藤森庆子和库琴斯基进行角逐。对左右翼政党较低的支持率、"黄金十年"后经济持续低迷以及民众对政府的不满情绪升温，加之主要城市中犯罪率提升、警察腐败现象普遍、法律制度薄弱以及非法毒品交易日益猖獗、非法毒品的生产以及"光辉道路"残部对秘鲁南部的骚扰持续等均将对秘鲁的国家安全形成隐患。

社会矛盾尚待解决。国内针对大型矿业投资项目的抗议行为持续，如 2015 年民众针对由南方铜业（墨西哥集团的子公司）所有的 Tia Maria 的矿山项目、产权归属中国的拉斯维加斯的 Bambas 铜矿进行的抗议活动。由于秘鲁失业人口较多，非正规就业比例较高，而农村贫困人口比例更是高达 48%，社会两极分化严重，政府对矿业的高度依赖以及高度贫困的土著之间就土地、矿山开采使用形成的矛盾将导致国内政局在中期内不稳定因素较多，面临的社会动荡风险较大。

2. 宏观经济风险

秘鲁的总体宏观经济政策框架完善合理，经济稳定增长。总统选举结果对秘鲁的政治和经济形势影响不大，政府在长期内维持利于构建良好的营商环境的政治体系，新政府兑现前政府与其他国家签订的自由贸易协定的承诺的可能性较大，并且将针对限制生产力发展的结构性缺陷，如机构效率低下、税制复杂、劳动力市场僵化、劳动力素质较低以及基础设施不足和腐败蔓延等问题进行改革。表 2-6-36 所示为秘鲁宏观经济环境排名。

表 2-6-36　　秘鲁宏观经济环境排名

指标值[a]		全球排名[b]		地区排名[c]	
2010—2014 年	2015—2019 年	2010—2014 年	2015—2019 年	2010—2014 年	2015—2019 年
6.6	6.6	51	55	7	7

注：a，该指标反映了一国宏观经济发展现状，数值越高，则国内宏观经济环境越好；b，在 82 个国家（地区）中；c，在 12 个拉丁美洲国家中，包括阿根廷、秘鲁、智利、巴西、哥伦比亚、哥斯达黎加、古巴、多米尼加共和国、厄瓜多尔、萨尔瓦多、墨西哥与委内瑞拉。

资料来源：EIU，Country Forecast——Peru，2016。

宏观经济在近十年内的增速稳定。从 2001 年托莱多政府执政开始实行“恢复经济政策”至今，宏观经济运行平稳，2004 年 GDP 增速高达 7.8%，2006 年、2007 年达到 8.9% 和 9.8% 的高点。虽受金融危机影响，但秘鲁在 2008 年、2009 年仍保持 6.5% 和 3.4% 的增长，增速位居新兴市场前列，之后迅速回落，2015 年 GDP 增速为 2.7%，预计 2016 年将有小幅增长。秘鲁在私人消费、投资增长、低通胀、铜产量上升、财政稳固、管控合理的经常项目赤字指标方面，均表现良好。尽管受到全球大宗商品价格下降以及生产能力有限的影响，秘鲁的经济增速仍是拉美地区主要经济体中最高的，其合理的财政结构以及反周期支出政策也帮助秘鲁的债务存量占 GDP 的比重降至历史最低。

相对稳定的货币政策和稳定的经济发展使得其通胀率与经济发展水平保持较高的一致性。通胀伴随着经济的温和增长而持续缓慢发展，尽管目前食品价格上涨使得通胀压力增大，但国际油价走低将有助于缓解通胀压力。2016 年下半年的通胀将接近目标区间，但未来发生大规模通胀的风险较小。秘鲁实际国内生产总值增长和通货膨胀水平见图 2-6-42，其中 2016—2020 年为预测值。

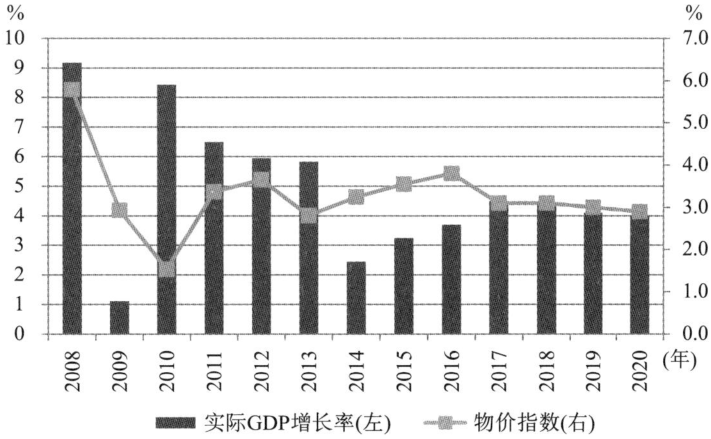

图 2-6-42　秘鲁实际 GDP 增长和通货膨胀水平（2008—2020 年）

资料来源：EIU，Country Forecast——Peru，2016。

经济结构相对不合理。类似大多数以能源出口为主的拉美地区国家，服务业带来的收入占秘鲁 GDP 比重远高于农业与工业收入，因此，秘鲁经济的外部依赖性较高，也更易于受到外部经济波动的影响。在采矿行业中，秘鲁是全球主要的金属产品如铜、银、铅、锌、黄金、铁矿石、钼的生产和出口商。但采矿业并未给国内带来较为明显的就业效应，利润汇回现象也较为严重；农业方面，秘鲁的农业在近20年的军人统治下，发展较慢，农场规模相对较小，农业从业人数占全国总劳动人口比例近1/3，但产值占GDP的比例不到6%，一旦秘鲁古柯碱的种植规模在全球居首，那么预计未来农业在经济中的重要性将继续下降。而渔业在秘鲁出口中的占比在过去50年迅速扩大，总捕捞量估计达到850万吨，但产量受气候影响较大，如20世纪90年代后期的厄尔尼诺气候对渔业出口造成较大影响。在占GDP比重13%的制造行业中，国内纺织业受拉美地区竞争加剧、美国撤资的影响，出口额有所下降。秘鲁三大产业结构情况见图2-6-43。

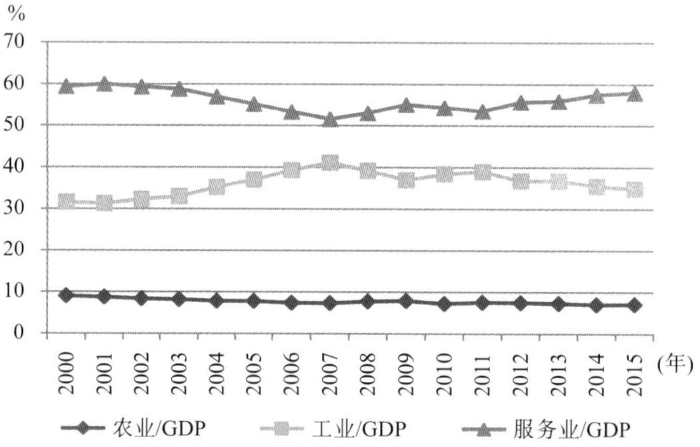

图2-6-43 秘鲁三大产业占GDP的比重情况（2000—2015年）

资料来源：EIU，Country Forecast——Peru，2016。

货币政策相对稳定。近年来，秘鲁国内经济发展势头稳定，政府对经济干预较少，并着力改善经济增长模式和投资环境。秘鲁在全国范围内采取了反周期投资、调节动态储备金、调控存款准备金率以及长期外债准备金率等货币政策，受到国际货币基金组织的欢迎，并帮助其较好地抵御和化解了外部风险。总体来看，其货币政策相对稳定且效果较为明显。秘鲁基准利率水平变化趋势见图2-6-44，其中2016—2020年为预测值。

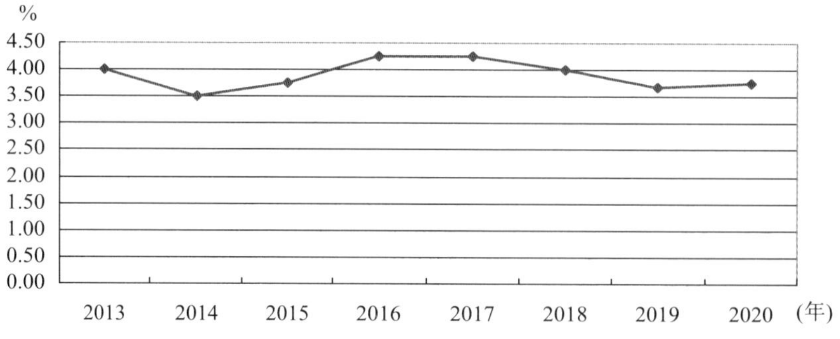

图2-6-44 秘鲁基准利率展望（2013—2020年）

资料来源：EIU，Country Forecast——Peru，2016。

财政状况良好稳定发展。2005—2015年期间，秘鲁财政收支有6年实现盈余，财政状况保持良好发展势头。2015年秘鲁财政收入占GDP比重为32.5%，财政支出占33%，财政余额占GDP比例

为 -0.5%，财政赤字仍保持较低水平。秘鲁财政赤字占 GDP 比重变化趋势见图 2-6-45，其中 2016—2020 年为预测值。

图 2-6-45　秘鲁财政赤字占 GDP 的比重情况（2013—2020 年）

资料来源：EIU，Country Forecast——Peru，2016。

汇率基本保持稳定。目前，美元加息时间表不确定、国内出口部门产量增加以及国内通胀预期升温因素都可能加剧汇率的波动。但秘鲁央行实行在自由浮动汇率基础上进行政府干预的“肮脏浮动汇率制”，定期对本币汇率进行干预，以保持汇率稳定。秘鲁中央储备银行近期持续进行美元购入以防止本国货币出现大幅度升值，从而影响秘鲁的出口竞争力。预计 2016 年出口部门受金属产品出口价格上升以及进口部门受能源价格走低的影响，秘鲁的经常账户将保持相对稳定。因此，较为丰富的外汇储备、央行干预与经常账户长期稳定因素将促使秘鲁汇率水平在未来保持稳定，贬值压力相对较小。秘鲁汇率水平变化趋势见图 2-6-46，其中 2016—2020 年为预测值。

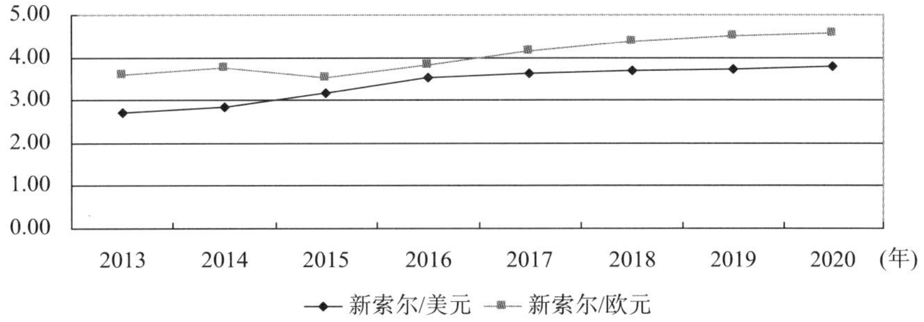

图 2-6-46　秘鲁新索尔兑美元和欧元汇率（2013—2020 年）

资料来源：EIU，Country Forecast——Peru，2016。

经常账户赤字长期存在。由于近年来秘鲁进口增长较快，而出口却相对稳定，且在国际贸易中对主要的贸易伙伴基本均为逆差，故秘鲁的经常账户始终处于逆差地位。另一方面，由于近年来的大宗商品价格进入下行周期，秘鲁的商品贸易账户从顺差变成逆差，导致秘鲁的经常账户赤字规模进一步扩大。2015 年经常账户赤字占 GDP 的 4.4%，达到了 20 世纪 90 年代以来的最高水平，而在秘鲁主要商品出口（石油和铜）价格回升、新采矿项目投产增加和外国公司的红利汇回的共同影响下，预计 2016 年经常账户赤字将占到 GDP 的 4.5%，较上一年小幅上升，而 2020 年该数值约为 3.8%。秘鲁经常账户及其余额占 GDP 比例情况见图 2-6-47，其中 2016—2020 年为预测值。

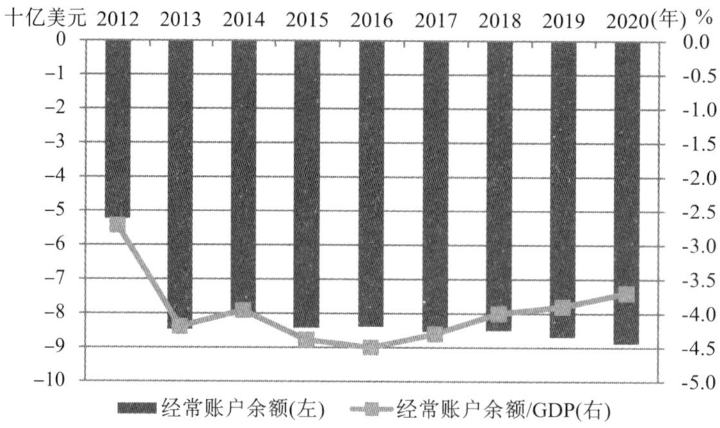

图 2-6-47 秘鲁经常账户余额及其占 GDP 的比重情况（2012—2020 年）

资料来源：EIU，Country Forecast——Peru，2016。

3. 法律与监管风险

法律体系较完善，执法成本稳定。秘鲁拥有较为完善的商业和投资法律体系，截至目前其政府对于外资保护良好，法律风险较低。秘鲁实行三权分立，司法独立性较好，其司法体系由四级机构组成，即最高法院、高级法院、一审法院和调解法院。世界银行 2016 年营商环境中的“合同执行”指标显示，秘鲁在 189 个国家（地区）名列第 69 位，较前一年迅速上升 36 位，总体位于南美中上水平。

涉外法律健全，给予外国投资者平等待遇。秘鲁有《外国员工雇佣法》，外国人在秘鲁就业，需向劳动部申请工作许可。1992 年起，秘鲁对外资、外国人只授予土地使用权，但获得了本国居留证或在当地注册公司的，则被视为本国人、本国企业可以购买土地。秘鲁投资不区分国内国外，只划分公共、私人。秘鲁《促进外国投资法》规定，对外国投资实行国民待遇，但除个别行业外，不设鼓励政策。

司法改革进程将极为缓慢。秘鲁司法部门执政效率低下、透明度低以及贿赂和政治操纵司法的现象较为严重，对司法体系进行改革并增强其独立性的努力可能在短期内无法产生成效，加之秘鲁政治体系中利益集团之间关系紧密，司法改革进程将极为缓慢。

4. 劳工风险

秘鲁的劳工市场较为完善，但非正规就业现象较为严重。秘鲁国内的劳工制度较为完善，劳动力供应充足，但面临人口红利逐渐减少和总体素质较低的问题。预计 2016—2020 年，秘鲁的人口增速将有所放缓，但劳动力市场将继续增长，主动参与劳动人数的增长率为 1.4%。秘鲁的正式经济部门持续扩张，但是大量来自农村和缺乏技能的劳动力被限制在非正式部门内，如何降低人力成本并增加正式部门的就业机会，对现有教育体系提出较大的挑战。尽管乌马拉政府通过增加转移支付方式以提升低收入人群的购买力，但效果有限。秘鲁的失业率与隐形失业率的实际增长、贫困导致的劳动力素质低下、劳动人口受教育程度相对较低等，都将影响生产率提高。

秘鲁罢工事件时有发生，对生产带来不稳定性。例如，海外掘金的首钢，自从收购秘鲁铁矿开始就被不间断的罢工示威困扰。频繁的罢工停产，成了首钢秘鲁公司发展的绊脚石。1992 年，首都钢铁公司斥资 1.18 亿美元收购了濒临破产的秘鲁铁矿，组建了首钢秘鲁铁矿股份有限公司。首钢秘鲁公司成为秘鲁唯一一家铁矿石生产企业，但之后并未享受到当地“唯一”的特殊待遇。没过多久，首钢秘鲁公司就在 1996 年因工薪问题而发生了长达 42 天的集体罢工事件。此后更是一发不可收拾，罢工现象频频上演。时不时罢工，首钢秘鲁公司也因此“时不时”停产。20多年来无数次的罢工事件让首钢集团深陷劳资纠纷中，海外矿企运营的绊脚石迟迟没有搬开。在海外运营矿企面临诸多政策风险，海外工会的复杂性也给矿企的后期发展带来很大的不确定性。秘鲁工会的力量是非常强大的，经常是有组织地要求提高待遇，要解决这些纠纷也相当不易。

5. 税收风险

税制简单健全，税率相对较低。秘鲁实行属地税法，主要税种包括个人所得税、公司盈利税、房地产税、开发税、关税、销售税、印花税、社会保险费等。秘鲁税制简单，自然人、法人均可选择三种税制：简化税制（RUS）、特殊税制（RER）、普通税制（RG），且纳税方式简单。企业所得税税率为企业利润的30%、再投资利润的27%，分公司利润税为30%，汇款税10%，特许权使用税率为30%，国外支付利息税为5%，增值税为18%，其纳税次数、时间、税率均低于南美平均水平。世界银行《2016年全球营商环境报告》显示，秘鲁在189个国家（地区）列第50位，比2015年上升了7位。

6. 经营性风险

秘鲁的营商环境较好，政府在吸引外资方面较为积极，也不断通过基础设施建设、机构改革、签订自由贸易协定等来完善其投资环境。但目前国内一些地区基础设施建设情况仍然不理想、司法系统中腐败与官僚主义较为严重、动乱和罢工现象较为常见以及在带来较多投资利润的采矿业内的政党利益纷争等可能将影响政府执政效率。以世界银行营商环境报告中“开办企业”一项指标衡量，2016年秘鲁政府的行政效率排名第97位，政府效率总体尚可。表2-6-37显示了秘鲁营商环境各指标值及其排名。

表2-6-37　　秘鲁营商环境指标

主题	指标	秘鲁	
		数值	2016年排名
开办企业	程序/个	6	97
	时间/天	26	
建筑许可	程序/个	14	48
	时间/天	174	
获得电力	程序/个	5	64
	时间/天	67	
注册财产	程序/个	4	35
	时间/天	6.5	
获得信贷	法律权利指数（0—12）	8	15
	信贷信息指数（0—8）	8	
跨境贸易	出口时间/小时	97	88
	出口成本/美元	788	
	进口时间/小时	145	
	进口成本/美元	941	
缴纳税款	次数/年	9	50
	总税率/%	35.9	

续表

主题	指标	秘鲁	
		数值	2016 年排名
执行合同	时间/天	426	69
	成本（占所得收益比重）/%	35.7	
办理破产	时间/年	3.1	74
	破产框架力度指数（0—16）	7	

资料来源：World Bank，Doing Business 2016：Measuring Regulatory Quality and Efficiency。

（三）秘鲁未来发展预测和投资机会分析

1. 政治前景

政治动荡性较高，未来政局走势不明朗，国内安全隐患将长期存在。现任总统乌马拉已进入其任期的最后一年，受腐败丑闻影响，且其执政期间，秘鲁经济发展刚刚结束了“黄金十年”并进入低迷态势，直至近期才出现复苏迹象；而乌马拉政府上台伊始对民众做出的经济改善、消除贫困以及缓解社会两极分化问题的承诺未能得到兑现，这极大地影响到民众对左翼执政党的信心，目前，乌马拉已经失去了国会大部分席位的支持，其连任的可能性非常小。而在 2016 年 4 月 10 日举行的新一届总统和议会选举中，中右翼政党人民力量党候选人藤森惠子以 39.87% 的得票率大幅领先，在 6 月 5 日的第二轮总统选举投票中，在已经统计的 94.9% 选票中，77 岁的前总理库琴斯基得票率为 50.2%，藤森庆子得票率为 49.8%，前者领先优势微弱。双方胶着状态严重，未来秘鲁政局走向仍然不明朗。

地方政府的民粹主义或保护主义的举措可能增加企业面临的投资环境风险。有迹象表明，如果藤森庆子当选总统，其可能会释放其由于腐败和侵犯人权罪名被关押的父亲，此举可能将进一步恶化秘鲁的法制环境。

尽管秘鲁的人类发展指数在未来十年内将有一定提高，在教育改善、获得安全饮用水和增加卫生设施、减少贫困人口等方面也取得了一定成效，但社会总体发展状况依旧不乐观。秘鲁国家统计局数据显示，秘鲁的贫困人口比例从 2000 年的 55% 降至 2014 年的 22.7%，但地区差异较为明显。2014 年，农村地区贫困人口占总人口的 46%，尽管较 2009 年的 66.7% 有所下降，但总贫困度依旧高企，贫困人口问题将为秘鲁社会带来较大的安全隐患。

2. 经济预测

央行主动干预本币汇率，新索尔未来贬值压力不大。受到全球石油价格下跌以及美元走强的影响，秘鲁新索尔曾在 2015 年贬值 14%。预计在未来 5 年内，进入加息周期后不断走强的美元将进一步增加新索尔的贬值压力，增加国内金融部门面临的汇率风险。预计未来秘鲁中央储备银行将实施积极的汇率干预政策，以维持秘鲁新索尔币值的平稳。而央行持续稳定的货币政策给民众带来的信心、丰富的外汇储备以及长期资本流入的支持将延缓新索尔在未来的贬值速度。

持续开放国内市场，对外贸易规模不断扩大。秘鲁以出口导向型经济为主，进出口关税较低，而长期以来，矿业开采和农业一直是最具活力的出口部门。秘鲁将继续执行与美国签订的自由贸易协定，对其主要出口非传统产品；而中国是秘鲁最大的出口市场，秘鲁也将继续维持和稳固对中国的出口。秘鲁与欧盟以及其他亚洲经济体签订了大量的自由贸易协定，加速了拉美一体化的进程。

在对外贸易上，秘鲁对货物贸易、服务贸易以及资本和人员的自由流动均提供保护。秘鲁与世界经济一体化程度的加深使得其能够从全球贸易量的增长所带来的经济促进作用中受益。秘鲁经济市场化与开放程度较高，其商品价格基本接近世界商品价格，并将通过宽松的出口政策和增加出口多样化的方式来缓解大宗商品超级周期、秘鲁贸易条件恶化带来的负面效应。

固定资产投资规模持续增加。目前秘鲁的固定投资占 GDP 的比重超过 25%，而未来政府可能会继续扩大铜的生产和出口规模，并增加对出口部门的固定资产投资额度，以期达到提升 GDP 增长率的目的。经济加速增长有利于解决贫困和失业问题，从而与税收制度改革政策一起，解决由于收入差距过大而导致的社会冲突与动荡。尽管比索贬值，制造业的出口受到全球需求波动和劳动力素质的限制，作为秘鲁经济支柱的采矿业仍有小幅增长，农业部门的生产率有强劲的增长潜力。在公共基础设施、与能源和零售业相关的大型民营设施领域内的建设将有助于维持建筑行业的稳定增长，而服务部门在零售业、交通旅游业的支持下持续增长。但需注意，矿产类项目可能会受社会矛盾的影响而停产，增加在该行业的运营风险。

私人消费保持稳定增长。秘鲁国内市场规模相对较小，人均国内生产总值较低，而长期存在的贫困问题影响了国内私人消费支出，但私人消费一直保持增长态势。目前，在秘鲁稳定的宏观经济政策以及长达 20 年的经济持续增长的前提下，国内最为贫困的消费人口占总人口的比例已从 50% 以上下降至 40%，同时也培养了大批中产阶级，中产阶级在人口总数中占比从低于 20% 上升至 25% 以上，尤其在首都利马，集中了人数众多的中产阶级和大量富人，零售与娱乐业逐渐向低收入地区和首都圈外围的原贫民区扩大，对二级城市如阿雷基帕、特鲁希略、奇克拉约、库斯科、伊基克和伊卡等经济增长产生了广泛的影响，并有助于维持未来 5 年内的国内私人消费水平。图 2－6－48 所示为秘鲁的实际私人消费变化趋势，其中 2016—2020 年为预测值。

图 2－6－48 秘鲁实际私人消费变化趋势（2012—2020 年）

资料来源：EIU，Country Forecast——Peru，2016。

总体来看，秘鲁未来经济和私人消费增长缓慢，固定资产投资也将有小幅稳定增长，经济结构不合理的状态将在长期内保持，未来秘鲁的经济将在稳定状态下缓慢复苏。秘鲁主要经济指标预测值见表 2－6－38。

3. 营商环境

2016 年在世界银行公布的营商环境排名中，秘鲁位列第 50 位，营商环境较好，在拉美地区排名靠前（见表 2－6－39）。

表 2-6-38　　秘鲁主要经济指标预测（2016—2019 年）　　单位/十亿美元

指标＼时间	2016 年	2017 年	2018 年	2019 年
实际 GDP 增长率/%	3.7	4.5	4.4	4.1
私人消费	122.7	129.6	137.3	145.3
政府消费	25.5	27.4	29.5	31.9
固定资产投资	46.2	49.5	52.9	56.4
出口	45.3	49.1	53.1	57.4
进口	45.6	48.7	52.1	56.3
国内需求	197.1	209.5	222.9	236.6
农业	28.1	29.0	29.7	30.5
工业	164.3	170.2	176.5	182.5
服务业	306.0	321.9	339.0	356.3

资料来源：EIU，Country Forecast——Peru，2016。

表 2-6-39　　秘鲁营商环境排名

价值指数[a]		全球评级[b]		地区评级[c]	
2011—2015 年	2016—2020 年	2011—2015 年	2016—2020 年	2011—2015 年	2016—2020 年
6.00	6.25	50	50	5	4

注：a，1 < 估值 < 10；b，在 82 个国家（地区）中；c，在 12 个拉丁美洲国家中，包括阿根廷、秘鲁、智利、巴西、哥伦比亚、哥斯达黎、古巴、多米尼加共和国、厄瓜多尔、萨尔瓦多、墨西哥与委内瑞拉。

资料来源：EIU，Country Forecast——Peru，2016。

政府继续施行积极的财政政策，未来财政赤字规模持续增加。预计受大宗商品价格下降、出口收入减少和公共支出增加的影响，秘鲁政府的财政赤字在短期内有继续扩大趋势：2016 年的政府财政赤字预算将从占 GDP 的 3.0% 上调至 3.5%，非金融公共部门的赤字将扩大到占 GDP 的 2.1%。政府在未来几年可能将继续增加包括工资、教育在内的公共开支，而在经济复苏前，政府将保持相对宽松的财政政策，预计 2020 年的财政赤字占 GDP 比重将达到 0.7%。而且由于下调了矿产行业的产量，财政收入下行风险较大。但预计税收体系在未来 5 年内将有所改善，以支持结构性财政平衡政策的实施，并有助于封顶支出和防止财政赤字规模进一步扩大，而国内法律对国家财政责任和透明度均有规定，每年财政赤字占 GDP 规模比例的最大增长率应被控制在 4% 之内，因此未来赤字规模尽管会持续扩大，但政府将会把赤字有效地控制在适当规模内。

未来央行将进入加息周期。2016 年 3 月数据显示，在 2 月基础上增加了 25 个基点后，秘鲁中央储备银行将维持基准利率在 4.25% 的水平不变。据央行数据显示，秘鲁 2016 年 1 月的信贷增长幅度达到 15.2%。而国内 2 月的整体通胀率为 4.5%，同比下降 0.1%，其中非能源产品与非食品的涨幅高于 2010 年的平均水平。为了应对国内通胀预期上升压力，秘鲁央行逐渐进入紧缩性财政周期。国民收入持续增加以及银行业务的增长将有利于维持国内信贷的强劲增长，短暂的国内供给冲击对国内物价造成的冲击效果基本结束，通胀将不会超过央行的目标水平。因此，未来即使面临经济规模以低于其增长潜力的速度发展和美联储财政紧缩政策的外部环境，秘鲁央行仍将进入加息周期。

基础设施、制度环境较差，经济发展水平不均衡。秘鲁的基础设施建设较差，教育机会不均等，普遍教育水平偏低，由此而产生的地区间以及个人之间收入不平等现象较为普遍和严重，生产效率较低。传统的能源、矿业和不完善的基础设施领域的投资回报率较高，吸引了大量的对外直接投资，但是在这些领域内产生抗议与罢工的风险也较高。预计未来秘鲁在国内对基础设施的改善、稳定的宏观经济环境的保持、对外进一步开展对外开放和签订多个自由贸易协定的措施将进一步提升其营商环境。

总体来看，秘鲁对内进行企业、税制、政府机构以及劳动法规改革，并通过优化国内资本市场、鼓励金融创新、加强基础设施建设，对外继续扩大其由自由贸易协定和投资保护协定构建的网络、加入双重征税协定以及简化投资手续、通过加入 TPP 等种种方式提升本国国际地位等，为投资者创造了一个较好的投资与营商环境。秘鲁商业环境的评级与预测见表 2 - 6 - 40。

表 2 - 6 - 40　　秘鲁主要经济指标评级与预测（2010—2019 年）

指标	价值指数[a]		全球评级[b]		地区评级[c]	
	2010—2014 年	2015—2019 年	2010—2014 年	2015—2019 年	2010—2014 年	2015—2019 年
总评	6.09	6.42	48	48	5	5
政治环境	4.6	5.2	62	59	9	9
政治稳定性	5.9	6.3	50	47	7	8
政治有效性	3.6	4.2	64	64	8	8
宏观经济环境	8.3	8.0	10	11	2	2
市场机会	5.4	5.3	42	43	6	4
对私人公司和竞争的政策	5.0	5.5	54	53	7	7
对外国投资者的政策	6.9	6.9	40	45	5	6
对外贸易和汇率管控	8.7	8.2	26	41	2	4
税收	5.6	6.3	54	42	5	3
融资	6.3	7.0	32	27	4	3
劳动力市场	5.2	5.8	65	58	9	7
基础设施建设	5.1	6.1	71	62	11	6

注：a，最高为 10；b，在 82 个国家（地区）中；c，在 12 个国家中，包括阿根廷、巴西、智利、哥伦比亚、哥斯达黎加、古巴、多米尼加共和国、厄瓜多尔、萨尔瓦多、墨西哥、秘鲁和委内瑞拉。

资料来源：EIU，Country Forecast——Peru，2016。

4. 投资机会

从以上分析来看，持续稳定的货币与财政政策、对经常账户的有效管理、相对充足的国际储备、较低的偿债压力、稳定的汇率以及较低的通胀压力因素均有利于秘鲁经济的稳定增长，但是考虑到 2016 年度其经济发展各项预测指标进入稳定区间的态势更加明显，如不能及时从政策层面予以刺激并对经济结构进行优化，秘鲁未来经济增长仍存在一定的不确定性和脆弱性。

中国同秘鲁有密切的经济、政治和文化联系。早在 1846 年就有中国人来到秘鲁，1849—1874 年共有近 12 万名中国劳工来到秘鲁。秘鲁于 1971 年 11 月 2 日与中国建交，成为最早与中国建交的拉美国家之一，现拥有拉美最大的华人社区。从 20 世纪 90 年代开始，中秘双边贸易呈现跨越式增长，中国已经成为秘鲁最大的贸易伙伴，1992 年建立的首钢秘鲁铁矿股份有限公司是中国在拉美的首个大型投资项目。秘鲁能源和矿业部的数据显示，截至 2015 年 2 月，外资在秘鲁矿业领域现有以及计划的投资合计639亿美元，其中35.4%来自中国。中国也在不断加大对秘鲁石油、天然气和渔业等的投资。2010年《中国—秘鲁自由贸易协定》正式开始实施，中国和秘鲁已经建立了全面战略伙伴关系，同为亚太经合组织成员的两国经贸关系正日益密切，中国对秘鲁的重要性不言而喻。

随着秘鲁经济的不断发展，秘鲁未来的投资潜力持续增加。首先，秘鲁政府在不断加强对国内较为薄弱的基础设施的建设，这与中国在铁路、基础设施、水泥等优势产业输出以及国家的国际产能合作政策相符；其次，秘鲁有着得天独厚的地理位置与自然资源，其有着绵长的海岸线，也是拉美西岸的交通枢纽，自然禀赋为在秘鲁的投资提供了良好的条件；最后，秘鲁开放式的投资环境和优惠的税收政策也使其成为投资的热点地区。

第七章
发达国家（地区）投资环境及主要投资目的国投资风险分析

一、发达国家（地区）投资环境和主要投资风险

（一）发达国家（地区）经济概览

2015 年，世界工业生产低速增长，贸易持续低迷，金融市场动荡加剧，大宗商品价格大幅下跌，发达国家（地区）经济复苏缓慢。据世界银行计算，2015 年世界经济 GDP 增长 2.4%，略低于 2014 年的 2.6%。其中，发达国家总体经济增长 1.6%，略低于 2014 年的 1.7%[①]。美国、澳大利亚和英国相对较好，全年分别经济增长达到 2.4%、2.3% 和 2.2%；欧元区和加拿大经济增速温和，分别为 1.5% 和 1.2%[②]；日本经济增长速度从 2014 年的零增速低幅上升为 0.5%。总的来看，发达国家经济温和复苏，但基础并不牢固。世界经济仍处于国际金融危机后的修复期，政策措施的有效性下降，新的增长动能尚未确立，仍会维持“低利率、低通胀、低增长、高负债”的“三低一高”态势，复苏依然疲弱乏力。2015 年部分发达国家（地区）主要经济指标见表 2－7－1。2011—2015 年部分发达国家（地区）实际 GDP 增长率变化情况见图 2－7－1。

发达国家（地区）经济增长低迷且分化加剧。2015 年以来，发达国家（地区）经济低速增长局面未出现明显改善，不同国家（地区）之间经济复苏进程的差异性进一步显现。美国经济复苏总体稳定，房地产市场稳步回升，制造业恢复扩张，劳动力市场不断改善，居民消费能力与预期提高，技术进步和商业模式创新热点纷呈，但经济增长水平仍低于危机前，企业投资波动性较大。欧元区经济在石油价格低迷、欧元贬值以及量化宽松政策的刺激下，经济增长有所加快，但需求不足

① 本报告所指发达国家划分标准依据联合国贸发会议《世界投资报告》，具体包括：经合组织成员国（不含智利、墨西哥、韩国和土耳其）、欧盟新成员国（不含保加利亚、克罗地亚、塞浦路斯、拉脱维亚、立陶宛、马耳他和罗马尼亚）、安道尔、百慕大群岛、列支敦士登，摩纳哥和圣马力诺。

② 欧元区包括奥地利、比利时、塞浦路斯、爱沙尼亚、芬兰、法国、德国、希腊、爱尔兰、意大利、拉脱维亚、卢森堡、马耳他、立陶宛、荷兰、葡萄牙、斯洛伐克、斯洛文尼亚和西班牙。

表 2-7-1　　2015 年部分发达国家（地区）主要经济指标

国家（地区）	人口/百万人	GDP/亿美元	实际 GDP 增长率/%	人均 GDP/亿美元	通货膨胀率/%	经常账户余额占 GDP 比重/%
美国	321.3	179 380	2.4	55 822	0.1	-1.9
加拿大	35.9	15 527	1.2	43 204	1.1	-1.9
欧元区	336.0	115 060	1.5	32 052	0.0	2.0
英国	64.4	28 492	2.2	44 211	0.0	-4.7
德国	81.6	33 544	1.4	41 119	0.2	8.1
澳大利亚	23.9	12 204	2.3	51 063	1.5	-4.2
法国	64.4	24 230	1.1	37 627	0.0	-0.4
日本	126.6	41 249	0.5	32 582	0.8	3.4

资料来源：根据 EIU 数据整理。

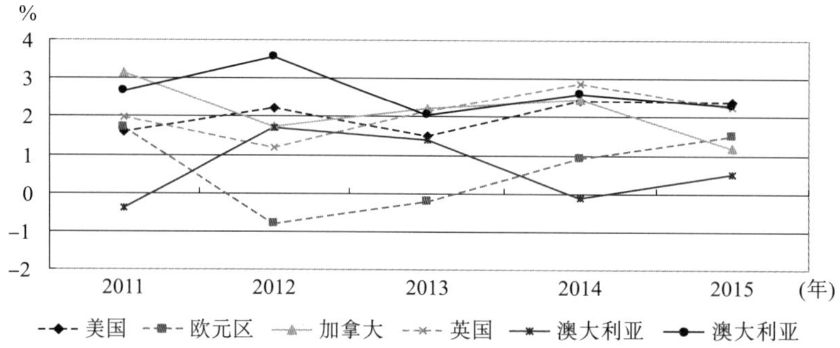

图 2-7-1　部分发达国家（地区）实际 GDP 增长率变化情况（2011—2015 年）

资料来源：EIU。

问题依然突出，且“难民危机”加剧成员国内部的政治纷争和成员国之间的离心倾向，增加了经济政策的不确定性。日本经济持续下滑，通缩风险并未解除，货币政策效力递减问题突出，短期难以走出经济困境。2015 年部分发达国家（地区）经济增长情况见图 2-7-2。

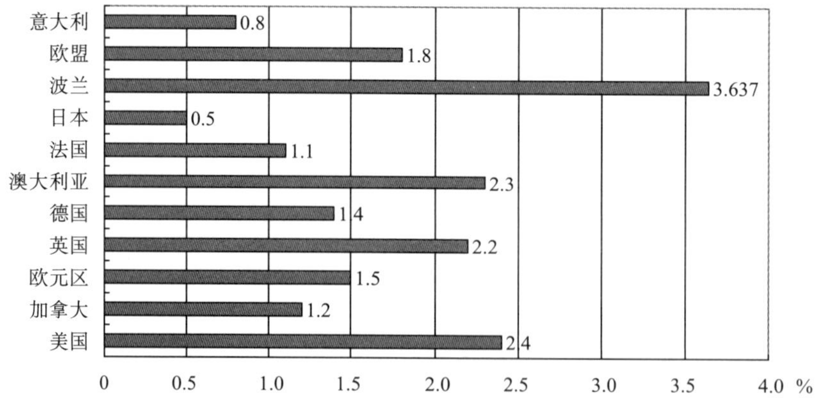

图 2-7-2　2015 年部分发达国家（地区）经济增长情况

资料来源：根据 EIU 数据整理。

工业生产低迷、CPI 涨幅回落。2015 年发达国家及地区工业生产值同比增长 1.1%，比 2014 年同期放缓 1.0 个百分点。从逐月走势看，发达国家及地区工业生产同比增速从 1 月的最高点 1.7% 波动下滑到 11 月的最低点 0.1%。2015 年，发达国家 CPI 同比上涨 1.0%，比 2014 年回落 0.7 个百分点。

美国和欧元区个人消费增长加快，而日本消费支出进一步下降。2015 年，美国个人消费支出增长 3.1%，比上年上涨 0.4 个百分点；欧元区个人消费支出增速加快，从第一季度的 1.6% 加快至第三季度的 1.7%；2015 年，日本民间最终消费支出下降 1.2%，降幅比上年扩大 0.3 个百分点。

主要发达国家（地区）个人消费占 GDP 比重情况见图 2-7-3，其中 2016—2017 年为预测值。

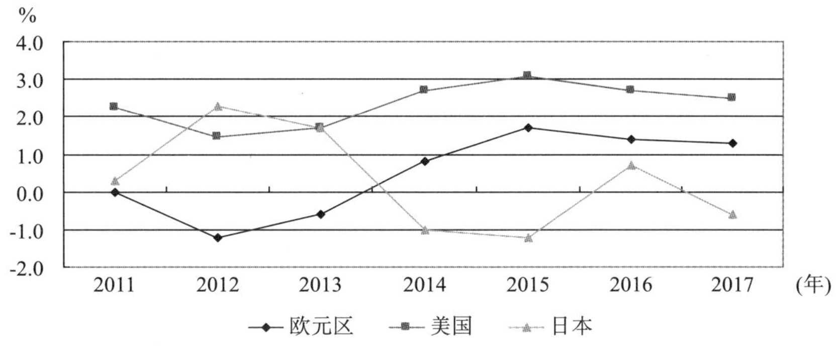

图 2-7-3 主要发达国家（地区）个人消费占 GDP 比重情况（2011—2017 年）

资料来源：根据 EIU 数据整理。

三大经济体就业形势均有所改善。2015 年，美国、日本、欧元区失业率分别为 5.3%、3.4% 和 10.9%，较 2014 年降低 0.9、0.2 和 0.7 个百分点。分月看，年内三大经济体失业率基本延续持续走低态势。

主要发达国家（地区）失业率情况见图 2-7-4，其中 2016—2017 年为预测值。

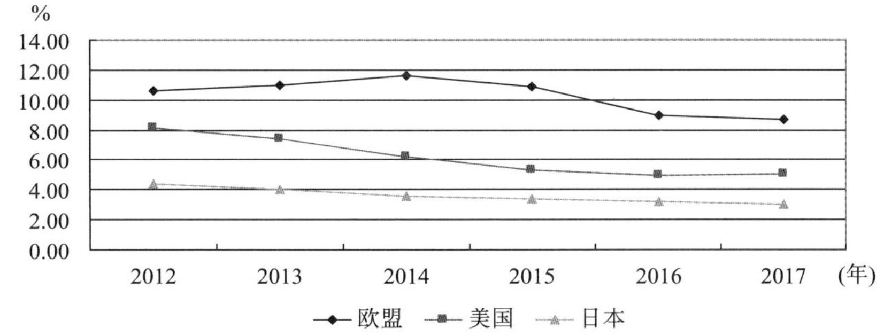

图 2-7-4 主要发达国家（地区）失业率情况（2012—2017 年）

资料来源：根据 EIU 数据整理。

货物贸易增长疲软。受全球经济放缓、国际需求不振影响，2015 年世界货物贸易增长疲软。据世界贸易组织统计，2015 年，世界贸易量增长 2.8%，连续第四年低于 3%，并且连续第四年低于世界经济增速；贸易额从 2014 年的 19 万亿美元大幅下降 13% 至 16.5 万亿美元。发达国家出口量增长 2.6%，进口量增长 4.5%，其中欧洲成为 2015 年全球贸易亮点，拉动全球进口量增长 1.5 个百分点。2016 年 2 月 4 日，美国、日本、加拿大等 12 个国家签署《跨太平洋伙伴关系协定》（TPP）协议，使 TPP 正式进入各成员国完成国内程序阶段。与普通的自贸协定相比，TPP 涉及议题更多、开放水平更高，长期来看可能影响全球经贸规则的走向，也将推动亚太地区贸易投资格局出现新的调整。

主要发达国家（地区）出口增速情况见图 2-7-5，其中 2016—2017 年为预测值。

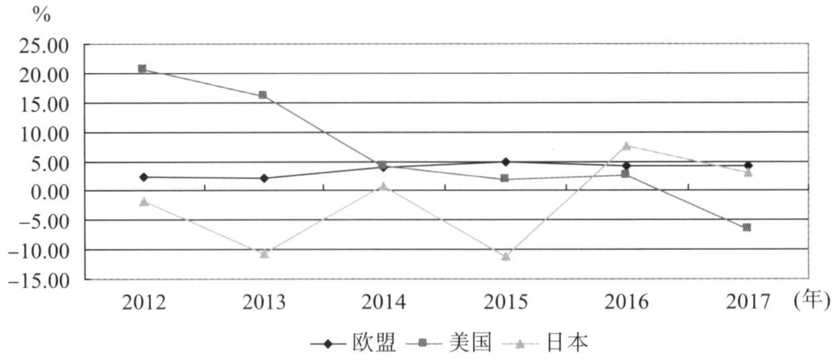

图 2-7-5 主要发达国家（地区）出口增速情况（2012—2017 年）

资料来源：根据 EIU 数据整理。

（二）中国对发达国家（地区）投资概况

发达国家（地区）市场环境良好，经济发达，政治稳定，法律制度健全，正逐渐成为中国企业对外直接投资主要目的地之一。从流量上看，2014 年中国对发达国家（地区）的投资为 238.3 亿美元，较 2014 年实现了 72.3% 的高速增长。从存量上看，2014 年末，中国在发达国家（地区）对外直接投资存量为 1 352.51 亿美元，占 15.3%，较上年提升 1.1 个百分点（见图 2-7-6）。

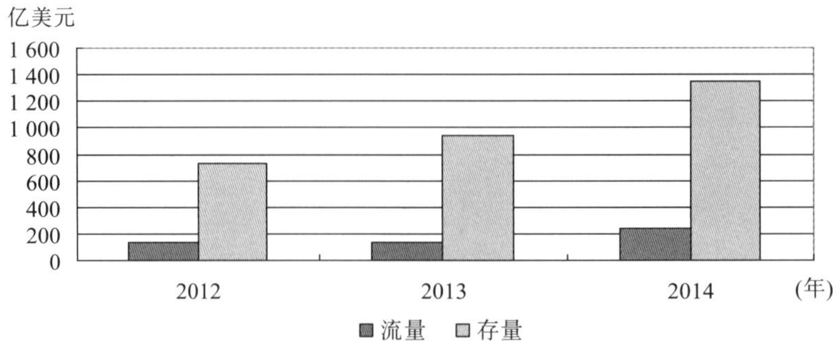

图 2-7-6 中国对发达国家（地区）投资流量和存量情况（2012—2014 年）

资料来源：中华人民共和国商务部、国家统计局、国家外汇管理局，《2014 年中国对外直接投资统计公报》。

从中国投资发达国家的具体国别（地区）来看，对欧盟直接投资 97.87 亿美元，同比增长 116.3%，占欧盟当年吸引外资的 3.8%；对美国投资 75.96 亿美元，同比增长 96.1%，占美国吸引外资的 8.2%；对澳大利亚投资 40.49 亿美元，同比增长 17.1%，占澳吸引外资的 7.8%。2014 年，中国对欧盟、美国、澳大利亚的投资均创历史最高值，发达国家及地区已成为众多中国企业对外投资的首选投资目的地。2014 年中国对发达国家及地区投资流量前 10 位的国家（地区）参见表 2-7-2。

表 2-7-2 2014 年中国对发达国家及地区投资流量前 10 位的国家（地区）

排名	国家（地区）	金额/亿美元	比重/%
1	欧盟*	97.8700	7.90
2	美国	75.9613	6.20
3	卢森堡	45.7800	3.70
4	澳大利亚	40.4910	3.40
5	新加坡	28.1400	2.30
6	英国	14.9900	1.20

续表

排名	国家（地区）	金额/亿美元	比重/%
7	德国	14.3900	1.20
8	荷兰	10.3000	0.80
9	加拿大	9.0384	0.70
10	百慕大群岛	7.0769	0.60

注：*欧盟包括28国，分别是奥地利、比利时、保加利亚、克罗地亚、塞浦路斯、捷克共和国、丹麦、爱沙尼亚、芬兰、法国、德国、希腊、匈牙利、爱尔兰、意大利、拉脱维亚、立陶宛、卢森堡、马耳他、荷兰、波兰、葡萄牙、罗马尼亚、斯洛伐克、斯洛文尼亚、西班牙、瑞典和英国。

资料来源：中华人民共和国商务部、国家统计局、国家外汇管理局，《2014年中国对外直接投资统计公报》。

截至2014年年底，中国对欧盟的投资存量为542.1亿美元，占发达国家投资存量的40.1%；美国为380.11亿美元，占28.1%；澳大利亚为238.82亿美元，占17.6%；加拿大为77.89亿美元，占5.7%；挪威为52.24亿美元，占3.9%；日本为25.47亿美元，占1.9%。中国对发达国家（地区）投资存量前10位的排名见表2-7-3。

表2-7-3　2014年中国对发达国家（地区）投资存量前10位的国家（地区）

排名	国家（地区）	金额/亿美元	比重/%
1	欧盟	542.10	6.1
2	美国	380.11	4.3
3	澳大利亚	238.82	2.7
4	新加坡	206.40	2.3
5	卢森堡	156.67	1.8
6	英国	128.05	1.5
7	法国	84.45	1.0
8	加拿大	77.89	0.9
9	南非	59.54	0.7
10	德国	57.86	0.6

资料来源：中华人民共和国商务部、国家统计局、国家外汇管理局，《2014年中国对外直接投资统计公报》。

从投资行业看，截至2014年末，中国对美国投资存量排名前三位的行业分别为金融业、采矿业、批发和零售业，投资存量分别为147.47亿美元、44.42亿美元、25.99亿美元。中国对欧盟投资存量排名前三位的行业分别为租赁和商务服务业、金融业、批发和零售业，投资存量分别为149.03亿美元、127.57亿美元、49.72亿美元。中国对澳大利亚投资存量排名前三位的行业分别为采矿业、金融业、租赁和商务服务业，投资存量分别为166.27亿美元、17.35亿美元、7.9亿美元。截至2014年中国对部分发达国家（地区）主要行业投资的存量见表2-7-4。

表2-7-4　截至2014年中国对部分发达国家（地区）主要行业投资的存量

行业名称	美国		欧盟		澳大利亚	
	金额/亿美元	比重/%	金额/亿美元	比重/%	金额/亿美元	比重/%
租赁和商务服务业	14.16	3.7	149.03	27.5	7.90	3.3
采矿业	44.42	11.7	51.02	9.4	166.27	69.6
金融业	147.47	38.8	127.57	23.5	17.35	7.3
批发和零售业	25.99	6.8	49.72	9.2	7.22	3.0
交通运输、仓储和邮政业	6.59	1.7	12.47	2.3	0.70	0.3

资料来源：中华人民共和国商务部、国家统计局、国家外汇管理局，《2014年中国对外直接投资统计公报》。

（三）发达国家（地区）的投资环境与投资风险分析

发达国家（地区）货币政策调整可能加剧全球经济金融风险。美联储在2015年12月启动2006年来的首次加息后，对进一步加息态度谨慎，未来加息时机和力度存在较大的不确定性。而面临通货紧缩压力的欧洲和日本都实行负利率政策，还在加码宽松货币政策，量化宽松规模不断加大。尽管发达国家的宽松政策对稳定金融市场信心起到了积极作用，但也将增加国际资本流动的无序性，威胁全球金融稳定。在实体经济缺乏热点的情况下，大量资金涌入股市、房地产市场、商品市场，推高金融资产价格，埋下金融风险隐患。同时，宽松货币政策导致货币竞相贬值，不仅成为相关国家刺激出口的重要手段，加剧国际贸易困难，也可能在债务过高的经济体诱发偿债危机，进而加大国际金融市场的动荡。主要发达国家（地区）利率情况见图2-7-7。其中，2016—2017年为预测值。

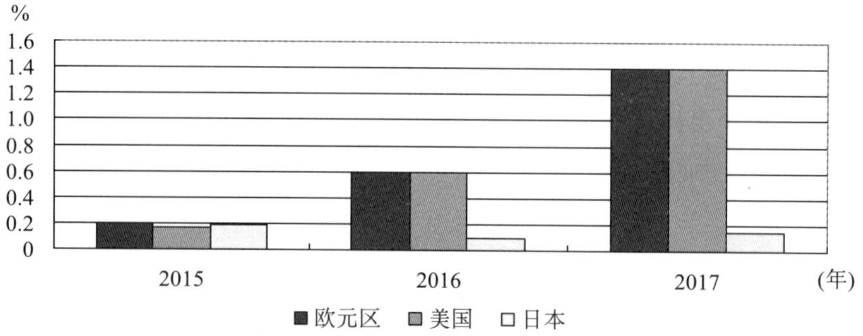

图2-7-7　主要发达国家（地区）利率情况（2015—2017年）

资料来源：根据EIU数据整理。

财政政策空间缩窄，国家政府债务率不断攀升。国际金融危机期间，各国扩张性的财政政策为应对危机发挥了积极作用，但也使各国政府积累了大量债务。随后世界经济持续低增长，又使得各国无力推进财政整固。近年来一些国家政府债务率不断攀升，削赤减债任务十分艰巨。国际货币基金组织统计，2015年，发达国家政府负债率（政府债务总额占GDP的比重）高达104.8%，较2007年提高33.4个百分点。当前，全球经济增长偏低、劳动生产率止步不前，迫切需要加大政策支持以促进经济增长，但财政政策空间已大为缩窄。主要发达国家（地区）政府债务占GDP比重情况见图2-7-8，其中2016—2017年为预测值。

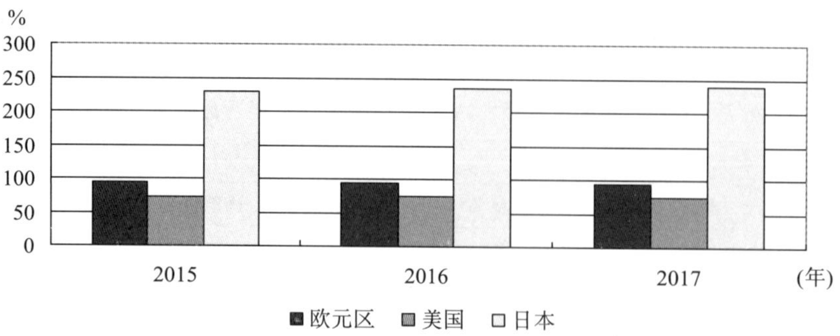

图2-7-8　主要发达国家（地区）政府债务占GDP比重情况（2015—2017年）

资料来源：根据EIU数据整理。

进入2016年，全球经济呈现企稳迹象，金融市场信心回升，大宗商品价格反弹，多数主要经济体货币对美元小幅升值，但实体经济依然脆弱，市场需求依旧低迷，宏观政策效力减弱，世界经济低增长高风险局面难有根本改观。2016年以来，美国经济开局不利。但欧元区部分经济指标出现回暖迹象，欧元区政府负债率已开始下降，债务危机风险减小。然而零售市场低速增长，消费者信心依旧低迷，通缩风险挥之不去，加之难民危机、英国脱欧等问题都会增加欧洲经济的不确定性，复苏的可持续性仍然存在变数。日本经济政策效应衰减，经济增长动力进一步减弱。日本经济主要指标表现疲弱，经济前景不乐观。2016—2017年世界经济增长趋势见图2－7－9。

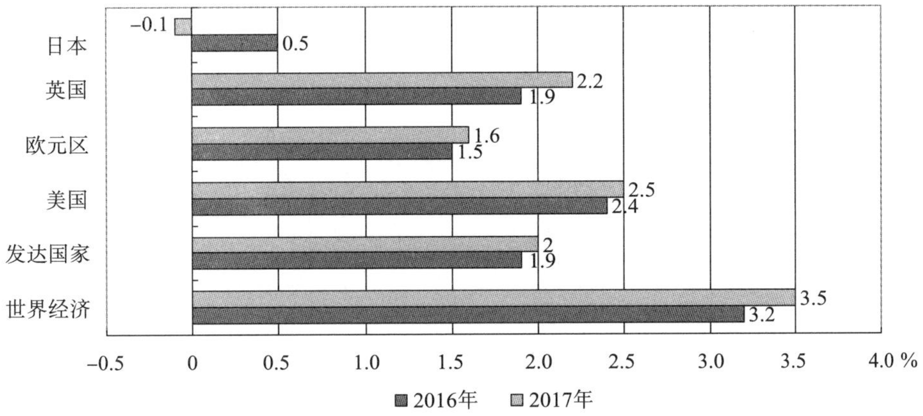

图2－7－9　世界经济增长趋势（2016—2017年）

资料来源：国际货币基金组织，《世界经济展望》，2016年4月。

加拿大

（一）加拿大投资概览

国家基本信息简表

中文名称	加拿大	英文名称	Canada
建国日期	1867年7月1日	领土面积	998.47万平方公里
所属洲	北美洲	时区	UTC－3.5至UTC－8
首都	渥太华	国际电话区号	＋1
主要城市	多伦多、温哥华、蒙特利尔		
人口	3 515.8万人	主要民族	英裔加拿大人（40%）、法裔加拿大人（27%）、欧洲裔（20%）、土著民族等120多个民族（13%）
人口密度	3人/平方公里		
语言	英语、法语	主要宗教	天主教（45%）、联合基督教会（12%）、英国国教（8%）、其他（35%）
政体	议会制君主立宪制	法律体系	英美法系（魁北克省除外）
政党	自由党、保守党等	换届时间	2015年10月（联邦大选）
道路通行	靠右驾驶	货币	加拿大元（CAD）

2015 年主要金融与投资数据

实际 GDP	15 527.00 亿美元	FDI 流入量	2015 年	507.30 亿美元
国际储备	797.53 亿美元		2014 年	656.68 亿美元
汇率水平（CAD/USD）	1.38	FDI 流出量	2015 年	557.70 亿美元
外债余额/GDP	100.40%		2014 年	628.45 亿美元
财政收入/GDP	38.39%	FDI 内存量	2015 年	9 910.00 亿美元
财政支出/GDP	40.26%		2014 年	9 402.70 亿美元
货币供应增长率（M2）	4.81%	FDI 外存量	2015 年	11 930.00 亿美元
通货膨胀率	1.60%		2014 年	11 372.30 亿美元
存款利率	0.075%	商品出口（FOB 价）		4 356.00 亿美元
贷款利率	2.775%	商品进口（FOB 价）		4 452.00 亿美元
中国与加拿大双边投资概况				
中国对加拿大直接投资流量（2014 年）	9.0384 亿美元	中国对加拿大直接投资存量（2014 年）		77.8908 亿美元
中国和加拿大双边投资协定	2012 年 9 月两国签署《中国与加拿大双边投资协定》			
中国和加拿大双边本币互换协议	2014 年 11 月 8 日签署，互换规模为 2 000 亿元人民币/300 亿加元，有效期 3 年，经双方同意可以展期			
投资优惠措施和利润汇出限制	根据 WEF 发布的《2015—2016 年全球竞争力报告》，加拿大在竞争力排名方面得分 5.31 分，排名第 13 名（13/144）。允许资本、利润和红利汇回			

（二）加拿大投资风险分析

根据中国出口信用保险公司出版的《国家风险分析报告（2015）》，加拿大 2015 年的风险评级为 2（2/9）级，主要风险见表 2－7－5。

表 2－7－5　　2015 年加拿大主要风险概览

风险类别	风险描述
宏观经济环境	经济稳健复苏，总体发展形势良好
政治环境	自由党当政，国内政治环境基本稳定
法律与监管	法律体系成熟但相对复杂，对涉及经济敏感领域的投资限制多，对有国有成分的企业投资审查较为严格，环保政策要求高
政府效率	政府效率高
金融及国际贸易与支付	货币贬值，但是在控制范围之内，抵消国内商品价格下跌的冲击
安全	不存在明显的安全隐患
税收政策	税收体系复杂，各州税收政策存在些许差异，给企业经营带来不便
基础设施	基础设施建设有老龄化问题，部分区域存在基础设施投资缺口，但政府已经启动基础设施更新计划
劳动力市场	劳动力成本高，中国企业工作人员工作许可签证困难，工会活动频繁增加企业投资风险，不认同中国的技术资质认证
社会文化风险	中加文化存在较多差异，原住民问题和社会舆论对中国的偏见影响企业投资项目顺利开展

加拿大的国内政治环境相对稳定，2015 年大选自由党领导人执政，自由党政府将持续鼓励引进海外直接投资。经济复苏态势良好，新政府试图通过加大基础设施投资来刺激经济进一步复苏。

本报告主要从法律与监管风险、基础设施风险、劳工风险和社会风险等方面对加拿大投资风险进行分析。

1. 法律与监管风险

加拿大为判例法国家，法律体系较复杂。除了魁北克省，加拿大其他地区采用英美法系，法律体系发展成熟。但中国企业在对加投资的过程中若对判例不熟悉，会造成投资经营成本的增加，甚至会有投资失败的风险。此外，与美国类似，加拿大整个法律体系相对复杂，联邦和各省立法都存在一些差异，魁北克省差异最明显。作为曾经的法国殖民地，该地区法律采用的是融合英国普通法和拿破仑法典的混合体系。这种复杂的法律体系无疑给中国企业的投资增加了法律风险。

加拿大对涉及敏感经济领域的投资有限制性措施。为了防止自身的产业发展甚至是国家安全和主权利益受到威胁，加拿大对敏感领域投资施加了特殊的限制，包括媒体、航空、通信、铀的生产以及金融服务等领域。表 2－7－6 为根据《加拿大投资法》以及联邦和各省的相关法规政策总结的对涉及敏感领域投资限制的具体规定。

表 2－7－6　加拿大对涉及经济敏感领域投资限制的具体规定

行业	投资限制的具体规定
银行业	对大型银行业（资产达到或超过 50 亿加元的）的投资任何人（无论国籍）都不得收购该银行超过 20% 的投票股权或超过 30% 的非投票股权； 对中小银行（资产在 10 亿加元以下）投资，任何个人持有股份需要事先得到财政部的批准
媒体业	任何外国持股人不得拥有加拿大任何大众传播企业 46.7% 的股份
渔业	任何外商持股超过 49% 的加拿大渔业加工企业将不能获得商业捕鱼执照
铀矿业	外商在铀矿开采和加工企业中所占股份不得超过 49%，但如果确能证明企业在加拿大人的有效控制之下则可例外
航空运输	外商对航空运输业持股不得超过 25%
通信业	目前除固定卫星服务及海底光缆外，加拿大仍保留了对其他所有基础设施的电信服务供应商控股不得超过 46.7% 的规定，且基本电信设施需要由“加拿大人控制”，董事会至少有 80% 的成员是加拿大国籍，外商投资若是借由租用他人设施则免受以上约束
保险业	加拿大《保险公司法》规定，任何个人不论国籍，在收购加拿大联邦控制的保险公司超过 10% 的股份时必须获得财政部的批准
土地	联邦：《公民法》和《公司法》规定非加拿大居民或企业可以购买、拥有及出售土地及房地产，但同时赋予各省权力对外国人及企业购买土地及不动产进行限制。 安大略省：《外国侨民房地产法》给予外国人购买、拥有及出售土地及房地产的权利，但是外国公司必须在获得许可证后才可进行买卖。 魁北克省：《非居民购置农场土地法》规定未经“魁北克省农用土地保护委员会”批准，外国人及企业不得购买农用土地。一些省区则限制非加拿大公民拥有某些形式的土地
其他行业	石油、天然气、农牧、图书发行和销售、渔业、酒类销售、采矿、典藏机构、工程、验光行业、医药以及证券交易等行业也有限制措施

资料来源：中华人民共和国商务部投资促进事务局，《对外投资合作国别（地区）指南：加拿大》（2015 年版）。

《加拿大投资法》对外资审查严格，审查程序透明度低。《加拿大投资法》将加拿大境内的投资分为三类，并分别设定三类不同的程序[①]。最受争议的就是对“净利益”标准的具体规定。对于“净利益”标准以下的投资只需要经过申报程序即可，不涉及政府审批；但当非加拿大的投资者收购加拿大企业控制权时，若超过一定的金融门槛需要接受经济审查。2015 年最新颁布的条例规定，若该投资者来自 WTO 成员国且不属于国有企业，经济审查的企业价值门槛设为 6 亿加元，预计在 2017 年将提升至 8 亿加元，2019 年增至 10 亿加元。加拿大对投资者为外国国有企业的经济审查更为严格，2015 年针对 WTO 成员国的国有企业设定的最新门槛为 3.69 亿加元，这与 2014 年的 3.54 亿加元相比几乎没有变动。可见，加拿大对于国有企业投资的审查并没有放松的趋势。对于来自非 WTO 成员国的国有企业投资者或者任何涉及文化企业的收购，资产账面价格超过 500 万加元就需要进行经济审查。在经济审查之上，若政府有证据认为某项投资可能危害国家安全，则需要进行国家安全审查。相对于较为严格的外资审查机制，其审查程序的透明度却受到质疑。《加拿大投资法》规定，投资审查程序是严格保密的，通常审查的时间需要 60—75 天，许多情况下需要的时间更长。

环保政策要求严格，环境评估资质门槛高，部分地区环保问题牵涉利益群体多。加拿大对环保要求很严，环境保护实行联邦、省和市三级管理。多数情况下，环境问题处理以省级政府为主，各省都有自己独特的环境保护制度。加拿大联邦的《加拿大环境评估法》规定，凡是涉及联邦资助或批准使用土地，或者需要联邦政府许可和核准的项目都要做环境评估。因此，根据法律所有外商投资项目在立项或者动工之前必须经过环境可行性评估，评估的时间范围要跨越项目寿命期后数十年。此外，加拿大北部地区情况更复杂。这一地区的土地隶属于联邦领地，但同时很多原住民依据签署的特殊土地声明协议拥有自己的地域。因此，在这一地区的投资除了要符合环境影响评估的要求外，还可能涉及原住民理事会和管理委员会、地区政府的环境影响评估审查。OECD 调查显示，部分外国企业抱怨加拿大在专业服务和运输部门设立了过多的环境规制，存在一定歧视性。

2. 基础设施风险

加拿大基础设施老化严重，亟待更新。加拿大地域广阔，人口稀少，基础设置地区间情况差异较大，历年投资的不足使得部分地区存在基础设施投资缺口。比如能矿资源丰富的中西北部地区基础设施非常落后，加上常年气候条件恶劣，制约了我国企业相关投资项目的顺利进展，对整个项目的经济可行性产生重大影响。新一届加拿大政府计划通过实行财政赤字用于投资基础设施建设，2016 财年计划投入 39.7 亿加元，2017 年投入 73.2 亿加元，逐年递增累计十年共投资 1 200 亿加元[②]。因此，预计未来几年内加拿大基础设施状况会逐年改善。

企业较难获得电力。获得可靠且价格合理的电力供应对企业经营来说尤为重要，但在加拿大获得电力的便利性低于绝大多数国家，而获得电力的成本又相对较高。根据世界银行营商环境报告，在 189 个经济体中加拿大获得电力的能力仅排在第 105 位。表 2－7－7 显示的是加拿大获得电力的各项指标表现，可以看出在加拿大经营企业需要 137 天才能获得电力，且花费的成本接近经合组织平均水平的两倍，电力的可靠性也相对较低。

---

① 加拿大投资网，《加拿大投资法常见问题解答》，http：//canadatouzi. com/。

② 王婧：今年加拿大财政赤字预计达 300 亿加元，《经济参考报》，2016 年 3 月 24 日第 004 版。

表 2-7-7　　加拿大获得电力的各项指标

指标	加拿大	OCED
程序/个	7	4.8
时间/天	137	77.7
成本（占人均国民收入的百分比）/%	126.1	65.1
提供可靠性和电费指数透明度（0—8）	6	7.2

资料来源：World Bank，Doing Business 2016：Measuring Regulatory Quality and Efficiency。

3. 劳工风险

劳动力成本高。加拿大是受高等教育人数比例最高的国家，相应的其人力资本水平较高，而劳动力的成本也相对较高。根据加拿大统计局发布的数据，2015 年加拿大的平均周工资是 942.8 加元[①]。加拿大施行集中工资控制，根据规定低于各省平均工资水平的雇佣为“低工资”员工，而在加拿大经营的企业中“低工资”雇员人数不能超过员工总数的 10%。

外籍劳工政策使企业获得工作许可签证难度大。加拿大联邦政府出台了“临时外籍劳工劳动计划”。该计划由联邦主导，各省政府共同配合实施。该项计划规定了工作许可签证申请程序的三个步骤。首先，企业在决定雇佣外籍员工后需要向联邦人力资源与社会发展部提交“劳动力市场评估”（LMO）材料，然后由这两个部门对材料进行评估审核，审核通过后雇方企业方可发出录用许可通知书。因此，对于中国企业雇佣的员工来说，无论是工作签证还是商务签证，办理时间冗长，通常要 3—4 个月，而且时常还会被拒签。随着中国企业在加拿大投资规模的扩大，越来越多的中国员工赴加拿大工作，工作许可签证申请难度大，尤其是管理人员和专业技术人员签证不便会影响中国企业业务的顺利开展。

工会势力强大、活动频繁。加拿大的工会组织在各个行业中根基深厚，涉及领域广泛，会员包括产业工人、办公室职员、政府机构、教育系统和医疗等行业的公职人员，还包括工程师、教授、护士、教师以及其他专门职业雇员。加拿大工会组织不仅对外籍劳工进入本国劳动市场持敌视态度，还经常要求企业提高当地员工的福利待遇。新民主党尽管在 2015 年大选失利，但他们依然是工会强有力的支持者，极力推崇建立强大的工会组织。在工会的影响下，罢工行动也时有发生。然而，我国企业普遍的弱点就是与工会组织打交道的经验不足，意识和能力不够，一旦处理不好与工会的关系，就有可能导致工人不满情绪高涨，甚至出现罢工，最终对企业的正常运营造成极其不利的影响。

不认同我国对技术人员的资质认证。受到两国教育制度差异的影响，加拿大对我国企业的技术标准和技术人员资质不予以认证，不利于我国企业在加拿大开展相关技术工作，尤其影响那些投资涉及工程承包、地质勘探和工程设计等领域的企业。

4. 社会风险

在加拿大经营需要面对文化差异的影响。加拿大是个多民族的西方国家，不同民族的人民宗教信仰也不同。据不完全统计，加拿大有 40 多种宗教信仰。企业在投资经营过程中，无论是雇佣员工还是与当地合作谈判都会受到文化差异的影响，若企业对当地文化不够了解，可能会导致员工不满甚至谈判失利。

① 加拿大统计局，《Labour Force Information》，http：//www.statcan.gc.ca/。

原住民问题或影响企业投资。加拿大宪法承认原住民的权利，原住民依法签署的特殊土地声明协议赋予原住民土地拥有权，任何影响原住民权利或土地的活动，政府都要向原住民咨询，一旦受到原住民反对，企业投资项目就会面临风险。随着原住民对自身生活环境要求的提升，对自身利益维护意识的加强，企业必须高度重视原住民问题。加拿大多数能源和矿产项目集中在原住民聚集的中西部地区，中资企业若在这一区域进行投资，是否能被予以许可证及环境影响评估资质等问题都必须事先征得原住民的意见，这往往需要企业与其进行多次协商谈判，并在利益分配上达成一致才能顺利实现。

社会对中国投资存在较大偏见。加拿大亚太基金会2015年发布了一篇关于加拿大人如何看待亚洲投资的调查报告。该调查报告显示了加拿大人对于中国投资的顾虑。48%的受访者认为中国投资将导致加拿大失去对本国资源的掌控。过半的人（56%）认为政府允许了过多中国投资入境。官方数据显示中国投资仅占所有对加投资的3%，然而绝大多数受访者却以为这一比例已经高达25%。可见，社会对中国投资的认知存在误区。由表2－7－8中的调查数据可以看出，加拿大人除了对资源掌控力下降有所担忧外，对中国投资的安全性、劳工标准和腐败问题也存在很大顾虑。

表2－7－8　加拿大人对各国投资的认知　单位/%

	中国	日本	美国
安全风险	29	3	6
可信任的伙伴	2	26	35
破坏环境	40	9	24
新科技	11	66	17
低劳工标准	42	6	10
工作创造	15	30	35
失去对本国资源的控制	48	18	44
促进经济增长	19	39	42
腐败	30	4	10
竞争力提升	7	28	18
外籍员工	21	10	3
促进贸易增长	23	39	47
不清楚	14	24	13

资料来源：加拿大亚太基金会，2015 National Opinion Poll：Canadian Views on Asian Investment，http：//www.asiapacific.ca/。

（三）加拿大未来发展预测和投资机会分析

1. 政治前景

政治稳定性方面，主要有三个方面的新趋势。第一，新政府上台后，预计未来4年政府体系的工作效率将保持在较高水平，一旦参议院的空缺填补到位，新政府效率有望更上一层楼。因为目前保守党还占据着参议院的多数席位，法案必须经过两院才能够正式立法，但是保守党占多数的局面不会维持很久，特鲁多首相的提案一旦付诸实践，参议院23个空位很快就会填满，整个局势也将向自由党有利一方扭转。第二，自由党领导人将推行参议员选举改制，将进行无党派的根据政绩竞选。如果参议员最后真的是无党派人士，这将使得参议院在给出立法建议时站在一个更为客观的立场。第三，随着魁北克省拥护联邦制的自由党当选，在 2018 年下一次选举时，魁北克省分裂的危机可以暂时得到缓解。

国际关系方面，加拿大与美国一直保持较为亲密的关系，在未来几年内预计不会出现什么变化。加拿大与墨西哥僵持了近十年的关系也将随着新政府的政策得到缓和，自由党政府主张降低墨西哥人的签证要求，这是墨加关系缓和的一个原因。加拿大外交部部长也表示信任政府在外交政策上将更加注重软实力的发挥以及多边主义，对于难民的态度更加宽厚。此外，加拿大推进了与其主要贸易伙伴之间的关系，主要是欧盟和中国。加拿大已与欧洲签订经济贸易协定（CETA），将降低加拿大与欧盟之间 99% 的关税，并互相给予双方参与政府采购的更大权限，这对于企业跨大西洋的经营十分有利。而中国方面，特鲁多将于 2016 年带领贸易代表团访问中国，就推进自贸区协定进行谈判。

2. 经济预测

2015 年加拿大经济增长速度 1.2%，预测 2016 年经济增长速度 1.5%，仅有小幅提升。除去金融危机时期，这是 20 多年来加拿大经济增速首次降到 2% 以下。这主要是受到国际低油价的影响。根据 EIU 预测，2016 年国际油价仍保持较低水平将降低加拿大的投资力度，对产油省份的影响会更为严重。但同时，货币的贬值使得加拿大的商品在国际市场上更具竞争力，低油价也通过减少运输和供热成本降低了家庭和企业的支出，安大略湖将代替亚伯达成为加拿大经济增长的引擎。加拿大主要经济指标预测值见表 2－7－9。

表 2－7－9　　加拿大主要经济指标预测

指标	2016 年	2017 年	2018 年	2019 年
实际 GDP 增长率/%	2.3	2.4	2.3	1.8
私人消费/%	1.7	1.9	2.2	1.8
政府消费/%	0.6	1.2	1.4	1.5
固定资产投资/%	0.6	2.5	3.0	3.4
出口/%	5.9	5.4	3.4	1.8
进口/%	2.9	4.1	3.6	2.2
国内需求/%	1.3	1.9	2.3	2.0
农业/%	1.2	1.3	2.0	2.5
工业/%	2.7	3.0	2.8	2.7
服务业/%	2.5	2.2	1.9	2.0

资料来源：EIU，Country Forecast——Canada，2016。

受国际商品价格上升的影响，预测加拿大的通货膨胀率会在 2016—2018 年上升到平均 2.1% 的水平。农产品的价格在过去几年持续走低，但是在未来几年内预计农产品价格会遇到转折点。油价预计会在未来几年内缓慢回升，逐渐提高供热和运输成本。

财政政策方面，自由党政府计划在 2019 年前持续施行财政赤字以促进经济增长。新政府将提升收入超过 20 万加元纳税人的税收，税率从 29% 涨到 33%，而对于中层阶级收入者实行减税政策，税率从 22% 降到 20.5%。安大略和魁北克这两个人口大省的财税状况不太乐观，预计地方政府的财政赤字在下两个财年也将扩大。

货币政策方面，2015 年加拿大银行（BoC）两次降息，预计在 2016 年利率将保持稳定。加拿大银行行长表示走弱的货币有利于抵消加拿大经济中低商品价格的影响，因此若市场不再出现大的波动，预计在接下来一年将采取稳定的货币政策。中期来看，利率有上涨的趋势。美国利率的提升以及国内经济的好转会推动加拿大银行上调利率，货币政策逐渐收紧。

3. 营商环境

加拿大新政府积极鼓励外国直接投资的引进，并不断推动基础设施投资和中产阶级减税的新政。加拿大的商业环境预计会向更加友好的方向发展，主要得力于劳动力市场的较大改善以及税收、基础设施建设和宏观经济环境的轻微好转。详细的指标可参见表 2-7-10。

表 2-7-10　加拿大商业环境评级与预测

	价值指数[a]		全球评级[b]		地区评级[c]	
	2010—2014 年	2015—2019 年	2010—2014 年	2015—2019 年	2010—2014 年	2015—2019 年
总评	8.3	8.3	5	4	1	1
政治环境	8.4	8.3	12	12	1	1
政治稳定性	8.9	8.9	10	6	1	1
政治有效性	8.1	7.8	12	13	2	2
宏观经济环境	7.5	7.8	35	17	1	1
市场机会	8.0	7.8	2	1	2	1
对私人公司和竞争的政策	8.8	8.8	5	6	2	2
对外国投资者的政策	8.7	8.7	10	10	1	1
对外贸易和汇率管控	10.0	9.6	1	3	1	1
税收	7.0	7.3	18	19	1	2
融资	8.5	8.5	4	3	1	1
劳动力市场	6.7	7.2	23	20	2	2
基础设施建设	9.0	9.2	8	7	1	1

注：a，最高为 10；b，在 82 个国家（地区）中；c，在 7 个发达经济体中，包括加拿大、法国、德国、意大利、日本、英国和美国。

资料来源：EIU，Country Forecast——Canada，2016。

外国投资政策方面，新政府大力推动外国直接投资的发展，但是对于环境、管理和移民等法规进行了修订，提出了更高的要求，凡是不满足要求的投资一律不予以批准。加拿大从 1989 年开始就积极推动签署双边投资保护协定，截至目前有效的协议还有 29 个，这其中除了俄罗斯和中国之外都是与小国签署的协议。投资者保护也是加拿大近期与欧盟签署的经济贸易协定中的一个重要议题。

在对外贸易与汇率管制方面，新政府积极推动对外贸发展有利的措施，既加强建立与中国和印度的贸易关系，也着手改善与 NAFTA 成员国墨西哥的关系。加拿大对军火、战略物资、科技进行出口管制，在各项自贸协定之下，允许加拿大对软木材、糖和花生酱进行出口管制，除此之外不存在明确的贸易管制。进口方面，加拿大控制农产品、纺织品和服装、一些钢材以及军火武器的进口。加拿大在对外贸易方面目前还存在两个问题：一是加拿大一直以来只依赖少数贸易合作伙伴，加拿大 70% 以上的出口流向了美国，而过半的进口来自于美国；二是新的自由党政府依然打算坚持通过一个所谓“供给管理”的系统保护本国的乳制品、家禽和鸡蛋行业。

税收方面，加拿大的税收体制相对复杂。每个省政府有权在联邦税的基础上再次征税，并且各级政府分别按照不同的税率向企业征税，或以不同程度向企业提供优惠。但是新政府推行了一定程度的减税政策，将小企业税从11%降到9%，并减少一些税收支出项。这些政策都有利于降低税收体制的复杂程度。

劳动力市场方面，受到低生产率和高生活成本的影响，加拿大劳动力市场的表现一直以来是所有指标中最差的一个，个别部门还会遇到人力资源短缺的情况。无论是从整体水平还是提升速度来看，加拿大的劳动生产率一直低于其最近的竞争对手美国。政府试图通过鼓励自主创新和引入更多的投资国来改善劳动力市场，但是就目前劳动力市场的状况来看，可能对外国企业的投资带来一定影响。此外，加拿大工会力量强大，工会成员主要集中在公共部门。随着政府不断削减工会的预算，可以预料未来公共部门的工会活动可能会更加频繁，或存在罢工的风险。

4. 投资机会

作为一个高收入水平的国家，加拿大市场广阔，但是却在一定程度上受到市场规模的限制。加拿大的人口仅为美国的1/9，有限的市场规模可能会影响部分行业的投资动机，因此在进行投资选择时需要充分考虑企业所在行业的市场规模依赖程度。

加拿大与世界上多个主要经济体签有双边互惠协定，比如NAFTA和即将实施的加拿大欧洲经济贸易协定，在加拿大投资经营的企业可以充分利用这些互惠协定，在协定成员国拓展业务。

加拿大社会对于社会服务的投资已经达到了高度一致认同。对于医疗保健、教育以及基础设施建设的投资容易得到当地认同。此外，根据EIU统计的消费支出结构，加拿大公民近25%的支出用于房产投资，18%用于交通和通信，二者成为消费结构中最主要的两项支出。

德国

（一）德国投资概览

国家基本信息简表

中文名称	德意志联邦共和国	英文名称	The Federal Republic of Germany
建国日期	1871年建立统一的德意志帝国	领土面积	35.7万平方公里
所属洲	欧洲	时区	UTC+1
首都	柏林	国际电话区号	+62
主要城市	慕尼黑、法兰克福、汉堡、科隆等		
人口	8 104万人	主要民族	主要是德意志人，有少数丹麦人和索布族人
人口密度	227人/平方公里		
语言	德语	主要宗教	新教、罗马天主教
政体	议会民主共和制下的总理负责制	法律体系	大陆法系
政党	社会民主党（SPD）、基督教民主联盟（CDU）、基督教社会联盟（CSU）、绿党、左翼党、德国选择党	换届时间	2017年9月（议会大选）
道路通行	靠右驾驶	货币	欧元（EUR）

2015 年主要金融与投资数据

名义 GDP	33 540 亿美元	FDI 流出量	830 亿美元
国际储备	1 736. 82 亿美元		
汇率水平（EUR/USD）	0. 918527	FDI 流入量	258. 1 亿美元
外债余额/GDP	n. a		
财政收入/GDP	44. 50%	FDI 内存量	14 390. 8 亿美元
财政支出/GDP	44. 30%		
货币供应增长率（M2）	4. 6%	FDI 外存量	20 810 亿美元
通货膨胀率	n. a		
存款利率	0. 4%		
贷款利率	1. 8%		
中国与德国双边投资概况			
中国对德国直接投资	14. 39 亿美元（2014 年）		
中国和德国双边投资协定	无，但两国于 2003 年签署中德投资保护协定		
中国和欧盟双边本币互换协议	2013 年 10 月 9 日，中国人民银行与欧洲中央银行签署了规模为 3 500 亿元人民币/450 亿欧元的中欧双边本币互换协议，互换协议有效期 3 年，经双方同意可以延期		
投资优惠措施和利润汇出限制	根据 WEF 发布的《2015—2016 年全球竞争力报告》，德国在竞争力排名方面得分 5. 53/7，排名 4/144。允许资本、利润和红利汇出		

（二）德国投资风险分析

根据中国出口信用保险公司出版的《国家风险分析报告（2015）》，德国 2015 年的风险评级为 2（2/9）级，主要风险见表 2 - 7 - 11。

表 2 - 7 - 11　　2015 年德国主要风险概览

风险类别	风险描述
宏观经济环境	下行风险较小，但易受欧元区、欧洲银行业风险影响
政治环境	整体稳定，但难民危机增大政坛不稳定性，极右势力上升带来政策极化风险
法律与监管	法律体系完备，风险较低
政府效率	行政效率高，政策执行力强，但联邦与州间关系可能影响政府决策
金融及国际贸易与支付	政府对金融监管严格，出口强劲，货币疲软
安全	整体安全，但存在恐怖袭击风险
税收政策	完善但复杂，个别地区税率较高，短时间内不会大幅度增税
基础设施	铁路、航空、通信等在欧洲首屈一指，但能源供应较为薄弱
劳动力市场	中长期面临人口老龄化导致的劳动力短缺风险，但大量移民涌入可能弥补
社会文化风险	极右翼势力影响力增大，反移民情绪上升

当前，德国政局总体稳定，联盟党和社民党共同组成的执政联盟地位稳固。但因难民危机，德国政坛不稳定性有所上升，众小党派在 2017 年大选中可能崛起，极右翼势力将对德国政治社会文化造成影响。欧盟层面上，英国退欧、希腊退欧以及欧盟对俄制裁等因素在政治及经济上都会给德国带来负面影响。德国经济整体健康，各项指标都呈现良性态势，在没有大的外部因素干扰之下，

仍将积极复苏。在适度通胀以及欧央行所进行的量化宽松政策下，消费将逐渐取代出口成为德国经济的新增长点。但从长期来看，德国人口老龄化、工龄人口比例的下降将成为德国经济的潜在风险。劳资关系在近期出现波动，但总体缓和，大规模的罢工较少。由于难民大量涌入，社会游行示威近期增多，恐怖袭击风险存在，但整体可控。在法律、税收等方面，德国拥有完备的法律及税收体系，政策执行以及行政程序都较为高效、公平。

本报告主要从政治风险、宏观经济风险、法律与监管风险、税收风险、经营性风险、安全风险方面对国家投资风险进行分析。

1. 政治风险

短期来看，默克尔领导下的联盟党与社民党联合政府政权稳固，预计将完成其至2017年的任期。然而伴随难民危机持续发酵，极右翼政党支持率上升，德国政坛不稳定性有所上升。

政府决策有效性及政策稳定性出现波动。因对难民危机、欧元区挑战等议题有不同观点，执政联盟内部多次出现争执，影响联邦政府决策有效性及政策稳定性。基民盟主席、巴伐利亚州州长泽霍费尔就曾在公开场合多次批评基民盟“姊妹党”基社盟主席、联邦总理默克尔的难民政策，财长朔伊布勒、内政部长德迈齐艾也曾表达类似观点。因此，一旦难民危机严重加剧，德国难民政策将可能出现转向，对就业、安全、社会稳定等都会有所冲击，赴该国投资企业应关注德国整体难民政策及所在州难民吸收情况。

政策极化可能性加大，尤其是在各联邦州。执政党支持率下降，极右翼政党支持率上升，德国政治出现碎片化倾向，政策可能出现两极分化的现象。在近期的多次民调中，执政党基社盟、社民党的支持率以及总理默克尔的支持率都有大幅度下滑（见表2－7－12）。在3月举行的地区选举中，基社盟与社民党也遭受了失利。与此相反，极右翼政党“德国选择党”在民调以及地区选举中都有出色表现，获取更多民众支持。德国的小党派，如绿党、自民党等，预计将在明年大选中获得更多支持。此外，由于民众表达出对中间党派的失望，各政党在政策尤其是移民政策上，可能出现两极分化。此现象在各联邦州会更严重，赴德国投资企业应注意所在州民意变化，尤其应注意极右翼势力上涨的东部各州。

表2－7－12　德国各政党在联邦议会选举中选票占比及议席分布

党　派	得票率/%				议席数量/个
	2002年	2005年	2009年	2013年	2013年
基民盟（CDU）/基社盟（CSU）	38.5	35.2	33.8	41.5	311
社会民主党（SPD）	40.9	34.2	23.0	25.7	193
左翼党	5.1	8.7	11.9	8.6	64
绿党	6.7	8.1	10.7	8.4	63
自由民主党（FDP）	6.2	9.8	14.6	4.8	0
德国选择党（AfD）	—	—	—	4.7	0
其　他	3.0	4.0	6.0	6.3	0
合　计	100.0	100.0	100.0	100.0	631

资料来源：EIU，Country Forecast——Germany，June 2015，pp.6。

2. 宏观经济风险

德国宏观经济面临的风险有所变化，但影响有限。德国经济面临的风险从之前的希腊债务危机及退欧风险，转移到新兴经济体困境、美联储货币政策的转向、持续的低油价以及难民危机、伊斯兰国恐怖袭击等一系列风险。大众尾气丑闻对德国工业声誉造成的损害仍然存在。但这些风险不应过度高估，欧元的疲软、欧央行的量宽政策都有效弥补了以上风险对德国出口造成的损失。现阶段德国经济的增长点将转移到消费而非出口，这将进一步削弱以上因素对德国宏观经济带来的风险。此外，难民危机虽然造成政治、社会的动荡，但也迫使政府放松财政政策，刺激增长。整体来讲，赴德国投资企业应关注外部环境尤其是欧元区变化对德国经济的影响，德国内部则需关注难民危机及人口结构变化。

德国经济的结构弹性仍为经济提供有力支撑。自2006年以来，德国劳动力市场灵活性的提升，公共财政的健康表现都为德国经济提供保障，也使得政府能够在不增税的前提下应对难民危机。德国经济需警惕房地产泡沫带来的风险。当前房价持续上涨，过往被压抑的需求随着难民危机的到来开始释放，融资的低成本等因素若共同作用，一旦在未来几年，房产供应无法及时跟上，房地产泡沫势必将产生。赴德投资企业应密切关注德国房地产价格变化。

（1）短期分析。德国经济将稳健复苏。乌克兰危机、恐怖主义、希腊前景的不确定性、对中国经济的担忧、大众汽车丑闻以及难民危机都将是影响近期德国经济增长的风险因子。但德国经济预计将不会受到大的影响，2016年甚至可能加速增长。2015年德国经济克服了2014年年中的短暂停滞，增长率达到1.5%，达到甚至超过了其长期潜力。2015年及2016年之交，德国采购经理人指数（PMI）以及Ifo指数都表现不佳，但到2016年3月该指数已回稳反弹，服务业的采购经理人指数则保持在历史最高点。国民真实收入的提高以及劳动力市场的发展，推动了德国强有力的国内需求。此外，相比于2014年中期，欧元较美元贬值了近20%，促进了德国出口，而欧央行的宽松政策也通过提供优惠融资条件促进投资。但全球市场的疲软，尤其是“金砖国家”中俄罗斯与巴西经济的衰退、中国经济增长的放缓，都给德国经济的进一步复苏带来不确定性。

通胀前景依然呈良性态势。2007年中期以来，通货膨胀的发展特点是在大宗商品价格尤其是石油和食品价格的快速波动，但其并没有改变核心通胀以及消费者对通货膨胀的长期预期。2012年石油价格暴涨并没能阻止整体通胀在到达2011年秋季略高于2.5%中期峰值后的显著软化。自2014年中期石油价格下滑到2015年1月，消费者价格指数（CPI）通胀已降低至五年半的最低点-0.3%。尽管随后反弹到正值的表现在最近再次遭遇重大挫折（2016年2月零通货膨胀率），消费者不太可能拥有一个通缩的心态。事实上，自2010年以来，核心CPI通胀率（剔除食品和能源）已在0.2%和1.5%之间窄幅间波动，2015年和2016年年初回稳至1.2%左右。基于经济加速复苏，强劲的工资增长和持久欧元疲软之上，整体通胀应在2016年底再次超过1.0%。在2016年的平均通货膨胀率将仍然是0.6%左右，但预计2017年将加速至1.5%—2.0%的范围内。

货币及财政政策都有助于推动德国经济增长。由于害怕可能引发流动性危机，欧洲央行近几年多次放宽货币政策，最近一次（3月10日）更将其主要再融资和政策利率砍至的0，为历史最低。此外，为鼓励银行贷款给企业，欧洲央行将其负面存款利率降低到-0.4%，并将从2016年6月起提供一套新的被称为“有针对性的长期再融资操作”（TLTROs），4年到期利率为0。最后，计划运行到2017年3月的量宽政策将从600亿欧元的月度资产购买计划提高到800亿欧元。由于这些措施同时抑制了欧元，在未来很长一段时间，货币成本对德国而言仍将是低廉的。此外，德国的财政政策正日益扩张。在2013年1月、2014年1月和2016年1月都有较小的收入税削减，额外向欧洲稳定机制注资的财政支出并没有被其他地方削减的开支抵消。德国持续强劲的税收收入已经将公共部门在2010年占GDP 4.2%的赤字变成2014年的0.3%和2015年0.6%的盈余。这使得尽管2013年底，联合政府执政以来在基础设施和教育、更慷慨的养老金制度等方面额外进行了投入，但仍有余力进行更多的公共投资和支持难民。因此，德国政府正给国内需求更多的动力，确保在2016—2017财年不会危及其平衡预算的目标。

如果短期内出现以下风险，对于德国经济将有较大冲击：希腊无法落实其与债权国在上年7月达成的改革措施，从而离开欧元区；英国公投结果决定离开欧盟；全球经济由于中国的硬着陆严重受影响；德国及整个欧元区面临持续通缩的压力等等。赴德国企业应密切跟踪这些变化。

（2）中长期展望。2003—2005年制定的2010年议程所提出的结构优化仍将在未来数年使德国经济获益。施罗德政府于2003—2005年期间推行的2010年议程，从结构上优化了税收及社会保障体系、劳动力市场灵活性以及公共财政等方面。此外，2007年3月通过的养老金法案将退休年龄在2012—2029年逐步从65岁提高到67岁，2007—2009年非工资性劳动力成本也得到有效降低。这些都将对冲德国人口老龄化所带来的压力，使德国经济获益。唯一起负面作用的是2014年采取的允许某些团体提前退休以及2015年通过的最低工资标准政策。

德国仍将从其在欧洲的核心地位中获益。德国是欧洲单一市场、欧盟东扩以及欧元区建立的最主要受益者。

与过去10年相比，私人消费将为德国经济增长做出更大贡献。在过去20年中，消费者需求被抑制，2002—2009年实际水平甚至陷入停滞。随着储蓄率在2012—2014年回到9%，再加上高工资增长、持续有力的劳动力市场、极低的利率，在未来几年，低储蓄率将支持消费者需求的再次上升。然而，从长期来看，人口趋势导致的社会福利提高以及担心欧债危机导致增税等，将对私人消费起到负面作用。

在欧盟不出现严重分化的前提下，国际经济和政策环境仍将对德国有利。据HIS预计，全球增长在2012—2015年放缓到2.5%之后，在2017年之后将重新增长到3.0%或更高。从欧元来看，短期内，2016年欧元兑美元将贬值到1.05∶1的水平，而到2046年欧元兑美元将达到1.45∶1。在这一背景下，德国出口在中期仍将有力，将贸易和经常项目盈余占据GDP的7%—8%的水平维持若干年。同时，欧央行到2018年，都将保持其极为宽松的货币政策，这意味着未来一段时间的低利率。此外，油价在2016—2017年仍将低于50美元/桶，最早在2023年之前都不会突破100美元/桶的大关。但也会有不利因素，如对金融市场监管的加强、财政整顿的展开等等。综合来看，德国增长潜力将得到释放，未来几年维持在1.5%的水平，但在长期将回落至1.25%。

长期来看，德国老龄化人口以及劳动力人口缩减将是影响其经济增长的主要威胁。根据最近一次官方推算（2015年4月），德国人口在目前8 100万人口的基础上，将会在2020年达到8 200万人的峰值，到2060年居民将下降到6 800万—7 300万人的水平。这一推测建立在2022年以后每年10万—20万人的移民进入德国。根据IHS推测，德国人口到2045年都将维持在8 000万人以上，主要是由于2015年开始难民的大量涌入。此外，劳动力将得到近年来政治措施的支持，包括提高有效的退休年龄以及提高高龄工人的生产力。IHS还预测由于劳动力市场以及养老金改革，劳动参与率将有所提高，到2046年将从目前的85%提高到89%。赴德国企业应关注德国人口结构变化对市场需求的影响。

3. 法律与监管风险

德国法律与监管风险较低。法律制度现代、完善，为商业运营提供了一个简单、高效的法律平台。对外国投资者而言，面临的法律障碍极少。德国司法机构的决定在联邦和州政府都具有分量。德国拥有全世界最独立的司法系统之一，其环保法律在全球而言是最为严格的，无须担心被征用的风险。

德国司法体系确保了合同执行的可靠环境，并为争端解决提供了一个公平、公正的框架。根据世界经济论坛2015年国际法律体系有效性评估，德国在全世界排名第5位。其执法成本也低于经合组织的平均水平，从原告向法院提交诉讼到最终获得赔付所花费的时间为429天。腐败风险也处于最低水平。

4. 税收风险

由于存在大量繁文缛节，德国税收体系十分复杂，但其税收公平、透明，相比于欧洲其他国家逃税较少。对于投资者而言，尽管德国税收体系复杂，但不存在大的阻碍，也不给德国商业环境造成负面影响。赴德国企业应提前深入了解德国税收体系，避免出现误读。

德国注重与其他国家及欧盟展开税务上的合作，包括发展新的税法，在欧盟层面上鼓励共同打击税务欺诈、偷税漏税等。德国也支持设立欧盟共同企业税。

本届德国政府不会提高企业税，理由包括持续经济增长、低油价以及美元的强势等。但存在调整公司税法已适应数字经济以及经济活动全球化趋势的可能性。德国政府认为当前德国公司税无法应对越来越多的无形资产及移动收入增加的现象。2017年1月开始，欧盟28个成员国在跨境企业税收政策交换将从自愿转为强制性的。这一新的规定将帮助欧盟各国监测、打击公司避税。

5. 经营性风险

短期来看，德国劳工行动风险较往常升高。德国工会实力强大，经常性地参与到薪资谈判中。当前德国罢工数量较以往多，对航空、铁路、金属加工、货物、汽车等行业造成负面影响。德国最大工会IG Metall在2015年组织了几轮罢工，主要诉求是提高薪资水平以及获得更多教育培训机会。该工会代表227万名德国雇员，主要从事行业为金属加工，但也包括来自纺织、塑料、电子行业的雇员。2014年，德国铁路司机工会发起6次罢工活动。最后一次是2014年11月，德国铁路司机工会宣布从11月5日停运货运列车，6日至10日同时停运客车，这是历史上持续时间最长的铁路司机大罢工，造成全境六成火车停驶。根据相关数据，德国火车司机在货运、客运领域的罢工行动，每天令德国铁路公司损失1亿欧元。德国汉莎航空公司在2014年先后进行了10次罢工，焦点为退休养老金问题。近年来汉莎公司面临挑战加剧，为降低成本，提高了飞行员退休年龄下限，遭到员工不满。据估算，2014年汉莎前8次罢工易造成1.7亿欧元损失。由于此前罢工达成的协议有效期到2016年上半年，从2016年下半年开始，罢工活动的风险又将升高。赴德国企业若投资相关行业，应密切关系该行业劳资关系变化。

国有化征收风险不大。2009年金融危机期间联邦议院通过法律，赋予政府控制收到金融危机打击的德国银行和金融机构的权力。在一系列限制性条件下，德国政府可以要求股东出售股权。该法案曾在金融危机期间运用于裕宝地产银行，政府利用1 000亿欧元国家担保支持该银行。但政府通常不会对合法私有产权进行干涉。

德国极少发生腐败事件，针对贿赂的惩罚也很重。企业一旦贿赂政府官员，将被禁止参与其他公共领域投资。2015年11月，政府通过一部关于私营企业腐败罪责的法律。德国也将与其他欧盟国家在全球层面上推动反腐合作。

6. 安全风险

战争与武装冲突风险低。德国整体局势安全、稳定，在德境内发生战争的可能性可忽略。在部分地区，尤其是德国东部，存在一定针对穆斯林的民族、宗教矛盾，但引发武装冲突的可能性也很低。

难民危机引发骚乱，但社会总体上仍较稳定。自难民危机以来，围绕着默克尔“门户开放”的难民政策，德国爆发了一系列示威、游行活动。一方面，德国极右团体 PEGIDA（“欧洲爱国者反穆斯林化”运动）组织大量反移民、反伊斯兰示威活动，反对难民大量涌入；另一方面，PEGIDA 的游行示威往往引发德国政府支持者们上街游行，反对其极右口号与要求。尽管如此，由于游行示威往往遵照德国警方有关程序，有关难民危机的游行示威不易演化成暴力冲突。

恐怖主义及暴力犯罪风险有所上升，但总体处于可控范围。由于支持国际社会对伊斯兰国的打击以及美国在叙利亚、伊拉克的政策，德国遭受恐怖主义威胁的风险有所上升。恐袭目标往往位于公共领域、交通及安全设施等。但德国高效的安保措施，恐袭风险有所缓和，大型、组织性强的恐怖主义袭击出现的可能性不大。可能的风险存在于以个人形式的、较难监控的小型恐怖主义活动。暴力犯罪对社会的冲击不大，但有上升趋势。抢劫、偷盗等犯罪依然存在。此外，难民危机加剧了德国偷渡、人口贩卖等犯罪发生的概率，但总体处于可控范围内。

（三）德国未来发展预测和投资机会分析

1. 政治前景

默克尔领导下的联盟党在明年大选中仍将连任，但极右政党不出意外将进入议院，影响决策。由于难民危机，民众对于默克尔及德国政府的不满在集聚，默克尔面临其执政十年来的最大挑战。在本年度 3 月举行的三个州选举中，联盟党遭受失败。但就目前局面来看，在收紧难民政策的前提下，默克尔及联盟党在选举中仍然缺少真正意义上有分量的对手。极右政党德国选择党借难民危机、欧元区危机等议题发力，逐步获取民众支持，民意上已成为仅次于联盟党、社民党的第三大党，不出意外在 2017 年大选中首次进入联邦议院，影响决策，但就长期而言，受德国政治文化、民众历史记忆、大党政策变化等影响，德国选择党生存空间有限。

难民危机持续发酵动摇德国政治社会稳定，德国政府难民政策预计将收紧。尽管执政联盟预计将顺利完成任期，但难民危机的爆发以及升级已经在执政联盟内部以及德国社会不同阶层间引发争议，德国政治社会的共识被撕裂。2015 年有超过 100 万的难民进入德国，其中有三成并没有完成登记手续，也有可能对德国社会稳定造成冲击。2016 年新年的科隆性侵案就是例证。出于选举考虑，由于在欧盟层面上推动其他国家接收难民及欧土协议落实的努力难见实效，默克尔政府很有可能在一定程度上加大对难民进入德国的限制。

联邦州及宪法法院在具体政策，尤其是涉及欧元区改革决策及执行中有更大影响。尽管联邦参议院在联邦立法过程中影响下降，但各联邦州在具体政策执行中获得了更多权力。在涉及欧元区改革的有关决策中，由于支持欧盟的政党在参议院中有绝对多数，因此参议院不太可能阻挠，但宪法法院可通过要求两院以修改宪法的方式通过欧元区改革的有关条款，从而阻挠欧元区改革。

德国对外政策更为积极、主动，希腊退欧问题德国立场可能变化。由于多重危机叠加，作为欧盟领头羊，德国在对外政策上将更为积极、主动，在国际上寻找问题解决方案，在全球或地区问题上与美国、中国等大国协调，以步出困境。德国最重要外交议题是推动欧盟其他国家接收难民，并控制难民进入，但二者实现可能性都十分有限，尤其是前者。德国在乌克兰危机中将维持对俄强硬立场，欧盟对俄制裁很有可能延长，欧俄关系将维持一段时间的冰冷，但就中期来看，由于欧盟内部的不同声音，制裁将有所松动。德国在欧元区危机的立场将依旧强硬，如果希腊改革出现倒退，由于默克尔剩余的政治资本更多需要投入到应对难民危机中，财长朔伊布勒要求希腊退欧的立场有可能得到支持。而一旦德国松动，希腊将有可能退出欧元区，对欧元区经济及德国经济产生冲击。

2. 经济预测

由于社会民主党在联合政府中发挥的作用，本届德国政府上台以来，整体经济政策左倾，最突出表现为最低工资的提出，这一趋势将持续并阻碍中长期结构改革的开展。尽管德国经济基础及表现都十分强劲，其老龄化趋势仍将为德国经济增长及公共财政带来重大挑战。

财政政策上，德国的重点仍为稳步巩固公共财政。2014 年，德国提前一年实现其联邦财政盈余的目标，这在过去 50 年间是首次。尽管国际上要求德国宽松其财政政策，并希望德国进行更多的公共投资，但估计 2015—2019 年德国不会大幅度调整其财政政策。

货币政策上，欧央行已开始并将持续其量化宽松政策以刺激经济增长。由于油价持续低走，欧元表现较预期更为强劲，量化宽松政策预计将维持到 2018 年的第二季度，现有的量化宽松规模将延续到 2017 年中，到 2018 年初欧央行将开始停止量化宽松并准备在第二季度提高利率。但希腊可能于 2019 年退出欧元区，将考验欧央行的决断。

就 2016 年上半年来说，欧元区三大经济体德国、法国、意大利经济增长表现不如预期，而且还有进一步下行的风险。预计德国本年度真实 GDP 最高增长率为 1.4%。若外部环境仍不理想，这一数字有可能进一步降低。未来几年，德国经济增长相对稳定，2017 年真实增长率预计为 1.6%，2018 年为 1.7%，到 2020 年这一数字将回落到 1.5%。从长期来看，德国薄弱的人口结构在经济表现中比重增大，德国经济增速可能更低。2015—2019 年，私人消费以及投资将是未来一段时间德国经济的主要增长点，难民危机也将在短期内刺激政府支出。由于全球需求的下滑，商品与货物的净出口不再是 GDP 的主要增长点。

制造业在德国经济比重将有所下滑。就行业结构而言，服务业贡献了德国 GDP 的 69%，工业贡献了 30%。其中，由于近年来制造业驱动的经济复苏模式，制造业占国内总附加值的 23%，包括其他发达工业国的类似比重。2015—2019 年，随着生活水平提高，人们将更多收入投入到第三产业中，这一比重将有所下滑，但以汽车、电器、机械等为首的制造业仍将获利。尽管新兴市场需求增幅可能放缓，但欧元区内部需求随着经济复苏可能提高，有效提升德国制造业盈利空间。2015—2019 年，随着私人消费提升，服务行业可能一改过去十年增长缓慢的表现，实现相对强劲的扩张，但德国银行业相对弱势给这一预测增加了不确定性。

物价将缓慢上涨。尽管本年度截至目前通货膨胀率较预期低，但从中期来看，2015—2019 年，消费物价通货膨胀率将维持年均 1.7% 的增长，主要因素包括能源消费基数效应的作用、劳动力市场的紧缩、工资上涨以及个别行业薪酬的上涨。但由于食品物价上涨停滞以及贸易加权欧元汇率对进口的抑制，物价上涨将十分缓慢。

欧洲央行将会欢迎欧元进一步贬值。希腊危机的升级也会也对欧元下行施加压力。但在 2020 年前，总体上将欧元将缓慢升值，但将难以回复到其之前对美元的水准，尤其是 2014 年年中 1.4 美元兑 1 欧元的水平。

在极具竞争力的制造业推动下，德国仍将保持巨大的商品贸易顺差，但数目将有所降低。巨大的商品贸易顺差将逐渐推动大量国内存款到海外投资，带来收入项目盈余。这两项将能够有效平衡服务和次级账户的结构性亏损。2015—2019 年，预计德国的经常项目顺差将逐渐减小，较 2015 年高峰时降低 0.9 个百分点。

3. 营商环境

德国的商业环境总体价值指数在2015—2019年为8.12，较2010—2014年的8.10稍有提高（见表2－7－13）。但在2015—2019年期间，德国的商业环境全球排名将从2010—2014年的第9名下降到第10名，在区域排名中德国也将略有下滑，从第4名降到第5名。尽管在融资条件、劳动力市场、税收体系等有所提升，但是在宏观经济环境、对外贸易和交易管控以及市场机会等方面的下滑导致德国在总体商业环境的排名上略有降低。

表2－7－13　　德国商业环境评级与预测

指标	价值指数[a]		全球评级[b]		地区评级[c]	
	2010—2014年	2015—2019年	2010—2014年	2015—2019年	2010—2014年	2015—2019年
总评	8.10	8.12	9	10	4	5
政治环境	8.8	8.8	8	5	6	2
政治稳定性	9.3	9.3	6	1	4	1
政治有效性	8.4	8.4	9	10	6	7
宏观经济环境	8.3	7.8	10	17	5	4
市场机会	7.6	7.3	6	6	1	2
私营企业和竞争的相关政策	8.3	8.3	14	15	7	8
外国投资的相关政策	8.7	8.7	10	10	8	8
对外贸易和交易管控	9.6	9.1	4	14	1	8
税收	6.0	6.4	35	40	9	10
融资	7.4	8.1	11	8	5	2
劳动力市场	7.4	7.9	11	5	6	2
基础设施	9.0	9.0	8	11	7	9

注：a，最高为10；b，在82个国家中；c，在18个国家（地区）中，包括奥地利、比利时、塞浦路斯、丹麦、芬兰、法国、德国、希腊、爱尔兰、意大利、荷兰、挪威、葡萄牙、西班牙、瑞典、瑞士、土耳其和英国。

资料来源：EIU，2015，Country Forecast——Germany.

德国最主要的优势在于其政治稳定性、基础设施以及对贸易及投资的开放态度。尽管如此，难民危机以及欧元区危机都将进一步削弱德国政治稳定。此外，由于德国高度依赖出口，欧元区脆弱的经济局面也会损害德国的经济稳定。若欧盟与俄罗斯关系进一步恶化，除政治上影响外，还会损害德国对外贸易和交易管控的表现。德国商业环境概览见表2－7－14。

表2－7－14　　德国商业环境概览

指标	2015—2016年	2017—2019年
私营企业和竞争的相关政策	通过其对两个“坏银行”的持股，政府仍将参与到金融行业中，而且有可能进一步增持股份；在表现不佳的服务行业中，保护性监管很可能继续	政府仍未退出银行业，但会在其他领域，如电力、天然气、邮政以及铁路等逐步放开
外国投资的相关政策	总体上讲政府将欢迎外国直接投资，但对于主要媒体、基础设施以及金融企业的收购将遭到阻力	作为商业压力和欧盟法的规定结果，对国外收购的阻力可能消失
对外贸易与汇率管控	对外贸易由欧盟监管。欧盟进一步推动双边贸易协定。欧俄关系的恶化以及与中国的贸易争端成为主要风险。农产品保护仍将继续	欧元危机给对外贸易及资本自由流通带来风险。有60%的可能性希腊将会在2019年以前退出欧元区

续表

指标	2015—2016 年	2017—2019 年
税收	仍将继续谨慎财政政策。不会有大规模增税，社会保障贡献升高。政府支持欧盟内金融交易税	可持续的财政盈余为关注重点。投资税改革生效
融资	前所未有的流通性和欧央行的干涉降低了银行资金压力；为满足监管者的要求，可能进行进一步的资产重组	银行持续被要求提升股本技术。在融资成本上将有更为严格的立法
劳动力市场	失业率保持在低水平。引入法定全国最低工资。限制临时雇佣。在部分行位出现技术工人的短缺。对部分工人，退休年龄降至 63 岁	对于儿童保育设施的提高提高妇女的参与
基础设施	在可再生能源的有限投资。能源行业要求电网扩张	通过公私合营模式融资，但投资仍然有限

资料来源：EIU，Country Forecast——Germany，2015。

德国经济增长对于外部需求的依赖存在风险。由于德国经济依赖出口，地区及全球经济的变化都将影响德国经济，如国外需求的突然降低、来自国外商品的竞争加剧等。欧元区经济的不稳定、欧盟对俄制裁的溢出效应以及全球新兴市场经济放缓都将对德国宏观经济造成不利。由于占据了德国 7% 的出口份额（2014 年数据），德国经济也将受中国经济表现的影响。中国增长模式从依赖投资到依赖消费的转变，很有可能将降低对德国出口货物的需求。而欧元区一旦解体，德国货币将十分强势，大幅削弱德国出口竞争力，相对的进口产品与服务价格将降低。即便欧元区维持现状，德国为维护欧元区所需要做出的承诺与努力也将给德国主权资产负债表造成风险。

德国将维持其对私营企业及竞争开放的态度，并将进一步放开市场竞争。商业监管体系，竞争主管机构长期以来都被认为是有效、公平的。德国政府对经济的干扰、扭曲十分有限。尽管目前德国政府拥有德国电信、德国邮政等巨头等股份，但其已开始考虑减少在部分企业的股权。在公共事业市场方面，德国仍需进一步放开，尤其是近期出现了民众公投将公共事业所有权集体化的做法。在放开服务市场、进口货物与服务方面，德国也一直抵制来自欧盟其他成员国的压力。

德国对国外投资亦持开放态度，但鼓励、吸引外来投资的优惠或政策支持有限。德国倾向于将国外与本地投资一视同仁，但与其他国家一样，更欢迎绿地投资而非通过并购方式进行的投资。近年来，德国外来资本流入量有所降低，其中一个因素是加大了对恶意收购的限制，要求大型投资应宣布其战略目的及“一致行动”原则。对于就业岗位损失、能源供应安全等方面的考虑也限制了对大型公共事业公司的并购行动。对于外来投资，大企业获得投资资助的比例较低，而且不享有参股资助和研发补助等促进措施支持。尽管德国政府有以不符合国家利益为由否决欧盟以外投资者对公司股权 25% 以上的收购的权利，但该否决权尚未使用过。此外，随着中国资本的流入，德国政治家和商人开始担忧德国在某些领域的领先地位遭到削弱。对于高科技行业企业的收购可能面临来自德国政府压力。德国仍将为“大众法”辩护，以保证大众汽车只有在下萨克森州政府同意前提下才能被收购。

在贸易与汇率管控方面，德国作为欧盟及欧元区的一员，其贸易机制由欧盟及世贸组织决定，也不享有独立的货币政策。由于现有世贸组织贸易自由化谈判“多哈回合”陷于停滞，欧盟将推动更多的双边贸易机制的建立，包括与美国的跨大西洋贸易与投资伙伴（TTIP）机制的建立。尽管 TTIP 谈判目前也落后于预定进度，但德国是其坚定拥护者，认为 TTIP 有助于推动欧洲经济，也有利于德国货物的进一步出口。由于欧盟对俄制裁仍将维持一段时间，德国将继续受到负面影响，尤其是高端的资本密集型商品贸易以及石油相关行业将遭受打击。货币方面，2017—2020年，欧元区解体风险较之前几年有所降低，德国仍将是欧元区一员。

德国税费负担仍将在发达国家中处于最高水准。由于执政联盟内部对征税人群、税率、税种等分歧较大，且两大党联盟党与社民党都不支持大规模的减税，2017—2020年，德国税率仍将维持较高水准。对于企业而言，尽管联邦征收的公司所得税税率为15%相对较低，但由于地方还会征收交易税，东德地区还会追加在税费基础上增收5.5%的“团结附加税”以投入东德地区的重建，使得在东德经营的公司所需缴纳的税率为30%—33%。此外，针对如亚马逊、谷歌等成功避税的现象，德国政府还将与其他欧盟国家合作填补漏洞，并协调相应的税收体系。

对于德国金融体系，政府不愿意从根本上进行改革并希望限制欧央行的监督权力，通过立法限制银行风险。德国政府支持欧盟形成银行业联盟，但并不急于推进。同时，为了防止再一次的金融危机，德国存在对银行过度监管的可能性。已有立法已经限制传统银行进行高风险的投资。2017—2020年，德国政府有可能对融资成本进行更严格的立法监督。

劳动力市场方面，德国有着欧盟最低的失业率。过去几届政府都采取措施积极解放劳动力市场并取得成效，保证了高就业率及相对高的劳动生产率。与此同时，经谈判，德国每小时工资也在逐年上涨。随着最低工资法案将在2017年成为约束性法案，虽可能削弱德国企业竞争力，但同时也有可能增强国内需求，在其他行业创造新岗位的优势。此外，技术工种短缺也是未来德国在劳动力市场上需要面临的重要挑战。据估计，从现在到2025年，德国将有540万职业工人的缺口。

基础设施是德国商业环境中最突出的一项，铁路、航空、通信等方面基建水平都十分完善。目前德国政府还在吸引公共投资50亿欧元以投入交通基建，这一过程将持续到2017年，但德国长途铁路系统以及新机场（柏林—勃兰登堡）的建设项目都遇到资金方面的问题而导致工程拖延。德国每年有近3%的GDP投入到研发项目中，在未来两年内德国政府还将继续募集30亿欧元投入研发。能源供应是德国基础设施中较为薄弱的环节，由于取消了核电，对天然气、可再生能源的需求上升，推高了能源价格。未来输电网的扩建也将面临德国部分地区的阻挠。

4. 人口预测

在未来5年，德国人口在数量上不会出现大的变动。外来移民增多与人口老龄化是未来5年内德国人口变动的主要趋势。自2011年来，由于中东北非局势不稳，以及德国对中东欧国家吸引力进一步增大，大量移民涌入德国，德国人口增长了1%。这一局面在2015—2019年将有所放缓，预计年均增长率会在0.2%左右（见表2-7-15）。自1989年柏林墙倒塌之后，德国出生率一路下滑，1991年出生人口有83万，到了2011年仅剩下66万，导致德国老龄化现象将逐步凸显。自2007年，德国政府已开始采取各种措施鼓励生育，包括生育补贴等。

表2-7-15　　德国人口统计与预测

	2009年	2014年	2019年
人口/百万人			
总计/百万人	81.8	81.2	82.0
男/百万人	40.1	39.9	40.4
女/百万人	41.7	41.3	41.7

续表

	2009 年	2014 年	2019 年
年龄分布比例/%			
0—14 岁/%	13.6	13.0	12.9
15—64 岁/%	65.9	65.7	64.4
65 + 岁/%	20.6	21.3	22.7
青年抚养比率/%	0.21	0.20	0.20
老年抚养比率/%	0.31	0.32	0.35
适龄工作人口/百万人	53.9	53.4	52.8
城镇人口比例/%	74.1	75.1	76.0
劳动人口/百万人	44.0	44.8	45.2

资料来源：EIU，Country Forecast——Germany，Oct 2015。

外来移民尤其是欧盟外移民数量的增多要求德国政府采取措施帮助移民融入本地劳动力市场。据估计，当前仅有1/3的欧盟外移民，尤其是中东北非地区移民具备必要的劳动技能。德国政府也会简化措施以欢迎有一技之长的外国人到德国就业，包括承认国际认证、吸收更多数量国际学生、放宽寻找工作的时间等。德国政府希望，到2020年能有35万名国际学生到德国留学。

5. 投资机会

在未来5年内，德国消费者需求将有所上升。过去一段时间内，由于高储蓄率，德国的消费品市场有所缩小。2014年以前，消费对德国后危机阶段的经济复苏贡献有限。但这一趋势在未来5年会有所改变，全球油价降低将暂时推高德国居民真实收入，其他因素譬如最低工资的提高、劳动力市场的紧缩以及个别行业工资的升高，都将进一步刺激消费。但同时，欧洲与全球经济前景的不确定性、相对高的税率也将对德国消费市场有负面作用。2016～2019年德国消费支出预测见表2-7-16。

表2-7-16　德国消费支出预测　单位/十亿美元

	2016 年	2017 年	2018 年	2019 年
食品、饮料及烟草	269.4	292.6	313.1	328.3
房屋及家居燃料	423.1	456.6	487.3	511.6
衣物	89.0	96.9	103.2	107.3
家居货物及服务	109.0	103.2	126.4	132.0
健康	93.7	126.4	107.1	112.3
交通及通信	285.9	307.1	327.6	343.7
休闲及教育	175.9	188.7	200.1	208.4
酒店餐饮	98.0	105.5	112.2	117.1
其他	214.4	231.2	246.4	257.7
合计	1 758	1 898	2 023	2 119

资料来源：EIU，Country Forecast——Germany，2015。

人口老龄化将影响消费模式。相对于西欧其他国家，德国人口老龄化更快，年轻人口的数量开始下滑，工龄人口比例相对固定，65岁以上人口数量明显增加。因此，德国未来几年对养老产业的需求将上涨，如健康产业等，市场若能够推出迎合老年人需求的产品及服务将受到欢迎。同时，越来越多的工龄人口意识到公共养老体系不会一直慷慨，因此，金融行业中有关退休储蓄的产品也将受到推崇。

其他一些社会趋势也会对消费行为产生影响，具体包括：随着独身人口的持续增长，家居行业中符合独身人口消费习惯的产品将获得青睐；随着房产需求的上涨，相关产品也将获得更大市场。同时，社会消费态度的改变也意味着消费者更愿意购买高端或者基础性产品，使消费与其个人偏好匹配，这也将给高端企业以及折扣商更多机会。

德国已经拥有良好的电信和互联网基础设施，以及一个相当高的市场渗透率。由于德国电信在许多领域和关键岗位的竞争优势已经形成，在这一阶段进入电信市场获得的增长潜力有限。但在软件方面，手机市场的竞争仍将激烈。

德国将可持续发展也视为重要领域。其能源政策的首要目标是：2020 年二氧化碳排放量比 1990 年减少 40%，从 2010 年停止煤炭补贴，扩大利用可再生能源，取消核电供应。发展企业化可持续农业，在保护环境前提下，生产健康食品；在农业区引入能够适应未来发展的其他产品。交通方面必须实现减少二氧化碳排放的目标，开发无污染技术，发展铁路交通货物运输。

法国

（一）法国投资概览

国家基本信息简表

中文名称	法国	英文名称	The French Republic
建国日期	1792 年 9 月 22 日	领土面积	64.38 万平方公里
所属洲	欧洲	时区	UTC +1（夏时制：UTC +2）
首都	巴黎	国际电话区号	+33
主要城市	马赛、里昂、图卢兹、尼斯等		
人口	6 667.3 万人	主要民族	法兰西、阿尔萨斯、布列塔尼、科西嘉、佛兰芒等
人口密度	116 人/平方公里		
语言	法语	主要宗教	天主教（50%）、新教（8%）、伊斯兰教（6%）、犹太教（1%）
政体	半总统共和制	法律体系	大陆法系
政党	社会党、共和党、国民阵线、欧洲环保党、民主与独立派联盟、民主运动、共产党	换届时间	2017 年
道路通行	靠右驾驶	货币	欧元（EUR）

2015 年主要金融与投资数据

名义 GDP	2 423 亿美元	FDI 流出量	14.97 亿美元
国际储备	138.164 亿美元		
汇率水平（EUR/USD）	0.92	FDI 流入量	16.11 亿美元
外债余额/GDP	96.7%		

续表

财政收入/GDP	53.3%	FDI 内存量	1 095 亿美元
财政支出/GDP	57.1%		
货币供应增长率（M2）	5.9%	FDI 外存量	1 547 亿美元
通货膨胀率	0.28%		
存款利率	1.9%		
贷款利率	1.9%		
中国与法国双边投资概况			
中国对法国直接投资	36 亿美元（2015 年）		
中国和法国双边投资协定	2007 年 11 月 26 日签署，2010 年 8 月 20 日生效		
中国和法国双边本币互换协议	2013 年 10 月 10 日，中国人民银行与欧洲央行签署了规模为 3 500 亿元人民币/450 亿欧元的双边本币互换协议，有效期 3 年，经双方同意可以展期		
投资优惠措施和利润汇出限制	根据 WEF 发布的《2015—2016 年全球竞争力报告》，法国在竞争力排名方面得分 5.13 分（5.13/7），排名第 22 名（22/144）。允许资本、利润和红利汇回。投资障碍主要体现在劳工管制严格、税率较高、税收规章制度复杂等方面		

（二）法国投资风险分析

根据中国出口信用保险公司出版的《国家风险分析报告（2015）》，法国 2015 年的风险评级为 3（3/9）级，主要风险见表 2－7－17。

表 2－7－17　　2015 年法国主要风险概览

风险类别	风险描述
宏观经济环境	宏观经济低迷，货币政策持续宽松，财政赤字规模超标
政治环境	政局总体稳定，但社会党内部裂痕加深，奥朗德政府任期内面临的政治压力上升
法律与监管	法律体系较为健全，合同执行快，投资退出成本低
政府效率	政府办事效率较高，但营商环境指数排名略有下降
金融及国际贸易与支付	欧元或持续贬值，经常项目赤字有望缩减，国际储备规模适中
安全	巴黎恐怖袭击后，族群矛盾激化，社会治安形势不容乐观；经济中长期仍将低迷，工会罢工和示威风险较高
税收政策	税收负担较重，税种多且税率高
基础设施	交通、通信、能源等基础设施十分发达，位居欧盟国家前列
劳动力市场	人力资源成本过高，令企业不堪重负
社会文化风险	外来移民数量较多，族群分裂问题严峻

整体来看，法国投资风险较低。具体而言，法国的税收风险和劳动力市场风险较高而政治风险和法律风险相对较低。由于具备较为健全的法律体系和良好的基础设施，法国向来是全球最重要的外资直接投资目的地之一。受金融危机和欧债危机的双重影响，自 2009 年以来，法国陷入吸引投资的低潮。根据联合国贸发会议发布的《2015 年世界投资报告》，2014 年法国吸引外资额为 15 亿美元，远低于 2013 年的 48.8 亿美元。尽管国内保护主义上升，但法国政府和欧盟委员会依然保持贸易和投资的透明开放。法国的主要行业基本都对外资开放，国内银行业对外汇管制也较少。但值得注意的是，法国居高不下的失业率使得外来投资者容易受到政治压力和公众非难的影响，而且国

内的营商环境也日益受到工会示威和地方腐败的影响。在结构性改革前景不明的形势下，2016 年法国吸引外资额或将进一步下探。

法国政局总体稳定，奥朗德政府面临的政治压力虽有所增加，但仍能缓慢推进各项改革。在经历长期低迷后，法国经济略有回升，但由于财政赤字过高，债务负担过重，经济恢复的前景并不乐观。《查理周刊》恐怖袭击事件加剧了法国主流社会与移民群体的矛盾冲突，而法国对伊拉克、叙利亚以及非洲等地极端势力的打击也使得国内面临的恐怖主义威胁进一步加剧。未来法国国家风险主要在于执政的社会党能否有效推动结构性改革，尤其是税收体系和劳动力市场改革。短期来看，持续走低的欧元、宽松的货币政策和低油价都将有利于法国经济的恢复。长远来看，法国的经济复苏受到结构性因素的制约，低增长、高失业状态将继续加剧社会分化。

本报告主要从政治风险、宏观经济风险、法律与监管风险、税收风险、经营性风险、安全风险方面对国家投资风险进行分析。

1. 政治风险

奥朗德执掌的社会党（Parti Socialiste，PS）政府在国民议会拥有多数席位，但日益受到右翼和极右翼政党的挑战。社会党政府虽强势推进改革，但党内不同政见者的分歧使得各项改革举步维艰。现任政府能否在 2017 年的总统选举中谋求连任，很大程度上取决于其是否能通过结构性改革改善低增长、高失业率的状况。

反对派强势崛起，奥朗德政府谋求连任的政治压力上升。当前法国政坛呈现出执政党社会党、共和党（Les Républicains，LR）和国民阵线（National Front，NF）三足鼎立之势。在 2015 年 3 月的省议会选举和 12 月的地区选举中，法国右翼政党共和党的得票率都位居第一。极右翼政党国民阵线也在各种选举中异军突起，成为法国政坛的一支“孤军”。欧洲难民危机和巴黎恐怖袭击发生后，该党利用民众情绪大力宣扬“反欧盟”、“反移民”口号，一度获得空前的支持率。与此同时，民调数据显示，法国总统奥朗德的支持率已降到 1958 年以来的最低点，照此发展趋势，社会党政府赢得 2017 年选举的可能性不大。

社会党内部分歧不断，阻碍了政府的改革进程。面对当前严峻的经济形势，奥朗德总统和瓦尔斯总理执掌的社会党政府推出了削减商业税、雇佣激励政策等各项措施来促进就业。这些改革举措遭到了部分党内同僚的反对，他们认为损害了法国的福利制度，呼吁增加公共预算，加大对社会政策的投入力度。社会党内部不同政见者的分歧束缚了政府的手脚，使其难以开展大规模的结构性改革。从目前形势来看，社会党政府的经济改革政策无法逆转经济低迷的态势，也难以对劳动力市场产生显著影响。

2. 宏观经济风险

受相对紧缩的财政政策、居高不下的失业率以及结构性障碍等因素影响，法国经济在相当长一段时间内将持续低迷。2015 年法国经济的增长率为 1.2%。在油价走低、欧元疲软和货币政策宽松的利好背景下，IHS 预测 2016 年法国经济将继续缓慢增长。然而，法国经济回升的态势难有实质性突破，主要原因在于法国实行高福利制度，劳动力成本过高导致企业竞争力被严重削弱。欧债危机发生后，政府推出了一系列改革方案，但实施的力度和效果并不显著。未来法国经济要实现快速增长，尤其需要加快劳动力市场改革。

商业投资环境有望逐步改善，但内需不足和过剩产能将限制投资增长。2015 年第四季度，法国的私人投资额同比增长了 1.2%。得益于国内信用环境的改善和经济的渐趋回暖，2016 年法国的投资支出将进一步增长。据法国国家统计局 2014 年一项调查显示，2016 年法国制造业计划增加 3% 的投资。然而，不容忽视的是，法国当前的失业率高达 10.6%，国内消费支出受到严重拖累。同时，国内工业产能利用率也低于历史平均水平，这意味着 2016 年的投资支出将主要用于工业重置。预计在未来两年，法国的投资支出不会出现突破性增长。

社会党政府计划削减公共支出，财政赤字有望降至 GDP 的 3.3%。法国的财政赤字连年高企，受金融危机影响，2009 年法国的财政赤字高达 GDP 的 7.2%。长期过高的财政赤字导致政府债务激增，预计到 2017 年，政府债务占 GDP 比重将达到 100%，这将使法国经济处于十分脆弱的境地。近年来，法国的财政赤字虽有所下降，但仍高于欧盟所规定的 3% 的阈值。在连续数年无法达到欧盟所规定的标准后，2015 年 4 月，欧盟委员会决定不再对法国实施罚款，将这一期限延长至 2017 年。为在规定时间内达到欧盟的要求，社会党政府决定大幅降低公共支出。在 2016 年预算案中，政府计划将财政赤字减少 10 亿欧元到 720 亿欧元。这无疑将降低法国经济面临的潜在风险，但也不可避免地会对投资带来一定的负面影响。

劳动力市场缺乏灵活性，新劳工改革法案争议愈演愈烈。法国具有相对完善的福利体系和较高的劳动生产率，但劳动力资源利用率却在 OECD 国家中排名相当落后。究其原因，主要在于法国的劳动力市场面临着结构性失业、年轻人劳动参与率低、退休年龄较小等问题。而且，法国的劳工法十分严格，规定企业在解聘员工时支付大量补偿金，导致大部分企业不敢轻易解雇劳工或者削减福利。社会党政府自 2012 年上台以来，推出了一系列改革措施，希望盘活劳动力市场，但成效不大。2016 年 2 月，酝酿已久的新劳工法案出台，规定实际取消每周 35 小时工作制，赋予雇主更多解雇员工和削减成本的权利等。法案刚一出台就遭到民众的强烈抗议，并引发数十万人的示威游行活动。对此，社会党政府表示不会撤销法案，但各方博弈将走向何方，还有待进一步观察。中企赴法进行投资时，需密切观察当前劳动力市场的动向，了解政府出台的新政策，以免陷入不必要的劳资纠纷。

案例

某中资企业并购法国一家公司出现巨额亏损，公司不得不实施欧洲业务的重组计划，核心内容之一便是裁撤冗员。然而，令公司始料未及的是，在法国，裁员远非想象那么容易。最终中资公司为欧洲业务重组支付了高达 2.7 亿欧元的费用，而其中绝大部分是给员工的安置费用，平均裁员成本超过每人 10 万欧元。

资料来源：《商务部对外投资合作国别（地区）指南——法国》，2015 年版，第 72 页。

3. 法律与监管风险

在法国，法律诉讼需要经过繁琐的行政程序，花费时间较长。法国的法律体系比较健全，各类经济和商业活动都有较为完备的法律法规加以约束，但是也存在不少弊病，如法律诉讼程序过于繁琐、耗时。根据世界银行的数据，在法国，法院平均需要 325 天下达一份判决，判决之日起 60 天后开始执行。针对这种现状，社会党政府已经意识到了改革的必要性，推出了包括改革劳工法院在内的系列措施，以简化行政程序，提高诉讼效率。

由于具备相对完善的、独立的司法制度，在法国合同变更的风险和退出成本都较低。法国的法律体系主要建立在《拿破仑法典》之上，法院以“成文法”为判决依据。据世界银行 2016 年公布的“经商便利度”指数，法国在全球189个经济体中排名27位，在执行合同方面更是排名14位。因此，相对全球大部分经济体来说，外来投资者在法国享有比较规范的法律保障。而且，法国对企业尤其是中小企业办理破产的审批程序十分简单，大大降低了企业的退出成本。

4. 税收风险

法国的税收负担较重，企业所得税税率高达33.3%，位居欧洲第三。相比其他欧洲国家，法国税种多且税率高。近年来，面对连年高企的财政赤字，法国政府不断增加税收负担。仅2010—2015年，法国就新增了51项税负。根据世界银行2016年公布的“经商便利度”指数中的纳税这一分指标，法国在全球189个经济体中排名87位。中国企业在法国进行投资时，尤其需要注意，法国的企业税率高于OECD成员国的平均水平，而且针对企业的税种也比较多。中国企业应及时了解税收方面的政策变化，在此基础上进行税务统筹。

案例

中国在法国企业的税收负担

中国在法国企业需缴纳的税种有：增值税、企业所得税、合同注册税、个人所得税等。受金融危机影响，近年来，法国的税收负担不断加重，严重影响了企业的竞争力。为降低企业税负，社会党政府上台后推出了一系列改革措施，包括税收抵免政策等。

税收风险管控建议：

（1）中法两国签署了税收协定，在法中资企业可以避免重复缴纳税负。但中资企业在法国进行投资时，也应及时了解最新的税收政策，将相关优惠措施的影响纳入税收成本测算。

（2）企业在进行投资决策前应充分认识到在海外经营可能面临的税收风险，在此基础上评估可能对企业总体税负造成的影响，为建立税收风险管理体系奠定基础。

社会党政府推出了针对企业的税收减免政策，客观上有利于吸引外资。2013年，社会党政府采取了包括提高大企业和富人的税负、降低商业成本等一系列措施来增强经济的竞争力。2014年4月公布的经济刺激计划将从2017年到2020年逐步将企业所得税率从33.3%降至28%。为扩大课税基础，并与欧盟其他成员国的企业税率水平保持一致，2016年法国将停止向营业额超过2.5亿欧元的企业征收10%的公司所得税附加税。在2016年预算案中，政府还推出了惠及企业的新政策，包括在2017年之前取消“企业互助贡献税”（C3S）。该政策若顺利实施，预计将为约30万家企业减轻税收负担。

政府还推出了“竞争力与就业税项优惠”（CICE）政策来提高企业竞争力，促进就业。享受该项政策的企业必须证明CICE被用于招募员工、员工培训、创新与研发等，而不是用来增加管理层薪酬或者分红。根据法国国家统计局的数据，截至2013年底，CICE已为法国创造了3万多个工作岗位。此外，在2015年的预算法案中，政府还承诺加大对海外部门的税收抵免投入，预计到2016年投入将增长9%。由于外资企业在法国享有充分的国民待遇，因此各种税收优惠政策同样适用于所有在法国的外资企业。中资企业可通过法国国际投资署的官方网站了解优惠政策的概况和申请手续。

5. 经营性风险

法国是欧洲第三大吸引外国投资的国家，仅次于英国和德国。法国拥有良好的营商环境，在通信、交通、能源等领域的基础设施建设甚为发达，但是外资企业在法国也面临着不少挑战。法国的工会集团比较活跃，组织性强，商业活动容易受到示威活动的影响。而且，由于国内过高的失业率，外来投资者在法国解雇员工时更易受到公众非难。为改善营商环境，政府通过了一系列改革法案，包括合并行政区、出台“大巴黎计划”等。根据议会通过的行政区划改革方案，自 2016 年 1 月 1 日起，法国的 22 个大区合并为 13 个超级大区；而致力于改善首都及其周边交通状况的“大巴黎计划”预计将于 2030 年完工。这些举措无疑将进一步增强法国对外资的吸引力。

（1）对外国直接投资（FDI）的态度。在全球经济衰退的大背景下，法国国内的保护主义情绪有所上升，但法国政府和欧盟依然保持贸易、投资机构的开放透明。除航空等领域外，主要行业基本都对外资股权开放。尽管法国政府通过宣传推广鼓励民众更多购买本国生产制造的产品，但欧盟规定不允许成员国引入保护主义立法，政府这一活动并没有得到法律上的支持。为避免损害外来投资者的热情，法国政府基本不会对外资直接干预或者进行没收。

迫于公众压力，法国政府将特定行业排除在 TTIP 谈判之外。法国国内对跨太平洋伙伴关系协议持警惕和怀疑的态度，担心美国通过该协议加强对欧洲的控制，并给欧洲的食品安全和环境保护带来威胁。法国政府不允许将视听服务行业等纳入谈判议程中，也避免任何转基因相关的产品流入国内市场。同时，政府也不愿放松对食品安全标准。这些都被美国视为是法国对其设置的非关税壁垒。

（2）没收风险。2012 年 11 月，法国生产振兴部部长阿尔诺·蒙特布尔威胁要将法国东部安塞乐米塔尔旗下的一座钢铁厂国有化。这一威胁并没有实现。随着蒙特布尔的下台，法国国内很少再出现这种措辞。从目前形势来看，未来一年法国企业不会面临任何大规模的没收风险。

（3）劳工风险。法国低增长、高失业率的现状可能将持续相当长一段时间，因此工会的罢工、示威等活动将会越来越频繁。法国的工会组织性强，能够发动大规模的罢工和抗议活动，对整个国家的商业运营造成了严重的负面影响。2015 年 6 月、8 月和 2016 年 1 月，为抗议食品价格下跌，法国农民封锁西班牙和德国边境的道路，阻止两国农产品输入或过境。2015 年 9 月 3 日，法国农民驾驶数千辆拖拉机到巴黎示威，造成严重的交通中断。

交通领域最容易受到罢工活动的影响。2014 年 9 月，法国航空公司飞行员罢工两周，抗议公司发展廉价航空，不仅给航空业带来了破坏性的影响，法航也为此损失了近 5 亿欧元。2015 年 10 月，法航员工举行抗议游行，反对公司重组计划导致的大规模裁员。与此同时，在 2014 年和 2015 年这两年期间，法国加莱港口的码头工人、国家铁路公司的员工也都举行过罢工和示威活动。这些活动给不少外来投资者的心理蒙上了一层阴影。

（4）腐败风险。在法国，腐败现象比较少见，但随着分权化的不断深入，地方逐渐滋生出小范围的腐败。随着越来越多公私合作项目的开展，贿赂与回扣也变得十分常见。在国家层面，近年来出现的腐败指控不仅影响了一些核心政治人物的形象，也降低了民众对政治家的信任。法国前总统希拉克被控腐败，并在 2012 年被判处两年有期徒刑。前总统萨科齐被爆在选举过程中接受欧莱雅集团女继承人贝当古的非法政治献金；还因涉嫌在 2007 年竞选总统期间接受利比亚前领导人卡扎菲的资助而于 2014 年被正式指控。这些指控虽被当事人否认，但对其政坛形象造成的负面影响却将持续。

6. 安全风险

法国拥有相对高效的安保体系。但来自恐怖组织和极端主义分子的威胁正在升级，法国安保工作正面临前所未有的挑战。2015 年 1 月 7 日，巴黎《查理周刊》杂志社遭受恐怖袭击，造成包括主编在内的 17 人死亡。奥朗德政府随后旋即通过新的反恐立法，赋予情报部门更大的监管权力。2015 年 11 月 13 日，巴黎市发生了一系列恐怖袭击事件，造成至少 132 人死亡。巴黎恐怖袭击事件发生后，法国境内发生了 100 多起针对穆斯林的威胁事件。在对法国公民的一项调查中，40% 的受访者表示，法国的穆斯林群体是对法国身份的威胁。法国国内反穆斯林情绪的蔓延加剧了族群冲突，也给了国外的伊斯兰武装分子提供了更多的宣传把柄，将法国列为对穆斯林不敬的国度。短期来看，恐怖袭击对法国的餐饮、旅游等服务行业造成了一定的负面影响，而且也不可避免地降低了消费者信心和投资者的热情。但长远来看，随着法国经济的回暖和国内安保力度的加大，这种情况不会持续。

（三）法国未来发展预测和投资机会分析

1. 政治前景

在政治稳定性方面，随着反对派的强势崛起，社会党政府面临的政治压力持续上升。奥朗德总统的支持率已跌入法兰西第五共和国成立以来的最低点。由于党内分歧不断，奥朗德政府的改革进程举步维艰，客观上为右翼和极右翼政党的崛起提供了有利的政治气候。巴黎恐怖袭击后，持反移民、反欧盟立场的国民阵线在第一轮地区选举中的得票率一路飙升。只是在主流党派和担心极右翼政党掌权的民众共同努力下，国民阵线才没能赢得第二轮选举。尽管如此，国民阵线也已发展成为法国政坛一支不可忽视的政治力量，必要时能够对政局产生关键影响。与此同时，由于对奥朗德政府推出的改革措施不满，部分社会党成员开始向右翼共和党靠拢。最新的调查数据显示，共和党候选人阿兰·朱佩的支持率高达 57%，成为当前最受欢迎的政治家。

在选举前景方面，考虑到现任政府的暗淡业绩和法国选举制度本身的特性，右翼共和党很可能在 2017 年的总统和立法选举中重新掌权，社会党赢得选举的希望非常渺茫。从近期的投票结果来看，极右翼政党国民阵线很可能在 2017 年第一轮总统选举中大获全胜，并在第二轮选举中与右翼共和党直接对决。届时，为防止极右翼政党掌权，将会有相当多的社会党成员暂时放下分歧，投票支持共和党。

在国际关系方面，巴黎恐怖袭击事件发生后，法国将打击叙利亚境内的“伊斯兰国”组织和加强边境管控列为国际事务的优先方向。法国政府实施的大规模空袭及其盟友的协调行动破坏了伊斯兰国在叙的行动，但也不可避免地造成该组织实施报复行为，继续在欧洲制造恐怖袭击事件。随着叙利亚安全形势不断恶化，将会有更多的难民涌入欧洲。从目前形势来看，欧盟成员国很难达成一个可行的难民分配方案。相反，越来越多的成员国选择抛开欧盟法，单方面加强边境管控，这无疑对欧盟的未来增添了新的不确定性。

2. 经济预测

2014 年初，法国总统奥朗德高调发表演说，决定转变经济政策，开展自由化改革。这些改革措施旨在缩小财政赤字，降低失业率，提高企业的市场竞争力。事实证明，政府要推进改革可谓举步维艰，不仅面临着反对派施加的政治压力，还要应对社会党内部日益严重的分歧。两年过去，法国国内改革的规模和幅度都远远低于实际需要。其中，税收体系和劳动力市场改革的滞后严重拖累了经济。

从宏观层面来看，法国经济正处于逐渐回暖的过程中。2015 年，法国经济增长率为 1.1%。得益于低油价和低通货膨胀率，EIU 预测 2016 年法国经济增长率可能将达到 1.7%。由于欧元持续走低，加上欧元区大部分国家的内需不断提升，2015 年，法国出口总额增长了 5.9%，进口总额增长达到了 6.1%。然而，当前以中国为首的新兴经济体普遍面临经济下滑的风险。考虑到法国与新兴经济体不断扩大的贸易增幅，未来几年，法国对外贸易额将有所回落。

在财政政策方面，2016 年法国的财政赤字可能达到 3.5%，略低于 2015 年的 3.8%。EIU 预测，法国可能到 2018 年才能将赤字控制在欧盟规定的 3% 阈值范围内。欧盟委员会也意识到，巴黎恐怖袭击后法国的安保需要将在某种程度上分散财政投入，因此决定不再对法国实施罚款，并将赤字控制在 3% 的期限延长至 2017 年。现任社会党政府公布的预算案的核心是降低公共支出，计划将财政赤字减少 10 亿欧元到 720 亿欧元。如果 2017 年总统选举后的新政府坚持这一政策，法国的财政赤字将有望到 2020 年降到 1.5%。

在货币政策方面，2015 年 1 月 22 日，欧央行宣布全面启动量化宽松（QE）政策，每月购买 600 亿欧元的成员国政府债券，购买计划从 3 月起持续至 2016 年 9 月。QE 的目标是将欧元区通货膨胀率提升到 2%，促进欧元区经济增长。但在实施了近一年后，QE 虽造成欧元大幅贬值，但对欧元区经济的刺激效果并不明显。近日，欧央行主席德拉吉宣布将 QE 的实施截止日期推迟到 2017 年 3 月。随着 QE 实施期限的延长，欧元贬值可能将持续一段时间，这在客观上将有利于法国的经济复苏。

3. 营商环境

法国的商业环境总体价值指数在 2015—2019 年为 7.67，较 2010—2014 年的 7.58 有明显提高。2015—2019 年，法国的商业环境全球排名将从 2010—2014 年的第 18 名跌倒第 20 名，在区域排名中从第 10 名降到第 12 名（见表 2 -7 -18）。

表 2 -7 -18　　法国营商环境评级与预测

指标	价值指数[a]		全球评级[b]		地区评级[c]	
	2010—2014 年	2015—2019 年	2010—2014 年	2015—2019 年	2010—2014 年	2015—2019 年
总评	7.58	7.67	18	20	10	12
政治环境	7.9	7.8	15	16	10	10
政治稳定性	7.8	7.8	21	19	13	12
政治有效性	8.1	7.8	12	13	8	9
宏观经济环境	6.6	6.6	51	55	11	12
市场机会	7.4	7.3	8	5	2	1
对私人公司和竞争的政策	8.0	7.8	17	20	10	12
对外国投资者的政策	8.2	7.8	18	27	10	13
对外贸易和汇率管控	8.7	9.1	26	14	12	8
税收	5.9	6.1	43	48	13	13
融资	7.4	8.1	11	8	5	2
劳动力市场	6.3	6.6	33	32	12	12
基础设施建设	9.4	9.4	1	3	1	3

注：a，最高为 10；b，在 82 个国家（地区）中；c，在 18 个国家（地区）中，包括奥地利、比利时、塞浦路斯、丹麦、芬兰、法国、德国、希腊、爱尔兰、意大利、荷兰、挪威、葡萄牙、西班牙、瑞典、瑞士、土耳其和英国。

资料来源：EIU，Country Forecast——France，2015。

法国的商业环境的改善，主要得益于奥朗德总统坚定的改革立场。但不容忽视的是，法国商业环境全球排名出现了显著下滑，原因在于大部分改革措施并没有得到有效贯彻实施。随着 2017 年总统大选的临近，一些结构性问题（如税收体系和劳动力市场）的改革愈发难以开展。然而，奥朗德总统在 2014—2015 年推动通过的改革立法对下一届政府起到了很好的启示作用。如果新政府继续推动奥朗德在任期间通过的改革措施，法国的商业环境将会得到显著改善。

法国的经济虽有小幅度回暖，但宏观经济环境依然相当严峻。受金融危机影响，法国的公共债务达到了前所未有的高度，预计到 2019 年将升到 105%。2014 年，法国的财政赤字达到 GDP 的 4%，高于欧盟所规定的 3% 的阈值。尽管欧盟将这一期限延长到 2017 年，但届时法国政府可能仍将无法达到要求。考虑到现任政府在推行结构性改革方面的迟缓，如果外部环境恶化，法国经济可能将再度陷入低迷。

法国对私人企业和竞争的政策没有出现显著变化。长期以来，政府在经济发展上发挥的主导作用和民众对经济自由化的普遍敌意损害了法国的营商环境。过去二十多年来，随着法国私有化进程的展开，政府在经济中发挥的作用有所降低，但仍持有不少大型企业的股份。而且，虽然法国近来在自由化方面取得了一些进步，国家依然不放松对一些重点领域的干预。此外，法国的工会集团和游说团体也不断限制自由化改革的范围。从目前形势来看，国家主导市场发展、政商之间互动密切仍将是法国商业环境的主要特征。

在外国投资政策方面，除了一些国有垄断行业（包括铁路、烟草业以及核能等）外，法国政府将继续保持对外资的开放态度。对于国家的战略性产业，法国政府发挥着主导性的作用。如若大型国有集团面临破产风险，政府会不惜触犯欧盟法律来对其予以保护，以降低国有企业被外资收购的风险，避免外资介入国家战略产业。

在对外贸易和汇率管控方面，法国的排名达到了历史最高水平，这主要得益于欧元区危机的解除和法国政府推进的改革措施。然而，由于欧元区结构性问题尚未解决，加上近期全球贸易增速的放缓，这一指标仍面临着下行的风险。

在税收方面，法国的税收体系缺乏透明度，而且税收负担较重。以往政府往往通过增加企业和高收入人群的税负来解决公共财政问题。奥朗德总统上台后改变了这一策略，推出了一系列改革措施，以降低企业的税负，刺激经济增长。在 2016 年预算案中，社会党政府不仅决定削减近 20 亿欧元的个人所得税，而且推出了新的税收优惠措施，包括在 2017 年之前取消“企业互助贡献税”（C3S）。此外，政府还计划在 2017 年到 2020 年之间将企业所得税税率从 33.3% 降至欧盟的平均水平 28%。

在融资方面，法国的信贷增速开始攀升，企业贷款明显增多。然而经济恢复较为缓慢，银行业发展前景并不明朗。在过去十多年间，法国逐渐从基于信用的融资模式向股权融资方向发展，但银行贷款仍然是非金融企业获得资金的重要渠道。

在劳动力市场方面，法国是全球范围内劳动生产率最高的国家之一，但劳工的年均工作时长却在 OECD 成员国中排名倒数第三。工会集团罢工活动频繁，给正常的商业运行带来了破坏性的影响。当前，法国的劳动力市场面临着深层次的结构性问题，具体表现为相对较低的雇佣率和长期居高不下的失业率。主要原因有以下几点：法国的劳工法过于复杂、严格；对薪酬管理过度；雇员的社会保障成本过高。在当前法国的政治生态下，劳动力市场要得到显著改善面临着诸多阻力。新劳工法案出台后引发的大规模游行示威便是例证。

4. 人口预测

法国的人口增长率处于持续下滑中。由于对外来移民设置了较多限制，未来法国人口或将进一步减少。法国拥有欧洲最多的外来移民人口（约占总人口的10%），但净移民率却是欧盟国家中最低的。而且，不同于其他发达国家，2008年的金融危机及其带来的经济停滞几乎没有对法国的生育率造成任何显著影响。2013年，法国的生育率为0.5%，而人口置换率却达2.1%。考虑到受教育时间的延长、女性劳动参与率的提升和其他相关因素的影响，未来几年法国的生育率将持续走低（见表2-7-19）。

表2-7-19　法国人口统计与预测

	2009年	2014年	2019年
人口/百万人			
总计	62.6	64.1	65.5
男	30.3	31.1	31.8
女	32.4	33.1	33.7
年龄分布比例/%			
0—14岁	18.4	18.2	17.9
15—64岁	65.0	63.5	62.0
65岁以上	16.6	18.3	20.1
青年抚养比率	0.28	0.29	0.29
老年抚养比率	0.26	0.29	0.32
适龄工作人口/百万人	40.7	40.7	40.6
城镇人口比例/%	78.1	79.3	80.6
劳动人口/百万人	29.3	29.8	29.9

资料来源：EIU，Country Forecast - France，2015。

在生育率低于人口置换率、预期寿命不断延长的背景下，法国人口的老龄化趋势日渐明显。预计到2020年，65岁以上的人口将占据法国总人口的20%多。随着“婴儿潮”时代出生的人陆续达到法定退休年龄，法国的公共医疗和养老保障体系将会面临越来越多的挑战。如果不进一步扩大劳动力规模，人口发展势头将不断恶化，进而拖累法国经济。

与不少欧洲国家相比，法国的人口结构还算比较合理。2014年，15岁以下的人口占法国总人口的比重为18%。短期来看，这将拉动国内的消费需求，促进经济增长。长期来看，相对庞大的年轻人口将会缓解人口老龄化对法国经济带来的冲击。

5. 投资机会

法国的经济体量十分庞大，但由于国有企业在经济中占据主导地位，消费市场相对来说较小。2014年，法国的名义GDP达到2.8万亿美元，成为世界第六大经济体，排在美国、日本、中国、德国和英国之后。然而，以西欧国家的标准来看，法国人均GDP排名仅位于中等地位。2014年，法国人均GDP按平均汇率折合4.4215万美元，在欧盟28个成员国中排名第11位；人均GDP按购买力平价计算为4.0132万美元，排名第9。预计未来几年，相对于其他欧盟成员国，法国的排名将保持稳定。

得益于发达的税收体系和社会保障体系，法国的贫富差距并不大。2012年，法国的基尼系数为30.5。随着高收入家庭税负的增加，法国的不平等现象有望进一步改善。而且，随着经济的有限回暖和市场信心的回归，法国的家庭储蓄率将温和下降。这些迹象表明，法国的居民消费支出或将进一步增加。

长远来看，居民收入水平的提高、妇女劳动参与率的提升和人口的渐趋老龄化等都会对法国的消费结构产生深远影响。预计未来几年，法国民众对医疗保健、休闲服务和家居用品将会有更大的需求。目前来看，电子消费行业依然是增长最快、发展最有潜力的市场。但随着市场对大型家电、家居和电视的需求趋于饱和，该行业正面临着新一波产品创新的压力。

英国

（一）英国投资概览

国家基本信息简表

中文名称	大不列颠及北爱尔兰联合王国	英文名称	The United Kingdom of Great Britain and Northern Ireland
建国日期	1801 年 1 月 1 日	领土面积	24.25 万平方公里（联合国统计局 2012 年数据）
所属洲	欧洲	时区	UTC +0（夏时制：UTC +1）
首都	伦敦	国际电话区号	+44
主要城市	贝尔法斯特、利物浦、曼彻斯特、爱丁堡、格拉斯哥、伯明翰等		
人口	6 460 万（英国国家统计局数据，2015 年 10 月发布）	主要民族	英格兰人、苏格兰人、威尔士人、爱尔兰人
人口密度	266.39 人/平方公里		
语言	英语	主要宗教	居民多信奉基督新教，另有天主教会及伊斯兰教、印度教、锡克教、犹太教和佛教等较大的宗教社团
政体	议会制君主立宪制	法律体系	英美法系
政党	除保守党、工党、自由民主党三大政党外，英国其他主要政党还有：苏格兰民族党、威尔士民族党、绿党、英国独立党、英国国家党，北爱尔兰一些政党如：北爱尔兰统一党、民主统一党、社会民主工党、新芬党等	换届时间	2015 年 5 月 8 日
道路通行	靠左驾驶	货币	英镑（GBP）

2015 年主要金融与投资数据

名义 GDP（以购买力平价计算）	26 620 亿美元	FDI 流入量	395.3 亿美元
国际储备	1 296 亿美元		
汇率水平（GBP/USD）	1.58		
外债总额/GDP	316.4%		
财政收入/GDP	38.9%		
财政支出/GDP	43.1%		
货币供应增长率（M2）	0.575%		

续表

通货膨胀率	0.3%	FDI 流出量	614.4 亿美元
存款利率	1.6%	FDI 内存量	14 574.0 亿美元
贷款利率	4.5%	FDI 外存量	15 381.3 亿美元
中国与英国双边投资概况			
中国对英国直接投资	4.03 亿美元（中国商务部数据）	中国实际利用英国直接投资	4.95 亿美元（中国商务部数据）
中国和英国双边投资协定	1986 年 5 月 15 日签署，1986 年 5 月 15 日生效		
中国和英国双边本币互换协议	2013 年 6 月 22 日，中国人民银行与英格兰银行签署了规模为 2 000 亿元人民币/200 亿英镑的中英双边本币互换协议，有效期 3 年，经双方同意可以展期。2015 年中英两国央行续签双边本币互换协议并扩大互换规模至 3 500 亿元人民币/350 亿英镑		
投资优惠措施和利润汇出限制	根据 WEF 发布的《2015—2016 年全球竞争力报告》，英国在鼓励外商投资方面得分 5.4 分（5.4/7），排名第 10 名（10/144）。允许资本、利润和红利汇出		

（二）英国投资风险分析

根据中国出口信用保险公司出版的《国家风险分析报告（2015）》，英国 2015 年的风险评级为 3 级（3/9），主要风险见表 2-7-20。

表 2-7-20　　2015 年英国主要风险概览

风险类别	风险描述
宏观经济环境	经济增长比上年明显回落，全球贸易增长乏力等风险
政治环境	2016 年 6 月 24 日英国决定脱离欧盟的公投结果带来很大政治不连续性风险
法律与监管	法律法制健全，法院审判公正性强、透明度高，合同执行有保障
政府效率	行政效率较高，腐败现象较少，政府财政赤字，存在主权债务风险
金融及国际贸易与支付	脱欧公投后，外国直接投资和证券投资均将受到打击，原先吸引外国直接投资处于欧洲领先水平的状况将发生改变，经常账户赤字加大
安全	国内相对安全，有运转良好的安全保障系统，但面临小规模恐怖袭击的风险，安全风险有所上升
税收政策	为吸引外国直接投资，英国公司税水平在欧洲最低
基础设施	交通四通八达，交通技术先进；基础设施完善，但设施老化
劳动力市场	劳动力素质高，同欧洲大陆国家（德、法）相比，有更加灵活的劳动力市场，但劳动生产率相对较低，且高素质劳动力面临短缺风险
社会文化	英国民众对外来投资总体持积极态度

继 2015 年经济增长从上年回落之后，受脱欧的负面影响，预测 2016 年英国经济增长将放缓，也会打击中国企业在英国投资的积极性。2015 年 2 月致同会计师事务所发布的“2014 投资英国跟踪调查报告”显示，2013 年以来，中国企业投资英国的势头强劲。截至 2014 年 10 月，调查报告评出了营收年同比增长率增长速度 25 强的中国在英企业，2013 年年总收入超过 250 亿英镑，比 2012 年的 170 亿英镑有大幅增长，当年 25 强企业的整体增长率高达 38%，高于上年的 27%，但是 2016 年中国在英国企业整体增长率将会全面下降。

本报告主要从政治风险、政策风险、法律与监管风险、劳工风险、安全风险方面对国家投资风险进行分析。

1. 政治风险

尽管中国自行开发的核电技术具有同法国第三代核反应堆竞争的优势，但是由于一些英国军方和情报部门人士担心国家安全风险等政治问题，该技术获得英国监管机构批准的过程需要一定时间，因此中方选择与法国公司合作修建欣克利角核电站。但法国公司受制于国内政治等因素，一再推迟投资时间表。一些涉及国家重大战略项目的投资计划极易受到当地政治因素的影响，需密切跟踪政情舆情。

案例

英国合作方推迟投资决定致中企投资受挫

位于英格兰萨默塞特郡的欣克利角核电站是英国近20年来兴建的第一个新核电站，将生产英国约7%的电力。2015年10月法国某电力公司已取得建设该电站的授权和许可，并与英国政府就主要商业条款达成了协议，法方电力公司将最终投资160亿英镑，中国某核电集团正就欣克利角核电站持有股份事宜同法方电力公司进行谈判。但是2016年1月和5月，项目牵头的法方电力公司两次推迟宣布投资决定，项目及相关的中企合作投资受挫。

政治风险管控建议：

（1）由于中国对英国基础设施的投资才刚刚开始，中企可能看好组建合资企业，因为它们能提供许多潜在好处。在从国际经历中汲取教训、积累经验之后，战略联盟将逐渐转变为独立的投资。

（2）密切跟踪英国内政走向，抓住其脱欧后摆脱经济财政困境的需要，争取推动合作进程，必要时推出在英国西南部的布拉特威尔独立投资修建由中国自行开发的核反应堆计划，推广中方先进的自主核电技术。

2. 政策风险

案例

英国脱欧造成的政策不连续性致在英国投资大幅缩水

作为英国最大的外国投资者之一，某港商集团通过收购英国电网、水务与管道燃气业务，控制了英国1/4的电力分销市场、约5%的供水市场以及近1/3的天然气市场。英国脱欧已经造成上述投资项目大幅缩水，损失很大。

政策风险管控建议：

（1）跟踪英国内外政策走势，避免新的误判。

（2）根据形势和政策的变化及时调整投资战略，争取化危机为机遇，将损失降到最低。

3. 法律与监管风险

英国法律法制健全，合同执行有保障，对外资公司财务透明度等要求严格，往往以其缺乏透明度为由阻止银行控制权出让给外资公司。

案例

当地监管机构有关公司财务透明度的要求致控股银行受阻

2015 年底，中国某商业集团在成为英国伦敦城最古老的商业银行之一的克兰沃特—本森银行大股东后，尝试获取控制权的竞购活动，因中国公司对披露有关融资和所有权问题的详细信息，且此持谨慎态度未能通过金融行为监管局和审慎监督管理局的审查，原因是其财务缺乏透明度。对于在伦敦城有大量交易活动的银行，这两个监管机构有权阻挠其控制权易手。有律师警告说，涉及透明度的新法律可能会进一步给中国公司带来长远的问题。

法律与监管风险管控建议：

（1）熟悉并深入了解当地相关法律法规，密切跟踪新出台的相关法律法规。

（2）聘请有经验的法律及财务顾问，妥善应对当地法律监管部门的审查。

4. 劳工风险

投资活动可能受到某些工业工会及相关行业利益集团的阻滞风险。由于工资冻结和极低的工资增长，英国很可能发生罢工。英国脱欧后，受到货币贬值的影响，未来通货膨胀率将进一步走高，经济下滑导致政府财政拮据，工会对政府施压要求增加工资的可能性增大。由于私营部门工人加入工会的比例很低，罢工最有可能发生在公共部门单位，包括教育、交通和医疗保健。铁路、海运和运输工会尤其可能发生罢工。

在英国，合法的罢工必须经过工会成员投票决定，且必须在 7 天前通知雇主方，不允许发生二次行动。英国有欧洲管制最少的劳动力市场，工资由劳动者和雇主商议决定，集体谈判约囊括了 30% 的劳动力，所有主要部门都有工会组织。英国劳工联合会代表 54 家工会，共有 620 万名成员，全国工会会员约 650 万名。

案例

罢工致中国某运输公司高额损失

英国工会力量强大，罢工时有发生，给企业造成巨大经济损失。

中国某运输公司在英国的全资子公司经营码头业务，自 2008 年起遭遇多起罢工事件，其中一次罢工致使港口运营停滞，货物滞港 10 余天，对企业造成巨大冲击，经济损失高达数亿元。

一般的并购都会涉及裁员，但西方国家的工会势力很强势，并购谈判时就会把不裁员写入谈判条件。西方国家的人力成本非常高，社会福利成本也很高，劳资问题是海外并购案最难达成一致的地方。

劳工风险管控建议：

（1）全球，特别是欧洲频发的罢工属于政治社会因素，是企业无法控制的；而员工与企业管理层之间的劳资纠纷等属于公司内部因素，是可控的。中方企业应当做好企业内部劳资关系管理。

（2）在充分了解当地相关法律的情况下，同企业工会签订的福利条款协议要如约执行，避免发生劳资冲突。

（3）海外并购投资时，优先并购的对象应该是资源性的，这样即便发生类似罢工这样的突发事件，资源还在，对企业影响相对要小，然后考虑高技术、品牌好、对中国企业有战略提升作用的企业。

5. 安全风险

虽然英国的商业环境整体上比较安全，但仍存在三个潜在的安全威胁：伊斯兰武装分子的袭击、北爱尔兰持不同政见共和党团体的新威胁，以及其他大城市可能发生的类似2011年伦敦骚乱的事件。

案例

恐怖袭击导致财产损失

2013年11月，贝尔法斯特附近的维多利亚广场购物中心和马斯格雷夫警察局遭受60公斤车载简易爆炸装置袭击，该袭击得到爱尔兰共和军的支持。

2015年12月，伦敦发生了一起持刀行凶事件，伤及3人，警方将这次事件定性为“恐怖袭击”。当地时间5日19时，一名男子在位于伦敦东区的地铁中央线进站大厅内持刀袭击过往旅客，行凶者高喊：“这是为了叙利亚”。袭击共造成3人受伤，其中一人喉咙被严重割伤但“没有生命危险”。英国议会几天前刚刚授权政府对叙利亚境内的“伊斯兰国”武装实施军事打击，皇家空军战机3日一早即对叙利亚东部的“伊斯兰国”目标实施了第一波空袭。这次行凶事件可能是对英军动武的报复。

除恐怖袭击外，由于近期外来移民问题凸现，英国存在着一定的社会负面因素，以北爱尔兰警方提供的数据为例，2014/2015年度和2015/2016年度该地区社会上因种族仇恨导致的事故和犯罪受害人数中，英国人占首位，其次是波兰人。

上述袭击虽未造成中国企业的人员伤亡和财产损失，但中国在英国企业经营也应注意防范类似事件。

安全风险管控建议：

（1）要密切关注英国国内政治局势，对位于危险多发地的企业应提高安全防范意识，避免造成人员伤亡。

（2）要加强安全防护措施，在骚乱游行高发期应避免进行或参与较大规模公共活动，减少遭受袭击的风险。

（3）杜绝种族歧视和种族仇恨言行，以免招惹祸端。

（三）英国未来发展预测和投资机会分析

1. 政治前景

2016年6月23日举行了英国关于欧盟成员国地位的全民公投。24日，公投结果公布，脱欧票数比例为51.9%，留欧票数比例为48.1%，参与投票的人数约3 355.2万人，投票率为72%。随后首相卡梅伦宣布英国退欧并将辞职，新的首相将于10月就职。新首相人选将可能是9月初保守党选出的新党魁。英国BBC网站6月27日报道，英国首相卡梅伦在议会表示将成立由政府各部官员和政策专家组成的新部门，实施脱欧程序，并向内阁负责。他强调，所有关键决定要等新首相上任后做出，但许多工作现在就应该开始。英国保守党宣布，9 月 2 日前结束领导人选举。经过保守党内部妥协，7 月 11 日，新首相人选确定为原内政大臣特雷莎·梅。

目前英国国内政治尚不稳定，党派间及政党内部派系斗争激烈，特雷莎·梅很可能是位过渡性人物，政治的连续性受到质疑。

尽管 2014 年的全民公投阻止了苏格兰的独立，但是由于脱欧公投，苏格兰民族主义和独立倾向加重，要求独立加入欧盟的呼声日涨。苏格兰民族党势力的崛起，引发了一轮关于苏格兰、威尔士、北爱尔兰和英格兰等各地区与联合王国的关系定位问题的大讨论。

总之，英国脱欧后的政治环境对英国商业和投资环境将造成深刻的负面影响。对于外国投资者而言，英国的部分吸引力是来自于其能够更容易进入欧洲的统一市场。英国脱欧之后，贸易成本的上升会抑制外商直接投资。据伦敦政治经济学院的学者估算，英国脱欧会让外商投资的流入减少近 22%。

2. 经济预测

（1）6 月 23 日公投决定脱欧，将对英国经济、公共财务状况和政治的连续性造成负面影响。公投结果公布后的不确定性将导致英国 GDP 增速短期性地突然放缓。公投结果公布的当天，英镑兑各大主要货币汇率持续下跌，跌幅达 10%，至 30 年来最低水平，英镑暴跌引发全球避险情绪上升，拥挤的避险头寸推高日元、美元和黄金。公投结果也引发了全球货币和金融市场的动荡，斯托克欧洲 600 指数在早盘交易中一度下跌多达 9%，市值蒸发约 8 500 亿欧元。英国富时 100 指数当天开盘一度下跌超过 8%。银行股遭到重挫，巴克莱银行和皇家苏格兰银行股价一度下跌大约 30%。英镑兑美元汇率一度下跌超过 10%，创下 1985 年以来的新低。亚洲市场方面，日经 225 指数收盘时下跌 7.9%，创 2011 年大海啸之后的单日最大跌幅。

（2）英国公投决定脱欧后，穆迪将英国信用评级展望从稳定下调至负面，但穆迪确认维持对英国当前 Aa1 的信用评级。负面评级展望一般意味着，在 12—18 个月内下调评级的可能性为 1/3。标普下调了对英国的 AAA 顶级信用评级至 AA，前景展望为负面，对其 2016—2019 年经济增长平均值的预期由原来的 2.1% 下调至 1.1%，预期 2015/2016 财年政府债务占 GDP 比重升至 84%；惠誉下调对英国的 AA + 评级至 AA，前景展望为负面，对其 2016 年经济增长的预期由原来的 1.9% 下调至 1.6%，2017 年经济增长预期由 2.0% 下调至 0.9%。

（3）英国经济为全球第六大经济体，同时位列全球最开放的经济体。2015 年英国经济增长为 2.3%，从上年的 2.9% 缓慢回落。从短期来看，由于 2016 年 6 月 23 日英国的欧盟成员国地位公投带来的不确定性影响，以及对全球经济增长担忧的加深和金融市场的波动性等因素，预计 2016 年经济增长将继续回落，公投前夕的不确定因素已经打击了英国的经济活动，特别是商业投资活动。脱欧公投之后，2016 年下半年和 2017 年的经济增长将大幅下降。

（4）从中长期来看，今后 5 年的经济增长将低于 2008/2009 年全球经济衰退之前 7 年的平均 3% 的增长水平。尽管 2015 年第二、第三季度劳动生产率有较大提高，但仍不能确定整体劳动生产率低下的问题是周期性的还是结构性的，因此引发不少担忧。周期性劳动生产率低下问题能够随着公司利润率的增加而逐步得到缓解，服务业部门尤其如此。其他影响劳动生产率的负面因素则影响时间更长。首先，经济衰退造成大量公司无力对先进技术和技艺投入资本，而危机形成的糟糕的金融环境阻碍了资本和劳动力的良性流动，特别是阻碍了小型公司创新和投资。其次，很多效率低下的“僵尸企业”靠低利率和信贷部门的宽松对待得以维持，它们对新成立的公司获得信贷和资源造成阻碍，造成这些新公司无力开发新产品和新工艺。最后，很多新成立的公司从事技术含量和报酬低下的行业生产，其劳动生产率必然低下。之前，由于吸收外来移民和延长退休年龄，英国处于工作年龄段的人口比例较多数其他欧洲国家要好，对经济的掣肘更少。脱欧之后，由于政治上的不确定性大为增加，预期英国对欧盟的出口条款不再有利，英国将不得不与欧盟和其他国家磋商新的贸易关系，这给未来的经济政策带来不确定性，加之移民和外国直接投资的减少等因素，对英国中长期经济增长不利（见表2-7-21）。

表2-7-21　　英国主要经济指标与预测（2016—2020年）

指标	2016年	2017年	2018年	2019年	2020年
实际GDP增长率/%	1.9	2.5	2.4	2.2	2.3
CPI增长率/%	0.6	1.8	2.0	1.9	2.0
财政收支余额（占GDP比重）/%	-3.2	-3.1	-1.3	-0.7	-0.4
经常账户顺差（占GDP比重）/%	-4.1	-3.6	-3.3	-3.1	-2.8
3个月期国债利率/%	0.4	0.46	0.47	0.48	0.50
汇率（GBP/USD）	0.66	0.62	0.61	0.62	0.62

资料来源：EIU，Country Forecast—United Kingdom，2016年4月（笔者注：该表数据为6月23日英国脱欧公投之前的预测）。

3. 营商环境

（1）英国商业优势独特，体现为市场规模较大、经商便利性高、税率较低、劳动力市场灵活、投资和贸易障碍少、基础设施完善等。2010年以来英国政府实行了有利于经商的政策导向，并且鼓励外资和相对灵活的劳动力市场，使得商业环境获得改善。劳动力市场趋紧以及2016年5月公布的《国家最低工资和国家最低生活工资率》标准可能鼓励企业更多地投资于厂房、设备和生产工艺，以节省对劳动力的资本投入。但是存在政治不确定性和基础设施老化等劣势。

（2）脱欧公投后，英国政治不稳定局面加剧，与欧盟贸易投资关系前景不明朗，金融市场灾难将冲击市场对英国信心，英镑币值剧跌导致通货膨胀，从而打击消费者信心。此外，冲击造成政府财政恶化，对政府应对脱欧危机造成牵制。总之，脱欧将并且已经导致2016年英国商业环境恶化。根据联合国贸发会议发布的《世界投资报告2015》，预测2014—2016年英国在最有前景的FDI投资国排名第三，仅次于美国和中国，在最具前景的FDI受资国排名第七，欧洲国家中排名仅次于德国。由于英国脱欧的负面影响，未来其上述排名将会下滑。英国《金融时报》网站6月27日报道，英国经理人协会（Institute of Directors）针对超过1 000家英国企业进行的问卷调查结果显示，64.1%的受访企业表示，脱欧将对企业造成负面影响；投资方面，36.3%的受访企业表示将削减投资计划，约1/5的受访企业表示考虑将部分机构转移至海外；就业方面，约1/4的受访企业表示将冻结新的招聘计划，5%的受访企业则表示将进行裁员。

（3）短期来看，TMT（即电信媒体和科技行业）和其他技术驱动型企业在很大程度上依赖于欧盟发起的倡议和立法。这包括建立数字化单一市场（致力于使数字服务更好地进入欧洲），扫除发展共享经济的障碍，统一监管金融科技和互联网金融，以及知识产权保护的协调。脱欧后，英国将不再适用于这些法案。英国企业将很难将业务扩展至欧盟成员国，媒体及科技企业的扩张成本将大幅上升，该行业受到冲击。

（4）金融服务业短期也将受到冲击。外商直接投资占据了英国金融服务市值的45%，而金融服务业贡献了英国8%的GDP和12%的税收。在欧盟的统一市场内，成员国的银行可以在其他国家设立分支机构并提供跨境金融服务，同时受到母国法律的控制和监管。在欧盟国家获得通行证对于英国的金融服务出口至关重要。脱欧之后，预计英国将寻求与欧盟建立挪威与欧盟关系模式（Norway - minus），通过缴纳一定的费用以获得英国金融等服务的欧盟通行证，但不再具有对相关欧盟法规的发言权，同时保证一定的人员自由流动。

（5）从外部环境看，欧美将加强与英国的协调与合作，努力将英国脱欧带来的政治和市场震荡降至最低。欧盟创始成员国首脑正协商研究形势，欧盟领袖的布鲁塞尔峰会将同卡梅伦深入讨论对策，美国国务卿克里也将紧急从意大利赴布鲁塞尔及伦敦开展斡旋。

4. 投资机会

中国在英国的直接投资刚刚起步，虽然增速很快，但在英国吸收外资中占比仍然很小，具有一定的后发优势。截至2015年底，中国对英国直接投资存量132.08亿美元。此外，据不完全统计，截至2015年底，中资企业在英国完成收购兼并（含参股）金额超过400亿美元。2013年以来，在英中资企业表现出一些新的主要趋势：中国企业把关注重点从对英国品牌的收购转移至自身品牌的国际化，同时加强了对基础设施和商业支持服务的投资，显示出长期投资的意向。而且越来越多的中国私人企业变得更加成熟，实力越来越强，并实现了真正的国际化。脱欧之后，随着英国整体经济环境发生变化，更多英国企业将可能寻求出售或者合并，这将为并购市场带来新的机遇，英国经济也将更加欢迎来自中国的投资机构。对此，英中贸易协会主席 Stephen Phillips 表示，英国将继续成为中国投资机构主要的目标地区，对中国和英国之间的经贸合作依然充满信心。中国企业如果审时度势，充分利用这次机会，稳步推进投资计划，就可能取得更多的投资成果。

根据英国贸易投资总署统计，2015年英国吸收外国直接投资为722亿美元。EIU统计数据显示，截至2015年底吸收外国直接投资存量为20 640亿美元。欧洲国家和美国是英国外资的主要来源地，服务业拥有英国最大的外资存量，能源和基建投资项目增幅最快，2014/2015财年用于各地基建和旧城改造的外资达130亿英镑，外资在促进英国的研发方面发挥了重要作用，2014年用于研发的外资项目增加了10%。

英国没有专门针对外资的政策，但英国外资的主管部门——贸易投资总署设立了很多吸引外资的项目，如旨在吸引国外创新型企业和企业家到英国战略中心发展的天狼星项目、旨在完善政府与主要投资者和出口商之间的关系的战略联系管理项目等。该总署还在生命科学、农业技术、金融服务、汽车产业、旧城改造重建、离岸风能和创新七个领域设立了专门的投资公司，致力于将专业知识、合同、信用与政府支持结合起来，吸引潜在投资者，寻找对英国经济具有最重要价值的外资。

中国对英投资金额大的项目主要有：（1）皇家阿尔伯特码头项目。中国总部基地已承诺投资10亿英镑对东伦敦码头进行再开发。该项目拟将35英亩工业遗弃用地转变为充满活力的商业港，力图打造伦敦第三个金融中心。（2）九榆树区项目。中国万达集团已承诺投资7.9亿英镑开发九榆树区中的一个区，建设五星级酒店、住宅公寓和办公楼。九榆树区项目将是世界最大的城市再开发项目，将创造约2.5万个工作岗位。（3）曼彻斯特空港城项目。北京建工集团、曼彻斯特空港集团、英国卡利莲建筑公司和大曼彻斯特郡养老基金组成的合资公司，已承诺投资8亿英镑，共同开发曼彻斯特空港城。该项目包括建设写字楼、酒店、先进制造业、物流和仓储。（4）2016年3月，苏格兰首席大臣尼古拉·斯特金与中国中铁三局集团有限公司及中富（英国）集团签订谅解备忘录，宣布中企将投资共100亿英镑用于苏格兰综合型基础设施项目建设，其中包括政府保障房、清洁能源、高铁和智慧城市。基础设施建设是苏格兰2016年发展计划重中之重，目前已在计划中的基建项目总额高达60亿英镑。其中，今年2月，苏格兰政府宣布将5 000万英镑的基础设施基金用于加快经济适用房和私人住宅建设。苏格兰希望受益于中国的“一带一路”和创新战略，自2007年开始就与中方建立了合作联系，此次协议的签订，是公共私营合作制（PPP）成功案例的典范。该项目的签约，得到了苏格兰金融机构和大型企业的关注和支持，如苏格兰皇家银行（The Royal Bank of Scotland）和苏特投资等。

中国对英国投资迄今面临的主要障碍是英国缺乏随时可以上马的新项目，因为英国政府在金融危机期间冻结或砍掉了一些大型基础设施项目。2016年3月英国政府财政预算出台，明确了政府将加大对基建、能源、铁路和零售金融业务的支持力度。2016年英国财政部之下新设立了国家基础建设委员会，该委员会提出的头三项基建提案已获批准，它们是：剑桥—密尔顿·凯恩斯—牛津走廊项目、伦敦Crossrail 2（横贯纵贯两条城铁）项目和英格兰北部的高铁项目，该项目呼应了2014年推出的“北方动力”计划。

澳大利亚

（一）澳大利亚投资概览

国家基本信息简表

中文名称	澳大利亚	英文名称	The Commonwealth of Australia
建国日期	1788年1月26日	领土面积	769.2万平方公里
所属洲	大洋洲	时区	UTC +8 至 UTC +10
首都	堪培拉	国际电话区号	+61
主要城市	悉尼、墨尔本、布里斯班、珀斯等		
人口	2 378万人	主要民族	英国及爱尔兰后裔（74%）、亚裔（5%）、土著（2.7%）、其他（18.3%）
人口密度	134.13人/平方公里		
语言	英语	主要宗教	基督教（63.9%）、伊斯兰教（1.7%）、佛教（1%）
政体	议会制君主立宪制	法律体系	英美法系
政党	自由党（LP）、国家党（NP）、工党（ALP）	换届时间	2016年
道路通行	靠左驾驶	货币	澳元（A $ 或 AUD）

2015年主要金融与投资数据

名义GDP	12 090亿美元	FDI流出量	82.89亿美元
国际储备	532亿美元		
汇率水平（AUD/USD）	1.322	FDI流入量	402.7亿美元
外债余额/GDP	152.1%		
财政收入/GDP	34.4%	FDI内存量	4 899.21亿美元
财政支出/GDP	36.8%		

续表

货币供应增长率（M2）	8.5%	FDI 外存量	6 873.71 亿美元
通货膨胀率	1.7%		
存款利率	2.3%		
贷款利率	5.9%		
中国与澳大利亚双边投资概况			
中国对澳大利亚直接投资	277 亿澳元（2013—2014 年）		
中国和澳大利亚双边本币互换协议	2012 年 3 月 22 日，中国人民银行与澳大利亚储备银行签署了规模为 2 000 亿元人民币或 300 亿澳元的中澳双边本币互换协议。协议有效期 3 年，经双方同意可以展期。 2015 年 4 月 8 日续签，中国人民银行与澳大利亚储备银行签订期限为 3 年的新的双边本币互换协议。货币互换金额达 2 000 亿元人民币或 400 亿澳元		
投资优惠措施和利润汇出限制	根据 WEF 发布的《2015—2016 年全球竞争力报告》，澳大利亚在竞争力排名方面得分 5.1 分（5.1/7），排名第 21 名（21/144）。允许资本、利润和红利汇出		

（二）澳大利亚投资风险分析

根据中国出口信用保险公司出版的《国家风险分析报告（2015）》，澳大利亚 2016 年国家风险参考评级为 2（2/9）级，国家风险展望为稳定。主要风险见表 2－7－22。

表 2－7－22　　2016 年澳大利亚主要风险概览

风险类别	风险描述
国内政治和社会风险	双重解散选举后，澳大利亚政局或将有较大变动；恐怖主义问题是接下来一段时间内澳大利亚社会面临的最大威胁
宏观经济风险	GDP 增长低于预期，外需不振，内需有限；低通胀前景将致货币政策继续宽松；预算或受政局变动影响
税收风险	澳大利亚的税负与其有活力的发达经济体定位严重不符，税收制度改革不可避免；下一阶段税收改革的思路或是提高消费税，降低公司税和个人所得税
劳资关系风险	工党上台后在劳资关系方面会支持工会主张。工会从短期的经济利益出发，反对中澳自由贸易协定
抗议示威和公共关系风险	澳大利亚媒体有炒作环保和社会议题抗议示威的先例

澳大利亚是成熟的西方发达经济体。一般认为，澳大利亚法律法规较为完善，制度健全，监管严格，政治经济形势较为稳定，营商环境良好，是理想的投资国。澳大利亚在政治、经济各环节均保留了英式制度和行为方式。同时，作为一个移民社会，澳大利亚也显示出了多元、开放、包容的特点。从地理上来说，澳大利亚是位于南半球的发达国家，广袤的澳大利亚大陆四面临海，毗邻亚洲各大新兴经济体，政治经济地缘环境优越。澳大利亚农业、矿业发达，素有“坐在矿车上的国家”“羊背上的国家”的美誉，初级原材料出口是澳大利亚经济发展的支柱之一。澳大利亚华人占澳大利亚总人口的 5%，不少人已融入当地主流社会之中。总的来看，澳大利亚投资条件良好、营商环境上佳，是中国企业赴海外投资的推荐首选地之一。也应看到，中澳的制度、文化差异较大，澳大利亚经济的特点决定了其易受全球经济波动的影响，因对相关风险谨慎对待。从短期来看，澳大利亚面临一定的政治、经济与社会难题；从长期看，澳大利亚的国家风险仍在发达国家中居于较

低水平，政权更替平稳，经济前景看好，社会稳定性高。

本报告主要从政治风险、宏观经济风险、税收风险、劳工风险及社会风险等方面对澳大利亚投资风险进行分析。

1. 政治风险

（1）2016年双重解散选举将影响未来澳大利亚的政治局势和经济改革走向。澳大利亚施行威斯敏斯特制，由众议院（下院）多数党（联盟）组阁，党首出任首相，对议会负责（见表2－7－23）。现在澳大利亚由自由党—国家党联盟联合执政，首相为自由党主席马尔科姆·特恩布尔（Malcolm Turnbull）。

2015年9月，特恩布尔在临时召集的自由党党首投票中以10票优势击败时任首相托尼·阿伯特，成为首相。上台后，特恩布尔以维持稳定为主，主要精力放在2016年大选上。2016年5月8日，特恩布尔宣布将于7月2日提前举行大选，并决定开放参众两院全部席位选举，也就是进行所谓的“双重解散选举”。

表2－7－23　澳大利亚主要政党简况

指标	自由党和国家党	工党和绿党
政治倾向	执政党，属于中右政党	主要在野党，属于中左政党
主要选民	主要受澳大利亚工商界、城市中产阶级和外来新移民的支持	主要选民来源是工会、公共部门职员和环保人士
近况	2013年，两党组成联盟，重新掌握了澳大利亚政权。由于两党在意识形态和执政基础上较为相近，合并的呼声日高。事实上，昆士兰州的两党此前业已完成合并	工党曾长期执政，推动了一系列社会立法和劳工立法。现任领导人为比尔·绍顿（Bill Shorten）

此前，IHS及EIU分析报告虽认为特恩布尔会顺利赢得此次选举，但认为选举最早会在9月举行，并认为会按照惯例开放众议院和参议院一半席位选举。之所以出现分析偏差，是带有偏见地认为工党领导人绍顿能力欠佳，工党内部也缺乏其他强有力的领导人，而现任总理特恩布尔则在出身、背景、能力和声望上都占据明显优势。但近期澳大利亚国内民调结果显示，绍顿已与特恩布尔势均力敌。特恩布尔将选举提前到7月，实际上显示了他对工党上升势头的担忧，企图利用目前的优势赢得选举。而且，目前自由党—国家党联盟虽在众议院占据多数席位，但参议院（上院）中工党、绿党和独立人士仍占有较多席位。特恩布尔选择双重解散选举，就是为了赢得参议院多数席位，为未来施政解除立法障碍。

从目前的情况来看，此次选举仍有较大悬念。值得关注的是，近年来澳大利亚政府更迭往往与经济形势息息相关。前任总理阿伯特之所以下台就与其任内经济政策不能令人满意关系密切。此次特恩布尔的竞选政策也以经济为主要议题，承诺将带领澳大利亚摆脱对采矿业的依赖，走向多元化的经济繁荣。而绍顿则提出减税和扩大基础设施建设等经济政策。

可以预见的是，此次大选后，如有政党同时控制参众两院，将有利于政治经济改革政策的制定和落实，也有利于澳大利亚政局的稳定；如大选后参众两院仍掌握在不同的政治联盟中，则未来围绕经济发展等问题的政治斗争仍将继续。

（2）恐怖主义问题是今后澳大利亚社会面临的最大威胁，也是澳大利亚政治经济发展的最大风险。澳大利亚爆发战争、发生动乱、出现社会骚乱的可能性均极低。接下来一段时间内，对澳大利亚社会发展最大的威胁在于恐怖主义问题。

随着“伊斯兰国”在叙利亚、伊拉克地区遭到多国联军的沉重打击，其下一步发展方向将会跳到“外线”作战，派遣有经验的作战人员回国发动恐怖袭击。同时自“9·11”事件以后，国际极端主义恐怖组织也一直没有放弃对澳大利亚的渗透。在这两股势力的双重打击之下，澳大利亚反恐形势极为严峻。发生在2014年12月15日的悉尼咖啡馆人质劫持事件是这一趋势的代表性案例。恐怖分子公然打出了“伊斯兰解放党”（伊扎布特）的旗帜，澳大利亚警方最终不得不使用武力强攻的方式解决这一事件，造成两名平民死亡，多人受伤。

澳大利亚官方称至少120名澳大利亚人在伊拉克和叙利亚作战，大约20人已经回国。国内还有大约160人为那些已经抵达中东的澳籍圣战主义者提供支持。澳大利亚对这一巨大风险也有警觉，将恐怖警戒级别提升至高级并通过反恐法修订案，规定本国公民前往恐怖热点地区属犯罪行为，嫌疑人最高面临10年监禁。2014年9月14日，阿伯特政府宣布出兵协助打击“伊斯兰国”，近来又协助美军击毙了一名澳大利亚籍恐怖分子。

但是，随着巴黎恐袭案、泰国四面佛爆炸案、雅加达恐袭案等针对西方社会或者是区域国家恐怖主义袭击的增多，澳大利亚遭受恐袭的概率在上升。未来防控更多的独狼式恐怖袭击将成为澳大利亚反恐的核心议题之一。

2. 宏观经济风险

由于油气、初级矿产资源出口是重要的经济支柱之一，澳大利亚经济极易受到国际市场波动的影响。随着新兴市场国家经济增速放缓，油气资源需求下降，以及国际油价持续低迷，澳大利亚油气和矿产行业发展面临较大的下行压力。与此同时，全球气候变化致使近年来拉尼娜现象、厄尔尼诺现象等极端天气频现，对澳大利亚农牧业生产形成新的挑战。受此影响，澳大利亚税收收入将低于预期，财政将继续保持适度赤字情况。

（1）GDP增长低于预期，外需不振，内需有限。IHS预测澳大利亚2016年实际GDP增速为2.2%。和其他发达经济体相比，这一表现尚处于中上游水平，但澳大利亚经济增长速度不仅低于其长期经济增速3.0%，更低于2015年的2.5%。澳大利亚经济增长乏力，GDP增速下降，一方面是因为世界经济增长疲软，新兴经济体对铁矿石等澳大利亚工农业初级产品的进口需求大幅减弱，直接影响了澳大利亚的出口数据表现；另一方面，澳大利亚国内需求增幅有限，无法弥补外需不振带来的空白。此外，国内经济增长在低位徘徊与未来经济发展不确定性的增加使得国内外企业对是否在澳大利亚设立新的投资项目保持怀疑态度，进一步制约了投资对澳大利亚经济的拉动效应。

（2）低通胀将促使继续保持宽松的货币政策。2015年上半年澳大利亚储蓄银行分两次下调基准利率50个基点，达到历史最低点，以刺激国内消费和投资。考虑到低通胀情况仍会延续，2016年澳大利亚的通货膨胀指数仍会走低，澳大利亚储蓄银行也将继续实行宽松的货币政策。IHS的报告预计，该行会在2016年再次将基准利率下调25个基点，以维持近期澳元兑美元的弱势地位，持续刺激经济。

（3）财政赤字将影响大选后的财政政策调整。由于国际大宗商品价格下降、外需萎缩、生产乏力以及劳动力市场均出现低迷，澳大利亚政府税收也出现明显下降。阿伯特政府在2015年预算中留下了一笔520亿澳元的税收赤字，显示其并未打算增税或者减少大型支出，导致澳大利亚的政府债务进一步扩大。

特恩布尔政府对自由党—国家党联盟的预算战略做出了微调，并在2016年5月3日公布了包括新税收政策在内的2016年政府预算计划。新税收政策包括：在未来10年降低所有企业的税收、向进口商品征收更高的税收、向最富有的澳大利亚人加大征税。但没有过多涉及提振低迷经济增长的措施。政府计划在2020/2021财年实现预算盈余。但有分析认为，考虑到双重解散选举即将开始，为了避免干扰选举、分散选民注意力，特恩布尔政府的此次预算计划并无太多实质性内容，有敷衍之嫌。但必须说明的是，无论7月大选结果如何，政府财政赤字都是新政府无法回避的问题，未来澳大利亚的财政和货币政策必将发生新的调整，需加以留意。

（4）中长期展望。未来澳大利亚经济增长依赖于以中国为代表的亚洲主要新兴经济体国内经济的稳定发展和正确的改革方向、力度。和OECD国家相比，澳大利亚整体经济发展的水平、势头和未来前景仍被看好。但由于对国际贸易依存度较高，未来澳大利亚仍需在全球贸易谈判以及和其他新兴经济体双边贸易谈判中，注意消除贸易壁垒，扩大对外贸易规模，提振国内经济。与此同时，由于农牧业仍将受到全球气候变化的影响。为应对这一挑战，澳大利亚以开始计划进行资源集约型农业改革。此外，为了摆脱对采矿业的过度依赖，澳大利亚已着手发展低碳经济和可再生资源，并于2015年通过了《可再生能源法案》，计划于在2020年将可再生能源占比提升至20%。

3. 税收风险

自2014年开始，澳大利亚启动了税收制度改革，但初次改革成效并不明显。无论2016年大选结果如何，澳大利亚的税收制度改革将不可避免。

2016年3月30日，国库部长何基（Joe Hockey）发布税务改革讨论文件，呼吁各界针对如何合理改革税务体制，支持经济增长提出意见和建议。这份长达200页的税收改革讨论文件，内含66个问题，几乎覆盖当前税制各个方面。经济观察人士认为，此次税改讨论文件将为调整公司税、消费税（GST）、个人所得税、退休金税收优惠政策等多个税种铺路。11月，澳大利亚新任财长斯各特·莫里森（Scott Morrison）表示，国会预算办公室的研究发现扩大商品与服务消费税（GST）征收范围可为2017/2018财年带来656亿澳元的额外税收，将总税额提升至1 300亿澳元。考虑到近几年财政留下的520亿澳元的税收缺口，未来政府提升消费税的可能性极大。

不过与此同时，澳大利亚也感受到了本国税负对增进外来投资和扩大内需方面无法有效起到促进作用。根据世界经济论坛（WEF）的数据，2014—2015年澳大利亚的税负竞争力指数仅列全球第104位，与其有活力的发达经济体定位严重不符。澳大利亚政府在税收改革建议书中承诺，税收改革将降低公司税和个人所得税，这方面固然有发展经济的考虑，但更多的是澳大利亚感受到了来自其他发达经济体的竞争压力。

澳大利亚政府将这次税收改革的作用看得非常重，认为这次机会一定要抓住抓牢。税收改革对下一阶段澳大利亚经济发展的方方面面至关重要。由于这次税收改革还在研拟之中，而且税收一向是一个国家极其敏感的议题，因此投资者要特别留意其中的具体变动。

投资者在关注税制改革的过程中，对于来自西方世界的研究报告要批判性阅读。此前IHS的报告曾认为："鉴于澳大利亚政府整个财政状况以及疲软的世界经济情况，未来澳大利亚降低公司税的可能性较低。"这种看法完全背离了澳大利亚政府下一阶段税收改革提高消费税、降低公司税和个人所得税的思路。事实上，从公共选择理论的角度思考，作为一个威斯敏斯特制度的现代国家，提高公司税无异于在选举中对自己的政治生命自杀，不利于保护税基、维护大资本利益。扩大间接税，降低直接税，才是合乎民主选举本质的做法。因此，在评估下一阶段澳大利亚税收制度改革时，要全面具体地了解两党（联盟）的具体政策主张，也要结合澳大利亚的税收结构和政治经济学环境来综合研判。

4. 劳工风险

自1979年以来，澳大利亚就形成了以澳大利亚工会理事会为唯一全国性工会组织的单一工会格局，该理事会曾领导多次全国性罢工运动。但近二十年来，由于产业工人数量持续下降，经济运行良好以及政府对加强了劳工保护立法活动（2009年出台《公平就业法》（Fair Work Act），工会的势力和权限不断下降。虽然澳大利亚时有罢工发生，但时间较短，起因也多以抗议裁员和工资待遇为主，对社会稳定的影响较低。

自由党—国家党联盟上台后，为进一步削弱工党的群众基础，对工会进行了新的调整和约束。2014年2月，阿伯特政府要求皇家调查委员会对该国工会及相关政府官员的贪腐行为进行彻查。此外，阿伯特政府还在《公平就业法》框架内启动劳动场所改革，从而引发了工会的强烈不满。为了抗议自由党—国家党联盟的“刁难”，澳大利亚工会理事会曾表示未来会领导抗议活动，以表达不满。在此背景下，工会将在2016年大选中全力支持绍顿当选。如若工党上台，有可能对工会的要求做出回应，对劳工保护政策等进行新的调整。

另外，由于经济增长乏力，贸易保护主义也在澳大利亚有所抬头。反对中澳自由贸易协定等双边贸易安排的舆论也时有涌现，企业因对此保持高度关注。

5. 社会风险

澳大利亚拥有较为成熟的公民社会，非政府组织比较发达。各种利益集团可以在一定的制度和规范之内通过抗议示威等各种方式表达其诉求，维护自身利益。其中，环境保护议题和社会治理议题往往是民众关注的焦点。

环境议题主要抗议工矿业对澳大利亚自然环境产生的污染和破坏。作为环保人士在议会中的代言人，澳大利亚绿党近年来颇受关注，支持率也不断上升。有关社会议题则主要围绕工资待遇而举行抗议活动，主要目标往往比较具体和实际，组织度较高，较为和平。如果外部投资者单纯依赖当地媒体的报道而对澳大利亚的社会和舆论风向进行判断，往往会出现一定的认知差异。

（三）澳大利亚未来发展预测和投资机会分析

1. 经济预测

未来澳大利亚将继续推进经济结构改革。作为较为成熟的发达经济体，澳大利亚经济发展一直存在结构过于单一的问题。对初级资源出口的过度依赖不仅会使得经济易受国际大宗商品市场波动的影响，还会使得国家经济发展的可持续动力不足。对此，从20世纪80年代开始，澳大利亚一直计划通过改革优化经济结构，至今已见成效。目前，澳大利亚的服务业不断发展，已成为推动国民经济增长的重要部门。目前服务业占据了约53%的经济增长贡献率，行业从业人员占整个就业市场的59%。未来，为了不断提高经济的韧性，实现经济的多元化繁荣，澳大利亚的经济结构改革仍将持续。

近期澳大利亚GDP增速将放缓。受到经济结构“再平衡”的影响，澳大利亚GDP的增速将在未来三到五年进入放缓期。根据EIU的预测，2016—2020年，澳大利亚的平均GDP增长率在2.6%左右。在上一轮矿业产品价格大幅攀升时期投资的工程，将在未来几年逐渐完工并投产，尤其是铁矿石和液化天然气产量的增加将在2016—2017年带动澳大利亚出口的增长。但这一增长效应会被同期投资的下降所抵消。矿产和能源仍是澳大利亚主要经济增长部门，但是这些部门受到国际大宗商品价格以及相关行业投资下降的影响，难以在未来几年 GDP 增速中发挥关键作用。

从国际经贸的角度来看，澳大利亚积极支持美国牵头的《跨太平洋伙伴协定》（TPP）谈判。鉴于澳大利亚在亚太地区内的重要地位，美国在 TPP 谈判中对澳大利亚某些关键部门做出了一定的让步。被外界称为真正主导 TPP 的美国大型制药公司还有美国甘蔗种植园主们均向澳大利亚“低头”。TPP 让澳大利亚 20 年来首次实现对美国蔗糖出口的增加，同时美国将 12 年的生物制药专利保护期限向澳大利亚的 5 年靠拢，双方达成暂时性协定。澳大利亚国内对 TPP 持积极态度，希望在国际经贸规则构建和操作方面占据优势地位。

澳大利亚也十分注重和亚太经济体洽签双边自由贸易协定（FTA）。2013—2014 年，澳大利亚先后和韩国、日本和中国签署了 FTA。中澳 FTA 在 2015 年得到批准，正式生效。

2. 投资机会

澳大利亚是中国投资者青睐的投资目的地之一，投资的领域集中于农业、工矿业、旅游业等。近来，澳大利亚积极吸引基础设施投资，为投资者带来新的市场投资机会。

（1）基础设施投资

澳大利亚存在的基础设施建设问题和发展中国家不尽一致，澳大利亚新一轮基础设施建设的目的是增基固本，以应对 10—20 年后可能出现的人口与基础设施比例不相适应的局面。当前，澳大利亚正面临着人口老龄化和高度城市化的压力。到 2025 年澳大利亚超过 65 岁的老龄人口会翻一倍，而澳大利亚人口的 89% 居住在城镇和两洋沿岸。这对澳大利亚建设新基础设施和更有效率地利用已建成的基础设施提出了挑战，也带来了机遇。

澳大利亚政府成立咨询机构“澳大利亚基础设施”（Infrastructure Australia）为政府提供咨询做出规划。2015 年 5 月，该机构发布了基础设施审计报告，确认了澳大利亚正在出现基础设施建设缺口以及澳大利亚政府日益紧张的财力。为此，该机构发布了“澳大利亚基础设施计划”，框定了下一阶段基础设施建设的重点和方向，设计了一批重点工程。2015/2016 财年，澳大利亚政府基础设施的重点方向是陆路运输。为了解决资金紧张，澳大利亚政府对于私人企业投资基础设施持欢迎态度，鼓励私人部门依照公私伙伴关系（Public - Private Partnerships，PPP）的方式参与基础设施投资。自 20 世纪 80 年代开始，澳大利亚政府就使用 PPP 方式进行运输、医院、学校等设施的建设。投资者应加大对基础设施产业的调研，抓住机遇，积极与政府有关部门合作，争取拿到对澳大利亚基础设施进行翻修和重建的工程。值得注意的是，PPP 在澳大利亚发展较为成熟，各方面规章制度也十分严格，对海外投资者既是机遇，也是挑战，投资者应雇佣专业团队对具体的法律和财务问题进行细致审核。

（2）初级资源产业

澳大利亚拥有严格的生物安全、食品安全规定，清洁、绿色和安全是澳大利亚农业享誉全球的重要因素之一。清洁的环境、严格的监管、科学的生产和研发创新使得澳大利亚的农牧产品受到广大消费者喜爱，市场需求巨大。而亚洲市场尤其是中国市场近年来恰恰对安全、绿色和高品质食品存在特殊而持续的需求，不少中国人为了能够买到放心优质的奶粉，会直接“海淘”甚至是亲自前往澳大利亚“扫货”。强大的需求为投资澳大利亚农产品市场提供了巨大机会。据澳大利亚和新西兰银行集团预测，到 2050 年澳大利亚食品生产商将从出口中获取高达 1.7 万亿澳元的附加收入。

与此同时，作为世界农业大国之一，澳大利亚还拥有世界一流的农业研发体系，这有助于投资者改进产品，提高技术附加值。中国是澳大利亚最主要的农产品出口国之一，2012—2013 年澳大利亚出口到中国的农产品达到73亿澳元，主要产品为羊毛、棉花、小麦、肉类、葡萄酒和乳制品。

澳大利亚是资源和能源大国。铁矿石、黑煤、铀矿、锌、黄金、铜、镍、矾土等均居于世界前五位行列中。近年来，随着勘探技术的发展，澳大利亚发现了更多矿产资源。1990年以来，一共发现了12个世界级全新矿床。2013年，几家公司宣布在其现有矿区发现新的矿产资源。丰富的矿产资源吸引了大批投资者。目前，澳大利亚矿产资源开发项目众多。截至2014年4月，共有224个重大项目。其中，有78个项目处于招商引资阶段，总价值在960亿—1 120亿澳元之间；有146个项目处于可行性研究阶段，总价值约1 690亿澳元。

中澳自贸协定实施4年之内，澳大利亚几乎全部资源、能源和制造业对中国的出口都将实现零关税，这也就意味着炼焦煤3%的关税会取消，动力煤6%的关税取消。这个取消过程是要经过三个阶段，在两年内实现。这些对于中国投资者来说是巨大机会。

（3）旅游业

近年来，澳大利亚旅游市场蓬勃发展，前景广阔。据《澳大利亚金融投资报》报道，2014年9月到2015年9月，访问澳大利亚的游客人数达到710万人次，其中来自中国的游客数量已超过92.8万人次，占海外游客总数的13%。澳大利亚贸易委员会预测，到2025年，澳大利亚将迎接来自英国、美国、中国、新加坡、韩国和印度等国家的总计上千万名海外游客的访问。

在旅游者涌入之前，外来投资者就十分看好澳大利亚的旅游市场，外媒甚至称中国投资者在“押注”澳大利亚。不少中国企业加大投资澳大利亚旅游地产的力度，一批酒店、高尔夫球场、度假村、邮轮码头等相继建成。目前来看，澳大利亚旅游业前景良好，值得投资者持续关注。

美国

（一）美国投资概览

国家基本信息简表

中文名称	美国	英文名称	United States of America
建国日期	1776年7月4日	领土面积	937.26万平方公里
所属洲	北美洲	时区	UTC－5、UTC－6、UTC－7、UTC－8
首都	华盛顿	国际电话区号	＋1
主要城市	纽约、洛杉矶、芝加哥		
人口	3.19亿	主要民族	白人（83.5%）、黑人（12.4%）、亚裔（3.3%）、印第安人（0.8%）
人口密度	34人/平方公里		
语言	英语、葡萄牙语	主要宗教	新教（56%）、罗马天主教（28%）、犹太教（2%）、其他（4%）、无（10%）
政体	共和制	法律体系	英美法系
政党	民主党、共和党等	换届时间	2016年11月（总统选举）
道路通行	靠右驾驶	货币	美元（USD）

2015 年主要金融与投资数据

实际 GDP	179 429 亿美元	FDI 流入量	2015 年	2 139 亿美元
国际储备	1 175.81 亿美元		2014 年	1 318.3 亿美元
汇率水平（USD/USD）	1.00	FDI 流出量	2015 年	2 704 亿美元
外债余额/GDP	73.3%		2014 年	3 517.9 亿美元
财政收入/GDP	18.24%	FDI 内存量	2015 年	31 150 亿美元
财政支出/GDP	20.71%		2014 年	29 011 亿美元
货币供应增长率（M2）	5.86%	FDI 外存量	2015 年	51 910 亿美元
通货膨胀率	0.67%		2014 年	49 206 亿美元
存款利率	0.3%	商品出口（FOB 价）		15 255 亿美元
贷款利率	3.26%	商品进口（FOB 价）		22 350 亿美元
中美双边投资概况				
中国对美国直接投资流量（2014 年）	75.9613 亿美元	中国对美直接投资存量（2014 年）		380.1097 亿美元
中国和美国双边投资协定	截至 2015 年底仍在谈判当中，文本谈判重要核心内容基本完成			
中国和美国双边本币互换协议	目前暂未有双边本币互换协议			
投资优惠措施和利润汇出限制	根据 WEF 发布的《2015—2016 年全球竞争力报告》，美国在竞争力排名方面面得分 5.61/7，排名 3/140。允许资本、利润和红利汇回			

（二）美国投资风险分析

根据中国出口信用保险公司出版的《国家风险分析报告（2015）》，美国 2015 年的风险评级为 2（2/9）级，主要风险见表 2-7-24。

表 2-7-24　　2015 年美国主要风险概览

风险类别	风险描述
宏观经济环境	经济上升势头强劲，财政收支状况改善
政治环境	国内政局总体保持平稳，然而面临大选两党分歧愈演愈烈。投资仍难免面临政治敏感领域，美国主导推行的国际投资新规则将提高对中国企业投资的要求标准
法律与监管	判例法体系复杂，执法成本较高，反垄断力度大
政府效率	政府效率高
金融及国际贸易与支付	货币政策逐步紧缩，美元指数强势上升，银行总体抗风险能力增强
安全	不存在明显的安全隐患
税收政策	税收体系十分复杂，税收负担较重
基础设施	基础设施老化，若不及时更新或存在安全隐患
劳动力市场	劳动力成本高，赴美工作人员签证审批仍是难题
社会文化风险	中美观念文化存在差异，社会对中国企业存在偏见

美国营商环境整体保持平稳且相对透明。尽管两党意见分歧较为严重，但长远来看政治局面维持稳定。法律体系和税收体系成熟，经济危机后法制法规监管都有所加强。随着经济稳步复苏，美国的失业率已经从危机后最高点的 10% 下降到 5.4%。美国运营环境良好，政府效率高，人力资本充足。“9·11”事件后美国全方位地加强了安全保障工作，目前安全风险较低。

本报告主要从政治风险、法律与监管风险、税收风险、经营性风险和劳工风险等方面对美国投资风险进行分析。

1. 政治风险

总体来说，美国政治环境较为稳定。但短期来看，在即将面临新一轮大选之际，美国的政治环境存在波动风险，对美投资企业需要在此期间密切关注政治新走向。大选在即，两党分歧愈演愈烈。自2014年中期选举结束，共和党正式全面掌控国会参众两院。其中，众议院中共和党议员有246人，是自1930年经济大萧条以来最多的一届。两党一直以来在税收、医疗保健、移民及外交政策等问题上存在意见分歧。可以预料的是，在共和党取得了国会两院的控制权后，在民主党人总统奥巴马余下的任期当中不可避免地会出现政治僵局。两党对峙的局面不利于推动美国经济的发展，涉及企业利益的相关政策的改革及出台也可能会因两党政见相左而具有不确定性。此外，由于两党政见存在较大差异，若新党派领导人当选可能对当前的经济和外交格局产生重大影响，在美投资企业应需要尤其关注大选走向。

对美投资难免存在政治敏感领域。美国社会和环境保护行动主义受到许多知名人士的支持，因此对于有可能造成环境破坏的所有投资都属于政治敏感领域，易发生夭折。另外，资源及基础设施建设相关领域的投资政治敏感度也很高，相关项目若交由中国企业管理容易触发美国政客和公众有关国家安全和利益的敏感神经，从而增加我国企业投资的难度。美国对外国投资者设有明确限制的部门及规定见表2-7-25。

表2-7-25　美国对外国投资者设限部门及规定

部门	限制规定
航空	所有美国航空运营商必须处于美国公民的实际控制之下，非美国公民不得在美航空运营商中拥有超过25%的投票权，且该运营董事长、2/3的董事会成员以及其他管理人员必须为美国公民
通讯	禁止外国经营或控制的公司获得从事通讯传输的许可，严格限制外国企业在通讯领域投资，包括：电话、电报、电台和电视等
水电	禁止外国控制的所有公司在可通航的河流进行水电开发
核电	禁止外国公司或外国控制的公司拥有使用或生产原子能的设施
沿海和内河航运	只有美国公司能从事沿海和内河航运。在美国境内的航运船只能是美国制造且在美国注册的美国公司所有

资料来源：中华人民共和国商务部投资促进事务局，《对外投资合作国别（地区）指南：美国》（2015版）。

美国主导推行国际投资新规则，对美投资标准将进一步提高。中国尚未加入由美国主导推行的泛太平洋伙伴关系协议（TPP），然而随着TPP协议内容的明确，国际投资新标准逐渐清晰。各成员国已加快将TPP协定纳入国家立法体系的进程，中国对美投资企业有可能面临着对于竞争、透明度、知识产权、劳工和环保等各方面更高的要求。

2. 法律与监管风险

美国法律体系完备但相对复杂。美国法律体系的复杂性主要体现在两个方面。第一，美国应用的是判例法体系，并在联邦仲裁法（FAA）的基础上发展出一套完善的仲裁体系，确保了法律仲裁的执行效力。然而这种法律体系与中国的制定法体系有着非常大的差别。若要适应美国的法律体制不仅需要掌握文本法律的内容，还要对庞杂的司法判例有足够的了解。第二，作为联邦制国家，美国存在多层法律体系，州法院和联邦法院分别要参照州法律和联邦法律。虽然大部分情况下州法律和当地法规与联邦法规并不冲突，但是州法律仍然对当地的土地使用、契约执行、税收以及环境等问题有着较大影响。因此，中国企业投资时会面临联邦与州之间的法律规定不同、州与州之间规定迥异等问题，尤其是涉及企业创建、运营和退出时。这样的法律与监管体系使中国投资企业在进行投资时不得不经历一个学习和适应的过程。另外，投资选址也是需要企业重点考虑的问题。

美国执法成本较高。在美国，诉讼是十分昂贵的程序，然而美国又是一个好诉讼的国家，案件处理时间会因为不断上诉而持续延长，最终导致更高额的法律开销。从世界营商环境报告中执行合同的指标可以更明显地看出这一特点。美国案件所需的法院费和律师费用不仅远高于中国，甚至比经合组织高收入国家的平均水平还高出近45%。因此，在美投资企业不仅要适应美国复杂的判例法体系，还要准备好应对耗时耗财的诉讼案件。2015年美国和OCED国家执行合同状况对比见表2-7-26。

表2-7-26　　2015年美国执行合同状况

指标	美国	OCED国家
时间/天	420	538.3
成本（标的额的百分比）/%	30.5	21.1
司法程序质量指数	13.8	11.1

注：成本体现为法院费用和辩护律师费占债务总值的百分比。

资料来源：World Bank，Doing Business 2016：Measuring Regulatory Quality and Efficiency。

反垄断调查的风险较大，打击垄断执行力度强。美国的反垄断法规制定至今已经经历了一百多年的实践，并随着经济和社会发展不断完善。这种制度的存在保证了垄断和竞争合理的动态并存，既为企业提供了创造规模效益的机会，又为中小企业的发展留足了竞争空间。反垄断调查是针对美国境内经营的所有企业。然而美国中国总商会《2015在美中资企业年度商业调查报告》显示，多数中国企业认为外资企业接受反垄断调查的风险更大，而且美国打击垄断行为的执行力度较之中国也更严厉。

3. 税收风险

税法体系十分复杂。美国现行税法是世界上最复杂的税法体系之一。从管理体制上看，美国联邦、州和地方政府各司其职，对税收实施全面的分税制管理。联邦与州的税收分别立法，地方的税法由州确立，但是税收三级政府各自征收管理。因此，在美投资企业将面临三级不同的税收政策，十分复杂，企业若在美国多个地区经营则复杂程度将会进一步提高。从所得税制方面来看，美国的所得税体系又兼顾“属地原则”和“属人原则”。“属地原则”即外国居民应就源自美国境内所得向美国政府缴税；“属人原则”是指对美国公民在全世界的收入所得进行征税。表2-7-27对比纽约和洛杉矶两个城市的税种即可发现，在两地经营的公司不仅需要分别缴纳联邦、州和市的税，并且两地的税种和税率也并不完全相同。美国税收体系的复杂性可见一斑。

美国的税收负担较重。美国中国总商会2015年的商业调查报告显示，超过一半的受访企业认为联邦政府制定的企业相关税率较高。根据世界银行《2016年全球营商环境报告》，企业平均年缴税总额占利润的43.9%，表2-7-27明确列出了纽约和洛杉矶的各项税收及对应比例。企业在投资之前，应结合自身的情况选择合适的州投资经营。

表 2-7-27　　纽约和洛杉矶公司征税情况对比

税收或强制性供款类别	纽约总税收占利润的比重/%	税收或强制性供款类别	洛杉矶总税收占利润的比重/%
联邦公司所得税	17.86	联邦公司所得税	20.29
联邦养老保险税（雇主支付）	6.99	联邦养老保险税（雇主支付）	6.99
纽约城市和州财产税	6.88	加州公司所得税	6.75
纽约州公司所得税	5.49	洛杉矶城市营业税	2.25
纽约市公司所得税	4.02	洛杉矶和州财产税	1.77
医保（雇主支付）	1.64	医保（雇主支付）	1.64
纽约市不动产交易税	1.59	加州失业税（雇主支付）	0.76
纽约州失业税（雇主支付）	0.84	洛杉矶不动产交易税	0.34
城市通勤交通流动税（雇主支付）	0.38	联邦失业税（雇主支付）	0.08
联邦失业税（雇主支付）	0.08		
纽约州和市的租赁卡车销售和使用税	0.07		
总计	45.90	总计	40.90

资料来源：美国中国总商会，《2015 年在美中资企业年度商业调查报告》。

4. 经营性风险

美国基础设施老化，存在投资缺口。根据美国土木工程协会的研究，预计美国需要投资 3.5 万亿美元来进行基础设施更新①。美国基础设施老化严重，已经不能充分满足经济发展的要求。交通方面，美国的内河运输巷道系统上一次更新还是在 20 世纪 50 年代，已经无法满足货物运输的要求，美国的堤坝也存在年久失修的问题，存在公共安全风险隐患。水利工程方面，据估算到 2020 年，70% 的水坝使用时间都会超过 50 年，而这些水坝的平均寿命是 52 年。据美国国家水坝安全协会的估计，修复这些高风险水坝需投资 210 亿美元。供水系统方面，美国的供水系统也在逐渐老化。虽然美国用水的水质很高，但是很多供水管道使用年限已经超过 100 年，很容易出现故障。美国近 1/9 的桥梁都被认定为危险桥梁，为了消除桥梁的安全隐患，2028 年之前每年需要有 208 亿美元的投入，然而现在的桥梁加固投资仅为 128 亿美元，还存在较大的投资缺口。随着经济的快速发展，美国运输增长的需求逐渐超过了运输能力的提升，货物和旅客的运输拥堵将会越来越频繁，芝加哥和东北走廊地区的拥堵每年造成的损失都占 GDP 的 1.6%，相应的美国各大港口也面临着巨大的运输压力。电力系统方面，随着新能源发电的普及以及新的供电网络需求的增加，美国对电力的投资不足以完全解决电网的兼容性和老旧线路的维护，导致近些年停电事故频发。

5. 劳工风险

签证审批仍是赴美工作的一大难题。根据美国中国总商会《2015 在美中资企业年度商业调查报告》，绝大多数企业仍然认为签证是赴美工作的一大难题，90% 的企业希望通过双边投资协议的促成能够加快或简化美国政府对赴美工作人员的签证审批程序。美国对中国在美跨国公司工作的高级管理人员签发 L-1 短期工作签证，该签证规定跨国公司高管在美停留时间合计不超过 7 年。另外，7 年有效期分为第一次申请有效期为 3 年，第二次和第三次分别为 2 年，这使得我国企业高管面临定期回国重新办理签证延期的不便。另外，据一些中资企业反映，近年来美驻华使馆对于申请

① Clfford A. Kiracofe：“美国经济的挑战：基础设施问题”，《中国投资》2016 年第 1 期，27—37 页。

和续签 L-1 签证的高管所做的背景调查范围扩大、时间延长，有的审查甚至长达数月，直接影响在美中资企业的正常运营。另外，专业技术人员签证 H-1B 也面临着签证时效、停留周期短的问题。虽然 2014 年中美推出了签证新政策，但是这次新政并不包括对 L-1 和 H-1B 签证的优惠，对 B-1 类商务签证的优惠只是延长了签证有效期，单次入境时间依旧不能超过 6 个月。总的来说，中国企业赴美投资依然存在工作人员签证有限制的困难。

美国社保政策或使企业为员工缴纳双重社会保险。美国政府规定，凡有工作或生意收入者都要缴纳社会安全税，分为养老保险税和医疗保险税，这两项税收总额占公司利润超过 8%。根据美国的相关规定，中方在美工作人员至少需在美工作 10 年以上才能达到领取退休金的条件，中国员工一次外派工作很难达到领取退休金的条件。在美国工作的中方外派员工由于在中国已缴纳各项社会保险费用，出现双重征收社会保险费用的问题，增加了企业的负担。

美国工会力量大。美国工会对劳工的工资待遇和医疗保健待遇要求高，在工会的影响下中资企业可能不得不提升员工工资及社保，这使得中资企业在美的经营成本增加。

（三）美国未来发展预测和投资机会分析

1. 政治前景

美国政治的稳定性主要有两点值得关注。第一，2016 年总统大选将近，尽管两院基本已被共和党掌控，但选举的走向依然难以看破。奥巴马总统在其余下的执政期间将会继续实施一系列政策措施以最大化其执政影响。然而，美国一个由 40 余名极端保守主义者组成的核心会议团体也将继续反对奥巴马总统提出的绝大多数政治观点和措施，不利于国会工作效力的发挥。第二，由于 2015 年全球恐怖袭击事件频发，美国反恐情绪逐渐被激化，来自共和党的总统竞选人在宣讲过程中都提出了一系列反移民政策。

大选走向方面，根据 EIU 的分析报告，希拉里·克林顿最有可能成为民主党的总统候选人，并与最有可能成为共和党总统候选人的唐纳德·特朗普竞选总统职位。EIU 报告通过对比分析，认为希拉里主要有三方面的优势。第一，希拉里拥有丰富的政治经验。第二，总统大选方式与党内推选并不相同，特朗普可能较难争取到中间选民的支持。第三，美国族群越来越多样化，希拉里以及民主党深受黑人和西班牙裔选民的支持。大选期间若发生国内恐怖袭击案件或经济下滑，都将严重影响民众对共和党候选人的支持。因此，在大选正式结束之前，一切都只能限于猜测。

国际关系方面，目前最值得关注的就是美俄关系与美中关系。美俄关系方面，巴黎恐怖袭击事件促使美俄暂时打破关系僵局，逐步走向合作。然而国家利益和目标的严重分歧使得俄罗斯与美国的对峙难以很快缓解。美中关系方面，美中经济的紧密联系很大程度上缓解了长期以来的政见差异问题。尽管美国面临大选，但中美外交走向并不会有太大转变。从现在的竞选局势来看，无论哪一党派总统候选人当选都会采取较之前更为强硬的外交手段。

2. 经济预测

美国经济目前恢复较好，经济增长率稳步回升。财政赤字已经被缩小至 2007 年以来最低值，失业率显著下降并几乎接近于完全就业的状态，得益于经济增长、房市回暖和较低的利率，家庭债务比例稳步上升。受到良好就业、实际工资水平提高以及可支配收入增多的影响，消费者信心提升，个人消费能力走强。然而，美元的持续走强可能不利于美国出口，而低油价也减少了能源部门的投资。

预期美国的通货膨胀率在未来几年内有上升趋势。收紧的劳动力市场推动了名义工资的上浮，

2016 年通货膨胀率有提升的趋势。基准利率的小幅上涨以及强健的国内需求预期使 2017—2018 年通货膨胀率进一步上涨。

由于美元走强对贸易的影响，预计美国经常账户将在未来几年内维持赤字，但是美国本土石油和天然气产量的提高，结构性经常账户赤字有限。

财政政策方面，财政赤字将在未来几年内进一步扩大。受结构性转变影响，比如老龄化趋势、联邦对医疗保险津贴的提高以及联邦债务利率的上调都将导致政府支出的增多。共和党不断试图减少公共支出，尤其是在医保和养老统筹方面的开销，可能会导致两党争端。要达成共识需要两党共同努力和相互妥协。

货币政策方面，在经历了 7 年史上最低的利率之后，2015 年 12 月美联储开始启用新一轮货币政策。但是，货币政策会保持在一个调整性的状态，使美国经济可以承担逐渐提高的借贷成本。目前问题的关键在于美联储政策变化的节奏，关键指标也从创造就业转向了工资增长。预计在未来几年内美联储将会数次加息，那么美元相对于欧元、日元及英镑保持强势，现在面临的出口困境也将持续。美国主要经济指标预测值见表 2－7－28。

表 2－7－28　美国主要经济指标与预测（2016—2019 年）

单位/%

指标	2016 年	2017 年	2018 年	2019 年
实际 GDP 增长率	2.5	2.4	2.6	1.4
私人消费	2.4	2.1	2.1	0.9
政府消费	1.2	0.9	0.8	1.3
固定资产投资	7.2	6.4	6.1	4.9
出口	3.5	3.6	3.1	1.9
进口	4.5	3.6	3.0	3.1
国内需求	2.7	2.5	2.6	1.6
农业	2.9	2.9	2.9	2.9
工业	2.5	2.4	2.4	2.4
服务业	2.5	2.4	2.7	1.2

资料来源：EIU，Country Forecast——United States，2016。

3. 营商环境

美国不仅是世界上最大的经济体，也是世界一流的投资目的地。针对民营企业和竞争的政策都十分公开透明，除了在个别敏感领域如能源，外国投资很少受到限制。总的来说美国的商业环境十分友好，但是也不排除存在安全风险、国际关系紧张、两党分歧严重的问题。尽管美国总体排名处于世界领先水平，但诸如税收、融资以及政治稳定性这些问题的排名则并不靠前，具体见表 2－7－29。

表 2－7－29　美国商业环境评级与预测

指标	价值指数[a]		全球评级[b]		地区评级[c]	
	2010—2014 年	2015—2019 年	2010—2014 年	2015—2019 年	2010—2014 年	2015—2019 年
总评	8.05	8.27	8	7	3	2
政治环境	7.9	7.9	15	13	5	3
政治稳定性	7.4	7.4	29	27	7	6
政治有效性	8.4	8.4	9	9	1	1

续表

指标	价值指数[a]		全球评级[b]		地区评级[c]	
	2010—2014 年	2015—2019 年	2010—2014 年	2015—2019 年	2010—2014 年	2015—2019 年
宏观经济环境	6.6	7.8	50	16	4	1
市场机会	8.2	7.8	1	1	1	1
对私人公司和竞争的政策	9.5	9.3	1	1	1	1
对外国投资者的政策	8.7	8.7	10	9	2	2
对外贸易和汇率管控	9.1	9.1	11	15	3	3
税收	7.0	7.5	18	18	1	2
融资	7.0	7.4	19	18	4	4
劳动力市场	8.5	8.4	1	1	1	1
基础设施建设	8.0	9.0	19	11	5	3

注：a，最高为 10；b，在 82 个国家中；c，在 7 个发达经济体中，包括加拿大、法国、德国、意大利、日本、英国和美国。

资料来源：EIU，Country Forecast——United States，2015。

外国投资政策方面，美国排名由 2010—2014 年的第 10 名提升至第 9 名，正在向更友好的方向发展。美国给予外国投资者与本国企业同等的法律保护，外国投资者在美经营也不会有财产被征收的风险。奥巴马政府一直以来通过提升国家竞争力和放松移民政策限制的方式来鼓励外国投资，但是对于在军事领域以及一些通讯和交通领域的投资限制还依然存在。各州及地方政府极力推进与其他国家的贸易与投资往来，尤其是与中国的贸易投资往来。但是依然存在美国再次收紧政策，防止外国竞争者过多控制本土公司的风险。总而言之，投资环境的总体质量在未来几年内将保持稳定，但是对于敏感领域的投资，比如基础设施建设领域的投资将很难得到批准。

在对外贸易与汇率管制方面，美国的资本账户几乎不存在限制，除了农业和汽车部门，总体来说美国的关税也非常低。对外贸易方面，在美元持续走强、经常账户赤字的大环境下，奥巴马政府顶住了来自贸易保护主义的压力，但是他们也并没有完全兑现进一步开放市场的承诺。WTO 框架体系下的多边谈判很难达成共识，短期内不会取得太大进展，因而美国政府开始追求区域和双边协议。近年来，美国与韩国、哥伦比亚、巴拿马和其他一些国家都签署了相关协议，并且非常重视这些协议可能对劳工和环境带来的影响。由美国主导的跨太平洋协议以及美欧在谈的贸易协定代表了新一代的贸易投资规则。然而，由于美国两党政见不同，协议在国会的通过仍存在一些障碍。此外，国会当中的一些保守党对进出口银行提出了质疑，认为进出口银行仅仅是方便美国最大的、利润最多的公司低成本融资而存在。汇率管制方面，美国经济的复苏以及人民币的升值缓解了一度以来美国政府对人民币盯紧美元的情绪，没有再给中国打上“操纵汇率”的标签，否则可能导致对中国出口商品的贸易制裁。

在税收方面，尽管华盛顿方面一直将税制改革提上议程，但实际改变非常有限。如果改革一直不实行，那么随着老龄化和医保开销带来的预算压力增加，未来美国税收将会越来越高。税收改革自 1986 年提出，民主党和共和党虽都同意改革，却对改革方案有着极为不同的见解，因此税制改革问题一再被搁置。近年来美国在税收减免方面做出了一些努力，但是长期来看，近几年美国税制不太可能有大的变动。

金融方面，2008 年金融危机的经验表示过分的冒险以及未经核实的金融创新将导致信贷危机。然而过于谨慎的金融体系也不利于资源的有效配置，储蓄不能及时有效配置给有需要的、高生产率的企业。银行法律和华尔街监管的深化改革之后，政策制定者一直试图找到一个平衡点，既能鼓励资金及时地配置给企业，又能防止金融体系再次受到危机的冲击。为了使得银行体系更稳定，许多政策措施限定了收益并不断推动银行系统的结构性重组。

劳动力市场方面，美国劳动力市场法规十分灵活，雇佣和解雇员工几乎不受限制，最低工资也设置在了非常低的水平上。目前劳动力市场发展主要有三方面的趋势。第一，美国劳动力的高生产力一定程度上可以抵消较高的劳动力成本。美国普遍教育水平较高，拥有世界上一流的大学。尽管中等教育和职业教育的水平参差不齐，但总体来说，在这样的教育环境之下员工素质较高，一定程度上可以抵消劳动力的高成本。第二，工会的力量正在逐渐减弱，美国工会的权利正在被逐渐削弱，工会议价能力的降低使得一些官方部门更容易实现降薪和降低养老保险待遇的诉求。不仅如此，共和党控制的国会也一直有意出台限制工会权利的法案。第三，移民政策面临改革。近年来，无正式文件的移民已经深入美国社会，共和党针对移民的态度也较之前有所缓和。随着西班牙裔选民地位的提升，两党有望就移民问题找到一个新的平衡点。

基础设施方面，美国基础设施面临着升级。目前美国基础设施水平虽然保持在较高的水准，但较之其他一些发达经济体已显出落后势头。奥巴马几度将基础设施投资提上议程，但一直没能筹集充足的资金投入基础设施更新。美国政府对于基础设施的投资在2014年已经达到20多年来的最低水平。据预测，美国需要投入3.6万亿美元才能在2020年将美国基础设施恢复到一个良好的水平。

4. 投资机会

美国国内消费市场潜力大。美国消费者市场2014年价值11.9万亿美元，根据EIU的预测，这一价值将会在2019年提升至14.5万亿美元。可见，美国消费市场有着巨大潜力，足够在未来几年吸引外国投资者投资。

由表2-7-30美国消费结构可以看出，房屋及住房相关产品和服务的消费在所有消费中占有较大的比重（房屋、家庭供给、日用商品和服务）。随着经济复苏和房市回暖，相关产业的需求潜力坚挺。此外，健康产业、汽车及通信产业的消费需求较大，虽然这些产业的个别领域可能存在一定程度的投资敏感限制，但在允许投资的领域内可适当寻求投资机会。

表2-7-30　　美国消费结构与预测（2016—2019年）

指标（占总数的%）	2016年	2017年	2018年	2019年
食品、饮料和烟草	8.6	8.5	8.5	8.4
房屋及家庭供给	18.2	18.0	17.8	17.6
服装和鞋	3.3	3.2	3.2	3.2
日用商品及服务	4.2	4.2	4.2	4.1
健康	21.4	21.5	21.6	21.9
运输和通信	12.9	13.1	13.2	13.3
休闲和教育	11.4	11.4	11.4	11.4
酒店和餐厅	6.4	6.4	6.4	6.4
其他	13.5	13.6	13.7	13.7

资料来源：EIU，Country Forecast——United States，2016。

随着TPP协议内容的敲定，美国对外国投资的要求标准越来越高，高附加值产业是未来投资美国的一个重要方向。

第三篇
中国企业主要投资行业投资风险分析

第一章
电力工业

电力工业是指将煤炭、石油、天然气、核燃料、水能、海洋能、风能、太阳能、生物质能等一次能源经发电设施转换成电能，再通过输电、变电与配电系统供给用户作为能源的工业部门，主要包括发电、输电、变电、配电等环节。此外，还包括规划、勘测设计和施工等电力基本建设，电力科学技术研究和电力机械设备制造。根据国家质检总局和国家标准委颁布的《国民经济行业分类》(GB/T4754—2011)，电力行业包括属于44大类。具体分类如表3-1-1。

表3-1-1　　电力生产和供应业分类

三次产业分类	门类	大类	中类	小类	行业名称
第二产业	D	42	441		电力生产
				4411	火力发电
				4412	水力发电
				4413	核力发电
				4414	风力发电
				4415	太阳能发电
				4419	其他能源发电
			422		电力供应

资料来源：中华人民共和国国家统计局，《国民经济行业分类》(GB/T4754—2011)。

本部分将重点研究全球电力工业投资风险。主要内容包括全球电力工业发展形势分析、全球电力工业对外直接投资分析、中国电力工业对外直接投资分析、中国电力工业境外投资风险分析四个部分以及巴西电力投资风险研究专题。

2015年全球电力工业发展形势分析

2015年世界经济增速放缓，各项经济指标走势均弱于预期。电力市场作为能源板块的重要部分，市场表现与宏观经济环境基本一致。

从电力的燃料供应来源看，煤炭作为主要燃料的地位不变，但由于原油价格较高位跌幅超过一半，且持续走跌的势头不减，多国纷纷下调化石燃料补贴，这给新能源和节能环保的发展提供了广阔的空间和良好的机遇。此外，受能源结构调整和节能减排压力的影响，水电、太阳能、风电加速发展，有呈现规模化发展趋势。

（一）全球发电量继续增长，但增速持续回落

2015 年，全球总发电量为 23 111. 3TWh，同比增长 2. 7%，同比增速略有下降。从区域上看，受经济增速放缓、产业结构调整和电力消费结构调整的影响，2015 年中国发电量为 6 005TWh，仅增长 2. 3%，增速减缓，但仍然居全球首位。美国发电量为4 169TWh，仅增长 1. 7%。美国年度关闭电厂装机能力总量达 1. 5 万兆瓦，创历史新高，天然气价格走低，拉低电价，燃煤电力生产商因收入减少而退出市场是主要原因；欧洲的发电量为 4 205. 8TWh，和 2014 年几乎持平。表 3 -1 -2 显示了 2009—2015 年世界各主要地区发电量情况。

表 3 -1 -2　　2009—2015 年各主要国家（地区）发电量　　单位/TWh

国家（地区）	2009 年	2010 年	2011 年	2012 年	2013 年	2014 年	2015 年
欧洲	4 430. 1	4 627. 1	4 711. 2	4 800. 4	4 191. 4	4 193. 0	4 205. 8
中东和非洲	1 734. 0	1 848. 6	1 884. 9	1 969. 7	1 640. 5	1 675. 0	1 802. 5
美国	3 938. 4	4 112. 2	4 147. 5	4 210. 0	40 714. 0	4 100. 0	4 169. 0
巴西	456. 7	506. 9	528. 1	549. 9	540. 0	570. 0	591. 0
其他美洲地区	1 310. 4	1 272. 5	1 306. 8	1 363. 0	1 531. 0	1 506. 0	1 534. 0
中国	3 508. 4	3 904. 1	4 344. 4	4 779. 1	5 446. 2	5 872. 0	6 005. 0
印度	855. 3	904. 1	998. 0	1 079. 0	1 088. 0	1 169. 0	1 253. 0
其他亚太地区	2 674. 1	2 883. 9	2 730. 1	2 820. 4	3 415. 0	3 418. 3	3 551. 3
合计	18 909. 4	20 059. 4	20 651. 0	21 571. 5	21 922. 9	22 503. 0	23 111. 3

资料来源：智研咨询，《2016—2022 年中国电力市场运营态势与投资战略分析报告》。

（二）新能源电力快速发展，占比持续增加

从能源类型来看，2015 年新能源电力占全球总发电量的 7. 2%，比 2014 年的 6. 2% 有很大提高，增速远远高于整体发电量增速。新能源因具有化石能源不可比拟的环保优势，决定了其未来作为可持续发展能源的地位。随着新能源技术突破、规模化应用和成本下降，新能源已经开始在电力市场领域发挥越来越重要的作用，预计后续将在能源市场占据越来越重要地位。

（三）世界大型电力公司营收多下滑，中国企业逆势突出

2015 年世界经济形势持续恶化，导致电力需求不旺，这对国际电力巨头产生压力，纷纷加快战略调整，进军新能源、开展多元化。美国《财富》杂志公布了 2015 年度“世界 500 强”排名，其中有 25 家电力企业上榜。表 3 -1 -3 显示了 2014 年全球前十大电力公司情况。

表 3-1-3　　2014 年全球前十大电力公司

	企业名称	营业收入/百万美元	净利润/百万美元
1	国家电网	339 426.5	9 796.2
2	意昂集团	151 460.5	-4 191.8
3	苏伊士集团	99 073.2	3 236.7
4	意大利电力	100 539	685.8
5	法国电力	96 669.5	4 909.5
6	南方电网	76 662.0	1 703.3
7	莱茵集团	63 912.2	2 403.7
8	东京电力	61 869.6	4 106.9
9	神华集团	52 731.1	4 376.0
10	韩国电力	54 252.9	2 551.9

资料来源：《财富》杂志。

2015 年度入围的电力企业较 2014 年度减少 2 家，印尼国家电力公司、俄罗斯电网公司落榜。从国别分布情况来看，27 家上榜电力企业分布在 11 个国家。其中，中国上榜电力企业最多为 8 家；其次是德国和日本，各有 3 家，英国、美国和法国各有 2 家，韩国、墨西哥、瑞典、西班牙、意大利各有 1 家电力企业上榜。对比 2014 年的营收利润，欧美发达国家企业的各项指标均出现下滑，中国企业逆势增长，这主要是由于能源价格下降导致电力价格下降所致，中国市场受影响较小。值得注意的是，除中国外，其他发展中国家上榜企业较 2014 年减少，说明发展中国家受世界经济形势影响更大。

总体来讲，近几十年来全球能源资源格局发生了巨大变化，以中国为代表的新兴经济体已成为能源资源贸易的主要参与者，消费重心出现由西向东的转换，供应中心出现了多极化的发展趋势，但大部分新兴国家的电力发展基础还很薄弱，容易受到冲击。

2015 年全球电力工业对外直接投资分析

国际能源署在《世界能源投资展望 2015》中披露，2014—2035 年，全球能源投资总额将达到 40.2 万亿美元。其中，全球电力工业累计投资将达到 16.4 万亿美元。与前一年发布的《世界能源投资展望 2014》中提到的数据相比（2000—2012 年，全球电力工业投资规模达到 6.1 万亿美元），电力工业投资在长线呈现持续增大的趋势。报告指出，从细分市场看，输配电领域和可再生能源占电力领域投资比例最高，分别达到 42%。其中，核电 56%，水电占 9%。其余是化石能源占 16%。从区域来看，到 2035 年，欧洲电力领域投资累计达到 2.2 万亿美元，成为仅次于中国的第二大电力投资目的地，其关注点也是在老化电力基础设施替换和低碳发展需求。预计到 2035 年，新兴国家印度电力投资总额将达到 1.6 万亿美元，其中私营投资占主导地位。

（一）全球发电累计装机容量保持增长，可再生能源创纪录，中国领跑全球

2015 年全球发电累计装机容量达到了 5 995.5GW，新增装机容量 300.5GW。受国家政策（煤

电审批权下放、电力市场改革）影响，中国煤电装机容量继续在新增装机容量和累计装机容量上领跑全球，2015 年中国发电累计装机容量达到 1 483GW，占全球 24.7%，占比进一步扩大。表 3－1－4 显示了 2009—2015 年全球发电累计装机容量的区域分布情况。

表 3－1－4　　全球发电累计装机容量的区域分布（2009—2015 年）

单位/GW

地区	2009 年	2010 年	2011 年	2012 年	2013 年	2014 年	2015 年
欧洲	1 189.8	1 236.6	1 274.3	1 318.3	1 373.3	1 425.7	1 455.3
中东和非洲	300.9	318.0	335.7	254.1	253.1	266.3	313.1
美国	1 017.8	1 033.1	1 045.0	1 092.0	1 103.0	1 114.0	1 147.0
巴西	110.6	112.3	119.7	123.6	127.7	132.0	147.1
其他美洲地区	320.7	337.7	349.1	327.0	338.0	348.0	358.0
中国	876.2	966.4	1 056.0	1 144.2	1 249.7	1 380.0	1 483.0
印度	164.9	181.4	208.4	212.0	230.0	246.0	272.0
其他亚太地区	728.3	768.0	817.6	751.0	770.0	783.0	820.0
合计	4 709.2	4 953.5	5 205.8	5 222.2	5 444.8	5 695.0	5 995.5

资料来源：智研咨询，《2016—2022 年中国电力市场运营态势与投资战略分析报告》。

值得注意的是，可再生能源装机量在 2015 年创下新纪录。新增可再生能源发电装机容量约 147GW，为历年最高。同时，现代可再生能源热容量保持增长态势，在交通领域的应用也在扩大。分布式可再生能源的快速进步，正在缩短能源富有群体和能源短缺群体之间的差距。可再生能源占全球生产消费总量的比例如表 3－1－5 所示。

表 3－1－5　　全球不同能源类型消费比例（截至 2014 年）

<table>
<tr><th colspan="3">类别</th><th>比例/%</th></tr>
<tr><td colspan="3">化石燃料</td><td>78.30</td></tr>
<tr><td colspan="3">核　能</td><td>2.50</td></tr>
<tr><td rowspan="5">所有可再生能源</td><td colspan="2">传统生物质能源</td><td>8.90</td></tr>
<tr><td rowspan="4">现代可再生能源</td><td>生物质能/地热能/光热</td><td>4.20</td></tr>
<tr><td>水力发电</td><td>3.90</td></tr>
<tr><td>风能/太阳能/地热能</td><td>1.40</td></tr>
<tr><td>生物燃料</td><td>0.80</td></tr>
</table>

资料来源：21 世纪可再生能源政策网络（RE21），《2016 年全球可再生能源现状报告》。

截至 2015 年末，全球各国可再生能源发电容量排名中，中国以 199GW 排名第一，美国、德国分别以 122GW、92GW 位居第二和第三。在可再生细分领域上，中国在水力容量、太阳能容量、风能容量、太阳能热水容量、地热能容量上均位居世界第一。可再生能源占全球发电量比例如表 3－1－6 和图 3－1－1 所示。

表 3-1-6　　全球不同能源类型占全球发电量比例（截止到 2015 年末）

能源类别		比例/%
非可再生能源电力		76.30
可再生能源电力	水力发电	16.60
	风能	3.70
	生物质能	2.00
	太阳能	1.20
	地热能、光热、海洋能	0.40

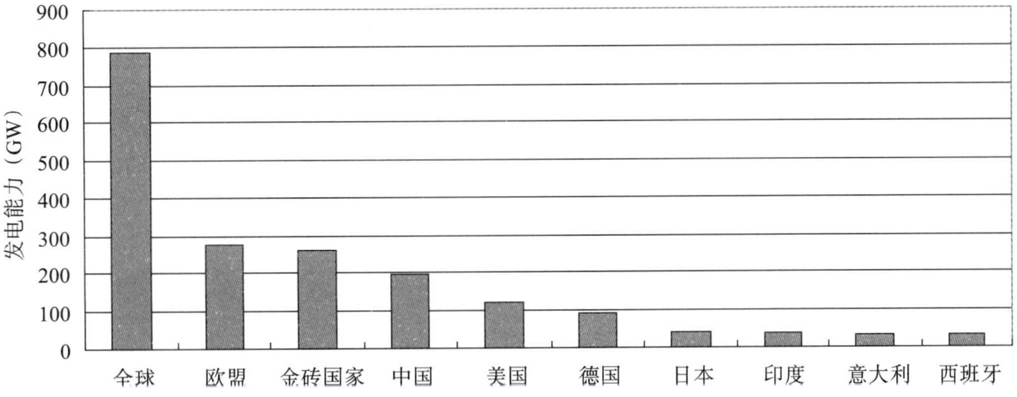

图 3-1-1　全球可再生能源发电能力

资料来源：21 世纪可再生能源政策网络（RE21），《2016 年全球可再生能源现状报告》。

在新增投资及新增容量方面，2015 年，中国在新能源方面的投资继续领跑全球，在风力发电、光伏发电及小水电等领域的投资额/净新增容量均排名世界第一。具体排名见表 3-1-7。

表 3-1-7　　2015 年度全球新能源发电投资/净新增容量排名

排名	1	2	3	4	5
可再生能源发电（不包含容量 >50MW 的水电项目）	中国	美国	日本	英国	印度
单位 GDP 对可再生能源发电投资	毛里塔尼亚	洪都拉斯	乌拉圭	摩洛哥	牙买加
地热能	土耳其	美国	墨西哥	肯尼亚	牙买加
小水电	中国	巴西	土耳其	印度	越南
光伏发电	中国	日本	美国	英国	印度
风力发电	中国	美国	德国	巴西	印度

资料来源：21 世纪可再生能源政策网络（RE21），《2016 年全球可再生能源现状报告》。

（二）电力工业对外直接投资方式多样化发展

全球电力工业对外直接投资呈现跨国并购与绿地投资齐头并进的局面。电力工业作为在国民经济中举足轻重、与国计民生息息相关的行业，因其投资门槛较高，为实力雄厚和资金充裕的国家和企业提供了较为广阔的舞台。一方面，并购成为电力企业进入成熟市场的一种重要方式。鉴于电力和公用事业承受改善资产负债比例方面的压力，欧洲电力市场出现重大的资产剥离计划，北美洲也在电力方面展开新一轮的整合，并购成为电力企业进入成熟市场的一种重要方式。2015 年 11 月，通用电气以 106 亿美元收购阿尔斯通热电、可再生能源（电力）和电网业务，这是通用电气迄今为止在工业领域最大的一笔收购。2015 年 3 月，芬兰富腾集团以 66 亿欧元（约合人民币 433.7 亿元）的价格将其瑞典电网业务出售给北欧化工和瑞典养老基金组成的企业联合体。这些并购案例表明，电力行业的跨国企业对资产状况优良的电力资产仍保持较高的信心。而另一方面，以中国为代表的新兴国家在保持并购海外优质电力资产的同时也活跃地开展着绿地项目。这与中国大力推进“一带一路”的国家政策有关。由于中国在“一带一路”沿线国家的绿地开发项目数量快速增长，2015 年全球电力行业对外直接投资绿地开发类项目呈现放量趋势，并预计在未来几年内都将保持高位。

（三）电力投资目标国家和地区逐渐丰富

传统电力行业投资的目标国家和地区多集中于欧美、澳洲这样稳定且成熟的市场。这些国家和地区电力市场相对较稳定，且拥有健全的监管制度以保证投资者的收益安全。出于对新兴市场的乐观预期及中国“一带一路”政策的实施，全球电力对外直接投资目标国家和地区逐渐丰富。在非洲和中东地区，根据安永会计事务所的《电力交易及趋势：2015 回顾和 2016 展望报告》，投资者将兴趣集中于其新发电容量，尤其是可再生能源领域。安永表示，2015 年是非洲和中东电力及公用事业领域的转型之年，政府在能源领域的改革可以为电力行业吸引一定的海外投资。在亚太地区，包括中国的境内外交易和能源改革使该地区的交易价值同比增长 100%。该报告认为，随着中国、印度、日本及越南的能源改革，亚太地区对新发电容量的需求和境外投资都将较为活跃。2015 年 9 月，JSW Energy 以 14.5 亿美元收购了印度 Jaiprakash 电力旗下 Himachal Baspa Power 的股份，也在一定程度上说明了业内对新兴市场电力行业及基础设施建设的正面预期。

2015 年中国电力工业对外直接投资情况

2015 年，全球经济持续疲软，能源消费需求增长乏力。在此背景下，中国电力工业的对外投资发展依然保持活力，并开始带动电力投资格局发生新的改变。

（一）电力工业对外投资反弹势头较强

全球经济进一步放缓以来，对世界范围内能源消费产生了深远影响。根据《BP 世界能源统计年鉴》，2015 年，全球一次能源需求同比仅增长了 1%，与 2014 年 1.1% 的增幅接近，但远低于 1.9% 的 10 年期平均增幅。受此影响，2011—2015 年，中国电力行业对外直接投资规模也经历了较大起伏，但最终保持了较高的投资活力和良好的发展势头。2011 年和 2012 年，中国电力、热力、燃气及水生产和供应业的对外直接投资流量分别为 18.7 亿美元和 19.4 亿美元，分别占当年全部对外投资的 2.52% 和 2.21%，是历年的投资高峰。但随后的 2013 年，中国电力、热力、燃气及水生产和供应业的对外直接投资流量骤降至 6.8 亿美元，占总体对外投资流量比例仅为 0.63%。2014 年以来，在国家大力推进“一带一路”战略和全球电力工业增速放缓的背景下，中国电力企业积极参与全球电力市场竞争与合作，我国电力企业“走出去”步伐不断加快，国际产能合作成效显著。2014 年，中国电力、热力、燃气及水生产和供应业的对外直接投资流量反弹至 17.7 亿美元的高点，增长势头明显（见图3－1－2）。2013—2015年，我国电力行业对外直接投资累计388亿美元，电力机械、器具及电气零件出口8 585亿美元。

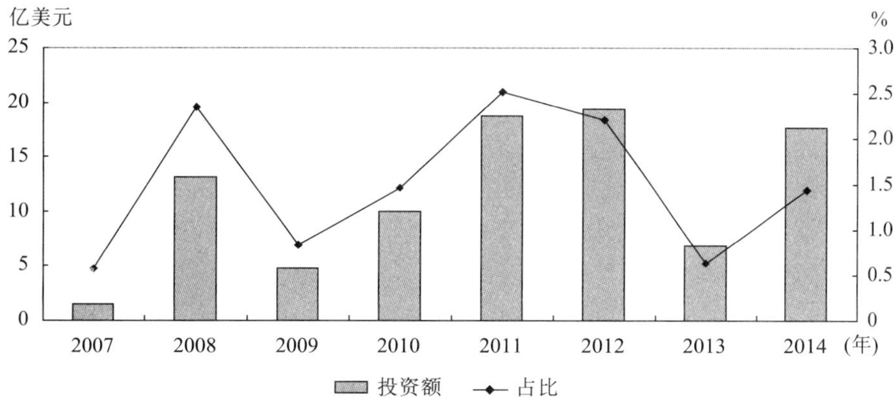

图3－1－2　电力、热力、燃气及水生产和供应业对外直接投资流量（2007—2014年）

资料来源：商务部：《中国对外直接投资统计公报》（2007—2014年）。

（二）传统电力行业继续领跑“走出去”，新能源投资热度不减

2015年，电力行业对外投资的重点是扩大国产水电、火电装备和技术的出口规模。继2014年中国国家电网公司和巴西公司联营体中标美丽山水电一期工程后，2015年国家电网公司又成功中标巴西美丽山二期项目。我国特高压直流水电项目2015年“走出去”正式迈开步伐，该项目也成为中国国内特高压输电技术、装备和工程总承包一体化“走出去”的又一里程碑。2015年，我国火电出口面临各国环保压力加大、各国设计标准不一、国外经营成本上升、监管审查趋严等困难，火电行业不断调整自身适应能力，制定相应政策，积极开拓海外市场。华能集团、中电投、大唐、国电等发电集团在2015年继续进军海外，积极向上游的煤矿产业扩张。2015年1—6月，中国火力发电出口交货值17.72亿元，同比增长651.24%。以60万千瓦机组为主力的火电出口机型，遍及印度、印尼、土耳其等新兴国家，迈开了我国火电设备技术“走出去”的步伐。随着电力集团对经营境外火电市场经验的不断积累，以及对境外火电产业和国际资本运作规律的熟悉，火电“走出去”的步伐进一步加快。

在传统电力行业的带动下，新能源投资也同样保持了较高热度。国电集团、三峡集团、大唐集团和正泰集团等20多家中国企业纷纷启动了各自的新能源海外扩张计划。世界资源研究所（WRI）《中国清洁能源对外直接投资报告》显示，截至2012年，中国企业对外太阳能和风能产业的直接投资总额累计已达到400亿美元，涉及124个海外项目和33个国家，统计范围包括投资海外清洁能源项目、制造工厂以及并购等等。2014年11月，中国国电集团公司下属的龙源电力集团股份有限公司在加拿大安大略省宣布，中国发电企业投资首个海外风力发电项目——加拿大德芙琳风电项目建成投产。该项目位于加拿大安大略省德芙琳县梅兰克森镇，项目总装机10万千瓦，年上网电量预计3亿度，可满足安大略省约3万个家庭用电。

（三）“一带一路”对中企对外电力投资作用明显

2015年，受“一带一路”战略影响，中国企业与“一带一路”沿线国家间的基础设施建设合

作得到有效加强。根据《世界能源蓝皮书：世界能源发展报告（2016）》，2015 年，中国企业对“一带一路”沿线的 48 个国家直接投资额达到 120.3 亿美元，同比大幅增长 66.2%，占我国非金融类对外直接投资的 15.3%，主要流向国家包括新加坡、哈萨克斯坦、老挝、印尼与俄罗斯等。前三季度中国企业在“一带一路”沿线的 57 个国家承揽对外承包工程项目内容主要涉及电力工程、房屋建筑、通信工程等领域，项目数量多达 3 059 个，新签合同额总计 591.1 亿美元，占同期我国对外承包工程新签合同额的 54.3%，同比增长幅度为 24.9%。其中，电力合作内容从传统能源勘探开发合作和水电、核电、风电、太阳能等能源合作，延伸至能源资源就地加工转化以及技术装备与工程服务领域的合作。在中国“一带一路”倡议与全球能源互联网思维引导下，中资企业的境外电网互联投资力度也将有望继续加大。2015 年，哈萨克斯坦埃基巴斯图兹至河南南阳的 ±1 100 千伏高压直流工程、俄罗斯叶尔科夫齐至河北霸州的 ±800 千伏高压直流工程、蒙古锡伯敖包至天津和新疆伊犁至巴基斯坦伊斯兰堡的 ±660 千伏直流工程的前期规划工作均已展开。

（四）国有企业仍是海外电力投资的主力军

2015 年中国企业在海外市场十分活跃，电力投资也不例外。由于电力行业的特殊性，无论是投入成本还是运营管理，电力行业对外直接投资都具有投资基数大、投资期长、回收期长、过程复杂等特点。因此，从实际运行可以看出，中国电力企业对外直接投资几乎集中在资金和管理都比较雄厚的大型国有企业，如五大发电集团、两大电网集团及两大电建集团。海外并购成为电力企业境外直接投资的主要形式，国家电网、中电投、三峡集团、中水电、神华集团、中广核等都有较大规模的并购交易。2014 年 7 月，中国国家电网公司 21 亿欧元收购意大利国有融资机构 CDP 全资子公司 RETI35% 股权，由此间接持有意大利国家级输电公司和国家级天然气公司股权。2015 年 11 月，三峡集团以 37 亿美元中标巴西朱比亚水电站和伊利亚水电站 30 年特许经营权项目。此项目于 2016 年 1 月完成交割，是 2016 年第一季度中国企业实施的最大的海外投资并购项目。一系列成功的境外市场收购，标志着中国国有电力企业已在跨国能源公司行列占据重要位置。

中国电力工业境外投资风险分析

对于欲进行境外电力投资的企业来说，在看到境外电力市场存在巨大需求和增长潜力的同时，也要注意到电力投资具有投资大、周期长、回收期漫长的特点。此外，境外投资本身还具有除企业经营风险之外的政治风险、政策风险、外汇风险和利率风险等。据国家发改委国际合作中心数据，2005—2014 年中国能源和电力行业对外直接投资失败项目金额达 893 亿美元，为各行业最多，占同期全部失败项目金额的 36.3%。大量境外电力工业投资案例表明，非市场风险已经成为企业境外直接投资的重要威胁，并且有了一些新的表现形式和特点。这类风险引起的企业经营环境的改变，对企业来说影响巨大，应引起高度重视。

（一）境外电力投资风险的特点

境外电力投资风险的特点包括：（1）客观性，即决定风险的各种因素客观存在，导致风险无时不在、无处不有；（2）不确定性，风险的发生存在不确定性，不确定是否发生、发生的时间、发生的状态和导致的结果；（3）可变性，在项目寿期的不同阶段，风险在质和量上会发生变化或者可能产生新的风险；（4）多样性，电力投资项目周期长、规模大、涉及面广等特点，注定了风险繁杂并存在复杂的内在关系。

（二）海外电力投资风险分析

境外电力项目投资风险，是指由于各种主客观因素造成的投入资金实际效果和收益与预期的效果不一样而产生的风险。在相关项目的开发和建设时期都会存在一定的投资风险。在相关项目的开发阶段，由于国内相关的工作人员对国外的政治济环境以及相关的法律条款和税务情况等了解得不够全面和细致，加之对即将投产的境外电力项目的地理环境和气候条件等不是很了解，很容易造成决策的失误，少计工程量、低估工程单价的现象时有发生。在相关电力项目的建设过程中，由于持续的时间比较长，很可能由于原材料价格的上涨、工作人员薪资的上涨以及工期的延长和其中存在的各种不可预测的风险，导致境外电力项目投资过程中存在很大的风险和挑战。投资风险又可细分为以下方面：

1. 国家风险

国家风险主要包括政治风险、经济风险、商业环境风险和法律风险四个方面。其中，政治风险需要识别政治稳定性、社会环境、政府干预、国际关系、文化习俗、宗教信仰、恐怖活动等。例如，2015 年 2 月由于柬埔寨政府换届，新政府宣布暂停中国水利水电建设集团在此前获准的总额为 4 亿美元的水力发电项目。2011 年缅甸改革派新政府上台，中国电力投资集团在缅甸承建的密松水电站启动两年后被缅甸单方面叫停。经济风险需要识别宏观经济、金融体系、财政收支、国际收支、主权债务和双边经贸等。商业环境风险需要识别税收体系、投资便利性、基础设施和行政效率等。法律风险需要识别法律完备性、执法成本、退出成本以及一些限制性政策带来的负面影响。国家风险是对外投资最大的、最不可预测的风险。

2. 自然灾害及环境保护风险

电力项目的特殊性造成对自然环境风险的特别关注，包括地质、气象、地震等原因直接破坏电力项目，或造成项目无法建设、运营，或导致项目工期延长增加项目投资，或自然资源发生重大变化，例如来水、来风影响电站电量减少等。

环境保护问题对境外电力投资的影响，主要体现在三个方面：

一是环境问题极易被放大，并被极端组织和不法分子利用。环境问题与当地民众的生活息息相关，他们对电力投资的抵制态度可能会使投资失败。尤其是某些中国企业在进行火电、水电等投资时，没有完全考虑当地环境保护和可持续发展要求，经当地媒体渲染后，极易遭到抵制。

二是环境成本提高，给投资企业造成经营压力。如 2014 年 10 月，18 家来自柬埔寨和湄公河流域的机构当日就位于柬埔寨上丁（Stung Treng）桑河下游的桑河二级水电站项目发表了联合声明，督促项目开发商及柬埔寨政府暂停该项目的建设并重新进行环境影响评估。该项目由华能子公司云南澜沧江国际能源有限公司投资建设。根据原住民和环保组织的要求，该公司已经重新调整设计以完善沉积物通道，包括降低坝体高度和采纳弧形拱门等新措施以减低负面影响，这无疑增加了企业经营成本，对后续经营可能产生影响。

三是环保行政审批周期较长，投资潜在风险与不确定性增加。中资电力企业要进入当地投资，必须经过当地政府及环保部门冗长复杂的审批过程，且往往周期较长，直接导致企业进入该市场的时间延后，投资潜在风险和不确定性也随之增加。

3. 行业风险

电力行业的风险包括电力市场运行规则差异、电力行业标准差异，而且东道国电力行业结构调整、电力行业政策调整等均有可能对电力项目产生负面影响。我国电力标准与欧美国家电力标准、国际标准等都存在一定的差异，增加了我国清洁能源电力海外投资项目工程实施过程中的难度。广东省设计研究院的《电力一次专业国外设计标准对比分析研究》的报告，明确区分了中国电力设计标准与国外标准。如在发电机的轴电流方面，国际标准中的IEC60034—3标准与我国电力的GB－T－7064标准不同，且中国标准要求更高。在电科院统计的交流电力系统金属氧化锌避雷器使用标准中，中国标准为DL/T804—2012，而国际标准为IEEE605—2009、IEC60815—2008。2012年我国在马来西亚PRAI1 400MW联合循环项目招标中，马来西亚方面明确表示不接受中国标准。虽然我国的电力产品和技术已经达到了国际领先水平，但中国标准尚未被大多数国家认可。东道国电力标准与我国标准的差异性在一定程度上制约了我国电力项目的海外投资。

4. 市场及竞争风险

电力市场变化例如电力需求下降导致负荷减少，项目盈利能力下降；电力市场化运行机制与国内差异较大，竞价策略、电价波动都给项目的营利性带来较大的不确定性。此外，伴随着国际直接投资蓬勃发展，许多国家加入到境外投资行列。因此，中国海外的重大战略性投资项目，不得不考虑国外同行的竞争，甚至是国外政府的竞争。就在中国缅甸密松水电站项目被单方叫停后，2014年美国ACO私人投资公司与缅甸电力部签署投资协议，计划投资4.8亿美元，在密铁拉与明建镇建设两座年产140MW的太阳能发电厂。这是自2012年以来，美国对缅甸制裁部分解禁以来首宗最大的投资项目。发电厂预计2016年建成投产，将能提供缅甸全国一成用电需求。

5. 技术风险

绿地项目技术方案、设计方案的变化和调整将造成工程量增加、投资增加、工期延长等风险，严重影响项目经济性。收购项目技术风险如设备老化、工程建设缺陷、安全风险等将给日后的项目运营带来较大风险。

6. 工程建设风险

这是国内外电力项目建设中都存在的风险，包括进度、质量、投资、安全等方面的风险。但境外项目的工作如在特许经营权协议中已约定，工期缩短或延长都可能会被视为违约，这点有别于国内。

7. 经营管理风险

一方面是项目运营中可能遇到的电量减少、电价波动、运营成本增加、购售电协议更迭、电费回收困难等与国内电力项目运营中类似的风险；另一方面，尤其是海外收购项目在公司治理结构、管理制度、企业文化等方面面临的整合风险，一旦中国企业后期整合不利，也可能导致经营的困难或整合失败，影响项目经济性。

8. 资金回收率风险

资金回收率风险是境外电力项目投资过程中存在的又一个比较大的风险，主要表现在不能及时收取应收的电费和外部汇兑风险。境外电力项目在运作后通过收取电费获得资金，而在经济不发达、外汇储备较少的国家，如东南亚、非洲等国家就会出现延迟支付电费甚至没有能力支付电力的现象。被投资境外电力项目的国家外汇储备少，或者对外汇兑换进行管制导致投资者收到的货币不能兑换为国际通用货币或者本国货币等，会严重影响境外电力项目投资公司的经济利益，使其境外电力项目投资活动存在很大的财务风险。此外，清洁能源电力项目海外投资金额巨大，往往需要几十年才能将成本收回并获得利润，所以企业在进行电力项目海外投资时不得不将资本和利润回收的确定性考虑在内。2014 年中国国家电网公司中标巴西的 ±800kV 特高压直流输电项目，施工期限为 46 个月，特许经营权为 30 年。2016 年 1 月 20 日三峡集团与几内亚国家签订了苏阿皮蒂水电站项目承包合同，合同金额为 13.8 亿美元，合同期为 58 个月。2016 年 1 月 21 日中国开工建设巴基斯坦的卡洛特水电站，总投资金额约为 16.5 亿美元，建成后运营期为 30 年。我国企业海外投资的清洁能源电力项目往往是通过项目建成运营后，以运营期时的利润作为资本和利润的回报来源。所以清洁能源电力项目海外投资额大、资本和利润回收周期长导致项目投资利润回收的不确定性。

9. 税务风险

税务风险存在于境外电力项目投资的整个过程，包括相关项目的开发期、建设期以及相关项目的运营时期，主要是由于对国外的税收政策和税种税率的变化不是特别理解，也没有充分掌握，导致在构建财务评价体系和相关的标准制度时不够科学合理，在建设期对于相关项目的营业税和利息税不能很好掌握，投资成本加大。而后期运营过程中由于对所得税、利息税以及增值税等相关税务政策不了解，也会增加税务负担，减少企业应获得的财务资金，进一步扩大电力项目投资的风险。例如，2015 年多个海外电力投资项目因双重征税问题与海外业主产生分歧，虽然最后都得到一定的解决或弥补，但也体现出我国企业对海外税法及对合同细节把握和理解存在偏差。

（三）海外电力投资风险防范

1. 进行海外投资项目的风险评估

世界形势复杂多变和东道国投资环境不稳定，我国电力企业要避免投资风险就需做好事前调查、分析、评估，事中做好风险规避和管理，切实保障企业的自身利益，并以市场为主导进行海外电力投资。海外投资电力项目虽然很受东道国欢迎，但很多国家由于缺资金、缺资源、缺市场，投资风险很大，绝不能拍脑袋上项目。为了有效规避投资风险应从两方面入手：一是电力企业应建立企业自身的国际市场风险评估体系，对投资东道国的政治风险、社会风险、经济风险进行科学合理的评估；二是电力企业应加强与国际风险评估机构之间的合作，按国际标准做好专业性风险评估，降低项目投资风险。

2. 拓展项目投资的国际融资渠道

电力项目海外投资所需的金额巨大，电力企业需要更多的渠道进行融资。2015 年 12 月，由中国人民银行发布的 2015 年第 39 号公告，列举了金融机构法人依法发行募集的支持绿色产业债券支持项目，其中包括风力发电、太阳能光伏发电、水力发电和智能电网等清洁能源项目，我国电力项目海外投资增添了一个新的融资渠道。拓展电力项目海外投资的国际金融渠道，除了利用国内金融机构发行绿色金融债券进行融资外，还可以引进国内外民间资本共同参与电力项目的海外投资，包括在项目投资东道国发行与该项目有关的融资债券，解决资金流动性问题。

3. 分散项目投资的主体风险

电力项目有海外投资金额大、资本利润回收周期长等特点，投资企业需要承担很大的风险。电力企业分散和降低电力项目海外投资风险，可以从以下方面入手：第一，与国内外相关企业联合共同投资，组成针对该项目的联合投资公司，这在一定程度上能够分散投资主体的投资风险；第二，向国内外大型保险公司投保，以保险的方式降低项目投资主体的风险。如 2014 年 7 月葛洲坝集团签署阿根廷最大水电站的融资协议。该水电站由中国葛洲坝集团股份有限公司与阿根廷国力企业共同承建，中国出口信用保险公司为融资提供了商业保险。

4. 推进项目投资的第三方市场方式

项目投资的第三方市场方式是降低投资风险的有效方法之一。2015 年 10 月我国广核集团与法国电力集团在伦敦签订了英国新建核电项目的投资协议。该合作是我国与法国利用各自的优势联合投资英国的核电项目，是利用第三方市场方式的典型案例。推进电力项目海外投资的第三方市场方式，电力企业首先应树立与他国相关企业合作共赢的投资理念，实现优势互补，在世界各地寻找合作机遇或第三方市场。另外，政府应发挥引导作用，为电力企业形成海外投资项目第三方市场合作创造条件。一些大型的投资，通过产能合作推动项目投资的第三方市场的方式，不但能使各方获利，而且投资企业能在实践中获得更先进的技能与方法。

专题：巴西电力行业投资风险研究

（一）巴西电力工业发展概述

巴西河网密布、水系众多，水力资源居世界第四位。著名的亚马逊、巴拉那、圣弗兰西斯科三大河系横贯境内。因此，巴西的水电事业比较发达。近 40 年来，超过 70% 的电力供应来自水力发电。当今世界上已投入运行的最大水力发电站——伊太普水电站（装机容量 70 × 18 万千瓦）就坐落在巴西与巴拉圭交界的巴拉那河上，其装机容量为 12 600 兆瓦。巴西目前水电装机总容量约 0.85 亿千瓦，但实际开发潜力约 2.59 亿千瓦时，发展空间巨大。未来 15 年的主要发电形式仍然会是水电。

巴西电网主要由两个互联网构成：一是互联的南部—东南—中西部电网；二是东北部电网。另外，在西北部还有很多孤立小电网。输电网由电力系统运营商管理，由多家公司经营。巴西按电压等级和功能相结合划分输电网。通常 230kv 及以上的电网、跨国输电的 138kV 线路定义为输电网，其余为配电网。巴西的输电网主要由 230kv、345kv、440kv、500kv、600kv 和 750kv 六个电压等级构成，其中 600kv 为直流输电线路的电压。

巴西配电网电压等级较多，包括 138kv、88kv、69kv、44kv、30kv、25kv、2.3kv、110v 等。配电网由 60 多个配电公司经营，配电公司不能经营发电业务。在 30 多个主要配电公司中，国外投资者控股或参股的占半数以上。

巴西发电、输电、配电业务分离，但市场中电力公司结构较为复杂，既有垂直一体化公司，也有单独从事发电、输电、配电业务的公司。其中，发电环节主要为巴西国有企业，占 77% 市场份额，另外 23% 为私有和外资企业。输电环节也是国有企业为主，配电主要由私人公司控制。

为进一步满足国家经济增长需要，巴西政府规划自 2009—2019 年在电力领域（包括发电和电力传输）投资 1 270 亿美元，其中 1 040 亿美元将投资于发电，230 亿美元将投资于传输线路。具体的投资分配情况如表 3 - 1 - 8。

表 3-1-8　　2009—2019 年巴西发电领域投资计划

类别		投资额/亿美元	占比/%
水电		588	56.8
热电	核能	47	4.6
	天然气	18	1.7
	煤炭	31	3.0
	石油	69	6.7
小水电、风电、生物发电		282	27.2
总计		1 036	100.0

资料来源：中国驻巴西使馆经商参处。

按照投资计划，巴西将在亚马逊流域新投产 3 座大型水电站，近 3 年内还将新增 3.76 万公里大容量、低损耗的输电线路。除加强水电工程建设外，巴西也努力实现电力发展多样化，不断提高太阳能和风电等其他可再生能源的使用率，这包括兴建 291 个风电园区，将风力发电占总电力供应的比重提高至 11.4%。全球最大的几家国际风机制造商在巴西都有工厂，可以为发展风电提供成本较低的设备。

（二）2015 年巴西电力工业发展情况

据权威机构估计，2015 年，巴西总发电量 555.609TWh，总用电量 499.7TWh，装机容量 137 463兆瓦。尽管受干旱影响使热力电厂生产增加，但总体来看，2015 年巴西电力消费却下降了 1.8%，其中，中西部地区和南部地区是巴西工业发达地区，电力消费下降了 3.2%；东北部地区和北部地区电力消费则分别增加了 3.2% 和 1.7%。这主要是由于经济危机引起的高电价及工业领域节能造成的。

2015 年 8 月 11 日，巴西能矿部公布了《2015—2018 能源投资计划》（PIEE），计划总投资金额为 1 860 亿雷亚尔。投资项目包括水电站、小型水电站（PCH）、风电站、光伏电站、生物热能电站、燃料热能电站及输变电项目。其中，电力能源投资金额为 1 160 亿雷亚尔，输变电项目投资金额为 700 亿雷亚尔。这些电力项目建成后将为巴西电力系统增加 25 000 兆瓦至 31 500 兆瓦电量和新建 37 600 公里的输电线路，有助于调整巴西能源结构，优先发展清洁能源和可再生能源，使电力发展多样化。同时，这些项目建设将为巴西提供更多的就业机会，加快巴西经济的复苏。

（三）巴西电力工业投资风险

2015 年是巴西的困难年，经济衰退、社会矛盾突出等都给投资巴西电力行业带来了风险和挑战。

1. 党派争斗暗流汹涌

由于近年来巴西经济一直表现不佳，里约等大中城市多次爆发大规模反政府游行示威，巴西国家石油公司腐败案持续发酵，执政的劳工党众多高官卷入其中，劳工党精神领袖前总统卢拉也受到调查。劳工党与主要参政党民运党之间关系微妙，执政联盟内部出现裂痕。巴西众议院以财政违法为由，已于 2015 年 12 月启动对罗塞芙总统的弹劾程序。鉴于弹劾的高门槛和复杂冗长的法律程序，罗塞芙总统不会很快下台，但民调显示，罗塞芙总统的支持率仅有约 10%，劳工党政府的权威性和控制力已显著下降。

2. 经济全面衰退，融资困难，外汇风险提升

2015 年，巴西经济陷入严重衰退，全年经济增长率为 -3.5%，失业率超过 10%，失业人口超过 800 万，年通货膨胀率达 10.67%。巴西央行基准利率节节攀升，目前已高达 14.25%，标准普尔、惠誉等国际评级机构先后将巴西主权信用评级调至垃圾级，企业融资难上加难。由于经济衰退，税收大幅减少，巴西各级政府的财政均十分严峻。汇率大幅波动，一年来雷亚尔兑美元贬值累计超过 40%。巴西实行严格的外汇管制措施，未经批准，所有法人和个人都不能在巴西开立外汇账户。外汇进出必须通过巴西中央银行，外资企业利润会出需要缴纳资本利得税，税率为 15%。

3. 税制复杂且税项差别较大

巴西企业纳税额约占经营成本的 38%，税收负担居拉美地区首位。尽管从 20 世纪 90 年代开始，巴西逐渐转向较为开放的税收政策，着手修改歧视性条款，为外国投资者提供税赋优惠，但税负仍然较重，且其税收种类较为复杂，各种捐税共计 58 种，按行政划分为联邦税、州税和市税三级。同一级行政区划中的不同州或市税收也不尽相同。不同的地区针对投资者的税收千差万别，甚至同一企业在不同州投资需要交纳不同的税种，企业稍有不慎就可能面临税务部门的巨额罚款。巴西与投资有关的税收如表 3-1-9。

表 3-1-9　巴西与投资有关的税收

税目	计税基础	税率
企业所得税（IRPJ）	营业额	应税所得总额在 240 000 雷亚尔以下时，税率为 15%；超过 240 000 雷亚尔以上部分，另增课 10%
个人所得税（IRRF）	申报月薪	月收入在 1 058 雷亚尔以下免交所得税；月收入介于 1 058—2 115 雷亚尔之间，税率为 15%；月收入超过 2 115 雷亚尔，税率为 27.5%
工业产品税（IPI）	商品发票价格	0—55%，平均 16%
商品流通服务税（ICMS）	商品发票价格	0—25%
临时金融流通税（CPMF）	提款或转账金额	0.38%
法人盈利捐（CSL）	营业额或实际利润	以营业额计税的企业，税率介于 1.08% 至 2.88% 之间；工、商业 1.08%；服务业 2.88%。以利润计税的企业，税率为 9%
社会安全费（COFINS）	营业额或实际利润	以营业额计税的企业，税率为 0.75%；以利润计税的企业，税率为 3%
社会一体税（PIS）	营业额或实际利润	以营业额计税的企业，税率为 0.65%；以利润计税的企业，税率为 1.65%
社会保险金（INSS）	申报薪资总额	依公司员工数目来区分税率范围。税率介于 26.8% 至 28.8% 之间
公会费（CSP）	会员公司申报的资本额	0.02% 至 0.8% 之间，视产业而定

资料来源：中国驻巴西使馆经商参处。

4. 劳工法律严格、细致

1943 年颁布的《统一劳工法》是巴西第一步系统的劳工法。后经不断修订，对当地劳工的保护力度逐渐增强。在巴西投资的外资企业很容易因违反劳工法而受到行政处罚，或陷入劳工纠纷，因此蒙受损失。侵犯劳工权益受到巴西政府高额罚款的案例屡见不鲜。此外，由于巴西一直面临就业压力，不鼓励引进外籍劳务。在吸引国外投资上，巴西政府主管部门将有关引资项目能否为本国人提供就业岗位作为重要的审批依据。巴西《劳动法》规定，本国劳工在人数和工资收入上分别不得低于企业全部劳工人数和工资总额的2/3。外籍劳工必须有特殊技术专长，并有工作签证，才可在巴西企业工作。

5. 港口基础设施建设滞后，制约瓶颈凸显

巴西现在的港口虽然有54个，主要港口有桑托斯刚、里约热内卢港、阿雷格里港和维多利亚港。但随着对外贸易的突飞猛进，巴西的港口设施已成为制约其经贸发展的主要瓶颈。单件货物从中国运到巴西与在巴西内陆的运输成本几乎一样高。其中，桑托斯港的情况尤为突出。总体而言，目前巴西港口处于饱和状态，交通基础设施比较薄弱，港口系统发展相对滞后。

6. 社会治安状况堪忧，威胁投资者人身安全

近年来，由于贫富差距加大，社会财富分配不均，巴西社会矛盾尖锐，犯罪率持续上升。2013年数据显示，生活在绝对贫困线以下人口为1 050万，占总人口的5%。巴西公民可以合法持有枪支，但是非法持枪者众多，导致社会治安并不是很好。治安形势较为严峻。联合国发布的一项研究报告表明，巴西每年约5万人死于暴力活动，是全球暴力致死率最高的国家。特别是里约热内卢、圣保罗等大城市鉴于人满为患，监狱暴动、绑架、勒索等恶性案件频频发生，治安形势较为严峻。更为严重的是，巴西政府在治安方面少有作为，有些巴西官员还与违法人员合作犯案，外国投资者和商人往往会成为犯罪分子抢劫、敲诈勒索和绑架的对象，严重威胁外国投资者的人身和财产安全。

第二章
汽车工业

汽车工业是国民经济重要的支柱产业，在产值和销售收入中，汽车工业占较大比重。汽车工业是高度技术密集型的工业，集中着许多科学领域里的新材料、新设备、新工艺和新技术。而且，汽车工业是综合性的组装工业，一辆汽车由千万种零部件组成，每一个汽车主机厂都有大量的相关配件厂，所以汽车工业和许多工业部门具有密切联系。因此，汽车工业的发展必然会推动许多相关工业部门的发展。

我国加入 WTO 之后，结合汽车工业的发展状况，汽车行业划分也执行了新的标准，与国际发展相接轨，大的分类基本与国际较为通行的称谓一致，分为乘用车和商用车两大类。由于各国在车型细分上没有统一的标准，因此对于乘用车和商用车之下的细分类是按照我国自身的特点进行划分的。根据国家质检总局和国家标准委颁布的《国民经济行业分类》（GB/T4754—2011），汽车制造业属于第 36 大类。具体分类如表 3 - 2 - 1。

表 3 - 2 - 1　　汽车制造业分类表

三次产业分类	门类	大类	中类	小类	行业名称
第二产业	B	36			汽车制造业
			361	3610	汽车整车制造
			362	3620	改装汽车制造
			363	3630	低速载货汽车制造
			364	3640	电车制造
			365	3650	汽车车身、挂车制造
			366	3660	汽车零部件及配件制造

资料来源：中华人民共和国国家统计局，《国民经济行业分类》（GB/T4754—2011）。

本报告将重点研究全球汽车工业投资风险。主要内容包括全球汽车工业发展形势分析、全球汽车工业对外直接投资分析、中国汽车市场及其对外直接投资分析、中国汽车产业境外投资风险分析四个部分以及南非汽车工业投资风险一个研究专题。

2015 年全球汽车工业发展形势分析

（一）全球汽车生产

2015 年全球汽车生产增速是除 2008 年金融危机以来的最低水平，其主要原因是全球经济减速。世界汽车组织（OICA）数据显示，2015 年世界汽车产量达 9 068.31 万辆，是 2009 年以来连续 7 年保持增长。然而，由于全球经济政治格局动荡调整，经济复苏的脆弱性和不确定性，全球汽车产量增速从 2010 年继续进一步放缓，2015 年增速仅为 1%（见图 3－2－1）。

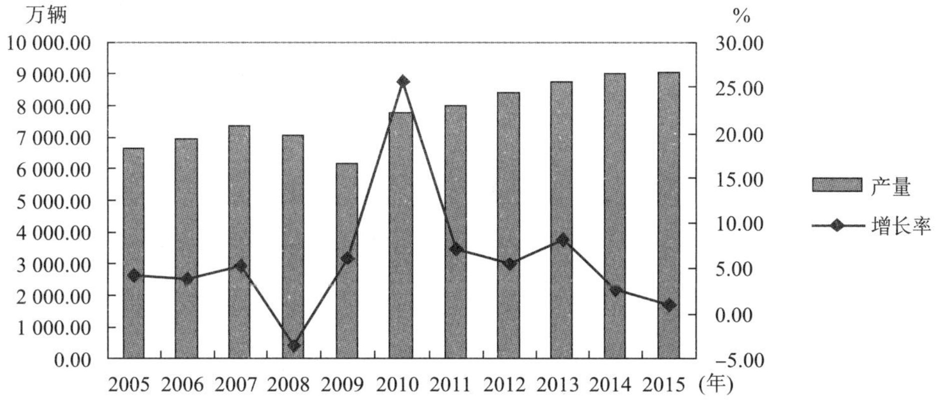

图 3－2－1　2005—2015 年全球汽车产量及增长率

资料来源：根据 OICA 数据整理，http：//www. OICA. net/category/production－statistics。

从汽车类型来看，2015 年乘用车依然延续增长态势，但增幅自 2012 年持续下降。乘用车产量达到 6 856.19 万辆，比 2014 年产量仅增长了 1.54%，增幅比 2014 年下降了 1.3 个百分点；而商用车出现了自 2010 年的首次下降，产量达到 2 212.12 辆，比 2014 年产量下降了 0.45%（见图 3－2－2）。

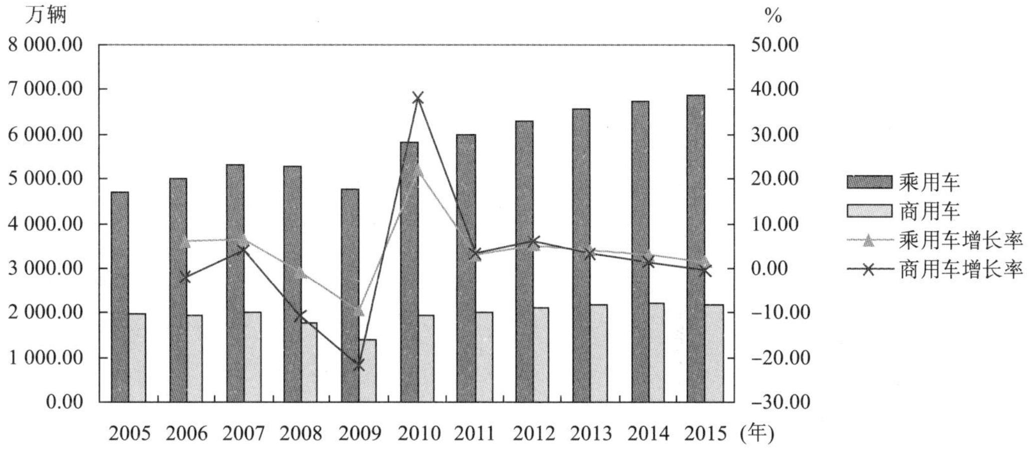

图 3－2－2　2005—2015 年全球乘用车和商用车产量及增长率

资料来源：根据 OICA 数据整理，http：//www. OICA. net/category/production－statistics。

从世界汽车产量排名前20位国家来看，2015年二十大汽车生产国产量占世界总产量的94.08%（见表3-2-2）。从占世界生产份额来看，中国、美国、日本、德国和韩国依旧是世界汽车产量前五大国家，其中中国产量占世界生产份额27.02%，比2014年上升接近1个百分点；美国份额由12.99%上升到13.34%；日本和韩国略有下降；德国略有上升。从增长速度来看，意大利、土耳其和西班牙保持两位数的增长。其中，汽车产量增速最快的是意大利，汽车生产101.42万辆，同比增长45.3%，增幅在全球二十大汽车生产国中最高；其次是土耳其，汽车生产135.88万辆，同比增长16.1%；西班牙连续两年保持两位数的增长，2014年增速为20.73%，2015年增速为13.7%，汽车生产产量达到273.32万辆。

表3-2-2　　2015年世界汽车产量排名前二十位国家

名次	国家	乘用车/万辆	商用车/万辆	总产量/万辆	占世界生产份额/%
1	中国	2 107.94	342.39	2 450.33	27.02
2	美国	416.37	793.64	1 210.01	13.34
3	日本	783.07	144.75	927.82	10.23
4	德国	570.79	32.52	603.32	6.65
5	韩国	413.51	42.08	455.60	5.02
6	印度	337.81	74.771	412.574	4.55
7	墨西哥	196.81	159.74	356.55	3.93
8	西班牙	221.90	51.42	273.32	3.01
9	巴西	201.90	41.05	242.95	2.68
10	加拿大	88.86	139.49	228.35	2.52
11	法国	155.38	41.62	197.00	2.17
12	泰国	77.23	114.32	191.54	2.11
13	英国	158.77	9.45	168.22	1.85
14	俄罗斯	121.48	16.96	138.44	1.53
15	土耳其	79.10	56.78	135.89	1.50
16	捷克共和国	129.82	0.54	130.36	1.44
17	印度尼西亚	82.44	27.43	109.88	1.21
18	意大利	66.319	35.11	101.42	1.12
19	斯洛伐克	100.00	0	100.00	1.10
20	伊朗	88.49	9.75	98.23	1.08
合计		6 397.98	2 133.81	8 531.78	94.08

资料来源：根据OICA数据整理。http://www.OICA.net/category/production-statistics。

法国、印度、墨西哥、英国、捷克共和国、美国、中国、斯洛伐克、德国、泰国和韩国2015年汽车产量较2014年均有提升。其中，法国汽车产量同比增长8.2%；印度汽车产量同比增长7.3%；墨西哥汽车产量同比增长5.9%；英国汽车产量同比增长5.2%；捷克共和国、美国、中国、斯洛伐克、德国、泰国和韩国汽车产量增幅均在5%以内；韩国2015年汽车产量与2014年基本持平，同比增长仅为0.7%。

2015年加拿大、日本、伊朗、印度尼西亚、巴西和俄罗斯汽车产量均有下滑。其中，俄罗斯已连续两年跌幅，2015年跌幅最大，汽车生产138.44万辆，较2014年下跌了26.6%；巴西和印度尼西亚汽车产量分别下跌 22.8% 和 15.4%；伊朗、日本和加拿大跌幅在 10% 以下（见图 3－2－3）。

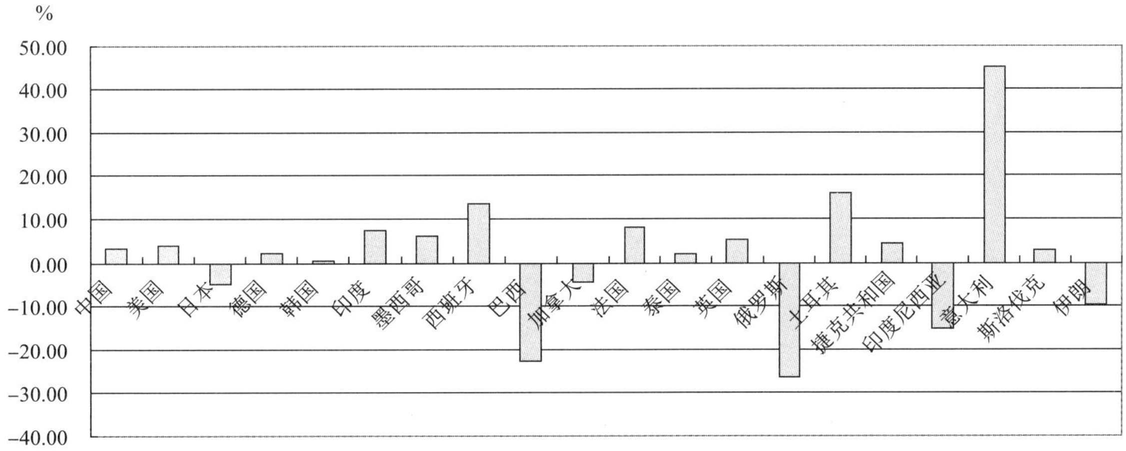

图 3－2－3　2015 年世界汽车产量排名前二十位国家增长率

资料来源：根据 OICA 数据整理。http：//www. OICA. net/category/production－statistics。

（二）全球汽车销售

世界汽车组织（OICA）数据显示，2015 年世界汽车销量同比增长 1.63%，达 8 967.80 万辆，虽然总量上自 2010 年以来保持了 6 年的持续增长，但增幅连续四年保持下降趋势（见图 3－2－4）。

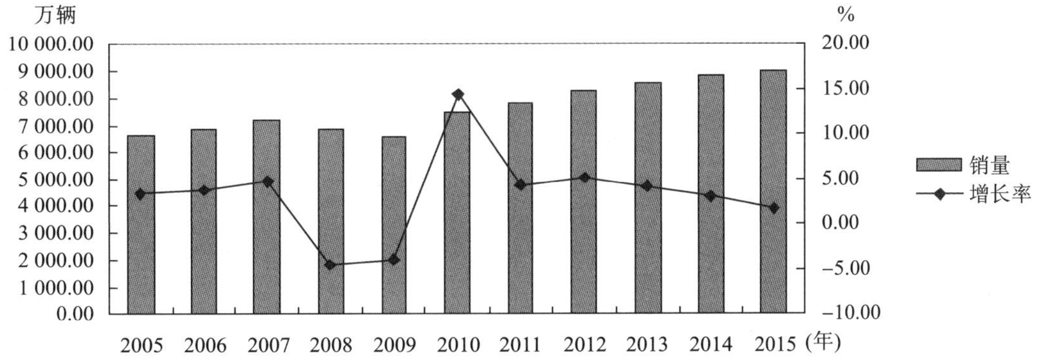

图 3－2－4　2005—2015 年全球汽车销量及增长率

资料来源：根据 OICA 数据整理。http：//www. OICA. net/category/sales－statistics/。

从汽车类型来看，2015 年世界商用车销量比 2014 年增长 0.44%，达 2 336.61 万辆，增幅比上一年的 2.11% 有所下降；乘用型车销量比 2014 年增长 2.06%，达 6 631.19 万辆，增幅比 2014 年的 3.37% 略有下降（见图 3－2－5）。

从销售区域来看，在世界汽车销量排名前二十位国家中，中国依旧是全球最大汽车销售市场。中国汽车销量继 2013 年突破 2 000 万辆，2014 年增至 2 349.90 万辆，2015 年又增至 2 459.76 万辆，较 2014 年增长 4.67%，占世界份额的 26.2%。美国依旧是全球第二大汽车销售市场。美国汽车销量持续几年两位数增长后，2015 年增速放缓，销量同比增长 5.73% 至 1 747.06 万辆，占世界份额的 18.42%。日本仍是全球第三大汽车销售市场，但 2015 年日本汽车销量比 2014 年大幅下降，降幅为 9.28%，总

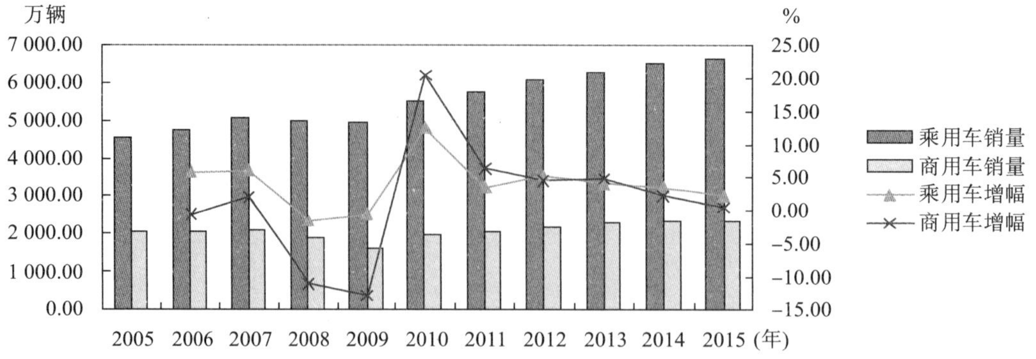

图 3-2-5 2005—2015 年全球乘用车和商用车销量及增幅

资料来源：根据 OICA 数据整理。http：//www. OICA. net/category/sales - statistics/。

量由 2014 年的 556. 29 万辆降至 504. 65 万辆，占世界份额的 6. 2%（见表 3-2-3）。

表 3-2-3　　2015 年世界汽车销量排名前 20 位国家

排名	国家	2015 年/万辆	2014 年/万辆	2015 年占世界销量份额/%
1	中国	2 459. 76	2 349. 90	26. 20
2	美国	1 747. 07	1 652. 27	18. 42
3	日本	504. 65	556. 29	6. 20
4	德国	353. 98	335. 67	3. 74
5	印度	342. 53	317. 70	3. 54
6	英国	306. 14	284. 30	3. 17
7	巴西	256. 90	349. 80	3. 90
8	法国	234. 51	221. 09	2. 47
9	加拿大	193. 99	189. 04	2. 11
10	韩国	183. 38	166. 19	1. 85
11	意大利	149. 30	172. 54	1. 92
12	俄罗斯	143. 79	259. 24	2. 89
13	墨西哥	135. 16	113. 54	1. 27
14	伊朗	128. 76	122. 20	1. 36
15	西班牙	127. 71	102. 98	1. 15
16	瑞士	127. 71	102. 98	1. 15
17	澳大利亚	115. 54	111. 32	1. 24
18	印度尼西亚	103. 14	119. 54	1. 33
19	沙特阿拉伯	83. 01	82. 82	0. 92
20	泰国	79. 76	88. 18	0. 98
总计		7 776. 79	7 697. 59	85. 84

资料来源：根据 OICA 数据整理。http：//www. OICA. net/category/sales - statistics/。

2015 年，在世界汽车销量排名前 20 位国家中，汽车销量实现两位数增长的国家有 4 个，分别是有西班牙、瑞士、墨西哥和韩国。其中，汽车销量增速最快的是西班牙和瑞士，同比增长 24. 01%，增幅在全球 20 大汽车销售市场中最高；墨西哥和韩国紧随其后，同比分别增长了

19.05%和10.34%。

印度、英国、法国、美国、德国、伊朗、中国、澳大利亚、加拿大和沙特阿拉伯2015年汽车销量较2014年也均有提升。其中，印度汽车销量342.53万辆，同比增长7.82%；英国汽车销量306.14万辆，同比增长7.68%；法国、美国、德国和伊朗同比增长分别是6.07%、5.74%、5.45%和5.37%；中国、澳大利亚、加拿大和沙特阿拉伯同比增长不足5%。

2015年日本、泰国、意大利、印度尼西亚、巴西和俄罗斯汽车销量均有下滑。其中，跌幅最高的是俄罗斯，汽车销量143.79万辆，较2014年的259.24万辆下跌了44.53%。这也是俄罗斯连续两年汽车销量大幅下降。其次是巴西，汽车销量256.9万辆，较2014年的349.8万辆下跌了26.56%。巴西也是连续两年汽车销量大幅下降。日本、泰国、意大利、印度尼西亚汽车销量跌幅分别是9.28%、9.55%、13.47%和13.71%（见图3-2-6）。

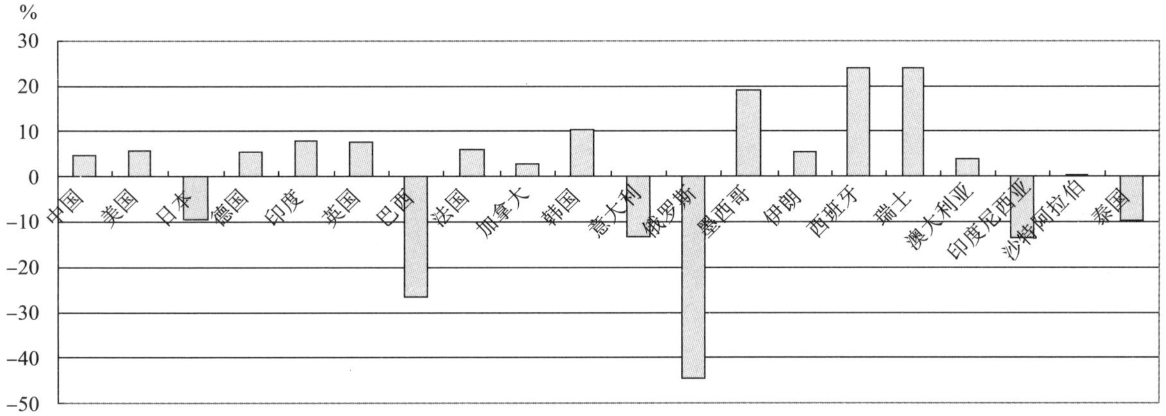

图3-2-6　2015年世界汽车销量排名前20位国家增长率

资料来源：根据OICA数据整理。http：//www.OICA.net/category/sales-statistics/。

（三）公司业绩

在2015年全球汽车销量排行榜及福布斯全球十大领先汽车公司排行榜中（表3-2-4），日本丰田汽车公司的全球销售量在2015年继续领先于主要竞争对手德国大众集团，销量达到1 015万辆车，连续三年世界第一。正在努力实现2018年成为全球最大汽车制造商目标的德国汽车巨头大众集团的全球销售量是990万辆，位列第二。在2008年被丰田汽车夺去桂冠之前连续80年蝉联全球销售冠军的通用汽车公司在2015年仅仅获得了第三名，2015年销售量是980万辆（见表3-2-4）。

表3-2-4　　全球汽车销量排行榜及福布斯全球十大领先汽车公司（2015年）

公司名称	销量排名	销量/万辆	福布斯排名
丰田	1	1 015	11
大众	2	990	14
通用	3	980	64
现代	4	802	117
上汽	5	590	130
日产	6	517	96

续表

公司名称	销量排名	销量/万辆	福布斯排名
戴姆勒	7	250	26
宝马	8	224	45
本田	9	未公布	63
福特	10	未公布	69

资料来源：中国商务新闻网，http：//www.comnews.cn。

从财务数据来看，进入2015年，汽车行业发生了多起召回事件，再加上大众的尾气造假问题曝光，整个行业的盈利环境发生了巨大变化。全球车企势力版图的重新划分之争也变得更加激烈。世界大型车企2015年度上半期财报显示，在10家主要车企中，丰田在净利润和销售净利润率两项上均位居榜首，实现了质量和数量的双高。2015年度上半期丰田净利润达到1.2581万亿日元。此外，丰田的净利润率也达到8.9%，创出了使用美国会计标准计算之后的历史新高。超过德国宝马的7.3%。在金融危机之后，丰田采取了叫停新厂建设等精简盈利机制的措施。凭借在北美市场的强劲表现和受日元贬值推动，丰田的盈利能力迅速提高。深陷尾气检测造假问题丑闻的德国大众从2015全年业绩的首位争夺战中退出，跌落至第5位。预计大众的净利润将下降40%以上，并有进一步下滑的可能。美国市场在汽油降价的背景下持续增长，从中明显受益的是美国车企。由于大型车在美国受到热捧，福特汽车的利润大增22%，通用的利润更是狂涨4倍以上。福特从2014年的第8位一下跃居至第6位。但这两家美国车企的利润率均不满4%，盈利能力的复苏尚未完成。

从品牌价值来看，全球知名的Interbrand公司发布了“2015年全球最具价值品牌100强”排行榜。根据该排行榜，乘用汽车行业总共有14个品牌入围百强。已连续12年蝉联汽车类品牌价值冠军的丰田汽车2015年在总榜单上排名提高到了第6名，同比上升了两位，品牌价值达到490.48亿美元。而一直贴身肉搏的宝马则超越奔驰重回亚军榜，在2015年分别位列第11位、第12位。在进入百强的汽车品牌中，日产品牌价值增幅最大，同比攀升19%，总排名也从2014年的第56位上升至第49位。2014年挤落法拉利首次登榜的路虎以及相对比较稳定的保时捷今年品牌价值增幅也均达到两位数，分别同比增长14%和12%。唯一出现品牌价值同比下滑的上榜汽车品牌是德国大众，较2014年下跌9%至125.45亿美元，总排名也滑落至第35位。2015年9月，美国环境保护署指控部分大众柴油车在尾气检测中作弊。大众、奥迪、斯柯达、西雅特四个品牌约1 100万辆柴油车卷入“排放门”。巨额罚款和股价暴跌，对大众汽车在各种排行榜和评级中不利（见表3－2－5）。

表3－2－5　乘用汽车行业全球最具价值品牌排行榜（2015年）

排名	总排名	品牌	品牌价值/亿美元	增幅/%
1	6	丰田	490.48	16
2	11	宝马	372.12	9
3	12	奔驰	367.11	7
4	19	本田	229.75	6
5	35	大众	125.45	－9
6	38	福特	115.78	6
7	39	现代	112.93	8
8	44	奥迪	103.28	5

续表

排名	总排名	品牌	品牌价值/亿美元	增幅/%
9	49	日产	90.82	19
10	56	保时捷	80.55	12
11	74	起亚	56.66	5
12	85	雪佛兰	51.33	2
13	87	路虎	51.09	14
14	98	MINI	42.43	NA

资料来源：网易财经，http：//money.163.com/15/1 012/09/B5NEUGE100 253B0H.html。

2015 年全球汽车工业对外直接投资分析

（一）跨国公司汽车产业投资转向明朗

从近年来全球汽车产业投资走向看，汽车产业中心由北美向欧亚转移是比较清晰的。全球性经济下行，持续多年的汽车业格局在动荡中也变得愈加松动。美国汽车业已经徘徊到了破产的边缘，即便能缓过来也是元气大伤；日本、欧洲的车企正将目光盯在中国市场；而中国、韩国、印度车企则属于世界汽车业的新兴势力。因此，不论是对中国汽车市场而言，还是对中国车企而言，这一阶段都是难得的机遇。

尽管汽车市场的增速有所放缓，尽管在整车产能方面已经出现局部性过剩特征，但不可否认的是：中国作为每年新增车辆已经超过 2 000 万辆的单一国家市场，中国汽车市场的整体容量和特征已经足以称得上是全球汽车产业的最后一片乐土。就 2015 年 2 460 万辆的年销量而言，中国目前已经是全球天花板级别的市场。与 2015 年当年全球汽车市场 8 967 万辆的销量相比，中国市场占比高达 26.2%，明显高于排在第二位的美国（18.42%），并远远高于排在第三位的日本（6.2%）。打个比方，中国市场的体量已经基本相当于排在全球汽车销量排行榜中前 20 位的德国、英国、法国、加拿大、意大利、澳大利亚、韩国，以及 3 个“金砖”大国——印度、巴西、俄罗斯全部加起来的总和。当然，未来能与中国相提并论的可能还会有印度，但印度市场的全面崛起可能需要至少 5 年或 10 年的时间。

（二）全球汽车零部件投资市场增长趋缓，兼并重组仍将继续

全球汽车零部件市场在过去几年蓬勃发展，始终维持着较高的利润率水平。自 2011 年起，汽车零部件供应商的全球息税前利润率不断攀升，2014 年达到历史最高水平 7.5%。2015 年全球汽车行业的波动性和不确定性不断增强。2015 年全球汽车的产量达到 9 068 万辆，增长率仅为 1%，连续 4 年增长率下降。预计在未来两年增速将持续下降。此外，面临越来越大利润压力的主机厂已开始削减额外成本，这加剧了主机厂和供应商间的摩擦。供应商在保持高水平利润率的基础上，全球汽车零部件投资市场短期的增长将放缓，下行的风险大于机遇。

受终端客户需求继续向亚洲转移（中国、印度、中东欧地区、东盟正成为世界零部件生产转移

的重点地区）、原材料供应商向下游扩张、货币与资本市场波动等因素的进一步影响，未来汽车零部件供应商面临的不确定性增大，产业结构将从根本上发生改变，并将重新分配产品和领域的收益。对汽车零部件供应商来说，这种环境将催生更多的机遇和风险。供应商应在不限制其灵活性的情况下抓住下一波提高效率的机会，以快速适应更具不确定性和波动性的市场发展。与此同时，供应商应做好准备，从产业转移中获益并缓解中长期的相关风险。

资本的力量将在汽车零部件行业的整个并购风潮中进一步体现。2014 年，汽车零部件行业已经出现了比较明显的整合并购趋势，动因既包括企业需要在激烈的市场竞争和车市增速放缓的压力下集中主营业务，提高盈利能力；也包括在模块化平台应用不断推广下，零部件企业需要扩大规模的内在需要；还包括汽车安全和排放方面技术要求越来越高，零部件企业需要通过兼并重组降低研发成本等。从 2015 年来看，上述动因仍然存在，因此汽车零部件行业的兼并重组仍将继续。

（三）国际资本向发达经济体转移对全球车市带来负面影响

随着美国开启新的加息周期，美国经济增速可能放缓，同时国际资本可能从新兴市场向发达经济体转移。美国加息的“蝴蝶效应”会表现出多种形式，对于欧盟和日本等发达国家和地区而言，由于对美国的出口可能会下滑，这些地区的经济复苏力度将会受到打击，不利于提振车市，如欧盟的车市复苏会进一步受到限制。新兴国家特别是经济基础比较薄弱的国家，比如巴西、土耳其等，容易受国际资本流动的负面影响，货币和经济风险较大，自然不利于其汽车业的发展和汽车消费的复苏。

国际资本流动并不是影响汽车市场和汽车业的唯一因素。以俄罗斯为例，拖累其经济的因素包括俄罗斯面临的资本外流和西方制裁限制资本流入、国际油价暴跌等。俄罗斯汽车市场 2015 年单月最大跌幅曾经在 40% 左右，如果油价持续低迷，俄罗斯经济可能进一步衰退，其车市何时能探底回升将成为一个未知数。

（四）国际油价将影响全球车市产销量和产品结构

国际油价在抑制某些国家车市的同时，对其他国家的汽车销量可能是利好刺激。以美国为例，2015 年油价是刺激美国汽车市场走势的重要因素。2016 年，美国经济或将进一步复苏，就业有望得到改善，即使经济增速比较缓慢，宏观经济形势仍然有利于美国汽车消费。2015 年美国汽车销量 1 747.07 万辆，未来两年美国车市轻型车销量可能将超过 1 700 万辆。

2015 年，汽车产品结构的变化和整体油价关联度较大。SUV 在全球市场的火爆既和消费需求变化有关，也和油价关系比较大，特别是美国市场。已有分析认为，2016 年油价可能会继续下跌，这将提高车企对 SUV 产品研发和销售的积极性。汽车制造商，特别是高档品牌汽车制造商会进一步拓展 SUV 产品阵容，SUV 细分市场的竞争也会更加激烈。

（五）全球汽车行业监管将进一步加强

排放仍然是行业发展中的热点问题。受大众“排放门”事件的影响，全球汽车行业监管将进一步加强。2016 年可能会看到部分国家在这方面进行一系列调整。有些机构已经开始调整，比如欧盟地区，2015 年年底已就这一问题达成了一个妥协框架，决定自 2017 年 9 月开始实行 RDE 实际行驶排放测试。鉴于汽车制造商申诉现阶段实测达标有难度，欧盟短期内放宽了对实测排放的要求。欧盟投票通过一项修正案，同意新车5年内实路测试的排放数值最高可达标准数值的2.1倍，5年后降低至1.5倍。2015年11月26日，中国北京市环保局公开发布了北京第六阶段机动车排放地方标准征求意见稿，新标准计划于2017年12月1日起实施。“京六”标准被称为世界上最严格的机动车排放标准，轻型汽车排放新标准将比目前实施的国五标准加严约40%。目前，其他国家在排放监管方面还没有出台更严格的政策，但是一旦有新的汽车排放违规事件发生或者环境方面出现恶化迹象，环保主义者的力量就会聚集扩大，向监管机构施加压力。大众柴油车“排放门”在美国的调查仍在继续，有关部门可能会根据最终结果采取相应措施，届时，可能对整个汽车业都将产生影响。

（六）全球“互联网”与汽车行业的融合风起云涌

2015年中国“互联网”与汽车行业的融合风起云涌。百度地图CarLife落地全新途胜、高德提出“一个高德，一云多屏”战略、腾讯入股四维图新，提出“第四屏”概念等等。车联网、智能交通、自动驾驶等是“中国制造2025”和“互联网+”发展战略的重要内容之一。车联网的推进将大大提升我国汽车产品的信息化、智能化、绿色化水平，成为汽车业产业升级和提升国际竞争力的重要抓手。2015年，百度在与汽车厂商合作研发智能汽车的步伐迈得比较快，已经先后与奔驰、奥迪、宝马、通用汽车等众多汽车厂商达成战略合作。2015年9月，百度CarLife搭载北京现代全新途胜正式发布上市；2015年10月，百度CarLife和MyCar又正式落地到全新起亚K5和比亚迪“宋”上。阿里方面，与上汽的合作是最为轰动的，双方甚至还共同合资设立了10亿元的“互联网汽车基金”。腾讯则在2015年3月与富士康、和谐汽车共同签署了“互联网+智能电动车”的战略合作协议，腾讯负责开放平台，富士康负责电动车的设计与生产制造，和谐汽车负责汽车营销以及服务。

“互联网”与汽车行业的融合，不仅在“互联网”概念如火如荼的中国车市备受关注，在其他国家也是行业焦点。2015年美国最大的汽车经销商集团Auto－Nation在与美国汽车电商巨头True-Car以及美国连锁超市Costco经过磕磕绊绊的合作后，最终选择分手，原因在于其大手笔投资2亿美元用于技术升级和品牌维护，成功实现营销手段的升级换代。汽车业和IT巨头的交叉地带随时会碰撞出火花。2015年，美国加州盛传苹果公司已雇用逾百位工程师研发一款智能电动汽车，项目内部代号为泰坦。同样是2015年底，百度在中国进行了无人驾驶汽车的路测。最近传出，谷歌和福特可能联合研发自动驾驶汽车。这些跨界项目是否会在今年取得进展值得期待。

2015年中国汽车市场及其对外直接投资分析

2015年是“十二五”规划收官之年，面对复杂错综的国际环境和艰巨繁重的国内改革发展稳定任务，中国汽车行业迈入“新常态”，从2015年开始将经历个位数低增长。

（一）中国汽车市场

1. 汽车产量与销量

世界汽车组织（OICA）数据显示，2015年我国汽车产销分别完成2 450.33万辆和2 459.76万辆，创全球历史新高，连续7年蝉联全球第一。2015年我国汽车产销增速分别为3.29%和4.71%，总体呈现平稳增长态势，产销增速比2014年的7.26%、6.86%分别下降近4个和2个百分点（见图3-2-7）。

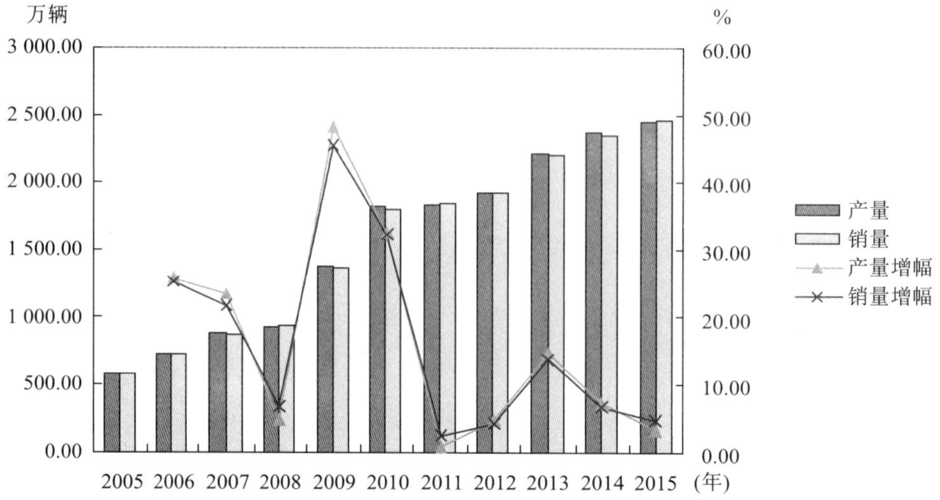

图3-2-7　2005—2015年中国汽车产销量及增幅

资料来源：根据OICA数据整理，http：//www.OICA.net。

从汽车类型来看，2015年乘用车增长迅速，首次超过2 000万辆。乘用车产量达到2 107.94万辆，同比增长5.82%；销量达到2 114.63万辆，同比增长7.34%。目前，乘用车是我国汽车产品的主体，2015年的比例进一步提高，已达到汽车总量的86%。2015年乘用车分车型产销情况看，SUV产销增速分别为49.7%和52.4%，MPV产销增速分别为7.7%和10.1%，轿车产销分别下降6.8%和5.3%，交叉型乘用车产销分别下降16.9%和17.5%（见图3-2-8）。

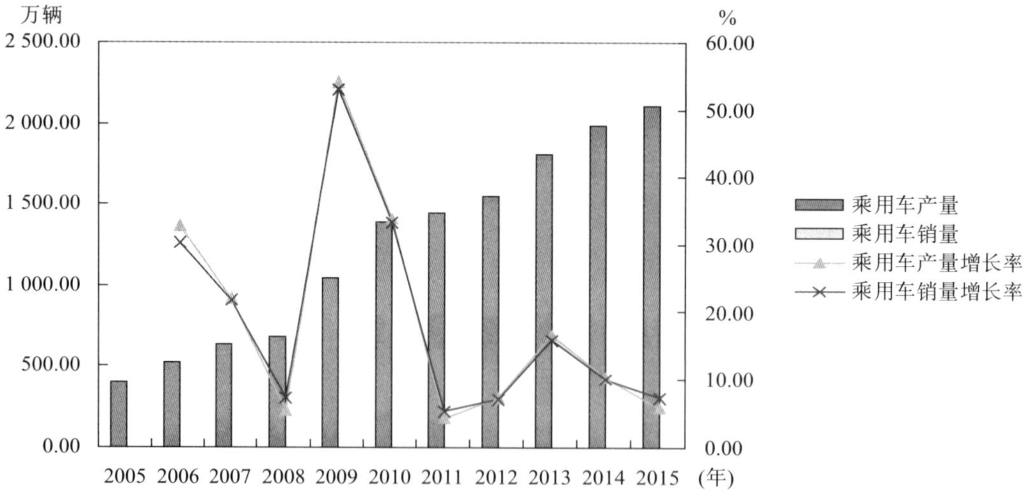

图3-2-8　2005—2015年中国乘用车产销量及其增幅

资料来源：根据OICA数据整理，http：//www.OICA.net。

与此相反，2015年商用车产销双双大幅度下降。商用车产量达到342.39万辆，比2014年下降9.97%；销量达到345.13万辆，同比下降8.97%。从商用车分车型产销情况看，2015年客车产销比2014年分别下降2.7%和1.9%，货车产销分别下降11.4%和10.3%（见表3-2-9）。2015年商用车销售情况来看，商用车下降主要集中在前5个月，中重型货车下降成为影响商用车增长的主要因素。

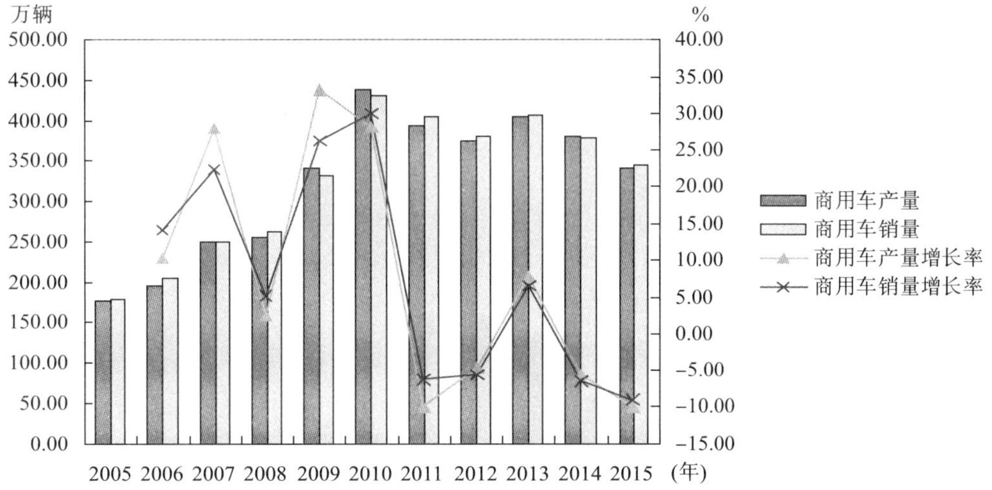

图3-2-9　2005—2015年中国商用车产销量及其增幅

资料来源：根据OICA数据整理，http：//www. OICA. net。

2. 汽车行业进出口

2015年的世界经济形势错综复杂，国内经济运行总体保持在合理区间，但国际局势复杂多变，新兴市场发展受阻，地缘政治等诸多问题引发国际动荡，油价等资源价格暴跌，中国整车进口和出口面临巨大压力。

（1）汽车行业进出口总体走势。海关总署汽车商品进出口数据显示，2015年，汽车商品进出口总额1 573. 72亿美元，同比下降13. 96%。其中：进口金额773. 26亿美元，同比下降21. 58%；出口金额800. 46亿美元，同比下降5. 06%；实现贸易顺差27. 2亿美元（见图3-2-10）。这是自金融危机以来我国汽车商品贸易首次出现贸易顺差。

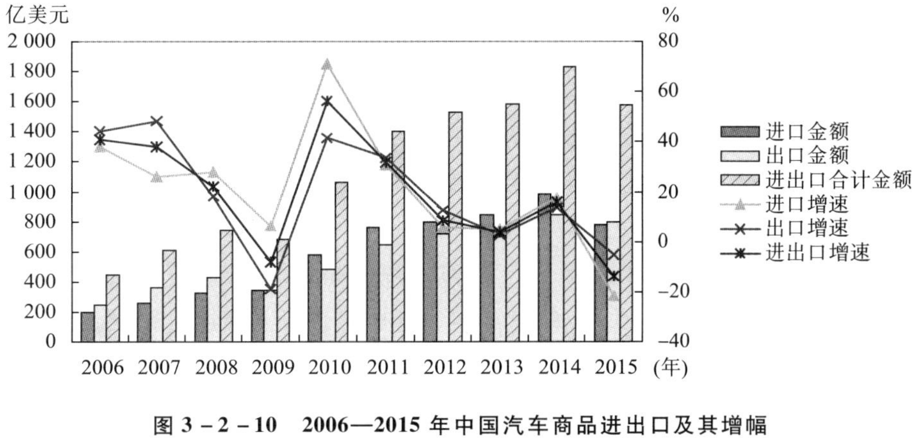

图3-2-10　2006—2015年中国汽车商品进出口及其增幅

资料来源：根据海关总署数据整理，http：//www. customs. gov. cn。

（2）汽车整车进出口总体走势。海关总署汽车商品进出口数据显示，2015年，汽车整车进口同比呈明显下降。共进口110. 19万辆，同比下降22. 73%；进口金额450. 88亿美元，同比下降

25.98%。汽车整车进口占汽车商品进口的比重为58.31%，略低于2014年占比水平。在汽车主要进口品种中，越野车、轿车和小型客车三大类汽车进口品种同比均呈明显下降。2015年，汽车整车共出口75.55万辆，同比下降20.25%，降幅比2014年扩大20.17个百分点；出口金额124.37亿美元，同比下降9.92%，结束2014年增长。汽车整车出口占汽车商品进口的比重为15.53%（见图3-2-11）。在汽车整车出口主要品种中，与2014年相比，轿车降幅有所扩大，载货车和客车均结束增长，呈较快下降。

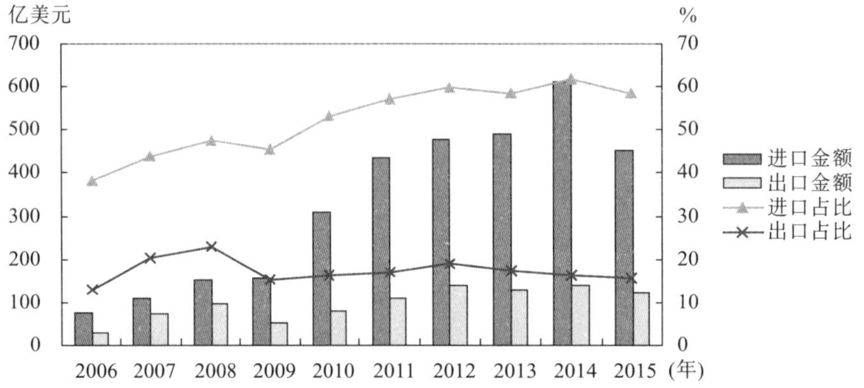

图3-2-11　2006—2015年中国汽车整车进出口及其占比

资料来源：根据海关总署数据整理，http://www.customs.gov.cn。

（3）汽车整车进出口国别走势。2012年以来的汽车进口国别走势出现集中化趋势，欧、美、日的三强格局逐步形成，前期的德日两强主导进口车市场，近期的英国等西欧的对华表现很好。在制造业回归的背景下，从美国的整车进口已经成为主力进口市场。美国进口车成为目前的新势力。

2015年的汽车出口市场发生较大变化，2013年南美取代非洲成为占30%份额的中国整车出口的第一大市场，但2014年的亚洲出口增速42%，又恢复主力地位。2014年南美出口负增长19%，这是南美总体经济下滑的体现，而南美北部的委内瑞拉和哥伦比亚的进口表现较强，传统的主力市场都比较差。亚洲市场的表现也受到两伊的影响而西亚市场不稳定，南亚的出口也有改善，东南亚的越南等表现很好，这也符合海上丝绸之路的战略。阿尔及利亚作为非洲仅次于南非的第二大汽车市场也成为我们的最大市场，非洲市场近期也有一些动荡，阿尔及利亚也是经济波动。东非的埃及有所恢复，而澳大利亚市场近期严重萎缩。中国对欧洲的整车出口表现很差，欧洲的几大板块都表现较差。而俄罗斯等的东欧市场严重下滑，西欧的出口增速回升。

3. 公司业绩

中国汽车工业协会对汽车工业重点企业（集团）经济指标快报显示，2015年，受复杂的国内外经济环境和不断加大的经济下行压力影响，汽车工业重点企业（集团）经济运行增速减缓，营业收入略高于上年，利润、利税总额低于上年。2015年1—11月，汽车工业重点企业（集团）累计实现营业收入27 951.36亿元，同比下降0.59%，降幅比1—10月收窄1.93个百分点。累计实现利税总额为4 930.96亿元，同比下降1.41%，降幅比1—10月收窄3.70百分点。2015年汽车工业重点企业（集团）经济效益具体呈现以下五大特点：一是工业经济效益综合指数低于上年；二是工业增加值低于上年，工业总产值和工业销售产值小幅增长；三是营业收入增长略高于上年；四是利润、利税总额低于上年；五是应收账款增速较高、产成品库存资金小幅增长。表3-2-6显示了

2015年分车型汽车前十家生产企业销量排名。

表3-2-6　　2015年分车型汽车前十家生产企业销量排名

排名	汽车集团		乘用车		商用车	
	企业名称	销量/万辆	企业名称	销量/万辆	企业名称	销量/万辆
1	上汽集团	586.35	上海大众	180.56	北汽福田	47.30
2	东风集团	387.25	上汽通用五菱	179.76	东风汽车	39.87
3	一汽集团	284.38	上汽通用	172.50	金杯汽车	25.26
4	中国长安	277.65	一汽大众	165.02	上汽通用五菱	24.24
5	北汽集团	248.90	长安汽车	111.33	江铃控股	23.24
6	广汽集团	130.31	北京现代	106.28	江淮股份	23.18
7	华晨汽车	85.61	东风日产乘用车公司	102.61	一汽集团	17.52
8	长城汽车	85.27	长安福特	86.87	中国重型	15.82
9	安徽江淮	58.79	长城汽车	75.32	重庆力帆	14.42
10	吉利控股	56.19	神龙汽车	71.07	长安汽车	14.34
合计	2 200.70		1 251.32		245.19	
占比	89.47%		59.17%		71.04%	

资料来源：中国汽车工业协会，http：//www.caam.org.cn。

4. 政策环境

2015年9月29日召开国务院常务会议，决定从2015年10月1日到2016年12月31日，对购买1.6升及以下排量乘用车实施减半征收车辆购置税的优惠政策。据悉，为期15个月的购置税减半政策，将惠及超过1 700万辆小排量乘用车。而在此政策公布之后，汽车市场需求大大增加，销量从9月开始回升，10月后迅猛增长，帮助车市顺利“翻红”。在新政支持下，2015年1.6升及以下乘用车和新能源车表现优异，1.6升及以下乘用车销售1 450.86万辆，比上年同期增长10.38%，高于乘用车整体增速；占乘用车销量比重为68.6%；2015年新能源汽车生产34.04万辆，销售33.11万辆，同比分别增长3.3倍和3.4倍。其中，纯电动汽车产销分别完成25.46万辆和24.75万辆，同比分别增长4.2倍和4.5倍；插电式混合动力汽车产销分别完成8.58万辆和8.36万辆，同比增长1.9倍和1.8倍。新能源乘用车中，纯电动乘用车产销分别完成15.22万辆和14.67万辆，同比分别增长2.8倍和3倍；插电式混合动力乘用车产销分别完成6.26万辆和6.07辆，同比均增长2.5倍。新能源商用车中，纯电动商用车产销分别完成10.25万辆和10.08万辆，同比分别增长10.4倍和10.6倍；插电式混合动力商用车产销分别完成2.32万辆和2.29万辆，同比增长91.1%和88.8%。单就产销量而言，中国已经成为全球第一大新能源汽车市场。

中国新能源汽车已发展多年，国家各项政策扶持补贴也一直都有。要论补贴的力度，现在的补贴额度并不比以前多，那究竟是什么让市场陡然升温？动力电池技术进步是主因。2015年，动力电池技术获得长足发展。在一大波国内外优秀企业的推动下，被称为“黑科技”的三元锂电池成为新能源车的好伙伴，该电池工作温度低，单位容量高，充电效率快。随着众多电池工厂的建成，其价格也逐渐亲民。在技术过关、政策给力和价格合理的情况下，购买家庭第二辆车时，电动汽车相对于同价位的燃油车，自然有了真正的竞争力。

2015年9月29日，交通部、环保部、商务部、国家工商总局等八大部委联合发布了《汽车维修技术信息公开实施管理办法》（下文简称《办法》）。《办法》要求，各汽车生产者应在2015年12月31日前，向交通部备案其汽车维修技术信息公开的有关信息。汽车生产者应以可用的信息形式、便利的信息途径、合理的信息价格，向所有维修经营者及消费者无差别、无歧视、无延迟地公开所销售汽车车型的维修技术信息；不得通过设置技术壁垒排除、限制竞争，封锁或者垄断汽车维修市场。同时，汽车生产者是信息公开的主体，对未公开或未有效公开维修技术信息且整改不合格的，交通部将会同有关部门依法予以处罚。《办法》实施的初衷是，欲在制度规范层面，打破我国汽车维修技术被4S店垄断、维修服务费用高企的局面。作为汽车反垄断的重要组成部分，汽车维修信息公开涉及主机厂、4S店、配件厂、独立维修厂等各方利益的重构。一个新的时代已经到来，无论能否对经销商的生存格局造成冲击，转型与升级都势在必行。

2015年11月26日，北京市环保局公开发布了北京第六阶段机动车排放地方标准征求意见稿，新标准计划于2017年12月1日起实施。"京六"标准被称为世界上最严格的机动车排放标准，轻型汽车排放新标准将比目前实施的国五标准加严约40%。该标准内容主要是汽车尾气排放有害物质的一些具体限制数据。"京六"标准的实施，首先是增加了汽车主机厂的生产成本，提高车辆购置成本，尤其是对售价较低的车型来说更是明显。其次，排放标准的进一步提高会将更多的车型拒之门外，更多的车型面临困境。

2016年1月6日，商务部网站发布了《汽车销售管理办法（征求意见稿）》（以下简称"新办法"），意见反馈截止日期为2016年2月6日。据悉，新办法将在2016年年内正式实施。这意味着，饱受10年诟病的《汽车品牌销售管理办法》（以下简称"老办法"）即将寿终正寝。与"老办法"相比，"新办法"明示了要积极发展电商销售模式，放开配件销售渠道，以及非强制性放开渠道形式的建议。同时，作为对经销商独立运营权的保护，规定整车厂商不得实施压库、搭售、限制经营其他业务等多项长期为业内诟病的垄断行径。对于"新办法"实施的意义和作用，业界看法不一。

（二）中国汽车工业对外直接投资

中国汽车产业已进入国内市场增速放缓的"新常态"，因为对全球的布局正在大大加速，并且呈现出全新的特征——不仅整车企业屡现大手笔投资，零部件企业更是异常活跃；不仅产业资本长驱直入，金融资本也在跑步进场；不仅布局传统汽车，新能源和互联网汽车的探索式投资明显异军突起。

1. 全球化战略成为中国车企新目标

一方面，中国车市经历了多年的井喷式发展，至今无论是销量还是产量均已遥遥领先世界其他国家地区。国内整车厂超过130多家，经过几年的争相扩产之后，国内市场竞争已趋于白热化，2015年车市盛极而衰也反映出国内新车市场数量已接近饱和。另一方面，本土厂商在制造技术方面也积累了较充分的经验，完全有能力参与国际竞争。全球化战略成为中国车企的新目标也就水到渠成。

中国车企的海外战略是出口战略，不是国际战略。如果只是卖车，在国外的发展空间会越来越狭窄。相较于单一的出口，海外投资建厂和并购更能通过布局当地的销售渠道、提供在地服务以获得区域市场或先进技术，进而增强综合竞争力、提高品牌知名度，也更符合国内较具实力的整车厂乃至零部件厂的全球化战略。2015年吉利宣布投资200亿元在海外投资建厂，长城、长安、奇瑞、江淮等一大批整车厂商也在巴西、俄罗斯等地布局，这也是整车厂在做两手准备，以应对国内越来越窘迫的汽车销售状况，打通新的产能释放空间。

2. 海外并购成为实施全球化战略的主要手段

根据国内知名的对外投资数据研究机构晨哨网的统计，2014—2015 年上半年中国汽车行业共发生海外并购 38 宗，其中 28 宗披露了交易金额，涉及交易金额 104.09 亿美元。其中，涉及并购金额在 10 亿美元及以上的标的所在国依次为荷兰、意大利、美国、德国和法国。按区域来计，西欧和北美是中国汽车行业海外并购最为集中的区域，2014—2015 年上半年汽车行业发生在这两个区域的并购共 27 宗，占总宗数的 71.05%，涉及 83.26 亿美元，占总金额的 79.99%。

就细分领域来看，汽车零部件领域海外并购已经成为中国汽车企业海外并购主流。2014—2015 年上半年，中国汽车零部件行业共进行 29 宗海外并购，涉及金额 87.18 亿美元，占 2014—2015 年上半年汽车行业海外并购总额的 83.75%。目前国内汽车零部件产业 90% 集中于低端市场，高端零部件供应几乎被国外厂商垄断。在技术与品牌实力较弱的现实条件下，收购外企是借船出海、有效利用全球资源实现跨越式发展的捷径。

3. 整车厂投资力度放缓，零部件合并力度加大

整车厂在经历了 2014 年的快速扩张后，在 2015 年投资和并购的整体数量碰到“天花板”，基本维持在 29 起左右。其中，上汽、长安、北汽、吉利、比亚迪等在 2015 年依然投资力度较大。与整车厂增长乏力相比，本土的零部件厂商则呈现出较活跃的投资热情。2015 全年共 47 起，较 2014 年 24 起大为增长。随着汽车在功能上日趋智能化和网联化，汽车零部件也呈现从机械向以电子控制为核心的机电系统发展趋势。汽车电子成为汽车零部件中更具附加值和增长最快的产品。

与此相对应的则是本土汽车电子厂商加速扩张，均胜电子和得润电子两家表现抢眼。其中，均胜电子还布局新能源动力系统的 BMS 和储能相关的 CMS，抢占新一轮科技产业发展的先机。而在传统零部件方面，则呈现大厂整合态势。随着整车竞争的日趋激烈和新能源带来的零部件变革，传统零部件伴随着降价压力，生态圈将逐步由外资方向中国厂商转移，并呈现集中度向本土大厂聚集的态势。

4. 中国企业在海外新能源汽车领域的布局也日渐频繁

2014—2015 年上半年，中国新能源汽车领域共进行 8 宗海外并购，占 2014—2015 年上半年汽车行业海外并购总宗数的 21.05%，涉及金额 2.43 亿美元。从国家政策层面而言，新能源汽车是国家重点发展产业。科技部出台了《国家重点研发计划新能源汽车重点专项实施方案（征求意见稿）》，再次提到 2020 年中国新能源汽车保有量达 500 万辆的目标。中国新能源汽车市场将在最近一两年超越美国市场，成为世界第一大新能源汽车市场。

例如，比亚迪积极布局全球市场，构造其新能源车的世界版图。2016 年 1 月，比亚迪获得联合国颁发的“联合国能源特别奖”，成为第一家获此殊荣的中国汽车企业。比亚迪多年来一直坚持潜心研发和创新，并不断取得领先科技成果。目前，比亚迪已经全面掌握了传统车技术和电动车的电池、电机、电控技术，这对新能源车的研发而言是一种巨大优势。有了技术和产品的支撑，比亚迪积极布局全球市场，构造其新能源车的世界版图。早在 2013 年，比亚迪新能源车 e6 就已进入英国市场。2015 年，比亚迪在国际市场更是进入了发展的快车道。2015 年 2 月，比亚迪纯电动大巴 K9 登陆日本京都，成为首个成功进入日本市场的中国汽车品牌。2015 年 4 月，比亚迪斩获美国长滩运输署60辆纯电动大巴订单，创美国最大纯电动大巴订单纪录。2015年10月，比亚迪在伦敦更是一举拿下高达6.6亿英镑纯电动大巴订单。截至目前，比亚迪新能源车的足迹已遍布全球五大洲，包括英国、美国、日本等汽车强国在内的36个不同国家和地区，约160个不同城市，赢得了广泛的欢迎和肯定。

中国汽车企业海外投资风险分析

2015年，中国汽车产业加速全球布局的同时，伴随而来的是投资风险的不断增大。在众多风险中，以下是其中最为突出的风险。

（一）全球经济步入“新常态”，贸易和投资疲软

当前，全球经济依旧面临复苏脆弱、风险较大的严峻形势，未来经济将逐步放缓。石油价格波动、市场情绪多变、局部地缘政治动荡和金融市场波动将增加经济增长的不确定性。与此同时，全球经济复苏的不均衡性也特别明显。世界银行预测发达国家除了美国有望获得3%左右的较高增长率之外，其余国家的经济增长率普遍较低，欧元区和日本仅为1%左右。在发展中国家体系中，巴西增长率为1%，中国的增长率也同比下降。这些国家都是全球最主要的汽车生产和销售国，经济增速下滑必然会影响企业效益、居民收入、消费预期等，进而波及全球汽车市场，导致汽车生产和销售增长速度同步放缓。

全球经济步入“新常态”对世界经济、贸易、投资、多双边机制等领域均产生持久和复杂的影响。联合国贸易和发展会议发布的《全球投资趋势监测报告》显示，短期内全球贸易和投资经济将持续低迷。在全球贸易和投资经济疲软的同时，全球化正式进入“再全球化”时期，各类双边及区域自贸协议风起云涌，区域化变得更加明显。在此背景下，国际贸易保护主义出现回潮趋势。受此影响，汽车产业链全球化布局、行业并购、重组以及企业海外市场营销将受到极大制约。

（二）人口老龄化导致需求减少

未来随着出生率的大幅下降，世界人口增长将整体呈现显著放缓趋势，而人口增长相对较快的地区则是发展较为落后的非洲地区。与此同时，未来的40年里，全球老龄人口规模和比例将迅速上升，60岁以上人口规模将从7.6亿增长到20亿，占总人口的比例从11%上升到22%。从目前分布格局来看，全球化老龄人口程度恰好和经济发展水平呈现反向关系，发达国家人口老龄化程度最高，60岁以上人口约为21.7%；其次为欠发达国家为9.3%；再次为落后国家。由于汽车市场购买者以中青年人为主体，且消费者需要有较好收入水平作为支撑，因此发达国家乃至发展中国家人口老龄化趋势将对未来汽车销量产生制约，汽车市场终究会有朝一日走向饱和状态。

（三）环境和企业社会责任风险

2015年的大众“排放门”的影响还在持续发酵。全球汽车行业监管也将进一步加大，给中国车企以及其他企业境外投资敲响了警钟。中国车企在海外投资过程中，一定要敬畏法律和重视环

保。德国大众之所以会在尾气排放上“作弊”，是为了省钱并赢得客户芳心，以获得市场与利润。但这一做法违反了美国《清洁空气法》，欺骗了消费者，德国大众最终要为“作弊”行为付出巨大代价。

实际上在利益驱使下，我国的机动车尾气污染防治各个环节也存在不少弊病，亟须查漏补缺，杜绝弄虚作假。国内某车企联手经销商出具假合格证，将只符合“国三”排放标准的大卡车合格证，作假弄成符合“国四”排放标准。2015 年 9 月，央视焦点访谈节目曝光山东、广东、浙江、辽宁等省 20 多家机动车检测站存在作假行为，通过“黄牛”疏通关系后，尾气排放不合格的车辆，不需要维修就可以拿到“合格”的检测报告；生产厂家的检测仪器、软件存在漏洞，让检测人员得以动手脚。这样的例子并不少见。如果中国车企不从德国大众“排放门”吸取教训，有朝一日很可能也面临严厉处罚，因为相关法律会越来越严。环保“作弊”行为一旦被发现，必将会面临法律与市场的双重惩罚。

另外，作为一家自我标榜在可持续发展和企业社会责任领域做出杰出贡献的“优秀”企业，“排放门”事件也为中国车企推进企业社会责任上了一堂生动的案例课。中国车企在境外投资中，想更好的可持续发展不能忽略和跨越必尽责任。企业如果只为市场利益，就可能做出违背基本法律和道德底线的行为。造假团伙的眼里只有市场利益，而没有责任。企业社会责任就是希望扭转企业市场利益至上、独大的局面出现，减轻企业不负责任行为对社会的伤害。企业履行社会责任首先是必尽责任，就是遵纪守法、依法经营和诚信经营。

（四）技术升级和转型风险

大众“排放门”事件尽管让这个世界上最大的汽车跨国巨头在全球诚信扫地，但仔细推究，这次丑闻或许能够推动全球汽车产业加速结构性升级的步伐。核心技术是企业在市场中取胜的主要因素。目前，中国车企的研发技术还处在技术模仿阶段，缺乏自主知识产权，在关键技术上，还难以与跨国汽车巨头相抗衡，不仅研发技术落后，生产制造技术也不完善，整车质量令人担忧。

2016 年 1 月，北京市环境保护局向长安汽车下达处罚通知，因检出长安汽车旗下部分车型不符合环保生产一致性要求，没收未达标车辆的销售收入 1 260.5 万元，并处罚 378 万元。长安汽车在随后发布的公告中回应，出现排放不达标的问题是因为该批次车辆电喷匹配标定方案的覆盖性不足以及 OBD 出现通讯设置故障，并表示将对存在问题的车辆重新录入电喷数据并重新设定电喷数据标定方案，确保所生产的产品即使在最严格状况下仍能达到相关的排放法规要求。长安汽车一直坚持正向研发，SUV 与轿车全面发展，在消费者中也赢得了不错的口碑。然而，值得注意的是即便是走在前面的中国品牌企业，尚且存在排放不达标的问题。要满足这些法规标准的要求，对于企业来说必须要做的就是技术升级和转型。可以肯定的是，技术升级和转型将是我国汽车企业进行海外投资而应对经营风险的重要因素。

（五）并购整合风险

2015 年，无论是在整车还是在零部件的境外投资中，中国车企海外并购都是实施全球化战略的主要手段。经历了企业并购双方的谈判、对抗与合作，到第三阶段，即并购后企业的战略整合阶段时，并购工作在形式上已经完成，最艰难的并购过程已经基本上度过，新的企业诞生并开始运转。

然而，这并不意味着并购就结束了或者说胜利了，因为一切还才开始，并购后形成的新的企业还要面临许多新的挑战和风险。并购整合风险主要包括战略协同风险、财务协同风险、组织机构协同风险、人力资源协同风险、资产协同风险和文化协同风险六个方面。中国车企必须有效地对并购企业的风险进行控制，针对企业并购整合过程中存在的风险提出具体解决方案。

（六）知识产权风险

跨国汽车公司以其强项技术专利为基本专利，对其改进技术及外围相关技术均申请专利，形成一个由基本技术同外围相关技术一起构成的专利网，从而形成专利壁垒，使国内汽车企业在国际市场面临知识产权壁垒。同时，国内汽车企业面临着跨国汽车公司恶意申请专利，在获得专利授权后用于不正当竞争或者直接攫取非法利益的行为，并使用知识产权专利侵权诉讼国内汽车企业，在国际汽车市场上面临着较大的知识产权风险。

（七）跨国经营人才匮乏风险

人才培养是很复杂的系统工程，通常涉及一个国家的制度、文化、传统。但目前来看，我国自主汽车企业海外投资的主要障碍是缺乏海外经营的管理经验和管理人才。汽车企业高管往往需要既懂理论又懂实践、既熟悉国内经营又适应海外竞争，同时顺应时代发展需求，充分理解“工业4.0”、“互联网”等前瞻性的跨国经营人才。由于现行教育体系的原因，学校疏于创新能力和实践能力的培养，学生进入企业后所学与所用脱节，适应期较长，造成企业用人成本的增加。国内学生进入企业时，动手能力不足，缺乏解决实际问题的能力，或者说创新能力不足。面临国际竞争，企业需要对人才进行二次培养。缺乏高素质的跨国经营人才，成为制约中国汽车企业在海外开展对外直接投资重要的因素之一。

专题：南非汽车工业投资风险研究

作为“金砖国家”之一，有着“彩虹之国”美誉的南非与巴西、俄罗斯、印度、中国一样受到全球各大汽车制造商的关注。2015 年，巴西、俄罗斯车市连连下跌，中国车市增速放缓，印度车市开始缓慢升温，南非车市的走向同样牵动着车企神经。

南非自然资源丰富，多种金属产出量居世界第一，矿山挖掘、运输，为中国的汽车企业提供了市场机遇。豪登、东开普敦、夸阻鲁—纳它尔等省份均有汽车组装及零件生产基地，这些地方是中国汽车企业在南非建厂的优先选择。南非的电费很低，劳动力价格与其他主要的经济实体相比有明显优势，并且劳动力技能水平在不断提高，这在全球来看都很有竞争力。随着南非经济持续稳定增长，南非人民生活水平不断提高，购买力也在不断增强。南非拥有世界一流的基础设施建设及广阔的消费市场，为中国的企业尤其是汽车企业提供了巨大的发展空间。

（一）南非汽车工业发展概述

南非在非洲的最南端，是非洲经济最发达、现代化程度最高、基础设施最完善的国家。南非国民生产总值在 1 200 亿美元以上，约占全非洲的 30%。国际货币基金组织（IMF）将南非列入“中上等收入”国家范围。南非的重工业（如钢铁业、汽车业）在世界范围内享有盛誉。

汽车产业是南非的第二大产业，也是最大的制造业部门，产值占国内生产总值的7.5%左右，占制造业产出的30%和出口产品的10%，产量占据全非洲的83%。南非人口虽然不足5 000万，但汽车保有量却超过800万辆。由于汽车工业发达，南非还被冠以“非洲底特律”之称。对于非洲而言，南非就是撬动整个非洲汽配市场的“支点”。

在非洲国家，南非汽车工业的发展仅次于埃及，在中东、非洲和拉丁美洲所有国家里，南非汽车工业排名在第四位。南非的汽车工业是全球汽车及零部件制造和出口的“发动机”，南非出口产品的10%左右都是汽车和零部件，该行业是南非经济中至关重要的组成部分。

南非政府将汽车工业作为拉动经济增长的重要支柱之一。对于1995年出台的南非《汽车工业发展计划》（Motor Industry Development Programme，MIDP），2000年贸工部决定将有效期延长至2007年。2008年出台《汽车生产和发展计划》（Automotive Production Development Programme，ADPD），贸工部于2013年推动汽车生产发展方案，为车企的本土化生产提供支持，目标是到2020年将南非汽车年产量提升至120万辆。在当地政府的大力支持下，汽车制造厂商如BMW、Ford（Incorporating Mazda）、General Motors、Mercedes Benz、Nissan、Renault、Toyota和Volkswagen在南非设有生产线，汽车零件厂商如Arvin Exhaust、Bloxwitch、Corning、Senior Flexonics也在南非设厂。该产业主要分布在南非的两个省份——东开普敦省（于海岸区）与豪登省（于内陆）。借着欧洲联盟与南部非洲发展国家（Southern African Development Community）免税区域的贸易同意条款，低生产成本与进入新市场，加上生产材料（汽车钢材与零件）的优势，促使一些汽车制造公司在南非设厂制造。中国自主品牌如江铃、一汽等也加大南非市场拓展力度。

车企看重的不仅仅是南非本身的市场潜力。立足南非，辐射非洲，是很多车企的战略考量，政治上的有利因素也是车企加码南非的原因之一。2015年6月，包括南非在内的非洲26个国家领导人在埃及签署协议，决定成立“三合一自由贸易区”（TFTA）。也就是说，新成立的TFTA将把现有的“南部非洲发展共同体”“东非共同体”和“东南非共同市场”三个贸易体联合起来，形成一个新的单一贸易区。这将是非洲最大的自由贸易区。该计划还需要得到各成员国议会通过，预计2017年之后真正开始运转。一旦这个目标得以实现，那么车企在南非生产的汽车有望以零关税进入其他25个TFTA成员国，这个诱惑对于车企来说可谓不小。

（二）2015年南非汽车工业发展情况

据南非《每日商报》，2015年南非GDP增长1.3%，为2009年以来最低，较2014年下降0.2个百分点，其中金融、采矿、贸易和住宿行业是拉动国民经济的主要力量，而受干旱重创的农业拖累经济增长。受经济环境中困难增多、经济增速放缓和加息预期影响，2015年南非新车销售呈现低迷态势。据世界汽车协会（OICA）统计的数据，2015年南非汽车产销分别完成61.57万辆和61.77万辆，产量继续保持增长态势，增速为8.76%，而销量延续2014年的下降趋势，同比下降4.15%（见图3-2-12和图3-2-13）。

从汽车类型来看上，2015年，乘用车产量增长迅速，超过30万辆，达到34.1万辆，同比增长22.9%；受到经济通货膨胀、利息利率与家户、商业财务情况影响，乘用车销量继续下降，达到41.27万辆，同比下降6.05%（见图3-2-14）。

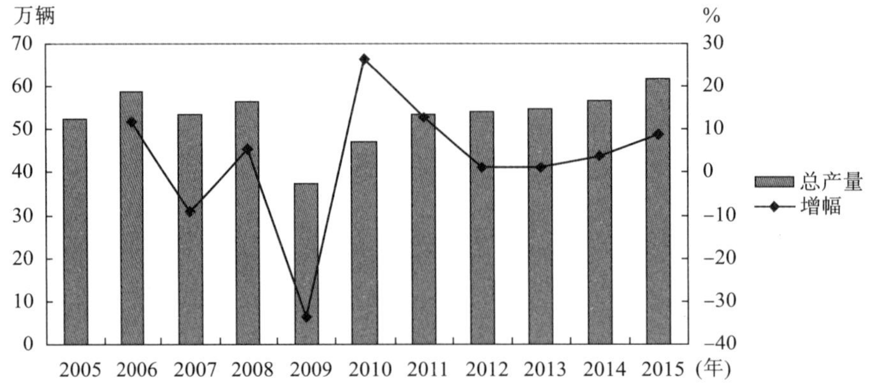

图 3-2-12　2005—2015 年南非汽车产量及增长率

资料来源：根据 OICA 数据整理，http：//www. OICA. net。

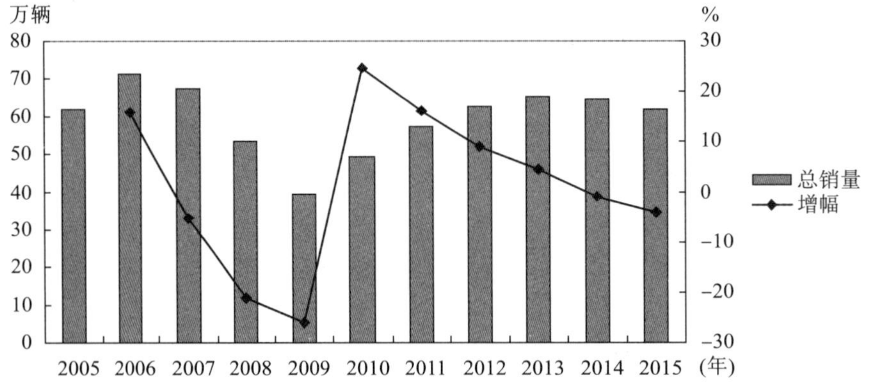

图 3-2-13　2005—2015 年南非汽车销量及增长率

资料来源：根据 OICA 数据整理，http：//www. OICA. net。

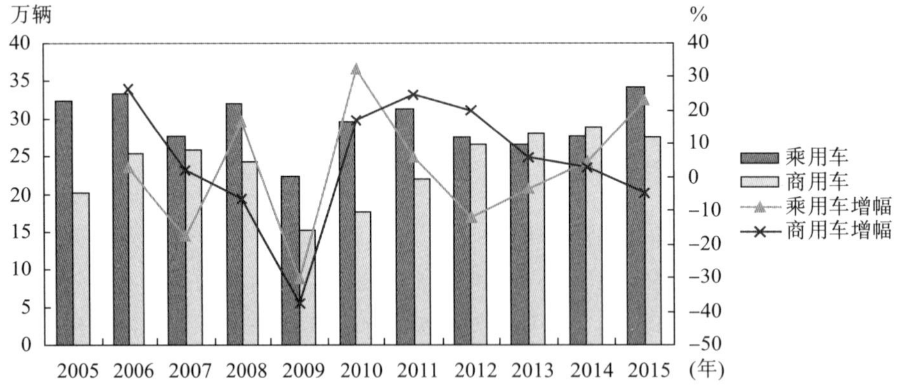

图 3-2-14　2005—2015 年南非乘用车和商用车产量及其增幅

资料来源：根据 OICA 数据整理，http：//www. OICA. net。

商用车产量在金融危机后表现出色，2010—2014 年连续 5 年都在增长。2015 年，商用车产量出现下降，产量为 27.46 万辆，同比下降 4.84%；商用车销量的变化趋势与产量一致，2015 年商用车销量为 20.51 万辆，同比下降 0.08%（见图 3-2-15）。

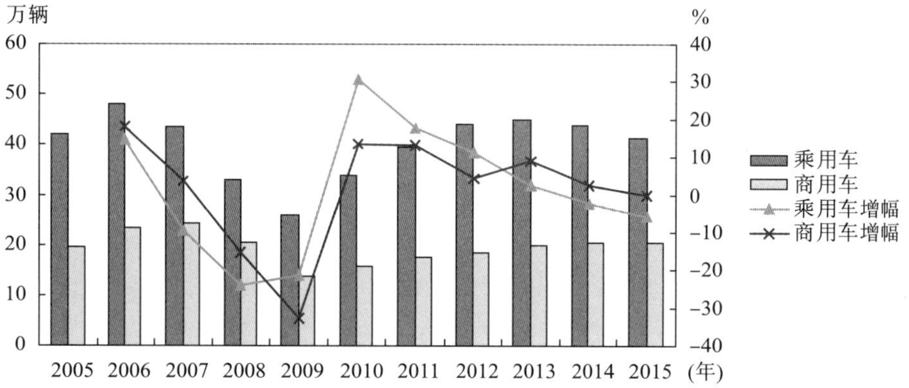

图 3-2-15　2005—2015 年南非乘用车和商用车销量及其增幅

资料来源：根据 OICA 数据整理，http：//www. OICA. net。

（三）南非汽车工业投资风险

兰特贬值、政府财政赤字、失业率高企、通货膨胀和社会不稳定因素增多是汽车企业高管普遍担心的问题。

1. 资金流入放缓，兰特贬值风险加剧

2015 年南非资金流入放缓。南非资本流入从 2014 年的 1 501 亿兰特减少至 2015 年的 1 423 亿兰特，资金流入放缓是由国际国内两方面因素导致的。从国际来看，对新兴市场和全球金融市场的不确定性、美国加息、大宗商品价格下降和对中国的经济增长的担忧、国际投资者“避险情绪发作”，使得资本流入受限。从国内看，南非经济增长疲软、经常账户赤字增加，以及信用评级机构对 2015 年第 4 季度的前景评为“负面”等因素影响了资金流入。

南非 2015 年第 4 季度的经常账户赤字达到了 GDP 的 5.1%，相比第 3 季度扩大 0.8%。经常账目赤字加剧，股票债券市场表现不佳，种种因素导致兰特未来将遭受大幅贬值。经常账户赤字反映了南非在全球资金流出新兴市场的大背景下投资的脆弱性。标普在 2015 年 12 月将南非的主权信用评级调低至“负面”。南非央行数据显示，南非 2015 年第 4 季度资金流入停滞，直接外资投资净流出 237 亿兰特，出口数据同样下降。2015 年全年兰特下跌 22%，有可能在 2016 年进一步贬值，兑美元汇率跌到 16.25。

2. 经济前景不确定性强、失业率高企

南非经济前景不确定性强，多种因素制约南非经济增长潜力，包括政治环境错综复杂、生产力局限、缺乏紧迫性以及错误的决断等等。南非财长戈尔丹的任命使商界产生乐观情绪，不过大多都是针对短期增长的。2017 年是南非的大选，其结果很难预测，这同样也为南非经济形势增加了不确定性。

南非就业市场面临困难。南非的农业、矿业以及零售业仍很难扩大就业，因为雇主们希望控制成本以免破产。根据南非统计局的官方数据，南非的失业率为 24%，相当于有约 520 万人失业。新增就业困难的前景对南非停滞不前的经济来说相当不利，这也同样反映了企业营商环境不佳。

3. 价格面临上涨压力，家户财务状况与负债情况相对仍旧高

受干旱等因素影响，南非粮食产量出现下降，南非需进口 75 万吨粮食满足国内需求。兰特币值大幅走弱推高进口品价格，国内食品供给面承压，价格可能继续上涨。除了粮食价格上涨以外，汽油、电力和自来水价格也持续走高，推动通货膨胀率上扬，2015 年年底，南非 CPI 接近 6%。

家户财务状况（含家户收入、信用情况、家户负债、通货膨胀、消费者信用风险等）与负债情况相对仍旧高，大约超出 1 000 万信用活跃的消费者有信用衰退的记录。

4. 社会不稳定因素增多

2015 年 4 月，南非多地爆发大规模排外暴力事件，造成多人死伤和重大财产损失。这是 2008 年以来，南非境内发生的最严重的一波排外事件。受此次排外风潮波及的外国人主要来自索马里、马拉维、莫桑比克、津巴布韦、尼日利亚和埃塞俄比亚等非洲国家。南非排外风潮还引起了其他一些非洲国家民众的排外情绪，莫桑比克、津巴布韦、马拉维和尼日利亚等国家相继出现了排外事件。

南非治安状况恶化。2015 年 6 月 3 日晚间，发生在亚历山大警察局的惨案，先后 5 人被杀，杀人现场血光迸射，惨烈异常。血光迸射的亚历山大，只是类似众多案件中的比较“刺眼”的。据统计，2015 年南非有将近 90 名警察倒在枪口下。执法者自身难保，老百姓更是活得战战兢兢。

此外，南非政府的腐败事件和缺乏作为同样打击着国际投资者信心。对此，南非政府部门应予以高度重视，采取有效措施改善国家形象。

第三章
农　　业

农业是指国民经济中一个重要产业部门，是以土地资源为生产对象的部门，是通过培育动植物产品从而生产食品及工业原料的产业。农业提供支撑国民经济建设与发展的基础产品，属于第一产业。根据国家质检总局和国家标准委颁布的《公民经济行业分类》（GB/T 4754 －2011），农业属于农林牧渔业门类中的01 大类，其中包括011—019 中类。具体分类如表3 －3 －1。

表3 －3 －1　　农业分类表

三次产业分类	门类	大类	中类	小类	行业名称
第一产业	A				农、林、牧、渔业
		01			农业
			011		谷物种植
				0111	稻谷种植
				0112	小麦种植
				0113	玉米种植
				0119	其他谷物种植
			012		豆类、油料和薯类种植
				0121	豆类种植
				0122	油料种植
				0123	薯类种植
			013		棉、麻、糖、烟草种植
				0131	棉花种植
				0132	麻类种植
				0133	糖料种植
				0134	烟草种植
			014		蔬菜、食用菌及园艺作物种植
				0141	蔬菜种植
				0142	食用菌种植
				0143	花卉种植
				0149	其他园艺作物种植
			015		水果种植
				0151	仁果类和核果类水果种植
				0152	葡萄种植
				0153	柑橘类种植
				0154	香蕉等亚热带水果种植
				0159	其他水果种植
			016		坚果、含油果、香料和饮料作物种植
				0161	坚果种植
				0162	含油果种植
				0163	香料作物种植
				0169	茶及其他饮料作物种植
			017	0170	中药材种植
			019	0190	其他农业

资料来源：中华人民共和国国家统计局，《国民经济行业分类》（GB/T4754—2011）。

本报告将重点研究农业全球投资风险，主要内容包括全球农业发展形势分析、全球农业对外直接投资分析、中国农业对外直接投资分析、中国农业对外直接投资风险分析四个部分，以及对哈萨克斯坦国家农业投资风险分析的专题研究。

2015 年全球农业发展形势分析

放眼全球农业，几乎各个国家和地区都致力于现代农业建设。所不同的是发达国家更着眼于抢占“制高点”，争取继续引领世界农业发展潮流；而广大发展中国家更多的是立足国情学习借鉴已有成功经验，努力加快现代农业发展步伐，争取迎头赶上。2015 年，虽然世界工业生产低速增长，但农业方面表现出一定的弹性。

（一）全球主要农产品供需形势

2015 年，尽管联合国粮农组织下调了世界粮食产量的预期，但总体上看，世界谷物供求平衡关系将依旧保持宽松。尽管世界总产量在 2014 纪录的水平上有所下降，但供应量应该足够满足预计的需求量，在年末仅会导致全球库存量的小幅下降。在这一背景下，谷物价格仍然面临下行压力。

1. 谷物

根据联合国粮农组织的最新数据，2015 年由于厄尔尼诺现象等因素的影响，谷物种植产品年产量达到 25.28 亿吨，与 2014 年相比产量略降约 400 万吨（见表 3－3－2）。

表 3－3－2　　世界谷物种植产品产量　　单位/百万吨

地区	2012 年	2013 年	2014 年	2015 年
亚洲	1 091.7	1 124.7	1 112.1	1 124.1
远东	995.4	1 017.3	1 013.5	1 015.8
近东	69.3	74.3	67.3	74.8
亚洲中 CIS	27.0	33.1	31.2	33.5
非洲	162.3	162.8	164.1	161.8
北非	22.9	36.0	32.7	37.1
西非	50.7	50.1	49.3	51.4
中非	4.7	4.7	4.7	4.4
东非	43.3	43.1	43.4	42.4
南非	29.7	28.9	34.1	26.5
中美洲及加勒比地区	40.0	41.0	41.9	44.6
南美地区	153.2	173.0	173.2	183.9
北美地区	406.1	500.4	493.0	480.1
欧洲	415.2	480.7	512.7	495.0
欧盟	278.3	304.1	321.4	311.6
欧盟中 CIS	124.1	162.6	177.4	170.3
大洋洲	35.9	42.6	35.0	38.4
世界	2 304.4	2 525.2	2 532.1	2 527.9
发展中国家	1 396.1	1 444.6	1 433.9	1 459.2
发达国家	908.3	1 080.6	1 098.2	1 068.7

资料来源：FAO，Crop Prospects and Food Situation，2015。

据美国农业部最新统计，2015/2016 年度世界谷物产量达 25.34 亿吨，较 2014/2015 年度减少 2 410万吨，减少 0.9%；2015/2016 年度世界谷物消费量达 25.29 亿吨，较 2014/2015 年度增加 3 070万吨，增长 1.2%；2015/2016 年度世界谷物贸易量达 3.64 亿吨，较 2014/2015 年度减少1 100 万吨，减少 2.9%；2015/2016 年度世界谷物期末库存量达 6.378 亿吨，较 2014/2015 年度减少 420 万吨，减少 0.7%（见图 3－3－1）。

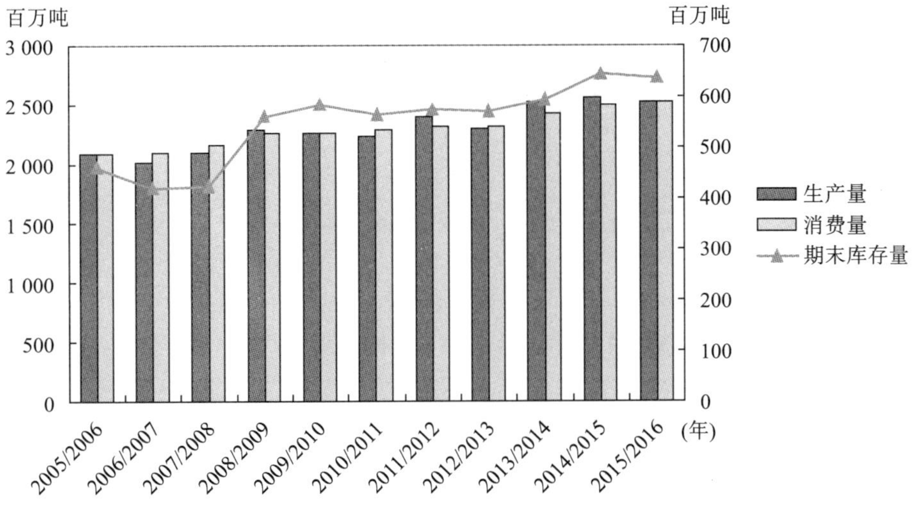

图 3－3－1　世界谷物市场一览

资料来源：FAO of United States，Food Outlook 2015。

2. 小麦

2015/2016 年度全球小麦产量将会达到 7.35 亿吨的新纪录，比 2014/2015 年度增长近 200 万吨。主要是源于澳大利亚、中国、摩洛哥、土耳其、乌克兰和美国的增产。

2015—2016 年度小麦消费总量会达到 7.27 亿吨，比 2014/2015 年度上涨 2.0%，主要是受亚洲和美洲巨大需求量增加的推动。

世界小麦库存量在 2015/2016 年度将上升到 13 年来的最高水平，2015/2016 年度世界小麦库存量与消费量之比可能会达到 28.9%，是自 2011/2012 年度以来的最高值。欧盟、俄罗斯联邦和美国都将处于小麦库存量最大的国家之列。相反，加拿大今年小麦产量大幅下降，其年末小麦库存量很可能减少到历史最低点。

2015/2016 年度小麦世界贸易量为 1.50 亿吨，比 2014/2015 年度的高点低几乎 600 万吨，即约 4%。贸易缩减的主要原因是亚洲和北非国内可用量增加。在本国货币疲软的支撑下，2015/2016 年度俄罗斯联邦和乌克兰的出口量将再创新高，而加拿大和欧盟的出口量将会减少。世界小麦市场一览见图 3－3－2。

3. 粗粮

2015/2016 年度世界粗粮产量预计为 13.06 亿吨，比 2014/2015 年度记录值低约 2%。这主要是与美国和欧盟玉米产量大幅下降有关。玉米产量占世界粗粮产出近 80%。其他主要粗粮种类中，大麦的全球输出产量可能与以前年度持平，而高粱产量预计比 2014/2015 年度高出差不多 2 个百分点，约为 6 600 万吨。

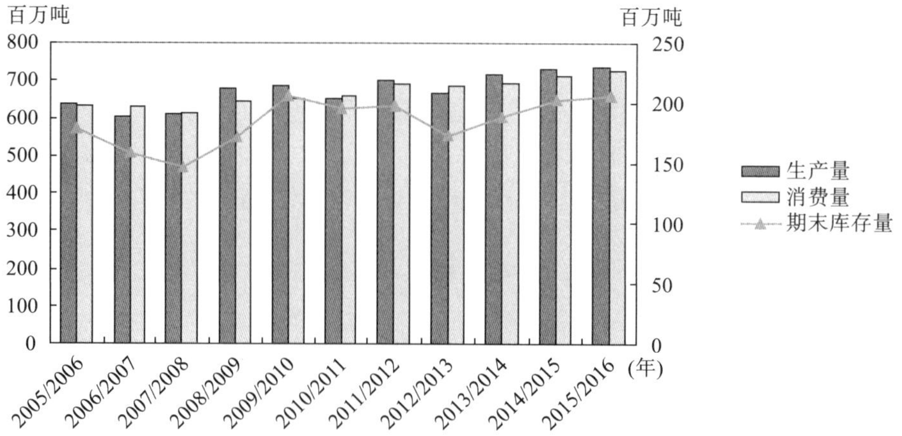

图 3-3-2 世界小麦市场一览

资料来源：FAO of United States，Food Outlook 2015。

2015/2016 年度粗粮消费总量预计增长至 13.03 亿吨，相比 2014/2015 年度仅增长 0.8%。产量的下降可能导致饲料和工业用量增长放缓。玉米总消费量预计将达到 10.05 亿吨，比上年度增加 1.5%；大麦的使用总量可能略有增加，为 1.42 亿吨；而高粱用量为 6 440 万吨，下降了 2.6%。

2015/2016 年度世界粗粮库存量预计为 2.676 亿吨，其略微下降。这将导致 2015/2016 年度世界库存与消费比率下降 20.1%。尽管小幅下降，但此比例仍远高于 2003/2004 年度记载过的 15.4% 这一历史最低数据。尽管预测中国和巴西拥有更多的存货，但生产力水平的下降将削减欧盟和美国的库存。

2015/2016 年度全球粗粮贸易总量可能达到 1.69 亿吨，与刚刚突破 1.75 亿吨的 2014/2015 年度纪录相比，降低了 3.6%。主要粗粮种类中，全球玉米贸易量下降至 1.26 亿吨，比上一年度低 1.6%，但仍居贸易量第二位。大麦的贸易量从 2014/2015 年度 29 万吨下降至 25.5 万吨，降低 13%。高粱的贸易量为 12.5 万吨，同比下降 2.4%。世界粗粮市场一览见图 3-3-3。

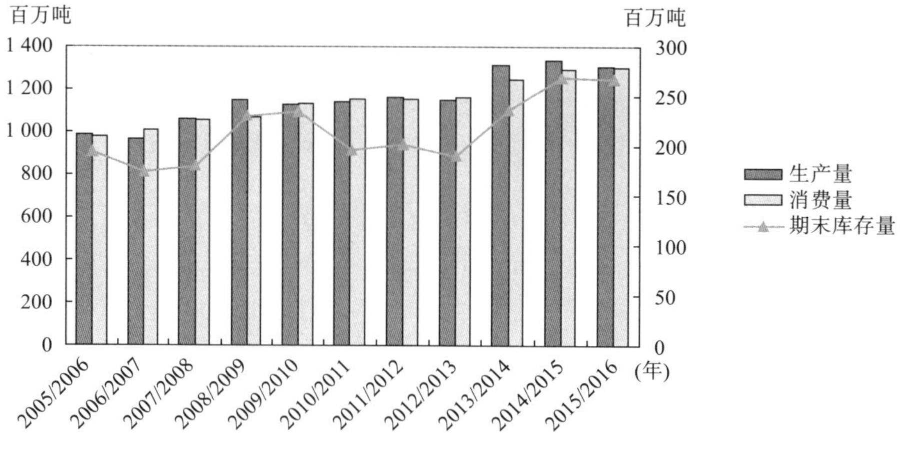

图 3-3-3 世界粗粮市场一览

资料来源：FAO of United States，Food Outlook 2015。

4. 稻米

国际稻米自 2014 年年底以来价格持续下跌，这一现象反映了世界进口需求的减弱。价格的软化影响整个市场细分（尤其是更高质量的籼稻香米）以及几乎所有的出口商。2015 年厄尔尼诺天气普遍异常爆发以来，稻谷的种植季节就因这一不利气候条件而被破坏。2015/2016 年度世界稻米产量的预测已削减至大约 4.93 亿吨，持续两年负增长。除了拉丁美洲、加勒比地区和欧洲，其他所有地区都有出现生产下滑。由于全球生产消费率不足，世界稻米在 2015/2016 年度的库存量可能下降 3.5% 至 1.64 亿吨，世界稻米库存量与消费量之比将从 2014/2015 年度的 34.1% 下降到 2015/2016 年度年的 32.3%。世界稻米市场一览见图 3－3－4。

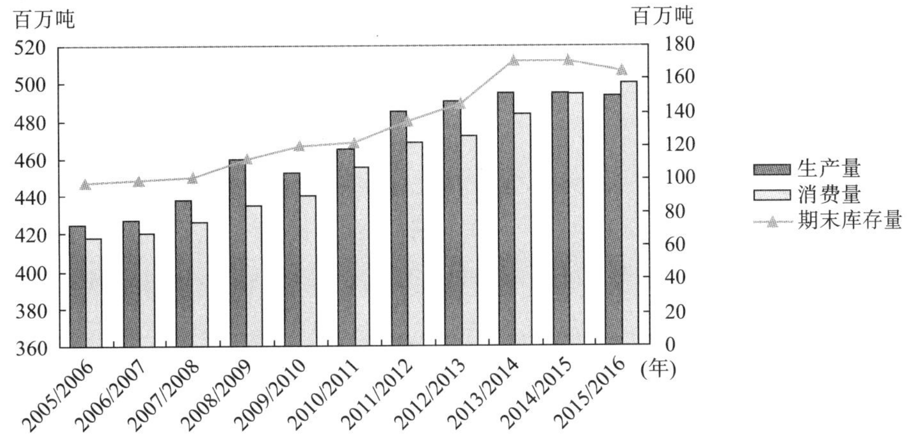

图 3－3－4　世界稻米市场一览

资料来源：FAO of United States，Food Outlook 2015。

5. 马铃薯

不利的气候条件影响了 2015 年马铃薯主要种植区的产出。在此之前，一直以惊人速度增长的全球马铃薯产量被迫停滞。由于单位产量下降，非洲东部的马铃薯总产量出现了缩减。厄尔尼诺现象被认为与东南亚马铃薯收成减少有关。考虑到强化的厄尔尼诺现象有较大概率会发生，2015/2016 年度的马铃薯生产前景仍然极不确定。如果预报中的厄尔尼诺现象发生，这一因素将会影响东南亚、巴西和非洲东部及南部的马铃薯作物，其所带来的风险将覆盖全球 50% 左右的马铃薯生产国。泰国早已经在其 2015 年的预测中把马铃薯的单位产量每公斤减少了 1 吨。在巴西，跌倒底部的价格和供应过剩可能导致 2016 年马铃薯播种面积减少。

在东亚和东南亚，由于薯片、土豆粉和淀粉的需求创下历史新高，马铃薯贸易十分活跃。大部分的国际需求来源于把马铃薯作为廉价的饲料和工业原料从国外进口的中国。一直以来都是泰国来满足中国的需求，但在 2015 年，越南重新成为东亚和东南亚的马铃薯产品的主要供应国。

除了气候所带来的风险之外，2015 年马铃薯的产量将会受到中国经济增速放缓和其巨大的玉米库存、美元升值和油价下跌等的一系列不确定经济因素的影响。这些因素威胁着东亚和东南亚的前景，尤其是这一地区贸易的前景。几乎这一地区的所有国家，都从国内市场转向中国供应。如果中国开始释放其玉米库存，该地区的马铃薯市场可能会陷入低迷，可能会导致马铃薯出口国的市场动荡。世界马铃薯市场一览见表 3－3－3。

表 3-3-3　　世界马铃薯市场一览表

指标	2013/2014 年度	2014/2015 年度	2015/2016 年度
产量/百万吨	278.6	288.3	288.8
贸易额/百万吨	35.3	38.2	45.4
世界人均消费/公斤/年	19.7	20.4	20.5
发展中国家/公斤/年	34.3	35.1	34.7
欠发达国家/公斤/年	85.3	88.6	83.9
撒哈拉以南非洲/公斤/年	151.1	157.0	154.7
泰国国内基本价格	90.1	72.4	70.2

资料来源：Thai Tapioca Trade Association，http：//www.thaitapiocastarch.org/。

6. 油料作物

2015/2016 年度油籽和油粕的全球供需平衡进一步改善，同时油脂市场可能会紧缩。由于油菜籽、大豆、棉籽产量下降，预计 2015/2016 年度的油籽产量将低于 2014/2015 年同期水平。美国和南美地区上年空前的高产量可能会轻微下降。不利的气候条件拖累了世界两大油菜籽生产者——欧洲和加拿大的生产前景。与此同时，种植面积的减少导致全球棉籽产量下降。受不利气候因素影响，棕榈油的产量可能会减少到低于平均水平。

2015/2016 年油脂的产量预期将会停滞，全球油脂的消费量预计将进一步扩大，这将导致库存缩减。全球面粉和饼肥轻微的供大于求有可能会推动全球库存超过去年的记录。油脂的存销比似乎有可能比去年同期下降，而膳食/糕点超常的存销比与上年大体相当。

2015/2016 年的油籽及衍生品的国际贸易规模预计会进一步扩大，虽然低于近年的水平。就油脂来说，中国的产能过剩和印度的大丰收导致进口额减少。由于大豆加工的低廉利润率、大量的可用储备和近期的人民币贬值等原因，世界上最大的黄豆买家——中国进口增长将缓慢。世界油料作物市场情况见表 3-3-4。

表 3-3-4　　世界油料作物市场情况　　单位/百万吨

指标	2013/2014 年	2014/2015 年	2015/2016 年
油料作物总产量	513.2	547.4	534.5
油脂			
产量	203.3	209.9	208.6
消费量	198.9	204.6	211.8
贸易额	107.9	112.0	114.2
面粉和饼肥			
产量	128.8	140.4	138.2
消费量	125.3	132.2	136.8
贸易额	81.1	85.4	87.1
价格指数（2002-2004=100）	207	184	151

资料来源：FAO of United States，Food Outlook 2015。

7. 肉和肉制品

2015 年，世界肉类产量预计将实现小幅增长，达到 3.188 亿吨，比 2014 年增长了 350 万吨，增长1.1%。欧洲、美国和俄罗斯联邦增长较大。其中，家禽领域是推动全球肉类产量的扩张的主要原因，其次是猪肉。

全球肉类贸易预计将在2015年略微下降0.6%，到3 050万吨，相较于上年3%的增长纪录明显放缓。总的来说，家禽仍是贸易量最大的产品，其次分别是牛肉、猪肉和羊肉。

联合国粮农组织肉类国际价格指数经过一段时间的下降后，在2015年4月到9月期间保持稳定。尽管这几个月保持稳定，但肉类价格仍远低于上年。世界肉类物市场情况见表3-3-5。

表3-3-5　世界肉类物市场情况　单位/百万吨

指标	2013/2014年	2014/2015年	2015/2016年
肉类总产量	311.3	315.3	318.8
牛肉	68.0	68.1	68.3
禽肉	108.6	110.5	112.1
猪肉	115.0	117.3	118.8
羊肉	13.9	13.9	14.0
肉类贸易量	29.7	30.6	30.5
牛肉	8.9	9.6	9.7
禽肉	12.4	12.7	12.6
猪肉	7.1	7.0	7.0
羊肉	1.0	1.0	1.0
世界人均消费/千克/年	43.4	43.3	43.4
价格指数（2002-2004=100）	184.0	198.0	178.0

资料来源：FAO of United States，Food Outlook 2015。

8. 奶和奶制品

国际乳制品价格经过几个月的下降后2015年9月实现上涨。2015年上半年，中国和俄罗斯联邦进口需求的减少影响了国际奶业市场，而出口供应总体上保持充足。全球牛奶产量预计将在2015年增长1.5%，达到8.01亿吨，低于2014年的增长率。除了大洋洲外，所有地区的产量预计都将上升，其中亚洲地区产量的上升尤为明显。

2015年，由于需求减弱，奶制品的全球贸易量预计将下降1.7%，到7 130万吨。由于中国需求的急剧减少，亚洲的进口预计将减少。更实惠的价格预计刺激整个非洲的进口额，主要国家如阿尔及利亚、埃及和尼日利亚进口将增加。在欧洲，俄罗斯进口连续两年下降。

在奶制品的消费量方面，新西兰和欧盟这两个主要的供应国有望在2015年出口基本上达到持平，而美国、印度和阿根廷大幅下降。相反，白俄罗斯和澳大利亚预计比上一年有所增长。世界奶制品情况见表3-3-6。

表3-3-6　世界奶制品情况　单位/百万吨

指标	2013/2014年	2014/2015年	2015/2016年
乳制品总产量	767.5	789	800.7
乳制品贸易总量	68.7	72.6	71.3
世界人均消费/千克/年	107.2	109	109.4
价格指数（2002—2004=100）	243	224	163

资料来源：FAO of United States，Food Outlook 2015。

9. 鱼类和水产品

2015年，全球海产品行业的许多重要品种价格呈下跌的趋势。2015年，鱼类产量预计增长2.6%，达到1.686亿吨。其中，水产养殖业提高了5.0%，扩大到了7 800万吨；野生鱼类产量增加0.7%，达到9 060万吨。发展中国家在国际鱼贸易中发挥重要作用。印度、印度尼西亚和厄瓜多尔在国际市场上虾的供应量中占主要份额。鱼粉和鱼油仍然受严重受厄尔尼诺现象影响。

根据联合国粮农组织的鱼类国际价格指数，2015年前6个月的鱼类价格与去年同期相比平均下跌8%。在不同的物种中，虾的价格面临下行压力。由于需求量的增加和捕获量的减少，白鱼价格，特别是鳕鱼价格将上调。世界鱼类市场情况见表3-3-7。

表3-3-7　世界鱼类市场情况　单位/百万吨

指标	2013/2014年	2014/2015年	2015/2016年
产量	162.8	164.3	168.6
捕捞渔业	92.6	90.0	90.6
水产养殖业	70.2	74.3	78.0
贸易额（10亿美元）	136.1	143.5	129.8
人均消费			
捕捞渔业（千克/年）	9.9	9.7	9.5
水产养殖业（千克/年）	9.8	10.3	10.6
价格指数	148	157	145

资料来源：Norwegian Seafood Council（NSC），http：//en. seafood. no。

10. 棉花

2015/2016年度世界棉花供应量预计为4 651万吨，较2014/2015年度估算值减少187万吨。2015/2016年度世界棉花产量预计为2 211万吨，较2014/2015年度估算值减少383万吨。其中，巴基斯坦棉花产量下调17万吨，是其自1998年以来棉花产量最低的。2015/2016年度世界棉花消费量预计为2 415万吨，较2014/2015年度估算值增加12万吨。下调的原因是印度、巴基斯坦和美国棉花消费量均有所下调。2015/2016年度世界棉花贸易量预计为785万吨，较2014/2015年度估算值增加15万吨。其中，印度棉花出口量有所上调。2015/2016年度世界棉花期末库存预计为2 240万吨，较2014/2015年度估算值减少201万吨，较期初库存下调8%。世界棉花供需形势见图3-3-5。

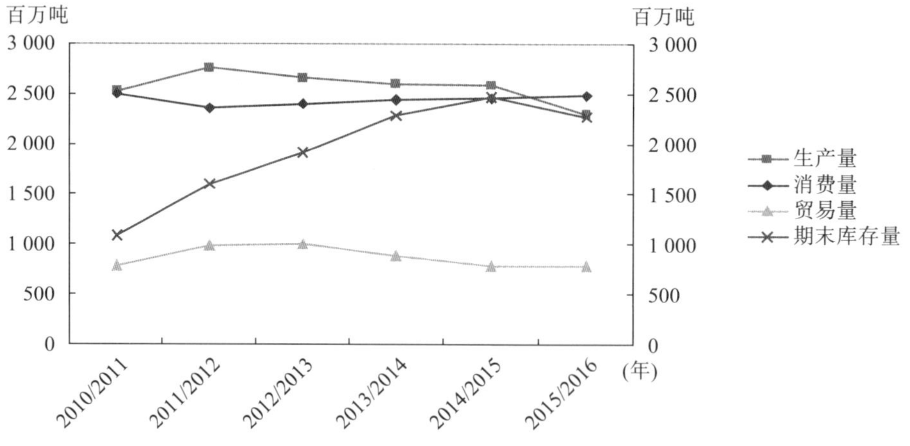

图3-3-5　世界棉花供需形势

资料来源：根据美国农业部产供需数据库和相关各期《世界农产品供需预测报告》整理而得。

（二）全球农产品价格走势

联合国粮农组织谷物价格指数 2015 年 12 月平均为 151.6 点，较 11 月降低近 2 点（跌幅 1.3%）。继阿根廷取消出口税后，预期会有大量供应进入世界市场，从而打压了小麦报价。玉米价格 12 月同样下跌，原因是出口竞争不断加剧而国际需求滞缓。大米报价则较为平稳，购买回升对低质粳米和香米价格形成支撑。与 2014 年相比，谷物价格指数 2015 年下跌 29 点，跌幅 15.4%。

联合国粮农组织植物油价格指数 2015 年 12 月平均为 141.1 点，较 11 月上涨 2.9 点（涨幅 2.1%）。上涨推手是大豆油，其价格跃升至 6 个月以来的最高点，反映出巴西大豆作物产量不确定性持续存在，而同时世界各地对大豆油的需求坚挺。相比之下，国际棕榈油价格保持稳定，对东南亚可能减产的担忧被全球进口需求疲软所抵消。2015 年，该指数年均 147 点，比 2014 年下降 19%，为 9 年以来的最低点。

联合国粮农组织乳制品价格指数 2015 年 12 月平均为 149.5 点，较 11 月下降 1.6 点（跌幅 1.0%）。其根源为奶粉价格下跌，而黄油价格上涨，奶酪价格持平。全脂奶粉需求疲软，导致制造商转而重视生产其他奶类商品。黄油是需求最大的产品，特别是在中东、北美和北非，其价格在 12 月涨幅超过 3%。在欧盟，以保证价格把脱脂奶粉销售给调节库存的可能性，同样增强了黄油/脱脂奶粉生产的吸引力，优于全脂奶粉。乳制品指数 2015 年均 160.3 点，比 2014 年下跌 63.8 点，跌幅 28.5%，为 2009 年以来年均数值最低的一年。

联合国粮农组织肉类价格指数 2015 年 12 月平均为 152.1 点，较 11 月修订后的数字下跌 3.5 点（跌幅 2.2%）。四个类别的肉类产品报价全面下挫，羊肉、牛肉和猪肉受影响最为严重。美国对牛肉进口需求减少，加剧了其他市场的竞争。至于猪肉，欧盟产量激增导致国内价格和出口价格双双回落。就 2015 年全年而言，肉类指数平均为 168.4 点，较 2014 年下跌 29.9 点，跌幅达 15.1%（创纪录的一年），为 2010 年以来年均数值最低点。

联合国粮农组织食糖价格指数 2015 年 12 月平均为 207.8 点，较 11 月上升 1.3 点（涨幅 0.6%）。国际食糖价格继续受到对巴西中南部产区因降水过多而收获延迟担忧的影响。其他主要食糖生产国，特别是印度、泰国和南非，糖类作物减产预期也为价格提供了支撑。总体而言，粮农组织食糖价格指数 2015 年均 190.7 点，比 2014 年减少 21%。2000—2015 年联合国粮农组织食糖价格指数见图 3 - 3 - 6。

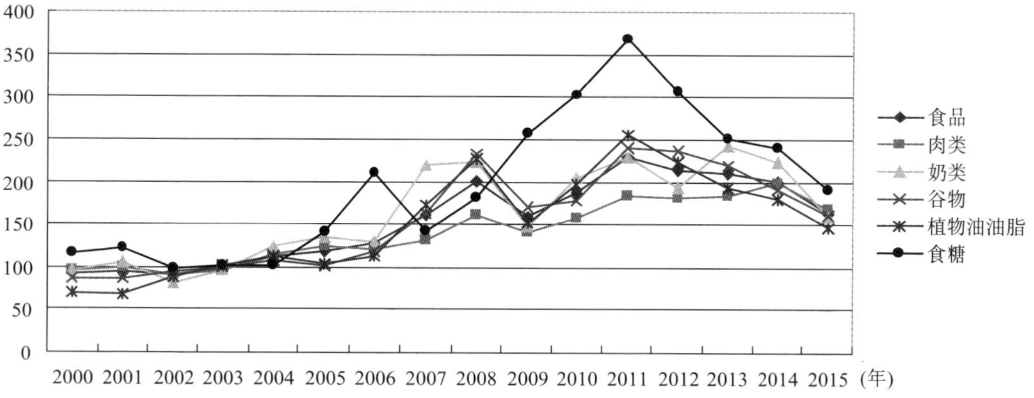

图 3 - 3 - 6 联合国粮农组织食糖价格指数

资料来源：FAO，Crop Prospects and Food Situation，2015。

（三）全球农业科技创新呈现新态势

2015 年，全球农业科技创新进入新的活跃期，引领全球农业技术步入新一轮发展时代。全球农业正在步入信息化主导、生物制造引领、智能化生产、可持续发展的现代农业。农业创新链支撑农业产业链，农业科技创新体系成为竞争新方向。全球农业产业链已呈现出在产业链高端共同投资、联合开发等新的特点和发展趋势。全球农业科技创新的竞争正由技术与产品的单一、单个、单向竞争演化为以技术与产品为表征的品牌、产业组织、商业模式的全产业链多元融合创新的竞争。全球农业科技创新活动不断突破地域、组织、技术的界限，演化为创新体系的竞争。全球农业科技与金融相结合日趋紧密，农业企业成为竞争新主体。建立政府引导、市场主体、政企民相互协调、科技金融有机结合的投融资机制，已成为国际上促进新兴农业产业发展的动力。

（四）全球农业结构和农业土地利用发生变化

人们通常认为农业土地利用变化缓慢，所以，尽管土地在经济发展和结构转型中扮演了至关重要的角色，对农用地演变的关注却略显不足。然而，在过去的几十年间，农用地的全球发布已经发生了巨大变化。通过系统性地分析农用地全球分布的模式和变化趋势可以发现，发达国家的农用地面积在缩小，土地制约的发展中国家则保持相对稳定，而在南美洲、东南亚、撒哈拉以南非洲等土地丰富的国家，农用地面积则迅速扩大。从人均角度来看则有相当不同的变化路径：在更加富裕和商业化的农业系统中平均农场规模上升，而在相对贫穷和商业化不足的系统中平均规模则通常下降或保持不变。这些变化是多种因素综合作用的结果，包括资源禀赋（土地、水资源可利用量等）、人口因素（特别是最不发达国家人口的快速增长）、经济激励措施（包括扩大贸易机会）和制度因素（尤其是政府对农业、基础设施建设和环境保护的政策）。

（五）全球农业支持保护政策呈现新动向

农业支持保护是国际普遍做法。近些年来，在 WTO 框架下，世界各国不断调整完善本国农业支持保护做法，主要是农业补贴由“黄箱”向“绿箱”政策转变，由显性补贴向隐性支持转变，由成本补贴向收入补贴转变。2014 年，美国签署了新《农业法案》，取消直接支付、反周期支付等国内支持政策，同时推出农业保险补贴替代方案，大幅度提高农业保险补贴额度，扩大保险范围，农户可以选择以收入保障或者价格保障方式参加保险。据美国国会预算办公室测算，2014—2023 年落实该《法案》需要 9 560 亿美元预算。欧盟出台共同农业政策，在各国自行补贴的基础上，2014—2020 年，欧盟每年最高达 500 亿欧元的农业补贴在各成员国之间进行分配。日本的各类农业补贴项目达到 470 种，日本农民收入来源主要靠政府补贴。

2015 年全球农业对外直接投资分析

（一）农业耕地投资是全球农业投资的重要形式

农业投资对提高粮食生产能力、抗灾减贫至关重要。无论是资源导向型还是市场（出口）

导向型的农业跨国投资，从客观上有助于提高投资所在国的就业水平、技术水平和生产效率，完善农业生产设施，优化供应链，从而为扩大农业生产规模、提高产量、改善供应发挥重要作用。

购买或长期租赁海外农地进行农业生产成为近年农业领域跨国投资的主要方式。全球农业部门的直接投资不仅仅是以资本投资的形式出现，往往还会有大规模的农耕土地投资。作为一种新兴的资产类别，投资农业耕地和农业基础设施的吸引力体现为：具有长期稳固的宏观经济基础，过去对土地投资有较高的回报率，当期收益和资本增值和具有套期保值的潜力。

投资农耕土地的形式一般有两种：直接购买和长期租赁。受各个投资东道国政策的限制，目前长期租赁是农耕土地投资的主要形式。根据 LAND MATRIX 统计，美国、马来西亚、新加坡、阿联酋、英国、加拿大、印度、俄罗斯联邦、沙特阿拉伯和中国为十大农耕土地对外投资国；而巴布亚新几内亚、印度尼西亚、南苏丹、刚果金、莫桑比克、刚果布、俄罗斯联邦、乌克兰、利比里亚和苏丹为最主要的十个农耕土地对外投资东道国，这十个国家多为非洲发展中国家，在有统计资料的 84 个国家当中，对这十个国家的投资几乎占据所有投资的 70%。

（二）全球农业投资来源和方式日益多元化

由于农业生产的特殊性以及农业跨国投资主要发生在发展中国家和最不发达国家，信息不足、统计缺失的问题尤为突出，全球农业投资的真实规模很可能超过现有的对外直接投资统计。农业投资来源中，既有政府投资、企业投资，也有来自金融机构的投资。主权财富基金、共同基金、养老金、私募基金、投资银行等机构投资者对农田及其他有形资产的投资近年增长很快。当前国际上农业投资来源和发展方式有以下几个趋势：一是政府越来越多地通过支持其国内公司参与农业海外投资，而非直接投资，从而降低金融风险和声誉损害的风险。支持方式主要有提供政府担保、优惠信贷、税收减免、技术支持及其他支持和促进措施。二是投资目的国由周边区域逐渐向跨大洲的国家和地区发展，从而能较方便地复制在母国的运营经验，较好地控制风险。三是外资越来越多地采取与东道国本地企业或农户进行合作的方式进入市场，既有双边合作，也有多个外资方与当地投资者合作的案例。

（三）少数跨国公司凭越来越在全球农业中扮演重要角色

未来农业竞争，归根结底是农业经营主体的竞争。2015 年，世界各国加快培育适应现代农业发展的新型农业组织机构，进一步提高农业生产经营的组织化、规模化、联盟化、标准化水平，农业组织创新愈发成为新的生产力。美国、欧洲等农业发达国家和地区，农业企业、家庭农场等规模经营主体加快发展，特别是一些跨国公司凭借其资金实力、技术垄断及市场控制能力，在全球农业中扮演越来越重要的角色。据统计，杜邦、孟山都、先正达三家跨国公司控制着世界 50% 以上的种子市场，六家生产农药的公司控制着 76% 的市场，十家大公司控制着 41% 的化肥市场，四大粮商垄断国际粮食市场。在日本、韩国等国家和地区，农协、联盟等组织机构影响力日渐提高，体现了巨大的组织、协调和谈判能力。

（四）全球农业的国际投资规则进一步加强

跨国农业投资特别是涉及大型土地交易的跨国投资持续增长，引发了越来越多的担忧。农业跨境投资是否能够真正有效发挥作用、保护投资者权益、实现农业生产的可持续性，除了经济评估之外，如何评估社会、环境范畴的效益及风险也成为国际社会及投资东道国日益重视的问题。世界粮食安全委员会于2012年5月拟议制定了“国家粮食安全框架下土地、渔业和森林权属负责任治理自愿准则”，旨在为改善土地、渔业和森林的所有权治理提供参考和指导原则。2014年又形成了“农业和粮食系统负责任投资原则”，对农业投资规范提出指导意见。此外，FAO和OECD联合起草了“负责任的农业供应链指南”，目前正在讨论磋商过程中。FAO与国际农业发展基金（IFAD）、世界银行组成的联合工作组（IAWG）正在对农业FDI的趋势和影响进行研究评估，计划在广泛咨询投资东道国、投资者等基础上，制定“大型农业投资项目负责任投资准则的实践”，并将在一些非洲国家就如何实现负责任的投资进行原则与政策工具方面的试点。

尽管这些指南、规范等目前都还处于自愿的、原则性的阶段，缺乏执行机制和细则，但已对投资活动产生了一定影响，并将在规范海外农业投资活动中发挥越来越大的作用。实际上，近年已经有许多国家开始对土地转让设限。非洲一些国家首脑也已据此提出了“土地政策倡议”，开始制定针对大规模土地交易的指导原则①。

（五）“互联网＋”对全球农业投资影响深刻

科技的日新月异改变着世界，信息与通信技术的快速发展重塑了经济和农业。互联网作为时代最典型的技术之一，极大降低了信息成本、交易成本及厂商、个人和政府之间的协调成本，重新定义了经济、社会和政治格局。但互联网是否影响公司生产力、个人就业机会和政府责任性以及影响程度并非显而易见，尤其是在发展中国家。对企业而言，互联网提高了现有工艺的生产力，并使新的生产工艺成为可能，从而促进增长。它促进了新的更密集的交易，提高了资本的质量。对个人而言，更重要的是对弱势群体而言，互联网开放了就业机会和投入（如金融产品）的获取途径，尤其是在发展中国家。它对劳动力市场有显著的影响，影响人力资本的回报。通过利用规模经济，互联网企业创造了能提升消费者福利的新的更便捷的服务。而对于政府而言，互联网影响了治理的核心，既能帮助提高政府服务能力，从而更方便和低成本地提供服务，又能增强政府的责任感。互联网虽并未改变发展的基本“配方”，但却提高了不改革的机会成本，并通过提高互补品的质量成为发展的催化剂。因此，为最大化利用互联网的价值，发展中国家应保证互联网的普及性、实惠性、开放性和安全性，加强数字经济的模拟基础，并改善全球合作以解决跨边界问题。

（六）全球气候谈判要求全球农业“低碳”投资

伴随着世界各国对农业与气候变化关系认识的加深，农业议题在全球气候谈判中的地位不断提升，由此推动各国在农业领域采取更多应对气候变化的举措，全球气候谈判要求全球农业“低碳”投资。

世界农业的低碳转型愈加凸显并进一步加速。这主要表现在三个方面：第一，农业议题被越来越多的国家纳入其应对气候变化的战略中。农业减排不仅对那些承担强制性减排义务的发达国家有着极大的吸引力，也成为不少发展中国家的政策选择。第二，提高农业部门的能源利用效率和发展

① 张小瑜：“推动海外农业投资的对策和建议”，《国际经济合作》，2016年第3期：第71—74页。

生物质能源、可再生能源等替代能源。农业部门能源利用效率不高，也是典型的能源密集型产业，因而提高农业领域的能源利用效率，发展替代能源，不仅能够减少农业对化石能源的消耗和依赖，而且能够减少温室气体的排放，为此，许多国家正在改变传统的农业生产方式，转而发展有机农业、生态农业等新型农业。目前，已有包括欧盟及其成员国在内的不少国家和地区已经或者正在通过立法对农业部门的能源利用效率以及替代能源使用做出规定。第三，对农业应对气候变化的技术资金支持强度日渐加大。伴随着对农业温室气体排放、气候变化脆弱性和农业减排潜力的新认识，世界各国加大了对农业应对气候变化的技术和资金的投入力度。

2015 年中国农业对外直接投资分析

（一）“走出去”环境整体有利

2015 年世界发展态势和中国国内形势对农业对外直接投资有利。从国外形势看，虽然世界发展依然存在下行风险，大宗农产品价格处于洼地，但是全球经济处于危机后的修复期，全球货币政策总体宽松，中印等发展中国家强化经济改革，亚欧非国家积极响应中国倡导的“一带一路”战略，世界经济恢复可期，农产品需求将进一步扩大，我国农业发展走向全球的经济环境和农业发展环境实质利好。加之我国农业“走出去”强调共同发展和互利互惠，助力东道国的农业发展，赢得了民心，收获了友谊，我国农业发展走向全球的国际环境越来越有利。

从国内环境看，中国国力迅速提升，已经具备在全球范围内筹划农业发展的国家实力。以外向型农业产业化龙头企业为雄师，以先进适用农业技术为利器，中国农业企业成长迅速、农业技术发展成熟。虽然海外农业经营风险凸显，但是我国农业企业应对各种风险的战略工具逐步丰富，识别、应对和驾驭风险的能力也明显增强，这些都造就了我国农业走向全球的深厚内功。

“一带一路”建设将为中国农业全球战略提供支撑。服务于中国保障粮食安全和重要农产品供给的总体战略，在“一带一路”战略和加快国内农业“走出去”战略的刺激之下，2015 年成为中国农业对外投资的元年。

（二）总体规模迅速增长

农业对外直接投资从存量上来说占我国总体投资规模比例较小。整个第一产业，包括农林牧渔业所有的对外直接投资存量仅占中国对外直接投资总量的 1.1%，而其中农业仅占 28.6%。通过政府主导与资本市场运作，农业对外投资实现了数量和质量的双重提升，加之国内对外投资体制改革不断深化，一系列有利的政策安排必将促进农业对外投资实现快速发展。近年来中国农业对外直接投资保持了良好的上升势头。2013 年对外直接投资流量比上年同期增长了 24%，2009 年至 2013 年对外直接投资流量的增长幅度超过 60%，远高于同期其他部门对外直接投资的平均水平。其中，近年来农业部门海外并购活动频繁，据不完全统计 2010—2014 年该部门海外并购额达到 185 亿美元。2005—2014 年中国农林牧渔业对外投资规模见图 3－3－7。

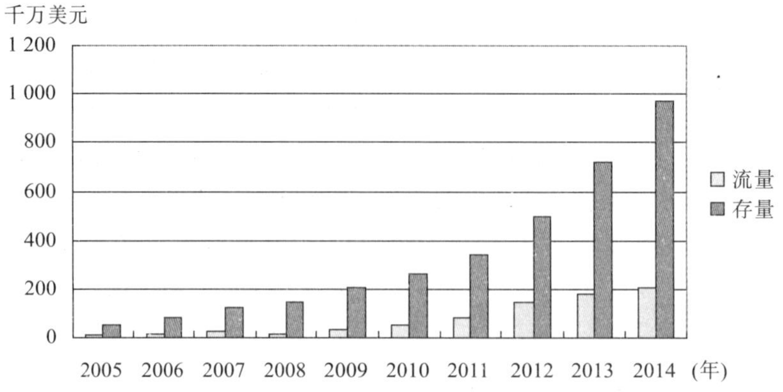

图3-3-7 2005—2014年中国农林牧渔业对外投资规模

资料来源：中华人民共和国商务部、中华人民共和国国家统计局、国家外汇管理局，《2014年中国对外直接投资统计公报》。

（三）更加注重资本运作和产业链整合

2015年，我国农业企业更加注重从全产业链布局角度出发，在农业科研、农资研发、生产、加工、物流、仓储、销售等诸环节合理布点，长远谋划，形成全产业链的掌控能力。如2015年3月，光明食品集团以68.73亿元的价格从母公司光明集团收购其持有的以色列最大综合食品企业TNUVA（特鲁瓦）的控制权。这也是中国乳品行业海外最大规模的一次并购。对光明食品集团而言，重要的是并购能引进国外的一些先进生产、研发技术以及经营理念。中粮集团2014年收购了荷兰农产品贸易公司尼德拉（Nidera），后者在巴西、阿根廷和中欧地区拥有强大的粮食采购能力和全球贸易网络，可全面延伸中粮集团在全球的贸易网络。2015年12月，中粮集团旗下的中粮国际有限公司以7.5亿美元收购来宝集团所持有的中粮来宝农业49%的股权。交易完成后，中粮国际将持有中粮来宝农业100%的股权，中粮来宝农业将更名为“中粮农业”。海外并购极大地促进中粮的国际化进程和全球化布局。

（四）合作投资增加

我国农业对外投资的合作性不断加强，“抱团走出去”的链条拉长。从横向产业领域看，从生产加工合作发展到跨产业、联高校、携物流的全方位合作；合作方式上则从较为松散的联合发展到互相持股、成立基金、风险共担等更密切合作；区域布局上由主要是边疆企业“走出去”发展为“边疆企业+内地企业”联合“走出去”。其中，民企与国企“抱团走出去”的合作意愿日益强烈，民企希望借助国企以争取更多的政策资金支持及贷款担保，国企需要借助民企已有的“走出去”资源和高效灵活的经营方式来拓展海外市场。此外，边疆地区农业企业在周边国家站稳脚跟后，也积极拉动内地有实力的企业参与投资、拓展规模。

（五）农业跨国企业整体竞争力较弱，复合型跨国人才较少

与国际先进水平比较，我国农业跨国企业经营能力较弱，缺乏对农业产业链的整合能力，产业化水平不高。我国农业企业科技创新相对滞后，科技研发低水平重复多，重大突破少，这些技术层面的瓶颈使得我国农业产业化发展缓慢，还没有建立完整的生产、加工、流通、销售等整体产业链，还不具备沿着产业链整合国外销售环节的能力。因此，农业对外投资主要依赖合作伙伴的业务

网络，以贸易型和资源开发型为主，自我市场开拓能力偏弱，所涉猎区域也主要是科技欠发达的广大发展中国家。为了进一步拓展我国农业对外投资的投资领域，扩大在国际市场的份额，需要加强我国在科技创新领域的研发力度，提高我国农业产业化水平。

开展农业跨国经营需要具备一定的技术、丰富的管理经验、熟练的外语水平、了解东道国风土人情、产业政策、市场情况的跨国经营管理人才。我国涉外企业大都缺乏既具备专业技术知识又熟悉国际经贸知识、富有竞争意识和吃苦精神的复合型人才。不仅如此，农业对外投资对人才的要求更高，还要熟悉农业领域相关的法律法规、农业专业术语，懂得农业领域的经营管理。目前我国极度缺乏复合型跨国人才，制约了我国农业企业在国际舞台上开展各种农业经济活动。

2015年中国农业海外投资风险分析

（一）自然风险

自然风险是指由于自然因素所导致的不确定性，包括气候条件、病虫害等因素。农业生产是自然再生产和经济再生产的统一，具有地域性、季节性、周期性特点，农业生产的抗风险能力弱。目前，全球每年自然灾害频发，一旦气候变化突然间出现干旱、水涝，农业企业就有可能损失惨重甚至颗粒无收。与厄尔尼诺现象相关的干旱已导致对2016年南部非洲作物产量的预测“大幅削减”，同时摩洛哥和阿尔及利亚的预期收成也因干旱气候而下调。

根据联合国国际减灾战略办公室（UNISDR）最新报告，2015年是有记录以来最热的一个年份，全球发生的各种自然灾害共造成约2.3万人死亡，近1亿人受到影响，而且与天气和气候有关的自然灾害越来越多。2015年发生自然灾害最多的五个国家依次为中国、美国、印度、菲律宾和印度尼西亚。从伤亡情况看，排名第一位的是尼泊尔地震，死亡8 800多人；其次是欧洲和亚洲的热浪，共造成7 300多人死亡。从经济损失看，美国排第一位，为250亿美元；中国排第二位，为136亿美元。频繁发生的旱灾及其所导致的粮食短缺尤其令人担忧。2015年出现的有记录的严重干旱增加了两倍，非洲有24万人面临着严重干旱及其所导致的粮食短缺。

中国农企要通过生产时间逐步摸清投资国家当地的自然环境及其变化规律，在生产中加大防范自然风险的科技含量，做到经验和技术防范双管齐下，尽最大努力防止和减轻自然灾害。

（二）政治风险

2015年中国农业境外投资所面临的政治风险不可小觑。例如，已有百年历史的S. Kidman的董事会于4月19日同意以2.873亿美元把其股份出售给总部位于中国的大康澳大利亚控股有限公司（Dakang Australia Holdings）和澳大利亚农资公司（Australian Rural Capital Ltd.）。但这一并购交易遇阻，澳大利亚保守派政府表示，将拒绝由中国投资者牵头的收购澳大利亚肉牛帝国S. Kidman的提议。

在“互利共赢”原则指导下，中国农业“走出去”可以从如下几个方面入手，采取有效措施防范和规避各种可能的政治风险：第一，与东道国政府建立良好的农业外交沟通与合作机制；第二，进一步加大粮食生产合作示范区的设立力度；第三，中国农业企业应采取分散投资形式，完善区域性粮食产业链建设；第四，中国企业在东道国应尽可能地采取海外农业投资项目的合营方式；第五，中国农业企业或行业协会应与东道国相关部门签订粮食特许协定。

（三）东道国政策风险

由于中国海外农业投资主要分布于发展中国家，这些国家普遍存在市场体系不健全、政策不稳定不透明的问题，一些国家还处于政局动荡不稳状态，使企业经营面临大量非市场性风险。如南非、斐济等国政府换届后一些产业政策的改变或者取消，导致企业前期投入无法收回，损失惨重。由于农业事关国际粮食安全，一些国家在开放农业投资的同时又附加各种限制性规定，如在投资比例、税费征缴、出口税及出口比例、准入领域、劳务许可发放和签证期限等方面严格限制。同时，土地资源涉及一国国家安全、民族情感，因而属于高度敏感资产，在“中国威胁论”、“农业帝国主义”等舆论导向下，中国企业在一些国家遭遇的壁垒尤为森严。例如，美国奶业支持政策经历了从价格支持到收入补贴，再到利润保障的演变历程。2014 年农业法案加大对奶业风险的全面管理，继续提高补贴效率和强化政策效应。为更好保护奶农利益，美国政府不惜冒着违背 WTO 规则的风险。在欧洲，随着 20 世纪 80 年代食品安全问题多发，尤其是疯牛病，以确保公众健康为目的的食品安全规制日益受到重视。有鉴于此，1992 年修订后的《欧盟条约》赋予了欧盟规制食品安全的权限，以便确保公众健康和保护消费者。

（四）海外融资风险

农业企业海外投资普遍存在资金短缺问题，因而，海外融资显得极为重要。但是，农业海外融资不同于一般的国内融资，环境复杂，随时都有融资失败的风险。原因有：一是海外投资企业日常运作中融资渠道主要是当地银行融资、全球授信、应收贴现三种途径，相对于国内融资渠道来说，农业企业境外投资融资渠道较为狭窄，且融资手段缺乏灵活性，难以满足农业海外投资和跨国经营的资金需要。二是农业企业对国际融资环境的研究和重视不足，对国际融资环境还不熟悉，利用国际融资的能力不强。三是我国对海外投资企业的支持力度不够，政府没有建立完善的融资支持以及便利化服务体系等。

（五）东道国基础设施落后

东道国基础设施差给我国农业对外投资带来潜在风险。如亚非地区及俄罗斯远东等地的仓储物流设施普遍落后，导致仓储难、外销难、远销贵等问题严重。可以说，东道国陈旧的基础设施、低效的运输条件和昂贵的交通成本已成为束缚我国农业企业扩大投资和经营生产规模的主要瓶颈。

（六）用工风险

为保护本国就业，各国都制定了严格的劳动签证政策，而中方人员获得工作许可困难，这在一定程度上阻碍了农业企业对外投资的顺利发展。此外，一些国家还设立了不利于外国企业农业投资的进出口关税政策。如俄罗斯对我国投资企业的自用农业生产资料也征收高额关税，从而极大增加了企业的生产成本。一些国家制定了专门针对国外农业投资的保护性政策。如巴西禁止外国人、外国企业和外国控股的巴西企业购买 250 公顷以上或租赁 5 000 公顷以上的土地，也禁止购买或并购拥有土地所有权的巴西企业。

（七）投资决策风险

在农业海外投资活动中，决策失误是最大的失误。对农业企业而言，投资决策非常重要，生死攸关。我国农业海外投资决策风险主要有三种。一是决策盲目，没有对投资客体进行充分调研，信息不完全，没有建立必要的决策风险分析和控制程序。二是决策程序不科学。正常的决策程序是根据确定的目标制订多个备选方案，然后评估各个方案的风险和收益，根据风险评估的结果选定决策方案。但目前的农业海外投资决策几乎都是企业领导者的个人决断，很难保证决策的正确性与科学性。三是决策实施过程缺乏有效监管。许多农业海外投资企业没有建立相配套的监管和控制程序，不能保证决策按照预先的计划和方案正确实施，在决策环境和企业具体情况变化时，没有及时补救措施，致使风险进一步加大。

（八）市场风险

农产品的国际市场价格、供需及汇率等变动造成农业企业潜在损失的可能性。虽然农业需求是一种刚性需求，相对比较稳定，但从供给的角度上看，受众多因素影响农产品国际市场价格经常大起大落。近年来的大豆、棉花等就是典型的例子。汇率风险来源于国际金融市场环境与国际收支状况、东道国外汇政策与金融市场状况。农业海外投资的汇率风险主要表现为交易风险、换算风险和经济风险三方面。交易风险指农业海外投资企业预期的现金流量因汇率的不确定变动而面临的不确定性。换算风险指以外币计价的企业会计科目，因汇率变动引起账面价值的不确定变动。经济风险指因汇率变动影响到东道国的投资环境，使企业的成本结构、销货价格等受到影响。

专题：哈萨克斯坦农业投资风险研究

哈萨克斯坦是世界上面积最大的内陆国家，拥有广袤的土地且位于北温带，光热资源丰富，水资源亦能基本满足生产和生活的需要。所以，该国具有发展农业的良好条件。事实上，在苏联时期，哈萨克斯坦就是国家的第三大粮仓。独立后，哈萨克斯坦在中亚地区和独联体范围内继续扮演着粮食生产和粮食出口大国的角色，对保证中亚各国的粮食安全发挥着特殊作用。

（一）哈萨克斯坦农业发展现状及前景

1. 总体状况

哈萨克斯坦地广人稀，全国可耕地面积超过 2 000 万公顷，每年农作物播种面积约 1 600 万—1 800万公顷，粮食产量 1 800 万吨左右。主要农作物包括小麦、玉米、大麦、燕麦、黑麦。粮食主产区在北部的科斯塔奈州、北哈萨克斯坦州和阿克莫拉州。南方地区可种植水稻、棉花、烟草、葡萄和水果等。

（1）谷物生产与消费。2015 年，哈萨克斯坦小麦产量预计达到 1 299.6 万吨，比 2014 年的 1 394.1 万吨减少了 94.5 万吨，减少了 6.78%。小麦的消费量预计与前两年保持不变，达到 680 万吨。玉米的产量预计达到 66.4 万吨，消费量预计达到 57.5 万吨，分别比 2014 年增长了 16.5% 和 11.6%。大麦产量预计达到 241.2 万吨，比 2014 年的 253.9 万吨下降了 5%。大麦消费量预计达到

200 万吨，与 2014 年持平。图 3 - 3 - 8 显示了 2012—2020 年哈萨克斯坦谷物生产与消费量情况。图 3 - 3 - 9 显示了 2012—2020 年哈萨克斯坦谷物生产与消费年增长率情况。

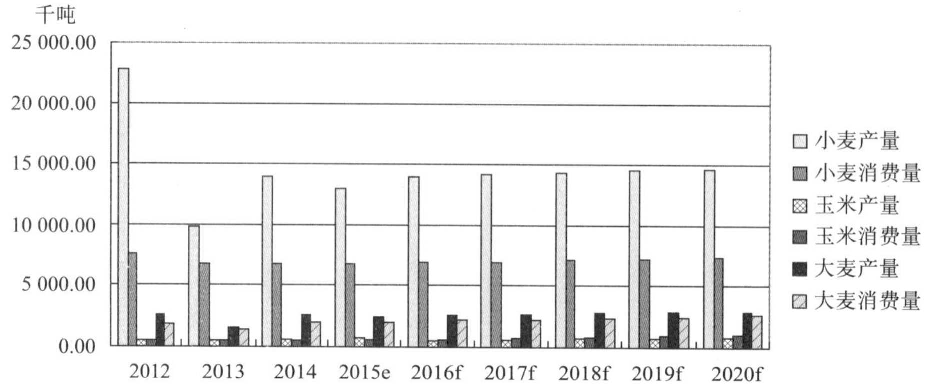

图 3 - 3 - 8　2012—2020 年哈萨克斯坦谷物生产与消费量

资料来源：BMI，Kazakhstan Agribusiness Report 2016。

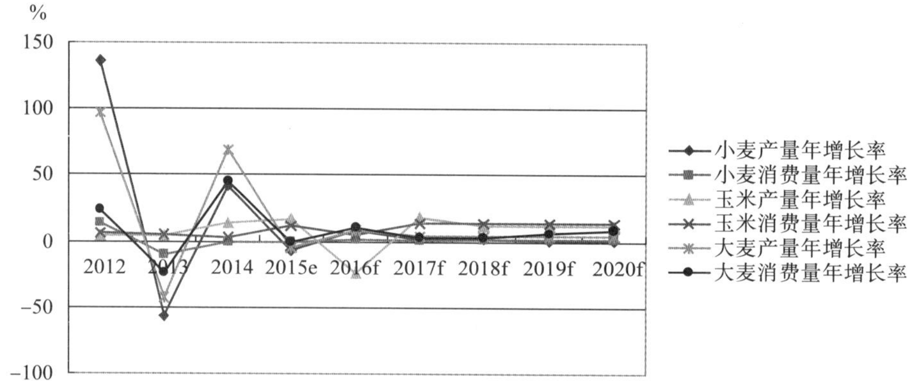

图 3 - 3 - 9　2012—2020 年哈萨克斯坦谷物生产与消费年增长率

资料来源：BMI，Kazakhstan Agribusiness Report 2016。

（2）奶制品生产与消费。2015 年，哈萨克斯坦牛奶产量预计达到 520. 4 万吨，比 2014 年的 506. 8 万吨增加了 13. 6 万吨，增加了 2. 61%。液态奶的消费量预计达 456 万吨，比 2014 年的 454. 3 万吨增加了 1. 7 万吨，略增加了 0. 4%。黄油的产量预计达到 1. 82 万吨，消费量预计达到 2. 7 万吨，分别比 2014 年增长了 12. 2% 和 7. 3%。奶酪产量预计达到 3. 01 万吨，比 2014 年的 2. 75 万吨增加 0. 26 万吨，增长了 9. 3%。奶酪消费量预计达到 4. 97 万吨，比 2014 年的 4. 95 万吨增加 0. 02 万吨，略增加了 0. 5%。2012—2020 年哈萨克斯坦奶制品生产与消费量情况见图 3 - 3 - 10。2012—2020 年哈萨克斯坦奶制品生产与消费年增长率情况见图 3 - 3 - 11。

（3）牲畜生产与消费。哈萨克斯坦人均生肉（不包括肉类制成品）消费量为 63. 2 公斤/年。其中，牛肉消费量为 25 公斤/年，禽肉 17. 6 公斤/年，羊肉 8 公斤/年，马肉 6. 2 公斤/年，猪肉仅为 5. 7 公斤/年。与其他后苏联国家相比，哈萨克斯坦仅次于白俄罗斯（人均生肉消费量 72 公斤/年）排在第二位。在全球范围内，人均生肉消费量最高的国家是卢森堡和美国，分别达到 136 公斤/年和 125 公斤/年，而全球平均水平为 43. 4 公斤/年。

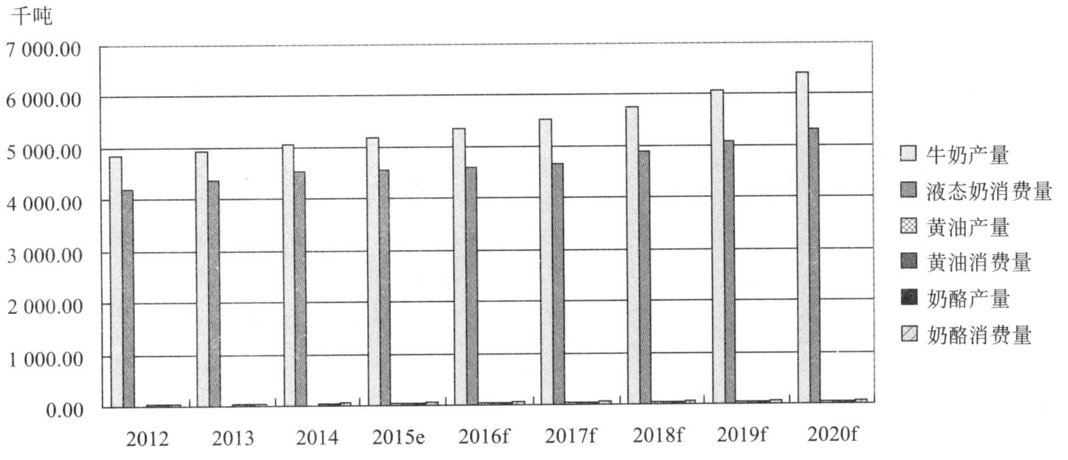

图 3-3-10 2012—2020 年哈萨克斯坦奶制品生产与消费量

资料来源：BMI，Kazakhstan Agribusiness Report 2016。

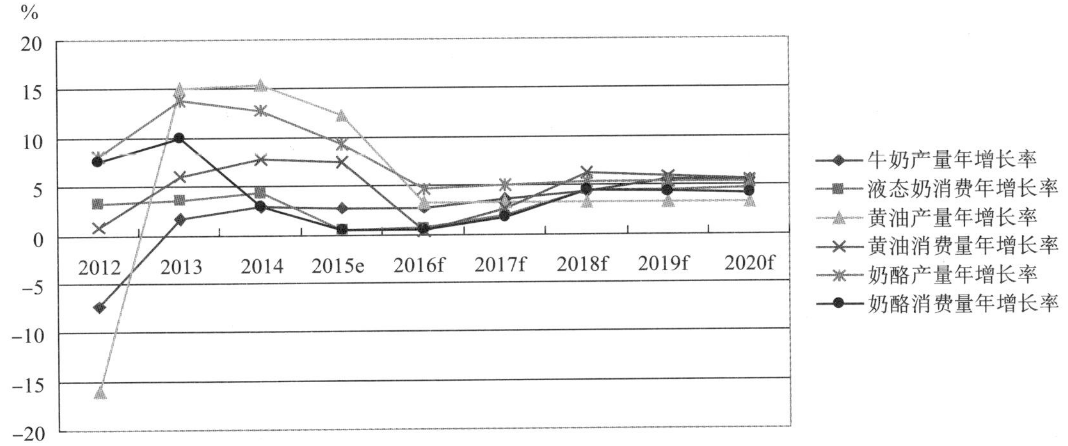

图 3-3-11 2012—2020 年哈萨克斯坦奶制品生产与消费年增长率

资料来源：BMI，Kazakhstan Agribusiness Report 2016。

根据肉制品联盟统计的数据，2015 年哈萨克斯坦共生产肉及肉类制品 93.03 万吨。其中，生产生肉 90.3 万吨，同比增长 3.4%，对外出口 1.61 万吨。哈萨克斯坦产肉及肉制品能够满足国内市场需求量的 85%，主要进口的肉种为禽肉（以鸡肉为主），每年哈萨克斯坦禽肉进口量和国内产量基本持平，可以满足国内消费量的 50%。其他肉种，如牛肉、羊肉等基本不需要进口。

2015 年，哈萨克斯坦家禽产量预计达到 16.5 万吨，比 2014 年的 14.8 万吨增加了 1.7 万吨，增加了 11.5%。家禽的消费量预计达 35.5 万吨，比 2014 年的 30.6 万吨增加了 4.9 万吨，增加了 16%。牛肉的产量预计达到 41.5 万吨，消费量预计达到 44.4 万吨，分别比 2014 年增长了 2.2% 和 2.8%。猪肉产量和消费量预计分别达到 10 万吨和 11 万吨，与 2014 持平。2012—2020 年哈萨克斯坦牲畜生产与消费量情况见图 3-3-12，2012—2020 年哈萨克斯坦牲畜生产与消费年增长率情况见图 3-3-13。表 3-3-8 显示了哈萨克斯坦独立以来国内肉制品生产情况。

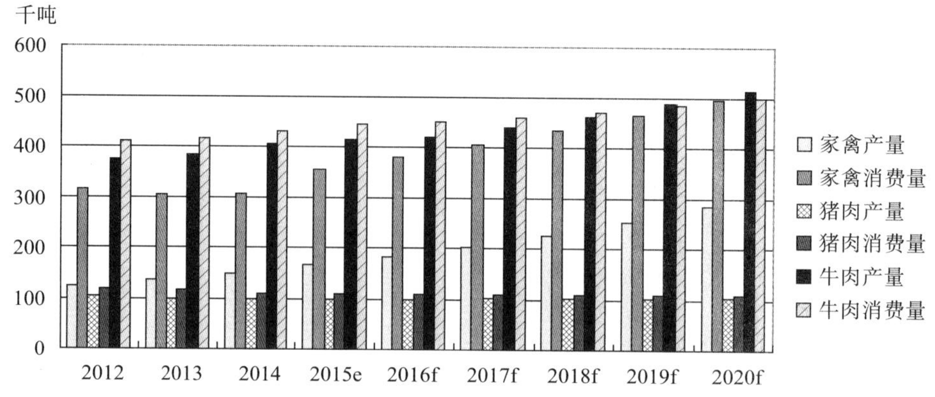

图 3-3-12 2012—2020 年哈萨克斯坦牲畜生产与消费量

资料来源：BMI，Kazakhstan Agribusiness Report 2016。

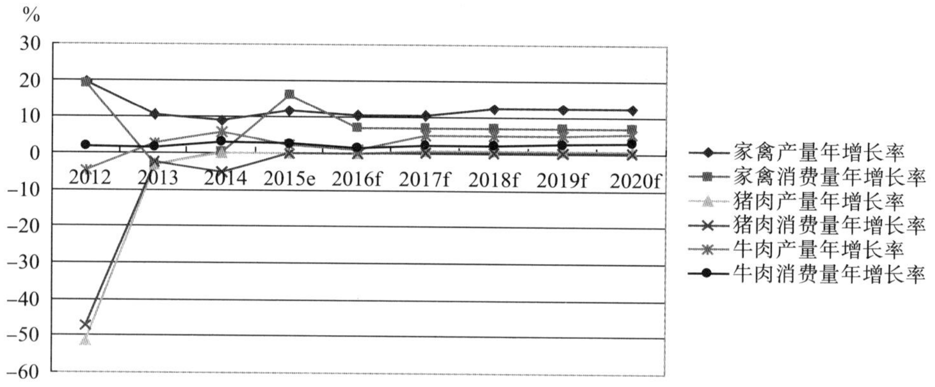

图 3-3-13 2012—2020 年哈萨克斯坦牲畜生产与消费年增长率

资料来源：BMI，Kazakhstan Agribusiness Report 2016。

表 3-3-8 哈萨克斯坦独立以来国内肉制品生产情况

单位/千吨

	1990 年	2012 年	2013 年	2014 年	2015 年
牛肉	710	374	384	406	415
羊肉	285	154	156	162	144
马肉	85	85	89	92	102
禽肉	201	123	136	148	165
猪肉	290	103	100	100	100
总计	1 560	928	865	893	903

资料来源：BMI，Kazakhstan Agribusiness Report 2016。

2. 发展前景

哈萨克斯坦不仅领土面积居全球第 9 位，而且还拥有非常丰富的农业资源。另外，凭借着优越的地理位置，哈萨克斯坦不仅占有着传统的地区市场，而且还在积极开发着中国、印度和中东等新兴市场。所以，对世界各国投资者来说，这些都有着极大的吸引力，特别是农业发展的巨大潜力还有待充分开发。

（二）哈萨克斯坦农业投资的 SWOT 分析

1. 优势

（1）哈萨克斯坦有肥沃的土壤和强大的农业传统。

（2）哈萨克斯坦 70% 以上的土地面积被农业作物和畜牧业占据。

（3）政府大力发展农业的努力有可能推动长期农业生产。

2. 劣势

（1）几十年来的集体和国有农业制度几乎没有鼓励最大限度地提高生产，使哈萨克斯坦农业与国际标准差距较大。

（2）苏联时期的基础设施已经老龄化，增加了生产成本，同时也很难扩展到新的领域。

（3）在没有政府援助的情况下，许多农民缺乏经营企业的技能。

（4）由于哈萨克斯坦是内陆国家，运输基础设施落后，运输谷物到出口市场的成本与其他黑海地区生产国如俄罗斯和乌克兰相比，不具有竞争力。

3. 机遇

（1）产出率低使得通过更好耕作方式增加产量的空间巨大。

（2）政府已投入巨资开发大型、高效的企业农场，为进一步扩张创造了更大的机会。

（3）可支配收入的增加将使国内对食品产品的需求回升。

（4）对基础设施的投资可能会增加对中国的粮食出口。

4. 挑战

（1）欧元区危机可能会继续制约该国的经济增长和消费需求，而持续下跌的油价也可能制约政府支持农业发展的干预措施。

（2）农村人口迅速下降，许多年轻人前往城市。

（3）很多国家在苏联时期环境恶化，如果不处理可能威胁未来农业生产。

（三）投资哈萨克斯坦农业风险分析

1. 政治风险

自 1991 年纳扎尔巴耶夫以 98.76% 的高票当选哈萨克斯坦独立后的第一任总统后，1995 年、1999 年、2005 年、2011 年和 2015 年纳扎尔巴耶夫均以高票当选，任期已有 24 年，当前任期到 2020 年为止。尽管当前哈萨克斯坦政局总体平稳，总统纳扎尔巴耶夫对政权具有较强的掌控力，其领导的“祖国之光”人民民主党在哈萨克斯坦拥有绝对优势，但反对党的活动空间不断扩张，中资企业仍应警惕可能的政治风险。值得注意的是，反对党经常发起针对中国的抗议。2010 年 1 月，国家社会民主党在阿拉木图举行集会，抗议政府“卖地给中国”，该党领导人打着“土地的命运就是人民的命运”的口号，在集会上指责哈萨克斯坦总理马西莫夫是中国利益的代言人。反对派自称有 4 000 多人参加了集会，并表示如果他们的诉求得不到满足，下一步将寻求征集 100 万人签名，继续向政府施压。2011 年 5 月 3 日，哈萨克斯坦工业和新技术部的一句“哈萨克斯坦并未受中国扩张威胁”引起哈萨克斯坦网民纷纷在论坛上表达不满，反对党“阿扎特”则组织全国集会，并打出“停止出卖哈萨克斯坦国家财产”的口号。集会发起者还对“中国公司把持超过 1/4 的哈萨克斯坦石油开采，国家外债近乎 1 200 亿美元”表示担忧。一位自称为社会活动家的反对党领导人说：

“并不应该谴责中国人，而是应该谴责那些哈萨克斯坦腐败官员。”另一位反对党领导人说：“有关中国掠夺自然资源的问题有着帝国主义的味道。”

另外，哈萨克斯坦投资立法工作比较完善，但存在权力寻租现象，这给外资企业在哈萨克斯坦投资造成一定困难。透明国际公布的最新2015年全球清廉指数排名显示，在世界168个国家或地区的清廉指数排名中，哈萨克斯坦从2014年的126名升至2015年的123名。主要积极方面为通过了反贪污和保障国家政权活动透明度和可衡算性方面的大量立法倡议。问题依然是必须解决加强执法，消除影子经济增长带来的风险，加强国家管理体系的民主程序。

此外，另一个值得关注的问题是，近年来哈萨克斯坦当地和外国公司的公司腐败增长问题。根据透明国际对公司腐败的最统计数据，在哈萨克斯坦开展业务的50多家世界级大公司未公布其在哈萨克斯坦收入、缴税的信息，仅部分公布业务活动和与哈萨克斯坦相互关系的信息。上述情况对哈萨克斯坦政府致力于发展的哈萨克斯坦投资吸引力而言存在严重风险。哈萨克斯坦专家认为，2016年哈萨克斯坦主要风险因素可能是居民对政府的不信任度增加，持续发展的世界经济危机要求政府采取更多果断稳定的措施。若措施不当可能出现影子经济增速和国家对形势监控减弱的风险，以及在经济形势快速变化的情况下通过重大决议和承担应完成任务的责任的国家机构效率不足的问题。

2. 社会安全风险

哈萨克斯坦社会治安总体比较稳定，犯罪率较低，恶性案件较少，居民可以合法持有枪支。但近年来，受金融危机的影响，哈萨克斯坦经济不景气，失业增加，社会治安恶化。中国商务部的国别投资指南显示，2008年金融危机后，哈萨克斯坦国内犯罪率有所提高，曾发生中石油职工被杀案、中国工商银行营业所门前持枪抢劫案，及匪徒进入中资项目驻地抢劫、入室盗窃等恶性治安案件。而与中国边境相邻的东哈萨克斯坦州更属于犯罪率较高的地区。

3. 法律政策风险

为了维护能源安全、促进民族产业发展、调整国内产业结构、维护社会稳定，哈萨克斯坦政府通过法律制定一些政策提高了外资投资的成本。例如，为了护石油、矿产等资源项目不被外国公司出售给第三方，哈萨克斯坦政府于2005年修改了《地矿和地下资源利用法》《民族安全法》和《石油法》中有关地下资源利用的规定，规定哈萨克斯坦政府在所有地下资源项目股份向第三方出售中享有优先购买权。同时，为了加大对哈萨克斯坦员工的培养和培训，提高哈萨克斯坦员工的专业素质，最大限度的取代外国专家，推动哈萨克斯坦政策由进口替代政策向出口导向政策的转变，哈萨克斯坦政府于2004年提出“哈萨克斯坦含量”的概念，规定了合同执行过程中哈萨克斯坦不同等级员工与外国员工的比例，并且要求外国员工的数量“随着培训和提高哈萨克斯坦员工专业水平强制计划的实施逐年减少”。此外，“哈萨克斯坦含量”不仅仅指哈萨克斯坦员工的雇佣比例，还涉及商品、工作和服务等领域。另外，俄白哈关税同盟对中国企业在哈萨克斯坦投资经营也产生了影响。俄白哈关税同盟建立后，三国形成统一的市场，消除了贸易壁垒，为相互扩大投资创造了条件，因而部分区外企业的投资将可能被区内企业的投资取代。总体来看，哈萨克斯坦法律环境较差，但相比而言仍好于中亚其他国家。

4. 劳工风险

哈萨克斯坦的劳动力市场有两个特点：一个是缺乏高级人才；二是低收入的简单体力劳动没人愿意干。每年都有大批临时性的或季节性劳工从乌兹别克斯坦、吉尔吉斯斯坦和塔吉克斯坦等邻近国家涌入哈萨克斯坦境内从事农业、建筑、城市保洁等低技能劳动。金融危机期间，外籍劳工极大地冲击了当地就业市场，为此，劳动部大幅减少了外国劳务许可证数量。哈萨克斯坦确定的引进外籍劳务人员总配额制度，且对外籍劳务的受教育程度、专业水平、工作年限等提出了更高的要求，原则上，只有本国劳动力市场上没有适合某些工种技能的情况下，才允许雇佣外籍劳务。今后哈萨克斯坦还会借鉴西方国家的经验，制定“国别配额”，即按国家分配引进劳务的数额，以便于管理。

5. 土地购买及租赁限制

随着世界粮食供应的不断趋紧，出于保障自身粮食供应安全的考虑，部分国家开始布局境外农业生产，大量购买或租赁非洲、拉美、东南亚等地区的土地。而中亚一些国家对以“圈地”、租地等形式占有土地、牧场资源的做法比较敏感。如哈萨克斯坦2003年颁布的《土地法》规定，哈萨克斯坦本国公民可以私人拥有农业用地、工业用地、商业用地、住宅用地，而外国个人和企业只能租用土地，且期限不超过10年。2015年11月2日，哈萨克斯坦国家经济部将对1.008亿公顷农用耕地中的1.3%（130万公顷）土地实施私有化，此部分计划纳入《哈萨克斯坦共和国土地法（修正案）》的修订。《哈萨克斯坦共和国土地法（修正案）》自2016年7月1日起正式生效。新土地法规定，农业用地将不会向外国人和未获得国籍的归国哈侨出售，只能出租25年。哈萨克斯坦对土地权属的限制与农业投资的长期性形成一定冲突，并形成不稳定性风险。综合哈萨克斯坦其他与投资相关的法律法规，中国企业对哈萨克斯坦农业投资应充分考虑以项目、技术、良种等龙头企业带生产基地的方式，以劳动密集型产品（如设施农业、特色农业等）换取土地密集型资源（如粮食、棉花、甜菜等）。

6. 融资风险

中国农企在哈萨克斯坦的融资困难主要体现在哈萨克斯坦银行体系不健全、银行融资能力弱。首先，哈萨克斯坦国民银行是其中央银行，现有银行体系不能经受市场经济的考验，信誉也不高，信贷能力较低，资金匮乏。哈萨克斯坦中央银行的金融政策反复调整，银行贷款发放还受到行政政策干预。哈萨克斯坦的商业银行数量也不稳定，从2000年的48家缩减到2014的38家。2012年，哈萨克斯坦银行业共有8家银行亏损，几乎1/4的信贷机构支出大于收入。2008年，存款占GDP的比重为33.7%，而2012年下降至29%。2013年，哈萨克斯坦银行系统资产和贷款额占GDP比重分别只有25%和15%，自由资本占贷款额的比重从0.46下降到0.25。

哈萨克斯坦对外资银行的进入设有限制，例如，外资银行的资本份额不得超过国内所有银行资本的25%，外资银行的监事会中至少有一名具备3年以上银行工作经验的哈萨克斯坦公民，外资银行员工至少70%以上必须为哈萨克斯坦公民。对外资银行的限制严重影响了外资银行在哈萨克斯坦金融市场的发展。中国农企在哈萨克斯坦投资多为周期长、数额大的投资，遇到资金紧张的情况，难以从哈萨克斯坦及时得到贷款。中国农企在哈萨克斯坦投资时必须要考虑到这种金融风险。

7. 自然风险

农业生产和发展受地域、环境、气候等因素的影响和限制，农业生产受自然环境影响较大。哈萨克斯坦由于其独特的地理位置，一直以来都是自然灾害发生较频繁的国家。加上哈萨克斯坦农业基础建设薄弱、农田水利设施老化，不能有效抗旱防洪，农业生产抗灾害能力差，农业收成受自然因素影响波动较大。

哈萨克斯坦为内陆国家，其境内的河流多发源于周边邻国。随着周边国家及哈萨克斯坦经济的发展，哈萨克斯坦境内河流水量减少，造成哈萨克斯坦农业用水资源困境。哈萨克斯坦国内，农业节水灌溉普及率较低，农业灌溉水资源利用率低，但农业发展快速加大了农业用水量，更加加剧了水资源短缺。同时，保有较大水储量的哈萨克斯坦境内冰川，由于哈萨克斯坦气候变暖幅度高于全球平均指标，消失速度惊人。按照目前的气候变暖趋势，哈萨克斯坦境内的大部分冰川将在2050年之前消失殆尽。冰川逐渐消失将给全国用水需求带来难以忽视的严峻挑战，对农业灌溉用水构成巨大威胁，严重制约着农业投资。哈萨克斯坦农业生产自然条件复杂多变性，为中国以及其他国家的农业投资带来了不可预计的风险。

第四章 房地产业

房地产业是指以土地和建筑物为经营对象，从事房地产开发、建设、经营、管理以及维修、装饰和服务的集多种经济活动为一体的综合性产业，是具有先导性、基础性、带动性和风险性的产业。主要包括土地开发，房屋的建设、维修、管理，土地使用权的有偿划拨、转让，房屋所有权的买卖、租赁，房地产的抵押贷款以及由此形成的房地产市场。在现实生活中，人们习惯于将从事房地产开发和经营的行业称为房地产业。根据国家统计局起草、国家质检总局和国家标准委批准发布的《国民经济行业分类》（GB/T4754—2011），国民经济行业被划分为20种门类（A－T），其中房地产业属K类，具体分类见表3－4－1。

表3－4－1 房地产业分类表

三次产业分类	门类	大类	中类	小类	类别名称
第三产业	K	69	691	6910	房地产开发经营
			692	6920	物业管理
			693	6930	房地产中介服务
			699	6990	其他房地产活动

资料来源：中华人民共和国国家统计局，《国民经济行业分类》（GB/T4754—2011）。

本报告将重点研究全球房地产业投资风险，主要内容包括2015年全球房地产业发展形势分析、全球房地产业对外直接投资分析、中国房地产业对外直接投资分析、中国房地产业海外投资风险分析四个部分以及美国房地产业投资风险分析研究专题。

一、全球房地产业发展形势分析

2015年全球房地产市场形势良好，具体表现为以下几个方面：房地产成为全球资产的重要组成部分，房价指数保持高位增长，住宅物业在房地产行业中占据主导地位，随着全球各地房地产业发展不均衡跨境投资成为国际房地产市场的重要经济活动。

（一）房地产是全球资产的重要组成部分

经济复苏使房地产经济再次成为全球资产的重要组成部分。2008年金融危机后，全球各国经济均表现出不同程度的复苏，房地产经济再次成为投资主流，成为人们储存财富的重要方式。根据第一太平戴维斯（Savills）发布的《2016 私人财富·全球之旅》，全球房地产开发总值约 217 万亿美元，相当于全球 GDP 的 2.7 倍，占全球主流资产总值的 60%①。如图 3-4-1 所示，2015 年全球黄金开采、股权投资以及未偿还的证券化债务总额仅 155 亿美元，远低于全部房地产资产总额。

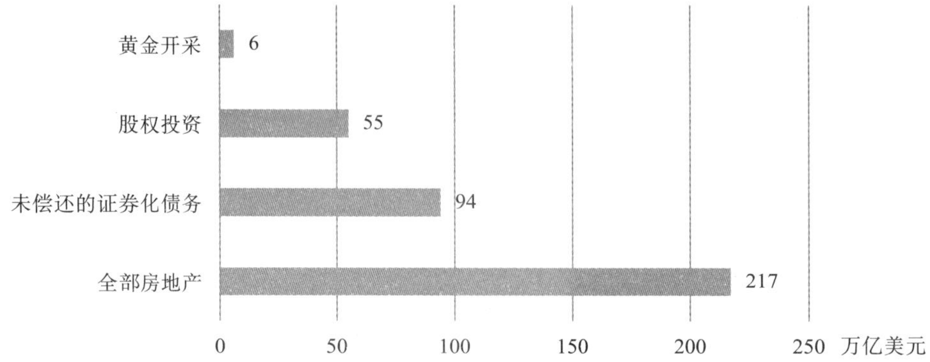

图 3-4-1　2015 年全球主流资产分布

资料来源：Savills，《2016 私人财富·全球之旅》，http：//www.savills.com.cn/。

房地产成为全球资产的主要存在形式，可从三个方面来解释：第一，数据统计范围加大，2016 年 Savills 首次将农业用地列入房地产的范畴，进而加大了统计值；第二，2008 年金融危机为各国经济带来重创，随后几年各国经济相继复苏，投资信心重振，从而推动力房地产经济的发展；第三，相比于其他行业，房地产可以不同的形式投资，且行业内部流转性较强，促进了全球房地产经济的大幅扩张。

（二）房地产房价指数保持高位增长

2015 年全球房地产市场显示出强劲的增长势头，全球房价指数和主要居住城市指数保持稳定增长，部分国家和城市呈现出高位前进态势。

全球房价指数持续增长。根据莱坊国际（Knight Frank）公布的《2015 年第四季度全球房价指数》，2015 年全球房价指数增长率为 3%，相比于 2014 年的 2.3% 提高了 0.7 个百分点。同时，在报告估算的 55 个国家中有 43 个（占比 78%）保持正向增长，排名前四位国家（土耳其、新西兰、瑞典和澳大利亚）增速均保持在 10% 以上。2015 年全球各国及地区房价指数变动情况见表 3-4-2。

表 3-4-2　2015 年全球各国房价指数变动情况表

排名	国家/地区	房价指数年增长率/%	排名	国家/地区	房价指数年增长率/%
1	土耳其	18.40	29	印度	3.90
2	新西兰	14.20	30	智利	3.70
3	瑞典	12.30	31	罗马尼亚	3.60
4	澳大利亚	10.70	32	荷兰	3.20
5	卢森堡	9.20	33	克罗地亚	3.00

① 全球主流资产包括房地产、股权、债券、黄金等。

续表

排名	国家/地区	房价指数年增长率/%	排名	国家/地区	房价指数年增长率/%
6	冰岛	9.00	34	拉脱维亚	2.80
7	爱沙尼亚	8.00	35	泽西岛	2.40
8	哥伦比亚	7.30	36	瑞士	2.30
9	中国香港	7.10	37	保加利亚	2.10
10	墨西哥	6.70	38	西班牙	1.80
11	以色列	6.70	39	斯洛伐克	1.20
12	爱尔兰	6.60	40	巴西	0.90
13	加拿大	6.20	41	比利时	0.80
14	丹麦	5.90	42	斯洛文尼亚	0.70
15	德国	5.60	43	中国内地	0.40
16	马来西亚	5.40	44	法国	-0.10
17	美国	5.40	45	芬兰	-0.30
18	南非	5.10	46	俄罗斯	-0.40
19	立陶宛	5.00	47	日本	-0.50
20	马耳他	4.90	48	摩洛哥	-1.10
21	印度尼西亚	4.60	49	波兰	-1.50
22	挪威	4.60	50	意大利	-2.30
23	葡萄牙	4.50	51	新加坡	-3.60
24	韩国	4.40	52	塞浦路斯	-3.80
25	匈牙利	4.30	53	中国台湾地区	-4.10
26	英国	4.20	54	希腊	-5.40
27	奥地利	4.00	55	乌克兰	-12.00
28	捷克	3.90			

资料来源：Knight Frank，《2015 年第四季度全球房价指数》，http://www.knightfrank.com。

全球主要居住城市指数呈现大范围增长势头。2015 年全球居住城市指数①平均同比增长 4.4%。在该报告测算的 165 个城市中有 121 个保持年度正向增长，前 23 位城市保持 10% 以上的增长，其中中国深圳排名第一位，其房价指数年度变动率为 47.50%。2015 年房价指数变动前 20 位情况见表 3-4-3。

表 3-4-3　　2015 年房价指数变动前 20 个城市

排名	城市	国家	房价指数年度变动率/%
1	深圳（Shenzhen）	中国	47.50
2	奥克兰（Auckland）	新西兰	25.40
3	伊斯坦布尔（Istanbul）	土耳其	25.00
4	悉尼（Sydney）	澳大利亚	19.90
5	上海（Shanghai）	中国	18.20

① 全球居住城市指数是依据全球主要居住城市提供的官方房价测算的。

续表

排名	城市	国家	房价指数年度变动率/%
6	伊兹密尔（Izmir）	土耳其	16.50
7	布达佩斯（Budapest）	匈牙利	16.30
8	斯德哥尔摩（Stockholm）	瑞典	15.60
9	哥德堡（Gothenburg）	瑞典	14.40
10	温哥华（Vancouver）	加拿大	12.90
11	卢布尔雅那（Ljubljana）	斯洛文尼亚	12.80
12	海法（Haifa）	以色列	12.80
13	安卡拉（Ankara）	土耳其	12.40
14	德班（Durban）	南非	11.60
15	波特兰（Portland）	美国	11.50
16	伦敦（London）	英国	11.40
17	阿姆斯特丹（Amsterdam）	荷兰	10.90
18	哥本哈根（Copenhagen）	丹麦	10.80
19	北京（Beijing）	中国	10.40
20	旧金山（San Francisco）	美国	10.40

资料来源：Knight Frank，《2015 年第四季度全球房价指数》，http：//www.knightfrank.com。

（三）住宅在房地产业占据主导地位

房地产行业主要包括住宅、高端商业、林业和农业用地（2016 年 Savills 将林业和农业用地也纳入到房地产业的范畴），其中住宅物业依旧是房地产业发展的主力军。住宅依托房地产业，从建设到消费到售后已形成一个完整的产业链条，是全球经济增长动力点之一。Savills 数据显示，2015 年住宅物业全部资产为 162 亿美元，占全部房地产总值的 75%，其中可投资资产 54 万亿美元，非可投资资产 108 万亿美元。2015 年房地产资产分布情况见图 3-4-2。

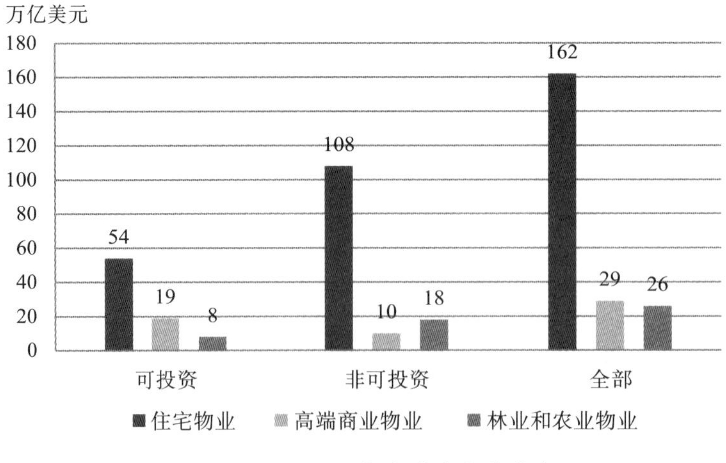

图 3-4-2 2015 年房地产资产分布

资料来源：Savills，《2016 私人财富·全球之旅》，http：//www.savills.com.cn/。

（四）全球各地区房地产业发展不均衡

鉴于不同地区经济发展所处阶段各异，全球各地区房地产业发展水平表现出参差不一。大洋洲地区的房地产市场透明度全球排名靠前，其稳定增长的经济、海外移民的攀升以及健全的房屋审批、建筑规范制度是其房地产市场高速发展的主要影响因素。亚洲房地产市场往往表现为高价格、低回报率等现象，同时相应法律法规建设不完善，发展相对缓慢。俄罗斯因受西方国家经济制裁导致经济萎缩、货币贬值，全国消费水平下降，消费者信心亟须重塑，导致其房地产业呈现出下滑趋势。根据表 3－4－3 所示，2015 年，以澳大利亚、新西兰为代表的澳洲房价指数增长率为 12.4%，排名第一；其后依次排名为中东（6.70%）、拉丁美洲（4.60%）、北美洲（4.60%）、欧洲（3.70%）、非洲（2.00%）、亚洲（1.90%）和俄罗斯与独联体（－6.20%）。2015 年全球各地区房地产增速情况见图 3－4－3。

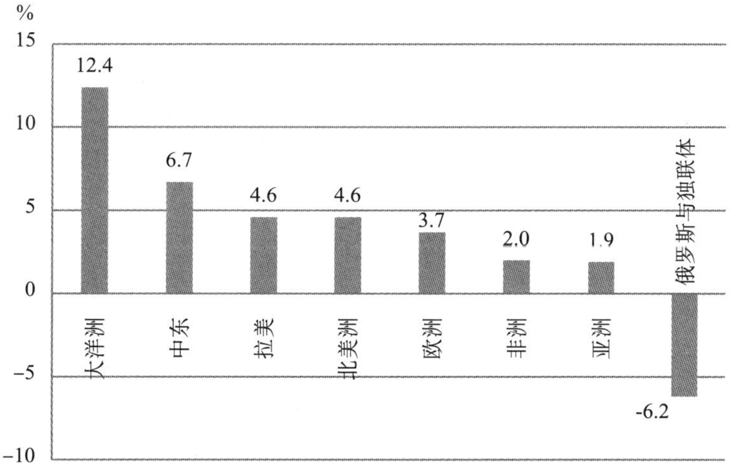

图 3－4－3　2015 年全球各地区房地产增速情况

资料来源：Knight Frank，《2015 年第四季度全球房价指数》，http：//www. knightfrank. com。

（五）跨境投资成为房地产行业的主流趋势

房地产跨境投资已逐渐成为一种广泛的国际经济活动。第一，各国股票市场动荡，经济复苏动力不足，使得投资者对于证券市场的信心指数大幅下滑，而房地产市场作为人们的刚性需求获得了国际投资者青睐，尤其是办公类房产项目。第二，部分发达国家其国内房地产市场出现饱和，需要在国际市场上寻求新的市场份额；而对于发展中国家由于其国内房地产市场管制严格或法律法规不健全，为降低投资风险则会到国际市场寻求新的商机。

全球房地产业对外直接投资分析

前述分析已经指出，由于全球各地房地产业发展不均衡，房地产跨境投资已成为主流。2015 年全球房地产业对外直接投资发展良好，并表现出三个特点：一是国际房地产市场发展水平各异；二是全球重点门户城市以及重点地区对跨境投资的吸引力不减；三是发达国家在房地产跨境投资中依旧扮演主导角色。

（一）国际房地产市场发展水平各异

房地产市场在国家或地区发展水平参差不一，一方面是地区与地区之间存在较大差距，另一方面是同一个地区不同城市的发展也存在较大差异。第一，全球各国及地区房地产市场透明水平差异较大，且半透明市场居多。在透明程度划分上，高透明度国家（地区）以发达国家（地区）居多，这主要得益于先进的经济发展水平促进了其国内各项经济制度和法律法规制度的建设。根据 2014 年《全球房地产市场透明度指数报告》对全球 50 个主要房地产市场的透明指数分析排名，其中仅有 9 个市场具备高透明指数，19 个市场表现为一般透明水平，其余 22 个市场显示为半透明水平。第二，发展中国家国内不同地区房地产市场的透明水平不同。如巴西，其一线城市房地产市场是透明的，但二线市场就变现为半透明水平；中国和印度一线和二线城市都处于半透明水平，但两国一线城市的透明度水平又明显高于二线城市。这一现象主要是由发展中国家资源配置不均衡导致。相比来讲，大部分发达国家及地区市场透明度分布均衡。2014 年全球房地产市场透明度指数见表 3－4－4。

表 3－4－4　　　　2014 年全球房地产市场透明度指数

透明程度	2014 年综合排名	市场	透明程度	2014 年综合排名	市场
高度透明（9 个）	1	英国	半透明（22 个）	29	中国台湾
	2	美国		30	罗马尼亚
	3	澳大利亚		31	以色列
	4	新西兰		32	斯洛伐克
	5	法国		33	希腊
	6	加拿大		34	土耳其
	7	荷兰		35	中国内地一线城市
	8	爱尔兰		36	泰国
	9	芬兰		37	俄罗斯一线城市
透明（19 个）	10	瑞士		38	菲律宾
	11	瑞典		39	印度尼西亚
	12	德国		40	印度一线城市
	13	新加坡		41	墨西哥
	14	中国香港		42	印度二线城市
	15	比利时		43	韩国
	16	丹麦		44	波多黎各
	17	波兰		45	巴西二线城市
	18	西班牙		46	克罗地亚
	19	挪威		47	中国内地二线城市
	20	南非		48	博茨瓦纳
	21	奥地利		49	阿联酋迪拜
	22	意大利		50	印度三线城市
	23	葡萄牙			
	24	捷克共和国			
	25	匈牙利			
	26	日本			
	27	马来西亚			
	28	巴西一线城市			

资料来源：仲量联行，《2014 全球房地产市场透明度指数报告》，http：//www. joneslanglasalle. com。

（二）发达国家及地区是跨境投资的主要来源地

在全球房地产经济中，发达国家及地区扮演者重要推动作用。2015 年世邦魏理仕发布的《全球资本市场：新来源，新周期》显示，2015 年上半年全球商业地产跨境投资主要来源地区为欧美发达国家以及部分亚洲发达地区。其中，2015 年上半年美国商业地产跨境投资总额 254 亿美元，远高于排名第二位的加拿大（84.6 亿美元），中国内地投资额为 65.8 亿美元排名第四位（具体见表 3－4－5）。

表 3－4－5　2015 年上半年全球商业地产跨境投资主要来源地区

排名	国家/地区	商业地产跨境投资额/亿美元
1	美国	254.0
2	加拿大	84.6
3	德国	71.2
4	中国内地	65.8
5	卡塔尔	52.4
6	英国	52.0
7	阿联酋	45.4
8	新加坡	44.0
9	法国	43.2
10	瑞士	41.6
11	澳大利亚	29.2
12	中国香港	22.3
13	瑞典	17.9
14	中国台湾	22.3
15	芬兰	16.7
16	韩国	15.4
17	西班牙	13.9
18	挪威	13.5
19	马来西亚	9.0
20	泰国	7.4
21	日本	7.1

资料来源：世邦魏理仕：《全球资本市场：新来源，新周期》，http：//www.cbre.com.cn。

（三）重点城市和地区仍为投资的主要目的地

考虑房地产投资具有高收益等特性，投资者对全球门户城市以及重点地区的投资热度不减。第一，北美和西欧是全球房地产经济发展最为强劲的两大地区，相比而言亚太地区市场潜力仍待开发。第二，全球主要门户城市对房地产投资仍具吸引力，但不同地区的门户城市对房地产跨境投资的吸引力不同。如洛杉矶和东京虽然分别是美洲和亚太地区的门户城市，但相比来讲洛杉矶对投资会更具吸引力，这与市场所处的经济环境有极大关系。但整体来讲全球重点城市仍然是房地产跨境投资的主要目的地（具体见表 3－4－6）。

表 3-4-6　　全球房地产跨级投资地的主要布局

地区	主要门户城市
美洲地区	洛杉矶、纽约、达拉斯-沃思堡、旧金山、多伦多
欧洲中东非洲（EMEA 区域）	伦敦、马德里、巴黎、柏林和华沙
亚太地区	悉尼、东京、上海、新加坡、布里斯班

资料来源：世邦魏理仕，《2016 Global Investor Intentions Survey》，http：//www. cbre. com. cn。

值得一提的是，亚太地区的中国对房地产跨境投资吸引力逐年提高。第一，中国经济放缓，经济增长逐渐向内需推动转变，使得中国房地产市场极具潜力；第二，中国房地产市场发展日渐完善，稳定的金融市场环境以及较低的融资成本，将大大提高投资中国房地产的稳定收益率；第三，中国城镇经济一体化的发展将会推动新一轮住宅物业的投资。

中国房地产业对外直接投资分析

中国对外直接投资发展迅猛，已跻身全球前三甲，其中房地产业的对外直接投资也不甘示弱。根据《中国对外直接投资统计公报》统计数据，2013 年房地产跨境投资 39.5 亿美元，2014 年这一投资额达到 66 亿美元，同比增长 67.1%。2015 年，中国房地产业对外直接投资表现以下几方面特征：一是中国房地产业对外直接投资发展迅猛；二是中国逐渐发展成为全球商业地产跨境投资的主要来源国；三是中国房地产境外投资资本来源向多元化发展。

（一）中国房地产业对外直接投资发展迅猛

中国房地产业日渐发展成为中国对外直接投资的主力军，全球各大主要城市成为中国房地产“走出去”的主要目的地。中国房地产业对外直接投资总额逐年增加，且增速不断提高。如图 3-4-4所示，2007 年中国房地产对外投资仅 9.09 亿美元，到 2014 年这一投资额高达 66.05 亿美元。根据第一太平戴维斯报告，中国房地产对外直接的首选目的地为悉尼、欧美等发达城市。

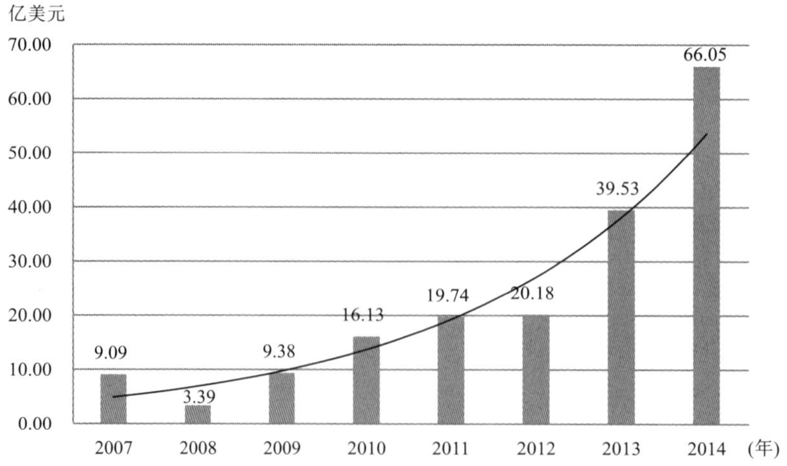

图 3-4-4　中国房地产对外直接投资流量情况

资料来源：中华人民共和国商务部、中华人民共和国国家统计局、国家外汇管理局，《2014 年中国对外直接投资统计公报》。

中国房地产业跨境投资占对外投资总额的比重不断上升。《中国对外直接投资统计公报》数据显示，自2008年起中国房地产跨境投资总占比保持持续增长，尽管在2012年出现小幅回落，次年又以较快的速度回到其增长势头。2014年中国房地产跨境投资总占比达到5.4%，远远高于初始增长点（见图3-4-5）。

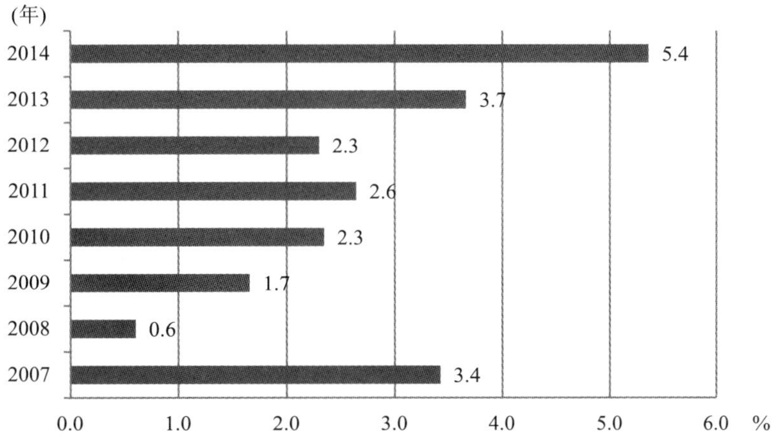

图3-4-5　房地产跨境投资占中国OFDI比重

资料来源：中华人民共和国商务部、中华人民共和国国家统计局、国家外汇管理局，《2014年中国对外直接投资统计公报》。

中国房地产行业“走出去”势头强劲动力点可从以下几个方面解释：一是中国企业开展对外直接投资活动开始走向成熟，且相比于西方发达国家中国国内融资成本低，在国际房地产市场中更具竞争优势；二是人民币国际化不断推进为房地产对外直接投资提供了重要的金融支持，而且近两年人民币对美元升值，降低了中国房地产跨境投资的成本；三是欧美及澳大利亚等国家房地产市场法律法规健全为中国跨境投资提供了拓展平台；四是国内竞争加剧、市场趋于饱和，迫使中国企业到海外开展房地产业务；五是房地产行业的发展存在生命周期，中国与部分投资目标国的房地产行业周期的互补特点也催生了中国房地产行业的跨境投资。

（二）中国成为全球商业地产跨境投资的主要来源国

中国日渐成为全球商业地产跨境投资的主要来源地。根据世邦魏理仕发的《全球资本市场：新来源，新周期》，2015年上半年全球商业地产跨境投资主要来源地分布中，中国内地排名第4位，投资额为65.8万亿美元，仅次于美国、加拿大和德国（见表3-4-7）。

表3-4-7　　2015年上半年全球商业地产跨境投资主要来源地区

排名	国家/地区	商业地产跨境投资额/亿美元
1	美国	254.0
2	加拿大	84.6
3	德国	71.2
4	中国内地	65.8
5	卡塔尔	52.4
6	英国	52.0
7	阿联酋	45.4

续表

排名	国家/地区	商业地产跨境投资额/亿美元
8	新加坡	44.0
9	法国	43.2
10	瑞士	41.6
11	澳大利亚	29.2
12	中国香港	22.3
13	瑞典	17.9
14	中国台湾	22.3
15	芬兰	16.7
16	韩国	15.4
17	西班牙	13.9
18	挪威	13.5
19	马来西亚	9.0
20	泰国	7.4
21	日本	7.1

资料来源：世邦魏理仕：《全球资本市场：新来源，新周期》，http：//www.cbre.com.cn。

商业地产作为中国房地产对外直接投资的新秀绝非偶然。一是国家住宅跨境投资日渐饱和，随着新投资不断加入，各大房地产企业市场份额不断缩减，投资者需要寻找新的投资目标；二是相比于其他房地产，商业地产获利水平较高，同时随着消费信心提高，商业地产需求将会成为新增长点。以万达地产为例，万达已在洛杉矶、芝加哥等美国主要城市投资了重要的商业地产项目，在伦敦、马德里、巴黎、悉尼和黄金海岸等其他全球主要门户城市筹划大型的商业地产投资。

（三）房地产境外投资资本来源多元化

中国对外开展房地产投资的主体逐渐多元化。在投资初期主要是实力相对雄厚的房地产企业，但随时间推移，中国保险类公司、基金类企业、私人资金陆续加入海外投资的行列。

第一，房地产开发商依旧是房地产业境外投资的主力。中国房地产开发商在海外积极开展收购并购业务，绿地集团收购纽约布鲁克林大西洋广场（Atlantic Yards），从美国加州收购开发用地，接管悉尼绿地中心（Sydney Greenland Center）；万达集团 9 亿美元收购了芝加哥河滨项目；其他地产商也分别在泰国、马来西亚、新加坡、中国香港等地开展一系列收并购业务。

第二，保险业资金（简称“险资”）开始登上房地产跨境投资的舞台，而世界各大门户城市成为其主要目标市场。一方面，随着保险事业的不断推进，保险部门形成了足够雄厚的资本储备。目前，中国所有险资总额约为 9 万亿元人民币，其中可用于房地产投资的比重高达 30%；另一方面，中国险资已经开始在房地产海外业务中崭露头角。2013 年平安保险收购伦敦劳埃德大厦（Lloyds Building）开创了中国保险公司对外直接投资的先河，2014 年中国人寿保险收购伦敦金丝雀码头大厦（Canary Wharf Tower）70% 的股份，均显示出中国各大保险公司跨境投资的壮志雄心。

第三，个人投资也是中国房地产跨境投资的一大动力源。中国个人投资可从两方面来解释：一是投资者认为海外房地产投资具备中国地产不具备的功能，如移民便利、子女留学等；二是中国部分个体投资者囿于国内股市不振、金融产品欠缺、房地产投资管控严格等原因，往往会选择投资海外地产以实现自有资金的增值。

第四，其他金融机构相继加入房地产跨境并购的行业。由国家外汇管理局控股的银杏树投资公司在英国注册，其主要投资方向设定为欧洲的房地产与基础设施建设；中国房地产基金尚处于初级发展阶段，但由于其投资主要集中再房地产开发上，随该行业不断走向成熟，未来势必走上房地产跨境投资的道路。

中国房地产业海外投资风险分析

中国企业开展对外直接投资发展迅猛，但对于房地产行业的跨境投资仍存在大量的不确定因素（如政治风险、金融风险、文化风险等），严重影响中国房地产业“走出去”战略的有序开展。一般来说，对于投资发达国家，中国投资者可能面临一系列严重的隐性风险；而对于投资发展中国家或者新兴国家，中国投资者则会面临一系列的政治文化风险、产业保护风险等。因此，如何帮助企业在房地产“走出去”的过程中正确认识各类风险，并及早未雨绸缪是本报告的核心所在。本部分内容主要围绕宏观层面的非市场风险对房地产业风险进行探析。

（一）政治风险

一直以来，政治风险是中国企业开展海外投资必须面对的风险。房地产跨境投资也会面临政治不确定性带来的风险。第一，东道国政局的稳定性。东道国政局是否稳定直接关系到房地产跨境投资成功与否。一方面，政局稳定有利于海外投资业务的开展及后续运营；另一方面，稳定政局是一个政策连续的保证，也是房地产海外投资顺利进行的重要保证。从这一角度来讲，投资者不仅要尽可能地选取政局稳定的地区开展业务，还要时刻关注政局变化做好应急预案。第二，东道国对待中国投资的态度。近年来，中国在国家政治经济舞台小露锋芒，国外关于中国“霸权主义”的言论也层出不穷，严重影响了中国海外投资业务的推进。对此，投资者要尽可能选取跟中国保持经济友好往来的国家，并在海外经营中积极宣传中国“和平崛起”的理念。

（二）法律风险

房地产投资不同其他行业投资，其对于企业或个人的法律认知能力具有较高要求，包括房地产的购买、持有、管理运营、转让等相关法律条文。第一，需要了解当地的法律规章制度。因为房地产投资势必涉及房产与土地的关系、房产流转限制、房产与持有者关系等，不同国家对各类关系定义不同因而法律规定也就不同。特别值得关注的是投资当地的移民政策。如澳大利亚对于商业移民的要求是只要符合规定通过投资就可获得其公民地位；但美国对此规定就相对比较严格。第二，了解海外房地产的运营管理相关的法律法规。房地产的运营涉及方方面面，这就需要投资者对税法、投资法、土地法、公司法、劳工法等有全方位的了解。比如，万达集团并购澳大利亚的黄金海岸项目，并拟建设五星级万达文华酒店和酒店式公寓，看似是一场房地产并购项目，其背后蕴涵着对酒店公寓的管理与运营。因此，对于房地产投资的后续运营管理也是不容忽视的。第三，个人海外置业则需考虑其养房等物业成本。相比于其他国家，中国国内养房成本较低。但是西方国家对于购房者往往还设置了各种隐性规定，如房产税、房屋空置时间限制、房屋流转限制等。个人到海外购房务必了解清楚与房屋购买、房屋持有相关的法律法规。

（三）金融风险

房地产逐渐成为投资者持有资产并实现增值的主要方式，跨境投资作为一种收益率比较高的投资，面临较高的金融风险。第一，汇率风险。无论是绿地投资还是跨国并购，汇率风险都是对外直接投资不可避免的主要风险。国际汇率变动较大，如何签订合同以保证合同实施过程中没有财务损失，如何选择融资地区以规避汇率风险，以及是否在企业内部建立对冲机制等等都是房地产并购企业需要慎重考虑的问题。第二，税收问题。境外投资者创造利润后都会面临各种纳税问题，但税收问题处理不当也会给企业带来财务压力。比如，东道国是否对投资者有税收减免政策，投资地区是否存在税收饶让等规定，东道国是否与中国签订了避免双重征税协定等等。房地产企业做跨境投资的财务安排需将税收因素考虑其中。第三，信用风险。某一地区的国家信用、行业信用对跨境投资者有最直接的影响，中国房地产投资者应尽可能选择信用评级较高的国家，充分利用市场信息（如国际三大评级机构：标准普尔、穆迪、惠誉）制定理性的投资策略。

（四）行业风险

房地产投资不同于其他实业投资，它具有较高的杠杆特性，杠杆越大风险越大，越容易产生泡沫。房地产泡沫产生的来源主要有四种情况：第一，银行过度提供房贷。银行过度提供房贷导致需求上升，进而引发房价指数上升，之后需求下降，此后银行又会实施新一轮的过度信贷撤离。由此造成恶性循环，导致房价虚高形成泡沫，严重的甚至引发金融危机。第二，消费者的过高预期。在某一特定经济时期，如果大部分消费者过高估计当下经济形势，会提高市场购房需求，进一步提高房价。而现实经济状况跟消费者预期不匹配，也容易引发房地产泡沫。第三，信息失真。市场上关于房地产行业的信息真实性若存在问题，容易误导投资者做出缺乏理性的决策，从而引发市场混乱，容易形成由“信息泡沫”引发的“房地产泡沫”。第四，房地产宏观调控措施不协调。房地产行业从土地获取到开发投资再到运营管理是一个完整的产业链条。该行业的健康发展需要产业中的各个环节配合默契，政策实施相辅相成。

鉴于上述分析，中国房地产投资者开展跨境投资时要尽可能选择健康有序的市场，以避免因房产泡沫造成无谓损失。

（五）文化风险

文化风险涉及方方面面，包括风土民情、宗教信仰、语言等。中国企业或个人开展跨境投资要以尊重当地文化习惯为前提。受传统文化影响，中国民族文化对拥有房产观念深刻。但是中国企业在海外开展房地产业投资业务时，需要考虑当地民族文化对房地产行业的影响。第一，住房市场与租房市场孰轻孰重。对于欧美开放程度比较高的国家，居民拥有房产的欲望较低；受儒家思想影响的亚洲地区，住房市场需求可能会比较旺盛。第二，当地居民对外国投资者的欢迎程度。“千里之堤，溃于蚁穴”是众人皆知的道理，当地居民对于投资者的认可程度也严重影响着跨境并购的顺利实施。因此，中国房地产在实施跨境投资前要充分了解当地民俗风情，投资后也要与当地居民保持良好的往来关系。

（六）其他风险

除上述谈到的几点情况外，中国房地产业跨境投资还面临着其他诸多风险。如劳工风险，当地对于外资企业当地化的要求、劳工福利的要求，外籍员工签证获取的规定；自然灾害风险，当地是否为地震频发地区、是否存在泥石流等问题；语言问题、宗教信仰等问题。

总之，中国房地产企业开展对外直接投资虽有高利润空间，但也面临各式各样的风险。投资者在“走出去”前务必做好充分的市场调研工作，防患于未然，并积极在企业内部建立风险预防机制。

专题：美国房地产业投资风险分析

近年来，中国个人和企业对美国房地产投资高涨，业已发展成为美国房地产业第一大投资来源国。但风险与收益往往是并存的，本部分内容在综合分析美国房地产业的发展现状与前景，投资存在的优势、机遇、挑战与威胁的基础上，对中国投资美国房地产做出全方位的分析，以帮助中国企业更好的投资美国地产。

（一）美国房地产业发展现状及前景

美国房地产再次成为其经济的重要增长点。根据民调机构盖洛普公司调查显示，2015 年房地产行业连续三年成为美国民众投资的首选。

1. 美国房地产市场复苏良好

美国房地产市场复苏情况良好，并形成稳定的发展趋势。2015 年美国就业市场稳定、消费者信心提高，均不同程度地反映出美国经济复苏态势，而且美国房地产行业也出现回暖倾向。受 2008 年次贷危机影响，2009 年美国房地产价格指数呈现负增长；但自 2011 年第二季度美国房价市场开始企稳回升，并逐渐趋于平稳增长；2013 年美国房地产市场保持平稳增长（见图 3 -4 -6）。

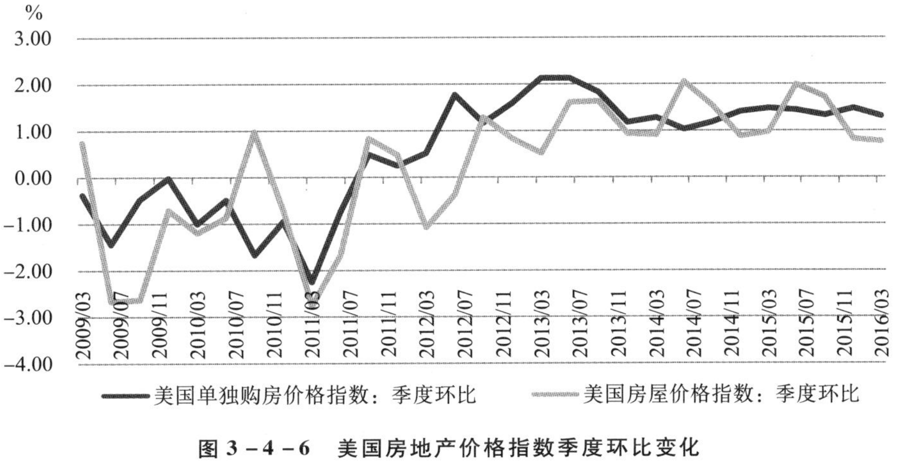

图 3 -4 -6　美国房地产价格指数季度环比变化

资料来源：Wind 资讯，http：//www. wind. com. cn/。

2. 美国房地产营商环境居世界前列

美国良好的营商环境为房地产投资提供了重要的市场支撑。根据世界银行 2016 年对各国营商便利度的排名，美国市场的营商环境在 189 个国家（地区）中排名第 7 位。在美国投资，获得信贷、办理破产效率水平明显高于其他地区，其执行合同的能力全球第 21 位，保护少数投资者排名 35 位。尽管在纳税环境相对较差，美国的其他营商环境均位列全球前 50 位以内（见表 3－4－8）。

表 3－4－8　　2016 年美国营商环境

项目	2016 年排名	2015 年排名
开办企业	49	44
办理施工许可证	33	33
获得电力	44	42
登记财产	34	33
获得信贷	2	2
保护少数投资者	35	32
纳税	53	48
跨境贸易	34	33
执行合同	21	21
办理破产	5	4

资料来源：World Bank，Doing Business 2016：Measuring Regulatory Quality and Efficiency。

3. 美国住宅市场发展平稳，且外需市场强劲

第一，各项经济指标显示，美国住宅市场发展平稳。2008 年金融危机给美国房地产市场带来巨大冲击，但美国住宅市场经历了小幅动荡之后逐渐恢复了其平稳发展水平。从其住房购买力指数变动来看，美国消费者购买力水平虽然有小的波动，但基本保持稳定水平；从其住宅市场分配情况来看，美国住房自由率保持在 60%—70% 之间，并呈现小幅下滑趋势；房屋空置率和出租空置率均保持在 10% 以下。由此可见，美国的住房需求基本保持稳定。美国住房购市场主要经济指标见图3－4－7。

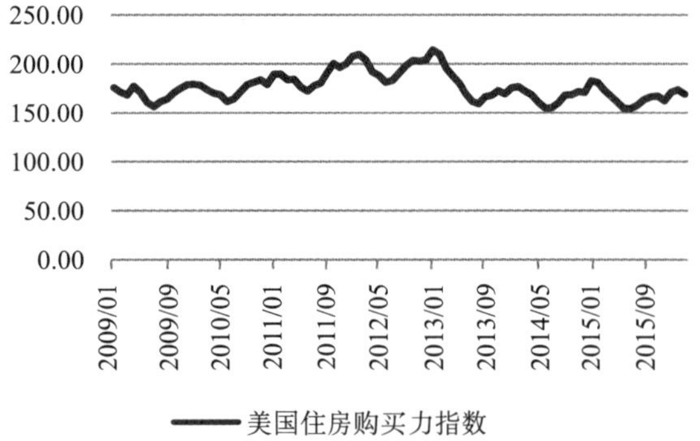

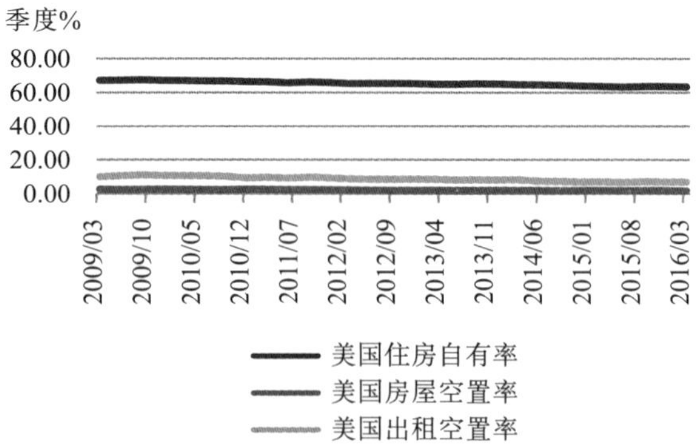

图 3－4－7　美国住房购市场主要经济指标

资料来源：Wind 资讯，http：//www. wind. com. cn/。

第二，美国住房外需市场强劲。根据 Wind 资讯，2015 年美国向外国买家出售住房的销售额为 1 040 亿美元，同比上升 12.8%。从房价变动水平来看，美国住房购买平均价相对比较稳定，年度增幅保持在 10% 以内；而外国在美国购房价格呈现较大波动，但整体价格明显高于其国内整体价格水平（见图 3－4－8）。出现上述情况的原因在于美国住房的外需市场并非刚性需求，受美国及国际市场环境影响较大。但总的来看，美国住房的外需市场具有螺旋上升的趋势，在很大程度上带动了美国经济发展。

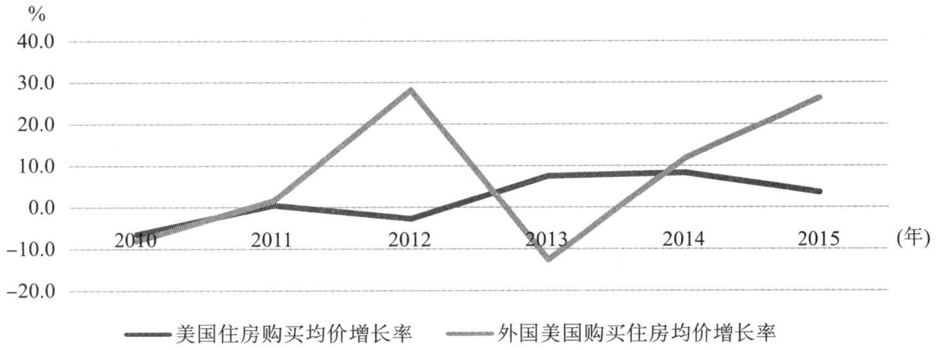

图 3－4－8　美国房价变动情况（2010—2015 年）

资料来源：Wind 资讯，http：//www. wind. com. cn/。

第三，美国住房市场允许个人投资，中国成为美国住房市场最大的外国买家。过去 5 年，中国在美国房地产市场投入至少 1 100 亿美元，成为其住房市场最大的外国买家。2015 年中国对美国住房的购买额首次超过加拿大，成为最大买家，投资额连续五年保持上升水平（见图 3－4－9）。

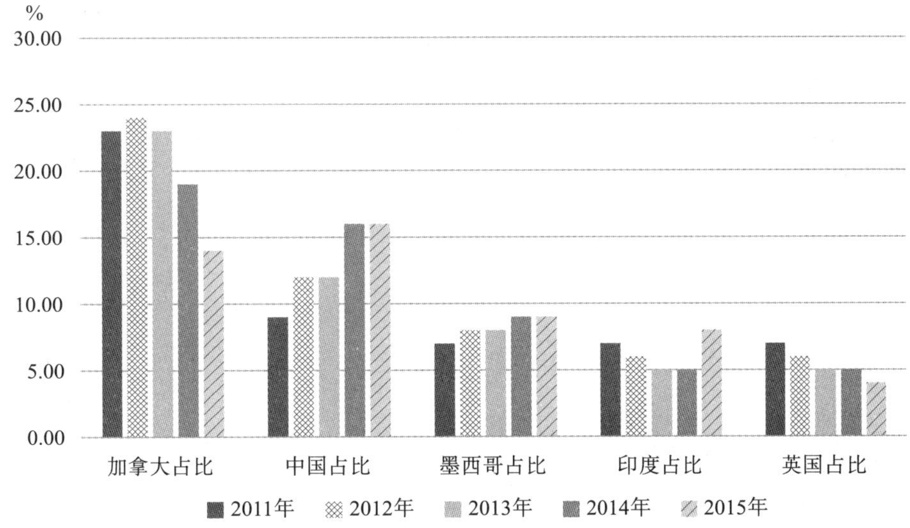

图 3－4－9　美国向主要外国买家出售住房的销售额分布（2011—2015 年）

资料来源：Wind 资讯，http：//www. wind. com. cn/。

4. 美国房地产市场的发展前景

受经济回暖影响，美国房地产市场未来发展向好。第一，高市场需求使美国商业地产保持活力。未来，美国核心城市办公环境升级、项目扩建以及高新技术与创意产业的整合都预示着对商业地产的高需求。第二，得益于美国良好的经济基础，零售商业地产将处于发展最佳时期，尤其是主要的商业购物中心。2015 年美国失业率达到 7 年来最低水平，居民收入持续上升催生国内消费市场连续走高，拉动零售商业地产的需求。第三，工业地产租金有上升趋势。全球经济危机以及美元持续走强对美国出口产生不小冲击，但是其进口需求的不断上升将会增加仓库需求空间，由此工业地产的租金成本也将进一步上升。但是不同城市将会表现出不同的增长态势，根据英国 BMI 分析，未来洛杉矶工业地产将是美国主要城市中最具增长潜力的城市。第四，美国不断增强的宏观经济与其国内住房市场相互促进，其住房市场将会继续保持其高速增长的态势。

5. 美国房地产市场还存在一系列不确定性

2008 年金融危机后美国经济回暖，房地产市场再次表现出投资活力，但其市场依然存在许多不确定性。第一，美国大选对未来房地产市场的调控方向是否在转变；第二，美联储加息引起国内通胀是否会导致美国住宅抵押贷款利率提高；第三，动荡低迷的国际政治经济环境是否会对美国经济产生影响等等。

（二）美国房地产业投资的 SWOT 分析

英国 BMI 发布的《2016 年美国房地产投资报告》，对美国房地产投资环境做出了系统分析。本部分分别就投资美国的宏观市场、政治环境、市场环境以及经营环境进行 SWOT 分析。

1. 优势分析

从宏观市场来看，美国房地产具有四个方面的投资优势：第一，美国经济乐观的复苏前景，使得其商业房地产市场充满信心；第二，日渐回升的家庭消费支出和房地产零售业拉大了美国房地产零售的租金上升空间；第三，美国强劲的就业市场促进其商业地产市场的发展；第四，外国公司视美国为投资“避风港”，并认为美国商业地产具有不断增长的利润空间。

从政治角度来看，美国房地产的投资优势表现在：美国作为一个超级大国，能够站在国际外交舞台的中心；长期拥有的民主政策使得美国在吸收移民方面仍具吸引力。从经济角度来看，美国的优势在于：第一，美国是世界上最大的经济体，拥有傲人的创业活力、创新实力以及较高的研发支出。第二，美元作为国际货币，世界各地的投资者都准备持有美债，因此，美国是唯一能够在存有大量财政和经常账户赤字的情况下正常运行的国家。从经营优势来看，第一，美国拥有世界上最大的单一内部消费市场，这为各个类型和规模的企业提供了巨大的机遇；第二，在提供良好的营商环境方面，美国是少有的国家之一。美国市场提供了具有高度灵活的劳动力市场、商业友好的法律制度、技术创新中心（如加州的硅谷）等。

2. 劣势分析

从宏观市场来看，美国房地产存在三个方面的投资弱点：第一，股市抛售带来的不确定性，降低了消费者对非必需品零售销售业的信心；第二，美元走高给出口带来重创，出口公司为降低成本，对工业地产的需求下降；第三，网上零售和电子商务吸收了很大一部分产品销售，在实现更好产业分布的同时，也冲击了繁华商业街的零售商铺。

从政治角度来看，美国房地产的投资缺陷表现在：第一，共和党和民主党之间的政治辩论历来极端、分化，国内存在严重的政治不确定性；第二，美国作为当今的超级大国，广泛的政治团体就当前国际现状问题对其表示不满，在国际外交舞台上存在反对势力。

从经济角度来看，美国的劣势在于：第一，尽管美元拥有国际货币地位，过多持有美国债务仍存在风险。日本和中国央行关于减少持有美元资产的决定可能使美元面临大幅下跌的风险。第二，美元家庭储蓄率尽管开始扭转，但其仍处于历史最低水平。从经营角度来看，其劣势存在于美国道路和航空路线拥堵严重，大部分的基础设施都需要改进。在 OECD 国家中，平均而言美国的企业税最高。

3. 机会分析

从宏观市场来看，美国房地产存在投资机会表现在三个方面：第一，实际工资的增长提高了人民的消费水平，从而房地产关于奢侈品和非必需品的零售商铺需求随之增加；第二，对商业地产公司借贷的放松，鼓励和促进了该类公司的业务拓展；第三，良好的就业市场大大提高了创业成功的机遇，提高了房地产写字楼市场的需求。

从政治角度来看，对国会表现的公众投票普遍为不满，可能会激励两大主要政党在某些特定政策领域出台更多协商一致的方案，从而促进房地产行业的发展。从经济角度来看，WTO 实现的国际贸易进一步自由化以及更具竞争力的美元可能促进美国出口增长，并解决美国对外收支不平衡这一问题。从经济机会来看，美国往往是经济繁荣增长的起源，一些部门（从生物技术到新能源）被认为是新的繁荣催化剂。

4. 不利分析

从宏观市场来看，投资美国房地产具有三个方面的不利因素：第一，强势美元将会阻止美国出口导向型企业的有效运转；第二，整体经济环境在受任何不利因素干扰时都会带来消费的不确定性，进而减弱对房地产零售店铺的需求；第三，由于企业倾向于回避高成本，一触即发的利率上升会给新的商业地产整合带来风险。

从政治角度来看，投资美国房地产的不利形势表现在：第一，美国缺乏灵活性以及偏见的外交政策（尤其在中东地区），可能会加强对立局面甚至促进反美激进群体的形成（如基地组织）。上述情况部分是美国外交政策困境的反映，针对美国的舆论也可能会返回到孤立主义和保护主义模式。第二，国内政治折中日益困难，对政府支出问题的僵局可能会促使新一轮政府关闭，甚至引发美国对其债务违约。从经济角度来看，投资美国房地产的不利形势在于：第一，中国和其他低工资经济体的竞争加剧，可能加速其制造业工作岗位的流失。第二，长期预算失衡，如放任不管，可能最终需要急剧削减开支来解决，而这一举动将严重拖累其经济增长。从经营风险来看，美国的长期财政赤字可能会迫使联邦政府在未来几十年想方设法提高企业有效税率。

（三）中国投资美国房地产业风险分析

中国投资美国房地产在存在高收益的同时，各类风险也难以回避。本部分就对中国对美投资可能面临的政治风险、法律风险、财务风险、经营风险等进行简要分析。

1. 政治风险

政治风险是指因投资者所在国与东道国政治环境发生变化、东道国政局不稳定、政策法规发生变化给投资企业带来经济损失的可能性。美国是一个高度民主的国家，政局稳定、治安良好，但是对于外国投资者来讲仍旧存在一系列的政治风险。第一，政策连续性风险。美国大选在即，新一届政府对于其国内经济调控方向是否会发生转变，对外资态度以及未来房地产市场的发展走向都会有很大影响。第二，行业协会干扰风险。美国是一个法治国家，各行各业的工会组织对于行业的发展具有很大影响力。当外资大量进入美国房地产行业时，房地产业工会可能会以扰乱市场竞争秩序、保护国家产业安全等为由动员美国政府实施抵制外资的法律政策，其带来的风险也是难以衡量的。第三，中美关系对中国向美房地产投资也有很大的影响。两国稳定的经贸往来能够促进中国对美投资，反之则会有抑制作用。投资者进行投资时有必要认真研读两国政治经济联系。

2. 法律风险

中国投资美国房地产行业的法律风险伴随投资经营活动的各个环节。比如中国投资者投资美国房产往往会涉及房产出租等问题，但是美国法律对于外资房地产的出租、转让、赠予等都有专门的规定。中国投资者开展投资业务前务必做好相关信息调查。第一，美国联邦法律对外国人在美国购买房产不设限制，但其国会在 1980 年制定的《外国人房地产投资税收法》（The Foreign Investment in Real Property Tax Act）却是专门针对外国投资者的法律。因此，房地产投资者在对美国进行投资时要做好法律市场调查，比如上述法律规定“外国个人或者公司在出售位于美国的房地产时，需要缴纳房款的 10% 作为其所得税预扣款”。第二，美国的《遗产法》中对于外国人也相当苛刻。如美国房产的外国拥有者去世后，美国政府会对其拥有的房产征收高额的遗产税（如 6 万美元以上部分税率为 45%）。因此，中国投资者对于与房地产相关的遗产税也要充分了解。第三，与房地产投资相关的《土地法》《劳动法》《公司法》《税法》等，也与投资顺利与否息息相关，投资者也应做到充分了解。

3. 财务风险

财务风险一般是指公司财务结构不合理、融资不当使公司可能丧失偿债能力而导致投资者预期收益下降的风险。中国对美国房地产投资时要时刻注意回避各种财务风险。第一，在投资美国房地产项目前，充分做好财务预算，对当地各项收费标准、收费种类要估算全面，也要对商业机会是否存在风险做出合理判断。第二，在项目融资阶段，无论是借助国内平台还是国际平台，要对当地的融资成本了然于心。一般来讲投资者的负债比率越高其财务风险会越高，故投资者要在投资过程中严格将负债率控制在其可承受范围内。第三，在项目运营阶段，经营管理、存货管理以及流动性管理都要提前做好财务规划，并建立风险预警机制。第四，税收管理是投资者经营中很重要的一环，直接关系到投资者最终利润水平。一是投资者要知晓对美国当地各类税种以及征收比例；二是关注美国地方政府对于特定行业是否有特定的财务规定（增税或减税）；三是关注美国政府对于外资在房地产业投资有无相应的税收政策；四是《中美避免双重征税协定》于 1986 年正式实施，其后两国对部分条文做出更改，因此投资者在投资前有必要通读该协定来合理避税。第五，汇率风险指投资者持有或运用外汇的经济活动中，因汇率变动而蒙受损失的可能性，它是任何“走出去”企业都会面临的难题。国际汇率市场瞬息万变，如何将投资收益以最高效率转移到国内是投资者最关注的问题。投资者可尽可能通过贸易融资工具、金融衍生品等对冲或减弱风险。

4. 经营风险

经营风险是指投资者内部决策人员和管理人员在经营管理中出现失误而导致投资盈利水平变化从而产生预期收益下降的风险，或由于汇率的变动而导致未来收益下降和成本增加。第一，中美文化差异较大，企业文化难以照搬中国国内公司，因此在投资的房地产项目落地后要尽可能地聘用国际化人才，提高当地化水平。第二，美国《劳动法》对于员工福利具有明确的要求，而在中国国内鼓励员工加班的行为在美国极可能会触犯相关法律。所以投资者在房地产项目经营过程中要积极向当地企业学习，在保障员工合法权益的同时提高企业经营效率。第三，中国投资者要积极与当地政府、媒体、居民搞好关系，扩大中国对美投资的口碑宣传，积极履行社会责任，真正同当地融为一体，进而在源头规避可能存在的经营风险。

5. 其他风险

除去上述提到的各大主要风险外，中国投资美国房地产业还会面临其他一些难以衡量和规避的风险。第一，恐怖主义。美国反恐历史由来已久，部分恐怖组织有时也会对美国开展打击报复，严重扰乱当地经济社会的发展。比如2001年发生的“9·11”事件造成国内外长时间的极度恐慌，也会对中国对美投资产生不利影响。第二，自然灾害。自然灾害因其难以预测性往往会带来极大的损失，比如2006年发生的“卡特里娜飓风”使美国直接损失约1 250亿美元。此外，宗教信仰差异、语言不通等问题也容易引发一些不必要的风险，中国投资者要积极做好防范工作。

第五章
采矿业

采矿业是指对固体（如煤和矿物）、液体（如原油）或气体（如天然气）等自然产生的矿物的采掘，包括地下或地上采掘、矿井的运行，以及一般在矿址或矿址附近从事的旨在加工原材料的所有辅助性工作，例如碾磨、选矿和处理，均属本类活动，还包括使原料得以销售所需的准备工作。根据国家质检总局和国家标准委颁布的《国民经济行业分类》（GB/T4754—2011），采矿业包括06—12大类。具体分类见表3－5－1。

本章主要研究的对象是非油气采矿业，主要内容包括全球采矿业发展形势分析、全球采矿业对外直接投资分析、中国采矿业对外直接投资分析、中国采矿业境外投资风险分析四个部分以及赞比亚采矿业投资风险研究专题。由于石油和天然气开采业在采矿业中居于重要地位，本报告另辟一章进行单独研究。

2015年全球采矿业发展形势分析

2015年全球矿业持续低迷，矿业结构深度调整，多数矿产品价格持续下降，矿业融资困难。受地缘政治格局和经济发展变化的影响，各国矿业投资环境也在发生变化。这些国家或采取吸引外来投资、改善矿业投资环境的办法来抵御矿业寒流，或通过政策、税收、教育、就业等方面的政策来减少投资壁垒，提升投资环境吸引力，降低投资准入门槛，促进经济发展。

（一）矿业项目投资持续下降

自2013年以来，全球矿业项目投资快速下降。根据SNL金属和矿业公司的统计，2013年矿业项目投资约为7 200亿美元，较2012年的7 400亿美元减少了2.7%。2014年矿业项目投资约为6 041亿美元，较2013减少了16.1%。2015年矿业项目投资继续下降，约为5 436亿美元，比2014年减少10%左右，见图3－5－1。

表 3-5-1　　采矿业分类表

三次产业分类	门类	大类	中类	小类	行业名称
第二产业	B				采矿业
		06			煤炭开采和洗选业
			061	0610	烟煤和无烟煤开采洗选
			062	0620	褐煤开采洗选
			069	0690	其他煤炭采选
		07			石油和天然气开采业
			071	0710	石油开采
			072	0720	天然气开采
		08			黑色金属矿采选业
			081	0810	铁矿采选
			082	0820	锰矿、铬矿采选
			089	0890	其他黑色金属矿采选
		09			有色金属矿采选业
			091		常用有色金属矿采选
			092		贵金属矿采选
			093		稀有稀土金属矿采选
		10			非金属矿采选业
			101		土砂石开采
			102	1020	化学矿开采
			103	1030	采盐
			109		石棉及其他非金属矿采选
		11			开采辅助活动
			111	1110	煤炭开采和洗选辅助活动
			112	1120	石油和天然气开采辅助活动
			119	1190	其他开采辅助活动
		12			其他采矿业
			120	1200	其他采矿业

资料来源：中华人民共和国国家统计局，《国民经济行业分类》（GB/T4754—2011）。

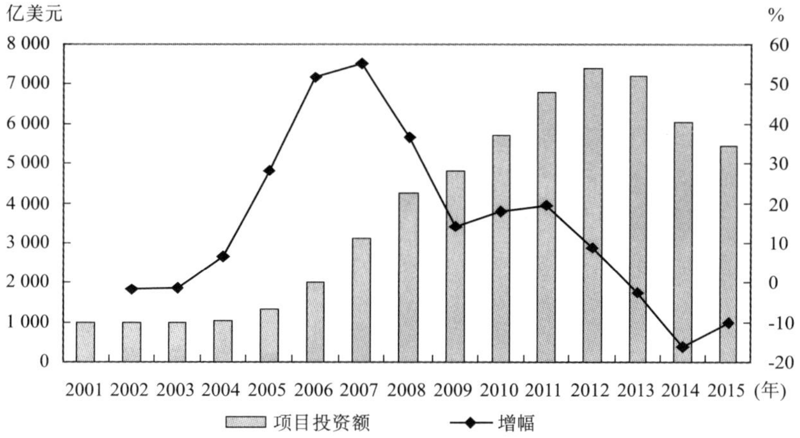

图 3-5-1　2001—2015 年全球矿业项目投资金额和增幅

资料来源：SNL Metals & Mining，http：//www. snl. com。

2015年，一些矿业公司将勘查开发的重点放在规模不大，但品位较高的项目，以期尽快获得回报，缩短项目周期。即使是超大型或巨型矿床，也削减投资规模，降低设计产能。全球矿业项目开发投资持续大幅下降另一原因是矿产品价格大幅下跌，矿业公司经营利润下降。除了上述原因外，环境和社会约束已上升为影响矿业项目投资的重要因素之一。

（二）矿产勘查开发投入继续下降，重现全行业性危机

SNL金属和矿业公司发布的公司勘查战略研究报告显示，根据该公司对1 798个勘查投资在10万美元以上矿业公司调查统计，2015年世界有色金属勘查投资预算为92.0亿美元，较2014年下降18%。这也是2008年金融危机以来首次低于100亿美元，与2009年基本相当（见图3-5-2）。

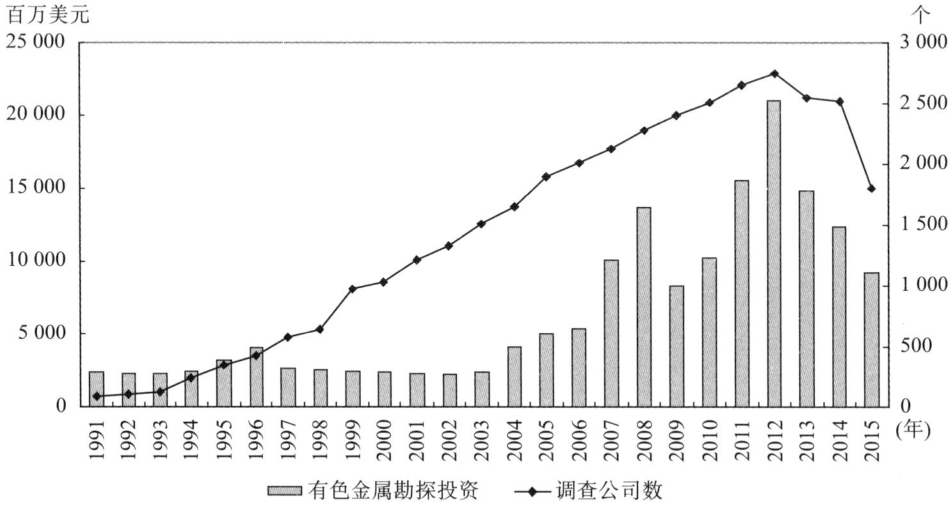

图3-5-2　1991—2015年世界有色金属勘查投入变化

资料来源：SNL Metals & Mining，http：//www.snl.com。

从矿种上看，金仍是勘查投资预算最多的矿产，占45%。从勘探阶段上看，草根勘探首次低于30%，为29%，而矿山深部和外围勘探所占比重继续上升，至34.2%。从地区上看，拉丁美洲仍然是吸引勘查投资最多的地区，占28.3%。从公司规模看，大型矿业公司仍然是矿产勘查的主力，占48.8%。

在全球矿产勘查投入减少的情况下，虽然总体上新发现减少，但也有一些亮点。巴西深水油田和陆上油气田勘探继续取得较大进展，埃及在地中海域发现超巨型气田。土耳其的红马登（Hot Maden）铜金矿、智利阿尔图拉斯（Alturas）金矿、西澳州蒙蒂（Monti）铜金矿、厄立特里亚的克鲁里（Colluli）钾盐矿、安哥拉的鲁洛金刚石矿等都属于少见的世界级矿床。我国在山西平朔和内蒙古准格尔煤田煤矿中发现超大型伴生锂矿，这在世界上为首次发现，为新型成矿模式，潜在经济价值大①。

（三）大宗矿产品价格大幅下跌，新能源新材料所需矿产价格大幅飙升

受到需求减缓、供应过剩和美元升值等多种因素的影响，国际矿产品价格在2015年出现了断

① 资料来源：矿业帮，《浅析2016年全球矿业前景》。

崖式下跌，多数矿产品价格跌至2008年金融危机以来的最低，有的甚至创下10多年来的新低。2015年底，国际原油价格较2014年6月份高点已经跌去70%，铁矿石价格跌幅达到60%，铜价跌幅达到20%。能源和矿产品价格大幅下跌，直接影响到俄罗斯、巴西、智利、沙特阿拉伯、委内瑞拉、尼日利亚等重要矿产资源国家的出口，进而影响这些国家整个经济社会的发展和稳定。

矿产品价格下跌直接导致矿产品出口大国收入大幅下降。2015年，巴西铁矿石出口量为3.66亿吨，较2014年的3.44亿吨增长6.3%，但是出口额却从2014年的258亿美元降至141亿美元，降幅45.4%。尽管铜产量和出口量上升，但是智利2015年矿产品出口额仍然下降了17.6%，从2014年的419亿美元降至2015年的345亿美元。

值得注意的是，2015年并非所有的矿产品价格都在下跌，与新能源新材料有关的矿产，比如锂、磷、钴、铬、铱等价格在上涨。以锂为例，2015年初电池级碳酸锂价格4.3万元/吨，经过几轮大幅调整后，2015年底市场报价已经上调至12.3万元/吨，个别企业甚至报价16万元/吨，上涨了近3倍；六氟磷酸锂价格在2015年初时仅为8.5万—9万元/吨，到年底时暴涨至26万元/吨，涨幅也是3倍。

（四）全球矿企融资难度加大，加大削减债务

矿业作为一个重资行业，需要有资本的支持才能持续发展壮大。随着矿产品价格持续下跌，矿业公司盈利能力越来越差，保持正向现金流越来越困难，部分企业信誉等级被下调，导致银行抽贷情况更加普遍，并引发资金链断裂。企业虽然多方筹措资金，但是增加了融资成本。SNL数据显示，2015年第一季度矿业融资总额达到100.3亿美元，与2014年第四季度的154.7亿美元和第三季度的220.8亿美元相比降幅较大。2015年第一季度共有592宗融资活动，而2014年第三季度和第四季度分别为918宗和903宗，降幅同样较大。大型上市公司（市值大于1亿美元）占了融资总额的95%。然而，2014年第四季度，大型上市公司的融资额约占融资总额的2/3。

全球矿业融资项目主要集中在钢铁公司。矿山企业走证券化道路是建立与资本市场对接的有效途径，是解决矿业融资难的优化路径。它能够保障矿业公司具有相对较好的现金流。例如，宝钢股份拟在境内外市场开展直接融资，由公司全资子公司宝运公司在境外分次发行欧元债券不超过10亿欧元（含10亿欧元），首次发行3亿—5亿欧元，时间为3—5年期，后续根据市场情况、利率汇率变化情况在境外分次发行。

另外，2015年全球矿企忙于处理债务问题。2015年12月10日，嘉能可宣布再次加大削减债务及开支的力度，拟在年底将净债务降至180亿美元。目前，越来越多的投资者认为嘉能可可能成为“商品界的雷曼”。与嘉能可类似，必和必拓计划出售混合型证券以帮助偿还债务。

（五）矿业金融市场颓废，经营业绩大幅滑坡

自2015年1月以来，嘉能可、英美资源集团股价跌幅均超过70%，是2015年富时100指数中表现最差的股票。矿业公司市值严重缩水，且被低估。以黄金为例，目前黄金公司的指数表现低于2008年金融危机时期的水平，已回到2000年以来这一轮黄金牛市的初期水平。通常金价/黄金公司指数的比值一般为3—5，而2013年以来，金价/黄金公司指数这一比值超过了10。近来这一比值约为17，黄金公司的股票处于历史低位。通过选取历史上金价相近的两天的黄金公司指数进行比较，如2015年9月15日的金价（1 105.05美元/盎司）与2009年12月31日的金价（1 104美元/盎司）几乎相同，但这两天的黄金公司指数差别很大，2015年9月15日的黄金指数为64.19，2009

年 12 月 31 日的黄金公司指数为 217.4。可见，在金价几乎相同的两天，黄金公司指数仅为 2009 年末的 1/3。黄金公司的股价相对于金价来说，明显被低估。1995—2015 年黄金价格与黄金公司综合指数比值变化情况见图 3－5－3。

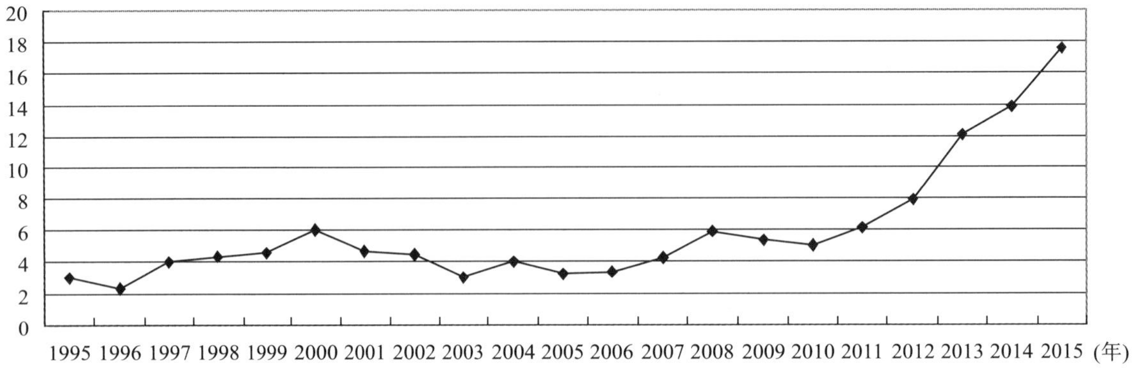

图 3－5－3　1995—2015 年黄金价格与黄金公司综合指数比值变化

资料来源：周平等，《2015 年全球矿业形势分析与 2016 年展望》，《中国矿业》，2016 年第 2 期。

（六）大量矿业人才失业和外流

全球矿产品市场萎缩，影响到勘查、开发和冶炼整个矿业产业链。矿业公司减产或关闭矿山必然带来大量工人失业，澳大利亚矿业已经成为该国失业率最高的行业。一些国家如巴西、智利、南非发生的工人罢工就是矿业公司削减投资或者工人利益得不到体现造成的。其中，石油、煤炭、铁矿石等大宗矿产行业人才影响最大。矿业行业不景气，也造成了大量人才外流。

（七）全球矿业政策调整活跃

面对持续低迷的全球矿业市场，重要矿产资源国加快调整矿产资源政策法规的步伐，期望能够实现从资源开发中获得更多的利益或保护当地环境与提高就业等方面的目标。加拿大、澳大利亚等发达国家，政策倾向于让利矿业公司，期望通过矿业公司“活下来”拯救国家经济；印度政府对矿业引资意愿强烈，提出携手并进，共同发展理念；哈萨克斯坦资源配置服务于官方外交；日本政府投资非洲意愿很大，但是企业不愿配合，使得非洲市场正面竞争压力减轻。俄罗斯矿业政策服务于经济脱困，整个矿业对中国开放程度较大，包括一些战略性矿产都有放开的迹象。2015 年通过新矿法的国家有肯尼亚、布基纳法索等国家，美国还通过了备受瞩目的太空采矿法。

综合各国矿产资源政策法规变化，可以归纳出以下几个特点：一是过去以油气等能源矿产出口为主的国家开始重视采矿业的发展，此类国家以尼日利亚、厄瓜多尔、委内瑞拉等为代表。比如，尼日利亚在 2015 年底宣布，将对全部现有矿权进行审核，并考虑制定政策鼓励勘探开发，目前，采矿业仅占该国 GDP 的 0.34%，但是该国矿产资源非常丰富，所以尼日利亚政府希望借助采矿业抵消石油价格暴跌给国家经济带来的负面影响。二是许多国家为提高政府在采矿业中的收益，通过修改法律来提高政府在矿业项目中的股权，或者提高权利金税率，但过程艰辛，结果并不理想。这类国家以赞比亚、肯尼亚等国家为代表。有些国家还成立地区矿业发展基金，强制矿业公司缴纳，以促进当地社区的经济和社会发展。三是更多的国家实施原矿出口和强制本地选冶加工政策，延伸矿业链，增加附加值。这类国家以南非、印尼、赞比亚、津巴布韦等国家为代表。

2015年全球采矿业对外直接投资分析

（一）全球矿业投资多元化日益明确

矿业投资多元化主要表现在三个方面：一是投资区域多元化，矿业投资不仅在成熟国家进行，而且也在资源丰富但开发环境不利的“脆弱国家”进行。二是投资的矿种也呈现多元化，不仅是固体矿产品，而且也有液体和气体矿产品。三是投资模式多元化。企业寻求境外矿业投资主要的战略动机包括资源导向型、成本导向型、横向业务扩展型、上下游产业关联型、财富增值导向型。在不同企业战略的指导下，全球矿业企业根据自身的资金、技术、跨国经营能力等方面的实力，灵活选择境外矿业投资的运作模式，包括直接运作矿权的风险勘探模式、实力与目标相当的国际企业战略联盟模式、资本与技术联姻的合作开发模式、运作资本市场的股权参与模式、技术服务参与的合作开发模式等。

（二）全球矿企并购低迷

据安永公司统计，不包括必和必拓公司拆分（87亿美元），2015年上半年，全球矿业并购案件为170个，同比下降43%，并购额为127亿美元，同比下降30%。2015年，矿业市值有所回升，但远不及2014年同期。可见，全球矿业继续呈现趋冷态势，尚未出现好转迹象。

2015年的矿业并购活动仍然主要集中在金、铜等少数矿种上。如Mubadala Development公司以大约20亿美元的价格收购了AUX Canada公司。AUX Canada公司是一家金矿服务公司，其资产主要包括位于哥伦比亚的La Bodega金矿。

在全球矿业趋冷，并购活动相对低迷的大背景下，中国矿业公司加快了“走出去”步伐。例如，紫金矿业公司先后收购了澳大利亚上市公司Norton Gold Fields公司，购买了巴里克黄金公司位于巴布亚新几内亚的Porgera金矿的股份，以及艾芬豪矿业公司位于刚果（金）的Kamoa铜矿。此外，紫金矿业还计划投资2.98亿美元收购Barrick（Niugini）公司（拥有Porgera金矿95%的股份）50%的股权，并意欲追加4.12亿美元投资，以获得Kamoa Holding公司49.5%的股份。2015年底，壳牌公司以700亿美元并购英国天然气公司（BG），已经得到巴西、欧盟、澳大利亚和中国有关监管机构的批准。这意味着近10年来最大一笔油气行业并购又向前迈出了重要一步，也预示着未来一年里全球油气行业并购将出现热潮。

（三）各国矿业投资环境趋于相对稳定

根据国土资源部信息中心2015年全球矿业投资环境评价结果，2015年各个国家的矿业受到的影响各不相同，有资源方面的原因，也有政策方面的原因，其排位都有不同程度的升降，但升降幅度都不大，没有超过10个位次。下降比较明显的国家或地区较多，如澳大利亚、利比里亚、尼日利亚、菲律宾、巴布亚新几内亚等。澳大利亚从2016/2017财年起，政府不再资助昆士兰州地质调查所未来资源计划，这样昆士兰州就成为澳大利亚唯一没有鼓励勘查的共同投资钻探计划的州。新南威尔士州将提高主要矿业项目的审批门槛，对矿业发展项目将着重于考量其对环境和社会的影响，这将加大矿业项目获得审批的难度。利比里亚和塞拉利昂成为埃博拉病毒在西非肆虐的重疫区，对矿业造成了较大的影响。尼日利亚则是因为社会稳定性和石油价格下降，排位下降。排位上升比较明显的国家是安哥拉，主要是因为意大利埃尼公司在安哥拉 Ochigufu 海洋勘探前景区的 15/06 区块发现石油资源，估计拥有高达 3 亿桶石油储量。2015 年全球投资环境评价排行榜见表 3 - 5 - 2。

表 3 - 5 - 2　　2015 年全球投资环境评价排行榜

星级	国家
★★★★★	加拿大（魁北克省、不列颠哥伦比亚省、安大略省、马尼托巴省）、瑞典、澳大利亚（南澳大利亚州、西澳大利亚州、昆士兰州、新南威尔士州）、智利、美国（内华达州、加利福尼亚州）、秘鲁、巴西、爱尔兰
★★★★	墨西哥、澳大利亚北部地区、阿根廷、俄罗斯、芬兰、纳米比亚、哈萨克斯坦、南非、博茨瓦纳、伊朗、土耳其、蒙古、格陵兰（丹）、印度尼西亚、印度
★★★	莫桑比克、玻利维亚、阿尔及利亚、巴布亚新几内亚、越南、菲律宾、缅甸、摩洛哥、委内瑞拉、哥伦比亚、加纳、刚果（金）、乌兹别克斯坦、厄瓜多尔、阿富汗
★★	朝鲜、波兰、赞比亚、几内亚、安哥拉、加蓬、尼日利亚、喀麦隆、刚果（布）、马来西亚、坦桑尼亚、危地马拉、津巴布韦、老挝、柬埔寨
★	马达加斯加、泰国、乌克兰、马里、苏里南、土库曼斯坦、吉尔吉斯斯坦、尼日尔、埃塞俄比亚、牙买加、塔吉克斯坦、圭亚那、科特迪瓦、利比里亚、厄立特里亚、巴拿马、塞拉利昂、古巴、乌干达、阿塞拜疆、苏丹、冰岛、中非、马拉维、布隆迪

注：★★★★★代表该国资源潜力巨大，对外商矿业投资基本实行国民待遇，政局稳定，法律风险很低，公共设施发达，成本较低，可以有好的收益预期。

★★★★代表该国资源潜力较大，对外商投资有一定的门槛，政局比较稳定，具有一定的矿业权、矿业用地等法律风险，但在可控水平，公共设施较发育，具有较好预期。

★★★代表该国资源潜力中等，在全球矿业投资环境中，准入、风险和成本处于中游水平。

★★代表该国资源潜力有限，对外商投资有实质性的限制，矿业权、矿业用地等风险较高，不易控制；基础设施条件较差，未来企业矿业投资可能会涉及基础设施投入。

★代表该国在全球矿业投资环境中处于最差的水平。资源潜力小，外商投资可能有实质性的行业准入限制，或不允许控股，政治风险很高，基础设施不发育，在选择到这些国家投资时，投资者需要谨慎。

资料来源：中华人民共和国国土资源部信息中心，《2015 年全球矿业投资环境》。

值得注意的是，尽管非洲矿业整体表现尚未恢复到 2011 年的巅峰状态，但在吸引矿业投资方面，非洲已成功超越大洋洲、亚洲、拉丁美洲、加勒比海地区。矿业研究机构 Fraser 公司近日发布的最新调查报告显示，非洲矿业环境较 2015 年相比有小幅改善，其中吸引外资方面整体提升较大。在综合吸引力方面（即矿业发展潜力），摩洛哥在非洲国家中排名最为靠前，居世界排名的第 24 位。紧随其后的有布基纳法索（第 29 位）和加纳（第 31 位）。

（四）少数跨国矿业公司已形成全球资源垄断格局

根据联合国贸易和发展会议（UNCTAD）统计，目前参与全球矿产资源勘探与开发的矿业公司约有 8 000 家左右，但大部分矿产资源的产量仅由少数几家跨国矿业公司控制。在全球矿业公司 50 强排行榜上，最大的 25 家矿业公司中，包括美国、加拿大、澳大利亚、英国和南非在内的发达国家的矿业公司就占 19 家，控制的矿石产量占 25 家矿业公司总产量的 78%。从矿业公司对金属控制的集中程度看，4 家矿业公司控制了西方总产量的75%；10 家矿业公司分别控制了西方国家铅和锌总产量的 58% 和 51%；10 家矿业公司控制了约 70% 的铝土矿、铜矿和铬铁矿的产量，约 60% 铁矿石和镍的产量。

2015 年中国采矿业对外直接投资分析

从 2013 年起，全球矿业和能源业均较低迷，由于中国市场对矿业和能源需求旺盛，中国企业经济实力雄厚而逆势扩张，参与多起能源类跨国并购，令不少国外机构寄希望于中国“救市”。2015 年以来，在“一带一路”带来的巨大投资机遇和企业高涨的投资热情、丝路基金提供投融资支持、亚投行助力区域投资、政府鼓励“走出去”力度加强等原因的作用下，虽然采矿业对外直接投资总体规模下降，但中国海外矿业投资项目数量和投资企业数量逐年增多。但是，由于海外矿业投资专业性强、门槛高，传统海外矿业投资额度大，中小投资人很难参与，而且中国企业对海外矿业项目、矿业公司、相关法律制度等缺乏了解，海外矿业项目投资并购经验不足，导致海外矿业投资项目损失时有发生。

（一）采矿业对外直接投资总体规模降幅明显

国家统计局发布的《2015 年国民经济和社会发展统计公报》显示，2015 年全年非金融领域（不含银行、证券、保险）对外直接投资额 7 351 亿元，按美元计价为 1 180 亿美元，比 2014 年增长 14.7%。其中，采矿业对外直接投资额 108.5 亿美元，比 2014 年的 193.3 亿美元下降了 43.87%，采矿业对外直接投资所占比重也从 2014 年的 18.79% 下降到 9.19%。这也是采矿业对外直接投资规模继 2013 年成为对外直接投资的第一大行业后连续第二年下降。2013 年采矿业对外直接投资 248.1 亿美元，占全部对外投资的 23.01%（见图 3-5-4）。租赁和商务服务业已经取代采矿业成为 2015 年中国对外直接投资的第一大行业。

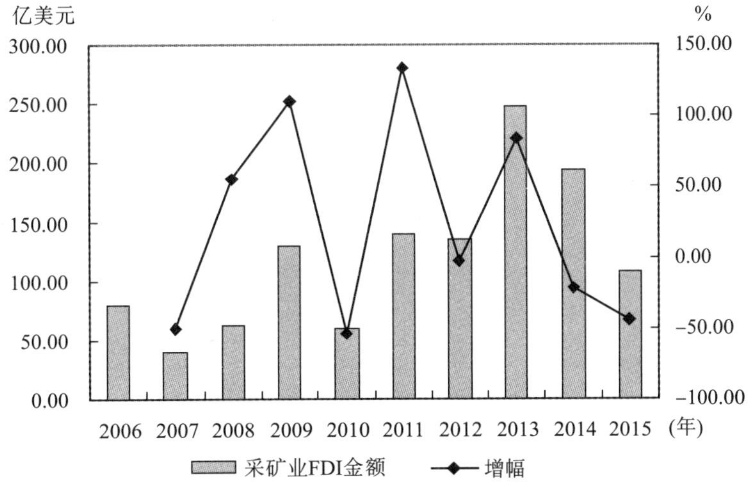

图 3-5-4 2006—2015 年中国采矿业 FDI 金额和增幅

资料来源：中华人民共和国商务部、中华人民共和国国家统计局、国家外汇管理局，《2014 年中国对外直接投资统计公报》。2015 年数据来自国家统计局《2015 年国民经济和社会发展统计公报》。

中国香港国际矿业协会《2016 年中资海外矿产能源投资手册》显示，2015 年中资企业宣布和完成的海外矿产能源投资项目总数为 112 宗（不含失败或撤销项目），与 2014 年的 114 宗基本持平。宣布和完成投资总额 241.02 亿美元，同比减少了 59.82%（见图 3-5-5）。

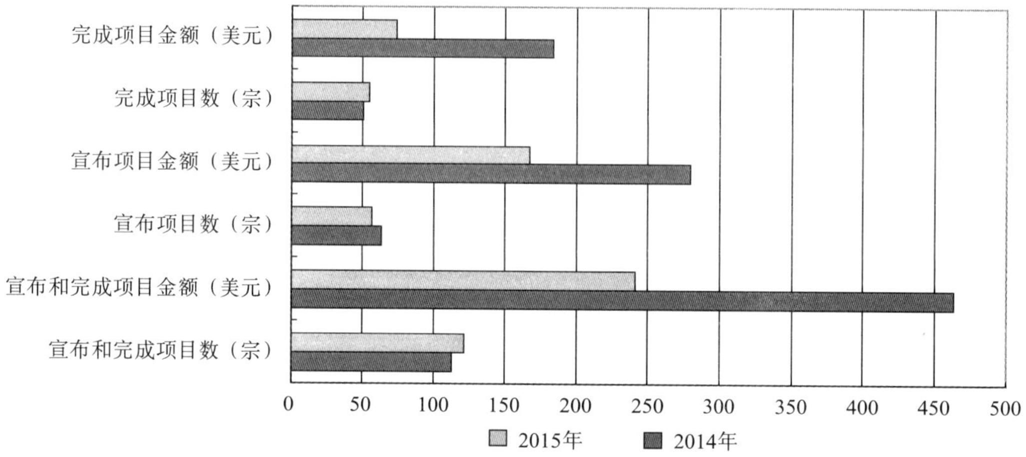

图 3-5-5 2015 年与 2014 年中资海外矿产能源投资对比情况

资料来源：中国香港国际矿业协会，《2016 年中资海外矿产能源投资手册》。

（二）海外矿业投资矿种多，油气和有色金属继续成为海外投资的主要品种

在 2015 年中资海外矿产能源投资中，项目数最活跃的矿种依次为油气 26 宗、有色金属 25 宗、贵金属 19 宗、非金属 12 宗、黑色金属 11 宗、煤炭 8 宗、稀有稀土金属 7 宗、新能源 2 宗、宝石 2 宗。有色金属和贵金属合计项目数达到 44 宗，占比达到 39.28%。宣布和完成投资总额方面排序则有所不同，由大到小依次为：有色金属 80.40 亿美元、油气 67.37 亿美元、煤炭 47.57 亿美元、黑色金属 19.28 亿美元、非金属 11.04 亿美元、贵金属 6.30 亿美元、稀有稀土金属 6.28 亿美元、宝石 1.70 亿美元、新能源 1.09 亿美元（见图 3-5-6）。

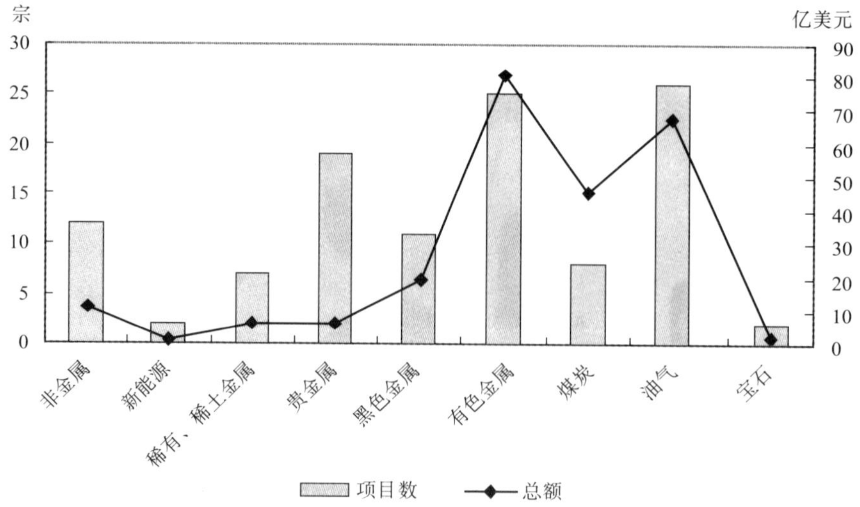

图 3-5-6 2015 年中国矿业投资项目数和金额

资料来源：根据中国香港国际矿业协会《2016 年中资海外矿产能源投资手册》整理而来。

2015 年共宣布和完成海外固体矿产资源投资项目 86 宗，项目数较多的矿物有：黄金 16 宗、铜 10 宗、铁 10 宗、煤 8 宗、钾 7 宗、镍 5 宗、石墨 4 宗、钽铌 4 宗。投资总额由大到小依次为：煤 47.57 亿美元、铜 46.53 亿美元、铁 19.28 亿美元、钾 7.3 亿美元、钽铌 5.6 亿美元、黄金 5.45 亿美元、镍 5.38 亿美元、石墨 3.73 亿美元（见图 3－5－7）。2015 年中国神华集团有意收购力拓旗下价值 40 亿美元的动力煤业务，使对煤炭统计宣布和完成投资总额明显高于其他矿物。

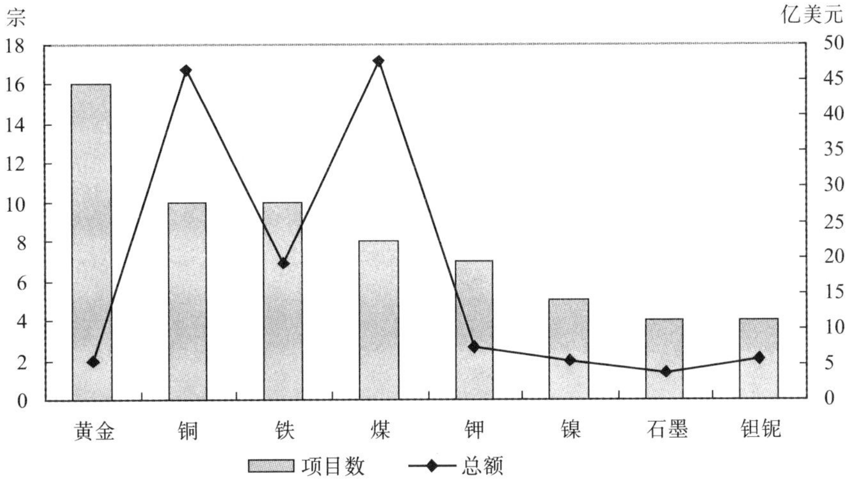

图 3－5－7　2015 年中国矿业海外固体矿产投资情况项目数和金额

资料来源：根据中国香港国际矿业协会《2016 年中资海外矿产能源投资手册》整理而来。

（三）大洋洲成为中国矿业投资的主要目的地

2015 年，中国投资海外矿业目的地中，大洋洲依旧是中资海外能源和矿产投资热点洲之一，共宣布和完成投资 37 宗，同比增长 15.6%。宣布和完成在亚洲的能源和矿产投资项目数达到了 34 宗，同比增长 70%，是中资海外能源和矿产投资项目数同比增幅最大的地区。宣布和完成在大洋洲、亚洲、北美洲、拉丁美洲和非洲的能源和矿产投资总额大约 10 亿美元（见图 3－5－8）。

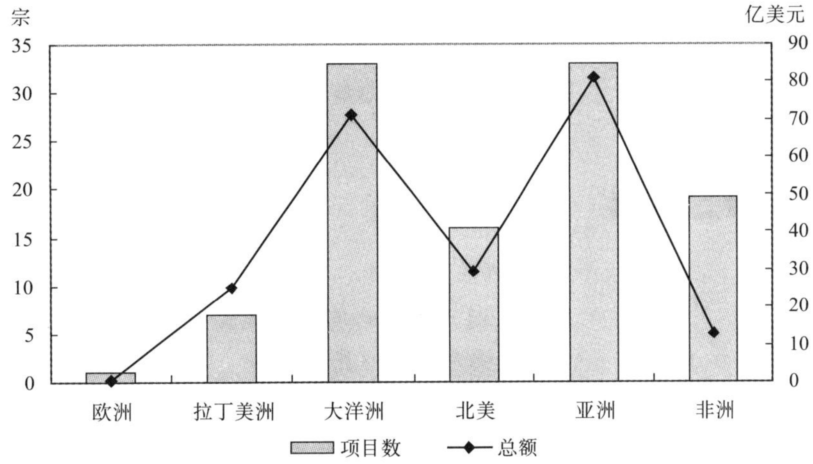

图 3－5－8　2015 年中国矿业投资项目和金额的区域分布

资料来源：根据中国香港国际矿业协会《2016 年中资海外矿产能源投资手册》整理而来。

从国家分布来看，2015 年中资宣布和完成向澳大利亚的矿产资源投资总额最高，其次为美国、俄罗斯、蒙古、哈萨克斯坦、印度尼西亚、老挝、刚果（金）、巴西、塔吉克斯坦和南非等。随着“一带一路”和“国际产能合作”的逐步发展，中国国家主席习近平对欧亚各国的访问，并与部分国家签署了共建“一带一路”合作备忘录，中资向哈萨克斯坦等“一带一路”沿线国家的投资项目明显增多。2015 年中国矿业投资额前 10 位国家见图 3 -5 -9。

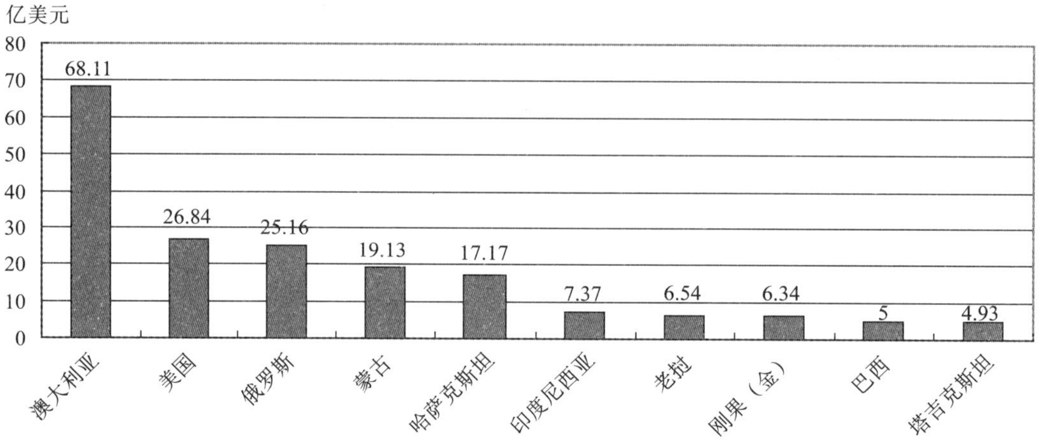

图 3 -5 -9　2015 年中国矿业投资额前 10 位国家

资料来源：根据中国香港国际矿业协会《2016 年中资海外矿产能源投资手册》整理而来。

（四）民营企业海外矿业投资表现活跃

2015 年共有 100 余家企业参与海外矿产能源投资，其中传统的国有企业仅占 20% 左右，其余为多元化的投资主体，民营企业表现了极大的市场活力。A 股上市、香港地区上市的矿业公司逐渐成为海外矿业投资的主体，大型矿业基金也开始参与海外矿业投资。

值得注意的是，紫金矿业发生 7 宗海外投资，居项目数排行首位，成为 2015 年海外能源和矿产投资最活跃的企业，其次为中石化、洲际油气、正威国际、中国五矿等。洲际油气和正威国际分别宣布 4 宗和 3 宗海外油气投资项目，成为 2015 年宣布和完成海外能源和矿产投资项目数最多的民营企业；中国神华宣布 40 亿元竞购力拓煤炭业务，成为 2015 年宣布和完成海外能源和矿产投资金额最高的企业；中国石化 10.9 亿美元收购哈萨克斯坦石油资产，成为 2015 年完成海外能源和矿产投资额最高的企业。

（五）矿业企业海外上市活跃

2015 年共 4 家中资矿产资源公司有海外上市活动，上市地点分别为澳洲证券交易所和澳洲亚太证券交易所（APX）。2015 年 3 月 5 日，通山大自然石业股份有限公司拟在 APX 挂牌上市。2015 年 2 月 12 日，Soon Mining Ltd. 拟在上市，开始进行 IPO 准备程序。2015 年 10 月 9 日，三和建材科技股份有限公司（简称“三和公司”）在获得澳大利亚证券投资委员会（ASIC）和 APX 审批同意后于 10 月 9 日在 APX 挂牌上市。2015 年 12 月 14 日，MMG 证券继在香港联合交易所有限公司（香港联交所）上市后，获得批准于澳洲证券交易所第二上市。

（六）矿业企业海外投资亏损加大

随着国内钢铁、煤炭、有色金属等产业出现产能过剩和产业结构调整，国内经济转型升级和进口资源价格整体回落，长达10年的大宗商品超级周期趋缓。很多钢铁、煤炭、有色金属等资源型加工企业产能过剩，亏损严重，开工不足，对海外资源的需求下降。铁矿石、煤炭等诸多大宗原料的价格持续下滑也减缓了海外矿业投资的动力。在前期资源投资过程中，出现了很多失败和教训。资源价格下行后，中国企业在海外资源投资中损失惨重，海外资源类投资风险凸显。众多央企、国企如中冶、中信、中刚、鞍钢、中铝等在海外矿业投资中损失惨重。

2015年共发生投资撤销或失败案例11宗，涉及投资金额5.97亿美元。导致项目失败或撤销的原因主要为市场因素，如美国阿派斯终止履行与恒泰艾普美国子公司EPT的股权转让交易、澳洲石墨商Lamboo资源公司与湖北中科恒达合并案终止、亚星化学放弃收购美国加州油田TOP ROSE HOLDINGS LTD. 87.50%的股权、厚朴基金与Metalloinvest中止围绕俄罗斯乌多坎铜矿项目的谈判、鹏欣资源终止收购南非奥尼金矿，以上项目均是受到商品价格下跌和矿产资源量等经济因素影响导致项目终止。

此外，海外政治政策因素、公司竞争、公司纠纷和买卖双方工作力度也是影响海外矿产能源投资项目顺利完成的重要因素，相关案例包括：园城黄金未能在预计的时间内取得澳大利亚黄金矿业私营有限公司投资矿产的批复文件、国家联合资源控股有限公司终止收购绿松石旗下南戈壁股份、New Talisman金业公司未能在预计时间内收到中国投资人Yang Xia所投资金、CuDeco Limited股东大会未通过面向中国投资集团Focus Sun Holdings Limited（FSHL）的配售计划、中国紫金矿业放弃收购计划出让所持Phoenix金业8.9%股份、中国河北中铂集团放弃收购南非东部铂业旗下矿产①。

（七）中国矿业加速与“互联网+”融合

2015年是商业模式划时代的分水岭。“互联网+”打通了原先信息不对称的各个生产环节，促进矿业市场更高效地配置资源、节约成本。中国矿业企业将越来越多地从整体产业链上思考自己的定位，融合发展的商业模式正在建立。“互联网+矿业”是个有巨大潜力的平台，能够有效对接资讯、资源、资本，帮助矿企迎来春天。当前，中国发展已从增量时代进入了减量时代，要适应这种趋势，以减量化为核心，加速与智能制造以及“互联网+”的融合，推动矿业向着绿色化、减量化、差异化、服务化、智能化、国际化方向发展。

中国采矿业海外投资风险分析

（一）资源民族主义风险

资源民族主义是矿业景气周期的必然产物。应该说，全球性的资源民族主义问题愈演愈烈，并

① 资料来源：中国香港国际矿业协会，《2016年中资海外矿产能源投资手册》。

且在短期内不大可能缓解或消除。国外资源民族主义将会使得我国工业原材料的供应面临紧张局面，使得我国境外矿产勘查与投资公司的经济利益面临损失等多样风险。资源民族主义将降低我国企业在东道国勘探投资的收益预期，提高勘探企业的营运风险。由于我国在全球矿产勘探投资中起步较晚，在技术、资金和管理等方面存在缺陷，在矿产勘探投资进程中更多徘徊在全球价值链的低端，在矿产开发中往往处于边缘化地位，所投资项目相对风险较大、收益较低。中国勘探企业在进行勘探的同时可能面临东道主国家推翻原有合同、提高税收和收益分成等行为，使企业利益蒙受损失，增加企业营运风险和成本。例如，在墨西哥，资源民族主义的主要表现形式就是资源国有化运动。墨西哥宪法规定，矿产资源归国家所有，私人和企业通过特许经营的方式从事勘查与开发。宪法的规定使得资源全民所有制获得合法地位，从而导致“资源民族主义”得到法律的保护。墨西哥政府通过新矿法税费手段提高国家占有率，变相抬高矿产资源合作开发门槛，清理或重新谈判合同和采矿权，这些措施也是墨西哥资源民族主义的表现形式。2014 年矿业投资税按公司利润的百分比增加了 5%—7.5% 不等，使得墨西哥成为拉丁美洲矿业投资成本最高的国家。其中，黄金和白银等矿产资源勘探生产企业因此项措施受到的影响最为严重，需支付的权利金增长了 0.5%—8.0% 不等。

为保障我国勘探企业面对资源民族主义风险时的合法权益，在国家层面上应加强双边矿业合作及相关保护协定的谈判，通过援建和相关信贷支持，提升国家形象，提供风险信息及相关应对服务，积极参与国际相关规则制定等；在企业层面，中国矿企在进行投资前，应做好详细的可研工作，聘请有经验的咨询公司提供必要的咨询服务，拓展融资渠道，搭建具有更强抵御风险能力的股权结构，以国际公民的标准要求自己，履行企业的社会责任，遇到不公正待遇或相关壁垒时提交世界贸易组织（WTO）仲裁，参与相关协议签订等。

（二）收购海外矿业资产决策风险

当前进行的矿业并购或者说“抄底”行为，需要慎之又慎。一方面，当前市场流动性并不宽裕，并购所需的资金成本较高；另一方面，当前矿业处于相对底部，并不是说矿业马上就要反弹，海外优质资产抄到底后，还需大量的资金维护，需做好长远投资打算。此外，大型公司剥离出来的资产并不见得就是优质资产，需要仔细加以甄别。因此，企业在海外矿业投资前，应该做好决策前的各类风险分析和预测。

（三）国际化矿业经营人才稀缺

目前，中国企业普遍缺乏熟悉国外矿产资源勘查开发运作规则、具备跨国经营管理能力的人才，在境外企业管理中经常因对东道国的文化、法律不熟悉，劳资关系、社区关系处理等方面处理不当，造成企业在境外矿业项目经营过程中屡屡碰壁。

作为国际化运营的矿业公司，吸引和留住具有海外运营矿山资质和经验的高素质人才对于企业的发展至关重要，从当地挖掘和聘用熟悉所在地环境的职业经理人来管理当地投资项目，对于境外投资项目并购完成后成功整合有重要帮助。如五矿集团收购 OZ 公司资产后，将 OZ 公司的主要管理者一并招聘，单独成立公司管理相关资产，并以之为平台开展境外并购，保障了管理的延续性和平稳过渡，也为公司的国际化进程提供了人才保证。

（四）境外投资的国内前置审批或备案程序复杂

海外投资与并购是一项极其复杂的工程，交易会涉及多方主体，需经多个政府机关审批或备案。根据我国现行法律法规的规定，如中国企业完成一项境外并购交易，在境内其需获得发展改革委、商务部门的核准或备案以及银行的外汇登记，如果是国有企业，还必须取得国资委的核准或备案。其中，发展改革委主要从海外投资角度对投资项目进行核准；商务部门从海外投资设立境外企业的角度进行核准；银行主要对境外投资所涉的外汇及汇出情况进行登记；国资委主要从国有资产监督管理的角度进行核准。自2014年开始，发展改革委、商务部门、外汇管理局均出台了新规，优化了境内企业境外投资与并购的审批、备案与登记程序，并下放了审批权限，但多部门前置审批（或备案）的程序仍然在客观上对企业海外矿业并购造成不便，甚至导致企业错失良机。

一方面，海外投资并购的环境与条件往往瞬息万变，需要快速决策，而多部门审批或备案需要花费一定的时间，短则20天到一个月，多则数月半年，甚至更长，等各种审批（或备案）程序走完，并购的条件有可能已经发生实质性改变。另一方面，企业海外并购的事宜属于商业机密，特别是在并购之前，为确保收购成功，需要绝对保密，但是有时在审批和备案环节就被泄密，导致并购无法继续。

这就迫使一些企业铤而走险，先以贸易等经常项目为名把钱汇到自己控制的海外离岸公司，再用离岸公司进行收购，收购成功后再到中国报批收购自己控制的离岸公司，批准后进行“左手倒右手”的财务处理，收购款用来平账以前“洗”出去的钱。这种操作手法使企业留下了套汇洗钱的原罪。

除上述几点外，对于国有企业来说，由于担心投资失败会被戴上国有资产流失的帽子，走出去的积极性也明显不高。

（五）社会责任风险

社会责任成为当前中资企业跨国经营的一项重要课题，跨国企业在投资合作中要重视人权、道德、劳工、环境、健康、安全、价值链和反腐败等问题，在盈利的同时要确保经济、社会、环境协同发展。可见，在国际投资与合作中，企业履行社会责任已经是大势所趋。然而，中国采矿企业在海外履行社会责任的情况并不乐观。近年来，国际投资合作中的社会责任缺失案例不断增多，引起了东道国政府、民众、社区以及国际社会的不满，并被不断放大和传播，不断给企业的声誉带来严重的负面影响，国家的形象也受到攻击。社会责任风险已经成为我国企业走出去的一大障碍和瓶颈。

中国五矿化工进出口商会为中国企业量身定制的《中国对外矿业投资社会责任指引》值得关注。2014年10月，中国五矿化工进出口商会同德国国际合作机构（GIZ）组织专家编写并发布了《中国对外矿业投资社会责任指引》。这是国际上第一部跨境矿业投资的全面的、自愿性的社会责任标准，被国际上认为具有里程碑的意义。另外，为了应对全球矿产冲突的问题，中国五矿化工进出口商会同经济合作与发展组织（OECD）合作编制《中国负责任矿产供应链尽职调查指引》，提倡企业开展基于风险的尽职调查工作，得到了全球见证的支持。

专题：赞比亚采矿业投资风险

赞比亚共和国（The Republic of Zambia）是非洲中南部的一个内陆国家，北靠刚果民主共和国，东北邻坦桑尼亚，东面和马拉维接壤，东南和莫桑比克相连，南接津巴布韦、博茨瓦纳和纳米比亚，西面与安哥拉相邻，全境面积75.26万平方公里，大部分属于高原地区。赞比亚因赞比西河而得名，别称为铜矿之国。赞比亚矿产资源非常丰富，有金、银、铜、钴、铅锌、铁、锰、镍等金属矿，磷、石墨、云母、重晶石、大理石等非金属矿和祖母绿、黄宝石、紫金石、海宝蓝、孔雀石、石榴石等宝石矿。其中，铜、钴、铁、煤和宝石等储量尤其丰富。

矿业占赞比亚外汇收入的25%，占政府财政收入的30%。赞比亚矿产资源丰富，政局稳定，有投资优惠政策，这些为矿业引资创造了较好的条件，是国际矿业投资者关注的地区之一。在加拿大Fraser研究所发布的2015/2016年度世界各国矿业吸引力排名中①，赞比亚矿业投资环境的总体评价居中后等水平，在109个参与排名国家中居68位，在调查的非洲20个国家中排位居中。

中资矿业企业在赞比亚矿业投资面临的主要风险（含政治风险）有战争和内乱、国有化、法律变动、劳工雇用、环境保护及安全生产等风险。建议中资矿业企业在赞比亚投资前要充分了解赞比亚法律环境，在投资协议中加入“稳定条款”，对可能遇到的政治风险进行投保，并且要严格遵守东道国法律，在企业内部建立海外投资法律风险防范机构。

（一）国有化风险

所谓国有化，是指主权国家依据本国法律将原属于外国投资者所有财产的全部或部分采取征用或类似措施，使其转移为本国政府所有或占有的行为。赞比亚由于建设与发展资金不足，制定并执行鼓励外资进入的政策。因此，除非在特殊情况下，赞比亚一般不会对外资企业实行国有化，中资企业在赞比亚投资面临的国有化风险比较小。实践中，中资企业面临较多的是间接征收风险。据透明国际组织2015年公布的腐败排行榜，赞比亚属于腐败比较严重或极端腐败的国家。多家企业均提到曾遭遇过政府不规范的间接征收。

（二）法律变动风险

法律变动风险是指因东道国修改法律而给外国投资者造成经济损失。法律变动风险是矿业领域外国投资者最为关注的问题之一。为了控制有限的矿业资源，从外国投资中获得更多的利润和税收，一些非洲国家经常修改或颁布新的税收法律制度。在赞比亚，有些法律，如《矿山安全法》等，在相当长时间内没有大的变化，但有些法律，如税法变动非常大。从20世纪90年代到现在，赞比亚有关矿业企业税种和税率一直在不断发生变化，包括矿区使用税税率的增加（2008年4月1日由0.6%增加至3%，2012年4月又增加至6%）、暴利税的开征和取消（2008年4月开征，2009

① Fraser公司每年对世界各国矿业吸引力进行排名。2015年该公司就15个影响矿业投资决策的因素，面向372位矿企所有者进行了问卷调查，经汇总分析最终形成了年度报告。参评因素主要有：政府实施的制度政策、法律体系、税收体系、基础设施、政治稳定度以及劳动法规等。

年初取消)、公司所得税税率的增加(2008 年 4 月从 25% 增加至 30%)。2014 年 10 月,赞比亚政府计划对矿业税收制度进行改革,将地下采矿业税率由 6% 增至 8%,露天采矿业税率由 6% 增至 20%。赞比亚矿业领域对此极为不满,部分矿企表示税收增加造成成本急剧上升,将考虑停业。2015 年,赞比亚矿业部表示,将公司所得税从 30% 上调至 35%。此外,政府将地下矿的开采权使用费从 8% 下调至 6%,将露天矿的开采权使用费从 20% 下调至 9%。这些税收政策的变化都会给中资矿业企业带来潜在的法律风险。

(三)社会治安风险

赞比亚社会治安风险一定程度值得警惕,包括枪击事件造成重大的人员财产损失。2016 年 3 月,赞比亚首都卢萨卡再次发生暴乱。卢萨卡市中心 LEVY 商场发生暴乱,购物者不得不躲进商店、超市寻求庇护。警察向 GBM 的支持者发射催泪瓦斯,试图驱散人群。

(四)劳工雇用风险

劳工雇用风险是指东道国立法和采取相关行政措施对外籍员工的数量、职务、雇用比例以及外籍员工入境许可、居留许可等加以限制,或者施加雇工本地化要求而给海外投资企业可能带来的损失。此外,非洲一些国家建立了健全的工会制度,参加工会是法律赋予员工的权利,赞比亚工会组织也比较活跃,工会组织可代表工会成员就有关薪酬、辞退等问题与雇主进行谈判。在非洲投资的中资矿业企业必须重视当地工会的影响力。赞比亚中资矿业企业曾多次遭遇工会组织的罢工事件,给企业经营带来一定的影响。例如,2015 年,赞比亚矿产及联合工人协会要求加薪 30%,以应对不断攀升的通胀压力。在 2014 年的谈判中,工会达到了加薪 10% 的目的,维护了赞比亚铜产业相对平静的劳资关系。

(五)环境保护风险

海外矿业投资容易面临环境保护问题,这是由矿业开发的物理性质决定的。矿产资源的勘查和开采会导致矿区地质环境的改变,资源开采势必对周围的环境、土地等造成一定的污染,也有可能导致地质灾害。中资矿业企业在非洲投资面临潜在的环境保护风险。环境保护问题如果处理不好,极易被西方国家一些别有用心的报道煽动为新殖民主义。中资矿业企业在赞比亚投资过程中,曾经发生过由于没有完成环境影响评估就展开现场施工的情况,结果被环境管理局强令停工,导致大量的施工人员窝工,原有施工计划推迟,给企业的后续经营带来不利影响。

(六)安全生产风险

矿业属于“高危”行业,面临较高的安全生产风险。中资矿业企业在非洲投资过程中曾发生过比较严重的安全生产事故。例如,2005 年 4 月北京矿冶研究院和中色非洲矿业有限公司所属的位于赞比亚谦比希矿区内的 BGRIMM 炸药厂爆炸,造成 46 人死亡。这些事故也给所有在非洲投资的矿业公司敲响警钟,在安全安管理方面不能有任何差错,工程质量和安全生产是确保“走出去”持续发展的根本。

(七)公共卫生风险

非洲还有一个比较独特的危机,就是频繁的、大规模的社会危机,包括公共卫生危机,比如埃博拉病毒的肆虐、禽流感这样的危机遍及全球。非洲国家的卫生设施，包括整个社会保障设施比较差，所以出现这种危机以后难以控制，疫情对这些国家打击也就比较持久。

（八）基础设施落后风险

赞比亚基础设施比较落后，特别是电力供应明显不足。2015 年，受赞比西河和卡里巴湖的低水位影响，电力短缺频现，全国大范围的停电令经济雪上加霜。赞比亚遭受严重干旱和深度经济危机的折磨。

除了上述比较典型的风险外，中资矿业企业赞比亚投资中还面临着海外投资有可能遇到的一些常见风险，例如：金融风险、知识产权风险、排华风险等。

第六章
油气行业

油气行业指以石油和天然气为原料，生产石油产品和石油化工产品的加工工业。石油产品又称油品，主要包括各种燃料油（汽油、煤油、柴油等）和润滑油以及液化石油气、石油焦炭、石蜡、沥青等。生产这些产品的加工过程常被称为石油炼制，简称炼油。油气行业在国民经济的发展中有重要作用，是我国的支柱产业部门之一。根据国家质检总局和国家标准委颁布的《国民经济行业分类》（GB/T4754－2011），油气行业属于采矿业（B）的07大类、制造业（C）的25大类和电力、热力、燃气及水生产和供应业（D）的45大类（见表3－6－1）。

表3－6－1　　石油和天然气开采业分类表

三次产业分类	门类	大类	中类	小类	行业名称
第二产业	B	07			石油和天然气开采业
			071	0710	石油开采
			072	0720	天然气开采
	C	25			石油加工、炼焦和核燃料加工业
			251	2511	原油加工及石油制品制造
				2512	人造原油制造
	D	45			燃气生产和供应业
			450	4500	燃气生产和供应业

资料来源：中华人民共和国国家统计局，《国民经济行业分类》（GB/T4754－2011）。

油气行业上游是勘探、采油和采气，中游是炼化，下游是精细化工和衍生产品。石油和天然气的产业链如图3－6－1所示。

本报告将重点研究全球油气行业的投资风险。主要内容包括全球油气行业发展形势分析、全球油气行业对外直接投资分析、中国油气行业境外投资分析、中国油气行业境外投资风险分析4个部分以及坦桑尼亚石油和天然气投资风险研究专题。

2015年全球油气行业发展形势分析

2015年是世界油气行业急剧变动的一年。由于世界各主要经济体复苏乏力，油气消费萎靡不

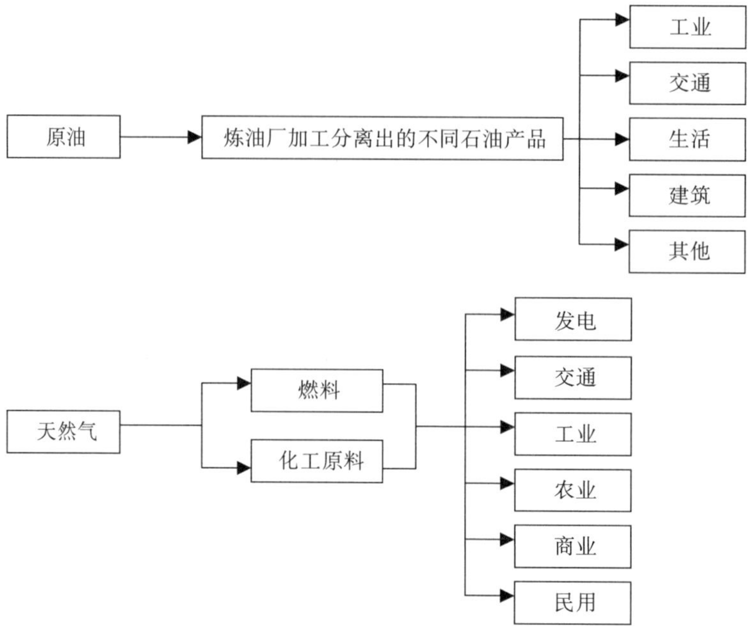

图 3-6-1 石油和天然气的基本产业链

资料来源：中国信保。

振，世界油气市场整体严重供大于需，国际油气价格总体仍然持续低迷，石油公司业绩大幅下滑。

（一）全球油气供给

全球石油供给方面，世界石油供应较2014年大幅增长260万桶/日，达到9 610万桶/日。其中，石油输出国组织（OPEC）坚持保市场份额策略，产量增长130万桶/日。从区域来看，北美地区的增产对于非石油输出国组织产出的增加贡献最多，紧接着是拉丁美洲地区国家，与之对应受利比亚和阿尔及利亚产量下降、沙特减产以及伊朗制裁的影响，石油输出国组织石油产量在小幅下降[①]。

从国别来看，根据美国能源信息管理局（EIA）的最新数据，在2015年全球石油日产量最大的15个国家中，沙特阿拉伯石油每日产量达到1 052万桶，占全球日产量的10.95%，位列世界第一。其次是俄罗斯，石油每日产量达1 027万桶，占全球日产量的10.69%。位列第三的国家是美国，石油每日产量达到968万桶，占全球日产量的10.07%。中国居第五位，石油每日产量达到407万桶，占全球日产量的4.24%。2015年全球石油日产量前15名国家情况见图3-6-2。

2015年，全球天然气产量估计为3.67万亿立方米，同比增长2.4%，从区域来看，除欧洲和俄罗斯以外，各地区天然气产量均有不同程度的增长。全球天然气供需明显宽松，买方市场特点突出。2015年，全球新增LNG产能2 000万吨/年，总产能达3.25亿吨/年，增长5.2%。亚洲LNG需求疲软、进口下降，过剩资源主要流向欧洲，英国、法国、德国等主要国家LNG进口大幅反弹。拉美地区LNG消费快速增长，有望成为新的需求增长点。埃及由LNG出口国转为进口国，巴基斯坦、约旦和波兰首次步入LNG进口国行列。

① 中国石油企业协会、中国油气产业发展研究中心：《2016中国油气产业发展分析与展望报告蓝皮书》，中国石化出版社2016年版。

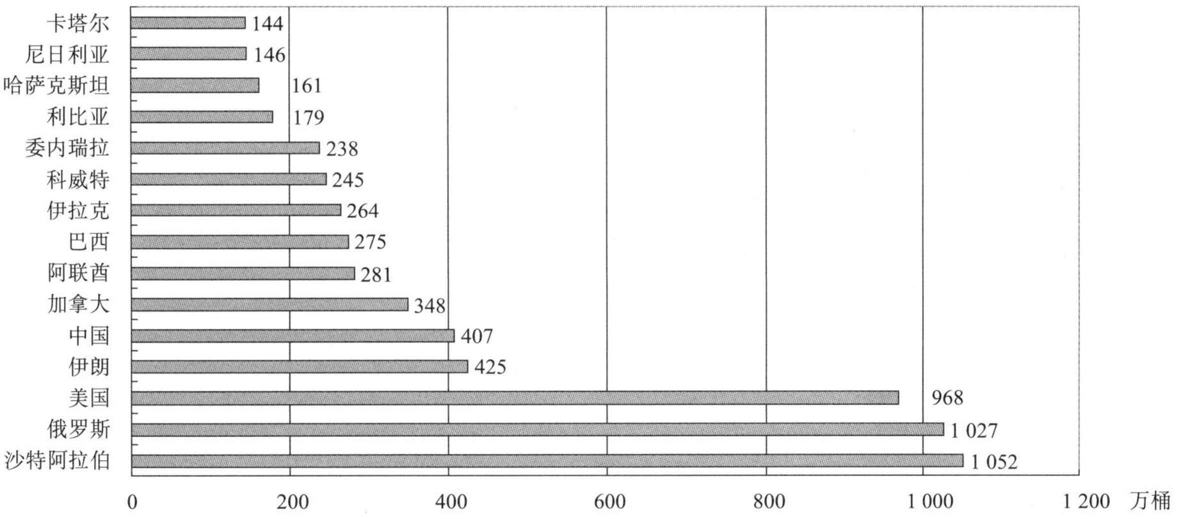

图 3-6-2　2015 年全球石油日产量前 15 名国家

资料来源：矿业界，http：//www. miningindustry. com. cn/。

从国别来看，2015 年全球天然气产量最大的 15 个国家中，美国天然气产量达到 7 283 亿立方米，占全球产量的 21. 05%，位列世界第一。其次是俄罗斯，天然气产量达 5 787 亿立方米，占全球产量的 16. 72%。位列第三的国家是卡塔尔，天然气产量达到 1 772 亿立方米，占全球产量的 5. 12%。中国位居第六位，天然气产量达到 1 345 亿立方米，占全球产量的 3. 89%。2015 年全球天然气产量前 15 名国家情况见图 3-6-3。

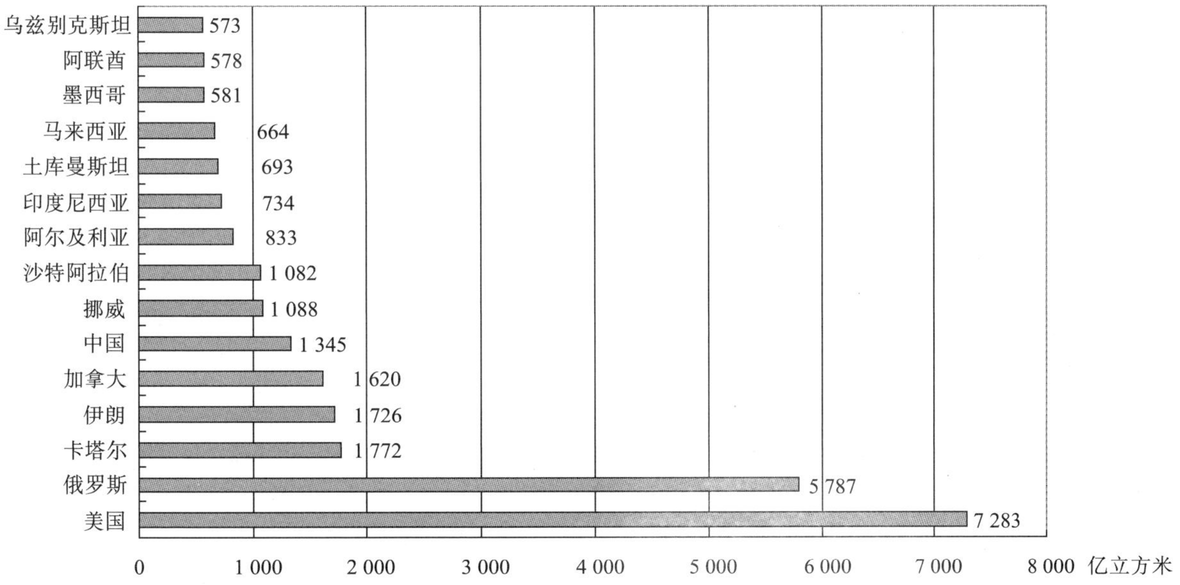

图 3-6-3　2015 年全球天然气产量前 15 大国家

资料来源：矿业界，http：//www. miningindustry. com. cn/。

（二）全球油气需求

受低油价对需求的刺激和发达国家的经济复苏影响，世界石油需求大幅提高 170 万桶/日，达到 9 440 万桶/日，其中，OECD 国家石油需求增速由负转正，增长 45 万桶/日。美国石油消费平和增长，日本和欧洲石油需求连续萎缩，中国石油消费仍然维持增长态势。

2015 年，全球石油储备量最大的 15 个国家中，美国石油每日消费量达到 1 915 万桶，占全球日消费量的 20.29%，位列世界第一。其次是中国，石油每日消费量 906 万桶，占全球日消费量的 9.6%。位列第三的国家是巴西，石油每日消费量达到 265 万桶，占全球日消费量的 2.81%。2015 年全球前 15 大石油储备国的日消费量情况见图 3－6－4。

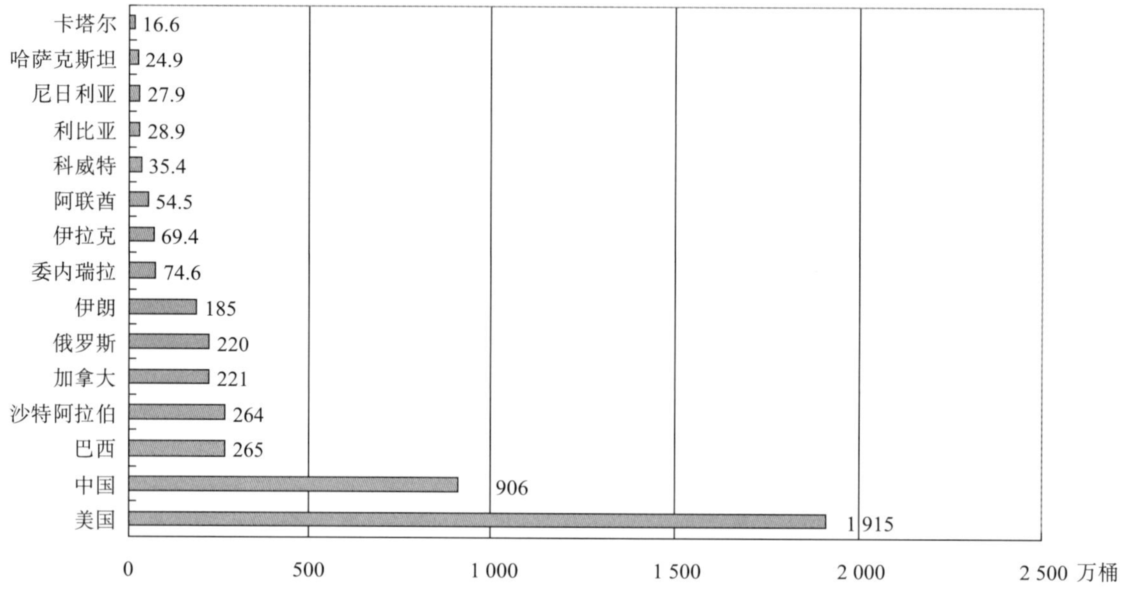

图 3－6－4　2015 年全球前 15 大石油储备国的日消费量

资料来源：矿业界，http：//www.miningindustry.com.cn/。

2015 年，全球天然气消费量估计为 3.48 万亿立方米，同比增长 2.7%，增速较 2014 年提高 2.3 个百分点。从区域来看，受经济放缓、冬季偏暖、气价竞争力不足以及日韩核电重启等因素影响，亚太地区天然气消费增速降至 1.2%。得益于气价下跌，欧洲天然气消费结束了自 2011 年以来连续下降的趋势，大幅增长 5.8%。在美国的拉动下，北美地区天然气消费增长 3.8%。中东地区天然气消费连续两年高速增长①。

从国别来看，2015 年，天然气消费量最大的 15 个国家中，美国天然气消费量达到 7 594 亿立方米，占全球消费量的 22.38%，位列世界第一。其次是俄罗斯，天然气消费量达 4 092 亿立方米，占全球消费量的 12.06%。位列第三的国家是中国，天然气消费量达到 1 855 亿立方米，占全球消费量的 5.47%。2015 年全球主要国家天然气消费量情况见图 3－6－5。

（三）全球油气储存量

2015 年，全球油气储量保持增长态势，已证实石油储量达 14 711.5 亿桶，同比增长 0.8%。OPEC 国家的石油储量也基本维持在 2014 年的 12 060 亿桶，占全球石油储量的 81.98%。从国别来看，全球石油储量最大的 15 个国家，沙特阿拉伯石油储量达到 2 626 亿桶，占全球石油储量的

① 钱兴坤、姜学峰："2015 年油气行业发展概述及 2016 年展望"，《国际石油经济》，2016 年第 1 期。

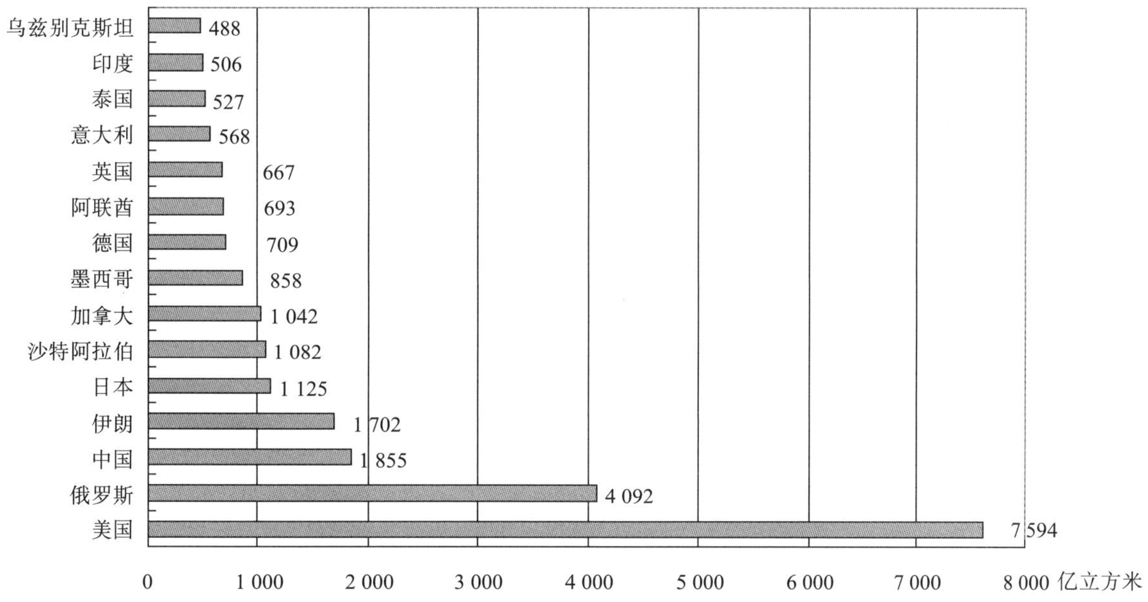

图 3－6－5　2015 年全球主要国家天然气消费量

资料来源：矿业界，http：//www. miningindustry. com. cn/。

17. 85%，位列世界第一。其次是委内瑞拉，石油储量达到 2 112 亿桶，占全球石油储量的 14. 35%。位列第三的国家是加拿大，石油储量达到 1 752 亿桶，占全球石油储量的 11. 91%。中国位居第 14 位，石油储量达到 148 亿桶，占全球石油储量的 1. 01%。2015 年全球 15 大石油储备国情况见图 3－6－6。

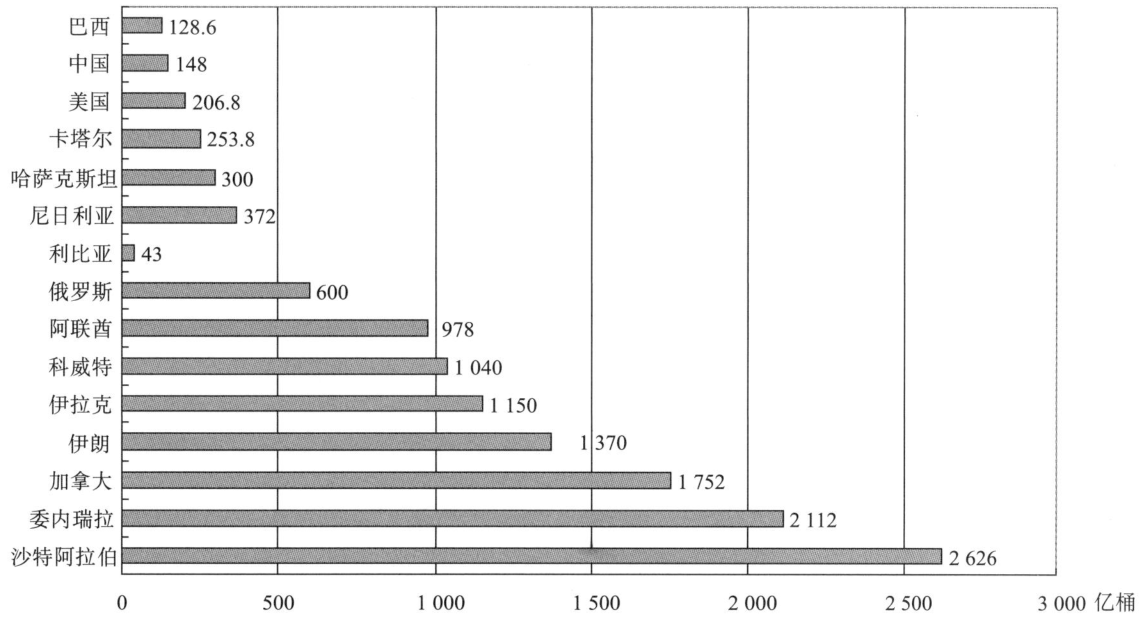

图 3－6－6　2015 年全球 15 大石油储备国

资料来源：矿业界，http：//www. miningindustry. com. cn/。

2015 年，天然气剩余储量 189 万亿立方米，比 2014 年的 187. 1 万亿立方米略增 1%。从国别来看，全球天然气储量最大的15个国家中，伊朗天然气储量达到34万亿立方米，占全球天然气储量的18.17%，位列世界第一。其次是俄罗斯，天然气储量达到32.6万亿立方米，占全球天然气储量的17.42%。位列第三的国家是卡塔尔，天然气储量达到24.5万亿立方米，占全球天然气储量的13.09%。中国位居第13位，天然气储量达到3.5万亿立方米，占全球天然气储量的1.87%。2015年全球15大天然气储备国情况见图3－6－7。

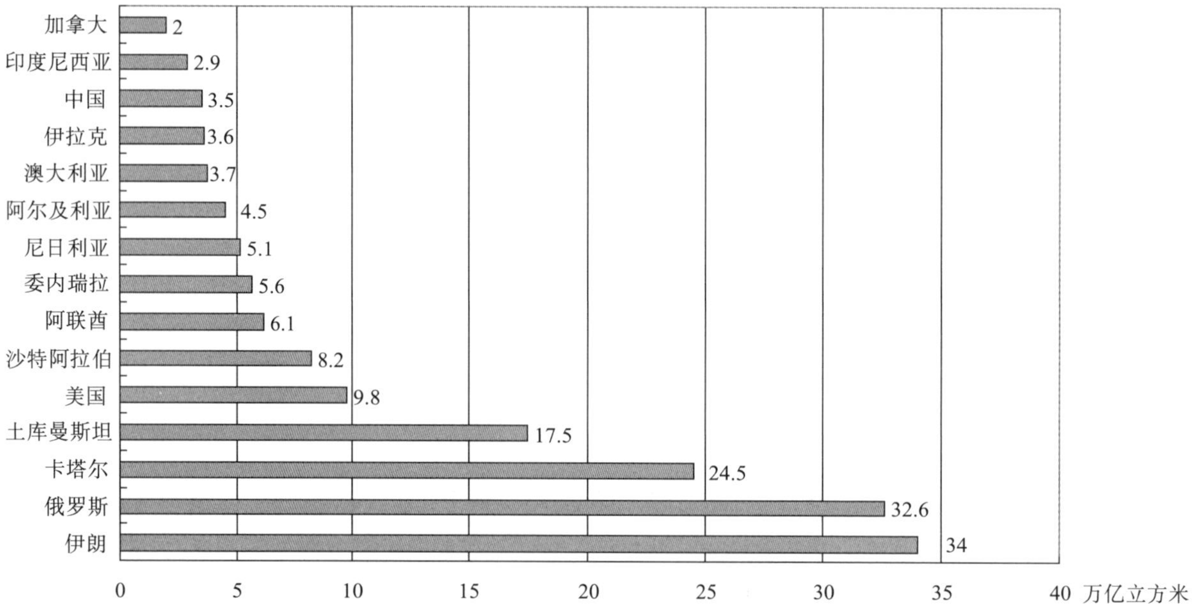

图3－6－7　2015年全球15大天然气储备国

资料来源：矿业界，http：//www.miningindustry.com.cn/。

（四）全球油气价格

全球油气价格总体仍然持续低迷。2015年，受油气市场供需、金融、地缘政治等因素影响，WTI和布伦特原油期货均价分别为48.76美元/桶和53.60美元/桶，同比分别下降47.52%和46.02%，其中12月22日布伦特油价达到36.11美元/桶，创2008年金融危机以来的新低①。全球石油价格变化趋势见图3－6－8。

世界石油价格缺乏上升动力的另一个主要原因是，曾经作为世界经济火车头的中国经济继续疲软。尽管中国央行在过去一年中曾经6次下调利率，政府拨出大笔资金救市，但中国经济仍然负面消息不断。其他过去几年经济曾高速发展的国家的消息也不乐观，这些国家的经济减速也进一步减少对石油的需求。

2015年，全球三大天然气市场价格大幅下跌。欧洲天然气现货市场的风向标英国NBP（National Balancing Point）全年均价为6.62美元/百万英热单位，下跌14.0%。美国芝加哥商品交易所天然气期货交易Henry Hub全年均价为2.62美元/百万英热单位，下跌39.8%。受油价下跌和市场基本面宽松的影响，日本进口LNG全年均价估计为10.64美元/百万英热单位，下跌34.4%，其中LNG现货全年均价为7.46美元/百万英热单位，下降46.9%。亚洲天然气市场灵活性增加，中国、新加

① 钱兴坤、姜学峰："2015年油气行业发展概述及2016年展望"，《国际石油经济》，2016年第1期。

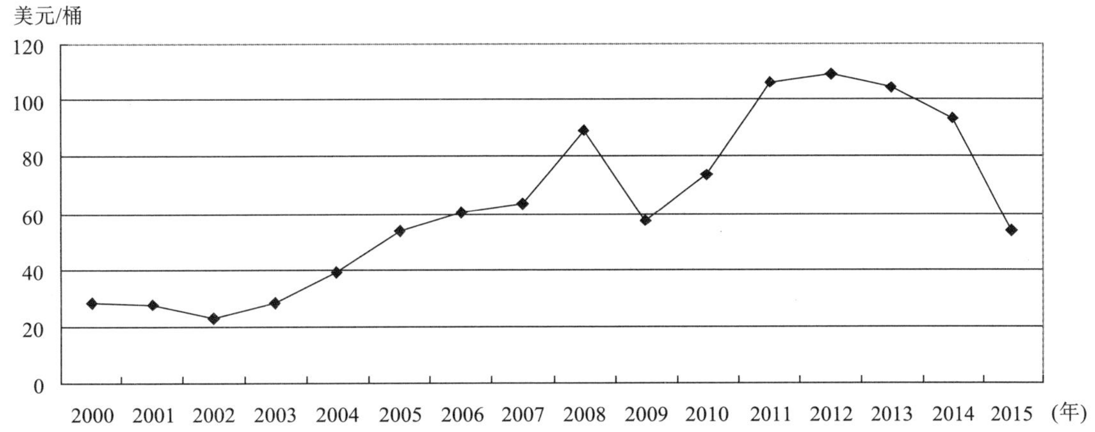

图 3-6-8　全球石油价格变化趋势图（布伦特）

资料来源：矿业界，http：//www. miningindustry. com. cn/。

坡、日本争建亚洲天然气交易市场①。全球天然气价格变化趋势见图 3-6-9。

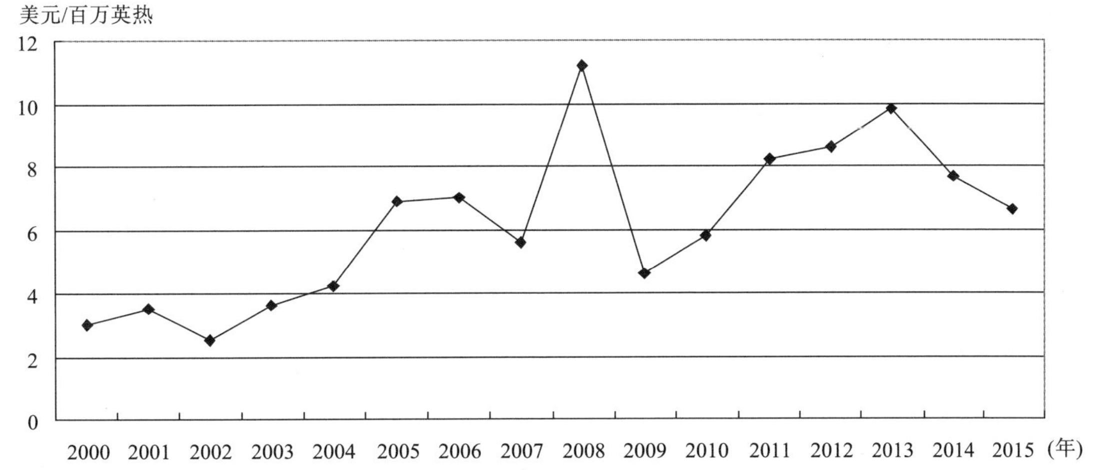

图 3-6-9　全球天然气价格变化趋势图（NBP）

资料来源：矿业界，http：//www. miningindustry. com. cn/。

（五）全球油气公司的表现堪忧

2015 年，石油油气陷入了有记录以来最深重的金融危机，大部分石油与天然气运营商都不可能保持盈利，全球石油业巨头的共识就是“前景堪忧”。2015 年国际油价大幅下跌重创各类石油公司的业绩。埃克森美孚、荷兰国家壳牌有限公司、英国石油公司（BP）、雪佛龙和道达尔 5 家国际大石油公司，以及俄罗斯石油公司（俄油）、俄罗斯天然气工业股份公司（俄气）、挪威国家石油公司、巴西国家石油公司、马来西亚国家石油公司、墨西哥国家石油公司 6 家国家石油公司的营业收入、净利润分别下降 40% 和 70% 左右。康菲、安纳达科等 10 家独立石油公司的营业收入下降 45% 左右，全部陷入亏损。斯伦贝谢、哈里伯顿等 7 家技术服务公司收入下降幅度接近 30%，多数公司

① 钱兴坤、姜学峰：“2015 年油气行业发展概述及 2016 年展望”，《国际石油经济》，2016 年第 1 期。

亏损。

全球最大石油生产商埃克森美孚公司2015年第四季度盈利下降58%，并且宣布，计划将2016年的资本支出削减1/4，以应对油价的长期低迷。该公司第四季度营业收入从原来的872.8亿美元降至598.1亿美元，净盈利从2014年同期的65.7亿美元，降至27.8亿美元，2015年第四季度油气产量增长4.8%，日产出从原来的405万桶增至425万桶，主要是由于原油产量的增加。

2015年英国石油公司遭遇至少20年来的最差年度业绩，并将进一步裁员数千人，以应对国际油价暴挫的困难局面。该公司公布2015年息税前盈利巨亏65亿美元，而2014年这一指标为盈利81亿美元。

荷兰皇家壳牌有限公司第四季度利润大降近60%，油价暴跌正侵蚀公司收益。2015年第四季度，基于供应成本的利润由2014年的42亿美元大幅下滑至18亿美元，公司全年利润下滑80%，至38亿美元，2014年利润为190亿美元。

美国能源巨头雪佛龙公司由于原油价格同比下降近50%，公司2015年业绩较2014年也大幅下降。公司第四季度营业收入280亿美元，低于2014年同期的420亿美元。第四季度亏损5.88亿美元，低于2014年同期的盈利35亿美元。

康菲石油公司2015年第四季度净亏损从2014年同期的3 900万美元扩大至35亿美元。

加拿大矿产与石油公司泰克资源2015年第四财季亏损3.439亿美元，2014年同期盈利。公司当期营业收入16亿美元。公司全年亏损18.5亿美元，营业收入61.9亿美元。

低油价下，石油企业债务大幅上升，再融资能力下降，处于破产或重组之中的中小企业数量不断增加。面对惨淡的业绩，全球油气公司普遍采取控投资、控风险、控成本、控人员和控大事故，保上游投资、保现金流、保科技创新和保股东分红等措施。5家国际大石油公司的投资降幅在15%左右，计划削减运营成本82亿美元。为应对挑战，国际大石油公司采取减人不减薪的策略，国家石油公司则是减薪不减人。斯伦贝谢等7家技术服务公司资本支出下降近40%，裁员近7万人。

2015年全球油气行业对外直接投资分析

（一）全球油气行业勘探开发投资大幅下降

持续性低油气价格直接影响到全球油气的勘探开发投资。全球油气领域资本支出继续大幅下降。据巴克莱银行估计，2015年油气上游资本支出为5 210亿美元，同比减少22%。受此影响，工程服务市场规模为3 364.92亿美元，下降25%，其中钻井与完井服务市场是下降幅度最大的板块，降幅为26%。北美地区动用钻机数量下降54%。海上勘探开发活动放缓，浅海各类型海上钻机钻井日费降幅为10%—20%。

全球油气行业勘探开发投资大幅下降的同时，油气勘探投资效率持续走低，油气发现规模和新增储量不断下降。全球油气发现主要集中在非洲地区的深水和超深水领域，特别是埃及地中海、安哥拉海域和毛里塔尼亚的塞内加尔海域，并以天然气发现居多。

日益恶化的市场环境给全球油气行业勘探和生产增添了新的、不断深化的金融危机，并且促使客户进一步削减已经显著降低的勘探和生产投资投入。2015年油田服务业务量增长乏力，全球油气公司大刀阔斧地调整了成本和资源基础，这其中包括公司将进一步裁员，并将精简开支、基础设施和资产基础。

（二）投资风险显著上升，投资政策频调

2015年，低油价对全球主要油气资源国的影响逐步显现，俄罗斯和中亚、中东、拉美等地区主要产油国出口收入大幅下降，财政紧张、货币贬值、外汇储备缩水，部分国家经济增速大幅放缓甚至陷入衰退，特别是中东、西非地区恐怖活动增加，资源国经济、社会、安全和政治风险明显上升。

为应对危机，资源国采取多种政策和措施来吸引外资，减轻企业负担。伊朗积极修改合同，放宽在投资、工作量、开发期、成本回收、报酬等条款方面的限制，突破了原有回购合同模式的限制。墨西哥、乌干达、安哥拉等国放宽招标限制，有针对性地给予难开采区域财税优惠。俄罗斯、哈萨克斯坦、英国、印度尼西亚等国通过降低特定地区和特定资源的开采税、收益税和取消部分税费减轻企业负担。

此外，部分资源国为减轻财政负担，采取减少补贴、增加税收、出售资产等措施，筹措资金渡过难关。以沙特阿拉伯为代表的多个资源国上调国内能源价格，减少补贴。俄罗斯调整国内矿产资源开采税，计划由776卢布/吨增至950卢布/吨。俄罗斯已累计出售油气资产超过100亿美元，包括部分战略性资产，改变了不对外出售战略资产的政策。哈萨克斯坦将实施私有化计划，向国际投资者出售多家国有企业股份①。

（三）全球油气地缘政治格局恶化

中东地区局势更为动荡。中东地区的两个强国沙特阿拉伯与伊朗爆发的冲突起到了短期拉升石油价格的效果。如果同样的事件发生在一年之前，会对石油价格起到比较长期的拉升作用，但在国际社会由于与伊朗达成核协议而取消了对伊朗的石油禁运之后，伊朗已开始向世界市场大量注入石油，这淡化了沙特阿拉伯与伊朗此次冲突对石油价格的拉升作用。然而，中东这个世界热点地区的国家关系正变得越来越脆弱，如果中东地区局势不断走向紧张，则世界石油价格的上升就会成为比较持久的事情。

俄罗斯选择难民潮困扰欧洲、美国反恐成效不大的有利时机，强势介入叙利亚的反恐战争，以摆脱乌克兰危机困境，并巩固和提升在中东地区的影响，占领道义制高点，其间俄客机遭恐怖袭击坠毁、法国受到ISIS恐怖袭击，俄借机拉欧反恐，挑战美国的反恐主导权。土耳其为实现其战略利益，依仗北约，击落了俄罗斯战机，使得中东局势更加复杂，对全球石油市场产生了深远影响。

（四）美国成为“全球油价调节者”，投资避风港效应再次凸显

2015年，美国成为重要的石油生产和出口国，开始对油气行业和市场产生重大影响。美国解除长达40年的原油出口禁令、加大成品油出口，成为新的LNG出口国，这将极大地改变全球油气供应格局。随着全球油气生产格局的改变，美国实际接替了曾由沙特和IEA扮演的“全球油价调节者”角色。美国左右全球能源市场资源的能力显著提升，将重塑世界石油地缘政治格局。

① 钱兴坤、姜学峰：“2015年油气行业发展概述及2016年展望”，《国际石油经济》，2016年第1期。

美国的投资避风港效应再次凸显。原因在于，尽管低油价下各地投资均难赚钱，但美国成熟油气市场的优势是中亚等其他国家地区不具备的。没有中亚、非洲、南美洲那样的政策类、地缘政治类风险，美国油气行业的优势还在于美国油气地质资料非常丰富，服务公司团队和服务链条非常完备，发达成熟的石油服务市场、健全的市场机制以及完善的法治使得其作业成本相对较低，而且邻近市场，相关基础设施非常完备。美国成熟的市场环境让以中小油气公司为主的民营企业更易于生存。同时，美国油气资源完全掌握在私人手中，大都被分成独立的小区块，每年大小石油公司之间以及资产拥有者和石油公司之间的区块交易非常活跃，且不同投资者对地质前景的不同认识也为小公司的生存创造了条件。因此，尽管低油价下决策艰难，但专注最成熟、敏感度最高的美国市场或许能在面临巨大不确定性的情况下抓住少数宝贵的确定性。

（五）并购造就“石油巨头”，强化公司优势

石油和天然气行业经历了无数的合并和收购，经过不断的洗牌才成就了如今的“石油巨头”。埃克森美孚是在1999年合并后的公司，该合并可以称为有史以来最大规模并购，一举造就了世界上最大的公司。从某种意义上说，与其说这是两家公司的并购行为，不如说这是两家公司多年后的重新结合。荷兰皇家壳牌公司从墨西哥Eagle石油公司（1919年）开始，先后收购了Solarhart石油公司（1979年）、壳牌石油公司（1985年）、爱尔兰企业能源（2002年）、加拿大壳牌（2006年）、东部能源公司（2010年）。沙特阿拉伯国家石油公司最初是一家美国和沙特阿拉伯合资的企业，后来沙特阿拉伯政府收购了加利福尼亚州的阿拉伯美国石油公司。俄罗斯卢克石油公司并购了盖蒂石油公司（2000年）、Scholtzmeyer bros.（2004年）和土耳其石油公司的零售商Akpet公司（2008年）。法国道达尔公司先后合并了Vickers石油公司（1980年）、比利时石油公司（1999年）、埃尔夫—阿奎坦公司（2000年）和SunPower公司（2011年）。英国石油公司先后收购了俄亥俄州的标准石油公司（1978年）、阿莫科石油公司（1998年）、Arco公司（2000年收购，2013年卖给了Tesoro公司）和嘉实多公司（2000年）。中石化通过收购新星石油公司（2001年）、海南石化有限公司（2006年）、胜利石油管理局（2006年）、Addax石油公司（2009年）和日光能源公司（2011年）而成为全球石油行业的巨无霸。中石油2005年在加拿大卡尔加里地方法庭上敲落的一声重槌标志着中国石油天然气集团公司对哈萨克斯坦石油公司（PK石油）41.8亿美元巨额收购案最终以完胜落幕。那次经过艰难博弈换来的成功，让中国石油行业受益匪浅。

2015年，全球石油行业再次出现巨型并购。出于强化优势考虑，荷兰皇家壳牌公司以700亿美元收购英国天然气集团，以提高在深水、LNG等领域的竞争能力。斯伦贝谢以124.3亿美元收购Cameron公司，一体化服务能力进一步提升。陶氏化学公司和杜邦公司宣布对等合并，合并后的公司市值超过1 300亿美元，成为化工行业第一大公司。

（六）全球油气行业剥离和分拆活动大幅增加

油价大幅下挫使得页岩油气相关投资失去吸引力，并购交易又重回企业高管的视线范围内。导致全球油气行业并购交易活性增强的最大驱动力是在低经济增速和高估价环境中寻求利润增长。这已导致全球油气行业业务剥离和分拆活动大幅增加，如陶氏化学和杜邦公司的巨大并购交易最终目标也是分拆成3个独立公司。股东也在推动管理层剥离非核心资产，聚焦核心业务。对股东和管理层来说，当前追求的是业务上下游连贯性，而不是业务多元化。但发展中国家是例外，沙特基础工

业公司还在追求业务多元化。

2015 年中国油气行业对外直接投资分析

自 1993 年实施“走出去”战略开展国际化经营以来，我国油气企业积极参与国际油气合作与开发，在油气对外合作中稳中求进。特别是近几年，中国海外油气业务主动适应新常态，面对国际油价持续下跌的严峻挑战，转变海外业务发展思路，通过调整投资节奏，压缩低效产量，优化资产结构等措施提质增效。

（一）海外油气权益产量稳定增长

20 世纪 90 年代中国油企走出去，就是奔着获取“权益油”（指石油公司根据油田所占股份权益分成获取的原油，又称“份额油”，区别于原油市场买卖的“贸易油”）去的。最根本的目的是掌握资源，也希望在与国际石油公司的合作中学习先进技术、管理经验。同时，中国公司自己去开采的时候也可以控制成本，兼顾商业利益。中国油企“走出去”成果显著，海外油气权益产量稳定增长。2015 年，中国石油企业海外油气权益产量估计为 1.5 亿吨油当量，同比增长 6%。其中，中石油、中石化和中海油权益产量分别为 7 300 万吨、4 000 万吨和 2 350 万吨油当量①。

（二）国有油气企业唱主角，民营企业加快“走出去”

截至 2015 年底，我国共有超过 20 家公司从事海外油气投资活动，包括中石油、中石化、中海油、中信集团、中国中化等国有石油公司，及以新疆广汇为代表的 10 多家民营企业，在全球 50 多个国家共执行了 200 多个油气投资项目。在这些油气企业中，国有油气企业（中石油、中石化、中海油）是投资活动的主力军，海外合作亮点频闪。

2015 年，中石油在全球 30 多个国家运营 90 多个油气合作项目，伊拉克哈法亚项目三期工程 30 项 EPC 合同中 10 项已授标；中亚天然气管道哈南线工程巴佐伊压气站开工建设；中缅天然气管道（缅甸段）分输站全部投用；中缅原油管道境外段工程在马德岛港举行预投产仪式，首艘 30 万吨油轮进港并向原油罐区注油，海外油气业务新增原油可采储量完成年度计划 58.9%；实现油气当量权益产量 3 735.3 万吨，完成计划 55.3%，比 2014 年同期增长 18.6%。

2015 年，中石化在全球 27 个国家执行 53 个油气投资合作项目，遍布非洲、美洲、中东、俄罗斯、中亚和亚太六大油气区；与俄石油联合开发俄罗斯两个油气田，购两公司 49% 股权。

2015 年，中海油全球战略布局基本完成，国际化运营能力不断增强，公司海外资产占比达 39.0%，海外收入占比达 50.5%，海外油气产量占比达 42.3%。中海油始终坚持“合作共赢”的原则，不断扩大国际能源合作。在“走出去”的同时，通过“引进来”加大对外合作力度，迄今已与 21 个国家和地区的 79 个石油公司签订 206 个对外合作合同②。

与国有油气企业相伴，我国民营油气企业加快“走出去”步伐。民营公司走出去投资油气，也

---

① 钱兴坤、姜学峰：“2015 年油气行业发展概述及 2016 年展望”，《国际石油经济》，2016 年第 1 期。

② 中国石油企业协会、中国油气产业发展研究中心：《2016 中国油气产业发展分析与展望报告蓝皮书》，中国石化出版社 2016 年版。

获得了官方的支持。2014 年 8 月 27 日，商务部以“商贸函（2014）635 号文”对广汇石油原油非国营贸易进口资质进行了批复，开启了原油进口权向民营企业开放的大门。2015 年，包括洲际油气、熔盛重工、正和股份、风范股份、金叶珠宝、亚星化学、广汇能源、海默科技等在内，民营企业海外投资油气活跃，海外并购投资金额达 30 亿美元，再创新高。例如，民营油气领军企业之一洲际油气（600759. SH）在 2014 年收购哈萨克斯坦马腾石油公司 95% 股权后，又于 2015 年 8 月 12 日以马腾石油为平台成功收购 KoZhan Joint - Stock Company100% 股权，收购对价为 3. 405 亿美元。宝莫股份以不超过人民币 1. 2 亿元的出资形式购得加拿大锐利能源公司 51% 的股权；复星国际有限公司以 4. 41 亿美元现金收购澳大利亚洛克石油有限公司等。民营油气企业投资以上游项目为重点，主要在中亚俄罗斯地区收购油气资产，部分企业通过收购非常规油气资产进入美国等发达国家。

（三）多元化的海外油气投资合作方式

不同的国家和地区有着不同的石油财税制度，中国在不同国家的投资合作方式也不尽相同。目前，中国石油企业主要采取与资源国政府进行合作的方式，签订的合同包括矿税制合同、产量分成合同和服务合同三种类型。随着资源国对本国油气资源控制程度的不断加大，传统的矿税制合同和产量分成合同正越来越少，资源国政府越来越青睐于使用服务合同。此外，近年来以中海油为代表的中国石油公司加快了参股和并购国际石油公司的步伐，以进一步获取海外油气资源和拓展海外业务。并购为中国油企在海外获取“权益油”开辟了广阔前景。

（四）“一带一路”油气合作取得新进展，区域战略布局显成效

中国油气企业借国家推动“一带一路”战略之势，加快海外油气全产业链的合作布局。在中亚俄罗斯地区，中国公司与俄油、俄气签署了包括上、中、下游各领域的多项协议或谅解备忘录，完成了一系列资产收购，其中包括丝路基金收购亚马尔 LNG 项目 9. 9% 的股权，中石化收购西布尔炼化公司 10% 的股权，华信公司收购俄远东地区三个油气区块及哈萨克斯坦国家石油国际公司（KMGI）下属企业 51% 的股权。此外，三大石油公司还与阿联酋、越南、印尼等“一带一路”沿线国家签署了多项油气合作协议。经过 20 多年的发展，我国油气企业在海外建立起了中东、非洲、中亚—俄罗斯、亚太和欧洲等六大油气合作区，形成良好战略布局。

（五）从重视规模扩张转向更加注重海外资产的效益

中国油气企业整体实力有待提高。虽然巨额且快速的海外并购成效显著，中石油坐上了全球第四大油企的宝座，“两桶油”也都进入了前 50 强，但与国际石油巨头相比，中国“三桶油”尽管体量庞大，但在资金、技术、管理经验、国际化程度等方面都不占优势。中国油气企业在海外经营资源配置管理方面存在许多问题，一些油气项目收购程序不够规范，尽职调查不到位，有的实际运行效果和预期差距较大；资产投资回报率较低，有的多年没有产出等。中国油气企业必须从重规模扩张转向更加注重海外资产的效益转变。

中国油气行业海外投资风险分析

中国石油企业实施“走出去”战略至今已 20 年，海外油气合作区成为保障中国能源安全的重

要组成部分。与国内相比，海外油气投资环境复杂多变，中国石油企业面临的风险日益加大，必须采取措施妥善应对并规避。

（一）地缘政治风险

地缘政治动荡加剧将会为我国油气行业境外投资带来巨大风险。全球热点主要集中在中东及周边地区，这是我国油气重要供应地，也涵盖我国“一带一路”沿线地区。2015 年 3 月 26 日，以沙特为首的海湾联盟对也门发动空袭，引发市场担忧战火可能蔓延到中东其他地区，因此当日石油价格出现大幅增长。2015 年 4 月 22 日，沙特及海湾联盟在也门展开代号为“恢复希望”的新一轮行动，受此影响，国际石油价格再次走高。也门局势未来是否进一步恶化将对中东地区原油供应产生重要影响，若也门局势恶化、中东石油供给减少，则国际石油价格将在短期内快速走高。叙利亚内战持续。2015 年 9 月，俄罗斯对叙利亚实施军事干预，让叙利亚局势进一步复杂化。虽然叙利亚本身不会对石油市场供需产生大的影响，但叙利亚内战牵涉了俄罗斯、沙特、美国、伊朗等多个重要的石油生产国，大国博弈使得叙利亚内战正变得更富地区性和全球性。若叙利亚紧张局势加剧，则或对石油供给产生影响。

此外，ISIS 对伊拉克石油生产的威胁、俄罗斯与欧美等国间的制裁和反制裁、正在升温的朝鲜核问题等，都使得地缘政治冲突加剧。一旦战事爆发，紧张情绪激化，消费者和投资者信心必将大受打击。

（二）间接征收风险

在国际油气投资领域，政府以油气资源所有者的身份参与油气合同的谈判、签署和执行，与外国投资者达成的是私法契约。然而，在合同执行过程中，资源国有可能出于经济利益的驱使违反合同约定。当前，资源国通过直接撕毁合同、强行收回合同区块等直接征收的行为日益减少，更多的是采用间接征收的方式，如制定或修改法律、政策等手段改变合同的经济环境，导致投资者的期待利益落空。其中，资源国利用税收、外汇控制、账户冻结等手段侵犯投资者经济利益的情形较为多见，值得引起中国境外油气投资者的高度重视。例如，2015 年，在建中的巴西国家石油公司某项目因现金流严重短缺导致停工，更由于无力支付员工薪酬及遣散费，引起多起劳工诉讼案件。项目承包方是由两个公司组成的联合体。根据巴西法律，联合体及组成联合体的各合作伙伴在劳工、税务、环境方面承担百分之百的连带责任。因此，组成联合体的一个合作伙伴的银行账户和资产被冻结，另一个合作伙伴进入破产程序。不仅如此，当地政府还对“关联公司”做出了扩大解释，将原根据巴西公司法不属于联合体成员的“经济集团”的第三方公司认定为关联公司，并冻结了该公司的银行账户和资产，对该公司的正常运营产生了严重的影响。

（三）并购法律风险

众所周知，一个国家从石油天然气开采中获得的利益越多，对油气资源的保护意识就越强。一般情况下，油气资源多的国家能够吸引更多的外国石油公司前来投资，因此，竞争就越激烈，该资源国对外国油气投资者的条件就越苛刻。石油天然气行业的并购存在与其他行业相同的风险。此外，石油天然气行业的很多并购都发生在欠发达地区，所以风险程度加剧。

政治因素会对油气企业的收购产生影响。例如，中海油拟对优尼科公司进行的收购，因美国公众的负面反应，致使中海油收购行为被额外施加法律限制，收购失败。同样，当中石油试图收购哈萨克斯坦石油公司时，为维持本土“战略控制”，哈萨克斯坦立法机关介入，并要求将目标公司少数股权出售给当地国有石油天然气企业。尽管中海油在为期一年的艰苦谈判后终于成功收购了尼克森，但仍面临着一系列的严峻问题，包括承担尼克森现存的债务、无条件地留用 3 000 名员工、保证业务运营管理的平稳移交、提升公司价值、整合两家公司的管理体系和企业文化以及承担相关的企业社会责任。

中国油气企业在海外并购油气资源时，需要对所有相关的法律要求进行深度调查，在发展中国家需要由项目团队亲自在现场完成调查工作。法律尽职调查的范围应包括：对目标企业、项目权益以及资产质量和所有权进行综合性、系统性的确认，在欠发达地区，应该对潜在的当地合作伙伴进行彻底的背景调查；与相关监管机构沟通以了解交易审批事项的完整范围、性质和形式以及项目和资产的许可和登记制度。

（四）价格风险

2000 年之后油价走高，很大一部分原因是中国需求旺盛的拉动，企业对此认识不足，以为石油需求会持续高速增长，进而石油价格也将持续增长。中国油气企业如误判国际油气大势，必将面临巨大损失。中国主权投资公司中投（CIC）已经悄悄地关闭多伦多办事处，搬迁到美国纽约，结束在加拿大的为期 5 年的主权基金投资。自 2009 年以来，中投在加拿大的石油和天然气领域进行了多项重大投资，几乎全军覆没①。误判国际原油走势，误判国内经济形势，对新能源、电动车出现冲击油价的效应估计不足，也是中国油气企业高价收购海外资产最后沉沙折戟的原因之一。

纵观 2016 年以及未来的油价走势，国际能源组织和各个投行的看法并不一致。美国能源信息署（EIA）署长 2016 年 1 月 19 日在美国参议院能源和自然资源委员会的听证会上称，原油行情可能要先跌至每桶 20 美元，随后才会回升至最高每桶 80 美元。高盛、摩根士丹利则认为油价可能会跌到 20 美元左右。更有甚者，渣打银行认为没有什么基本面关联因素驱动油市走向平衡，油价走势几乎全部受到美元、股市等其他资产价格波动引发的金融流动的影响，价格可能最低跌至 10 美元/桶。

准确判断国际油气大势考验着中国油气企业的智慧。风险与机遇同在。在低油价的市场环境下，民营企业或将迎来海外并购的好时机。很多上市公司和资本已经开始了国际布局：复星能源收购澳洲的 Roc Oil 资产，大陆 A 股上市公司美都、新潮实业收购美国油气资产（价值近 500 亿元人民币），江苏地产实业家童锦泉收购世界第二大海洋钻井船队 Seadrill 的主要股份，以及中集来福士收购挪威钻井船设计公司，山东海洋控股收购挪威的船队，等等。

（五）企业海外投资决策和战略风险

保障石油供给和投资回报是油气企业海外投资的重要目标，而实际情况是，美国的非常规油气革命从供给端大大改变了世界石油的供给格局，中国等发展中国家经济增速减缓又从需求端减缓了石油增长的需求。新能源汽车替代的可能出现和低碳发展观念被广泛接受等多重因素的共同作用推动了此轮石油价格持续下跌。多重因素给中国油气企业海外投资决策造成影响，前期决策误判，投

① 资料来源：加拿大国家邮报（National Post），2016 年 1 月。

资后的损失也就在所难免。

在保障供给方面，偏重于获得海外资源的投资，以为拥有资源拥有开采权比贸易获得资源更可靠、更安全。经过近 10 年高强度的海外石油资源投资，中国已经成为最大的海外石油资源投资国，三大石油央企先后进入了国际石油大公司的前列，中石油、中石化更进入了前五大石油公司的行列。中国已经是最大的石油进口国，进口依存度超过 60%，三大石油央企海外份额油只有很少一部分被运回国内，90% 的石油产量在国际市场上销售。石油供给保障绝大部分是靠国际贸易保障，而非海外拥有的资源和产量来保障。巨大的海外投资必然也增加了石油央企的海外风险。近年来，北非、南美等中国资源投资密集地区频发的地缘政治风险暴露了中国海外资源投资发展战略的不足。

（六）国际货币市场变化风险

海外油气投资，无论采取注资还是融资方式，利率高低都非常重要。在一些国家，实际利率高于当地央行标准利率还不能进行税前扣除（如厄瓜多尔等）。利率受到管制的国家，金融市场往往都是以信贷市场（间接融资）为主，直接融资市场并不发达（否则利率管制无效）。在利率管制下，信贷市场往往存在正规信贷体系和影子银行体系，选择不同的融资渠道和融资利率，都会影响资金成本。国家资本市场利率市场化加强了不同利率市场之间的联系和不同替代产品之间的竞争。不同国家和地区的利率差异往往成为融资比较的重要环节，但在这一过程中，要注意当地关于利息预提税税率的规定，核算资金往来的制度成本。另外，即使在利率管制最严格的国家，也存在大量规避方式，例如银行通过不同的利息收取方式收取财务顾问费等费用，搭配销售代理产品或者仅提供贴现票据等形式，变相提高贷款利率。因此，具体融资时，须防范这方面的风险。

汇率变化和货币贬值是影响海外油气投资的重要因素。如委内瑞拉近年来几次大幅调整货币汇率，频繁调整石油“暴利税”；2014 年哈萨克斯坦宣布取消维持基准汇率，导致本国货币大幅贬值；自 2015 年初以来，卢布汇率已下跌逾 50%，影响全球市场。这些因素极大地增加了我国海外油气投资项目的风险。

专题：坦桑尼亚石油和天然气投资风险

长期以来，东非在油气界的地位难以与西非分庭抗礼，但 2012 年这一局面有所改变。自 2012 年初埃尼、阿纳达科在莫桑比克东部海上获得 7 个大型天然气发现，肯尼亚宣布在图尔卡纳获得石油发现后，东非吸引了全球油气公司的目光。目前已确认拥有可观油气储量的东非国家包括坦桑尼亚、莫桑比克、肯尼亚、乌干达等国，保守估计东非油气总储量达 650 亿桶油当量。毋庸置疑，东非油气大发现不仅改变了非洲的油气版图，而且掀开新一轮非洲油气大开发序幕，意义重大。本专题将就坦桑尼亚油气资源投资潜力、环境和风险展开分析。

坦桑尼亚位于非洲东部，赤道以南，东邻印度洋，全国总面积 945 087 平方公里，由坦噶尼喀大陆与桑给巴尔岛等 20 多个岛屿组成，人口 4 300 万，分属 126 个民族，是一个多民族的国家，崇尚宗教信仰自由。坦桑尼亚资源丰富、市场广阔、政治环境趋于稳定。近些年来，坦桑尼亚油气勘探领域的成果吸引了世界的目光，已日益显现出巨大的市场潜力和投资机遇。

（一）油气发展现状及前景

根据 BMI 的预测数据，2015 年，坦桑尼亚石油产量为零，天然气产量为 10 亿立方米。由于自己不生产石油，坦桑尼亚所需石油产品均需进口。2015 年，坦桑尼亚进口石油产品 56.3 千桶/天，比 2014 年的 52 千桶/天增长了 8.27%。预计未来 5 年，坦桑尼亚进口石油产品的量将持续增加，2020 年将达到 80.8 千桶/天。

坦桑尼亚所生产的天然气全部用于国内消费，主要用于发电。2015 年，坦桑尼亚天然气产量为 15 亿立方米，比 2014 年的 10 亿立方米增长了 50%。天然气产量大幅增加的主要原因是近几年来的天然气大量发现。如 2012 年，英国天然气集团（BG）宣布在坦桑尼亚获得天然气发现，预估储量足以保证坦桑尼亚在建的 LNG 出口工厂正常运行。2012 年 12 月，挪威国家石油公司（Statoil）宣布在坦桑尼亚海上 2 号区块获得了 3 个天然气发现，储量尚待评估。2013 年，挪威国家石油公司又在坦桑尼亚海上 2 号区块的 Tanwizi－1 井获得了 4 万亿—6 万亿立方英尺的天然气发现，使得该区块储量提高到 15 万亿—17 万亿立方英尺，其中可采储量为 10 万亿—13 万亿立方英尺。2013 年 7 月 29 日，英国天然气集团和英国 Ophir 集团宣布在坦桑尼亚 1 号区块 Mkizi－1 井发现了天然气储量。此外，英国 BG 集团和英国 Ophir 集团还在 4 号区块的 Ngisi－1 井获得了天然气发现。坦桑尼亚已发现天然气探明储量为 11 326.7 亿立方米。2016—2020 年坦桑尼亚石油生产预测情况见表 3－6－2。

表 3－6－2　　坦桑尼亚石油生产预测（2016—2020 年）

指标	2016 年	2017 年	2018 年	2019 年	2020 年
原油生产量（千桶/天）	0.00	0.00	0.00	0.00	0.00
精炼油生产量（千桶/天）	0.00	0.00	0.00	0.00	0.00
精炼油消费量（千桶/天）	60.60	65.30	70.30	75.40	80.80
天然气生产量（10 亿立方米）	1.80	2.00	2.20	2.30	2.50
天然气消费量（10 亿立方米）	1.80	2.00	2.20	2.30	2.50
布伦特（美元/桶）	40.00	53.00	62.00	65.00	71.00

资料来源：BMI，Tanzania OIL & GAS REPORT 2016。

当前，有英国天然气集团、挪威国家石油公司、巴西国家石油公司等 17 家外国石油公司在坦桑尼亚从事油气勘探开发作业，已投产和正在钻的海上探井共有 59 口。迄今为止，坦桑尼亚共发现 9 个气田，其中陆上气田有姆纳兹湾（储量约为 3 万亿—5 万亿立方英尺）、Mkuranga（储量约为 2 000 亿立方英尺）、松戈松戈（储量约为 1 万亿—2 万亿立方英尺）和 Kiliwani（储量约为 700 亿立方英尺），海上气田有 Pweza、Chewa、Chaza、Jodari 和 Zafarani。

目前，坦桑尼亚进入商业开发的气田有两个，即松戈松戈气田和姆纳兹湾气田。松戈松戈气田于 2004 年开始商业开发，主要为达累斯萨拉姆的电力企业和工业企业供气。姆纳兹湾气田于 2007 年开始商业开发，主要为坦桑尼亚南部的 Mtwara、Lindi、Masasi、Newala 和 Nachingwea 等地区发电供气。Kiliwani 气田和 Mkuranga 气田以及海上气田正在进行商业开采可行性评估。国际石油公司正在坦桑尼亚近海地区和海上深海区块开展油气勘探和产量评价活动，未来会有更多的气田进入商业开发①。

（二）油气投资环境分析

近几年，坦桑尼亚宏观经济运行良好，投资环境进一步改善。

1. 政局长期相对稳定

自1964年坦桑尼亚联合共和国成立以来，坦桑尼亚政局长期稳定。在首任总统尼雷尔倡导下，坦桑尼亚逐渐形成了政权和平交接的传统。1992年7月改行多党制，经平稳过渡于1995年10月举行了首次多党大选。原执政党革命党以85%的绝对优势获胜继续执政，姆卡帕和萨勒明分别当选联合共和国总统和桑给巴尔总统。1996年6月，革命党全国特别代表大会一致选举姆卡帕总统接替前总统姆维尼出任党主席。1997年11月，姆卡帕在革命党“五大”上连任党主席。2000年10月，坦桑尼亚举行第二次多党大选，革命党获胜，姆卡帕蝉联坦桑尼亚联合共和国总统，卡鲁梅任桑给巴尔总统。姆卡帕主政以来将发展经济和改善人民生活列为施政重点，注意惩治腐败，加强良政和革命党自身建设，巩固与桑给巴尔岛的统一，同时加大经济改革力度，推进私有化进程，使政局保持稳定，经济得到持续发展。2005年，基奎特当选坦桑尼亚总统，2010年成功连任。基奎特总统高度重视对华关系，称中国是坦桑尼亚好朋友、好兄弟、好伙伴，坦桑尼亚是中国的全天候朋友，欢迎中国企业赴坦桑尼亚投资，期待中国的技术援助。

2. 经济发展潜力大

因为政局相对稳定，坦桑尼亚吸引了大量国际投资，经济增长率居东非之首。政府制定2025年发展规划，将脱贫作为政府工作重点，执行以经济结构调整为中心的经济改革政策，推进经济自由化和国有企业私有化进程，坚持适度从紧的财政、货币政策，使国民经济得到缓慢回升。同时，密切与西方捐助国和国际金融机构的关系，谋求吸引外资、减免外债和获得更多援助。

3. 天然气开发受重视，对外开放程度高

坦桑尼亚达累斯萨拉姆大学有关机构称，坦桑尼亚已探明的天然气储量约40万亿立方英尺。世界银行有关人士表示，天然气将成为坦桑尼亚经济腾飞的催化剂。坦桑尼亚对电力的需求极其迫切，能源生产以电力为核心是其经济运行一大特征。在此经济背景下，坦桑尼亚开发天然气资源的主要用途之一将是服务于电力生产。这一点从坦桑尼亚政府制定的《2025年发展规划》披露的电力生产目标及构成数据可得到验证。坦桑尼亚天然气储量的发现和开发，为坦桑尼亚的居民用电和工业用电提供了动力来源，改善了民生，使得坦桑尼亚政府更期待国外石油公司帮助坦桑尼亚建立石油天然气工业，以实现能源自给，改善民生，促进经济发展。开放的油气工业为外国石油公司参与坦桑尼亚油气开发提供了良好的资源基础和参与机会，我国石油企业应以中坦友好为契机，深入坦桑尼亚，精心经营，帮助坦桑尼亚发展油气工业，同时获得正当收益。

4. 石油勘探开发政策宽松

坦桑尼亚石油勘探开发管理方面的法律依据主要是《1980年石油勘探和生产法》。为吸引外国石油公司前来投资，政府制定了多种优惠政策，并于1969年成立了坦桑尼亚石油发展公司，通过该公司邀请并参与各国来坦勘探和开发油气资源。坦桑尼亚在石油勘探开发方面的优惠政策主要包括以下9方面：（1）免费提供前期勘探资料。（2）可协商的开发计划。勘探作业原则上必须在4年

---

① 韩群群，陈岚，刘阳：“坦桑尼亚油气工业投资环境分析”，《国际石油经济》2014年第2期。

内完成，但政府对具体的作业计划不下指令，石油公司可与其进行协商。(3) 勘探成本补偿无地域限制。石油公司在坦桑尼亚购买一定区域勘探权后未发现石油，而在新勘探区域发现石油，则其在未发现石油的勘探区域内产生的勘探费用可计入新区石油开发成本，在销售石油时进行补偿。(4) 优惠的利润分享比例：根据《1980 年石油勘探和生产法》，一旦发现了石油并投入生产，所产出的石油将分为两部分。一部分称为成本石油，另一部分称为利润石油。成本石油用于弥补石油公司的勘探和开发费用等前期投入，年产量少于 2 500 万桶，其产量的 60% 划为成本石油，年产量在2 500 万—5 000 万桶的为 50%，5 000 万桶以上为 40%，一直到收回成本为止。利润石油部分则是根据日产量的不同，石油开发公司可获得其中的 30%—50%，其余部分为坦桑尼亚石油发展公司所有。(5) 坦桑尼亚石油发展公司参与投资的股份不超过 20%。政府规定坦桑尼亚石油发展公司有权参与石油开发项目，但参与投资的股份不超过 20%。外国投资者必须与政府签订石油产品分成合同。(6) 所得税和石油产地使用费由坦桑尼亚石油发展公司缴纳，即从其应得的比例中缴纳。(7) 勘探设备免税。(8) 无预先缴纳的费用，如合同签字费等。(9) 无须银行保证金等①。

5. 廉价的劳动力资源

坦桑尼亚劳动力资源与其他非洲国家相比具有一定的优势。首先，坦桑尼亚劳动力资源丰富。另外，坦桑尼亚劳动力工资水平较低。在坦桑尼亚，普通工人的平均月工资约 10 万先令，大约相当于 460 元人民币，工资总体水平都比较低，但正是这大量的廉价劳动力为坦桑尼亚经济的发展提供了人力资源保障，也吸引了大量的外国企业到该国投资。因此，我国投资者可利用坦桑尼亚廉价劳动力的优势降低企业生产成本，增强企业在国际市场上的竞争力。

（三）投资坦桑尼亚油气风险分析

1. 政治风险

从整体上来看，坦桑尼亚政局相对稳定，投资环境趋于好转，能够保障外国企业的投资。但是，由于各方面因素的影响，坦桑尼亚政治环境中也存在着一些不利的因素，对投资环境造成很大影响。首先，在坦桑尼亚的部分周边地区，由于民族关系复杂，局部冲突和恐怖暴力事件时有发生，而且由于邻国较多，一旦边境地区发生动乱，就很容易受到周边国家和地区的影响，形成一系列连锁反应，造成投资方损失。其次，坦桑尼亚是由坦噶尼喀大陆和桑给巴尔以及奔巴岛三部分组成，桑给巴尔是一个半自治区，具有自治权，但在不久前桑给巴尔曾要求坦桑尼亚对其环境独立予以承认，并申请加入印度洋委员会，这触及了坦桑尼亚一直以来的敏感话题——主权问题，而且在桑给巴尔，近些年来出现了伊斯兰原教旨主义的激进恐怖势力，这也给国家安全造成了一定影响，由此而可能造成的国内局势的动荡也是我国企业在该国投资时不得不考虑的一个因素。

2. 法律风险

法规与吸引外资相互掣肘。坦桑尼亚政府对石油和天然气资源存在一定的矛盾心理：一方面对其寄予厚望，希望借此吸引外资，引进技术，推动国家经济发展；另一方面又通过立法加强对石油和天然气资源收益的控制，对外资有一定的制约。随着新发现石油和天然气田的出现，政府对天然气投资的管理有从严趋势。为适应新的石油和天然气勘探开发形势，政府决定制定新的天然气法案，提高天然气矿区使用费、签字费。面对天然气发现及其背后的巨大经济利益，坦桑尼亚政府对

① 卢雪梅，周总瑛，罗佐县："坦桑尼亚天然气投资机遇风险并存"，《中国石化》2013 年第 6 期。

天然气开发将从严管理。

3. 安全风险

坦桑尼亚治安较差，民族宗教关系复杂，本土意识强，存在潜在安全隐患。由于沿海地区与内陆地区经济发展不平衡，人民很难均等地使用水、电、气、医院、交通、通讯等基础设施；失业率居高不下，滋生了很多矛盾；小型武器的流入，使得针对富人、外国人的抢劫事件时有发生；难民增加，犯罪率呈上升趋势。例如，2015 年 5 月 12 日，鉴于布隆迪选举前骚乱事件频发，已经有至少 8 万名布隆迪难民涌入坦桑尼亚基戈马。

4. 经营风险

社会信用基础薄弱。坦桑尼亚社会信用基础薄弱，银行信用制度不完善、资金缺乏、结算困难，贸易中欺诈行为时有发生。企业管理水平落后，债务负担沉重，创办合资企业要注意掌握控制权。

企业管理水平落后。多数企业经营管理不善，欠债较多，甚至资不抵债，搞合资项目，当地资金支持有一定的困难，所以在创办合资合作企业时，必须掌握控股权，注重在生产、市场销售、财务和人事方面的控制权。

工会和用工制度与我国差异较大，对企业掣肘多。同时，劳动力素质差，市场容量狭小。当地教育水平不高，劳动力素质较低；居民生活水平有待提高，购买力有限，导致市场容量狭小。

5. 基础设施落后

由于坦桑尼亚是典型的经济落后国家，经济基础薄弱，从总体来看，坦桑尼亚国内整体的基础设施仍然比较落后，不能完全满足投资者的需求，基础设施不足仍是制约其经济发展和吸引外资的瓶颈之一。主要表现在以下几个方面：其一，电力工业发展严重滞后。在坦桑尼亚，只有各省省会城市以及部分城镇地区能够用上电，其余地区用电严重不足，且工业用电价格较高，停电、限电现象时有发生，供电不足已成为制约坦桑尼亚经济发展的主要瓶颈之一。其二，交通运输状况很差，以公路运输为主，公路运输量占全国总运输量的 60%，且很多地方公路建设不完善，公路总里程约 8.5 万千米，仍有相当比例的中小城市尚未通车。铁路总长约 4 500 千米，状况很差。其三，通信条件较差，电信业发展十分落后，网络覆盖率低，每千人固定电话拥有率和移动电话拥有率均低于撒哈拉地区平均水平。此外，在获取清洁饮用水等方面坦桑尼亚条件也较差，增加了外国公司运营成本。

总之，中国油气企业在坦经营需要密切注意政治风险、法律风险、经营风险、安全风险等，提前策划，精心准备。进入坦桑尼亚后，要注意处理好与坦政府和议会的关系，妥善处理与工会的关系，密切与当地居民的关系，尊重当地风俗习惯，依法保护生态环境，承担必要的社会责任，与媒体搞好关系。此外，企业层面的经济行为也促使两国政府应尽早签订双边投资保护协定和避免双重征税协定，以降低企业的经营风险。

第七章 水泥行业

2015 年全球水泥行业发展形势分析

（一）全球水泥生产

全球水泥产量持续增长，但 2015 年略有下降。21 世纪以来，全球经济持续增长，各国加大了对基础设施建设的投资，水泥产销量也随之增加。从 2000 年到 2015 年，全球水泥产量整体呈增长趋势，由 16 亿吨增加到 41 亿吨，增加了 1.5 倍。水泥产量增速和全球经济形势关系密切，2008 年全球金融危机爆发时，全球水泥产量增速下降较多，伴随着世界经济逐渐走出金融危机的阴影，水泥产量增速又缓缓提高。然而，2014 年和 2015 年，由于新兴市场国家经济增长趋势放缓，再加上发达国家经济复苏疲软，全球水泥生产受到较大影响，2014 年全球水泥生产增速跌至 2008 年金融危机时的水平，2015 年增速甚至为负（见图 3 - 7 - 1）。

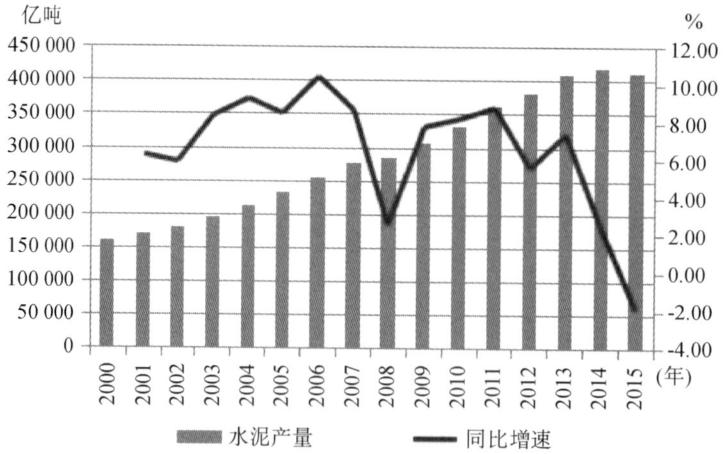

图 3 - 7 - 1　近年来全球水泥产量及增速（2000—2015 年）

资料来源：美国地质勘探局，Mineral Commodity Summaries（2000—2015）。

全球水泥生产区域较为集中。从生产区域来看，全球水泥生产主要集中在亚洲。根据欧洲水泥协会统计，2014 年亚洲水泥产量占全球水泥产量的 80.4%，美洲占 6.5%，非洲占 4.8%（见图 3－7－2）。

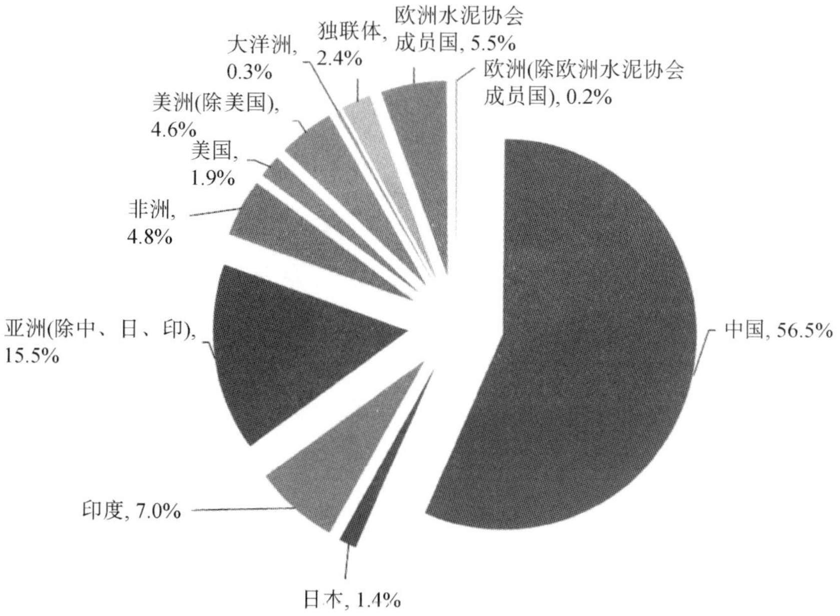

图 3－7－2　2014 年全球水泥产量比重（按区域）

资料来源：欧洲水泥协会。

从生产国家来看，2015 年全球水泥十大生产国分别是中国、印度、美国、土耳其、巴西、俄罗斯、伊朗、印度尼西亚、韩国和越南，合计生产水泥 31.78 亿吨，占全球水泥总产量的 77.55%（见表 3－7－1）。中国作为全球第一大水泥生产国，2015 年共生产水泥 23.5 亿吨，占全球水泥总产量的 57.32%。此外，这十大水泥生产国除美国外，其他均为新兴经济体和发展中国家，可以看出，新兴经济体主导全球水泥市场的趋势日益增强，这主要得益于近些年来新兴国家群体性崛起，国内对基础设施建设、房地产投资的增加带动了水泥行业的发展。

表 3－7－1　　2015 年全球水泥产量 TOP10 水泥生产国

国家	2015 年水泥产量/万吨	占全球产量比重/%	同比增长/%
中国	235 000	57.32	－6
印度	27 000	6.6	－3.57
美国	8 340	2.03	0.12
土耳其	7 700	1.88	2.67
巴西	7 500	1.83	4.17
俄罗斯	6 900	1.68	0
伊朗	6 500	1.59	－1.33
印度尼西亚	6 500	1.59	8.33
韩国	6 300	1.54	－0.32
越南	6 100	1.49	1.67
全球总计	410 000	77.55	－1.91

资料来源：美国地质勘探局，Mineral Commodity Summaries（2015）。

（二）全球水泥消费

1. 全球水泥消费集中在亚洲地区

全球水泥消费同人口分布密切相关，亚洲一直是世界上人口最多的大洲，2014 年亚洲人口约占全球总人口的 65%。2014 年全球共消费水泥 41.8 亿吨，亚洲水泥消费量超过 33 亿吨，约占全球水泥消费总量的 79%，其中仅中国就贡献了 59% 的消费量（见图 3－7－3）。

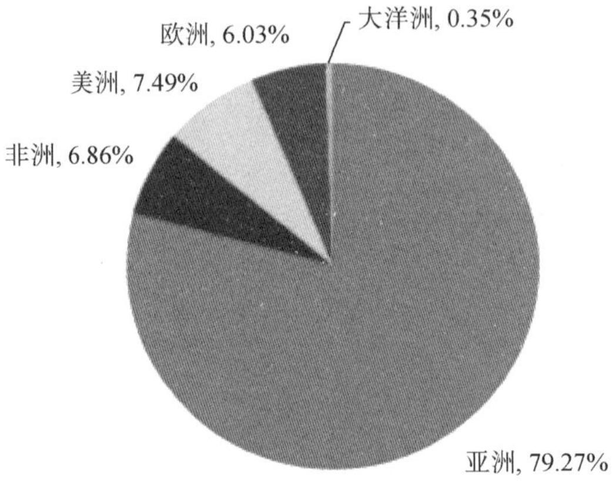

图 3－7－3　2014 年全球水泥消费分布

资料来源：郑建辉，《全球水泥行业供需格局及未来需求预测》，中国水泥研究院，2015 年 9 月。

2. 新兴经济体对水泥的需求平稳增长，发达经济体则有所收缩

据《全球水泥报告（第 10 版）》统计，从 2002 年到 2013 年，全球对水泥的需求量大幅增加，其中中国对水泥的需求增加迅猛，成为推动全球水泥需求增长的最主要动力。其他新兴经济体对水泥的需求则平稳增长。2008 年全球金融危机爆发后，新兴经济体对水泥的需求并未受到较大影响。相反，发达国家受金融危机影响较深，经济复苏缓慢，最近几年对水泥的需求有所收缩。

（三）全球水泥企业

1. 前十大水泥企业在全球水泥行业中占据重要地位

2015 年，全球十大水泥生产商共生产水泥 11.9 亿吨，约占全球水泥总产量的 29.02%。不少水泥企业采取海外并购的方式在全球多个地区和国家拥有水泥生产线，提高了水泥生产的集中度，也使得这些企业水泥产量遥遥领先。2014 年，分别位列全球第三和第四的法国水泥企业拉法基和瑞士水泥企业霍尔希姆合并，合并后成为全球第一大水泥企业，在水泥产量和水泥厂数量上均领先于第二名安徽海螺（见图 3－7－4）。

2. 中国水泥企业在全球水泥行业中整体实力增强

中国水泥行业经过几十年的长足发展，不仅从产量上满足了国内经济建设对水泥的庞大需求，还在装备技术上实现了自主创新，凭借不断增强的全球竞争力开始进入海外市场。在“2015 福布斯全球企业 2 000 强榜单”中，全球共有 13 家水泥企业位列其中，该榜单综合考虑了企业的销售额、利润、资产和市值，中国成为水泥企业中上榜最多的国家，共有 5 家企业榜上有名（见表 3－7－2）。

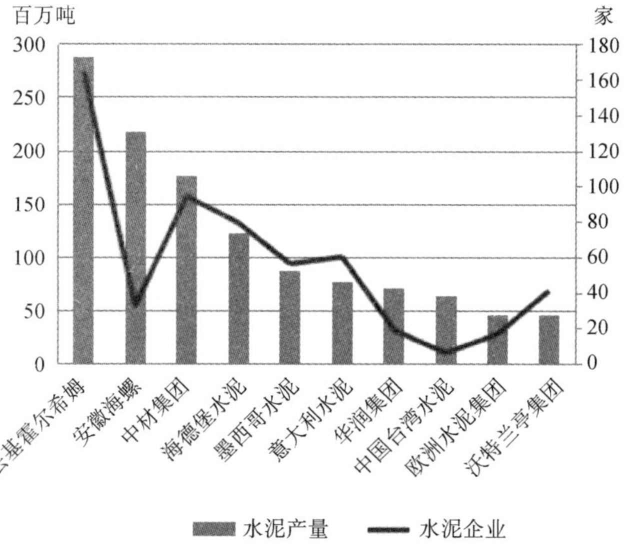

图 3-7-4　2015 年全球水泥企业前 10 名

资料来源：The Global Cement Directory 2016，转引自 Amy Saunders，Preview：The top 100 Global Cement Companies and Global per capita Capacity Trends，Global Cement Magazine，December 2015，http：//www.globalcement.com/magazine/articles/964 - preview - the - top - 100 - global - cement - companies - and - global - per - capita - capacity - trends。

表 3-7-2　　入围"2015 年福布斯全球企业 2 000 强"的水泥企业　　单位/亿美元

序号	排名	2014 年排名	企业	国家/地区	销售额	利润	资产	市值
1	350	328	霍尔希姆	瑞士	209	14	399	249
2	495	708	西路控股	爱尔兰	251	7.72	266	215
3	573	434	海德堡	德国	167	6.44	340	152
4	612	603	安徽海螺	中国大陆	98	18	165	199
5	641	626	暹罗白水泥	泰国	150	10	142	191
6	701	650	中国建材	中国大陆	198	9.68	510	55
7	738	381	拉法基	法国	170	1.9	421	191
8	846	788	墨西哥水泥集团	墨西哥	158	-5.1	349	124
9	1 110	1 657	葛洲坝集团	中国大陆	114	3.71	169	78
10	1 206	1 291	金隅股份	中国大陆	65	3.92	186	86
11	1 216	1 046	丹格特水泥	尼日利亚	24	9.96	54	156
12	1 635	1 641	中材股份	中国大陆	90	0.82	157	11
13	1 716	1 881	太平洋水泥	日本	80	4.29	89	38

资料来源：福布斯网站，http：//www.forbes.com/global2000/list/。

2015 年全球水泥行业对外直接投资分析

（一）跨国水泥企业占据全球主要市场，开展地方性生产

全球水泥市场的一大特征为地域界限明显，即企业在地方市场各自划地为限进行水泥生产和销

售，这主要是因为水泥的价值重量比相对较低，运输水泥超过一定距离经济效益会随之降低。全球水泥贸易量每年仅约 1.5 亿吨，不足全球水泥需求量的 5%。可以看出，水泥进出口贸易从来不是水泥企业“走出去”的主要战略。因此，水泥企业对外直接投资多选择兼并收购本土企业或直接投资建厂，通过开展地方性生产占领市场增加盈利。

跨国水泥企业对外投资目的地也逐渐由欧洲、美洲、非洲转向亚洲、中东地区，加拿大、法国等发达国家国内水泥企业的整合度已经很高，市场格局基本确定，投资空间相对较小，而新兴经济体和发展中国家具有较大的水泥需求，国内水泥市场较为分散，这使得不少发达国家水泥企业以及新兴经济体水泥企业都有意进入这些国家和地区，或是通过并购方式整合国内市场，或是通过新建水泥厂争取市场份额。

（二）传统跨国水泥企业是进行对外直接投资的重要主体

全球跨国水泥企业海外扩张历史可以追溯到百年之前，像长期居于水泥产能龙头地位的法国拉法基自 1864 年便开始了国际化之路，先后占领了欧洲、北美、拉美、非洲等地区的水泥市场（见图 3－7－5）。2000 年以来，新兴经济体水泥企业产量快速增长，对外直接投资的步伐也逐渐加快。比较而言，诸如拉法基、霍尔希姆、海德堡、墨西哥水泥等传统的跨国水泥巨头早已占据了北美、拉美、欧洲、非洲等市场，近些年来又纷纷转向业务相对较弱的亚洲和中东地区，全球化版图布局已基本形成。新兴经济体水泥企业实施海外战略时间较短，对外直接投资也多集中在发展中国家和地区，在同大型跨国水泥巨头的竞争中仍有提高的空间。

图 3－7－5　跨国水泥巨头拉法基海外投资历史

资料来源：Lafarge – Registration Document 2014。

（三）并购是全球水泥企业对外直接投资的主战略

100 多年来，全球水泥龙头企业经历了数次大规模的收购兼并，整合所在区域的水泥市场。如今新兴经济体水泥企业走出去的步伐日益加快，但并购依然是水泥企业对外直接投资的主战略。21 世纪初，海外水泥企业巨头主导了一轮并购浪潮（见表 3－7－3）。通过并购，这些水泥巨头成为所在区域的行业领导者。

金融危机爆发后，大型跨国水泥企业处于去杠杆化进程中，并购行为相对减少（见图 3－7－6）。直到 2014 年，跨国水泥巨头霍尔希姆和拉法基宣布合并，打破了金融危机后平缓的水泥企业并购状态，海德堡水泥紧随其后于 2015 年 7 月宣布收购意大利水泥，并购后海德堡水泥成为全球第二大水泥制造商。近两年，发达国家水泥行业前景逐渐好转，新兴经济体对水泥的需求依然走

表 3-7-3　　2000 年前后跨国水泥巨头海外并购情况

企业	收购标的	时间	意义
拉法基（法国）	Redland（英国）	1998 年	收购后成为北美建筑材料领导者
	Blue Circle（英国）	2001 年	收购后成为世界头号水泥供应商
	Orascom（埃及）	2008 年	收购后深入北非和中东市场，新兴市场业务占比进一步提升
霍尔希姆（瑞士）	Associated cement（英国）	2005 年	整合英美骨料业务规模
	Cemex Australia（澳大利亚）	2009 年	业务深入亚太地区
海德堡（德国）	Hanson（英国）	2007 年	Hanson 为全球骨料龙头企业
墨西哥水泥集团（墨西哥）	Southdown（美国）	2000 年	Southdown 为美国第二大水泥企业
	RMC Group（英国）	2005 年	RMC 为欧洲最大的水泥和骨料企业之一，世界最大的混凝土企业
	Rinker Group（澳大利亚）	2007 年	业务深入亚太地区

资料来源：天拓咨询，《全球水泥行业市场现状分析》，2013 年 11 月。

高，降低杠杆率的水泥企业有能力承担收购债务，这些因素使得水泥企业又开始了新一轮的并购浪潮。

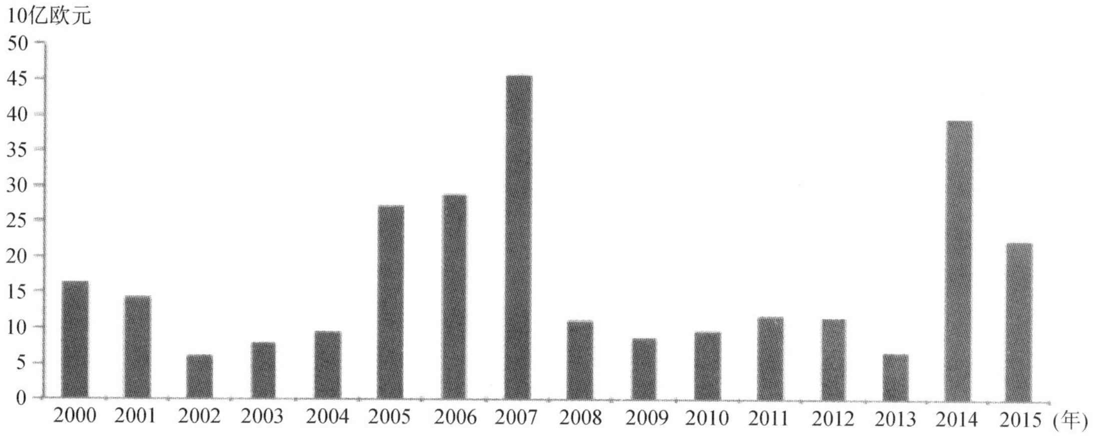

图 3-7-6　全球水泥行业并购事件涉及资产总额

资料来源：Dealogic，转引自 Rupert Taylor，Looking towards 2016：Mergers and Acquisitions in the Global Cement Sector，January 4，2016，http：//www. globalcement. com/magazine/articles/968 - looking - towards - 2016 - mergers - and - acquisitions - in - the - global - cement - sector。

2015 年中国水泥行业对外直接投资分析

国家统计局 2016 年 2 月 29 日发布的《2015 年国民经济和社会发展统计公报》显示，2015 年全国对外直接投资额（不含银行、证券、保险）为 7 351 亿元，按美元计价为 1 180 亿美元，比 2014 年增长 14.7%。其中，我国对“一带一路”沿线国家对外直接投资额达 148 亿美元，增长 18.2%。2015 年，在“一带一路”国家战略的推动下，中国水泥行业也加快了对外直接投资的步伐，不少企业积极走出国门，进行水泥行业的海外布局。

（一）中国水泥企业海外投资持续增长，但整体处于初级阶段

中国水泥企业走出去包括三种形式：一是出口水泥产品；二是出口水泥技术和装备；三是在海外投资建设水泥厂。随着中国水泥企业的不断发展壮大，中国水泥产品、技术及装备的出口日益增多，海外投资建厂则作为一个新兴事物刚刚拉开帷幕。2000 年左右，仅有个别中国企业开始对外投资建设水泥厂，多数企业选择深耕国内水泥市场。2011 年以后，随着国内水泥市场形势的变化，不少企业改变发展战略，将目光投向更加广阔的海外市场，水泥企业的对外直接投资日益增多。

水泥企业对外投资呈现日益增多的趋势。根据商务部2015 年 12 月底最新数据，我国约有 93 家境内企业走出国门投资海外水泥企业，参与新建或投资的境外企业共有 102 个，其中，2014 年和 2015 年投资境外水泥企业 27 个，约占全部水泥企业的 26.7%。另据不完全统计，2011 年中国水泥企业仅在海外新建 2 个水泥生产线项目，而 2015 年这一数字增加到 14 个（见图 3 －7 －7 和表 3 －7 －4）。近两年来，中国水泥企业大规模对外投资很大程度上得益于“一带一路”战略的大力推动，在国内水泥行业产能过剩、市场竞争激烈的局面下，制定海外投资战略、寻求新的发展和增长空间成为不少企业的重要选择。

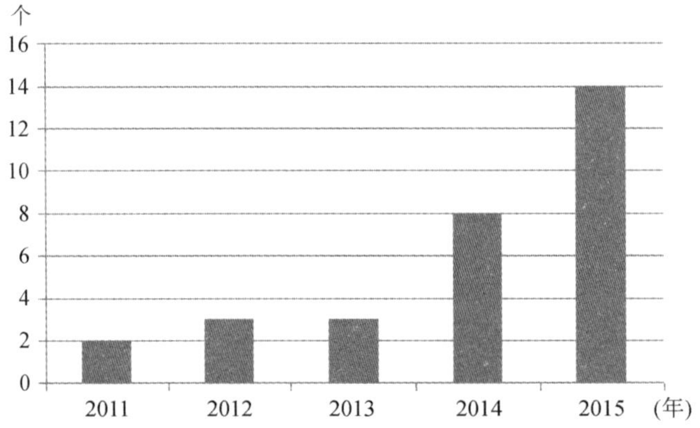

图 3 －7 －7　中国水泥企业海外投资项目数量

资料来源：根据企业年报和相关新闻报道整理。

表 3 －7 －4　　2014 年和 2015 年中国企业拟在海外投资水泥生产线一览表

企业	项目	时间
华新水泥	塔吉克斯坦索格特 3 000 吨/日水泥熟料生产线项目	2014 年 9 月 14 日签约
		2016 年 3 月已投产
	塔吉克斯坦丹加拉项目	2014 年 9 月 14 日签约
		2015 年开工
	阿克托别 2 500 吨/日水泥熟料生产线	2015 年 12 月签约
	纳拉亚尼 2 800 吨/日水泥熟料生产线项目	2015 年批准
安徽海螺	印度尼西亚苏拉威西巴鲁项目	2014 年 12 月 4 日签约
		2015 年 10 月 28 日开工
	缅甸皎施水泥项目 BOT 合作协议正式签署 5 000 吨/日熟料水泥生产线	2014 年 11 月开工
	缅甸曼德勒水泥项目	2014 年 5 月签约

续表

企业	项目	时间
海螺水泥	缅甸仰光中转库	2014年5月签约
	缅甸曼德勒码头项目	2014年5月签约
	印度尼西亚北苏拉威西项目	2015年签约
	老挝万象项目	2015年签约
	老挝琅勃拉邦水泥项目合作协议	2015年2月签约
	马德望水泥项目	2015年签约
红狮水泥	缅甸曼德勒的项目，计划建设2条日产6 000吨新型干法水泥生产线	2014年商务部批准审核
	老挝万象省横河县投资建设日产5 000吨水泥生产线	2015年提出
	在尼泊尔蓝毗尼专区建设一条日产6 000吨新型干法水泥项目	2015年3月17日签约
金隆水泥	计划在吉尔吉斯斯坦建设年产80万吨水泥机立窑1条，2 500吨/日新型干法水泥熟料生产线1条	—
祁连山水泥	奥什州吉尔吉斯阿布什尔年产120万吨水泥熟料生产线项目	2015年5月25日签约
药王山水泥	日产5 000吨干法水泥生产线	2015年5月24日签约
宝桥锦宏水泥	蒙古国科布多省投资建设水泥厂	2015年5月21日签约
冀东水泥	在马圭省德耶市的31号水泥厂以BOT模式投资扩建日产2 500吨熟料水泥厂项目	2015年谈成
	投资BUFFALO公司（水牛公司）建设日产3 000吨熟料水泥生产线+4.5MW余热发电（一期）	2015年谈成

资料来源：根据企业年报和相关新闻报道整理。

（二）主要投资目的地集中在亚洲和非洲，很少涉及发达国家

中国水泥企业的海外布局集中在东南亚和中亚，也有一些企业进入非洲，很少涉及发达国家（见图3-7-8）。中国水泥企业已经进入东南亚的印度尼西亚、缅甸、老挝、越南和柬埔寨5国，东南亚成为中国水泥企业对外直接投资最多的地区。目前，共有约20个水泥生产线项目已经在东南亚投产、在建或准备建设。中亚地区也是中国水泥企业走出去的重要目的地，塔吉克斯坦、吉尔吉斯斯坦、哈萨克斯坦以及乌兹别克斯坦都有中国水泥企业的身影，目前共有7条生产线投产、在建或拟建。除此之外，中国水泥企业也开始进军非洲。然而，由于非洲基础设施建设不完善、电力建设不发达等因素，中国企业投资非洲面临着极大的风险和挑战。因此，虽然近两年中国多家水泥企业已经在南非、莫桑比克、赞比亚等国注册境外投资企业，但是仅冀东水泥在南非的曼巴水泥项目投产，其他项目均未动工。

中国水泥企业选择亚洲、非洲等欠发达国家和地区作为投资目的地，主要是因为这些国家和地区具有一定的发展潜力，基础设施建设浪潮对水泥等建材行业拥有庞大的需求，而本国的水泥行业并不发达。另外，东南亚、中亚地区地处“一带一路”要道，中国企业借助“一带一路”战略使得这两个地区成为最主要的投资目的地。

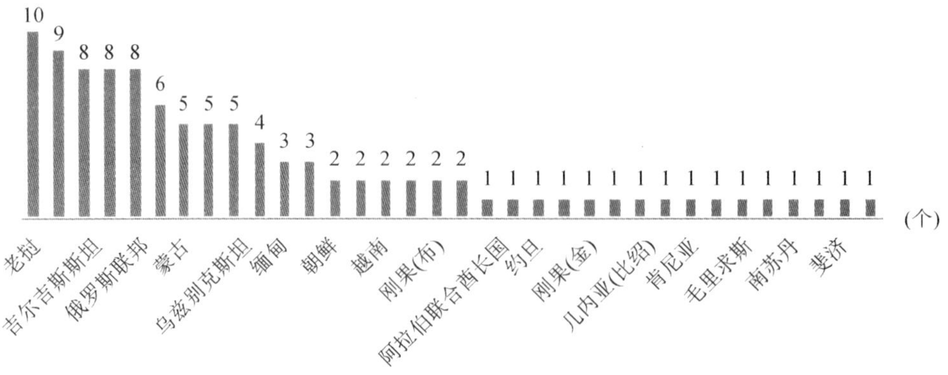

图 3-7-8　中国境外投资水泥企业数量（按国家）

资料来源：中华人民共和国商务部《境外投资企业（机构）名录》。

（三）境内投资主体类型呈现多元化特点

根据商务部《境外投资企业（机构）名录》统计，海外水泥企业的中国境内投资主体约为93个，其中仅有23家企业为水泥企业，其他企业则涉及投资、贸易、装备等领域，投资主体呈现多元化特点。境内水泥企业中也仅有5家企业具有已投产生产线或在建生产线，分别是华新水泥、冀东水泥、中国联合水泥、安徽海螺、永发水泥。

中国国内水泥企业数量庞大，参与海外直接投资的水泥企业相对较少，这主要是因为近些年来国内水泥市场需求量较大，水泥企业多忙于拓展国内水泥生产线以及开辟国内市场而无暇顾及海外市场。这导致了国内水泥产能过剩、市场饱和，同时也为“一带一路”战略下水泥企业走出国门对外投资埋下伏笔。

另外，海外水泥市场投资成本远高于国内，以5 000吨/日生产线为例，东南亚投资成本是国内的2—3倍，非洲国家甚至是国内的6倍，海外投资建厂存在诸多风险，缺乏走出去的资本和经验在某种程度上阻碍了水泥企业的对外直接投资。

（四）融资方式进一步发展

一般来说，国内企业对外直接投资多采用“内保外贷”的融资方式，即由境内企业向境外投资主体提供担保，由离岸中心凭收到的保函向境外企业发放贷款。这种方式比较简单快捷。除此之外，中国企业海外投资水泥行业还选择了另外一种融资方式，即“项目融资”。项目融资是指除资本金以外，其他建设资金由当地银行提供贷款，用拟建项目未来产生的现金流和投资形成的资产向银行提供担保。冀东水泥投资南非曼巴水泥项目就采用了这种融资方式，冀东水泥同南非第四大银行莱利银行达成协议，双方同意以莱利银行作为牵头银行联合中国银行约翰内斯堡分行，为项目提供全部融资金额9亿兰特（约合人民币4.5亿元）。

中国水泥企业海外投资风险分析

（一）政治风险

中国海外水泥行业投资目标国多为欠发达国家，不少国家面临着政变、内乱、恐怖主义威胁以及国内政治腐败现象，由此造成的政治动荡局面成为对外投资企业需要应对的重要风险之一。

1. 中亚、非洲国家存在恐怖主义风险

中亚和非洲国家都是中国水泥企业走出去的重要目标国，不过这些国家一直受到极端主义和恐怖主义势力的威胁。中东地区“伊斯兰国”势力日益扩大，同时不断向中亚地区进行渗透，中亚地区面临的反恐压力逐渐增大。非洲国家也面临着极端组织“博科圣地”的威胁，区域安全压力较大。极端组织“伊斯兰国”曾于2016年4月绑架并杀害了175名叙利亚水泥厂员工，该水泥厂由叙利亚、沙特阿拉伯和意大利三方联合成立，由中国水泥承包企业中材建设承建。随着恐怖主义势力对中亚和非洲地区的威胁日益增大，一旦产生恐怖主义袭击等安全事件，中国水泥企业可能会面临项目延期、停工甚至被取消的风险。

2. 政治腐败增加中国水泥企业投资成本

中国企业投资水泥行业的目的国多是欠发达经济体，这些国家的政府廉洁程度往往较低，一定程度上会增加中国企业的投资成本。非政府国际组织“透明国际”发布的《2015全球清廉指数报告》显示，中国水泥企业投资目的地多为清廉指数较低的国家，例如，多个中国企业在老挝和埃塞俄比亚投资水泥企业，这两个国家的清廉指数在167个国家（地区）中分别排在第139位和103位，近些年来比较热门的投资目的地如中亚国家也多排在120名之后，这意味着这些国家政府可能存在较严重的腐败问题。中国企业海外投资水泥企业需要获得当地政府的土地、矿产等使用权，在与政府交涉的过程中，需注意应对此类风险。

（二）政策风险

由于各国法律体系、政策规章存在差异，在没有充分掌握和理解投资目的国法律和政策的情况下，中国水泥企业容易与当地政府产生矛盾和冲突，这种政策风险也会增加企业的投资成本，影响项目进程。例如，华新水泥在中亚塔吉克斯坦投资建设水泥生产线，按照塔吉克斯坦国内法，华新水泥需缴纳贷款利息所得税约500万美元，但事实上根据中塔两国签订的双边税收协定，该项利息可以享受免税待遇，华新水泥得知后才通过国家税务局追回已缴税款并免除了剩余税款。因此，中国水泥企业进行海外投资时还需充分了解两国法律政策体系及其差异，并利用现有制度条约维护企业利益。

（三）市场竞争风险

随着对外直接投资的蓬勃发展，我国水泥企业“走出去”不仅面临着国际水泥巨头的竞争，还要应对其他中国水泥企业挑战。目前，我国企业海外投资水泥行业多集中在东南亚、中亚以及非洲国家，这些国家往往由于基础设施建设需求较大、本国水泥工业不发达等原因吸引了许多国外水泥企业，个别国家集中了多家中国水泥企业，这不仅会造成东道国水泥产能过剩，还有可能引发无序的市场竞争，为企业运营带来较大风险。例如，埃塞俄比亚曾经是水泥企业竞相进入的国家，不仅有 9 家中国企业在此投资建厂，还有多家外企也相继投产，最终导致埃塞俄比亚水泥产能严重过剩，水泥价格下滑。除埃塞俄比亚之外，目前中国水泥企业比较青睐的投资目的地如印度尼西亚和塔吉克斯坦等国，也因为具有市场潜力而吸引了不少国家的水泥企业，这对中国企业来说也隐藏着一定的市场竞争风险。

（四）基础设施不健全风险

水泥工业需要一定的交通、电力、电信等基础设施。中国水泥企业走出去的目的地主要是亚洲、非洲等欠发达地区，这些国家尚处于发展之中，基础设施并不完备，不少国家面临着电力短缺、交通落后等问题，这会增加企业投资的前期准备成本，增加企业日常运营负担，还有可能影响项目的进度。

（五）汇率风险

中国企业境外投资水泥行业还面临着汇率波动的风险。一般情况下，中国企业选择用美元作为对外直接投资的结算货币，人民币、美元以及第三方货币汇率的变动会对企业收益产生较大影响。企业应注意选择合适的方法规避或减少汇率波动带来的风险。例如，2014 年冀东水泥在南非首次使用人民币投资建厂，这也是中国企业第一次在海外使用人民币进行直接投资，可以有效避免汇率风险。

（六）劳工风险

中国企业对外直接投资水泥行业还需考虑东道国的劳工环境。一方面，许多国家对劳工保护力度强大，或者有强有力的工会组织，或者有严格的劳工保护法。中国企业在对外投资时需要熟悉东道国的劳工保护法，并且及时与工会沟通，避免因劳工保护问题影响投资进展。另一方面，中国企业需考虑投资目的国劳工技能水平及相关培训成本。中国水泥企业境外投资对象国多为发展中经济体，劳工受教育程度较低，劳工技能水平有待提高，企业需为劳工培训承担一定成本。

（七）环境风险

当前，环境保护是各国政府和民众普遍关心的重要问题，中国境外水泥投资面临着环境保护问题的巨大挑战，这是由水泥行业的生产特质决定的。从我国水泥行业排污情况来看，我国水泥工业的 PM、SO_2、NOx 排放量占全国排放总量的比例分别高达 15%—20%、3%—4%、8%—10%，属于污染控制重点行业。从水泥行业海外投资来看，中国境外投资水泥企业多分布在中亚、非洲等生态环境较为脆弱的地方，若忽视环境保护问题，则可能污染当地大气、土壤、水资源等，增加治理难度。更为重要的是，各国政府、国际组织、环保机构以及民众都非常关注外国投资对环境的影响，一旦认为某项水泥投资会危害当地的自然环境，则可能导致投资失败。因此，中国企业投资海外水泥行业需严格遵守当地环境保护法律，并且同当地国际组织、环保机构等保持沟通与合作，增强环境保护意识，充分考虑环境保护的成本，设置环保措施，尽量减少和避免对当地自然环境造成的影响和危害。

专题：老挝水泥行业投资风险

（一）老挝水泥行业发展状况及前景预测

1. 老挝水泥行业生产现状

老挝第一个水泥企业诞生于 1994 年，由云南国际经济技术合作公司以带资承包方式，出资 1 360万美元，与老挝农工发展服务公司合作，在万象建成了年产 7.3 万吨的万荣水泥厂。此后，老挝水泥企业数量不断增加，水泥年产能也逐渐提高。据不完全统计，截止到 2015 年老挝国内共有 13 个水泥企业，其中已投产水泥企业 11 个，包括粉磨站 3 个（见表 3 -7 -5）。2015 年，老挝水泥年产能约为 364.3 万吨，在建水泥厂 2 个，年产能为 340 万吨，预计 2017 年均可以投产。投产后，老挝的水泥年产能将可以突破 700 万吨。虽然老挝水泥产量日益增多，但是仍然不能完全满足其国内水泥需求，部分地区的水泥仍需从泰国、越南等国进口。

表 3 -7 -5　　老挝水泥企业一览

序列	水泥企业	地点	产能	投产时间
	老挝水泥有限公司万荣水泥一厂	万象万荣	7.3 力吨	1994 年
1	老挝水泥有限公司万荣水泥二厂	万象万荣	合计	2002 年
	老挝水泥有限公司万荣水泥三厂	万象万荣	110 万吨	2016 年初投产
2	老挝水泥工业有限公司甘蒙水泥	甘蒙省	100 万吨	2007 年
3	老挝万荣水泥有限公司	万象万荣	100 万吨	2013 年
4	老挝中亚水泥有限公司	沙拉湾省	20 万吨	2012 年
5	老挝琅勃拉邦水泥厂	琅勃拉邦省	10 万吨	2005 年
	老挝琅勃拉邦水泥厂扩建项目	琅勃拉邦省	23 万吨	2013 年
6	老挝金象水泥有限公司	乌多姆塞省	20 万吨	2008 年批准
7	老挝吉象水泥厂	甘蒙省	100 万吨	2015 年 12 月投产
8	万象水泥制品有限公司（粉磨站）	万象	15 万吨	2005 年
9	老挝沙湾拿吉水泥有限公司（粉磨站）	沙湾拿吉省	16 万吨	2009 年
10	BMC 水泥厂（粉磨站）	万象	30 万吨	2012 年
11	Lao - patthana Cement	甘蒙省	160 万吨	预计 2016 年投产
12	泰国暹罗水泥集团（Siam Cement Group）	甘蒙省	180 万吨	预计 2017 年投产

资料来源：Amy Saunders，The Cement Industries of Southeast Asia，*Global Cement Magazine*，April 14，2015。

2. 老挝水泥行业发展前景

未来老挝经济还将保持快速增长，且基础设施建设进入新高潮，据统计，老挝“七五”规划（2011—2015 年）和“八五”规划（2016—2020 年）拟建设琅勃拉邦省南升河一、二水电站项目，万象省南额 4A、4B 水电站项目，琅勃拉邦省南乌河水电站项目，乌多姆赛省巴崩点湄公河水电站项目等多项水电站项目，以及兴县至耿涛县 2、3 级公路，巴行关口至相缓 2、3 级公路，会赛至琅勃拉邦万通 2、3 级公路等多项公路项目。这些大型基础设施建设项目陆续开工将进一步拉动国内的水泥需求。

随着中国“一带一路”战略的逐步推进，中国和老挝之间合作进行的基础设施建设项目也会带动老挝水泥需求，最具代表性的合作项目为中老铁路。中老铁路是规划中的泛亚铁路中线的一部分，在老挝境内从中老边境的磨憨至万象全长418公里，并从万象跨越湄公河连接至泰国首都曼谷。目前，中老铁路已经开始施工建设，老挝境内段（磨丁至万象铁路项目）奠基典礼已于2015年12月在老挝首都万象举行。在中国“一带一路”战略的带动下，还有更多基础设施建设合作项目落地实施，这将为老挝的水泥工业带来新的发展机遇。国际货币基金组织（IMF）预测，2016年、2017年老挝的GDP增速将达到7.4%，2021年为7.3%，老挝水泥企业商会称水泥需求在未来10年年均增速将达到5%—10%，政府希望推动水泥需求快速增长，并计划近期将水泥产能提升至1 060万吨/年。

（二）中国企业投资老挝水泥行业的SWOT分析

1. 优势

（1）中国水泥企业投资老挝水泥行业具有技术优势。中国水泥技术不断更新发展，目前新型干法水泥生产线技术和装备已达到国际先进水平，质高价优。

（2）中国企业投资老挝水泥行业时间较长、经验较为丰富。老挝是中国企业最早走出去投资水泥行业的国家，也是商务部《境外投资企业（机构）名录》中投资老挝水泥行业核准企业最多的国家（共10个）。老挝的第一个水泥企业由中国企业于1992年参与建设，现有已投产的11个水泥企业中，有6个水泥企业含有中国企业投资成分（见表3－7－6）。

表3－7－6　　投资老挝水泥企业的中资企业统计表

序列	境内投资主体	境外投资企业	产能	投产时间
1	中国云南国际经济技术合作公司	老挝水泥有限公司（万荣水泥二厂）	20万吨	2002年
2	中国电建集团海外投资有限公司、中水电海外投资有限公司	老挝水泥工业有限公司甘蒙水泥厂	100万吨	2007年
3	元江县永发水泥有限公司	老挝万荣水泥有限公司	100万吨	2013年
4	云南玉溪中亚实业有限公司	老挝中亚水泥有限公司	20万吨	2012年
5	云南宏星投资有限公司	老挝琅勃拉邦水泥厂扩建项目	23万吨	2013年
6	云南能投集团	老挝吉象水泥厂	100万吨	2015年

资料来源：中华人民共和国商务部《境外投资企业（机构）名录》。

2. 劣势

（1）老挝本国水泥市场竞争力较小。老挝是水泥净进口国，主要从越南和泰国进口水泥。老挝本国生产的水泥价格相比越南较贵，而在品质、包装等方面又不及泰国。

（2）老挝煤炭资源短缺，制约水泥工业发展。老挝水泥企业每年需要进口百万吨煤炭，这在一定程度上增加了水泥企业的生产成本，也是造成老挝水泥价格较高的因素之一，不利于水泥工业长期发展。

3. 机遇

（1）老挝“八五”规划涵盖了一系列基础设施建设项目。另外，老挝和中国以及泰国等国合作的铁路、桥梁建设等也可以带动水泥需求增长。

（2）老挝城市化和工业化水平较低，随着国内城市建设、工业开发区建设等不断发展，对水泥的需求将与日俱增。

（3）东盟经济一体化将有利于海外资本进入老挝水泥市场。另外，原材料进口免关税有利于解决老挝水泥工业的燃料问题。

4. 威胁

（1）老挝基础设施不完善，公路、铁路等交通条件亟待改进，会增加企业的建设成本和运输成本。

（2）老挝水泥市场潜力巨大，将吸引更多国外企业进入，未来水泥市场竞争会日益激烈。

（三）中国投资老挝水泥行业面临的风险

1. 政治腐败风险

老挝国内政局稳定，但是政府腐败问题比较严重，公职人员以权谋私、贪污腐败现象普遍。根据非政府国际组织“透明国际”发布的《2015 年全球清廉指数报告》报告，近几年来，老挝的清廉指数排名和得分略有改善，但在 178 个国家中位置仍比较靠后（见图 3－7－9）。腐败问题严重对企业来说无形中增加了经营成本，不利于提高运营效率，也不利于企业维护自身权利和利益。

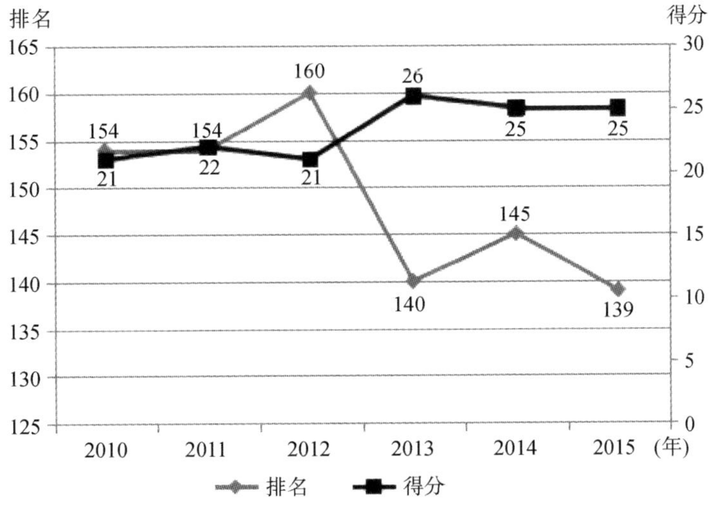

图 3－7－9　2010 年以来老挝清廉指数排名和得分

资料来源：根据“透明国际”2010—2015 年《2015 年全球清廉指数报告》整理。

2. 法律政策变动风险

老挝正处于社会发展转型期，法律体制并不完善。随着老挝经济的发展，对矿产、能源以及基础设施建设的投资也在不断增多，在土地所有权等方面法律政策一旦变动，便会引发很多争议。中国企业投资老挝水泥行业也将涉及这方面的问题，还需同当地政府、媒体做好沟通工作，避免不必要的损失。

3. 基础设施不完善风险

老挝国内基础设施建设不完善，交通条件较差，缺乏铁路和高速公路。根据世界银行发布的 2014 年国家物流绩效指数（LPI），老挝在 160 个国家中位列第 131，其中基础设施一项位列第 128（见表 3－7－7）。交通基础设施不足会对水泥行业的发展构成挑战，因为水泥产品具有一定的特殊性，其销售半径有限，对交通基础设施具有较高要求。另外，老挝的电力设施也比较落后，电力供应不足，在世界银行发布的《2016 年全球营商环境报告》中，189 个统计国家中老挝的电力排名仅为第 158 名。电力设施的不完善也会给水泥行业的发展带来风险。

表 3 - 7 - 7　　部分国家世界银行物流绩效指数（LPI）

国家	LPI 排名	具体指标评分排名					
		海关	基础设施	国际运输	物流能力	运输追踪	时效性
印度尼西亚	53	55	56	74	41	58	50
俄罗斯联邦	90	133	77	102	80	79	84
埃塞俄比亚	104	102	134	121	96	97	78
乌兹别克斯坦	129	157	148	145	122	77	88
老挝	131	100	128	120	129	146	137
莫桑比克	147	126	135	154	153	152	134
吉尔吉斯斯坦	149	145	147	127	151	145	155

资料来源：2014 年世界银行物流绩效指数（LPI）。

4. 市场竞争风险

中国企业在老挝投资的水泥企业经商务部核准备案的已达 11 个，泰国水泥巨头暹罗水泥也进入老挝，老挝本国水泥企业正在发展壮大，随后会有更多投资者进入老挝，因此老挝水泥行业也面临着市场竞争加剧的风险。虽然从长远看老挝水泥行业仍然具有很大的发展空间，但是中国企业对外投资仍需考虑到老挝水泥产能过剩以及市场竞争风险，应避免集中在某些地区，合理布局水泥生产线。

专题：乌兹别克斯坦水泥行业投资风险

（一）乌兹别克斯坦水泥行业发展状况及前景预测

1. 生产现状

近些年来，乌兹别克斯坦经济增长势头良好，GDP 增速保持在 8% 以上（见图 3 - 7 - 10），经济增长带动国内建筑业及基础设施建设蓬勃发展，水泥产量也呈现增长趋势（见图 3 - 7 - 11）。

从水泥生产来看，乌兹别克斯坦共有 9 个已投产水泥厂，水泥产能约为 760 万吨/年。此外，还有 3 个水泥厂正在建设当中（见表 3 - 7 - 8）。近年来，乌兹别克斯坦水泥产量不断增长，但还不能完全满足国内水泥需求，部分仍需进口。因此，乌兹别克斯坦也采取了一些措施增加水泥生产，除新建水泥厂外，还加大了对现有水泥厂的升级改造工作，例如：Qizilqumsement 投资 307 万美元用于升级水泥制造设备，Bekabadcement 投资 55 万美元用于更新水泥粉磨技术。

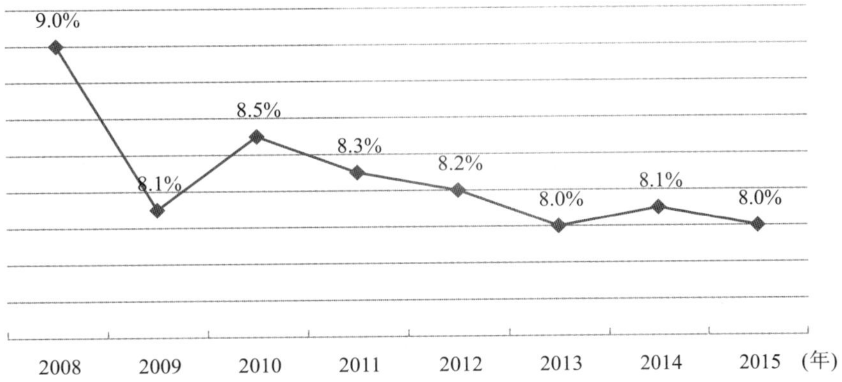

图 3-7-10　2008 年以来乌兹别克斯坦 GDP 增速

资料来源：IMF，World Economic Outlook，April 2016。

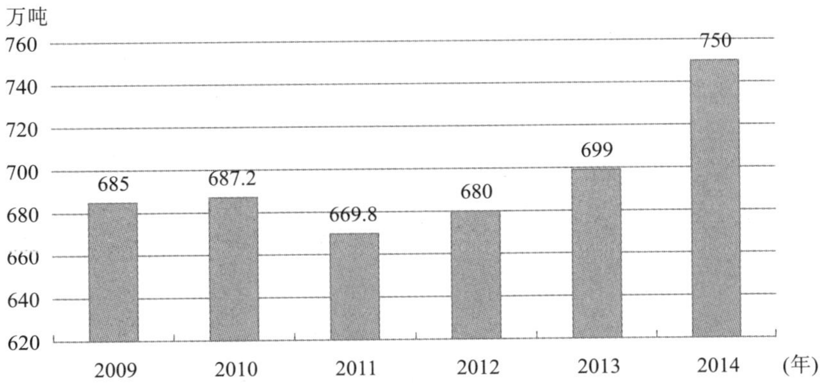

图 3-7-11　近年来乌兹别克斯坦水泥产量

资料来源：美国地质勘探局。

表 3-7-8　乌兹别克斯坦水泥企业及产能

序号	生产线名称	所在地区	产能
1	Akhangarancement（Eurocement）	塔什干	198 万吨/年
2	Bekabadcement（UCG）Plant	塔什干	8 万吨/年
3	Qizilqumsement，Krzylkumcement Plant	布哈拉州	308 万吨/年
4	Kuvasaycement	费尔干纳州	92 万吨/年
5	Uzqurillishmateriallari，UZ－AngrenBuilding Materials Plant	塔什干	15 万吨/年
6	Almalyk Mining and Metallurgical Complex（AMMC）	吉扎克州	75 万吨/年（将增产到 100 万吨/年）
7	Quvasaycement（UCG）	费尔干纳州	15 万吨/年
8	Singlida	安集延州	12 万吨/年
9	Keer	安集延州	2 万吨/年（将增产到 24 万吨/年）
10	Karakalpak Cement	卡拉卡尔帕克斯坦	40 万吨/年（预计 2016 年完工）
11	Almalyk Mining and Metallurgical Complex（AMMC）	苏尔汉河州	150 万吨/年（预计 2017 年完工）
12	Shangfeng Cement	安集延州	120 万吨/年（2015 年开建）

资料来源：Amy Saunders，The cement industries of Central Asia－Azerbaijan，Kazakhstan，Kyrgyzstan，Tajikistan，Turkmenistan and Uzbekistan，*Global Cement Magazine*，January 28，2016。

2. 发展前景

乌兹别克斯坦是中亚人口最多的国家，2014 年人口总数共计 3 076 万人，2014 年人均消费水泥约为 243.8 千克，而全球水泥人均消费量为 579.93 千克，剔除中国后为 293.45 千克。乌兹别克斯坦的人均水泥需求不及全球平均水平，仍有很大的增长空间。另外，近些年来乌兹别克斯坦经济增长速度较快，基础设施建设也快速增长，对水泥需求量持续增加，预计 2019 年水泥产量将增长到 890 万吨。

中国提出的“一带一路”倡议也得到了乌兹别克斯坦的积极支持，乌兹别克斯坦可借助“一带一路”同中国等国进行国际合作，加强本国的基础设施建设。目前，乌兹别克斯坦已经和中国签署了中国—中亚天然气管道、安格连—帕普铁路卡姆奇克隧道等一大批合作项目，这可以在一定程度上为乌兹别克斯坦水泥行业的发展注入新动力。

（二）中国企业投资乌兹别克斯坦水泥行业的 SWOT 分析

1. 优势

（1）中国和乌兹别克斯坦自 1992 年建交以来一直保持着友好关系，2012 年两国建立了“战略伙伴关系”，双边关系进一步发展，这为中国企业投资乌兹别克斯坦水泥行业提供了前提条件。

（2）乌兹别克斯坦教育基础好，有俄语和汉语双语人才，且人力成本较低。

（3）中国企业水泥制造技术水平较高，在工艺装备制造、基础建设、水泥生产、企业管理等方面均具有显著优势，具有较强的国际竞争力。

2. 劣势

（1）乌兹别克斯坦缺乏熟练劳动力，专业技能人才和管理人才匮乏，中国企业进入乌兹别克斯坦需考虑培训成本。

（2）乌兹别克斯坦国内基础设施建设不完善，增加企业前期投资成本。

3. 机遇

（1）乌兹别克斯坦水泥需求快速增长，水泥市场前景广阔。

（2）乌兹别克斯坦出台了一系列吸引外资的政策，例如在 2014 年 9 月和 12 月，相继出台了两项法律，鼓励外资进入并强调保护投资者的权益。

（3）乌兹别克斯坦大力支持中国提出的“一带一路”战略，并和中国签署了多项合作协议，其中基础设施建设项目将会推动水泥行业发展。

4. 威胁

（1）乌兹别克斯坦国内面临政治交替风险以及“伊斯兰国”带来的宗教极端主义和恐怖主义威胁。

（2）乌兹别克斯坦法律政策变动威胁企业运营。

（三）中国企业投资乌兹别克斯坦水泥行业面临的风险

1. 政治风险

2015 年 3 月，乌兹别克斯坦大选结束，77 岁的卡里莫夫以超过 90% 的得票率遥遥领先，再度连任乌兹别克斯坦总统。卡里莫夫自 1991 年 12 月当选首任乌兹别克斯坦总统以来，已经执政 20 余年，“老人执政”问题使其国内政治结构和社会稳定问题逐渐凸显，这主要是由于接班人问题带来的政局交替变动难以预料。目前，乌兹别克斯坦国内政坛存在 3 个帮派，分别是以国家安全局局长鲁·伊诺亚托夫领衔的塔什干帮、以现任总理米尔济约耶夫为首的撒马尔罕帮和总统卡里莫夫家族，帮派之间矛盾重重。2013 年，国家安全局长鲁·伊诺亚托夫曾以涉嫌受贿、逃税等罪名逮捕了总统唯一女儿卡里莫娃的表哥阿·阿布杜拉耶夫，卡里莫娃也因此遭到软禁。虽然目前卡里莫夫凭借高超的政治手腕使得乌兹别克斯坦能够维持稳定，但是在接班人选择问题上容易引发政局动荡，而其接班人是否有能力延续稳定局面也有待进一步观察。

2. 安全风险

乌兹别克斯坦面临的恐怖主义风险也在逐渐增加。“伊斯兰国”势力逐步从中东地区扩展到中亚地区，乌兹别克斯坦也受到较大威胁。乌兹别克斯坦国内恐怖组织乌兹别克斯坦伊斯兰运动（简称“乌伊运”）于 2015 年 8 月宣誓效忠“伊斯兰国”，而乌兹别克斯坦国内有近 77% 的居民生活在贫困线下，许多人为了月薪 5 000 美元投靠“伊斯兰国”。据报道，乌兹别克斯坦当局已逮捕疑似极端组织“伊斯兰国”的支持者近 200 名，另外估计有 800 至 3 000 名乌兹别克斯坦公民现在叙利亚和伊朗作战，乌兹别克斯坦也成为“伊斯兰国”培养极端分子的“基地”之一。虽然经济学人智库（EIU）关于乌兹别克斯坦的报告显示，“乌伊运”带来的威胁较小，但是总体来看，宗教极端主义日渐活跃依然是乌兹别克斯坦营商环境的重要安全风险之一，需要引起企业的重视。

3. 政治腐败风险

乌兹别克斯坦也面临着较为严重的政治腐败问题，“透明国际”发布的《2015 年全球清廉指数报告》显示，2015 年乌兹别克斯坦得分为 19（满分 100），位列 167 个国家中的第 153。乌兹别克斯坦腐败问题突出，官僚腐败现象普遍，政府办事效率低。腐败现象自苏联解体后就广泛存在于各个权力部门中，国家无力加强财产权保护以及相关法律契约的制定，导致腐败问题难以从根本上解决。虽然近几年来乌兹别克斯坦出台了许多关于引进外资的优惠和鼓励政策，但是对于外国投资者来说，腐败问题增加了营商成本，也削减了这些优惠政策的吸引力。

4. 法律与政策风险

乌兹别克斯坦法律体系并不完善，法律政策容易发生变动，这会给外资企业带来极大的不确定性。乌兹别克斯坦多变的政策具体体现为，外资企业在某领域做大做强时，乌兹别克斯坦随时有可能取消之前赋予的优惠政策，并利用各种法律、政策手段阻碍企业正常运营。例如，俄罗斯水泥集团（Eurocement）于 2006 年收购了乌兹别克斯坦国有水泥企业 Akhangarancement 75.5% 的股份，Akhangarancement 成为乌兹别克斯坦第二大水泥企业。2014 年 7 月 17 日，Eurocement 突然收到乌兹别克斯坦国家私有化、反垄断和发展竞争委员会的起诉，后者称要撤销 2006 年的水泥企业私有化法令，受理此案件的塔什干地区经济法庭随后冻结了 Akhangarancement 的资产和银行账户。类似这样的案件还有许多，乌兹别克斯坦对外国投资者政策的多变性容易引发不信任感。另外，政策变动会给外资企业增加运营风险，可能导致企业陷入困境甚至最终破产。

第八章
纺织行业

纺织业是将自然纤维（棉、亚麻、毛等）或人工合成纤维（聚酯、聚酰胺等）加工成纱线、布匹等中间产品，并制成服装、家纺、产业用纺织品等最终产品的工业。其涵盖的生产活动十分广泛，包括上游原料、纺纱、织布、染整等生产过程以及下游服装、家用机产业用纺织品市场。根据国家质检总局和国家标准委颁布的《国民经济行业分类》（GB/T 4754－2011），纺织业属于制造业门类，二级编码为C17。具体分类见表3－8－1。

表3－8－1　　纺织业分类表

三次产业分类	门类	大类	中类	小类	行业名称
第二产业	C	17			纺织业
			171		棉纺织及印染精加工
				1711	棉纺织加工
				1712	棉织造加工
				1713	棉印染精加工
			172		毛纺织及染整精加工
				1721	毛条和毛纱线加工
				1722	毛织造加工
				1723	毛染整精加工
			173		麻纺织及染整精加工
				1731	麻纤维纺前加工和纺纱
				1732	麻织造加工
				1733	麻染整精加工
			174		丝绢纺织及印染精加工
				1741	缫丝加工
				1742	绢纺和丝织加工
				1743	丝印染精加工
			175		化纤织造及印染精加工
				1751	化纤织造加工
				1752	化纤织物染整精加工
			176		针织或钩针编织物及其制品织造
				1761	针织或钩针编织物织造

续表

三次产业分类	门类	大类	中类	小类	行业名称
第二产业	C			1762	针织或钩针编织物印染精加工
				1763	针织或钩针编织品制造
			177		家用纺织制成品制造
				1771	床上用品制造
				1772	毛巾类制品制造
				1773	窗帘、布艺类产品制造
				1779	其他家用纺织制成品制造
			178		非家用纺织制成品制造
				1781	非织造布制造
				1782	绳、索、缆制造
				1783	纺织带和帘子布制造
				1784	篷、帆布制造
				1789	其他非家用纺织制成品制造

资料来源：《国民经济行业分类》（GB/T 4754－2011）。

本章将重点研究全球纺织业投资风险。主要内容包括全球纺织业发展形势分析、全球纺织业对外直接投资分析、中国纺织业对外直接投资分析、中国纺织业境外投资风险分析 4 个部分以及越南纺织业投资风险和埃塞俄比亚纺织业投资风险两个专题。

2015 年全球纺织业发展形势分析

（一）全球纺织业增速放缓、出口不均衡态势明显

近年来，全球纺织业增长缓慢，产出增速整体呈下降趋势。联合国工业发展组织数据显示，2011 年至 2015 年，全球纺织业产出增速自 6.12% 降至 2.8%，增速明显放缓。其中，发展中国家和新兴工业化国家产出增长较快，增速始终维持在 4% 以上，发达国家纺织业则整体呈萎缩态势（见图 3－8－1）。

与此同时，近年来全球纺织品贸易在波动中保持继续增长态势。受全球金融危机影响，纺织品贸易额在 2009 年和 2012 年出现短暂萎缩，但其余年份仍保持较快增长，现已突破 3 000 亿美元大关（见图 3－8－2）。世界贸易组织统计显示，2014 年全球纺织品出口 3 140.75 亿美元，同比上涨 3.28%，增速与 2013 年相比明显下降。

纺织行业国际产业转移趋势加强。受棉花、羊毛、人造纤维等原材料价格下降以及电力成本上升等因素影响，纺织行业正在向劳动力密集、原材料低廉的发展中国家转移。这一趋势推动了全球纺织品、纺织机械贸易的发展，并使得全球纺织品出口市场发生巨大变化。以中国为代表的发展中国家在纺织品出口中所占的比重逐步上升，而欧盟、美国、日本等发达国家所占比重逐年下降（见图 3－8－3）。2001—2014 年，中国纺织品出口额占全球纺织品出口总额的比重从 11.4% 上升至 35.6%，并于 2010 年取代欧盟成为全球最大的纺织品出口地。印度、土耳其、越南等国的出口份

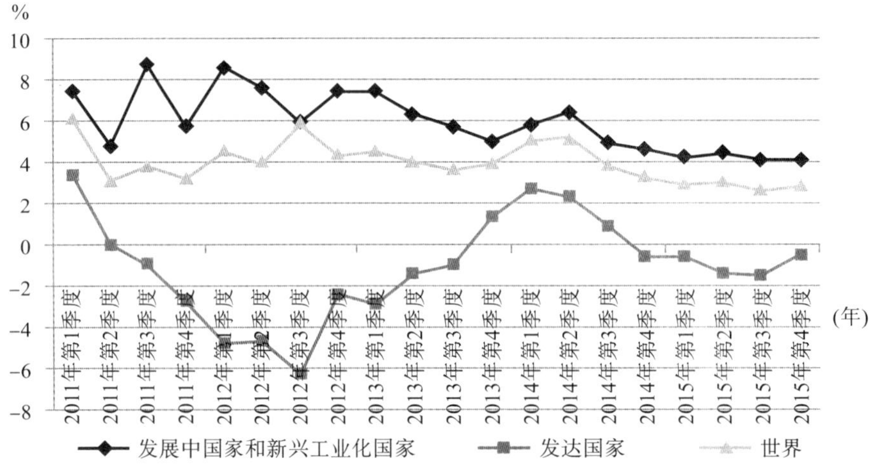

图 3-8-1 发展中国家和新兴工业化国家、发达国家与全球纺织工业产出同比增长率（按季度、2011—2015 年）

资料来源：联合国工业发展组织，Report on the World Manufacturing Production。

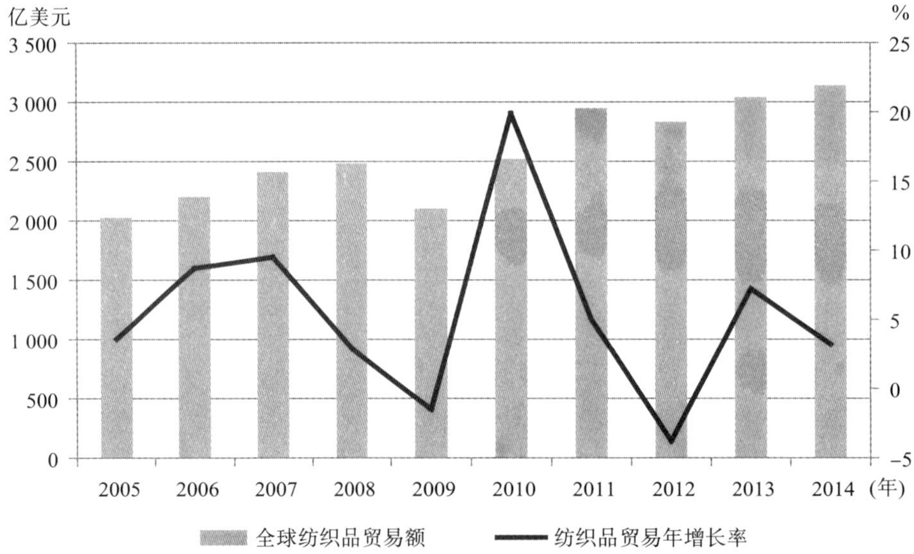

图 3-8-2 全球纺织品贸易额及增长率（2005—2014 年）

资料来源：WTO，International Trade Statistics，2007—2015 年版，并根据相关数据计算得出，https://www.wto.org/english/res_e/statis_e/its_e.htm。

额也呈上升趋势，现已成为除中国和欧盟外最主要的纺织品出口国（见图 3-8-4）。从进口方面看，欧洲（包括欧盟与其他欧洲国家）仍是全球最大的纺织品进口地区，进口额占全球纺织品进口总额的 34.3%，其次是美国（8.4%）、中国（6%）、越南（3.6%）等（见图 3-8-5）。

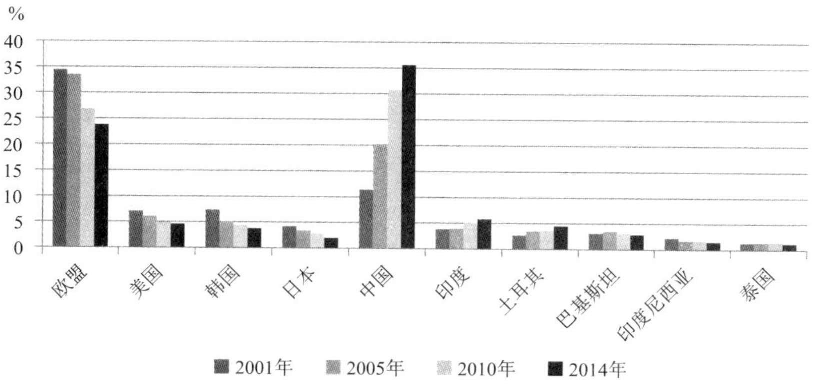

图 3-8-3 全球主要纺织品出口国/地区份额变化统计

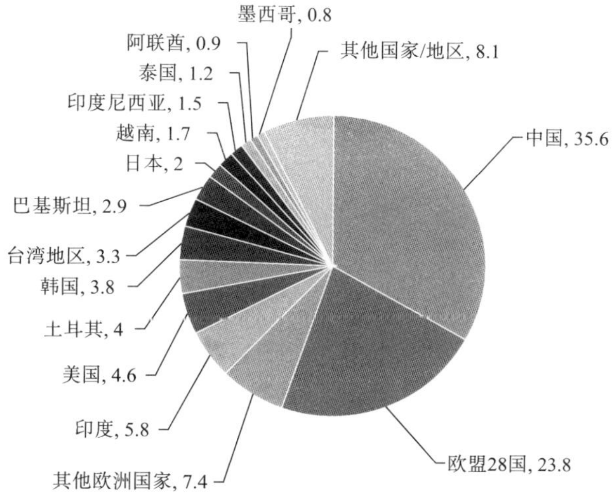

图 3-8-4 2014 年主要纺织品出口国/地区

资料来源：WTO，International Trade Statistics 2015。

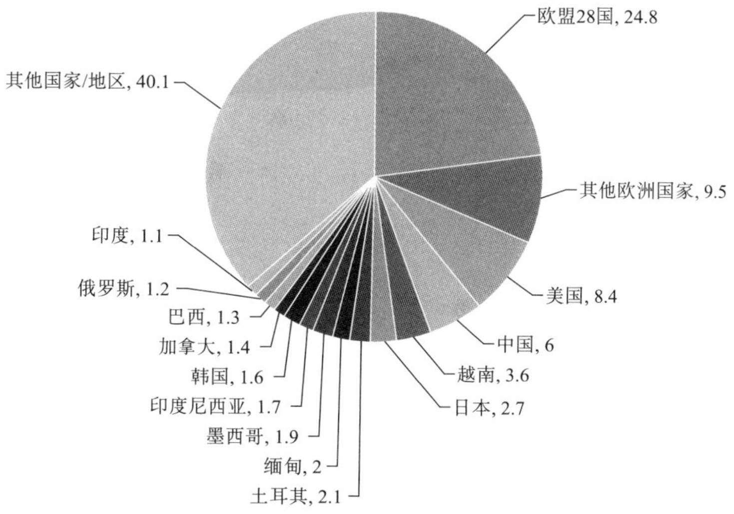

图 3-8-5 2014 年主要纺织品进口国/地区

资料来源：WTO，International Trade Statistics 2015。

（二）全球纺织纤维产量攀升，化纤成为行业主要原料

纺织纤维加工处于全球纺织产业链上游，为整个纺织工业提供原料供给。过去 20 年间，全球纺织纤维加工产业年均增长率为 3.02%。受金融危机影响，2008 年纺织纤维出现 7.2% 的负增长。但由于全球经济的恢复发展和纤维消费需求的增长，近 5 年该产业整体增长稳定，2009—2014 年全球纤维生产加工总量年均增速为 5.80%，2015 年预计为 9 059.4 万吨（见图 3－8－6）。未来全球纤维生产规模将进一步扩大，预计到 2017 年全球纤维加工量将达 9 800 万吨。其中，化纤产量将达到 6 800 万吨。

从纺织原材料行业细分看，化学纤维在全球纤维生产总量中占绝对比重，占比已从 2000 年的 57.15% 上升至 2015 年的 73.37%。化学纤维主要包括再生纤维和合成纤维，而合成纤维又是其主要产品。中国是化纤工业的主要生产国和消费国。从 2010 年至 2014 年，中国化学纤维产量占世界总产量的比重由 61.9% 上升至 69.4%，预计 2015 年将达 70%。此外，与 2000 年相比，天然纤维（主要包括棉、羊毛和丝等）的生产量也保持缓慢上升态势，其中棉纤维和丝纤维产量总体上升，羊毛纤维产量却明显下降。

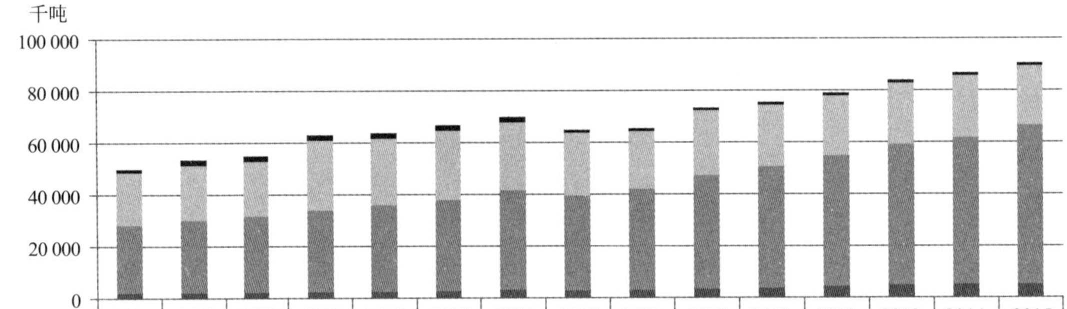

(年)	2001	2002	2003	2004	2005	2006	2007	2008	2009	2010	2011	2012	2013	2014	2015
丝	95	97	102	115	133	145	156	148	148	140	132	134	140	144	138
羊毛	1 317	2 177	2 135	2 132	2 144	2 156	2 122	1 160	1 140	1 127	1 117	1 133	1 159	1 104	1 096
棉	20 288	21 187	21 117	27 001	25 639	26 718	26 213	24 170	22 200	25 050	23 807	23 081	23 622	23 951	22 890
合成纤维	26 242	28 015	29 467	31 451	33 511	35 263	38 425	36 749	39 067	43 879	46 906	50 497	54 303	56 612	61 386
再生纤维	2 082	2 125	2 254	2 472	2 482	2 635	3 121	2 779	2 976	3 324	3 692	4 331	4 862	5 053	5 083

■再生纤维 ■合成纤维 ■棉 ■羊毛 ▨丝

图 3－8－6 2001—2015 年全球纤维加工量

资料来源：韩国化纤协会，2016 Chemical Fiber Handbook，http：//www.kcfa.or.kr/。

（三）产业用纺织品市场快速增长，家纺市场规模持续扩张

产业用纺织品是纺织行业中技术含量较高、产品用途极广的行业。从全球范围看，2014 年产业用纺织品市场价值约 1 400 亿—1 500 亿美元，市场需求约合 2 658 万吨。考虑到农业、汽车、建筑、医疗、包装等领域的发展，全球产业用纺织品市场规模和产品需求将继续扩张。预计 2015—2020 年市场规模年均增长约 4.5%，2015—2022 年市场需求年均增长 3.7%。从地区看，亚太地区是目前产业用纺织品规模最大、增长最快的市场，预计 2015—2020 年市场年均增长 5.63%，北美和欧洲分列第二、第三位。

从全球产业用纺织品的产量看，传统产业用纺织品约占产业用纺织品总产量的 48.6%，非织造

布（36.2%）和复合材料纺织品（15.2%）分列第二、第三位。从市场价值看，非织造布约占全球产业用纺织品市场的52.4%，复合材料纺织品和其他产业用纺织品次之。

家纺行业是全球纺织行业的重要组成部分，市场价值约占全球纺织服装业的1/3。金融危机后，全球家纺市场恢复迅速，市场价值已从2009年的331.5亿美元增长至2014年的450亿美元。其中，印度、中国和巴基斯坦是主要的家用纺织品生产国。从零售情况看，2008—2013年全球家纺零售额年均增长2.9%，预计2018年将达到1 171亿美元。其中，亚太地区是家纺零售增长最快、规模最大的地区，2008—2013年年均增长95%，2013年零售高达423.37亿美元（见图3-8-7）。全球家纺市场的快速扩张，一方面源于发达经济体市场对轻小型、舒适型、便捷型家用纺织品需求的增长，另一方面则源于新兴经济体中产阶级扩大导致的对实用、便捷家纺用品需求的攀升。

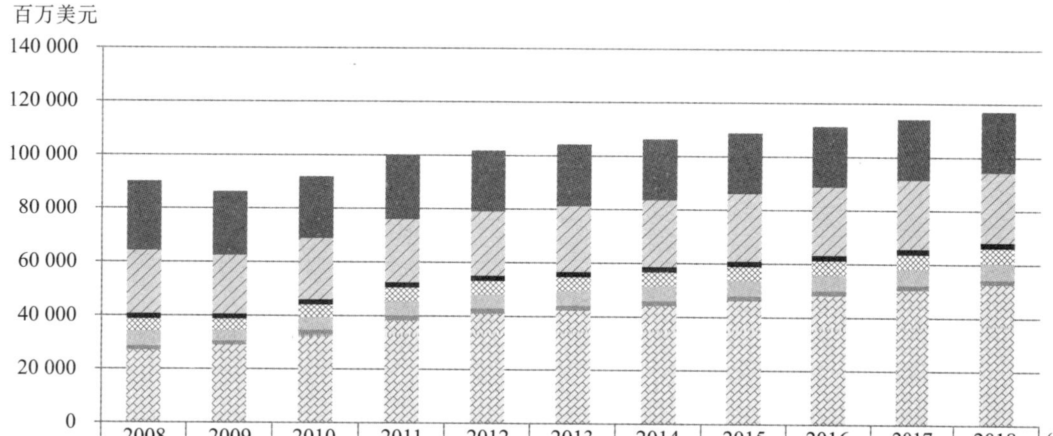

	2008	2009	2010	2011	2012	2013	2014	2015	2016	2017	2018
西欧	25 987	23 875	23 127	24 101	22 798	23 151	22 848	22 687	22 627	22 641	22 699
北美	23 418	21 797	22 769	23 477	23 885	24 427	24 792	25 161	25 518	25 848	26 175
中东北非	1 917	1 881	1 921	1 939	1 957	1 994	1 998	2 014	2 033	2 058	2 087
拉丁美洲	4 467	4 138	4 739	5 192	4 981	5 078	5 149	5 225	5 307	5 391	5 476
东欧	5 796	4 147	4 658	5 173	5 278	5 525	5 593	5 738	5 893	6 065	6 249
澳大利亚等南太平洋地区	1 561	1 486	1 747	1 936	1 909	1 775	1 772	1 772	1 772	1 773	1 775
亚太地区	26 975	28 999	32 977	38 300	41 008	42 327	44 203	46 161	48 226	50 382	52 641

亚太地区　澳大利亚等南太平洋地区　东欧　拉丁美洲　中东北非　北美　西欧

图3-8-7　全球家用纺织品零售额（分地区，2008—2018年）

资料来源：ITMF Newsletter No. 2，2014年10月，http：//www.itmf.org/wb/media/member/newsletter/ITMF_ Newsletter - No_ 2_ October_ 2014.pdf。

（四）高端纺织机械市场需求高、竞争激烈，部分纺机出货量呈下降趋势

纺织生产需求直接推动了纺织机械行业的发展。金融危机后，在汽车、建筑等行业发展的大力拉动下，纺织品尤其是非织造布、环保型纤维等高科技纺织品需求不断攀升，预计2016—2020年全球纺织机械市场年均增长率将高达11%。

从生产角度看，全球纺织机械生产行业竞争激烈。中国是全球最大的纺织机械生产国，可满足国内约80%的纺机需求。近年来，行业对高科技、智能化等技术投入十分重视。印度纺机行业优势集中在纺织机械零件、配件及易耗件等，但成套设备、科技含量较高的机械设备生产能力不足。整体而言，发达国家在高端纺机制造方面技术优势仍十分明显，均以亚洲为主要的出口目的地。其

中，德国的纺织机械质量高、成套机械设备优势突出；比利时的纺机行业以室内纺机设备、服装机械设备、产业用纺机设备制造为主，行业研发投入大，行业技术人员占全国技术人员总数的1/10；法国纺机行业也十分重视技术创新和高附加值产品的研发，非织造布加工生产线、纺织材料循环使用设备等处于全球领先地位。

近年来，部分纺机出货量呈下降趋势，其原因一方面是全球纺织行业增长势头放缓，另一方面则是中国、西欧、北美等地新增投资需求减弱。国际纺织制造商联合会2015年5月公布的数据显示，多种纺织机械交易量呈下滑态势（见表3-8-2）。其中，新短纤纺纱机交易量已降至2009年以来的最低水平，来自中国的投资需求下降是重要原因；由于亚洲、东欧等主要投资商需求疲软，长纤纺锭和加弹机（包括单、双加热器拉伸—变形纱锭）交易量下滑更为明显，分别达到61%、82%和25%。

表3-8-2　全球纺织机械年度交易统计（2014—2015年）

<table>
<tr><th colspan="2">纺机（单位）</th><th>2014年</th><th>2015年</th><th>增长率</th><th>主要投资国/地区</th></tr>
<tr><td rowspan="3">纺纱机械</td><td>新短纤纺纱机（万锭）</td><td>978</td><td>900</td><td>-8%</td><td>中国、孟加拉国、印度尼西亚、越南等</td></tr>
<tr><td>长纤纺锭（万锭）</td><td>13.8</td><td>5.4</td><td>-61%</td><td>土耳其、伊朗、中国等</td></tr>
<tr><td>转杯（万锭）</td><td>40.7</td><td>38.3</td><td>-6%</td><td>亚洲</td></tr>
<tr><td rowspan="2">加弹机</td><td>单加热器拉伸—变形纱锭（锭）</td><td>6 500</td><td>1 200</td><td>-82%</td><td>亚洲、东欧</td></tr>
<tr><td>双加热器拉伸—变形纱锭（万锭）</td><td>42.9</td><td>32.2</td><td>-25%</td><td>亚洲</td></tr>
<tr><td rowspan="3">无梭织机</td><td>喷水织机（万台）</td><td>2.4</td><td>3</td><td>24%</td><td rowspan="3">亚洲</td></tr>
<tr><td>剑杆/片梭织机（万台）</td><td>2.7</td><td>3.2</td><td>17%</td></tr>
<tr><td>喷气织机（万台）</td><td>2.02</td><td>2</td><td>-1%</td></tr>
<tr><td rowspan="2">圆机和横机</td><td>大圆机（万台）</td><td>2.72</td><td>2.67</td><td>-6%</td><td>中国、印度、孟加拉国等</td></tr>
<tr><td>电子横机（万台）</td><td>4.61</td><td>7.01</td><td>52%</td><td>中国</td></tr>
</table>

资料来源：全球纺织网咨询中心，部分数据经计算得出。

2015年全球纺织业对外直接投资分析

（一）全球纺织业对外直接投资在波动中上升

全球纺织业绿地投资呈波动增加趋势。从2003年至2015年，全球纺织业绿地投资项目金额已由83.93亿美元上升至249.24亿美元。虽然投资金额和项目数量在2012年出现明显下降，创下自2008年以来的新低，但随后投资势头迅猛，2013年和2014年投资额同比分别增长66.6%和16.9%；2015年全球纺织业绿地投资额出现小幅下降，但项目数量仍维持上涨势头（见图3-8-8）。

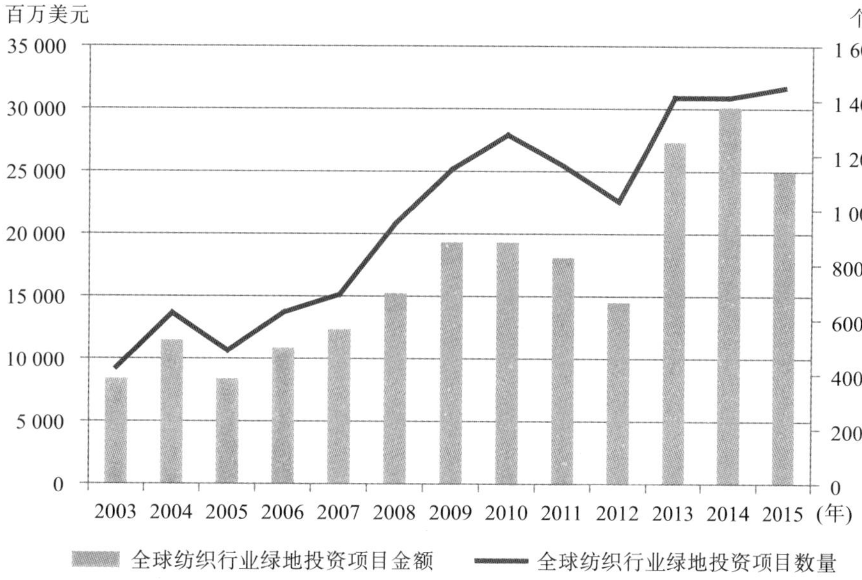

图 3-8-8　全球纺织行业绿地投资项目金额及数量（2003—2015 年）

资料来源：UNCTAD World Investment Report 2015：Annex Tables 20，23，http：//unctad.org/en/Pages/DIAE/World%20Investment%20Report/Annex-Tables.aspx。

此外，全球纺织企业兼并收购波动幅度更为明显。受金融危机影响，兼并收购项目金额在 2009 年大幅缩小至 2003 年以来的最低点 2.69 亿美元，随后开始上升，2010 年和 2011 年两年增长率均达到两倍以上。2014 年以后，纺织企业兼并收购金额又开始逐年下降，2015 年降至 6.7 亿美元，但兼并收购项目数量有所增加，说明单个项目的金额有所减少（见图 3-8-9）。

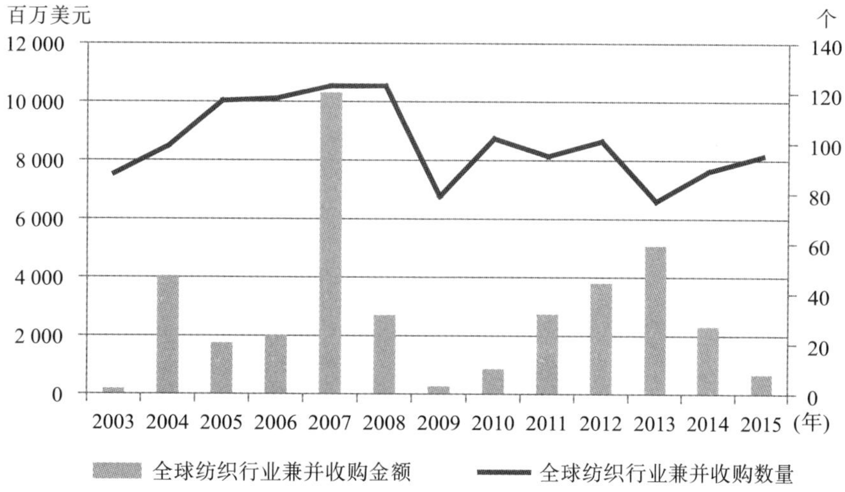

图 3-8-9　全球纺织行业兼并收购金额及数量（2003—2015 年）

资料来源：UNCTAD World Investment Report 2015：Annex Tables 13，15，http：//unctad.org/en/Pages/DIAE/World%20Investment%20Report/Annex-Tables.aspx。

（二）发达国家是全球纺织业对外绿地投资的主要来源地与主要流向地

发达国家是全球纺织业对外投资的热点地区，其纺织业对外投资在全球纺织业绿地投资所占比重十分可观。联合国贸发会议数据显示，2014 年，全球纺织业绿地投资金额的 78% 来自于发达国家，投资金额为 220.57 亿美元（见图 3－8－10）。虽然其传统纺织产业已向发展中国家转移，但发达国家仍因拥有先进的技术和生产设备、高素质的技术型劳动力以及发达的配套基础设施而成为全球高技术纺织绿地投资的首选目的地。2014 年流向发达国家纺织业的绿地投资金额为 174.02 亿美元，占全球纺织业绿地投资总额的 61%，比 2013 年上涨 4 个百分点（见图 3－8－11）。发达国家纺织业的互相投资现象多存在于高科技纺织产业领域。例如，2014 年日本某纺织企业在美国南卡罗来纳州投资碳纤维材料项目，金额高达 10 亿美元；德国某无纺开发企业也在美国投资建设了科技研发中心。

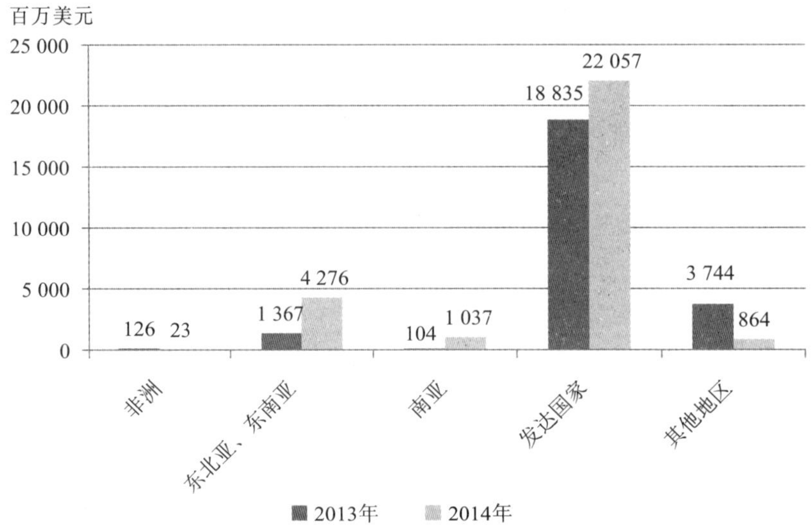

图 3－8－10　全球纺织业绿地投资的主要来源地分布（2013—2014 年）

资料来源：根据联合国贸发会议《2015 年世界投资报告》相关数据整理。

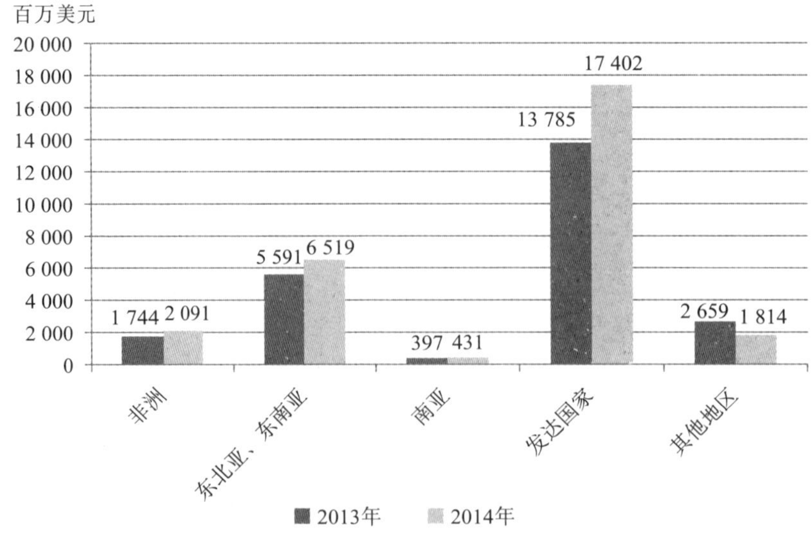

图 3－8－11　全球纺织业绿地投资流向地分布（2013—2014 年）

资料来源：根据联合国贸发会议《2015 年世界投资报告》相关数据整理。

发展中国家纺织业对外投资金额也呈上升趋势。东北亚和东南亚地区的纺织业全球绿地投资金额在2014年大幅增长了2.13倍，由13.67亿美元上涨至42.76亿美元。南亚地区的投资虽然整体规模不大，但2014年同比增长了将近9倍，上涨幅度明显。同时，流入这3个地区的绿地投资也呈增加趋势。其中，东北亚和东南亚吸收绿地投资金额最多，2014年绿地投资金额共计65.19亿美元，比2013年增长9.28亿美元。此外，流入南亚和非洲的绿地投资金额也有所增加。

2015年中国纺织业对外直接投资分析

在全球纺织行业增速减缓的大背景下，中国纺织企业积极“走出去”，推动产业的全球布局，参与全球纺织业价值链的重塑和经济合作。

（一）中国纺织业对外投资整体规模较小，但发展势头良好

纺织业是中国最早“走出去”的行业之一，但整体对外投资规模并不大。据不完全统计，截至2014年底，我国在海外设立的纺织服装生产、贸易及相关产品设计企业超过2 600家，累计对外投资存量约合40.1亿美元，在整个制造业对外投资存量中占8%。从流量看，2014年纺织行业对外直接投资金额接近100亿元人民币。

虽然中国纺织业对外投资规模较小，但近年来发展势头良好。中国纺织业对外投资涉及原材料、棉纱、面料、服装、品牌、设计等多个生产环节，且正在形成完整的全球产业链布局。同时，投资模式也涵盖了绿地投资、合资、股权并购等多种对外直接投资的典型形式。

（二）参与海外布局的中国纺织企业地区相对集中

据不完全统计显示，2015年我国在海外投资的纺织企业共200家左右，分布在全国约20个省、市、自治区，主要来自东南沿海省市（见图3－8－12）。其中，70%以上来自浙江、山东、江苏、上海、广东等沿海发达地区，其他参与对外投资的纺织企业则多来自新疆、宁夏、青海等中西部特色生产地区。目前，中国纺织企业一方面积极探索产业向中西部地区进行产业转移，另一方面也在全球范围内寻找廉价劳动力、原材料、品牌、销售、设计等多种优质资源。

（三）投资目的地分布广泛、重点突出

据统计，我国纺织业海外投资目的地涉及东南亚、北美、欧洲、澳洲、非洲等108个国家和地区，其中以东南亚和南亚为重点地区。2015年，我国纺织企业对外投资多集中在东南亚，也涉及欧洲、北美和日韩等较发达地区以及中亚、西亚和北非等新兴投资地（见图3－8－13）。中国纺织品企业在东南亚投资主要着眼于该地区廉价的用工成本、对发达国家出口的优惠贸易政策和《跨太平洋伙伴关系协定》（TPP）生效后将享有的优惠待遇，因此多属劳动力导向型和政策导向型投资。在中亚，中国纺织企业的投资则受当地质优价廉的棉、毛等原材料吸引，属于原料导向型投资。在欧洲、美国、韩国等地的投资则以获取品牌、设计、市场销售等高端环节的优质资源为目标，属于市场导向型投资（见表3－8－3）。

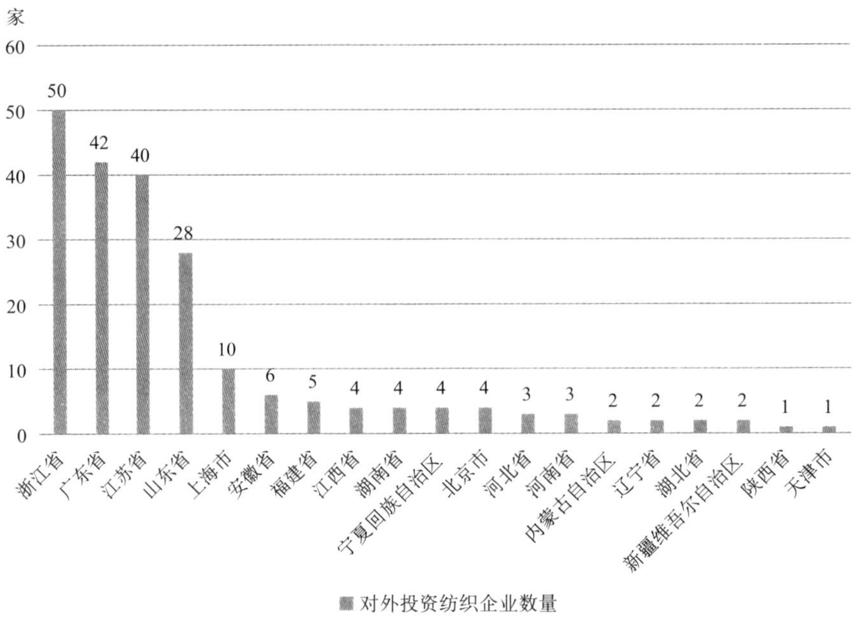

图 3-8-12　2015 年对外投资纺织企业区域分布

资料来源：《商务部境外投资企业（机构）名录》，经整理得出。

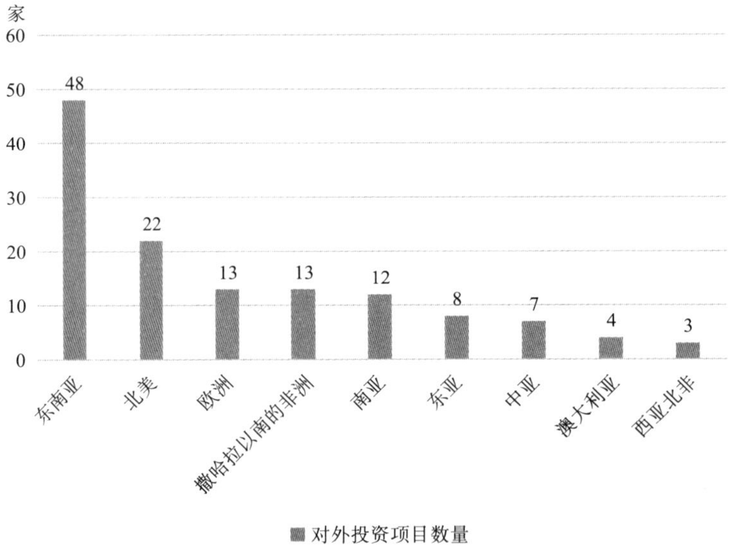

图 3-8-13　2015 年我国纺织企业对外投资目的地分布

资料来源：《商务部境外投资企业（机构）名录》，经整理得出。

表 3-8-3　2015 年我国纺织服装企业对外投资案例

企业名称	（拟）投资地/企业	投资类型	项目概况
山东鲁泰集团	越南，鲁泰（越南）有限公司	绿地投资	总投资额 1.5 亿美元，建设 6 万锭纺纱及年产 3 000万米色织面料生产线
岱银集团	马来西亚，岱银纺织（马来西亚）公司	绿地投资	20 万锭项目一期工程竣工投产，二期总体规划业已完成，两期总投资规模超过 2 亿美元，主要涉及棉纱生产

续表

企业名称	（拟）投资地/企业	投资类型	项目概况
上海东方国际集团	孟加拉国，东方魅力针织品有限公司	绿地投资	由中国、德国和孟加拉国三方企业共同投资，专注毛衣生产，预计毛衫日产量将达1.2万件
山东华纺股份	越南	绿地投资	拟募集资金将近9亿元，其中：7亿元用于越南永隆省和富工业园区染整生产线项目，年产量5 000万米；1.5亿元用于纺织产业链智能化研发中心项目；0.5亿元用于补充流动资金
上海纺织（集团）有限公司	苏丹	绿地投资	与新疆生产建设兵团建设工程（集团）公司合作，投资10亿美元建设新型纺织产业园，涵盖10万公顷棉花种植和30万锭产能
纺织（集团）有限公司	香港慧联公司	收购	整体收购，意在拓展毛衣贸易领域的国际市场
歌力思	东明国际投资（香港）有限公司	收购	整体收购，总价1 118万欧元，实质买断Laur el高端女装的国内业务和全球其他地区的优先受让权
陕西昌荣纺织有限责任公司	塔吉克斯坦	绿地投资	与塔吉克斯坦罗赫·阿布列斯公司共同出资2亿美元，在当地建立现代化棉纺织厂，预计可年产棉纱14 000吨、棉布5 000万米
新疆利华棉业、中泰集团	塔吉克斯坦	绿地投资	布局棉花产业基地建设、棉纺加工生产等

资料来源：“2015年中国纺织服装企业对外投资、国际合作大事件”，《纺织报告》，2016年第1期；《中国证券报》，2015年10月26日；《陕西日报》，2016年1月5日；新华网，2015年10月17日；《新疆经济报》，2015年12月9日。

（四）中国纺织业海外投资受全球贸易规则变化影响较大

多哈回合谈判陷入僵局以来，全球范围内区域及双边自由贸易协定谈判浪潮兴起，世界贸易政策正在发生变革，贸易保护主义有抬头趋势。在此背景下，中国纺织服装产品出口遭遇的贸易摩擦越来越多，而且更易与印度、巴基斯坦、巴西、阿根廷、土耳其等发展中国家产生纺织品贸易摩擦。同时，东南亚国家由于能够享受美国、欧盟和日本的普惠关税待遇或零关税待遇而吸引了中国纺织企业的对外投资。例如，TPP签署后，“从纱认定”、“从棉花认定”的原产地规则将使越南、马来西亚等国享受无配额限制和零关税待遇。中国企业乘势在该地区着手投资布局，以规避这一规则对中国纺织品企业出口的影响。2015年山东鲁泰集团投资1.5亿美元在越南建厂，山东华纺股份也宣布筹资9亿元在越南建设生产线及研发中心，其主要目的便是规避TPP相关规则对纺织品国际贸易的影响。

（五）劳动力、原材料等生产成本上升刺激纺织业向海外转移

近年来，由于人工和原料等生产成本显著提升，中国纺织业传统优势明显削弱，推动了中国纺织业向海外转移。

人工成本方面，国家统计局数据显示，2006—2014年，我国城镇制造业就业人员平均工资上涨1.81倍，其中山东、江苏、浙江、广东等纺织产业集群省份制造业就业人员平均工资基数和涨幅均

高于全国平均水平（见表3－8－4）。目前，中国沿海地区生产企业的劳动力成本已是缅甸等东南亚国家的3—5倍，基本与东欧国家持平。作为典型的劳动密集型产业，劳动力成本上升直接导致中国纺织业向海外转移的速度加快，劳动密集型投资已成为对外投资的主要类型。例如，申洲国际、即发集团、江苏东渡纺织集团、江苏AB集团等企业在越南、柬埔寨等东南亚国家进行投资，主要目的之一便是充分利用当地廉价的劳动力。

表3－8－4　全国及个别省份制造业就业人员平均工资（2006—2014年）　单位/元

年份 地区	2006	2007	2008	2009	2010	2011	2012	2013	2014
全国	18 225	21 144	24 404	26 810	30 916	36 665	41 650	46 431	51 369
山东	15 633	18 477	21 340	23 930	27 773	32 069	36 833	41 202	45 519
江苏	19 647	22 510	25 688	27 765	32 209	37 720	42 641	53 980	58 409
浙江	18 507	20 970	23 816	25 429	29 671	35 363	40 464	45 895	51 295
广东	20 349	22 547	25 249	27 578	31 277	35 772	41 712	45 829	52 308

资料来源：国家统计局年度数据。

原材料成本方面，2010年初，国内棉价突然下跌，中国政府为保障棉花供给而实施临时收储政策，使国内与国际棉价产生高位价差；同时棉花进口配额和高关税措施使我国棉企生产成本进一步上升。部分面临严重经营困境的企业被迫选择将生产迁移至海外，由此形成棉纺行业海外投资热潮。资料显示，目前中国棉纺织企业在越南的投资项目合计已超过100万锭。2015年山东岱银集团、上海纺织（集团）有限公司、陕西昌荣纺织有限责任公司、新疆利华棉业、中泰集团等的海外绿地投资均着眼于棉纺领域。

（六）纺织业产业链全球布局正在形成

当前我国纺织业产业链的海外布局主要存在两种模式。一种是向周边国家进行纺织业产能转移，打造“中国＋N”生产模式，维持我国在全球纺织行业中的地位。如江苏东渡集团在中国张家港完成研发、面料、设计、品牌等高技术环节，又通过独资、合资等方式在境外设立生产工厂12家，以满足企业扩展和降低劳动成本的需要。目前，该集团在马来西亚、越南和柬埔寨三国的用工人数已高达约2万人，他们负责该集团60%的订单生产。该集团的“跨江过海”战略便是典型的“中国＋东南亚”制造模式。

另一种海外布局则通过向产业上游原材料和下游品牌、销售渠道扩展，并积极铺设海外物流网络，逐步形成在全球范围内的原材料—生产—销售全产业链垂直一体化布局。在此过程中，投资企业整合生产技术、产品设计、品牌及销售市场渠道等国际优质资源，积极参与全球纺织价值链的重塑（见表3－8－5）。如山东如意集团通过收购澳大利亚的牧场、羊毛集团及卡比棉田，建立了海外原材料生产基地；通过收购日本、印度、英国、德国、法国等国的服装和毛纺品牌，拥有了众多国际知名品牌和遍布全球的品牌营销网络。该集团还在国内拥有13个高端制造工业园，一条原材料—生产—品牌—销售的完整产业链正在全球范围内形成。

表 3-8-5　　部分纺织企业对外投资产业链布局

生产环节	投资企业	项目概况
原材料	山东如意集团	投资 15 亿元并购澳大利亚卡比棉田及轧棉厂
	浙江富丽达股份有限公司	投资约 2.53 亿美元并购加拿大纽西尔溶解浆公司
产品设计	山东鲁泰集团	在米兰设办事处，与意大利设计师和设计机构合作
	亚光	在纽约设立 Loftex USA，聘请海外人士担任设计师、组建研发和销售团队
	江苏东渡集团	计划与美国企业合作，成立联合设计中心
品牌及销售渠道	雅戈尔	收购 SMART 和 XINMA 股份
	中银绒业	收购英国邓肯纱厂
	山东如意集团	先后收购日本瑞纳、印度 GWA 毛纺、英国哈里斯花呢与泰勒毛纺、德国派纳品牌、法国 SMCP 轻奢服饰品牌等
	万事利	收购法国丝绸企业 MARCROZIER
	深圳玛丝菲尔	收购意大利 Krizia 品牌
纺织机械	江苏金	斥资 42.3 亿元收购瑞士欧瑞康天然纤维事业部及纺织专件事业部
	恒天集团	收购中国香港立信工业有限公司和瑞士欧瑞康福分有限公司非织造布机械梳理业务单元项目下属公司

资料来源：《纺织导报》、《中国纺织》、中国国际贸易促进委员会纺织行业分会等。

（七）纺织业海外投资政策支持体系日益完善

随着中国纺织企业“走出去”步伐的日益加快，中国政府对纺织企业海外投资的政策支持体系也在不断完善之中，力图从顶层设计、具体政策支持和行业协会服务等不同层次有梯度、有重点地为企业“走出去”提供坚实的政策保障和服务支持。

顶层设计方面，《2016 年政府工作报告》将“一带一路”和国际产能合作作为新一轮高水平对外开放的重点，先后发布《国务院关于推进国际产能和装备制造合作的指导意见》、《“十三五”规划纲要》等系列政策文件，明确提出要提高轻纺工业国际合作水平，在有条件的国家投资建设棉纺、化纤等项目。产能合作将以周边国家为主轴，与东盟等区域组织积极协调，并建立中央—地方和国企—民企—协会协同机制，从而为中国纺织企业的对外合作提供有力的政策依托。

具体政策方面，境外投资备案管理模式、避免双重征税协定等多项财税、金融、服务措施正在实施，拓宽企业融资渠道成为政策重点。除丝路基金外，中国与东盟、中东欧国家、拉美、非洲、韩国等多个国家或地区成立或筹备成立产能合作基金，同时鼓励企业境外发债融资。此外，政府也支持国家开发银行、进出口银行等政策性金融机构赴海外发行债券、支持我国企业海外投资项目。

行业协会服务方面，中国纺织工业联合会负责研究、制定纺织行业五年规划，“十三五”规划即将发布，从目前可得信息来看，将力图通过智能化、自动化等途径构建行业技术红利并加快产业链的全球布局。同时，中国纺织工业联合会还会同中国国际贸易促进委员会纺织行业分会举办“2015 中国纺织业‘走出去’交流大会——‘一带一路’的纺织版图”，为纺织企业全球布局挖掘机遇、指点迷津。此外，行业协会还组织带领企业赴埃塞俄比亚、孟加拉国等国实地考察，增强企业对潜在投资对象国的直观认识。

中国纺织企业海外投资风险分析

虽然纺织业是中国最早实施“走出去”战略的行业之一，但与欧美国家企业相比，中国纺织企业在海外投资风险识别和管控方面经验仍显不足，能力亟待提高。

（一）政治风险

项目所在地区政局稳定性较低，国内社会矛盾交织，严重威胁企业投资的安全性。目前中国纺织业海外投资多投向东南亚、南亚、非洲等发展中地区。部分地区经济欠发达，政治、经济和社会矛盾交织，对项目投资和顺利进展形成极大影响。比如土耳其、孟加拉国等部分国家政党斗争激烈，军政矛盾突出，国内政局时有动荡；西亚、北非部分国家极端势力影响日益严重，恐怖主义威胁仍存；东南亚部分国家民族和种群矛盾明显，给国家政治稳定、经济发展和社会安全带来严重影响，制约着中国企业在当地的投资和生产。

此外，受国家双边关系或热点问题影响，部分国家有时会出现“排华”倾向，也会对当地中资纺织企业的生产运营形成冲击。2014 年，越南出现反华示威游行，并伴有生产工人罢工和违法暴力行为，殃及多家中资纺织企业。

针对上述政治风险，中国纺织企业在条件允许的情况下可设立专门的海外投资风险评估部门，对意向投资目的地的政治风险进行评估；积极寻求海外投资保险服务，同时在项目合同中明确非己方责任的赔偿事宜；实际利益受损后要积极联络中国在当地的驻外机构，适时开启法律程序维护自身利益。

（二）法律政策风险

部分国家法律体系有待完善，法律执行风险较高。首先，在我国纺织业投资较多的柬埔寨、印度、缅甸等国家和地区，与海外投资相关的法制建设尚不健全，缺乏对外资的相关保护政策。在法律执行中，外资企业往往无法通过正常合理的法律渠道维护自身合法权益。其次，部分国家法律体系十分复杂，与中国法律体系有较大差异，企业在投资的前期调研时需特别注意。最后，在对外投资经营过程中，中国企业往往将国内的经商文化直接“嫁接”到当地，客观上也容易纵容执法人员的腐败行为，从而给中资企业在当地的长期经营造成麻烦。

为有效规避上述风险，中国纺织企业可考虑在投资目的地的机构内部开展法律培训，尤其要加强管理层的法律意识，杜绝国内经营时的“陋习”；同时，或可聘请熟悉当地法律法规的律师担任海外经营的法律顾问，为管理层决策提供法律依据，预防可能出现的违规生产经营活动。

（三）劳工风险

由于纺织业属于劳动密集型产业，劳工风险便是中国纺织企业进行海外投资时不得不面对的风险之一。在一些中国纺织企业进行海外投资的国家（如孟加拉国、南非、柬埔寨等），工会组织往往拥有极大的影响力，罢工活动频发。部分国家的工会组织还与本国政党有密切联系，会因政治诉求而实行罢工，从而对企业正常的生产经营形成影响。

由劳动力供需变化等原因导致劳动力效率低下或成本明显增加，也是劳工风险的重要诱因。一方面，部分国家劳动力资源的廉价往往意味着劳动力素质和劳动效率的下降，由此将延长产业的培育周期，影响着企业的生产效率和收益。比如，柬埔寨的劳工多属普通产业工人，劳动效率较低，在该地区进行投资的纺织企业不得不面临生产效率较低的压力。另一方面，随着赴东南亚各国投资的纺织企业数量的增加，当地劳动力可能出现供不应求现象，企业不得不面临劳资谈判或罢工所导致的劳动力成本上升的风险。比如，越南在2015年将城镇最低工资标准提高至每月145美元，上升幅度为14.8%，大大增加了当地中资纺织企业的用工成本。

此外，很多国家设有非常完善的劳工法律，也对海外企业在当地投资的用工限额进行了严格规定。以最低工资标准为例，很多国家对不同行业设立了不同的最低工资标准，纺织企业雇用员工众多，需详细了解当地情形。2011年，多家中国成衣制造企业便因违反南非的薪资规定而受到严厉处罚。用工配额也是纺织企业必须重视的问题之一。部分国家为了保护本地人口的工作机会，严格限制外资企业在当地的劳工配额。近年来，土耳其等国便逐渐紧缩对中资企业员工签证的审批，使部分中资企业陷入非法用工的指控。

为了更好应对劳工风险，中资纺织企业在海外投资的前期调研中，应特别注意了解当地的劳工相关法律法规，对最低工资标准、劳动保障规定以及用工限额等都给予特别关注，并严格遵守相关规定。同时，企业应与当地的行业工会组织保持良好关系，积极沟通、广泛听取意见，避免因不必要的外部因素给企业的生产经营造成损失。

（四）环境风险

传统的纺织行业属高污染行业，发达国家和许多东南亚国家都对纺织业生产企业有着较为严格的环保标准。柬埔寨、孟加拉国、缅甸、越南等国历来对纺织业生产过程中的环保问题十分重视。以越南为例，虽然染整工业是越南纺织产业链的短板，越南政府也大力支持外资企业对该行业的投资，但出于环保考虑，越南政府仍对该行业的外资流入设立了较高的准入门槛，污染较高的染整行业污水排放并未获得特殊待遇。在对外投资过程中，如果企业不严格执行当地的环保标准，不仅会面临直接的严重处罚，也会严重影响企业与当地社区和民众的互动关系，从而给企业的国际形象和生产经营的顺利进行造成极其负面的影响。

为应对海外投资的环境风险，中国纺织企业应在调研时详细了解当地的环保法律法规，并结合自身的污染物处理水平和处理成本决定是否投资；项目推进过程中，要进行严格的环境评估并出具报告以备检查，还要努力提升污染物处理水平；同时，中国纺织企业要加强社会责任感，努力同当地社区和民众建立良好关系，打消其对纺织企业污水和废气排放的疑虑。

（五）经营风险

我国纺织企业“走出去”过程中，在生产经营环节面临很多主客观风险。

主观方面，首先，很多中国纺织企业的前期调研工作仅着眼于简单的成本收益分析，对海外投资可能遇到的各类风险缺乏清晰的认识。其次，很多中国企业法律意识淡薄，在海外投资过程中要么缺乏对当地法律法规的认识和尊重，要么没有使用法律武器维护自身权益的意识。再其次，中国纺织企业，尤其是中小企业在海外投资中普遍面临融资渠道单一，在利用发债租赁等渠道进行融资方面面临瓶颈。最后，很多纺织企业在“走出去”过程中缺乏精通当地语言、熟悉当地环境的国际化经营管理人才，从而制约了企业在当地的经营和融入。

客观方面的主要风险来自行政风险和基础设施建设风险。一方面，部分国家政府机构庞大，行政效率较低，审批过程冗长且寻租空间大，加重了企业经营的负担。中资企业在很多国家办理企业注册往往要经过严格的审批，花费较长时间，而且成功率不高。另一方面，中国纺织企业多在东南亚、南亚和非洲等地进行海外投资，往往不得不面对基础设施建设滞后和产业链不完备等问题。以越南为例，虽然日本、韩国、法国、中国大陆和台湾地区等多地企业均对越南纺织业进行了长期、大量的投资，但越南国内产业链并不完善，许多纺织原材料严重依赖进口。此外，有些东南亚国家基础设施建设较为落后，甚至存在电力短缺、水资源供应不足、通讯条件差、道路交通不完善的问题，无形中增加了企业运营成本。

为规避上述经营风险，首先，纺织企业要利用行业协会等渠道实地探访投资目的地，自行或寻求第三方机构进行详尽的前期调研和风险评估，详细掌握拟投资目的地的行政风险、产业发展和基础设施状况，结合企业经营成本和发展目标决定是否投资。其次，对行政、基础设施、产业不完备风险较高的国家，尽可能优先选择将项目建在产业/工业园区内，充分利用纺织行业的集群效应，并从一定程度上规避行政风险。最后，注重人才培养与招聘，除开展内部经营管理培训外，或可寻求与高校建立合作关系，充分利用中国庞大的高校人才资源。

专题：越南纺织业投资风险研究

越南纺织行业拥有广阔的发展前景。作为全球第五大纺织品服装出口国，越南政府积极支持行业发展、鼓励海外投资，其纺织工人成本较低、素质较高，产品在国际市场拥有一定的竞争力。越南通过 TPP、自贸协定等途径获得了美国、日本、欧盟等主要市场的贸易优惠待遇，预计将对其纺织品出口产生较大的推动作用。受限于国内用工成本和贸易摩擦，中国越来越多的企业选择赴越南投资，但可能面临政治安全、政策、劳工、基础设施、环境等多种风险，企业需要谨慎面对。

本专题首先介绍越南纺织行业的当前发展状况和前景，其次对越南纺织行业的机会及面临的问题进行分析，最后对中国企业投资越南纺织业面临的风险进行简要分析。

（一）越南纺织业发展现状及前景分析

1. 越南纺织行业发展现状

自 2001 年越南与美国签署双边自贸协定以来，越南的纺织业实现了长足发展。据统计，从 2001 年至 2014 年，越南纺织业年均增长超过 15%。2015 年越南纺织业继续维持高速增长，越南统计部门工业生产指数（Industrial Production Index，IPI）显示，2015 年越南纺织业生产同比上涨 13.9%（见表 3－8－6），高于制造业的整体增长率。此外，2015 年越南纺织品服装出口总额也达到 275 亿美元，同比上涨 11.3%（见图 3－8－14），维持了 2001 年以来的快速增长势头。

表 3－8－6　2015 年越南纺织行业工业生产指数

单位/%

月份	1 月	2 月	3 月	4 月	5 月	6 月	7 月	8 月	9 月	10 月	11 月	12 月	全年
IPI 指数（环比）	98	73.6	130.1	100.9	101.4	102.6	102.9	102.4	102.2	104.5	103.7	102.9	113.9
IPI 指数（同比）	133.8	109.2	108.8	126.4	120.9	124.2	111.0	110.0	109.7	107.0	110.0	111.9	

资料来源：越南国家统计局 Monthly Statistical Information。

目前，纺织业已成为越南最主要的工业出口部门。该行业的快速发展已使越南成为仅次于中国、孟加拉国和印度的全球第四大纺织品生产国，世界第五大纺织服装出口国。越南纺织工业产品远销全球超过180个国家和地区，美国、欧盟、日本和韩国是主要的出口目的地。

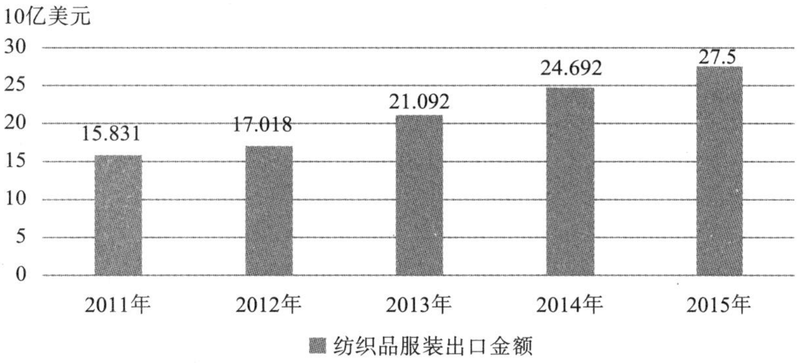

图 3-8-14 2011—2015 年越南纺织品服装出口金额

资料来源：Vietnam Trade Promotion Agency。

截至2016年4月，越南纺织品生产企业已超过3 800家，60%以上分布在越南南部。这些企业中国有企业占比非常小，多为私营企业。外资在越南纺织行业的发展中发挥着重要作用。1988—2012年，越南纺织服装业共吸引外资项目1 551个，累计吸引外资35亿美元。最新数据显示，2015年越南纺织业吸引外资有可能超过20亿美元。同时，外资企业占越南纺织企业的比重约为25%，为该行业贡献了60%的出口总额。

目前，纺织业已成为越南重要的就业部门。数据显示，越南纺织行业直接就业人口约250万人，占越南工业就业总人口的25%，其中女性员工占81.6%，从业人员平均年龄为28岁。

数据显示，85%的越南纺织企业采取来料加工模式（Cutting，making，trimming，CMT），这与越南纺织业配套生产环节薄弱、行业生产原料和机械严重依赖进口密切相关。统计显示，越南国内纺织原材料仅能满足行业35%的需求，棉纱、织布等中上游原材料来自进口。其中，约50%的原材料来自中国。2015年越南纺织业相关原材料进口约183.72亿美元，其中纤维织物的进口额为101.97亿美元（见表3-8-7）。

表 3-8-7　　2015 年越南纺织行业进口统计

原材料	数量		金额	
	数量/千吨	增长率/%	金额/百万美元	增长率/%
棉花	1 013	34.3	1 622	12.4
纺织纱线	790	6.8	115	-2.7
纤维织物	—	—	10 197	8.2
纺织、鞋袜原材料	—	—	5 038	7.5

资料来源：越南国家统计局，Monthly Statistical Information。

2. 越南纺织行业前景预测

越南纺织服装协会（Vietnam Textile and Apparel Association，VITAS）预计，2016年越南纺织品服装出口将达到310亿美元。受全球经济增长谨慎预期的影响，除美国外，2016年欧盟、日本等主要出口市场的需求将不会出现明显增长，加之化学纤维价格可能因原油价格保持低位而下降，越南出口订单价值可能会受到较大影响。因此，越南国家纺织服装集团预计，拉动出口的因素将主要来自国内的产出。

长期来看，为适应TPP、越南—欧盟自贸协定等双多边框架相关规则和优惠待遇，未来越南纺织业生产规模将继续扩大，生产日趋多样化，产业链也将逐渐完善，并向高端生产迈进。VITAS预计，2016—2020年行业产出有望实现年均11.5%的增长，从业人员预计增长至280万人。

为进一步推动纺织业的快速发展，越南政府于2016年3月修改了《2020年越南纺织服装行业发展规划及2030年愿景规划》，明确提出纺织服装业向现代、高效和可持续方向发展，实现出口产品的多样化并挖掘国内市场潜力的目标。据此，越南政府确定了2030年纺织业发展目标（见表3－8－8），未来将继续辅以各项金融刺激政策，提供完善产业链、发展工业园区、整合政府部门资源等服务措施。

表3－8－8　　2030年越南纺织行业发展目标

指标	2015年	2020年	2030年
1. 出口额（亿美元）	230—240	360—380	640—670
占出口总额比重（%）	15—16	13—14	9—10
2. 就业人口（万人）	250	330	440
3. 主要产品产量			
纤维棉（千吨）	8	15	30
合成纤维（千吨）	400	700	1 500
纱线（自短纤维提取）（千吨）	600	1 300	2 200
各类布匹（百万平方米）	1 500	2 000	4 500
服装（百万件）	4 000	6 000	9 000
4. 本地化比重（%）	55	65	70

资料来源：越南贸工部，“2020年越南纺织服装行业发展规划及2030年愿景规划”。

（二）中方对越南纺织业进行投资的SWOT分析

1. 优势

（1）越南整体政治形势稳定、社会治安良好。

（2）越南人口众多，劳动力资源丰富且相对廉价，劳动力素质较周边国家高。

（3）越南政府颁布宏伟的纺织行业发展目标和一系列刺激计划，通过税收优惠等措施鼓励行业投资。

（4）越南纺织品服装出口享受美欧等发达国家和地区的优惠政策，TPP生效后出口美国的纺织品关税将从目前的17.5%降至零，与欧盟的自贸协定生效后，包括纺织品在内的大部分产品出口欧盟成员国将享受零关税待遇。

2. 劣势

（1）越南纺织工业基本处于“来料加工”阶段，生产缺乏多样性，不具备产品设计能力。

（2）越南的纺织企业规模较小，没有足够的资金用于产品设计、技术研发等高价值生产环节。

（3）缺乏足够的企业管理人才，劳动力生产率较低。

3. 机遇

（1）随着纺织业劳动密集型生产环节的持续转移，以及为适应TPP相关规则而进行的产业结构调整，越南将接受更多的纺织业投资，并由此获得更先进的生产设备、生产技术、管理经验和高技术工人。

（2）越南是TPP的成员国，也是区域全面经济伙伴关系（RCEP）、亚太地区自由贸易区（FTAAP）、东盟经济共同体（AEC）等地区经济一体化的参与者，与欧盟、韩国、欧亚经济联盟等经济体已达成自贸协议，这些双边、多边自贸框架将使越南的纺织品出口大为受益。

（3）越南正在进行经济改革，对外资将实行更为优惠的政策。

（4）越南人口超过9 000万，随着人民生活水平的提高，越南国内的纺织品市场潜力巨大。

4. 挑战

（1）越南的纺织产业起点较低，缺乏必要的产业配套设施和生产环节，许多原材料依赖进口。

（2）投资环境仍不太乐观，主要原因在于政府投资鼓励政策尚未完全成形，且政府存在较为严重的腐败行为。

（3）必要的配套产业投资经常以环境、安全为由无法落地。

（4）随着外资的不断涌入，针对水、电、原材料、劳动力、市场等资源的竞争将更为激烈。

（三）中资企业对越南纺织业投资的风险分析

1. 政治安全风险

越南政治局势整体稳定，国家经济开放趋势日趋明显。虽然当前越南执政党及政府对中国持相对友好态度，但越南国内反华情绪影响依然较大。在越南执政党内部斗争、外部势力的介入以及中越双边敏感问题（如领土争端）等特殊问题的影响下，也有可能爆发"排华"运动，从而给当地中资企业和人员的安全和正常生产经营带来严重冲击。2014年5月，越南多省发生多起有组织的、针对外资企业的示威和暴力行为，包括中国大陆、香港及台湾地区在内的多家企业受损严重，甚至出现人员伤亡。在越南投资的中资纺织企业亦未能幸免，天虹纺织集团等企业便被迫暂停生产，遭受了较大的财产损失。因此，在越南纺织业进行投资的企业必须时刻关注企业投资、生产和经营过程中可能遭遇的政治安全风险。

2. 腐败及政策风险

受计划经济向市场经济转变的影响，越南的腐败现象较为严重。"透明国际"《2015年全球清廉指数报告》显示，越南得分为31分，在168个国家中排名第112位。其中，金融、税务、财政等与投资和企业经营密切相关的部门腐败问题尤为严重。

此外，由于市场化改革尚不彻底，越南鼓励投资方面的政策体系建设尚未完善，优惠政策执行存在较大偏差。越南2015年7月1日起实施的《投资法》规定纺织辅助行业属于可享受优惠的投资行业，但项目投资需申请投资许可证，为此需提交多项材料，且项目批复所需时间较长。同时，中资纺织企业多落地越南各大工业园区，但园区在税收、土地租金等优惠政策方面的规定尚待明确，管理权限也归属地方政府，管理体制较为僵化。

3. 劳工风险

中资企业投资越南纺织业所要面临的另一大风险是劳工风险。近年来，越南劳工法不断完善，相关管理措施不断严格，要求中资企业及时深入了解其相关法律法规并严格执行。2015年8月开始实施的劳工加班薪资规定对日间、夜间、周末和国家法定节假日的加班薪资都进行了详细说明，对劳动者加班和劳动时间也有具体要求。此外，越南政府十分重视劳工的工作环境。2015年，越南相关政府部门曾专门对多家制衣企业进行了劳动监察，以了解员工的工作时间、工资、劳动环境、劳动卫生安全计划等相关内容，未来有可能出台相关政策法规，企业应保持密切关注。

此外，随着外资企业的不断涌入，未来越南的劳动力成本有可能上升，因薪资待遇问题引发的劳资纠纷和罢工也可能增加。数据显示，越南普通工人平均月工资正以10%的速度逐年增加。2015年初，越南将城镇最低工资标准提高14.8%，2016年最低月工资有可能继续上涨。同时，因对离职待遇规定不满，2015年4月，越南产业工人组织大规模罢工和集会，11月越南政府同意劳工自由组织工会和罢工。未来，薪资待遇问题可能增加工人罢工的可能性，进而影响企业生产。

越南纺织业从业人员劳动力素质有待提高。中国纺织企业海外投资首选越南的重要原因便是其相对廉价的劳动力。但是，越南工人的劳动生产效率与中国国内相比依然存在明显差距，在一定程度上抵消了低劳动成本带来的红利，而且如果想要提高越南纺织业人员的劳动力素质，中国企业不得不增加员工培训投入，从而提升企业生产成本，影响企业整体投资收益。

4. 基础设施风险

基础设施不完备、成本高昂是中国企业赴越投资面临的另一大风险。越南交通基础设施建设的资金需求和实际供给存在较大差距。根据世界经济论坛2015年公布的数据，越南的交通基础设施竞争力在全球排在第67位，虽比2014年有所提升，但仍处较低水平。随着越来越多的外资企业的涌入，越南国内工业用地需求不断扩张，工业区用地的租金价格持续上涨。调查数据显示，2016年第一季度胡志明市工业区用地平均租金价格为每平方米126美元，并有继续上涨的趋势。此外，中国纺织工业联合会赴越南实地调研时发现，越南各大工业园区的水、电、气等费用也高于企业预期。

5. 环境风险

越南对环境保护的要求较为严格。2015年6月，越南政府修订《环境保护法》，对工业行业的环保要求做出详尽规定，包括项目前期提交环评报告，制订环境保护计划并实时更新，安装污水、废气处理系统等，其中污水日排放量超过（含）500立方米、废气日排放量超过（含）20万立方米的项目必须提交环评报告，工业园区外，污水日排放量超（含）1 000立方米的企业须强制安装污水处理系统。修订版《环境保护法》于2016年1月1日起正式施行，对高污染的纺织行业将产生较大影响。

专题：埃塞俄比亚纺织业投资风险研究

埃塞俄比亚纺织行业潜力巨大。一方面，埃塞俄比亚劳动力资源和水电资源丰富、成本低廉；另一方面，埃塞俄比亚纺织业产业链相对完整，且行业发展得到了国家政策的大力支持。自2004年以来，埃塞俄比亚吸引了来自中国、印度、土耳其的纺织业投资，欧洲国家也正在成为埃塞俄比亚投资的对象。中埃双边经贸关系紧密，中国是埃塞尔比亚最大的贸易伙伴和主要的投资来源国，但是中国纺织企业赴埃塞俄比亚投资仍面临多种风险和条件限制。

（一）埃塞俄比亚纺织业发展现状及前景分析

1. 发展现状

埃塞俄比亚经济以农业为主，纺织业发展较晚。当前，埃塞俄比亚政府正努力调整经济结构、促进工业发展。作为最大的制造业部门，纺织业被列为优先发展行业。埃塞俄比亚官方数据显示，2015 年埃塞俄比亚纺织行业产值为 54.39 亿比尔。其中，国内销售额占比为 80.8%，其余出口，出口销售额为 10.14 亿比尔（见表 3－8－9）。从企业情况看，2014 年在埃塞俄比亚的纺织服装企业共计约 130 家，其中有 60 家成衣制造企业，其他企业主要从事轧棉、手工织布、纺纱、印染等环节，用工人数为 62 896 人。

表 3－8－9　　埃塞俄比亚纺织行业生产及销售情况（2014/2015 财年）

时间	行业产出		销售金额				产能利用率（平均值）
	金额/亿比尔	在制造业中占比/%	国内销售/亿比尔	国内销售占比/%	出口/亿比尔	出口占比/%	
第一季度	11.09	4.91	8.45	89.87	0.95	10.13	40.93
第二季度	11.24	4.89	7.82	74.05	2.74	25.95	30.59
第三季度	15.84	6.49	14.43	88.61	1.85	11.39	53.14
第四季度	16.22	6.19	11.98	72.26	4.60	27.74	46.75
合计	54.39		42.68	80.80	10.14	19.2	—

资料来源：埃塞俄比亚中央统计局 Quarterly Manufacturing Industry Business Survey。

埃塞俄比亚纺织业产业链相对完整，囊括了纺纱、编织及相关处理加工环节，主要纺织产品包括棉质及尼龙布料、腈纶纱、羊毛毯、棉毯、缝纫线等。但是，由于国内原材料紧缺，埃塞俄比亚纺织业出口多采取来料加工模式，出口目的地集中在欧盟、美国等发达国家和地区，2014 年纺织服装出口额约 1.13 亿美元。

目前，埃塞俄比亚纺织行业正不断吸引全球投资，主要的投资来源地包括印度、土耳其、瑞典、英国、德国、韩国、中国等，H&M、沃尔玛、GAP 等知名服装和零售品牌也将相关生产环节转移至此。统计显示，截至 2015 年，埃塞俄比亚纺织行业共有外资企业 37 家，在整个行业中占比 28.4%。

2. 前景预测

埃塞俄比亚在原材料、行业生产能力等方面仍存在较大提升空间，埃塞俄比亚政府对外资也持欢迎态度，并积极制定计划修建工业园区，预计未来该国纺织行业将有较大增长。埃塞俄比亚政府制定了详细的行业发展目标（见表 3－8－10），力图从棉花种植、行业产出及生产能力提升等多个维度全面促进纺织行业发展。埃塞俄比亚纺织业的发展目标是到 2020 年纺织行业出口额达到 10 亿美元，在总出口中所占比重从 2015 年的 6% 提升至 22%。

（二）中资企业对埃塞俄比亚纺织业进行投资的 SWOT 分析

1. 优势

（1）埃塞俄比亚是撒哈拉以南的非洲人口第二大国，劳动力相对充足且工资水平较低，有数据显示埃塞俄比亚的劳动力成本只有中国的 1/5、越南的 1/2。

表 3-8-10　　埃塞俄比亚纺织行业发展目标

指标	预期发展目标（按财年）				
	2015/2016	2016/2017	2017/2018	2018/2019	2019/2020
棉花产量/百万吨	0.5	0.7	0.99	1.38	1.8
棉花土地产出/吨/公顷	1.8	2.0	2.2	2.5	2.8
纺织行业产出/百万美元	1 430	1 590	1 850	2 110	2 370
产能利用率/%	63	68	72	77	81
新建项目数量/个	38	19	19	38	38
新增工人数量/万人	3.9	3.4	3	4.4	2.7

资料来源：COLOFON，commissioned by Netherlands Embassy，Business Opportunity Report Ethiopia：Textile and Apparel Industry。

（2）依据《非洲增长与机遇法案》（已延期至 2025 年），埃塞俄比亚纺织品对美国出口享受零关税、免配额待遇。此外，埃塞俄比亚对欧盟出口也将享受优惠待遇。

（3）土地、水、电等资源相对廉价，其中电力价格约为周边国家的 1/10—1/8。

（4）政府制定一系列政策吸引外资并将纺织业列为优先发展行业，优惠政策包括提供贷款项目、5 年内免税待遇、土地价格优惠、纺织机械设备进口免税、出口信贷、出口退税等。

2. 劣势

（1）交通基础设施及物流发展较为落后，无法满足企业需求。

（2）棉花种植规模小，原材料无法满足国内生产。

（3）劳动生产效率较低、潜在生产能力无法完全释放，劳动工人培训成本较高。

（4）外汇储备不足，可能无法满足企业进口原材料和生产设备的需求。

3. 机遇

（1）自然条件优越，棉花生产潜力巨大。据统计，埃塞俄比亚适合种植棉花的土地约有 320 万公顷，几乎与巴基斯坦持平，利用率却只有 7%，尚有巨大提升空间。

（2）政府政策着力解决行业发展瓶颈，包括制定工业园区建设计划吸引外资，修建铁路、完善交通物流以降低企业运营的时间成本等。

（3）随着埃塞俄比亚国内教育水平的不断提高，工人劳动熟练程度和劳动生产率将得以提高。

4. 挑战

（1）棉花种植受天气影响大，原材料供应无法得到有效保障。

（2）欧美等主要出口目的地国内需求不振。

（3）道路、铁路等基础设施建设工期长，无法及时满足企业需要。

（三）中资企业对埃塞俄比亚纺织业投资的风险分析

1. 政治安全风险

埃塞俄比亚政局相对稳定，但是安全风险不容忽视。一方面，埃塞俄比亚存在恐怖主义袭击的风险。埃塞俄比亚战略位置重要，历来是各种恐怖势力着力渗透的地方，尤其是该国东临索马里、积极主张打击索马里青年党，也因此成为索马里青年党的袭击对象。另一方面，埃塞俄比亚国内极端民族主义、分裂势力和反政府武装可能引发冲突，波及在埃塞俄比亚的中资企业。2015 年 4 月，中石化在埃塞俄比亚的勘探营地遭袭，造成 9 人死亡，7 人被绑架，“欧加登国家解放阵线”组织制造了这起血腥袭击，欧加登的地区分离主义及索马里族人的极端民族主义则是这场悲剧背后的重要原因。因此，中国纺织企业赴埃塞俄比亚投资时要谨慎选择投资地区，尽量避开东部及南部，并加强对安全风险的评估和预警。

2. 卫生环境风险

埃塞俄比亚卫生状况较差，外派人员适应当地环境可能存在一定困难。首先，该国地处埃塞俄比亚高原，人员初到可能产生高原反应。其次，该国是多种传染病的高发地区，据世界卫生组织统计，下呼吸道感染、腹泻病、疟疾、痢疾、艾滋病、肺结核、脑膜炎等是埃塞俄比亚致死率较高的疾病，其中艾滋病、肺结核等致死人数处上升状态。最后，该国医疗条件较差，医务人员总数不足、卫生医疗专业人才匮乏且城乡地区分布不均衡。因此，中国纺织企业赴埃塞俄比亚投资时需尽可能选择医疗资源相对丰富的城市地区，如条件允许可自备常用药品，派驻人员赴任前要做好卫生防疫措施。

3. 基础设施不完备风险

埃塞俄比亚的道路交通仍有待改善。根据埃塞俄比亚国家银行的年度报告，2014/2015 财年埃塞俄比亚的道路密集度为每千人 1.2 千米、每平方千米 100.4 千米，比 10 年前有巨大改善，但世界银行统计的物流绩效指数表明，埃塞俄比亚与贸易、运输相关的基础设施仍十分落后（2014 年为 2.17/5）。此外，埃塞俄比亚的物流运输属国有行业，成本较高。交通基础设施的落后会影响纺织企业的原材料及纺织机械进口，且不适宜进行“短平快”类的订单加工，一定程度限制了企业运营范围，增加了时间和物流成本。

4. 劳工风险

埃塞俄比亚劳动力充足且失业率较高，为纺织行业提供了充足的劳动保障。但是，该国劳动力的生产效率仍然较低、劳动积极性有待提高、管理和技术型人才严重匮乏。同时，埃塞俄比亚有较为详尽的劳工法律，对工资支付方式、非法解聘劳工、劳动时间及加班、劳工社保等问题进行了详细规定，企业应尽数了解，避免违反相关规定。由于行业工人劳动效率较低，企业需要从本国派遣管理及技术人才，虽然埃塞俄比亚政府对此类人才输入十分欢迎，但是近年来针对外籍劳工的限制愈加明显，企业为派遣员工办理相关手续受到的限制越来越多，需引起重视。

5. 外汇风险

埃塞俄比亚外汇短缺现象较为严重，政府鼓励发展纺织行业并刺激出口的初衷之一便是获取大量外汇。但是，由于其国内纺织行业产业链的限制，企业需要进口大量的原材料和生产设备，可能出现因外汇不足而影响生产的现象。同时，埃塞俄比亚对外汇管理较为严格，私自携带外汇出境可能面临严重处罚。此外，比尔目前贬值趋势较为明显，企业需要提前考虑相关措施，避免因汇率波动而遭受损失。

第九章
光伏行业

光伏（PV or photovoltaic）是太阳能光伏发电系统的简称，是一种利用太阳电池半导体材料的光伏效应，将太阳光辐射能直接转换为电能的新型发电系统，有独立运行和并网运行两种方式。由这一系统所衍生的产业链条被称为光伏行业。光伏产业链包括硅料、硅片、电池及组件、应用系统等，上游为硅料、硅片，中游包括电池及组件，下游为应用系统等。

一、2015年全球光伏行业发展形势分析

2015年，世界经济增长低于普遍预期，发达经济体增速持续回升但势头减缓，新兴市场与发展中经济体增速加速下滑，全球经济增长率比2014年有所下降，大宗商品价格，尤其是能源价格持续走低。在全球需求不足、传统能源价格低迷的不利市场氛围下，全球光伏行业逆势发展，延续了增长的势头。

在过去的10年间，光伏产业得以迅速发展，虽受到金融危机的影响增速有所下滑，但仍维持了持续增长的势头。回顾2015年，全球光伏行业发展呈现以下特征。

（一）可再生能源发展创纪录，光伏市场规模持续扩大

2015年全球光伏行业发展可以用“逆势上扬”来概括。2015年，光伏行业面临全球需求持续疲软、传统能源价格低迷的不利外部环境，仍然以25%的增长速度快速发展。根据国际能源署（IEA）的统计数据，2015年全球新增装机容量50GW，23个国家新增装机容量超过1GW，全球累计光伏装机量达227.1GW。如图3-9-1所示，光伏产业在经历金融危机、贸易摩擦后再度于2015年迎来全面增长期，除中国、日本、美国等光伏大国外，亚太地区、中东、非洲和拉丁美洲同样迎来了市场的快速增长。

以中国、日本为代表的亚太地区光伏行业发展迅猛。中国以新增装机总量15.2GW继续位居全球首位，占全球新装机量1/4以上，累计装机总量达到43.5GW，超越德国成为全球光伏累计装机量最大的国家。日本延续了以往的快速增长势头，2015年新增装机总额11GW，除中国、日本两国外，印度、韩国、澳大利亚、泰国、马来西亚、菲律宾和台湾地区等亚太国家与地区的光伏市场也

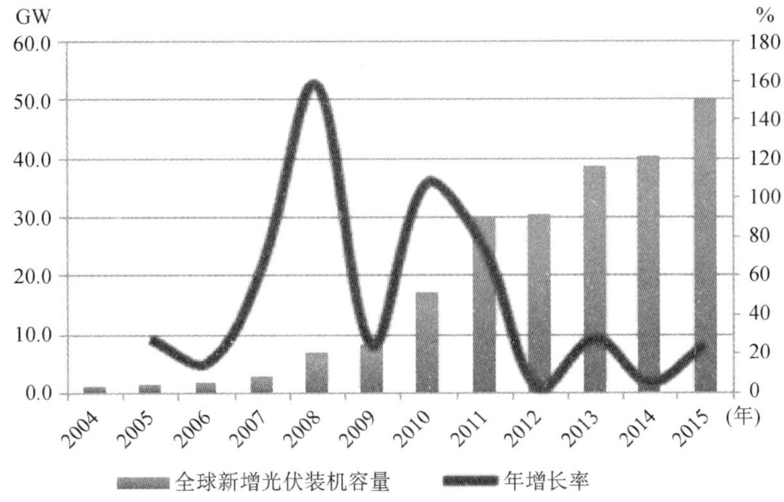

图 3-9-1 全球新增光伏装机容量及同比增长率

资料来源：Wind 资讯，国际能源署。

得到快速发展，印度更以 2GW 的新增装机速度领跑域内光伏新兴国家。

在英国市场强势带动下，欧洲光伏市场恢复发展。英国 2015 年新增光伏装机容量 3.5GW，推动欧洲摆脱过去多年的市场萎缩，迎来正增长。由于政府扶持和招标政策的变革，德国新增装机容量在继 2013 年的 3.3GW、2014 年的 1.9GW 后于 2015 年进一步萎缩至 1.5GW。其他欧洲国家光伏市场发展持续低迷。

2015 年，北美地区，美国、加拿大、墨西哥分别新增装机容量 7.3GW、600MW、103MW。

如图 3-9-2 所示，中国、美国、日本、德国和意大利 5 个国家的光伏装机总量超过全球装机总量的 70%。市场调研机构 IHS 报告预测指出，2016 年欧洲光伏市场将持续下行，德国年光伏装机量全球排名将从第二滑落至第四，被美国和日本赶超。与此同时，拉美将成为新兴的光伏市场，蕴含强大的发展潜力，2015 年预计新增装机总量 2.2GW，其中智利光伏产业发展最为迅猛，2015 年装机容量达 400MW。

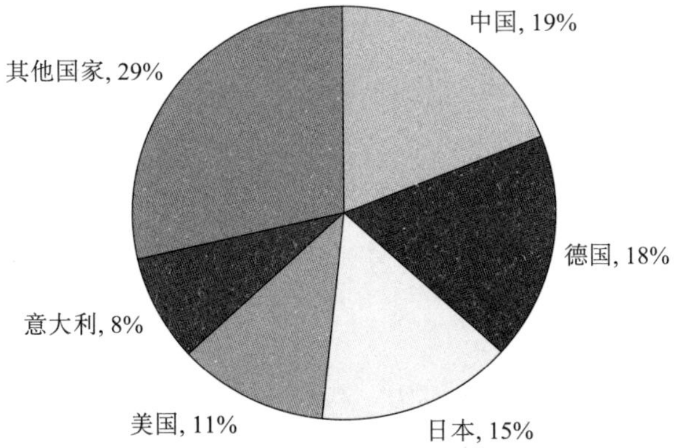

图 3-9-2 2015 年各国累计光伏装机容量占比

资料来源：国际能源署（IEA）。

2015 年，光伏产业得到快速发展。行业平均毛利率达到 22%，总毛利润达 85 亿美元，为 2011

年以来最高水平。目前全球光伏产业已步入成长中后期，各国政府纷纷出台支持可再生能源发展，基于产业优势，光伏逐步成为各国优先选择的可再生能源投资方向。巴黎气候大会达成的一揽子协议为全球光伏行业提供了有利的外部环境。可以预计，在 2016 年，全球光伏产业仍将进一步扩张。

（二）光伏产品价格稳中有降

21 世纪初，世界经济飞速发展，能源需求旺盛，石油价格相应进入上涨周期，从 2000 年的 29 美元/桶暴涨至2008 年 7 月的 147 美元/桶。为应对不断飙升的能源价格，各国政府纷纷出台法案支持新能源发展，光伏行业也迎来了发展时期。伴随着技术的进步和规模经济，光伏产品的价格在近年来迅速下降。光伏产品价格的下降进一步刺激了光伏产品的需求增长，继而为光伏行业成长提供助力，行业的扩张、供应链管理能力的提升所带来的规模经济又进一步降低了光伏产品的生产成本。

2015 年，光伏产品价格持续下降。根据国际可再生能源署（IRENA）的最新数据，光伏组件价格较 2014 年同期降低 80%。各大行业领先企业不断加大工艺技术研发力度，生产成本与能耗持续降低。2015 年光伏行业平均综合能耗已降至 1 000KWh/kg。光伏产品原料多晶硅供过于求也是造成光伏产品价格下滑的重要原因，2015 年全球多晶硅产量 35 万吨，总需求仅为 33 万吨，尚存 2 万吨过剩供给（见图 3 –9 –3）。

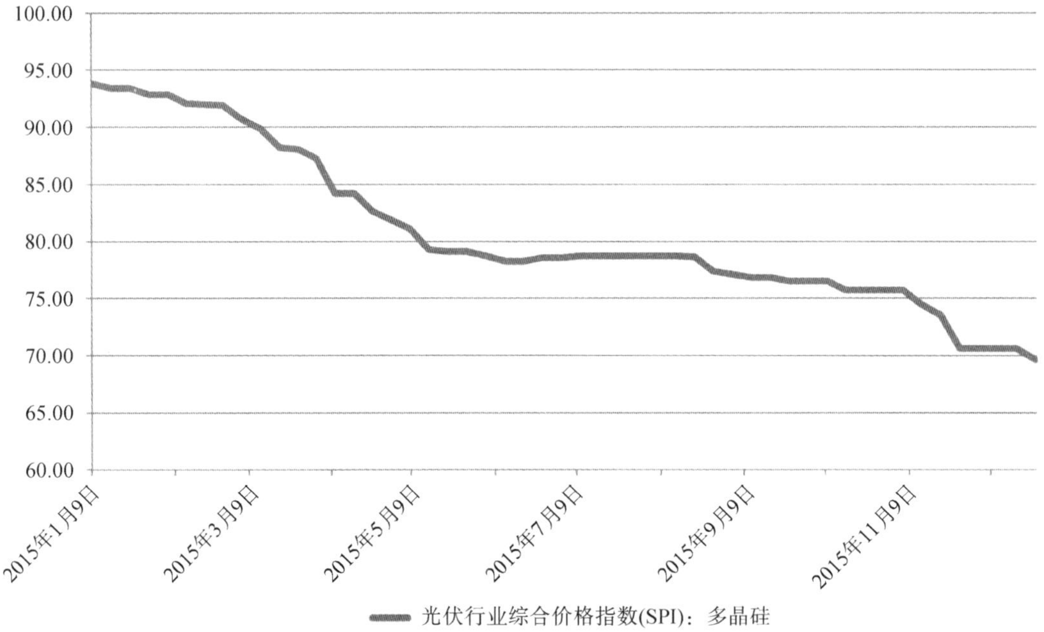

图 3 –9 –3　2015 年光伏行业综合价格指数（SPI）：多晶硅（以 2014 年 5 月 30 日为基准）

资料来源：Wind 资讯。

光伏发电系统价格逐步下降。以美国为例，2015 年第三季度时公共事业用系统的系统造价为 1. 38 美元/瓦，较 2014 年第三季度约 1. 66 美元/瓦跌幅达 17% 左右。集邦新能源网（Energy Trend）预计，随着全球范围内太阳能安装量的增加和新技术的进步，光伏安装成本 2016 年会降至 1. 15 美元/瓦，到 2017 年再下降 15%。2016 年组件价格将受美国、中国、印度等国政策影响而持续缓跌。由于组件、逆变器以及相关原材料价格下滑，在同一跌幅走势下，2016 年太阳能系统造价将降至 1. 15 美元/瓦，由此带动全球需求攀升。同时，光伏电池转换效率的逐步提高也是一个关键的推动因素，组件电力输出功率将不断提高。伴随着太阳能电池效率持续提升，太阳能电池组件成本也在大幅下降，业内预计到2020年，中国晶体硅太阳能光伏组件价格将下降至每瓦0.4美元左右。光伏发电技术的发展进步、高效电池或其他新型电池的研发和普及带来转换效率的提升和使用寿命的延长，太阳能光伏发电成本将会进一步下降。届时，太阳能光伏组件的成本占电站总成本的比例也将显著下降（见图3－9－4）。

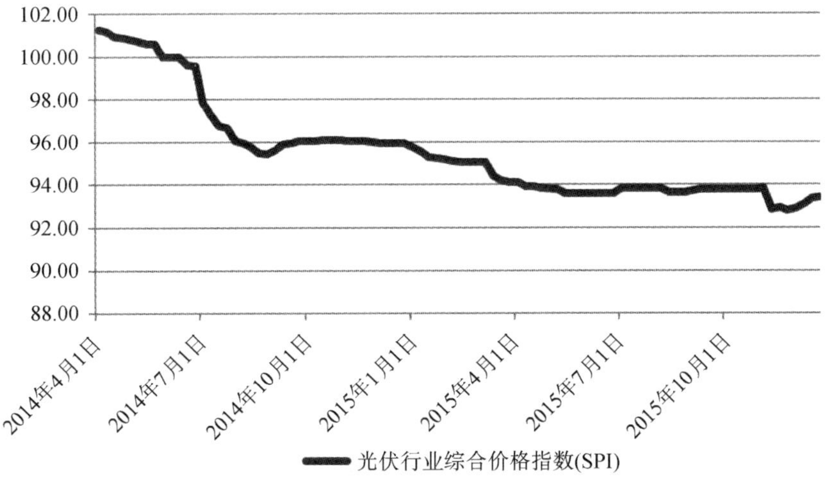

图3－9－4　2014年4月1日—2015年10月1日光伏行业综合价格指数

资料来源：Wind资讯。

（三）光伏产业及市场持续转向亚太

2015年亚太光伏市场占全球新装机总量持续扩大，并展现强大的持续增长潜力。欧洲作为光伏产品的主要市场的时代已悄然结束，由于经济复苏乏力，各国政府纷纷削减光伏补贴与激励政策，贸易保护的取向导致与亚洲光伏生产厂商的贸易摩擦不断，市场与优势逐渐萎缩。根据21世纪可再生能源政策网络（REN21）的报告，2015年全球投资太阳能、风能及其他可再生能源的资金破纪录达3 289亿美元，而欧洲清洁能源投资仅488亿美元，较2013年的620亿美元下滑明显。

亚洲已成为全球光伏制造和应用规模最大的地区。近3年来，亚洲光伏发电新增装机占全球的50%以上，多晶硅产量约占全球的65%，光伏电池片产量占全球的95%，光伏组件产量占全球的92%。

中国自2013年起成为全球新增光伏装机总量最大的国家，2015年这一领先优势继续扩大，年度光伏累计装机总量占全球累计总装机量的30%，并且首次超过德国，成为全球光伏总装机量最大的国家，约占全球总装机量的19%。随着中国政府对光伏产业扶持政策的持续，中国光伏产业仍将继续加速发展。

亚太地区其他国家在2015年也迎来加速发展。随着对气候变化、污染治理的逐渐重视，亚太地区各国政府纷纷颁布鼓励清洁能源发展的扶持政策，日本在福岛核事故后开始重点削减核能，推出太阳能发电上网电价补贴政策（FIT政策），大大促进光伏产能的增加。2015年，日本新增光伏装机11GW，仅次于中国，持续位居分布式光伏装机总量全球首位。印度政府于2010年推出国家太阳能计划（NSM），提供了多项激励措施和补贴，2015年光伏新增装机量2GW，累计装机总量也达到 5.05GW。随着亚太地区新兴光伏国家政府的政策扶持力度加强，光伏产品价格进一步下降，将持续刺激这一地区潜在需求的增长。彭博新能源财经预计，到 2040 年，亚太地区电力需求将在 2014 年 10 303TW. h 的基础上增加 85% 至 19 083TW. h。印度增长将近 4 倍，东南亚市场也将得到显著增长。中国将会保持在亚太地区内最大电力市场的地位。澳大利亚与日本在接下来的 25 年间将面临微弱甚至负的增长。由于组件技术的发展和成本的下降，光伏能源将登上装机量的榜首，在 2040 年亚太地区的发电容量中占据 30%，超越将占 22% 的煤炭和占 16% 的风能。

2008—2015 年全球累计光伏装机总量见图 3－9－5。

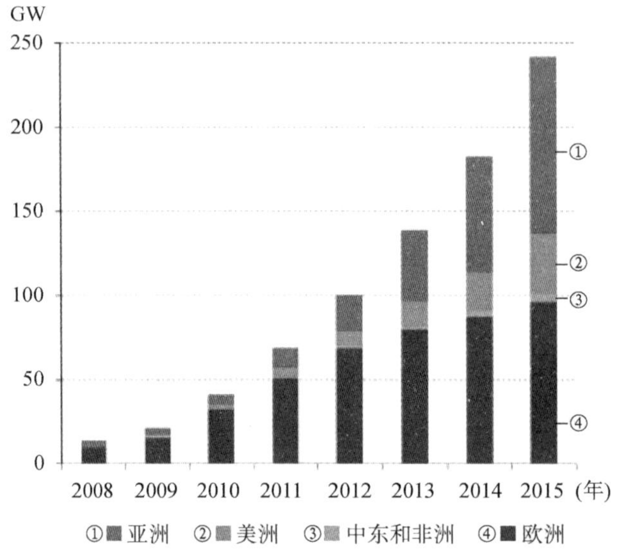

图 3－9－5　2008—2015 年按区域划分的全球累计光伏装机总量

资料来源：德国弗劳恩霍夫太阳能系统研究所。

（四）中国成为光伏新增装机量、累计总装机容量最大的国家

中国光伏产业在 2015 年延续了 2013 年以来的回暖态势，在国内光伏市场的强劲增长拉动和政府政策扶持与引导下，光伏市场蓬勃发展。截至 2015 年底，中国光伏发电累计装机容量 43.18GW，超过德国成为光伏累计装机容量最大的国家。其中，光伏电站 37.12GW，分布式 6.06GW，年发电量 39 200GWh。2015 年新增装机容量 15.13GW，连续第三年成为全球新增光伏装机总量最大的国家，完成了 2015 年度新增并网装机 15GW 的目标，占全球新增装机的 1/4 以上，占中国光伏电池组件年产量的 1/3，为中国光伏制造业提供了有效的国内市场支撑。

2015 年，国家能源局公布的数据显示，我国光伏业制造业总产值超过 2 000 亿元，多晶硅产量约为 10.5 万吨，同比增长 20%；硅片产量约为 68 亿片，电池片产量约为 28GW，同比增长 10% 以上；组件产量约为 31GW，同比增长 26.4%。随着“一带一路”计划的实施，中国光伏企业“走出去”步伐也不断加快，在政策引导和市场驱动下，积极布局东南亚、拉美各个新兴光伏市场，未来将拉动中国光伏产业持续向好发展（见图 3－9－6 和图 3－9－7）。

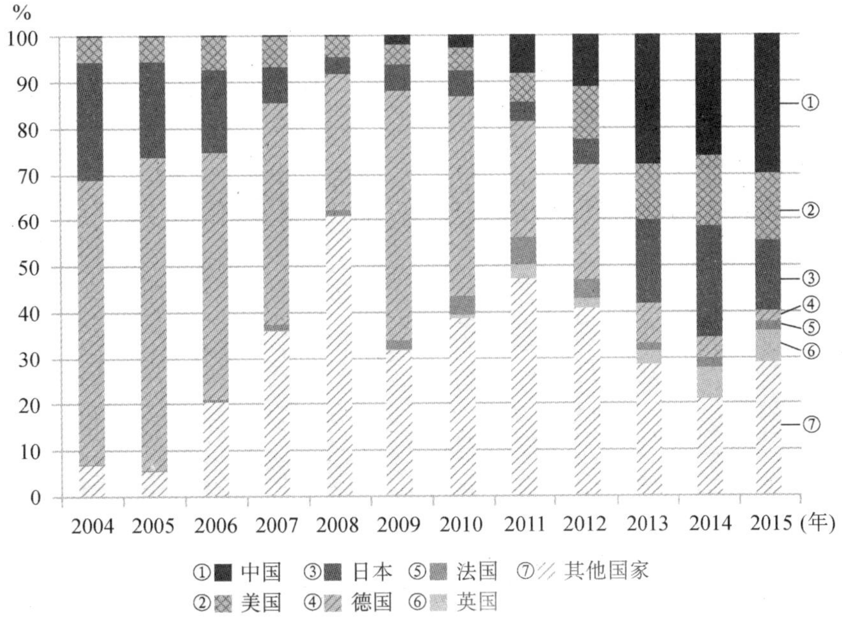

图 3－9－6　2004—2015 年度各主要国家光伏新增装机容量比

资料来源：Wind 资讯。

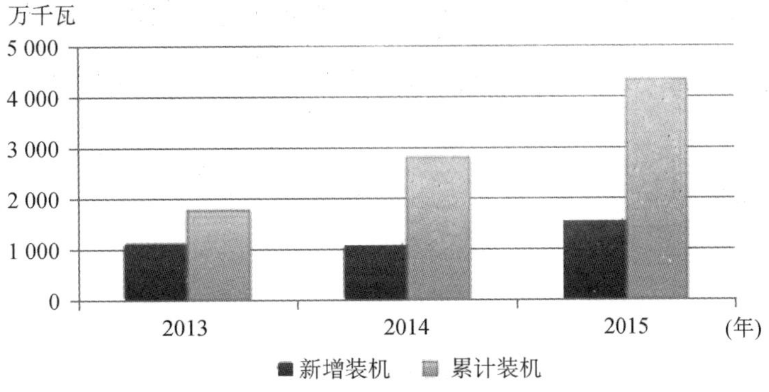

图 3－9－7　2013—2015 年中国光伏新增和累计装机容量

资料来源：国家能源局。

2015 年全球光伏行业对外直接投资分析

（一）全球可再生能源投资规模创纪录

根据 21 世纪可再生能源政策网络报告（REN21）数据，全球可再生能源投资在 2015 年创下新纪录。2015 年，全球可再生能源总投资额达 2 860 亿美元，较 2014 年总投资增长约 130 亿美元，增长率达 4.7%，并超过此前 2011 年创下的年投资总额 2 785 亿美元的纪录（见图 3－9－8）。据金融时报旗下 FDI Markets 数据显示，2015 年全球可再生能源领域绿地投资达 760 亿美元，同比上升 73%，远超其他行业领域。作为全球可再生能源投资第一大国的中国并未能成为吸引跨境绿地投资的首选，仅列全球第 15 位，印度以超过 110 亿美元的跨境绿地投资总额位列排行榜第一。造成这一现象的原因主要是世界各国对于气候变化的担忧，相应鼓励可再生能源发展的国家经济政策的出台刺激了产业的扩张投资。产业的规模效应推动了生产技术成本的下降，进而刺激了需求端市场的增长。

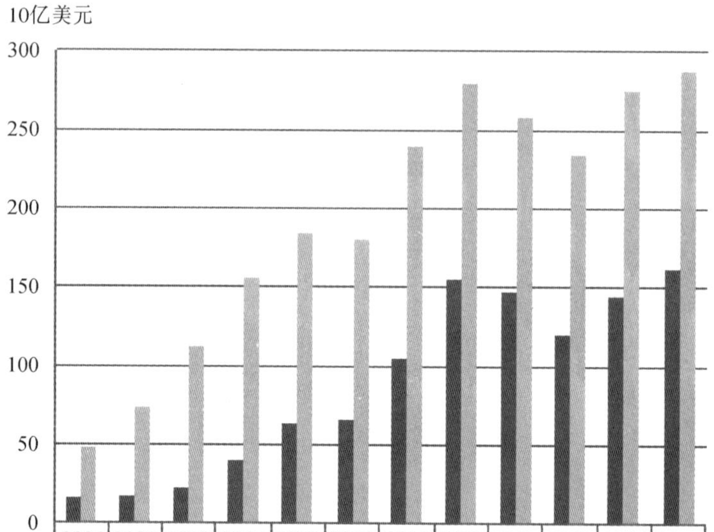

(年)	2004	2005	2006	2007	2008	2009	2010	2011	2012	2013	2014	2015
■光伏投资	11.9	16.1	22.2	38.9	61.6	64.4	103.7	154.8	146.2	119.1	143.8	161
■全球可再生能源总投资	46.6	72.8	112	154	182.2	178.7	239.2	278.5	257.3	234	273	285.9

图 3 -9 -8　2004—2015 年全球可再生能源情况

资料来源：彭博新能源财经。

2015 年可再生能源跨境绿地投资国别排行见图 3 -9 -9。

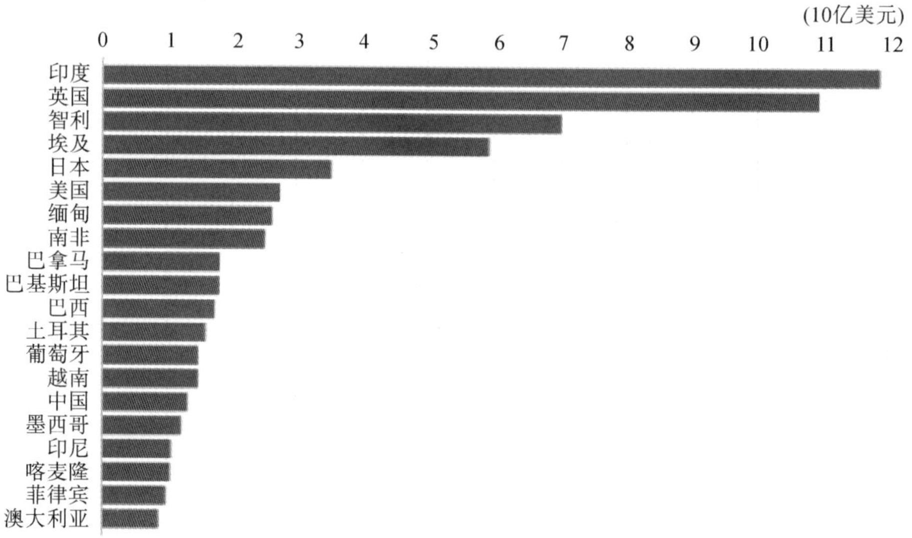

图 3 -9 -9　2015 年可再生能源跨境绿地投资国别排行

资料来源：金融时报 FDI Markets。

（二）全球可再生能源投资疆域进一步扩展

欧洲曾经是可再生能源投资的最主要市场，自 2012 年被亚洲国家赶超后，这一趋势在 2015 年被进一步强化。由于经济的持续低迷与各国对于可再生能源补贴的削减，尽管英国在 2015 年可再生能源发展成绩亮眼，仍然无法改变整个欧洲在可再生能源领域投资的萎缩（见图 3－9－10）。亚洲国家可再生能源投资的迅速发展主要得益于中国市场的井喷。2015 年度，中国可再生能源投资总额达到1 012 亿美元，同比增长 17%，占到全球可再生能源投资的 36%。美国的可再生能源投资比 2014 年增长了 19%，达到 441 亿美元。得益于南非和摩洛哥重大项目的推动，中东和非洲 2015 年可再生能源投资增长 58%，达到 125 亿美元，印度 2015 年也大增 22%，达到 102 亿美元。然而，欧洲 2015 年可再生能源投资较 2014 年萎缩 21%，仅有 488 亿美元，为近 9 年来的最低。巴西可再生能源市场在 2015 年同样遭遇下滑，较 2014 年降低 10%，投资总额仅达到 71 亿美元（见图 3－9－11）。

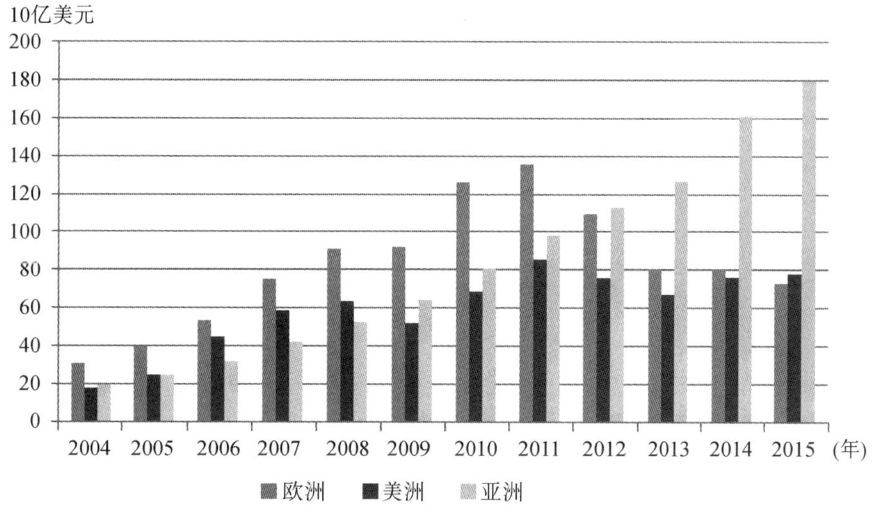

图 3－9－10　2004—2015 世界各主要区域可再生能源投资趋势

资料来源：彭博新能源财经。

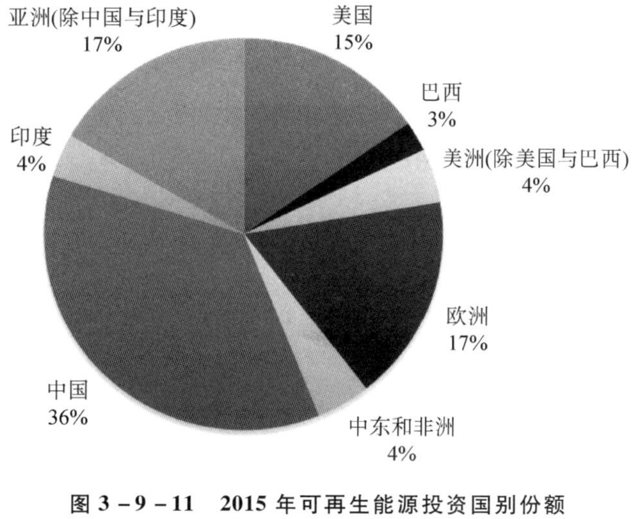

图 3－9－11　2015 年可再生能源投资国别份额

资料来源：联合国环境规划署，彭博新能源财经。

以风能、太阳能为代表的可再生能源曾被认为是只有发达国家才能消费得起的昂贵能源，但随着技术成本的快速下降，可再生能源的投资和利用开始向全世界范围扩展，发展中国家以巨大的市场容量逐渐超越发达国家成为可再生能源的主要投资市场。2015 年，发展中国家可再生能源投资（不包括大型水电投资）总额首次超过发达国家，达到 1 560 亿美元，较 2014 年增长 19%，是 2004 年发展中国家投资总额的 17 倍。

（三）光伏产业成为可再生能源领域投资最大的产业部门

近年来，风能与太阳能逐渐成为可再生能源投资增长的主要推动力，2015 年这一趋势得以延续。太阳能光伏产业投资同比增长 12%，达到 1 610 亿美元。光伏产业在吸引风险资本与公开市场投资方面同样表现抢眼，2015 年全球光伏产业吸引风险资本与私募股权资本 24 亿美元，占可再生能源风险资本与私募股权投资总额的 69.8%；光伏产业吸引公开市场投资 101 亿美元，同比增长 21%，占可再生能源公开市场投资的 79.5%。据彭博新能源财经的预测，2015—2040 年间，全球光伏产业将吸引高达 3.7 万亿美元的投资，成为获得投资最多的能源行业。

（四）全球光伏产业并购整合加速

2015 年全球光伏产业并购整合加速，多起重量级并购案登场。各国企业抓紧布局全球，一改过去首选绿地投资进行海外设厂的模式，选择直接并购加速完成业务扩展。各光伏企业垂直整合与平行整合同步发展，以中美晶旗下的旭泓光电并购德国太阳能组件厂 Aleo Solar AG 为代表的企业进行垂直整合，利用整合优化双方资源，并提升运营规模与效率，透过合并扩张的产业规模来进一步压低成本、提升上下游所在产业的竞争力。以茂迪并购联景，或通威入股昱晶为代表的并购案则是展开平行整合，在主营业务领域扩大规模，保持领先优势。

2015 年全球可再生能源领域并购交易总额达到 939 亿美元，同比增长 7%，其中企业并购总额达 19.2 亿美元。据 Lincoln International 公司的统计，2015 年全球光伏行业并购案达 116 宗，较 2014 年的 152 宗下降了 24%，连续第三年并购案数量下降。在 116 宗并购交易中，平行整合约占总数的 65%，共 75 宗，私募投资与风险投资则占到并购交易总数的 28%，共 32 宗，而垂直整合的并购案例仅占 7%，共 8 宗。从并购交易发生的地域来看，39% 的光伏并购交易发生在美国与加拿大境内，同比增长 7%。2015 年欧洲光伏并购交易共 37 宗，亚洲光伏并购仅交易 16 宗。2015 年跨洲并购交易共 18 宗，占总并购交易数的 16%。从光伏产业链来看，有 83 宗并购交易发生于光伏产品生产企业间，占并购交易总数的 72%，其次为并购光伏工程承包商交易，共 24 宗，约占交易总数的 21%。

2015 年中国光伏行业对外直接投资分析

（一）光伏行业对外直接投资稳步发展

根据彭博新能源财经的最新数据，2015 年中国成为全球清洁能源产业最大投资国，投资总额为 1 105 亿美元，同比增长 17%，占全球清洁能源投资总额的 33.6%（见图 3－9－12）。自 2012 年开始，中国已经连续第四年位居全球清洁能源投资第一大国的位置。中国 2015 年清洁能源投资中，光伏发电的投资最大，约为 510 亿美元。

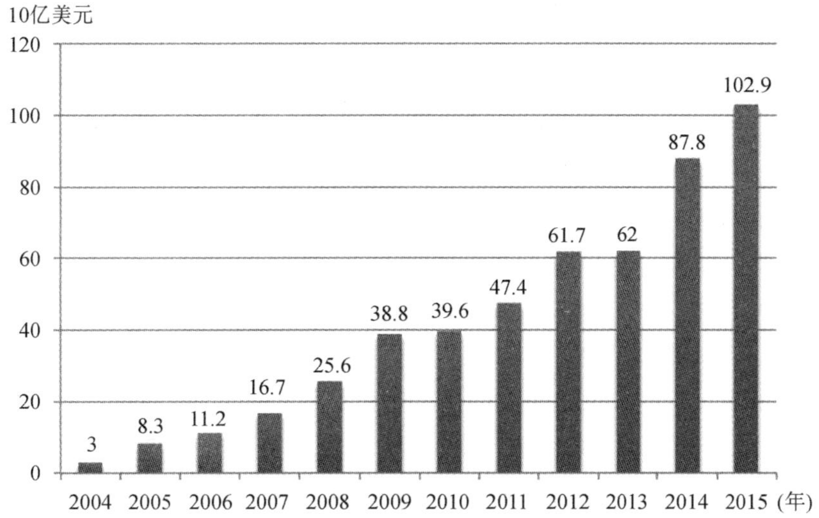

图 3-9-12　2004—2015 中国可再生能源投资总额

资料来源：联合国环境规划署，彭博新能源财经。

自 2010 年美国和欧盟等国纷纷对中国光伏产品实施“双反”调查，中国光伏企业开始通过对外直接投资的方式来绕过贸易壁垒。中国光伏企业通过实施产业全球布局计划，通过海外投资设厂、海外企业并购等方式，采取本土化生产战略，推动国际光伏产业链条的构建。由于避税的考量，排名居前的中国光伏企业多为注册于海外的“外商独资企业”，故而鲜有官方对于中国光伏企业对外投资的数据统计。相关数据显示，2015 年中国光伏相关行业投资约 1 000 亿元，同比增长近 40%。截止到 2015 年底，中国已建成投产海外光伏组件产能达到 4GW，在建产能达到 2GW。

据世界资源研究所（WRI）《中国清洁能源对外直接投资报告》显示，截至 2012 年，中国企业在清洁能源领域的对外直接投资总额累计已达到 400 亿美元，涉及 124 个海外项目和 33 个国家，统计范围包括投资海外清洁能源项目、制造工厂以及并购等。

（二）绿地投资与并购交易并重，海外建厂成为焦点

近年来，中国光伏企业将目光瞄准全球市场，通过绿地投资光伏电站，建立组件工厂，并购海外光伏企业完成国际整合，“走出去”步伐明显加快。自 2011 年阿特斯太阳能光电（苏州）有限公司在加拿大安大略省的 0.30GW 光伏组件厂投产以来，我国光伏制造在海外设厂开始不断增加。2015 年，中国多家光伏企业展开海外投资，在公开的对外投资案例中不难看出，中国光伏企业海外投资以绿地投资为主，布局全球产业链以规避欧美等国双反阻击，辅之以国际并购交易，开拓市场，完成产业链整合。由于光伏产品价格快速下滑，相较光伏产品的销售，光伏电站建设能够实现较高的利润率，并能消化自身产能，中国大部分光伏制造企业开始进入下游光伏电站建设，并已成功在海外建设了一批光伏电站项目。

继 2013 年投资土耳其工厂后，中电电气（南京）光伏有限公司于 2015 年在韩国仁川广域市投资兴建第二个海外工厂，预计产能 200MW，已于 2015 年 5 月 1 日建成投产，加工生产电池、组件

等多种光伏产品。

晶科能源控股有限公司已在乌兹别克斯坦、哈萨克斯坦、约旦、泰国等国投资了海外电站项目，2015 年 1 月葡萄牙组件厂投产，2015 年在马来西亚槟城建成太阳能电池及组件工厂，满产后实现年产 500MW 电池片及 450MW 组件。马来西亚工厂为晶科能源在海外的第一家电池片生产基地，并成为继南非和葡萄牙工厂之后，第三家海外组件生产基地。

2015 年，常州天合光能有限公司将投资 5 亿美元，与印度 Welspun Energy 公司合作建立 1GW 电池、1GW 组件的光伏组件生产线；宣布与马来西亚本土的一家代工厂合作，增加 500 兆瓦的产能；5 月，天合光能总投资达 1.6 亿美元的泰国工厂奠基开工，建成后年产能为 700MW 光伏电池和 500MW 光伏组件。

海润光伏科技股份有限公司也同样于 2015 年进军印度市场，其旗下海润光伏新加坡与 Keshav Power Limited 将合资在印度新建产能 1GW 的光伏电池生产基地。

2015 年 10 月，晶澳太阳能有限公司在马来西亚槟城投资的 400MW 产能高性能光伏电池制造厂投入运营，总投资约 3 亿马来西亚林吉特。

协鑫集成科技股份有限公司斥资 94 749 万元人民币收购澳大利亚光伏企业 ONE STOP WAREHOUSE PTY LTD 51% 股权，布局海外市场，推动企业在澳大利亚光伏市场业务的发展，并有力规避欧美对中国光伏的“双反”阻击。

阿特斯阳光电力集团光伏电站开发业务遍布全球，2015 年有 3 座光伏电站在日本建成并投入商业运营，子公司 Recurrent Energy 与美国当地企业 Southern Power 合作开发位于加州的 200MW 太阳能发电厂 Garland Solar，在英国新建 7 座共 38MW 的地面型光伏电站。除直接投资建设外，阿特斯于 2015 年出资 13.17 亿元人民币收购加拿大 KRR 公司 3 座已投入商业运营的太阳能光伏电站，总装机容量约为 59.8MW。

除此之外，2015 年 11 月中利腾晖光伏科技有限公司泰国 500MW 电池和组件工厂投产；比亚迪宣布在巴西投建 400MW 组件厂；东营光伏太阳能有限公司宣布在韩国建设电池组件工厂；2015 年 9 月江苏塞拉弗光伏系统有限公司美国密西西比 300MW 组件厂投入运营；西安隆基硅材料股份有限公司宣布在印度安得拉邦建设 500MW 电池组件工厂；英利集团宣布与泰国 Demeter 合资建设 300MW 组件厂。光伏制造企业全球布局结构见表 3－9－1。

表 3－9－1　光伏制造企业全球布局结构

制造业迁移区域	东南亚	南亚	南美	非洲南部
典型国家	马来西亚、泰国、越南	印度	巴西	南非
投资企业	Sunpower、友达、韩华、Firstsolar、Tokuyama、Sunedison、晶澳、天合、晶科、卡姆丹克、昱晶、松下等	隆基、协鑫、天合、海润等	阿特斯、晶澳、比亚迪、拓日等	晶澳、晶科、道达尔等

资料来源：中国光伏行业协会。

（三）对外投资案例遍布全球，光伏新兴国家成为热点

随着“一带一路”建设的推进和国际光伏市场的发展，中国光伏企业除了在传统市场并购现有产能外，开始着眼于投资印度、泰国、马来西亚、巴西、土耳其等光伏新兴国家。

光伏投资市场逐步扩大，光伏新兴市场需求猛增。2015 年，中国对亚洲光伏电池出口额占比最大，达到 88.6 亿美元，同比增长 12.8%；对拉丁美洲新兴市场出口 9.0 亿美元，同比大幅增长 84.2%，在出口主要市场中增幅最大。受印度莫迪政府太阳能发展计划刺激，中国光伏企业对印度出口激增，达到 13.8 亿美元，同比大幅增长 162.5%，占中国光伏电池出口份额的 9.4%。亚洲等发展中国家已成为中国光伏企业的新蓝海。

GTM Research 发布的数据显示，2016 年拉丁美洲计划新增光伏装机容量将大增 55% 至 2.2GW，其中智利累计装机容量将达到 1.4GW，位居拉美首位。2015 年智利太阳能装机容量占区域总量的 37%，墨西哥占 29%，巴西占 14%。拉美地区地理位置优越，太阳辐射资源丰富，拥有发展光伏产业的天然优势条件。中国企业已在拉美光伏市场有所涉足，东方日升新能源股份有限公司投资建设的墨西哥杜兰戈州光伏电站项目为拉美最大的光伏单体电站项目，已于 2015 年开工建设。除此之外，晶科能源、天合光能、英利能源、昱辉阳光、尚德电力、联盛新能源、阿特斯和晶澳太阳能 8 个中国光伏企业均在拉美地区展开了业务。

配合“一带一路”建设，特变电工股份有限公司、中兴能源有限公司正在巴基斯坦等国建设百万千瓦级光伏发电项目，对外工程保持较快增长。亚洲地区尤其是东南亚地区人口密集，且人均装机发电量和用电量远低于发达国家或较发达地区的水平。国际能源署预测，2011 年至 2035 年，东南亚地区的可再生能源装机总量将以每年 10.6% 的速度逐年递增。中国光伏企业也积极布局东南亚市场，以泰国为支点扩展东南亚光伏业务。泰国首都曼谷 140 公里的泰中罗勇工业园又被称为“泰国光谷”，得益于泰国政府的新能源政策，中国太阳能电池板生产厂商纷纷前来投资设厂。为了减少对天然气发电的依赖，泰国计划在 2036 年实现清洁能源消耗量达能源消耗总量的 30%，目前这一比例仅为 8%。为了实现这一目标，泰国计划在 2036 年前建设总规模达 19 635MW 的清洁能源发电站。对此，中国光伏企业积极响应，多家中国光伏公司，中利腾晖、天合光能、英利等企业相继进入泰国市场，通过在泰国等东南亚国家设厂，将部分技术环节转移到东南亚，重新整合全球产业链，如天合光能已确定泰国投资 1.6 亿美元，建设 700 兆瓦电池片和 500 兆瓦组件工厂，预计 2016 年投产。

（四）政府鼓励海外投资与跨国并购政策出台

自 2012 年开始，中国超过了美国，成为全球清洁能源第一大投资国，这与中国政府近几年大力推动风电和光伏发电应用的政策息息相关。为鼓励和扶持光伏产业的发展，中国政府相继出台了一系列文件。这些文件包括：2007 年 9 月，国家发改委发布《可再生能源中长期发展“十一五”规划》；2008 年 3 月，财政部、住房和城乡建设部联合发布《关于加快推进太阳能光电建筑应用的实施意见》；2009 年 7 月，财政部、科技部和国家能源局联合发布《关于实施金太阳示范工程的通知》；2012 年 2 月，国家工业和信息化部正式下发《太阳能光伏产业“十二五”发展规划》；2012 年 9 月，国家能源局发布《关于申报分布式光伏发电规模化应用的通知》；2013 年 7 月，国务院发布《关于促进光伏产业健康发展的若干意见》；2013 年 8 月，国家发改委发布《关于发挥价格杠杆作用促进光伏产业健康发展的通知》；2015 年 6 月 8 日，国家能源局、工业和信息化部、国家认证认可监督管理委员会（以下简称国家任监委）联合对外发布《关于促进先进光伏技术产品应用和产业升级的意见》，提出要提高光伏产品市场准入标准，实施“领跑者”计划，引导光伏技术进步和产业升级。2015 年 12 月底，国家发改委发布《关于完善陆上风电光伏发电上网标杆电价政策的通知》，下调风电、光伏上网标杆电价。针对光伏发电项目，在2016年以前备案并纳入年度规模管理的光伏发电项目必须在2016年6月30日以前并网发电才可以获得下调电价之前上网电价。其中，国务院发布的《关于促进光伏产业健康发展的若干意见》中明确提出“巩固和拓展国际市场。积极妥善应对国际贸易摩擦，推动建立公平合理的国际贸易秩序。加强对话协商，推动全球产业合作，规范光伏产品进出口秩序。鼓励光伏企业创新国际贸易方式，优化制造产地分布，在境外开展投资生产合作。鼓励企业实施‘引进来’和‘走出去’战略，集聚全球创新资源，促进光伏企业国际化发展”，为中国光伏企业海外投资指明了前进方向。

中国光伏行业海外投资风险分析

光伏行业属于资本与技术密集型产业，且往往原料、生产与应用市场相分离，具有项目运营周期长、项目投资金额大、受所在国家扶持政策影响等特点，极易受到外部政治、法律、市场与技术等因素的影响。因此，中国光伏企业海外投资风险错综复杂。现阶段光伏企业盈利模式仍多依靠东道国政府在相关领域的补贴政策，故而法律风险显得尤为突出。另外，中国企业自2011年起频繁遭遇欧美等国的“反倾销、反补贴”调查。近年来，中国光伏企业虽将部分产能转移至海外，但仍面临被“双反”调查的风险。这类风险引起的企业经营环境的改变，对企业而言影响巨大，应引起高度重视。因此，分析将围绕宏观层面的风险展开，并结合光伏行业的特点探讨宏观风险和经营风险的多重影响。

（一）政治风险

随着中国光伏企业近年来扩大对光伏新兴市场的投资，投资目标国的政治风险逐渐成为影响企业投资收益的重大风险因素。近年来，中东地区、拉丁美洲、东南亚国家逐渐成为中国光伏企业海外投资的新标的，但部分国家政治动乱风险较高，战乱与斗争频发，极大地影响了光伏企业的投资运营。

2016年可能对光伏行业对外投资造成威胁的政治风险包括：

1. ISIS的全球威胁

伊斯兰国（ISIS）在2015年发动了多起骇人听闻的恐怖袭击，持续威胁西亚、北非、欧洲、非洲乃至东南亚地区国家安全。2015年8月起，以美国为首的国际联盟对其进行的空袭虽重创这一极端组织，但未能彻底对其斩草除根。ISIS主要活动区域与中国光伏企业投资光伏新兴国家有所重叠，2016年ISIS仍将持续威胁地区国家安全，应引起充分重视。

2. 英国脱离欧盟

英国脱欧公投选择离开欧盟，对欧洲经济乃至世界经济带来重大影响。作为世界金融中心之一，英国与赴欧投资的中国光伏企业有着千丝万缕的联系，不少中国企业将英国作为融资中心与进入欧盟的“跳板”。英国“脱欧”后，首先企业自由进出欧盟将可能受到限制，其次由于监管权力回归英国政府，企业的合规成本将被迫上升，但预计英国“脱欧”过程将相对漫长，相关企业应重点加以研判和准备。

3. 全球反击贪腐

2015年，巴西、墨西哥、马来西亚、尼日利亚多个发展中国家掀起反腐风暴，发达国家亦加强对外企在第三国行贿行为的打击力度。中国光伏企业在腐败频发的其他发展中国家多有业务，面临较大的索贿压力。如何应对腐败风险应引起光伏企业的高度重视。

（二）法律政策风险

1. 东道国“隐形征收”风险仍存

近年来，随着中国光伏企业海外投资转向新兴市场国家，企业所面临的法律和政策风险也逐年上升。中国光伏企业近年来转向投资具有市场发展潜力的发展中国家市场，但许多发展中国家政策的持续性较差，投资环境缺乏持续性和稳定性，给中国光伏企业海外经营带来极大不确定性。

例如，在2013年，浙江正泰太阳能科技有限公司投资保加利亚的光伏电站项目，当项目建成并网3个月之后，保加利亚相关部门突然出台了“特殊并网费”的政策，对先前已建成的太阳能项目追溯性地征收39%并网费，并且针对太阳能、风电以及不同时间并网的太阳能电站采用不同价位。这对于已经建成、锁定了成本收益之后的电站而言无疑是一个巨大的打击。

2. 光伏补贴政策调整前景不明

现阶段光伏行业的发展决定了东道国政府对行业的扶持和补贴政策极大地左右着项目投资的成败，但政府光伏补贴政策极大地受到东道国经济增长的影响，经济增长放缓将倒逼国家削减对光伏产业的扶持和补贴力度，这将对已开工建设甚至建成投产的光伏电站运营带来极大打击。

例如：2010年，受金融危机影响，捷克政府面临巨大的财政压力，不得不削减对新能源的补贴，提出了一系列针对其国内光伏电站投资的惩罚方案，该方案包括对光伏电站销售电力的所得征收26%的“太阳能税”以及追溯性地征收之前已免去的税收等措施。这一政策直接导致在该国境内进行光伏电站投资无利可图，致使光伏电站的建设被迫停工。此外，先前已建好的光伏电站也会因此无法运营。

（三）市场风险

由于中国光伏企业现阶段主要投资以太阳能组件为主要产品的生产企业，仍面临原材料与市场“两头在外”的市场处境，美欧等国家针对中国光伏企业的“双反”调查仍有扩大的趋势。中国光伏企业为规避美欧“双反”，将部分产能转移至马来西亚、台湾地区等，但仍然引来惩罚性关税措施。

例如：在2012年，美国商务部提起了第一轮“双反”仲裁，美国光伏企业向美国商务部和美国国际贸易委员会提出申诉，称中国光伏企业向美国市场非法倾销多晶硅光伏电池，中国政府向国内生产企业提供包括供应链补贴、设置贸易壁垒等非法补贴，要求联邦政府对来自中国的光伏产品征收超过10亿美元的关税。双反调查致使无锡尚德、天合光能的反倾销税率分别为31.73%和18.32%，而59家光伏企业平均反倾销税率为31.73%，其余公司分别为249.96%。

2015年12月，欧盟委员会应德国公司太阳能世界集团要求对中国光伏企业经由马来西亚、台湾地区出口至欧洲的太阳能面板进行“双反”调查，最终裁定中国太阳能面板出口商通过马来西亚和台湾地区转运，以规避欧盟关税，将针对中国太阳能面板企业的关税扩展到马来西亚和台湾地区。

（四）土地及相关风险

光伏项目投资巨大，建设周期与运营周期较长，所需占用的土地资源较多，面临的土地风险不容小觑。从项目前期的土地交易手续办理到具体工程施工都可能面临不确定性因素。

例如：浙江正泰太阳能科技有限公司在印度和在韩国建设光伏产品生产厂，在工程建设过程中都挖到疑似文物的物品，当地的文物保护机构马上叫停工程建设，无视项目是否有并网时间压力。此类因素将可能为海外投资的光伏企业盈利前景带来极大不确定性。

（五）汇率风险

光伏企业海外投资涉及多种货币，境外投资可能使用美元作为融资货币，电费支付则可能采用当地货币，因此面临汇率波动带来的盈利风险。汇率风险的防控既要预测汇率的变动趋势，及早在合同中对汇率浮动进行相应规范，最大程度避免汇兑损失，又要注意投资时融资货币的选择应和电费货币尽可能一致，制定有效的汇率管控机制，灵活运用对冲工具防范汇率风险。

（六）劳工风险

世界上多数国家有行业工会组织，这些工会组织在工作时间、薪酬待遇等问题上与投资者进行斡旋。各个国家的劳工保护政策不尽相同，且各国劳动力水平参差不齐，为企业生产、经营和项目工程进展带来不确定性，有可能会严重影响企业的正常运营。例如：光伏企业如果对当地劳工政策不熟悉，或与当地工会沟通不畅，可能引发罢工；部分发展中国家员工缺乏纪律性与工作效率，拖慢工程进度，将为企业盈利前景带来极大风险。

中国光伏企业将产能转移至东南亚地区除规避“双反”的目的之外，还有意利用东南亚国家充足的劳动力和低廉的劳工成本，但部分发展中国家当地缺乏熟练技术工人，培养和训练当地劳动力的成本较高，将可能使投资企业投资成本不断攀升。

（七）技术风险

尽管光伏行业在近10年间得到了长足的发展，但光伏发电系统的普及、推广和应用仍较传统化石能源存在差距。光伏发电仍然受制于领域内的技术限制，高投入和高成本造成了光伏发电项目投资的回收期较为漫长。光伏产品依循摩尔定律近年来成本不断降低，但同时风能、生物能发电产品也同样发展迅速，与光伏产品形成替代效应。光伏产业的核心技术的进步不仅可以推动企业成本不断降低，还决定着产品的性能且谁拥有核心技术谁就掌握了产品的定价权。从长远的发展角度来看，光伏企业只有充分掌握其产业的核心技术，才能推动产业持续健康发展，从而降低投资者的投资风险。

未来光伏产品技术进步前景明朗，中国光伏企业海外投资应具有前瞻性，综合考量投资建设成本与产品迭代之间的关系，充分分析技术风险对企业盈利前景的影响。

（八）原材料价格风险

光伏产业发展严重依赖多晶硅原料的供给和生产。近年来，随着光伏生产技术的进步，多晶硅及光伏电池生产成本不断降低，但多晶硅价格暴涨至300万元/吨的场景犹在眼前，2015年跌至谷底后又有回升趋势，不排除未来价格有进一步拉抬的可能性，届时中国光伏产品生产企业的生产成本将被迫提高，影响企业海外投资的预期收益。

专题：美国光伏产业投资风险

美国是世界第一大经济体和仅次于中国的第二大能源消费国，化石能源一直占较高消费比例。随着页岩油开发技术的进步，美国由能源进口国变为能源出口国，同时以光伏为代表的可再生能源发展迅速。美国成为继中国、日本之后的第三大光伏市场。中美两国自1979年建交以来，双边经贸关系发展迅速，合作领域不断扩大，内涵日益丰富，相互依存持续加深。

（一）美国光伏行业现状及发展前景

1. 光照资源分布与气候特征

美国本土位于北美洲中部，东临大西洋，西临太平洋，北面是加拿大，南部和墨西哥接壤。美国国土地形多，地势西高东低。美国是世界太阳能资源最丰富的地区之一。根据美国239个观测站1961—1990年30年的统计数据，全国一类地区太阳年辐照总量为9 198—10 612MJ/m^2，一类地区包括亚利桑那和新墨西哥州的全部，加利福尼亚、内华达、犹他、科罗拉多和德克萨斯州的南部，占总面积的9.36%。二类地区太阳年辐照总量为7 884—9 198MJ/m^2，除了包括一类地区所列州的其余部分外，还包括犹他、怀俄明、堪萨斯、俄克拉荷马、佛罗里达、佐治亚和南卡罗来纳州等，占总面积的35.67%。三类地区太阳年辐照总量为6 570—7 884MJ/m^2，包括美国北部和东部大部分地区，占总面积的41.81%。四类地区太阳年辐照总量为5 265—6 570MJ/m^2，包括阿拉斯加州大部分地区，占总面积的9.94%。五类地区太阳年辐照总量为3 942—5 256MJ/m^2，仅包括阿拉斯加州最北端的少部地区，占总面积的3.22%。美国的外岛如夏威夷等均属于二类地区。

2. 美国光伏产业发展现状

美国太阳能产业协会统计，美国全国2015年太阳能光伏安装量达7 286MW，较2014年增长了17%。其中，住宅型市场成长最快，总安装量超过2GW，比2014年增加了66%（见图3－9－13）。

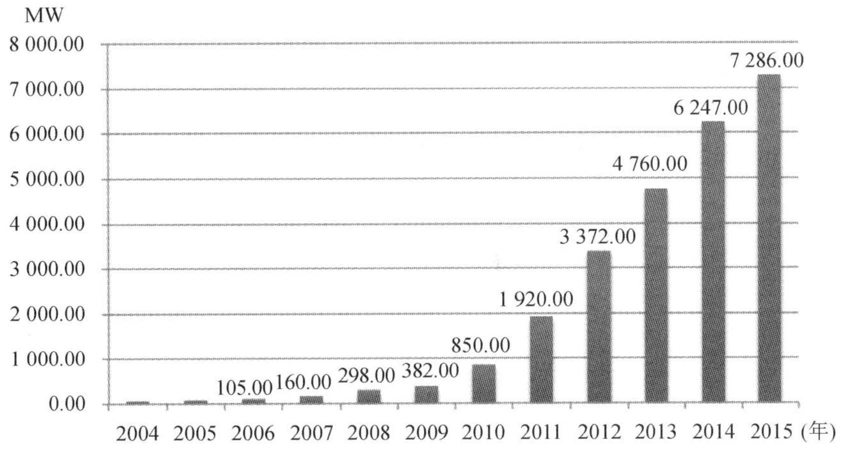

图3－9－13　2004—2015年美国光伏新增装机量

资料来源：Wind资讯。

2015年在加利福尼亚州、北加利福尼亚州、内华达州、马萨诸塞州以及纽约州等地区的拉动下，美国光伏市场年增长率超过17%。从地域分布来看，2015年市场以13个装机量超过100MW的州为中心继续扩张。美国太阳能主要的市场分布在加州、北卡罗莱纳州、内华达州、马萨诸塞州以及纽约；共有13个州在2015年间安装了100MW以上的太阳能发电设备，但安装量最高的10个州的总安装量占了全美安装量的87%。安装量排名成长最快的是犹他州，从2014年的第23名上升到第7名；其次是乔治亚州，从第16名上升到第8名（见表3-9-2）。

表3-9-2　　2013—2015年美国光伏新装机量州排名

州别	排名		
	2013年	2014年	2015年
加利福尼亚州	1	1	1
北卡罗来纳州	3	2	2
内华达州	12	3	3
马萨诸塞州	4	4	4
纽约州	9	7	5
亚利桑那州	2	5	6
犹他州	31	23	7
乔治亚洲	7	16	8
德克萨斯州	8	8	9
新泽西州	5	6	10
马里兰州	16	11	11
科罗拉多州	10	13	12
夏威夷州	6	9	13
康涅狄格州	15	15	14
维蒙特州	22	18	15
佛罗里达州	18	20	16
新墨西哥州	13	10	17
路易斯安那州	20	19	18
俄勒冈州	25	26	19
华盛顿州	24	24	20
印第安纳州	11	14	21
密苏里州	17	12	22
新罕布什尔州	34	31	23
宾夕法尼亚州	14	25	24
明尼苏达州	26	29	25
伊利诺伊州	35	28	26
田纳西州	19	17	27
俄亥俄州	21	22	28
弗吉尼亚州	27	30	29
特拉华州	23	27	30
华盛顿特区	32	33	31
爱荷华州	28	21	32
威斯康辛州	30	34	33
密歇根州	33	32	34
南卡罗来纳州	29	35	35

资料来源：GTM Research，美国太阳能产业协会。

户用光伏占美国市场总量的29%，占比达到2009年以来的新高。非户用光伏市场连续4年超过1GW，但装机量与2014年持平。公共事业级太阳能的安装量增长了6%左右，超过4GW。美国用户光伏发电装机总量见图3-9-14。

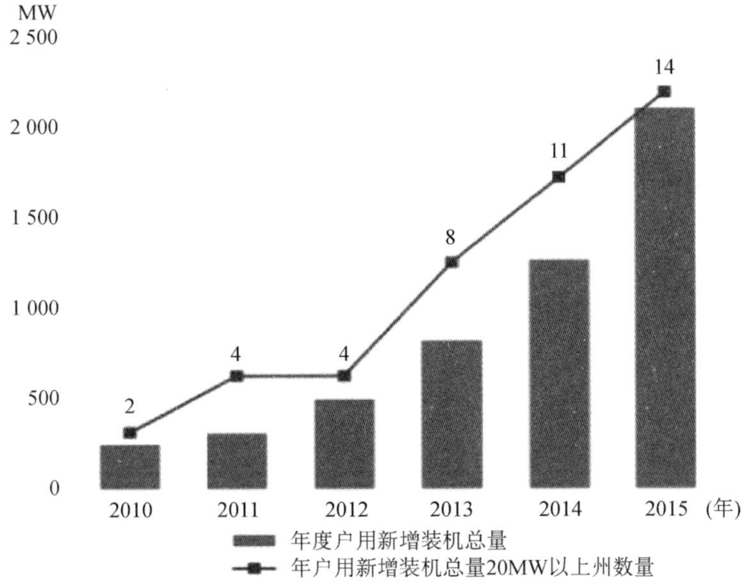

图3-9-14　美国户用光伏发电装机总量

资料来源：GTM Research。

截至2015年底，美国的太阳能安装量累积达25GW，比2010年的2GW增长了12倍以上。2015年的新增装机量7.3GW，比2010年的年度安装量增加了8.6倍。

3. 美国光伏产业发展前景

据GTM Research数据显示，2016年美国太阳能市场拟增长119%。2016年，美国太阳能产业有望延续2015年增长态势，甚至占新增发电总量的一半以上，尤其是得益于联邦政府投资税优惠政策的继续实施。预计2016年美国太阳能装机量将达到16GW，比2015年的7.3GW翻番，预计到2021年太阳能市场累计装机量将超过100GW。

美国的投资税收抵免（ITC）初步定在2015年底到期，一些开发商和设计、采购、施工（EPC）承包商都竞相赶在2015年推动相关项目上线。根据美国绿色科技传媒研究中心的研究结果（GTM Research），科罗拉多州、马萨诸塞州和明尼苏达州将在2016年集中安装超过100GM的社区太阳能。展望2017年，住宅和非住宅光伏市场都有望出现同期增长，但同时也表示2016年公用事业光伏需求将有所下降。预计2017年公用事业太阳能市场发展将经历放缓。2018年至2020年，ITC延期将重启公用事业光伏市场的增长，分布式太阳能也将出现增长。ITC为美国所有太阳能项目提供30%的税收刺激。到2021年，GTM Research预计美国太阳能市场累计装机量将超过100GW，而且每年安装率将达到20GW。

（二）美国光伏产业扶持政策

1. 美国联邦光伏产业政策

联邦政府支持可再生能源发展的一揽子政策主要包括联邦财政激励计划和法律法规、标准、约束性指标等管理类政策两大类。

(1)联邦财政激励计划。与全球超过75个国家和地区实行的太阳能补贴政策不同，联邦财政激励计划主要包括税收减免和优惠、贷款担保等举措。其中，税收优惠与减免是联邦政府促进可再生能源发展最主要的财政激励措施。联邦政府专门设立基金用于扶持可再生能源发展和推进能效改进。目前，主要的基金包括美国能源部部落能源基金及美国农村能源基金。

(2)联邦法律法规、标准、约束性指标等管理类政策。除财政刺激计划外，联邦政府还颁布了一系列法律法规、标准、约束性指标等管理类政策，旨在为可再生能源发展创造新的市场空间。

(3)太阳能减税优惠法案延长5年。2015年12月16日凌晨，众议院同意了延长太阳能投资税收抵免(ITC)5年的修正案，原先于2016年12月31日将从30%下调至10%的ITC，将向后延长5年至2022年，并依照开始建置的时间给予不同额度的补贴。根据最新协议，已于2014年失效的专利合作协定(PCT)将被延长至2020年，原本将于2017年失效的ITC被延长至2022年，投资可再生能源如太阳能的企业可以继续享受相当于总投资额30%的税收抵免额度，直至2019年，从2020年开始递减，到2022年降至10%。

2. 美国各州光伏财政激励计划

美国各州除适用联邦政府制定的光伏相关财政激励计划外，也制定了一系列财政激励计划。在各州财政激励计划中，最主要的是税收优惠，其中以财产税优惠居多，其次是资金返还和贷款优惠。

(三)美国光伏行业的SWOT分析

1. 优势

(1)美国经济持续稳定向好，需求稳定增长。

(2)美国作为世界第三大光伏增长市场，自然条件优越。

(3)政府宏观政策扶持光伏产业发展，补贴及减免政策延续性和稳定性强，产业增长前景可预期。

(4)可有效避免"双反"调查，靠近技术研发和终端市场。研发端技术水平先进，需求端发展前景乐观。

2. 劣势

(1)劳动力等相关投资成本较高。

(2)美国光伏产业相对成熟，整合过程已基本完成，投资可能面临进入壁垒。

3. 机遇

(1)光伏技术研发取得飞速进展带来合作空间。

(2)中美在光伏领域合作意愿强烈，双边交流合作日益增多。

4. 威胁

美国对中国赴美投资存在敏感区域，尤其是能源领域投资，多受到美国官方多重审核，可能增加我国企业投资难度。

(四)美国光伏行业投资风险分析

1. 政治环境风险

美国政治环境稳定，2016年11月的美国大选将可能带来政策的不确定性。现阶段两党立场极化趋势明显，在两党候选人政策立场表述上可见端倪，社会主义、民粹主义思潮迭起，美国投资市场环境可能倾向保守。国会两党在预算、税收、医保、移民、最高法院大法官任命等问题上分歧难以弥合，现阶段共和党掌握参众两院多数，可以预见现任总统奥巴马在剩余任期的政策推行将面临不畅。奥巴马任内一直推动可再生能源发展，大选后新政府上台，这一政策倾向可能遭遇变数。

2. 法律风险

美国的法律体系属于英美法系，以判例法为主要法律渊源，以“遵循先例”为主要的司法审判原则，发展已臻成熟，法律体系相对复杂。美国存在多层法律体系，联邦与州层面具有不同的法律规范范畴，州与州之间亦存在迥异的法律规范，企业不得不承担较高的合规成本。光伏产业投资极大地依赖政府的扶持与补贴政策，虽美国的光伏扶持政策较为稳定可期，但美国分别在联邦与州层面颁布鼓励光伏能源发展的扶持政策，扶持措施、申请方式和补贴额度各州多有不同，为意欲赴美投资的中国光伏企业带来难度。

美国知识产权法律保护制度完善，相较于中国法律拥有更高的保护标准，不仅为中国企业带来更高的知识产权使用成本，更通过知识产权诉讼的方式保护国内产业利益。例如：2011 年 10 月 3 日，美国光伏零部件安装企业西屋太阳能向美国国际贸易委员会（United States International Trade Commission，简称 ITC）递交美国 337 调查申请书，指控阿特斯太阳能及另一家美国当地的光伏组件安装专业公司 Zep Solar 涉嫌侵犯其第 7406800 和 7987641 号美国专利（两类专利主要用于简化太阳能电池组件的安装及降低安装成本），请求 ITC 对被申请人发起 337 调查，并在调查结束后颁发排除令和制止令，防止阿斯特和 ZepSolar 的产品进入美国市场，同时阻止进口和销售此类光伏产品或对此类产品的广告宣传。2011 年 11 月 2 日，ITC 决定对此案予以立案调查，目前调查正在进一步进行。

3. 劳动力市场风险

2015 年美国经济持续增长，逐步走出经济危机阴霾，失业率持续降低，新创就业岗位屡创新高。同时，中国光伏企业赴美投资仍然面临劳动力市场风险。首先，中国企业管理人员和技术人员赴美仍面临签证限制。短期工作签证审核日趋严格，专业技术签证时限过短，商务类签证单次入境时限仍然较短等诸多问题仍然困扰中国赴美投资企业。美国工会组织发展成熟，相较于其他行业协会对赴美投资企业有更大影响，工会组织会代表会员就劳工的薪酬工资和医疗保险与投资企业进行集体谈判，若不能满足相应要求，可能会以罢工等激进方式争取权利，这可能会造成赴美投资企业的人力资本与运营资本的大幅提升。

专题：印度光伏行业投资风险

印度为南亚次大陆最大的国家。莫迪政府上台以来，大力推动可再生能源尤其是光伏发展，近年来印度光伏产业飞速增长，发展空间巨大。

中国同印度同属文明古国，山水相连，文化交融，两国人民的友好交往源远流长。自 1950 年两国正式建立外交关系以来，在双方的共同努力下，中印关系总体保持良好发展势头。作为新兴经济体的代表，印度和中国依然成为全球经济增长的重要驱动力。进入 21 世纪，中印双边经贸合作持续稳定发展，双边贸易从2000年的29亿美元快速增长到2015年的708.3亿美元，15年间增长了23倍。2015年，中国对印度的直接投资更猛增至8.7亿美元。中国光伏生产厂商也看好印度市场的发展潜力，纷纷前往布局投资。

（一）印度光伏行业现状及发展前景

1. 光照资源分布与气候特征

印度全境炎热，南部属热带季风气候，北部为温带气候，西部则是热带沙漠气候，夏天有较明显的季风。印度位于世界阳光明媚的地区并拥有丰富的太阳辐射，全年共有250—300个晴天，是世界上太阳能发展潜力最大的国家（年太阳能产量为1 700—1 900kWh/kWp）之一，全国大部分地区每平方米每天接受4—7KWh的太阳辐射，其中拉贾斯坦邦辐射量最高，印度东北部地区则相对较弱，拥有巨大的太阳能资源开发利用潜力。

2. 光伏行业发展现状

印度经济成长迅速，光伏产业发展迎来井喷。2015年印度经济增长7.3%，农业、工业和服务业分别增长1.7%、7.5%和7.2%，经济增长速度超越中国；世界银行预计2016年印度GDP增长将达到7.4%。印度经济的向好发展激发了社会总用电需求增长，莫迪政府执政以来出台政策扶持光伏能源发展，2015年印度光伏行业迎来快速发展期。根据清洁能源通讯和咨询公司Mercom Capital Group统计，2015年印度新增光伏装机总量达2 133MW，同比增长142%，居全球第五位（见图3-9-15）。

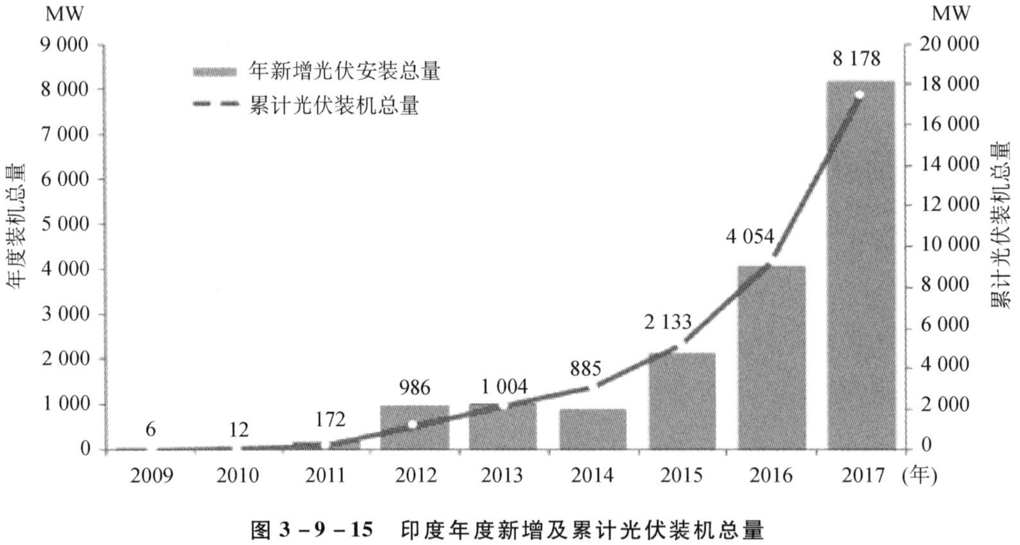

图3-9-15　印度年度新增及累计光伏装机总量

资料来源：Mercom Capital Group，llc。其中，2016年、2017年为预测值。

3. 光伏行业前景预测

基于政府的有力扶持，印度光伏产业将在未来几年中持续快速发展。在印度政府的持续政策扶持与需求推动下，印度光伏装机容量将在2016年持续增加。据Mercom Capital Group，llc统计，2016年印度新增光伏装机容量将达到4GW，同比增长100%，预计将成为全球第四大太阳能市场，仅次于中国、美国和日本。国际能源署预计，在中国之后印度将成为太阳能光伏第二大市场，预计直至2040年超过一半的新发电量将来自替代能源，增加约340GW的风能和太阳能装机容量。印度政府计划到2022年使印度国内累计光伏装机量达到100GW，逐步完善的光伏产业配套政策将有力推动印度光伏产业持续增长。

光伏电价持续下降，将持续刺激印度光伏市场增长。根据德意志银行数据，印度光伏电价在4年内已经下降60%，2015年从2010年的14.90卢比/千瓦时降至5.75卢比/千瓦时。毕马威会计事务所2015年11月16日发布的报告称，到2020年，太阳能电价将比煤电价格低10%，将极大地促进印度光伏产业的扩张。

（二）印度政府光伏产业扶持政策

2011年，印度政府批准了尼赫鲁国家太阳能计划，最终确定的主要发展目标是在2022年之前通过三个阶段性发展，将印度境内光伏发电量提升到20GW，离网光伏安装量达到2GW，共计22GW。2015年6月17日，印度联邦政府总理莫迪批准了一项扩大印度太阳能发电装机容量的目标计划，这项计划将尼赫鲁国家太阳能计划的目标提高了5倍，到2022年印度太阳能发电量达到100GW。目标主要内容包括，实现40吉瓦太阳能屋顶发电，同时建造60吉瓦大中型太阳能并网项目。这一雄心勃勃的目标将使印度成为世界上最大的绿色能源生产商之一，其规模将超过部分发达国家。

100GW光伏发电量的总投资将达到6万亿卢比（约6 000亿元人民币）。第一阶段，印度政府将提供1 505亿卢比（约150.5亿元人民币）的资金补贴促进光伏装机容量的增加，这些资金补贴将用于支持在不同城市和城镇发展屋顶太阳能项目，通过印度太阳能公司来适应性补偿基金开发项目，同时进行小型太阳能项目分散式管理。印度新能源和可再生能源部打算通过3个1.92万兆瓦计划实现10万兆瓦的目标。

2015年11月，印度新能源与可再生能源部将除商业和工业屋顶外的屋顶光伏补贴由15%提高至30%。印度政府批准发展50个太阳能城市，包括新德里、阿格拉、昌迪加尔、古尔冈、法里达巴德、阿姆利则、加尔各答、豪拉、马迪亚姆格拉姆、科钦、博帕尔等。50座城市中，46个城市的总体规划已准备就绪，包括阿格拉、甘地纳加尔、拉杰科德、苏拉特、塔那、舍地、那格浦尔、奥兰加巴德、英帕尔、昌迪加尔、古尔冈、法里达巴德、比拉斯布尔、赖普尔、阿加尔塔拉、古瓦哈蒂、乔尔哈特、迈索尔、西姆拉、哈默坡、焦特布尔、维杰亚瓦达、卢迪亚纳、阿姆利则、德哈拉丹、帕纳吉和新德里等。此外，政府还对5座城市授予了原则上核准，分别是提鲁瓦南萨普拉姆、斋普尔、印多尔、列城和马赫布卜纳加尔。

（三）印度光伏行业的SWOT分析

1. 优势

（1）印度经济增长前景光明，未来增长潜力巨大。

（2）印度人力资源丰富，劳动力成本较低，人口结构适宜制造业发展。

（3）电力需求缺口巨大，基于环保及成本的考虑，光伏发电将有极大的发展空间。

（4）政府大力支持光伏产业发展，欢迎外资进入印度投资光伏相关产业，光伏产业政策较为稳定可期。

2. 劣势

（1）行政效率偏低，廉洁程度中等。

（2）法律体系虽然较为完备，但法律执行率较低，部分法律有待完善，企业在印度运营的合规成本较高。

（3）基础设施建设较为滞后，断电、限电事故频发，电信网络欠发达，网络普及率较低。

3. 机遇

（1）政府积极吸引中国光伏企业赴印投资，宣称不会对中国光伏产品展开“双反”调查。

（2）光伏产业快速发展趋势仍将趋势，印度光伏产品价格不断下降，光伏电价已与传统能源发电价格持平。

4. 威胁

（1）与巴基斯坦关系紧张，恐怖袭击偶有发生，犯罪组织威胁公共安全。宗教关系复杂，偶有冲突发生。

（2）印度实行中央、邦和地方三级课税制度，税制较为复杂，纳税效率低下。

（四）中国投资印度光伏行业面临的风险

1. 政治与安全风险

政令不畅将可能阻碍印度经济改革。2014 年由莫迪领导的人民党打败长期执政的印度国大党赢得大选，并于第 16 届人民院选举中赢得全部 543 个议席中的 282 个，成为 25 年来人民院首个多数党，莫迪政府得以巩固执政地位，推进改革措施。然而，由于联邦院与人民院仍分别由国大党和人民党作为多数党把持，经济改革举措仍有可能在联邦院遭遇抵制。印度为联邦制国家，地方拥有较大的立法和行政自治权，政策的推行可能在地方层面遇到阻碍。腐败与行政效率问题也可能进一步阻碍外商投资。

安全风险值得关注，恐怖袭击与犯罪活动威胁公共安全。印度与巴基斯坦就克什米尔地区的归属问题长期存在争议，近年来不断升温。巴基斯坦激进组织不断发起恐怖袭击，威胁地区安全，但印巴冲突总体风险可控，发生大规模军事冲突的可能性较低。印度境内恐怖袭击偶有发生，深受极端主义、分离主义和极端左翼运动的影响，不断威胁公共安全。境内涉及人身犯罪多发，尤其是针对女性的绑架和性侵犯罪，虽主要针对当地人口，但也对外国员工和企业造成威胁。

2. 法律和政策风险

印度具有较为完备的法律体系，但低效、腐败和不透明仍困扰外国投资者。印度司法体系中受贿现象多发，司法效率低下，执法成本畸高，一旦投资遭遇争议乃至涉讼，投资成本将飙升，极大影响投资收益的前景。

政策的稳定与持续性将影响投资收益。光伏产业投资的回报极大地依赖东道国政府相关产业的扶持和补贴政策，补贴数额与比例的变更可能给投资企业带来投资成本的激增，进而影响投资收益的实现。目前，印度光伏产业政策前景较为稳定，但中国赴印投资光伏企业仍需关注相关产业政策趋势。

3. 市场风险

印度虽欢迎中国光伏企业投资，但长期来看应警惕保护主义倾向。现阶段印度政府鼓励外国资本赴印度对光伏产业进行投资，巨大的光伏市场足以消化迅速涌入的光伏资本，但长期来看，印度光伏市场在达到饱和后，不能排除倾向于保护本国光伏企业的保护主义倾向。印度曾追随美欧对中国产光伏产品进行“双反”调查，虽现阶段承诺不会采取贸易保护措施，但长期仍应当提起重视。

4. 劳动力市场风险

印度劳动力资源两极分化，各邦劳动及就业法律实施各异。印度联邦法律对劳动关系与争议解决的法律框架进行了规定，但各邦的实际操作可能存在差异。例如，有关工时、加班、带薪休假等规定均由企业所属邦法律规定，且各邦可能对不同行业实行不同劳动法待遇，各邦可能存在较大差异。企业赴印投资时，需参考劳动法具体规定进行评估。

5. 宗教冲突风险

宗教矛盾引发的教派冲突威胁投资安全。印度民众多信奉宗教，伊斯兰教、印度教、基督教、佛教、犹太教等宗教在印度都拥有大量信众。宗教信仰差异导致冲突时有发生，尤其是印度教与伊斯兰教之间的冲突尤为严重。历史上曾有多次教派间流血冲突事件发生，极大地影响社会稳定与投资安全。

第十章
工业园区（境外经贸合作区）

境外经贸合作区的内涵与发展

（一）境外经贸合作区的定义

境外经贸合作区是指在中华人民共和国境内（不含中国香港、中国澳门和中国台湾地区）注册、具有独立法人资格的中资控股企业，通过在境外设立中资控股的独立法人机构，投资建设基础设施完备、主导产业明确、公共服务功能健全、具有集聚和辐射效应的产业园区[①]。中国企业在境外投资建设的境外经贸合作区（简称合作区），以企业为主体，以商业运作为基础，以促进互利共赢为目的，主要由投资主体根据市场情况、东道国投资环境和引资政策等多方面因素进行决策。投资主体通过建设合作区吸引更多的企业到东道国投资建厂，增加东道国就业和税收，扩大出口创汇，提升技术水平，促进经济共同发展[②]。

企业开展境外经济贸易合作区建设，应根据境外投资有关规定，在境内完成国家对外投资备案或核准手续，取得商务主管部门颁发的企业境外投资证书，并在境外依据东道国法律完成相关登记注册手续，成立合作区建区企业。建区企业通过购买或租赁的方式获得土地，完成完备土地法律手续。建区企业应对园区建设运营、产业定位制订清晰的规划，完成园区所需的水、电、路等基础设施建设，并制定清晰的针对入区企业的服务指南，吸引企业入区开展投资生产。中国政府支持有实力的企业到境外开展多种形式的互利合作，以促进与东道国的共同发展。

截至目前，我国企业正在建设的具有境外经贸合作区性质的项目共有 69 个，分布在 33 个国家。截至 2015 年 9 月底，69 个合作区建区企业累计完成投资 67.6 亿美元，其中基础设施投资 34.2 亿美元，实际平整土地 376.6 平方公里。入区企业 1 088 家，其中中资控股企业 688 家，累计实际投资 99.2 亿美元。合作区累计总产值 402.1 亿美元，缴纳东道国税费 12.9 亿美元，解决当地 14.9

① 商务部合作司 http://fec.mofcom.gov.cn/article/jwjmhzq/article02.shtml。

② 资料来源：中国境外经贸合作区，http://www.cocz.org/news/content-243519.aspx。

万人就业①。其中，由我国投资主体在境外设立并通过商务部确认考核的合作区共13个，分布在“一带一路”沿线及非洲地区，成为我国企业参与“一带一路”及中非工业化合作战略和对外投资的重要平台。

（二）境外经贸合作区的地区与行业分布②

总体而言，我国境外经贸合作区具有若干特征。在地区分布上，几乎遍布全球各个区域，从目前在商务部备案的情况看，主要集中于东南亚、非洲、拉美等欠发达地区以及与我国经贸往来比较频繁的邻国俄罗斯等。行业分类则主要以制造业为主，并逐渐带动相关配套行业的发展；在投资主体中，能源、资源、建筑、农业、轻工、冶炼、电子等传统行业的占有量大于其他行业。作为境外合作区的主要建设者，牵头入区企业多是国际化程度比较高、经济实力雄厚的企业，如海尔集团、中国有色矿业集团有限公司、中航林业有限公司等。

各个经贸合作区的投资规模大小不一，但都在1亿美元以上，其中影响力越来越大的中俄托木斯克木材工贸合作区的资金投入达15.7亿美元（约100亿元）；规划面积最小不低于1平方公里（巴基斯坦海尔家电工业区只有1.03平方公里），最大为165平方公里（尼日利亚莱基自由贸易区）。目前，我国境外经贸合作区仍然采取“政府为主导，企业为主体，市场化经营为原则”的运作模式，实质是一种政府推动下的企业境外投资行为。从功能上可以区分为以下几种：工业园区（市场寻求型）、出口加工区（出口导向型）、科技园区（技术研发型）、境外资源开发合作园区（资源开发型）、自由贸易区（综合型）。通过商务部确认考核的合作区共13个，见表3－10－1所示。

表3－10－1　　通过商务部确认考核的境外经贸合作区名录

合作区名称	境内实施企业名称	主导产业	地理位置
柬埔寨西哈努克港经济特区	江苏太湖柬埔寨国际经济合作区投资有限公司	纺织服装、五金机械、轻工家电	东南亚
泰国泰中罗勇工业园	华立产业集团有限公司	汽配、机械、家电	东南亚
越南龙江工业园	前江投资管理有限责任公司	轻工、电子、建材、化工、服装	东南亚
巴基斯坦海尔—鲁巴经济区	海尔集团电器产业有限公司	家电、汽车、纺织、建材、化工等	南亚
赞比亚中国经济贸易合作区	中国有色矿业集团有限公司	铜加工及电子、轻工产业、有色金属冶炼及衍生产业、有色金属矿冶及配套产业、加工贸易	非洲
埃及苏伊士经贸合作区	中非泰达投资股份有限公司	纺织服装、石油装备、高低压电器、新型建材及精细化工	非洲

① 资料来源：中国经济网，http：//intl. ce. cn/specials/zxxx/201511/04/t20151104_ 6901 322. shtml。
② 资料来源：洪联英，张云：“我国境外经贸合作区建设与企业‘走出去’战略”，《国际经贸探索》，2013年第3期。

续表

合作区名称	境内实施企业名称	主导产业	地理位置
尼日利亚莱基自由贸易区（中尼经贸合作区）	中非莱基投资有限公司	生产制造业与仓储物流业为主导，以城市服务业与房地产业为支撑	非洲
俄罗斯乌苏里斯克经贸合作区	康吉国际投资有限公司	轻工、机电（家电、电子）、木业等	欧亚
俄罗斯中俄托木斯克木材贸合作区	中航林业有限公司	森林抚育采伐业、木材深加工业、商贸物流业	欧亚
埃塞俄比亚东方工业园	江苏永元投资有限公司	纺织、皮革、农产品加工、冶金、建材、机电产业	非洲
中俄（滨海边疆区）农业产业合作区	黑龙江东宁华信经济贸易有限责任公司	集种植、养殖、加工	欧亚
俄罗斯龙跃林业经贸合作区	黑龙江省牡丹江龙跃经贸有限公司	木材精深加工为主、木材初加工区为辅	欧亚
匈牙利中欧商贸物流园	山东帝豪国际投资有限公司	集商品展览、展示、交易、体验、仓储、集散、物流、配送、信息处理、流通加工、办公、生活于一体	欧洲

资料来源：根据商务部网站资料整理。http：//fec. mofcom. gov. cn/article/jwjmhzq/article01. shtml。

建立境外经贸合作区的意义

（一）境外经贸合作区是“一带一路”建设的重要载体

境外经贸合作区已经成为“一带一路”建设的重要载体。根据“一带一路”走向，陆上依托国际大通道，以沿线中心城市为支撑，以重点经贸产业园区为合作平台，共同打造新亚欧大陆桥、中蒙俄、中国—中亚—西亚、中国—中南半岛等国际经济合作走廊[①]。

国务院发布《关于推进国际产能和装备制造合作的指导意见》，提出“积极参与境外产业集聚区、经贸合作区、工业园区、经济特区等合作园区建设，营造基础设施相对完善、法律政策配套的具有集聚和辐射效应的良好区域投资环境，引导国内企业抱团出海、集群式‘走出去’”。由此可见，经贸合作区建设与国家推进“一带一路”建设布局一致，成为“一带一路”规划的重要支点，成为中国企业与沿线国家进行经贸合作的重要载体和平台。

如今，在“一带一路”沿线多个国家以及非洲和拉美，经贸合作区建设都已兴起。根据商务部的统计，在“一带一路”沿线国家建设的带有经贸合作区性质的项目就有 48 个，分布在 18 个国

① 国家发展改革委、外交部、商务部：《推动共建丝绸之路经济带和 21 世纪海上丝绸之路的愿景与行动》，http：//fec. mofcom. gov. cn/article/fwydyl/zcwj/201511/20151101193007. shtml。

家，其中10个合作区已通过商务部、财政部的确认考核。“丝绸之路经济带”上的境外经贸合作区分别位于哈萨克斯坦、吉尔吉斯斯坦、俄罗斯、白俄罗斯等沿线国家。位于“21世纪海上丝绸之路”上的境外经贸合作区则遍布老挝、缅甸、柬埔寨、越南、泰国等沿线国家。这些都是“一带一路”战略的重要承接点①。截至2015年9月底，这48个合作区建区企业累计完成投资51亿美元，其中基础设施投资23.7亿美元，实际平整土地128平方公里。入区企业805家，其中中资控股企业458家，累计实际投资74.2亿美元。合作区累计总产值279.3亿美元，缴纳东道国税费7.7亿美元，解决当地就业12.8万人②。

（二）境外经贸合作区是构建开放性经济新体制的重要手段

我国改革开放正站在新的起点上，经济结构深度调整，各项改革全面推进，经济发展进入新常态。在创新对外投资合作方式领域，中央再次强调“创新境外经贸合作区发展模式，支持国内投资主体自主建设和管理”③。

当前我国经济增长与资源环境的冲突加剧，产能过剩等问题突出，统筹国际国内“两个市场”、优化资源配置以实现经济转型升级成为必然要求。境外经贸合作区建设在中国与东道国政府间密切接触之后做出的契合所在国发展诉求的经济部署，不仅能够满足东道国对于改善基础设施、提升本国产品竞争力、拉动国内就业的目的，也是我国实现产业结构调整和全球产业布局的重要承接平台，为国内经济结构调整创造空间，有力地推动了装备“走出去”和国际产能合作。“一带一路”沿线国家以及非洲地区劳动力和自然资源丰富，基础设施薄弱，对钢铁、水泥等国内过剩产能有着旺盛的需求，在这一形势之下，通过经贸合作区的方式构建中国经济对外开放和国际合作新局面具有重要的意义。

一方面，通过合作区建设，我们不仅扩大与“一带一路”沿线国家的经贸往来，促进产能合作，实现优势互补，而且可以建立有效利用境外劳动力、矿产、油气、森林、农业等各类资源的渠道，有利于保障海外资源的长期、稳定供应，将引进来与走出去有机结合，在新常态下为中国企业寻找新的商机，为中国经济提供新的动力。另一方面，合作区立足互利共赢的理念，进行资源综合开发利用，同时发展下游生产加工，进一步带动相关服务业的繁荣，拉动东道国的就业与投资，推动东道国经济和产业发展，有力地回击和驳斥国际舆论中所谓“资源掠夺性投资”的论调④。

（三）境外经贸合作区是推动中国企业抱团出海和促进产能合作的重要平台

对于我国企业而言，“走出去”最大的障碍即对东道国政治制度、法律体系、语言文化的不熟悉，而对于已经在国外进行投资的企业而言，东道国的经营风险、政策的变动、劳动力市场条件的变化等因素往往会对已经敲定的投资项目产生重要的影响。对于“一带一路”的沿线国家而言，各国之间存在巨大差异，基础设施薄弱、产业配套差、政治风险不可低估，对于我国企业走出去造成诸多困扰，尤其是对于中小企业而言，在东道国市场中更是处于信息不对称的境地，土地价格、税收政策、雇用员工、技术转让、环保问题等，当地政府往往提出苛刻要求，国内中小企业很难进行

---

① 资料来源：环球网，http：//world. huanqiu. com/hot/2015—01/5356064. html。

② 资料来源：中国新闻网，http：//finance. chinanews. com/cj/2015/11—04/7605696. shtml。

③ “中共中央国务院关于构建开放型经济新体制的若干意见”http：//news. xinhuanet. com/fortune/2015—09/17/c_ 1116598050. htm。

④ 邹昊飞，段京新：“境外合作区传递中国投资新理念”，《中国投资》，2015年第7期。

讨价还价而只能被动接受，大大降低了中国企业"走出去"的收益，也不利于"一带一路"战略的推进。

通过政府协调与沟通，经贸合作区可以有效规避部分经营与政策风险，并可争取到更多的优惠政策（如税收减免、土地使用等），为我国企业"走出去"搭建良好的公共平台，积极拓展海外发展空间。更为重要的是，通过经贸合作区的建设，可以有效改变单个企业独自面对国外市场竞争的形势，帮助企业"集体出海、抱团取暖"，加强了我国企业对当地政府、社会的整体影响力，提升了话语权，形成了"避风港"，有效抵御了可能面临的政局动荡、社会安全和政策变动等风险。

截至目前，我国境外合作区带动中资企业"走出去"2 000 多家，约占我国境外直接投资企业总数的10%，带动企业对外投资达95.5亿美元，带动国内员工到外就业近3万人。同时，境外合作区对中资企业"走出去"的带动作用也越来越强，如2005—2009年，我国共新建境外合作区34家，平均每家吸引15个中资企业入区；2010—2014年，我国共新建境外合作区57家，平均每家吸引多达29个中资企业入区①。

（四）境外经贸合作区可以为中国企业在海外的运营提供便利服务

合作区建立规范园区管理制度，增强园区团队建设，为入区企业投资运营提供政策法律咨询、优惠政策申请、投融资服务、商业注册、规划设计咨询、物流清关等"一站式"服务，解除了企业后顾之忧。具体说来，作为我国企业"走出去"的重要平台和有力抓手，境外合作区可为入园投资企业提供包括但不限于以下几类服务②：

1. 信息咨询服务

（1）政策咨询。境外经贸合作区实施企业（简称"实施企业"）为进入合作区投资创业的企业（简称"入区企业"）搭建与东道国政府部门和有关机构沟通、协调的平台，提供包括投资、贸易、金融、产业等相关政策咨询服务。

（2）法律服务。实施企业为入区企业提供东道国与投资相关的法律咨询服务，帮助入区企业了解东道国基本法律，熟悉投资环境，寻找和委托相应的法律服务中介机构。

（3）产品推介。实施企业协助入区企业参加东道国举办的展览会、行业产品对接会、贸易洽谈会等，为企业搭建合作平台，推介入区企业生产的产品。

2. 运营管理服务

（1）企业注册。实施企业建立与东道国外资管理部门或投资促进机构的沟通和联系机制，为入区企业提供在东道国注册登记的相关咨询服务，协助入区企业办理注册登记、投资项目环境影响评估和规划设计审批等相关手续。

（2）财税事务。实施企业为入区企业提供东道国相关财务和税收方面的政策咨询，并协助入区企业在财务管理、商标注册、税收申报和缴纳等方面的工作。

（3）海关申报。实施企业为入区企业提供东道国关于海关申报、进口设备清关、仓储运输、进出口手续、原产地证明及关税申报等相关咨询服务。

（4）人力资源。实施企业为入区企业提供东道国关于员工管理、人员签证等政策咨询服务，并协助入区企业举办员工培训、人员招聘、人才交流等人力资源方面的事务。

---

① 资料来源：中国投资资讯网，http：//www.ocn.com.cn/hongguan/201507/smcpp01225138.shtml。

② 商务部：《境外经贸合作区服务指南范本》http：//fec.mofcom.gov.cn/article/jwjmhzq/zcfg/201512/20151201202572.shtml。

（5）金融服务。实施企业为入区企业提供投融资、保险等金融咨询服务，协助企业办理相关金融手续，建立入区企业和国内外金融机构联系的渠道。

（6）物流服务。实施企业可根据入区企业的要求，提供必要的物流服务，包括运输、存储、装卸、搬运、配送、信息处理等。

3. 物业管理服务

（1）租赁服务。实施企业根据入区企业的要求，为其提供标准厂房、写字楼、仓库、展示厅、堆场等设施的租赁服务。

（2）厂房建造。实施企业可在入区企业新建厂房时、提供必要的支持，协助其办理包括设计，施工招投标，申请厂房建筑许可证、厂房开工证以及验收执照等在内的相关手续。

（3）生产配套。实施企业为入区企业提供生产配套便利和服务，包括供电、供水、供暖、通讯、通气、安保、废水处理、垃圾处理、有毒废料处理等。

（4）生活配套。实施企业可为入区企业提供员工宿舍、高级公寓、运动健身、文化娱乐等生活配套设施服务。

（5）维修服务。实施企业可为入区企业提供专业、高效的维修服务，帮助入区企业解决生产、生活遇到的维修困难。

（6）医疗服务。实施企业可为入区企业有关人员提供简易医疗救治服务，并与合作区所在地医院建立畅通的紧急救治通道等。

4. 突发事件应急服务

实施企业应做好突发事件应急预案，有效预防和应对火灾、水灾、罢工、破坏活动等突发事件的处理救援工作，保障园区及入区企业在经营活动中的人身财产安全。

中国政府对于境外经贸合作区的支持政策①

2010 年，为有效规避防范合作区建设过程中的投资风险和信用风险，商务部和中国出口信用保险公司共同建立合作区风险防范机制。商务部依据合作区建设的统一部署，全面促进和监督合作区的风险防范工作。中国信保积极履行国家赋予的职责，为合作区提供风险分析、风险管理建议以及保险等风险保障服务。

政府支持政策：以商务部为主体，主要政策措施有：第一，通过多边、双边渠道，对于经商务部批准的合作区，积极争取两国政府商签框架协议。第二，会同有关部门将风险防范措施纳入合作区确认考核内容。第三，加强合作区的风险防范指导工作，鼓励引导相关企业强化自身风险管控，并充分利用政策性保险工具有效规避风险。

风险控制性支持政策：中国信保与企业紧密合作以达到控制企业风险的目的。主要措施有：第一，会同商务部向已经商务部批准的合作区建区和入区企业提供培训、投资咨询、融资设计、国别风险分析、行业风险分析及风险管理建议等服务。第二，对于经商务部批准的合作区，中国信保按其承保政策，为建区、入区投资项目提供投资保险保障，承保征收、汇兑限制、战争、政府违约政

① 商务部，《境外经贸合作区服务指南范本》，http：//fec. mofcom. gov. cn/article/jwjmhzq/zcfg/201512/20151201202572. shtml。

治风险。第三，针对合作区特点和需求，研究开发个性化的承保模式，对项目风险实行一揽子评估，对同一合作区的入区项目实行统一承保政策，对已承保项目实行动态跟踪调整。合作区项目承保操作细则另行制定。第四，对于经商务部批准的合作区项目，在不违反当地相关法律法规规定的基础上，中国信保可为区内投资企业的海外销售提供信用保险服务。第五，对于经商务部批准的合作区，中国信保将视项目具体情况，对风险较低的项目给予一定的费率优惠，并适当简化承保手续，加快承保速度。

商务部和中国信保建立业务协调和信息沟通机制。商务部及时向中国信保通报合作区建设和招商进展情况以及建区和入区企业名单；中国信保定期向商务部通报为合作区建区和入区企业提供风险保障服务的情况以及合作区利用投资保险等政策性金融工具进行风险防范的情况。

融资性支持政策：由商务部与国家开发银行共同提供融资便利以支持合作区建设。商务部和国家开发银行共同建立合作区项目协调和信息共享等联合工作机制，为符合条件的合作区实施企业、入区企业提供投融资等方面的政策支持。具体措施包括：第一，商务部对企业投资建设的合作区进行宏观指导，在国别和产业指引、资本投资便利化、境外投资保障等方面提供支持。第二，国家开发银行根据国家对外发展战略的需要，支持国内产业集群“走出去”，为合作区建设提供投融资等服务。第三，商务部和国家开发银行将支持或共同开展合作区布局和发展规划等研究工作。第四，商务部与国家开发银行将建立有关合作区信息共享机制，加强信息交流，相互通报关于合作区确认考核、年度考核及投融资进展情况，引导企业有序赴合作区投资经营。第五，根据合作区推动工作的需要，商务部、国家开发银行将不定期对合作区项目融资中存在的重要问题进行协调。

国家开发银行将依据商务部、财政部《境外经济贸易合作区确认考核和年度考核管理办法》（商合发［2013］210号）的要求，明确合作区优先融资的基本条件，针对合作区的特点和需求，对合作区提供融资服务。具体工作包括：第一，国家开发银行将在市场化运作、有效防范风险的前提下，重点优先支持已通过确认考核的合作区项目；有选择地支持我国与合作区东道国政府共同关注的在建合作区项目；积极跟踪规划中的其他合作区项目。第二，在信用结构上，除依托境内股东信用提供贷款模式外，积极探讨依托境外金融机构信用、项目自身及其他资产抵质押、土地出让应收账款质押等模式，为合作区实施企业提供融资支持。第三，通过与东道国有实力的金融机构合作，以转贷款、银团贷款等方式，为入园企业提供融资服务。第四，国家开发银行及其下属的中非发展基金通过投贷结合方式为非洲地区合作区提供投融资服务，并为入园企业提供非洲中小企业专项贷款服务。

商务部、国家开发银行共同加强合作区建设的指导，为合作区企业提供投资咨询和融资方案设计等服务工作，引导我国企业有序开展合作区建设工作。

境外经贸合作区的投资风险

随着我国企业“走出去”步伐的加快，境外经贸合作区在全球范围内的影响力和作用也日渐增强，无论是在国内还是在东道国，都受到了越来越多的关注和重视。然而，尽管政府相关部门做了大量的工作和努力，境外经贸合作区的投资风险仍然不可忽视。总体而言，当前境外经贸合作区主要存在政府违约及政策变动、园区规划与市场需求协调、非传统安全风险等几大类风险。

（一）政府违约及政策变动风险

政府违约及政策变动风险是境外经贸合作区面临的最难以抵御和化解的主要风险。境外合作区由两国政府多部门多层级联合参与，中国企业通常认为签署政府间合作协议和合作机制就意味着项目必将顺利推进，但是即使投资主体在东道国获得应有的法律地位，也仍然会面临政府违约、优惠政策难以落实、政策稳定性差的风险。尤其是在推动“一带一路”规划时，涉及国家众多，资金巨大，走出去的时候必须对东道国的政府违约及政策变动风险进行详尽深入的全面评估。

对于境外合作区来说，投资主体应该与东道国政府密切配合和沟通，借鉴以往合作区成功经验，尤其借鉴柬埔寨西哈努克港经济特区协调委员会的经验，建立双边或多边的针对合作区的政府磋商机构，形成政府与企业均参与其中的长效稳定的沟通与协调机制，同时不断推进保障机制建设，发挥中国信保等国内机构的风险评估、项目承保作用，规避政府违约及政策变动风险。

（二）园区规划与市场需求协调风险

尽管合作区的建立离不开政府强有力的推动，但合作区及入驻企业的成功仍然离不开市场规律与自身的努力，入驻企业能够获得收益仍然取决于东道国消费者的偏好和国内需求，简单的出口和输出不能与东道国经济产生有机协同，也无法达到预期的效果。

中国与“一带一路”沿线国家的进出口贸易不再局限于中国产品“走出去”，将基于中国的制造和资金优势，由中国的资本输出驱动的产品、资本、技术、货币和文化等元素联合“走出去”①。因此，作为重要载体的境外经贸合作区的建设，一方面离不开政府间的协作与沟通，另一方面合作区的长远发展最终取决于是否能够为市场提供适销对路的产品满足市场的需求，与东道国的国内产业结构、比较优势及未来发展趋势相符合，最终对东道国经济产生显著而积极的外溢效应，得到东道国及全球的认可。因此，园区规划与市场需求协调风险将制约合作区的长期发展前景。在政策和机制方面，建议国家进一步加强政府对合作区的引导、协调、监督和服务职能，加强引导合作区科学、合理制订园区总体规划、产业发展规划等，做好投资项目可行性研究工作，避免盲目投资。

（三）非传统安全风险和经济民族主义的影响

从中国企业投资的境外合作区的分布情况看，境外合作区大多处于发展中国家，这些国家面临的非传统安全问题正日益成为境外经贸合作区的重要风险。因此，企业投资前应该加强非传统安全风险的评估，对于已经投资运营的合作区，应该加强相关风险的管控。

经济民族主义的风险也是影响境外合作区运行的重要风险。“一带一路”沿线国家大多数属于收入水平相对较低、经济发展较为落后的国家，在世界银行的营商环境调查中，腐败往往成为这些国家商业活动的主要障碍，对于境外经贸合作区而言，这一问题制约着相关税收优惠政策的执行，并增加企业运行成本，显著降低企业收益。

经济民族主义情绪甚至能够迫使合作区的投资项目彻底破产。大量的国际经验表明，获得投资的东道国未必会对投资来源国“感恩戴德”，而是会加剧对来源国的疑虑与抵制，通过“一带一路”战略来输出过剩产能的提法也同样容易引发东道国的反感情绪②。如 2012 年 4 月，中国铝业宣

① 高扬，王国秀，王永中：“一带一路的商机”，《中国海关》，2015 年第 10 期。

② 张明，“直面一带一路的五大风险”：http：//finance. sina. com. cn/zl/china/20150610/072122394114. shtml。

布要约收购南戈壁资源公司，蒙古国方面担忧中国国有企业对其进行矿业投资会控制其矿业的发展，最终迫使交易未能成功。哈萨克斯坦国内对俄罗斯和中国这两大投资国的投资对其国家主权和自然资源控制的影响普遍感到焦虑。2010年在有报道称政府准备向中国企业出售农业用地后，哈萨克斯坦最大城市阿拉木图曾爆发小规模反华集会①。

经济民族主义不仅存在于低收入国家，在全球经济复苏乏力之际，深陷危机与衰退之中的欧元区国家的民众也日益显露出排外的态度，成为中国企业“走出去”和境外经贸合作区建设的主要风险之一。中国政府及企业应当尽可能地宣传对当地经济的贡献，并更多地雇用本地劳动力，以化解此类风险。

专题：我国主要境外经贸合作区概况及投资风险

（一）柬埔寨西哈努克港经济特区②

1. 园区概况

西哈努克港经济特区有限公司是西港特区的开发建设主体。西港特区是为企业走出去实现跨国发展的理想投资贸易平台，是中国首批通过商务部、财政部考核确认的境外经贸合作区之一。西港特区总体规划面积11.13平方公里，首期开发面积5.28平方公里，以纺织服装、五金机械、轻工家电等为主导产业，同时集出口加工区、商贸区、生活区于一体。全部建成后可容纳企业300家，形成10万产业工人就业、20万人居住的宜居新城。西港特区位于“21世纪海上丝绸之路”的重要节点上，地处柬埔寨国际港口城市——西哈努克市，离西港国际机场3公里，离西哈努克深水港12公里，连接柬埔寨四号国道，离柬首都金边仅210公里，地理位置优越，交通便利。

作为中柬两国间的重要合作项目，西港特区受到了两国领导人及各级政府部门的高度关注。2010年12月13日，两国政府在北京正式签订《中华人民共和国政府和柬埔寨王国政府关于西哈努克港经济特区的协定》，奠定了西港特区的法律地位。2012年6月13日，时任中共中央政治局常委、中央纪委书记贺国强在访问柬埔寨期间与柬埔寨王国首相洪森共同为西港特区揭牌。在双边框架协定下，2012年12月4日，西港特区协调委员会第一次会议在无锡召开，标志双边政府支持推动西港特区发展的长效协调机制正式启动。2014年1月27日，中国商务部部长助理张向晨、柬埔寨发展理事会秘书长索庆达在金边共同主持召开西港特区协调委员会第二次会议，为西港特区的快速发展奠定了良好基础。

特区现已引入包括工业、服务行业在内的85家企业入驻，分别来自中国、欧美及日本等国家和地区，62家已投入生产经营，区内从业人数1.2万人。2015年4月23日，中国国家主席习近平在万隆会议会见柬埔寨首相洪森时提出，“要在‘一带一路’框架内加强基础设施互联互通合作，营运好西哈努克港经济特区”。西港特区将以此为契机，加快发展步伐，努力建设成为中国境外经贸合作区的成功典范。

2. 投资优势

柬埔寨地处东南亚交通枢纽位置，东临越南，北接老挝，西北靠近泰国，湄公河自北向南贯穿

① 经济学人智库：“一带一路”沿线风险评估”，http://www.21ccom.net/articles/world/zlwj/20150418123769_all.html。

② 经济特区即境外经贸合作区，仅称呼不同。这里按照中国商务部的称谓“西哈努克经济特区”。

全境。位于柬埔寨南部的西哈努克市是柬埔寨第二大城市，唯一的国际港口城市。西港特区地处西哈努克市郊，离西港国际机场3公里，离西哈努克深水港12公里，离首都金边仅210公里，紧靠四号国道，地理位置优越，交通便利。柬埔寨拥有1 500万人口，人口年龄结构趋于年轻化。与其他东盟国家相比，柬埔寨劳工成本低，最低工资标准为每月128美元。

柬埔寨尚未遭遇发达国家“双反”等贸易壁垒阻碍，且可享受欧美发达国家给予的特殊贸易优惠政策及额外的关税减免优惠（见表3－10－2）。2011年1月1日，欧盟宣布启动新普惠制，继续对柬埔寨等49个最不发达国家产品给予最优惠待遇，且欧盟新的普惠制向柬埔寨再度放宽了条件，其中最主要的条件为：欧盟不再限制布料的来源，允许在柬埔寨等国家生产的成衣产品使用任何国家产制之布料，即可享受免关税优惠进入欧盟市场。

目前，西港特区3平方公里区域内已基本实现通路、通电、通水、通讯、排污（五通）和平地（一平）。相应的生产、生活配套设施同步跟进，不仅建设了集办公、居住、餐饮和文化娱乐等多种服务功能于一体的综合服务中心大楼，还建设了柬籍员工宿舍及集贸市场等。西港特区已成为柬埔寨当地生产、生活配套环境最完善的工业园区之一。

表3－10－2　　税收优惠

税种	具体内容
出口税	免税
进口税	免税：用于生产的机械设备、建筑材料、零配件、原材料等
企业所得税	可获6—9年的免税期，免税期过后所得税税率为20%
增值税	生产设备、建筑材料等增值税率为0 原材料：服务于出口市场的产业，增值税率为0；服务于内销市场的产业，增值税率为10%

资料来源：柬埔寨西哈努克港经济特区网站 http：//www.ssez.com/index.asp。

3. 未来的机遇与风险

（1）未来机遇：根据IMF的预测，柬埔寨未来经济增长前景较为乐观。在2016—2021年期间，平均经济增长率达到6.9%，经常项目逆差也将从2015年的－11.2%上升至－5.9%，通货膨胀率将维持在2%—3%的正常水平，政府财政状况略有好转，政府债务负债率从2015年33.6%下降为29.7%（见表3－10－3）。整体而言，柬埔寨未来宏观经济将保持高速增长，经济运行平稳。这对于工业园区而言，意味着良好的宏观经济环境和更广阔的市场机会。

表3－10－3　　柬埔寨宏观经济指标及预测

指标＼时间	2015年	2016年	2017年	2018年	2019年	2020年	2021年
GDP增长率/%	6.9	7	7	7	6.9	6.9	6.7
经常账户/亿美元	－11.2	－8.3	－8	－7.5	－7.1	－6.7	－5.9
通货膨胀率/%	1.2	2.1	2.8	3	2.9	3.2	0.2
政府债务/亿美元	33.6	33.4	33	32.3	31.6	30.5	29.7

资料来源：IMF的《全球经济展望》数据库，以占GDP的百分比衡量。

营商环境有所改善。根据世界银行的调查，柬埔寨的营商环境全球排名第127位，相比2015年提升了6位，就整体而言，有了一定程度的提高。商业环境的改善主要集中于如下两个领域：一方面，柬埔寨通过简化公司名称审核、简化税务登记、取消新公司在官方公报中发布信息的繁琐要求等，使新企业的建立更加容易；另一方面，增加发电容量，改进电力供应，减少电力中断频率。这两项措施对于西哈努克港经济特区吸引投资和中国企业的入驻起到了直接的推动作用。

（2）风险与挑战：腐败问题仍然是西哈努克港经济特区面临的最大风险。柬埔寨对于腐败等行为的统一法律规定为《反腐败法》，自1994年开始起草，2010年4月经国会表决通过，规定国家和政府官员必须公布个人财产，行贿受贿、贪污腐败行为一经确定将依法制裁。然而，对于商业贿赂并没有专门的法律①。政府部门官僚机构效率较为低下，已经颁布的政策法规执行较为困难，办理各项事务手续繁琐，柬埔寨至今仍然没有经济法庭，因此园区虽然已经在建设中，但相关优惠政策的落实仍然让投资者心存疑虑。

受过良好教育的熟练工人短缺、非政府组织和工会活动活跃。熟练劳动力短缺将成为进驻企业面临的主要问题之一。在柬埔寨，中学入学率为40%，高中仅为10%，全国仅有大学63所。西哈努克港经济特区以纺织服装、五金机械、轻工家电为主导，机械和家电行业对于工人素质要求相对较高，高素质劳动力的短缺将制约企业的生产与经营。同时，非政府组织多达4 000多家，对柬埔寨的政治经济生活有着显著的影响，工会组织的罢工与游行活动仍然较为频繁，成为企业经营的主要风险之一。2013年12月，受反对党和非政府组织的影响，柬埔寨六大工会为服装工人争取160美元基本工资举行大规模游行。2014年1月3日，军警与示威工人发生暴力冲突，造成至少4人死亡，多人受伤②。

长期存在的基础设施落后问题仍未得到有效解决。柬埔寨水、电、交通、通讯等基础设施较为落后，相关成本高。2014年底，全国电力供应为48.73亿度，同比增长70.3%，但电力供应质量不稳定，通常难以保证24小时供电，电价也高于国际标准，为0.28—0.88美元/千瓦时。由于政府财政状况吃紧，交通基础设施的修建主要依靠外部资金和援助。迄今为止国内的运输仍然以公路为主，这将进一步提高企业的生产成本，抵消了作为低收入国家所具备的劳动力成本相对较低的优势（见图3-10-1和图3-10-2）。这一问题将降低园区内企业产品出口的竞争力。未来西哈努克港周边的高速公路建设将会提速。

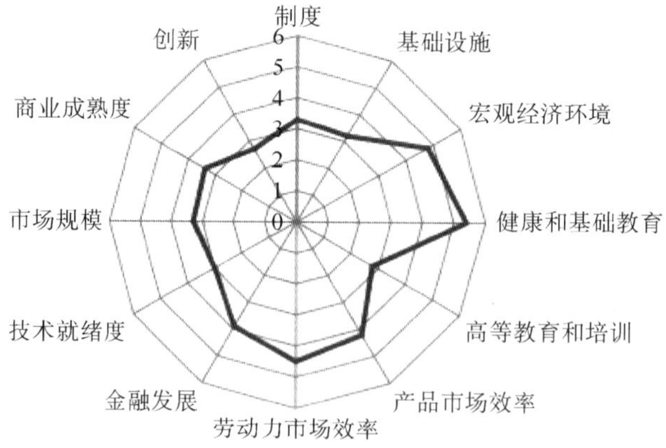

图3-10-1　柬埔寨经营环境要素得分对比

注：得分越高，越具有竞争力。

资料来源：World Economic Forum, The Global Competitiveness Report（2015—2016）。

①② 资料来源：商务部，《对外投资合作国别指南》。

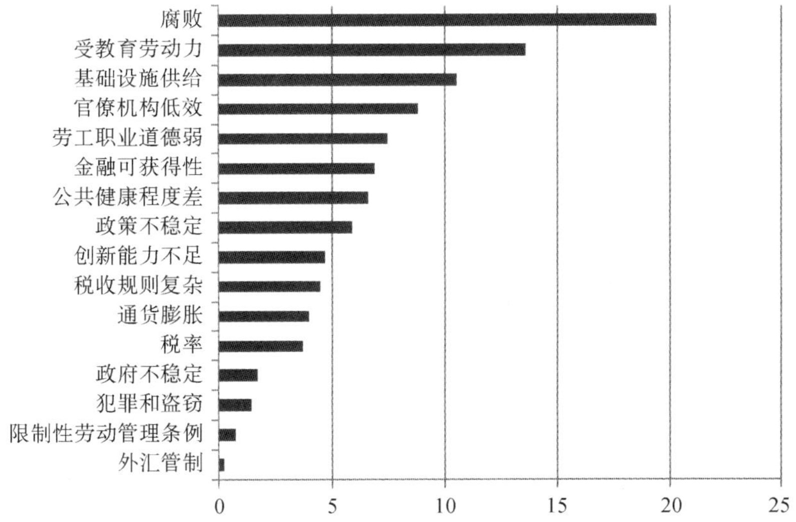

图 3-10-2　柬埔寨营商环境的问题要素

注：得分越高，对营商环境的负面影响越大。

资料来源：World Economic Forum，The Global Competitiveness Report（2015—2016）。

（二）泰中罗勇工业园

1. 园区概况

泰中罗勇工业园开发有限公司是由中国华立集团与泰国安美德集团在泰国合作开发的面向中国投资者的现代化工业区。园区位于泰国东部海岸、靠近泰国首都曼谷和廉差邦深水港，总体规划面积 12 平方公里，包括一般工业区、保税区、物流仓储区和商业生活区，主要吸引汽配、机械、家电等中国企业入园设厂。泰中罗勇工业园开发有限公司已被中国政府认定为首批境外经济贸易合作区，作为中国传统优势产业在泰国的产业集群中心与制造出口基地，最终形成集制造、会展、物流和商业生活区于一体的现代化综合园区。

作为东盟创始成员国的泰国位于东南亚的中心，长期以来一直以其完善的基础设施、宽松的投资环境、较好的市场辐射能力、稳定的社会和政治以及友好丰富的文化吸引着来自世界各国的投资者。泰中罗勇工业园凭借优越的区位与交通优势、一流的基础设施、优惠的政策和优质的“一站式”服务，将成为中国企业赴泰国投资兴业的最佳选择。

泰中罗勇工业园总体规划面积 12 平方公里，其中一期规划占地 1.5 平方公里，二期规划占地 2.5 平方公里，三期占地 8 平方公里，建有一般工业区、保税区、会展中心、物流基地以及配套的商业生活设施。园区的产业定位主要为汽配、机械、建材、家电和电子等有比较优势的中国产业。园区企业可享受泰国最优惠的政策（按照行业），且是享受同类政策中地理位置最好的工业区，靠近曼谷。园区位于罗勇府 331 号高速公路旁，周边水、陆、空立体交通网络十分发达，距离泰国最大的深水港廉差邦仅 27 公里，非常适合加工转口型企业。

2. 投资优势

园区按“现代化工业园”的高标准进行基础设施配套，被世界 500 强企业所认可。园区是与泰国工业区管理局（IEAT）签约合作的工业区。园区客户可享受泰国工业区管理局提供的园内“一站式”服务，以及园区提供的包括 BOI 证书、法律政策咨询、员工培训等服务。企业在入驻及后期运营过程中将享受园区提供的全中文服务，极大方便投资者。亚洲被认为是当今世界最大的新兴市场，而作为东盟创始成员国的泰国身处亚洲腹地，更具有战略意义，具有较强的市场辐射能力。通过泰国与中国、日本及东南亚各国之间的贸易十分便利。

泰国为外国投资者提供了完善的基础设施和优质的服务。日益现代化的运输设备及不断更新的交通和 IT 网络为外商的工作和生活提供了保障。泰国政府通过各种渠道鼓励和帮助投资者。政府出台了一系列有效措施，如无国产化率的要求、无汇款限制、无出口要求、制造业无外资比例限制等。泰国政治和社会长期以来保持和谐稳定。政体实行君主立宪制，推行民主，倡导改革。泰国人民热爱和平，笃信佛教，对王室怀有崇高的敬意。泰国以其文化的多元性闻名于世，是东西方文化融合的结晶。多元的文化和对异族的包容使泰国更容易吸引外国投资者。泰国允许外国投资者永久拥有土地所有权，土地增值潜力大。由于东盟自由贸易区已于 2002 年提前起动，中国企业可以利用这一便利开辟泰国周边国家和市场，通过泰国辐射日本和欧美市场。对中国初次走出国门的企业来说，泰国的投资风险相对较低，是中国对外投资的首选国家之一。

税收优惠政策①：

A1：知识型企业，以增加国家竞争力的设计和研发行业为主（免 8 年企业所得税，而且无上限，免机器/原材料进口税及其他非税收优惠权益）。

A2：发展国家基础设施行业，高附加值的高科技行业，并且在泰国少有投资或者没有投资的行业（免 8 年企业所得税，免机器/原材料进口税及其他非税收优惠权益）。

A3：对国家发展有重要意义的，并且在国内极少有投资的高科技行业（免 5 年企业所得税，免机器/原材料进口税及其他非税收优惠权益）。

A4：技术不如 A1 和 A2 类行业先进，但能增加国内原料的价值以及加强产业链的发展（免 3 年企业所得税，免机器/原材料进口税及其他非税收优惠权益）。

B1/B2：没有使用高科技但对产业链仍然重要的辅助产业。（免原材料进口税及其他非税收优惠权益）。

3. 未来的机遇与风险

（1）未来机遇：泰国未来宏观经济环境良好（见表 3－10－4）。泰国 2015 年 GDP 增长率为 2.8%，预计 2016 年略有提高至 3%，未来 5 年内平均经济增长率将维持在 3.1%，整体宏观经济运行平稳。2015 年贸易顺差占 GDP 比例为 8.8%，但顺差的格局将不断缩小，预计 2021 年将为 1.4%。2015 年和 2016 年，泰国仍将面临通货紧缩的压力，但形势在 2017 年得到扭转，通货膨

表 3－10－4　　泰国宏观经济指标及预测

指标＼时间	2015 年	2016 年	2017 年	2018 年	2019 年	2020 年	2021 年
GDP 增长率/%	2.8	3	3.2	3.1	3.1	3.1	3
经常账户/亿美元	8.8	8	5.7	4.1	2.8	2	1.4
通货膨胀率/%	-0.9	0.2	2	1.8	2.1	2.3	2.5
政府债务/亿美元	43.1	43.7	44.5	45.3	45.9	45.9	45.6

资料来源：IMF 的《全球经济展望》数据库。

① 资料来源：引自泰中罗勇工业园网站，http://www.cocz.org/index.aspx。

胀率升至2%的正常水平，并在未来5年维持在1.8%—2.5%的水平，物价水平可控。政府债务水平存在上升的势头，2015年为43.1%，预计2021年达到45.6%，政府债务风险远低于欧美。总体而言，泰国的宏观经济环境仍然较为宽松，宏观经济运行风险小，这对于园区吸引汽配、机械、建材、家电和电子等领域的企业入驻具有较强的吸引力。

（2）风险与挑战：营商环境略有恶化。2016年泰国的营商环境排名第49位，得分为71.42分，相比2015年的第46位略有下降。就建立新企业、信贷可获得性以及税收方面而言，下降较为明显。仅在建筑许可领域，泰国政府的政策起到积极的效果。具体的几项主要风险如下：

第一，政府不稳定导致政治风险成为泰中罗勇工业园面临的最大风险。军方在2014年5月政变之后开始执政，至少持续到2017年。2014年5月20日，泰国军方陆军司令巴育宣布军事政变，中止2007年宪法（君主政体的章节除外），接管媒体，禁止集会，并成立国家维护稳定委员会。军政府试图通过安插新的政治秩序制约平民政府的权力，巴育也意识到只有解决了南部和北部农村的贫困问题以及确保城市精英利益的政府才能成功恢复该政治稳定。同时，巴育还试图借助皇室的权威来稳定局势，这一做法也引起不小的争议。因此，未来泰国国内的政治前景仍然扑朔迷离。迄今为止，军政府延续了对外资友好的态度，并通过增加基础设置投资来推动经济增长，但通过军事政变上台且并未得到长期授权的军政府对于何时恢复民主体制仍未有清晰的时间表，在这一形势之下，泰中罗勇工业园的相关投资项目仍然存在政策风险。

第二，政府的外资优惠政策和税收政策面临结构性调整。预期在2018—2020年期间，泰国政府对外国外投资的态度会发生些许变化，对于公共部门的外资收购行为将会遭到更多的政府反对，同时政府会出台新的措施以吸引外资，但这种优惠措施集中于高附加值行业和政府选定的相关行业，而对于低附加值的部门，政策将面临调整。泰国的税收政策体系设计相对简单，并且近年来一直在降低企业的负担。因此，泰国在该领域的排名一直在上升。企业的增值税从10%降低为7%以刺激消费，这一税率会持续到2016年9月。但是，未来政府也许会再次将这一税率恢复至10%的水平。因此，泰中罗勇工业园中的企业所享受的税收优惠政策存在调整的可能，尤其是对于A4和B1/B2层级的企业而言，风险更大。此外，军政府也在计划进行其他的税收改革计划以增加财政收入、扩大税基，一项新的遗产税已经在2015年7月被批准，新得土地和不动产税也将推出。泰中罗勇工业园的投资者可以永久拥有土地所有权，泰国政府如何使用这部分投资收益的税收政策仍然不得而知。

第三，劳动力市场面临新变化。泰国的劳动力市场环境在全球的排名从2010—2014年的第37位下降为2015—2019年的第42位，这反映了泰国竞争力的新变化。尽管泰国的劳动力市场条件仍将对园区内的企业提供支撑，但是这种支撑正在逐渐削弱。这个国家在劳动密集型行业的劳动力成本和效率优势由于2012—2013年最低工资的急剧增加而慢慢消失。预计2016年最低工资水平会再次提高，劳动力短缺问题越来越成为企业不得不面对的现实问题。更高的最低工资将会降低泰国相对于马来西亚、印度尼西亚和菲律宾的吸引力。中小型的制造业企业所受的影响最大。同时，对于熟练的技术工人的供给，该国无效的教育体制远远难以满足园区中高附加值企业的用工需求。雇用国外的劳动力仍然是昂贵和困难的。好消息是，泰国工人罢工的现象较为罕见（见图3－10－3和图3－10－4）。

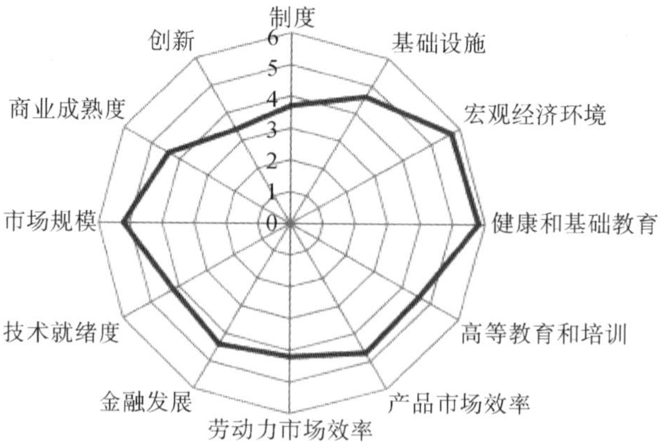

图 3-10-3　泰国经营环境要素得分对比

注：得分越高，越具有竞争力。

资料来源：World Economic Forum, The Global Competitiveness Report（2015—2016）。

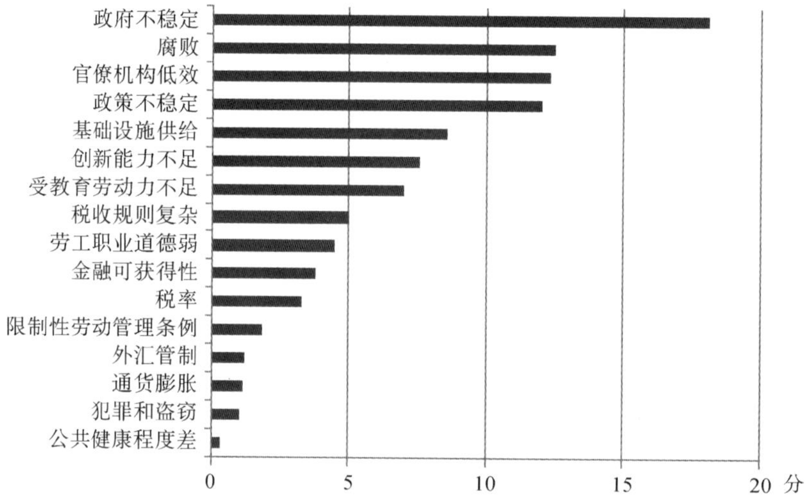

图 3-10-4　泰国营商环境的问题要素

注：得分越高，对营商环境的负面影响越大。

资料来源：World Economic Forum, The Global Competitiveness Report（2015—2016）。

（三）越南龙江工业园

1. 园区概况①

越南龙江工业园是由前江投资管理有限责任公司在越南前江省投资的工业园项目，总投资 1.05 亿美元，占地 600 公顷，其中包括工业区 540 公顷和住宅服务区 60 公顷。园区已于 2008 年 5 月正式启动基础设施建设，计划于 2012 年完成整个园区的各项建设及招商工作。越南龙江工业园得到了中越两国政府的大力支持。2007 年 6 月 25 日，越南总理阮晋勇亲自批复了兴建龙江工业园的（801/TTg—CN）号文件，确认了园区的位置及土地使用面积。同年，钱江投资管理有限公司参加了中国商务部“境外经济贸易合作区越南龙江工业园”项目投标，成功中标。

① 资料来源：龙江工业园主页，http://ljip.vn/web/。

越南龙江工业园位于越南西南部的前江省新福县，紧邻忠良高速公路，距胡志明市中心、新山一国际机场、西贡港国际集装箱码头均为50公里，交通便利，物流成本低。园区依托的胡志明市是传统的国际货物运输港口城市，货物海运通达全球，十分便利。胡志明市还是中国—东盟的2小时经济圈空运中心，到广州、中国香港、新加坡、曼谷、吉隆坡、雅加达、金边等中国—东盟国家和地区的航班飞行时间都在2个小时左右。

越南龙江工业园入园企业的产业规划主要集中在纺织轻工、机械电子、建材化工3个领域。园区将提供土地租赁、标准厂房租赁、标准厂房出售等多种企业入园方式，支付方式灵活，同时提供免费办理投资执照，代理报关；协助办理进出口手续、原产地证明，代理运输，介绍建筑公司、建筑监理；提供宿舍及物业管理等一系列全套服务，有效帮助企业控制前期投资费用，提高办事效率，尽快投入正常的生产经营活动。园区建成以后预计可吸纳100—200家企业入园，预计可吸引约5万—10万当地劳动力，提供45亿美元的年生产产值，每年增加出口额36亿美元，有效带动当地经济发展。

2. 投资优势

（1）交通便利：龙江工业园距胡志明市中心、西贡港、协福港约50公里，距Bourbon港约35公里，进出口的货物运输十分便捷。

（2）特别优惠的税收政策：企业自有收入之年起享受15年的企业所得税优惠，优惠税率为10%，包括：自盈利之年起4年免税，后续9年税率为应缴税款额度的50%。此外，对于构成固定资产的机器设备，投资商免进口税，对于越南未能生产的原料、物资及零件，免5年进口税。

（3）加工出口企业制度：大部分产品专门出口到国外的投资商可按加工出口企业规定登记运营，以享受加工出口区的税收优惠政策（进口税及增值税）。

（4）丰富的当地劳动资源：前江省人口约180万，大部分年轻、能干、勤劳。投资商容易招用当地工人或邻近前江省的九龙江平原各省市的劳动力。

（5）完备的基础设施系统：龙江工业园备有内部路道系统、供水供电系统、排污排水管道系统、通信系统，并且提供各项协助服务，以确保入园的投资商长久发展。

龙江工业园入驻企业所享有的具体税收优惠详细解读如下①：

（1）企业所得税：优惠期限为自企业开始营运起15年，包括自盈利之年起4年全免，后续9年，税率为5%；优惠期剩余年份，税率为10%；优惠期后依据政府规定的税率执行（现在税率为25%）。具体如图3-10-5所示。

（2）进口税：对于构成企业固定资产的进口货物的税收全免，包括机械、设备、经科学及工艺部确认的生产流程中所使用的运输工具、24座以上的工人班车、上述机械、设备、运输工具之零部件、模具等配套工具，还包括制造构成企业固定资产的生产线所使用的结构设备零部件、原材料、物资、制造零部件及模具所需组装配件、构成固定资产的配套使用的机械及设备。自开始生产之日起，用于生产的原材料、物资、零部件的进口税减免5年。对于纳税优惠期限的界定如下：若企业在自发生进出口业务起365日内严格遵守相关税收法律，则用于生产出口货物的进口原材料、物资的进口税纳税优惠期限为自报关之日起275天内。

① 资料来源：龙江工业园主页，http://ljip.vn/web/。

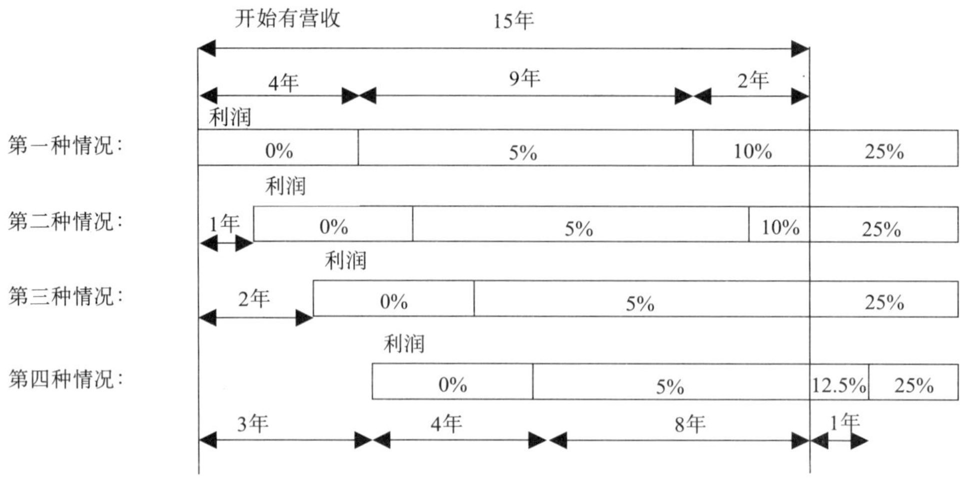

图 3－10－5　税收优惠示意

（3）增值税：对于构成企业固定资产的进口货物，包括：机械设备及生产流程中所使用的运输工具免除全部增值税，对于出口产品、货物或销售给加工区企业用于外销的产品增值税率为 0。

（4）出口税：全免。

（5）利润汇出税：全免。

3. 未来的机遇与风险

（1）未来机遇：经济前景乐观，但财政风险长期存在。越南中期的经济增长前景仍然是积极的，2015 年 GDP 增长率达到 6.7%，预计 2016—2021 年 GDP 平均增长率仍将维持在 6.2% 的水平。对外贸易将维持顺差，2015 年顺差达到 1.5%，但在随后的几年中，顺差格局不断收窄，2016—2021 年，平均水平为 0.6%，经常账户收支维持在平衡状态。通货膨胀率在 2015 年为 0.6%，但自 2016 年开始不断攀升，预计 2021 达到 4%。政府债务规模在 2015 年为 59.3%，在同等收入国家中处于较高水平。同时，由于政府财政赤字持续维持在 3%—4.5%，预计政府债务水平在未来几年将持续膨胀，2021 年将达到 69%，财政赤字和政府债务的积累将成为宏观经济运行的主要威胁（见表 3－10－5 和图 3－10－6）。

表 3－10－5　越南宏观经济指标及预测

时间 指标	2015 年	2016 年	2017 年	2018 年	2019 年	2020 年	2021 年
GDP 增长率/%	6.7	6.3	6.2	6.2	6.2	6.2	6.2
经常账户/亿美元	1.4	0.6	0.2	0.3	0.5	0.6	0.9
通货膨胀率/%	0.6	1.3	2.3	2.9	3.4	3.8	4
政府债务/亿美元	59.3	62.4	64.8	66.4	67.6	68.4	69

资料来源：IMF 的《全球经济展望》数据库。

商业环境将在 2015—2019 年期间有所改善（见图 3－10－7）。尽管越南在亚洲地区属于营商环境分值较低的国家，但仍比多数欠发达国家的商业环境良好。尤其是政府正在加大力度改善投资环境，并致力于简化税收流程，同时加大对于健康和基础教育的投资，这使得整体营商环境有了一定程度的改善。但是，政府效率将会持续受到广泛存在的腐败、低效以及不透明的官僚结构的困扰。尽管营商环境为企业经济活动带来了困难，但该国对于投资者仍然有较大的吸引力，因为越南正在

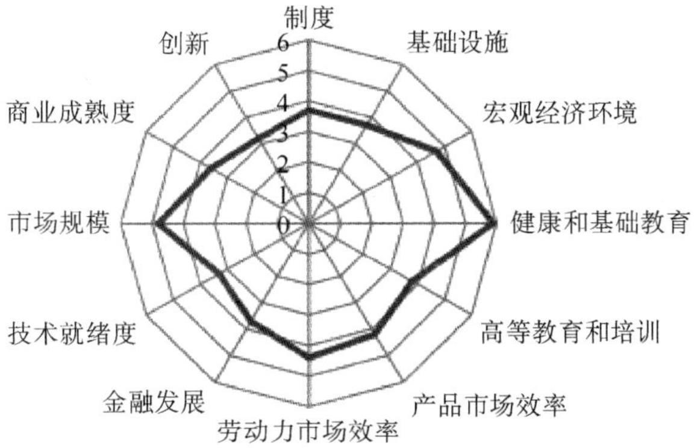

图 3-10-6　越南经营环境要素得分对比

注：得分越高，越具有竞争力。

资料来源：World Economic Forum，The Global Competitiveness Report（2015—2016）。

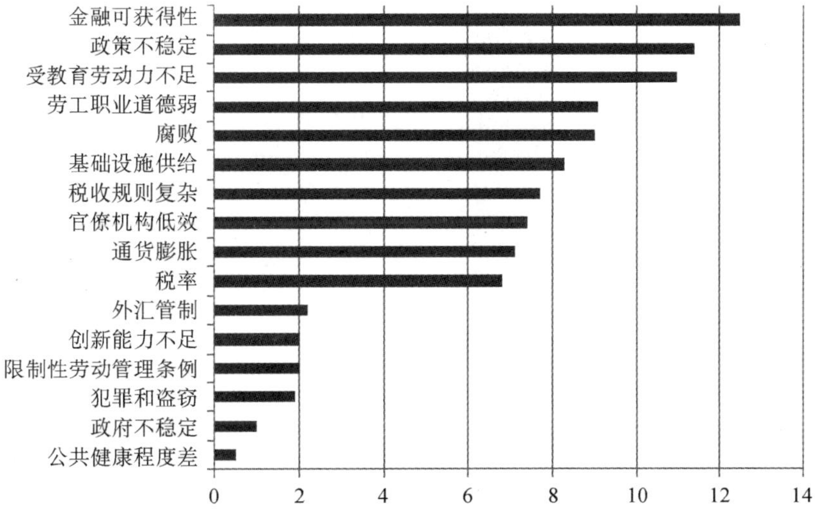

图 3-10-7　越南营商环境的问题要素

注：得分越高，对营商环境的负面影响越大。

资料来源：World Economic Forum，The Global Competitiveness Report（2015—2016）。

积极参与东南亚国家联盟（ASEAN）、越南欧盟自贸协定以及跨太平洋协议的谈判。对于越南龙江工业园而言，自贸协定的推进将为工业园提供更为广阔的市场机会。

（2）风险与挑战：政治风险将成为龙江工业园的主要风险之一。由于未能很好地处理在南海地区与我国的领土争端问题，越南当局将持续面临公众的不满情绪。在 2014 年中期，越南发生了大规模的反华骚乱，这一事件也清晰表明民族主义在该国普遍存在且极易被触发并不断升级。

在 3 月份，越南政府叫停了一个在河内不受欢迎的绿化项目；在 4 月份，他们决定满足胡志明市 9 万名工人的要求，改革社会保障制度，这一系列行为引人注目。未来，越南政府将以国内政治稳定作为执政首要目标。国内民族主义情绪、反华骚乱以及政府的优先政策目标几方面将成为工业园的风险来源，越南政府有可能迎合国内的民族主义情绪，导致中越两国签署的龙江工业园的若干优惠政策发生逆转。

（3）低效而脆弱的金融体系难以为企业便利融资。越南的银行体系由于过去几年的信贷高速增长而造成坏账率高企，尤其是房地产行业，政府已经意识到问题的严重性。2015 年 8 月，不良贷款率为 3%，但采用新的会计准则之后，不良贷款率的规模攀升至两位数，单纯依靠银行自身的力量已经难以妥善处理。伴随着国外银行的进入和竞争的加剧，越南的银行体系有可能改善管理，提高为实体经济服务的能力，但短期内银行体系的效率难以提高。同时，银行仍旧缺乏对利率的决定权，造成它们难以进行贷款定价和更为准确的借贷风险评估。脆弱的商业银行体系将成为企业合并和收购行为的一大不利因素。金融可获得性已经成为越南商业环境的主要制约因素之一，对于龙江工业园中企业的经营和新企业的入驻构成一定的风险。这意味着相关企业不得不更多地依赖自有资本或在母国融资。

（四）巴基斯坦海尔—鲁巴经济区

1. 园区概况

巴基斯坦海尔—鲁巴经济区是中国商务部批准建设的首个中国境外经济贸易合作区，也是巴基斯坦政府批准建设的“巴基斯坦中国经济特区”。2006 年 11 月 26 日，正在巴基斯坦旁遮普省省会拉合尔访问的中国国家主席胡锦涛和巴基斯坦总理阿齐兹共同为巴基斯坦和中国境外经济贸易合作区暨巴基斯坦海尔—鲁巴经济区揭牌。经济区位于巴基斯坦旁遮普省首府拉合尔市。拉合尔是巴基斯坦第二大城市，是著名的巴基斯坦工业中心。旁遮普省是巴基斯坦经济发展中心，政治、经济、生活环境安全稳定，近几年的 GDP 增长率平均达到 8% 以上。经济区一区规划面积 33 万平方米，二区启动 2 万平方公里。主导产业为家电、汽车、纺织、建材、化工等。该经济区以现有的巴基斯坦海尔工业园为基础进行扩建，海尔集团与巴基斯坦 RUBA 集团合资建设，中巴股比为 55:45。双方均以现金方式出资，共同购买土地、进行园区建设。

2. 投资优势

（1）税费减免。免除经济区项目的进口设备税；免除用于出口的产品生产、巴基斯坦国内稀缺的或无法生产的以及质量达不到企业生产要求的原材料进口关税；自经济区盈利并将盈利抵扣前累积亏损完毕起 5 年内 100% 免除所得税，自第 6 年起的 5 年内实行减半的优惠税率，即税率为 17.5%；初始折旧率提升至 100%；企业将获取利润再投资免所得税；经济区内的企业享受巴基斯坦现有出口鼓励政策；免除预扣税机构预先对包括土地交易在内的所有商业交易扣除的预提税；简化所得税免除证书的获取手续；在园区内建有保税区、保税仓库，为物流快速通关提供协助；自经济区开始运营起 5 年内，免除土地销售中产生的 2% 增值税与 4% 印花税，以及 5% 租赁收入预提税；自开始运营起 5 年内免除劳工税费、消费税等税费。

（2）投资便利。投资部将在经济区内提供一站式服务；简化海尔集团在巴基斯坦的项目的政策申请及报批程序，巴基斯坦政府部门建立专门机构为经济区的建设提供便利；在经济区建立陆港方便进出口；投资部免费为投资者提供服务便利和指导。

（3）能源环境。巴基斯坦政府提供电、气及其他能源到经济区；省政府修建公路直通经济区；在经济区内建立员工培训中心；周边公路包括 M2、Link Road 及 GT 公路均应设置直通经济区的出口，道路园区开发建设在不违反巴基斯坦相关法律和政策的前提下，完全自主进行多用途开发。

3. 未来的机遇与风险

（1）巴基斯坦近期的经济增长已经有所减弱，但仍然较为稳定，2015 年经济增长率为 4.2%（见表 3-10-6）。这也得益于它在全球产业链中的参与程度较低而减少了全球金融动荡的影响。

石油价格的持续走低使其从中获益。中国经济新常态在一定程度上削弱了巴基斯坦的增长动力，预计2016—2021年期间，增长速度将维持在5%的水平。在2015年连续9个月的货币政策宽松之后，通货膨胀率开始上升，短期内尚无持续上涨的预期，2015年为1.2%，但巴基斯坦央行的政策在长期将对通货膨胀产生显著影响，预计未来几年通货膨胀率维持在5%的水平。经常账户逆差仍将保持。巴基斯坦政府的财政巩固起到了一定的作用，政府债务水平将从2016年的65%下降至2021年53.6%。近年来，巴基斯坦的商业环境略有改善，但仍然排名落后。根据世界银行的统计，巴基斯坦全球排名第138位。尤其是巴基斯坦的基础设施极为落后，电力供应在全球排名第157位。混乱的税收体系备受诟病，合同执行较为困难。这些领域均会对工业园区和国外企业产生直接的负面影响。

表3-10-6　　巴基斯坦宏观经济指标及预测

时间 指标	2015年	2016年	2017年	2018年	2019年	2020年	2021年
GDP增长率/%	4.2	4.5	4.7	5	5.2	5.5	5.5
经常账户/亿元	-1	-1.1	-1.6	-1.6	-1.7	-1.6	-1.8
通货膨胀率/%	4.5	3.3	5	5	5	5	5
政府债务/亿美元	64.4	65	63.7	61.3	59	56.1	53.6

资料来源：IMF的《全球经济展望》数据库。

（2）恐怖主义风险长期存在：尽管巴基斯坦政府发动了对塔利班的军事行动，但其国内安全局势仍然极为复杂。军事打击在一定程度上打击了极端组织，但他们仍然在该国广泛存在。越来越多的从塔利班中分裂出来的小集团宣誓效忠“伊斯兰国”，日益增加了军事冲突发生的可能。安全部队、宗教少数派和外国人将成为这些极端势力的首要袭击目标。作为与巴基斯坦政府保持良好关系的中国企业也极容易成为恐怖主义的受害者。2014年6月发生的卡拉奇真纳国际机场袭击案表明武装分子日益将目标对准了航空运输业和战略行业资产，以打击巴基斯坦的国内经济。塔利班的长期目标还包括炼油厂、码头甚至可汗研究实验室等。迄今为止，海尔—鲁巴经济区尚未成为恐怖袭击的主要目标，但由于中巴之间经贸往来紧密，未来不排除针对中国企业的行动，应提早采取防范措施确保企业员工的人身与财产安全。

（3）基础设施条件差。由于几十年来投资不足，巴基斯坦电力供应长期不足。2010年和2011年的洪水更是使这一问题雪上加霜。尽管新建的某些项目质量有了较大提高（如瓜达尔港以及海尔—鲁巴经济区的配套设置），但与其他国家相比仍然较为落后。电力供应无法满足企业的需求将成为未来工业园区乃至整个巴基斯坦的主要威胁之一，电力短缺将继续阻碍国内外的投资者，并进一步威胁工业园区的出口，尤其是对于园区中纺织类企业的威胁更大。通信行业的相关基础设施将会得到一定程度的改进，固定电话的密度将有所增加。2014年3G和4G网络牌照的拍卖也将逐渐增加移动电话使用，但宽带互联网的覆盖率仍然较低。这也将成为园区中依赖电子商务的企业的一大障碍。

（4）腐败问题严重，加剧企业经营风险。巨额贿赂（通常是以利润的百分比或者是现金支付）几乎存在于所有部门的相关投标中，甚至包括国防领域。公务员工资水平的低下更是加深了腐败的程度。警察、海关、水务以及土地管理部门的腐败最为臭名昭著。当前，巴基斯坦政府的反腐力度微弱，尽管成立了国家反贪机构，但收效甚微。对于海尔—鲁巴经济区而言，增加了众多企业经营成本和风险（见图3-10-8和图3-10-9）。

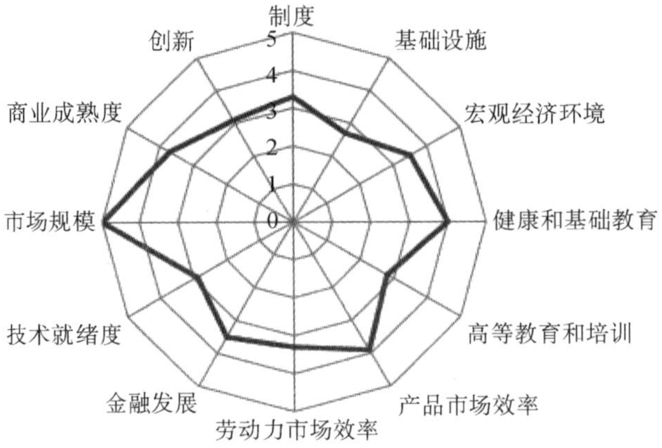

图 3-10-8　巴基斯坦经营环境要素得分对比

注：得分越高，越具有竞争力。

资料来源：World Economic Forum，The Global Competitiveness Report（2015—2016）。

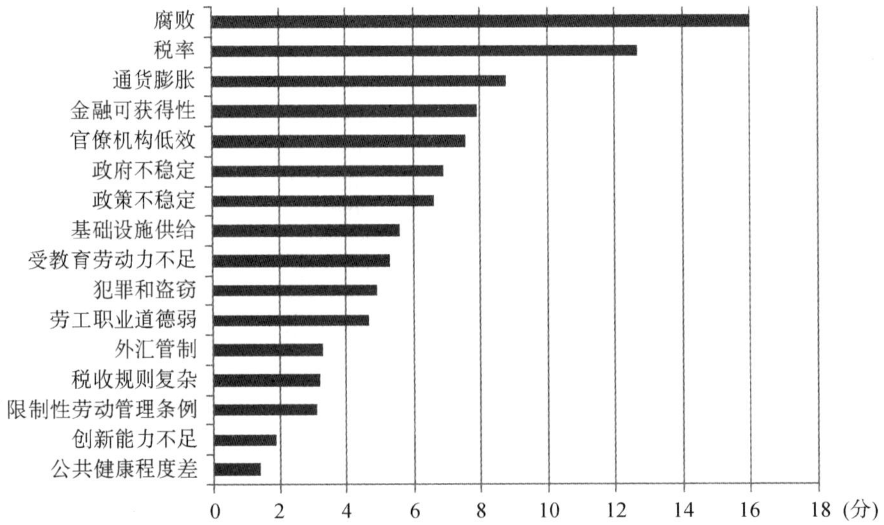

图 3-10-9　巴基斯坦营商环境的问题要素

注：得分越高，对营商环境的负面影响越大。

资料来源：World Economic Forum，The Global Competitiveness Report（2015—2016）。

（五）赞比亚中国经济贸易合作区

1. 园区概况

赞比亚中国经济贸易合作区（简称合作区）位于赞比亚铜带省卡鲁鲁西市的谦比希地区，距赞比亚第一大城市、首都卢萨卡市约400公里，距赞比亚第二大城市、铜带省省会恩多拉市约100公里，距赞比亚第三大城市、铜带省采矿业和工业重镇基特韦市约30公里。目前，合作区拥有谦比希地区41平方公里土地的使用权，首期规划面积为11.58平方公里，其中建成区面积约为3.6平方公里，新建区面积约为7.58平方公里。经赞比亚政府批准，在卢萨卡国际机场附近将建设合作区分区，规划面积约为6.3平方公里。

合作区将建设成以铜钴开采为基础，以铜钴冶炼为核心，发展有色金属矿冶的产业群。同时，以铜钴为原料的有色金属产业链，针对当地及周边市场需求，发展以型材、电线电缆生产为主的有色金属加工产业群；以铜钴冶炼的副产品为基础，发展化工、贵金属等资源集约、综合利用的有色金属衍生产业群；以赞比亚矿产资源开发和有色金属加工业为市场，发展机械、建材等有色金属配套产业。此外，以赞比亚的资源优势为依托，以合作区卢萨卡分区为主要平台，发展以服装、食品、家电等为主的轻工产业群；为了满足采矿业和制造业的需要，发展运输、仓储和宾馆等生产性服务业。

合作区是我国政府宣布在非洲建设的第一个境外经济贸易合作区，也是赞比亚政府宣布设立的第一个多功能经济区（相当于中国的经济技术开发区）。2006 年 11 月，为了落实胡锦涛主席在中非合作论坛北京峰会承诺的“对非八项举措”之一“在非洲建立 3—5 个经济贸易合作区”的指示，经我国商务部批准，中国有色集团在原赞比亚中国有色产业园的基础上成立合作区，并于 2007 年 1 月在赞比亚注册成立了主要从事基础设施建设和区域协调管理的赞比亚中国有色产业园发展有限公司（2007 年 10 月更名为赞比亚中国经济贸易合作区发展有限公司，简称合作区发展公司）。截至 2008 年 6 月底，合作区已经有中色非洲矿业公司、谦比希湿法冶炼公司、谦比希硫黄制酸公司、谦比希铜冶炼公司等 10 家企业落户，协议投资总额 5 亿多美元。合作区的道路、供水、供电等工程进展顺利，基础设施的累计投资额达 6 600 多万美元。2007 年，合作区入区企业的销售收入总额达 1.9 亿美元，为赞比亚创造就业岗位达 3 000 个。

2. 投资优势

在合作区内投资不低于 50 万美元，从事《赞比亚发展署法》规定的优先行业或产品生产，并且获得赞比亚发展署颁发的相关执照的企业，除了享受相关法律赋予的普通优惠政策之外，有权获得下列优惠政策：

（1）所得税：首次实现盈利的第一年至第五年，免缴公司所得税；首次实现盈利的第六年至第八年，减按适用税率的 50% 缴纳公司所得税；首次实现盈利的第九年和第十年，减按适用税率的 75% 缴纳公司所得税；首次宣布红利的第一年至第五年，免缴红利部分的所得税。

（2）关税：对于进口原材料、资本性货物和机器设备，5 年内免缴关税。

（3）增值税：对用于合作区建设或优先行业投资的进口机器设备，可缓征增值税。在合作区内投资不低于 1 000 万美元，从事《赞比亚发展署法》规定的优先行业或产品生产，并且获得赞比亚发展署颁发的相关执照的企业，除了享受有关法律赋予的普通优惠政策和上述优惠政策之外，有权获得下列额外优惠政策：

所得税：允许从应纳税所得中抵扣所有因在合作区内进行投资而发生的贷款成本：允许从应纳税所得中抵扣所有与收入、资本性支出或贷款相关的汇兑损失；管理费用、咨询费用，以及因在合作区内投资而发生的向贷款人支付的利息，免缴预扣所得税；向外国承包商支付的服务和供应款项，免缴预扣所得税。

关税：企业聘用的承包商或代理人进口的用于相关执照批准的投资范围的货物，免缴进口关税和货物税；企业或其承包商在相关执照批准的投资范围内临时进口的任何设备、机械和器具，免缴进口关税；企业在合作区内生产的货物，如果符合增值的有关标准，免缴出口税赋。

增值税：赞比亚税务机关将在不超过一个月的合理期限内向企业返还符合条件的增值税；企业在建设期向当地或外国供应商或承包商所支付的服务费用，免缴增值税和反向增值税；企业根据临时许可进口并且在合作区内使用的设备，免缴增值税。

其他：企业在原有执照所批准的投资总额之外的追加投资项目，有权享受《赞比亚发展署法》下适用于新投资的投资鼓励政策。

3. 未来的机遇与风险

全球经济活动疲软，中国经济增长放缓和欧元区经济低迷导致大宗商品价格下降，矿业部门产出下滑，对赞比亚经济增长前景构成严重挑战。2015 年大宗商品价格创下 2008 年国际金融危机以来最大跌幅。铜均价由 2014 年的每吨 6 829 美元跌至 2015 年的每吨 5 160 美元。受此影响，部分矿业企业重新考虑运营和投资规模。IMF 预计 2016 年赞比亚 GDP 增长率仅为 3.4%。伴随未来大宗商品价格的走高，经济逐渐走出低谷，2018 年赞比亚经济增速超过 5%，并将维持下去。铜价下跌导致赞比亚外汇收入大幅下滑，2015 年经常项目逆差为 3.5%。但是，这一形势将逐步得到逆转。克瓦查大幅贬值和供电不足加大了未来通胀压力，预计 2016 年通胀率将达到 22.5% 的水平，随后数年开始回落，2021 年回调至 5%。未来政府债务水平则持续维持在 55% 以上。预计 2016 年赞比亚中国经济贸易合作区的经营活动将遇到更多的困难，这一态势在 2018 年以后开始逐渐好转（见表 3－10－7）。

表 3－10－7　　赞比亚宏观经济指标及预测

指标＼时间	2015 年	2016 年	2017 年	2018 年	2019 年	2020 年	2021 年
GDP 增长率/%	3.6	3.4	4.8	5.3	5.4	5.5	5.5
经常账户/亿美元	－3.5	－3.8	－1.7	1.8	2.9	3.6	3.8
通货膨胀率/%	10.1	22.5	9.9	7.7	6.5	5.5	5
政府债务/亿美元	52.9	57.9	58.6	59.1	58.2	56.9	55.8

资料来源：IMF 的《全球经济展望》数据库。

（1）大宗商品的走势将成为赞比亚中国经济贸易合作区最大的风险。赞比亚是依赖大宗商品贸易的经济体，尤其是铜的储量极为丰富，赞比亚中国经济贸易合作区就是以铜钴开采为基础建立起来的。未来，铜价的波动严重考验着合作区入驻企业的盈利能力以及赞比亚的各项经济指标。2016 年，大宗商品在长达 4 年的疲软后恢复"生机"，要归功于季节性需求回升、供应缩减以及油价复苏引发的基本金属期货头寸变化。如果中国需求出现改善，则这种反弹行情有可能维持①。但是，考虑到地区终端需求仍疲软，中国经济未来仍然面临下行压力，因此大宗商品以及铜价的命运仍不明朗。这对于合作区入驻企业而言，仍然面临着较大的风险。如：由于铜价重挫和电力供应危机，2015 年中资所有的卢安夏铜矿暂停赞比亚 Baluba 铜矿作业并裁员。

（2）赞比亚的营商环境整体呈现恶化态势。2015 年，赞比亚营商环境全球排名第 73 位，但是 2016 年下降至第 78 位。尤其是新企业的建立和进出口贸易相关的政策出现了较大幅度的倒退。对于合作区而言，经营风险主要表现在基础设施（尤其是电力供应不足）落后、财政压力迫使政策存在不确定性、采矿业不景气导致国内劳资矛盾日渐突出。2015 年的政府预算报告提出，用于发电的工具、机器和设备的资本减免率从 25% 提高至 50%，但短期内难以扭转供电不足的困境②。矿业公司受到政策不确定性的困扰，政府正在努力推动经济多元化，以摆脱对矿产的依赖，但进展并不大，短期内矿业仍将是政府收入的主要来源。面对财政压力，政府曾大幅上调露天矿场的特许权使

① 观点引自：金融时报，http://www.ftchinese.com/story/001067063?page=2。

② 中国驻赞比亚使馆经商处，http://zm.mofcom.gov.cn/article/ztdy/201511/20151101155786.shtml。

用费。合作区中的铜大量出口到国内以满足需求，增加了中国“剥削”赞比亚资源的印象，在企业被迫限产停工时，劳资矛盾随时激化，未来这一问题将持续困扰合作区中的入驻企业（见图3－10－10和图3－10－11）。

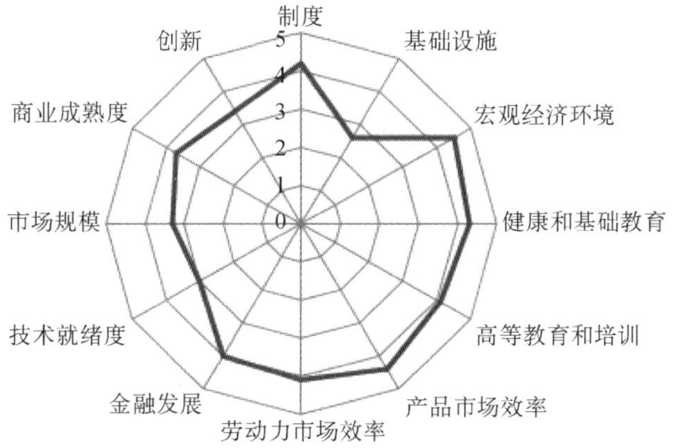

图3－10－10　赞比亚经营环境要素得分对比

注：得分越高，越具有竞争力。

资料来源：World Economic Forum, The Global Competitiveness Report（2015—2016）。

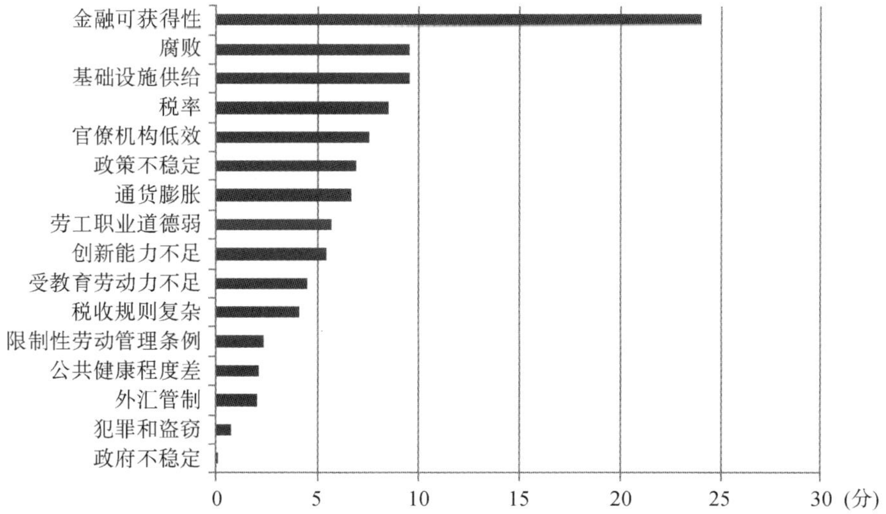

图3－10－11　赞比亚营商环境的问题要素

注：得分越高，对营商环境的负面影响越大。

资料来源：World Economic Forum, The Global Competitiveness Report（2015—2016）。

（六）尼日利亚莱基自由贸易区（中尼经贸合作区）

1. 园区概况

尼日利亚莱基自由贸易区是中国政府批准的国家级境外经贸合作区，位于尼日利亚经济首都拉各斯东南部的莱基半岛，距拉各斯市区约50公里，南临大西洋，北依莱基礁湖，地势平坦，风景秀丽，是拉各斯正在发展中的新兴卫星城市，也是当前尼日利亚发展最快的新区之一。莱基自贸区是由中国铁建股份有限公司、中非发展基金有限公司、中国土木工程集团有限公司和南京江宁经济技术开发总公司组建成立的中非莱基投资有限公司与拉各斯州政府和莱基全球投资有限公司共同投资和建设的经济特区。

莱基自贸区自2006年启动以来得到了中尼两国政府的高度关注和大力支持。2007年11月，莱基自贸区被中国商务部批准为“境外经济贸易合作区”；2010年通过了商务部和财政部的确认考核；2010年4月获得国家发改委的境外投资核准批复。莱基自贸区总体规划面积30平方公里，以生产制造业与仓储物流业为主导，以城市服务业与房地产业为支撑。莱基自贸区内可享受尼政府给予的一系列优惠政策和便捷的“一站式”服务，如：鼓励外资独资或合资经营；免征联邦、州及地方政府的各项税收和关税；产品销往尼国内市场，只需按原材料缴纳关税；区内产品销往欧美市场可享受特惠关税并无配额限制；自贸区内提供良好的安全保障和高效的“一站式”服务；土地使用权限99年等。

自贸区的起步区已经初具形象，各项配套服务功能和投资环境逐步改善；众多生产制造、商贸物流企业对入园经营表示浓厚兴趣。截至2015年底，43家企业正式签署投资协议，投产运营，实际完成投资1.38亿美元。此外，有65家企业办理了营业执照或签署了投资意向书，协议投资总额约6亿美元。未来的莱基自贸区将建设成为拉各斯都市卫星城、产业和谐生态城、充满活力的宜居城和现代化工业新城，成为中国境外经贸合作区的标杆，中非经贸合作的典范。

2. 投资优势

主要优惠政策如下：莱基自贸区内免除所有联邦政府、州政府、地方政府的税收（包括关税）；所有许可证、营业执照、公司相关文件，均实行一站式服务；所有用于再出口产品加工、生产、组装所需的原材料、零部件均免除进口关税；莱基自贸区内所有制造、组装、加工的产品均可销售到尼日利亚国内市场，产品按照制造、组装、加工产品所需进口的原材料或零部件价值缴税，而非按产品的成品价值缴税；自贸区内允许设立100%外商投资企业（外商独资企业）；自贸区内企业的所有资金、利润、红利均可自由汇出境外；自贸区内企业无须货物或者商品的进出口许可证；自贸区内企业聘用外籍人员不受配额限制；在自贸区内企业就业的尼本国员工在企业开业后10年内禁止罢工、停工；自贸区企业在区内分租的土地使用期为99年（自2006年起算）。

3. 未来的机遇与风险

尼日利亚宏观经济指标及预测见表3-10-8。

表3-10-8　尼日利亚宏观经济指标及预测

指标＼时间	2015年	2016年	2017年	2018年	2019年	2020年	2021年
GDP增长率/%	2.7	2.3	3.5	3.9	3.7	3.9	4
经常账户/亿美元	-2.4	-2.8	-1.8	-1.2	-1	-1	-0.9
通货膨胀率/%	9	10.4	12.4	12	10.9	9.5	8.5
政府债务/亿美元	11.5	13.3	14	14.3	14.9	15.9	16.9

资料来源：IMF的《全球经济展望》数据库。

（1）经济复苏缓慢，并存在继续下行风险。2014年以来，原油等国际大宗商品价格大幅下跌，尼日利亚经济受到冲击，政府财政收入仅占GDP的7.8%，2015年财政赤字已达3.7%，出口下降40%左右，经常项目赤字由占GDP的0.2%升至2.4%。央行为了保持外汇储备而采取管制措施对依赖外汇供应的私营企业造成严重冲击。加之2015年上半年的燃料短缺和投资者信心缺失，尼日利亚经济增长由2014年的6.3%降至2015年的2.7%，通货膨胀率已经达到9%[①]。未来5年，尼日利亚经济复苏缓慢，并存在继续下行风险，外部账户赤字将会更加严重。经济面临的主要风险是：油价下跌、非石油收入不足、国家和地方财政状况进一步恶化。国内市场增长潜力有限，外部需求疲软，莱基自由贸易区面临较大的宏观经济风险。

（2）国内安全形势依然严峻。2015年初，尼日利亚政府将极端组织“博科圣地”予以重创，但恐怖活动仍未远离，这一恐怖势力至今仍然未被完全剿灭。此外，在尼日利亚中北部地区活动的富拉尼游牧武装分子与当地基督教农民频繁发生宗教冲突、部落冲突，至今仍未见缓和的态势。同时，东南部产油区盗油活动猖獗，几内亚湾海域海盗肆虐，国内安全形势严峻。境内绑架案件高发，约占全球的1/4，武装抢劫随时可能发生。尼日利亚腐败问题根深蒂固，贫富差距悬殊，失业率居高不下，社会治安混乱，恶性犯罪案件频发。局部动荡、恐怖袭击已经成为尼日利亚社会常态，严重影响尼日利亚自身利益和内外形象[②]。这不仅对于自贸区企业的经营产生严重影响，甚至威胁到中国企业员工的生命财产安全。迄今为止，已经发生过多起中国工人被绑架事件。

（3）营商环境略有改善，但不同领域表现不一。在政府对待私营企业、市场竞争和基础设施领域，得分有较大提升，但总体水平在世界范围内仍然较为落后。市场机会准入、对外贸易和外汇管制领域也有所改进。但是，尼日利亚政府对待外资态度的得分出现了最大幅度的下降，国内普遍出现民族主义情绪。根据EIU的排名，尼日利亚营商环境在82个国家中排名第77位，在非洲地区的17个国家中，排名第13位。民族主义的兴起和政府对外资态度的变化成为莱基自由贸易区发展的主要风险之一。尽管政府对外资仍然持友好态度，但是大部分国外直接投资仍然集中于石油相关行业，这反映尼日利亚国内复杂的经营环境、低效的官僚制度、腐败、落后的基础设施、较低的人均收入水平限制了市场的繁荣。面对外资的进入，本国政府努力推动本地区在经济中的参与度，同时在近年来全球石油价格低迷的环境中，民族主义的情绪逐渐被激发，这使国外投资者进入尼日利亚变得更加困难，无疑对新企业的入驻增添了更多的不确定性（见图3－10－12和图3－10－13）。

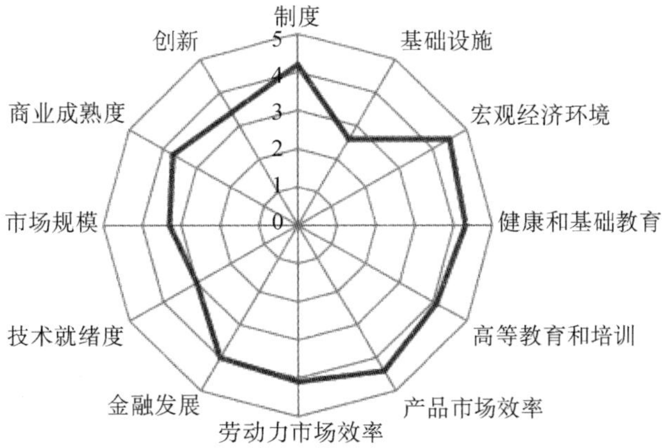

图3－10－12　尼日利亚经营环境要素得分对比

注：得分越高，越具有竞争力。

资料来源：World Economic Forum, The Global Competitiveness Report（2015—2016）。

① 中华人民共和国商务部转载的IMF的国家报告，http://www.mofcom.gov.cn/article/i/jyjl/k/201604/20160401288723.shtml。

② 资料来源：商务部《对外投资合作国别（地区）指南》。

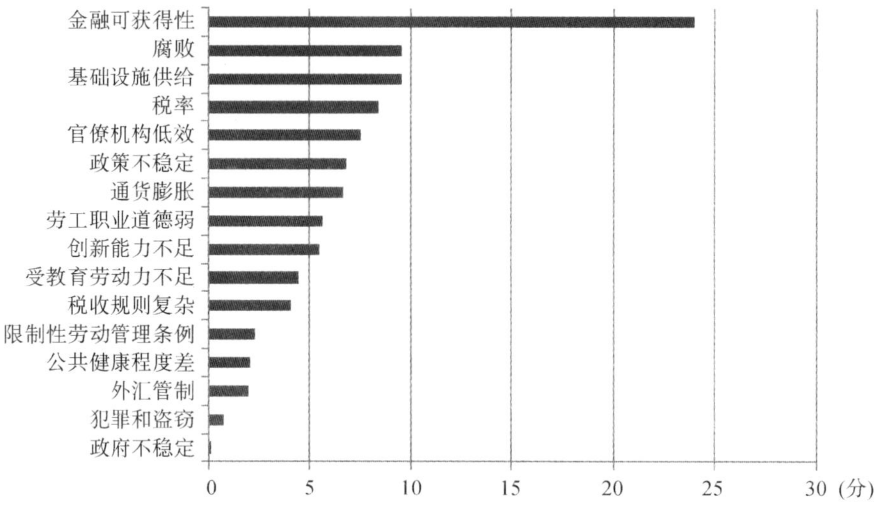

图 3-10-13　尼日利亚营商环境的问题要素

注：得分越高，对营商环境的负面影响越大。

资料来源：World Economic Forum，The Global Competitiveness Report（2015—2016）。

（七）俄罗斯乌苏里斯克经济贸易合作区

1. 园区概况

（1）乌苏里斯克经济贸易合作区。乌苏里斯克经济贸易合作区是经国家商务部批准建设的首批境外经贸合作区之一，主要为中国企业“走出去”发展，走进俄罗斯市场搭建良好平台。该合作区由黑龙江省吉信工贸集团、浙江省康奈集团、温州华润公司共同组建的康吉国际投资有限公司负责组织运营。

合作区位于俄罗斯远东滨海边疆区乌苏里斯克市麦莱奥区（原苏联时期的西部工业区）市政大街 5 号。规划占地面积 228 万平方米，建筑面积 116 万平方米，计划引进 60 家企业，项目总投资 20 亿元人民币。按照中标建设方案，合作区建设期为 5 年，分 3 期实施，面向俄罗斯等国家及欧洲市场。合作区重点发展轻工、机电（家电、电子）、木业等产业，主要生产国内优势产业的制鞋、服装、皮具、家电、电子、家居、建材、食品、汽配等产品。按照合作区发展规划，合作区规划 60 家企业入驻，这些企业全部形成生产能力后，可形成年生产鞋 2 000 万双、服装 1 000 万件、家具 60 万套、家电电子产品 100 万台及一定生产规模的木材、建材、皮具等产品的生产量，能够带动国内进出口贸易额 26 亿美元。合作区可解决就业岗位 6 000 个，其中国内工人岗位 4 800 个，俄罗斯工人岗位 1 200 个。

合作区自 2007 年建设以来，根据商务部和俄罗斯相关部门批复的总体规划，首期开发面积达到 54 万平方米，总建筑面积达到 20 多万平方米，基础设施建设完成投资 10 亿元人民币。目前，合作区已入驻国内企业 30 户，其中有宏盛达、鑫尔泰、伊斯利、诚和、兴特、荣光、森楠等 16 家鞋厂和金龙昌服装厂、超界服装厂、鑫吉彩印厂、吉信木材加工厂、利吉尔家具厂、圣吉刨切板厂、塑钢门窗厂、窗帘厂、汉能光伏发电等。入区各企业固定资产和流动资产投资已达 15 亿元人民币。制鞋厂主要是来自温州和福建的鞋类生产型企业。生产方式是将国内运来的鞋类半成品在合作区进行组装加工，再将成品鞋销往俄罗斯远东及莫斯科等地市场。家具厂和木材加工厂是利用俄罗斯丰富的森林资源进行加工后，将产品就地销售或出口到日本、韩国、欧美等国家市场。2012 年，合作区内企业生产成品鞋 3 000 万双，生产服装 300 万套，生产纸箱 5 000 万个，加工板材 5 万立方米。入区企业实现销售收入 35 000 万美元。

合作区坚持“全面规划、合理布局、分期建设、滚动发展”的原则，既考虑当前入区企业发展的实际需要，也考虑今后结构化的需要，在完善水、电、路、通讯等基础设施和配套设施的基础上，确保合作区内布局合理，整体有序。广泛借鉴先进园区的建设经验，参照国家关于经济开发区、合作开发区、高新技术园区建设管理的有关规定，因地制宜，立足长远，高标准设计、高质量建设、高效率运行，创造良好的投资环境、人文环境和经营环境，确保合作区建设扩展能力强、可持续发展。

（2）中俄托木斯克木材工贸合作区。中俄托木斯克木材工贸合作区是中航林业有限公司在俄罗斯托木斯克州建立，在中俄两国政府批准的《中俄森林资源合作开发与利用总体规划》框架下，首个具有实质性推进意义的最大合作开发项目，同时也是国家推进境外经贸合作区建设的重点项目之一。该项目在中俄两国时任元首胡锦涛主席和梅德韦杰夫总统的共同见证下，于 2008 年 5 月 23 日正式签约。

合作区规划建设面积 6.95 平方公里，起步区 3 平方公里，在托木斯克州进行森林资源采伐，在已建成的阿西诺、捷古里杰特、马林斯克 3 个园区进行加工，在中国和俄罗斯开展木材贸易业务。另外两个园区托木斯克、白亚尔园区正在筹建中。目前，合作区拥有国际上最先进的原木采伐机械、木材加工生产线和较为完整的基础配套与服务设施，规划年采伐和加工木材 450 万立方米，用于生产符合国际标准的各种板材、旋切单板、中高密度板、刨花板、木丝板、家具等。2013 年底，中航林业及其在俄投资企业恒达—西伯利有限责任公司在中俄两国分别取得 FSC 认证，这标志着企业在森林管理和林产品流通方面达到了国际化水准，也是企业勇于承担社会责任、倡导奉献精神的体现。

合作区项目规划年采伐木材 450 万立方米，加工符合国际标准的板材、胶合板、密度板等各类木制品，以满足国内外市场需求。合作区实施企业为中航林业有限公司，由中国航空技术国际控股有限公司、烟台西北林业有限公司和烟台经济技术开发区经销中心合资组建。合作区主导产业为森林抚育采伐业、木材深加工业、商贸物流业。

（3）中俄（滨海边疆区）农业产业合作区。2004 年，黑龙江省东宁华信经济贸易有限责任公司在俄罗斯滨海边疆区设立中俄合资阿尔玛达（ARMADA）公司，开始投资建设中俄（滨海边疆区）现代农业产业合作区。经过 10 年开发与建设，该合作区目前已发展成为集种植、养殖、加工于一体的中俄最大农业合作项目。该项目是 2010 年 3 月 20 日国家主席习近平出访俄罗斯期间签约的中俄地方合作 10 个重点项目之一；2012 年 4 月国务院总理李克强访俄期间见证签约的中俄经贸合作 28 个重点项目之一；2013 年通过中国投资有限公司的项目立项；2014 年纳入中俄农业合作分委会第一次会议《会谈纪要》，成为中俄双边合作共同推进的大项目。

合作区现拥有耕地 6.8 万公顷（102 万亩），设有 14 个种植区，具体分布在俄滨海边疆区的米哈伊尔、霍罗尔、波格拉尼奇内 3 个行政区的俩里奇、史拉耶夫卡、波波夫卡、杜宾斯克、斯捷布诺耶、阿巴拉莫夫卡、涅斯捷罗夫卡等 23 个村，拥有“迪尔”、“凯斯”、“纽荷兰”、“马克”等先进的农业机械、运输车辆 548 台套，农业机械化率达 100%。合作区种植的小麦、玉米单产连续多年排为俄罗斯滨海边疆区第一名；运营企业 ARMADA 公司多年被评为俄罗斯滨海边疆区最佳农业企业，2012 年被俄罗斯莫斯科评级集团公司评为“俄联邦百强农业企业第二名”，2013 年荣获“俄罗斯联邦全国猪饲养行业标准收益第一名”。

合作区为中俄企业合作搭建了平台，已入驻企业有：黑龙江农垦新友谊农业经济开发有限公司、哈尔滨福信投资有限公司、哈尔滨英瑞斯饲料有限公司、黑龙江龙江福粮油（工业）集团有限公司、绥芬河源谷农业发展有限公司、河北省中鼎牧业有限公司，带动了农垦北大荒牡丹江管理局、宝泉岭管理局的 9 家国有农场进入从事农业种植。

该项目成功运作的重要意义有：进一步拓展我国农业发展空间，建立境外粮食战略储备基地，带动国内农机出口和劳务输出；将种植生产加工的产品回运国内，改善国内粮食品质结构，保障国家粮食安全和食品安全；开拓国际粮食市场，争取国际市场粮食话语权；加强中俄边境地区经贸合作，推进中俄战略协作伙伴关系发展，打造中俄两国领导人倡导的“好邻居、好朋友、好伙伴”的务实合作，实现中俄合作优势互补、互利共赢。

（4）俄罗斯龙跃林业经贸合作区。合作区实施企业为牡丹江市龙跃经贸有限公司，于 2013 年 3 月 6 日在黑龙江省牡丹江市注册登记。注册资本金 6 亿元人民币，由黑龙江耐力集团（黑龙江森工持股 10%）、伊春新春集团和绥芬河三峡公司各持 40%、30%、30% 的股份合作兴建。俄罗斯龙跃林业经贸合作区在中俄战略合作伙伴关系持续升温、我国实施沿边开放和“走出去”战略、俄罗斯加速推进远东地区开发和调整林业政策的背景下应运而生。

合作区建区企业为俄罗斯龙跃林业经贸合作区管理有限公司，是牡丹江市龙跃经贸有限公司在俄设立的全资子公司，负责牡丹江龙跃经贸有限公司境外资产的全权管理并负责对俄罗斯龙跃林业经贸合作区各园区的投资开发建设和运营管理。经营范围为：在俄罗斯境内和外国领土上投资开发建设及运营管理，完成房地产相关工作和提供劳务等。截至 2014 年，合作区共引进入园企业 14 家，其中森林采伐、木材粗加工和精深加工企业 9 家，生产锯材、板材和胶合板、刨花板等，建材加工企业 5 家。合作区总体规划面积 9 平方公里，采取“一主多辅、产业联动、内外营销”的模式开展建设，以木材精深加工园区为主体核心区，以森林采伐区附近的木材初加工区为辅助区，主体核心区与辅助区产业互动、相互配合、功能各有侧重，实现木材资源综合利用全产业链建设。

阿穆尔园区为合作区主体核心区，以木材精深加工为主，主要产品有建筑模板、单板、百叶窗、沙特门部件、实木地板、实木家具、板式家具和刨花板等，并逐步建成远东地区木制品展览展销中心。为保障原材料供应和物流运输，合作区建设了帕斯科沃针叶材及半成品供应基地，开展森林培育、采伐和初加工，主要产品为原木、锯材、胶合板、集成材、实木地板、木制日用品、刨花板等；伊曼阔叶材及半成品供应基地和物流集散中心开展原木采伐和初加工、营销和物流运输。白桦镇园区以木材生产和初加工为主，主要产品为锯材、刨光材、集成材等；丘古耶夫卡园区以木材生产和初加工为主，主要产品为锯材、集成材等。合作区将建成集森林培育、木材采伐、精深加工、展览展销、物流运输为一体的森林资源综合开发利用园区。

2. 投资优势

俄滨海边疆区出台法律，规定 2013 年 1 月 1 日起在滨海边疆区新投资的生产企业可享受 5 年免缴利润税和财产税的优惠政策。免税企业需 3 年内投资额不少于 1.5 亿卢布（约合 468 万美元）或 5 年内投资不少于 5 亿卢布（约合 1 560 万美元），投资领域应为滨海边疆区优先鼓励的农业、渔业、采掘或加工业、化工、电能及天然气生产及配送等行业。ARMADA 公司在俄受益最大的优惠政策为缴纳 6% 的统一农业税，代替增值税、财产税、利润税等一般企业应该缴纳的税。

边疆区政府对畜牧业支持的领域包括：蜂业、大牲畜养殖业、养禽业、毛皮及鹿养殖业；在养殖、新品种培育、加工等方面提供行政补贴：对边疆区鼓励优先发展的农作物，政府提供贷款和补贴；边疆区政府对开荒地、兴修水利设施、土壤改良提供补贴；边疆区政府每年 3 月份按种子实际销售价格对农作物育种、生产、改良及销售提供补贴。

3. 未来的机遇与风险

（1）俄罗斯经济增长前景并不乐观，所有的经济贸易合作区都将面临宏观经济风险。2015 年 10 月以来，俄罗斯本已困难重重的外部环境继续恶化。2016 年石油价格预计平均约为 35 美元/桶，比 2015 年的平均水平低 16 美元。俄罗斯经济预计进一步收缩，收缩幅度约 1.8%，同时俄通货膨胀放缓的势头也会加快，通胀率 2016 年有望降至 8.4%，2017 年可能仍然高于俄央行设定的 4% 的目标值。由于国家支出下降和居民收入增长乏力，恐难指望俄经济会马上恢复高速增长。2017 年俄罗斯经济增长将开始复苏，但未来 5 年仍将难以超过 1.5% 的水平（见表 3－10－9）。通胀率到 2019 年才能降至目标值。俄经常账户仍将保持顺差，2016 年为 4.2%，随后不断改善至 6.5%。对俄而言，石油价格仍是最关键的因素。相比其他园区，乌苏里斯克经济贸易合作区将面临更多的风险：合作区中企业主要集中于制鞋、服装、皮具、家电、电子、家居、建材等与内需息息相关的行业，与居民收入存在着较强的相关性，预期入驻企业将面临俄罗斯国内市场需求不足的压力，盈利能力受到严重考验。

表 3－10－9　　俄罗斯宏观经济指标及预测

时间 / 指标	2015 年	2016 年	2017 年	2018 年	2019 年	2020 年	2021 年
GDP 增长率/%	－3.7	－1.8	0.8	1	1.5	1.5	1.5
经常账户/亿美元	5	4.2	5.1	6	6.4	6.5	6.5
通货膨胀率/%	15.5	8.4	6.5	5	4	4	4
政府债务/亿美元	17.7	18.4	19.4	20.6	21.5	21	20.2

资料来源：IMF 的《全球经济展望》数据库。

（2）俄罗斯对于外资而言仍然属于高风险国家，全球排名在中等以下。法律风险是最主要的风险，这是由政府的没收行为、商业合同的变更甚至毁约风险造成的。但是，安全和税收领域做得相对较好。政治与经济风险比大多数的欧洲国家（甚至“金砖国家”）都要高。2014 年乌克兰危机导致的与西方关系的全面恶化使俄罗斯失去了过去多年取得的成绩。2015 年俄罗斯外资流入相比 2014 年下降了 92%，投资者对俄罗斯国内日益增加的不确定性和消费的下滑感到担忧，一些大型跨国企业宣布撤离俄罗斯。对于工业园区而言，投资环境日益恶化，投资收益回报率下降。对于营商环境，根据世界银行的统计，俄 2016 年全球排名第 51 位，相比 2015 年上升 3 位。在国际贸易领域，俄罗斯排名第 170 位，无论是清关时间还是关税水平，远远落后于大多数发展中国家。乌苏里斯克经济贸易合作区所受影响较小，但是托木斯克木材工贸合作区、中俄（滨海边疆区）农业产业合作区、俄罗斯龙跃林业经贸合作区对于我国国内市场依赖度较高，因此所受的冲击也相对较大。

（3）欧美对俄罗斯的经济制裁将俄罗斯挡在了西方市场的大门之外，也使得中俄合作区机遇与风险并存。因为乌克兰战争的爆发，俄罗斯和西方国家的关系紧张至历史低点。国际原油价格一跌再跌，直接冲击俄罗斯财政支柱，经济发展陷入内外交困的窘境。如果西方国家与俄罗斯的关系进一步恶化，英国和欧盟将对俄罗斯采取其他制裁措施。俄罗斯会采取针锋相对的报复性措施，在美国和欧盟因为乌克兰冲突而实施对俄制裁、基本上把俄罗斯挡在西方市场门外之后，俄罗斯寻求与中国加强联系。这对于乌苏里斯克经济贸易合作区而言，一方面将迎来俄罗斯当局更加积极的态度，无论是对于新的投资项目，还是园区内的企业，都将迎来更宽松的政策经营环境；另一方面，在俄罗斯内需不足之际，欧美市场又被切断，这对于以出口欧美市场为目标的企业而言，存在被迫限产的风险（见图 3－10－14 和图 3－10－15）。

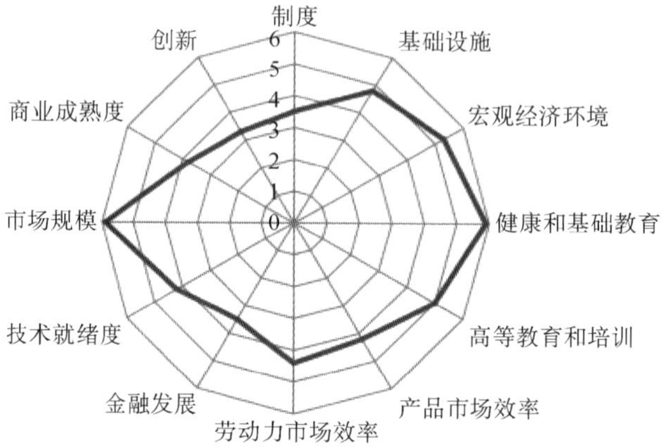

图 3－10－14　俄罗斯经营环境要素得分对比

注：得分越高，越具有竞争力。

资料来源：World Economic Forum，The Global Competitiveness Report（2015—2016）。

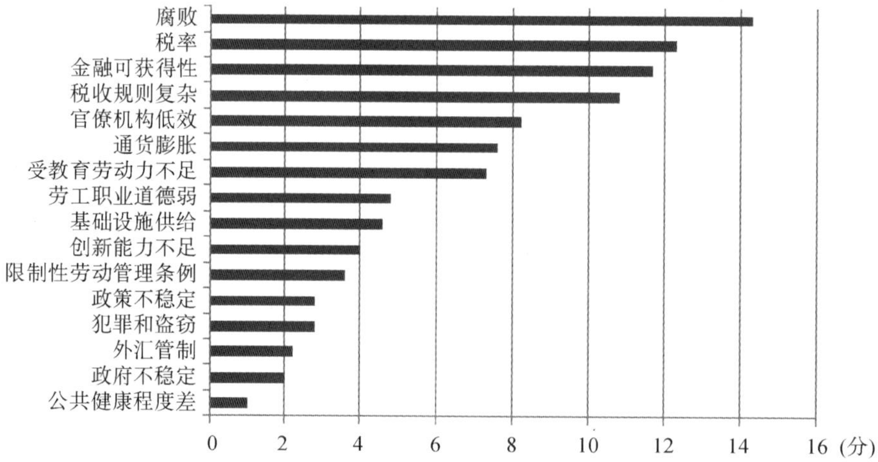

图 3－10－15　俄罗斯营商环境的问题要素

注：得分越高，对营商环境的负面影响越大。

资料来源：World Economic Forum，The Global Competitiveness Report（2015—2016）。

（八）埃塞俄比亚东方工业园

1. 园区概况

埃塞俄比亚东方工业园（以下简称工业园）于 2007 年 11 月正式中标中国商务部境外经贸合作区，2015 年 4 月正式得到中国财政部和商务部确认。埃塞俄比亚政府将工业园作为国家“持续性发展及脱贫计划（SDPRP）”的一部分，列为工业发展计划中重要的优先项目。工业园国内投资主体是江苏永元投资有限公司，公司注册地在江苏张家港市。

工业园位于埃塞俄比亚首都亚的斯亚贝巴附近的杜卡姆市，规划面积5平方公里，首期开发4平方公里，目前工业园已完成2.33平方公里的“四通一平”基础设施建设，建成标准型钢结构厂房近20万平方米。工业园已经成为中国企业在非洲集聚投资的一个亮点，成为埃塞工业经济发展的重大示范项目。为中国中小企业抱团“走出去”提供新的发展平台。目前已入园的20多家企业从事水泥生产、制鞋、汽车组装、钢材轧制、纺织服装等行业。

工业园已全面正式对外招商，重点发展适合埃塞俄比亚及非洲市场需求的纺织、皮革、农产品加工、冶金、建材、机电产业，将建成以外向型制造加工业为主，并有进出口贸易、资源开发、保税仓库、物流运输、仓储分拨、商品展示等功能，逐步形成集工业、商业、商务、居住、娱乐等多行业、多功能发展的工商贸综合功能区。截至2015年10月底，园区入区企业36家，实际投资额18 761万美元，入园企业总产值42 414万美元，上缴埃塞俄比亚税费总额2 847万美元。园区从业人员近7 000人，其中为埃塞俄比亚解决就业超过6 500人①。

2. 投资优势

区内企业所得税享受4—7年免税期，比区外外资企业延长2年；外汇留存30%，比区外企业多10%；区内设保税仓库，为区内企业提供保税业务服务、优先承接区内企业海陆运输服务，运费低于5%。以下货物和原材料均免除100%海关进口关税及其他一切进口税收：所有投资资本货物，如生产设备、建造厂房的原材料等；进口价值投资货物15%的设备零配件；生产出口产品所需的原材料。

出口企业投资优惠：所有出口产品免除支付出口税和其他涉及出口的税收；出口美国和欧盟免除进口关税并无配额限制；工业园已批准为海陆联运的目的港，区内享受埃塞海关、税务、商检和质量标准等“一站式”服务，电力总线和通信网络线已全部拉至园区，园区电力供应和通讯正常，目前正在跟埃塞俄比亚政府争取“税收返还”的优惠政策。

通过东南非共同市场（COMESA）进入总人口400万人的20个成员国市场；工业园已完成“四通一平”建设，并有现成标准厂房出租；入园企业可以共享园内自设的免税仓库；园内专设海关检验地，进口货品可以在园内验关；园内提供24小时保安服务，确保所有企业安全入驻。工业园位于通往港口吉布提的公路旁，交通十分便利，工业园坐落于两个城市之间，劳动力资源丰富；招商部提供投资咨询服务并协助企业完成注册公司的手续。

3. 未来的机遇与风险

（1）未来机遇：未来5年埃塞俄比亚的经济将保持迅猛增长势头，为工业园提供良好的宏观经济环境。埃塞俄比亚政府把推动该国转型为一个轻工制造业中心列为关键工作重点。这种战略正在结出果实：从2013年至2014年，该国工业产出增长21.2%，现在约占GDP的14%。尽管全球经济面临不利因素，但埃塞俄比亚政府正把资金投入工业化计划，并将继续按计划进行。相对于非洲很多国家以大宗商品为主导的增长，埃塞俄比亚成为这一趋势的一个例外。服务业、农业和工业的强劲增长使该国成为全球增长最快的经济体之一②。2015年埃塞俄比亚经济增长率高达10.2%，2016年在外部环境恶化之下降至4.5%，但预计2017—2021年经济增长率将维持在7.5%左右。埃

---

① 资料来源：引自新华网 http：//news. xinhuanet. com/world/2015 - 12/02/c_ 1117335169. htm。

② 资料来源：金融时报中文网，http：//www. ftchinese. com/story/001065836？full = y。

塞俄比亚将在未来数年内始终保持较大幅度的贸易逆差，汇率面临持续压力，通货膨胀率也维持在10%以上的较高水平，政府债务水平在发展中国家处于较高的水平（见表3－10－10）。

表3－10－10　埃塞俄比亚宏观经济指标及预测

指标＼时间	2015年	2016年	2017年	2018年	2019年	2020年	2021年
GDP增长率/%	10.2	4.5	7	7.5	7.5	7.5	7.3
经常账户/亿美元	－12.8	－10.7	－9.7	－9	－7.6	－7	－6.2
通货膨胀率/%	10.1	10.6	11.6	11.6	11.6	11.6	11.6
政府债务/亿美元	48.6	55.4	59	59.9	58	55.9	54.1

资料来源：IMF的《全球经济展望》数据库。

（2）风险与挑战：营商环境改善并不明显，法律制度环境为工业园的发展带来巨大的挑战。根据世界银行的统计，埃塞俄比亚的营商环境在2016年排名略有提升，从2015年的第148位升至第146位。其实在绝大多数的指标上，埃塞俄比亚均出现了一定程度的恶化，尤其是创办新企业这一指标排名下降了6位。改善主要体现在企业破产的处理效率得到显著改进，简化了相关流程，提高了效率。埃塞俄比亚的法律体系环境远低于国际标准，但是随着吸引外资规模的增加，在政府内部改革的共识也逐渐形成。联邦与地方层面的经常性干预进一步恶化了埃塞俄比亚的制度环境，使得改革阻力重重。可以预见，未来埃塞俄比亚的法律环境仍将处于低效、缺乏独立性的境地。这将成为东方工业园最大的威胁。埃塞俄比亚人民革命民主阵线通过将国有企业和商人纳入执政联盟来实现对经济的严格控制，如果政府认为与某个国家签署的合同并非最优合同，就会毫不犹豫地修改或者取消。2014年，政府就曾威胁取消与中国中兴通讯公司价值8亿美元的合同，原因是埃塞俄比亚政府认为中兴公司提出的设备价格太高而不能接受，最终取消了一部分交易，转而给了爱立信。类似的法律风险将成为工业园健康发展的主要障碍。反腐运动也将冲击当地的商业合同，但预计这对于东方工业园影响不大。

税收风险不断增加，工业园区企业将面临更多的税收纠纷。埃塞俄比亚的税收制度已经修改多次，但相比其他撒哈拉以南非洲国家，仍然不尽如人意。政府财政政策很有可能会将重点放在提高税收征收能力和扩大税基的基础上，不大可能引入新的税种或提高现有税率。税务部门的努力（包括改进征收手段）将会减少税收的不确定性，鼓励FDI的流入，但是也许会引起商业领域的不满情绪，因为这意味着对诚实的纳税者提出了更多的要求，对于逃税漏税者却无针对性措施出台①。相关税收征收部门将会进一步加强对中国企业的行动。ERCA在2014年就声称中兴公司4 600万美元的收入没有交税，并责成埃塞俄比亚电信公司拒绝向中兴公司支付网络升级项目的巨额项目款。这将对东方工业园的入驻企业以及其他外资企业造成持续的困扰（见图3－10－16和图3－10－17）。

（九）匈牙利中欧商贸物流合作园区

1. 园区概况

中欧商贸物流合作园区成立于2012年11月，是根据国家商务部统一部署，由山东省政府承建、山东帝豪国际投资有限公司具体实施，按照“一区多园”的模式，在欧洲建设的首个国家级境外经贸合作区和首个国家级商贸物流型境外经贸合作区。产业定位集商品展览、展示、交易、体

① 相关资料来自IHS国家报告。

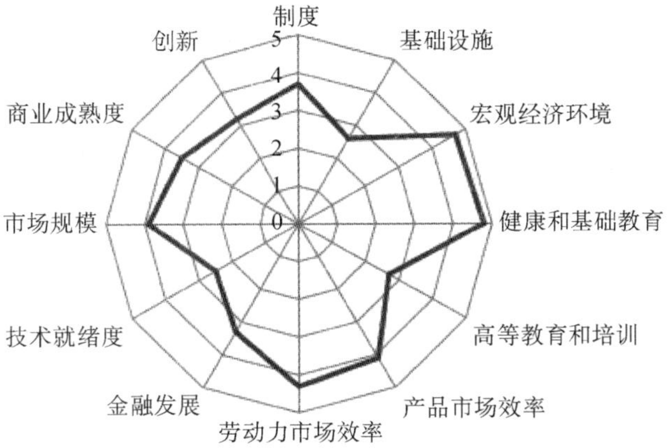

图 3-10-16　埃塞俄比亚经营环境要素得分对比

注：得分越高，越具有竞争力。

资料来源：World Economic Forum，The Global Competitiveness Report（2015—2016）。

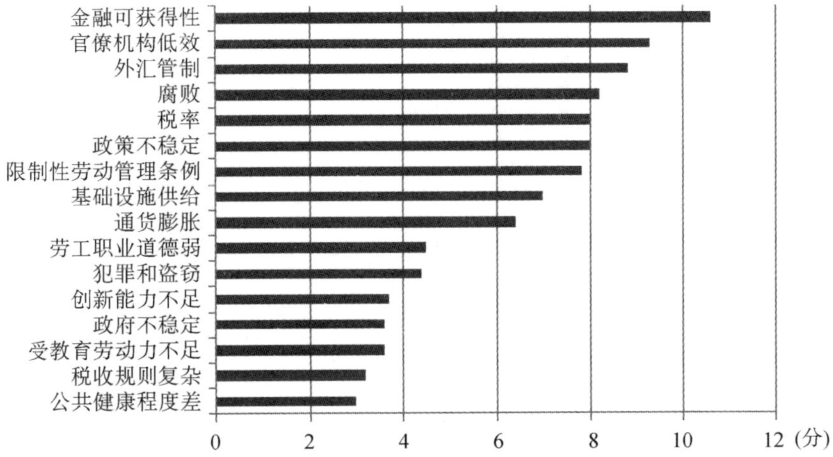

图 3-10-17　埃塞俄比亚营商环境的问题要素

注：得分越高，对营商环境的负面影响越大。

资料来源：World Economic Forum，The Global Competitiveness Report（2015—2016）。

验、仓储、集散、物流、配送、信息处理、流通加工、办公、生活于一体，商贸和物流服务平台服务于园区企业和进入欧洲的中国企业。2015 年 4 月，园区经国家商务部、财政部确认为国家级境外第一家商贸物流型合作区。

中欧商贸物流合作园区规划总投资 2 亿欧元，实施“一区六园”建设目标，目前已购并建设“中国商品交易展示中心”、“切佩尔港物流园”和“德国不莱梅港物流园”，开发面积 9.87 万平方米，其中产品展览展示交易中心 4.05 万平方米。中欧商贸物流合作园区坚持“一区多园、两地展销、双向代理、内外联动”的运营模式，商贸物流网络涵盖中东欧 27 个国家和地区，园区先后有 175 家商贸物流企业入驻，年贸易额达到 2.96 亿美元，物流强度达到 139 万吨/平方公里·年，形成了以商品展示、推广、批发、零售为主的商贸服务业态，以货物仓储、运输、集散、流通加工为主的物流服务业态，一个以集商贸和物流服务为一体的新型产业发展模式日趋成熟。中欧商贸物流合作园区目前已经引入包括商贸、物流行业在内的 134 家企业入驻并生产运营，这些企业分别来自中国和欧洲国家，区内从业人数约 650 人。目前，中欧商贸物流合作园区物流强度能力达到 129.44

万吨/平方公里·年，每年带动货物进出口贸易额 2.45 亿美元。

中欧商贸物流合作园区自建立以来，通过举办中国商品展销会、贸易洽谈订货会、中国产品招商代理推介会，建立中国商品常年展示厅等营销活动和为入区企业提供货物进出口、报关商检、物流配送、仓储、金融等“一站式”服务，为中国企业寻找商机和扩大贸易额，形成产业集聚效应和规模经济，使中国企业从分散、无序、盲目地“走出去”变为集中、有序、理性地“走出去”，降低国际化运作成本和风险成本，发挥了重要载体和平台作用，呈现出境外商贸物流型园区示范性好、带动作用大、产业集聚效应显著的特点，为我国“走出去”和“一带一路”战略提供了新的支点，对我国出口贸易方式转变将发挥积极的推动作用。

2. 未来的机遇与风险

匈牙利经济增长前景不乐观，政府债务风险值得担忧。2015 年匈牙利经济增长率为 2.9%，根据匈牙利中央统计局最新公布的数据，2016 年第一季度国内生产总值（GDP）呈下滑趋势，GDP 环比下降 0.8%，与 2015 年全年的增长率相比仅增加 0.9%，低于 1.7% 的增长预期①。根据 IMF 的预测，2016 全年 GDP 增长率仅为 2.3%。增速下降主要是由于今年以来汽车制造业产量缩小以及欧盟资金的减少②。未来数年内，匈牙利经济都将保持疲软的态势，预计 2017 年略有提高至 2.5%，2018—2021 年的平均增长率仅为 2.2%（见表 3－10－11）。通货膨胀将缓慢回升，2016 年为 0.5%，2017 年升至 2.4%，未来 5 年都将维持在 3% 以下。经常账户处于盈余状态。政府债务水平仍将长期处于高位，2015 年政府债务规模为 75.5%，即使在经济保持温和增长的条件下，预计 2021 年政府债务规模仍然高于 70%。对于匈牙利中欧商贸物流合作园区，匈牙利国内市场的不景气会带来一定的负面冲击，但欧盟和欧元区的未来经济走势将产生更大的影响。

表 3－10－11　匈牙利未来宏观经济指标及预测

指标＼时间	2015 年	2016 年	2017 年	2018 年	2019 年	2020 年	2021 年
GDP 增长率/%	2.9	2.3	2.5	2.4	2.2	2.1	2.1
经常账户/亿美元	5.1	5.4	5.2	4.6	3.8	2.8	1.9
通货膨胀率/%	-0.1	0.5	2.4	2.5	2.9	3	3
政府债务/亿美元	75.5	74.8	74.5	73.5	72.2	71.3	70.3

资料来源：IMF 的《全球经济展望》数据库。

匈牙利税负较重且低效，中欧商贸物流合作园区面临税收风险。根据世界银行的统计，匈牙利 2016 年的营商环境全球排名第 42 位，相比 2015 年下降了两位（见图 3－10－18 和图 3－10－19）。营商环境的恶化主要体现在税收、电力及建筑许可 3 个方面，在创办新企业领域，出现了轻微的改善。在税收领域，相比 OECD 国家，匈牙利税负处于平均水平之上：平均而言，在匈牙利企业每年需要花费 277 个小时去填写各种税务表格，税率达到利润的 48.4%。相比之下，OECD 高收入国家仅需要 176.6 个小时，而税负仅为利润的 41.2%。匈牙利税收指标在全球 189 个国家中排名第 95。匈牙利开始展现出民粹主义倾向，对外资的态度正在发生变化。在匈牙利，总理欧尔班·维克托（Viktor Orban）加强了对本国经济的控制，并展现出民粹主义倾向，把本国经济困境归咎于外资③。

① 资料来源：匈牙利统计局（KSH）。

② 资料来源：商务部网站 http://hu.mofcom.gov.cn/article/jmxw/201605/20160501318207.shtml。

③ 引用：金融时报中文网 http://www.ftchinese.com/story/001067659?page=2。

综合而言，匈牙利的税收政策将带来更多不确定性。对于中欧商贸物流合作园区，税收风险将成为未来经营的主要风险之一。

持续未稳的欧洲局势将成为中欧商贸物流合作园区主要的外部风险。2016—2020 年期间，欧洲政治气氛变得越来越具有挑战性。欧盟未能很好地回应各种挑战。尤其是 2015—2016 年移民规模的增长已经严重威胁到欧盟的团结，加剧了各国的政治分歧。对于英国退出欧盟的全民公决已经成为欧盟稳定的主要风险。此外，尽管经济前景有所改善，但是欧元区危机远未得到解决。在欧盟外部，俄罗斯和西方的关系日益恶化，似乎已经逐渐稳定，但下行风险仍然存在。上述风险将对匈牙利产生显著的溢出效应。中欧商贸物流合作园区定位于服务园区企业和进入欧洲的中国企业，并成为中国企业进入欧洲市场的重要载体和平台，但在欧盟政治分歧长期存在、经济复苏乏力之际，欧洲对中国商品的需求难以持续增加，同时在欧洲议会反对承认中国市场经济地位之际，预计贸易纠纷也将日益增加，中欧商贸物流合作园区未来将面临更多挑战。

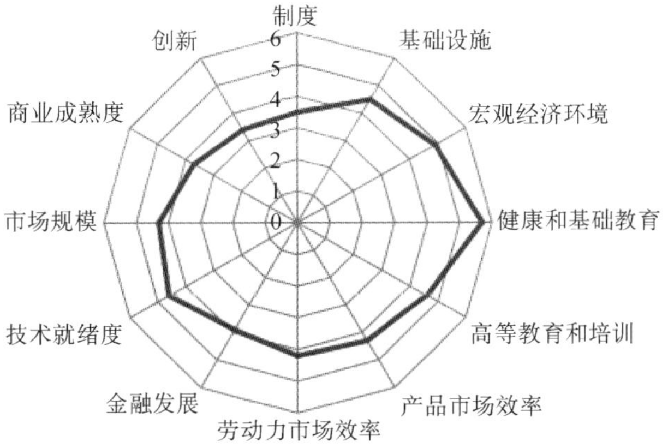

图 3-10-18　匈牙利经营环境要素得分对比

注：得分越高，越具有竞争力。

资料来源：World Economic Forum，The Global Competitiveness Report（2015—2016）。

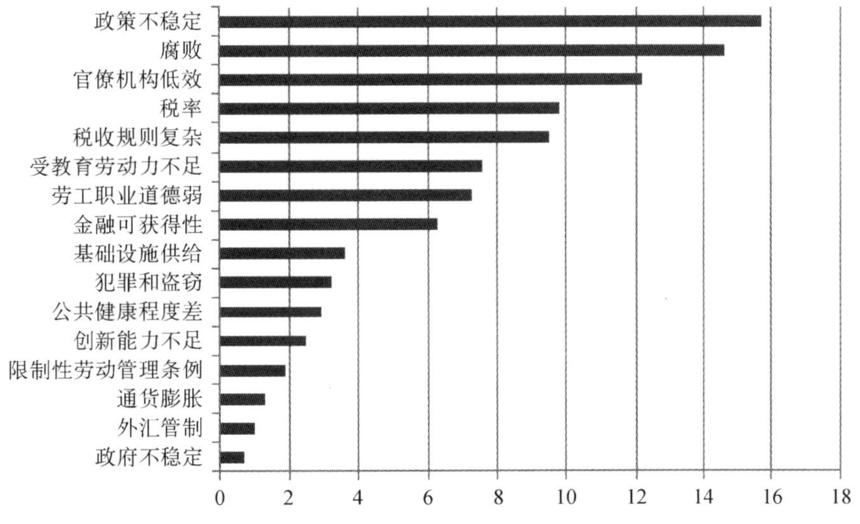

图 3-10-19　匈牙利营商环境的问题要素

注：得分越高，对营商环境的负面影响越大。

资料来源：World Economic Forum，The Global Competitiveness Report（2015—2016）。

第十一章
铁路行业

铁路运输作为路上运输的主要方式之一，具有安全、准确、快速、方便和舒适的优势，21 世纪以来，随着铁路现代化技术的不断进步，铁路在重载、高速运输和现代管理方面取得重大突破，其在现代化运输方式中占据着越来越重要的地位。

铁路运输通常是指具有固定线路、铺设固定轨道、配备运输车辆及服务设施的运输方式，主要可分为铁路运输和城市轨道交通运输。狭义上，铁路行业仅指通过铁路交通来运输货物或旅客的社会生产部门，是铁路产业链的最后一环。此外，铁路产业链还包括铁路设备制造业、铁路建设、铁路运营、铁路维护等行业，且产业链上各环节高度依存，因此铁路行业的内容涉及铁路设备制造、铁路建设、铁路运营服务等内容。此外，本报告还将地铁、轻轨等在内的城市轨道交通纳入并作为分析重点。

本报告将重点研究全球铁路行业的投资风险，主要内容包括全球铁路行业发展形势分析、全球铁路行业对外直接投资分析、中国铁路行业对外直接投资分析、中国铁路行业境外投资风险分析四个部分以及巴基斯坦铁路产业投资风险专题。

2015 年全球铁路行业发展形势分析

随着全球经济一体化程度不断深化和全球各国经济合作日益密切，发达经济体经济增长全面复苏，新兴市场国家工业化和城市化的快速推进，带动了新的资源及能源需求，进而推动了全球贸易的企稳回升，这些都为铁路行业的发展奠定了基础。近年来，全球铁路运输需求面临着一系列的冲击，但总体向好，突出表现为以下四个特征。

（一）全球铁路行业市场空间广阔，高速铁路行业发展迅速

根据欧洲铁路行业协会（UNIFE）的预测，2015 年，铁路基础设施建设（路基、桥涵、轨道）、智能化（电气化、信息化）和车辆等铁路产业链的全球市场规模已达 1 540 亿欧元。SCI Verkehr 同时预测，随着全球经济发展回暖和城镇化水平的逐渐提高以及全球经济体之间互连互通

程度的加深，铁路作为经济环保的交通模式会持续发展，预计 2018 年市场规模将达到 1.48 万亿元[①]。在铁路细分领域中，高速铁路近几年来发展速度最快，高速铁路建设项目遍布世界各地。欧洲正计划建设高速铁路网，连接欧洲主要城市，完善欧盟运输网的建设。在人口密度较大的亚洲，为了刺激经济的发展，提高运输基础设施的能力，正在修建和计划修建多条高速铁路，将主要城市连接起来。尤其是中国大陆，计划修建长达 2 万公里的高速铁路（包括低于 250km/h 的商业运行线路）。除此之外，中东、南美和非洲的新兴经济体也积极准备，计划修建高速铁路[②]。世界高速铁路建设进入 21 世纪以后得到了快速发展，其中中国、德国、意大利、西班牙等国增长最快。

（二）新兴市场国家铁路建设速度超过传统发达国家

世界银行公布的各国铁路运营里程长度数据显示，近 10 年来，新兴市场国家的铁路建设取得长足发展。以中国、巴基斯坦为代表的新兴市场国家的铁路运营里程长度总体上呈现出增长态势，而以美国、日本、欧盟为代表的传统发达国家的铁路运营里程长度则基本持平甚至呈现小幅下降（见表 3－11－1）。传统发达国家的经济增速放缓，重点发展服务经济，服务业增加值占比高达 70% 以上，而将劳动和资源密集型产业转移到新兴市场国家，因此对铁路运输的依赖程度不断减弱；相反，新兴市场国家处于工业化和城镇化加速发展阶段，经济增长普遍强劲，这加大了铁路货运的需求，加之新兴市场国家铁路建设取得长足发展，为铁路运输增长提供了基础保障。

表 3－11－1　典型国家的铁路运营里程长度（2005—2014 年）　单位/亿公里

时间 国别	2005 年	2006 年	2007 年	2008 年	2009 年	2010 年	2011 年	2012 年	2013 年	2014 年
美国	22.90	22.72	22.67	22.71	22.62	22.85	22.82	22.82	22.82	22.82
日本	2.01	2.01	2.01	2.00	2.00	2.00	2.01	2.01	2.01	1.95
加拿大	5.77	5.75	5.70	5.72	5.83	5.83	5.20	5.20	5.20	5.21
中国	6.22	6.34	6.36	6.08	6.55	6.62	6.61	6.63	6.63	6.70
欧盟	13.02	13.06	13.02	13.10	13.37	13.51	13.53	13.03	13.12	13.12
巴基斯坦	6.35	6.33	6.33	6.33	6.33	6.40	6.45	6.45	6.45	6.58

资料来源：世界银行数据库。

（三）全球铁路维护市场潜力较大，城市轨道交通发展迅速

随着全球经济增长放缓，服务经济占比持续提升，全球铁路运输需求增长缓慢，这导致铁路产业链上的铁路装备制造和铁路建设等环节的产能趋于饱和状态，发展潜力相对有限。相反，铁路运营维护是铁路产业链中需求相对稳定的环节，在铁路建设进展缓慢的情况下，铁路行业只能通过提高铁路运营维护服务水平来挖掘铁路运输市场的潜在需求，因此，铁路运营维护市场空间相对较大。欧洲铁路行业协会（UNIFE）对 2014—2019 年产业链各环节市场规模增长率进行的预测结果显示：铁路车辆市场的年平均增长率仅为 1.6%，铁路基建和铁路控制系统市场的增速均为 3.3%，而铁路维护市场规模的增速最快，高达 3.7%。

---

① 资料来源于中国产业信息网 http://www.chyxx.com/industry/201508/333980.html。

② Yoshihiro Akiyama："全球高速铁路 50 年发展回顾与展望"，《国外铁道车辆》，2015 年第 6 期。

随着全球范围内城镇化和城市集聚化速度加快，城市公路承载能力难以满足急剧增加的公共交通需求，加之汽车的环境污染较为严重，因此，地铁、轻轨等轨道交通的需求日益旺盛。城市轨道交通成为铁路行业快速崛起的一个新领域。据德国 SCI Verkehr 咨询公司公布的数据显示，全球城市轨道交通市场规模从 2000 年的 148 亿欧元增长到 2013 年的 208 亿欧元，预计至 2020 年全球轨道交通总需求将超过 2 000 亿欧元，约 1.4 万亿元人民币。目前拥有城市轨道线路最多的地区分别为欧洲、亚洲和美洲。运营线路最长的国家分别为中国、美国、日本和德国，上述国家运营里程数合计占全球运营里程近 45%。发达国家的主要大城市如纽约、华盛顿、芝加哥、伦敦、巴黎、柏林、东京等已基本完成城市轨道网络建设，后起的新兴国家和地区城市轨道建设正方兴未艾，亚洲地区包括中国、巴基斯坦、伊朗、越南、巴基斯坦、印度尼西亚等在内的多个国家均有多个城市在建或规划建设城市轨道线路。SCI Verkehr 咨询公司预测，未来 4 年城市轨道交通的市场规模增速将超过 7%，高于整个铁路交通市场的平均速度。

（四）全球轨道交通装备行业稳步增长

随着社会经济的快速发展，资源紧缺、污染严重等问题突出，造成客货运力不足、道路交通拥堵、排放及噪声污染、公交便捷及安全等问题愈发被人们关注。因此，世界各国对安全、高效、绿色、智能的新型轨道交通需求持续增加，作为铁路建设的上游行业，轨道交通装备需求也随之快速增加。根据 SCI Verkehr 统计资料显示，全球轨道交通装备市场呈现出强劲的增长态势，2010 年全球市场容量为 1 310 亿欧元，2014 年达 1 620 亿欧元，预计到 2018 年市场容量将突破 1 900 亿欧元，年复合增长率为 3.4%。不难看出，轨道交通装备市场需求潜力巨大。2015 年，全球轨道交通装备市场规模最大的 10 个国家合计占有市场份额的 68.9%，其中，中国是全球最大的轨道交通装备市场。

2015 年全球铁路行业对外直接投资分析

（一）全球铁路行业对外直接投资增速放缓

随着 2008 年国际金融危机的爆发及其持续蔓延，全球主要经济体受到金融危机的强烈冲击，全球经济增长持续低迷，至今仍未走出金融危机的阴影。经济增长放缓直接导致各国对铁路基础设施需求和投资趋于下降，进而使全球铁路行业对外直接投资增长放缓，根据 UNCTAD 的统计，2003—2013 年，全球运输领域（包括运输业和运输装备制造行业）年均对外直接投资流入量为 1 776.39亿美元，其中，2008 年以后对外直接投资流入量出现明显回落。截至 2013 年，全球运输领域对外直接投资流入量下降到 1 193 亿美元，显著低于 2003—2013 年的平均水平。

（二）发展中国家对外投资和引资增速较快

长期以来，发达国家在运输领域的对外投资和引进外资中占据主导地位，但近年来，受 2008 年国际金融危机的冲击，发达国家的经济增长陷入低迷，而发展中国家的经济增长相对较快，加之发展中国家运输领域的技术革新和对外开放速度不断加快，因此，发达国家在运输领域的对外直接投资和引进外资份额均有所下降，而发展中国家的对外直接投资和引进外资数量日益增长，所占份额也随之提升。UNCTAD数据显示，发达国家在运输领域的对外直接投资存量规模占全球总规模之比从1990年的99%下降到2013年的87%，同期发展中国家对外投资规模占比则上升了12%。截至2013年，发达国家在运输领域引进外资规模占全球总规模之比为30%，而亚太地区、非洲、拉丁美洲占比分别为14.1%、7.8%和23%，可见，目前发展中国家已成为运输领域吸引外资的主要目的地。

（三）铁路维护市场对外资的吸引力不断增大

由于全球经济增长低迷，各国对铁路运输的需求趋于减弱，进而导致全球铁路装备制造、铁路建设等铁路产业链上游环节接近饱和。相反，铁路维护需求的潜力巨大，成为铁路产业链中增长相对较快的环节。根据欧洲铁路行业协会（UNIFE）的预测，2014—2019年，全球铁路维护市场规模的增速高达3.7%，显著快于铁路车辆市场的1.6%，铁路基建和铁路控制系统市场的3.3%。由此可见，铁路维护市场的发展空间相对较大，且由于铁路维护需求相对稳定，不易受外部经济波动的影响，从事铁路维护经营的风险相对较小，铁路维护市场成为外资更为青睐的投资领域。

2015年中国铁路行业对外直接投资分析

自1967年援建坦赞铁路以来，随着我国综合国力的增强，我国铁路“走出去”经历了一段不平凡的发展历程。

（一）2015年中国铁路“走出去”战略取得重大进展

2015年中国铁路企业在国家“一带一路”战略和对铁路走出去部署的引导下，以拓展国外高速铁路建设市场为重点，大力推动铁路“走出去”，并取得了举世瞩目的成就。2015年6月18日，中国中铁二院工程集团有限责任公司成功中标俄罗斯首条高速铁路建设项目，成为中国高铁走出国门的第一单。2015年9月13日，由中国铁路总公司牵头的中方联合体，即中国铁路国际（美国）有限公司与美国西部快线公司在拉斯维加斯市签署协议，将合资建设美国西部快线高速铁路。2015年11月13日，中老铁路项目正式进入实施阶段，项该目总投资近400亿元人民币，由中老双方按70%:30%的股比合资建设。2015年12月19日，中泰铁路合作项目启动仪式在泰国巴吞他尼府三科县清惹克依火车站举行，中泰双方将合作建设泰国首条标准轨铁路。2016年1月21日，由中方设计承建的巴基斯坦尼西亚雅万高铁项目正式在印尼瓦利尼开工，这是中国铁路“走出去”战略的里程碑事件。除了雅万高铁，根据2016年1月中铁总召开的铁路工作会议，中国还将攻克推进更多的海外铁路基础建设项目，包括俄罗斯莫斯科—喀山高铁、马来西亚—新加坡高铁、横跨南美洲大陆的两洋铁路、坦赞铁路等。虽然在中国政府的牵头下国内企业与一些东道国政府就铁路项目开展了一系列合作，但目前中国企业在铁路领域的海外直接投资还比较少。《中国对外投资统计公报（2014）》显示，在2014年末对外直接投资存量排序的中国非金融类跨国公司100强名单中，铁路行业企业仅有三家，分别为排名第33位的中国铁道建筑总公司、排名第51位的中国铁路工程总公司和排名第73位的中国南车集团公司。

（二）发展中国家是对外投资的主要目的地

近年来，伴随着发展中国家的经济快速增长和城镇化建设稳步推进，铁路等基础设施落后日益成为制约经济进一步增长的重要掣肘，大力推进铁路等基础设施建设成为广大发展中国家的重要战略任务，发展中国家铁路建设的市场需求空间巨大。因此，中国逐渐将亚太、拉美及非洲等发展中国家作为铁路对外直接投资的主要目的地，其中，“一带一路”沿线的发展中国家更是铁路对外直接投资的优先选择。根据商务部的数据，截至2014年，在交通运输领域，中国对东盟国家的直接投资存量规模达到14.7亿美元，高于欧盟的12.47亿美元投资和美国的6.6亿美元投资。2014年，由于美国经济增长缓慢，中国对美国在交通运输领域的直接投资仅有2 178万美元，远低于中国对东盟国家的1.11亿美元直接投资规模。由此可见，发展中国家日益成为备受中国铁路企业青睐的海外投资目的地。

（三）铁路行业对外直接投资具有较强的政策导向性

中国的铁路行业对外直接投资大都由国有企业主导。由于海外铁路投资的规模通常较大，且海外投资企业与政府之间关系密切，中国铁路产业对外投资对政府政策的依赖相对较强。一方面，中国提出的“一带一路”建设为中国铁路产业对外投资提供了战略指引，中国通过与“一带一路”沿线国家签订的一系列投资协定将基础设施互联互通列为优先推进领域，同时包括国务院总理在内的众多政府官员在不同时间、不同场合都倾力助推中国高铁“走出去”。另一方面，中国铁路产业“走出去”战略主要得到国家发改委、外交部、财政部、商务部、中国人民银行、国资委、国家铁路局、中国进出口银行等相关部门的大力支持，尤其是给予的优惠融资支持更为重要。例如，中国政府委托政策性银行对海外高铁项目融资予以支持，甚至政府会直接参与投资，土耳其安伊高铁项目在竞标前就获得了中国进出口银行7.2亿美元的政府优惠贷款，这极大提高了中方联合体的投标竞争力。同时，中方积极协调国内各主要铁路公司组成“联合舰队”，抱团出海，提高高铁“走出去”的综合竞争力。

（四）铁路“走出去”成为推进“一带一路”规划建设实施的重要依托和支撑

我国政府正强有力推动“一带一路”规划建设实施，带动相关企业“走出去”。“一带一路”战略区域辐射中南亚、南亚、中亚和西亚等国家，并延伸至东欧、北非，这些区域都对基础设施建设和互联互通有迫切的需求。作为绿色环保、大运量交通方式，铁路交通将成为“一带一路”的先锋。“一带一路”沿线及辐射区域形成庞大的铁路交通市场需求。近年来，随着“一带一路”规划的建设实施，中国铁路建设项目和技术装备“走出去”取得重要进展。

一是泛亚铁路中通道。该铁路线自昆明经老挝万象、泰国曼谷、马来西亚吉隆坡，最终到达新加坡，全长约3 900公里，主要包括中老铁路、中泰铁路、马新高铁三个组成部分，目前各组均在稳步推进。二是中俄铁路。莫斯科—喀山高铁是莫斯科—北京高铁走廊的重要组成部分，是中俄基础设施合作的标志性项目。莫斯科—喀山高铁长约770公里，总投资约1万亿卢布，最高设计时速400公里。2015年6月18日，中俄正式签署首条高速铁路的规划设计合同，成为中国高铁走出国门的第一单。三是中巴铁路。该铁路从卡拉奇向北经拉合尔、伊斯兰堡至白沙瓦，全长1 726公里，是中巴经济走廊建设的优先启动项目。2015年4月20日，两国政府部门间已展开实质性磋商。四是匈塞铁路。匈塞铁路线路起于匈牙利首都布达佩斯，终于塞尔维亚共和国首都贝尔格莱德，全长350公里，是中欧陆海快线的重要组成部分。2015年6月底，中国已向匈塞两国提交可研报告。五是中印铁路。中印铁路合作包含新德里至金奈高速铁路和金奈至迈索尔既有线路改造两个项目，

2015 年，中国已向印方分别提交高铁规划研究报告和可研开题报告①。

中国铁路行业海外投资风险分析

铁路行业具有产业链条长、投资规模大、建设周期长、本地化程度高的特点，因此铁路行业对外投资受系统性风险的威胁相对较大。由于我国铁路产业对外投资大都以直接投资为主，而直接投资所面临的风险更为复杂多变，其中，非市场风险对我国铁路企业海外投资的威胁日益凸显，需要引起铁路企业的足够重视。为了全面考察中国铁路产业对外投资所面临的风险，在借鉴已有研究的基础上，根据我国铁路产业对外投资的经验教训和东道国的实际情况，我们将从政治风险、经济风险、法律政策风险、文化风险、财务风险、知识产权风险、征收与国有化风险、税收风险及竞争风险等九个方面展开分析。

（一）政治风险

对于中国铁路行业境外投资而言，随着国际政治、经济形势的变化，近年来面临的政治风险呈现出以下主要特点。

1. 舆论风险

在中国高铁对外投资过程中，当地民众对中国高铁的反映、当地媒体和利益集团的声音是决定投资成败的重要影响因素，同时也决定了中国高铁能否持续在这些国家和地区进行投资活动。近年来，随着中国高铁技术的成熟和高铁海外投资合作规模的扩大，中国在全球范围内的政治、经济影响力增大，“经济渗透说”和“中国高铁威胁论”等不利于中国铁路对外投资的言论经西方媒体放大，对东道国政府和民众接纳中方投资的态度产生了一定负面影响。同时，东道国国内的一些反对派政府也以此向政府当局施压，这给中国铁路行业走出去造成较大阻力。一个最典型的例子是墨西哥政府对中方投标的高铁项目进行单方面毁约，2015 年 1 月，中国铁建仅仅中标三天，时速超过 300 公里的墨西哥高铁项目突然被取消，其原因为反对党和墨西哥媒体不断向当局政府施加压力，要求重新审核招标时间和企业资质，此外，也是为了转移震惊世界的“伊瓜拉事件”对当局政府造成的空前执政压力。

2. 地缘政治风险

近些年来，中国的强势崛起使其他国家格外警惕，中国高铁“走出去”的一些沿线国家，出于关切自身国家安全、资源保护、企业利益等因素的考虑，显现出对中国发展战略背后的军事意图与地缘政治意图的疑虑，甚至产生敌意，导致地缘政治风险剧增。对于中国在他们国家的投资，以“经济安全”为借口进行“政治干预”。特别是与中国地缘政治密切的印度、越南、泰国，在与中国的高铁合作过程中不断制造各种障碍。诸多印度人对于中国高铁投资表示出抵触情绪，如《印度教徒报网站》曾发表文章称“印度对中国高铁说不”②。

---

① 郑健：“中国铁路‘走出去’—铁路服务‘一带一路’战略的思考”，《党委中心组学习·中心组讲堂》，2015 年第 4 期。

② 高荣伟：“中国高铁‘走出去’的政治风险”，《东方早报》，2015 年 9 月 22 日，http://www.kaixian.tv/gd/2015/0922/1056741.html。

（二）法律政策风险

1. 劳工及环保法律风险

在对外投资过程中，劳工问题极易引起法律风险，并给海外投资企业造成非常严重的后果，对于劳动力本地化水平较高的海外铁路投资而言，该问题尤为突出。导致该问题的主要原因为：一是许多国家尤其是欧美国家，对劳工的合法权益均给予了严格的法律和政策保护；二是工会组织在劳工权益的维护中发挥着重要作用，尤其是工会组织健全、具有法律独立性的国家尤为凸显；三是许多国家对外国劳工输入具有严格的法律限制。与劳工问题相似，环境保护问题也是引致中国海外投资企业面临法律风险的重要因素。现实中，世界各国对环保标准的规定相差较大，欧盟等发达国家的环保标准相对较高，而发展中国家则相对较低，对于铁路企业而言，从铁路设备制造、铁路建设到铁路运营维护等各个环节，都有可能违反东道国环境保护的相关法律规定，进而导致企业由于严重违法而遭受损失甚至被迫关停。

2. 法律不健全、执法不公和法律不对称风险

法律不健全风险是指东道国没有形成一套比较完善的外商投资的法律规范，外国直接投资缺乏法律保障，特别是发生问题时，东道国随意处置，并使投资方会遭受不应有的损失。执法不公的风险是指东道国因政治或文化偏见或其他因素，对外商投资执法上实行歧视。法律不对称风险在对外投资中最为常见，不同国家由于国情、社会文化背景不同，制定的有关外资法律法规及相关的国际法、国际惯例，与投资者母国的法律不尽一致，甚至相互矛盾，这会导致中国铁路企业对外投资中遭受潜在的法律风险。

（三）文化风险

1. 劳动力素质和社会风俗差异导致中国铁路投资面临不确定性

中国海外铁路投资建设往往需要大量雇用当地工人，许多东道国为了缓减国内就业压力，要求外资企业雇用一定数量的当地工人，这给中国铁路投资带来许多不确定性。首先，由于中国中高技术人员与东道国工人在语言和思维方式方面存在较大差异，这给双方交流造成了一定障碍，进而对施工效率和进度产生不利影响。其次，部分东道国工人的施工技术与中国施工人员存在一定差距，这无形中增加了施工成本。最后，东道国文化和工作习惯也会对中国铁路投资带来障碍。一些国家并没有加班的传统，这可能会增加工人管理难度，影响到工程进度。

2. 区域内文明冲突剧烈和国内矛盾突出的风险

中国铁路行业“走出去”的主要目的地大都为“一带一路”沿线国家，而“一带一路”沿线跨越东西方多个文明交汇区，伊斯兰教、佛教、基督教矛盾突出，不同民族、种族冲突剧烈，区域内大多数为发展中国家，其政治体制和社会体制正处于转型时期，社会不稳定因素较多，一旦宗教、文化和社会冲突难以有效控制和处理，很容易导致社会动荡，进而给外国投资带来损失。

（四）经济风险

通常而言，铁路建设具有周期长、投入资金量大的特点。东道国往往难以筹集到足够资金修建铁路，通常要求承建国能够自己融资或带资来修建铁路项目。如果中国铁路企业走出去均采用提供融资或带资的方式，显然会对中国铁路企业造成巨大的资金压力，进而会影响铁路企业的正常经营活动。如果采用建设经营转让（BOT）或建设经营拥有转让（BOOT）等方式来承建海外铁路项目，其最终收益状况就将取决于项目建成后东道国经济增长情况，一旦铁路项目建成没能对沿线经济增长产生太大推动作用，中方投资就会有亏损的风险。与此同时，东道国铁路运营成本和维护成本、客流量以及其他运输方式的竞争都会对海外铁路投资盈亏产生重要影响。

（五）财务风险

铁路基础设施建设项目具有建设周期长，投资规模大，风险点多，投资回收期长等特点，因此在对外投资过程中对资金链的稳定性要求较高。中国铁路企业在海外投资方面面临着资金来源渠道单一、融资成本较大及对国内政策性银行和东道国本地银行贷款的依赖程度较高等问题，其中，大型铁路投资项目从中方政策性银行获得贷款的比重相对更高。由于铁路项目预算较为复杂，经常会出现中途融资的情况，一旦向银行申请追加贷款的审批出现问题，投资项目很可能面临资金链断裂的风险。此外，由于海外铁路投资通常使用自由货币作为支付货币，还可能面临着汇率波动引发的财务风险。具体表现为：一是汇率变动风险，对于铁路企业跨国开发项目而言，由于投资回收期长，从招投标开始到项目工程结束，一般需要几年甚至更长的时间才能收回投资。在这期间，不可预测的各种因素如国际金融危机、欧债危机等事件均可能造成美元、欧元、日元等自由兑换货币的汇率发生剧烈波动，由于海外铁路产业投资一般使用自由兑换货币作为支付货币，这将使海外铁路投资面临汇率变化的风险；二是货币不能自由汇出的风险。许多发展中国家实行外汇管制，不允许将当地货币兑换自由货币汇出国外，这导致铁路投资项目所获利润难以汇回母国，滞留在东道国，进而可能会遭受东道国币值下跌和通货膨胀的双重侵蚀；三是东道国货币突然贬值的风险。由于中国的海外铁路投资主要面向发展中国家，而发展中国家的货币汇率波动性相对较大，一旦大幅度贬值，将给在该地区投资的中国铁路企业造成极大损失。

（六）知识产权风险

近年来，中国铁路“走出去”战略主要表现为集项目设计、工程建设、装备销售、技术转让、运营管理、资本运作、广告宣传于一体的系统工程，因此，铁路“走出去”涉及内容较多、范围较广，面临的知识产权风险也相对较大。主要表现为：

1. 出口技术装备侵犯他国专利权

初期，我国高铁技术装备是通过获取国外技术许可的方式生产制造的。随着中国铁路产业研发水平提高，中国企业在吸收消化国外技术的基础上，不断开展自主创新，实现了中国高铁技术装备水平的跃升。由于我国的部分铁路技术装备设计是建立在国外技术基础上，如果更新改造或自主创新不够全面，很可能与外国现有专利出现相似或重合问题，如此，我国出口铁路技术装备很可能会侵犯他国专利权而遭到起诉①。

2. 自主知识产权遭受他国侵犯

近年来，中国铁路产业的科技创新取得长足发展，关键技术装备的自主研发水平不断提升，技术装备、工程建设等领域的创新成果纷纷获得自主知识产权保护。但是，由于我国铁路“走出去”相对较晚，铁路产业的许多技术专利并未在海外市场申请保护，这导致我国铁路技术装备很容易被

---

① 谢凯，程振轩，王晓刚：“我国铁路‘走出去’视角下的知识产权风险探因”，《经营管理》2016 年第 1 期。

他国模仿或者知识产权被抢先申请，最终使我国铁路产业的合法权益蒙受损失。

（七）征收与国有化风险

征收和国有化是东道国政府对外国投资监管的两种管制措施，尽管对外投资国与东道国有关征收和国有化措施的实施条件在双边投资条约中进行了具体规定，但如果所征收或国有化的国外投资项目满足公共利益目的、非歧视、遵循国内法律程序和给予补偿等四个条件，那么，东道国可以对外国投资实施征收或国有化。由于现行中外双边投资条约一般对此类间接征收和国有化措施没有给出明确的定义和规定，这就为东道国采取间接征收和国有化措施提供了可乘之机，尤其对于铁路项目而言，其公共性和外部性相对较强，所面临的间接征收和国有化风险更大。

（八）竞争风险

作为全球高铁技术的后起之秀，中国高铁“走出去”面临着来自日本、法国和德国的激烈竞争。作为全球最早发展高速铁路的国家，日本高铁拥有成熟的商业运营经验和高安全标准。法国TGV高铁主要在速度方面占据优势，德国在ICE高铁技术方面具有竞争优势，而中国高铁技术具有低成本、集成性好和适应性强等优势。由于各国的高铁技术各有优势，因而国际高铁市场竞争日趋激烈。2014年11月的墨西哥高铁项目引来全球17家企业参与竞标。此外，中日在巴基斯坦“阿默达巴德—孟买”高铁项目上展开了激烈竞争，中、日、德在缅甸高铁市场上也都积极备战。面对激烈的国际竞争，中国高铁“走出去”只有充分发挥自身的比较优势，才能在竞争中获胜。

（九）税收风险

截至目前，中国并未形成一套完整系统的税收政策以及相关联的海关、外汇及信贷担保政策体系，以便为国内企业“走出去”提供政策保障。许多税收政策不完善，存在缺陷。例如：分国不分项的所得税抵免政策难以充分抵扣海外投资企业在某些东道国的亏损；税制重复和管辖权混乱往往会导致对海外投资企业重复征税问题；海外投资返还利润再投资优惠政策不明确使海外投资企业难以获取最大利益。对于投资规模大、投资流程较为复杂的铁路行业而言，海外铁路投资更容易面临税收风险。

专题：巴基斯坦铁路产业投资风险研究

近年来，巴基斯坦政府借助于该国地理区位优势，致力于建设连接南亚、西亚、中亚和中国西部地区之间的贸易运输走廊，以便把区位优势转化为经济优势，为巴基斯坦经济发展注入新动力。建设贸易运输走廊的关键取决于交通运输业的发展状况，而交通运输业的发展又主要看铁路的建设状况，因为在航空、公路、铁路和水运等四种运输方式中，铁路具有运量大、运速较快、运费较低、受气候影响较小等优点，所以，它成为远距离大宗货物运输的重要方式，在陆上长距离运输和跨国运输中发挥着举足轻重的作用。此外，中巴经济走廊于2013年7月宣布开始建设，其中，互联互通是中巴经济走廊建设的关键，而运输路线畅通又是互联互通的前提条件，因此，中巴经济走廊建设也为巴基斯坦加强铁路建设注入了新动力。随着巴基斯坦政府积极加大铁路建设力度，不断放开铁路行业的外资进入，吸引了包括日本、德国在内的铁路产业强国的关注。中国通过先进的高铁技术、低廉的价格优势和成熟的运营经验确立了重要铁路技术输出国的地位，同时，全天候战略合作伙伴和邻国的因素是中国铁路产业进入巴基斯坦的重要有利因素。就目前来看，中国要想打开巴基斯坦铁路市场仍存在一定阻力，但巴基斯坦无疑是中国铁路产业对外投资的重要目标选择。与此同时，对巴基斯坦铁路产业投资也存在较多潜在风险，有可能给海外铁路投资企业带来经济、财产、声誉损失以及人身损害的不利影响。因此，本专题将对巴基斯坦铁路行业的现状和前景进行阐述，然后从政治、政策、法律、安全等视角系统分析巴基斯坦铁路产业投资风险。

（一）巴基斯坦铁路行业现状及发展前景

巴基斯坦铁路始建于1961年，到1947年全国铁路网已基本成型。但建国以来由于经济基础薄弱、体制机制落后、管理混乱等原因，铁路建设长期滞后。随着巴政府逐步认识到铁路运输对经济发展的重要拉动作用，近年来，巴政府不断加大对铁路领域的投入，加快铁路现代化步伐，并在《2030远景规划》中确立了“使铁路运输系统成为巴基斯坦主要运输方式，逐渐实现盈利，推动国家经济发展”的发展目标，这意味着巴基斯坦铁路建设将迎来新的发展机遇。

1. 基础设施陈旧，车辆装备不足

巴基斯坦现在运营的许多铁轨和桥梁修建于19世纪末20世纪初，因缺乏更新和维护，老化情况严重。全国大约289座铁路桥梁处于年久失修状态，电气化铁路运营里程不足3.8%。同时，据世界银行公布的巴基斯坦铁路运营里程长度数据显示，由于自然损耗和人为破坏，巴基斯坦铁路总运营里程从20世纪90年代的8 775公里下降到2014的7 791公里。在全国的300台机车中仅有200台可以正常运营，货运机车缺口多达60—70台，全国559个车站中仅有33个车站实现了信息化改造升级，其他仍为手动操作，效率低下[①]。

2. 运营效率不断提高，经营绩效持续改善

尽管巴基斯坦铁路产业经营效率仍相对较低，主要表现为：运输速度较慢，晚点现象频发，各种事故多发，在公路运输的激烈竞争下营业收入持续下滑。近年来，巴基斯坦铁路部门采取各种措施改善铁路客运和货运状况，例如，通过特殊修理现有机车和采购新机车提高机车实用性；出台了处理剩余废料的综合政策，实现了财务过程的公开、公平和透明；为了能够生产出在现代化铁路线路上运营的铁路设施，巴基斯坦铁路部门正在寻求通过中外合资的方式改进萨尔布尔和伊斯兰堡的机车和车厢组装工厂；通过鼓励私营部门参与主要铁路车站的改造升级，提高客户便利化水平。一系列措施的实施使巴基斯坦铁路客运量和货运量不断增加，分别由2012—2013年的4 196万人、102万吨增加到2014—2015年的5 290万人、360万吨。铁路运营收入也随之提高，由2012—2013年的18.07亿卢比增加到2014—2015年的31.924亿卢比（见表3-11-2）。

表3-11-2　　巴基斯坦铁路货运量和客运量

项目 \ 时间	2012—2013年	2013—2014年	2014—2015年
客运量/百万人	41.96	47.69	52.90
货运量/百万吨	1.02	1.61	3.60
运营收入/百万卢比	18 070.22	22 800.22	31 924.00

资料来源：Pakistan Railways。

① 2008年11月10日铁道部长在参议院答复参议员质询的记录http：//www.senate.gov.pk/qa/63/04-08-2010.pdf。

3. 布局失衡

巴基斯坦现有铁路资源存在着严重的地区分布不均衡，南北向线路占用着巴基斯坦的主要铁路资源，主要包括三大主干线路，分别为拉奇—白沙瓦、卡拉奇—拉合尔和拉合尔—白沙瓦，而东西向线路仅有苏库尔—奎塔线及其支线。此外，在东西部铁路资源分配中存在着“东密西疏”的失衡问题，东部的旁遮普省和信德省铁路网络较为密集，铁路运营里程约占全国的3/4。巴基斯坦与印度、伊朗和阿富汗仅各有一条铁路相连，而政治关系复杂多变、运输量小和年久失修等原因导致三条路线基本上处于瘫痪状态。

（二）中方对巴基斯坦铁路产业进行投资的SWOT分析

1. 优势

（1）与巴基斯坦铁路企业相比，中国铁路企业在高速铁路技术、机车铁轨生产、现代化建设、铁路增值服务等方面均占据领先优势，进入巴基斯坦市场将会较为容易。

（2）与德、法、日等发达国家相比，中国铁路企业具有成本优势，且中国与巴基斯坦接壤，优越的地缘优势使得中方企业在巴基斯坦投资受文化差异和交通条件的影响较小。

（3）与德、法、日等发达国家相比，巴基斯坦与中国的经济贸易往来较为密切，中国是巴基斯坦第一大外资来源国，也是其重要的贸易合作伙伴，这为中巴铁路建设奠定了良好的经济基础。

（4）巴基斯坦是中国的全天候战略合作伙伴，且中巴经济走廊的提出与建设成为进一步深化中巴关系的纽带和契机，这为中巴铁路建设及中国铁路企业到巴基斯坦投资提供了政治与制度保障。

（5）近年来，中巴两国在文化、教育、科学、卫生、体育、新闻、广播电视以及宗教等领域的民间交流十分频繁，这为中巴铁路建设提供了广泛的民意支持。

（6）巴基斯坦位于南亚次大陆西北部，位于南亚、中亚和西亚的交汇处，东邻印度，南部与沙特、阿曼等中东各国隔海相望，西南部地区与伊朗、西北部地区与阿富汗接壤，北部地区与中国新疆接壤，地缘经济优势明显。因此，建设巴基斯坦铁路网可以打通中亚、西亚及欧洲各国之间的陆路贸易通道，为地区经济增长注入新动力，进而引致对铁路货运更大规模的需求。

2. 劣势

（1）中国高铁的安全性和稳定性可能让巴基斯坦人存在顾虑，短期内中国企业难以扭转局面。

（2）许多中国公司之间的恶性竞争，以及中国人在巴基斯坦的大肆挥霍和炫富行为令巴方反感，进而许多巴基斯坦人对中国人形成了太商业化和太功利的负面印象，这对中国铁路企业到巴投资会产生一定的负面影响。

3. 机遇

（1）巴基斯坦政府开始重视铁路发展。巴基斯坦政府在《2030年远景规划》中确立了“使铁路成为国家主要运输形式、运输系统逐渐盈利、有力促进国家经济发展”的目标。为此，巴基斯坦试图从四个方面开展工作：一是推进现有轨道和信号系统更新升级，计划将全国铁路轨道统一更换为宽轨，并将旁遮普省Khanpur－Lodhran－Shahdara段轨道升级为时速140—160公里的高速铁路。此外，巴政府还将对主要铁路干线的信号系统进行升级。二是新建部分路段，增加复线里程。巴铁计划通过BOT或合资方式新建俾路支省Zhob－Kotla Jam段铁路和西北边境省白沙瓦－Kotla Jam段铁路。此外，巴政府还将建设旁遮普省Shahdara－Lala－musa段复线项目。三是计划通过BOT、BOO或PPP方式筹资13亿美元建设瓜达尔港—Mastung段铁路。四是计划通过通过BOT、BOO或

PPP 方式加快中巴铁路建设，升级巴—伊（朗）—土（耳其）铁路连线。巴政府大力发展铁路行业为中国铁路企业进入巴基斯坦投资提供了千载难逢的机遇。

（2）近年来，巴基斯坦的实际 GDP 增长率保持在 4.4%—5.5%，快速的经济增长使得巴基斯坦对铁路货运的需求持续扩大，铁路货运相关产业的市场潜力相对较大。

（3）随着巴基斯坦城市化进程加快，城市轨道交通在巴基斯坦运输体系中的地位日益凸显，巴基斯坦人口的持续增长为地铁需求提供了有力的需求保障。据 EIU 统计数据显示，巴基斯坦总人口由 2009 年的 170.1 万人增加到了 2014 年的 185.1 万人，其中，城镇人口比例由 2009 年 36.2% 上升到了 38.3%，巴基斯坦城镇人口的不断增加，促使其城镇化进程持续加快。

（4）1989 年中巴两国签订的《双边投资保护协定》和 2006 年签订的《中国—巴基斯坦自由贸易协定》为中国铁路企业到巴基斯坦投资提供了坚实的制度保障。

（5）巴基斯坦全面放开铁路领域投资管制，允许外国投资进入巴基斯坦铁路行业，这为中国铁路企业到巴基斯坦投资提供有力的法律保障。根据巴基斯坦《1976 年外国私人投资（促进与保护）法案》、《1992 年经济改革促进和保护法案》以及巴基斯坦投资优惠政策规定，巴基斯坦所有经济领域向外资开放，外资同本国投资者享有同等待遇，允许外资拥有 100% 的股权。在最低投资金额方面，对制造业没有限制，但在非制造业方面，则根据行业不同有最低要求，服务业（含金融、通讯和 IT 业）最低为 15 万美元，农业和其他行业为 30 万美元。此外，武器、高强炸药、放射性物质、证券印制和造币、酒类生产（工业酒精除外）是巴基斯坦限制投资的五个领域①。

（6）为了实现融资多元化，巴基斯坦政府积极鼓励投资者通过 BOT、BOOT 和 PPP（公私合营）等方式参与铁路项目建设，这为中国铁路企业到巴投资提供了融资便利。

（7）中巴经济走廊的建设，为中国铁路企业到巴基斯坦投资提供了绝好的机遇。巴基斯坦政府在中巴经济走廊框架下对铁路建设方案进行了重新部署，新方案将主要对三条铁路干线进行修建：第一条是由瓜达尔港至旁遮普省；第二条是戈德里至阿塔克的部分线路，主要进行改造升级；第三条是从卡拉奇向北经过拉合尔至白沙瓦路线，主要进行改造升级，也称为“1 号铁路干线”。中国国家铁路局与巴基斯坦铁道部已签署了《关于开展 1 号铁路干线（ML1）升级和哈维连陆港建设联合可行性研究的框架协议》。由于巴基斯坦基础设施投入资金有限，以上铁路线路的建设和改造升级，将主要与中国合资来完成，这就为中国铁路企业到巴投资创造了机会②。

4. 威胁

（1）巴基斯坦的恐怖分子、犯罪团伙和地方武装势力猖獗，存在破坏工程以泄愤甚至要挟中巴双方的可能性，从 2004—2014 年仅发生在巴基斯坦俾路支省针对政府和人民的武装袭击就达上百起，持续不断的恐怖袭击对中方在巴基斯坦的投资带来了一定风险。

（2）巴基斯坦政府机构办事拖沓，效率低下，项目公司注册流程长，各类审批多，这提高了中方企业在巴基斯坦的投资成本。

（3）美国对中巴经济走廊建设频繁干预和搅局，美国通过提出新丝绸之路计划诱迫巴基斯坦加入，达到将中国排斥在外的目的。此外，美国强加干预巴基斯坦俾路支省事务，导致该地区局势更加动荡不安，进而对中巴在该地区的合作项目构成一定危险。

---

① 巴基斯坦针对鼓励投资的详细政策，请参见：http://boi.gov.pk/InvestmentGuide/InvestmentGuide.aspx。

② 徐伟：“中巴经济走廊建设硕果累累”，《人民网》，2016 年 2 月 19 日，http://world.people.com.cn/n1/2016/0219/c1002—28134840.html。

（三）中方对巴基斯坦铁路产业投资的风险分析

1. 政策及法律变动风险

（1）巴基斯坦政府对铁路产业外商直接投资的隐形限制较多。为了方便对对外进行监控，在《中巴双边投资保护协定》的准入规则中，巴基斯坦政府要求中国投资准入必须“符合东道国法律”，要求中国投资要符合巴基斯坦单方面设定的标准和保障，且保留中国投资准入的自由裁量权。准入规则规定，只有被东道国“接受”的中国投资，才能“受到公平公正的待遇和保护”。由此可见，尽管巴基斯坦承诺所有经济领域向外资开放，但在具体的外资准入方面设置了许多隐形限制，这对中国铁路企业到巴投资带来了一定的不确定性。

（2）税收政策变动频繁。巴政府征税能力不强，税收制度存在较多问题，例如税收监管不力、税收政策缺乏透明度等，这导致政府税收严重不足，财政赤字持续处于高位。为增加财政收入、降低赤字，巴按照IMF要求采取了一系列财政和税务措施，如增收进口调节税、反倾销税、消费税和预提税等。特别要指出的是，巴税收政策体系不稳定。目前，巴财税收入占GDP的比重长期不足10%，为增加财政收入和满足外部援助方对财税改革的要求，巴税收部门对外国在巴的企业和项目施行选择性执法，针对通讯、金融、基建等行业加税，以及大量征缴预扣税，这都会对中国铁路企业到巴基斯坦投资带来难题，给企业经营带来政策风险。

2. 政治风险

（1）巴基斯坦精英阶层对华态度存在分歧。以巴基斯坦现任参议员穆沙希德·侯赛因·赛义德为代表的长期致力于中巴友好的友化派力量大都年事已高，巴基斯坦的一些政界和外交界人士表面上对中国友好，但内心与中国存在一些隔阂。具有高等教育和西方留学经历的中间阶层，以及军队和外交部门之外的其他政府部门，对中国的态度并不友好。需特别注意的是，巴精英阶层中许多人对中国产品和标准表示怀疑，而对西方发达国家的产品和标准较为推崇。巴基斯坦精英阶层中对华态度中立甚至不友好的人士很可能会对巴基斯坦对华政策产生负面影响，进而给中国铁路企业对巴投资带来不确定的政治风险①。

（2）战乱风险。巴基斯坦的战乱风险较为突出，巴基斯坦与印度长期以来保持着紧张关系，2014年以来在克什米尔地区就发生了多起边界冲突，给地区局势增添了不稳定因素，一旦爆发战争将对该地区的中国投资者造成不可估量的损失。此外，巴基斯坦国内武装反叛和恐怖主义活动较为猖獗。巴恐怖组织与巴宗教势力、地方分裂势力、国际恐怖势力、犯罪团伙等矛盾交织，多重风险重叠。巴塔利班在开普省和联邦直辖部落地区活动猖獗；俾路支省长期以来受到俾路支分离组织的武装反叛和恐怖威胁，绑架、暗杀、失踪等案件时有发生，现在俾路支省存在俾路支解放军、俾路支共和军、俾路支解放阵线等几股反叛势力，以及受国外势力支持的一些恐怖主义组织。巴最大城市卡拉奇安全形势严峻，教派冲突、黑帮火拼等暴力事件频发。巴基斯坦境内频发的武装冲突和恐怖袭击事件可能会对中国在巴基斯坦的铁路投资造成较大损失。

3. 自然灾害风险

中巴经济走廊所规划的铁路路线要穿过喀喇昆仑山脉，该山脉地表许多路段是多年冻土层，生态环境极度脆弱，同时，由于位于地中海—喜马拉雅山火山地震带，因此这里地震活动剧烈，地震

① 刘宗义：“中巴经济走廊建设：进展与挑战”，《国际问题研究》2016年第3期。

等级高，频繁的地震及夏季冰雪融水带来的汛期都极易引发山体滑坡，泥石流等灾害，频发的自然灾害对该地区的中巴铁路建设构成较大威胁。

4. 外部势力干扰风险

由于美日等国将中巴经济走廊视为中国进行地缘政治和地缘战略竞争的重要手段，这些国家可能会通过其在巴基斯坦国内的利益代理人制造各种麻烦，干扰中巴经济走廊建设。此外，由于巴基斯坦中央政府执政权力有限，且国内政策产生在较大程度上受制于国际组织的影响，美日等国试图通过人权、环境、劳工等国际组织对中巴经济走廊建设进行干扰，外部势力的干扰很可能对中巴经济走廊建设产生负面影响，进而给中巴铁路建设项目带来一定的不确定性。

5. 营商环境风险

巴政府受国内政治斗争和体制牵制，执行能力较低。一方面，官僚体系腐败和效率低下。巴基斯坦公务员体系积弊很深，缺乏激励和奖惩，腐败现象比较严重，索贿行为盛行，这将严重制约中国在巴铁路投资项目的进展。另一方面，巴基斯坦地方政府、各中央部委与中央政府经常进行周旋，由于巴基斯坦各省政府和中央部委在施政方面有较大自主权，这会导致各地方政府与中央政府在改革政策方面存在矛盾。通常，一个项目在执行中要涉及二三十个部委，需要协调从中央到地方，从当地民众到国际组织的各方面利益，协调成本较高，项目审批耗时较长，这可能会提高中国铁路企业在巴投资的成本。

6. 社会风险

巴基斯坦是伊斯兰国家，这就要求我国赴巴投资企业对穆斯林文化和当地习俗应加深了解，否则在员工管理、市场开拓过程中，可能因文化差异而引起不必要的冲突，进而会对企业的正常生产经营活动产生负面影响。例如，我国个别企业曾因员工食用猪肉等问题与当地员工发生冲突。对于铁路行业来说，对巴铁路投资通常需要雇用大量当地员工，两国文化和习俗差异必然给员工管理和岗位协调带来重大挑战，进而会加大企业的管理成本，拖延工期。

7. 经营风险

在现实经营过程中，巴政府以国家安全、市场监管等为由，可能会设置复杂的前置审批程序，或者出台一些临时性措施，从而对我企业经营产生一些负面影响。2015 年巴基斯坦政府出台极为严苛的监管制度。此外，据工商银行卡拉奇分行反映，巴央行规定商业银行对单一客户的风险敞口不得超过实际注资额度的 30%，并且规定在当地市场拆借的资金不得用于放贷，导致该行目前无法满足多数在巴投资企业的业务需求，限制了其对中资企业的支持力度。对于资金需求规模较大的铁路建设项目而言，以上规定使在巴中方铁路企业难以获得足够融资，进而会影响到项目的顺利进展。

第四篇

中国企业海外投资风险及管控实践

作为政策性保险机构，中国出口信用保险公司自2001年成立以来，积极支持中国企业海外投资和对外承包工程业务，在中长期保险和投资保险的承保、理赔过程中，积累了大量案例和经验，对全球投资风险的识别和评估有独特的资源和优势。为了全面了解中国企业在海外投资过程中所面临的各类风险，了解企业识别和管控各类风险的能力和手段，以及企业海外经营过程中对风险保障方面的需求，2016年3月中国出口信用保险公司开展了“中国企业对外投资风险及管控问卷调查”。

本次调查采用问卷调查及实地走访的方式，调查对象以中国出口信用保险公司的现有投保企业为主，还包括北京、上海、天津、深圳、山东、安徽、河南、黑龙江等省市的部分非投保企业。调查对象均已经有实际对外直接投资业务。此次调查问卷共发放294份，总回收85个有效样本，有效样本率为28.91%。调查问卷包括六个部分，分别是企业背景、对外投资风险及管控实践、对外投资风险体系建设、海外项目融资、政府违约专题和社会责任与环保。

通过问卷调查，可以全面了解我国企业在“走出去”前期准备、海外经营及发展过程中存在的问题及面临的风险和挑战，从而更好地帮助企业加强境外经营风险管控。为企业和政府部门提供更专业、更优质的服务。

第一章 参加调查的企业背景及海外投资情况

企业背景

本次调查采用问卷调查及实地走访的方式，调查对象以中国出口信用保险公司的现有投保企业为主，还包括北京、上海、天津、深圳、山东、安徽、河南、黑龙江等省市的部分非投保企业。与2015年中国出口信用保险公司开展的“中国企业对外投资风险及管控”调查相比，本次调查的特点是：调查企业对象针对已经有实际对外直接投资的企业，重点反映了企业对外直接投资过程中的风险决策和管控过程，增加了对企业在海外项目融资、政府违约和社会责任与环保方面所进行决策行为及其相关影响等情况。

（一）所有制性质

按企业所有制性质分组，各类所有制企业比例依次是：国有企业（37%）、央企（37%）、民营企业（26%），具体见图4-1-1。对外投资企业所有制性质表明，随着我国企业“走出去”步伐加快，相对于民营企业而言，国有企业和央企更重视对外投资风险管理和控制，通常会选择中国信用保险公司进行投保，以规避海外投资风险。

（二）企业所属行业

被调查企业涵盖了我国统计制度行业分类的所有行业大类。按照样本比例排序前五位的为建筑业（25.88%）、制造业（14.12%）、电力、热力、燃气、水的生产和供应行业（10.59%）、交通、运输、仓储、邮政行业（7.06%）、新能源及可再生能源行业（7.06%）。采矿业、房地产业、租赁与商务、信息服务业均占比4.71%，排名并列第六位。对外投资企业行业的分布表明，被调查企业以建筑业、制造业以及基础设施行业为主。具体见表4-1-1。

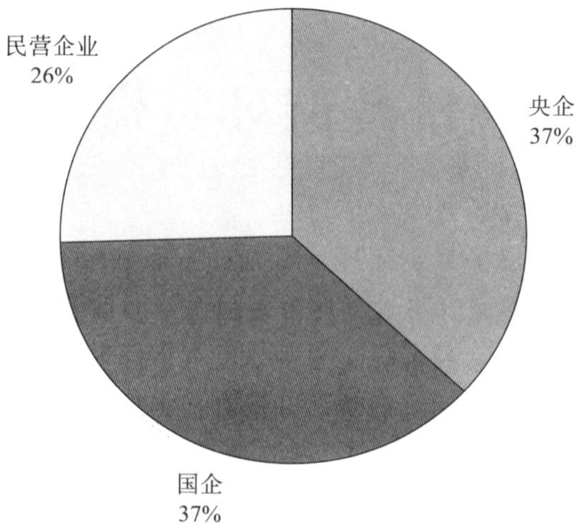

图 4-1-1　被调查企业所有制性质情况

表 4-1-1　被调查企业所属行业情况

调研企业所属行业	占比/%
建筑业	25.88
制造业	14.12
电力、热力、燃气、水的生产和供应	10.59
交通、运输、仓储、邮政	7.06
新能源及可再生能源	7.06
采矿业	4.71
房地产业	4.71
租赁、商务	4.71
信息服务业	4.71
农、林、牧、渔	3.53
水利、环境、公共设施管理	2.35
居民服务、修理服务业	1.18
科学研究、技术服务	1.18
其他	8.24

企业海外投资情况

（一）投资规模

从企业海外投资规模来看，2015 年末，约 80% 的被调查企业海外投资的规模超过了 100 万美元。其中，投资规模超过 1 亿美元的企业占 40%，在 5 000 万—1 亿美元之间的企业占比 8%，投资规模在 1 000 万—5 000 万美元之间的企业占比 16%，投资规模在 500 万—1 000 万美元之间的企业占比 3%，投资规模在 100—500 万美元之间的企业占比 13%。投资规模在 100 万美元以内的企业占比20%。具体见图4-1-2。调查结果表明，被调查企业以大型企业为主，资产实力较强。

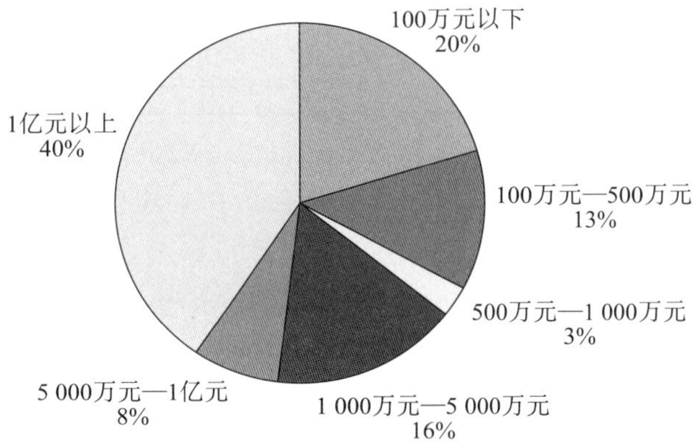

图4-1-2　按海外投资规模分类的企业情况

（二）投资动因

企业对外直接投资的目的是提高在全球范围内实现最佳资源配置的能力和开拓国际市场。我国在海外投资方面具有潜力的企业主要分为三类：一是国有能源、资源企业，这些企业海外投资的主要目标是稳定国内资源供应，通过掌握上游资源，从相关原料的价格上升中获益；二是高新技术企业，主要包括通讯和IT等行业的企业，这类企业“走出去”是为了参与全球竞争，获得技术资源；三是具有比较优势的企业，主要包括纺织、成衣、家电等，这些企业“走出去”是为了接近市场，缓和对外贸易摩擦。这三类企业的投资动机可以进一步分为两类：寻求海外市场机会和获取海外资源。

从企业海外投资的动因来看，被调查企业中有83.78%认为扩大市场占有率是海外投资的主要动因，且其中有83.33%的企业将扩大市场作为最重要的动因。45.95%的被调查企业是为了追求海外市场的高利润。另外，在海外获取国际知名品牌、先进技术和经验、自然资源等，也成为企业海外投资重要的目标。值得一提的是，有1.05%的企业因为中国的行业管制选择投资海外。具体见图4-1-3。实际调查数据表明：在我国“走出去”的企业中寻求市场机会动机的重要性高于获取海外资源动机；同时也证明了我国企业海外投资主要目的是开拓市场，而非争夺资源。

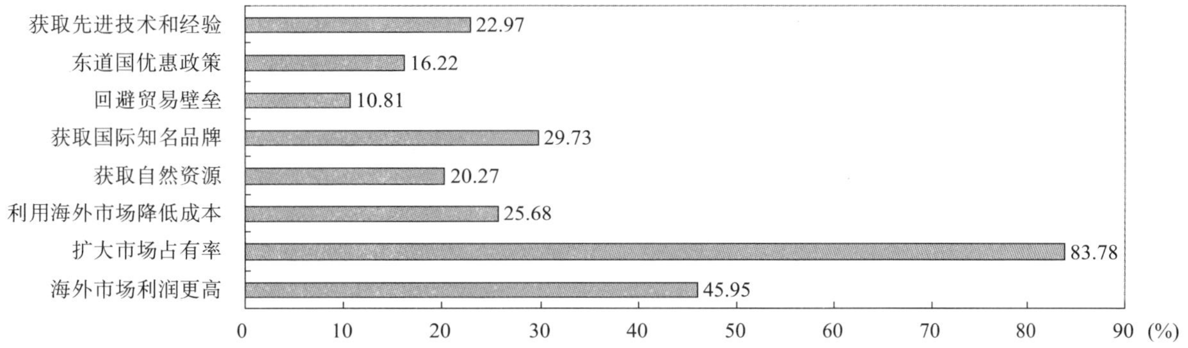

图4-1-3　被调查企业海外投资的动因

（三）投资区域

从企业投资的区域情况来看，被调查企业投资最多的区域是东亚和东南亚，有 62 家，占比 79.49%；其次是中东和北非，有 32 家企业进行投资，占比 41.03%；投资区域最少的是大洋洲，有 9 家，占比 11.54%。具体见图 4－1－4。调查结果表明，东亚和东南亚由于地缘、文化、经济状况类似等原因成为我国企业“走出去”最重要的目的地，这和我国政府 2015 年的重点推进地区相吻合，而非洲和大洋洲则以自然资源丰富等原因成为我国企业“走出去”重要的目的地，北美洲和欧洲可能是因为发达的经济和丰富的技术资源等原因成为我国企业“走出去”重要的目的地。

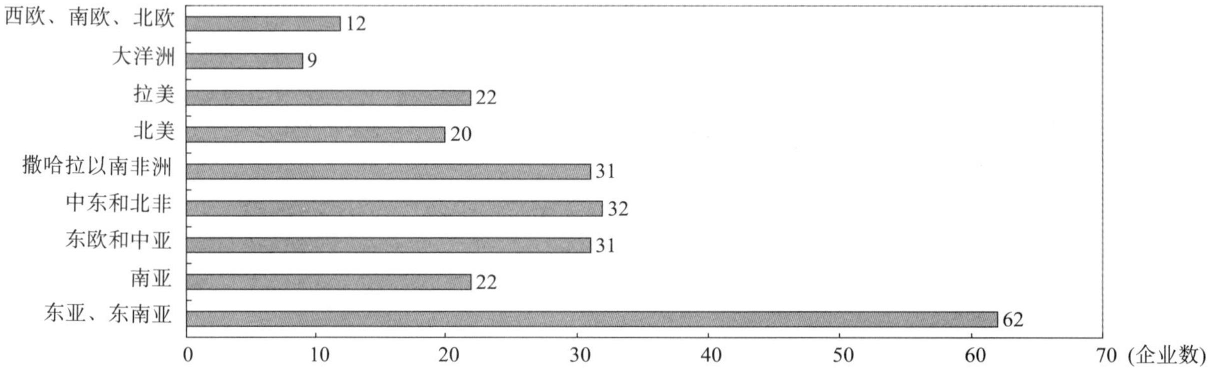

图 4－1－4　被调查企业投资的区域情况

（四）投资合作形式和具体方式

从企业海外投资合作形式来看，超过半数以上企业从事海外工程承包和绿地投资方式进行海外投资，以海外收购和兼并进行投资占比也达到 33.77%，最少的是单纯从事劳务输出，仅占 10.39%。调查数据体现我国企业对外直接投资的形式仍以新建为主。

从企业海外投资的具体方式来看，被调查企业大都通过建立全新的独资公司的方式从事海外投资，占比为 64.94%，与当地企业建立股份制合作公司，占比 51.95%，承保工程 BOT 等方式较为常见，通过设立零售商店和营销网络等方式进行海外投资的仅占 6.49%。具体见图 4－1－5。

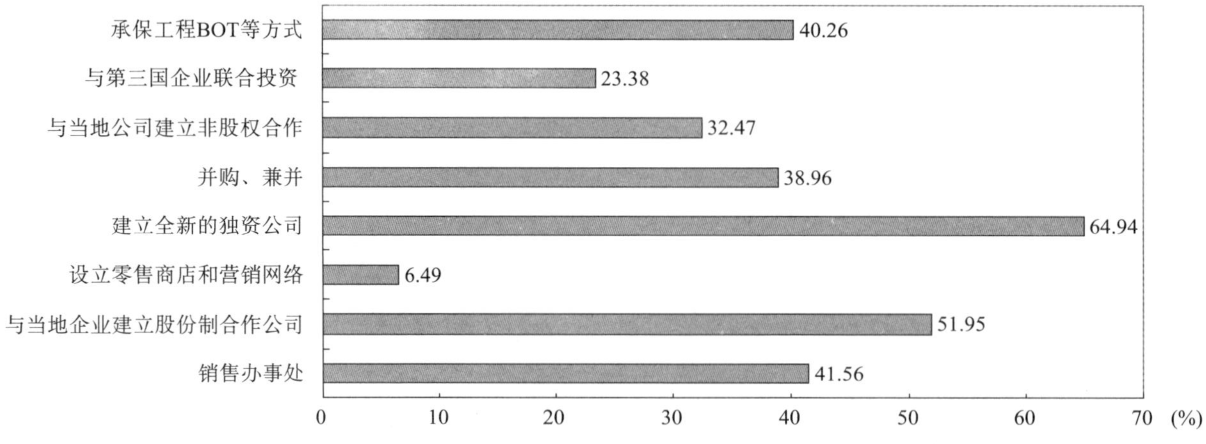

图 4－1－5　被调查企业海外投资的具体方式

（五）海外投资年限

从企业海外投资的经验来看，37.50%的被调查企业从事海外投资超过10年，26.65%的企业达到5—10年，进行海外投资3—5年的企业占比为17.50%，3年之内的企业占比为18.75%。可见，被调查企业大都具有较长的海外投资经验。具体见图4－1－6。

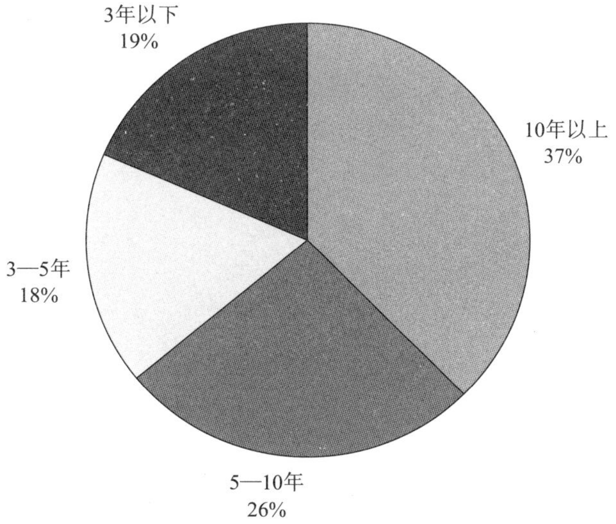

图4－1－6　被调查企业海外投资经验

（六）海外投资额的变动

从企业海外投资额的变动情况来看，54.17%的被调查企业2015年温和增加了投资额，投资额不发生变化的企业占比为20.83%，大幅增加投资额的占比19.44%，大幅减少投资额的仅占5.56%。具体见图4－1－7。数据表明，中国企业对世界经济投资形势还是持谨慎态度，投资规模保持稳定上升态势。

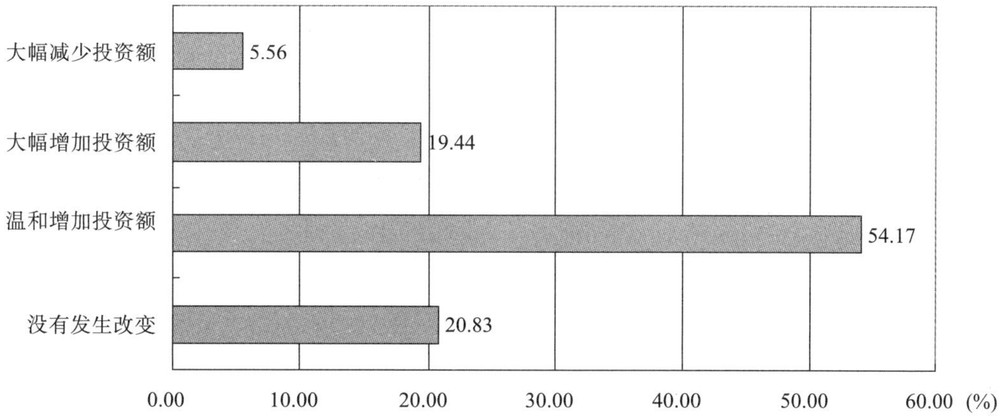

图4－1－7　被调查企业海外投资额的变动情况

（七）海外业务收入占总收入比重

近年来，尽管我国企业“走出去”发展速度比较快，但我国对外投资整体上仍然处于起步阶段，对外直接投资存量与传统大国仍有较大差距。从企业海外业务收入占总收入比重来看，2015年，37.5%的被调查企业海外业务收入占总收入比重在0—5%之间，13.75%的被调查企业海外业务收入占总收入比重在5%—10%之间，6.27%的被调查企业海外业务收入占总收入比重在10%—15%之间，7.5%的被调查企业海外业务收入占总收入比重在15%—20%之间，35%的被调查企业海外业务收入占总收入比重在20%以上，具体见图4－1－8。调查结果表明，大部分被调查企业2015年海外业务收入占比偏低，说明中国企业国际化程度还有待进一步提高。

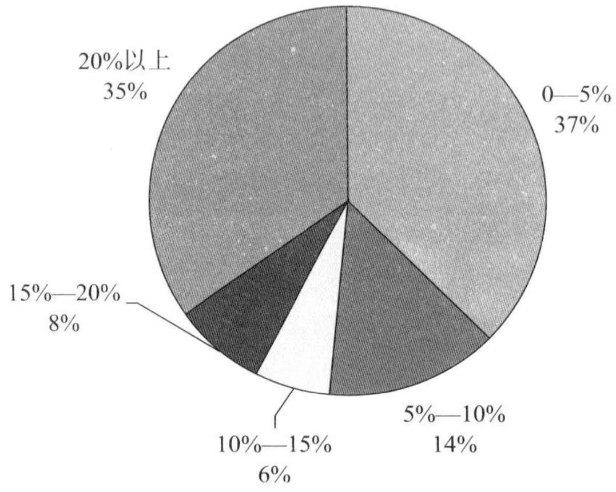

图4－1－8　被调查企业海外业务收入占总收入比重情况

（八）海外投资项目效益

2015年，中国企业在海外投资项目效益情况整体良好。90%的企业海外经营中实现了盈利或持平，仅有10%的被调查企业暂时亏损。其中，12%的被调查企业获得了可观的利润，63%的被调查企业基本盈利，具体见图4－1－9。随着我国企业海外经营能力的提高，越来越多的企业将在海外项目中获利。

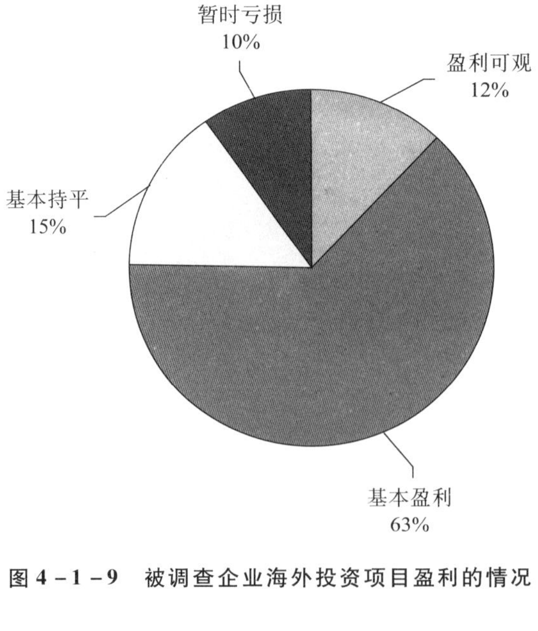

图4－1－9　被调查企业海外投资项目盈利的情况

综合上述分析，参与本次调查企业具有较好的代表性。具体而言：参与本次调查企业来自我国东部、中部和西部的16个省市，在地域上有代表性；参与本次调查企业所在行业覆盖我国统计制度所有行业大类，在行业上有代表性；参与本次调查企业大多数具有较长的海外投资经验，在企业海外投资年限分布中有代表性；参与本次调查企业大多数是国有企业或央企，有部分民营企业，与我国对外直接投资中企业比例吻合，在企业所有制性质方面有代表性。此外，被调查企业主要以绿地投资方式进行海外投资，投资规模保持比较稳定上升态势，海外投资项目效益情况整体良好，但其国际化程度仍然偏低。

第二章
中国企业对外投资风险及管控实践

中国企业对外投资面临的主要投资风险

随着中国企业对外投资的步伐加快，规模不断扩大。与此同时，一些中资企业的抄底心态将企业置于过度风险之中，给企业长期发展造成了隐患，投资风险也随之增加，并日益凸显。这些风险包括：宏观经济、政治、法律制度、金融、社会文化、并购整合、税收政策、劳动力市场、安全、非传统安全、政府效率与腐败、国际贸易与支付、基础设施不完备等风险。中国企业对外投资已经覆盖几乎所有行业，不同行业由于投资方式、行业特点等的不同，所面临的风险有所区别，但是总体而言，主要面临政治、安全、宏观经济、法律和监管、合同履约以及汇率、国际贸易与支付等风险。

（一）主要风险排序

针对海外投资过程中的风险，78.38%的被调查企业认为政治风险是企业海外投资最主要的风险，其次依次为安全风险、宏观经济风险、法律和监管风险、合同履约风险以及汇率风险、国际贸易与支付风险，仅有6.76%的被调查企业认为政府效率与腐败风险是影响他们海外投资的最主要风险。具体见图4-2-1。

从未来三年影响企业海外投资决策的风险排序情况看，金融风险平均得分最高，其次是政治稳定度。宏观经济不稳定得分为3.87分，位列第三。国际贸易与支付和安全风险得分相同，均为3.66分，并列第四。基础设备不完备得分最低，平均得分为2.76分。这说明被调查企业在进行海外投资决策时，最关注的是海外的经营性风险。具体见图4-2-2。

（二）政治风险

从企业对未来三年的政治风险因素排序情况来看，被调查企业最关注的是政府更迭频繁。其次是投资东道国国际关系紧张。在野党势力强大（高度对立）和政府行政权力过大得分低，平均得分分别为3.33分和3.19分。具体见图4-2-3。

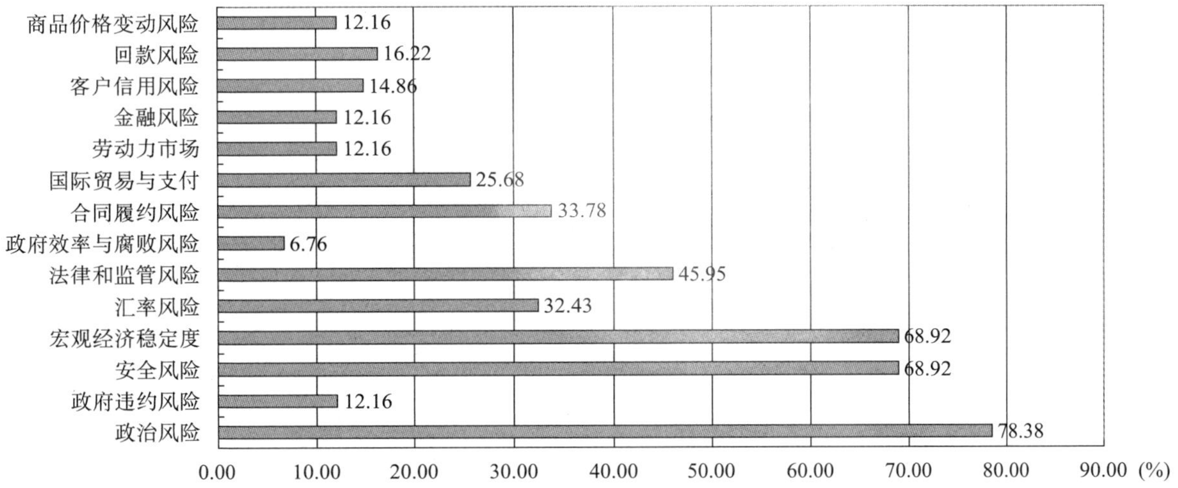

图 4-2-1　企业对外投资的主要风险

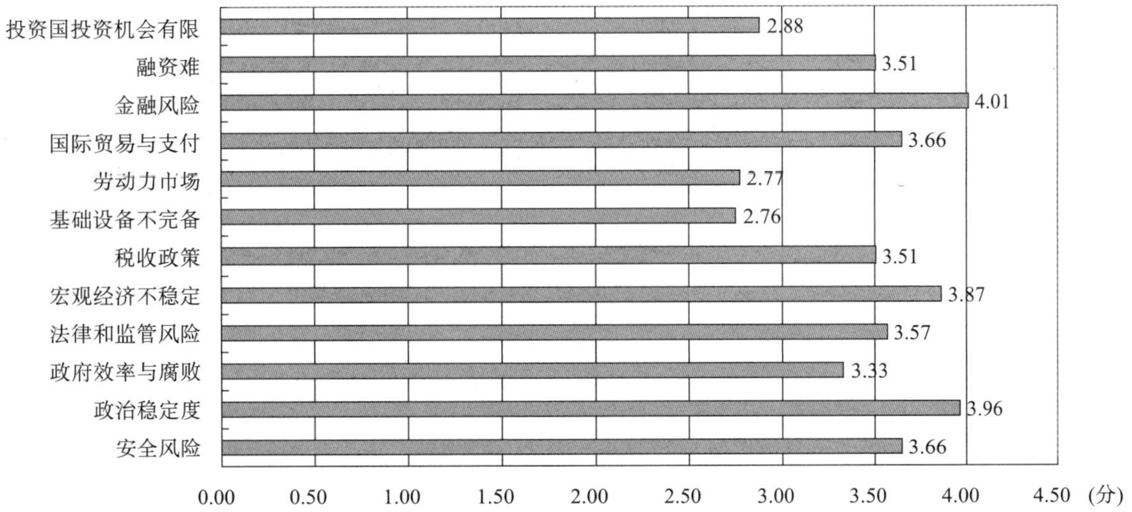

图 4-2-2　企业对外投资决策考虑的主要风险

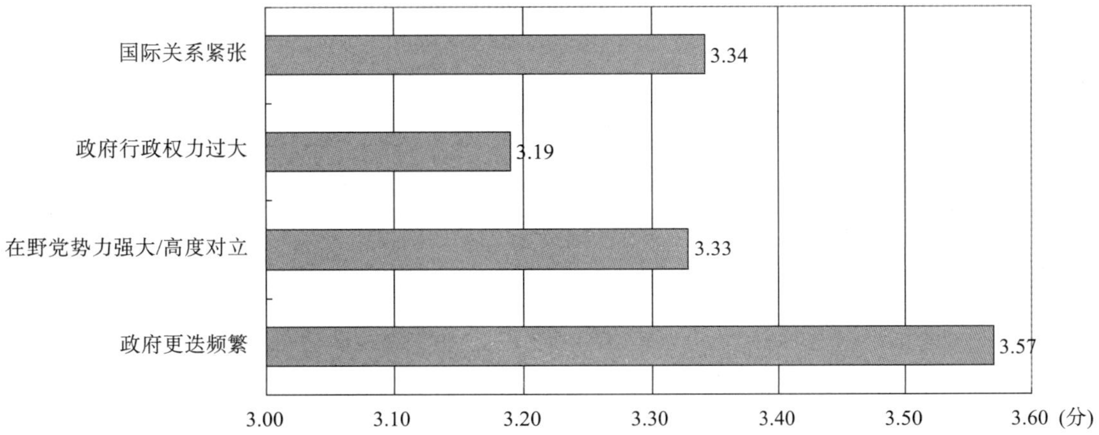

图 4-2-3　对未来三年政治风险各因素评价情况

对于政治风险，建议企业通过多方渠道获取相关政治风险信息，尽量不选择政府更迭频繁、国际关系紧张的国家开展业务。如果无法规避，则应及时关注政府方和在野党的政治经济立场，以及政局变动情况，提前做好政治风险管控工作。

（三）宏观经济风险

宏观经济风险方面，汇率大幅波动对被调查企业的影响最大，其次是经济衰退和通胀波动，利率波动、国际评级调整也会影响企业投资。具体见图 4－2－4。对于宏观经济风险，企业应及时关注宏观经济变动情况。在投资前期充分考虑到各类金融风险，并针对每一项风险制定相应的措施，预留一定风险预备费，建立金融风险预判机制，加强资产管理，提高营运能力等等。条件许可情况下，使用当地金融机构金融政策，降低汇兑损失。拓宽融资渠道，在合同中争取调价条款、汇率调价条款，也可通过金融衍生工具规避汇率风险。

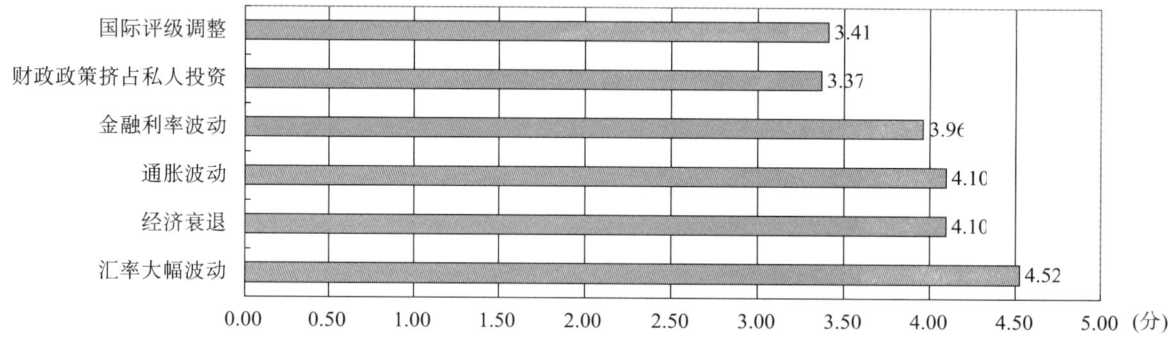

图 4－2－4　对未来三年宏观经济风险各因素评价情况

（四）安全风险

从企业对未来三年的安全风险因素排序情况来看，被调查企业最关注的是社会治安和暴力示威，平均得分为 3.58 分。其次是绑架和恐怖袭击，平均得分为 3.55 分。战争、动乱和武装冲突平均得分为 3.47 分，位列第三。公共卫生及自然灾害得分最低，平均得分为 2.92 分。具体见图 4－2－5。针对不同类型的安全风险，建议企业采取相对应的应对措施。

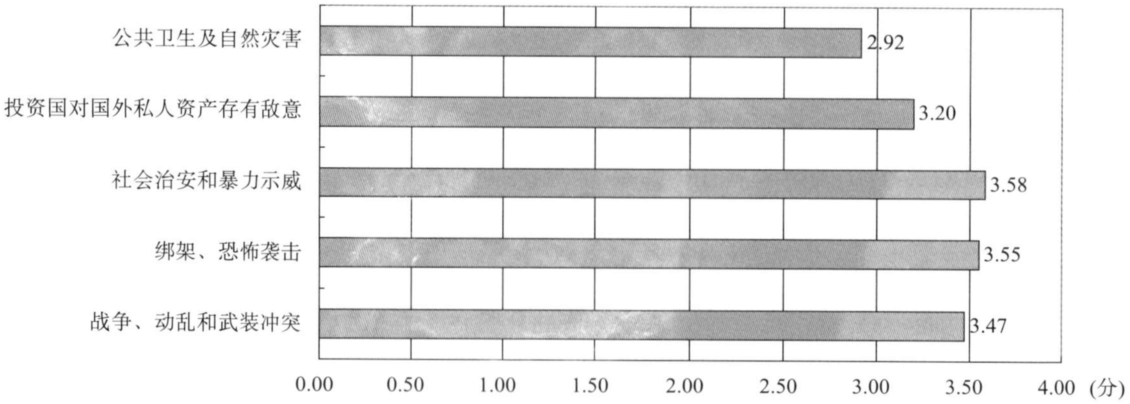

图 4－2－5　对未来三年安全风险各因素评价情况

（五）政府效率与腐败风险

从政府效率与腐败风险各因素对企业的影响情况来看，被调查企业最关注政府腐败。其次是东道国既得利益集团、任人唯亲等问题对企业经营的影响。政府机构庞杂、繁文缛节和官僚作风等政府效率和服务水平也为企业所关注。具体见图 4－2－6。

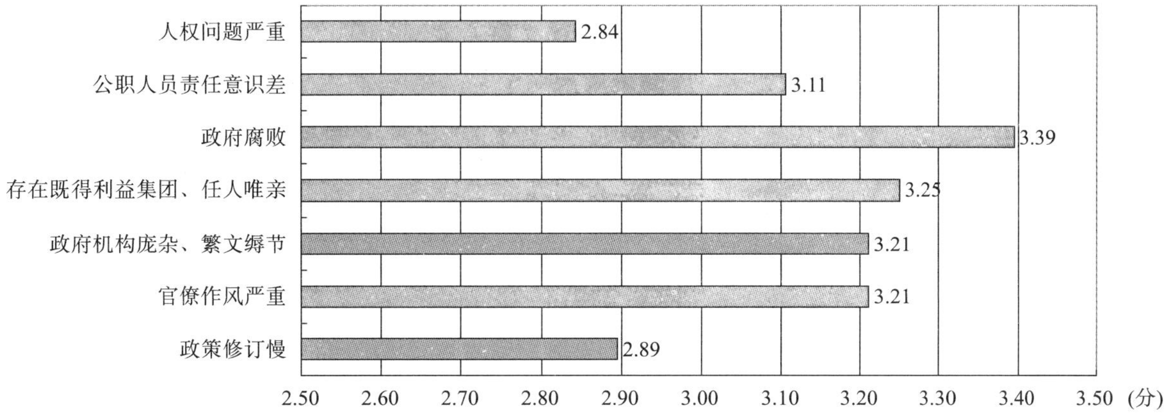

图 4－2－6　对未来三年政府效率与腐败风险各因素评价情况

对于政府效率与腐败风险，企业应提前充分了解东道国投资环境，恪守当地法律及风俗习惯，保证企业经营活动合法合规，并与当地政府保持良好沟通联系。具体而言，可以选择有实力的当地公司联营，雇佣当地经理人或聘请专业的公关公司同政府进行沟通联系，或者在当地找到合适的代理/合作伙伴，在项目运作时留足时间等。

（六）法律风险

从法律风险来看，被调查企业十分关注合同的可执行性，东道国对外国公司的法律和监管歧视、不公平竞争也对中国企业的海外投资影响较大。知识产权保护和法律救济平均得分较低，可能的原因有东道国法律体系与服务水平较好，或中国企业的法律意识和对法律的关注度相对较低。具体见图 4－2－7。

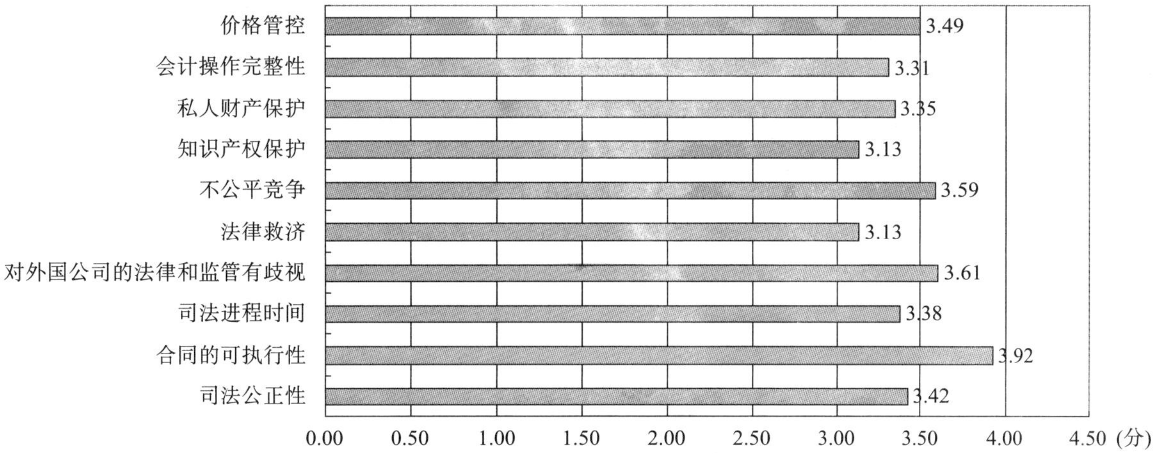

图 4－2－7　对未来三年法律风险各因素评价情况

对于法律风险，企业应做好详细的法律尽职调查，借助当地合作伙伴的力量，恪守当地法律和劳动社保规定，完善合同协议条款内容，并设置特别保护条款。同时，企业应建立法律风险防范机制，建立并健全全体员工共同参与的企业法律风险防范体系，完善各项管理制度并严格执行，综合运用多种管控法律风险手段，如遇法律纠纷，企业也应及时寻求我国驻外使馆援助。

（七）经营性风险

税收风险方面，税收制度稳定性和追溯征税同样受到企业关注，其次是公司税收水平，歧视性税收平均得分最低。具体见图 4－2－8。为降低税收风险，企业应熟悉会计制度及税收的首付，必要时可聘请当地的会计师事务所，争取政府税收优惠政策支持，并随时关注税收政策变化，同时要加强企业自身的税收管理，树立风险防范意识，并提高企业办税人员的业务素质和能力。

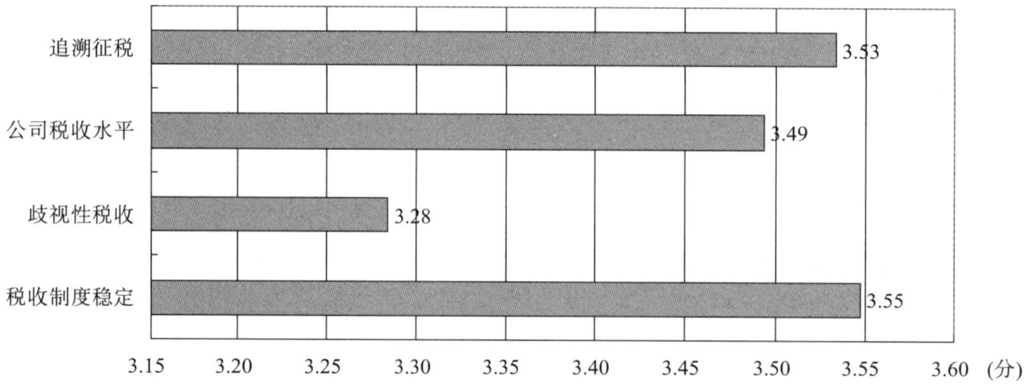

图 4－2－8　对未来三年税收风险各因素评价情况

整体来看，基础设施风险对企业的影响较小，相对通信设施而言，交通设施对境外企业投资影响更大。具体见图 4－2－9。企业可主动了解当地基础设施建设水平，做好前期投资规划和项目运作策划，合理安排项目推进节奏，积极利用当地优势，将企业项目融入当地相关设施的建设与发展之中。

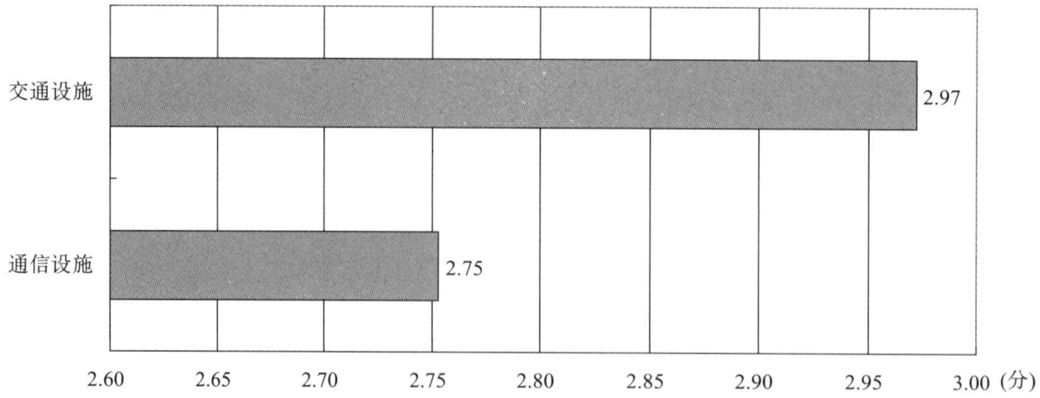

图 4－2－9　对未来三年基础设施风险各因素评价情况

在劳动力风险中，频繁罢工对被调查企业的影响最大，工人技能熟练度和专业化程度、工会组织强大和劳工法保障也对企业海外经营影响较大。具体见图 4－2－10。为有效应对劳动力风险，企业应提前做好详细的劳动社保尽职调查，不断完善海外人力资源管理制度，委派关键管理人员，开展人才本土化战略，并与工会保持良好关系。此外，积极参加当地社区建设也有助于树立企业良好形象，降低劳动力风险。

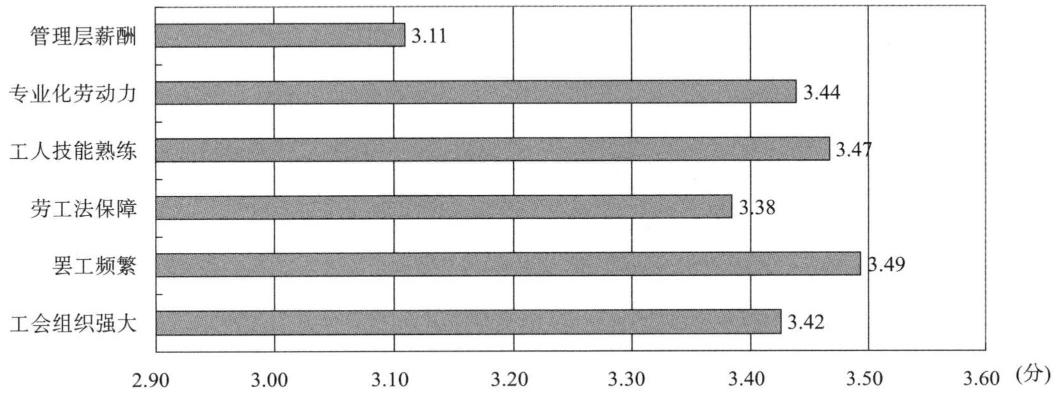

图 4－2－10　对未来三年劳动力风险各因素评价情况

（八）国际贸易风险

在国际贸易风险方面，企业最为关注的是限制汇兑以及限制利润汇出和歧视性关税，贸易保护和贸易禁运也为企业所关心。具体见图 4－2－11。在管控国际贸易风险方面，企业应提高进出口贸易风险防范意识，培训进出口贸易业务人员的风险识别与应对能力。在合同的签订与执行中应进行审慎研究，尽全力规避合同风险。企业应建立内部报告系统、信用情报系统和资信调研系统，及时汇集、分析国际国内市场情况、客户信用、业务流程等信息，以迅速做出正确的评估，为企业相关部门市场选择以及决策提供支持。此外，企业也可使用离岸账户、投保信用保险、利用 BIT 等手段争取救济、与当地公司合资等方式规避一定的贸易风险。

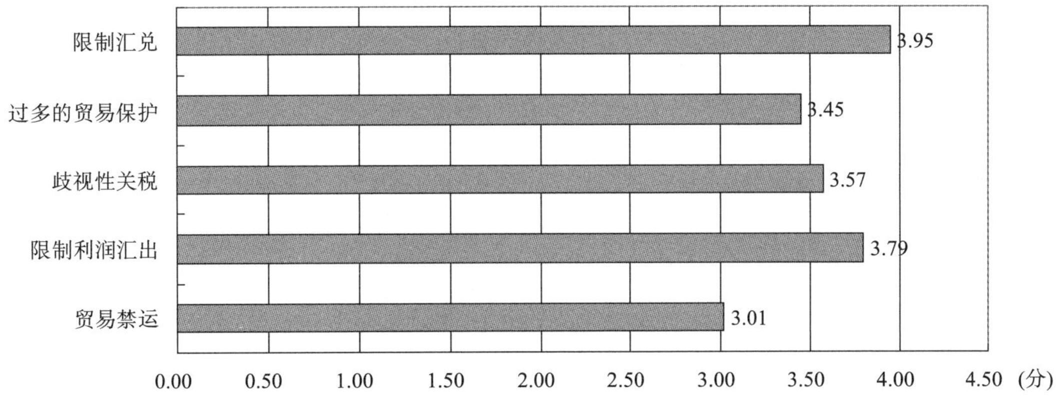

图 4－2－11　对未来三年国际贸易风险各因素评价情况

（九）金融市场风险

在金融市场风险各因素中，金融危机对被调查企业的影响最大，银行经营的稳定性、债券和股票市场的流动性与市场化程度也对企业海外投资影响较大。具体见图 4－2－12。在规避金融市场风险方面，企业应强化资金管理，加强财务控制和应收账款管理，拓宽筹资渠道，注意债权融资行业权益融资的结合，也有助于降低企业的筹资风险。此外，与其他企业联合投资，实现收益共享、风险共担，或者适时购买保险，也能帮助企业降低一定的市场金融风险。

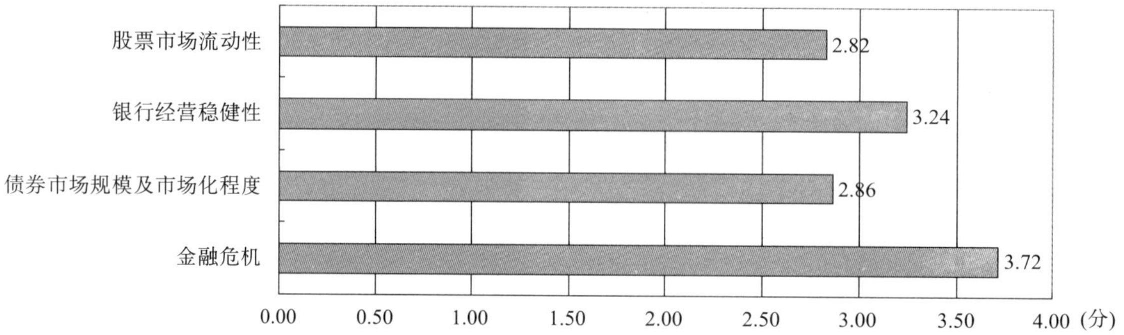

图 4-2-12　对未来三年金融市场风险各因素评价情况

中国企业对外投资的风险实践

（一）风险事件

在 85 家被调查企业中，有 44.12% 的企业经历过风险事件，这一比例比去年上升了 11 个百分点。这一数字说明，随着我国企业“走出去”步伐加快，越来越多的中国企业将面临各类投资风险。

在已经经历过风险事件的企业中，从企业在该国的投资年限关系来看，在该国投资 1—3 年的企业最多，占比 51.72%；其次是投资年限 4—5 年的，占比 27.59%；投资年限 6—10 年的占比 13.79%，投资 10 年以上的企业占比最少，说明企业在走出去初期，由于经验尚浅，实力有限，风险管控和预防水平也较低，更易遭受风险事件。具体见图 4-2-13。

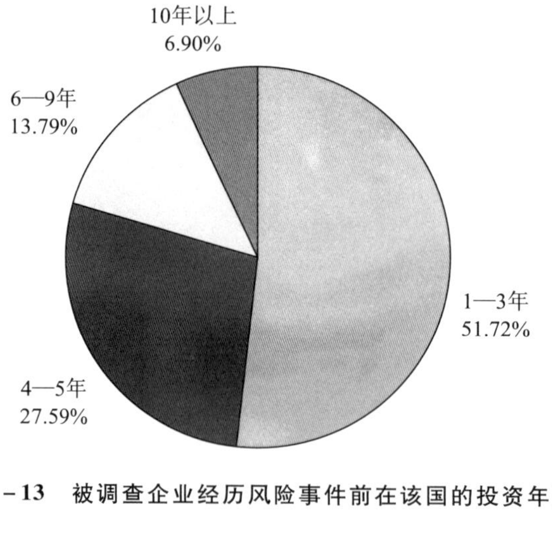

图 4-2-13　被调查企业经历风险事件前在该国的投资年限情况

（二）风险类型

从企业曾经历的风险类型来看，政府效率与腐败风险最大，其次是宏观经济不稳定，安全风险和政治风险也较为常见。因金融风险而遭受损失的比例最低，可能与企业最关注金融风险，也因此采取了更多的防范手段有关。具体见图 4－2－14。

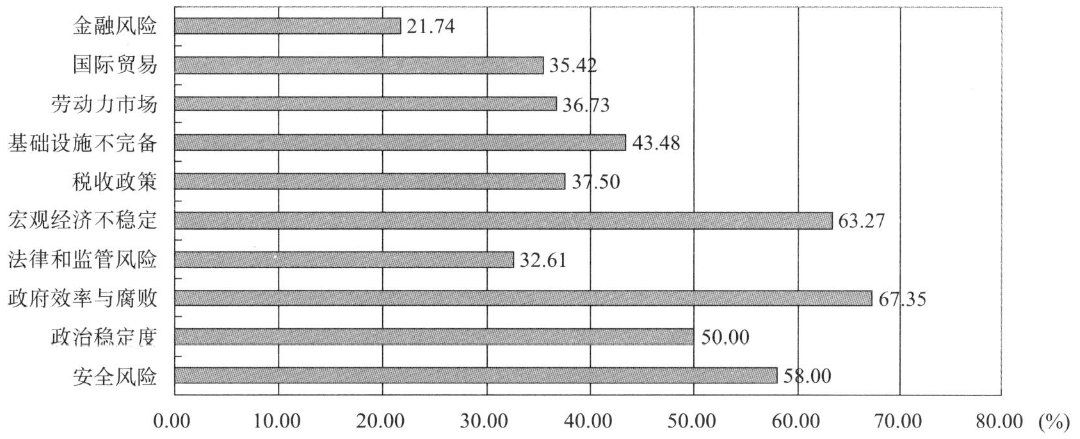

图 4－2－14　企业经历的风险事件类型

（三）风险工具

在规避各类风险的最理想工具中，限制汇兑风险多采用风险分析与调查来管控，而对于征收风险、战争风险、恐怖袭击风险、主权债务违约风险、不利的监管规则或者法律的改变风险、内乱与社会动荡风险来说，选择政治风险保险是企业最理想风险规避工具。具体见图 4－2－15。可见，政治风险保险依然是企业海外投资规避风险最佳的工具。

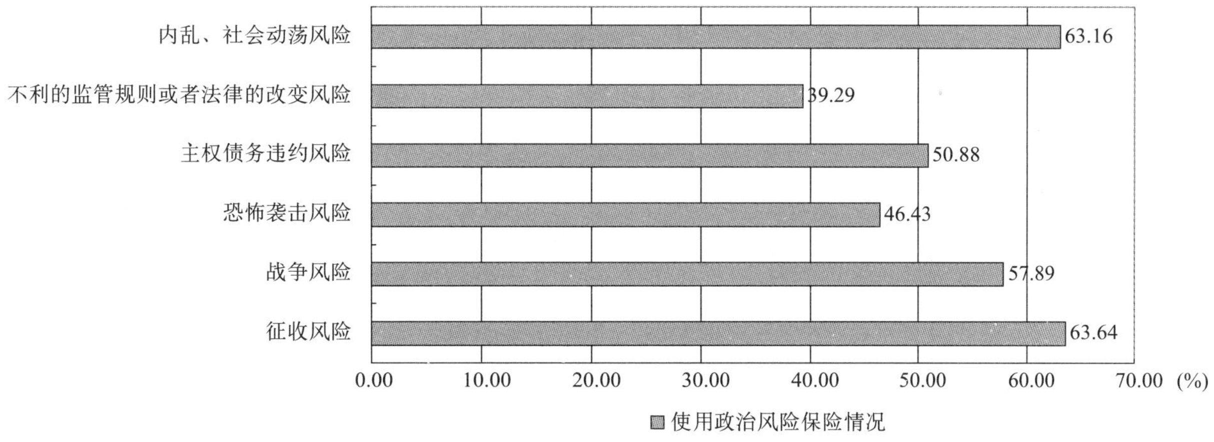

图 4－2－15　政治风险保险在各类风险规避中采用的比例

第三章
中国企业对外投资风险体系建设

随着海外投资风险的上升，中国企业在境外建立健全一套科学的全面风险管理体系和应急机制变得十分必要。企业控制“走出去”的风险首先要从加强内部风险控制机制入手。在此过程中，企业要加强对未来风险总体形势的研判，健全风险评估常态化机制，完善重大风险动态监控、报告和应急机制，及时采取积极、有效的避险措施。从调查数据可以看出，我国“走出去”的企业在加强内部风险控制机制建设方面整体上工作比较扎实。

一 风险管理组织体系

在建立海外投资风险管理体系方面，已有 67 家企业建立了风险投资体系，占比 78. 82%。其中，建立风险管理组织体系的企业有 42 家，建立风险应急管理机制和风险评估标准体系有 39 家，建立风险预警系统和培育形成风险管理文化的企业分别有 32 家和 31 家。具体见图 4 - 3 - 1。

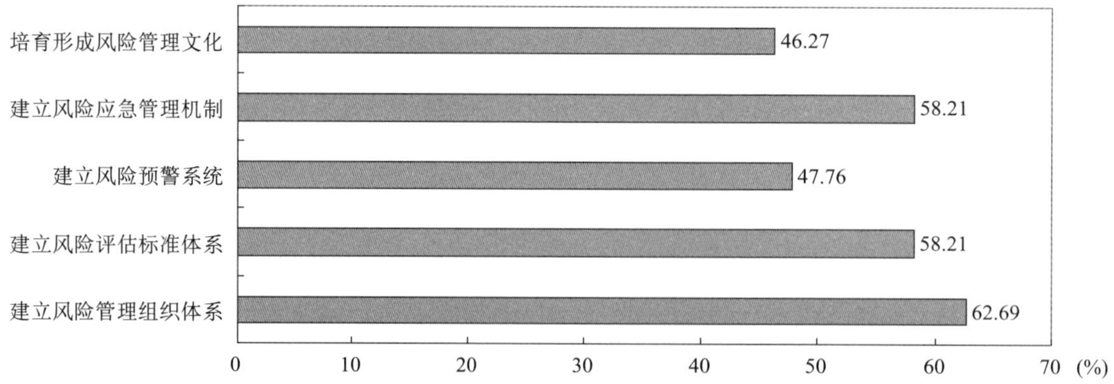

图 4 - 3 - 1　企业建立海外投资风险管理体系情况

在企业海外投资过程中，风险管理组织体系的建立至关重要。企业应设立风险管理委员会，作为公司风险管理的最高决策机构，并建立以总法律顾问为核心，以风险控制部牵头、内控监督部监督、各单位分工负责的风险管理组织体系。结合各自业务情况，相应的分管领导和职能部门应承担相应的业务风险管理职能，并通过项目评审、合同评审、项目监督检查、项目风险排查等各种方式，完善风险管理组织体系。

风险管理制度体系

海外投资风险管理制度体系建设是企业规避海外投资风险的重要保障。风险管理制度体系可根据企业经营项目和业务类型而进行调整，一般包括海外项目风险管理标准、境外风险识别和评估管理办法、境外经营风险监督检查办法、境外风险预警管理制度、合同风险管理制度、海外人员管理标准，等等。在被调查的企业中，有 39 家企业已经建立了符合企业实际的风险管理制度，其中，有 14 家制定了境外经营风险监督检查办法，13 家制定了海外项目风险管理标准。具体见图 4－3－2。

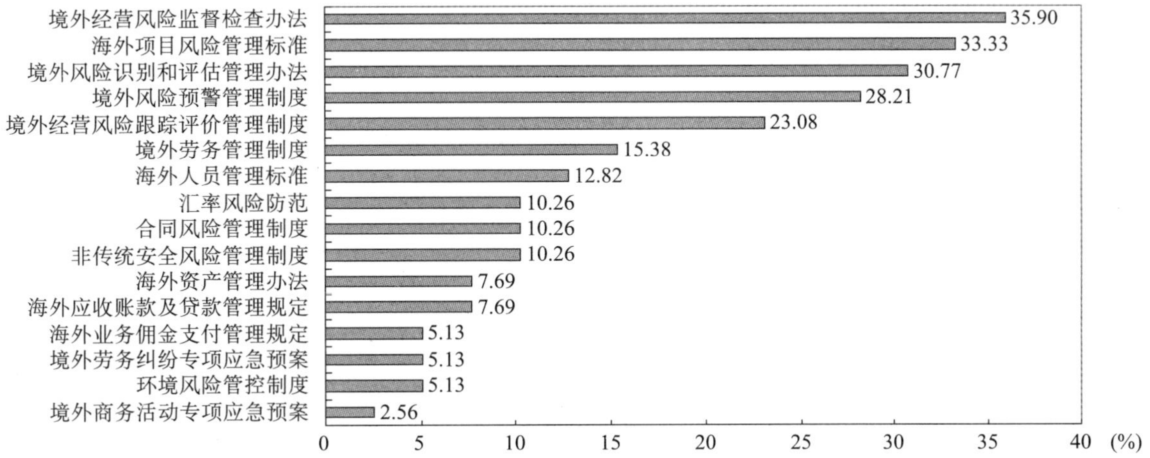

图 4－3－2 企业海外投资风险管理制度体系建设情况

风险评估方式

从企业的风险评估方式情况来看，81.63% 的被调查企业会自己进行海外投资风险评估，聘请外部团队进行风险咨询亦是众多企业的选择，仅有 2.04% 的企业不进行风险评估。具体见图 4－3－3。调查结果表明，企业在投资决策前和经营过程中会进行风险评估。

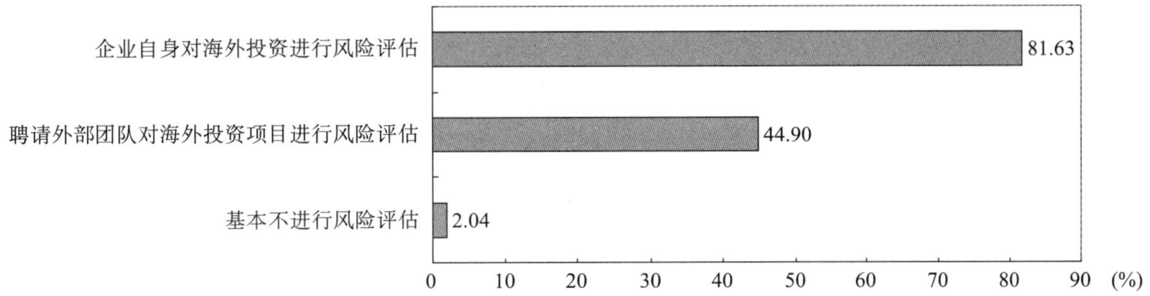

图 4－3－3 企业风险评估方式情况

具体分析企业在海外投资过程中接受过外部机构服务的情况，可以看出，律师事务所、中国出口信用保险公司（中国信保）、会计师事务所、咨询公司和商业银行均是企业对外投资的合作咨询对象。目前，中国企业在对外投资中与投资银行、私募基金、信托、证券公司等金融机构合作仍在少数。具体见图 4－3－4。以上数据表明，企业在海外投资过程中，接受的服务机构较为集中，依靠外部机构的目的多为抵御政治风险和法律风险。

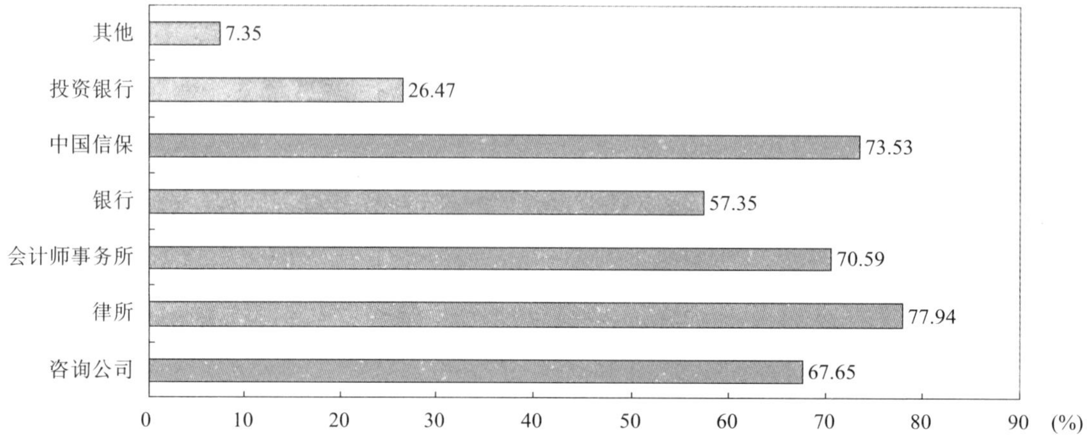

图 4－3－4　企业在海外投资过程中接受过的机构服务情况

风险管控工具

从企业对外投资过程中风险管控的应对措施来看，大多数企业倾向于选择投保政治风险保险来应对风险，与当地的公司联合投资、建立应急预案和独立进行风险评估与管控也是企业常用的风险管控措施。具体见图 4－3－5。

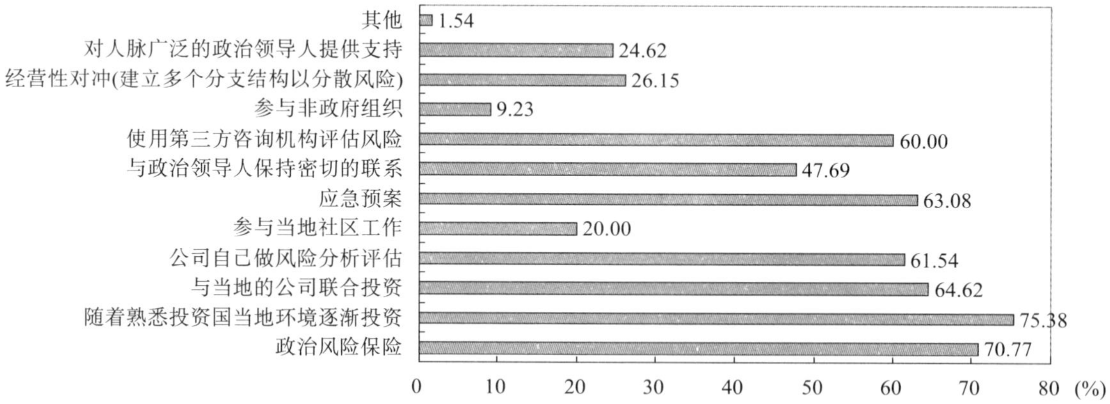

图 4－3－5　海外投资风险管控工具情况

在过去三年中，制定风险防范规程和对外派人员进行有关当地文化、语言、安全、反腐等内容的就职前培训是企业主要采取的风险防范措施。保持与利益相关方的定期沟通、设置专门机构并配置相关人员、聘请第三方专业机构进行项目风险及社会环境影响评估、制定风险预警机制和跟踪机制等也是企业海外风险防范经常使用的措施。只有 8 家被调查企业设立了风险防范专项基金进行风险防范，占比 12.31%。具体见图 4－3－6。

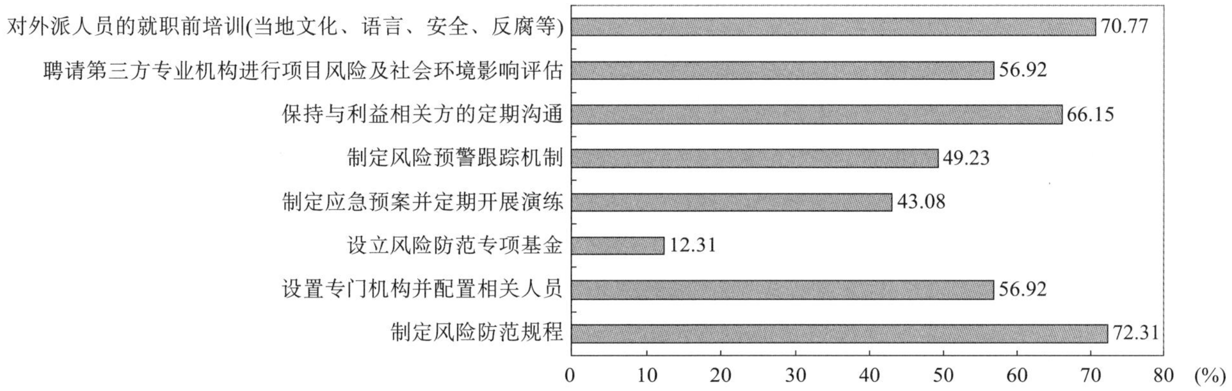

图 4－3－6　过去三年中企业海外投资风险防范措施情况

第四章
中国企业海外项目融资情况调查

在中国企业对外投资过程中，需加强海外项目融资可行性和实践性分析。项目是否具有融资可行性，需要企业事先认真研判和分析。否则，企业若陷入不可行的项目融资中，极易耗费大量的时间和成本。调查数据表明，我国企业在海外项目融资实践中，主要依靠内源性融资，更愿意通过自有资金和政策性银行贷款开展对外投资活动，而企业单纯依靠自有资金和传统的银行授信很难快速发展。同时，企业在海外融资过程遇到的主要困难是贷款条件严格、审批时间长，融资难问题成为制约海外项目发展的关键问题。

一 资金来源

（一）主要依靠内源性融资，外源性融资集中于国内银行贷款

从资金来源来看，被调查企业对外投资资金主要来源于自有资金，占比 88.16%，其次是国有商业银行贷款和政策性银行贷款，再次是外资银行贷款和银团贷款。利用发行股票和债券募集资金的企业最少，两者加总占比约为 28%，具体见图 4-4-1。可见，被调查企业主要依靠内源性融资，而外源性融资则通过银行系统完成，较少通过资本市场融资。

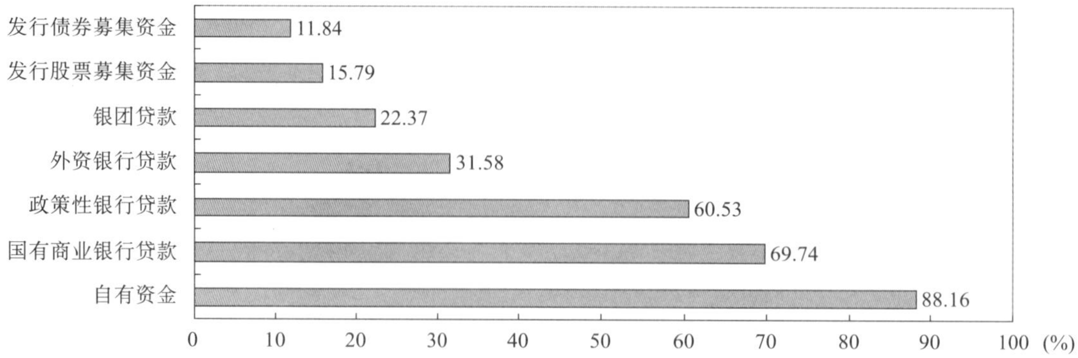

图 4-4-1　企业海外投资的资金来源情况

（二）自有资金使用为先，国有商业银行贷款使用次之

从资金来源的使用顺序来看，被调查企业在对外投资过程中，使用自有资金的共有 42 家企业占比 60%，其次是政策性银行贷款，占比 23.86%；在第二顺位上和第三顺位上，被调查企业主要使用国有商业银行贷款，分别占比 37.14% 和 32.86%。具体见表 4-4-1。

表 4-4-1　企业资金来源的使用顺序情况

资金使用	第一顺位		第二顺位		第三顺位	
	企业数/家	比重/%	企业数/家	比重/%	企业数/家	比重/%
自有资金	42	60.00	9	12.86	8	11.43
国有商业银行贷款	9	12.86	26	37.14	23	32.86
政策性银行贷款	23	32.86	24	34.29	7	10.00
外资银行贷款	0	0	7	10.00	16	22.86
银团贷款	3	4.29	8	11.43	9	12.86
发行股票募集资金	3	4.29	2	2.86	3	4.29
发行债券募集资金	0	0	3	4.29	5	7.14
统计企业总数	70		70		70	

当企业选择向银行贷款筹集海外投资资金时，被调查企业向银行贷款的抵押担保方式主要为信用贷款，占比 40%，其次是第三方担保贷款（包括母公司担保），占比 32%；抵押贷款和其他方式分别占比 22% 和 6%。具体见图 4-4-2。

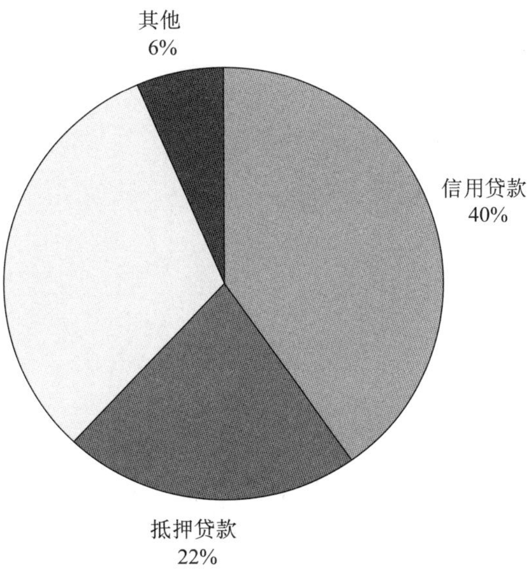

图 4-4-2　企业向银行贷款的抵押担保方式

融资问题

84.38%的被调查企业认为在海外项目融资过程中，遇到主要的困难是贷款条件严格、审批时间长。海外项目的融资经验少、贷款利率高、企业融资成本高和银行对项目营利性和企业还款能力的担忧也是企业融资困难的重要障碍源。被调查企业在海外融资过程中，往往预先都做好了市场调研，了解国家的出口信贷政策。因此，不了解国家的出口信贷政策的企业比例最低，仅占17.19%。具体见图4-4-3。

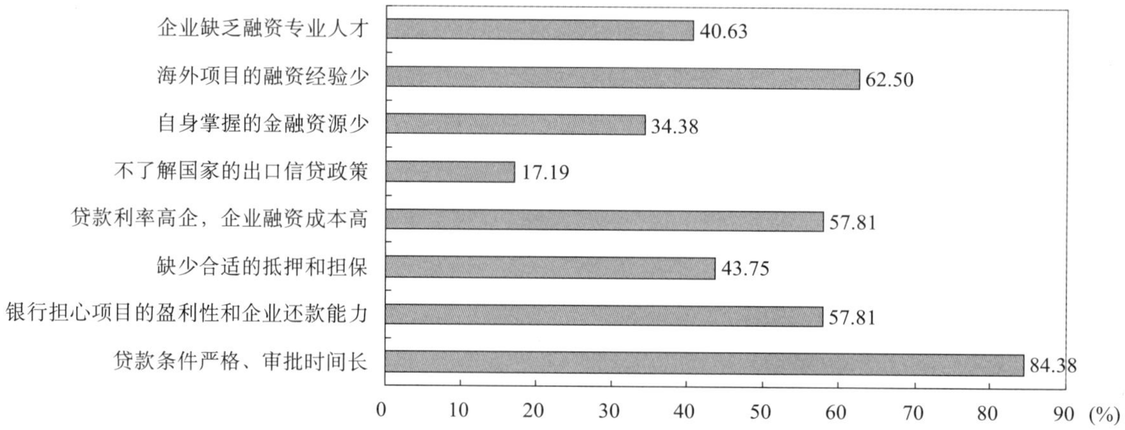

图4-4-3 企业融资过程中遇到的困难

第五章
政府违约和非传统安全风险

近几年来，中国企业海外投资频繁遭遇政府违约和非传统安全风险事件。例如，2014 年墨西哥政府取消中资企业中标的高铁项目，2015 年斯里兰卡政府叫停中资企业投资的港口城项目，希腊叫停中资企业参与的港口私有化项目，2016 年哥斯达黎加单方面终止与中资企业合建炼油厂项目。随着中国企业对外投资的进一步扩大，此类违约事件将会越来越多，加强海外投资政府违约和非传统安全风险的管控是海外投资企业需要关心的核心问题。调查数据表明，海外投资年限在 1—5 年之内的企业经历政府违约和非传统安全风险事件最多，其应对该类风险的手段还比较单一，缺少项目全生命周期的政府违约和非传统安全应风险的应对措施，对发生政治违约和非安全风险后能够获得经济补偿的最有效方式了解不清。

政府违约

（一）政府违约事件

在被调查企业中，不及四分之一的企业经历过政府违约风险事件，没经历过的占比 81.08%。这一数字说明，被调查企业在海外投资过程中，遭遇政府违约风险事件较数。具体见图 4-5-1。但从企业经历政府违约风险事件前在该国的投资年限情况来看，投资年限 1—3 年的最多，占比 72.73%；其次是投资年限 4—5 年的，占比 9.09%；投资年限 6—9 年的占比 5.26%。

（二）政府违约的诱发因素

被调查企业认为，东道国政府更迭是诱发政府违约的最主要因素，经济危机、政治不稳定或者战争、主权债务违约和东道国政府与中国关系转变也是导致东道国采取政府违约行为的重要因素。具体见图 4-5-2。

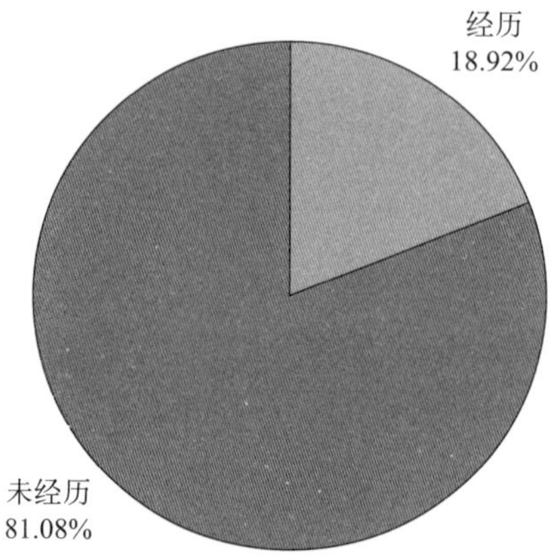

图 4-5-1　被调查企业曾经经历的政府违约风险事件情况

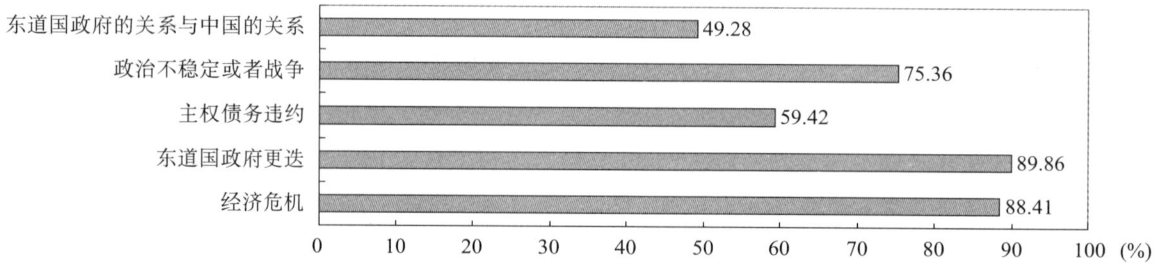

图 4-5-2　诱发政府违约的最主要的 5 个因素

（三）企业针对政府违约事件的处理方式

当企业遇到政府违约事件时，最愿意通过合同再谈判来处理此类问题，共有 46 家企业将合同再谈判为首选，占比 64.79%。通过当地仲裁也是中国企业的主要选择之一。此外，在项目投资前购买政治风险保险、在政府违约行为发生后通过国际仲裁也是中国企业处理此类事件的重要方式。具体见表 4-5-1。

表 4-5-1　　政府违约企业的处理方式

	第一顺位		第二顺位		第三顺位	
	企业数/家	比重/%	企业数/家	比重/%	企业数/家	比重/%
合同再谈判	46	64.79	14	19.72	3	4.23
国际仲裁	6	8.45	21	29.58	24	33.8
当地仲裁	2	32.82	6	8.45	15	21.13
政府风险保险	17	23.94	24	33.8	11	15.49
其他	0	0	0	0	3	4.23

当被调查企业选择合同再谈判处理政府违约时，主要是出于与东道国政府保持良好关系的考虑。另一重要原因则是当地政府和国际仲裁均需等待较长时间，会影响企业的正常经营与投资活动。此外，对仲裁缺少信任也是企业的顾虑之一。而且，企业认为在东道国去投资树立了良好的品牌形象，有助于企业通过用再谈判方式解决政府违约问题。具体见图 4-5-3。

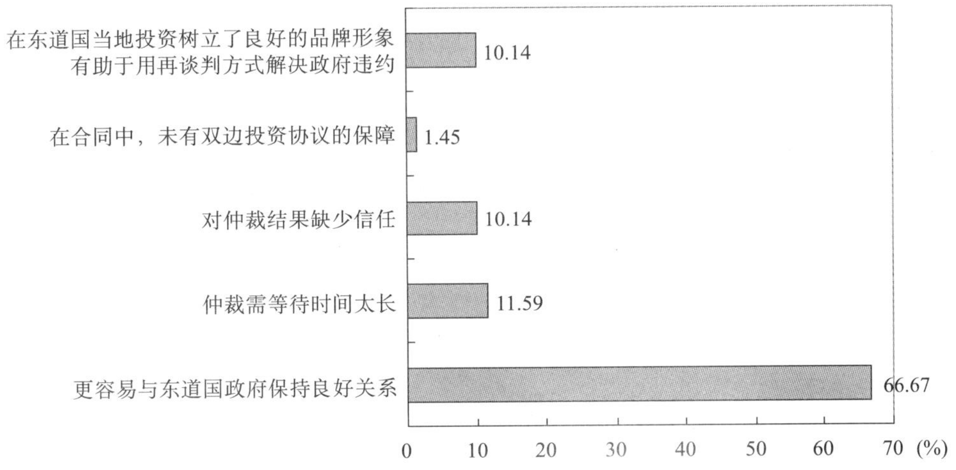

图 4-5-3　企业选择再谈判来解决政府违约事件的原因

非传统安全风险

除了政府违约风险，非传统安全风险也逐渐成为中国企业走出去过程中所遇到的主要挑战之一。

（一）非传统安全风险事件

34.25%的被调查企业经历过非传统安全事件。这一数字说明，中国企业在海外投资过程中，遭遇非传统安全风险事件比较频繁。从经历过非传统安全风险事件的企业中，超过一半的被调查企业在该国投资年限为1—5年，40.91%的被调查企业在该国投资年限为5—10年，投资年限为10—20年的企业占比13.64%，投资年限超过20年的企业占比9.09%。随着在东道国投资年限的增加，企业遭遇非传统安全事件的可能性也在下降。这可能与企业对东道国社会、文化、宗教及自然条件状况有了更深的了解，从而提出了更完善的风险管理措施有关。

在非传统安全事件中，被调查企业员工最担心抢劫事件，其次是与当地人发生矛盾、偷盗以及交通事故。以上几类非传统安全事件往往是中国企业在海外投资中最易遭遇的事件。具体见图4-5-4。

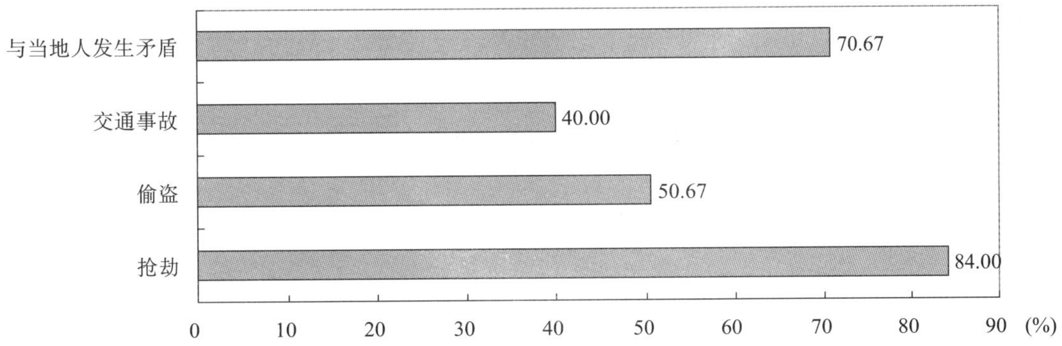

图 4-5-4　被调查企业员工担心的非传统安全事件类型

（二）非传统安全风险管控

1. 应对非传统安全的方式

在企业应对非传统安全方面，请使领馆协助和当地军警协助是被调查企业最主要的应对方式，也有部分企业会请当地部落协助或中国社团协助。具体见图4－5－5。从数据上可以看出，中国企业在应对非传统安全的方式和手段较为单一，且偏向依赖中国政府。

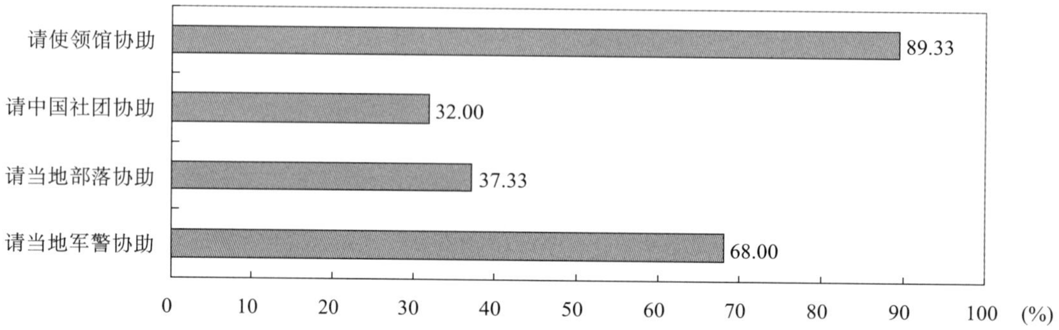

图4－5－5 被调查企业应对非传统安全的方式

2. 企业获得非传统安全风险信息的渠道

被调查企业获得非传统安全风险信息最主要的渠道是中国政府机构使领馆和商务部渠道，新闻媒体也是企业获取信息的主要来源之一。此外，通过企业自己的风险管理部门和雇佣的安保公司来获取非传统安全风险信息也是很多中国企业的选择。具体见图4－5－6。在通过制定风险预案来管控非传统安全方面，有44家被调查企业制定了非传统安全风险预案，占比59.46%。这一数字说明，一半以上的中国企业在海外投资过程中通过制定预案来防范非传统安全风险。

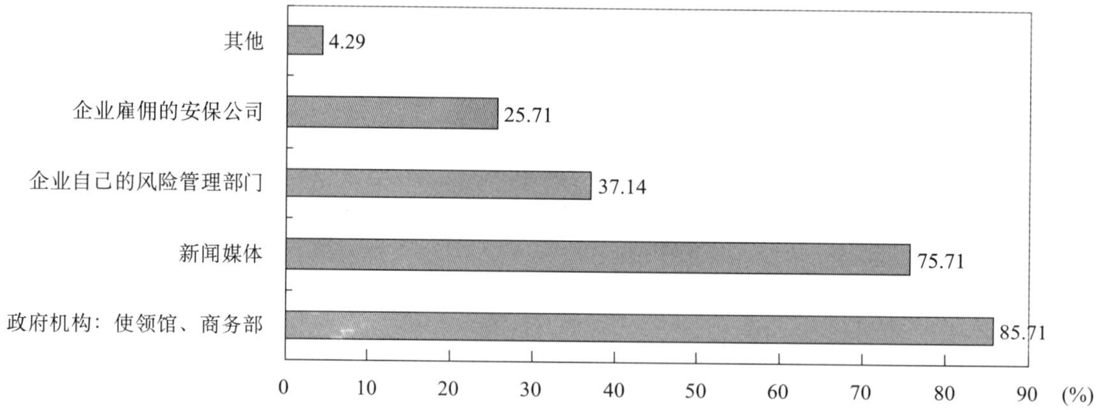

图4－5－6 被调查企业获得非传统安全风险信息的渠道情况

第六章
中国企业的社会责任与环保意识

中国企业对外投资的快速扩张，也带来了诸如企业环保意识不足、劳资关系处理不当、投资利益得不到保护、与当地居民产生矛盾等一系列的问题。很多国企承担的项目在海外遇到很多阻力，甚至搁浅，造成很大的损失。在高铁、电站、矿产等走出去的主要领域都有案例。这些问题的出现，不仅影响到我国对外投资的整体形象，而且降低了企业的竞争力，严重制约和阻碍了企业的可持续发展。2013 年，中国商务部和环境保护部联合发布《对外投资合作环境保护指南》，这是中国政府第一次用文件的形式对中国资本提出社会责任方面的约束。中国对外直接投资已经到了树立品格的阶段，而履行社会责任构成了企业核心竞争力。本次调查数据表明，中国企业在企业发展与社会责任关系问题上的认识是比较深刻和理性的，但由于各种原因，大多数企业尚未建立企业社会责任管理体系，缺乏海外社会责任信息的披露，履行社会责任的水平不高，中国企业与东道国社区之间的利益相关方建立很好的合作伙伴关系工作还有待进一步加强。

企业发展与社会责任的关系

在某种意义上而言，企业发展与企业社会责任之间有着十分紧密的关系。中国企业海外投资经营的长期战略规划中必然包含着社会责任部分，对于服务性行业尤其明显。企业的社会支出虽然在一定时期内会增加企业的经营成本，但正是这些早期社会责任的付出使企业获得了日后丰硕的利润回报。在被调查企业中，90.79% 的企业认为在追求自身发展的同时必须要履行社会责任，75% 的被调查企业认为履行社会责任能够提升企业发展能力和竞争力，只有不到 10% 的企业认为为了企业自身发展必要时可以不考虑社会责任，或者认为企业发展目的是为了追求利益最大化，与社会责任关系不大。具体见图 4 – 6 – 1。这说明中国企业在对待企业发展与社会责任关系问题上，是比较深刻和理性的。

从履行社会责任的最根本动力情况来看，58.67% 的企业认为企业文化、经营理念驱使企业履行社会责任，14.67% 的企业认为是集团公司总部的要求，10.67% 的企业认为是当地政府的要求。员工、消费者、媒体、公众等利益相关方的诉求压力占比 9.33%，当地社区的要求和商业贸易伙伴的合约或合作要求占比最低，分别是 4% 和 2.67%。具体见图 4 – 6 – 2。

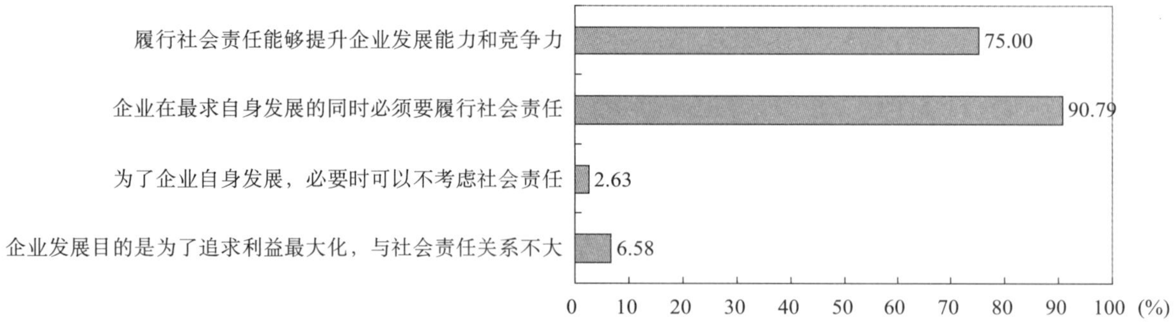

图 4-6-1　被调查企业对企业发展与社会责任关系的认识

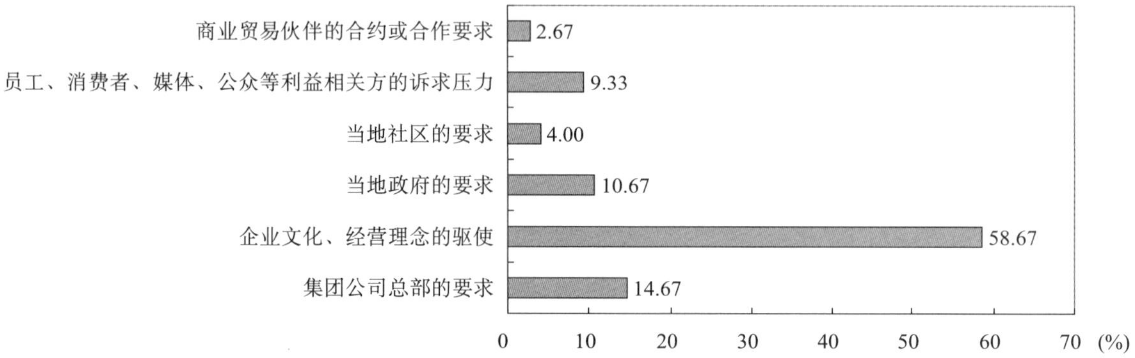

图 4-6-2　被调查企业履行社会责任的最根本动力

海外投资的社会责任实践

（一）企业社会责任管理体系

在被调查企业中，36.84%的企业海外业务已经建立了企业社会责任管理体系。其中，运行良好并制定或设立负责部门及人员的占比21.05%，运作一般且还未制定或设立负责部门及人员的占比15.79%。63.16%的企业尚未建立企业社会责任管理体系，其中，拟建立的占比39.47%，还未有相关计划的占比15.79%。具体见图4-6-3。总体来看，我国企业还应该加快建立海外企业社会责任管理体系。

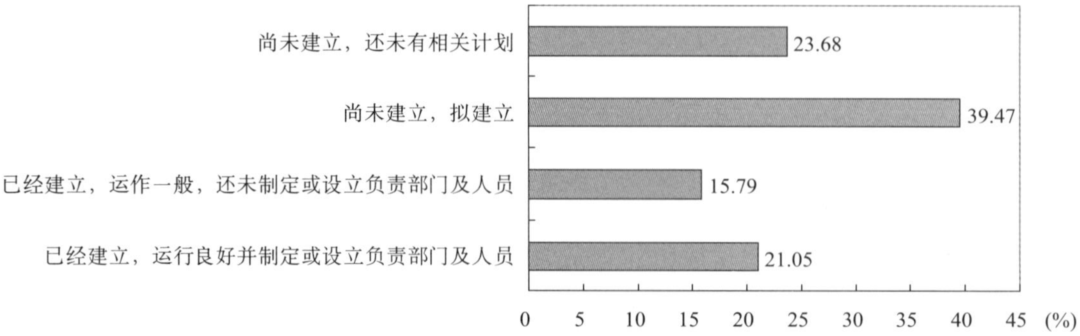

图 4-6-3　被调查企业在海外业务建立企业社会责任管理体系情况

（二）海外社会责任报告

在被调查企业中，年度单独发布和定期单独发布企业海外社会责任报告的只有4家企业，占比仅5.41%；企业年度社会责任报告中包括海外业务信息的有21家，占比28.38%；大多数企业尚未通过任何形式发布或披露海外社会责任相关信息，占比60.81%。具体见图4－6－4。总体来看，我国企业还应该加强海外社会责任信息的披露。

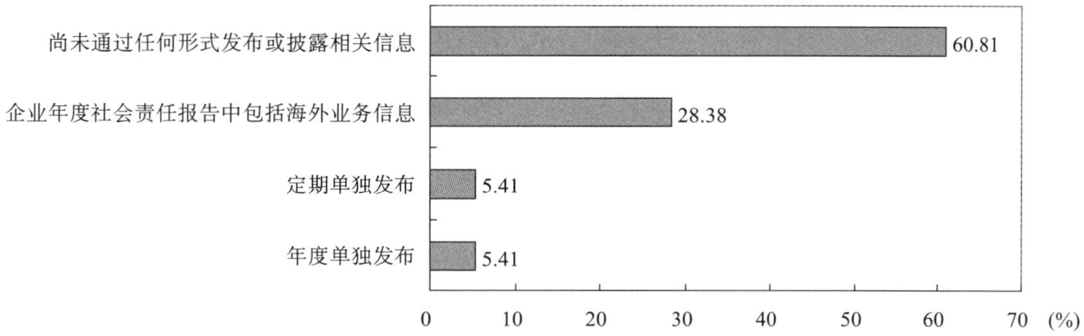

图4－6－4　被调查企业发布海外社会责任报告情况

（三）履行社会责任的水平

从履行社会责任的水平来看，在被调查企业中，处于领先水平，在履行企业社会责任方面能起到良好带动作用的只有10家企业，占比仅13.7%；处于较好水平，有一些企业社会责任方面的优秀实践的有23家，占31.94%；大多数企业处于一般水平，没有典型优秀实践也没有负面案例的有34家，占比46.58%；处于落后水平，发生过社会责任负面案例的有6家，占比8.22%。具体见图4－6－5。总体来看，我国企业在履行社会责任的水平方面还有待进一步提高。

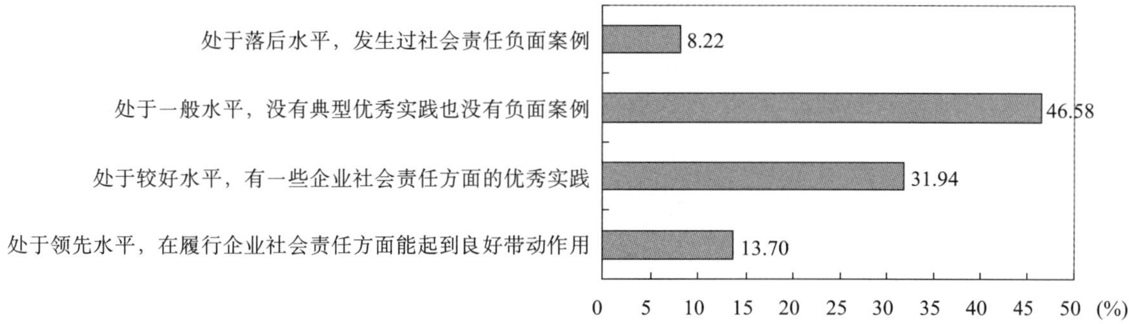

图4－6－5　被调查企业海外分支机构在东道国履行社会责任方面的水平情况

（四）制约履行社会责任的因素

从制约履行社会责任的因素来看，35.4%的被调查企业认为是缺乏专业组织和人才服务，缺少理论和实践支持；19.47%的被调查企业认为是所在东道国的外部利益相关方给企业的社会压力较小；15.93%的被调查企业认为是未建立针对海外业务负责人在环境和社会问题上的奖惩制度；14.16%的被调查企业认为是企业经营困难，没有财力来开展社会责任工作；8.85%的被调查企业认为是企业高层没有社会责任意识，缺乏对社会责任全面的了解；6.19%的被调查企业认为是集团总部没有统一的要求和规定。具体见图4-6-6。

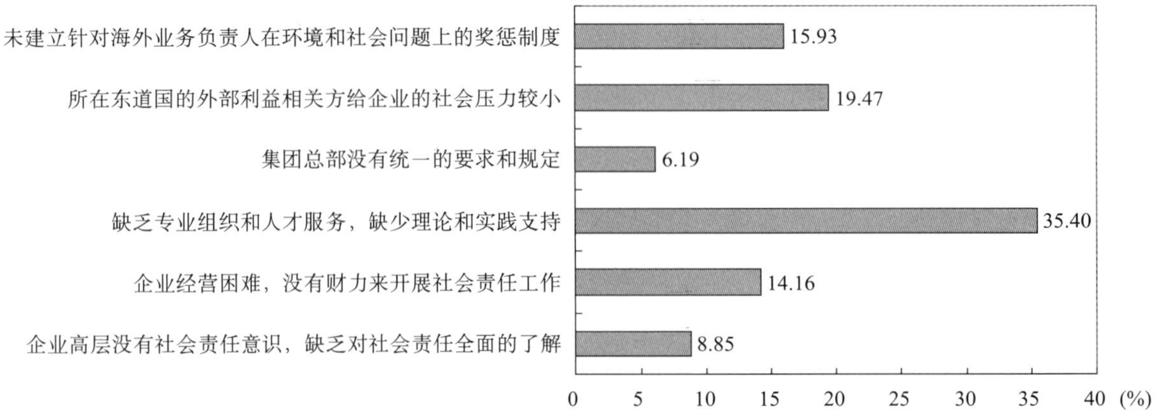

图4-6-6　制约被调查企业海外分支机构履行社会责任的因素情况

海外投资的环境保护实践

从对环保类法律法规的了解情况来看，87.67%的被调查企业对东道国和自身行业相关的环保类法律法规是非常了解或大概了解的。其中，非常了解的占26.03%，大概了解的占61.64%。12.33%的被调查企业对东道国和自身行业相关的环保类法律法规不太了解或不了解。具体见图4-6-7。

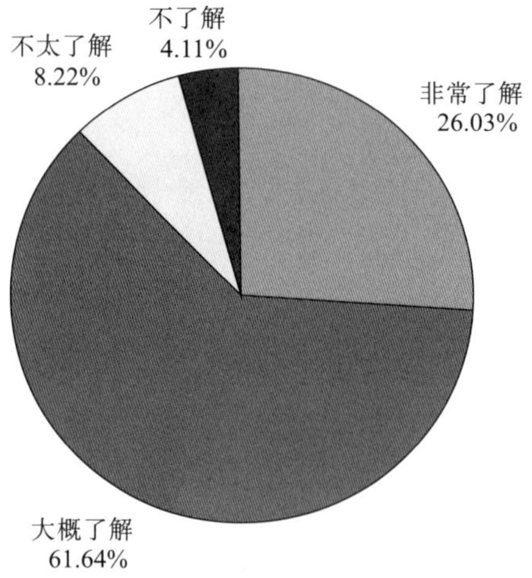

图4-6-7　被调查企业对东道国和自身行业相关的环保类法律法规的了解情况

在被调查企业中，约80%的企业对中国政府颁布的有关海外投资合作中有关环保方面的法律法规非常了解或大概了解。其中，非常了解的占21.62%，大概了解的占48.65%；不太了解和不了解的各占14.86%。具体见图4-6-8。

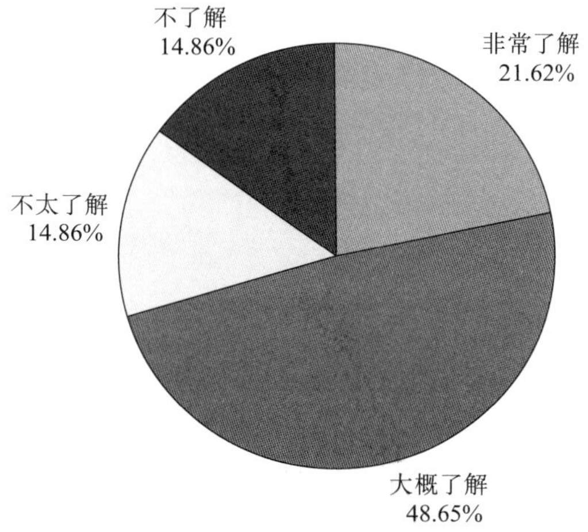

图 4-6-8 被调查企业对中国政府颁布的有关海外投资合作中有关环保方面的法律法规了解情况

海外投资的社区服务实践

（一）遇到社区问题的原因

在被调查企业中，57.14%的企业认为境外遇到社区问题的原因是缺乏与当地社区居民的沟通和互动；55.71%的企业认为是经营活动对原住居民生产生活带来的影响；44.29%的企业认为是对当地文化习俗的不了解；35.71%的企业认为是当地居民对中国企业产生误解；32.86%的企业认为是中方雇员与当地居民因文化不同而产生误解和矛盾；30%的企业认为是因土地征用等问题导致的权益争议；还有11.43%的企业认为是媒体的负面报道。具体见图4-6-9。

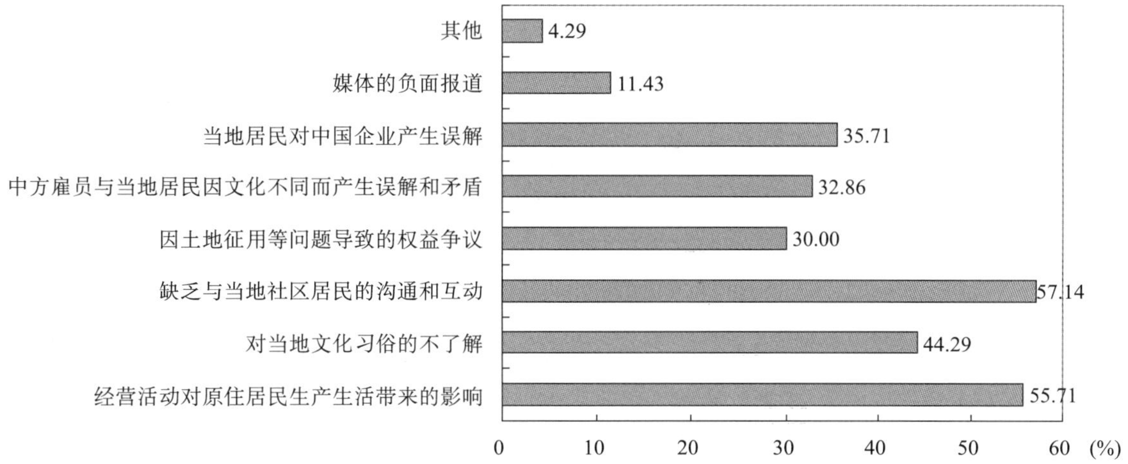

图 4-6-9 被调查企业境外遇到社区问题的原因

（二）对当地社会发展做出贡献的形式

在被调查企业中，21.43%的企业参与当地基础设施工程建设；15.93%的企业针对当地弱势群体开展慈善公益项目；13.74%的企业开展了文化交流；10.99%的企业针对当地居民开展职业技能培训；9.34%的企业援建医院、学校、政府大楼等；7.14%的企业开展过灾后应急救援；还有6.04%的企业在当地开展生态及环境保护项目，还有6.04%的企业支持当地政府官员到中国学习发展经验。具体见图4-6-10。

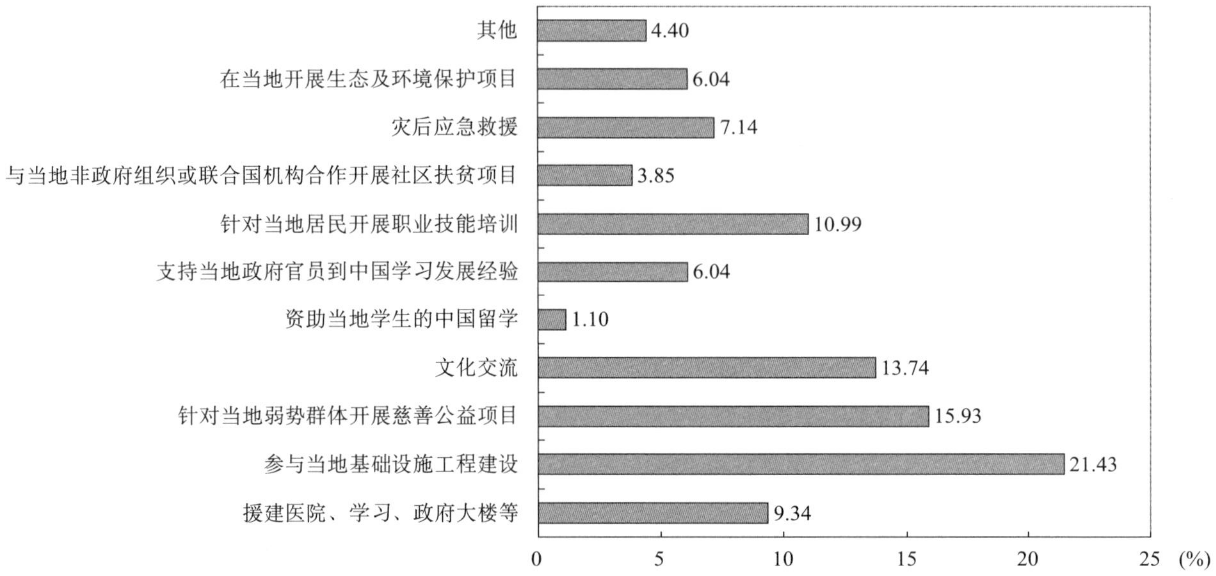

图4-6-10 被调查企业在东道国对当地社会发展做出贡献的形式

（三）社区公益

在被调查企业中，24%的企业海外业务已经建立了对外捐款管理制度。其中：建立了完善的对外捐款管理制度的共有2家，占比3.23%；尚待完善的共有13家，占比20.97%。76%的企业尚未建立对外捐款管理制度。其中：正在计划建立相关管理制度的企业共有19家，占比30.65%；没有建立近期也不准备建立的企业共有28家，占比45.16%。具体见图4-6-11。

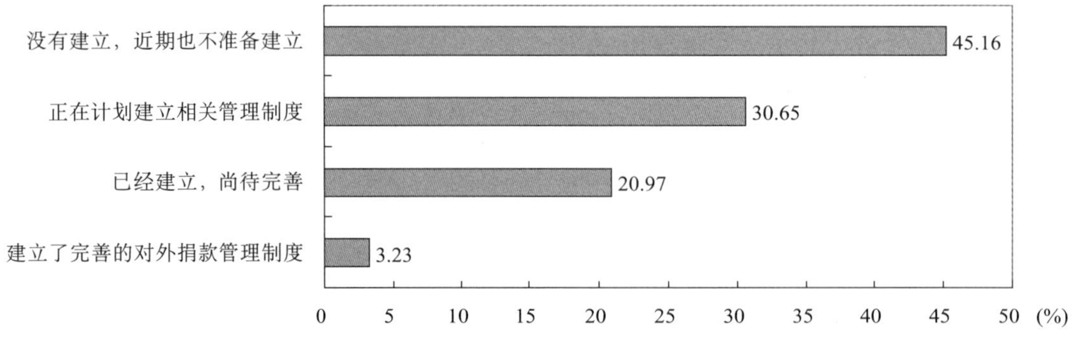

图4-6-11 被调查企业建立对外捐款管理制度的情况

在被调查企业中，27.27%的企业自身组织并负责捐赠；20.78%的企业仅仅是捐出钱物给当地社区，不监管事后的捐款效果；16.88%的企业同国际组织或当地非政府组织NGO合作捐赠项目，并监管事后的捐赠效果；3.90%的企业捐出钱物给国际组织或当地的非政府组织NGO，而不监管事后的捐款效果。具体见图4-6-12。

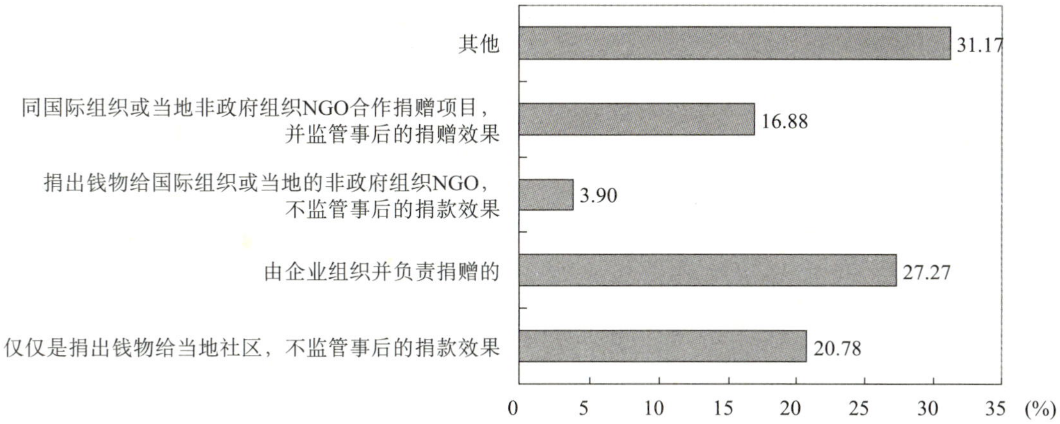

图 4－6－12　被调查企业对捐款项目的参与情况

从企业在海外开展社会公益项目的困难情况来看，27.21%的企业认为是缺乏专业并在当地具有影响力的合作伙伴，缺少协助企业设计并实施社会公益项目；26.47%的企业回答是缺乏国际媒体的合作经验，无法客观公正地传播中国企业对投资地区所作出的积极的社会贡献；25.74%的回答是社会公益投入缺乏持续性、系统性，致使对企业在海外的品牌建设作用有限；还有16.91%的企业认为是因缺乏沟通和规划，造成部分公益项目与实际需求不相符。具体见图 4－6－13。

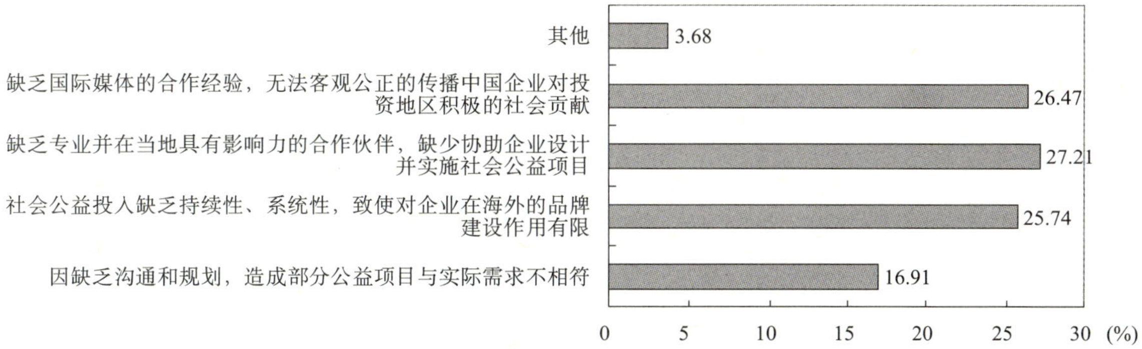

图 4－6－13　被调查企业在海外开展社会公益项目的困难

第五篇

2015年投资风险热点

第一章
政府违约风险

2014 年，中国对外直接投资流量首次突破千亿美元，位居世界第三；2015 年，中国对外直接投资存量突破万亿美元，进入世界前十。随着对外直接投资流量和存量的进一步增长，中国企业面临的各类海外投资风险也越来越突出，尤其是政治风险。

最近两年，作为典型政治风险之一的政府违约风险频繁发生，给包括中国企业在内的海外投资者造成了较大影响。根据 2013 年 MIGA – EIU 对政治风险的调查显示，政府违约事件发生的概率高于征收、限制汇兑、战争等其他政治风险。与其他国际投资者相比，中国企业进行大规模海外投资起步较晚，历史也较短，应对海外投资风险的经验十分有限，在政府违约风险中遭受的损失也较为明显。2015—2016 年，中国信保对 181 家企业进行海外投资风险调研，结果显示，在影响中国企业海外投资的政治风险中，政府违约风险是各类企业最为关注的投资风险之一。可以说，政府违约风险已成为当前中国企业海外投资应重点关注的风险，也是中国企业在“走出去”过程中所面临的不可逾越的障碍。

因此，加强政府违约风险研究，深入分析政府违约风险的特点、发生原因和发展趋势，并相应地提出建设性应对策略，不仅能够帮助中国企业识别和管控海外投资中可能面临的政府违约风险，更好地维护中国企业的利益，也有利于进一步扩大中国的海外投资规模，增强中国在经济全球化进程中的影响力。

一 政府违约风险简述

（一）政府违约和政府违约风险的概念

关于政府违约，目前还没有统一的定义。有学者认为，政府违约风险是指东道国政府违反或拒绝履行其与外国投资者签订的投资者契约，从而给投资者带来损失的可能性[①]。多边投资担保机构（MIGA）1985 年制定的《多边投资担保机构公约》第 11 条第 3 款对政府违约的定义是：“东道国

① 王斌：“试论政府违约风险的法律控制”，载《浙江社会科学》2007 年第 4 期，第 111 页。

政府不履行或违反与被保险人签订的合同，并且（1）被保险人无法求助于司法或仲裁机关对其提出的有关诉讼做出裁决，或（2）该司法或仲裁机关未能在担保合同规定的合理期限内做出裁决，或（3）虽有这样的裁决，但未能执行。”

中国出口信用保险公司2015年编撰的《信用保险词典》对政府违约进行了如下定义：在信用保险领域，政府违约是东道国政府[①]违反或不履行与被保险人就投资项目签署的有关具有法律约束力的协议和合同，且拒绝按照法院或仲裁机构裁决书中裁定的赔偿金额对被保险人进行赔偿的行为[②]。此定义包含了三方面的内容：一是违约主体是东道国政府；二是违约标的是与投资者（被保险人）所签署的合同或协议；三是违约的结果是不履行违约司法裁决，给投资者带来损失。本报告采用《信用保险词典》对政府违约的定义。也就是说，政府违约是指一国政府不履行与外国投资者签署的合同或协议，从而给外国投资者的正常经营带来影响的违约行为。

（二）政府违约风险的特点

以上对政府违约的定义表明，政府违约风险与投资者所面临的其他类型的违约风险有很大不同，这与政治风险的特殊性密切相关。

1. 违约主体的特殊性

政府违约风险的最大特点在于违约主体，即政府的非商业性，这也是企业应对政府违约风险的最主要难题。虽然按照签署的投资协议或合同，缔约双方，即海外投资企业与东道国政府应处于平等地位，但事实上，企业与政府之间的地位并不对等。这就导致无法将政府违约与平等主体间的民事违约相提并论，投资企业也不能简单地运用民法中的违约理论来处理政府违约问题。

2. 违约结果的严重性

企业一旦遭遇政府违约风险，影响通常十分巨大，主要表现在：

（1）由于违约主体是主权国家，履约意愿而非履约能力往往才是违约事件发生的真实原因。如果一国政府出于政治目的而采取违约行为，投资企业便很难避免此类事件的发生。

（2）政府违约风险一旦发生，企业作为外国债权人，由于政治地位不对等，很难通过法律等途径获得合理的赔偿，而且如果违约事件的发生具有一定的针对性，企业的损失将无法避免。

（3）政府违约风险体现的是主权意志，而主权国家本身就是契约预设的最终担保人，企业很难在主权国家之外获得有效的外部担保，这就使得政府违约风险一旦发生，企业的损失便十分巨大。

3. 违约事件的复杂性

违约事件的复杂性是指，政府违约事件通常与其他政治风险事件同时存在是其他政治风险衍生的结果，或是诱发其他政治风险的原因 。比如，政府违约行为可能导致征收或禁止汇兑等具体结果。《美国对外援助法案》就规定，“征收包括但不限于外国政府废弃、拒绝履行及损害其与投资者订立的合同，使该投资项目实际上难以继续经营”，而一些国际司法实践也明确将“合同权利”作为征收的对象，此类政府征收便可能构成政府违约风险。如，东道国政府违反其对投资者的保证，禁止投资者将所获当地货币兑换为外币并汇回本国，此类政府违约行为便是货币汇兑风险的构成

① 根据中国出口信用保险公司《海外投资（债权）保险产品条款解释》及《海外投资（股权）保险产品条款解释》的内容，政府是指有效控制东道国全部或部分的、对投资项目有直接影响的现任或后续通知机构，或其授权代理人、代表人，或者其承认的法院、法庭或从属的立法、司法及行政机构。

② 《信用保险词典》（第一版），中国金融出版社，P532。

要件。

4. 政府违约难以管控

政府违约风险的发生往往具有一定的偶然性，而出于政治目的发生的政府违约事件，更是让企业难以应对。一方面，企业在政府违约风险识别方面往往缺乏相应的资源，很难准确识别和判断境外投资、并购或承包工程中潜在的各类政府违约风险，因而也无法采取相应的措施来规避或者管控风险。另一方面，在政府违约风险的控制方面，由于很多违约事件的发生体现的是一国政府的意志，很难利用传统的风险控制策略实现风险的转移和规避，因此给企业减损造成较大难度。

（三）政府违约行为的表现形式

1. 取消或变更项目适用范围

取消或变更项目适用范围通常发生在政府更迭的背景下。新政府对前政府的决定做出重大变更，导致新政府对优先权设置变化，或者某些重大 PPP 项目需要议会的重新批准。适用范围取消或变更引发的政府违约事件对投资企业的影响往往很大，因为企业在前期准备方案时已经进行了较大数额的投资。此外，相关政府部门临时改变适用范围也会影响项目的交付，私营部门可能为此付出沉重的代价。

2. 环保和其他许可问题

政府相关部门对环保和其他许可的延迟发放或取消，也会给企业带来较大影响。因环保及社会影响评估出现未预见的结果而导致施工许可证的延发会严重影响项目的盈利能力，并对企业的资金流动形成挑战。即便项目能够及时获得许可，也可能附加新的不可预见或代价极大的条款，如补偿要求或使用限制等，从而影响项目企业的收益。

3. 直接违反合同或协议

直接违反合同或协议，是指东道国政府的行为直接违反了其与投资者签订的契约。例如，在 PPP 特许协议下，政府部门以安全、健康或其他社会关注的问题为由拒绝履行其应尽的义务，如变更经营期限、改变协议价格，甚至不履行约定承诺等。无论这些理由是否合理，都会对企业的项目投资产生不利影响。

4. 特定工程监管问题

此类风险多涉及可能对当地民众和环境造成严重影响的基础设施项目，如机场或水坝建设类项目。此类项目的运营往往有特殊的规定，任何细节的变化（如噪声等级不达标或水质受影响等）都可能对项目的成本控制、正常运营和按期交付造成极为负面的影响。此外，价格上限规则的变化也可能减少收费公路项目的收入从而降低企业的投资者预期收益。

5. 特别许可的持续风险

此类情况下，风险系数随特别许可终止期限的临近而不断升高，如特别许可是否会延续、是否重新开放招标、特别许可是否会提前终止等，都可能给企业的运营造成较大的不确定性，从而增加企业投资的风险。

6. 项目报废风险

如果投资项目在其寿命结束后需做拆除或报废处理，那么项目费用将在很大程度上取决于环保标准，例如，露天矿井的复垦或污染场地的复原。如果在项目运营阶段环评标准发生变化，则会增加项目的预计退役成本。因此，项目退役之前往往需要预留此项资金，从而影响项目运营资金的合理配置和企业的投资收益率。

7. 法律和行业规定的变化

此外，因法律和行业规定引发的政府违约行为也时有发生。在一个项目的项目周期各个阶段，必然涉及各种法律法规和行业规定，其经济效益也会受这些法律规定和行业规则的变化的影响。比如，一国关于劳动关系及移民配额等一般性法规的修订可能大幅增加外国投资项目的人力成本，从而降低项目的预期收益，有时甚至会引发亏损。另外，政府对投资项目所涉行业的行业法规的调整也会改变现有企业或新进入企业的竞争环境，从而增加企业面临的不平等竞争风险。比如，一国政府对可再生能源行业的上网电价规则或公路使用规则的更改很可能引发外国投资项目的项目成本的增加或收益的下降，从而使该企业面临项目亏损的风险。

政府违约风险发生的原因

中国企业大规模对外投资还处于起步阶段，可供研究的政府违约风险数据样本有限，国内针对海外投资的风险研究也刚刚起步，缺乏可供借鉴的研究成果。因此，分析诱发政府违约风险的因素有较大的难度。

中国信保自开展海外投资保险以来，累计承保海外投资项目金额 1 500 多亿美元，涉及 100 多个国家和地区。通过海外投资保险的承保和理赔，中国信保在海外投资风险管控领域积累了一定的数据和经验。同时，从第二次世界大战后至今，美国的对外投资已经走过了 70 年，其在政府违约方面的研究积累了丰富的经验和研究成果。此外，多边投资担保机构（MIGA）也一直在加强政治风险的研究，同样积累了大量案例。结合各方资源、观点和研究成果，我们尝试对政府违约的原因做一次系统的梳理，勾画出政府违约风险的分析框架，此框架主要从政治层面、经济层面和项目层面对政府违约的原因进行全面分析，从而为政府违约风险管控措施的探索奠定基础。

（一）政治层面

政府违约风险是典型的政治风险之一，政治因素是诱发政府违约的最主要原因。其中，政治稳定性下降、政府执政环境的变化、政府政治倾向以及政府政策的不连续均可能引发政府违约。

1. 政治稳定性与政府违约

政府违约风险与东道国的政治稳定性有较大的相关性。发达国家政体整体稳定，法律也较为健全，政府违约风险相对较低。发展中国家的政治稳定性则较低，法律法规和经济制度经常面临着修订和完善，政府违约风险也相对较高。

2. 政府执政环境与政府违约

政府执政环境的变化也可能引发政府违约事件。一般而言，在两党制或多党联合政府中，政党轮换、联合政府重组或者议会大选经常会引起政府政策的相应调整。如果政府中的主导政党间政治和经济态度差异明显，那么政府换届引发的监管政策和投资政策的改变也可能发生较大的变化，从而增加政府违约的可能性。

3. 政府政治倾向与政府违约

一国政府的意识形态，或政治倾向也会在一定层面上影响政府违约的发生。具有民族主义色彩或左翼色彩的政府，通常对外国企业在本国的投资活动采取相对谨慎、保守的态度，外国企业在当地进行投资时往往会面临不公平竞争等挑战。而且，当国内经济形势恶化时，此类政府往往会采取国有化征收、限制汇兑等手段来提高本国政府对经济的控制能力，以缓解国内矛盾。在这种情况下，政府违约事件会急剧增加，从而影响在当地进行投资的外国企业的利益。实施自由经济制度的国家则更加注重市场的力量，十分关注私有产权保护和产权平等原则，政府出于政治目的干涉经济项目的行为也往往会受到多方权力的制约，从而避免政府轻易做出违约的举措①。

4. 政府政策的不连续性与政府违约

在实行选举制的国家，每届政府任期往往在 5—7 年左右，但大部分海外企业参与的投资项目往往是中长期投资，尤其是基础设施项目的运营周期在 10 年以上。这就意味着外国企业所参与投资的项目可能要跨越几个政府任期。当东道国政府变更且不同执政者的经济政策不一致时，就会使得政府政策呈现不连续性，进而增加海外投资者所面临的政府违约风险。

（二）经济层面

影响政府违约事件发生的经济因素主要包括东道国 GDP 下滑、全球或地区性经济危机和“中等收入陷阱”等，而东道国的贫富差距与政府违约的关联性不大。

1. 私有化和公私合营模式的扩展是政府违约的前提

政府违约的发生，具有一定的时代背景。私有化浪潮和 PPP 模式的兴起，是政府违约事件发生的最主要起因。为了摆脱 20 世纪 70 年代以来的经济滞涨，20 世纪 80 年代初发达国家纷纷按照新自由主义经济学的主张放松对经济的管控。以里根经济学和撒切尔经济学为代表，发达国家开始了长达 30 年的经济自由化和私有化进程，经济恢复繁荣景象。与此同时，随着经济全球化的拓展，发展中国家也开始按照市场经济理论来发展本国经济。鉴于公私合营模式既能够增强本国经济的竞争力，又能维持政府对国内市场的控制，发展中国家政府便纷纷在市场经济发展中扩展公私合营模式。冷战结束后，转型国家开始实施全面的改革，在经济方面以推行自由化和私有化为主要内容，但受传统经济体制的制约和经济自由化之后国民经济的迅速降低而对完全自由化保持怀疑，因此也十分青睐公私合营模式。

正是私有化浪潮和公私合营模式的大量推广，使得全球投资者更多地参与海外投资，并在投资过程中直接或间接地与东道国政府签订各类合同，因而也开始面临更多的政府违约风险。从 20 世纪 90 年代开始，因国有化而引发的直接或间接的政府征收事件开始减少，而违约事件则呈上升趋势。

2. 东道国 GDP 下滑，政府违约发生概率上升

MIGA 数据显示，MIGA 成立以来已有超过 100 个项目经历了违约事件。在这些案例中，东道国 GDP 增速放缓引发财政困难往往是引发政府违约的主要原因。当经济增长速度放缓，政府收入便会减少，财政赤字随之增加，便为政府寻找额外收入提供特殊动力。与此同时，国民经济发展表现下降更易引发国内投资者和民众对海外投资者和投资项目的保守态度，从而导致之前签订的项目合同可能面临适用范围变更、特别许可期缩短或者劳工配额减少等潜在的违约风险诱因。

3. 全球或地区性经济危机期间，政府违约事件增加

当爆发全球或地区性经济危机时，政府违约事件也会相应增加。根据 MIGA - EIU 的联合调研

① MIGA，World Investment and Political Risk 2011。

表明，29%的被调查者认为经济危机是导致政府违约发生的最主要因素[①]。

首先，经济危机，尤其是金融危机引发的商品市场和资本市场波动往往对东道国外汇储备、财政收支平衡形成较大冲击，从而增加政府违约的可能性。

其次，经济危机的发生会较大程度地改变一国的商业和资本市场环境，原先签订的合同无法适应当前东道国经济环境和财政支付能力，使得东道国政府更有动力通过重新谈判修改相应的合同条款，诱发政府违约事件。

最后，处于全球或者地区性经济危机中的政府更容易采取具有保护、排外色彩的经济和贸易政策，也更倾向于运用政府行政能力来调整与海外投资者的既有合作项目，进而引发政府违约。1990—2012年投资者与主权国家的国际仲裁数量统计（见图5-1-1）显示，2001年互联网经济危机和2009年金融危机之后政府违约事件均出现大幅增长。伦敦国际仲裁法庭（The London Court of International Arbitration）受理的243个仲裁案例中，2007—2008年政府违约事件增加了55%，2009年又同比增加了14%。总部位于巴黎的国际商会（The International Chamber of Commerce（ICC））仲裁的违约事件在2008年增加了11%，2009年又增加了23%，两年共计817起违约仲裁。瑞士商会仲裁和法院调解（The Swiss Chambers' Court Of Arbitration and Mediation（SCCAM））2008年的仲裁事件增加了15%，2009年大幅增长53%，两年累计104个仲裁诉讼。此外，随着金融危机向中东蔓延，迪拜国际仲裁中心2009年受理的申请仲裁案例同比增幅也达到两位数。相似的仲裁案例上升趋势在亚洲也有呈现[②]。

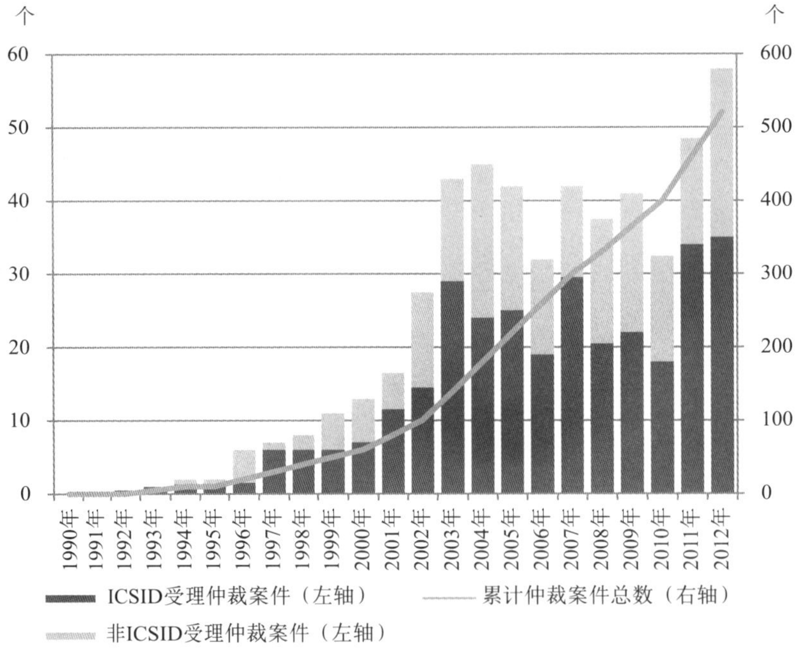

图5-1-1　1990—2012年投资者与主权国家国际仲裁争议数量统计

资料来源：MIGA 2013。

① MIGA将合同层面的数据库和国家风险方面的数据结合在一起形成了一个更大的数据库。其中一个核心的数据库是World Bank and PPIAF PPI Project Database，这个数据库详细记载了从1984年到2011年5 302个公私合营（PPP）基础设施项目合同。另一个核心数据库是UNCTAD Database of Treaty-based Investor-State Dispute Settlement Cases，包括了从1987到2010年的394个争端案件。宏观层面的数据可从多个渠道收集，包含了宏观经济变量和政治变量。

② MIGA，World Investment and Political Risk 2013.

4. 中等收入水平的国家更易发生政府违约事件

很多投资者都认为低收入国家支付能力和支付意愿都相对较低，因此更容易发生政府违约事件，但国外相关案例研究显示，一国收入水平与政府违约事件概率之间的关系与投资者的经验预期并不一致。研究表明，低收入国家和高收入国家发生政府违约行为的概率都比较低，而中等收入国家的海外投资更易遭遇政府违约事件。也就是说，东道国的人均收入水平和政府违约概率呈倒U型相关关系，其根本原因在于不同国家的违约能力和违约意愿不同。

低收入国家政府吸引海外投资的需求较大，违约意愿相对较低，而且也缺乏采取政府违约行为的能力。高收入国家虽有实施政府违约行为的足够能力，但其经济和法律制度相对健全，也更尊重契约精神，而且高收入国家在对外投资契约关系中多处于优势地位，因此违约意愿较低。

中等收入国家往往有着更强的违约能力和更高的违约意愿。其一，政治、经济和社会的发展使得这些国家的经济和法律制度多处于不断修订、完善之中，长期合同的签署往往无法与其不断变化的经济、法律和行业制度相适应，因而产生政府违约的意愿。其二，中等收入国家往往希望不断增强本国在对外投资中的地位，以维护自己的经济和社会发展利益，这便提高了其更改甚至废除所签合同的意愿。其三，经济的发展也使得中等收入国家有足够的能力改变其政府所签署的合同，从而使政府违约的可行性大大增加。

5. 政府违约事件与东道国的贫富差距并无显著的关系

通常认为，一个国家贫富差距过大将产生诸多社会问题，进而造成社会动荡，给东道国政府执政施加压力，使其有动力与外国投资企业重新谈判，修改合同条款。然而，相关研究结果表明，政府违约事件的发生与东道国的贫富差距并无显著关系，即基尼系数与政府违约概率之间并无明显的统计相关性。

（三）项目层面

影响政府违约的微观层面的因素多集中在与具体项目相关的特定问题，但这些问题并非孤立存在，多与前述政治和经济层面的因素密切相关。

1. 对外投资项目合同期限越长，越可能遭遇政府违约事件

这是因为，项目周期太长则会跨越多个政府任期和经济周期，也面临更多风险。从合同签署，到项目逐步开展实施，再到项目结束，东道国的经济发展状况以及政府对海外投资的态度都可能发生很大变化，合同中的部分条款可能已经无法适应东道国当前的政治、经济和社会发展情况。如果此时项目合同中的某些条款或者项目本身对东道国政府或社会经济发展产生不利影响，东道国政府可能会采取更改合同条款甚至完全废除合同的举措，从而发生政府违约事件，使投资者面临合同条款变更所带来的风险。

2. 海外投资项目的股权配置中东道国政府、企业和国际金融机构（IFIs）等相关利益方的参与比重也会对政府违约形成影响

一般而言，如果项目中有多边国际金融机构的参与，也会对东道国政府的违约行为形成制约，因为东道国政府不得不面临来自多边国际金融机构的制约。同样，如果项目中有东道国政府和企业参与，项目开展、完成以及利益回收将与东道国政府和本国企业的利益密切相关，从而增加海外企业与东道国政府的利益黏性，降低政府违约的风险。但是，东道国政府参与项目股权配置在特殊情况下也会诱发政府违约行为，尤其是东道国政府在项目进行开始和进行中希望更改股权和收益分成但遭到其他股权方的拒绝时，政府参与项目所带来的收益黏性反而会增加政府违约的可能性。

3. 项目所涉行业的特点也会影响政府违约事件的发生

一方面，如果项目所属行业在东道国正处于高速发展时期，那么东道国政府往往会加强该行业的行业制度和标准的建设和管理，从而使得海外投资项目面临因行业制度和标准变化而引发的政府违约风险。另一方面，如果海外企业投资所在行业的项目合同类型多样、内容复杂，或者会影响到与东道国政府政治经济甚至军事方面的核心利益，则项目合同在执行过程中将非常容易面临政府违约风险。

4. 项目本身的实施特点也会对政府违约风险形成影响

如果项目会对东道国的自然环境或当地民众的日常生活产生较大影响，如水电站、垃圾处理项目、路桥建设等，则会面临特殊的压力。当地民众的利益诉求以及非政府组织（NGO）的反对往往会给当地政府形成额外的社会和舆论压力，从而引发政府违约行为。比如，密松电站项目在执行前，虽然投资者对项目的环境保护问题做了大量的工作，但在建设期依然遭到当地部分民众、NGO人员的反对，并最终被政府叫停。

政府违约发展趋势分析

（一）中资企业面临的政府违约风险诱发因素调研

自2015年起，中国信保开始对中资企业的海外投资业务进行风险调研，从2016年的调研数据看，被调查企业认为，东道国政府更迭是政府违约的最主要因素，随后依次是经济危机、政治不稳定或者战争、主权债务违约和东道国政府与中国的关系。具体内容见图5-1-2。

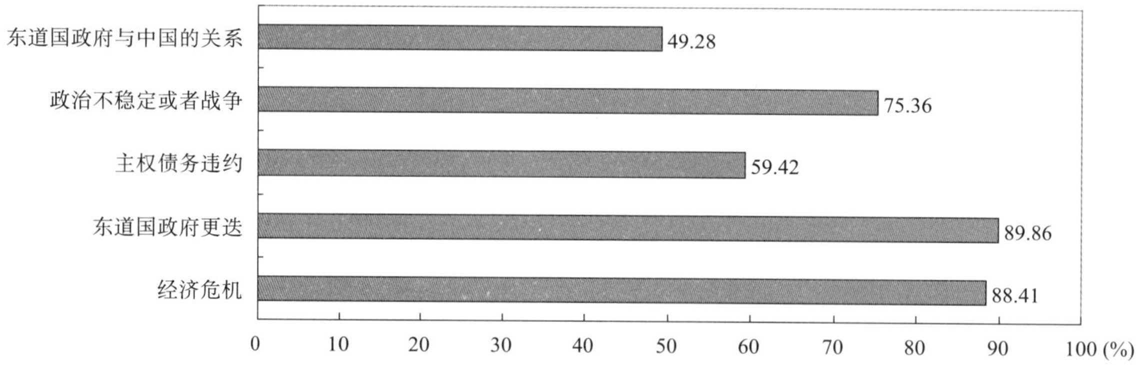

图5-1-2 政府违约风险诱发因素调研

除了中国信保的调研，从2009年开始，MIGA每年都会针对新兴经济体的政治风险进行相关调研。2013年调研结果显示，在海外投资的过程中，投资者最关心政府监管规则变化和政府违约风险。45%的受访者认为政府违约是海外投资企业未来三年所面临的最主要的政治风险，而58%的受访者认为东道国监管政策的改变更值得关注，但必须注意的是，监管规则变化是引发政府违约的重要原因，也会增加政府违约风险。这已是受访者连续第四年将政府违约风险排在政治风险的首位。34%的受访者在过去三年经历了政府违约事件，具体信息见图5-1-3。

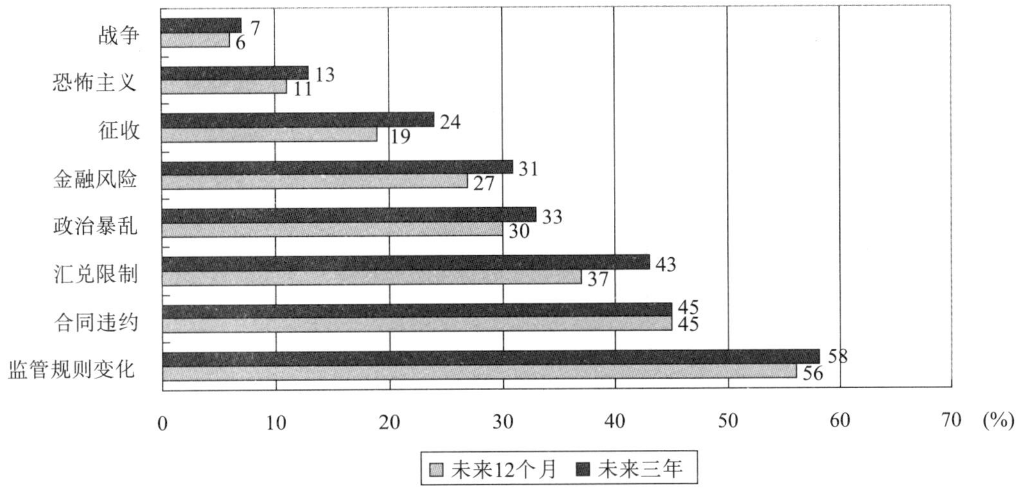

图5-1-3 投资者在新兴经济体投资最关注的政治风险

资料来源：MIGA-EIU Political Risk Survey 2013。

（二）中资企业海外投资进入政府违约高发期

2012年以来，中资企业海外投资进入快速发展阶段。海外投资的快速扩张在给企业带来收益的同时，也暴露了中资企业海外投资经验的不足。大量案例和调研数据显示，中资企业海外投资已进入风险高发期。

2008年金融危机之后，国际政治形势复杂，经济复苏趋势并不明朗，各国经济均面临较大压力。中国经济虽然在政府的宏观调控下迅速实现了恢复发展，但随着中国企业“走出去”步伐的加快，中国资本在全球海外投资布局中所遭遇的挑战和风险也逐渐增加。这一方面是因为中国企业开始涉足前并未参与或者参与程度较低的市场，对其政府的政策行为了解程度较少，另一方面则是因为中国国际话语权的增加使得一些东道国，东道国政府因为政治目的而进行违约的可能性增加，从而给中国企业的海外投资带来了更多的不确定性。

除了国际环境和中国经济崛起的影响，中国企业自身在政府违约风险研究和应对方面的表现也有待提高。与欧美日等发达国家企业相比，中国企业广泛进行海外投资起步较晚，实践也较少，因而在整体的项目运营和沟通协调经验有限。同时，中国企业海外投资风险事件的经历较少，对海外投资风险的认识不深入，风险评估工作不全面，风险管控措施也比较单一，整体的风险应对能力较弱。另外，在海外投资前期的系统规划、尽职调查等方面，中国企业也存在诸多不足之处，从而增加了风险暴露的可能性。必须关注的是，中国企业“走出去”的速度并不会因此放缓，风险评估和控制能力不足与企业海外业务的快速拓展在短期内很难实现协调发展，也会使得企业的海外投资面临更大风险。

国内政府违约风险研究的缺失也制约了中国企业应对政府违约风险的水平迅速提高。首先，政府违约风险本身具有不确定性、偶发性和复杂性等特点，其内涵和表现也在不断变化，增加了相关研究的难度。其次，虽然国际上对政府违约风险已有深入研究，但其所分析和预设的政府违约风险诱发因素并不完全符合中国企业自身的发展特点和中国的政策要求。再次，中国企业大规模“走出去”的时间较短，可供国内进行相关研究的政府违约案例也较少，风险研究也才刚刚起步，尚不能完全支撑中国企业的海外投资需求。最后，仅仅针对已发案例的研究往往有一定的滞后性，要为中国企业提供深入、具体、及时且符合中国企业特色的风险研究应对措施也较为困难。

企业管控政府违约风险的建议

虽然政府违约风险识别难度大，风险管控不易，但这并不意味着企业在政府违约事件面前“无能为力”。相反，正是因为政府违约事件频发，带来损失巨大，风险管控不易，才更有必要采取主动行动，积极进行风险研究，增强风险识别和风险管控的能力，以不断提高企业的风险应对水平，减少损失。

结合中国信保在海外投资保险承保及理赔的经验，并借鉴国际上在政府违约风险管控方面的经验，企业加强政府违约风险管控应从投资前的风险评估、经营过程中的持续管控及风险发生后的处理等三方面入手。

（一）投资前的政府违约风险防范工作

1. 深入分析东道国的投资环境

外国投资者在投资计划实施前，应主动与东道国政府建立密切联系，就投资事宜进行深入协商，以增进了解，培植信任，促进理解与合作。密切、直接的协商不仅有助于推动东道国政府与外国投资者达成相应投资协议，也有助于外国投资者深入了解协议中所具体确定的投资内容、企业所能享有的投资优惠待遇以及双方的权利和义务关系。更重要的是，深入协商可以帮助企业更好地了解东道国政府在投资协议中的核心考量和利益关切，掌握政府相关部门在该项目投资中的角色和利益分配，深入挖掘可能影响投资协定签订和项目具体落实的各项因素，从而为企业的投资决策、投资谈判、协议签订和风险管控设计做好准备，最大限度地防范在东道国投资可能遭遇的各项风险，尤其是政府违约风险。

具体而言，企业投资者决定在东道国进行投资前，应该对东道国的政治制度、国家政策、经济发展水平、文化意识形态、社会秩序和宗教争端等基本状况进行全面的了解，并密切关注东道国当地的政治、经济和社会发展局势。同时，投资者应该积极依托相关国家的风险预警和信息通报制度，深入分析投资国对外投资部门发布的国别风险投资报告，对东道国的经济发展态势、国家信用评级和投资风险进行系统的观察与详尽的评估。

对中国企业而言，应该积极利用国家相关部门发布的各种投资合作指南、风险研究报告和风险提示信息。自2009年起，商务部国际贸易经济合作研究院、商务部投资促进事务局和中国驻外经商机构每年编写、更新《对外投资合作国别（地区）指南》，客观介绍有关国家（地区）的投资合作环境，并对企业跨国经营应注意的问题给予提示。我国投资者可结合该指南对世界各地的政治、经济、社会、法律、风险习惯等信息的介绍以及对中国企业走出去所应特别注意的具体规定，对东道国的投资环境进行系统深入地分析。中国出口信用保险公司每年也会定期发布《国家风险分析报告》，从政治风险、经济风险、商业环境风险、法律风险等四个方面对全球绝大多数国家进行全面介绍，以支持中国企业海外投资中的风险识别和管控工作。为顺应中国对外投资发展的大趋势，响应国家“一带一路”战略，中国信保从2015年开始每年出版《全球投资风险分析报告》，专门研究企业在海外投资中所应了解的东道国的营商环境、法律环境、投资机会等信息，并对相关投资风险进行深入、具体的介绍和分析，从而帮助中国企业更好地应对海外投资中所面临的各类投资风险。

此外，一些国际研究机构也在许多国家设立专门的政治风险评估机构，并定期发布不同国家的政治风险评估报告。投资者也可借鉴这些国内外机构发布的国别风险报告，具体评估海外投资的政治风险。

2. 购买海外投资保险以应对政府违约风险

为鼓励与促进不同国家之间资本的流动，保障国际投资的安全，多边投资担保机构（MIGA）为外国投资者向发展中国家的投资提供不同类型的政治风险担保。同时，各国国内也都会成立相关的政策性保险公司以更好地保证本国投资者海外投资的投资利益。中国政府于2001年出资成立了中国出口信用保险公司，主要负责对中国企业的海外投资提供各类保险。此外，为吸引外资、改善投资环境、保证投资安全，各国政府也会鼓励本国的其他保险机构为外国投资者在本国的投资承保政治风险。因此，当投资者认为在某国东道国投资存在潜在的政治风险时，可选择在多边投资担保机构（MIGA）和相关国家的保险公司投保政治风险保险，以避免政治风险发生后造成的巨大损失，中国企业则可选择拥有国家政策支持的中国出口信用保险公司来应对海外投资所面临的政治风险。可以说，在多边投资担保机构（MIGA）或中国出口信用保险公司等投保政治风险，是投资者防范海外投资政治风险最有效的应对措施之一。

（二）做好项目全周期的政府违约风险应对工作

通过跟踪和分析30年来海外投资涉及的政府违约事件，MIGA试图寻找合同年限与政府违约之间的关系。研究结果显示，随着合同年限的推移，政府违约风险的发生概率也呈上升趋势。其中，政府违约风险在合同期限前8年内发生的可能性会明显上升，随后逐渐下降，当合同期限增加到20年以上时风险发生概率再次迅速升高，投资回报的不确定性也会相应增加。这意味着政府违约风险的发生概率在合同执行各个阶段并不相同，而且项目开始及项目结束阶段极易发生合同违约。这往往是因为在项目启动阶段合同的落实可能遇到各种现实问题，容易引发政府对项目合同的修改，甚至废止，而在项目后期，原有的合同条款可能已经无法适应东道国政治经济环境的巨大变化，且项目后期的合同收益分配也会增加东道国政府修改原有合同条款的可能性。图5－1－4是投资年限与政府违约可能性关系。

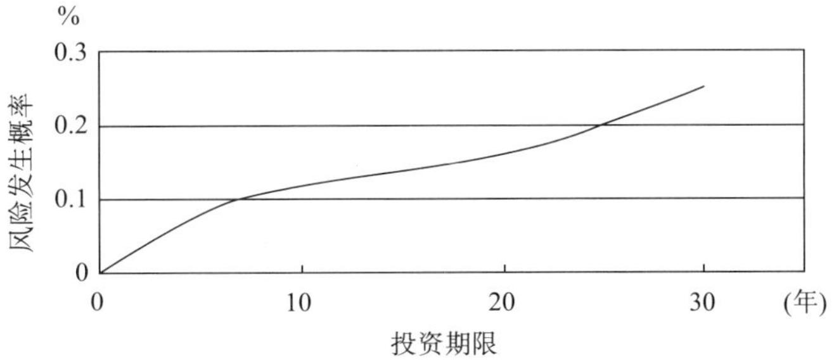

图5－1－4　投资年限与政府违约可能性关系

因此，政府违约风险概率随着项目周期的推进而发生的这种变化趋势要求相关企业在进行项目投资时，必须有针对性地为项目全周期内各个阶段的政府违约风险设计相应的风险管控措施，以最大限度地推动项目的顺利进行，保障企业的收益。

1. 项目前期的投资结构设计和行业选择

在项目前期，即计划阶段，企业应为降低政府违约风险做好准备，结合相关案例和数据的分析，建议企业尝试从投资结构设计、投资行业选择两个方面做好相关工作。

（1）投资结构的多元化设计。通过投资结构设计降低政府违约的可能性主要包括加大东道国政府、多边国际金融机构等参与合同的份额，并结合其他投资方式联合投资等。

加大东道国政府参与份额的方式是降低政府违约风险的有效手段之一，因为东道国政府参与的越多，合同违约给其政府带来的损失也越大。MIGA 的研究表明，东道国政府参与合同的份额高低与政府违约的概率存在负相关关系，即项目投资结构中政府参与份额越高，项目发生违约的概率也越低。

争取投资结构中国际金融机构的参与也是降低政府违约行为的有效措施之一。此处的国际金融机构主要指世界银行旗下的 IBRD（International Bank for Reconstruction and Development）、IDA（International Development Association）、IFC（International Finance Corporation）、MIGA（Multilateral Investment Guarantee Agency）。引入国际机构参与项目投资意味着东道国政府的违约行为不仅会影响相关海外企业的利益，也将损害其他国际金融机构的利益，因此不得不面临相关国际组织或国家的压力。在这种情况下，政府违约行为不仅会影响东道国政府自身的国际声誉，还会因信誉降低而引发国际金融机构的惩罚。例如，世界银行集团向 100 多个发展中国家及经济转型国家提供贷款，若某国政府发生违约，世界银行集团可对其进行制裁，取消与其进行的其他投资合作项目。因此，顾及政府的声誉以及后续经济后果，东道国政府往往会尽量避免政府违约行为，从而有效降低违约事件发生的概率。

与此具有同样效果的措施是利用其他灵活的合资方式进行联合投资。投资者可以与其他有影响力且海外投资经验丰富的跨国企业组成合资公司，不仅能增强项目自身的竞争力，也能够联合应对政府违约行为，提升话语权，最大限度地维护自身利益。此外，投资者也可与东道国国内的投资者或项目所在地社区共同出资进行项目投资，这种联合方式可帮助企业成为本地企业，并增加当地经济与投资项目的利益融合，从而获得当地社区的大力支持，降低政府违约的可能性，保障项目的顺利进行。

（2）投资行业的选择。全球经济一体化为跨国企业在全球配置资源提供了便利，而以石油、煤炭、矿产等为代表的能源和自然资源投资则成为众多跨国公司拓展国际业务的重要业务方向。但是，这些富有开发和投资潜力的资源拥有国或地区往往存在政治动荡、经济制度不健全、文化宗教环境复杂等问题。而且，相比于其他行业，海外投资企业对本国的资源和能源等自然资源的大规模开发往往更容易引发东道国的资源民族主义情绪，从而加大政府在社会舆论的压力之下更改甚至完全废止协议的可能性。也就是说，海外投资企业如果选择投资资源或能源密集型行业将面对更复杂的项目运营环境，也面临更大的政府违约风险。

因此，海外企业在进行项目投资时应尽可能避开石油、天然气和矿产等能源、自然资源开发等政府违约概率较高的行业，如果确实要对这些行业进行投资，则应该在项目前期就做好详尽的尽职调查，了解东道国在这些领域的履约历史记录和履约能力，从而做好项目政府违约风险的管控和应对准备。

2. 企业项目进行中加强政府互动、社区活动与商业运营

（1）加强企业与东道国政府部门的有效互动。由于海外投资项目的生命周期往往较长，而且任何一个细微环节都很有可能引发政府违约事件。海外投资者必须在项目运营中保持与政府部门和项目所在地区之间的有效互动，同时加强项目的商业运营能力，从而最大限度地规避政府违约风险，保证项目的顺利进行。

与东道国政府等公共机构进行有建设性的沟通，时刻关注当地政治发展动向并采取相应的宣传战略是海外项目投资者降低政府违约概率的重要措施。企业通过推进与东道国公共部门之间的互动，可以及时了解相关部门对项目的利益关切和态度变化，从而与其展开有效沟通与对话，增强监管部门对项目的了解程度，创造互惠的氛围。具体而言，企业应该保持并加强与相关政府部门的沟通渠道、频度与效率。由于投资项目期限较长，不同阶段项目所面临的外部环境不尽相同，双方沟通的内容和细节也应有针对性。例如：在项目起始阶段，投资人应避免任何不准确信息对政府的误导；在投资全流程中，企业应积极与政府共享信息，加深其对投资者的全面了解。此外，企业还应选派专人或团队与政府相关人员保持持续沟通，建立信任关系，同时增进其对投资者及投资项目的认可度。

在关注东道国政府部门之余，企业也应密切关注项目相关行业信息和政治发展的动向，并适时加强宣传。任何投资均有一定的行业属性，而政府的相关决策通常具有一定的行业视角，行业因素也是引发政府违约行为的重要诱因。因此，投资者在整个投资周期，要时刻关注行业的发展动向和政府的行业政策走势，以尽可能规避基于行业政策调整而产生的政府违约。如果投资者能通过宣传、参与行业政策的制定等方式影响东道国相关行业的政策制定和决策，那将对投资者的投资行为产生积极的保护作用。

（2）广泛参与当地社区活动。社区民主政治日益广泛地参与公共生活的发展现实决定了企业必须在项目全周期内持续参与社区的建设活动，并通过各种途经降低项目建设对当地社区的消极影响，以最大限度地降低因社区等社会因素而引发政府违约行为的可能性。在项目投资前期，企业就应与社区进行接洽，让社区参与到项目的规划和建设中来。

在项目规划中要做好社区咨询，主要包括环境和社会影响评价，结合反馈的内容优化项目设计，并向社区公布项目相关信息和设计优化措施，以缓解当地居民的忧虑，增进其对项目的认可度，从而避免在项目后续的建设过程中因社区反对而修改方案造成成本上升和工程拖期等各种问题。项目在施工建设期间应认真考虑社区相关建议，通过合理规划运输路线，在节假日或夜间进行低噪音施工安排等降低项目建设对社区居民生活的影响，增进其对项目建设中各类活动的理解。在建设及后续的运营期，投资人也需要与社区保持良好沟通，做好项目信息的公示工作，满足当地居民对项目信息的需求，让项目建设更加透明。同时，企业也应鼓励社区民众积极参与项目的建设和运营，最大限度降低民众抵制所带来的运营风险。

（3）负责任的商业运营。企业要力争成为负责任的运营商，避免负面信息给企业的投资造成消极影响。投资项目建成并运营后，负责任的商业运营和提供有价值的服务是后续经济成功的前提，运营健康规范也是降低政府干预的有效前提。这要求投资者必须适时公开披露项目相关信息，主动接受东道国政府和社会对项目的管理和监督。此外，项目企业也要严格遵守东道国的财政和法律等制度，避免腐败和贿赂行为。这些都是海外投资项目风险管控的重要内容。

（三）做好政府违约行为的积极应对工作

投资者即便做好以上与项目设计和建设运营相关的风险规避措施，政府违约风险也并没有完全消除。虽然企业可以通过购买海外投资保险来获得政府违约风险的补偿，但海外投资保险能覆盖的风险范围与政府违约所涉及的全部风险依然有一定的差异。因此，投资者必须在政府违约行为发生后积极做好相应的争端解决等应对工作，以最大限度地减少和规避利益损失。

1. 与东道国政府协商解决争端

对于外国投资者与东道国政府之间的政治风险争议，最有效的方式应是直接与东道国政府进行协商以解决争端。按各国双边投资协定的规定可以通过以下两种方式解决：一是采用友好协商方式解决争端，友好协商方式的期限根据各国不同的规定从 3 至 36 个月不等，以 6 个月的规定居多。二是在友好协商不能解决争端的情况下，通过国际仲裁的方式予以解决。双边投资协定中约定的仲裁机构主要有 ICSID 仲裁庭、联合国国际贸易法委员会专设仲裁庭、联合国国际贸易法委员会专设仲裁庭、经争议双方同意的任何其他仲裁机构或专设仲裁庭。

2. 积极寻求当地救济

用尽当地救济原则（exhaustion of local remedies），又称用尽国内救济原则，是一项重要的国际习惯法原则，是传统国际责任的重要组成部分。在国际投资领域，该原则主要适用于国际投资争议的解决，包括外国私人投资者（个人或公司）与东道国政府因外国私人直接投资问题所产生的争议。虽然该原则有一定的局限性，但从降低投资风险的角度来看，依然有一定的积极意义，因此，企业应将争议第一时间提交东道国的行政或司法机关按照东道国的程序法和实体法予以解决。

专题：中国企业斯里兰卡科伦坡港口城项目遭遇政府违约案例分析

2015 年初，斯里兰卡政权更迭，新政府上台伊始即暂停了包括科伦坡港口城项目在内的一批中国承建项目。这是中国提出“一带一路”倡议后，在周边地区实施过程中首次遭遇重大挫折。科伦坡港口城项目于 2016 年初得以重启，分析此次风波带来风险的经验教训对顺利推进“一带一路”倡议具有重要意义。

（一）风波始末

随着印度洋在中国海外贸易、能源和原料运输中的重要性日益上升，位于印度洋主航道中心线附近、被誉为“东西方十字路口”的斯里兰卡在中国海外战略中的位置也逐渐上升，已被视为中国“21 世纪海上丝绸之路”上的重要一环。同时，为恢复印度洋航运枢纽地位、振兴本国经济，斯里兰卡亦对参与共建“21 世纪海上丝绸之路”表达出强烈意愿。2014 年 9 月，习近平主席访问斯里兰卡期间，科伦坡港口城项目正式签约开工。

作为斯里兰卡迄今为止最大的外资项目，科伦坡港口城位于科伦坡 CBD 核心，与希尔顿酒店等标志性建筑咫尺相连，并以“未来城市”为城市定位。该项目规划建设国际购物中心、文化中心、五星级酒店、国际游艇码头、超高层高档写字楼多座、高档住宅 30 000 套，计划为 16 万人提供生活、就业居所。

科伦坡港口城项目由中国某建设集团与斯里兰卡国家港务局共同开发，项目由该中国公司的全资子公司科伦坡港口城公司实施。项目直接投资 14 亿美元，规划建筑规模超过 530 万平方米，包括计划 3 年完成的填海造地 276 公顷土地，1/3 将由该中国公司拥有并开发，其余的 2/3 交由斯里兰卡开发。项目计划 5—8 年初步形成规模，20—25 年全部建设完成，预计创造超过 8.3 万个就业机会。项目的二期投资将达到 130 亿美元，该中国公司将吸引国内和世界投资者对这片土地进行共同开发。

该项工程在 2014 年 9 月 17 日开工，但 2014 年底斯里兰卡政坛风云突变，港口城项目面临危机。斯里兰卡反对党利用拉贾帕克萨总统决定提前举行总统大选之机，策动自由党总书记西里塞纳脱离拉贾帕克萨政府，担任反对党共同候选人。在总统竞选过程中，斯里兰卡反对党以腐败为由在媒体上强烈攻击中国贷款或投资合作项目。2015 年 1 月，西里塞纳在总统大选中击败拉贾帕克萨当选斯里兰卡总统，并任命统一国民党领袖维克拉马辛哈担任政府总理，牵头组建临时内阁。斯里兰卡政权由此发生更迭。2015 年初，为稳定政局，同时应对来自印度、美国等国的外部压力，斯里兰卡过渡政府宣布对前政府批准的一批中资项目进行重审，并以环保评估、土地使用权等为由暂停了中国直接投资的科伦坡港口城项目，该项目遭遇政府违约危机。

斯里兰卡临时政府的决定不仅给中国企业带来巨大损失，使中斯合作陷入困境，也挫伤了其他外国投资者对斯里兰卡的投资信心，投资环境随之恶化，经济也出现明显波动。但随着斯里兰卡政局的迅速稳定，涉华负面声音逐渐减少，中斯关系也出现缓和迹象。2015 年 3 月，斯里兰卡新总统西里塞纳访华，传达了“21 世纪海上丝绸之路”框架内加强同中国的友好合作的意愿。斯里兰卡总统表示，愿与中方共同落实好业已达成的各项协议，并鼓励更多中国企业赴斯里兰卡投资，也承诺向外国投资者提供健康的投资环境。

由此，科伦坡港口城项目的重启已成为斯里兰卡投资环境改善的风向标。2016 年初，为重启该项目，斯里兰卡高层不断释放积极信号，称科伦坡港口城项目是斯里兰卡国际“智能化”、“技术化”发展的一部分，政府将继续推动这一由中国投资开发的大型建设项目。在提交环保测评补充材料及港口城部分用地归属权相关谈判后，2016 年 3 月斯里兰卡总理维克拉马辛哈访华前夕，科伦坡港口城项目正式复工，但有关停工赔偿问题双方仍在谈判中。

（二）原因分析

1. 项目叫停原因

中国项目成为斯里兰卡政治博弈的焦点。自 2009 年内战结束后，斯里兰卡政治安全局势趋稳。拉贾帕克萨政府对华持友好态度，重视发展对华关系，两国在经济、社会建设各领域展开全面合作。中国不仅为斯里兰卡战后重建提供亟须的资金和技术援助，还承建了 A09 公路、科伦坡机场高速公路、科伦坡南港集装箱码头、汉班托塔港、马特拉国际机场、普特拉姆燃煤电站等一系列基础设施项目。

在斯里兰卡，反对党统一国民党与拉贾帕克萨政府对峙多年，多遭政府打压。随着新一届总统选举的临近，以统一国民党为首的斯里兰卡反对党便抨击拉贾帕克萨政府“过于亲华”，并将中国在斯里兰卡的投资合作项目视为拉贾帕克萨的政治资本，加以大力攻击，科伦坡港口城项目首当其冲。斯里兰卡新政府上台伊始，为进一步削弱前总统拉贾帕克萨的势力，新总理、统一国民党领袖维克拉马辛哈宣布中断并重审前政府推进的大型项目建设，深挖前政府高官涉贪丑闻，并将中斯项目合作与拉贾帕克萨家族贪腐问题挂钩，中国在斯投资项目处境被动。

因此，中国科伦坡港口城项目遭遇政府违约风险的直接原因便是斯里兰卡政府发生更迭，中国投资项目成为斯里兰卡国内政治博弈的焦点。

地区大国的政治博弈是项目叫停的外因。随着中国经济实力的增长和在南亚地区影响力的上升，一直将南亚视为自身势力范围的印度也凭借地缘优势竭力维护其在南亚的主导地位。斯里兰卡的重要战略地位和近来中国潜艇停靠科伦坡使得印度对拉贾帕克萨政府的友华政策以及中斯项目合作始终充满疑虑，并多次向斯里兰卡政府施压。维克拉马辛哈在竞选中对拉贾帕克萨政府破坏斯里兰卡对印度、中国、日本、美国的“平衡关系”的指责，与印度对斯里兰卡外交路线应予以“纠正”的看法相吻合。同时，为分化拉贾帕克萨政府，印度甚至还参与促成包括西里塞纳在内的国会议员脱离拉贾帕克萨政府，加入反对派阵营①。斯里兰卡新政府上台后，立即大幅调整对外政策，积极“修复”与印度、美国的关系并寻求其支持，中国在斯大型合作项目难免受到影响。

2. 科伦坡港口城项目短期内复工原因

（1）斯里兰卡政局趋稳及财政困境。斯里兰卡政府更迭后，为应对拉贾帕克萨卷土重来，统一国民党领导人、新政府总理维克拉马辛哈与自由党领导人、总统西里塞纳采取合作态度，牢牢把握议会绝对优势席位，斯里兰卡政府实现平稳过渡。随着政局的日益稳定，经济增速下滑、财政困难加重成为新政府面临的最大挑战。斯里兰卡 2015 年经济增速为 5.1%，远低于内战结束后历年的平均水平。

过去十年，斯里兰卡从中国获得了资金和技术支持，特别是在基础设施建设方面，斯里兰卡近 70% 的基础设施项目是由中国出资承建。得益于这些巨大的支持，最近五六年斯里兰卡建筑业年均增长约 23%，为斯 GDP 快速增长做出了最大贡献。新政府重审并暂时叫停一批中国在斯建设项目，不仅使斯中企业蒙受巨大损失，还标志着斯里兰卡投资环境的恶化。严重依赖外资的斯里兰卡经济随后迅速恶化，外债问题凸显，国内就业压力激增，财政困难日益加重。斯里兰卡最大的建筑公司——玛嘎公司 2 000 多名工人失业，另有 3 600 多名过剩员工也面临失业风险。出于发展经济、稳定社会秩序的考虑，斯里兰卡新政府恢复被叫停的中国项目，进一步深化斯中合作，是必然的选择②。

（2）印度及西方国家口惠而实不至。斯里兰卡新政府的上台得到了印度的大力支持，但当其遇到财政困难、希望印度等国大规模增加对斯贷款或投资时却没有得到积极的回应。相反，美国等西方国家加大了对斯里兰卡人权状况的指责，联合国人权理事会还通过涉斯人权报告。斯里兰卡改善与西方关系的愿望基本落空，民众不满声音也逐步显现。在这种情境下，为恢复外商投资信心，阻止经济形势进一步恶化，斯里兰卡新政府反思其对外政策，选择主动调整对华关系，希望在中国的帮助下克服财政困难。在此背景下，科伦坡港口城项目得以重启。

（三）经验教训

1. 密切关注东道国政局变化，做好风险警示

斯里兰卡政局在战后保持基本稳定，拉贾帕克萨政府亦对华持友好态度，但斯里兰卡政坛内部斗争激烈，国内也始终对拉贾帕克萨的亲华政策存在不同声音，说明斯里兰卡政治风险和斯中两国关系变动风险均在增加。在大选前夕，斯里兰卡执政集团的分裂、反对党针对中国项目的攻击以及

---

① 斯里兰卡反对派上台新政府欲“平衡”与中印关系_国际新闻_环球网，http://world.huanqiu.com/exclusive/2015—01/5433539.html。

② 科伦坡港口城项目有望重启_国际先驱导报_新华网，http://news.xinhuanet.com/herald/2015—11/11/c_134805372.htm。

印度对斯里兰卡反对党的支持态度更应引起中国项目运营方对斯里兰卡政府征收、政府违约等风险行为的关注。如果中国企业和政府能够及早发现以上风险，并及时采取相应的措施进行风险规避或者管控，相关损失可能会大幅减少。同时，在新政府转变对华态度、同意重启相关项目后，中国企业也不应完全放松风险警示，仍应做好损失赔偿谈判相关准备，并着眼项目未来的风险管控制度设计，尽量争取项目的顺利运营。

此次政府违约危机表明，对地缘政治关系复杂的国家，中国企业应全面分析其国内政治力量的关系，加强深入交流，及时了解其对相关项目的态度及意见，扩大友好基础。在项目建设和运作中，企业也应密切跟踪其国内外政治关系及其变化，做好相关的风险警示、管控和应对的制度设计，尽早防范潜在风险，避免成为东道国国内政治斗争的牺牲品。

2. 准确研判外部力量对东道国政策的影响

随着中国地区影响力的上升，不可避免地引发一些国家的“担忧”。中国提出“一带一路”倡议后，必然会在相关地区加大投资，也会对地区内其他政治经济大国的战略布局产生影响，相关合作项目也必然会受到第三国的干扰。因此，中国在“一带一路”沿线国家推进项目合作时，应准确分析该地区相关国家对东道国政治、经济和社会文化的影响，提前做好相关的风险应对准备，尽力避免第三方力量对项目推进的干扰。另外，在“一带一路”倡议的落实过程中，中国企业应配合政府做好相关国家的项目推进分配安排，以“互利合作”为基准，尽力兼顾中国企业、东道国政府和当地民众的利益，并努力避免资源掠夺者和环境破坏者的负面形象。

3. 增强项目合理性论证，提升企业风险识别、管控和应对能力

斯里兰卡科伦坡港口城项目之所以能在短期内复工，不仅与斯里兰卡与中国两国关系的变化、中国政府的努力密切相关，也与中国企业自身的海外项目运营经验以及项目本身有关。在科伦坡港口项目签约之前，具有 30 多年海外市场经验的中国企业已进行了四年的前期准备工作，不仅雇佣十多家世界顶尖的咨询公司对项目进行全方位的考察、评估和审核，还对项目的财务分析、市场分析以及项目建成后对斯里兰卡经济发展与民生改善等方面的积极影响也进行了充分的论证。在遭遇反对党和媒体有关环评问题和危害航空权等质疑后，中国企业也立即予以澄清和补充论证。当然，此次政府违约危机仍然暴露出中国企业“走出去”过程中在风险识别、管控和应对方面的某些不足，值得所有企业进行深思。

第二章 非传统安全风险[①]

随着中国企业“走出去”规模的不断扩大，中国企业在海外经营的项目和人员不断增加。2015年，我国境内投资者对全球155个国家/地区的6 532家境外企业进行了非金融类直接投资[②]，对外派出各类劳务人员达53万人（截至2015年底，在外各类劳务人员102.7万人[③]）。与此同时，中国企业在海外投资中所面临的各类传统和非传统安全风险也在突显。一方面，叙利亚战争、也门冲突、俄乌冲突等传统地缘政治安全事件对国际区域性经营环境的持续影响还在继续；另一方面，2015年以来，以恐怖袭击为代表的非传统安全也给中资企业的境外经营人员的生命安全和项目财产安全造成巨大的影响。ISIS势力范围的扩大，法国巴黎、伊拉克、巴基斯坦、马里等地的恐怖袭击事件都意味着，由非传统安全问题引发的风险越来越成为中国企业海外投资中所必须面临和防范的风险之一。

一 非传统安全风险简述

（一）非传统安全风险的概念

一般而言，非传统安全威胁是相对传统安全威胁因素而言，指除军事、政治和外交冲突以外的其他对主权国家及人类整体生存与发展构成威胁的因素。非传统安全问题主要包括经济安全、金融安全、生态环境安全、信息安全、资源安全、恐怖主义、武器扩散、疾病蔓延、跨国犯罪、走私贩毒、非法移民、海盗、洗钱等。也有专家学者把此类风险称为“公共安全风险”。

与此不同，海外投资和对外承包工程中的非传统安全风险则是相对于具体投资项目的施工或生产安全风险来说的，是将传统的施工/生产安全之外海外投资和对外承包工程项目可能遇到的其他所有安全方面的风险，统称为“境外非传统安全风险”。本书讨论海外投资所涉及的非传统安全风

① 中国出口信用保险公司资信评估中心主编：《中国企业境外投资和对外承包工程风险管控及案例分析》，2015年1月。

② 2014年度中国对外直接投资统计公报——中国有1.85万家企业，在国境外共设立了2.97万家企业，资产总额3.1万亿美元。

③ 2016年统计数据［OL］，商务部网站。

险时采用后一种定义。

传统的生产安全属于企业或项目管理范畴，大多数企业均有相对完善的安全管理规程，在境外执行项目过程中，依然可应用这些成熟的安全管理方法和流程。非传统安全风险主要是由于外部的、人为或自然因素造成的，往往会导致重大人员伤亡、财产损失，严重的可能造成投资项目无法完成，给海外投资经营的企业带来重大损失。

根据以上定义，本书认为海外投资非传统安全风险通常包括因战争、动乱、政权非正常更迭，恐怖袭击，人员的绑架和挟持引发的政治安全风险，社会公共治安安全风险，劳工骚乱风险，环境安全、重大自然灾害、极端天气以及公共卫生安全风险等。

（二）非传统安全风险产生的外部原因

在国际经贸领域，发达国家的企业和资本早已在那些低风险、高收益的投资地区和领域形成了相对的垄断优势，作为后来者的中国企业必须在风险较高的亚洲、非洲和拉美等欠发达地区寻求突破，使得中国企业海外经营环境相对较差、面临危险因素较多。最近几年，中国企业海外投资所面临的各类环境变化表明，中国企业海外投资正进入非传统安全风险高发期，主要的外部影响因素如下：

（1）国际金融危机和区域性经济衰退导致一些国家失业率上升、政府控制力下降、社会治安恶化，偷盗、抢劫等刑事犯罪多发；

（2）地区热点问题持续影响，地区冲突与国家动荡导致中央政府控制力下降，经常波及中资企业人员和机构，使其成为东道国国内政治斗争和反政府武装对抗的牺牲品；

（3）国际恐怖主义活跃，某些地区对外国人的绑架勒索产业化，对包括中资企业在内的跨国经营造成巨大冲击；

（4）东道国地方保护主义、资源民族主义高涨，在多种因素综合作用下形成针对海外华人的蓄意犯罪事件；

（5）境外项目劳务纠纷引起的劳工骚乱常有发生；

（6）区域环境问题突出，部分落后地区受卫生条件限制，疾病蔓延；

（7）全球气候变暖导致极端天气，飓风、洪水、泥石流多发。

（三）非传统安全风险产生的内部原因

除了外部原因之外，企业在海外投资中所面临的非传统安全风险在很大程度上也与企业自身实力和经验不足等内部原因有关，这一点对中国企业尤为重要。

首先，中资企业自身存在着国际化经验不足、商业运营能力较低等诸多问题。很多企业在进行海外投资时存在盲目性，为占领市场、抢项目采取低价竞标策略，在项目施工过程中又为增加利益而牺牲工程质量，无法达到相关政府的合同标准要求。有的企业没有做好前期的东道国营商环境调查工作，对当地的市场环境、法律政策和行业标准了解不深入、不到位，结果在合同执行中出现偏差。还有的企业经营管理模式粗放，并购整合和项目管理能力较低，或者不遵守驻在国法律，通过商业贿赂来获取项目，也有企业不注重企业社会责任，无视树立和维护良好对外形象的重要性。以上因素均会加大企业项目开发和运营过程中的政府违约风险。

其次，中资企业风险意识差，风险管控能力相对较弱。虽然中国企业海外发展速度较快，但很多企业对当地舆情、风俗和经营习惯不甚了解，海外投资中潜在风险的识别、管控和应对的意识、经验和能力都有待提高。比如，有的中资企业没有劳工风险的管控意识，对当地员工管理不规范，长期漠视雇员诉求，结果导致劳工群体性事件频发。也有的企业虽然意识到海外投资风险的存在，但风险防范能力不强，境外安全管理体系也不完善，突发事件的应急处置能力较差。

最后，我国海外劳工和公民自身素质有待提高。一是公民出国前缺乏必要的安全培训，对海外安全环境缺乏必要了解，自我保护能力较差；二是部分公民素质不高，不尊重当地风俗习惯，出现违法犯罪、突破当地文化和道德底线的行为；三是海外中国企业、个人的许多特殊习惯，如现金携带多、习惯大量雇用国内职员、喜欢封闭式管理、遇到不测惯于用钱解决等容易引发各种针对性的袭击。

非传统安全风险分类

（一）战争、动乱和政权非正常更迭风险

战争、动乱和政权非正常更迭等政治风险对企业海外经营的影响十分严重。一旦发生此类风险，所在国项目和人员的安全将受到极大威胁，往往会导致项目被迫暂停或终止、人员大规模撤离、项目合同履约难以继续等严重后果。具体而言，此类事件又包括以下三种情况：

第一类情况是东道国政权在动乱和战争后直接发生更迭。此类事件不仅会使得建设现场的人员、设备和物资在动乱过程中遭受直接损失，而且极可能导致建设项目被迫终止，合同面临毁约。例如，2011 年西亚、北非地区形势不断恶化，利比亚、叙利亚等国政局动荡，迫使众多中资企业和近 4 万名中方人员紧急撤离，大量项目被迫搁置。南苏丹独立后，南北苏丹围绕过境石油开采和领土问题纷争不断，致使当地许多石油项目被迫停产，海外企业损失巨大。

第二类情况是东道国虽然发生战乱，但原有政权没有垮台。在此类情况下，东道国内乱结束后承包商仍受原合同的制约，但战争或骚乱已使工程终止施工，施工期限被迫拖延，成本提高。此外，停工期间承包商为保护设备、工程、人员需要支付许多额外开支，结果工程费用大大增加。例如，2013 年 12 月南苏丹发生的政变虽然未能颠覆原有政权，但国家安全形势急转直下，数十家在当地投资的中资企业被迫撤离到周边国家，遭遇重大损失。再如，缅甸北部政府军与克钦独立军冲突不断，局势持续紧张，导致中资企业部分项目暂停，近千人被迫撤回，给企业带来巨大损失。阿富汗和巴基斯坦等国政局持续动乱，中资企业多次收到恐怖袭击预警，严重影响了企业项目的正常运作。

第三类情况是东道国政府未经战争或内乱而发生平稳的政府换届。此类状况最为常见，比如企业在海外经营期间经历东道国大选，投资环境也会发生相应变化，从而影响项目的正常运行。如果大选之后反对党上台，则可能重新审核上届政府所批准的海外投资项目，并出台有针对性的不利政策，也可能导致海外投资项目由盈利变为亏损。

（二）恐怖袭击风险

恐怖袭击风险指恐怖主义分子使用爆炸、枪击、劫持，甚至化学、生物等方式和手段进行破坏

活动，严重影响社会秩序和经济生活正常进行的风险。“9・11”事件以来，国际恐怖主义活动屡有发生，某些国家和地区的各种恐怖组织依然十分活跃。2014 年至今，全球区域冲突和恐怖袭击事件不断恶化，ISIS 崛起后恐怖袭击有增无减，法国巴黎、马里、巴基斯坦、比利时布鲁塞尔等地先后遭受恐怖袭击，中国企业和人员在境外直接或间接的遭受恐怖袭击的事件也时有发生。2015 年 11 月，马里发生恐怖袭击事件，三名中资企业人员遇害。此类恐怖袭击事件不仅会给企业带来巨大的生命和财产损失，还会给计划到这些目标国开展贸易和投资活动的其他中国企业带来困扰。

（三）人员的绑架和挟持风险

绑架和勒索是一种古老的犯罪形式。随着经济全球化的快速发展，针对跨国公司境外人员进行的绑架和挟持事件频发，绑架和挟持风险已成为境外投资和对外承包工程企业所面临的重大风险之一。

从犯罪动机和背景来分析，可以将绑架挟持分为政治型、经济型、流窜型和报复型四种。

“政治型绑架挟持”指作案者将绑架和挟持人质作为与政府谈判的筹码，以实现其特殊的政治目的，或通过绑架挟持事件吸引国际社会对其政治诉求的关注。2004 年 9 月 1 日发生的俄罗斯别斯兰人质事件就是典型的政治型绑架挟持事件。

“经济型绑架挟持”指作案者绑架人质的唯一目的是勒索赎金。东南亚地区、索马里以及尼日利亚等地区的海盗的挟持行为即为典型的经济型绑架挟持。

“流窜型绑架挟持”指作案者因逃亡或受到威胁而挟持人质以获取逃生通道的绑架事件。2012 年苏丹人民解放运动武装组织（SPLM）因被政府军驱逐而冲进中资某公路项目营地并绑架 29 名中方员工事件就属此类绑架事件。

“报复型绑架挟持”指作案者没有合适的途径表达其诉求，因而对社会或政府产生不满，遂通过绑架一定目标的人员来报复特定目标或者政府的行为。近年在阿富汗和巴基斯坦发生的多起针对外国记者、西方企业人员的绑架挟持事件就属报复型绑架挟持。

（四）社会公共治安问题风险

社会公共治安问题风险指的是由于投资国和东道国经济发展水平以及文化生活存在较大差异，且海外投资和对外承包工程项目所在地存在较为严重的社会公共治安问题，外资企业及外派人员往往成为东道国偷盗、抢劫和勒索事件的目标对象，结果给海外投资企业带来财产和人员安全风险。中资企业在东南亚、非洲、中亚和拉美地区投资时经常遇到此类事件。

非洲一些国家往往存在政局相对不稳定、社会治安问题突出等问题，针对外资企业的抢劫、袭击等社会治安案件频发。中资企业员工往往性格比较温和，出门习惯携带大量现金，因而更容易成为盗抢的目标。2012 年 3 月马里爆发军事政变，其首都巴马科就发生了多起抢砸华人经营商店的案件。

受全球金融危机的影响，中亚国家经济出现严重困难，失业率不断攀升，部分城市社会治安形势恶化，犯罪率上升，偷盗、抢劫案件增多，外国公司和人员成为抢劫的对象，中方企业人员也曾被杀害、伤害或遭遇武装抢劫事件。

拉美地区是世界上暴力犯罪最猖獗的地区。在墨西哥、洪都拉斯、危地马拉等毒品泛滥的国家，治安问题尤为严重，而在巴西、智利等国有组织犯罪率也在不断上升。暴力犯罪等社会治安问题已经对中国在该区域的投资和对外承包工程人员的安全带来严重威胁。很多中国商人都曾在巴西遭遇沿途抢劫或勒索，很多中资企业甚至花重金将普通商务车改造成防弹车，以预防暴力犯罪。

东道国的社会公共治安问题不仅会增加中国企业在海外投资和项目承包过程中的安全防范支出，增加投资成本，也会给中国企业的海外投资项目和人员带来严重的安全威胁，从而成为中国企业“走出去”过程中不得不面临的重要风险之一。

（五）劳工骚乱风险

劳工骚乱风险指的是海外项目在日常管理过程中，因劳务来源复杂、管理沟通不善而引发的劳资纠纷、经济纠纷、合同纠纷、生活习惯冲突甚至宗教冲突等问题，甚至在劳务队伍中诱发群体性骚乱事件的风险。

中资企业在“走出去”初期的主要竞争力之一便是较低的劳动力成本。这种劳动力的低价竞争的结果之一便是大量国内廉价劳动力随着海外工程项目走向世界各地。同时，根据不同国家劳动法要求，企业也需要雇用比外籍工人数量更多的当地工人，甚至从第三国引进综合竞争力更强的劳工队伍。劳务来源复杂，不同群体对自身权益的保护和在薪资、工作时间、工作条件、HSE 等方面的诉求也各有不同，加之中国企业自身的劳务管理水平也亟待提高，因而十分容易引起各类纠纷，甚至酿成大规模的群体性事件，造成重大人员伤亡和财产损失。比如，2012 年 8 月 4 日，赞比亚南方省锡纳宗韦地区发生的科蓝煤矿劳工骚乱便造成一名中方管理人员死亡。

此外，劳工骚乱风险也十分容易受项目所在国自身的资源民族主义的影响，因而也更加难以防范和把控。

（六）自然灾害及环境安全风险

此类风险主要包括气象灾害、地震地质灾害、海洋灾害、生物灾害等自然灾害。具体表现为洪水、飓风、台风、地震、泥石流、滑坡、海啸、火山爆发、危险品的泄露和重大环境污染等自然及环境安全灾害。

2010 年 7 月，巴基斯坦西北边境省开始爆发百年不遇的洪水，中国企业的多个项目受到严重影响，三名中国工人、两名当地工人遇难。2010 年 4 月，冰岛埃亚菲亚德拉冰盖火山喷发造成欧洲航空运输瘫痪，严重影响了人们的生活和工作，所造成的社会经济损失甚至堪比“9・11”事件。2006 年，非洲西部科特迪瓦阿比让市因倾倒石油化学废物而造成 8 人死亡，近 9 万人出现健康问题。2004 年 12 月，印度洋发生里氏 9.0 级强烈地震并引发海啸，波及印尼、斯里兰卡、泰国、印度、马尔代夫等国，造成近 30 万人遇难，经济损失十分巨大。

整体而言，自然灾害和环境安全问题往往事发突然、难以预料，越来越成为海外企业进行投资不得不关注和应对的风险之一。

（七）公共卫生安全风险

公共卫生安全风险主要包括由各种传染病、地方病、食品安全事件、特殊作业危害（包括职业病）、动物疫情，以及其他影响人员健康和生命安全的公共卫生事件所带来的风险。

如今，人口的全球流动为传染病的快速传播、核污染物的扩散创造了更好的条件。从地理学角度上讲，传染病比历史任何时候传播的速度都要快。据估计，当前每年有超过 21 亿人次的航空旅客，世界上任何一个地方暴发流行性疾病都有可能在几小时内在世界其他地区开始扩散[①]，公共卫生安全已经成为一个全球性问题。

在海外投资过程中，公共卫生安全风险也是企业不得不面临的风险。由于很多工程项目所在地自然条件恶劣，公共卫生及医疗条件较差，公共卫生安全风险事件时有发生，企业如不能很好地处置此类风险，可能对项目人员的身体健康造成较大影响，进而影响项目的工期，给企业造成损失。

中国对外工程承包企业项目所集中投资的南亚、非洲和拉丁美洲等区域正是热带疾病多发区。2013 年下半年，登革热在拉美尼加拉瓜、哥斯达黎加、多米尼加、巴西等国肆虐，中国企业在这一区域的项目受到一定程度的影响。2014 年起在西非国家传播的埃博拉病毒已经夺走了 11 300 人的生命[②]，给相关国家的社会、经济造成重大损失，中资企业在相关国家的项目推进也受到一定影响。

疟疾高发区正是中国企业海外投资的重点区域，中国企业在这些地区从事工程项目需采取特殊措施对其加以防治。

（八）其他非传统安全风险

除以上七种企业境外经营面临的风险外，其他常见的非传统安全风险还有境外交通安全、差旅途中突发意外、民族主义、针对外国人的排外运动等。据统计，在境外投资和对外承包工程外派人员伤亡事件中，境外交通事故的伤亡人数最多，占伤亡人数总量的 40% 以上。因此，企业向境外派遣劳务人员前尤其要加强交通安全的培训。

非传统安全风险的管控

（一）非传统安全风险的识别和评估

非传统安全事件一旦发生，往往后果严重，社会关注度高，国际影响大，在给项目和企业带来巨大经济和人员损失的同时还可能危及企业的国际声誉。因此，规避和防范境外经营中的非传统安全风险成为企业海外投资不得不认真研究的课题。结合中国企业海外投资遭遇的非传统安全风险，我们将全球不同区域按照非传统安全风险高低划分为四类风险地区：

一类风险地区（高危区）：处于战争状态，中央政府控制乏力、地方势力割据，或者已发生针对中资企业机构和人员的袭击地区。

二类风险地区（次高危区）：既是以极端组织为主体的国际恐怖势力基地及活动区域，又是中央政府控制力薄弱、有组织跨国犯罪活动（如毒品、海盗活动等）猖獗的高发地区。

三类风险地区：局部冲突不断加剧，国家政局动荡，反政府武装众多，跨国有组织犯罪猖獗的地区。

四类风险地区：美国和欧洲等国家风险系数较小的发达国家地区。值得关注的是，“9·11”以后，美国等西方国家也已成为恐怖袭击的目标国，2015 年法国巴黎和比利时布鲁塞尔的恐怖主义袭击表明欧洲地区的安全风险也在增加，企业在这些地区经营依然需要重视非传统安全风险。

---

① 世界卫生组织．2007 年世界卫生报告［R/OL］。

② 世界卫生组织网站 http：//www. who. int/mediacentre/news/releases/2016/ebola - zero - liberia/en/。

上述划分只是一个相对的概念，实际上，随着国际政治经济形势的发展，安全与否、安全风险的高低都是相对的。企业在开发海外市场时，一定要进行充分的调查和研究，根据企业的投资和项目特点来分析东道国的非传统安全风险类别和风险程度的高低。在此过程中，企业可以参考国内外一些权威机构发布的“安全风险地图”，如中国出口信用保险公司发布的《全球风险地图》，国际SOS（SOS International）每年发布的《世界健康风险地图》（Health Map）等。对于重点项目，企业还可以委托专业的风险评估机构出具具体的风险分析和评估报告，从而增强企业海外投资的风险识别和评估能力。

（二）项目全生命周期内的非传统安全风险控制

在识别和评估非传统安全风险后，企业应根据风险发生的可能性和影响程度制定相应的风险控制策略。一个合理的风险防控体系应覆盖项目的全生命周期，从项目的跟踪和选择、投标报价、合同谈判，到项目执行、竣工移交等不同阶段采取不同的措施，进行全方位的风险防范和规避。

非传统安全风险的防范最有效的方式是从源头上进行规避。这就要求在项目选择、投标报价和合同谈判阶段深入分析、认真研究，从措施、成本和合同角度构筑非传统安全风险防范的防火墙。在项目执行阶段，企业应提高各级管理人员非传统安全风险防范意识，加强管理和预案，以及突发事件发生时的及时、妥当处置。

1. 项目调研和选择阶段

首先，企业在国际工程市场开发前，一定要对东道国进行充分的研究，深入了解东道国的政治形势、法律政策以及文化风俗，并对项目可能涉及的非传统安全问题进行全面论证。对于可能存在巨大安全风险隐患的项目，应该做深入的风险评估，必要时应果断规避存在巨大非传统安全风险的项目。其次，企业要用发展的眼光分析项目和东道国的非传统安全风险，加强前期非传统安全风险的研判和预测。最后，企业应以人为本，避免因盲目追求利润而将管理和生产作业人员暴露在非传统安全风险中。

2. 投标报价阶段

在投标报价阶段，企业应根据项目所处环境的具体情况，充分考虑项目可能涉及和面临的非传统安全风险。企业应从防范恐怖袭击、应对重大自然灾害、公共卫生防护、极端天气应对等角度设计必要的防范措施，在投标报价中适当考虑这些措施以及相应的顾问咨询费、安全措施费、危机处理费、保险费等。目前，包括恐怖袭击可能性在内的重大非传统安全风险评估和安全成本覆盖已成为很多项目的投标方案中的必备要素。

3. 合同谈判阶段

在合同谈判阶段，企业应按照通行的风险分担原则，即“最有能力应对某种风险的一方应承担此种风险”来进行合同中的风险分担设计。非本国的承包商或者外国投资人很难控制、承担和应对非传统安全风险，因此企业应在合同条款设置中尽可能让项目业主或当地政府承担此类风险。

此外，对存在潜在非传统安全风险的工程项目，企业应在合同谈判阶段要求增设专门的安全条款，规定由项目业主、当地政府甚至军方负责保护承包商项目和相关人员的安全或者设立专项安全费用以便提供足够的安全保护设施等，从而转嫁非传统安全风险，或者尽可能降低此类安全风险发生的概率。

4. 合同执行阶段

在实际的合同执行和工程管理过程中，加大公司内部安全防范力度、提高风险管理水平是应对非传统安全风险最直接有效的措施。随着中资企业海外业务的不断拓展，许多企业，尤其是大型基础设施建设者已经在安全管理方面积累了一定经验，并引入了“健康、安全、环境”管理体系（HSE），但仍有不少公司在项目建设过程中还存在着“重经济收入，轻安全投入”、“重施工进度，轻生产安全”等问题，在应对紧急情况和非传统安全风险方面的安全培训、防范意识、心理准备、物资准备、组织安排、应急措施等方面都有待完善。

根据中资企业海外投资和对外工程承包中应对非传统安全风险存在的问题，结合国际上非传统安全风险管控的相关经验，现提出企业在合同执行和工程管理过程中能够采取如下的风险管控措施：

（1）加强风险管控、应对的制度建设。企业应建立完整、系统的非传统安全防护制度和措施，并大力监督和检查制度的落实情况，以及时敏锐地发现异常情况并采取有效的防范措施，同时制定紧急情况应对预案，并加强预案演练，不断提高企业的危险应对机制的效率。

（2）提高外派人员素质，加强员工日常管理。企业应通过安全培训提高国际项目从业人员自身的安全防范意识，对周围环境变化保持高度的警惕性；同时，加强日常管理中员工对涉外管理规章制度的学习和遵守，形成良好规范的行为准则和操作习惯；注重工程人员的心理健康，做好员工工作压力调节和疏导工作，降低劳工风险的可能性。

（3）加强施工现场和驻地的安全管理。企业应该根据东道国当地的政治和社会安全情况，在可能的情况下在施工现场和驻地构筑围墙、铁丝网或防护墙，在入口设立检查岗哨，严格凭证件出入，杜绝闲杂人等进入项目现场，或者要求项目业主、当地政府安排武装保安人员，尽可能消除安全隐患。

（4）建立应急物资储备制度。企业应储备工器具、车辆、紧急救援设施、医疗卫生设施等应急物资，以及相应的交通、通信设施，以保障紧急情况中的信息及时传递和统一协调指挥，实现在最有利的时机和地点组织人员营救、撤退和转移。

（5）加强同本国大使馆经参处、所在国相关机构以及其他中外资企业的信息交流。企业应与中国驻东道国大使馆经参处保持密切联系，并与所在国相关机构和人员做好日常沟通工作以及时掌握东道国和项目周边安全形势。此外，企业也应加强与其他在当地投资的中外资企业的信息交流，并通过互相学习借鉴不断完善自身的安全防范措施。

总之，在项目执行期间，管理者应从制度建设、人员管理、驻地安保、物资储备以及信息交流等多个方面采取突发事件应对和应急处置措施，全面加强企业防范和应对非传统安全风险的能力。

（三）境外突发非传统安全事件应急处置

在加强海外投资或承包工程项目各阶段非传统安全风险管控的同时，企业还应建立突发非传统安全事件的应急处理机制，以全面、系统、高效地应对非传统安全风险事件的发生。这是因为海外业务远离企业本部，风险类型及其危害程度也与一般商业风险存在较大差异，海外机构在风险的应急处置中可以动用的资源也相对有限，后方救援较为困难，一旦发生海外非传统安全风险，便可能因应急机制不健全而使应急救援不力而丧失最佳时机，结果导致停工停产、人员伤亡和重大财产损失，甚至可能引起海外业务所在地社会不稳定或酿成国家外交事件，从而严重影响国家形象和企业声誉。

1. 建立海外非传统安全突发事件应急预案体系

企业海外非传统安全突发事件应急预案体系通常由《海外突发事件综合应急预案》《海外非传

统安全专项应急预案》《项目部现场处置方案》等构成，图 5－2－1 是企业海外业务非传统安全应急预案体系结构示意图。

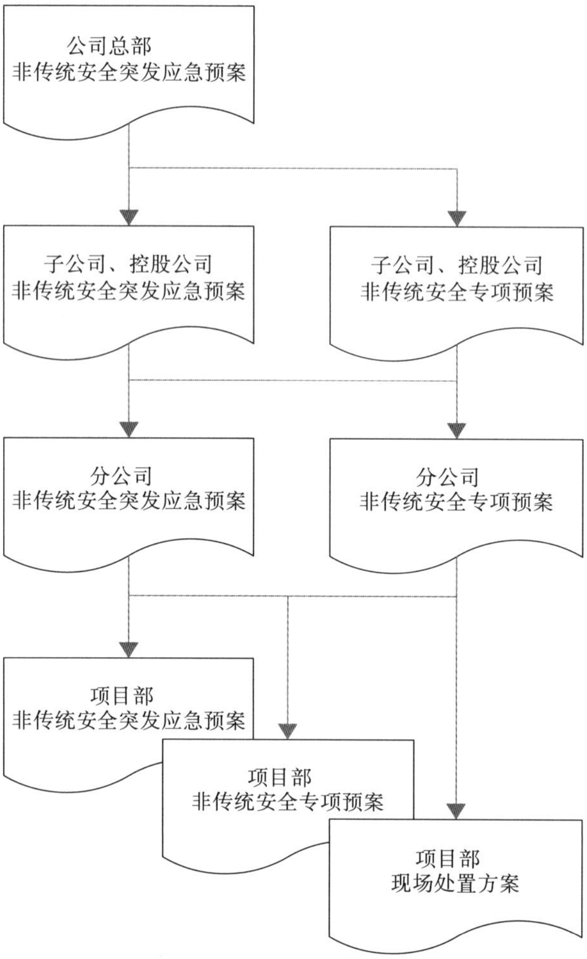

图 5－2－1　海外业务非传统安全应急预案体系（不同企业依组织结构有所不同）

《海外突发事件综合应急预案》通常是企业总部为提高公司处置海外突发性事件的综合能力而制定的海外突发事件应急管理和应急响应程序。在海外突发事件发生后，该程序能够帮助企业迅速启动系列应对措施以保护海外员工和公众的生命财产安全，最大限度地减少突发事件造成的人员伤亡和财产损失。

《海外非传统安全专项应急预案》是海外业务执行主体（人员派出企业或者执行项目的分公司）针对项目可能遇到的特定非传统安全风险专门制订的应对方案。通常包括《恐怖袭击应急预案》《重大传染病应急预案》《交通事故突发事件应急预案》《极端天气应急预案》《重大环境事件应急预案》《重大自然灾害应急预案》《劳工群体性事件应急预案》《项目周边社会动乱应急预案》《危险化学品严重泄漏失控和中毒事故专项应急预案》等。

《项目部现场处置方案》通常由企业项目经理部根据项目具体情况而制定，旨在规定重大突发事件发生时现场处置的责任人、处理流程、应急资源安排等。

2. 非传统安全风险分级

关于海外非传统安全风险的分级，已出台明确的规定，业界通常根据事件造成的人员伤亡、财产损失、环境影响或声誉影响分为四级：

Ⅰ级（特别重大事件）：指突然发生，事态严重，对员工、相关方的生命安全、设备财产、生产经营和工作秩序造成严重危害或威胁，导致重大人员伤亡、财产损失或环境污染和生态破坏，对公司声誉产生重大影响，需要调度公司多个单位和部门力量进行处理的突发事件。

Ⅱ级（重大事件）：指突然发生，事态较为严重，对员工、相关方的生命安全、设备财产、生产经营和工作秩序造成较为严重的危害或威胁，已经或可能造成较大人员伤亡、财产损失或环境污染和生态破坏，造成一定的社会影响或对公司声誉（品牌形象）产生较大影响，需要调动企业力量和资源进行应急处置的突发事件。

Ⅲ级（较大事件）：指突然发生，对员工、相关方的生命安全、设备财产、生产经营和工作秩序造成一定危害或威胁，可能造成人员伤害、财产损失或环境污染和生态破坏，需要调度派出企业及以上力量和资源进行应急处置的突发事件。

Ⅳ级（一般事件）：指可能发生，对员工、相关方的生命安全、设备财产、生产经营和工作秩序可能造成危害或威胁，需要调度驻外机构和派出企业力量和资源进行应急处置的突发事件。

3. 加强预防和预警体系建设

（1）构建安全风险信息获取渠道。及时获取风险信息是规避非传统安全风险的基础工作。一般来说，企业获取信息主要有四个渠道：一是企业在东道国经营过程中可以获得的第一手信息，此类信息最为重要，是企业识别非传统安全风险最主要的依据；二是国家相关政府部门发布的风险预警信息，如外交部领事保护部门、商务部经常发布相关安全预警信息，但此类信息通常有一定的滞后性；三是社会公共渠道发布的风险信息，可通过网络、当地报纸、电视等媒体获得，此类信息的真实性需要甄别；四是专业风险监测机构发布的风险预警信息，如 SOS International 定期发布的各类预警信息，中国信保每年发布的《国家风险分析报告》和《全球投资风险分析报告》等，其中不乏安全问题揭示和对非传统安全风险较深入的分析。企业应该充分利用上述各渠道的信息，综合分析各类危险因素，构建相应的海外非传统安全风险防控信息监控体系。

（2）建立非传统安全防护组织体系。建立完善的安全防护组织体系是做好各项安保工作的基础，对防范海外非传统安全风险也十分重要。企业应结合境外经营的实际情况，建立由企业主管领导负责的安保体系，并设置企业总部安全管理部门、项目安全总监、项目部安全主管、现场安全员等多层次的组织，以确保企业在海外非传统安全事件应急过程中的领导与汇报工作顺畅有序进行，从而提高企业应对海外非传统安全风险的能力和效率。

（3）建立畅通的联络联系制度。企业应建立畅通的联络联系制度，这包括在项目部、国别代表处/区域总部、企业总部设立境外安全信息联络员，在项目前方设置专门与中国驻所在国家或地区使领馆、经参处的联系人，以及与项目所在国家或地区有关部门的联系渠道。境外安全信息联络员或联系人应与母国有关部委或驻所在国家或地区的使领馆、经参处以及所在国家或地区有关部门保持密切联系，及时接受各有关部门的指示要求，获取海外安全风险监测和安全预警信息。

（4）加强危险源、危险因素管理。国际业务经营主体应逐级建立重大隐患报告和备案制度、重大隐患分级治理和监控制度、隐患排查治理工作监督检查制度以及隐患排查治理统计报告制度等，实现对危险源和危险因素的有效预防和治理。项目部在日常的安全管理中依据危险性分析和安全检查表的方法对施工现场和项目周边环境的危险源、危险因素进行分析、评价，确定危险源和危险因素的级别，制定相应的防控措施和安全技术措施，并加强动态监控和监测，确保危险源和危险因素处于受控状态。重大危险源和危险因素应报送企业总部风险控制部门。

企业应根据海外业务特点和项目实际情况主动收集整理与非传统安全风险相关的政治风险、恐怖袭击、治安状况、气候水文、宗教民族、社会稳定状况等信息，包括但不限于下列内容：

政治环境：东道国政府政治动荡、大选、区域矛盾；

社会环境：东道国战争、暴乱、恐怖袭击、绑架等事件发生的可能性及危害；项目所在地周围环境、治安，以及可能与原住民的冲突等；

自然环境：项目所在地水文、地质、气候历史情况分析，极端情况发生频率及危害；

卫生条件：项目所在地传染病、地方病、职业病监控和防护；

技术问题：停电、断网、安防系统、通信中断可能性及危害，现有的安全防护设施及能力；

管理因素：安保失误、人员外出、交通安全、操作失误等。

（5）及时发布预警信息。企业应以安全生产信息管理系统和门户网站作为支持平台，层层发布预警信息，保证预警信息指挥有力、准确畅通、反应灵敏、资源共享。项目部在对重大危险源、危险因素的日常检查和监测中发现危险倾向，应根据各自制订的预案及时开展部署，迅速通知各相关部门采取行动，防止事件的发生或事态的进一步扩大，并立即向项目业主、监理和上级单位报告。

企业应依据非传统安全突发事件危险等级，将境外非传统安全突发事件应急预警级别设置分为红色（针对特别重大事件）、橙色（针对重大事件）、黄色（针对较大事件）和蓝色（针对一般事件）四级。企业的预警发布应遵循科学慎重、预防为主的原则。对可能发生一般事件的，由分公司、项目部应急指挥机构发布预警指令；可能发生较大、重大和特别重大安全事件，由子公司（控股公司）主要负责人或报请公司总部应急指挥机构发布。涉及社区、社会安全的重大危险因素，还应同时报驻工程所在国大使馆和当地政府发布预警。

4. 应急响应程序

海外非传统安全突发事件发生后，企业应根据安全事件分级按照应急响应机制尽快启动相应的应急响应程序。Ⅲ或Ⅳ级在派出企业和驻外机构级别进行响应和处置，Ⅰ级、Ⅱ级应由企业总部启动应急响应程序。响应行动的主要任务是控制造成事件的危险源，防止事件进一步扩大和发展，抢救受害人员，组织人员疏散撤离，可能的情况下清理现场，尽可能消除事件危害后果。

一般而言，公司的境外非传统安全突发事件应急响应过程可分为接警、判断响应级别、应急启动、控制及救援行动、扩大应急、应急状态解除等步骤。企业应分步骤制定相应的响应程序，按事先制定程序指导各类突发事件应急响应。境外非传统安全突发事件应急响应流程见图5-2-2。

在整个突发事件的应急响应过程中，信息报送流程十分重要（见图5-2-3），关系着企业应急能力的发挥和事件的处理效果，应得到特别重视。遇到紧急情况时，企业应选择最直接、最快捷的程序和方式报告，减少中间环节，以免贻误应急处置时机。所有境外机构、人员都应备有载明应急联络通信信息的紧急联络卡。

5. 应急处置和紧急救援

根据响应的级别，企业成立应急处置与救援指挥中心（简称“应急指挥中心”）。该中心应下设应急指挥中心办公室，负责突发事件的应急处置与救援工作。应急指挥中心也可视情况下设前方工作组、综合协调组、宣传媒体组、维稳善后组和合同风险组等小组，负责修订应急处置方案，协调突发事件的具体工作和所需应急资源，各工作小组由指挥中心办公室统一指挥。应急指挥机构组织结构见图5-2-4。

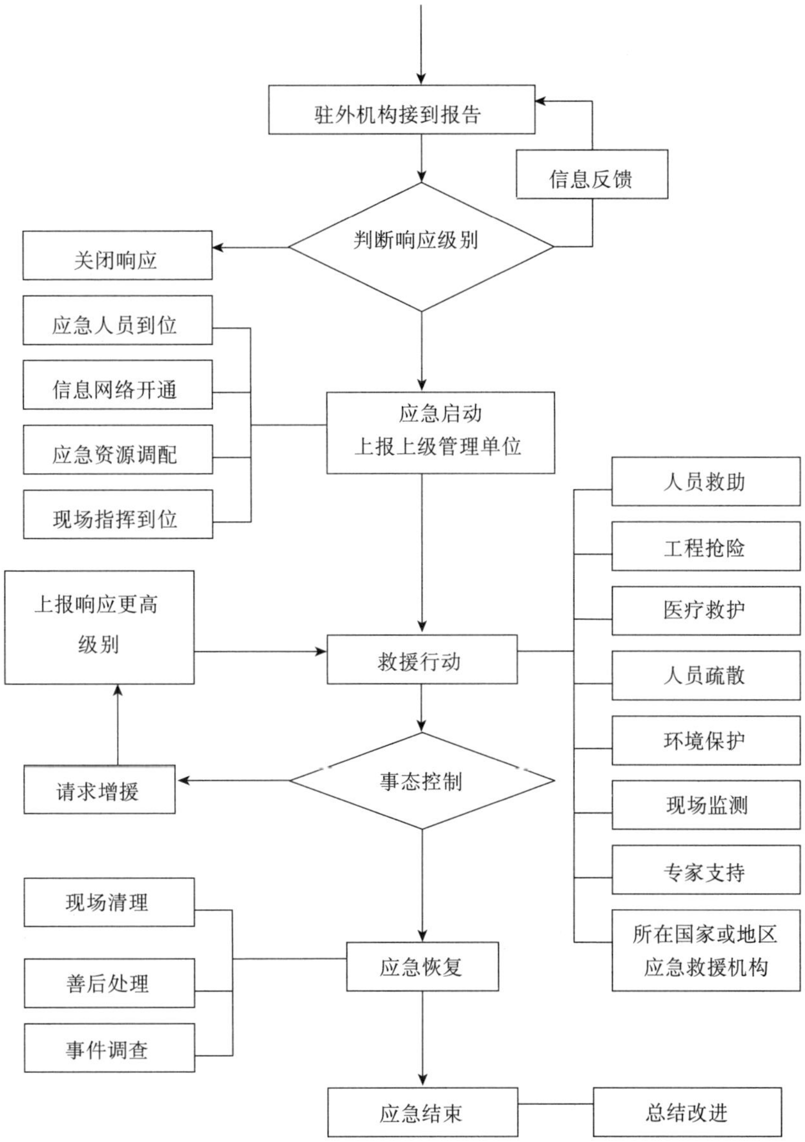

图 5－2－2　境外非传统安全突发事件应急响应流程图①

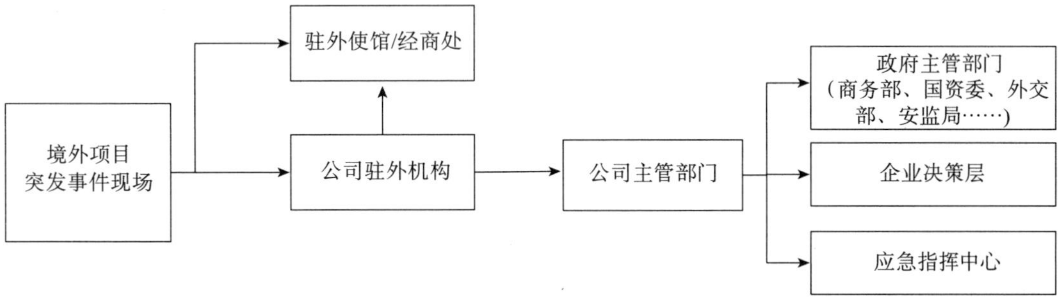

图 5－2－3　境外重特大应急事件报送流程

① 境外中资企业机构和人员安全管理指南［R/OL］，商务部。

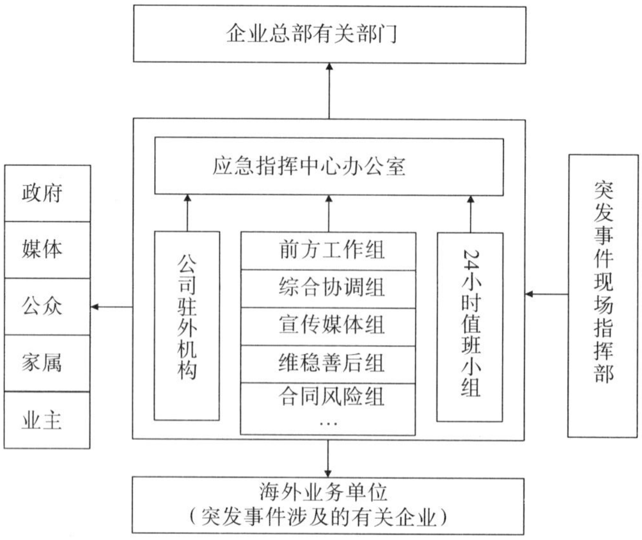

图 5-2-4　应急指挥组织结构图

重大突发事件发生后，各级应急指挥中心应第一时间启动应急响应程序，突发事件现场指挥部由最高级别的应急指挥中心负责指挥调度，进行衔接，共同负责突发事件的应急处置和救援工作。

当发生重特大事件时，突发事件现场指挥部应及时向当地政府、中国驻外使领馆做出报告，尽早争取社会救援，控制事态的发展。此外，各级应急指挥中心应设立 24 小时值班小组，开通 24 小时值班热线，由最高级别的应急指挥中心宣传工作组负责对外信息披露，处理公共关系。其他任何部门和单位未经允许不得擅自对公众和媒体发布相关消息，接受相关采访。

6. 非传统安全风险突发事件的善后处理

突发事件应急结束后，项目承建企业应成立应急恢复工作组，根据事件的级别对突发事件开展善后、调查、损失评估、应急恢复管理、项目合同的终止或复工谈判等相关工作。

其中，重特大事件的应急恢复工作组尤其应注重事件的善后处理工作，包括伤亡人员的归国、救治、赔偿以及伤亡人员家属的安抚等。在此过程中，工作组成员应投入足够的时间，全身心投入恢复善后工作中，直到善后工作完成。

突发事件应急状态解除后，项目承建企业应在应急处置合同风险组工作的基础上成立合同善后工作组，负责与项目业主和项目所在国政府就突发事件进行谈判。当应对非传统安全事件导致项目无法继续进行时，善后工作组的主要工作是与项目业主商谈合同终止、项目清算、资产和文档的移交等事宜。当项目还具备继续实施的条件时，善后工作组的主要工作则是商谈项目复工、损失赔偿、项目恢复需要的其他安全保障必备条件等。由于合同善后工作的复杂性，必要的时候可聘请国际合同专家参与谈判。

最后，在各项应急工作完成后，各级应急救援工作机构应针对此次事件中本单位的应急救援工作进行评估和检查，及时对应急预案进行修订和完善，以进一步加强和提高境外突发事件应急救援工作能力。

（四）非传统安全风险的其他控制措施

1. 重视本土化经营

“本土化经营”（Localization），又称“属地化经营”或“本地化经营”，指境外投资企业以东道国独立的企业法人身份，按照当地的法律规定和人文因素，以及国际上通行的企业管理惯例进行经营和管理。真正的本土化经营意味着雇用当地劳工，使用当地资源，了解当地法律和文化，建立自主的生产、销售或研发中心，在东道国扎根、生长。实现全面的本土化经营也是企业真正走向国际、成为国际化跨国企业的重要标志之一。

由于国际经营环境具有多变性等特点，本土化经营可以帮助企业降低非传统安全风险。一般企业受自身管理水平限制往往本土化率很低，项目的管理和施工人员多由本国派出。在项目进行过程中一旦发生非传统安全事件，则会因项目“外国”人员过多而造成目标明显、行动不便、沟通不畅等问题，会加大人员伤亡和损失的可能性。相反，如果企业本土化程度高，项目管理和施工人员以当地人员为主，则当地人的参与会提高企业应对当地非传统安全风险的沟通交流、处理应对能力和灵活性。即使发生极端危险事件，当地人也可迅速化整为零，项目企业派出人员也可通过迅速转移和救助而降低伤亡的风险。

此外，海外投资和承包工程企业的本土化经营也可通过人力资源本土化而降低运营管理成本，提高经营效率。实践也证明，本土化经营对工程承包企业规避安全风险助益良多。

2. 提高项目经营运作效率

安全风险主要是针对从事国际活动的工程人员的，如果施工单位能够通过技术革新，采纳和增加新的工艺和设备，大大提高工效，从而降低施工和管理人员数目，自然可以相应降低人员的安全风险。同时，提高项目的经营和运作效率，加强企业对施工人员的管理，注重与项目所在地社区的交流以及和所在国政府各相关部门的合作与沟通也有助于降低非传统安全风险。

3. 通过购买保险和风险咨询服务预防非传统安全风险

随着跨国企业海外投资规模的日益扩大，通过购买海外投资保险补偿非传统安全风险可能带来的损失成为越来越多企业的选择。一般而言，通过常规的工程保险来降低非传统安全风险可能带来的损失是很多海外投资企业的选择。随着全球化的程度越来越高，企业境外经营面临的各种非传统安全风险层出不穷，不少保险公司也开始涉足诸如“绑架勒索险”、“海盗险”、“政治险”等非传统安全保险业务。

近年来，随着国际海盗和绑架勒索案件增多，一些有实力的保险公司也逐步推出“绑架勒索险”的特殊险种。这种保险分为绑架保险和绑架勒索保险两种。绑架保险的实质是人身意外类保险在某种程度上的扩展，将绑架造成的意外伤害列入责任范围，对以绑架为诱因导致的意外伤害进行赔偿。绑架勒索保险则承保由于绑架和勒索造成的所有财产损失和人身伤亡。保险企业要协助被保险人处理绑架勒索危机、补偿被保人解除绑架危机所发生的费用，其最终目的是争取被保险人的生命安全，而非简单地处理被保险人死亡之后的意外身故赔偿。在这种保险的受理业务中，绑架、勒索、劫持、政治拘禁以及伴随以上风险发生的个人意外均属于绑架赎金保单的保障范围，同时绑架事件涉及的法律费用、危机管理费用和其他额外费用等财务损失也在保障范围之内。绑架事件导致的赎金、危机管理咨询费、用于支付赎金借款产生的利息、医疗费用、保险人预先同意支付的合理费用都将在绑架勒索保险中得到补偿。

与此同时，此类绑架危机处置、赎金谈判的专业风险应对机构也越来越多。此类机构甚至推出完整的绑架与勒索风险管理计划，其中包括一整套事前预防方案、专门的反绑架勒索培训，以及由SCR、Control Risk 之类的专业机构提供危机管理咨询。企业可购买相应的服务，将包括恐怖袭击、绑架勒索可能性在内的风险评估和安全成本置于项目的整个投资方案中加以系统规划，从而增强自身海外投资的风险应对和管控能力。

除了绑架和勒索风险的保险和服务的购买，在政治高危地区的工程项目还需要选择以“恐怖主义”风险为承保对象的保险项目。由于现在国际上涉足恐怖主义风险保险业务的保险公司较少，项目承包商更应认真对待，尽可能选择将恐怖主义等安全问题作为可承保风险的保险公司，为项目购买相应的保险。

专题：马里巴马科酒店袭击事件及其警示

（一）事件概述

2015 年 11 月 20 日，马里首都巴马科（Bamako）约 6 名极端武装分子袭击了当地的丽笙酒店（Radisson Hotel），绑架 170 名人质。随后，马里安全部队对酒店展开突袭，将人质解救。此次事件造成包括袭击者在内的 21 人死亡，其中包括 3 名中国公民。“基地”组织（Al - Qaeda）分支“莫拉比顿”（Al - Mourabitoun）宣称与“伊斯兰马格里布基地组织”（Al - Qaeda in the Islamic Maghreb，AQIM）合作发动了此次袭击，之后“基地”组织予以确认。

遭袭的丽笙酒店位于巴马科新建的商业开发区，毗邻各国大使馆、马里政府部门，主要顾客是外国人和政府雇员。同时，酒店也是法国航空公司、土耳其航空公司的倒班酒店。丽笙酒店属于美资全球连锁的五星级酒店，安保体系较为严格，进入酒店需要两道安检，而且酒店保安人员会在路口用金属探测仪检查来往车辆，酒店内还会对客人进行贴身安检。袭击发生当天，来自美国、英国、法国、中国、土耳其等 14 个国家的旅客住在酒店。

当地时间 2015 年 11 月 20 日早上 6:30—7:00，武装分子驾驶着挂有外交牌照的汽车顺利地躲过安检，来到酒店。6 名左右武装分子手持 AK47 步枪进入酒店大堂，他们高喊宗教口号“真主至大”，随即开始扫射酒店安保人员，当即造成 3 人死亡。随后，武装分子开始逐层逐屋搜索酒店的旅客，并把他们绑为人质。搜索过程中，武装分子要求房客背诵伊斯兰教宗教典籍的段落，会背诵的旅客随即被释放。根据当事者回忆，这一过程中不时传来枪声。最终，170 人被武装分子劫持，其中包括 7 名临时到马里出差的中国公民。

袭击事件发生后，马里总统通过推特表示，他决定中断在乍得的访问，返回巴马科着手处理人质危机。紧接着，马里安全部长声称马里安全部队到达现场，已经包围酒店并发起解救行动。驻马里的联合国维和部队也及时赶到，为马里安全部队的行动提供协助。时在马里当地的美国特种部队人员也参与了营救。在第一次营救行动中，马里安全部队成功解救 80 名人质。法国精锐武装力量国家宪兵队行动小组派出大约 40 人，紧急赶赴马里，约 11:00 左右出现在丽笙酒店。随后，法国和美国特种部队主导发起了第二次营救行动。当地时间下午 5:00 左右，在法国特种部队等的协助下，马里安全部队击毙 3 名武装分子，攻占酒店。随后，马里官方宣布人质劫持事件结束。此次事件共造成包括 2 名袭击者在内的 21 人死亡，7 人受伤。不幸遇难的人质包括 3 名中国公民。马里警方随后继续搜捕其他 3 名袭击者。

此次袭击事件中不幸遇难的 3 名中国公民均是中国某企业的高管，他们此行是计划与马里交通部签署合作项目。袭击事件发生时，3 人正在餐厅就餐，不幸遭遇恐怖分子。剩下 1 名中方翻译因为晚到一些，刚出电梯便发现恐怖分子在大厅持枪开火，当即返回了房间，进行躲避。被困房间的 4 名中国公民用手机尝试与外界联系，并向媒体发回了现场拍摄的酒店窗外视频。他们还建了微信群，相互提醒、安慰鼓励，最终成功地等到了营救。

（二）主要背景

1. 马里内乱

马里是法国前殖民地，1960 年获得独立。20 世纪 90 年代初期开始，北部游牧民族图阿雷格人（Tuareg）开始叛乱，谋求独立。马里政府军事手段和政治谈判并举，但未能平息叛乱。叛乱导致马里北部持续动荡，多个恐怖组织在该地区泛滥成灾，趁机做大。

2011 年，利比亚陷入内战，大量效忠于卡扎菲政府的图阿雷格族武装人员回到了马里北部阿扎瓦德（Azawad）地区，与极端组织如“西非统一和圣战组织”（Movement for Oneness and Jihad in West Africa）、“伊斯兰卫士”（Ansar Dine）等合并，组成马里北部的反政府武装，同处于南方的马里政府对抗。马里政府军在战场上不断失利。2012 年 3 月，马里发生了军事政变，政府军被迫撤离北部地区。叛军趁机扩大地盘。4 月，北部叛军的主力“阿扎瓦德民族解放阵线”（National Movement for the Liberation of Azawad）宣布阿扎瓦德地区独立并停止军事行动。但是，北部叛军内部派别众多，混杂着“伊斯兰卫士”（Ansar Dine）等“基地”组织的势力，“阿扎瓦德民族解放阵线”无法掌控局势。由于极端组织强推原教旨教法治国，“阿扎瓦德民族解放阵线”与极端组织爆发斗争但失利，并且基本上失去了对北方大部分城市的控制。2013 年 1 月，混合着极端组织势力的北部叛军大举南下，直指马里中央政府所在地。马里政府请求法国军事介入。在西非国家经济共同体（ECOWAS）、美国等国的支持下，法国对北部叛军展开军事行动。一个月后，主要地区的叛乱基本平息。2015 年，马里政府与图阿雷格叛军签署停火协议。但是，极端组织的势力仍然没有被根除，而是转入地下。他们不断发动恐怖袭击，目标包括当地平民、外国人和联合国维和人员等。

2. 西非“恐怖主义之弧”

在西部非洲，由于地区国家动乱、边界管理松散、极端意识形态的泛滥，包括阿尔及利亚南部、利比亚南部以及马里北部的西非地区早就形成了所谓的“恐怖主义之弧”，成为恐怖主义滋生壮大的温床，而且这一弧形地带在不断扩大。此次发动恐怖袭击的两个恐怖组织“莫拉比顿”和“伊斯兰马格里布基地组织”都是其中较为活跃的恐怖组织。

“莫拉比顿”是由“西非统一和圣战运动”与“蒙面旅”（Masked Men Brigade）于 2013 年合并而成，是“伊斯兰马格里布基地组织”的分支。根据法国估计，该组织人数不足 100 人，成员主要是马里北部的图阿雷格人和阿拉伯人，也包括一些阿尔及利亚人、突尼斯人。它的主要活动区域是马里北部，并已经扩展到阿尔及利亚、布基纳法索、科特迪瓦、利比亚、尼日尔等国。该组织与“伊斯兰卫士”、“安萨鲁”（Ansaru）是盟友。

“伊斯兰马格里布基地组织”是一个以推翻阿尔及利亚政府、建立伊斯兰国家为目标的恐怖组织，人数在 800—1 000 多人左右。其成员来自阿尔及利亚、马里和摩洛哥，领导层主要是阿尔及利亚人。该组织主要以绑架勒索赎金的方式获得资金，它的主要活动区域是阿尔及利亚、马里、毛里塔尼亚、布基纳法索、科特迪瓦，其盟友包括“安萨鲁”“伊斯兰卫士”“伊斯兰教法虔信者”（Ansar al – Sharia）（突尼斯）“基地组织阿拉伯半岛分支”（Al – Qaeda in the Arabian Peninsula）等。

（三）警示与应对

1. 境外高风险区域的恐怖组织及特点

当前，在我国“走出去”战略的指引下，我国的海外投资和商贸往来进行得如火如荼。大量的国企、民企以及个人远赴海外，拓展市场，寻求商业机遇。这一过程中，不可避免地涉足安全风险较大的地区，面临多样的安全威胁。

马里所在的西非地区属于境外高风险区域。高风险区域的显著特点是政治形势不稳定、冲突频发、恐怖主义泛滥。这些地区有着深刻而复杂的政治、经济、宗教、部族矛盾，属于矛盾聚集区和冲突高发区。此类矛盾短时间内难以解决，极易成为引发冲突的诱因。同时，高风险区域的国家政府羸弱，特别是安全部门能力落后，风险预警、危机处置能力欠佳，难以保障社会安全。在这种大环境下，恐怖主义活动十分猖獗，成为中资企业和人员在这些地区活动时面临的最突出的安全威胁。高风险区域中恐怖组织带来的安全威胁主要有以下特点：

（1）极端恐怖组织数量多。高风险区域存在复杂深刻的各类矛盾，滋生出数量众多、大小不一、有着各类诉求的恐怖组织，而且相互关系复杂，尤其在伊斯兰教地区以及伊斯兰教和基督教的交界地带，极端组织的情况更为复杂。以西非和北非地区为例，目前活跃的恐怖组织包括“伊斯兰马格里布基地组织”、“伊斯兰国”、“安萨鲁”、“伊斯兰卫士”、“莫拉比顿”、“伊斯兰教法虔信者”、“博科圣地”等。这些恐怖组织都很活跃，相互勾连，经常发动各类袭击，增加了该地区的安全风险。

（2）作案手法残忍。高风险区域的恐怖组织普遍是宗教背景的极端组织，信仰极端主义思想，妄图推翻本国世俗政府，建立残酷的伊斯兰法统治。在极端主义思想影响下，恐怖分子视不信教者或信仰其他宗教者为异教徒，把对平民的杀戮视为“圣战”，其所采取的袭击手段包括枪杀、爆炸、绑为人质等，手段残忍。

（3）威胁性更大。高风险区域的国家长期动乱，政治不稳，很多恐怖分子在军事冲突中得到历练，作战经验丰富，而且这些地区政府管理效率极其低下，武器流散严重，使得恐怖分子能够轻易得到大量武器装备，发动大规模恐怖袭击。同时，这些地区的国家安全部门反恐能力较弱，恐怖分子的袭击频频得手。

（4）作案的突发性与目标场所的显著性。恐怖组织为躲过安全部门检查，隐蔽行动，突发作案。同时，为了引起关注，恐怖组织通常会选择人员密集、位置显著或重要、较为知名的场所发动恐怖袭击，尽可能造成大规模的伤亡，以求引起轰动效应，达到最大的宣传效果。

2. 应对举措

（1）充分做好当地的风险评估工作。境外高风险区域安全形势复杂，企业在派出人员前，应充分做好风险评估工作，把握当地安全状况。风险评估主要包括当地整体政治形势、恐怖主义活动特点、当地安全部门的能力三个方面。

当地整体的政治形势主要是该地区的政治形势是否稳定，近些年是否存在动乱记录，是否存在诱发动乱的潜在因素，潜在的诱发因素有哪些（宗教矛盾、部族斗争、分离主义、贫富差距）等。一般而言，存在潜在不稳定因素的地区很容易遭到恐怖主义的渗透，遭受恐怖袭击的可能性更大，而宗教矛盾和分裂主义成为诱发恐怖主义最主要的因素。

恐怖组织活动特点的评估内容包括恐怖组织的名称、规模、所信仰的意识形态、惯用作案手法及特点、活动区域、以往发动的恐怖袭击、与其他恐怖组织的勾连等。企业需要对当地安全形势和恐怖主义威胁有基本了解。

关于当地安全部门的能力，一般情况下，高风险区域的国家安全部门能力普遍较差，危机预警、处置能力欠佳。但是，如果该地区有联合国维和部队或外国军队驻扎，维和部队和外国军队也会发挥一定的反恐作用。同时，西方国家也会对一些国家的安全部门进行培训，支持其能力建设。经过培训的国家安全部门的水平相对较好。例如，此次马里酒店袭击事件中马里安全部队的表现较为专业，除了得到联合国维和部队、法国和美国特种部队的配合外，与欧盟正在为马里的警察、军队实施的两项训练和能力建设行动不无关系。这两项行动分别是萨赫勒—马里能力建设行动和马里训练行动。

（2）利用各方资源保护人员安全。企业可以与已在当地的我国其他企业建立合作关系，利用这些企业的住宿和办公设施作为短期出差的办公和住宿场所。业务频繁的企业可酌情建立自己的住宿站点和办公场所，并加强安保措施，从而避开易遭恐怖分子袭击的酒店和其他公共目标。

在高风险区域业务频繁的企业要积极与我驻外使领馆建立联系，以便在特殊情况下寻求使领馆帮助。企业要留意我使领馆和其他机构发布的预警信息。同时，视具体安全情况，聘用我国海外安保公司或当地安保人员做安全保护工作。

（3）提高安全意识、掌握自我保护的技巧。高风险区域安全威胁时刻存在，中资企业人员在这些地区开展业务时要保持高度警觉。在赴高风险区域工作前，企业可请专业安全人士讲解个人安全保护的知识，做好充分的预防和准备工作。同时，针对高风险区域恐怖活动的特点，掌握必要的自我保护技巧。一是要尽量避开人员密集、地点显要的公共场所和地点。这些场所经常是恐怖分子的袭击目标，属于高风险地点。二是在酒店等封闭场所遭遇恐怖分子袭击后，如判断不能逃生，则尽量返回自己房间或找隐蔽地点躲避，同时尽快报警或与我使领馆联络，等待救援。

专题：“伊斯兰国”巴黎恐怖袭击案事件及其警示

（一）事件概述

2015 年 11 月 13 日晚，法国巴黎在短时间内同时发生 5 起爆炸、5 次枪击事件，造成 132 人死亡、300 余人受伤。该事件是法国近年来遭受到的最严重的恐怖袭击。5 次袭击分别位于巴塔克兰音乐厅、巴黎第 11 区以及法兰西体育场附近。其中伤亡最为惨重的是发生在巴塔克兰剧院的袭击，当时剧院内正在举办音乐会，可容纳 1 500 人的剧院座无虚席。恐怖分子在进入剧院后，向在场民众肆意开枪扫射，时长达 10—15 分钟，整个剧院被“血洗”。随后恐怖分子劫持了剧院内剩余民众作为人质，与警方展开了长达两个多小时的对峙，直至法国警察部门在安全部队的协助下才最终冲入剧场内。然而，在安全部队与恐怖分子交火过程中，许多人质被恐怖分子残忍杀害，几名恐怖分子最终引爆了绑在身上的自杀式爆炸腰带，造成平民伤亡进一步加剧。

事件发生后，此次袭击的大部分恐怖分子或因自杀式袭击身亡，或被当场击毙，也有个别逃脱。法国出动 1 500 名军人、200 名警察及 800 名高速交警在巴黎各个街道进行戒备，约 150 名郊区警力在高速公路及收费站盘查。在事件发生后的短短 48 小时内，法国警方进行了高达 168 次突袭行动，共逮捕了 23 名嫌犯，并对 104 名嫌疑与恐怖分子有关联的人进行了暂时拘押。由于此次爆炸实施者曾居于比利时，并在布鲁塞尔拥有相对成熟的“恐怖组织网络”，比利时警方在事件发生后亦加入对嫌犯的搜捕过程。多名与法国恐怖袭击事件有关的嫌犯在比利时被捕。2015 年 11 月 19 日，法国检方公布声明称，确认巴黎系列恐怖袭击案主谋之一阿卜杜勒·哈米德·阿巴乌德在法国警方此前实施的突袭行动中死亡，而另一名主要嫌犯萨拉赫·阿卜德萨拉姆在潜逃 126 天后才最终于2016年3月18日在比利时落网。欧盟警方将其列为头号通缉犯并展开长达126天的追捕行动，比利时司法部门先后逮捕并起诉多名与萨拉赫有关的恐怖犯罪嫌疑人。此前曾有报道称萨拉赫已逃往叙利亚，也有猜测称其就藏匿在比利时或法国，但均未得到最终证实。比利时和法国警方在3月15日对布鲁塞尔南郊森林区的一处民宅进行搜查时，在民宅中提取到了萨拉赫·阿卜德萨拉姆的指纹，为后来的抓捕行动提供了关键线索。据比利时警方透露，在数月对恐怖嫌疑人的追捕过程中，共实施了超过100次的入室搜查，对58名嫌疑人进行了问讯，才最终捕得嫌犯。

事实上，从最终警方的调查结果来看，此次巴黎恐怖袭击案所涉的恐怖分子多来自中东地区移民及其后代，抑或是"阿拉伯之春"发生后从叙利亚、利比亚等地来到欧洲的难民。其中大部分已在欧洲生活多年，并拥有西欧发达国家国籍，且年龄多是处于20—30岁的青年。近年来，西欧发生的多起恐怖袭击案件中，恐怖分子多来自比利时。比利时部分地区经济不景气，且移民占比较高，就业歧视与社会矛盾突出，为极端组织扩散影响力提供了良好的社会基础，并产生了众多本土恐怖分子。据伦敦大学国王学院国际激进主义研究中心（ICSR）的研究数据，2011年底—2013年底，大约有1.1万名极端分子涌入叙利亚或伊拉克参与圣战，其中大约有1/5是来自西欧地区，296人来自比利时。人口为比利时八倍的德国，则"仅仅"为之"贡献"了240名圣战者。换言之，每百万名比利时居民中，就有27人成为极端武装人员前往中东参与"圣战"，该比例位居全欧洲之首。

特别是"伊斯兰国"组织发展壮大之后，其在煽动全球极端分子"极化"的过程中发挥了前所未有的重要作用。由于其采用更易为普通人所接受的宣传方式对其极端思想进行伪装，并通过社交媒体进行快速传播，许多在本国受到排挤的年轻人逐步被其所蛊惑，产生"自我极化"的现象。"伊斯兰国"组织采取招募"本土圣战者"的方式，让这些"自我极化"后的年轻人通过网络组织，在所在国直接发动恐怖袭击，而避免往返于"伊斯兰国"过程中被有关部门所侦获，从而降低暴露的可能性。这一恐怖袭击组织方式的新变化为国际社会打击恐怖主义增加了新挑战。

国际恐怖主义组织不断扩充其发动恐怖袭击的类型，从原有的有组织袭击，逐步扩充为有组织袭击与独狼式袭击并重。然而，造成伤亡最大的依旧是成规模性有组织袭击，特别是在邻近区域同时发动多起袭击，混淆视线，分散政府强力部门精力与武装配备，从而达到更大的伤亡目的。据数据显示，1990—2013年，国际上发生的单日恐怖袭击造成超百人死亡的重大案件平均每年有4起，但2014年，该数字飙升至26起。这些造成重大伤亡的恐怖主义袭击案件发生地遍布欧洲、美洲、中东、非洲、南亚、中亚、东南亚等世界各地，特别是在尼日利亚、伊拉克、叙利亚、阿富汗、中非、巴基斯坦、南苏丹、乌克兰等局势动荡的发展中国家尤为频繁。在这些袭击中，近半数袭击是由"伊斯兰国"恐怖组织及其追随者策划、实施。2015年，全球造成重大人员伤亡的恐怖袭击数量依旧保持高位，而"伊斯兰国"极端组织在众多恐怖袭击策划者中则首当其冲，其自身控制区域及势力范围影响内的恐怖袭击事件多呈现高暴力度、高伤亡的特征。例如，此次造成大量伤亡的巴黎恐怖袭击案，这类规模性恐怖袭击案通常包含一系列子袭击，该类恐怖行为在恐怖袭击案总数中所占比重正逐步上升，造成的危害和人员伤亡也愈来愈大。

"伊斯兰国"在全球范围内发动恐怖袭击的能力极强，其在短短三年间发动的规模性恐怖袭击数量已经达到基地组织自2001年以来发动的规模性恐怖袭击数量的近三倍。在发动袭击数量中位居第二位的则是伊斯兰国的紧密追随者——"博科圣地"恐怖组织。"伊斯兰国"及其追随者近年的快速壮大，给世界和平与安全造成了极大挑战。

（二）经验教训

从以巴黎恐怖袭击案为代表的近年一系列恐怖袭击中可以看到，针对不加分别的平民目标的袭击所占比重仍然最大，商业机构并非是恐怖主义组织的首要目标。不容忽视的是，商业机构的受袭频率在近年来持续增加，已成为最易受到恐怖袭击的目标类型之一。2014 年，全球范围内针对商业机构的恐怖袭击案件达 1 200 余起。传统的恐怖组织自身不进行经济活动，其财政来源主要来自对商业机构的袭击、劫掠、勒索，支持者贡献，以及绑架、毒品交易等犯罪行为。

长期以来，企业海外投资的主要威胁是所在地区政治不稳定，而恐怖主义仅是政局不稳的副产品。随着近年来国际恐怖主义势力日益猖獗，恐怖主义正日益成为一种单独威胁。当政治不稳定而引发恐怖主义威胁时，恐怖袭击大多局限在特定的地理范围内，一定的经济和社会援助可有效缓解该地区的动荡局势，从而消灭恐怖主义滋生的土壤。然而，随着恐怖主义逐步向体系化、规模化、国际化发展，传统的经济援助和社会发展已难以遏制恐怖主义在全球范围内的扩散。企业不仅仅在动乱地区需要防止恐怖主义威胁，在一些成熟市场，甚至是发达国家也必须提高应对恐怖主义威胁的意识，并着手进行必要的预防和应对恐怖袭击的机制建设。

此次巴黎恐怖袭击案被称为“欧洲版 9・11”，足见其对地区安全格局影响之大。随着中东地区局势持续动荡，欧洲所面临的非传统威胁将进一步上升。这主要体现在以下四个方面：

1. 难民危机增添潜在安全隐患

随着大量难民的涌入，特别是通过非法途径偷渡至欧洲的难民增多，对于难民的政治和宗教行为判定难度增大。极端分子极易隐藏在难民当中潜入欧洲并发动恐怖袭击。此次的巴黎恐怖袭击便有难民参与其中。

2. 社会不公导致矛盾激化

由于移民及难民的数量激增，一些过去并不明显的社会矛盾会进一步激化，特别是在就业、贫富分化、政治权利、宗教自由等方面的对抗性会明显加剧。这为极端主义、恐怖主义在欧洲本土的滋生提供了土壤，使本土民众“极化”的概率大大增强。

3. 既有欧洲通行便利制度成为潜在安全风险

根据欧洲国家内部协议，大部分欧洲国家间公民可实现不受控的自由流动。这本为经济和社会发展提供了极大便利。随着恐怖主义威胁增大，恐怖分子受益于通行的便利，大大增加了其发动恐怖袭击的地理广度，使情报和强力机关打击恐怖主义犯罪的难度明显增大。特别是近年来，随着土耳其与欧盟就人员自由流动方面的谈判逐步深入，欧盟给予土耳其护照持有者免签入境的可能性大大增强。然而，由于土耳其对自身边境管控不严，大量极端分子自由出入土边境，并可轻易获得或伪造土耳其护照。一旦土耳其与欧洲的边境检查进一步松懈，极端分子将可以更容易地潜入西欧腹地，发起恐怖袭击。

4. 安保级别进一步升高，经济社会发展受到限制

此次巴黎恐怖袭击后，法国、比利时，乃至整个欧洲地区的安保级别将无可避免地进一步升高。一方面，这为营造更加安全的社会环境创造了条件，但同时也势必会造成更多的强制性限制。另一方面，恐怖袭击发生后势必引发国际资本市场对欧洲安全状况的担忧。国际资本外流，在美元升势不改的情况下，欧元下降趋势在所难免，这将可能使市场需求再度削弱，从而形成恶性循环。欧洲经济社会发展进一步受到限制。

此外，除去恐怖主义自身威胁，其所具备的关联性和转化性特征使其破坏威力显著增强，给企业在海外投资所带来的风险也更加巨大。巴黎恐怖袭击案只是国际恐怖主义势力在发达国家发动的一次大规模袭击，其对于国际安全局势整体的破坏更是不容小觑。恐怖袭击自身多呈单独、散发的特征，但当恐怖袭击在动乱地区发生时，常会与传统军事叛乱和武装对抗相关联，甚至出现恐怖主义袭击向武装冲突转化的现象，从根基上彻底破坏地区安全架构。企业投资置身于这一类地区，将面临极高的财产和人员安全风险，并极易在爆发冲突后遭受巨额经济损失。

（三）政策建议

1. 做好前期非传统安全风险评估

对非传统安全风险展开调查，包含了解地区安全局势、周边极端武装发展态势、风险应对成本估算、既有应急机制研究等多个方面的内容。系统且有效的安全风险评估，对企业事前评估投资风险、事中积极应对安全威胁、事后妥善处理善后，都将发挥基础性的重要作用。在西亚、北非、西非、东非、中亚、南亚、东南亚等地区，恐怖主义愈发泛滥，企业必须将恐怖主义风险纳入投资的成本核算，切不可抱有侥幸心理，以免在袭击发生后承受人员与财产的巨大损失。即便企业在安全形势相对较好的地区展开投资，也应有相应的应急处置预案，并与相关机构保持沟通，以避免紧急事件发生后无法获得及时的救援与协助。

2. 注重安全成本，规避法律风险

在企业签订投资协议时，应着重注意潜在安全成本，特别是注重在法律层面规避安全风险。主要涵盖两个层面：其一，国际工程承包及投资有普遍实行的通用条款，各国会根据自身情况进行适当的补充和调整，并就专门事项设定特殊条款。企业应聘请精通当地法律的专业人士对当地法律的特殊性进行研读，并结合地区安全局势，研判风险及潜在成本。其二，当发生恐怖袭击而导致安全局势恶化需撤离人员时，势必面临原定工期延长、成本上升的情况。所以，企业应在签订投资协议时注明安全风险免责条款，避免由于安全局势恶化导致工期延长而承担额外违约成本。

3. 做好非传统安全风险防范预案

非传统安全风险防范预案应按照所在国特殊情况专门制定，并将恐怖袭击发生时物资难以调配的困难局面考虑在内。预留专项安全风险应急资金，避免临时资金链断裂影响紧急救援。企业应做好日常安全防范工作，聘用必要的专业安保人员，并实时关注各类专业安全预警机构发布的涉及自身区域的安全警告，对潜在安全风险进行及时跟踪，并配合企业风险防范预案做出实时调整与应对，为降低人员和财产损失争取更充足的应对时间。特别是在相对平稳地区投资的企业，要加强风险防范意识，紧密跟踪并认真对待相关机构发出的投资及旅行安全预警，及早做出预案，以避免紧急状况下应对无力。

4. 与使馆及当地政府保持紧密联系

与使馆及当地政府和强力部门保持紧密联系，有助于企业在必要时寻求军事及政治援助。我驻外使馆可为企业提供及时的安全预警、紧急领事服务，并承担着帮助企业与驻在国政府，特别在紧急状态下，进行协调、交涉的重要职责。企业与使馆的紧密联系应建立于企业投资活动伊始，并实时保持沟通，以免当紧急情况发生后使馆不了解企业具体情况，而耽误应急救援时机。由于企业自身雇用的安保力量有限，在实施撤离等避险行动时，需寻求当地政府及强力部门的支持。因此，与驻在国有关部门保持必要联系对企业应对非传统安全风险亦极为重要。

第六篇

投资风险保险

第一章
全球[1]投资保险承保情况分析

2015 年伯尔尼协会成员信用保险市场概况

据伯尔尼协会的统计，2015 年伯尔尼协会成员出口信用保险[2]全年承保总额为 1.85 万亿美元，比 2014 下降 6.3%，2009 年以来首次出现下滑。其中，短期出口信用险减少 1 229 亿美元，下降 7.2%；中长期信用险承保总额减少 126 亿美元，下降 7.6%；投资保险承保总额增长 119 亿美元，逆势增长 12.1%。图 6-1-1 是 2006—2015 年伯尔尼协会成员出口信用保险承保规模变化情况。

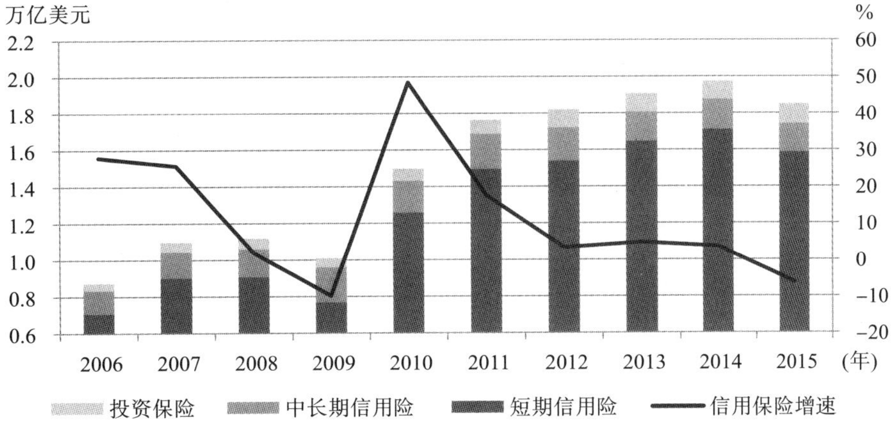

图 6-1-1　2006—2015 年伯尔尼协会成员信用保险市场规模变化情况

资料来源：伯尔尼协会。

根据 WTO 的统计，2015 年国际贸易呈负增长，下滑 9% 左右。伯尔尼协会成员信用保险市场的变化，尤其是短期出口信用保险的下滑与当前国际经济复苏乏力、国际贸易的下降有直接关系。

---

① 本章所涉及的信用保险数据是伯尔尼协会成员数据。
② 出口信用保险承保保额是短期信用险、中长期信用险和投资保险的总和。

2015 年伯尔尼协会成员投资保险发展特点

作为信用保险的重要组成部分，投资保险在信用保险中的占比呈不断上升趋势。根据伯尔尼协会统计，与2014 年相比，协会成员 2015 年投资保险总额增加 119 亿美元，达 1 097.94 亿美元，占伯尔尼协会成员出口信用保险承保总额的 5.93%，上升 0.93 个百分点。全球投资保险市场规模的持续扩大反映了市场对投资风险的担忧。这与金融危机以来全球经济复苏乏力、投资到发展中国家的流量增加、大宗商品和石油价格下跌可能引发的潜在风险以及部分国家政局不稳、局部武装冲突和恐怖主义活动加剧等因素的影响密切相关。表 6－1－1 和图 6－1－2 是伯尔尼协会成员 2006—2015 年投资保险承保规模变化情况。

表 6－1－1　2006—2015 年全球投资保险承保规模及增长情况

指标 \ 时间	2006 年	2007 年	2008 年	2009 年	2010 年	2011 年	2012 年	2013 年	2014 年	2015 年
承保额（亿美元）	400.8	530.7	585.9	491.5	664.7	753.3	999.7	997.5	979.2	1 097.9
增长率（%）	26.3	32.4	10.4	－16.1	35.2	13.3	32.7	－0.2	－1.8	12.1
占信用保险比率（%）	4.6	4.8	5.2	4.9	4.4	4.3	5.5	5.2	5.0	5.9

资料来源：伯尔尼协会。

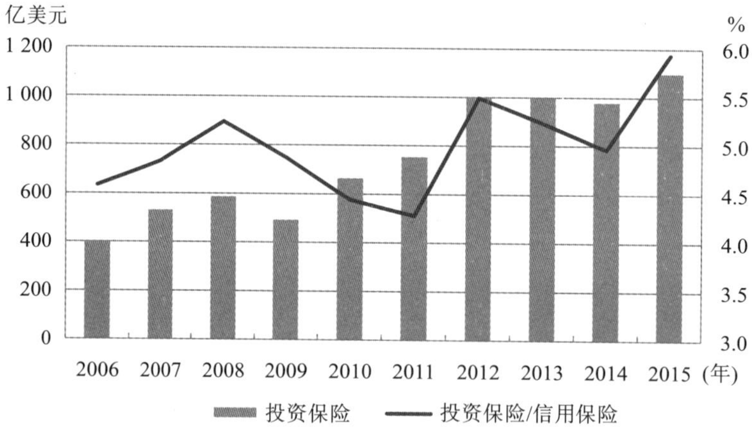

图 6－1－2　2006—2015 年全球投资保险承保规模及增长率

（一）全球对外投资大幅增长，促进投资保险在经历下滑后大幅反弹

观察 2010—2014 年全球对外投资和伯尔尼协会成员投资保险增速，我们发现，两者呈负相关关系，即海外投资正增长，则投资保险负增长，海外投资负增长，则投资保险正增长。通过两组数据增长率的比较，可以看出投资者在市场较差的逆势中更担心风险，希望利用投资保险来规避风险。这一特征也从另一方面验证了信用保险业务与经济周期的负相关性。图 6－1－3 是 2006—2015 年全球投资保险增速与全球 FDI 增速对比情况。

2015 年，全球海外投资在经历了 2013 年、2014 年持续两年的增长乏力之后，逆势上扬。据联

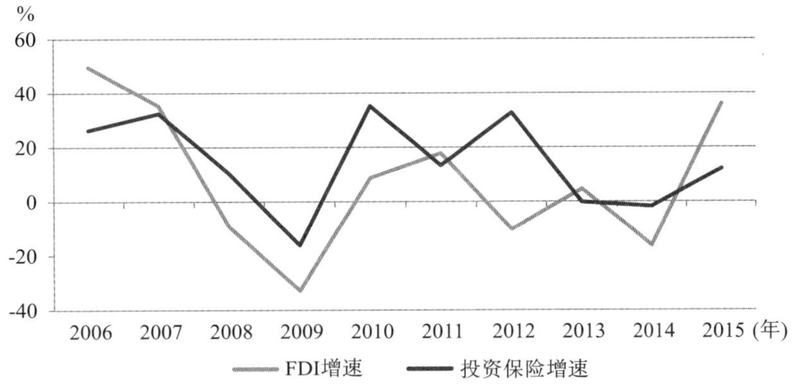

图 6－1－3　全球投资保险增速与全球 FDI 增速对比

资料来源：联合国贸发会议、伯尔尼协会。

合国贸发会议的统计，2015 年全球对外投资达到了 1.7 万亿美元[①]，较 2014 年增长 36%，成为 2007 年以来最高的一年。其中，97.6% 的增长来自于对美欧等发达国家经济体海外投资的回升。2015 年流入发达国家经济体的 FDI 增长 89.9%，已达 9 360 亿美元，占 2015 年全球 FDI 总额的 55%，有分析认为这与欧美部分发达经济体经济逐步复苏企稳和全球跨国并购异常活跃的推动有关。流入发展中国家的对外投资也小幅增长 5.3%，达 7 410 亿美元，其中超过一半流向亚洲。与此相反，受全球大宗商品价格下挫、地区冲突持续和经济负增长的影响，流入转型国家经济体的 FDI 大幅缩小 54%，针对俄罗斯和哈萨克斯坦两国的对外投资降幅最大。

2015 年，受全球投资大幅上扬的影响，伯尔尼协会成员投资保险市场在继 2013、2014 年不同程度的下滑后，出现大幅增长，较 2014 年增长 12.1%，达到 1 097.94 亿美元。

（二）投资保险主要流向发展中国家，且集中度较高

2010—2014 年投资者选择购买投资保险（以下未做特殊说明均为伯尔尼协会成员）的前十个投资目的国多集中在中国、巴西、印度、印度尼西亚、秘鲁等发展中经济体和俄罗斯、哈萨克斯坦、乌兹别克斯坦等转型经济体（见表 6－1－2）。2015 年，这一态势并未发生根本改变，投资者选择购买投资保险的前十个投资目的国投保金额为 582.14 亿美元，占当年全球投资保险承保总额的 53.0%。其中，有 9 个为发展中国家和转型国家，且继续集中在中国、巴西、印度、俄罗斯、哈萨克斯坦等国，美国为唯一的发达国家（见图 6－1－4）。这一趋势说明，投资者在向发展中国家和转型国家进行海外投资时，对这些国家因经济、政治和社会等原因引起的投资风险往往保持高度关注，并通过购买投资保险来管控风险。

表 6－1－2　　2010—2014 年伯尔尼协会成员投资保险新增保额投向前十国

	2010 年	2011 年	2012 年	2013 年	2014 年
1	哈萨克斯坦	中国	哈萨克斯坦	哈萨克斯坦	哈萨克斯坦
2	俄罗斯	哈萨克斯坦	澳大利亚	美国	中国

① UNCTAD Global Investment Trends Monitor No. 2220 January 2016.

续表

	2010 年	2011 年	2012 年	2013 年	2014 年
3	中国	俄罗斯	中国	巴西	巴西
4	西班牙	印度	俄罗斯	中国	美国
5	埃及	巴西	巴西	俄罗斯	印度尼西亚
6	巴布亚新几内亚	印度尼西亚	乌兹别克斯坦	越南	墨西哥
7	印度尼西亚	土耳其	印度	印度尼西亚	乌兹别克斯坦
8	印度	西班牙	秘鲁	秘鲁	俄罗斯
9	土耳其	越南	印度尼西亚	印度	秘鲁
10	利比亚	乌兹别克斯坦	英国	乌兹别克斯坦	印度

资料来源：伯尔尼协会。

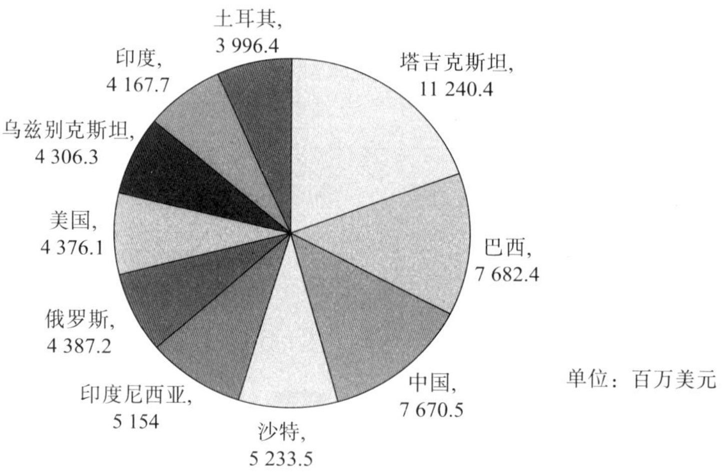

图 6－1－4　2015 年伯尔尼协会成员投资保险新增保额投向前十国

资料来源：伯尔尼协会。

（三）投资保险在对外投资中的渗透率仍较低

投资保险作为有效的对外投资风险管控工具，正在逐渐被投资者所接受，投资保险的渗透率变化验证了这一趋势。虽然全球 FDI 的数据中包含大量并购数据，通常这些并购类的投资并不需要购买投资保险，但全球投资保险保额与 FDI 数据对比显示，投资保险渗透率从 2006 年开始呈波浪式上升状态，并在 2014 年达到 8.0% 的最高值，但始终低于 10%。2015 年，由于全球对外投资的增长明显快于全球投资保险承保额度的增加，投资保险渗透率也明显下降了 1.4 个百分点至 6.6%（见图 6－1－5）。总体来看，全球投资者对于投资保险的需求在逐年增加，且全球经济复苏乏力等因素的影响使得投资者对海外投资风险研判越来越谨慎。

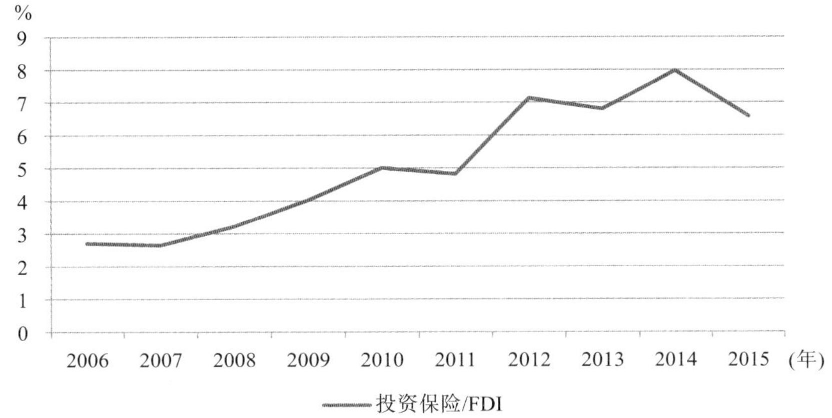

图 6-1-5　2006—2015 年伯尔尼协会成员投资保险渗透率变化（官方投资保险/FDI）

资料来源：伯尔尼协会和联合国贸发会议。

2015 年投资保险主要承保风险赔付情况分析

根据伯尔尼协会的统计，全球官方 ECA 机构投资保险赔付金额在 2010—2012 年呈现下降趋势，但 2013 年这一金额有所增加，2014 年增至 2.39 亿美元。2015 年全球投资保险赔付金额下降 36.7%，降至 1.51 亿美元左右。2010—2015 年伯尔尼协会成员投资保险赔付情况见图 6-1-6。

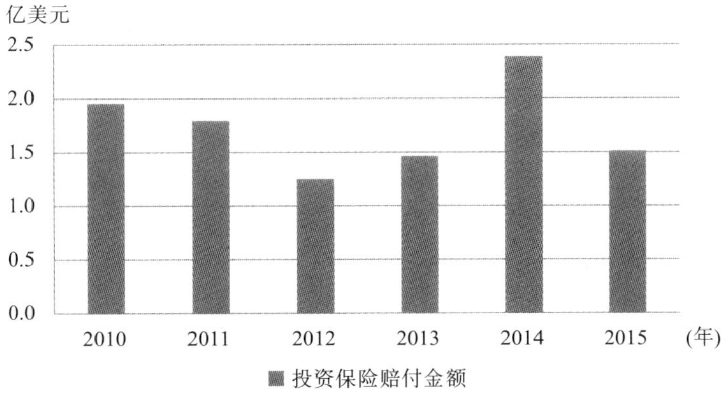

图 6-1-6　2010—2015 年伯尔尼协会成员投资保险赔付金额变化

（一）不同风险事件赔付情况

战争和政治暴乱、政府违约、征收和汇兑限制是投资保险承保的主要风险，表 6-1-3 反映的是伯尔尼协会成员提供的不同风险事件的赔付情况（不包括未界定风险）。2010—2015 年，除 2014 年外，战争和政治暴乱一直是引起赔付的主要风险，占赔付总额的比重居高不下，征收和政府违约引发的赔付比例也较高（见图 6-1-7）。虽然 2015 年投资保险赔付总额出现了较大幅度的下降，但因战争和政治暴乱引发的保险赔付额却继续增加，这符合 2015 年全球政治和经济发展现状。

表 6-1-3　　2010—2015 年不同风险事件赔付情况　　单位/百万美元

风险事件	2010 年	2011 年	2012 年	2013 年	2014 年	2015 年
战争和政治暴乱	0	91	43	37	46	48
政府违约	1	2	0	1	49	16
征收	45	3	1	13	0	5
汇兑限制	11	0	0	0	10	0

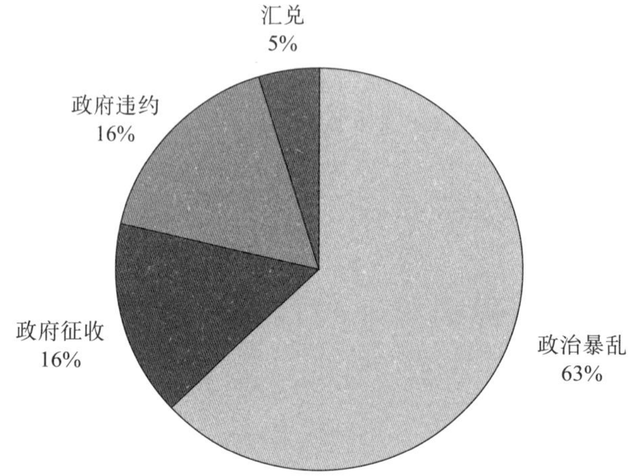

图 6-1-7　2010—2015 年全球投资保险赔付风险类型占比
（不包括未界定风险）

资料来源：伯尔尼协会。

（二）不同国别赔付情况分析

从投资保险赔付国别角度进行分析，依据伯尔尼协会官方 ECA 机构 2010—2015 年投资保险的赔付数据，投资保险赔付国绝大多数为发展中国家和转型国家，具体见表 6-1-4。2015 年发生投资保险赔付事件的 22 个国家①中只有美国和意大利为发达国家，其他发展中国家和转型国家的赔付额占投资保险赔付总额的 97.6%。

投资保险赔付额前十名的国家几乎全部为发展中国家和转型国家，其合计赔付金额在全球投资保险赔付总额的平均占比为 92.7% 左右。2015 年这一趋势依旧延续，排名前十的国家分别是利比亚、尼日利亚、土耳其、越南、俄罗斯、马拉维、乌克兰、中国、塞尔维亚和菲律宾，前十国赔付合计 1.40 亿美元，占当年赔付 1.51 亿美元的 92.32%。以上统计表明，在发展中国家和转型国家投资面临更多风险，而利用投资保险是规避投资风险的有效手段（见图 6-1-8）。

① 根据伯尔尼协会统计，2015 年共有 22 个国家发生投资保险赔付，分别为阿塞拜疆、巴西、布基纳法索、中非、中国、埃及、印尼、意大利、肯尼亚、利比亚、马拉维、缅甸、尼日利亚、俄罗斯、塞尔维亚、南苏丹、土耳其、乌干达、乌克兰、美国、越南和赞比亚。

表 6-1-4　　2010—2015 年投资保险赔付额前十国（单位/百万美元）

	2010 年	2011 年	2012 年	2013 年	2014 年	2015 年
1	委内瑞拉	尼日利亚	利比亚	利比亚	塞尔维亚	利比亚
2	中国	利比亚	越南	委内瑞拉	越南	尼日利亚
3	墨西哥	越南	巴西	越南	利比亚	土耳其
4	哈萨克斯坦	哈萨克斯坦	缅甸	缅甸	俄罗斯	越南
5	土耳其	乌克兰	荷兰	西班牙	土耳其	俄罗斯
6	乌克兰	土耳其	沙特	巴西	波黑	马拉维
7	泰国	蒙古	俄罗斯	哈萨克斯坦	泰国	乌克兰
8	新加坡	巴西	墨西哥	塞尔维亚	印度尼西亚	中国
9	乌兹别克斯坦	墨西哥	伯利兹	伯利兹	肯尼亚	塞尔维亚
10	越南	委内瑞拉	哈萨克斯坦	苏丹	委内瑞拉	菲律宾
前十国赔付额在赔付总额中占比	96.01%	97.21%	94.64%	88.46%	87.56%	92.32%

资料来源：伯尔尼协会。

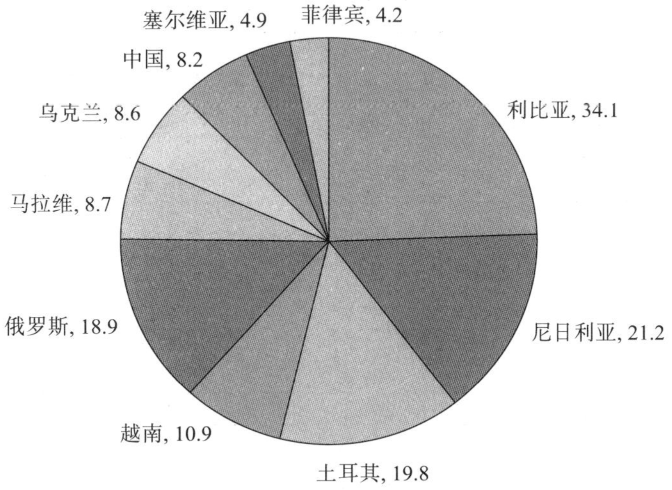

图 6-1-8　2015 年投资保险赔付投资目的国前十名（单位/百万美元）

资料来源：伯尔尼协会。

专题：中国信保与伯尔尼协会

中国信保 2001 年成立后，成为中国大陆在伯尔尼协会的唯一官方机构成员。根据实际业务情况，中国信保在伯尔尼协会内部同时加入了短期险、中长期险和投资险三个险种委员会，参加相应委员会的活动。

目前伯尔尼协会 53 家成员单位中，官方 ECA 机构为 34 家，商业信用保险机构为 16 家，多边组织为 3 家。2014 年伯尔尼协会成员业务排名见表 6-1-5，伯尔尼协会成员名单见表 6-1-6。

表 6 - 1 - 5　　2015 年伯尔尼协会成员业务排名　　单位/亿美元

排名	机构	投资险保额	机构	中长期险保额	机构	短期险保额
1	中国信保	411.2	德国 EH GERMANY（官方）	234.2	中国信保	3 638.8
2	英国 XL CATLIN	154.0	法国 COFACE	215.6	荷兰 ATRADIUS	3 628.1
3	日本 NEXI	93.9	日本 NEXI	175.6	法国 COFACE	2 948.7
4	美国 ZURICH	85.0	中国信保	149.4	韩国 KSURE	1 427.9
5	美国 AIG	67.2	意大利 SACE	97.1	美国 AIG	853.4
6	德国 PWC	43.0	瑞典 EKN	79.5	德国 EH GERMANY（私营）	831.5
7	世行 MIGA	38.0	韩国 KSURE	75.4	加拿大 EDC	530.7
8	德国 EH Germany（私营）	34.0	美国 US EXIMBANK	65.8	印度 ECGC	408.5
9	百慕大 SOVEREIGN	31.8	比利时 CREDENDO GROUP	52.0	比利时 CREDENDO GROUP	360.9
10	荷兰 ATRADIUS	31.5	荷兰 ATRADIUS	49.2	日本 NEXI	331.0

资料来源：伯尔尼协会。

表 6 - 1 - 6　　2015 年伯尔尼协会成员名单

序号	成员	国家或地区	股本性质	序号	成员	国家或地区	股本性质
1	ABGF	巴西	官方	27	GIEK	挪威	官方
2	AIG	美国	商业	28	HISCOX	百慕大	商业
3	ASEI	印度尼西亚	官方	29	HKEC	中国香港	官方
4	ASHRA	以色列	官方	30	ICIEC	—	多边组织
5	ATI	—	多边组织	31	KSURE	韩国	官方
6	ATRADIUS	荷兰	商业	32	KUKE	波兰	官方
7	BANCOMEXT	墨西哥	官方	33	MEXIM	马来西亚	官方
8	CESCE	西班牙	官方	34	MIGA	—	多边组织
9	COFACE	法国	商业	35	NEXI	日本	官方
10	COSEC	葡萄牙	商业	36	ODL	卢森堡	官方
11	CREDENDO GROUP	比利时	官方	37	OeKB	奥地利	商业
12	ECGC	印度	官方	38	OPIC	美国	官方
13	ECIC SA	南非	官方	39	PwC	德国	商业
14	ECICS	新加坡	商业	40	SACE	意大利	官方
15	EDC	加拿大	官方	41	SERV	瑞士	官方
16	EFIC	澳大利亚	官方	42	SID	斯洛文尼亚	官方
17	EGAP	捷克	官方	43	SINOSURE	中国	官方
18	EH GERMANY（State）	德国	官方	44	SLECIC	斯里兰卡	官方
19	EH GERMANY（Private）	德国	商业	45	SOVEREIGN RISK	百慕大	商业
20	EKF	丹麦	官方	46	TEBC	中国台北	“官方”
21	EKN	瑞典	官方	47	THAI EXIMBANK	泰国	官方
22	EXIM HUNGARY	匈牙利	官方	48	TURK EXIM	土耳其	官方
23	EXIM J	牙买加	官方	49	UK EXPORT FINANCE	英国	官方
24	EXIMBANKA SR	斯洛伐克	官方	50	US EXIMBANK	美国	官方
25	FCIA	美国	商业	51	XL CATLIN（观察员）	英国	商业
26	FINNVERA	芬兰	官方	52	ZURICH	美国	商业
				53	PICC（观察员）	中国	商业

资料来源：伯尔尼协会。

加入协会以来，特别是随着自身业务的跨越式发展，中国信保越来越积极地参与协会各项活动，并逐步深入参与协会管理事务，不断提升其在协会内的地位，在这个国际舞台上发挥着重要的作用，自身也从中获益匪浅。

（一）积极参加协会各类活动，成功承办大型国际会议

中国信保每年组团参加协会春、秋两季会议，以及各类专题研讨会和业务研修班等，根据要求在会上发言或参与授课培训，每年参加协会会议活动5—6次。与此同时，在适当的时候主办、承办协会各类会议，展现中国信保的实力和形象。2002年，中国信保成立之初即承办了协会当年的春季会议。2005年主办了协会“中国买家信用风险研讨会”。2012年，中国信保担任了亚太区合作组（RCG）轮值主席，主持召开了相关工作组会议。2013年7月，中国信保在西安成功主办了第六届RCG领导人会议。2015年，中国信保在上海成功举办了2015年伯尔尼协会/布拉格俱乐部秋季年会。

（二）不断深入参与协会管理

中国信保曾作为轮值成员参加2004—2005年协会管理委员会。2012年起至今，以投资险近三年累计业务量居前而连续四次成为管理委员会成员。中国信保积极认真地履行管理委员会成员职责，参加委员会历次会议，充分参与委员会对协会事务的决策和管理。

（三）中国信保人员连续两届担任协会职务

2013年和2014年，中国信保连续两届成功推荐相关人员出任中长期险委员会副主席。这是中国信保人员首次担任协会职务。2016年5月，中国信保人员出任短期险委员会副主席。中国信保的人员不断出任协会职务体现了其发展成就和地位提升。

（四）积极开展与成员机构的交流与合作

截至2015年底，中国信保已与30家伯尔尼协会成员机构签署了合作协议，占协会53家成员机构的近60%。作为合作协议的落实和执行措施，与韩国K－sure、香港HKEC、台北TEBC（三方）等建立了年度业务交流机制，与俄罗斯信保署（EXIAR）等多家ECA机构建立了再保险合作关系，与德国Euler Hermes等不定期举行各种层面的交流活动。

（五）履行成员责任，处理与协会相关的日常工作

按照协会要求，中国信保定期会向协会秘书处报送出口信用保险项下各险种业务数据，并根据自身需求或响应其他协会成员需求，通过协会内网论坛等方式提出或解答问题。

第二章
中国企业海外投资主要风险及投资保险

2015 年中国企业海外投资特点及趋势

2015 年，我国对外非金融类直接投资创下 1 180.2 亿美元的历史最高值，同比增长 14.7%，实现中国对外直接投资连续 13 年增长，年均增幅高达 33.6%。2015 年末，中国对外直接投资存量首次超过万亿美元大关。中国对外投资的快速增长主要有以下特点：

（一）政策拉动明显，尤其是“一带一路”和国际产能合作助推企业海外投资

2015 年，“一带一路”和国际产能合作成为中国对外投资的新主题。据统计，2015 年我国企业共对“一带一路”相关的 49 个国家进行了直接投资，投资额合计 148.2 亿美元，同比增长 18.2%。同期，我国企业投向交通运输、电力、通讯等优势产业的直接投资累计约 116.6 亿美元，同比增长 80.2%。装备制造业对外直接投资 70.4 亿美元，同比增长 154.2%。作为国际产能合作的重要载体——合作园区也发展迅猛。截至 2015 年底，中国企业正在推进的合作园区共计 75 个，分布于 34 个国家（其中上合组织国家 21 个），带动近 180 亿美元投资，吸引 1 141 家企业入区。这些园区中一半以上为与产能合作密切相关的加工制造类园区，带动了纺织、服装、轻工、家电等优势传统行业部分产能向境外转移。

在国际投资协定方面，自贸区谈判获得突破性进展，中国已完成中澳、中韩自贸区协定谈判，启动与马尔代夫、格鲁吉亚的自贸协定谈判，与哥伦比亚、哥斯达黎加等国也签署了投资合作协议。此外，《区域全面经济伙伴关系协定》（RCEP）已取得实质进展，达成了《信息技术协定》扩围协议。中国设立了丝路基金，牵头成立了亚洲基础设施投资银行，国际投资的机制和机构建设不断推进。

在国内对外投资政策方面，从中央到地方都出台了一系列鼓励企业“走出去”的政策措施。例如，各级地方政府出台了 2015 年《政府核准的投资项目目录（2015 年本）》国家发展和改革委员会国际合作中心发布《中国双向投资发展报告（2014 年）》，旨在帮助中外投资者更好地了解中国

双向投资政策资讯，促进中国企业更加稳健地“走出去”。商务部持续推进境外投资便利化，积极搭建对外投资合作平台，按照市场导向和企业自主决策的原则实行以备案制为主的管理模式，通过重大项目推进、投融资支持等手段为企业“走出去”提供贴心服务。“走出去”公共服务平台暨《对外投资合作国别（地区）指南（2015版）》已于近期正式发布。

（二）投资方式多元化，中资企业向产业链上游发展趋势明显

中国企业对外投资日趋成熟，已开始全球战略布局。投资产业由能源、矿产等自然资源密集行业拓展到制造业、建筑业、房地产、农林牧渔、金融业等诸多行业。以2014年的各行业流量增长情况看，流向房地产的投资66亿美元，同比增长67.09%；信息传输、软件和信息技术服务业31.7亿美元，同比增长126.43%；电力、热力、燃气及水的生产和供应业17.7亿美元，同比增长160.29%。2014年中国对外直接投资行业分布情况见表6-2-1。

表6-2-1　2014年中国对外直接投资行业分布情况

行业	流量/亿美元	比重/%	同比/%
租赁和商务服务业	368.3	29.91	36.10
批发和零售业	182.9	14.86	24.85
采矿业	165.5	13.44	-33.29
金融业	159.2	12.93	5.43
制造业	95.8	7.78	33.06
房地产业	66	5.36	67.09
交通运输、仓储和邮政业	41.8	3.40	26.28
建筑业	34	2.76	-22.02
信息传输、软件和信息技术服务业	31.7	2.57	126.43
农林牧渔业	20.4	1.66	12.71
电力、热力、燃气及水的生产和供应业	17.7	1.44	160.29
科学研究	16.7	1.36	-6.70
居民服务、修理和其他服务业	16.5	1.34	46.02
水利、环境和公共设施管理业	5.5	0.45	—
文化体育和娱乐业	5.2	0.42	67.74
住宿和餐饮业	2.4	0.19	200.00
其他行业	1.6	0.13	-20.00

资料来源：2014年对中国对外直接投资统计公报。

从投资的方式来看，2015年，无论国企或民企、科技行业还是传统行业，均通过并购不断向产业链上游升级，并购成为2015年中国企业对外投资的主要方式。据初步统计，2015年中国企业共实施海外并购项目593个，累计交易金额401亿美元（包括境外融资），几乎涉及国民经济的所有行业。其中，中国化工橡胶有限公司以71亿欧元收购意大利倍耐力集团公司，是2015年度中国企业最大的海外投资并购项目①。

① 秦伟：“中国化工71亿欧元收购倍耐力 国企海外并购强势回归”，一财网，2015年3月23日。

（三）投资区域更加广泛，几乎涉及全球所有地区

随着投资规模的不断扩张，中国企业海外投资的地域范围也越来越广。截至 2014 年底，中国 1.85 万家境内投资者设立对外直接投资企业近 3 万家，分布在全球 186 个国家（地区）。2015 年，中国对全球 155 个国家或地区进行了非金融类直接投资，其中上亿美元的国家或地区有 54 个，10 亿美元以上的有 13 个，我国内地对中国香港、东盟、欧盟、澳大利亚、美国、俄罗斯和日本七个主要经济体的投资达到 868.4 亿美元，占对外直接投资总额的 73.6%，对“一带一路”沿边 49 个国家进行了直接投资。

（四）投资主体多元，地方企业投资规模超过中央企业

2014 年，中央企业对外直接投资额为 524.8 亿美元，同比下降 6.8%，同期地方企业对外直接投资额为 547.3 亿美元，同比大增 50.3%，地方企业占同期对外投资的比重上升至 51%。

2015 年，地方和民营企业对外投资继续迅猛发展，其中地方及民营企业投资额占比首次过半，广东、江苏和浙江等经济发达省份的地方及民营企业投资额占比更高。2015 年前三季度，地方企业对外投资 538.6 亿美元，同比增长 78.8%，占比首次超过六成，成为对外投资的主要力量。同时，民营企业海外并购规模发展速度远快于国企，地方企业的并购金额占并购总额的比例已达 75.6%。其中，上海、广东和北京的民营企业的对外投资规模位列全国前三。

二 2015 年中国企业海外投资主要风险分析

2015 年以来，全球经济复苏态势仍不明朗，而中国对外投资热度始终不减。2016 年第一季度，中国境内投资者共对全球 149 个国家和地区的 2 726 家境外企业进行了非金融类直接投资，累计实现投资 400.9 亿美元，同比增长 55.4%。其中，股权和债务工具投资 355.9 亿美元，占 88.8%；收益再投资 45 亿美元，占 11.2%[①]。据相关研究机构预测，2016 年中国海外投资有望持续 10% 以上的高速增长，投资规模将再创历史新高。

虽然中国企业海外投资规模不断扩大，也取得了一定的业绩，但 2014 年以来中国企业所遭遇的诸如政府违约、恐怖袭击等风险事件表明，中国企业海外投资的环境依然不容乐观。

（一）外部投资环境对中国企业海外投资的影响

1. 受经济增长和政治格局影响，全球政治风险依然较高

经济危机以来，世界经济虽然在各国经济刺激和振兴政策的作用下出现回暖迹象，但随着政策效应消退的影响，全球经济增长仍然乏力，未来一段时间仍将处于调整期。受大宗商品价格断崖式下跌的拖累，以及危机后刺激政策负面效果的影响，很多国家的财政收入受到较大影响，尤其是资源依赖型国家经济再度衰退迹象明显，主权债务抑或是政府违约风险再度高企。

在经济调整的同时，全球政治格局也在深刻调整，各国力量对比显著改变，世界多极化更趋明

① 数据来源：商务部合作司。

朗，世界政治体系和结构持续改变。面对新兴国家的崛起，美欧等发达国家也在积极调整其发展战略和对外关系，以在新世界政治经济秩序的构建中占据主导地位，并维护其既有利益。同时，在经济危机的推动下，西亚、北非、东欧等地区地缘政治冲突频繁，突尼斯、埃及和利比亚政局变动，叙利亚危机、也门冲突持续，极端势力恐怖袭击加剧以及欧洲难民问题的持续发酵等政治安全风险都深刻影响着中国企业的对外投资。

虽然和平与发展依然是时代的主题，但全球经济危机深层次影响在相当长时期内依然存在，世界经济仍处在深度调整期和变革期，地缘政治和大国关系复杂变化带来不稳定和不确定因素也在短期内难以消除，中国企业海外投资依然面临着复杂多变的外部环境的严峻挑战。

2. 局部武装冲突和恐怖袭击频发，非传统安全风险突出

2014 年以来，由于大国关系调整及地缘政治矛盾摩擦等因素的影响，叙利亚战争、俄乌冲突、也门冲突以及由此引发的欧洲难民问题给这些地区的政治、经济和社会生活带来深刻影响，也为在这些区域进行投资的中国企业带来了较大的运营风险和困难影响。2015 年以来，在巴黎、马里、巴基斯坦、泰国等地持续发生的恐怖袭击事件更是给中资企业海外投资造成了人员伤亡和巨大的经济损失。可以说，随着中国企业"走出去"的规模越来越大，中资企业海外投资面临的非传统安全风险也明显增加。

3. 中国企业海外投资比较集中的发展中经济体投资风险高

中国对外直接投资的地域分布高度集中。商务部发布的统计数据分析，中国对外投资超过八成集中在发展中经济体，而发展中经济体与转型经济体的投资风险显著高于发达地区。2014 年中国流向发展中经济体的对外直接投资为 976. 8 亿美元，占当年流量的 79. 3%，而存量的八成也分布在发展中经济体。此外，中国企业对转型经济体的对外投资流量和存量也都占到了对外投资总额的 2% 左右。随着"一带一路"战略的深入实施，这一数据必定会进一步上升。2014 年中国对外直接投资存量和流量见表 6 - 2 - 2。

表 6 - 2 - 2　　2014 年中国对外直接投资存量和流量

经济体	2014 年对外直接投资流量		2014 年对外直接投资存量	
	金额/亿美元	比重/%	金额/亿美元	比重/%
发达经济体	238. 20	19. 40	1 352. 51	15. 30
发展中经济体	976. 80	79. 30	7 281. 68	82. 50
转型经济体	16. 10	1. 30	193. 21	2. 20
合计	1 231. 20	100		100

资料来源：2015 年度中国对外直接投资统计公报。

2015 年，中国信保国别风险研究中心对全球 192 个国家和地区进行了评级，中国企业海外投资所涉主要区域的大部分国家的风险评级为 7 级及以上（1—9 级，级别越高意味着国家风险越高），表 6 - 2 - 3 是全球国家风险评级汇总表，具体国别的评级可以参考《国家风险分析报告 2015》。企业在这些高风险等级的国家进行投资遭遇政治经济动荡、商业环境恶化等风险的概率非常高，对企业的投资经营造成的影响也较大。从中国信保海外投资保险的报损和赔付情况来看，近年来海外投资保险出险的案例增加也较快。

表 6-2-3　　2015 年全球国家风险评级汇总表

	一级	二级	三级	四级	五级	六级	七级	八级	九级
亚洲	1	0	5	5	9	8	8	4	2
非洲	0	0	0	2	1	11	16	20	4
欧洲	1	5	7	10	15	7	1	1	0
大洋洲	0	2	0	0	0	2	9	1	0
北美洲	0	2	0	0	0	0	0	0	0
拉丁美洲	0	0	1	5	4	9	8	5	1
合计	2	9	13	22	29	37	42	31	7

资料来源：《国家风险分析报告（2015）》。

（二）中国企业认识和应对海外投资风险能力不足的影响

1. 海外投资风险认识有待提高

企业海外投资所面对的市场是多元的，在不同政体、不同经济制度的国家进行投资，其风险各有不同，完全照搬原有的风险管理经验，如将在国内成功运作的项目经验借鉴到海外，或将非洲的成功经验借鉴到欧洲，其实很难准确识别和有效应对企业在具体投资项目中所面临的风险。那种认为在政治经济法律制度相对健全的发达国家，或者在中国政府或项目企业与东道国政府关系较好的国家进行投资所面临的风险会大幅降低甚至完全没有风险的认识也往往是企业的主观判断，不应成为企业项目投资风险评估中的普遍依据。已经发生的各种投资风险案例的分析表明，企业在海外投资风险方面的一些惯性思维通常会影响其对项目风险的准确判断。

正确的做法是，企业应正确认识海外投资中所面临的各种风险，针对不同项目具体分析不同国家的投资风险状况，尤其是进行新市场开发时，更应以专业的态度具体定义和全面评估新市场的各类投资风险，加强企业的风险识别和管控能力。

2. 决策前风险评估工作不足

企业海外投资决策前的风险评估是发现和识别风险最有效的手段。众多案例分析显示，很多投资项目的前期风险评估报告来源单一，缺乏多角度分析。此类报告通常以企业业务分析为主，如项目技术可行性及风险、经济可行性及风险等为主，而对非技术类风险的识别和分析非常有限。即使偶有涉及，也往往在信息的准确性、时效性及专业性方面存在较大问题，很难对企业的风险评估提供准确帮助，从而制约了企业在项目规划阶段的风险识别和管控工作的顺利进行。

同时，虽然部分企业成立了风险管理机构，为企业海外投资风险研判和决策提供服务，但专业的风险评估人才依然匮乏。国内涉及海外投资风险评估相关的教育培训和职业技能认证也不够完善，很难满足现阶段中国企业海外经营评估风险的需求。

另外，由于企业对海外投资中所遇到的非商业风险的认识不足，其在项目前期规划中对该方面的资金投入也十分缺乏，从而进一步限制了企业风险识别、应对和管理能力的提高。

3. 企业应对风险的意识、手段和方法欠缺

风险不一定都造成损失，但如果处理不当，损失是必然结果。针对中国企业海外投资的调研结果显示，大多数中国企业在海外经营过程中没有进行前期专业的风险评估工作，也缺乏系统的风险处理预案，遇到风险后往往是临时采取一些应急处理措施，但因时间紧迫、资源有限而在处理方式的选择和成本效果管理方面差强人意。比如，购买政治风险保险是规避国别风险的最佳工具，但根据中国信保的承保数据，购买出口信用保险并获得理赔的企业数量与在海外有投资业务的企业数量相比仍有较大差距。这也从侧面验证了中国企业海外投资中风险意识较低、风险管理能力较差等问题。

（三）中国企业使用投资风险保险情况调查

2016年年初以来，中国信保对85家企业进行了调研，在被调查的企业中，大部分对中国信保公司的海外投资保险了解或听说过，完全不知道的仅占7.79%，具体情况见图6-2-1。可见，作为政策性保险机构，中国信保在支持中国企业对外投资过程中发挥了积极作用，越来越多的中国企业在对外投资准备、立项、经营及发展过程中，正在了解和接受中国信保公司提供的专业保险服务。

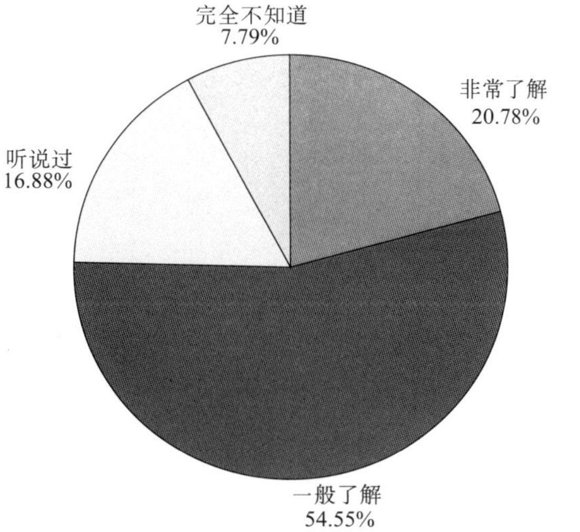

图6-2-1　企业对中国信保的海外投资保险的了解情况

在被调查的企业中，大部分企业在进行海外投资的过程中，会投保中国信保的海外投资保险，其中一定会投的比例占39.73%，有时会投的比例占45.21%，另外有15.07%的企业基本不会投保，具体情况见图6-2-2。可见，越来越多的中国企业对海外投资风险认识度越来越高，对海外投资保险的认知度也越来越高，选择中国信保的海外投资保险将是规避海外投资风险最有效的工具之一。

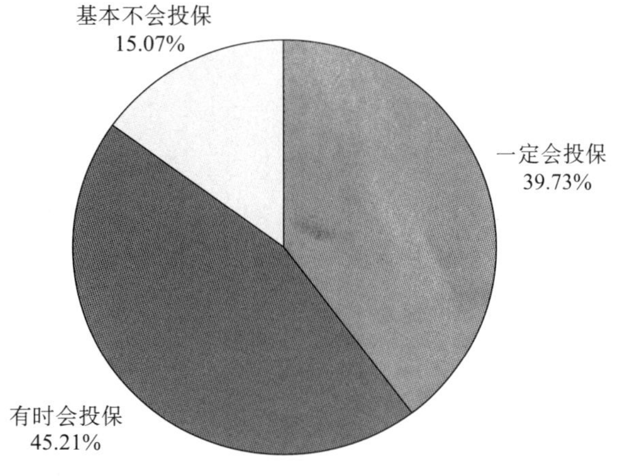

图6-2-2　企业投保中国信保的海外投资保险意愿情况

从企业使用投资保险主要考虑的因素来看，被调查企业最主要考虑的因素就是风险保障，占比超过 90%；其次是银行融资要求，占比 64.38%；再次是企业风险制度要求，占比 52.05%；最后的是上级单位要求这个因素，占比 21.92%（见图 6－2－3）。可见，被调查企业投保中国信保的海外投资保险主要出于风险保障和资金融通的目的。

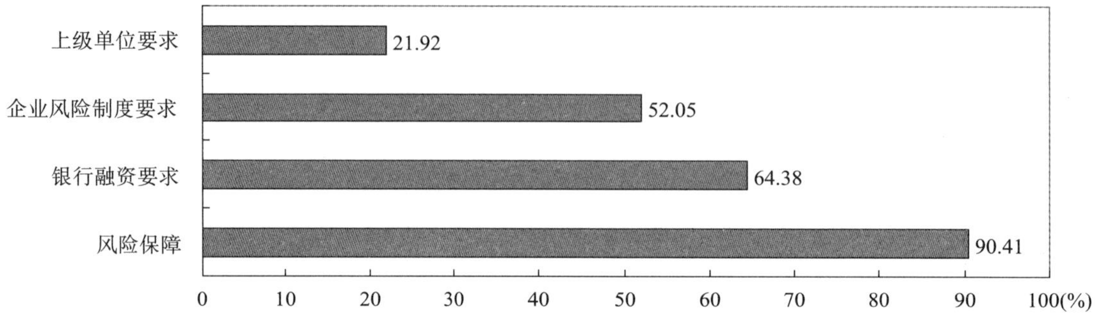

图 6－2－3　企业使用投资保险主要考虑的因素

投保海外投资保险总体情况分析

2015 年，中国信保海外投资保险承保总额达 411.2 亿美元，同比增长 13.78%。投保海外投资保险的项目共涉及 44 个国家，其中“一带一路”沿线国家 33 个。

2011—2015 年海外投资保险新增投保金额与增长情况见图 6－2－4，海外投资保险新增投保项目数量增长情况见图 6－2－5。

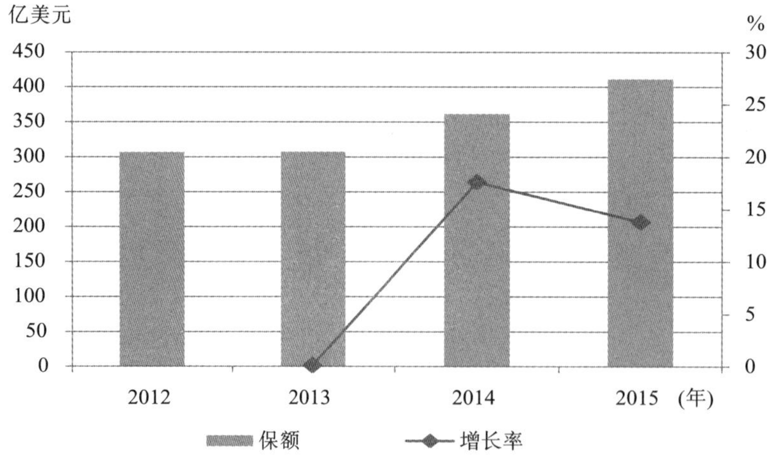

图 6－2－4　2011—2015 年海外投资保险投保金额及增长情况

2015 年中国企业投保海外投资保险投保地区分布、投保企业省市分布、投保项目规模和行业分布情况分析如下：

（一）投保海外投资保险地区分布情况

2015 年中国企业投保海外投资保险项目数量较 2014 年增长 28.43%。其中，在亚洲投保的项目

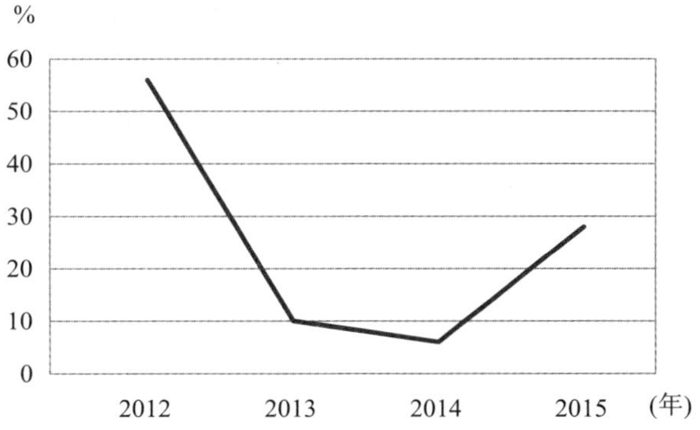

图 6-2-5　2011—2015 年新增投保项目数量增长情况

数量比 2014 年增加 42.3%，占比 56.5%；在北美洲投保的项目数量增长 3 倍，占比 12.97%；在欧洲投保的项目数量较上一年下降 15.78%，占比 12.21%；在非洲投保的项目数量占比 10%；在拉丁美洲投保的项目数量占比 6.9%。

总体来看，中国企业在亚洲的投资购买海外投资保险的项目数量稳中有升，在美国投资购买海外投资保险的项目数量增长迅猛，而在欧洲投资购买海外投资保险的项目数量呈连续下降趋势。2011—2015 年全球各地区新增投保海外投资保险项目数量变化趋势见图 6-2-6。

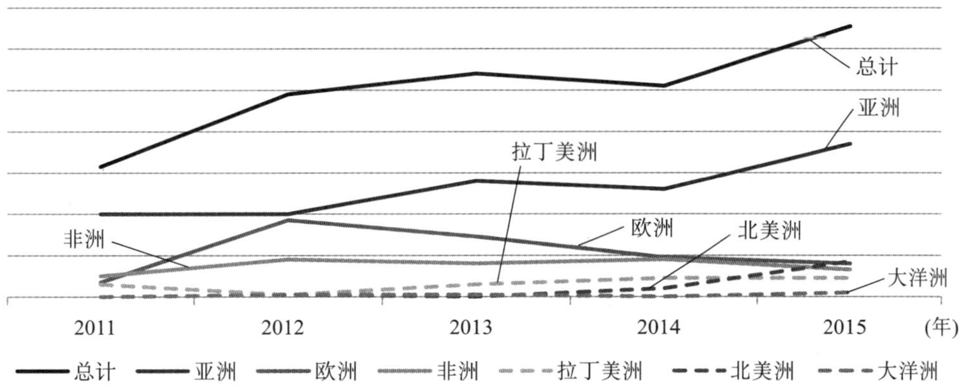

图 6-2-6　2011—2015 年全球各地区新增投保海外投资保险项目数量变化趋势

在承保金额方面，亚洲一直占有较大比重，2015 年亚洲项目投保海外投资保险占当年新增投资保险保额的 89.9%；其次是北美洲，占 5.5%。

观察 2011—2015 年海外投资保险保额变化趋势发现，中国企业投保海外投资保险在亚洲国家的保额逐年递增，年均增长率在 20% 左右。这主要受三个因素的推动：一是中资企业在亚洲国家投资金额逐年增加，拉动投资保险的增长；二是部分亚洲国家频繁出现政府违约、内战及排华事件，增加了投资者对亚洲国家政治环境恶化的担忧，希望通过海外投资保险规避相关的政治风险；三是越来越多的企业认识到海外投资所面临的各类风险，尤其是政治风险对企业的影响，更希望获得海外投资保险的支持。

中国企业投保海外投资保险在非洲国家的新增保额在 2011—2015 年出现较大的波动，尤其是 2015 年，在非洲国家的保额更是跌至 5 年来的谷底。虽然保额降低，但中资企业利用海外投资保险的占比却在不断增加，其中 2014 年在非洲国家的海外投资保险保额占当年 FDI 流量的近 30%。这说明投资者普遍认为在非洲国家的投资风险较高。

中资企业在北美洲、拉丁美洲和欧洲的投资购买海外投资保险呈大幅波动趋势，但各有差异。2015 年在北美市场的海外投资保险保额出现大幅增长，与当年中资企业在当地投资额度的大幅增长有直接关系。在拉丁美洲的海外投资保险保额也出现较大波动，2015 年是 3 年来的最低值。欧洲市场海外投资保险保额也出现了波动，2015 年同比下降 37.33%。2011—2015 年，各地区新增投保海外投资保险保额变化情况见图 6－2－7。

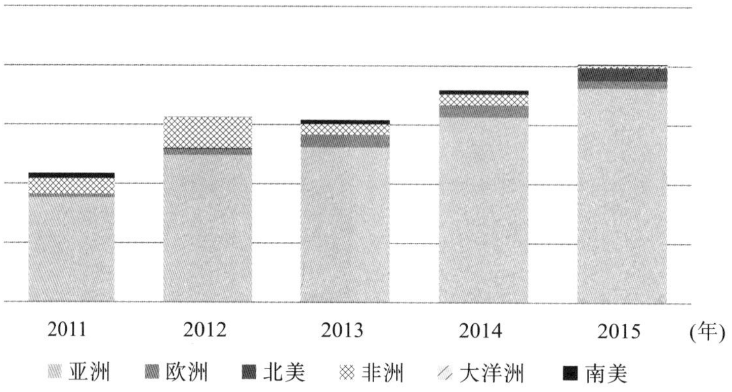

图 6－2－7　2011—2015 年全球各地区新增投保海外投资保险保额变化情况

（二）投保海外投资保险企业所在省市分布情况

从不同省份的统计数据看，选择投保海外投资保险的企业无论在项目个数还是在投保保额方面集中度均较高，投保企业主要集中在沿海经济发达地区，这反映了经济发达区域的企业海外投资比较活跃，风险管理经验相对较为丰富。

2015 年，各省市企业投保海外投资保险项目数量相对集中，其中排名前五的是北京、浙江、广东、江苏和上海，占当年海外投资保险投保项目总数的 72%。投保保额排名前五的省市为北京、上海、广东、浙江和福建，保额合计占当年新投保保额的 95%，保额的省份集中度比项目数量的省份集中度高。2015 年企业投保海外投资保险项目数量和保额前五位的省市数据见表 6－2－4和表 6－2－5。

表 6－2－4　　2015 年企业投保海外投资保险项目数量前五位省市

序号	区域
1	北京
2	浙江
3	广东
4	江苏
5	上海

表 6-2-5　　2015 年企业投保海外投资保险保额前五位省市

序号	区域
1	北京
2	上海
3	广东
4	浙江
5	福建

（三）投保海外投资保险项目规模情况

2011—2015 年中国企业新增投保海外投资保险项目数量逐年增加，2015 年比 2014 年增长 107.94%。2015 年投保海外投资保险的项目中，3 亿美元以上项目数量约占当年项目数量的 6%，1 亿—3 亿美元项目约占 10%，1 亿美元以下的项目数量最多，约占当年新增投保海外投资保险项目数量的 84%。

（四）投保海外投资保险项目的行业分布情况

2011　2015 年，中国企业投保海外投资保险的项目中，能源、轻工、冶金、电力和农林牧渔是五个投资项目数量最多的行业，占全部投保项目数量的 65.9%，其中能源和轻工两个行业占比 37.3%。

2015 年中国企业投保海外投资保险的项目中，排名前五的投资行业是能源、轻工、纺织、重工和电力，占当年全部投保项目数量的 61.8%，其中能源和轻工两个行业占比 37.4%。

从以上统计数据观察，中国企业海外投资使用投资保险的行业集中度较高，尤其是能源和轻工行业，使用投资保险的项目数量始终超过 37%。

附录 2015年中国企业对外直接投资大事记

• 2015年1月4日，中国保监会宣布，联合包括保险公司和资产管理公司在内的超过40家的股东单位，成立中保投资有限责任公司（下称中保投资公司）。公司首期募集400亿元人民币（60亿美元）形成中国保险投资基金（一期），用于投资海外能源和基础设施项目。新公司已确认将通过增资中国液化天然气运输项目对接俄罗斯亚马尔液化天然气项目，以服务保障能源安全的目标。

• 2015年1月6日，携程计算机技术（上海）有限公司成功收购Travelfusion。

• 2015年1月9日，和记黄埔有限公司成功收购哈斯基能源（马都拉）股份有限公司6.24%的股权，作价108.96亿港币。

• 2015年1月12日，山东恒源石化投资1.3亿美元（折合8.29亿元人民币）并购荷兰皇家壳牌海外控股公司控股的壳牌马来西亚公司100%的股权，成为山东地炼企业首例海外并购的案例，也是山东石化企业“走出去”战略的第一步。

• 2015年1月13日，税务总局《关于发布〈出口退（免）税企业分类管理办法〉的公告》（国家税务总局公告2015年第2号）。

• 2015年1月19日，中国核工业建设集团公司与沙特核能与可再生能源城签订《沙特高温气冷堆项目合作谅解备忘录》。此次项目合作谅解备忘录的签订，标志着我国第四代核电技术高温气冷堆项目在“一带一路”沿线国家实现了“走出去”的重大突破。

• 2015年1月22日，中国平安人寿保险股份有限公司以4.19亿欧元收购了位于伦敦市金融区的Tower Place大厦。

• 2015年1月26日，广西梧州中恒集团股份有限公司收购Inovytec Medical Solutions Ltd. 10.00%的股权，作价200.00万美元。

• 2015年1月27日，工信部、财政部、质检总局、知识产权局联合发布《关于加快推进我国钟表自主品牌建设的指导意见》。

• 2015年1月，首钢马来西亚东钢公司一期一步工程炼出第一炉钢水，该项目是东南亚唯一一座工序完整的综合性钢铁厂。

• 2015年1月，上海锦江国际酒店发展股份有限公司从美国投资公司喜达屋资本集团收购欧洲的卢浮集团（Groupe Du Louvre），收购价高达12.1亿欧元。

• 2015年1月，大连万达集团以4 500万欧元购买西班牙马德里竞技俱乐部（Atletico Madrid football club）20%的股权。这是中国企业首度投资于欧洲高级足球俱乐部。

• 2015年1月，美国黑石集团（Blackstone）把位于悉尼黄金地段的一栋写字楼出售给中国大连万达集团，售价约为4.15亿澳元（3.27亿美元）。

• 2015年1月，复星集团成功收购法国旅游休闲酒店集团地中海俱乐部（Club Med）。复星国际和澳大利亚资产管理公司 Propertylink 共同宣布，成功收购澳大利亚北悉尼办公楼米勒街73号。

• 2015年1月，泰康人寿保险股份有限公司正式完成1.98亿英镑收购伦敦金融城办公楼 Milton Gate 的交易。

• 2015年2月1日，中国工商银行以7.65亿美元收购南非标准银行公众有限公司60%的股权。中国工商银行表示，该行已收购公众有限公司60%的股权并与南非标准银行集团（Standard Bank）完成交割程序，收购后的标银公众将专注全球交易业务。标银公众是标准银行集团通过子公司标准银行伦敦控股有限公司全资控股的银行机构，总部在伦敦。

• 2015年2月5日，北京控股以初步购买价14.38亿欧元，收购总部位于德国的欧洲领先废物能源利用公司 EEW Holding GmbH 的全部股份。

• 2015年2月7日，国家电网公司中标巴西美丽山特高压输电项目。该项目是国家电网公司在海外中标的首个特高压直流输电项目，标志着特高压技术"走出去"取得重大突破，是中巴电力合作领域新的重要里程碑。

• 2015年2月9日，商务部印发《关于新形势下做好境外中资企业商（协）会工作的通知》（商合函［2015］47号）。

• 2015年2月11日，工信部印发《国家增材制造产业发展推进计划（2015—2016年）》的通知（工信部联装［2015］53号）。

• 2015年2月13日，工信部印发《2015年原材料工业转型发展工作要点的通知》（工信厅原函［2015］106号）。

• 2015年2月13日，外汇管理局印发《关于进一步简化和改进直接投资外汇管理政策的通知》（汇发［2015］13号）。

• 2015年2月，安邦保险集团同意收购荷兰保险公司 Vivat，并称将为这家公司增资最多10亿欧元。安邦保险集团同意出资1.1万亿韩元（10亿美元）买入韩国东洋人寿（Tong Yang Life Insurance）的控制性股权。美国监管部门批准安邦保险集团收购纽约地标性建筑华尔道夫酒店（Waldorf Astoria Hotel）的交易。

• 2015年2月，复星国际牵头的财团对法国度假村运营商 Club Mediterranee 的要约收购成功，收购结束后取得92.81%的股份。

• 2015年2月，比亚迪纯电动大巴 K9 登陆日本京都，成为首个成功进入日本市场的中国汽车品牌。

• 2015年2月，大连万达集团同意以10.5亿欧元（11.9亿美元）收购瑞士体育营销公司盈方体育传媒集团（Infront Sports & Media AG）。

• 2015年2月，阿里巴巴旗下公司蚂蚁金服同意收购印度支付服务业者 One97 Communications 25%的股权。阿里巴巴向魅族投资5.9亿美元，购买后者少数股份。

• 2015年3月，中国化工集团公司同意出资意大利轮胎制造商倍耐力（Pirelli），交易规模可达71亿欧元（77亿美元）。中国化工集团公司旗下的中国化工橡胶有限公司首先收购意大利 Camfin 持有的倍耐力26.2%的股份，之后对剩余股份发起强制收购。

• 2015年3月26日，吉利集团投资2.5亿英镑在伦敦考文垂兴建一座新工厂，生产新一代电动和超低排放的伦敦出租车，这座集研发和组装为一体的新工厂年产量是现有产量的10倍。

• 2015年3月27日，中国冶金科工股份有限公司、马钢（集团）控股有限公司与 Ferrum

Corp. 公司在中冶总部共同签署了哈萨克斯坦100万吨/年综合钢厂项目合资公司备忘录。

• 2015年3月27日，中国保监会出台《关于调整保险资金境外投资有关政策的通知》（保监发［2015］33号）。

• 2015年3月28日，发展改革委、外交部、商务部联合发布《推动共建丝绸之路经济带和21世纪海上丝绸之路的愿景与行动》。

• 2015年3月，复星国际透过其附属公司认购英国休闲旅游集团Thomas Cook的新股，相当于目前已发行股份的5%，作价9 185万英镑。

• 2015年3月31日，由金沙江GO Scale Capital牵头主导，亚太资源开发投资有限公司和南昌工业控股集团有限公司等中资、外资财团的鼎力支持下的并购基金成功收购荷兰皇家飞利浦公司旗下Lumileds 80.1%的股份，交易价值约33亿美元。

• 2015年3月31日，以色列食品行业历史上最大的一宗收购案——光明食品集团并购以色列Tnuva食品公司在特拉维夫完成。此次并购，光明食品集团收购了Tnuva食品公司股东Apax持有的56.7%的股份和Mivtach Shamir持有的21%的股份，对应Tnuva的市场价值达到86亿谢克尔（约21.67亿美元）。

• 2015年4月3日，海关总署出台《落实〈丝绸之路经济带和21世纪海上丝绸之路建设战略规划〉实施方案》和《2015年海关推进“一带一路”建设重点工作》（署研发字［2015］16号）。

• 2015年4月9日，朗姿股份有限公司（原北京朗姿服装实业有限公司）收购Hifashion Group Inc. 5.00%的股权，作价750.00万美元。

• 2015年4月10日，中国保监会发布《保险公司资金运用信息披露准则2号：风险责任人》（保监发［2015］42号）。

• 2015年4月20日，山东钢铁集团宣布收购非洲矿业有限公司在非洲塞拉利昂唐克里里铁矿项目75%的股权。交易完成后，山东钢铁集团将获唐克里里铁矿及非洲港口铁路服务公司100%的股份。山东钢铁集团完全购得非洲第2大铁矿。

• 2015年4月21日，税务总局发布《关于落实“一带一路”发展战略要求做好税收服务与管理的通知》（税总发［2015］60号）。

• 2015年4月28日，税务总局发布《关于出口企业申报出口退（免）税免予提供纸质出口货物报关单的公告》（国家税务总局公告2015年第26号）。

• 2015年4月30日，税务总局发布《关于出口退（免）税有关问题的公告》（国家税务总局公告2015年第29号）。

• 2015年4月，复星国际以合并方式收购美国专业财险及保险管理服务商Meadowbrook Insurance Group, Inc.，交易总额约4.33亿美元。德州太平洋集团（TPG Capital）和复星国际（Fosun）收购太阳马戏团（Cirque du Soleil），这一交易对该马戏团的估值为大约15亿美元。

• 2015年4月，比亚迪斩获美国长滩运输署60辆纯电动大巴订单，创美国最大纯电动大巴订单纪录。

• 2015年4月，天保重装拟募集资金总额不超过10亿元，用于收购美国圣骑士公司80%的股权及圣骑士房地产公司100%的股权、专项偿还银行贷款和融资租赁款、补充流动资金。通过此次收购，天保重装取得污水污泥处理处置方面的全套先进技术，使公司产品可以直接进入欧美发达国家市场，全方位参与国际、国内环保市场开拓，公司将快速发展成为国际一流的固废处理系统解决方案及环境治理服务提供商。

• 2015 年 4 月 29 日，中核集团与阿尔及利亚原子能签署了《中国核工业集团公司与阿尔及利亚原子能署核能全面战略合作协议》，揭开了中阿核能合作新篇章。

• 2015 年 4 月 30 日，凌云股份公司收购 Waldaschaff Automotive GmbH 全部股权，并受让其部分股东贷款。

• 2015 年 5 月 4 日，百龄国际（控股）有限公司拟受让香港汽车护理集团有限公司 70.00% 的股权，作价 1.23 亿港币。

• 2015 年 5 月 5 日，中共中央、国务院发布《关于构建开放型经济新体制的若干意见》（中发［2015］13 号）。

• 2015 年 5 月 8 日，国务院发布《中国制造 2025》（国发［2015］28 号）。

• 2015 年 5 月 8 日，丽珠医药集团股份有限公司通过认购股份的方式收购 CYNVENIO BIOSYSTENS，INC. 18.03% 的股权，作价 6 204.30 万元人民币。

• 2015 年 5 月 16 日，国务院发布《关于推进国际产能和装备制造合作的指导意见》（国发［2015］30 号）。

• 2015 年 5 月 18 日，商务部印发《关于境外投资备案实行无纸化管理和简化境外投资注销手续的通知》（商办合函［2015］197 号）。

• 2015 年 5 月 26 日，紫金矿业与艾芬豪和巴理克两大国际矿业巨头“握手”结成战略合作关系，联手开发世界级超大铜矿、金矿。据双方签订的协议约定，由紫金矿业分别以 25.2 亿元和 18.2 亿元的对价，取得艾芬豪旗下的世界级超大未开发铜矿刚果（金）卡莫阿铜矿 49.5% 的股权和巴理克旗下大型在产金矿巴新波格拉金矿 50% 的权益，两个矿山的铜资源和金资源储量分别为 2 416万吨、285 吨。

• 2015 年 5 月，先河环保美国控股公司与美国 Sunset Laboratory Inc. 公司签署意向性收购协议，先河环保美国控股公司将支付 660 万美元以收购 Sunset 60% 的股份。此次收购进一步完善了先河环保的产品线，使公司能够在碳气溶胶分析市场这样的新兴领域抢占先机，巩固先河环保在环境监测领域的领先地位，加速先河环保国际化的布局。

• 2015 年 5 月，阿里巴巴集团收购美国在线零售商 Zulily Inc. 超过 9% 的股份。

• 2015 年 5 月，清华控股有限公司旗下紫光集团下属子公司紫光股份有限公司以不低于 25 亿美元收购惠普公司（HP）旗下“新华三”公司 51% 的股权，成为该公司的控股股东。

• 2015 年 6 月 5 日，丝路基金有限责任公司成功受让倍耐力，作价 15.00 亿欧元。

• 2015 年 6 月 6 日，北京窝窝团信息技术有限公司收购众美联（香港）投资有限公司 100.00% 的股权，作价 3 000.00 万美元。

• 2015 年 6 月 8 日，光明乳业股份有限公司收购 Tnuva Food Industries – Agricultural Co – Operative Association in Israel Ltd. 76.73% 的股权，作价 10.31 亿欧元。

• 2015 年 6 月 8 日，上海永利带业股份有限公司全资子公司青岛英东模塑科技集团有限公司通过增资的方式收购塔塑（香港）有限公司 80.00% 的股权，作价 160.00 万美元。

• 2015 年 6 月 11 日，税务总局发布《关于逾期未申报的出口退（免）税可延期申报的公告》（国家税务总局公告 2015 年第 44 号）。

• 2015 年 6 月 14 日，国务院发布关于修改《中国公民往来台湾地区管理办法》的决定（国务院令第661号)。

• 2015年6月18日，阿里巴巴集团成功收购软银机器人控股公司20.00%的股权，作价120.71亿日元。

• 2015年6月20日，国务院办公厅发布《关于促进跨境电子商务健康快速发展的指导意见》(国办发［2015］46号)。

• 2015年6月20日，中国国家电网全资子公司中国电力技术装备有限公司与埃塞俄比亚国家电力公司和肯尼亚输电公司签署合同，承建埃塞－肯尼亚500千伏直流输电线路。这是东非地区第一条高压直流输电线路。

• 2015年6月21日，中国有色集团与刚果国家矿业公司在刚果(金)卢本巴希市签署了战略合作协议。此次签约是双方加强合作、实现互利双赢的重要举措，必将进一步发挥双方在各自领域的优势，不断增强在各自领域的核心竞争力，促进友好合作，相互支持，共同发展。

• 2015年6月29日，北京光线传媒股份有限公司孙公司香港影业国际有限公司通过认购股份的方式成功收购龙视传媒有限公司25.00%的股权，作价2 650.00万美元。

• 2015年6月，复星国际与Delek Group Ltd. 订立协议，买入Phoenix Holdings Ltd. 已发行股本的52.31%。

• 2015年6月，首创股份全资子公司首创(香港)有限公司与Bonland Pte Ltd. 签订了股份买卖协议，拟以总价款不超过24 600万新加坡元收购新加坡危废处理排名第一的ECO公司100%的股权。

• 2015年6月，雪迪龙拟以164万英镑收购Kore Technology Limited公司部分股权并对其进行增资，增资完成后公司将持有KORE公司51%的股权。

• 2015年6月，韩国金融委员会批准中国安邦保险公司收购东洋生命保险公司63.0%的股份，成为东洋生命的大股东。2015年9月，韩国保险公司东洋人寿(TongYang Life)正式与中国安邦保险公司签署出售合同，安邦保险成为首家收购韩国保险公司的中国企业。

• 2015年6月，万达院线计划斥资3.657亿美元收购澳大利亚影院运营商Hoyts集团。

• 2015年6月30日，中航工业(Aviation Industry Corporation of China)同意以含债务在内的8亿美元左右的价格收购美国汽车零部件供应商Henniges Automotive Holdings Inc.。

• 2015年7月1日，国务院发布《关于积极推进“互联网+”行动的指导意见》(国发［2015］40号)。

• 2015年7月10日，中国建材集团上半年签订海外工程合同12亿美元。中国建材集团以“善用资源、服务建设”为核心理念，集科研、制造、流通于一体，坚持市场化道路，大力推进联合重组、结构调整和节能减排，积极实施国际国内“两种资源、两个市场”战略，走出了一条资本运营、联合重组、管理整合和集成创新的发展道路，成为充分竞争领域快速成长的央企典范。

• 2015年7月11日，深圳市新国都技术股份有限公司收购Exadigm Inc. 100.00%的股权，作价470.00万美元。

• 2015年7月14日，中国最大的国有芯片设计商紫光集团(Tsinghua Unigroup Ltd.)已经提交了收购提议，希望以230亿美元全盘收购美国内存生产商美光科技公司(Micron Technology Inc.)。

• 2015年7月17日，国家电网公司成功中标巴西美丽山水电特高压直流送出二期特许权经营项目，特许权经营期限30年。这是国家电网公司继美丽山一期项目之后在海外中标的第二个特高压直流输电项目，也是首个在海外独立负责工程总承包的特高压输电项目。

• 2015年7月20日，国际海底管理局理事会通过决议，核准了中国五矿集团公司提出的东太平洋海底多金属结核资源勘探矿区申请。中国五矿集团公司获得该国际海底矿区的专属勘探权和优先开采权。

• 2015年7月29日，复星国际以3.45亿欧元收购了意大利裕信银行（UniCredit）原米兰总部。

• 2015年7月30日，海航集团与私募股权基金PAI Partners签署收购协议，海航集团以27亿瑞郎（约合人民币175亿元）收购瑞士国际空港服务有限公司（Swissport）100%的股权，后者是世界最大的地面航空货运服务供应商。

• 2015年7月31日，青岛海信电器股份有限公司收购夏普墨西哥公司49.00%的股权，作价1 121.00万美元。

• 2015年7月，聚光科技收购意大利Systea S. P. A公司24.9%的股权（未来有权继续增持至69.9%）。

• 2015年8月4日，商务部印发《境外经贸合作区服务指南范本》。

• 2015年8月6日，芜湖顺荣三七互娱网络科技股份有限公司收购SNK Playmore Corporation 81.25%的股权，作价6 350.00万美元。

• 2015年8月12日，洲际油气（600759. SH）以马腾石油为平台成功收购KoZhan Joint - Stock Company（克山公司）100%的股权，收购作价为3.405亿美元。

• 2015年8月13日，腾讯控股有限公司成功收购Sensewhere Ltd.。

• 2015年8月24日，中共中央、国务院出台《关于深化国有企业改革的指导意见》（中发［2015］22号）。

• 2015年8月28日，商务部、财政部印发《境外经济贸易合作区考核管理办法》（商合发［2015］296号）。

• 2015年8月，永清环保正式完成对美国土壤修复公司Integrated Science & Technology（IST）公司51%股权的收购，成为其控股股东。

• 2015年8月，大连万达集团收购铁人三项赛的运营方世界铁人公司（World Triathlon Corporation）的全部股权，出资金额约为6.5亿美元并承担相关债务，这笔交易价值约9亿美元。2015年11月，万达文化集团并购美国世界铁人公司成功交割，使中国首次拥有了一项国际顶级赛事产权。

• 2015年8月，河钢在南非启动了500万吨规模的钢铁厂建设。

• 2015年9月9日，山东钢铁集团与澳上市公司IronRoad公司签署价值40亿澳元（约180.08亿元人民币）的协议，双方将共同开发南澳艾尔半岛的铁矿石项目。

• 2015年9月7日，海通证券股份有限公司完成收购Banco Espírito Santode Investimento, S. A.（BESI）100.00%的股权，作价3.79亿欧元。BESI成为海通证券一家全资子公司。此次收购是中国证券公司收购总部位于欧洲的投资银行的首例，为中国证券公司进入欧美投资银行业开创了先河，对于公司和BESI双方均具有重大的战略意义。

• 2015年9月9日，中国民营投资集团复星国际将收购德国私营银行H&A所有的普通股，最高收购价约为2.1亿欧元。

• 2015 年 9 月 9 日，广州鹏辉能源科技股份有限公司通过增资的方式成功收购耐可赛株式会社 51.22% 的股权，作价 1.61 亿日元。

• 2015 年 9 月 10 日，奥特佳投资（香港）有限公司拟收购 Air International Thermal（Luxembourg）和 Air International Thermal（Belgium）及下属各子公司股东的全部股权。

• 2015 年 9 月 14 日，中储发展股份有限公司收购 Mercuria Capital Partners Limited 持有的 Henry Bath & Son Limited 51.00% 的股权，作价 6 000.00 万美元。

• 2015 年 9 月 16 日，中国远洋控股股份有限公司成功收购土耳其伊斯坦布尔 Kumport 集装箱码头 65.00% 的股权，作价 9.40 亿美元。Kumport 码头位于土耳其，而土耳其是“丝绸之路经济带”和“21 世纪海上丝绸之路”沿线的战略要塞，本次交易对于中国远洋控股股份有限公司“走出去”有着重要的战略意义。

• 2015 年 9 月 25 日，北京同创九鼎投资管理股份有限公司收购 Ageas Insurance International N.V 持有的富通亚洲控股有限公司 100.00% 的股权，作价 106.88 亿港币。

• 2015 年 9 月，紫光股份旗下子公司将投资 37.8 亿美元购买西部数据（Western Digital）股份，交易完成后，紫光股份将持有西部数据已发行在外的约 15% 的普通股，成为西部数据的第一大股东。

• 2015 年 9 月，光明食品集团旗下上市公司上海梅林拟以 3.11 亿新西兰元（约 12.5 亿元人民币）的交易价格取得新西兰最大的肉类加工企业 SFF 集团 50% 的股权。光明食品集团旗下全资子公司上海糖酒集团以 1.1 亿欧元收购西班牙大型食品分销商米盖尔公司（Miquel Alimentacio）已正式完成交割。

• 2015 年 9 月，锦江国际旗下上市公司锦江股份将作为投资主体，战略投资铂涛集团 81% 的股权，标志着锦江国际集团将携手铂涛集团，一跃成为中国最大的酒店集团，也将成为首家跻身全球前五的中国酒店集团。

• 2015 年 10 月 5 日，深圳市百事达卓越科技股份有限公司全资子公司百事达资本有限公司成功收购 OAK RESOURCES LTD 51.00% 的股权，作价 180.00 万元人民币。

• 2015 年 10 月 10 日，中钢集团向巴基斯坦政府提交了收购巴基斯坦钢铁公司（PSM）的投资方案。中钢集团拟 7.78 亿美元投资巴基斯坦钢厂。

• 2015 年 10 月 16 日，中国铁路总公司牵头组成的中国企业联合体，与印度尼西亚维卡公司牵头的印尼国企联合体正式签署组建中印尼合资公司协议。对于中国高铁来说，除了近期连续承接俄罗斯、泰国等多项高铁建设项目，就连美国也与中国成立了合资公司，准备利用中国的技术修建美国高铁。

• 2015 年 10 月 21 日，商务部、外交部、国资委发布《关于规范对外承包工程外派人员管理的通知》（商合函［2015］877 号）。

• 2015 年 10 月 27 日，三诺生物传感股份有限公司收购尼普洛株式会社持有的尼普洛诊断有限公司 100.00% 的股权，作价 2.73 亿美元。

• 2015 年 10 月，国祯环保决定以约 3 472.9 万元人民币协议收购挪威 Goodtech Environment AS 公司 100% 的股权。

• 2015 年 10 月，阿里巴巴集团宣布，已经向中国最大的视频服务商优酷土豆董事会发出要约，全面收购尚未持有的近 82% 优酷土豆股份，预计总金额将超 45 亿美元。阿里通过全资收购优酷土豆，可以获得网络视频渠道资源，进一步完善阿里巴巴集团的生态体系。

• 2015 年 10 月，比亚迪在伦敦一举拿下高达 6.6 亿英镑纯电动大巴订单。

• 2015 年 11 月 1 日，新潮实业（600777.SH）宣布作价 22.1 亿元人民币（约合 3.2 亿美元）收购浙江犇宝实业投资有限公司（简称“浙江犇宝”）100% 的股权，后者主要资产是位于美国德克萨斯州 Crosby 郡 Per - mian 盆地的油田资产。就在此前一周，新潮实业以 13 亿美元的价格收购宁波鼎亮汇通股权投资中心（简称“鼎亮汇通”）全部股权，后者将通过境外子公司收购美国德州二叠盆地的油田资产。

• 2015 年 11 月 4 日，湖北华昌达智能装备股份有限公司境外下属公司 Dearborn Mid - West Company，LLC 成功收购 W&H Systems Acquisition Corp. 100.00% 的股权，作价 1 400.00 万美元。

• 2015 年 11 月 6 日，由中刚合资的华刚矿业股份有限公司（以下简称华刚矿业）在刚果（金）科卢韦齐宣布，该公司储量达 868 万吨金属铜的世界级特大铜钴矿采选冶一期工程正式投产。该生产线达产后每年能处理矿石量 455 万吨，每年产金属铜 12.5 万吨。

• 2015 年 11 月 9 日，渤海租赁发布重大资产报告书，公司拟以 25.55 亿美元（折合人民币 162.39 亿元）吸收合并 Avolon 100% 的股权，收购价格为 31 美元/股。本次交易的成交金额为公司经审计净资产额的 165.90%，超过 50%，且成交金额超过 5 000 万元。这意味着收购 Avolon 100% 的股权等同再造一个渤海租赁。成功收购 Avolon 使渤海租赁在成为世界第一大集装箱租赁公司之后，又完成了飞机租赁业务质的飞跃，跻身国际飞机租赁业务的一线阵营。

• 2015 年 11 月，瑞士农化集团先正达（Syngenta）拒绝了中国化工集团公司（Chem China）约 420 亿美元的收购，称在监管方面存在担忧。

• 2015 年 11 月，星辉互动娱乐拟通过全资子公司拟斥资不超过 6 434.80 万欧元收购皇家西班牙人足球俱乐部（REIAL CLUB DEPORTIU ESPANYOL DE BARCELONA，S. A. D.），交易完成后控股比例将超过 50.1%。

• 2015 年 11 月，云南水务全资子公司云南水务（香港）股份有限公司以 7 000 万美元收购泰国垃圾发电厂 PJT Technology Co. 的股权和债权。

• 2015 年 11 月，巴安水务通过全资孙公司瑞典巴安有限公司与奥地利 KWI Corporate Verwaltungs GmbH 公司签署权益受让协议，拟出资 3 882 万欧元收购后者 100% 的股权。

• 2015 年 11 月 26 日，三峡集团以 138 亿雷亚尔（约合 36.6 亿美元）的价格赢得巴西朱比亚水电站（装机 155 万千瓦）和伊利亚水电站（装机 344 万千瓦）的 30 年特许经营权。这也是三峡集团迄今为止最大的海外资产收购项目。据介绍，两座水电站位于巴西圣保罗州和南马托格罗索州之间的界河巴拉那河上，相距约 60 公里，总装机达 499 万千瓦。此次购得巴西水电的特许经营权，是三峡集团落实国家“走出去”战略、建设国际一流清洁能源集团的重要举措，也是三峡集团实施跨国经营、打造全球水电引领者的重要步骤。

• 2015 年 11 月，复星国际已完成收购美国保险商 Ironshore 剩余 80% 的权益，Ironshore 已成为复星国际间接持有的一家全资附属保险公司。Ironshore 通过其辖下多个国际平台，为世界各地客户提供经由经纪人渠道的特种商业财产和意外伤害保险服务。

• 2015 年 11 月，安邦保险集团宣布以 26.8 美元/股的价格，全现金收购美国保险公司 Fidelity & Guarantee Life（FGL）所有流通股。这是安邦保险集团第一次入股美国保险业。

• 2015 年 12 月 2 日，国家核电技术公司与南非核能集团签署《CAP1400 项目管理合作协议》。

根据协议，南非核能集团将组织南非核电项目管理人员到国家电投 CAP1400 示范工程现场进行培训，国家电投将为南非培养 CAP1400 技术的高级项目管理人才。该协议的签署对深化两国核电合作、推进 CAP1400 南非项目开发具有重要意义。

• 2015 年 12 月 7 日，中国在线婚恋交友平台世纪佳缘宣布，与 LoveWorld Inc 及其全资子公司 FutureWorld Inc 达成合并协议与计划，后者为百合网的间接全资子公司。

• 2015 年 12 月 8 日，中国绿叶医疗（Luye Medical Group Co.）将以 9.38 亿澳元（合 6.88 亿美元）从私募股权所有者 Archer Capital 手中收购澳大利亚最大的私立医院运营商之一 Healthe Care Australia Pty. Ltd.。

• 2015 年 12 月 13 日，中石油集团与穆巴达拉石油公司签署了《中国石油天然气集团公司与穆巴达拉油气控股有限责任公司战略合作协议》。根据协议，双方将在阿联酋境外上游油气投资及相关项目服务等潜在领域开展合作，具体包括陆上常规项目、海上项目和 LNG 项目等合作。这次合作协议的签署，将在推动能源投资等领域的务实合作、共建“一带一路”重大战略构想中，拓展合作领域，实现合作共赢。中国政府提出的“一带一路”倡议与阿方提出的“重振丝绸之路”理念高度契合，为中阿企业间拓展合作的广度与深度提供了强大动力。

• 2015 年 12 月，南华早报集团（SCMP Group Ltd.）表示，阿里巴巴集团将出资 20.6 亿港元收购其媒体资产，包括该公司旗舰产品《南华早报》(South China Morning Post)。

• 2015 年 12 月 17 日，国家电投 14.6 亿美元收购澳洲太平洋水电。中国国家电力投资集团（国家电投）已就收购可再生能源企业太平洋水电签署协议，这是一连串中澳基础设施交易中新的一笔。

• 2015 年 12 月 23 日，新加坡上市大宗商品贸易公司来宝集团（Noble Group）同意以至少 7.5 亿美元的价格将旗下农业部门剩余 49% 的股份出售给中粮集团。中粮集团是中国最大的粮食公司，此前该集团已持有 Noble Agri 另外 51% 的股份。

• 2015 年 12 月 29 日，中国神华集团发布公告称，公司收到印尼国家电力公司（下称“PLN”）的通知，PLN 计划通过签署一份购售电合同的形式将爪哇 7 号（Jawa－7）燃煤电厂 2×1 000兆瓦独立发电厂项目的开发运营合同授予本公司。

• 2015 年 12 月 31 日，中国两大核电巨头中核集团和中广核投资共同成立华龙公司，该公司旨在更好地促进中核集团 ACP1000 技术和中广核 ACPR1000+技术的技术融合，确保中国三代核电技术方案华龙一号走出去形成合力。

• 2015 年 12 月，紫光集团提出以超过 20 亿美元入股两家台湾芯片封装公司，计划以 111 亿元人民币（约 568 亿元新台币）收购矽品精密（Siliconware Precision Industries Co.）24.9% 的股份，以 24 亿元人民币（119.7 亿元新台币）收购台湾芯片封装企业南茂科技（Chipmos Technologies Inc.）25% 的股份。

• 2015 年 12 月，中联重科将联合曼达林基金共同投资 6 620 万欧元，以获得意大利纳都勒公司 75% 的股权。

参考文献

[1] Amy Saunders, Preview: The top 100 Global Cement Companies and Global per capital Capacity Trends, Global Cement Magazine, 2015.

[2] Amy Saunders, The cement industries of Central Asia – Azerbaijan, Kazakhstan, Kyrgyzstan, Tajikistan, Turkmenistan and Uzbekistan, Global Cement Magazine, 2016.

[3] ASEM Connect Vietnam, Development plan of garment and textiles industry of Vietnam to 2020 vision to 2030, 2016.

[4] Author Stream, Global Home Textiles Market Outlook 2020, http://www.authorstream.com/Presentation/alexthomson7 – 2778563 – global – home – textiles – market – outlook – 2020/.

[5] Bloomberg New Energy Finance, Global Trends in Renewable Energy Investment 2016.

[6] BMI, Brazil Power Report, 2016.

[7] BMI, Kazakhstan Agribusiness Report, 2016.

[8] BMI, Tanzania OIL & GAS REPORT, 2016.

[9] BMI, United States Real Estate Report, 2016.

[10] Bui Van Tot, Textile & Apparel Industry Report Opportunities for Breakthrough, Fpt Securities, 2014.

[11] Business Wire, Global Techinical Textiles Market 2015 – 2022, http://www.businesswire.com/portal/site/home/.

[12] CARE, Ratings Sector Outlook: Textile, 2015.

[13] CEIC 数据库, http://webcdm.ceicdata.com/.

[14] Clfford A. Kiracofe: "美国经济的挑战：基础设施问题",《中国投资》, 2016 年第 1 期。

[15] Custom Clothing Vietnam, Textile industry utilize the golden opportunity, http://www.customclothingvietnam.com/2016/04/18/textile – industry – utilize – golden – opportunity/.

[16] Dealogic, http://www.Dealogic.com/.

[17] East Africa Business Week, Ethiopia fails to meet textile export targets, http://www.busiweek.com/index1.php? Ctp = 2&pI = 4794&pLv = 3&srI = 68&spI = 107.

[18] EIU, Business risks and opportunities in Poland, 2015.

[19] EIU, Country Forecast——Algeria, 2016.

[20] EIU, Country Forecast——Angola, 2016.

[21] EIU, Country Forecast——Argentina, 2016.

[22] EIU, Country Forecast——Brazil, 2016.

[23] EIU, Country Forecast——Bangladesh, 2016.

[24] EIU, Country Forecast——Canada, 2016.

[25] EIU, Country Forecast——Chile, 2016.

[26] EIU, Country Forecast——Colombia, 2016.

[27] EIU, Country Forecast——Ethiopia, 2016.

[28] EIU, Country Forecast——France, 2016.

[29] EIU, Country Forecast——India, 2016.

[30] EIU, Country Forecast——Indonesia, 2016.

[31] EIU, Country Forecast——Jamaica, 2016.

[32] EIU, Country Forecast——Kenya, 2016.

[33] EIU, Country Forecast——Kuwait, 2016.

[34] EIU, Country Forecast——Malaysia, 2016.

[35] EIU, Country Forecast——Mexico, 2016.

[36] EIU, Country Forecast——Morocco, 2016.

[37] EIU, Country Forecast——Nigeria, 2016.

[38] EIU, Country Forecast——Peru, 2016.

[39] EIU, Country Forecast——Pakistan, 2016.

[40] EIU, Country Forecast——Philippines, 2016.

[41] EIU, Country Forecast——Qatar, 2016.

[42] EIU, Country Forecast——Regional Overview: Latin America, 2016.

[43] EIU, Country Forecast——Regional Overview: Middle East and Africa, 2016.

[44] EIU, Country Forecast——Saudi Arabia, 2016.

[45] EIU, Country Forecast——South Africa, 2016.

[46] EIU, Country Forecast——Sri Lanke, 2016.

[47] EIU, Country Forecast——Thailand, 2016.

[48] EIU, Country Forecast——UAE, 2016.

[49] EIU, Country Forecast——United States, 2016.

[50] EIU, Country Report——Uzbekistan, 2016.

[51] EIU, Country Forecast (Update) ——Vietnam, 2016.

[52] EOS Intelligence, Garments and Textiles in Vietnam – Is The Future As Bright As The Past, http://www.eos-intelligence.com/perspectives/? p = 1535.

[53] Ethiopian Central Statistical Agency, Report on the 1st Quarter of the 2008 E. F. Y Manufacturing Business Survey, 2015.

[54] Ethiopian Investment Commission, Textile and Garments: Key Reasons for Investing, http://www.investethiopia.gov.et/investment-opportunities/strategic-sectors/textiles-and-garments.

[55] Ethiopian Textile Industry Development Institute, An Overview of Facts and Opportunities, 2014.

[56] EU, Regulation No 593/2008 of the European Parliament and of the Council, 2008.

[57] Eurocement Group, http://www.eurocement.ru/.

[58] European Commission, 2014 SBA Fact Sheet: Poland.

[59] European Commission, Country Report Poland 2016.

[60] European Commission, Report From the Commission to the European Parliament and the Council on Progress in Bulgaria under the Cooperation and Verification Mechanism, 2012.

[61] European Commission, Textile and clothing in the EU, https://ec.europa.eu/growth/sectors/fashion/textiles-clothing/eu/index_en.htm.

[62] Fair Wear Foundation, Country Study 2015 - Vietnam.

[63] FDI Markets, http://www.fdimarkets.com/.

[64] FAO, Crop Prospects and Food Situation, 2015.

[65] FAO of United States, Food Outlook, 2015.

[66] FOURIN, http://www.fourin.cn/monthly/world_repo.html.

[67] FTA 中文网,“中国惬意海外并购”, http://www.ftchinese.com/topic/chinabuying.html.

[68] Future Market Insights, Technical Textile Market: Global Industry Analysis and Opportunity Assessment 2015-2020, http://www.futuremarketinsights.com/.

[69] Global Industry Analysts, Inc., The Global Technical Textiles Market: Trends, Drivers and Projections, http://www.strategyr.com/MarketResearch/Technical_Textiles_Market_Trends.asp.

[70] IEA, 2015 Snapshot of Global Photovoltaic Market.

[71] IMF, World Economic Outlook, April 2016.

[72] Institute for Economics and Peace, Global Terrorism Index 2015: Measuring and Understanding the Impact of Terrorism, 2015.

[73] Invest in EU, Invest in Poland, http://www.investineu.com/content/invest-poland.

[74] ITMFNewsletter, Global Home Textile Market: Developments between 2008 and 2018, 2014.

[75] J. H. Dunning (1981), Explaining the international direct investment position of countries: toward a dynamic or developmental approach, Weltwirtschaftliches Archiv 117: 289-336.

[76] Knight Frank:“2015 年第四季度全球房价指数”, http://www.knightfrank.com.

[77] Knowledge Sharing Program, Resource Mobilization and Dutch Disease Phenomena in the Lao PDR 2013.

[78] Korean Chemical Fibers Association, 2016 Chemical Fiber Handbook, http://www.kcfa.or.kr/.

[79] Lincoln International, DealReader Solar Energy Q4 2015.

[80] Luke Mills and Joseph Byrne, Global Trends in Clean Energy Investment, Bloomberg New Energy Finance, 2016.

[81] McKinsey & Company, Sourcing in a Volatile World—The East Africa Opportunity, 2015.

[82] MIGA, World Investment and Political Risk, 2011.

[83] MIGA, World Investment and Political Risk, 2013.

[84] MIGA-EIU Political Risk Survey, 2013.

[85] Netherlands Embassy, Business Opportunity Report Ethiopia: Textile and Apparel Industry, 2015.

[86] Novinite, http://www.novinite.com/.

［87］ Norwegian Seafood Council（NSC），http：//en. seafood. no.

［88］ OICA，http：//www. OICA. net.

［89］ Police Service of Northern Ireland，Incidents and Crimes with a Hate Motivation Recorded by the Police in Northern Ireland：Quarterly Update to 31 March 2016.

［90］ Polish Information and Foreign Investment Agency，http：//www. paiz. gov. pl/en.

［91］ PRNewswire，Global Textile Machinery Market 2016 – 2020，http：//www. prnewswire. com/news – releases/global – textile – machinery – market – 2016 – 2020 – 300196946. html.

［92］ REN21，Renewables 2016 Global Status Report.

［93］ Reports Mercom Capital Group，Solar Installations in India to Double in 2016 with More than 4 GW，http：//mercomcapital. com/solar – installations – in – india – to – double – in – 2016 – with – more – than – 4 – gw – reports – mercom – capital – group.

［94］ Rupert Taylor，Looking towards 2016：Mergers and Acquisitions in the Global Cement Sector，2016，http：//www. globalcement. com/magazine/articles/968 – looking – towards – 2016 – mergers – and – acquisitions – in – the – global – cement – sector.

［95］ Savills："2016 私人财富·全球之旅"，http：//www. savills. com. cn/.

［96］ Siow Yue Chia，Regional Trade Policy Cooperation and Architecture in East Asia，ADBI Working Paper Series，No. 191，February 2010.

［97］ SNL Metals & Mining，http：//www. snl. com.

［98］ Solar Power Europe，Global Market Outlook for Solar Power 2015 – 2019.

［99］ Sunil O. Khandelwal，Home Textiles and Furnishings：Does India Stand adequately invested to tap the opportunity，2010.

［100］ Thai Tapioca Trade Association，http：//www. thaitapiocastarch. org/.

［101］ The Australian Trade Commission，Investment opportunities in Australian infrastructure，2015.

［102］ Thomas Armstrong，An overview of Global Cement Sector Trends：Insights from the Global Cement Report 10th Edition，2013.

［103］ Transparency International，Corruption Perceptions Index（2010 – 2015）. TuoiTre News，Vietnam poised to become world's textile production center：garment executive，http：//tuoitrenews. vn/business/34033/vietnam – poised – to – become – worlds – textile – production – center – garment – executive.

［104］ UNCTAD FDI – TNC – GVC Information System，FDI database.

［105］ UNCTAD，http：//www. UNCTAD. org.

［106］ UNCTAD Global Investment Trends Monitor No. 2220 January 2016.

［107］ UNCTAD，《GlobalInvestment Trends Monitor 2016》.

［108］ UNCTAD，《World Investment Report 2015》.

［109］ UNCTAD，《World Investment Report 2016》.

［110］ United Nations Industrial Development Organization，World Manufacturing Report，2015.

［111］ USGS，Minerals Yearbook.

［112］ U. S. International Trade Administration，2016 Top Markets Report Technical Textiles Country

Case Study – Vietnam.

[113] Valentina Romei, Investment Boom in Renewable Energies, Financial Times, http://blogs. ft. com/ftdata/2016/03/03/investments – boom – in – renewable – energies/.

[114] Vietnam General Statistical Office, https://www. gso. gov. vn/default_en. aspx? tabid = 622.

[115] Vietnam Plus, Vietnam's textile industry looks to 2020 and beyond, http://en. vietnamplus. vn/vietnams – textile – industry – looks – to – 2020 – and – beyond/92690. vnp.

[116] Vientiane Times, Cement Producers still Struggling to Source Coal Supply, 2014.

[117] Vietnam Trade Promotion Agency, http://www. vietrade. gov. vn/en/index. php? option = com_content&view = frontpage&Itemid = 1.

[118] Warsaw Business Journal, Investing in Poland 2014.

[119] World Bank, Doing Business 2015: Going Beyond Efficiency.

[120] World Bank, Doing Business 2016: Measuring Regulatory Quality and Efficiency.

[121] World Bank, Gross national income per capital 2014.

[122] World Bank Group, Connecting to Compete 2014: Trade Logistics in the Global Economy, 2014.

[123] World Bank Group, http://data. worldbank. org/.

[124] World Bank, Poland Partnership Program Snapshot, 2015.

[125] World Economic Forum, The Global Competitiveness Report (2015 – 2016).

[126] World Resources Institute, China's Overseas Investments in the Wind and Solar Industries: Trends and Drivers, 2013.

[127] WEF:《2015—2016 年全球竞争力报告》, 2015 年。

[128] Wind 资讯: http://www. wind. com. cn/.

[129] YNFX, Global Textile Industry Overview, http://www. yarnsandfibers. com/preferredsupplier/reports_fullstory. php? id = 659.

[130] Yoshihiro Akiyama: "全球高速铁路 50 年发展回顾与展望",《国外铁道车辆》, 2015 年第 6 期。

[131] Z. Desalegn, Ethiopian Cotton – Textile Value Chain Development 2011 – 2015.

[132] Новости-Казахстан, В 2015 году МРП составит 1982 тенге, минимальная зарплата – 21364 тенге, http://newskaz. ru/economy/20150101/7403155. html#ixzz437ucNPE8.

[133] Квота на привлечение иностранной рабочей силы в РК составитла 63 тыс человек, http://forbes. kz/news/2016/05/03/newsid_111076.

[134] Уровень безработицы в Узбекистане опустился до 5 процентов, http://uz24. uz/society/uroveny – bezrabotici – v – uzbekistane – opustilsya – do – 5 – procentov.

[135] 2016 年统计数据 [OL]. 中华人民共和国商务部网站。

[136] 21 世纪可再生能源政策网络 (RE21):《2016 年全球可再生能源现状报告》。

[137] 埃塞俄比亚国家银行:《2014/2015 财年年度报告》。

[138] 埃塞俄比亚驻英国大使馆: http://www. ethioembassy. org. uk/index. htm.

[139] 澳大利亚贸易委员会: "澳大利亚农业和食品投资机遇", 2014 年 5 月。

[140] 澳信网: http://www. ausingroup. com/news/7493. html.

[141] 白中仁："委内瑞拉迪阿铁路 EPC 项目管理及体会"，《高速铁路技术》，2012 年第 2 期。

[142] 边颖："国际油气投资间接征收风险及其防范措施"，《石油化工管理干部学院学报》，2015 年第 12 期。

[143] 北极星风力发电网：http：//news. bjx. com. cn/html/20150702/637108. shtml.

[144] 北极星太阳能光伏网：http：//guangfu. bjx. com. cn/news/20160601/738645. shtml.

[145] 财新网：http：//companies. caixin. com/2016 - 01 - 15/100899799. html.

[146] 蔡伟年："阿尔及利亚企业所得税制介绍"，《国际税收》，2015 年第 8 期。

[147] 曹宏源："海外油气国投资风险几何?"《中国电力报》，2016 年 1 月 16 日。

[148] 陈安娜："我国高铁走出国门的机遇与挑战"，《商业时代》，2014 年第 17 期。

[149] 陈继东、杨勇："巴基斯坦地区铁路枢纽建设与中国的作用"，《南亚研究季刊》，2011 年第 4 期。

[150] 陈龙："中巴铁路走廊加速'西出'战略"，《大陆桥视野》，2010 年第 8 期。

[151] 陈勇强、孙立波、莫鹏："我国对外工程承包存在的问题与应对策略"，《中国港湾建设》，2006 年第 1 期。

[152] 晨曦："2016 年光伏系统成本将持续下降"，《中国能源报》，2016 年 1 月 11 日。

[153] 成健、付方超、赵岩："我国清洁能源电力项目海外投资的探讨"，《对外经贸实务》，2016 年第 4 期。

[154] 大公网："中国在沙特最大投资项目启动"，http：//news. takungpao. com/mainland/topnews/ 2016 - 01/3271197. html.

[155] 大河网__新闻中心：http：//news. dahe. cn.

[156] 东方财富网：http：//finance. eastmoney. com/news/135120151103561934226. html.

[157] 东方财富网："叫车软件公司优步获沙特主权财富基金注资"，http：//finance. eastmoney. com/news/137320160603629976929. html.

[158] 东方早报："中国高铁'走出去'的政治风险"，http：//www. kaixian. tv/gd/2015/0922/1056741. html.

[159] 董焰、李宏："构建中巴两国铁路战略通道的建议"，《中国铁路》，2006 年第 4 期。

[160] 樊一江："高铁'走出去'：世界的召唤与中国的期待"，《世界知识》，2010 年第 23 期。

[161] 冯海宁："大众'排放门'带来三大警示"，《中国商报》，2015 年 9 月 29 日。

[162] 凤凰财经：http：//finance. ifeng. com/a/20160604/14460943_0. shtml.

[163] 凤凰网卫视：http：//phtv. ifeng. com/a/20151008/41486288_0. shtml.

[164] 富景筠："从区域内贸易视角透视东北亚经济合作机制"，《东北亚论坛》，2011 年第 4 期。

[165] 盖世汽车资讯：http：//auto. gasgoo. com/.

[166] 高树勋："国际矿业投资中的几点法律风险"，《中国黄金报》，2015 年 11 月 13 日。

[167] 高扬、王国秀、王永中："'一带一路'的商机"，《中国海关》，2015 年第 10 期

[168] 观察者网：http：//www. guancha. cn/Neighbors/2015_09_15_334273. shtml.

[169] 关雪凌、丁振辉："日本产业结构变迁与经济增长"，《世界经济研究》，2012 年第 7 期。

[170] 光明网：http：//news. gmw. cn/newspaper.

[171] 国家发展改革委、外交部、商务部："推动共建丝绸之路经济带和 21 世纪海上丝绸之路的愿景与行动"，http：//fec. mofcom. gov. cn/article/fwydyl/zcwj/201511/20151101193007. shtml.

[172] 国家能源局：http：//www. nea. gov. cn/2016 －03/21/c_135209840. htm.

[173] 郭海："中国房企'下西洋'"，《新经济》，2014 年第 15 期。

[174] 国际货币基金组织：《世界经济展望》，2016 年 4 月。

[175] 国际燃气网：http：//gas. in － en. com/.

[176] 国际石油网：http：//oil. in － en. com/.

[177] 海关总署：http：//www. customs. gov. cn.

[178] 海外矿投网：http：//www. ominet. cn/.

[179] 韩群群、陈岚、刘阳："坦桑尼亚油气工业投资环境分析"，《国际石油经济》，2014 年第 2 期。

[180] 韩超："澳大利亚向工会腐败'开刀'"，《人民日报》，2014 年 2 月 13 日。

[181] 何家："光伏持续回暖 机遇挑战并存——2015 年光伏产业回顾"，《南方周末》，2015 年 12 月 23 日。

[182] 何建华、严良："我国采矿业对外投资现状及问题分析"，《中国国土资源经济》，2015 年第 3 期。

[183] 何涛、姜宁川、王歆："'一带一路'倡议下中国纺织业国际化研究——风险控制和协同发展"，《资源开发与市场》，2016 年第 5 期。

[184] 和讯：http：//xianhuo. hexun. com/2015 －07 －17/177629774. html.

[185] 洪联英、张云："我国境外经贸合作区建设与企业'走出去'战略"，《国际经贸探索》，2013 年第 3 期。

[186] 胡广阔、唐利芳："新形势下澳大利亚市场投资机会与投资策略"，《对外经贸实务》，2015 年第 3 期。

[187] 胡梅兴："乌兹别克斯坦内政外交新动态"，《国际研究参考》，2015 年第 5 期。

[188] 黄海敏："科伦坡港口城项目有望重启"，《国际先驱导报》，2015 年 11 月 6 日。

[189] 环球网：http：//world. huanqiu. com/exclusive/2015 －01/5433539. html.

[190] 环球网："韩最大在野党分裂解散危机加剧　前党首宣布退党"，http：//world. huanqiu. com/exclusive/2016 －01/8309450. html.

[191] 环球网："斯里兰卡选举：前总统 PK 现总理　现总理局面占优"，http：//msn. huanqiu. com/world/exclusive/2015 －08/7297390. html.

[192] 黄寒："越南腐败对企业发展影响的研究——基于世界银行企业问卷调查的实证分析"，《东南亚研究》，2015 年第 3 期。

[193] 吉尔吉斯斯坦国家统计委员会：http：//www. stat. kg/.

[194] 加拿大统计局：Labour Force Information，http：//www. statcan. gc. ca/.

[195] 加拿大投资网：加拿大投资法常见问题解答，http：//canadatouzi. com/.

[196] 加拿大亚太基金会：2015 National Opinion Poll：Canadian Views on Asian Investment，ht-

tp：//www. asiapacific. ca/.

［197］贾世瑞："高铁是中国'走出去'战略的重要载体"，《学习时报》，2015 年第 2 期。

［198］界面网：http：//www. jiemian. com/article/233310. html.

［199］金融时报：http：//www. ftchinese. com/story/001067063？ page = 2.

［200］金融时报中文网：http：//www. ftchinese. com/story/001065836？ full = y.

［201］景海鸿："坦桑尼亚投资环境分析"，《山西师大学报（社会科学版）》研究生论文专刊，2014 年 3 月。

［202］中华人民共和国商务部："境外中资企业机构和人员安全管理指南"［R/OL］。

［203］经济学人智库："'一带一路'沿线风险评估"，http：//www. 21ccom. net/articles/world/zlwj/20150418123769_all. html.

［204］居新宇："产业转移的大战略与大布局"，《中国纺织》，2016 年第 2 期。

［205］新华网："科伦坡港口城项目有望重启_国际先驱导报"，http：//news. xinhuanet. com/herald/2015 - 11/11/c_134805372. htm.

［206］"科威特国家的政治体制是什么". http：//zhidao. baidu. com/link？ url = Ssy004H9Hdfr02_0qvTZoCbI5OpnMtWi3ALt3EtxGFhF9xevQxWgzjuPSe7PexcATDCuh1XznlgJPjjXW2lPUq.

［207］矿业技术论坛：http：//bbs. mining - trading. com/forum. php.

［208］矿业界：http：//www. miningindustry. com. cn/.

［209］莱坊（knight frank）："2015 年第四季度全球房价指数"。

［210］联合国粮食及农业组织：http：//www. fao. org/.

［211］雷风行：《中国速度：高铁发展之路》，五洲传播出版社 2013 年版。

［212］李继宏："中国高铁'走出去'面临的机遇与挑战"，《对外经贸实务》，2015 年第 1 期。

［213］李迎旭："'一带一路'战略下中国与南亚贸易的合作基础、推进机会与实现机制"，《甘肃社会科学》，2016 年第 2 期。

［214］李子未、周志辉："老挝水泥市场浅析"，《中国水泥》，2016 年第 2 期。

［215］林桂军、汤碧、沈秋君："东亚区域生产网络发展与东亚区域经济合作的深化"，《国际贸易问题》，2012 年第 11 期。

［216］林民旺："印度对'一带一路'的认知及中国的政策选择"，《世界经济与政治》，2015 年第 5 期。

［217］林雪丹、陈效卫："提振经济，俄罗斯开出新'药方'"，《人民日报》，2016 年 3 月 4 日。

［218］刘昌龙、强始学、李兆伟："投资哈萨克斯坦农业的影响因素、风险及对策研究"，《世界农业》，2014 年第 10 期。

［219］刘国霞："海外购房投资升温亟需防范法律风险"，《经营与管理》，2014 年第 4 期。

［220］刘向："非洲经济形势分析与展望"，《国际经济分析与展望》（2015—2016）。

［221］刘宗义："中巴经济走廊建设：进展与挑战"，《国际问题研究》，2016 年第 3 期。

［222］龙江工业园主页：http：//ljip. vn/web/.

［223］卢雪梅、周总瑛、罗佐县："坦桑尼亚天然气投资机遇风险并存"，《中国石化》，2013

年第 6 期。

［224］吕磊："中国高铁拥有自主知识产权毋庸置疑"，《中国发明与专利》，2011 年第 8 期。

［225］马朝旭主编：《赴澳大利亚投资指南》，中国商务出版社 2014 年版。

［226］（美）布坎南和瓦格纳：《赤字中的民主——凯恩斯勋爵的政治遗产》，北京经济学院出版社 1988 年版。

［227］美国农业部："世界农产品供需预测报告"。

［228］美国中国总商会："2015 在美中资企业年度商业调查报告"。

［229］牛彪："中巴经济走廊建设的问题与挑战"，《新疆师范大学硕士毕业论文 2015 年》。

［230］牛方、化纤："'减量提质'的常态化发展——专访中国化学纤维工业协会会长端小平"，《中国纺织》，2015 年第 12 期。

［231］欧阳潇："纺织行业境外投资呈现加速增长趋势"，《纺织服装周刊》，2015 年第 13 期。

［232］钱兴坤、姜学峰："2015 年油气行业发展概述及 2016 年展望"，《国际石油经济》，2016 年第 1 期。

［233］乔慧娟："论中资矿业企业非洲投资法律风险的防范——以赞比亚中资矿业企业为视角"，《中国国土资源经济》，2014 年第 2 期。

［234］邱辉、蔡伟年："尼日利亚税制介绍"，《国际税收》，2015 年第 6 期。

［235］全球纺织网资讯中心：http：//www. tnc. com. cn/info/c－001001－d－3573113. html.

［236］人民网：http：//world. people. com. cn/n1/2016/0107/c1002－28025805. html.

［237］人民网："中巴经济走廊建设硕果累累"，http：//world. people. com. cn/n1/2016/0219/c1002－28134840. html.

［238］瑞银证券："水泥行业：整合与价格韧性"，2011 年 6 月。

［239］山东国际商务网，http：//www. shandongbusiness. gov. cn/public/html/news/201511/358956. html.

［240］中华人民共和国商务部：《对外投资合作国别（地区）指南——阿联酋》，2016 年。

［241］中华人民共和国商务部：《对外投资合作国别（地区）指南——卡塔尔》，2016 年。

［242］中华人民共和国商务部：《对外投资合作国别（地区）指南——科威特》，2016 年。

［243］中华人民共和国商务部：《对外投资合作国别（地区）指南——马来西亚》，2016 年。

［244］中华人民共和国商务部：《对外投资合作国别（地区）指南——孟加拉国》，2016 年。

［245］中华人民共和国商务部：《对外投资合作国别（地区）指南——沙特阿拉伯》，2016 年。

［246］中华人民共和国商务部：《对外投资合作国别（地区）指南——泰国》，2016 年。

［247］中华人民共和国商务部：《对外投资合作国别（地区）指南——印度》，2016 年。

［248］中华人民共和国商务部：《对外投资合作国别（地区）指南——越南》，2016 年。

［249］中华人民共和国商务部：《境外经贸合作区服务指南范本》，http：//fec. mofcom. gov. cn/article/jwjmhzq/zcfg/201512/20151201202572. shtm.

［250］中华人民共和国商务部合作司：http：//fec. mofcom. gov. cn/article/jwjmhzq/article02. shtml.

［251］中华人民共和国商务部网站：http：//hu. mofcom. gov. cn/article/jmxw/201605/20160501318207. shtml.

［252］世邦魏理仕：Global Investor Intentions Survey，2016 年。

[253] 世邦魏理仕："全球资本市场：新来源、新周期"，http：//www. cbre. com. cn.

[254] 世界服装鞋帽网：http：//www. sjfzxm. com/news/caijing/201412/06/421246. html.

[255] 世界卫生组织网站：http：//www. who. int/mediacentre/news/releases/2016/ebola - zero - liberia/en/.

[256] 世界卫生组织："2007 年世界卫生报告"［R/OL］.

[257] 国际新闻环球网："斯里兰卡反对派上台新政府欲'平衡'与中印关系"，http：//world. huanqiu. com/exclusive/2015 - 01/5433539. html.

[258] 孙春祥："'一带一路'或拉动 GDP 增长 0. 25 个百分点"，《北京晨报》，2015 年 3 月 25 日第 B01 版。

[259] 宋国明："赞比亚矿业投资环境"，《国土资源情报》，2015 年第 9 期。

[260] 孙志悟："中国房地产企业投资美国房地产市场的 SWOT 分析"，《新经济》，2015 年 10 月。

[261] 索比光伏网：http：//www. cnenergy. org/gj/gjcj/201 601/t20160107_256059. html.

[262] 塔吉克斯坦国家统计局：http：//www. stat. tj/ru/.

[263] 塔吉克斯坦总统网站：http：//www. president. tj/ru/node/1058.

[264] 覃剑："全球汽车产业发展趋势分析"，《汽车工业研究》，2015 年第 10 期。

[265] 投资界：http：//zdb. pedaily. cn/ma/y2015/.

[266] 王斌："试论政府违约风险的法律控制"，《浙江社会科学》，2007 年第 4 期。

[267] 王成果："冀东水泥之花，盛开'彩虹之国'"，《河北日报》，2015 年 9 月 21 日第 01 版。

[268] 王利、周悦刚、徐晓敏："我国光伏发电成本变化分析"，《中国电力企业管理》，2016 年第 5 期。

[269] 王璐："中国成光伏火车头 三大领域掀投资热潮"，《经济参考报》，2016 年 3 月 3 日第 3 版。

[270] 王婧："今年加拿大财政赤字预计达 300 亿加元"，《经济参考报》，2016 年 3 月 24 日第 004 版。

[271] 王健朴："中国对外直接投资的宏观风险管理探讨"，《投资研究》，2010 年第 6 期。

[272] 王淑琴："浅析境外电力项目投资的财务风险与管控"，《财经界》，2015 年第 35 期。

[273] 王帅："昌荣纺织沿丝绸之路走出国门"，《陕西日报》，2016 年 1 月 5 日第 4 版。

[274] 王铁、徐庆元、曹跃生："莫桑比克水泥市场投资分析研究（下）"，《中国水泥》，2014 年第 4 期。

[275] 王祥、唐可心："外贸企业改革决胜千里之外中国纺织进出口商会会长江辉为行业搭脉诊断"，《纺织报告》，2016 年第 2 期。

[276] 网易财经：http：//money. 163. com/16/0504/14/BM7R28F900253B0H. html.

[277] 网易新闻：http：//news. 163. com/11/0328/12/7081JSME000146BB. html.

[278] 王玉召："新疆纺织企业全力向国外市场进发"，《新疆经济报》，2015 年 12 月 9 日第 4 版。

[279] 乌克兰国家统计局："2015 年乌克兰主要宏观经济数据一览表"，http：//www. ukrstat.

gov. ua/.

[280] 乌克兰国家统计委员会："1990—2016 年人口统计表"，http：//www. ukrstat. gov. ua/.

[281] 乌兹别克斯坦国家统计委员会：http：//www. stat. uz/ru/.

[282] 乌兹别克斯坦总统新闻局：http：//www. press - service. uz/ru/news/5167/.

[283] 新华网："习近平同斯里兰卡总统西里塞纳举行会谈"，http：//news. xinhuanet. com/world/2015 - 03/26/c_1114774711. htm.

[284] 香港国际矿业协会：《2016 年中资海外矿产能源投资手册》。

[285] 香港国际矿业协会：http：//www. aiweibang. com/u/61435.

[286] 肖玉茹："低油价下全球油气上游投资变化趋势"，《国际石油经济》，2015 年第 12 期。

[287] 肖翔：《铁路投融资理论与实践》，中国铁道出版社 2003 年版。

[288] 向鹏成、万珍珍："我国建筑企业海外 EPC 项目风险管理——以中铁沙特麦加轻轨项目为例"，《国际经济合作》，2011 年第 6 期。

[289] 谢锋斌："中国对非洲矿业投资浅析"，《中国矿业》，2015 年第 12 期。

[290] 谢凯、程振轩、王晓刚："我国铁路'走出去'视角下的知识产权风险探因"，《经营管理》，2016 年第 1 期。

[291] 解筱文："自信定义高铁 4.0 时代"，《中国经济周刊》，2015 年第 11 期。

[292] 新能源发展网：http：//www. xnyfzw. com/.

[293] 新华网：http：//news. xinhuanet. com/.

[294] 新华网："马哈蒂尔退出马来西亚执政党要求纳吉布下台"，http：//news. xinhuanet. com/world/2016 - 03/02/c_128 766 383. htm.

[295] 新浪网_新浪财经：http：//finance. sina. com. cn/.

[296] 罗熹：《信用保险词典》（第一版），中国金融出版社 2015 年版。

[297] 匈牙利统计局（KSH）。

[298] 徐明、宋雨星、郭丽："中国农业'走出去'面临的新形势与新问题探析"，《世界农业》，2015 年第 3 期。

[299] 杨思灵："2015 年南亚地区政治与安全形势"，《东南亚南亚研究》，2016 年第 1 期。

[300] 叶堃晖、黄英、赵瑞雪："我国 EPC'走出去'的障碍因素研究"，《建筑经济》，2014 年第 12 期。

[301] 易芳、纺机："抓住技术进步机遇实现质的飞跃——专访中国纺织机械协会会长王树田"，《中国纺织》，2015 年第 12 期。

[302] 张小瑜："推动海外农业投资的对策和建议"，《国际经济合作》，2016 年第 3 期。

[303] 张元、孔令、白珏、胡晓丽："赞比亚矿业投资法律概述"，《世界有色金属》，2015 年第 12 期。

[304] 张明："直面'一带一路'的五大风险"，http：//finance. sina. com. cn/zl/china/20150610/072122394114. shtml.

[305] 张晓通、陈佳怡："中国高铁'走出去'：成绩、问题与对策"，《国际经济合作》，2014 年第 11 期。

[306] 郑凯锋、邵海涛、郝佳佳："中国高铁走出去的积极意义和应对措施"，《西南交通大学

学报（社会科学版）》，2014 年第 1 期。

[307] 郑健："中国铁路'走出去'—铁路服务'一带一路'战略的思考"，《党委中心组学习·中心组讲堂》，2015 年第 4 期。

[308] 郑建辉："全球水泥行业供需格局及未来需求预测"，《中国水泥研究院》，2015 年 9 月。

[309] 郑建辉："中国企业海外水泥产业投资分析"，《中国水泥研究院》，2015 年 11 月。

[310] 智研咨询：《2016—2022 年中国电力市场运营态势与投资战略分析报告》。

[311] 喀什地区发展和改革委员会："中巴铁路预可行性研究报告正式启动 [EB/OL]"，http://ksdrc.kashi.gov.cn/jtys/2014-11-24/779.html，2014 年 11 月 24 日。

[312] "中共中央、国务院关于构建开放型经济新体制的若干意见" http://news.xinhuanet.com/fortune/2015-09/17/c_1116598050.htm.

[313] 中国产业信息网："2014—2015 年中国水泥行业发展状况分析"，2015 年 9 月。

[314] 中国出口信用保险公司资信评估中心主编：《中国企业境外投资和对外承包工程风险管控及案例分析》，2015 年 1 月。

[315] 中国储能网：http://www.escn.com.cn/news/show-294397.html.

[316] 中国纺机网：http://www.ttmn.com/news/details/989645.

[317] 中国纺织业："2015'走出去'交流大会——'一带一路'的纺织版图"，http://www.ccpittex.com/201509zcq2.htm.

[318] 中国广播网：http://china.cnr.cn/guantianxia/201301/t20130104_511701275.shtml.

[319] 中国国土资源报网：http://www.gtzyb.com/kuangyedahui/20151022_90041.shtml.

[320] 中国棉花信息网：http://www.cottonchina.org/news/pubzmb.php? articleid=196169&newstime=2016-04-08.

[321] 中国投资资讯网：http://www.ocn.com.cn/hongguan/201507/smcpp01225138.shtml.

[322] 中国新闻网：http://finance.chinanews.com/cj/2015/11-04/7605696.shtml.

[323] 中国经济网：http://intl.ce.cn/specials/zxxx/201511/04/t20151104_6901322.shtml.

[324] 中国经济新闻网：http://www.cet.com.cn/nypd/xny/1746835.shtml.

[325] 中国经济新闻网："中国独享伊朗石油，沙特后悔不已将石油送给日本"，http://www.cet.com.cn/nypd/sy/1782598.shtml.

[326] 中国境外经贸合作区：http://www.cocz.org/news/content-243519.aspx.

[327] 中国矿业网：http://www.chinamining.org.cn/.

[328] 中国农业信息网：http://www.agri.cn/.

[329] 中国汽车工业协会：http://www.caam.org.cn.

[330] 中国汽车工业协会统计信息网：http://www.auto-stats.org.cn/.

[331] 中国汽车技术研究中心：http://www.catarc.ac.cn.

[332] 中国汽车论坛：http://www.chinaautoforum.cn/.

[333] 中国人民银行：http://www.pbc.gov.cn.

[334] 中国人民银行：《人民币合格境外机构投资者（RQFII）额度一览表》（截至 2016 年 3 月 31 日）。

[335] 中国人民银行：《中国人民银行和其他中央银行或货币当局双边本币互换一览表》（截

至 2016 年 3 月）。

［336］中国商务新闻网：http：//www. comnews. cn.

［337］中国社会科学院世界经济与政治研究所：《2015 年度中国海外投资国家风险评级报告》。

［338］中国石油企业协会：http：//www. zgsyqx. com/.

［339］中国石油企业协会、中国油气产业发展研究中心：《2016 中国油气产业发展分析与展望报告蓝皮书》，中国石化出版社 2016 年版。

［340］中国银行业监督管理委员会：“‘一带一路’沿线国家基本信息（中东欧十六国）”，2015 年 10 月。

［341］中国证券网：http：//ggjd. cnstock. com/company/scp_ggjd/tjd_bbdj/201510/3601557. htm.

［342］中国证券网：“中巴将建 3 000 公里经济走廊计划于 2030 年完工”［EB/OL］，http：//www. cnstock. com/v_news/sns_bwkx/201412/3276441. htm，2014 年 12 月 12 日。

［343］中华人民共和国国家统计局：《2015 年国民经济和社会发展统计公报》。

［344］中华人民共和国国家统计局：《国民经济行业分类》（GB/T4754 – 2011）。

［345］中华人民共和国国土资源部信息中心：《2015 年全球矿业投资环境》。

［346］中华人民共和国科学技术部：http：//www. most. gov. cn/gnwkjdt/201512/t20151204_122632. htm.

［347］中华人民共和国农业部对外经济合作中心：http：//www. fecc. agri. cn/.

［348］中华人民共和国商务部：http：//www. mofcom. gov. cn.

［349］中华人民共和国商务部所转载的 IMF 的国家报告：http：//www. mofcom. gov. cn/article/i/jyjl/k/201604/20160401288723. shtml.

［350］中华人民共和国商务部：《境外投资企业（机构）名录》。

［351］中华人民共和国商务部：《对外投资合作国别（地区）指南：阿尔及利亚》，2015 年。

［352］中华人民共和国商务部：《对外投资合作国别（地区）指南：阿根廷》，2015 年。

［353］中华人民共和国商务部：《对外投资合作国别（地区）指南：埃塞俄比亚》，2015 年。

［354］中华人民共和国商务部：《对外投资合作国别（地区）指南：安哥拉》，2015 年。

［355］中华人民共和国商务部：《对外投资合作国别（地区）指南：巴西》，2015 年。

［356］中华人民共和国商务部：《对外投资合作国别（地区）指南：俄罗斯》，2015 年。

［357］中华人民共和国商务部：《对外投资合作国别（地区）指南：法国》，2015 年。

［358］中华人民共和国商务部：《对外投资合作国别（地区）指南：哥伦比亚》，2015 年。

［359］中华人民共和国商务部：《对外投资合作国别（地区）指南：加拿大》，2015 年。

［360］中华人民共和国商务部：《对外投资合作国别（地区）指南：肯尼亚》，2015 年。

［361］中华人民共和国商务部：《对外投资合作国别（地区）指南：美国》，2015 年。

［362］中华人民共和国商务部：《对外投资合作国别（地区）指南：秘鲁》，2015 年。

［363］中华人民共和国商务部：《对外投资合作国别（地区）指南：摩洛哥》，2015 年。

［364］中华人民共和国商务部：《对外投资合作国别（地区）指南：墨西哥》，2015 年。

［365］中华人民共和国商务部：《对外投资合作国别（地区）指南：南非》，2015 年。

［366］中华人民共和国商务部：《对外投资合作国别（地区）指南：尼日利亚》，2015 年。

［367］中华人民共和国商务部：《对外投资合作国别（地区）指南：土库曼斯坦》，2015 年。

[368] 中华人民共和国商务部：《对外投资合作国别（地区）指南：牙买加》，2015年。
[369] 中华人民共和国商务部：《对外投资合作国别（地区）指南：智利》，2015年。
[370] 中华人民共和国商务部：《中国对外贸易形势报告》，2016年。
[371] 中华人民共和国商务部：《中国对外投资合作发展报告》，2015年。
[372] 中华人民共和国商务部、中华人民共和国国家统计局、国家外汇管理局：《2014年中国对外直接投资统计公报》。
[373] 中华人民共和国外交部：《土库曼斯坦国家概况》，2016年2月。
[374] 中华人民共和国中央人民政府：http://www.gov.cn/gzdt/2013-12/30/content_2556871.htm.
[375] 中华人民共和国驻科威特使馆参赞处资料。
[376] 中华人民共和国驻马来西亚使馆参赞处资料。
[377] 中华人民共和国驻沙特使馆参赞处资料。
[378] 中华人民共和国驻赞比亚使馆经商处资料。
[379] 中华人民共和国驻保加利亚共和国大使馆经商参赞处：http://bg.mofcom.gov.cn.
[380] 中华人民共和国驻波兰共和国大使馆经商参赞处：http://pl.mofcom.gov.cn/.
[381] 中华人民共和国驻大不列颠及北爱尔兰联合王国大使馆经商参赞处：http://gb.mofcom.gov.cn/.
[382] 中华人民共和国驻哈萨克斯坦共和国大使馆经商参赞处：http://kz.mofcom.gov.cn.
[383] 中华人民共和国驻胡志明市总领事馆经济商务室：http://hochiminh.mofcom.gov.cn/.
[384] 中华人民共和国驻吉尔吉斯斯坦大使馆经商参赞处：http://kg.mofcom.gov.cn/.
[385] 中华人民共和国驻乌克兰大使馆经商参赞处：http://ua.mofcom.gov.cn.
[386] 中华人民共和国驻悉尼总领馆经济商务室：http://sydney.mofcom.gov.cn/.
[387] 仲量联行："2014全球房地产市场透明度指数报告"，http://www.joneslanglasalle.com.
[388] 中石化炼化工程（集团）股份有限公司："哈萨克斯坦2012版外国人劳务许可证管理办法的研究"。
[389] 查金才、曾涛："近期国际油气投资环境形势分析"，《国际石油经济》，2014年第3期。
[390] 周平等："2015年全球矿业形势分析与2016年展望"，《中国矿业》，2016年第2期。
[391] 周小兵："东亚与南亚地区间经济关系及发展趋势"，《南亚研究》，2011年第2期。
[392] 走出去智库（CGGT）：http://www.cggthinktank.com/observe/index.html.
[393] 邹昊飞、段京新："境外合作区传递中国投资新理念"，《中国投资》，2015年第7期。